BROCKHAUS

KOMPAKT
WISSEN VON A BIS Z
IN 5 BÄNDEN

DRITTER BAND

IMPO - MZ

F. A. BROCKHAUS · WIESBADEN

CIP-Kurztitelaufnahme der Deutschen Bibliothek

Brockhaus Kompaktwissen von A bis Z: in 5 Bd. – Wiesbaden: Brockhaus – ISBN 3-7653-0347-X
Bd. 3. Impo–Mz. – 1983 – ISBN 3-7653-0350-X

©F. A. Brockhaus, Wiesbaden 1983 – V.-Nr. W 1585 – ISBN für das Gesamtwerk: 3-7653-0347-X, für Band 3: 3-7653-0350-X – Printed in Germany –
Einband nach Entwurf von Schlotfeldt Market Design, Peter Plasberg, Hamburg –
Satz: Satzzentrum Oldenburg GmbH, Oldenburg – Druck und Bindung: Mohndruck Graphische Betriebe GmbH, Gütersloh – Karten: Karl Wenschow GmbH, München

I

Imponderabili|en [lat.] *Mz.*, Unwägbarkeiten, unberechenbare Umstände. Ggs.: **Ponderabilien. Imponderabilität,** Unberechenbarkeit.

imponieren [lat.-frz.], beeindrucken.

Imponiergehabe, typische Verhaltensweise vieler Tiere bei Balz, Paarung, Kampf, um die eigene Kraft oder Überlegenheit zu zeigen.

Import [lat.] *der,* Einfuhr. **importieren,** einführen. **Importe** *die,* Einfuhrware, bes. Zigarre.

imposant [lat.], eindrucksvoll, achtunggebietend.

Impotenz [lat.] *die,* 1) lat. **impotencia coeundi,** Unvermögen des Mannes, den Geschlechtsverkehr zu vollziehen oder ihn in normaler Weise auszuüben. 2) lat. **impotentia generandi, Zeugungsunfähigkeit** (Sterilität) des Mannes, die auf Ausfall der Hodenfunktion beruht.

impr., Abk. für →**Imprimatur.**

imprägnieren, 1) feste Stoffe (Holz, Gewebe) mit flüssigen oder geschmolzenen Stoffen tränken, um sie u. a. fäulnisbeständig, wasserdicht, wasserabweisend, schwer entflammbar, insektensicher zu machen. 2) Schaumwein durch künstl. Einpressen von Kohlendioxid in Wein herstellen.

impraktikabel [lat.], unausführbar.

Impresario [ital.] *der,* Theater-, Konzertagent.

Impression [lat.], Eindruck, Empfindung.

Impressionismus, eine in Frankreich entstandene Richtung der **Malerei,** deren 1. Ausstellung 1874 in Paris stattfand. Der Name geht auf die dort ausgestellte Landschaft C. Monets ›Impression, soleil levant‹ (1872) zurück.

Impressionismus: C. Monet, Felder im Frühling; 1887
(Stuttgart, Staatsgalerie)

Führend waren É. Manet, C. Monet, C. Pissaro, A. Sisley, E. Degas, A. Renoir. Sie begründeten eine neue Art der Wirklichkeitswiedergabe, die Eindrücke der mit dem Licht wechselnden Erscheinung wie flimmerndes Sonnenlicht, zarten Dunst und flüchtige Bewegung in Flecken von leichten Farben mehr andeutend als ausführend erfaßte. In Dtl. wirkte sich der I. auf M. Liebermann, M. Slevogt, L. Corinth u. a. aus. Von G. Seurat und P. Signac entwickelte optische Theorien führten zum Neoimpressionismus (Pointillismus), der ungemischte Grundfarben mosaikartig aneinandersetzte. A. Rodin übertrug Formprinzipien des I. auf die Plastik. (Bilder Corinth, Degas, Liebermann, Manet, Renoir, Sisley, Slevogt)

In der **Literatur** kennzeichnet der Begriff I. einen Stil (um 1890–1910), bei dem alles Gegenständliche, in seinen Feinheiten aufgenommen und vom Stimmungsgehalt her verstanden, Anreiz für Sinnesempfindungen und seelische Regungen ist. Zum I. zählen D. v. Liliencron, M. Dauthendey, R. Dehmel, der frühe Rilke, A. Schnitzler, die Dänen H. Bang, J. P. Jacobsen. Meister der impressionist. Skizze war P. Altenberg.

In der **Musik** versteht man unter I. eine Stilrichtung, die die strengen Formen der Tonalität, z. B. Kadenz, auflöst und geschlossene Melodien und themat. Entwicklung vermeidet zugunsten von zerfließenden Klangfarben und -konturen. Durch die Aufnahme außereurop. Elemente (Ganztonleiter, Pentatonik) erzielt der I. Klangwirkungen von exot. Reiz. Der klangl. Eindruck soll sich im Hörer in stimmungshafte Bildvisionen umsetzen. Vorläufer war M. Mussorgskij; auch F. Liszt nahm impressionist. Züge voraus. Unabhängig davon entstand der frz. I. (C. Debussy, M. Ravel).

Impressum [lat.] *das,* bei Zeitungen und Zeitschriften die gesetzlich vorgeschriebene Nennung von Verleger, Herausgeber, Schriftleiter und Firma des Druckers.

Imprimatur [lat. ›es werde gedruckt‹] *das,* Abk. **impr.,** 1) Vermerk auf dem Korrekturbogen, mit dem die Druckerlaubnis erteilt wird. 2) Kath. Kirche: die bis 1975 für theolog. und relig. Werke allg. vorgeschriebene kirchl. Druckerlaubnis. **imprimieren,** die Druckerlaubnis erteilen.

Impromptu [ɛ̃prɔt'y, frz.] *das,* ♪ der Augenblicksstimmung entsprungenes Stück für Klavier.

Improvisation [lat.-frz.], unvorbereitetes Handeln; in der Musik, bes. im Jazz, das freie Musizieren (Stegreif-Spiel) innerhalb eines gegebenen Schemas. **improvisieren,** etwas aus dem Stegreif tun.

Impuls [lat.] *der,* 1) Anstoß, Anregung. 2) ⊠ Produkt aus Masse und Geschwindigkeit eines Körpers. Bei abgeschlossenen Systemen, auf die keine äußeren Kräfte wirken, bleibt der Gesamt-I. unverändert **(I.-Satz).** Auch jede Form bewegter Energie besitzt I. – Bei kurzzeitig wirkenden Kräften bezeichnet man auch die Änderung der Bewegungsgröße als I. **(Kraftstoß).** Diesen Begriff überträgt man auch auf andere kurzzeitige Zustandsänderungen **(Spannungs-** und **Strom-I.** u. dgl.).

Impulsgenerator, elektr. Gerät zum Erzeugen von Stromstößen.

Impulshöhen|analyse, Verfahren zur Bestimmung der Energieverteilung einer Strahlung. Die Strahlungsenergie wird in elektr. Spannungsimpulse umgewandelt, die durch einen Diskriminator sortiert und gezählt werden.

impulsiv [lat.], lebhaft, leicht erregbar, rasch entschlossen (auch unüberlegt) handelnd.

Impulsmoment, bei einer Drehbewegung das Produkt aus Abstand vom Drehpunkt und Impuls **(Drehimpuls, Drall).**

Impuls|technik, ∱ Erzeugung und Anwendung elektr. Impulse. Urspr. nur in der Nachrichtentechnik, z. B. für Fernsehen und Radar verwendet, findet die I. heute weite Anwendung bei elektron. Rechenmaschinen in der elektr. Meß- und Steuertechnik sowie in der Kerntechnik.

Imputation [lat.], Beschuldigung.

Imroz [-z], grch. **Imbros,** türk. Insel im Ägäischen Meer, 289 km², 4 800 Ew.

Imst, Stadt und Bezirkshauptort im Oberinntal, Tirol, Österreich, 6 400 Ew.; bed. Ind., Fremdenverkehr; Kavernenkraftwerk; Verkehrsknoten.

Imuthes, grch. Name des →**Imhotep.**

in [lat.], in, hinein. **in absentia,** in Abwesenheit. **in abstracto,** im allgemeinen, ohne Rücksicht auf die tatsächl. Verhältnisse. **in aeternum,** auf ewig. **in concreto,** in einem bestimmten Fall, in Wirklichkeit. **in corpore,** geschlossen, alle zusammen. **in dubio pro reo,** im Zweifelsfall für den Angeklagten, ein Rechtsgrundsatz im dt. Strafprozeß. **in extenso,** ausführlich. **in flagranti,** auf frischer Tat. **in honorem,** zu Ehren. **in infinitum,** bis ins Unendliche fort. **in medias res,** mitten hinein (in die Sache), ohne Umschweife. **in memoriam,** zum Gedächtnis. **in natura,** 1) leibhaftig. 2) nackt. 3) in Waren, nicht in Geld. **in nomine,** im Namen. **in persona,** selbst, in Person. **in petto** [ital. ›in der Brust‹], bereit, aufgespart, im Sinn. **in praxi,** im wirklichen Leben, als Theorie. **in puncto,** betreffs. **in spe** [›in der Hoffnung‹], zukünftig. **in summa,** im ganzen, mit einem Wort. **in suspenso,** im Zweifel.

in [engl.], **in sein,** zur tonangebenden Gesellschaftsschicht gehörig, auch modisch auf dem neuesten Stand.

In, chem. Zeichen für Indium.

in|adäquat [lat.], nicht entsprechend, unangemessen.

in|aktiv [lat.], untätig; im Ruhestand.

in|appellabel [lat.], ♂♀ unanfechtbar; endgültig.

Incroyable

Inari, schwed. **Enare,** flacher, inselreicher Binnensee im finn. Lappland, rd. 1000 km².

In|auguraldissertation [lat.], die Doktorarbeit.

In|auguration [lat.], feierliche Amtseinsetzung. **inaugurieren,** einweihen, einführen (in ein Amt).

Inc. [engl.], Abk. für →Incorporated.

inch [intʃ, engl.] *das,* Einheitenzeichen: **in,** engl. und amerikan. Längenmaß, dem Zoll entsprechend; 1 in = 2,54 cm.

Inchŏn, Intschön, Hafen der südkorean. Hauptstadt Seoul, 800000 Ew.; Eisen- und Stahlwerk, Erdölraffinerie, Kraftwerke.

Inchromieren, Anreicherung der Oberfläche eines Werkstückes (Stahl) mit Chrom durch Glühen in gasförmigen, flüssigen oder festen, chromabgebenden Stoffen.

incipit [lat.], hier beginnt.

incl., Abk. für **in**clusive, einschließlich.

Incorporated [ɪnk'ɔːpəreɪtɪd], Abk. **Inc.,** auf die Rechtsform hinweisender Zusatz in amerikan. Aktiengesellschaften.

Incoterms ['ɪnkɔtəːmz], Abk. für **In**ternational **Co**mmercial **Terms,** internat. Regeln, um Auslegungsstreitigkeiten bei Anwendung der im internat. Handel üblichen Formeln wie cif, fob u. a. zu vermeiden.

Incroyable [ɛ̃krwaj'aːbl, frz. ›unglaublich‹] *der,* Pariser Stutzer um 1800. (→Merveilleuse)

I. N. D., Abk. für lat. **In** **n**omine **D**ei (oder **D**omini), ›im Namen Gottes (oder des Herrn)‹.

Indals|älv, Fluß in Mittelschweden, 420 km, bildet großartige Wasserfälle, z. T. in Großkraftwerken genutzt, mündet in den Bottn. Meerbusen; bed. Flößerei.

Indanthrenfarbstoffe, sehr beständige Küpenfarbstoffe aller Farbstoffklassen, urspr. nur der Anthrachinonreihe.

indefinit [lat.], unbestimmt. **Indefinitium** *das,* unbestimmtes Fürwort, z. B. mancher, einige, jemand.

indeklinabel [lat.], nicht deklinierbar, unbeugbar.

Indemnität [lat.] *die,* ⚖ Straflosigkeit des Abg. für alle Amtshandlungen im Parlament. I. heißt auch die nachträgl. Zustimmung der Volksvertretung zu einem nicht verfassungsmäßigen Staatsakt.

Independenten [lat.], im 17. Jh. entstandene calvinisch-puritan. Kirchenpartei in England; sie forderte die volle Selbständigkeit der Einzelgemeinde (engl. Congregation); auch **Kongregationalisten** genannt. Die I. sind seit 1689 neben der Anglikan. Kirche staatlich anerkannt.

Independenz [frz.] *die,* Unabhängigkeit.

Inder, Bevölkerung Indiens, eine Vielzahl von Völkern und Stämmen verschiedener Rassen- und Sprachgruppen.

indeterminabel [lat.], unbestimmbar.

indeterminiert [lat.], nicht bestimmt, frei.

Indeterminismus [lat.], **1)** Ⓟⓗ Lehre, daß der Wille frei sei. **2)** ⊠ Einschränkung der Vorausbestimmbarkeit des mikrophysikal. Geschehens durch die statist. Gesetze der Quantentheorie. Danach ist das Verhalten eines einzelnen Elementarteilchens innerhalb eines genau bestimmten Spielraums von Verhaltensmöglichkeiten grundsätzlich nicht voraussagbar. Der statist. Durchschnitt des Verhaltens großer Teilchenzahlen ergibt für Voraussagen verwendbare Regeln.

Index [lat. ›Anzeige‹] *der,* -es/-e oder Indizes, Indices, **1)** Namen-, Titel- oder Schlagwortregister am Schluß eines Buches. **2)** **I. librorum prohibitorum,** Verzeichnis der von der Kath. Kirche verbotenen Bücher (1559–1966). **3)** △ angehängtes Unterscheidungszeichen, z. B. 1 in a_1. **4)** Statistik: die →Indexzahlen.

Indexfamilie, Statistik: Modell-Familienhaushalt, dessen Monatsverbrauch der Berechnung der Lebenshaltungskosten zugrunde liegt.

Indexlohn, gleitender Lohn, Arbeitsentgelt, das sich automatisch mit der Bewegung der Lebenshaltungskosten ändert.

Indexröhre, Kathodenstrahlröhre zur Wiedergabe farbiger Fernsehbilder mit nur einem Elektronenstrahl.

Indexversicherung, Versicherung, deren Leistungen von der Entwicklung bestimmter Indizes abhängig sind, z. B. die vom Baukostenindex abhängige gleitende Neuwertversicherung von Gebäuden.

Indexwährung, Währung, die in Abhängigkeit von der Entwicklung best. Preisindizes reguliert werden soll, um den Geldwert stabil zu halten; bes. von I. Fisher gefordert.

Indexzahlen, Indexziffern charakterisieren zusammenfassend die zeitl. Entwicklung von Einzeltatbeständen, z. B. Preise versch. Waren, jeweils in Relation zu den Werten des Basisjahrs (=100).

Indiaca *das,* ⚽ Flugballspiel mit der ›Indiaca‹, einem Federball, der mit der flachen Hand über ein 1,85 m hohes Netz geschlagen wird. I. ist südamerikan. Ursprungs, wurde um 1930 in Mitteleuropa bekannt.

Indiana [ɪndɪ'ænə], Abk. **Ind.,** postamtl. **IN,** Staat der USA, zw. Ohio und Michigansee, 93993 km², 5,49 Mio. Ew. Hptst.: Indianapolis. Mais-, Sojabohnenanbau; Schweinezucht; Bergbau: Kohle, Kalkstein, Erdöl. Bed. Stahl-, Elektro u. a. Ind. – Seit 1702 von Franzosen besiedelt, kam I. 1763 an England, 1783 an die USA und wurde 1816 deren 19. Staat.

Indiana [ɪndɪ'ænə], Robert, eigtl. **R. Clark,** amerikan. Maler, Graphiker, * 1928; durch kolorist. Vergegenwärtigung vorgeprägter Zeichen (Zahlen, Buchstaben) bestimmte Werke.

Indianapolis [ɪndɪən'æpəlɪs], Hptst. (1825) von Indiana, USA, 695000 (Agglomeration: 1,085 Mio.) Ew.; kath. Erzbischofssitz, mehrere Univ.; versch. Ind., Autorennstrecke.

Indianer, die seit Kolumbus, der sich in Indien glaubte, so genannten Ureinwohner Amerikas (ohne Eskimo). Die I. sind rassisch als Indianide ein Zweig der Mongoliden (straffes, dunkles Haar, gelblichbräunl. Hautfarbe). Auf die oft übl. rote Körperbemalung geht der Name ›Rothäute‹ zurück. – Bereits zu Beginn der Kolonialzeit wurden viele I. (urspr. zw. 15 und 40 Mio.) durch Kriege und eingeschleppte Krankheiten ausgerottet. Ihre Zahl wird heute auf etwa 20 Mio. geschätzt, davon rd. 1 Mio. in Nordamerika (→Indianer-Reservationen), rd. 5 Mio. in Mexiko und Zentralamerika, die übrigen in Südamerika. (→Indio)

In Nordamerika besaßen die I. zur Zeit der Ankunft der ersten Europäer eine Vielzahl von Kulturen, vom einfachen Wildbeuterdasein bis zum hochentwickelten Bodenbauertum. Sie hatten spezif. Wirtschaftsformen und entsprechende Kulturen entwikkelt, so an der NW-Küste eine Küstenfischer-Kultur mit einer hochentwickelten Kunst, in den subarkt. Wäldern mit ihren vielen Flüssen und Seen eine Jäger- und Fischerkultur, in den Steppenlandschaften des W eine intensive Sammlerkultur, auf den Grasländern der Plains (nach Übernahme des Pferdes von den Spaniern) eine Bisonjägerkultur (Prärie- und Plains-I.). Die Einführung von trop. Kulturpflanzen (Mais, Bohne, Kürbis) trug zur Entstehung seßhafter Bodenbauerkulturen im östl. Waldland mit Brandrodung, im SW mit Bewässerung bei.

In Lateinamerika konnten die I., die bereits Hochkulturen mit staatl. Ordnung, sozialer Schichtung und Arbeitsteilung entwikkelt hatten, relativ einfach in die Gesellschaft der europ. Eroberer integriert werden. Damit hat v. a. in Mexiko und den Andenstaaten eine kontinuierl. rass. Vermischung begonnen. Jedoch steht heute die indian. Bev. (von Ausnahmen abgesehen) wirtschaftlich und sozial auf der untersten Stufe und ist trotz rechtl. Gleichstellung oft Diskriminierungen ausgesetzt.

Über die Hochkulturen in Zentralamerika (Maya, Azteken, Zapoteken u. a.) →Mesoamerikanische Hochkulturen, in den Anden Südamerikas (Inka, Muisca u. a.) →Andine Hochkulturen.

Indianer, ✰ Sternbild des Südhimmels.

Indianer-Reservationen, in N-Amerika die seit 1786 den Indianern zugewiesenen Wohngebiete. Größte I.-R. ist die der Navajo im SW der USA (64000 km² mit rd. 125000 Ew.). – Indianer-Schutzgebiete gibt es auch in Südamerika, so in Brasilien die 1962 gegr. Xingu-Reservation.

Indianersommer, Altweibersommer.

Indianersprachen, Sprachen der Ureinwohner Amerikas. Die Zahl der I. in vorkolumb. Zeit wird auf rd. 300 für Nord- und Mittelamerika, rd. 1400 für Südamerika geschätzt. Bedeutung haben heute u. a. noch Navajo, Apache, Cree in Nord-, Nahuatl, Maya, Otomí in Mittel-, Guaraní und Ketschua in Südamerika.

Indices, Indizes, *Mz.* von →Index.

Indide, den Langkopfformen der Europiden zugehörige Menschenrasse Indiens.

Indien

Indi|en, amtl. ind. **Bharat,** Rep. in S-Asien, rd. 3,3 Mio. km², 683,81 Mio. Ew. Hptst.: Neu-Delhi. Amtssprache: Hindi, daneben Englisch sowie Regionalsprachen. Währungseinheit: ind. Rupie (i. R.) = 100 Paise. 🌐 Band 1, nach S. 320.

Landesnatur, Bevölkerung. I. nimmt fast ganz die Osthälfte →Vorderindiens ein mit Teilen des Himalaya (W und O) und seinen Vorbergen, der Ganges-, Brahmaputraebene und der Halbinsel I. mit dem Hochland von Dekkan. Das starke Bevölkerungswachstum (Zuwachsrate 1971: 2,2% im Jahr, 1975: 2%) erfordert Familienplanung. Die Bewohner gehören versch. Rassen- und Sprachengruppen sowie Religionen (83% Hindus, 11% Muslime, 1,9% Sikhs, 0,7% Buddhisten, 2,6%

Christen u. a.) an. Eine große Rolle in der Gliederung spielt die Kastenzugehörigkeit. Bildung: Die Schulverwaltung liegt bei den Bundesländern; allg. Schulpflicht vom 7.–13. Lebensjahr, jedoch noch wenig verwirklicht; 70% Analphabeten; in den Grundschulen Unterricht in der Muttersprache, an den Sekundar- und Hochschulen in Englisch; rd. 110 Univ. und zahlreiche weitere Hochschuleinrichtungen.

Staat und Recht. Nach der Verf. vom 26. 1. 1950 (mit mehreren Änderungen) ist I. ein Bundesstaat im Rahmen des Commonwealth. Staatsoberhaupt ist der von beiden Häusern des Parlaments und den Parlamenten der Staaten gewählte Präsident; er ernennt und entläßt den MinPräs. und die Minister. Das Parlament besteht aus dem Staatenhaus (Oberhaus, Rajiya Sabha) und dem Volkshaus (Unterhaus, Lok Sabha). – Das Recht beruht auf vom engl. Rechtsdenken beeinflußten Gesetzen, neueren ind. Gesetzen und Gewohnheitsrecht. Familien- und Erbrecht sind nach Religionszugehörigkeit verschieden. Seit dem Hindu-Ehegesetz von 1955 für alle Kasten Scheidung und Einehe. Seit 1956 fast völlige Gleichberechtigung der Frau im Erb-, Unterhalts- und Adoptionsrecht.

Staaten (Hauptstädte) 1982: Andhra Pradesh (Hyderabad), Assam (Dispur), Bihar (Patna), Jammu and Kashmir (→ Kaschmir; Srinagar/Jammu), Gujarat (Gandhinagar), Haryana (Chandigarh), Himachal Pradesh (Simla), Karnataka (Bangalore), Kerala (Trivandrum), Madhya Pradesh (Bhopal), Maharashtra (Bombay), Manipur (Imphal), Meghalaya (Shillong), Nagaland (Kohima), Orissa (Bhubaneswar), Pandschab (Chandigarh), Rajasthan (Jaipur), Sikkim (Gangtok), Tamil Nadu (Madras), Tripura (Agartala), Uttar Pradesh (Lucknow), Westbengalen (Kalkutta).

Unionsterritorien 1982: Andamanen und Nikobaren (Port Blair), Arunachal Pradesh (Ziro, vorläufig Itanagar), Chandigarh (Chandigarh), Dadra und Nagar Haveli (Silvassa), Delhi (Delhi), Goa, Daman und Diu (Panjim), Lakshadweep (Kavaratti), Mizoram (Aijal), Pondicherry (Pondicherry).

Wirtschaft. I. ist überwiegend Agrarland. 50% der Landfläche sind anbaufähig. 70% der Erwerbspersonen sind in der Landwirtschaft, in der Klein- und Zwergbesitz überwiegt, beschäftigt. Wegen der wechselnden Boden- und Klimaverhältnisse sind die Anbaumöglichkeiten und Erträge unterschiedlich. Durch Bewässerung (Pandschab, Wüste Thar) oder durch Entwässerung (Assam) wird im Rahmen der Fünfjahrespläne (seit 1951) die landwirtschaftl. Nutzung auch mit ausländ. Hilfe gesteigert.

Landwirtschaftliche Erzeugung			
Ernte (1979/80; in 1 000 t)		tierische Erzeugnisse (1979; in 1 000 t)	
Reis	42 185	Rind-	
Hirse (Sorghum)	11 320	u. Kalbfleisch	72
Weizen	31 564	Kuhmilch	10 000
Ölsaaten	8 078	Büffelmilch	14 508
Baumwolle	7 698	Ziegenmilch	726
Tee	400	Hühnereier	87
Jute (Kenaf)	1 908	Rinder-	
Zuckerrohr	127 990	u. Büffelhäute	771

Hauptanbaupflanzen: Reis (Gangesebene, Süd- und Ost-I.), Hirse (NW- und Zentral-I.), Weizen (bes. im N), ferner Mais, Hülsenfrüchte, Erdnüsse; Baumwolle (im Hochland Zentral- und Süd-I.s), Jute (Bengalen, NO-I.), Zuckerrohr (Gangesebene), Tee (NO-I., Bengalen). Außerdem spielt der Anbau von Tabak und Gewürzen eine Rolle. In der Viehwirtschaft sind Schaf- (41 Mio.) und Ziegenhaltung (71 Mio.) verbreitet. Aus relig. Gründen werden Rinder (182 Mio.) nicht geschlachtet. Der mit der Bevölkerungszunahme schnell wachsende Bedarf wird durch Ertragssteigerungen kaum ausgeglichen, so daß I. weiterhin auf Nahrungsmitteleinfuhren angewiesen ist. Hauptziel seit dem 2. Fünfjahresplan ist die Industrialisierung (bes. der Aufbau einer Schwerindustrie). Der Abbau der Bodenschätze nimmt stark zu: Steinkohle (Förderung 1979: 103,45 Mio. t), Eisenerze (1980: 25,2 Mio. t Eiseninhalt), Mangan, Kupfer, Bauxit, Glimmer, Gold, Erdöl (1979: 12,8 Mio. t). Beträchtlich erweitert wurde die Eisen- und Stahlerzeugung durch den Bau der 4 großen staatl. Werke Rourkela, Durgapur, Bhilai und Bokaro (Rohstahlerzeugung 1975: 7,7 Mio. t). Der größte Industriezweig ist die Baumwoll-Ind. (1979: 0,95 Mio. t Baumwollgarn, 7,53 Mrd. m

Baumwollgewebe). Die Jute-Ind. ist die größte der Erde; außerdem Eisen- (1980: 8,5 Mio. t Roheisen), Zucker- (raffiniert 1979: 7,8 Mio. t), Zement-, chem. u. a. Ind., Maschinenbau. Ausfuhrgüter sind bes. Juteprodukte, Tee, Baumwolltextilien, Erze, Gewürze; Haupthandelspartner USA, UdSSR, Großbritannien, Japan, Iran.

Verkehr. Das Eisenbahnnetz umfaßt 60 149 km; von den rd. 1,337 Mio. km Straßen haben 485 000 km eine feste Decke (1976: 1,33 Mio. Pkw). Wichtige Wasserstraßen: Ganges und Brahmaputra. Die Handelsflotte umfaßt (1978) 5,8 Mio. BRT. Haupthäfen: Bombay, Madras, Marmagoa, Kalkutta. Internat. Flughäfen: Kalkutta, Bombay, Delhi, Madras (2 staatl. Luftverkehrsgesellschaften).

Geschichte. Der Kampf der ind. Nationalbewegung unter Führung M. →Gandhis um die Selbstreg. (→Vorderindien, Geschichte) verschärfte sich während des 2. Weltkrieges. 1947 gewährte die brit. Reg. den ind. Völkern Selbständigkeit unter Teilung Britisch-Indiens in die neuen Staaten Indien und → Pakistan. Grenzstreitigkeiten lösten Unruhen aus (über 1 Mio. Tote) und führten zur Umsiedlung von rd. 8,4 Mio. Menschen. Während es der ind. Reg. in Verhandlungen mit Frankreich gelang, Französisch-Indien mit I. zu vereinigen, ließ I. 1961 die portugies. Gebiete in I. (→Goa, Daman und Diu) besetzen. In I. entwickelte sich eine parlamentar. Demokratie, in der die Ind. Nationalkongreß die führende Partei wurde. Er stellte die Staatspräsidenten (1950–62 Prasad; 1962–67 Radhakrishnan; 1967–69 Husain; 1969–74 Giri; 1974–77 Fakhruddin, seitdem Reddy) und die meisten MinPräs. (Nehru 1947–64; Schastri 1964–66; Indira Gandhi 1966–77 und seit 1980). 1956 wurden die Provinzgrenzen nach sprachl. Gesichtspunkten neu gegliedert. Während auch in den meisten Prov. der Nationalkongreß maßgebl. polit. Kraft bei der Bildung der Landes-Reg. blieb, setzen sich in → Kerala immer wieder die Kommunisten durch. Seit 1975 regierte I. Gandhi auf der Grundlage einer Notstands-Verf. (Außerkraftsetzung der Grundrechte, Pressezensur). Nach dem Wahlsieg der Janata-Partei mußte sie jedoch zurücktreten. Neuer MinPräs. wurde M. Desai (Janata-Partei, 1977–79). Im Jan. 1980 errang der von I. Gandhi geführte Teil des Nationalkongresses einen hohen Wahlsieg. Sie selbst übernahm erneut die Führung der Regierung. 1975 wurde Sikkim indischer Bundesstaat.

Bei der Teilung Britisch-Indiens entstand der indisch-pakistan. Konflikt um →Kaschmir. In der internat. Politik gründete Nehru die ind. Politik auf die Grundsätze der Bündnislosigkeit. I. spielte auf der Konferenz von →Bandung (1955) eine maßgebl. Rolle. Der für I. mit einer Niederlage endende Konflikt mit VR China im östl. und westl. Abschnitt der indisch-chines. Grenze bewog die ind. Reg., die Schlagkraft der ind. Streitkräfte zu verbessern. Im Kaschmir-Konflikt (1965) zeigte sich I. dem pakistan. Angriff gewachsen. Im Vertrag von Taschkent (1966) verzichteten unter Vermittlung der UdSSR I. und Pakistan auf Gewaltanwendung bei der Lösung des Kaschmirproblems. 1971 unterstützte I. die Unabhängigkeitsbestrebungen Ostpakistans und erzwang dort im Dez. 1971 mit Waffengewalt die Errichtung des unabhängigen Staates Bangladesh.

indifferent [lat.], 1) gleichgültig, unentschieden, auf keinen Einfluß ansprechend. 2) ⚓ keine Verbindungen eingehend. **Indifferenz,** Gleichgültigkeit.

indigen [lat.], ⚘ eingeboren, inländisch.

Indigestion [lat.], vorübergehende Verdauungsstörung.

Indigirka, Fluß in NO-Sibirien, 1726 km, mündet in die Ostsibir. See; von Oktober bis Mai vereist.

Indigo der, ältester bekannter organ. Farbstoff, dunkelblau; aus trop. Indigofera-Arten, Waid- und Färberknöterich gewonnen; schon etwa 2500 v. Chr. in Ägypten nachweisbar. 1880 wurde die Synthese des J. von A. v. Baeyer gefunden. Ende des 19. Jh. löste das Anilin den natürl. I. ab.

Indikation [lat.], 1) Anzeichen, Merkmal. 2) ⚕ **Heilanzeige,** die Gründe, die bei einer Krankheit zu einer best. ärztl. Behandlungsweise führen. 3) →Schwangerschaftsabbruch.

Indikativ [lat.] der, Wirklichkeitsform des Zeitworts.

Indikator [lat.], 1) ⚙ Gerät zum Aufzeichnen des Druckverlaufs in Zylindern von Kolbenmaschinen, z. B. von Dampfmaschinen, Kompressoren. 2) ⚓ Farbstoff, der den Verlauf einer chem. Reaktion durch einen kennzeichnenden Farbumschlag anzeigt, z. B. Lackmus. 3) Kernphysik: →Isotopenindikatoren.

Indikatrix die, 1) △ Kurve, die die Art der Krümmung einer Fläche in der Umgebung eines Flächenpunktes zeigt. 2) Optik:

Kurve der räuml. Lichtstärkeverteilung einer Lichtquelle oder einer beleuchteten Fläche.

Indio *der,* span. und portugies. Bez. für den Indianer; nach lateinamerikan.

Sprachgebrauch kein rassisch, sondern ein kulturell und sozial bestimmter Begriff für die Indianer, die ausschließlich eine Indianersprache sprechen und die traditionellen Lebensformen beibehalten haben.

indirekt [lat.], mittelbar, aus zweiter Hand, auf Umwegen.

indirekte Rede, berichtende, nicht wörtliche Rede: er sagte, daß er kommen wolle.

indirekte Steuern, Steuern, die nicht direkt geleistet werden, sondern den Steuerträger auf dem Wege der **Steuerüberwälzung** treffen. Die meisten Verbrauchsteuern werden vom Erzeuger oder Händler abgeführt, der sie über den Verkaufspreis auf den Verbraucher abwälzt, z. B. Mineralölsteuer.

indische Kunst. Kunst der vorderind. Halbinsel und ihrer Randgebiete (Afghanistan, Kaschmir, Nepal); Stilabwandlungen sind in Sri Lanka, Zentralasien, Hinterindien und Indonesien erkennbar. Trotz zeitweilig starker iran., hellenist. (→ Gandhara) und persisch-islam. Einflüsse bewahrte die i. K. bis in jüngste Zeit ihre Eigenständigkeit.

Baukunst. Von der Induskultur sind nur Ziegelbauten bekannt. Früheste Steindenkmäler sind, neben vorgeschichtl. Dolmen, die Gesetzessäulen des Königs Aschoka mit Glockenkapitellen und Tierfiguren. Die ersten Bauten des Buddhismus sind Stupas (mächtigste Ausmaße in → Borobudur), große halbkugelförmig über einem Sockel errichtete Kultmale, umschlossen von einem Steinzaun mit 4 Toren (Sanchi, Sarnath, 3. Jh. v. Chr.). Tempel und Klöster wurden als Höhlenbauten in Fels gehauen: Tempel in Karli (dreischiffige, tonnengewölbte Säulenhalle mit Apsis, 1. Jh. n. Chr.), Ajanta, Ellora, Gharapuri. Frei aus dem Fels gemeißelt ist der Kailasa-Tempel in Ellora (8. Jh.). Die ältesten aufgemauerten Tempelbauten sind flachgedeckte Zellen mit Säulenvorhalle, die späteren mächtigen Tempeltürme erwachsen aus der immer höher übereinandergeschichteten Grundform.

Von der **Plastik** der Induskultur zeugen außer Tonsiegeln (meist mit Tierreliefs) Terrakotta- und Bronzefiguren. Das bekannteste Werk der Aschoka-Zeit ist das persisch beeinflußte Löwenkapitell in Sarnath (heute Staatswappen). Aus der Frühzeit der rein ind. Skulptur stammen die Reliefs an den Toren und Zäunen der Stupas (in Sanchi, Barhut u. a.), die Naturgeister verkörpern und Szenen aus der Buddhalegende schildern. Buddha selbst, den man anfänglich durch Symbole versinnbildlichte, wurde erst seit dem 1. Jh. n. Chr. von der hellenistisch-ind. Gandhara-Kunst und in Mathura dargestellt, wo jahrhundertelang die führenden Bildhauerwerkstätten bestanden. Am reichsten entfaltete sich die Plastik in den Höhlentempeln von Ellora, Gharapuri (dreigesichtiger Riesenkopf des Shiva, 7. Jh.) u. a. Die Bronzekunst blühte im südl. Indien (Bildwerke des tanzenden Shiva, 10.–13. Jh.). In der Spätzeit verlor sich das einzelne Kunstwerk in der Überfülle der die Tempel außen und innen überwuchernden Skulpturen.

Mittelpunkt der klass. **Malerei** der Frühzeit waren die Höhlentempel in Ajanta, die mit Fresken aus der Buddhalegende ausgemalt wurden (1.–7. Jh.). Der gleichen Zeit gehören auch die Fresken von Sigirya (Sri Lanka) an. Unter den Mogulkaisern blühte seit dem 16. Jh. die auf pers. Quellen zurückgehende Miniaturmalerei. Miniaturen der Rajasthani-Schule schildern Szenen aus der Krishna-Legende und verbildlichen zugleich Melodien. Um 1900 entstand die mod. ind. Malerei in der bengal. Kunstschule unter A. Tagore. (Bilder Agra, Borobudur, Delhi und S. 9)

indische Literaturen, auf ind. Boden entstandene Literaturen. Die buddhist. Schriften sind meist in Pali geschrieben (Blütezeit dieser Lit. bis 12. Jh.). Viele relig. Schriften der Jainas, z. T. buddhist., auch weltl. Dichtungen der Hindus sind in Prakrit abgefaßt. Das Schrifttum in Bengali beginnt im 10. Jh. mit buddhist. Schriften; der bedeutendste neue Dichter dieser Sprache war R. Tagore († 1941). Auch in Gujarati gibt es eine reiche Lit. (seit dem 14. Jh.; in Gujarati auch Selbstbiographie Gandhis), ebenso in Hindi (bed. Dichter: Tulsidas, † 1623; moderner Erzähler: Premcand, † 1936), Urdu (Dichter Sauda, † 1780, Mir Taqi, † 1810, Ghalib, † 1869), Marathi, Kannada. Die klass. Tamil-Lit. reicht bis in die Anfänge der Zeitrechnung zurück (relig. Lyrik, erzählende Gedichte, Spruchsammlungen, Hymnensammlung). Vgl. auch →Veda, → Sanskrit.

indische Musik, baut sich auf feststehenden, altüberlieferten Tonskalen auf, die rhythmisch und melodisch nur abgewandelt werden. Grundlage ist der einstimmige Gesang, der reich verziert ist. Im Instrumentarium herrschen gezupfte Saiteninstrumente vor (z. B. Sitar); daneben gibt es viele Arten von Trommeln sowie Oboen und Flöten.

indische Philosophie. Die i. P. entwickelte sich in enger Verbindung mit der Religion des Buddhismus. Ihre Anfänge sind bis zu den Hymnendichtungen der Veden zurückzuverfolgen (→Veda). Als philosoph. Schriften können jedoch erst die seit 800 v. Chr. entstandenen → Upanishaden gelten, in denen die Wesensgleichheit der Einzelseele (Atman) mit dem ewigen Weltgeist (Brahman) gelehrt wird. In der klass. Zeit von 500 vor bis 1000 n. Chr. kam es im Kampf mit den Materialisten (Carvaka) und Skeptikern sowie den neu entstandenen Religionen des Buddhismus und Jainismus zur Ausbildung der 6 Systeme der i. P.: Der **Vedanta** gab den Gedanken der Upanishaden systemat. Form in den Brahmasutras (1. Jh. n. Chr.), nach denen der Einzelseelen aus dem Brahman hervorgehen und sich mit ihm wieder vereinen, ohne ihre Individualität aufzugeben, wenn sie durch die Erkenntnis und Gottesliebe der Erlösung erlangt haben. Das **Samkhya** entwickelte im 1. Jh. n. Chr. ein atheist., streng dualist. System, das

indische Kunst: links Bhairawi Ragini, frühe Rajput-Miniatur, Mandu (in Malwa), etwa 1550 (London, South Kensington Museum); rechts zwei weibliche Gestalten, aus Wolken auftauchend, Felsmalerei, 5. Jh., Sigirija (Sri Lanka)

indische Kunst: Küstentempel von Mahabalipuram

einen unüberbrückbaren Ggs. zw. der Urmaterie, aus der alles Stoffliche hervorgeht, und den Einzelseelen annimmt. Die **Mimamsa** beschäftigt sich v. a. mit Erklärungen des Opferwesens. Der **Yoga** lehrt prakt. Methoden geistiger Konzentration, um durch völlige Herrschaft über den Körper den Geist zu befreien. Er schloß sich Theorien des Samkhya an, nahm aber die Vorstellung von einem persönl. Gott auf. Das **Vaisheshika** und **Nyaya**, die sich durch scharfsinnige logische Unterscheidungen auszeichnenden jüngsten Systeme, lehren einen persönl., von der Welt versch. Gott, der die Seelen und Atome lenkt.

Indischer Nationalkongreß, 1885 gegr. Vereinigung ind. Intellektueller, seit 1916 zur stärksten und bestorganisierten polit. Partei Indiens entwickelt **(Kongreßpartei),** 1929–46 Trägerin des Kampfes um die Unabhängigkeit (Politik der Gewaltlosigkeit, Nichtbeteiligung an der behördlichen Arbeit, Ungehorsam gegen die brit. Verwaltung). →Indien, Geschichte, →Gandhi, →Nehru.

Indischer Ozean, mit 74,12 Mio. km² der kleinste der 3 Ozeane, zw. Asien, Afrika, Australien und der Antarktis; Mittelmeere: Rotes Meer, Pers. Golf. Wichtigste Inseln und Inselgruppen: Madagaskar, Komoren, Seychellen, Sri Lanka, Sokotra, Andamanen, Malediven, Maskarenen, Kerguelen. Die zentralind. Schwelle teilt den I. O. etwa längs 70° ö. L. in die westl. und östl. Becken. Größte Tiefe: 7455 m im Sundagraben südl. Java.

indischer Tanz. Der i. T. hat sich aus Volkstänzen entwickelt und trägt stark relig. Gepräge, symbolisiert Götter, aber auch abstrakte Bedeutungen. Es werden 4 Stilformen unterschieden: **Bharata Natjam,**Tanz der Tempel-Vestalinnen, **Kathakali,** südind. Maskentanzdrama, von Männern aufgeführt, **Kathak,** nordind. Unterhaltungstanz, **Manipuri,** ostindisch, verherrlicht den Schäfergott Krishna.

indische Schriften. Es gibt etwa 200 versch. Alphabete der brahman. und buddhist. Völker Indiens, Mittel- und SO-Asiens und der Sunda-Inseln. Außer der Kharoshthi-Schrift, die aus der aramäischen entstand, gehen alle auf die **Brahmi-Schrift** zurück, die um 250 v. Chr. über ganz Indien verbreitet war. Von ihr leiten sich 2 Gruppen von Schriften ab. Zur nördlichen gehören bes. die **Nagari**-Schrift, in der Abart **Devanagari** für Sanskrit gebraucht, und die **Pali**-Schriften. Zur südl. Gruppe gehören bes. die Schriften der nichtarischen Sprachen Südindiens.

indische Sprachen, im weitesten Sinne die in Indien gesprochenen Sprachen: die →indoarischen Sprachen, die Dravida-Sprachen (→Dravida), die →Mundasprachen, ferner in den Randgebieten gesprochene Sprachen der Nachbarländer.

indiskret [lat.], nicht verschwiegen, taktlos. **Indiskretion,** Vertrauensbruch, Taktlosigkeit.

indiskutabel [lat.], keiner Erörterung wert.

indisponibel [lat.], nicht verfügbar.

indisponiert [lat.], unpäßlich, in schlechter Verfassung.

indisputabel [lat.], unstreitig.

Indium, In, seltenes silberglänzendes Metall (→chemische Elemente), ist wachsweich, sehr dehnbar. Verwendung mit Phosphor, Antimon und Arsen für Halbleiter, für korrosionsbeständige Überzüge u. a.

Individualismus [lat.], philosoph. die Lehre, daß nur das Individuelle Wirklichkeit besitzt oder das Individuum ethisch als Selbstzweck zu gelten habe; sozialphilosoph. die Auffassung vom Vorrang des Individuums vor der Gesellschaft, im besonderen die Lehre, daß es das eigentlich oder einzig Wirkliche in allem Gesellschaftsleben sei oder daß es sinn- oder wertmäßig als dessen Zweckbestimmung, Gestaltungsnorm und Beurteilungsmaßstab zu gelten habe.

Individualität [lat.], Persönlichkeit, Charakter; Besonderheit des Einzelnen.

Individualpsychologie, i. w. S. Psychologie des Menschen als Einzelwesen; i. e. S. die 1911 von A. Adler begründete Richtung der Tiefenpsychologie und Psychotherapie: Hauptantrieb des Menschen sei das Macht- und Geltungsstreben; Organminderwertigkeiten und soziale Benachteiligung können zu ›Minderwertigkeitskomplexen‹ führen, diese zu Versuchen der Kompensation und Überkompensation.

Individualversicherung, jede Versicherung, die keine Sozialversicherung ist.

Individuation [lat.], **1)** ⒫ Heraussonderung des Einzelnen aus dem Allgemeinen. **2)** in der Tiefenpsychologie C. G. Jungs das seel. Geschehen, durch das die reife Persönlichkeit, das Selbst, aufgebaut wird.

individuell [lat.], der Einzelpersönlichkeit zugehörig.

Individuum [lat. ›das Unteilbare‹] **1)** menschl. Einzelpersönlichkeit. **2)** Philosophie: das Einzelseiende, i. Ggs. zur Gesellschaft.

indivisibel [lat.], unteilbar, einfach.

Indiz [lat.] *das,* -es/-ien, ⒭Tatsache, die einen Rückschluß auf eine andere, nicht bewiesene Tatsache zuläßt. **Indizienbeweis,** im Prozeß zulässiger Beweis auf Grund von I.

Indizes, *Mz.* von →Index.

indoarische Sprachen, in Vorderindien gesprochene Sprachen des arischen Sprachzweiges der **indogerman. Sprachen,** z. B. Pandschabi (Punjabi), Gujarati, Sindhi, Marathi, Hindi, Bengali, Orija, Bihari, Assami.

Indochina, die 1887 von Frankreich gegr. Union aus Annam, →Kambodscha, Cochinchina, Tongking, →Laos. – Seit 1940 in Tongking, besetzten die Japaner Anfang 1945 ganz I. Nach dem Zusammenbruch Japans (Aug. 1945) rief Ho Chi-Minh, der Führer der KP I.s, an der Spitze des →Vietminh die Rep. →Vietnam aus, geriet jedoch in Konflikt mit den nach I. zurückgekehrten Franzosen. Seit Ende 1946 führten die Vietminh einen Guerillakrieg gegen die frz. Kolonialtruppen **(Indochinakrieg).** 1949 gewährte die frz. Reg. Kambodscha, Laos und Vietnam (Annam, Cochinchina, Tongking) im Rahmen der **Französ. Union** die Unabhängigkeit. Nach der Niederlage von →Dien Bien Phu zog sich Frankreich 1954 (→Genfer Konferenzen 2) aus I. zurück.

indochinesische Sprachen, →sinotibetische Sprachen.

Indogermanen, Indoeuropäer, Völker, die eine indogerman. Sprache sprechen.

indogermanische Sprachen, außerhalb Dtl.s **indoeuropäische Sprachen** genannt, eine Gruppe von Sprachen, die in Wortschatz und Formenbildung stark übereinstimmen, nach den zuerst bekannten östlichsten (Inder) und westlichsten (Germanen) Mitgl. benannt. Zu den i. S. gehören die großen Kultursprachen Indiens, der Antike und des Abendlandes.

Gliederung (von W nach O geordnet). 1) kelt. Sprachen. 2) italische Sprachen, v. a. Lateinisch, dessen Fortentwicklung die roman. Sprachen darstellen. 3) german. Sprachen. 4) balt. Sprachen. 5) slaw. Sprachen. 6) Illyrisch. 7) Thrakisch. 8) Albanisch. 9) Griechisch. 10) Phrygisch. 11) Hethitisch. 12) Armenisch. 13) iran. Sprachen. 14) indoarische Sprachen (beide Gruppen werden auch als arische oder indoiranische Sprachgruppe zusammengefaßt). 15) Tocharisch.

Nach den Bez. für das Zahlwort 100 (lat. centum, iran. satem), unterscheidet man im Lautstand zeigen, teilt man die I. S. in **Kentum-** und **Satemsprachen.** Die indoiranischen, slaw., balt. Sprachen, das Armenische, Albanische und Thrakische sind Satem-, alle übrigen Kentumsprachen.

Die Erforschung der i. S. ist Aufgabe der **Indogermanistik.** Nachdem die Verwandtschaft der wichtigsten i. S. 1786 von W. Jones erkannt worden war, wurde die Wissenschaft der Indoger-

Indo

Indol

Indonesien

Induktion 3):

oben Erzeugung eines Induktions-Stromes durch Bewegung eines Magnetstabes in einer Spule, unten durch Öffnen und Schließen eines Gleichstromkreises durch einen Unterbrecher; in der Sekundärspule entsteht ein Wechselstrom

manistik von R. Rask (1814), F. Bopp (1816) und J. Grimm (1822) begründet.

indo|iranische Sprachen, →indogermanische Sprachen.
Indoktrination, Beeinflussung i. S. einer bestimmten Lehre.
Indol *das,* chem. Verbindung, von der sich physiologisch und technisch wichtige Stoffe ableiten (Indigo).
indolent, gleichgültig, träge, unempfindlich.
Indologie, Wissenschaft von Indien: Archäologie, Geschichte, Kultur, Kunst, Literatur, Philosophie, Religionen und Sprachen.
Indonesi|en, amtlich **Republik I.,** Inselstaat in SO-Asien, 2,027 Mio. km², 147,38 Mio. Ew. (rd. 88% Muslime). Hptst.: Jakarta. Amtssprache Bahasa Indonesia, Handelssprache: Englisch. ⊕ Band 1, n. S. 320. Währung: 1 Rupiah = 100 Sen.
Landesnatur. I., zw. Pazif. und Indischem Ozean, beiderseits des Äquators gelegen, umfaßt die 4 Großen Sunda-Inseln Borneo (ohne den NW), Sumatra, Celebes, Java (Bild), die Kleinen Sunda-Inseln, die Molukken und Tausende weiterer Inseln, ferner seit 1963 W-Neuguinea; ihre Lage sind tropisch. Es ist überwiegend feuchtheißes Tropengebiet mit Regenwald im W und Monsunwald im SO; bes. die Kleinen Sunda-Inseln und Java sind nur zu 10–25% der Fläche mit Wald bedeckt. Die **Bevölkerung** besteht überwiegend aus →Indonesiern, ferner aus Chinesen; ²/₃ der Ew. leben auf Java auf nur 7% der Staatsfläche. Die städt. Bev. hat durch Landflucht bes. nach dem 2. Weltkrieg stark zugenommen. Allg. Schulpflicht vom 7.–12. Lebensjahr; mehrere Univ. und Hochschulen.
Wirtschaft. Die Landwirtschaft steht an 1. Stelle, doch hat sie ihre früher weit überragende Stellung eingebüßt. An Nahrungsmitteln werden bes. Reis, Mais, Maniok, als Handelsgewächse Zucker, Kautschuk, Tee, Tabak, Kaffee, Kokos- und Ölpalmen angebaut. Wichtig sind Fischfang und Holzeinschlag. An Bodenschätzen werden Erdöl (bes. auf Sumatra), Bauxit, Nickel, Zinn-, Kupfererze (W-Neuguinea) gewonnen. In der Industrie überwiegen kleine Betriebe. Großbetriebe befinden sich bes. auf Java. Wichtige Zweige: Nahrungs- und Genußmittelind., Erdölraffinerien, ferner Gummi-, Textilind. Wichtigste Handelsgüter sind Erdöl, Kautschuk, Holz. Wichtigste Handelspartner: EG-Länder, Japan, USA. Das Verkehrsnetz ist auf Java am dichtesten. Eisenbahnen gibt es nur auf Java und Sumatra; rd. 123 000 km Straßen. Bedeutung haben Flug- und Schiffsverkehr. Internat. Flughafen: Jakarta. Bed. Häfen: Jakarta, Surabaya.
Nach der Verf. v. 1945 ist der Präs. Staatsoberhaupt. Oberstes Verfassungsorgan ist der ›Beratende Volkskongreß‹.
Geschichte. Vor Christi Geburt brachten Kaufleute und Priester aus Vorderindien den Kult ind. Gottheiten und den Buddhismus nach I. Von den unter Einfluß entstandenen Reichen entwickelte sich das im 7. Jh. auf Sumatra gegr. Großreich Srividjaja zur indones. Großmacht. Das Reich Madjapahit (1222–1625), das sich von Java aus über den größten Teil des heutigen I.s ausdehnte, eroberte 1377 Srividjaja; es wurde seinerseits abgelöst durch das islamisch bestimmte 2. Reich Mataram (bis 1830). Im Zuge der europ. Kolonisation setzten sich seit 1596 im heutigen I. die Niederländer fest (Gründung der Niederländisch-Ostind. Handelskompanie, 1602). Durch Verträge und Eroberungen erwarben die Niederländer das heutige I. als Niederländisch-Indien. Unter dem Einfluß europ. Ideen entstand seit dem Ende des 19. Jh. eine Nationalbewegung gegen die niederländ. Herrschaft. Im zweiten →Weltkrieg war Niederländisch-Indien von japan. Truppen besetzt. Nach dem Zusammenbruch Japans rief Sukarno 1945 (seitdem Staatspräs.) die unabhäng. Rep. Indonesien aus, die 1949 von den Niederlanden im Rahmen einer Niederländisch-indones. Union (aufgelöst 1954) anerkannt wurde. 1959 löste Sukarno das parlamentar. Reg.-System zugunsten eines Systems der ›gelenkten Demokratie‹ ab. Außenpolitisch proklamierte er eine Politik der Blockfreiheit (→Bandung-Konferenz). Nach 1960 führte er sein Land politisch in einen immer stärkeren Ggs. zu den USA bei gleichzeitiger Annäherung an die VR China. Unter seiner Präsidentschaft bekämpfte I. die Föderation →Malaysia. 1963 kam Niederländisch-Neuguinea (→Neuguinea) faktisch unter indones. Hoheit. Nach dem Scheitern eines kommunist. Putsches

(1965) zwang die Armeeführung unter Suharto den Präs. 1966/67 zum Rücktritt; Suharto selbst wurde Präs. Unter ihm näherte sich I. wieder den westl. Mächten an und wurde 1967 Mitgl. der ASEAN. 1976 wurde der portugies. Teil Timors gegen internat. Protest eingegliedert.
Indonesi|er, 1) Bev. der Rep. Indonesien. **2)** in Indonesien lebende Angehörige derjenigen Volksstämme und Völkerschaften, deren Sprache zum westl. Zweig der austrones. Sprachen (→indonesische Sprachen) gehört (Javanen, Malaien, Sundanesen, Maduresen u. a.). Sie sind Mongolide, klein bis mittelgroß, grazil gebaut, mit hellbrauner Haut und glattem schwarzem Haar; z. T. mit anderen Gruppen (Weddiden) vermischt.
indonesische Kultur setzt sich zusammen aus: 1) den autochthonen Volkstums- und Stammeskulturen der einheim. Völkerschaften Indonesiens, 2) dem Kultur- und Geistesgut der buddhist. und hindu-indischen Kolonialkulturen in Südostasien, 3) den Ergebnissen des Kontaktes mit der europ. Kultur und Technik. Obwohl im Gebiet des heutigen Indonesiens seit etwa 400 n. Chr. versch. Formen der Hochkultur bestanden, gab es keine homogene i. K.
indonesische Sprachen, westl. Zweig der austrones. Sprachgruppe (→austrische Sprachen), gesprochen in Indonesien, Malaysia, auf den Philippinen, auf Taiwan und Madagaskar sowie in Mikronesien.
Indore [ind'ɔː, engl.], **Indur,** Stadt in Madhya Pradesh, Indien, 543 400 Ew.; Univ.; Zement-, Textil-Industrie.
indossable Papiere, →Orderpapiere.
Indossament *das,* **Giro** [ʒ'iːro], Übertragung der Rechte aus einem Wechsel oder einem anderen Orderpapier durch eine Erklärung auf der Rückseite des Papiers. **indossieren (girieren).** **Indossant (Girant),** derjenige, der mit dem Papier die Rechte aus diesem überträgt; **Indossatar (Giratar),** der, auf den sie übertragen werden.
Indra, höchster Gott der →Vedischen Religion.
Indre [ɛ̃dr], **1)** li. Nebenfluß der Loire in W-Frankreich, 276 km. **2)** Dép. in Frankreich, 6777 km², 243 000 Ew. Hptst.: Châteauroux.
Indre-et-Loire [ɛ̃drelw'aːr], Dép. in Mittelfrankreich, 6124 km², 498 700 Ew. Hptst.: Tours.
Indri, Halbaffe Madagaskars, mit kurzem Schwanz, langen Händen und Füßen, Fell schwarzweiß.
Induktion [lat.], **1)** Erschließen von allg. aus Einzelfällen; Erkenntnis aus der Erfahrung. Ggs.: Deduktion. **2)** △ **vollständige I.,** wichtiges Definitions- und Beweismittel der Mathematik. **3)** ϟ Erzeugung elektr. Spannungen durch Änderung des magnet. Flusses, der eine Leiterschleife oder Spule durchsetzt; bei geschlossenem Stromkreis fließt ein **I.-Strom.** Ändert sich der in

indonesische Kultur: Tempelbau von Prambanan

einer Spule fließende Strom, z. B. periodisch als Wechselstrom, so ändert sich auch sein Magnetfeld, und dessen Änderung wirkt durch I. auf den Strom zurück **(Selbst-I.).** Bei Verstärkung des urspr. Stroms entsteht ein I.-Strom von entgegengesetzter Richtung, bei Schwächung dagegen von gleicher Richtung wie der urspr. Strom **(Lenzsche Regel).** 4) Magnetismus: **magnetische I., magnetische Flußdichte,** die der Feldstärke des elektr. Feldes entsprechende Größe des Magnetfeldes; Einheit: 1 Gauß. **I.-Konstante, magnet. Feldkonstante,** das Verhältnis μ_0 der magnet. I. zur magnet. Feldstärke im leeren Raum, hat im prakt. elektromagnet. Maßsystem den Wert $\mu_0 = 4\pi \cdot 10^{-7}$ Vsec/Am (Volt · Sekunden/Ampere · Meter).

Induktions|apparat, Induktor, →Funkeninduktor.

Induktions|ofen, →elektrische Öfen.

induktiv [lat.], auf Induktion beruhend.

Induktivität, ∮ Eigenschaft einer Spule, die sich aus ihrem geometr. Aufbau (Anzahl der Windungen, Spulenquerschnitt, mittlere Feldlinienlänge) und dem sie umgebenden Medium (Luft, Eisen) ergibt. Maßeinheit das →Henry.

Indulgenz [lat.], Straferlaß. Kath. Kirche: Ablaß.

Induline *Mz.,* eine ,Gruppe blauer Azinfarbstoffe.

Indult [lat.] *das, der,* Nachsicht, Frist zur Erfüllung einer Verbindlichkeit; im kath. Kirchenrecht ein Privileg, das eine Befreiung von einer gesetzl. Vorschrift enthält.

Indur, →Indore.

Indus *der,* Sindhu, Hauptstrom Pakistans, 3 180 km lang, entspringt in Tibet 5 000 m ü. M., durchbricht den West-Himalaya, verbindet sich nordöstl. Sukkur mit den vereinigten ›fünf Strömen‹ des Pandschab und mündet bei Karatschi mit einem Delta ins Arab. Meer. Stauanlagen (Sukkur u. a.) dienen der Wasserregulierung, Bewässerung u. Energieerzeugung.

Induskultur, Kultur in NW-Indien mit hoher städtebaul. Entwicklung im 4. und 3. Jahrtsd. v. Chr. Ausgegraben wurden v. a. Harappa und Mohendjo-daro mit rechtwinklig sich kreuzenden Straßenzügen, mehrstöckigen Häusern, sanitären Anlagen, Kanalisation. Wichtigste Fundstücke: Siegel mit Bilderschrift, Kleinplastik, Schmuck, Gerät.

Industrialisierung, Entstehung und Entwicklung der industriellen Produktion in einem Lande, in dem bisher Landwirtschaft und Handwerk überwogen; sie ist abhängig von Rohstoffen, Arbeitskräften, Kapital und dem Ausbau des Verkehrs.

industrial relations [ɪndʌstrɪəl rɪl'eɪʃnz], englisch-amerikan. Ausdruck für die menschl. Beziehungen zw. Arbeitgebern und Arbeitnehmern.

Industrie, gewerbl. Verarbeitung von Rohstoffen und Halbfabrikaten zu Produktions- und Konsumgütern in Fabriken (Fabrik-I.) oder im Verlagssystem (Haus-I.). Die Grenzen zw. I. und Handwerk sind fließend. In der **I.-Statistik** werden die I.-Betriebe nach dem Schwergewicht ihrer Produktionsrichtung zu **I.-Gruppen** und **I.-Zweigen** zusammengefaßt.

Industrie-Design *das,* **Industrial Design** [ɪndʌstrɪəl dɪz'aɪn, engl.], Gestaltung von Industrieerzeugnissen unter Berücksichtigung techn., wirtschaftl., arbeitswissenschaftl., industrieanthropolog. und ästhet. Gesichtspunkte im Sinne einer psychophys. Einheit der Produktfunktion. Die Bestrebungen gingen vom Dt. →Werkbund und vom →Bauhaus aus. 1951 wurde der ›Rat für Formgebung‹ (Darmstadt) gegr. Das Fach Industrie-Design wird an Werkkunstschulen, Hochschulen und Akademien gelehrt.

Industriegebiete entstehen durch die Ballung von Industriebetrieben in Rohstoffgebieten oder an Verkehrsknotenpunkten und haben große Bevölkerungsdichte, z. B.: Mittelengland, Rhein-Ruhr- und Rhein-Main-Gebiet, der mittlere Neckarraum, Halle-Leipzig, Karl-Marx-Stadt, das Gebiet um Linz und um Basel.

Industriegewerkschaft, Abk. **IG,** gewerkschaftl. Organisationsform des Dt. Gewerkschaftsbundes.

Industriekaufmann, →Kaufmann.

Industriekreditbank AG – Deutsche Industriebank, Düsseldorf und Berlin, Bank zur Gewährung mittelständ. Investitionskredite, entstanden 1974 durch Fusion der 1924 gegr. ›Deutschen Industriebank‹ und der 1949 gegr. ›Industriekreditbank‹.

industriell [lat.], die Industrie betreffend. **Industrieller,** Industrieunternehmer.

industrielle Reserve|armee, nach der marxist. Lehre die durch den wachsenden Maschineneinsatz zunehmend freigesetzten Arbeitskräfte.

industrielle Revolution, nach F. Engels die Umgestaltung

Industrie in der Bundesrep. Dtl. (1980)*

Gruppe	Betriebe[1]	Beschäftigte[2]	Umsatz[3]
Bergbau	79	234	**29 011**
Kohle	14	217	25 983
Erdöl, Erdgas	6	4	1 059
Verarbeitende Industrie	**38 932**	**7 412**	**1 178 967**
Grundstoff- u.			
Produktionsgüter-I.	*7 279*	*1 581*	*393 331*
Mineralölverarbeitung	55	40	101 787
Herstellung u. Verarb.			
von Spalt- u. Brutstoffen	6	2	358
Steine und Erden	2 362	186	29 509
Eisenschaffende I.	106	301	50 342
NE-Metallind.	155	75	21 984
Gießerei	471	116	11 853
Ziehereien, Kaltwalzwerke	249	41	7 572
Mechanik[4]	154	6	618
Chem. I.	1 201	590	133 920
Holzbearbeitung	2 170	56	9 948
Zellstoff, Holzschliff[5]	137	54	11 607
Gummiverarbeitung	214	113	13 833
Investitionsgüter-			
industrien	*14 801*	*3 776*	*470 787*
Schmiedestücke, Preßteile	237	37	4 592
Stahlverformung[4]	869	84	8 707
Stahl-, Leichtmetallbau[6]	1 272	159	20 138
Maschinenbau	4 545	1 023	124 372
Straßenfahrzeugbau	1 907	809	124 569
Schiffbau	119	55	5 034
Luft- und Raumfahrzeugbau	37	54	6 153
Elektrotechnik	2 250	1 017	114 699
Feinmechanik, Optik, Uhren	1 276	167	15 887
Eisen- u. a. Metallwaren	2 215	298	34 280
Büromaschinen[7]	74	73	12 354
Verbrauchsgüter-			
industrien	*12 814*	*1 537*	*167 888*
Musikinstrumente, Spielwaren, Füllhalter u. a.	700	64	6 274
Feinkeramik	155	55	3 841
Glas-I.	299	77	9 189
Holzverarbeitung	2 470	240	28 839
Papier- u. Pappeverarb.	786	112	14 954
Druckereien, Vervielfältigung	1 848	161	17 559
Kunststoffverarb. I.	1 681	194	25 659
Ledererzeugung	76	7	1 126
Lederverarbeitung	624	77	6 579
Textil-I.	1 665	305	32 851
Bekleidungs-I.	2 506	247	21 013
Reparatur von Gebrauchsgütern[8]	4	—	5
Nahrungs- u.			
Genußmittel-I.	*4 038*	*519*	*146 962*
Ernährungs-I.	3 991	494	131 232
Tabakverarbeitung	47	24	15 730
Insgesamt	**39 011**	**7 647**	**1 207 978**

* nach Statist. Jahrbuch 1981. [1] mit i. a. 20 und mehr Beschäftigten einschl. Handwerk. [2] in 1000. [3] in Mio. DM; [4] außer namentlich genannten Einzelgruppen. [5] und Papier und Pappe erzeugende I. [6] einschließlich Schienenfahrzeugbau. [7] und Datenverarbeitungsgeräte und -anlagen. [8] ohne elektr. Geräte.

---

der Wirtschafts- und Gesellschaftsordnung, die in der 2. Hälfte des 18. Jh. in Großbritannien, bald auch in anderen westeurop. Ländern und in den USA a. infolge des Übergangs zur maschinellen Erzeugung in Großbetrieben die i. R. begann in der Textilind., dehnte sich auf Eisenbearbeitung und Bergbau aus und ging seit Mitte des 19. Jh. Hand in Hand mit der Revolutionierung des Verkehrswesens (Eisenbahn, Dampfschiff). Die Siedlungsordnung (Großstädte) und die gesellschaftl. Struktur der europ. Völker sind durch die Herausbildung der von starken Spannungen erfüllten industriellen Gesellschaft grundlegend verändert worden.

Seit der Mitte des 20. Jh. spricht man im Zusammenhang mit der →Automatisierung oft von einer ›zweiten‹, mit Bezug auf die Mikroprozessoren neuerdings auch von einer ›dritten i. R.‹.

Industrie|öfen, industriell zur Wärmebehandlung (Schmelzen, Glühen, Brennen, Rösten, Trocknen u. a.) verwendete Öfen: →elektrische Öfen, →Hochofen, →Drehrohrofen, →Kupolofen, →Herdofen, →Schachtofen, Flammofen.

Industrieroboter, in mehreren Bewegungsachsen frei programmierbare, mit Greifern oder Werkzeugen ausgerüstete automat. Handhabungsgeräte für die industrielle Produktion.

Industriestaat, Staat, dessen Sozialprodukt hauptsächlich aus der industriellen Produktion stammt.

Industrie- und Handelskammern, Abk. **IHK,** Vertretungskörperschaften der gewerbl. Wirtschaft ohne das Handwerk (→ Handwerkskammern) zur Wahrnehmung wirtschaftl. Interessen, zur Unterstützung und Beratung der Behörden. In der Bundesrep. Dtl. gibt es (1980) einschl. Berlin (West) 67 I.- u. H. (und 2 Handelskammern), sie sind in den Ländern zu Arbeitsgemeinschaften oder Vereinigungen zusammengeschlossen. Spitzenorgan: **Dt. Industrie- und Handelstag (DIHT).** Für die überstaatl. Zusammenarbeit besteht die **Internationale Handelskammer (IHK).**

Industrieverband, Unternehmer-Verband eines Industriezweigs.

induzieren [lat.], 1) herleiten; aus der Erfahrung schließen. Ggs.: **deduzieren.** 2) ⚡ durch elektrische Induktion einen Strom hervorrufen.

Indy [ẽd´i], Vincent d'I., frz. Komponist und Organist, * 1851, † 1931, schuf, von der Gregorianik angeregt, symphon. Dichtungen, Chor- und Kammermusik.

inert [lat.], untätig, unbeteiligt; träge.

Inertialnavigation, die →Trägheitsnavigation.

Inertialsystem, Bezugssystem, in dem keine Trägheitskräfte auftreten (Relativitätsprinzip), in dem also ein kräftefreier Massenpunkt in Ruhe oder gleichförmiger Bewegung bleibt. In allen I. haben die Gleichungen der Mechanik dieselbe Form und Gültigkeit.

infallibel [lat.], unfehlbar. **Infallibilität,** Unfehlbarkeit.

infam [lat.], ehrlos, niederträchtig. **Infamie,** Ehrlosigkeit, Niedertracht.

Infant [von lat. infans ›kleines Kind‹], **Infantin,** Titel der königl. span. und portugies. Prinzen und Prinzessinnen.

Infanterie [ital. von infante ›Knabe‹, ›Knappe‹], früher die Fußtruppen, Hauptkampftruppen aller Heere, heute meist vollmotorisiert, mit Schützenpanzern ausgerüstet, oft mit Hubschraubern zum Einsatz gebracht; Hauptwaffe des Einzelkämpfers ist das Sturmgewehr. Besondere Aufgaben bei Landungsunternehmungen der Flotten hat die **Marine-I.** Urspr. war die I. mit der Pike bewaffnet (daher Pikeniere genannt), später mit einer Feuerwaffe (Musketiere, Füsiliere, Jäger, Schützen) und mit Wurfgranaten (Grenadiere).

infantil [lat.], kindisch; zurückgeblieben, unentwickelt. **Infantilismus,** das Stehenbleiben der körperl. und geistigen Entwicklung auf kindl. Stufe.

Infarkt [lat.] *der,* ⚕ der Zustand nach Verstopfung von Hohlräumen oder Kanälen durch Blutgerinnsel oder fremde Treibteilchen, bes. die auf Embolie folgenden herdförmigen Organveränderungen, die bei Lunge (Lungeninfarkt) und Herz **(Herzinfarkt)** besondere Bedeutung haben.

Infekt [lat.] *der,* Folge einer →Infektion.

Infektion [lat.], 1) ⚕ ⚛ ⚚ Eindringen von Krankheitserregern in einen Organismus **(Ansteckung),** in dem sie sich vermehren und zur Erkrankung **(Infekt)** führen können. Man spricht I. sind: **direkte I.** von einem Individuum zum anderen durch Berührung **(Kontakt-I.** einschl. der **Tröpfchen-I.,** bei der Keime ausgehustet oder mit der Atemluft verbreitet werden); **indirekte I.** durch Gegenstände, Körperausscheidungen, Wasser, Nahrungsmittel; **I. durch Über-**

träger (z. B. Insekten); **I. durch Zwischenwirte** (z. B. bei Tollwut). Die **angeborene (kongenitale) I.** tritt entweder während der Geburt oder während der Schwangerschaft ein. 2) ⚛ **seelische I.,** Übertragung von Affekten und Verhaltensweisen auf andere, bes. in Massensituationen (Massenwahn, -hysterie).

Infektionskrankheiten, ansteckende Krankheiten. I. w. S. sind I. die durch →Infektion hervorgerufenen Krankheiten außer den eitrigen Wundinfektionen und den durch örtl. Infektion eines Organs entstandenen Entzündungen (z. B. Gallenblasenentzündung). I. e. S. sind I. dadurch gekennzeichnet, daß ihre Erreger (Bakterien, tier. Einzeller, Viren) immer wieder einen ähnl. Krankheitsverlauf hervorrufen. Die Zeit zw. Infektion und Beginn der Krankheitserscheinungen heißt **Inkubation (Inkubationszeit).** Durch höhere Lebewesen (Würmer, Insekten) verursachte Krankheiten heißen **Invasionskrankheiten.**

infektiös [lat.], ansteckend.

inferior [lat.], minderwertig, untergeordnet. **Inferiorität,** Unterlegenheit, Minderwertigkeit.

infernal [lat.], **infernalisch,** teuflisch, höllisch.

Inferno [ital.] *das,* Hölle, Unterwelt.

Infight ['ɪnfaɪt] *der,* **Infighting** ['ɪnfaɪtɪŋ] *das,* Boxen: Nahkampf.

Infiltration [lat.], 1) ⚕ Eindringen von Flüssigkeiten oder Zellen in Gewebe. 2) Eindringen feindl. Agenten in einen Staat oder eine Organisation.

Infinitesimalrechnung, zusammenfassende Bez. für Differential- und Integralrechnung.

Infinitiv [lat.] *der,* Nennform des Zeitworts, z. B. sein, haben, laufen.

infizieren [lat.], ⚕ (sich) anstecken.

Inflation [lat.], anhaltender Anstieg des Preisniveaus. Ursachen u. a.: a) Überschuß der Gesamtnachfrage über das Gesamtangebot an Gütern und Dienstleistungen, hervorgerufen durch Ausweitung der Geldmenge oder durch autonome Ausgabenerhöhungen (›nachfrageinduzierte I.‹); b) autonome Preiserhöhungen der Anbieter, die durch Wettbewerbsbeschränkungen begünstigt sind (›angebotsinduzierte I.‹); c) Verteilungsansprüche der sozialen Gruppen an das → Sozialprodukt (›Anspruchs-I.‹). Die Folgen sind steigende Preise; die einseitige Entwertung des Geldes führt zu einer Flucht in die Sachwerte und zur Benachteiligung der Bezieher fester Einkommen und der Gläubiger, dadurch zu sozialen Umschichtungen. Auf anfängl. Scheinbelebung der Wirtschaft kann völlige Zerrüttung des Geldwesens folgen. Mäßige inflator. Kreditausweitung wird gelegentlich zur Erreichung oder Erhaltung der Vollbeschäftigung gefordert. – In und nach dem 1. Weltkrieg traten in fast allen kriegführenden Staaten I. auf, in Dtl. war 1 Billion Papiermark auf den Wert von 1 Goldmark gesunken (Nov. 1923). Im 2. Weltkrieg trat durch den allg. Preis- und Lohnstopp und die Bewirtschaftung an die Stelle der offenen I. die ›zurückgestaute‹ I. (schwarzer Markt), der die Währungsreform 1948 ein Ende setzte. Seit den 60er Jahren zeigten sich in vielen Ländern inflationist. Tendenzen, die durch die massiven Ölpreiserhöhungen 1973/74 und 1978/79 verstärkt wurden.

Schleichende I., langsame Geldentwertung über einen längeren Zeitraum; geht meist mit dem wirtschaftl. Wachstumsprozeß einher. **Importierte I.** kann hervorgerufen werden durch Außenhandelsbeziehungen mit Ländern, in denen eine I. herrscht.

inflationär, inflationistisch, zu einer Inflation führend.

Infloreszenz [lat.], der →Blütenstand.

Influenz [lat.] *die,* ⚡ Trennen von Ladungen auf einem Leiter, der in ein elektrostat. Feld gebracht wird. Wird eine Metallplatte einem geladenen Körper genähert, so wird die ihm zugewandte Seite in entgegengesetztem Sinn, die abgewandte im gleichen Sinn elektrisch geladen.

Influenza [ital.] *die,* ⚕ 1) →Grippe. 2) Infektionskrankheit bei Pferden und Schweinen.

Influenzmaschine, eine →Elektrisiermaschine.

Informatik [lat.], Wiss., die sich mit der Struktur und den grundsätzl. Verfahren der Informationsverarbeitung sowie den techn. Anwendungsmöglichkeiten befaßt. Die I. bildet die Grundlage der elektron. Datenverarbeitung mit Computern.

Information [lat.], Auskunft, Mitteilung, Nachricht. Eigw. **informatorisch.**

Informationspsychologie, Teilbereich der Psychologie, der sich mit der informationstheoret. Betrachtung psycholog. Sachverhalte, v. a. der Kommunikation und der Wahrnehmungs- und Gedächtnispsychologie, beschäftigt. Mit Untersuchungen

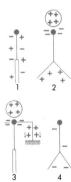

Influenz: **1** *ungeladenes Elektroskop (die Ladungen sind gleichmäßig verteilt);* **2** *bei Annäherung einer positiv geladenen Kugel trennen sich die Ladungen durch Influenz;* **3** *während die Kugel in der Nähe bleibt, wird das Elektroskop geerdet: die positiven Ladungen können abfließen, die negativen werden festgehalten;* **4** *bei Entfernung der Kugel behalten die negativen Ladungen das Übergewicht: das Elektroskop bleibt negativ geladen*

über den **Informationsgehalt** von Ereignis-(Zeichen-)Folgen, Menge und Gliederung der angebotenen **Informationen** und Darbietungsbedingungen einerseits und tatsächl. **Informationsaufnahme** und **-speicherung** andererseits sollen Kapazität und Leistungsverhältnisse des Zentralnervensystems sowie die menschl. Fähigkeit zur **Informationsübertragung** erfaßt und quantitativ bestimmt werden.

Informationsrecht, Recht auf Auskünfte, besteht z. B. beim Betriebsrat gegenüber dem Arbeitgeber.

Informationstheorie, Nachrichtentheorie, Grundlage der Kybernetik und der Telekommunikation, untersucht den Aufbau einer Nachricht und mit welchem kleinsten techn. Aufwand eine Nachricht noch verständlich übertragen werden kann.

informelle Kunst, Informel [ɛ̃fɔrm'ɛl, frz.; von der auf M. Tapié zurückgehenden frz. Wortprägung: signifiance de l'informel, ›Bedeutsamkeit des Formenlosen‹], Benennung einiger Gruppen der neuen gegenstandsfreien Malerei und Plastik, die seit etwa 1945 im Ggs. zur geometr. Abstraktion abgegrenzte Formen und feste Kompositionsregeln ablehnen, um durch frei erfundene Zeichen und durch Rhythmus und Struktur ineinandergreifender Flecken und Linien Geistiges unmittelbar auszudrücken; verwandt mit dem →Tachismus.

informieren [lat.], aufklären, belehren, benachrichtigen.

Infrarot, Ultrarot, der jenseits von Rot liegende unsichtbare Teil des Spektrums (bes. Wärmestrahlung; Wellenbereich 0,8 μm bis etwa 1 mm).

Infrarotheizung, eine →Strahlungsheizung, bei der die bis zu 900 °C heißen Glühkörper gerichtete Wärmestrahlung abgeben.

Infraschall, unterhalb der unteren Hörgrenze (16–20 Hertz) liegende elast. Schwingungen in Erde, Wasser und Luft.

Infrastruktur, 1) ⚔ ortsfeste Anlagen wie Kasernen, Flughäfen, Tankstellen, Radarstationen; i. w. S. auch Straßen, Brücken, Eisenbahnen, Fernmeldeeinrichtungen. **2)** im zivilen Bereich ist I. in sehr weitem Sinn ein Sammelbegriff für Wirtschaftsordnung, rechtl. Ordnung, Entwicklung der sozialen Sicherung, von Bildung und Wissenschaft, Raumordnung, Verkehrserschließung u. ä.

Inful [lat.] *die,* **1)** weiße Stirnbinde mit roten Streifen der altröm. Priester und Vestalinnen, später der kaiserl. Statthalter. **2)** die Bischofsmütze (→Mitra 3).

Infus [lat.] *das,* frisch zu bereitender wäßriger Auszug aus zerkleinerten Pflanzenteilen.

Infusion [lat.], ♱ Einbringen größerer Flüssigkeitsmengen in den Darm, unter die Haut oder in ein Blutgefäß.

Infusorien [lat.] *Mz.,* die →Aufgußtierchen.

Ingarden, Roman, poln. Philosoph, * 1893, † 1970, Studien zur Ontologie und Ästhetik.

Inge [indʒ], William Motter, amerikan. Bühnenschriftsteller, * 1913, † 1973; ›Komm wieder, kleine Sheba‹ (1951), ›Picknick‹ (1953), ›Bus Stop‹ (1955) u. a.

Ingelheim am Rhein, Stadt im Kr. Mainz-Bingen, Rheinl.-Pf., 19 700 Ew.; pharmazeut., chem., elektrotechn. Ind.; Wein-, Obst-, Gemüsebau. – In Nieder-Ingelheim Reste der von Karl d. Gr. gegr. Kaiserpfalz.

Ingenieur [inʒeni'ør, frz.] *der,* **Abk. Ing.,** durch Gesetz (auch in Wortverbindungen) geschützte Berufsbezeichnung für Absolventen einer TH, TU oder entsprechend eingerichteten Gesamthochschule (Diplom-I., Abk. **Dipl.-Ing.,** Doktor-I., Abk. **Dr.-Ing.**), einer Fachhochschule oder Gesamthochschule (graduierter I., Abk. **Ing. grad.**).

Ingenieurbauten, Bauwerke hauptsächlich techn.-konstruktiver Natur (Brücken, Hochhäuser, Stauwerke u. a.).

Ingenieurwissenschaften, technische Wissenschaften, die aus der systemat. theoret. Bearbeitung techn. Probleme entstandenen wissenschaftl. Disziplinen, die an Univ., TU (TH), Fachhochschulen und Gesamthochschulen gelehrt werden (z. B. Bauingenieurwesen, Maschinenbau, Elektrotechnik, Bergbau und Hüttenwesen, Kernenergietechnik, Raumfahrttechnik, Datenverarbeitung und -übertragung, Verfahrenstechnik, Kunststofftechnik).

ingeniös [frz.], sinnreich, erfinderisch. **Ingenium** [lat.] *das,* Begabung, schöpfer. Fähigkeiten.

Ingenuität [lat.], Aufrichtigkeit, Freimut.

Inger, Schleim|aale, Myxin|idae, Fam. fischartiger Wirbeltiere mit langgestrecktem Körper, Meeresbewohner, saugen sich an Wassertieren fest und bohren sich durch ihre Körperwand.

Ingermanland, histor. Landschaft Rußlands östlich der

J. A. D. Ingres: Madame de Senonnes, 1814 (Nantes, Museum)

Narwa, südlich vom Finn. Meerbusen und Ladogasee; gehörte im MA. zu Nowgorod, kam 1617 an Schweden, 1721 an Rußland (Peter d. Gr.).

Inglin, Meinrad, schweizer. Erzähler, * 1893, † 1971; Romane: ›Grand Hotel Excelsior‹ (1927), ›Die graue March‹ (1935), ›Schweizerspiegel‹ (1938), ›Erlenbüel‹ (1965).

Ingolstadt, kreisfreie Stadt in Bayern, beiderseits der Donau, 90 500 Ew.; z. T. noch mittelalterl. Gepräge und Bauwerke aus Gotik und Barock, 1472–1802 Univ.; Maschinen-, Kraftfahrzeug-, Elektro-, Textil- u. a. Ind.; Erdölleitungen vom Mittelmeer, Raffinerien.

Ingredienzi|en [lat.] *Mz., Ez.* **Ingrediens** *das,* **Ingredienz** *die,* Zutat, Bestandteil.

Ingres [ɛ̃gr], Jean Auguste Dominique, frz. Maler, * 1780, † 1867, verbindet in seinen Bildern (weibl. Akte, mytholog. Bilder, historische Kompositionen) die durch zeichnerische Linie bestimmte Form mit eingehender Naturbeobachtung.

Ingression [lat.], langsames Eindringen des Meeres in Becken, Täler oder Senkungsräume des Festlandes. **Ingressionsmeere** sind Randmeere.

Inguschen, →Tschetschenen.

Ingwäonen *Mz.,* Stammesgruppe der Germanen.

Ingwer, Ingber, knolliger, handförmiger Wurzelstock der südostasiatischen Staude Zingiber officinale; Gewürz (Bild Gewürze).

Inhaberpapier, Wertpapier, dessen Inhaber ohne Nachweis der Verfügungsberechtigung alle in dem I. verbrieften Rechte geltend machen kann (z. B. Pfandbriefe, Obligationen, **Inhaberaktien**); wird formlos übertragen.

Inhalation [lat.], ♱ Einatmen von Dämpfen oder Gasen zu Heilzwecken. Bei der **Aerosol-I.** werden die Arzneistoffe in kleine Teilchen vernebelt, die bis in die Lungenbläschen gelangen und hoch in die Blutbahn aufgenommen werden. Zeitw. inhalieren.

Inhalt, Größe einer Fläche in Flächeneinheiten (cm², m² usw.), eines Körpers in Raumeinheiten (cm³, m³ usw.).

inhärent [lat.], innewohnend. **Inhärenz** *die,* ⓟ Verknüpfung einer Eigenschaft mit dem Ding, in dem sie gehört.

Inhelder, Bärbel, schweizer. Psychologin, * 1913; mit J. →Piaget grundlegende Untersuchungen zur Kinderpsychologie vor.

Inhibitoren [lat.] *Mz.,* ⚗ Substanzen, die chem. oder elektrochem. Vorgänge hemmen oder verhindern.

Initiale [lat.] *das,* **Initial** *das,* Zierbuchstabe am Anfang von Büchern oder Abschnitten bei Hand- und Druckschriften; im MA. reich verziert und koloriert. (Bild S. 14)

Initialzündung, Zündung eines schwer entzündl. durch einen leicht entzündlichen Sprengstoff.

Initiation [lat.], **1)** im Altertum die Zulassung zu den Mysterien, die Aufnahme in einen Geheimbund, bes. die Aufnahme Jugendlicher in Erwachsenenkreise. **2)** bei Naturvölkern die Feier, durch die die Jugendlichen bei Eintritt der Geschlechtsreife in die Gemeinschaft der Erwachsenen aufge-

Initiale P aus einem Paulus-Brief, Handschrift der Weingartener Kloster-Schreibstube, etwa 1225–30 (Fulda, Landesbibliothek)

nommen werden; ihr gehen oft Unterweisungen, Mutproben voraus.

Initiative [lat.] *die*, Anregung, Entschlußkraft, erster Schritt zu einem Unternehmen. (→Gesetzesinitiative)

Initiator [lat.], der Urheber.

Injektion [lat.], ♯ Einbringen gelöster Arzneimittel in den Körper mit einer Hohlnadel, unter die Haut (subkutan), in einen Muskel (intramuskulär), in ein Blutgefäß (intravenös, intraarteriell), in Körperhöhlen oder Nervenstränge.

Injektor, eine →Dampfstrahlpumpe.

injizieren [lat.], einspritzen.

Injurie [lat.] *die*, Beleidigung. **Verbal-I.,** Beleidigung durch Worte. **Real-I.,** tätl. Beleidigung.

Inka, Bewohner des vorspan. Inka-Reiches, soweit sie die Reichssprache Ketschua beherrschten. Vom Kerngebiet um Cuzco (Peru) aus erweiterten die I. seit 1438 ihren Herrschaftsbereich, der 1525 vom Andengebiet von S-Kolumbien bis Mittelchile umfaßte. Sie schufen das einzige Imperium der vorkolumb. Amerika, mit einer ständ. Gliederung, straffer Beamtenhierarchie und ausgedehntem Straßennetz. Der Nachrichtenübermittlung und Statistik dienten Knotenschnüre (→Quipu); Schrift war unbekannt. Auf Ackerterrassen, z. T. mit Bewässerung, wurden Mais, Quinoa, Kartoffeln angebaut; Lama und Alpaka dienten als Haustiere. Wohnhäuser wurden aus luftgetrockneten Ziegeln, Monumentalbauten vielfach aus großen, fehlerlos behauenen Steinblöcken (ohne Mörtel) errichtet. Abgaben mußten in Form von Naturalien und als Dienstleistungen bei öffentl. Arbeiten erbracht werden. An der Spitze des Reichs stand der sakrale Herrscher, im Mittelpunkt der Religion die Sonnenverehrung. Zu Beginn der span. Eroberung wurde der Herrscher der I. →Atahualpa 1533 von den Spaniern unter Pizarro getötet; den I. leisteten die Spaniern noch bis 1572 Widerstand. (Bild Machu Picchu)

Inkarnat [lat.] *das,* Malerei: Farbe der menschl. Haut.

Inkarnation [lat.], Fleisch-(Mensch-)werdung; Verkörperung.

Inkasso [ital.] *das,* Einziehen von Außenständen, bes. von fälligen Rechnungen, Wechseln und Schecks. Das **Inkassogeschäft** wird von selbständigen Unternehmen (**Inkassobüros**) und Banken meist gegen eine **Inkassoprovision** betrieben.

Inkerman [tatar. ›Höhlenfestung‹], Ort auf der Krim, bei Sewastopol, mit etwa 300 Höhlenwohnungen.

Inklination [lat.], **1)** ⚸ Neigung, Zuneigung. **2)** ☿ Winkel zw. der Ebene einer Planetenbahn und der Ebene der Erdbahn. **3)** Neigung einer Magnetnadel gegen die Waagerechte.

Inklusionsverbindungen, ⚗ Einschlußverbindungen (→Clathrate).

inklusive [lat.], Abk. **inkl.,** einschließlich.

inkognito [lat.], unter einem Decknamen.

inkohärent [lat.], unzusammenhängend.

Inkohlung, natürl. Umbildungsprozeß pflanzl. Stoffe zu Kohle unter relativer Kohlenstoffanreicherung (**Inkohlungsreihe:** Torf, Braun-, Steinkohle, Anthrazit, Graphit).

inkommensurabel [lat.], nicht mit gleichen Maßen meßbar; unvergleichbar.

inkomparabel [lat.], **1)** nicht vergleichbar. **2)** Ⓢ nicht steigerungsfähig (Eigw.).

inkompatibel [lat.-frz.], unvereinbar, unverträglich. **Inkompatibilität, 1)** im staatl. Recht die Unvereinbarkeit der gleichzeitigen Bekleidung mehrerer öffentl. Ämter durch ein und dieselbe Person. **2)** im kath. Kirchenrecht liegt Inkompatibilität vor, wenn sich 2 Ämter nicht ohne Widerstreit der Pflichten versehen lassen.

inkompetent [lat.], nicht zuständig, unbefugt. **Inkompetenz** *die,* Unzuständigkeit.

inkompressibel [lat.], nicht zusammendrückbar.

inkongruent [lat.], nicht übereinstimmend, sich nicht deckend. Ggs.: **kongruent.**

inkonsequent [lat.], nicht folgerichtig, unstetig. **Inkonsequenz** *die,* Folgewidrigkeit, Unstetigkeit, Halbheit.

inkonsistent [lat.], unhaltbar, unbeständig.

inkonstant [lat.], veränderlich. Ggs.: **konstant.**

Inkontinenz [lat.] *die,* ♯ Unvermögen, Harn oder Stuhlgang willkürlich zurückzuhalten.

inkonvenabel, inkonvenient [lat.], unpassend, ungelegen. **Inkonvenienz,** Ungelegenheit, Übelstand.

Inkorporation [lat.], Einverleibung, z. B. eines polit. Gemeinwesens in ein anderes (Eingemeindung).

inkorrekt [lat.], ungenau, unrichtig; unangemessen. **Inkorrektheit,** Unrichtigkeit, Vorschriftswidrigkeit.

Inkreis, Kreis, der alle Seiten eines Vielecks von innen berührt.

Inkrement [lat.] *das,* kleiner Zuwachs einer Größe.

Inkret [lat.], Absonderung der Hormondrüsen.

inkriminieren [lat.], beschuldigen, zur Last legen.

Inkrustation [lat.], **1)** ⊕ Krustenbildung durch Abscheidungen (Sinter) von Kalk und Kiesel aus Wasser. **2)** ⊞ Verkleidung von Mauern, auch Fußböden mit verschiedenfarbigen Steinplatten (meist Marmor), zu Mustern zusammengefügt, die Fläche gliedern und dekorativ beleben; schon in der antiken und byzantin. Kunst, seit dem frühen MA. bes. in Italien.

Inkubation [lat.], **1)** ♯ Zeitraum zw. der Infektion (Ansteckung) und den ersten Krankheitserscheinungen. **2)** Antike: Tempelschlaf, der göttl. Traumorakel oder Heilung bringen soll.

Inkubator *der,* **Brütofen, Brutkasten,** Einrichtung zur Aufzucht von Frühgeburten mit Klimaanlage, Entkeimungslampe, Luftfilter, regulierbarer Sauerstoffzufuhr.

Inkubus [lat.], Dämon der Alpdrückens; im MA. Buhlteufel der Hexe.

Inkunabeln [lat.] *Mz.,* →Wiegendrucke.

inkurabel [lat.], unheilbar.

Inland, bei jedem Staat das Gebiet innerhalb seiner Grenzen.

Inlandeis, große geschlossene Eisdecken in den Polarländern, bes. in Grönland und der Antarktis, bis über 4 000 m dick, an den Rändern oft in Gletscher auslaufend, von denen durch Abbrechen (Kalben) die Eisberge entstehen.

Inlaut, alle zw. An- und Auslaut stehenden Laute eines Wortes.

Inlett *das,* daunendichter Stoff für Federkissen und -betten in Köperbindung aus Baumwolle.

Inn *der,* re. Nebenfluß der oberen Donau, 510 km, kommt aus dem Lunghinosee (2 480 m ü. M.), durchfließt das Engadin, Nordtirol, das Bayer. Alpenvorland und mündet bei Passau.

Innenarchitektur, Gestaltung von Innenräumen, häufig ausgeführt durch den **Innenarchitekten.**

Innenlenkung, überwiegende Bestimmtheit sozialer Verhaltensweisen des Einzelnen durch unabhängige, persönlichkeitseigene normativer Gesichtspunkte.

Innenpolitik, 1) polit. Handeln innerhalb eines Staates (Ggs.: Außenpolitik). **2)** Kräftespiel in Staat und Gesellschaft, bestimmt durch die Auseinandersetzungen der Parteien, Verbände, Interessengruppen.

Innerasien, →Zentralasien.

innerdeutscher Handel, früher **Interzonenhandel,** der Warenaustausch zw. der Bundesrep. Dtl. (mit W-Berlin) und der Dt. Dem. Rep. Die Lieferungen werden miteinander verrechnet. Verrechnungseinheit ist die DM. Grundlage des i. H. sind jährlich vereinbarte Warenlisten. Die Lieferungen in die Bundesrep. Dtl. (1980: 5,855 Mrd. DM) umfassen bes. Braunkohle, pflanzl. und tier. Produkte, Textilien, Mineralölerzeugnisse, chem. Erzeugnisse und Bekleidung; die Bundesrep. Dtl. lieferte 1980 Waren im

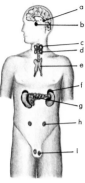

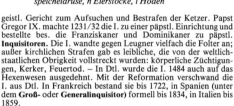

Wert von 5,875 Mrd. DM, bes. Maschinen und Metallwaren, Eisen, Stahl, chem. Erzeugnisse.

Innere Führung, Prinzip der Menschen- und Truppenführung in der Bundeswehr.

innere Kolonisation, Ausbau bäuerl. Siedlungen, z. B. durch Rodung und Urbarmachung, bes. im 8.–14. Jh.; auch die 1886 begonnene bäuerl. Siedlung in Posen und Westpreußen.

innere Krankheiten, Erkrankungen, bei denen sich die wesentl. Veränderungen an den inneren Organen abspielen; auch die Infektionskrankheiten sind i. K.

innere Medizin, wichtiges Teilgebiet der Medizin, das die Lehre von der Entstehung, Erkennung und Behandlung → innerer Krankheiten umfaßt.

Innere Mission, bis zur Errichtung des →Diakonischen Werks die Gesamtheit der Einrichtungen und Anstalten freier christl. Liebestätigkeit innerhalb der evang. Kirchen, 1848/49 von J. H. Wichern gegründet.

Innere Mongolei, Autonome Region der VR China.

innerer Monolog, Erzähltechnik des modernen Romans: Der Autor versucht Gedanken, Gefühle, Augenblicksregungen so darzustellen, wie sie im ›Bewußtseinsstrom‹ seiner Gestalten auftauchen. Hauptvertreter des i. M. ist J. Joyce (›Ulysses‹, 1922). Sprachl. Wiedergabe in der 1. Person; eine Vorstufe ist die **erlebte Rede** (Wiedergabe von Gedanken in der 3. Person).

innere Sekretion, ♀ Absonderung von Hormonen (Inkreten) ins Blut durch Drüsen ohne Ausführungsgang **(endokrine Drüsen,** Hormondrüsen), so durch Hirnanhangdrüse, Schilddrüse, Nebenschilddrüsen, Thymus, Nebennieren, Bauchspeicheldrüse. Die Keimdrüsen (Eierstöcke, Hoden) liefern die Geschlechtshormone. – Hormone erzeugen auch der Mutterkuchen und (als Gewebshormone) fast alle Gewebe.

Innere Uhr, → Zeitsinn.

innere Umwandlung, Aussendung eines Gammaquants durch einen Atomkern, bei der das Gammaquant seine Gesamtenergie an ein Elektron der Atomhülle abgibt.

Innerrhoden, schweizer. Halbkanton, →Appenzell.

Innervation [lat.], ♀ Versorgung einer Körperregion mit Nervenfasern.

Innitzer, Theodor, Kardinal (seit 1933), * 1875, † 1955, seit 1932 Erzbischof von Wien.

Innovation [lat.], Erneuerung, Neuerung.

Innozenz, Päpste: **1)** I. I. (402–17), trat für den Vorrang des röm. Bischofs ein.

2) I. III. (1198–1216), führte das mittelalterl. Papsttum auf den Gipfel seiner Macht. Er krönte 1209 Otto IV. zum Kaiser, setzte aber gegen diesen Friedrich II. als dt. König durch. Er förderte die Gründung des Franziskanerordens.

3) I. IV. (1243–54), ließ 1245 Kaiser Friedrich II. als Kirchenfeind absetzen, bewirkte die Erhebung von Gegenkönigen, unterstützte die lombard. Städte gegen den Kaiser.

4) I. VIII. (1484–92), hat die Hexenverfolgung verhängnisvoll gefördert.·

5) I. X. (1644–55), orientierte sich politisch nach Spanien und verwarf den für die Kath. Kirche ungünstigen Westfäl. Frieden.

6) I. XI. (1676–89), war durch seine Charakterstärke und tiefe Religiosität der bedeutendste Papst des 17. Jh.

Innsbruck, Hptst. von Tirol, Österreich, an der Mündung der Sill in den Inn, vom Karwendel mit Solstein (2641 m) und Hafelekar (2334 m) im N, dem Patscherkofel (2247 m) im S überragt, 120 300 Ew.; in der Altstadt u. a. Laubengassen und Erkerhäuser, Hofkirche (1553–63) mit Grabmälern Maximilians I., A. Hofers und Bronzestandbildern von Peter Vischer. Univ., Museum, Theater; Botan. Garten, Alpenzoo; Industrie; Verkehrsknoten, Fremdenverkehr. 1239 zur Stadt erhoben, war I. 1564–1665 Residenz der Tiroler Nebenlinie der Habsburger.

Innung, nach der Handwerksordnung vom 28. 12. 1965 als öffentlich-rechtl. Körperschaft bestehende freiwillige Vereinigung selbständiger Handwerker gleichen oder ähnl. Handwerks zur gemeinsamen Vertretung und Förderung ihrer Interessen. Aufsichtsführend ist die Handwerkskammer. Organe: Innungsversammlung, Vorstand (an der Spitze der Obermeister), Ausschüsse. Fachlich sind die I. zu Innungsverbänden zusammengeschlossen, gebietsweise zur Kreishandwerkerschaft. (→ Zunft)

Innungsfachschulen, Fachschulen der Innungen und Innungsverbände.

Innungskrankenkassen, von Innungen für die der Innung angehörenden Betriebe errichtete Krankenkassen. In der Bundesrep. Dtl. 1982: 156 I., rd. 1,868 Mio. Mitglieder.

Innviertel, Landschaft zw. Hausruck, Inn und Salzach.

inoffiziell [frz.], nicht amtlich.

Inönü, Ismet, türk. Politiker, * 1884, † 1973, nahm 1908 an der jungtürk. Revolution teil, war 1920/21 Generalstabschef (Siege über die Griechen), 1922–24 Außen-Min., 1923–24, 1925–37 MinPräs., 1938–50 Staatspräs., war als Führer der Republikan. Volkspartei (bis 1972) 1961–65 erneut MinPräs.

inoperabel [lat.], nicht operierbar.

inopportun [lat.], unangebracht.

Input [′ınpʊt, engl.] *der, das,* allg.: Eingabe (z. B. von Daten) in ein System, z. B. bei Rechenanlagen; auch die einem Sender zugeführte Energie; Gütereinsatz in der Produktion.

Input-Output-Analyse [′ınpʊt ′aʊtpʊt-, engl.], ›Einsatz-Ausstoß-Analyse‹, Methode zur Erforschung der Verflechtung der Wirtschaftszweige eines Landes: Für jeden Wirtschaftsbereich wird gezeigt, aus welchen anderen Bereichen die verarbeiteten Produktionsmittel **(input)** stammen und auf welche Bereiche das Produkt **(output)** verteilt wird.

Inquisition [lat. ›Untersuchung‹], ehemals in der Kath. Kirche aus dem Kampf gegen Katharer und Waldenser entstandenes

innere Sekretion: Lage der endokrinen Drüsen (Schema).
a Zirbeldrüse, b Hirnanhang, c Epithelkörperchen,
d Schilddrüse, e Thymusdrüse, f Nebennieren, g Bauch-
speicheldrüse, h Eierstöcke, i Hoden

innere Sekretion

geistl. Gericht zum Aufsuchen und Bestrafen der Ketzer. Papst Gregor IX. machte 1231/32 die I. zu einer päpstl. Einrichtung und bestellte bes. die Franziskaner und Dominikaner zu päpstl. **Inquisitoren.** Die I. wandte gegen Leugner vielfach die Folter an; außer kirchlichen Strafen gab es leibliche, die von der weltlichstaatlichen Obrigkeit vollstreckt wurden: körperliche Züchtigungen, Kerker, Feuertod. – In Dtl. wurde die I. 1484 auch auf das Hexenwesen ausgedehnt. Mit der Reformation verschwand die I. aus Dtl. In Frankreich bestand sie bis 1722, in Spanien (unter dem **Groß-** oder **Generalinquisitor**) formell bis 1834, in Italien bis 1859.

Inreim, Innenreim, der Binnenreim.

I. N. R. I., nach Joh. 19, 19 von Pilatus am Kreuz Christi angebrachte lat. Inschrift: **I**esus **N**azarenus **R**ex **I**udaeorum, Jesus von Nazareth, König der Juden.

Inro [japan.] *das,* in Japan ein flaches, meist aus gelacktem Holz oder Elfenbein gearbeitetes Döschen!

Inschallah [arab.], so Gott will.

Insekten, Kerbtiere, Kerfe, Insecta (Hexapoda), artenreichste Klasse der Tiere (etwa 1 Mio. Arten); durch Tracheen atmende Gliederfüßer mit deutlich in Kopf, Brustteil und Hinterleib abgeteiltem Körper; am Kopf mit einem Fühlerpaar und 3 Paar Mundwerkzeugen, einem Paar ungegliederter Oberkiefer, einem ersten und einem zweiten Taster tragenden Unterkieferpaar, das je nach der Ernährungsweise kauend, saugend oder leckend wirkt; am Brustteil mit drei Bein- und meist zwei Flügelpaaren; am Hinterleib ohne eigtl. Gliedmaßen bis auf die als Tast- (seltener als Klammer-)Organe dienenden Afterraifen; Augen entweder einfach oder zusammengesetzt (Facettenaugen), beides auch nebeneinander vorhanden, Geruchs- und Tastorgan sind die Fühler, die Geschmacksorgane liegen in der Mundgegend. Die für die I. kennzeichnenden Saitenorgane können durch schallauffangende Organe (z. B. Trommelfell) zu echten Gehörorganen werden. Das Nervensystem ist strickleiterförmig. Die Haut bildet einen Hautpanzer; er wird in →Häutungen während der Wachstumszeit der I. wiederholt abgeworfen und erneuert. Die I. sind getrenntgeschlechtig, haben Begattung und innere Befruchtung einer Ausnahme. Aus dem Ei entschlüpfte Brut entwickelt sich z. T. mit **Verwandlung (Metamorphose),** mit einem Larvenzustand, die vom ausgebildeten I. **(Vollkerf, Imago)** verschieden ist (Raupe, Engerling, Made), und einem Ruhezustand **(Puppe)** zw. Larve und Vollkerf. I. mit vollkommener Metamorphose nennt man **holometabol** (Schmetterlinge, Käfer, Bienen), solche ohne Puppenzustand **hemimetabol** (Wasserjungfern, Zikaden). Brutpflege ist bes. ausgebildet bei den **staatenbildenden I.** (Termiten, Ameisen, Wespen, Bienen, Hummeln); bei diesen erreichen auch die sozialen Fähigkeiten ihre höchste Stufe; ferner besitzen sie Zeitsinn, Mitteilungsvermögen, Orientierung (bei Bienen z. B. nach dem polarisierten Himmelslicht). Die I. sind in den heißen Ländern am größten, häufigsten und farbenprächtigsten; sie sind größtenteils Luft- und Landtiere. Viele I. schädigen den Menschen wirtschaftlich.

Ismet Inönü

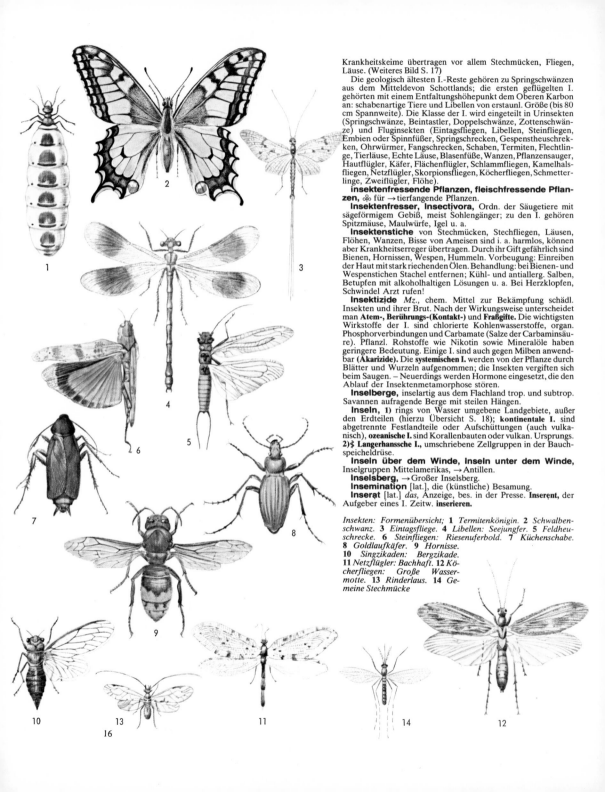

Krankheitskeime übertragen vor allem Stechmücken, Fliegen, Läuse. (Weiteres Bild S. 17)

Die geologisch ältesten I.-Reste gehören zu Springschwänzen aus dem Mitteldevon Schottlands; die ersten geflügelten I. gehörten mit einem Entfaltungshöhepunkt dem Oberen Karbon an: schabenartige Tiere und Libellen von erstaunl. Größe (bis 80 cm Spannweite). Die Klasse der I. wird eingeteilt in Urinsekten (Springschwänze, Beintastler, Doppelschwänze, Zottenschwänze) und Fluginsekten (Eintagsfliegen, Libellen, Steinfliegen, Embien oder Spinnfüßer, Springschrecken, Gespenstheuschrekken, Ohrwürmer, Fangschrecken, Schaben, Termiten, Flechtlinge, Tierläuse, Echte Läuse, Blasenfüße, Wanzen, Pflanzensauger, Hautflügler, Käfer, Flächenflügler, Schlammfliegen, Kamelhalsfliegen, Netzflügler, Skorpionsfliegen, Köcherfliegen, Schmetterlinge, Zweiflügler, Flöhe).

insektenfressende Pflanzen, fleischfressende Pflanzen, ♂ für →tierfangende Pflanzen.

Insektenfresser, Insectivora, Ordn. der Säugetiere mit sägeförmigem Gebiß, meist Sohlengänger; zu den I. gehören Spitzmäuse, Maulwürfe, Igel u. a.

Insektenstiche von Stechmücken, Stechfliegen, Läusen, Flöhen, Wanzen, Bisse von Ameisen sind i. a. harmlos, können aber Krankheitserreger übertragen. Durch ihr Gift gefährlich sind Bienen, Hornissen, Wespen, Hummeln. Vorbeugung: Einreiben der Haut mit stark riechenden Ölen. Behandlung: bei Bienen- und Wespenstichen Stachel entfernen; Kühl- und antiallerg. Salben, Betupfen mit alkoholhaltigen Lösungen u. a. Bei Herzklopfen, Schwindel Arzt rufen!

Insektizide *Mz.,* chem. Mittel zur Bekämpfung schädl. Insekten und ihrer Brut. Nach der Wirkungsweise unterscheidet man **Atem-, Berührungs-(Kontakt-)** und **Fraßgifte.** Die wichtigsten Wirkstoffe der I. sind chlorierte Kohlenwasserstoffe, organ. Phosphorverbindungen und Carbamate (Salze der Carbaminsäure). Pflanzl. Rohstoffe wie Nikotin sowie Mineralöle haben geringere Bedeutung. Einige I. sind auch gegen Milben anwendbar (**Akarizide**). Die **systemischen I.** werden von der Pflanze durch Blätter und Wurzeln aufgenommen; die Insekten vergiften sich beim Saugen. – Neuerdings werden Hormone eingesetzt, die den Ablauf der Insektenmetamorphose stören.

Inselberge, inselartig aus dem Flachland trop. und subtrop. Savannen aufragende Berge mit steilen Hängen.

Inseln, 1) rings von Wasser umgebene Landgebiete, außer den Erdteilen (hierzu Übersicht S. 18); **kontinentale I.** sind abgetrennte Festlandteile oder Aufschüttungen (auch vulkanisch), **ozeanische I.** sind Korallenbauten oder vulkan. Ursprungs. **2)**⚤ **Langerhanssche I.,** umschriebene Zellgruppen in der Bauchspeicheldrüse.

Inseln über dem Winde, Inseln unter dem Winde, Inselgruppen Mittelamerikas, →Antillen.

Inselsberg, →Großer Inselsberg.

Insemination [lat.], die (künstliche) Besamung.

Inserat [lat.] *das,* Anzeige, bes. in der Presse. **Inserent,** der Aufgeber eines I. Zeitw. **inserieren.**

Insekten: Formenübersicht; **1** *Termitenkönigin.* **2** *Schwalbenschwanz.* **3** *Eintagsfliege.* **4** *Libellen: Seejungfer.* **5** *Feldheuschrecke.* **6** *Steinfliegen: Riesenuferbold.* **7** *Küchenschabe.* **8** *Goldlaufkäfer.* **9** *Hornisse.* **10** *Singzikaden: Bergzikade.* **11** *Netzflügler: Bachhaft.* **12** *Köcherfliegen: Große Wassermotte.* **13** *Rinderlaus.* **14** *Gemeine Stechmücke*

16

In-sich-Geschäft, Bankgeschäft, bei dem der Kundenauftrag durch Selbsteintritt der Bank erfüllt wird.

inside information [ˈɪnsaɪd ɪnfəmˈeɪʃn, engl.], Mitteilung aus zuständiger oder gut unterrichteter Quelle, ›Tip‹.

Insiegel das, ⚓ Abdrücke der Schalen (Hufe) z. B. von Elch-, Rot-, Reh-, Schwarzwild.

Insigni|en [lat.] Mz., Abzeichen des Herrschers oder Würdenträgers. (→ Reichskleinodien)

Insinuation [lat.], Unterstellung, Einflüsterung, Einschmeichlung.

insistieren [lat.], bestehen (auf etwas).

inskribieren [lat.], einschreiben. **Inskription** die, Einschreibung (an einer Hochschule).

Insolation [lat.], direkte Sonneneinstrahlung.

insolent [lat.], unverschämt. **Insolenz,** Unverschämtheit.

insolvent [lat.], zahlungsunfähig. Hptw. die **Insolvenz.**

Inspekteur [-tˈøːr, aus frz.], Bundeswehr: Dienststellung der Leiter der Führungsstäbe (Heer, Luftwaffe, Marine) sowie des Leiters des Sanitäts- und Gesundheitswesens.

Inspektion [lat.], 1) prüfende Besichtigung. 2) leitende und aufsichtführende Behörde.

Inspektor [lat.], Beamter im gehobenen Dienst.

Inspiration [lat.], 1) göttl. Eingebung, Erleuchtung. 2) Eingebung beim geistigen, bes. künstler. Schaffen. 3) ♀ Atmung.

Inspizient [lat.] der, 1) Aufsichtführender. 2) für den reibungslosen Ablauf des Spiels verantwortl. Mitarbeiter bei Bühne, Film, Funk, Fernsehen. **inspizieren,** besichtigen, mustern, kontrollieren.

Installateur [-tˈøːr, lat.-frz.], Bauhandwerker für die Wasser- und Gasanlagen; Gesellenprüfung nach 3–3¹/₂jähriger Ausbildung; Meisterprüfung. Außerdem gibt es **Elektro-I., Schwachstrom-** und **Fernmelde-I., Zentralheizungsbauer, Lüftungs-** und **Kühlanlagenhersteller.** Die Verbindung mit dem Klempnerberuf ist häufig.

Installation [lat.], Einrichtung von Leitungen für Gas, Wasser, Elektrizität, Heizung, Abwasser, Abgas, Lüftung u. a. mit allem Zubehör. Zeitw. **installieren.**

Instanz [lat.] die, 1) zuständige Behördenstelle. 2) Rechtszug im Gerichtsverfahren.

Instanzenzug, Amtsweg, vorgeschriebener Lauf behördlicher Angelegenheiten.

Inster die, Fluß in Ostpreußen, 75 km, entspringt bei Pillkallen, vereinigt sich mit der Angerapp zum Pregel.

Insterburg, russ. **Tschernjachowsk,** Stadt im Gebiet Kaliningrad (Königsberg/Pr.), Russ. SFSR, ehem. Krst. in Ostpreußen, an der Angerapp, vor ihrem Zusammenfluß mit der Inster, 33 400 (1939: 48 700) Ew.; Holz-, Möbel-, Nahrungsmittel-, Metall-, Lederind. – Deutschordensschloß (1336).

Instinkt [lat.] der, ererbte und arteigentüml. Verhaltens- und Bewegungsweisen (**I.-Bewegungen**) bei Mensch und Tier, z. B. Paarungs-, Brut-, Beute-I., Tierwanderungen, Nestbau. Beim Menschen ist das I.-Leben durch die Bewußtseinstätigkeit stark überdeckt und nur in Ausdrucksbewegungen, Übersprunghandlungen u. a. rein erkennbar. **instinktiv,** triebhaft, unwillkürlich.

instituieren [lat.], einrichten.

Institut [lat.] das, Einrichtungen oder Anstalten, die der Wissenschaft, der Kunst oder dem Gewerbe dienen, auch Seminare, Laboratorien, Arbeitsstätten an Hochschulen; priv. Lehranstalten, mit Internat.

Institut de France [ɛ̃stit'y da frɑ̃s], seit 1795 die höchste amtl. Körperschaft für Wissenschaft und Kunst in Frankreich, Sitz: Paris, umfaßt 5 Akademien: 1) **Académie française,** gegr. 1635 (Schrifttum, Sprache, Wörterbuch). 2) **Académie des inscriptions et belles-lettres,** gegr. 1663 (Geschichte und Literatur). 3) **Académie des sciences,** gegr. 1666 (Naturwissenschaften). 4) **Académie des beaux-arts,** gegr. 1816 (bildende Künste). 5) **Académie des sciences morales et politiques,** gegr. 1832 (Philosophie, polit. Wissenschaften, Rechts- und Wirtschaftswissenschaften, Geschichte, Geographie).

Institut der deutschen Wirtschaft e. V., Köln, Abk. **IW,** bis 1973 **Dt. Industrie|institut,** gegr. 1951 vom Bundesverband der Dt. Industrie und von Arbeitgeberverbänden, untersucht die Bedeutung des Unternehmertums und der Marktwirtschaft.

Institut für Auslandsbeziehungen, Stuttgart, unabhängige gemeinnützige Anstalt zur Förderung des internat. Kulturaustausches (gegr. 1917 als **Dt. Auslandinstitut,** 1950 neugegr.); große Bibliothek, Lichtbild- und Kartensammlung.

Institut für Bildungsforschung, Max-Planck-I. f. B.,

gegr. 1963 in Berlin, widmet sich der interdisziplinären Erforschung des Erziehungs- und Bildungswesens.

Institut für deutsche Sprache, 1964 in Mannheim gegr., dient der Erforschung der dt. Sprache der Gegenwart.

Institut für Sozialforschung, → Frankfurter Schule.

Institut für Wasser-, Boden- und Lufthygiene des Bundesgesundheitsamtes, Berlin-Dahlem, 1901 als ›Kgl. Preuß. Versuchs- und Prüfanstalt für Wasserversorgung und Abwasserbeseitigung‹ gegründet.

Institut für Weltwirtschaft an der Universität Kiel, gegr. 1911 von B. Harms.

Institut für Zeitgeschichte, München, gegr. 1950, befaßt sich bes. mit der dt. Zeitgeschichte.

Institution [lat.], 1) Einrichtung, Anordnung, auch Einsetzung in ein Amt. 2) Soziologie: durch Sitte oder Recht gebundene Dauerform einer sozialen Gruppe.

Institutionalismus [lat.], Richtung der Volkswirtschaftslehre in den USA, die, von den bestehenden gesellschaftl. Institutionen (Institutionen) ausgehend, praktische Wirtschaftspolitik treiben will (T. B. Veblen, E. H. Downey).

Institutionen, ♂♀ Teil des Corpus iuris civilis; danach Lehrbücher zur Einführung in das röm. Recht.

Instleute, früher in O- und N-Dtl. i. Ggs. zu den Taglöhnern die ständig beschäftigten Landarbeiter auf einem Gut. Sie erhielten neben Barlohn Deputatwohnung, -land und -naturalien.

instruieren [lat.], Anweisung geben, unterrichten. **Instruktion,** Anleitung; Dienstvorschrift. **instruktiv,** lehrreich.

Instrument [lat.] das, Gerät, Werkzeug. 2) Musikgerät.

Instrumentalis [lat.] der, Ⓢ Beugefall, der das Mittel oder Werkzeug bezeichnet, auf die Frage womit, wodurch; noch in slaw. Sprachen.

Instrumentalismus [lat.], → Pragmatismus.

Instrumentalmusik, nur mit Instrumenten ausgeführte Musik i. Ggs. zur **Vokalmusik.**

Instrumentation, Instrumentierung [lat.], Kunst, in der Orchestermusik die versch. Instrumente im Sinne bestimmter Klangvorstellungen zu verwenden. Die **Instrumentationslehre** vermittelt Kenntnis von Tonumfang, Klang, Notierung der einzelnen Instrumente u. a.

Instrumentenflug, nach Instrumentenflugregeln der Flugsicherungsbehörde ohne äußerste Sicht durchgeführter Flug.

Insubordination [lat.], Ungehorsam gegen Vorgesetzte.

Insuffizienz [lat.] die, 1) Unzulänglichkeit. 2) ♀ unzureichende Leistung z. B. eines Muskels, der Herzklappen. **I.-Gefühl,** Minderwertigkeitsgefühl.

Insulaner [lat.], Inselbewohner. Eigw. **insular.**

Insulin das, in den **Langerhansschen Inseln** der Bauchspeicheldrüse produziertes Hormon, regelt den Kohlenhydratstoffwechsel, vermindert den Blutzuckergehalt und dient deshalb, aus der tier. Bauchspeicheldrüse gewonnen, als Heilmittel gegen Zuckerkrankheit. I. ist ein Protein (Molekulargewicht 5750), dessen Aufbau geklärt und dessen Synthese möglich ist.

Insulinde die, der → Malaiische Archipel.

Insult [lat.] der, 1) Beleidigung. 2) ♀ Anfall; Schädigung; bes. **apoplektischer I.** (→ Apoplexie).

in summa [lat.], im ganzen; mit einem Wort.

Insurgent [lat.], Aufständischer, Aufwiegler.

inszenieren [lat.], eine Bühnenaufführung vorbereiten; veranstalten.

Intaglio [int'aʎo, ital.] das, → Gemme.

intakt [lat.], unberührt, fehlerfrei.

Intarsia [ital.] die, ornamentale und bildl. Verzierung der Holzflächen, bes. von Möbeln, durch andersfarbige Hölzer; diese werden in das Holz eingepaßt oder mit Vertiefungen mit dem Schnitzmesser ausgehoben hat. Man kann auch die Grundfläche mit Furnierplättchen belegen. Die I., seit dem Altertum bekannt, bes. beliebt in der ostasiat. und islam. Kunst, gelangte in der ital. Frührenaissance zu hoher Blüte und beeinflußte die I.-Arbeiten in Mittel- und N-Europa. Seit dem 16. Jh. verwendet man auch Elfenbein, Schildpatt, Perlmutt und Metalle.

integer [lat.], unversehrt, rechtschaffen, unbescholten.

Integral das, △ Grenzwert einer Summe; Lösung einer Integralgleichung (→ Integralrechnung).

1

Insekten: Formenübersicht; 1 Schnabelfliegen: Skorpionsfliege. 2 Fleischfliege. 3 Spinnfüßer. 4 Schlamm- oder Wasserflorfliege. 5 Rote Waldameise. 6 Ohrwurm. 7 Schildwanze

Insekten

17

Große Inseln in 1 000 km², abgerundet; * mit Nebeninseln

Grönland*	2 176	Neuseeland,		Tasmanien	63	Spitzbergen,	
Neuguinea	772	Südinsel	150	Devon Island	55	Westinsel	39
Borneo* ..	755	Java	118	Nowaja Semlja,		Neubritannien	36
Baffin		Neuseeland,		Nordinsel	48	Taiwan mit	
Island ...	689	Nordinsel	114	Feuerland,		Pescadores	36
Madagaskar	587	Neufundland	110	Hauptinsel	46	Kyushu ...	36
Sumatra ..	425	Luzon	105	Alexander-		Hainan ...	34
Honshu* ..	231	Kuba	105	I.-L.	43	Timor	34
Großbrit.,		Island* ..	103	Axel Heiberg		Prince of Wales	
Hauptinsel	220	Mindanao .	95	Island ...	43	Island ...	33
Victoria-		Irland	84	Melville-		Nowaja Semlja,	
Island ...	217	Hokkaido .	78	Island ...	42	Südinsel .	33
Ellesmere-		Sachalin ..	76	Southampton		Vancouver	31
land	196	Hispaniola	76	Island ...	41	Sizilien ...	25
Celebes ...	189	Ceylon ...	66	Marajó ...	40	Sardinien .	24

Integralismus, Kath. Kirche: Bestrebung, die Glaubensgrundsätze von Zeitströmungen unversehrt zu erhalten.

Integralphotometrie, ☆ Messung der Helligkeit eines Himmelskörpers innerhalb eines breiteren Spektralbereichs.

Integralrechnung, Verfahren der höheren Mathematik, in gewissem Sinne die Umkehrung der Differentialrechnung. Einfachste Aufgabe der I. ist die Berechnung von Flächen, die von beliebigen Kurven begrenzt werden. Sie ist lösbar, wenn sich die Kurven durch Gleichungen darstellen lassen, etwa durch $y = x^2$ (Parabel). Man kann sich dann den Flächeninhalt angenähert

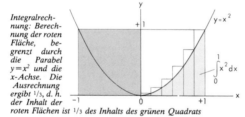

Integralrechnung: Berechnung der roten Fläche, begrenzt durch die Parabel $y = x^2$ und die x-Achse. Die Ausrechnung ergibt $1/3$, d. h. der Inhalt der roten Flächen ist $1/3$ des Inhalts des grünen Quadrats

denken durch die Summe vieler schmaler Rechtecke, deren lange Seiten durch die Gleichung bestimmt sind (x^2) und deren kurze Seiten beliebig (›unendlich‹) klein gedacht werden können (dx). So entsteht der Grenzwert einer Summe oder ein bestimmtes Integral ($\int_0^1 x^2 dx$), das sich rechnerisch auswerten läßt, da seine beiden Grenzen gegeben sind ($x = 0$ und $x = 1$). Beim unbestimmten Integral sind keine Grenzen angegeben. – Die I. hat grundlegende Bedeutung in Physik, Chemie und Technik. Mit ihrer Hilfe berechnet man nicht nur Flächeninhalte, sondern auch Inhalte und Oberflächen von Körpern, Trägheitsmomente, Schwerpunkte, Bewegungsverläufe u. a.

Integration [lat.], 1) allgemein: Zusammenschluß, Bildung übergeordneter Ganzheiten. 2) der soziale, wirtschaftl., polit. oder militär. Zusammenschluß, bes. durch ständiges Bewußtwerden einer gesellschaftl., staatl. oder überstaatl. Ganzheit. 3) Ⓕ Grad und Unversehrtheit des Zusammenhanges von seel. und phys. Einzelfunktionen (Janet, Jaenesch).

integrieren [lat.], einbeziehen, ergänzen. **integrierend,** zum Ganzen notwendig gehörend, wesentlich.

Integriergerät, Integrator, mathemat. Gerät, das zu einer Kurve die zugehörigen Integrale in Form einer Integralkurve zeichnerisch konstruiert.

Integriermaschinen, Differential-Analysator, Rechenanlage zum Lösen (Integrieren) von Differentialgleichungen, die formelmäßig nicht zu lösen sind oder die mit abgeänderten Zahlenwerten wiederholt gelöst werden müssen.

integrierte Schaltung, Bauweise zur Verkleinerung der Abmessungen elektr. Schaltungen, bei der auf einer Trägerplatte aus Isoliermaterial ein Teil der Elemente einer Baugruppe (z. B. Verstärkerstufe) wie Verbindungsleitungen, Spulen u. a. durch Aufbringen von leitendem Material hergestellt werden und andere Teile wie Transistoren, Dioden in fertiger Form eingesetzt werden (**Hybrid-Schaltungen**). Die Festkörperschaltung (**integrierte Halbleiterschaltung, monolithische Schaltung**) verwendet als

Träger ein Halbleiterplättchen; in ihm werden außer passiven auch aktive Bauelemente durch Eindiffundieren von Fremdstoffen hergestellt.

Integrität [lat.], Makellosigkeit, Unbescholtenheit, rechtl. Unverletzlichkeit, bes. eines Staatsgebietes.

Integument [lat.], 1) äußere Haut von Mensch und Tieren. 2) ⊕ Hülle der Samenanlage.

Intellekt [lat.] der, Verstand, Fähigkeit zu denken. **Intellektualismus,** Überbetonung des Verstandesmäßigen. **intellektuell,** geistig, verstandesmäßig. **Intellektueller,** Geistesarbeiter, zuweilen abwertend: einseitiger Verstandesmensch.

intelligent [lat.], klug, geistig begabt.

Intelligenz [lat.] die, 1) Klugheit, Fähigkeit der Auffassungsgabe. 2) geistig führende Schicht (Geistesarbeiter, Künstler); i. e. S. die akadem. Berufe.

Intelligenzblätter, urspr. wöchentl. Zusammenstellungen von Anzeigen (›Wöchentliche Frag- und Anzeigen-Nachrichten‹), später amtl. Organe für Bekanntmachungen, nach 1848: Amtsblätter.

Intelligenzquotient, Abk. **IQ,** Maß für die Höhe der allg. Intelligenz eines Menschen:

$$IQ = \frac{\text{Intelligenzalter (IA)}}{\text{Lebensalter}} \cdot 100$$

intelligibel [lat.], nur denkbar, nicht anschaubar. **Intelligible Welt,** Neuplatonismus: Ideenwelt im Unterschied zur Erscheinungswelt. Nach Kant der Inbegriff der Gedankendinge.

INTELSAT, Abk. für **I**nternational **T**elecommunications **S**atellite **C**onsortium, das 1964 in Washington gegr. Bau- und Betriebskonsortium für ein internat. Nachrichtensatellitensystem, an dem die Bundesrep. Dtl. beteiligt ist.

Intendant [lat.], 1) der oberste Leiter einer Bühne, eines Rundfunk- und Fernsehsenders. 2) ⚓ höherer Verwaltungsbeamter, Leiter der Verpflegungs-, Besoldungs-, Bekleidungs-, Unterkunftsangelegenheiten. 3) in Frankreich des Ancien régime seit Richelieu hohe Verwaltungsbeamte in den Provinzen. **Intendanz** die, Amt, Büro eines I.

intendieren [lat.], (auf etwas) zielen; beabsichtigen.

Intensität [lat.], 1) Eindringlichkeit, Angespanntheit, Stärke. 2) ⊠ Stärke einer Strahlung.

intensiv [lat.], gespannt, eindringlich, gesteigert, kräftig wirksam, rege. **intensive Wirtschaft,** Bodenbewirtschaftung mit relativ hohem Einsatz von Kapital (Maschinen, Düngemittel).

Intensivrasse, auf höchste Leistungen, z. B. größte Legeleistung, gezüchtete Haustierrasse.

Intensivstation, Intensivpflegestation, ⚕ Klinikstation zur Intensivtherapie mit zentralizator. Überwachungsanlage.

Intensivtherapie, ⚕ bei akuter Lebensbedrohung eines Organismus die Anwendung ärztl. Verfahren zum sofortigen, vorübergehenden Ersatz ausgefallener lebenswichtiger Organfunktionen.

Intention [lat.], Absicht, Zielrichtung, aufmerksame Hinwendung. **Intentionalität,** 1) Absichtlichkeit. 2) Zielgerichtetheit, Bezogenheit (der Bewußtseinsakte).

Intentionsbewegung, angedeutete, kaum merkl. Instinktbewegung, z. T. als arttyp. Signal (›Auslöser‹) aufzufassen.

inter... [lat.], zwischen...

Inter|aktion [lat.], Wechselbeziehungen zw. den Individuen innerhalb der Gesellschaft, bes. die Kommunikation in Gruppen.

Interamerikanische Entwicklungsbank engl. **Inter-American Development Bank** [ɪntər əm'erɪkən dɪv'eləpmənt bæŋk], Abk. **IDB,** 1959 gegr. Entwicklungsbank für Lateinamerika, gewährt auch techn. Hilfe; Sitz: Washington.

Intercity-Züge [ɪntəs'ɪtɪ-], Abk. **IC,** D-Züge mit hohen Geschwindigkeiten, die die Verkehrszentren der Bundesrep. Dtl. verbinden und an 5 Knotenpunkten untereinander fahrplanmäßige Übergänge besitzen.

Interdependenz [lat.] die, gegenseitige Abhängigkeit, bes. bei allen volkswirtschaftl. Vorgängen und Größen; in der Politik zw. Staaten.

Interdikt [lat.] das, 1) im röm. Recht eine der heutigen einstweiligen Verfügung ähnl. Anordnung. 2) als kath. Kirchenstrafe ein Verbot, den Gottesdienst zu besuchen oder ihn an einem bestimmten Ort abzuhalten.

Interdiktion [lat.], Untersagung, Verbot.

interessant [lat.], bedeutsam, Anteilnahme erweckend, wissenswert, spannend.

Interesse [lat.] das, 1) Anteilnahme, Wunsch nach weiterer

Kenntnisnahme. 2) Sache, für die man eintritt. 3) 🔊 wirtschaftl. Wert eines Rechtsgutes für den Berechtigten.

Interessengemeinschaft, Abk. **I. G., IG,** 1) vertragl. Zusammenschluß mehrerer Personen oder Unternehmen zur Wahrung gleichartiger, meist wirtschaftl. Interessen. 2) Verbindung von Unternehmen, die rechtlich selbständig bleiben, deren wirtschaftl. Selbständigkeit aber vertraglich gemindert ist. Die I. G. ist regelmäßig eine Gesellschaft bürgerl. Rechts.

Interessenjurisprudenz, Richtung der Privatrechtswissenschaft, die im Rechtsleben eine freie Gesetzesauslegung zugunsten einer stärkeren Berücksichtigung menschlich berechtigter Interessen fordert. Hauptvertreter: Ph. Heck.

Interessensphäre, das Einflußgebiet.

Interessenverbände, freiwillige Zusammenschlüsse von Personen oder Korporationen zu dem Zweck, die Belange ihrer Mitglieder zu regeln und gegenüber andern I., gegenüber der Öffentlichkeit allg. oder gegenüber Parlamenten, Regierungen, Parteien wirkungsvoll zu vertreten (Gewerkschaften, Arbeitgeberverbände, Vertriebenen-, Kriegsopferverbände u. a.). I., die auf die Gesetzgebung u. a. polit. Akte Einfluß zu nehmen suchen, nennt man **pressure groups** [pr'eʃə gru:ps] oder Lobbyisten (→ Lobby).

interessieren [lat.], seine Aufmerksamkeit, sein Streben auf etwas lenken. **interessiert,** Anteil nehmend.

Interferenz [lat.] die, ⊠ Überlagerung von mehreren Wellen bei gleichzeitigem Passieren des gleichen Ortes: Die resultierende Amplitude ist jeweils gleich der Summe der Amplituden der urspr. Wellen. 2 interferierende Wellen gleicher Wellenlänge, gleicher Amplitude und gleicher Phase verstärken sich (**I.-Maximum**); sind sie jedoch um eine halbe Wellenlänge gegeneinander verschoben, so löschen sie einander aus (**I.-Minimum**): bei Lichtwellen kann derselben Lichtquelle (kohärentes Licht) tritt Dunkelheit, bei Schallwellen Stille, bei Wasserwellen Ruhe ein. Beim Fresnelschen Spiegelversuch wird ein Lichtbündel durch 2 schwach gegeneinander geneigte Spiegel S₁ und S₂ in zwei von E₁ und E₂ ausgehende Bündel aufgespalten. Sie rufen auf einem Schirm ein System von hellen und dunklen I.-Streifen hervor. Bei weißem Licht haben die Streifen farbige Ränder; solche **I.-Farben** beobachtet man z. B. bei Seifenblasen, bei denen das auffallende Licht durch Reflexion an der Vorder- und Hinterseite des Seifenhäutchens interferiert. Auf I. der langen elektromagnet. Wellen beruht z. B. das Fading (Schwund) beim Rundfunkempfang. I.-Erscheinungen werden in Interferometern für genaue Messungen ausgenützt.

Interferenzkomparator, opt. Gerät zum sehr genauen Messen oder Vergleichen von 2 Längen durch 2 interferierende Lichtstrahlen.

Interferenzrohr, Rohranordnung zum Messen von Schallwellenlängen nach H. G. Quincke (1866).

Interferometer das, Gerät zur Bestimmung der Ebenheit von Flächen, der Gleichmäßigkeit planparalleler Platten u. dgl. durch Interferenz, i. w. S. auch für Messungen anderer Art unter Ausnützung von Interferenzerscheinungen (z. B. Michelson-I.). In der Astronomie werden mit I. als Fernrohr-Zusatzgeräten die scheinbaren Durchmesser von Fixsternen gemessen.

Interferon das, ein Eiweißkörper, der von Körperzellen gebildet wird, nachdem sie von vermehrungsfähigen Viren infiziert wurden oder auch nur mit inaktivierten Viren in Berührung kamen. Das von solchen Zellen abgegebene I. wirkt nicht unmittelbar zerstörend auf das Virus, sondern nichtinfizierte, mit I. zusammenkommende Zellen erwerben die Eigenschaft, eindringenden Viren die Vermehrung in der Zelle zu verwehren. 1980 gelang es, I. künstlich herzustellen.

Interflug, staatl. Fluggesellschaft der Dt. Dem. Rep., gegr. 1958; Sitz: Berlin-Schönefeld.

intergalaktische Materie, ✦ staub- oder gasförmige Materie im Raum zw. den Sternsystemen, von äußerst geringer Dichte.

Interglazial [lat.], wärmere Zeit zw. 2 Kaltzeiten.

Interieur [ɛ̃teri'œːr, frz.] das, 1) Innenraum. 2) Ausstattung eines Innenraums. 3) Malerei: Darstellung des Innenraums, bes. J. Vermeer, P. de Hooch u. a.

Interim [lat.] das, einstweilige Regelung. **interimistisch,** einstweilig, zwischenzeitlich. **Interimskabinett,** Übergangsregierung.

Interjektion [lat.], Ausrufewort, Empfindungswort.

Interkommunion [lat.], →Abendmahlsgemeinschaft.

Interkonfessionalismus [lat.], auf Angleichung der Anschauungen beruhende Beziehungen von konfessionsverschiedenen christl. Kirchen.

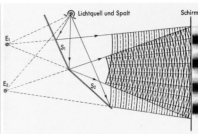

Interferenz: links Interferenzfigur einer Quarzplatte in divergentem polarisiertem Licht; rechts Fresnelscher Spiegelversuch

interkostal [lat.], ✚ zw. den Rippen liegend.

Interlaken, Kur- und Bezirkshauptstadt im Kt. Bern, Schweiz; 5 100 Ew.; im Zentrum des Berner Oberlandes, 566 m ü. M.; Ausgangspunkt von Gebirgsbahnen.

interlinear [lat.], zw. den Zeilen.

Interlingua [lat.], unter Leitung von A. Gode 1950 geschaffene Welthilfssprache.

Interlockware, auf einer Rundstrickmaschine (**Interlockmaschine**) hergestellte doppelflächige, feinmaschige Strickware für Unterwäsche u. a.

Interludium [lat.] das, ♪ Zwischenspiel.

intermediär [lat.], dazwischenliegend.

intermetallische Verbindungen, in Legierungen häufig als Gefügebestandteile auftretende Mischkristalle. Sie können auch meist durch Zusammenschmelzen der Komponenten in passenden Mengenverhältnissen dargestellt werden.

Intermezzo [ital.] das, -s/. . .zzi, 1) ♪ Zwischenspiel; musikal. Einlage; Charakterstück für Klavier von Schumann, Brahms. 2) Ü komischer Zwischenfall.

Intermission [lat.], Unterbrechung, das Aussetzen. **intermittierend,** zeitweilig aussetzend, unterbrechend, z. B. **intermittierendes Fieber.**

intern [lat.], inwendig, innerlich; vertraulich.

Internalisierung, bewußte persönl. Übernahme und Verinnerlichung von Werten und Normen einer Bezugsgruppe durch den einzelnen, bes. den Heranwachsenden.

Internat [lat.] das, mit einer Schule verbundenes Schülerheim.

international [lat.], zwischenstaatlich.

International Business Machines Corporation [ɪntən'æʃnl b'ɪznɪs məʃ'i:nz kɔːpər'eɪʃn, engl.], →IBM.

International Council of Scientific Unions [ɪntən'æʃnl kaunsl ɔv saɪənt'ɪfɪk j'u:njəns, engl.], Abk. **ICSU,** Internat. Rat wissenschaftl. Vereinigungen, gegr. 1919; Sitz: Rom.

Internationale die, 1) internat. Zusammenschlüsse, bes. die der sozialist. Parteien. Die **Erste I.,** unter K. Marx, gegr. in London 1864 als ›Internationale Arbeiterassoziation‹, wurde 1872 durch den Ggs. zw. Marx und Bakunin gesprengt. Die **Zweite I.,** auf Anregung der dt. Sozialdemokratie gegr. in Paris 1889, zerbrach im 1. Weltkrieg; sie wurde 1923 wiederhergestellt und bestand bis 1940. Die **Dritte I.** ist die kommunistische, gegr. 1919 in Moskau (→ Komintern). Bedeutungslos blieb die **Vierte I.,** gegr. von Trotzkij in Mexiko 1938. 2) Kampflied der internat. sozialist. Arbeiterbewegung, frz. Text von E. Pottier (1871), dt. von E. Luckhardt (›Wacht auf, Verdammte dieser Erde. . .‹), Melodie von P. de Geyter.

Internationale Arbeitsorganisation, Abk. **IAO,** engl. Abk. **ILO,** 1919 gegr., Sonderorganisation der UNO zur Förderung der sozialen Gerechtigkeit, zur Verbesserung der Arbeitsbedingungen und der wirtschaftl. und sozialen Sicherheit; Sitz: Genf. Organe: **Allgemeine Konferenz,** der **Verwaltungsrat,** das **Internationale Arbeitsamt.** Die Bundesrep. Dtl. ist seit 1951 Mitglied.

Internationale Atomenergie-Behörde, engl. Abk. **IAEA,** 1956 gegr. Einrichtung zur Förderung der friedl. Nutzung der Atomenergie und zum technisch-wissenschaftl. Erfahrungsaustausch; Sitz: Wien. 106 Mitgliedstaaten.

Internationale Bank für Wiederaufbau und Entwicklung, Weltbank, engl. Abk. **IBRD,** gegr. 1945 nach der Konferenz von Bretton Woods; Sitz: Washington. Die Kredite der

Interferometer

Bank unterstützen die 124 Mitgliedsländer bei wirtschaftl. Entwicklungsvorhaben.

Internationale Brigaden, militär. Freiwilligenverbände im span. Bürgerkrieg (1936–39), die sich aus Ausländern rekrutierten und auf republikan. Seite gegen Franco kämpften.

Internationale Einheiten, 1) Abk. **I. E.,** international festgelegtes Einheitensystem der Wirkstoffgehalte biochem. Substanzen (Hormone, Antibiotika, Enzyme u. a.). **2)** Internationales Einheitensystem, → SI-Einheiten.

Internationale Fernmelde-Union, Abk. **IFU,** Sonderorganisation der UNO zur Regelung des internat. Nachrichtenverkehrs, gegr. 1906; Sitz: Genf.

Internationale Flüchtlingsorganisation, engl. Abk. **IRO,** 1947 gegr. Organisation der UNO, deren Aufgaben 1951 der → Hochkommissar für Flüchtlinge übernahm.

internationale Gerichte, durch zwischenstaatl. Verträge für ständig oder für eine bestimmte Zeit oder Aufgabe errichtete Gerichtshöfe.

Internationale Handelskammer, Abk. **IHK,** Paris, 1919 gegr. Vereinigung von Unternehmern und Wirtschaftsverbänden zur Förderung des zwischenstaatl. Handels und zur Lösung internat. Handelsfragen.

Internationale Investitionsbank, Abk. **IIB,** Bank im Rahmen des Comecon, gegr. 1970, Sitz: Moskau.

Internationaler Bund Freier Gewerkschaften, Abk. **IBFG,** 1949 in London gegr. Zusammenschluß nichtkommunist. Gewerkschaften, die aus dem Weltgewerkschaftsbund ausgetreten waren; Sitz: Brüssel.

Internationaler Frauenbund, älteste internat. Frauenorganisation, gegr. 1904; Sitz: Washington.

Internationaler Genossenschaftsbund, Abk. **IGB,** 1895 gegr. Spitzenorganisation der Genossenschaftsverbände einzelner Länder; Sitz: London.

Internationaler Gerichtshof, Abk. **IGH,** das durch die Satzung der UNO als Nachfolger des Ständigen Internat. Gerichtshofes 1946 errichtete Gericht in Den Haag. Alle Mitgliedstaaten der UNO sind Mitgl., andere Staaten können unter besonderen Bedingungen beitreten.

Internationaler Kinderhilfsfonds, → UNICEF.

Internationaler Schiedsgerichtshof, → Ständiger Schiedshof.

Internationaler Währungsfonds, Abk. **IWF, Weltwährungsfonds,** 1945 gegr. autonome Sonderorganisation der UNO, um den multilateralen Zahlungsverkehr konvertibler Währungen zu erreichen, Devisenbeschränkungen zu beseitigen, die Stabilität der Währungen zu fördern u. a. Das Kapital entsteht durch anteilige Einzahlungen der 129 Mitgliedstaaten.

Internationale Schlafwagen- und Touristik-Gesellschaft, Abk. **I. S. T. G.,** 1876 gegr., betreibt Schlaf- und Speisewagen im internat. Verkehr und ist in der Touristik, Hotellerie, Gastronomie tätig; Sitz: Brüssel, Generaldirektion: Paris.

Internationales Geophysikalisches Jahr, Abk. **I. G. J.,** gemeinsames Forschungsunternehmen von 67 Ländern; Dauer: 1. 7. 1957 bis 31. 12. 1959, wurde fortgesetzt durch das **Internationale Jahr der ruhigen Sonne** (1. 1. 1964–31. 12. 1965).

Internationales Komitee für europäische Auswanderung, engl. **International Committee for European Migration** [ɪntənˈæʃnl kəmˈɪtɪ fɔː juərəpˈiːən maɪgrˈeɪʃn], Abk. **ICEM,** 1951 gegr., vermittelt europ. Auswanderer nach Übersee; Sitz: Genf.

Internationales Olympisches Komitee, Abk. **IOK,** höchste Instanz für die Olymp. Spiele, gegr. 1894, Sitz: Lausanne; Präs. (seit 1980): J. A. Samaranch.

Internationales Presse|institut, Abk. **IPI,** 1951 gegr. Vereinigung zur Förderung freien Nachrichtenaustausches und zum Schutz der Pressefreiheit; Sitz: Genf.

internationales Recht, zwischenstaatliches Recht, 1) in den angelsächs. und roman. Ländern das Völkerrecht. **2)** i. w. S. das Völkerrecht und alle Rechtssätze zur Lösung des Widerstreits zw. nationalem und ausländ. Recht, so das internat. Privatrecht, internat. Strafrecht, internat. Verw.-Recht.

Internationales Übereinkommen über den Eisenbahnfrachtverkehr, frz. Abk. **CIM,** und **Internationales Übereinkommen über den Eisenbahnpersonen- und -gepäckverkehr,** frz. Abk. **CIV,** regeln die Beförderungsbedingungen im internat. Eisenbahnverkehr.

Internationales Weizenabkommen, Abk. **IWA,** seit 1949 geltende Vereinbarung zw. den wichtigsten Import- und Exportländern von Weizen.

International Finance Corporation, Abk. **IFC,** internat. Finanzierungsges. zur Förderung privater Investitionen in Entwicklungsländern; Sitz: Washington; tätig seit 1957.

Internationalisierung, durch völkerrechtl. Vertrag bewirkte Beschränkung der Gebietshoheit eines Staates über Teile seines Staatsgebietes.

Internationalismus, Bestrebungen zu internat. Zusammenarbeit in Politik, Wissenschaft u. a. (→ Weltbürgertum, → Proletarischer Internationalismus)

International Organization for Standardization [ɪntənˈæʃnl ɔːgənaɪzˈeɪʃn fɔː stændədaɪzˈeɪʃn, engl.], Abk. **ISO,** internat. Normungsgemeinschaft, gegr. 1946, schließt alle Normen aufstellenden Länder der Welt zusammen. Vorgänger der ISO war die **ISA** (International Federation of the National Standardizing Associations), gegr. 1926.

International Telephone and Telegraph Corporation [ɪntənˈæʃnl tˈelɪfəun ænd tˈelɪgræf kɔːpərˈeɪʃn], Abk. **ITT,** New York, führendes amerikan. Unternehmen der fernmeldetechn., elektrotechn. und elektron. Ind., gegr. 1920.

Internierung, Verhaftung und Zwangsunterbringung in I.-Lagern von Soldaten auf neutralem Gebiet oder von Zivilpersonen durch eine kriegführende Macht. In neuerer Zeit wurden Personen, die als staatsgefährdend galten, öfter interniert.

Internist [lat.] *der,* Facharzt für innere Medizin.

Interpellation [lat.], Anfrage im Parlament an die Regierung.

interplanetar [lat.], **interplanetarisch,** im Raum des Sonnensystems.

Interpol *die,* Kurzwort für die 1923 gegr. **Internationale kriminalpolizeiliche Organisation** zur Verfolgung aller Verbrechen, die den nationalen Rahmen übersteigen, z. B. Rauschgifthandel, Münzfälschung; Sitz (seit 1946): Paris; dt. Büro der I.: Bundeskriminalamt (BKA) in Wiesbaden.

Interpolation [lat.], **1)** Einschub von Wörtern oder Sätzen in den urspr. Wortlaut einer Schrift; oft Fälschung. **2)** △ Einschaltung von Zahlenwerten zw. die Zahlen einer gegebenen Folge, damit sie so glatt wie möglich verläuft.

Interpret [lat.] *der,* Ausleger, Erklärer; Darsteller. **Interpretation,** Auslegung, Erklärung. Zeitw. **interpretieren.**

Interpreter, → Programmiersprache.

Interpunktion [lat.], Satzzeichen; Zeichensetzung.

Interregnum [lat.] *das,* in Wahlmonarchien die Zeit von dem Tod, der Absetzung oder Abdankung eines Herrschers bis zur Wahl eines neuen; in Dtl. bes. die Zeit vom Tod Konrads IV. bis zur Wahl Rudolfs I. (1254–73).

interrogativ [lat.], fragend. **Interrogativum** *das,* -s/ . . . va, Fragefürwort.

Intersexualität [lat.], **Zwischengeschlechtlichkeit,** Vorhandensein von Merkmalen beider Geschlechter bei einem Individuum. (→ Zwittertum)

interstellar [lat.], ✭ im Raum des Milchstraßensystems. **interstellare Materie,** staub- und gasförmige Materie, die in der Milchstraße, auch in anderen Sternsystemen vorkommt.

interterritorial [lat.], zw. verschied. Gebieten.

Intervall [lat.] *das,* **1)** Zwischenraum. **2)** ♪ Abstand zweier Töne. Er wird nach den auf den Grundton bezogenen Stufen der diaton. Tonleiter bezeichnet. Der Grundton ist die Prim, der nächstfolgende Ton die Sekunde, der 3. die Terz, der 4. die Quarte, der 5. die Quinte, der 6. die Sexte, der 7. die Septime, der 8. die Oktave, der 9. die None, der 10. die Dezime usw. Bei der Sekunde, Terz, Sexte, Septime werden kleine und große Sekunde usw. unterschieden. Quarte, Quinte, Oktave haben nur eine Grundform, die ›rein‹ genannt wird. Die Grundformen können erweitert (übermäßige, verminderte I.) werden.

intervalutarisch [lat.], im Verhältnis zu anderen Währungen.

intervenieren [lat.], vermitteln; Einspruch erheben.

Intervention [lat.], Vermittlung, Einmischung, **1)** Prozeßrecht: das Eintreten in einen anhängigen Prozeß als Haupt- oder Nebenpartei. **2)** Wechselrecht: der Ehreneintritt. **3)** das diplomat. oder gewaltsame Eingreifen eines Staates in die Verhältnisse eines anderen, nur zulässig auf Ersuchen eines Staates **(Interzession)** oder auf Grund eines Vertrages. **4)** Börse: das Eingreifen interessierter Kreise durch Erteilen von Aufträgen.

Interventionismus [lat.], wirtschaftspolit. Richtung, die staatl. Eingriffe in den Wirtschaftsablauf befürwortet.

Interventionsklage, die → Drittwiderspruchsklage.

Interview [ˈɪntəvjuː, engl.] *das,* Befragung von Personen;

Gespräch zw. einem Fragenden (**Interviewer**) und einem Befragten (**Informant**).

Intervision, Zusammenschluß der Rundfunkgesellschaften des Ostblocks, gegr. 1960; Sitz: Prag.

Interzellularräume, Interzellularen [lat.], **Zwischenzellräume,** Lücken zw. den Zellen der pflanzl. Dauergewebe (Durchlüftungsgewebe).

Interzellularsubstanz [lat.], die in den meisten tier. Geweben (Knochen, Knorpel) zw. den Zellen liegenden, von ihnen abgesonderten Stoffe.

Interzession [lat.], das Dazwischentreten.

Interzonengrenze, →Zonengrenze.

Interzonenhandel, der →innerdeutsche Handel.

intestabel [lat.], unfähig, als Zeuge aufzutreten oder einen letzten Willen aufzusetzen.

Intestat|erbfolge, gesetzl. Erbfolge.

intestinal [lat.], zum Darm gehörend.

Inthronisation [lat.], Einsetzung; feierl. Besitzergreifung des päpstl. Stuhls durch den Papst, eines Sprengels durch den Bischof.

intim [lat.], 1) vertraut, eng befreundet. 2) vertraulich. **Intimität** die, Vertraulichkeit. **Intimsphäre** die, privatester Bereich eines Menschen; durch Art. 2 Abs. 1 GG geschützt.

intolerant [lat.], unduldsam. Hptw. **Intoleranz** die.

Intonation [lat.], das Anstimmen, 1) ♪ Art der Tongebung (laut und leise, hart und weich, rein und unrein). 2) Phonetik: kontinuierl. Veränderung der Stimmtonhöhe beim Sprechen.

intonieren, anstimmen.

INTOURIST, staatl. Reiseunternehmen der UdSSR, Sitz: Moskau.

Intoxikation [grch.-lat.], Vergiftung.

Intrade [ital.] die, **Entrata,** feierlich-breites Musikstück zur Eröffnung einer Festlichkeit, bes. im 16./17. Jh.

intra muros [lat. ›innerhalb der Mauern‹], nicht öffentlich.

intramuskulär [lat., **i. m.,** innerhalb des Muskels oder in ihn eingeführt (z. B. Injektion).

intransigent [frz.], unzugänglich, unversöhnlich. Hptw. **Intransigenz** die.

intransitiv [lat.], Ⓢ Bez. für Verben, die kein Akkusativobjekt nach sich binden können und kein persönl. Passiv bilden (z. B. ›gehen‹); Ggs.: **transitiv.**

intravenös [lat.], **i. v.,** innerhalb der Vene oder in sie eingeführt (z. B. Injektion).

Intrige [frz.] die, Ränkespiel. **intrigant,** ränkesüchtig. **Intrigant** der, Ränkeschmied. **intrigieren,** Ränke schmieden. **Intrigenstück,** Theaterstück, das von einer I. handelt.

intro. . . [lat.], ein. . ., hinein. . .

Introduktion [lat.], Einleitung; ♪ dem Hauptsatz vorangehende Einleitung in langsamem Zeitmaß.

Intro|itus [lat.] der, Kath. Kirche: Psalmenverse zu Beginn der Messe; evang. Kirche: der 1. Teil des sonntägl. Gottesdienstes. – Die Anfangsworte des I. bezeichnen die Sonntage um Ostern.

Introspektion [lat.], Selbstbeobachtung.

introvertiert [lat.], nach innen gewandt (nach C. G. Jung). Ggs.: →extravertiert.

Intrusion [lat.], ⊕ Eindringen von Magma in einen Gesteinsverband.

Intschön, die korean. Stadt →Inchŏn.

Intubation [lat.], ♀ Einlegen einer Röhre (**Intubator**) vom Mund aus in Kehlkopf und Luftröhre, bei Erstickungsgefahr und zur **Intubationsnarkose** (→Narkose).

Intuition [lat.], plötzl. Eingebung, ahnendes Erkennen, unmittelbares Erfassen, bes. auf künstler. Gebiet. **intuitiv,** durch I. erkennend.

Intuitionismus [lat.], 1) ⓟ Lehre, daß die Gegebenheiten des Bewußtseins unmittelbar und anschaulich erfaßbar sind. 2) als Grundlagentheorie der Mathematik die von L. Kronecker, H. P. Poincaré u. a. vertretene Lehre, daß die Gesamtheit der natürl. Zahlen intuitiv und unableitbar gegeben sei und daß sich die Gesamtheit der reellen Zahlen arithmetisch nicht bilden lasse. Seit 1907 versuchten L. E. J. Brouwer, H. Weyl, A. Heyting u. a. einen intuitionist. Neuaufbau der Mathematik.

intus [lat.], innen. **i. haben,** gelernt, auch: verzehrt haben.

Inulin [lat.] das, **Dahlin,** in Dahlienknollen vorkommende Stärkeart zur Herstellung von Diabetikergebäck.

in usum Delphini [lat. ›zum Gebrauch des Dauphins‹, des frz. Kronprinzen], für Kinder bearbeitet, z. B. Bücher.

Invagination [lat.], Einstülpung, z. B. der Blastula beim Entstehen des Becherkeims (→Entwicklung).

Invalide [lat.], im Beruf arbeitsunfähig gewordener Mensch; Kriegsbeschädigter. **Invalidenversicherung,** Zusatzversicherung zur Lebensversicherung. **Invalidität** die, dauernde Erwerbsunfähigkeit.

Invar das, Eisen-Nickel-Legierung mit hohem elektr. Widerstand und sehr geringer Wärmeausdehnung.

invariabel [lat.], unveränderlich, gleichbleibend.

Invariante [lat.] die, unveränderl. Größe.

Invasion [lat.], Einfall, bes. bewaffnetes feindl. Einrücken in fremdes Gebiet; in der Biologie massenweises Auftreten einer Art in einem anderen Land.

Invektive [lat.] die, die Schmähung.

invenit [lat. ›hat erfunden‹], Abk. **inv.,** bezeichnet auf graph. Blättern den Künstler der Originalzeichnung.

Inventar [lat.] das, Bestand, Bestandsverzeichnis, 1) Einrichtungsgegenstände, bes. das am Schluß des Geschäftsjahrs aufgestellte Verzeichnis der Vermögensgegenstände und Schulden eines Unternehmens. 2) bürgerl. Recht: Sachen, die zum Wirtschaftsbetrieb eines gewerbl. Unternehmens oder eines Landgutes bestimmt sind; Verzeichnis von Gegenständen eines Sondervermögens, z. B. des Nachlasses.

Inventarisation [lat.], Bestandsaufnahme, bes. von Kunstdenkmälern.

Invention [lat.], Einfall, Erfindung; bei J. S. Bach die kleinen zweistimmigen Klavierstücke in kontrapunktischem Satz.

Inventur [lat.] die, Aufnahme des Inventars; Bestandsaufnahme. **Inventurverkauf,** Räumungsverkauf.

Inverness [ɪnvən'es], 1) ehem. Cty. in Schottland, gehört seit 1975 zur Highland Region. 2) Stadt und Verwaltungssitz der Highland Region, Schottland, an der Mündung des Ness in den Moray Firth, 29 800 Ew.; Werft, Whiskybrennereien, Eisengießerei u. a. Ind., Handelszentrum.

invers [lat.], umgekehrt.

Inversion [lat.], Umkehrung, Umstellung, 1) ꩜ Umkehrung des Drehsinnes einer optisch aktiven Verbindung. 2) △ die Spiegelung am Kreis; die Umstellung zweier Elemente einer Kombination, z. B. ab und ba. 3) Wetterkunde: Temperaturumkehr, d. h. Zunahme der Wärme mit der Höhe statt der normalen Abnahme. 4) ♀ konträres Geschlechtsempfinden (Homosexualität). 5) ♀ spiegelbildlich zur Normallage verlagerte Organe oder Organteile. 6) Ⓢ Umstellung der gewöhnl. Wortfolge.

Invertase [lat.] die, die Dünndarmenzym.

Invertebraten [lat.] Mz., die wirbellosen Tiere.

Invertzucker, Gemisch aus gleichen Anteilen Trauben- und Fruchtzucker; im Honig enthalten.

investieren [lat.], 1) Geld anlegen. 2) ins Amt einsetzen.

Investigation [lat.], das Nachspüren, Erforschung.

Investition [lat.], Verwendung von Kapital zum Ankauf von Produktionsmitteln. Man unterscheidet: **Netto-I.,** den Kapitaleinsatz zur Erweiterung und Verbesserung des Produktionsmittelbestandes, **Ersatz-I. (Re-I.),** die I. zum Ersatz verbrauchter Produktionsmittel; beide zus. bilden die **Brutto-I.** – Gesamtwirtschaftlich sind I. der Teil des Sozialprodukts, der nicht dem laufenden Verbrauch ausgegeben oder gehortet wird. Die **Investitionsquote** (Anteil der Brutto-I. am Bruttosozialprodukt) betrug (1975) in der Bundesrep. Dtl. 20,8%.

Investitionslenkung, staatl. Beeinflussung der unternehmer. Investitionsentscheidungen, um die Wirtschaft zu steuern; soll Tarifautonomie und Konsumfreiheit nicht beeinträchtigen.

Investitur [lat. ›Einkleidung‹], Belehnung; Einführung in ein Amt.

Investiturstreit, Streit zw. den Päpsten und den dt., frz. und engl. Königen um die seit dem 9. Jh. von den weltl. Herrschern mit Ring und Stab vorgenommene Investitur der Bischöfe und Äbte. Papst Gregor VII. entfesselte 1075 den I., indem er Heinrich IV. und Heinrich V. austrugen. In Frankreich erreichte die Kirche 1104, in England 1107 den Verzicht der Krone auf die Investitur mit Ring und Stab; im Dt. Reich wurde der I. 1122 durch das →Wormser Konkordat beendet.

Investivlohn, der Teil des Arbeitsentgelts der auf Grund gesetzl. Regelungen oder anderer Vereinbarungen nicht bar ausbezahlt, sondern investiert wird, unter Übertragung vermögenswirksamer Rechte an die Einkommensbezieher.

Investmentgesellschaft, Investment-Trust [-trʌst, engl.], Kapitalanlagegesellschaft, die sich durch Ausgabe von Wertpapieren (**Investmentzertifikaten**) Kapital beschafft und dieses in in- und ausländ. Wertpapieren nach bestimmten Grundsätzen (Risikostreuung) in einem Fonds anlegt. I. gibt es bes. in den

Ipomoea:
Prunk- oder
Trichterwinde

USA und der Schweiz; in der Bundesrep. Dtl. hat die Zahl der Fonds seit 1950 zugenommen.

Investmentsparen, das Sparen durch Erwerb von Zertifikaten einer Investmentgesellschaft.

in vino veritas [lat.], im Wein ist Wahrheit.

in vitro [lat.], im Reagenzglas.

in vivo [lat.], im lebenden Organismus.

Invocavit [lat.], 1) evang. Kirche: 6. Sonntag vor Ostern. 2) **Invocabit,** Kath. Kirche: der 1. Fastensonntag.

Involution [lat.], 1) △ Abbildung, die gleich ihrer Umkehrung ist. 2) ⊕ ♫ ♂ Rückbildung aller Organe und ihrer Leistungen im Laufe des Alterns **(Involutionsperiode).**

involvieren [lat.], in sich begreifen, einschließen.

Inzell, Gem. im Kr. Traunstein, Oberbayern, 3600 Ew.; Wintersportzentrum; Eisschnellaufbahn.

Inzensation [lat.], Beräucherung mit Weihrauch.

Inzest [lat.] *der,* die Blutschande.

Inzision [lat.], der Einschnitt.

Inzucht, Fortpflanzung unter nahe verwandten Lebewesen; beschleunigt die Herauszüchtung verhältnismäßig einheitl. Formen (Art- u. Rassenbildung). In der Tier- und Pflanzenzucht hat sie von jeher eine große Rolle gespielt. Beim Menschen wirkt sie sich vorwiegend nachteilig aus, weil das Auftreten bestimmter Erbkrankheiten begünstigt.

Io, chem. Zeichen für Ionium.

Io, grch. Mythos: Geliebte des Zeus, wurde von ihm in eine Kuh verwandelt und von Hera dem Argus zur Bewachung übergeben.

Ioannina, Jan(n)ina, Stadt in Griechenland, in Epirus, 40100 Ew.; Universität.

IOK, Abk. für das → Internationale Olympische Komitee.

Iokaste, grch. Mythos: Mutter des Ödipus.

Ion, grch. Mythos: Stammvater der Ionier, Sohn des Apoll und der Kreusa.

Ionen *Mz.,* **Ion** *Ez.,* elektrisch positiv oder negativ geladene Atome oder Moleküle; bei ihnen sind weniger oder mehr Elektronen vorhanden, als zu ihrer Neutralisierung notwendig wäre. Je nach der Zahl der überschüssigen oder fehlenden Elektronen spricht man von einfach, zweifach usw. geladenen I. Die Abspaltung von Elektronen **(Ionisation)** erfordert die Zuführung von Energie **(Ionisationsenergie)** durch Einstrahlung von Licht oder Röntgenstrahlen, durch Beschuß mit energiereichen geladenen Teilchen, durch hohe Temperatur. – I. bewirken die elektr. Leitfähigkeit von Gasen. Die **I.-Beweglichkeit** ist die Geschwindigkeit der I. in einem elektr. Feld bei der Feldstärke 1 Volt/cm.

Ionen|antrieb, elektrostatischer Antrieb, elektr. Raketenantrieb mit Hilfe eines gerichteten Strahles hochbeschleunigter Ionen. Zur Erzeugung der Ionen wird z. B. Cäsiumdampf auf ein heißes Platin- oder Wolframgitter geleitet, oder es wird ein neutrales Plasma durch ein starkes Magnetfeld komprimiert, oder man benützt eine hochfrequente elektrodenlose Ringentladung als Ionenquelle.

Ionen|austauscher, chem. Verbindungen, die ihre eigenen Ionen gegen andere austauschen können, ohne dadurch ihre Struktur zu ändern. Anorgan. I., die **Zeolithe,** können Natriumgegen Calcium- und Magnesiumionen austauschen (Basenaustauscher) und umgekehrt; Verwendung u. a. zur Enthärtung von Wasser **(Permutite).** Organ. I. sind hochpolymere Kunstharze; sie dienen zur Trennung, Reinigung und Analyse verwickelter organ. Verbindungen, z. B. durch **Ionenaustauschchromatographie.**

Ionen-Getter-Pumpe, Hochvakuumpumpe, bei der die Gase durch eine Entladung ionisiert und durch ein verdampftes, als → Getter wirkendes Metall festgehalten werden.

Ionesco, Eugène, frz. Dramatiker, * Rumänien 1909, gilt als Hauptvertreter des absurden Theaters: ›Die kahle Sängerin‹ (1948), ›Die Stühle‹ (1951), ›Die Nashörner‹ (1959), ›Der König stirbt‹ (1963), ›Macbeth‹ (1972) u. a.; Romane.

Ionier, einer der 3 altgrch. Hauptstämme, siedelte nach der Dorischen Wanderung in Attika, auf Euböa, den Kykladen und an der westl. Küste Kleinasiens.

Ionisation [grch.], → Ionen.

Ionisationskammer, Strahlungsmeßgerät, bestehend aus einem gasgefüllten Metalltopf, der die eine Elektrode bildet, in den eine stab- oder plattenförmige zweite Elektrode hineinragt. Zw. beiden liegt eine elektr. Spannung. Das durch die Strahlung ionisierte Füllgas ruft einen Strom hervor, der durch empfindl. Meßgeräte nachgewiesen wird.

Ionisator, Gerät zur Beseitigung elektrostat. Aufladungen

durch Erhöhung der Leitfähigkeit der Luft mittels Ionisation; zur Verbesserung bioklimat. Raumverhältnisse.

Ionische Inseln, Inseln vor der W-Küste Griechenlands im Ion. Meer, darunter Korfu, Paxos, Leukas, Ithaka, Kephallenia, Zakynthos, bis 1864 Kythera; dicht besiedelt, gebirgig, ertragreich (Oliven, Wein, Obst, Gemüse). 1815 als **Verein. Staat der 7 I. I.** selbständig unter brit. Schutz; 1864 Abtretung an Griechenland.

ionische Naturphilosophie, → griechische Philosophie.

Ionischer Aufstand, vergebl. Aufstand des **Ionischen Bundes** der 12 ionischen (grch.) Städte an der W-Küste Kleinasiens gegen die pers. Herrschaft 500–494 v. Chr.

ionischer Baustil, → griechische Kunst.

ionischer Vers, grch. Verslehre: ein viersilbiger Versfuß von der Form ∪∪—— oder ——∪∪.

Ionisches Meer, Teil des Mittelmeers zw. der W-Küste Griechenlands und der O-Küste Siziliens und Kalabriens.

ionisierende Strahlen, ionenbildende Strahlen, energiereiche Strahlen (radioaktive oder Röntgenstrahlen), die einen Teil der von ihnen getroffenen Atome oder Moleküle verändern. Dadurch können i. S. auch menschl. und tier. Gewebe, insbes. Keimzellen und Embryonen, schädigen.

Ionometer *das,* elektrochem. Meßgerät zur Bestimmung der Konzentration einer best. Ionensorte; bekanntestes Beispiel: das p_H-Meter.

Ionosphäre [grch.] *die,* Teil der hohen Atmosphäre, in dem Moleküle und Atome zu einem gewissen Bruchteil durch extraterrestrische Strahlung ionisiert sind. In der I. wird deshalb die Ausbreitung von Radiowellen merklich beeinflußt. Die I. wird durch elektr. Echolotung, magnet. und opt. Beobachtungen vom Boden aus, neuerdings durch Raketen und Satelliten, erforscht. Die Ionisierung (Elektronendichte) nimmt von etwa 60 km bis zu 400 km Höhe unter Bildung mehrerer Maxima (Schichten) zu und fällt oberhalb der vierten wieder langsam ab. Die **D-Schicht** reflektiert bei Tag und Nacht Längswellen und dämpft tagsüber Mittelwellen und Kurzwellen. Die **E-Schicht** reflektiert nachts die Mittelwellen und tags die längeren Kurzwellen. Die **F-Schicht** ist für die Kurzwellenausbreitung am wichtigsten. Alle Schichten zeigen regelmäßige Veränderungen mit der geograph. Position, der Tages- und Jahreszeit und dem 11 jährigen Zyklus der Sonnenaktivität. Von der Sonne ausgeschleuderte Teilchenströme verursachen **I.-Stürme,** wobei starke Polarlichter und magnet. Stürme entstehen.

Iota, der 9. Buchstabe des grch. Alphabets, Zeichen I, ι, bezeichnet den Vokal i.

Iowa [ˈaɪəwə], Abk. **Ia.,** postamtl. **IA,** Staat im mittleren Westen der USA, 145791 km² und 2,913 Mio. Ew., im oberen Mississippibecken; Hptst.: Des Moines; Anbau von Mais, Viehzucht; Kohlenlager, Nahrungsmittelind. – I. kam 1763 an Spanien, 1803 an die USA, 1838 selbständiges Territorium, 1846 der 29. Staat der Union.

Iphigenie, grch. Mythos: Tochter des Agamemnon und der Klytämnestra, wurde vor Ausfahrt der grch. Flotte nach Troja in Aulis zum Versöhnungsopfer für Artemis bestimmt, doch von der Göttin gerettet und zur Priesterin in Tauris gemacht. Dort rettete sie ihren Bruder Orest, der als Landesfremder geopfert werden sollte, und flieht mit nach Attika. – Dichtungen von Euripides, Racine, Goethe, G. Hauptmann; Opern von Gluck.

Ipin, amtl. chines. **Yibin,** Stadt in der chines. Prov. Szechwan, rd. 300000 Ew.; Zellstoff-, Nahrungsmittelindustrie.

Ipoh, Hptst. des Staates Perak, Malaysia, 248000 Ew.; Mittelpunkt eines Zinnbergbaugebiets; Verarbeitungsind.

Ipomoea, Windengewächs-Gatt. mit der **Prunk-** oder **Trichterwinde** und der **Süßkartoffel** (→ Batate).

Ipsation [lat.], geschlechtl. Selbstbefriedigung.

Ipswich [ˈɪpswɪtʃ], Hafenstadt in der engl. Cty. Suffolk, 121500 Ew.; Maschinen-, Elektro- u. a. Industrie.

IQ, Abk. für → Intelligenzquotient.

Iqbal, Sir Muhammad, muslim.-ind. Dichter, Philosoph, * 1873, † 1938, strebte nach Verbindung der koran. Offenbarung mit westl. Wissenschaft.

Iquique [iˈkike], Hptst. der Prov. Tarapacá, Chile, 63000 Ew.; Ausfuhrhafen für Salpeter.

Iquitos [ik-], Stadt in Peru, 111300 Ew.; Flußhafen, Handelsmittelpunkt am mittleren Amazonas.

Ir, chem. Zeichen für Iridium.

IRA, Abk. für → Irish Republican Army.

Irak, arab. **Al-Djumhurijja al-Irakijja** (Rep. I.), Staat in

Irak

Vorderasien, 434924 km² mit 13,1 Mio. Ew. (95% Muslime, etwa zu gleichen Teilen Sunniten und Schiiten). Hptst.: Bagdad. Amtssprache: Arabisch. Staatsreligion: Islam. ⊕ Band 1, nach S. 320. Provisor. Verf. von 1970. Währung: I.-Dinar (ID) = 1000 Fils. Recht: nach ägypt. Vorbild. Allg. Wehrpflicht. – **Landesnatur.** Drei Großlandschaften geben I. das Gepräge: das im NO gelegene Gebirgsland mit winterl. Schneebedeckung (Teil des Taurus und des Zagrosgebirges), das von Euphrat und Tigris durchflossene Zweistromland (Mesopotamien) und das im W des Euphrat gelegene Wüsten- und Wüstensteppengebiet. Das Klima ist durch starke jahreszeitl. Temperaturgegensätze und winterliche Niederschläge (am stärksten im Gebirge, am geringsten im SW) gekennzeichnet.

Die **Bevölkerung** besteht zu rd. 90% aus Arabern; in den nördl. und östl. Grenzgebieten leben rd. 1,5 Mio. Kurden. Allg. Schulpflicht; rd. 34% Analphabeten; 6 Univ.

Wirtschaft. Rd. 55% der Erwerbstätigen sind in der Landwirtschaft auf etwa 15% der Fläche I.s beschäftigt. Die Produktivität ist gering. Wichtigste Anbaupflanzen sind Weizen und Gerste; dazu kommen intensive Bewässerungskulturen mit Dattelpalmen. Die Viehhaltung ist wegen schlechter Fleisch- und Wollqualität sowie Rückgang des Nomadismus wirtschaftlich unbedeutend. Größter Reichtum ist das Erdöl (Hauptfeld um Kirkuk; außerdem Felder Zubair und Rumaila). Leistungsfähige Erdölleitungen zum Mittelmeer (durch Kriegseinwirkungen 1980 teilweise zerstört). Abgesehen von den Erdölraffinerien ist die Industrie (Nahrungsmittel-, Textil-, Zementind.) wenig entwickelt, nimmt aber seit dem Amtsantritt von S. Husain einen erhebl. Aufschwung, so daß Arbeitskräftemangel herrscht (etwa 1,3 Mio. Gastarbeiter). Hauptausfuhrgüter: Erdöl, landwirtschaftl. Produkte niedriger Verarbeitungsstufe. Haupthandelspartner: EG-Länder, UdSSR, Japan, USA. Verkehr: Das sehr lückenhafte Straßennetz soll ausgebaut werden; 3 Eisenbahnlinien (rd. 2400 km) und Flußschiffahrt im Zweistromland. Haupthäfen: Basra am Schatt el-Arab, Umm Kasr und Chor al-Amaija am Pers. Golf. Wichtigste Flughäfen: Bagdad, Basra, Mosul, Kirkuk. (Bilder Bagdad, Samarra)

Geschichte. Das Gebiet des I. gehörte 1638–1918 zum Osman. Reich, nachdem es vorher zu versch. altoriental. und islam. Reichen gehört hatte; 1258 wurde es mongolisch, Anfang des 16. Jh. persisch. Im Frieden von Sèvres 1921 erhielt Großbritannien den I. als Mandatsgebiet zugesprochen. Es setzte Feisal I. aus dem Hause der Haschimiden als König ein. Mit dem britisch-irak. Vertrag von 1930 (wirksam seit 1932) erhielt der I. die Unabhängigkeit, blieb jedoch weiterhin politisch, militärisch und wirtschaftlich eng an Großbritannien gebunden. Im 2. Weltkrieg stand er daher auf alliierter Seite. Einflußreichster Repräsentant der probrit. Politik war der mehrmalige MinPräs. Nuri as-Sa'id. 1945 war der I. Mitbegründer der Arab. Liga und nahm 1948/49 am Krieg der arab. Staaten gegen Israel teil. 1955 trat er dem Bagdad-Pakt bei. Durch eine Revolution unter Führung Gen. Kassems wurde 1958 die Monarchie gestürzt, König Feisal II., Nuri as-Sa'id u. a. ermordet. Die Reg. Kassem wandte sich vom prowestl. Kurs ab und trat 1959 aus dem Bagdad-Pakt (→ CENTO) aus. Eine betont eigenständige Politik im innerarab. Kräftefeld brachte Kassem in Gegensatz zum ägypt. Präs. Nasser und zu panarab. Richtungen im I. Anfang Februar 1963 wurde er durch einen Militärputsch unter Führung A. S. Arefs gestürzt und erschossen. A. S. Aref wurde Staatspräs. (1963–66). Der Einfluß der → Baath-Partei wurde 1963 ausgeschaltet. Präs. A. R. M. Aref (1966–68) suchte 1966 die Kurdenfrage, die sich seit 1961 zu Kämpfen zw. Reg.-Truppen und Kurden entwickelt hatte, durch einen Vertrag mit diesen zu lösen. Im Juni 1967 nahm der I. am Krieg gegen Israel teil. Ein Putsch brachte 1968 den rechten Flügel der Baath-Partei an die Macht. 1972 wurde die Erdölindustrie verstaatlicht. Ein erneuter Aufstand der Kurden (seit 1973) brach 1975 zusammen. Staatspräs. ist seit 1979 Saddam Husain al-Takriti. Er kündigte 1980 das gemeinsame Grenzabkommen (von 1975) mit dem Iran und suchte Grenzkorrekturen mit militär. Mitteln durchzusetzen.

Iran, amtl. **Djumhuri-i-Islami I.** (Islam. Rep. I.), Staat in Vorderasien, 1 648 Mio. km², 37,4 Mio. Ew. (mehrheitlich Muslime schiit. Prägung; Hptst.: Teheran; Amtssprache: Persisch; Staatsreligion: Islam. ⊕ Band 1, nach S. 320. Nach der Verf. von 1979 ist I. eine ›Islam. Rep.‹ mit einem Staatspräs. an der Spitze. Währung: 1 Rial (Rl.) = 100 Dinars (D); 10 Rl. = 1 Toman; Recht: islamisch; allg. Wehrpflicht.

Landesnatur. Die weiten abflußlosen Becken des Iran. Binnen-

Iran: Elbursgebirge

hochlandes (rd. 1 000 m hoch) werden im N durch das Elbursgebirge und das nordostiran. Randgebirge im W und S durch das Zagrosgebirge und das südostiran. Gebirgsland begrenzt. Sie sind von Salzwüsten (Große Kawir, Lut) und Salzseen durchsetzt. Das trockene Binnenklima des Hochlandes mit starken Temperaturgegensätzen zw. Sommer und Winter läßt nur dürftigen Pflanzenwuchs zu. Reichlich Niederschläge erhalten ein schmaler Tieflandsaum am Kasp. Meer (Laubwald) und die Nordflanke des Elbursgebirges. Die Randgebirge im W und S empfangen noch Winterregen, die Regenfeldbau ermöglichen. Milde Winter lassen im S die Dattelpalme gedeihen. – 66% der **Bevölkerung** sind Iranier; ferner Aserbaidschaner u. a. Türkvölker, Armenier und Araber. Sie konzentriert sich auf die städt. Ballungsgebiete des westl. Landesteils. Allg. Schulpflicht; 60% Analphabeten; 17 Univ.; Hochschulen.

Wirtschaft. Hauptanbauprodukte sind Weizen, Obst, Agrumen, Zuckerrüben, Reis, Baumwolle, Tabak, Tee. Große Bedeutung hat die Schafhaltung (Felle, Wolle). Wichtig ist die Fischerei im Kasp. Meer (Stör). I. ist reich an Bodenschätzen: Eisen, Buntmetalle, Erdgas (Leitung in die UdSSR) und Erdöl, letztere beide von überragender Bedeutung. Ein weitverzweigtes Netz von Ölleitungen durchzieht I. Die meisten Erdölfelder liegen nördlich des Pers. Golfs; die Rohölförderung ist seit der Revolution stark zurückgegangen. Bergbau, Erdöl- und Stahlindustrie sind verstaatlicht. Weitere Ausfuhrgüter sind Früchte, Häute, Wolle, Teppiche und die übrigen Erzeugnisse des traditionellen Handwerks (Metall-, Holz-, Lederarbeiten). Haupthandelspartner sind die EG-Länder, Japan und die UdSSR. Verkehr: rd. 5 000 km Eisenbahnen, 12 500 km asphaltierte Straßen. Haupthäfen: Chorramschahr, Bender Abbas und Bender Chomeini am Pers. Golf, Charak im Pers. Golf und Bender Pahlewi am Kasp. Meer. Internat. Flughafen bei Teheran.

Geschichte. Die Perser gehörten urspr. zu den Vasallen des Reichs der Meder (→ Medien), die um 550 v. Chr. von Kyros II. besiegt wurden. Dieser eroberte Babylonien und Kleinasien; Kambyses Ägypten, Dareios I. beherrschte vorübergehend Thrakien. Er und sein Sohn Xerxes I. führten die → Perserkriege gegen die Griechen. 334–31 v. Chr. wurde Persien von Alexander d. Gr. erobert; 323–250/240 v. Chr. war es seleukidisch, danach parthisch. Unter den Sassaniden (224–651) erstreckte sich Persien im 6. Jh. über ganz Vorderasien. 637–51 von den Arabern unterworfen und zur Annahme des Islams gezwungen, wurde es bis 1258 von den Kalifen beherrscht, dann von den Mongolen, 1501 entstand ein neues pers. Königtum, das im 18. Jh. bis zum

Iran

Iran

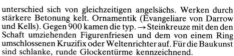

Euphrat und Indus reichte; seit 1794 unter dem Geschlecht der Kadjaren. Im 19. Jh. erlitt Persien große Landverluste; seit 1858 Zankapfel zw. Großbritannien und Rußland. 1907 wurde das Land in eine brit., eine russ. und eine neutrale Zone aufgeteilt und im 1. Weltkrieg von russ., türk. und brit. Truppen besetzt.
1925 setzte Resa Chan die Dynastie der Kadjaren ab und bestieg als Resa Schah den Thron (Dynastie Pahlewi). Er führte zahlreiche Reformen durch. 1934 wurde ›Iran‹ (›Land der Arier‹ amtl. Bez. Persiens. Im 2. Weltkrieg besetzten sowjet., brit. und amerikan. Truppen das Land. 1941 mußte der als Freund der Achsenmächte geltende Resa Schah zugunsten seines Sohnes Mohammed Resa (erst 1967 gekrönt) zurücktreten. Unter MinPräs. Mossadegh (1951–53) kam es wegen der Verstaatlichung der Anglo-Iranian Oil Company zu einem Ölkonflikt mit Großbritannien, der nach Mossadeghs Sturz beigelegt wurde (1954). Seit Beginn der 60er Jahre leitete der Schah wirtschaftl. und soziale Reformen ein. Obwohl dem Westen zuneigend, bemühte er sich um ein gutes Verhältnis zur UdSSR. Seit etwa 1975 machte sich zunehmend Opposition gegen den Schah bemerkbar; ihr Träger war neben liberal-student. Bewegungen bes. die schiit. Geistlichkeit, an ihrer Spitze der im Exil lebende Ayatollah Chomeini. Am 16. 1. 1979 verließ der Schah das Land, am 1. 2. 1979 kehrte Chomeini nach Teheran zurück und übernahm die Macht (Absetzung des Schahs, Islamisierung von Staat und Gesellschaft, Säuberungen, radikale Abkehr von den USA). Seit Sept. 1980 Krieg mit dem Irak.

Iranier *Mz.*, Völkergruppe mit indogerman. Sprachen, bes. im Hochland von Iran. Zu den **Nordiraniern** zählten die Saken, Skythen und die sarmat. Stämme (Roxolanen, Alanen, Jazygen u. a.). Ein Rest der Alanen sind die Ossetens. **Ostiranier** waren Parther, Baktrer, Sogdier, Arachosier. Zu den **Westiraniern** rechnen vornehmlich die Meder und Perser.

iranische Sprachen, die in Iran gesprochenen indogerman. Sprachen. Altiranisch war als **Altpersisch** Amtssprache des Achaimenidenreichs (6.–4./3. Jh. v. Chr.; Keilschrift) und als **Awestisch** Sprache der hl. Schriften der Parsen (aus der aramäischen Schrift hervorgegangene Pehlewischrift). Mitteliranisch erscheint in 5 Formen: **Mittelpersisch** oder **Pehlewi**, Amtssprache der Sassaniden, **Parthisch, Sogdisch** in manichäischen, christl., buddhist. relig. Texten (8.–9. Jh. n. Chr.), das ostiran. **Charismisch (Chwaremisch)**, nach der Islamisierung im arab. Schrift noch bis in das 14. Jh. geschrieben, **Sakisch** oder **Khotanesisch** (ind. Schrift). Neuiran. Sprachen sind das **Neupersische**, Amtssprache in Iran, und **Paschto**, Amtssprache in Afghanistan (beide in arab. Schrift). **Kurmandji**, die Sprache der Kurden, ist dem Persischen verwandt; für sich steht das **Ossetische** im mittleren Kaukasus.

Iranistik, Wissenschaft von den Sprachen, der Geschichte, Lit., Religion und Kultur Irans seit etwa 600 v. Chr.

Irawadi, Fluß in Birma, → Irrawaddy.

Irbis *der*, → Schneeleopard.

Iren, → Irland, Bevölkerung, Geschichte.

Irenäus, grch. Kirchenvater, Bischof von Lyon (seit 177/78), Heiliger; Tag: 28. 6.

Irene, grch. **Eirene**, byzantin. Kaiserin, * 752, † 803, zeitweilig Regentin für ihren Sohn Konstantin VI., den sie blenden ließ; Anhängerin des Bilderkults.

irenisch [grch.], friedlich, friedenstiftend. Hptw. **Irenik**.

Irgun Zwai Le 'umi [hebr.], 1937 in Palästina gegr. zionist. Militärorganisation; 1948 aufgelöst.

IRI, Abk. für Istituto per la Ricostruzione Industriale, Rom, 1933 gegr. Holdinggesellschaft für die vom ital. Staat kontrollierten Industrie-, Verkehrs- und Schiffahrtsunternehmen sowie Banken.

Irian, indones. Name für Neuguinea.

Irian-Jaya, neuer Name der indones. Prov. West-Irian.

Iridium *das*, **Ir**, ein → chemisches Element, grauweißes Platinmetall; Vorkommen in Platinerzen, Verwendung meist in Legierung mit anderen Platinmetallen für Geräte, Elektroden u. a.

Iris [grch. ›Regenbogen‹] *die*, **1)** grch. Mythos: geflügelte Jungfrau; die Verkörperung des Regenbogens. **2)** ⚕ Regenbogenhaut des Auges. **3)** ⚘ die Gatt. **Schwertlilie**, einkeimblättrige Stauden, mit fleischigem Wurzelstock; häufigste einheim. I. ist die **Gelbe Schwertlilie**. Die blauviolett und gelb blühende **Deutsche Schwertlilie** ist Zierpflanze.

irische Geschichte, → Irland 1), Geschichte.

irische Kunst, Kunst der kelt. Bevölkerung Irlands von ihrer Christianisierung im 5. Jh. bis um 1100. Die Buchmalerei unterschied sich von gleichzeitigen angelsächs. Werken durch stärkere Betonung kelt. Ornamentik (Evangeliare von Darrow und Kells). Gegen 900 kamen die typ. → Steinkreuze mit den am Schaft umziehenden Figurenfriesen und dem von einem Ring umschlossenen Kruzifix oder Weltenrichter auf. Für die Baukunst sind schlanke, runde Glockentürme kennzeichnend.

irische Literatur. Die altirischen Sprachdenkmäler sind v. a. in sprachwissenschaftl. Hinsicht von Bedeutung, die mittelirische Lit. (10. bis 13. Jh.) enthält dagegen Heldensagen, Annalen, Genealogien, Legenden, reiche Lyrik. Unter der engl. Herrschaft wurde die i. L. auf entlegene Gebiete im N und NW zurückgedrängt. Mit der Gründung der Gälischen Liga (1893) durch D. Hyde begann die Erneuerung der i. L., bes. durch P. Pearse, P. Ó Conaire, P. O'Leary, An Seabhac. Seit der Errichtung des Irischen Freistaats (1921) entwickelt sich ein bodenständiges Schrifttum. Bedeutend ist der Beitrag von Schriftstellern irischer Herkunft zur → englischen Literatur.

irische Musik. Von der Blüte der Musik im frühen MA. ist nichts erhalten. Die altüberlieferte Volksmusik zeigt eigentüml. Rhythmik und Vortragsweise. Hauptinstrumente waren und sind Harfe und Dudelsack.

Irischer Freistaat, → Irland 1), Geschichte.

Irische See, das Meer zw. Irland- und Großbritannien, 103 000 km², bis 150 m tief.

irische Sprache. Das Irische gehört zum gälischen Zweig der kelt. Sprachen. Man unterscheidet: **archaisch irisch** (Ende 6. bis 1. Viertel 8. Jh.), **altirisch** (2. Viertel 8. bis 10. Jh.), **mittelirisch** (spätes 10. bis 13. Jh.), **neuirisch** (seit 13. Jh.), **klassisch neuirisch** (bis 17. Jh.). In der von den Iren begründeten → Ogham-Schrift sind fast nur Eigennamen erhalten.

irisch-römisches Bad, Verbindung von Heißluft- und Dampfbad, zu Schwitzkuren.

Irish Coffee [ˈaɪrɪʃ ˈkɔfɪ, engl.], Irish Whisky, Zucker und starker heißer Kaffee mit Schlagsahne.

Irish Republican Army [ˈaɪrɪʃ rɪˈpʌblɪkən ˈaːmɪ], Abk. **IRA**, dt. Irisch-Republikanische Armee, gegr. 1919, kämpfte 1919–21 für die Unabhängigkeit Irlands, tritt erneut seit 1969 hervor, ihr nationalist. ›provisor.‹ Flügel als Terrororganisation der radikalen Katholiken in N-Irland.

Irish Stew [ˈaɪrɪʃ stjuː, engl.] *das*, engl.-irisches Eintopfgericht aus Hammelfleisch, Zwiebeln, Kartoffeln, Petersilie; in Dtl. zusätzlich mit Weißkraut.

irisieren, in den Regenbogenfarben schillern, z. B. Öl auf Wasser.

Iritis [grch.] *die*, ⚕ die Regenbogenhautentzündung.

Irkutsk, Gebietshptst. in Ostsibirien, Russ. SFSR, an der Angara, 561 000 Ew.; Verkehrs-, Kulturmittelpunkt, Univ., Forschungsinstitute; Theater; Schwermaschinenbau, holzverarbeitende, Nahrungsmittel-, Bekleidungsindustrie.

Irland, **1)** irisch **Eire** [ˈeːrə], engl. **Ireland** [ˈaɪələnd], die westl. der großen Brit. Inseln, 82 459, mit Nebeninseln 84 403 km² groß, 4,93 Mio. Ew. ⊕ Band 1, nach S. 320. Den größten Teil der Insel nimmt die Rep. Irland ein, den NO Nordirland. I. hat eine schüsselförmige Oberflächengestalt: in der Mitte eine flache Ebene (nicht über 100 m hoch), die fast ganz zur Rep. Irland gehört, an den Rändern meist Gebirge. An der Ostküste zw. Dublin und Dundalk erreicht die Ebene die Küste. Die Westküste mit der Donegal-, Galway-, Dingle-Bucht und der Trichtermündung des Shannon ist stärker gegliedert als die des O. Die größten Erhebungen liegen im S (Carrauntoohil 1 041 m). I. ist waldarm, hat große Moore (im Bergland und Flachland), die im Gebirge mit Grasheiden, in der Ebene mit Wiesen und Weiden abwechseln. Hauptfluß ist der Shannon; seine Seen wie der Lough Neagh (396 km²) in Nordirland der größte der Brit. Inseln. Das Klima ist gemäßigt und feucht. Ihm verdankt I. sein immergrünes Pflanzenkleid (›Grüne Insel‹).

Geschichte. Die kelt. Bewohner I.s wurden um 430 durch Patrick zum Christentum bekehrt. Wikinger suchten im 9.–11. Jh. die Insel heim. 1171/72 begann die engl. Herrschaft über I., war aber bis ins 16. Jh. auf die Ostküste beschränkt. Im Unterschied zu England blieben die Iren katholisch. Ihre Aufstände wurden blutig niedergeworfen, so 1649–51 durch Cromwell, 1690 durch Wilhelm III. von Oranien. 1801 ging I. staatsrechtlich im ›Vereinigten Königreich von Großbritannien und I.‹ auf. Schon Ende des 18. Jh. war eine irische Nationalbewegung erwacht, teils revolutionär, teils parlamentarisch; letztere Richtung kämpfte im brit. Unterhaus für die Selbstregierung (Home rule), unterstützt von den engl. Liberalen (Gladstone). Seit 1916 arbeiteten die von

Iris 3):
Dt. Schwertlilie

De Valera geführten Sinnfeiner (→ Sinn Féin) im offenen Aufstand auf die völlige Unabhängigkeit I.s hin. Die Sinnfeiner bildeten 1919 ein nat. Parlament (Dáil Eireann) mit einer revolutionären Reg. unter De Valera. Nach blutigem Bürgerkrieg (1919–21) wurde 1921 der **Irische Freistaat** als selbständiges brit. Dominion errichtet; bei Großbritannien blieben die 6 nördl., vorwiegend protestant. Gfsch. (→ Ulster) als **Nordirland.** 1922/23 kam es in I. zum Bürgerkrieg zw. Anhängern (→ Fine Gael) und Gegnern (→ Fianna Fáil) des brit.-irischen Vertrages von 1921. Die Verf. von 1937 schuf den unabhängigen Staat **Eire.** 1938 räumte Großbritannien die militär. Stützpunkte; im 2. Weltkrieg war I. neutral. 1948 erklärte es seinen Austritt aus dem Commonwealth. 1949 wurde die Republik I. ausgerufen. Seit 1950 bestehen normale diplomat. Beziehungen zu Großbritannien. Auch nach 1949 forderten die irischen Regierungen die Vereinigung Nordirlands mit der Republik. Im Zusammenhang mit den bürgerkriegsähnl. Unruhen in → Nordirland vereinbarten die irische und brit. Regierung 1973 die Bildung eines **Gesamtirischen Rates,** der die Frage der Wiedervereinigung lösen sollte (1974 gescheitert wie auch alle Verfassungsmodelle, die eine Machtbeteiligung aller Gruppen vorsahen). – Die Rep. I. ist seit 1949 Mitgl. des Europarates, seit 1955 der UNO, seit 1973 der EG.

2) **Republik I.,** irisch **Poblacht na h'Eireann** [p'oblǝxt nǝ h'e:rǝn], engl. **Republic of Ireland** [rip'ʌblik ɔv 'aɪǝlǝnd], Rep. auf der Insel I., 70 283 km² groß, 3,39 Mio. Ew.; Hptst.: Dublin. Landessprachen: Irisch und Englisch. Recht: nach engl. Vorbild, ergänzt durch neuere irische Gesetze. Der Präs. wird vom Volk auf 7 Jahre gewählt. Der Ministerrat ist dem Parlament (Abgeordnetenhaus und Senat) verantwortlich. Währungseinheit ist das irische Pfund, das dem englischen entspricht.

Landesnatur, vgl. Irland 1). Die **Bevölkerung** besteht zum größten Teil aus den kelt. Iren. Die Mehrheit ist röm.-kath., 5% protestantisch. Allg. Schulpflicht; 2 Univ. in Dublin. – **Wirtschaft.** 90% der landwirtschaftl. Nutzfläche sind infolge des feuchten Klimas Wiesen und Weiden. In der Mitte I.s wird die Rinderhaltung zur Mastwirtschaft, im S und SO zur Milchwirtschaft betrieben, ferner Schaf- und Ziegenhaltung in den Bergländern. Eine geringere wirtschaftl. Bedeutung hat der Anbau von Kartoffeln, Hafer, Weizen, Gerste, Zucker- und Futterrüben. Bodenschätze: Stark entwickelt hat sich in den letzten Jahren der Erzabbau (Blei, Zink, Silber), ferner Kupfererze, Quecksilber, Pyrit. Neben der geringen bereits ansässigen Textil-, Leder-, Nahrungs- und Genußmittelind. (Bier und Whisky) hat durch verstärkte Ansiedlung ausländ. Betriebe auch die Metall-, Maschinen-, chem., elektrotechn., elektron. und Kunststoffind. an Bedeutung gewonnen. Ausfuhr: Erzeugnisse der Industrie (über 50% des Exports), landwirtschaftl. Produkte. Haupthandelspartner sind Bundesrep. Dtl., Großbritannien und USA. Das Verkehrsnetz ist gut ausgebaut, die Staatsbahnen werden durch Streckenstillegungen gekürzt; rd. 88000 km Straßen. Wichtigste Überseehäfen sind Dublin und Cork (Handelsflotte; 212000 BRT). Hauptflughäfen: Dublin, Shannon und Cork.

Geschichte, vgl. Irland 1).

Irländisches Moos, die Droge Karrageen.

Irminsäule, Irminsul, altsächs. Heiligtum in Form einer hölzernen Säule, von Karl d. Gr. 772 nach der Einnahme der Eresburg (an der Diemel) zerstört.

IRO, Abk. für engl. **I**nternational **R**efugee **O**rganization [ɪntǝn'æʃnl refju:dʒ'ɪ: ɔ:gǝnaɪz'eɪʃn], die → Internationale Flüchtlingsorganisation.

Irokẹsen, Gruppe sprachverwandter Indianerstämme (Erie, Huronen u. a.) in Nordamerika, gegenwärtig noch rd. 9.000 I. in Reservationen in den USA und 15 000 in Kanada. Um 1575 schlossen sich die Mohawk, Oneida, Onondoga, Cayuga und Seneca zum **Irokesenbund** zusammen, dem sich 1722 auch die Tuscarora anschlossen.

Ironie [grch.] die, im Spott wurzelnde Haltung eine Äußerung, die mit verstelltem Ernst das Gegenteil von dem meint, was sie ausspricht. **ironisch,** spöttisch.

Ironsides ['aɪǝnsaɪdz, engl.] → Eisenseiten.

Iroschottische Kirche, Kirche Irlands seit der Christianisierung (5. Jh.) bis zum 12. Jh.

Irradiation [lat.], Strahlung, Ausstrahlung, Streuung.

irrational [lat.], durch den Verstand nicht erfaßbar; gefühlsbedingt, unberechenbar. **irrationale Zahlen,** reelle Zahlen, die nicht durch Brüche mit ganzen Zahlen ausgedrückt werden können, z. B. $\sqrt{2}$.

Irrationalismus [lat.], 1) allg.: Auffassungsweise, die sich

nicht auf Verstandesgründe, sondern auf gefühlsmäßige Gewißheitserlebnisse stützt. 2) Ⓟ Metaphysik, die Wesen und Ursprung der Welt als irrational auffaßt.

Irrawaddy der, früher **Irawadi,** größter Strom in Birma, 2 150 km, kommt vom östl. Himalaya, mündet westlich von Rangun. Sein Delta ist eines der fruchtbarsten Reisanbaugebiete der Erde.

irreal [lat.], unwirklich.

Irredẹnta [ital. ›unerlöstes (Italien)‹] die, **Irredentismus** der, 1866 nach der Einigung Italiens entstandene Bewegung (die Bez. wurde zuerst 1877 gebraucht) in den italienischsprachigen Gebieten Österreich-Ungarns (Trentino, Triest, Istrien, Dalmatien), die den Anschluß an Italien erstrebte. Der Irredentismus ging über sein urspr. Ziel schon 1914 hinaus, indem er für Italien die ›natürl. Grenzen‹ an den Alpen (Brenner, St. Gotthard) verlangte. Die I. trübte zunehmend die Beziehungen zw. Österreich und Italien, das unter dem Druck der I. 1915 in den Krieg eintrat. Dieser brachte Italien 1919 die Brennergrenze einschl. der deutschsprachigen Teile Südtirols. – Seitdem allg. für ähnl. Bestrebungen in anderen Ländern.

irreduzibel [lat.], 1) nicht zurückführbar. 2) △ unzerlegbar.

irregulär [lat.], unregelmäßig, ungesetzmäßig.

irrelevant [lat.], unbedeutend, unerheblich.

Irreligiosität [lat.], Unglaube. **irreligiös,** ungläubig.

irreparabel [lat.], nicht wiederherstellbar, unersetzlich.

Irresein, Irrsinn, früher z. T. gleichbedeutend mit ›Geisteskrankheit‹ (→ seelische Krankheiten) gebraucht.

irreversibel [lat.], nicht umkehrbar.

Irrgarten, → Labyrinth.

Irrigator [lat.], Gerät zur Darmspülung (→ Einlauf).

irritieren [lat.], unsicher machen, stören, beunruhigen.

Irrlehre, falsche Lehre (→ Häresie).

Irrlicht, Irrwisch, im Volksglauben eine Leuchterscheinung über sumpfigem Gelände aus schwachen Flämmchen.

Irrtum, Urteil, das sich als falsch erweist. – Im bürgerl. Recht sind rechtserheblich nur der **Erklärungsirrtum** (Versprechen, Verschreiben) und der I. über wesentl. Eigenschaften des Geschäftsgegenstandes oder beteiligter Personen. Eine solche Erklärung kann durch Anfechtung nichtig gemacht werden, wenn anzunehmen ist, daß der Erklärende bei Kenntnis der Sachlage eine solche Erklärung nicht abgegeben haben würde (§§ 119, 120 BGB). – Unbeachtlich ist ein I. in den Erwägungen zu einem Rechtsgeschäft (**Motivirrtum**).

Im Strafrecht schließt die irrige Unkenntnis von Tatumständen, die zum gesetzl. Tatbestand gehören oder den Strafrahmen erhöhen, den Vorsatz des Täters aus (**Tatbestandsirrtum;** § 16 StGB). Ein **Verbotsirrtum** liegt vor, wenn der Täter zwar die Tatumstände kennt, ihm aber bei der Tat die Einsicht fehlt (§ 17 StGB). – In Österreich und der Schweiz gelten ähnl. Grundsätze; die Dt. Dem. Rep. kennt nur den Tatbestands-I.

Irtysch der, li. Nebenfluß des Ob, in Westsibirien, 4 248 km, fischreich; Wasserkraftwerke; entspringt im Mongol. Altai, von nördl. Omsk an schiffbar.

Irún, Stadt in Spanien, im Baskenland, 45000 Ew.; durch Brücken mit dem frz. Ort Hendaye verbunden.

Irving ['ǝ:vɪŋ], 1) David, brit. Militärschriftst., * 1939; Untersuchungen (auch in dt. Sprache) zu zeitgeschichtl. Fragen: ›Der Untergang Dresdens‹ (1963), ›Mord um Staatsräson‹ (1968), ›Hitler und seine Feldherren‹ (1975). 2) Edward, schott. Prediger, * 1792, † 1834, seit 1833 Vorsteher der ersten Katholisch-apostol. Gem. in London. 3) Washington, Pseudonym D. Knickerbocker, amerikan. Schriftst., * 1783, † 1859, gab mit Erzählungen wie ›Rip van Winkle‹ der für amerikan. Kurzgeschichte; schrieb Essays und Reisebücher (›Geschichte New Yorks von Diedrich Knickerbocker‹, 1809). Europa sah er romantisch verklärt, so bes. England (›Skizzenbuch‹, 1819/20) und das maur. Spanien (›Alhambra‹, 1832).

Isaac, Heinrich, Komponist, * um 1450, † 1517; mehrstimmige Messen, Motetten, Instrumentalsätze, Lieder (›Innsbruck, ich muß dich lassen‹).

Isaak, Sohn Abrahams und der Sarah, Erzvater der Israeliten.

Isabella, Fürstinnen:

1) **Isabella I., die Katholische,** Königin von Kastilien und León (1474–1504), * 1451, † 1504, heiratete 1469 den Thronerben (seit 1479 König) von Aragonien, Ferdinand II. Die Doppelregierung schuf die Grundlage für ein gesamtspan. Kgr. Beider Erbtochter war Johanna die Wahnsinnige. I. förderte die Fahrten des Kolumbus.

2) **Isabella II.,** Königin von Spanien (1833–70), * 1830, † 1904,

Irland 2)

Isab

Islam: Symbol

*Isis, den Horus-
knaben säugend,
Bronze*

*Islam:
Ka'aba in Mekka*

Tochter Ferdinands VII., bis 1843 unter Regentschaft ihrer Mutter Maria Christina, 1868 gestürzt und vertrieben, verzichtete 1870 zugunsten ihres Sohnes Alfons' XII.

Isabellfarben, bräunlich-graugelb.

Isabey [izab'ɛ], Jean-Baptiste, frz. Maler, * 1767, † 1855, malte auf elegant gefällige Art v. a. Miniaturbildnisse.

Isai, Vulgata für →Jesse.

Isaias, Vulgata für →Jesaja.

Isar die, re. Nebenfluß der Donau, 263 km, entspringt im Karwendel (Tirol), mündet bei Deggendorf; ihr Wasser wird unterhalb Mittenwald z. T. über das Walchenseekraftwerk zur Loisach abgeleitet; zahlreiche Kraftwerke.

Isaschar, →Issachar.

Isaurien, im Altertum Landschaft in Kleinasien nördlich des kilik. Taurus; die Bewohner waren als Seeräuber berüchtigt. Der byzantin. Kaiser Zenon (474–91) war Isaurier.

ISBN, Abk. für Internationale Standard Buch Nummer, eine jedem Buch beigegebene Nummer, deren erste Ziffer besagt, daß der Verlag seinen Standort z. B. im dt.-sprachigen Raum hat, die anschließende Ziffernfolge ist die Kennziffer des Verlages, dann folgt die Werksnummer des Buches, zuletzt eine Kontrollziffer.

Ischarioth, Iskarioth, Judas Ischarioth (→Judas 1).

Ischewsk, Hptst. der Udmurt. ASSR, Russ. SFSR, 562 000 Ew.; Univ.; Stahl- und Walzwerk, Maschinenbau, Nahrungsmittelindustrie.

Ischia ['iskia], Insel vulkan. Ursprungs am Eingang des Golfs von Neapel, 46,4 km² groß, rd. 50 000 Ew.; mildes Klima, Thermalquellen, Fremdenverkehr; Obst-, Weinbau.

Ischias [grch.] die, der, **Hüftweh,** Schmerzen im Gebiet des Hüftnerven. Beim I. treten meist ruckweise heftige, vom Gesäß bis in die Ferse ausstrahlende Schmerzen auf. Beim Gehen wird das erkrankte Bein geschont; dadurch kommt es zu Schiefstand des Beckens und Verkrümmung der Wirbelsäule. Ursachen: Druck auf die Nervenwurzeln (→Bandscheibe) oder rheumat. Nervenentzündung.

Ischl, Bad I., Stadt und Kurort im Salzkammergut, Oberösterreich, an der Traun, 12 700 Ew.

Ischtar, babylon. Göttin des Kampfes und der Liebe, Schwester des Sonnengottes Schamasch.

Ischurie [isç-, grch.], $ die Harnverhaltung.

Ise, Stadt auf Honshu, Japan, 106 100 Ew.; beherbergt jährl. etwa 1 Mio. Pilger, die die ältesten und wichtigsten Shinto-Schreine Japans besuchen.

Isegrim, 1) der Wolf in der Tierfabel. **2)** mürrischer Mensch.

Isel, Berg südl. Innsbruck, →Bergisel.

Iselin, Isaak, schweizer. Schriftst., * 1728, † 1782; Freund Pestalozzis, Mitbegründer der Helvetischen Gesellschaft.

Isenburg, Ysenburg, nach der Stammburg I. bei Neuwied benannte Fürsten- und Grafengeschlecht; zwei Linien: Ysenburg-Büdingen und I.-Birstein.

Isenheimer Altar, Mathias →Grünewald.

Iseosee, ital. **Lago d'Iseo** oder **Sebino,** See in Oberitalien, 65 km² groß, bis 251 m tief; an den Ufern Obst- und Weinbau, Fremdenverkehr.

Iser die, tschech. **Jizera** [-z-], re. Nebenfluß der Elbe in Böhmen, 164 km, kommt vom I.-Gebirge, mündet nordöstlich von Prag.

Isère [iz'ɛ:r], **1)** die, li. Nebenfluß des Rhône, 284 km, mündet bei Valence. **2)** Dép. in SO-Frankreich, 7 474 km², 903 900 Ew.; Hptst.: Grenoble.

Isergebirge, der sich im NW an das Riesengebirge anschließende Teil der Sudeten, in gleichlaufende Kämme gegliedert, deren höchster der **Hohe Iserkamm** ist (Tafelfichte 1 124 m, Hinterberg 1 127 m).

Iserlohn, Stadt im Märkischen Kr., NRW, 93 400 Ew.; pharmazeut., Stahl-, Metall-, Textilindustrie.

Isfahan, Esfahan, früher **Ispahan,** Provinzhptst. in Iran, in einer fruchtbaren Oase am wüstenhaften Hochebene, 672 000 Ew.; Kunstgewerbe, Textilindustrie; südwestlich das Stahlwerk Aryamehr. Zahlreiche Moscheen (Freitagsmoschee, 11. Jh.) und Paläste, bes. des 16. und 17. Jh. (Bild S. 27)

Isherwood ['iʃʊd], Christopher, engl.-amerikan. Schriftsteller, * 1904, seit 1946 amerikan. Staatsbürger; Romane ›Leb‹ wohl Berlin‹, 1939), expressionistische Versdramen (mit W. H. Auden).

Isidor von Sevilla, Erzbischof, * um 560, † 636, für die Bildung im MA. bed. enzyklopäd. Gelehrter. Kirchenlehrer; Heiliger, Tag: 4. 4.

Isis, ägypt. **Ese,** altägypt. Göttin, Schwester und Gemahlin des Osiris, Mutter des Horus, Sinnbild der Naturkraft; dargestellt mit Kuhgehörn und Sonne auf dem Haupt.

Iskenderun, Alexandrette [-dr'ɛt], Hafenstadt in der Türkei, in einer schmalen Küstenebene am östl. Mittelmeer, 121 000 Ew.; Ausfuhr: Baumwolle, Häute, Chromerz; nördlich Eisen- und Stahlwerk; Erdölhafen.

Isker, bulgar. **Iskar,** re. Nebenfluß der Donau in Bulgarien, 368 km.

Isla, José Francisco de, span. Satiriker, * 1703, † 1781, Jesuit, verspottete Zeitsitten und den Schwulst span. Prediger.

Islam [arab. ›Ergebung in den Willen Gottes‹] der, die von →Mohammed zw. 610 und 632 gestiftete Religion, deren in den beiden Hauptkonfessionen der Sunniten und Schiiten rd. 576 Mio. Menschen (19,1% der Menschheit) angehören, mit wachsender Tendenz, v. a. in Afrika.

Mohammed wird von den Bekennern des I. **(Muslime)** als Gesandter Allahs verehrt, außer dem keinen anderen Gott gibt. Der I. ist streng monotheistisch. Er betrachtet sich als Fortsetzer der Religion Abrahams, von der die Menschheit entweder völlig oder z. T. (Juden, Christen u. a.) abgefallen ist. Die Glaubensquellen des I. sind der →Koran, als Wort Gottes, und die als fast gleichberechtigt angesehene Überlieferung von Reden und Tun des Propheten (→Sunna). Das Schicksal des Menschen ist von Allah bestimmt. Gute und schlechte Taten werden nach dem Jüngsten Gericht im Paradies oder der Hölle vergolten. Die 5 Grundpflichten sind: 1) das Bekenntnis zur Einheit Gottes und der Prophetenschaft Mohammeds, 2) das fünfmalige tägl. Gebet **(Salat),** 3) das Geben von Almosen (später zur Grundlage der Besteuerung entwickelt), 4) das Fasten tagsüber im Monat Ramadan, 5) die Wallfahrt **(Hadjdj)** nach Mekka wenigstens einmal im Leben, wenn gesundheitlich und finanziell möglich. Die gemeinschaftsbildende Kraft des I. einigte das in Stämme und Kasten zerfallende Arabertum. Der Grundsatz der Brüderlichkeit ohne Rücksicht auf Herkunft und Hautfarbe vermochte sich stärker als in vielen anderen Religionen durchzusetzen. Verboten sind der Genuß von Schweinefleisch, Alkohol und das Glücksspiel. Die Aufnahme in die islam. Gemeinschaft wird durch die Beschneidung versinnbildlicht. Die Mehrehe wurde auf 4 Frauen beschränkt. – In der Wirtschaft setzt der I. das Privateigentum voraus. Er fördert den Handel. Die in die Anfänge des I. zurückreichenden Meinungsverschiedenheiten über die Nachfolge des Propheten in der Leitung der Gem. führten zur Spaltung in Sunniten und Schiiten (heute etwa 92 % und 8 % der Muslime). Unter diesen entstanden wieder versch. Richtungen (z. B. die Wahhabiten). – In neuester Zeit ist der I. in den Staaten mit mehrheitlich muslim. Bev., v. a. in Afrika und Asien, zunehmend als Machtfaktor hervorgetreten; die Rückbesinnung auf die alten islam. Traditionen (›Reislamisierung‹) bestimmt bes. in den arab. Staaten sowie in Iran und Pakistan Politik, gesellschaftl. und kulturelles Leben.

713 eroberten die Mauren Spanien, 1453 die Osmanen Konstantinopel. Zw. 1000 und 1300 erreichte der I. Indien (→Pakistan), Indonesien um 1500. 1529 stießen die Osmanen bis

Isfahan: Königs-Moschee

wurde im 10. Jh. aus der Trompe das Mukarnas (Stalaktiten- oder Zellenwerk) entwickelt, das zur verspielten Verkleidung von Kuppeln (Höhepunkt in der Alhambra) und anderen Wölbeteilen, aber auch für Friese, Hohlkehlen u. a. verwendet wurde. **Kunsthandwerk.** Das Edelmetallverbot wirkte befruchtend auf die gesamte islam. Kleinkunst. Keramik wurde von abbasid. Zeit an (von chines. Importen beeinflußt) vielseitig entwickelt, Material und Glasuren wurden verfeinert. Die Lüstertechnik (Metallbeimischungen in Glasuren, die Gold imitieren) erreichte ihren Höhepunkt im 12./13. Jh. im Iran, im 15./16. Jh. in der Türkei. In der Metallbearbeitung wurde das →Tauschieren v. a. in Mossul zur höchsten Raffinesse entwickelt. Bergkristall (unter den Fatimiden) und Glas wurden geschnitten, mit Farben, auch mit Gold bemalt (Moscheeampeln). Teppiche wurden seit seldschuk. Zeit im Vorderen Orient geknüpft, Höhepunkt in Technik und Zeichnung im safawid. Iran. – Von Bagdad aus entwickelte sich seit dem 12. Jh. die Buchmalerei, die entscheidende Impulse durch die Mongolen im 13. und v. a. im 15. Jh. in Persien empfing. Die Kalligraphie wurde höher als die Malerei geschätzt.

Omajjadischer Stil (661–750, in Spanien bis um 1000), Verarbeitung spätantiken, frühchristl.-byzantinischen, sassanid. Formenguts; erste Moscheen: Damaskus, Córdoba; Kalifenschlösser: Mschatta u. a. **Abbasidischer** Stil (750–1258), Mittelpunkt: Bagdad; Bauten von altpers. Kunst beeinflußt; Stuckornamente in Samarra. **Seldschukischer** Stil (um 1000–13. Jh.), erste Werke türk. Kunst in Kleinasien: Moscheen, Grabbauten. **Fatimidischer** Stil (909–1171), Ägypten, Syrien, Sizilien (Krönungsmantel der Reichskleinodien, Wien). **Mamlukischer** Stil (um 13.–15. Jh.), Ägypten (Moscheen und Mausoleen in Kairo), Syrien. **Maurischer** Stil (seit etwa 1100), Nordafrika, Spanien (→Alhambra). **Mongolisch-persischer** Stil (13.–15. Jh.), Aufnahme ostasiat. Formen, prunkvolle Kuppelbauten in Samarkand und Täbris, Buchmalereien (bes. zu pers. Epen). **Safawidischer** Stil (1502–1736), Persien, Blüte der Buchmalerei (Behsad, Risa Abbasi, 17. Jh. u. a.); Höhepunkt in der Teppichknüpferei. **Osmanischer** Stil (um 1400–1750), geistl. und weltliche, das Stadtbild Konstantinopels bestimmende Bauten (Architekt →Sinan); hohe Blüte des Kunsthandwerks. **Mogulstil** (um 1520–1800), Indien, Moscheen, Grabbauten, Paläste in Agra (Taj Mahal) und Delhi; überreiche Flächendekorationen; neuer wirklichkeitsnaher Stil in der höf. Miniaturmalerei: Bildnis-, Tierund Landschaftsdarstellungen. (Weitere Bilder Agra, Isfahan und S. 28)

islamische Literatur, →arabische Literatur, →persische Literatur, →türkische Literatur.

islamische Philosophie, zunächst der Versuch, auf dem Grund der islam. Theologie mit den Mitteln der hellenist. Denkweise ein für die Gegner des Islam unangreifbares Gebäude zu errichten. Die allg. Aufnahme der hellenist. Wissenschaften führte zu den die i. P. später bewegenden Fragen. Der ›Philosoph der Araber‹, Al-Kindi (→ Kindi), vertrat im 9. Jh. einen von neuplaton. Elementen durchsetzten Aristotelismus und strebte eine Harmonisierung von Philosophie und Offenbarung an.

Wien vor. Seitdem verlor der I. in Europa an Boden. In neuerer Zeit dringt er bes. in Afrika ständig vor.

Islamabad, Hptst. Pakistans (seit 1961 im Bau), auf einer Hochebene (1500 m) bei Rawalpindi, rd. 110 000 Ew.

islamische Kunst, Kunst derjenigen Völker, deren Mehrheit oder herrschende Minderheit dem Islam anhingen, vorwiegend die Kunst der arab., pers. und türk. Völker. Seit der 2. Hälfte des 7. Jh. hat sich die i. K., von Arabien ausgehend, über Syrien (8. Jh.) bis Spanien im W, im O bis an Chinas und Indiens Grenzen, ausgebreitet. Maßgebend für die Kunst der islam. Völker war die Religion, das im Koran verkündete Wort Gottes und das im Hadith (Prophetenaussprüche) geforderte Figurenverbot, das im sakralen Bereich streng, im profanen lockerer gehandhabt wird. Daher gibt es so gut wie keine Tafelmalerei und Großplastik; Perspektive, Schatten und damit plast. Wirkung fehlen zugunsten abstrakter, geometr. und vegetabiler Formen. In der Öffentlichkeit wird das Bilderverbot je nach Grad der Orthodoxie der herrschenden Dynastie befolgt, im privaten Bereich (Harem, Bad, Kleinkunst, Buchmalerei) bedeutend öfter durchbrochen. **Baukunst.** Zum sakralen Bereich gehören vom Beginn der islam. Zeitrechnung an Moscheen, vom 9. Jh. an Mausoleen, ab 10./11. Jh. Klöster und Medresen (Hochschulen für Theologie und alle wissenschaftl. Fächer), zum Profanbereich Paläste, Befestigungen u. a. Die Araber entwickelten die Vielstützenmoschee, die Perser die Vier-Iwan-Moschee (→ Iwan), die Türken die Kuppelmoschee. Die Medrese setzte sich als einheitl. Typ mit nat. Eigenprägungen durch. Der Baudekor, weitaus wichtiger als in Europa, ist das einende Moment. Von Persien aus setzte sich im 10./11. Jh. die Verwendung von Fliesen als Dekor für Innen- und Außenwände durch. Als Vorläufer kann der schon im sassanid. Persien übliche bemalte Stuck gelten. Im syrisch-ägypt. Bereich, auf spätantiker Tradition fußend, spielt Steininkrustation eine Rolle. Die arab. Schrift, durch den Koran in allen islam. Ländern bekannt, ist als Wandschmuck von großer Bedeutung. In Persien

islamische Kunst: Löwenhof der Alhambra bei Granada

islamische Kunst: Prunkkenotaph des Sultans Murad II., mit Fliesenverkleidung, 1420/21, Jeschil Türbe in Bursa (Türkei)

Dagegen räumten Al-Farabi (→Farabi) und der Philosophenkreis im 10. Jh. in Bagdad der Vernunft den Vorrang ein. Ibn Sina (lat. →Avicenna, † 1037) schuf im Anschluß an Kindi die für die islam. Welt maßgebende Form der aristotelisch-neuplaton. Metaphysik. Sein Gegner Al-Ghasali (→Ghasel, † 1111), der größte Theologe des Islam, suchte dagegen eine Einheit zw. den auseinanderstrebenden Kräften der religiösen Pflichtenlehre, der spekulativen Theologie und der Mystik zu stiften. – In Spanien entfaltete sich die i. P. seit 900 nach Chr. in enger Verbindung mit der jüd. Philosophie. Ibn Badjdja (→Avempace, † um 1139) war der 1. Aristoteliker des islam. Spaniens. Ibn Ruschd (→Averroës, † 1198) lieferte der christl. Scholastik mit den Theorien von der Einheit des aktiven Intellekts und der Ewigkeit der Welt die Gegenstände für die großen Streitgespräche des 13. Jh.

islamisches Recht, →Scheri'a, →Kanun.

Island, Insel und Rep. im nördl. Atlant. Ozean, 103 000 km^2 mit 230 000 Ew. Hptst.: Reykjavík. Amtssprache: Isländisch. 95% der Ew. gehören zur evang.-luther. ›Isländ. Nationalkirche‹. ⊕ Band 1, n. S. 320. Währung: 1 Isländ. Krone (ikr) = 100 Aurar.
Staat und Recht. Nach der Verf. von 1944 ist Staatsoberhaupt der Präs. Das Parlament besteht aus 2 Kammern. – Mittelalterl. isländ. Recht und skandinav. Recht.
Landesnatur. I., meist aus vulkan. Gestein aufgebaut, ist vorwiegend Hochland (300—1 200 m) mit tätigen Vulkanen (u. a. Örœfajökull, 2 119 m; Hekla, 1 491 m), Kratern, zahlreichen heißen Quellen (z. T. Geysire) und großen Gletschern (u. a. Vatnajökull, 8 400 km^2). Die Küsten (rd. 6 000 km) sind durch Fjorde stark gegliedert. 1963 entstand vor der SW-Küste durch untermeer. Vulkanausbruch die Insel Surtsey. Das Klima, ozeanisch kühl und feucht, wird durch den Golfstrom gemildert. Die **Bevölkerung** (Isländer) lebt v. a. im Küstengebiet. **Bildung.** Allg. Schulpflicht (9 Jahre); Univ. in Reykjavík (gegr. 1909). **Wirtschaft.** Haupterwerbszweige sind Fischerei und Fischverarbeitung (Gefrier-, Salz-, Stockfisch, Fischkonserven, -mehl, -öl). Von der landwirtschaftl. Nutzfläche (rd. 20% der Gesamtfläche) dienen 96% der Viehzucht (Schafe, Rinder, Pferde). Zunehmend werden in Gewächshäusern (mit Thermalwasser geheizt) Gemüse, Blumen und Früchte gezogen. Energie wird durch Ausnutzung der Wasserkraft (große Wasserfälle) gewonnen. Neuerdings wird Aluminium hergestellt und ausgeführt. Ein wichtiger Erwerbszweig ist der Fremdenverkehr. Hauptausfuhr: Fisch und Fischerzeugnisse (61%). Haupthandelspartner: USA, Bundesrep. Dtl., Großbritannien. I. hat rd. 11 000 km Straßen, keine Eisenbahn; Handelsflotte rd. 69 431 BRT (ohne Fischereifahrzeuge). Haupthafen ist Reykjavík, internat. Flughäfen Reykjavík und Keflavík.
Geschichte. Seit 874 von Norwegern besiedelt, die einen

Island

bäuerlich-aristokrat. Freistaat mit Althing schufen. Um 1000 Einführung des Christentums. Blüte nordgerman. Kultur, dann blutige Bürgerkriege. 1262 freiwillige Unterwerfung unter Norwegen, mit diesem 1380/97 an Dänemark. 1550 Einführung der Reformation. 1874 eigene Verf. 1918 erhielt I. volle Selbständigkeit als Königreich, das mit Dänemark in Personalunion verbunden blieb. 1940 wurde es von brit., 1941 auch von amerikan. Truppen besetzt. Nach einer Volksabstimmung löste es sich von Dänemark und wurde Rep.; Staatspräs. wurde S. Björnsson (1949 NATO-Beitritt). Ihm folgten 1952 A. Asgeirsson, 1968 K. Eldjarn, 1980 Vigdis Finnbogadóttir. Die einseitige Ausdehnung der isländ. Fischereizone auf 50 sm wurde trotz der Verurteilung durch den Internat. Gerichtshof in Den Haag von I. am 1. 9. 1972 in Kraft gesetzt (in den folgenden Jahren auf 200 sm ausgedehnt). Dies führte bes. zu einem Konflikt mit Großbritannien (›Kabeljau-Krieg‹).

isländische Literatur. Über die älteste Zeit der i. L. →altnordische Literatur. Die Skaldendichtung wandte sich seit dem 12. Jh. relig. Themen zu. Gegen 1400 entstand eine neue Dichtungsart, die Rímur, epische Gedichte nach Sagen- oder Romanzenstoffen. Im 16. Jh. erschienen Bibelübersetzungen. Die weltl. Lit. erreichte einen ersten Höhepunkt in der romant. Dichtung des 19. Jh. (B. Thorarensen, Jónas Hallgrímsson, später B. Gröndal, S. Thorsteinsson). Hohen Rang erlangte im 19. und 20. Jh. die erzählende Prosa: E. H. Kvaran, J. Svensson, T. Thórdarsson, G. Gunnarsson, K. Gudmundsson, H. Laxness u. a.

Isländisch(es) Moos, Isländische Flechte, Brockenmoos, Strauchflechte auf Waldböden der nördl. Halbkugel.

isländische Sprache. Im Ggs. zum ebenfalls dem Westnordischen (→altnordische Sprache) angehörenden Norwegischen verharrte die i. S. im wesentl. auf dem alten Stand. Die altertüml. Formenlehre ist erhalten, die Aussprache hat sich geändert. Die i. S. ist arm an Fremdwörtern; zahlreiche Begriffe des modernen Lebens werden durch isländ. Wörter ausgedrückt. Geschrieben wird mit lat. Buchstaben; eingeführt ist der th-Laut sind ð [ð] und þ [θ]; außerdem gibt es æ Æ (wie dt. ai).

Islands Areas ['aɪlendz 'ɛərɪəz], Region in Schottland, 1975 gebildet, umfaßt Hebriden, Orkney- und Shetland-Inseln.

Isle of Wight [aɪl ɔv w'aɪt], →Wight.

Ismael, Sohn Abrahams und der Hagar, legendärer Ahnherr arab. Stämme **(Ismaeliten).**

Ismaïl, Stadt in Bessarabien, Ukrain. SSR, an einem Mündungsarm der Donau, 84 000 Ew.; Hafen und ehemals türk. Festung; Baustoff-, Nahrungsmittelind.; Schiffbau.

Ismaïlia, Stadt am Suezkanal, Ägypten, 146 000 Ew.; Bahnknoten; soll Touristenzentrum werden.

Ismaïl Pascha, Vizekönig (Khedive) von Ägypten (1863 bis 1879), * 1830, † 1895, dehnte die ägypt. Herrschaft bis an die Grenze Äthiopiens aus, förderte den europ. Kultureinfluß; wegen finanzieller Mißwirtschaft abgesetzt.

Ismaning, Gem. im Kr. München, Oberbayern, an der Isar, 12 500 Ew.; feinmechan. und elektron. Geräte.

Ismene, grch. Mythos: Tochter des Ödipus, Schwester der Antigone.

Isny im Allgäu, Stadt und Kurort im Kr. Ravensburg, Bad.-Württ., 704 m ü. M., 12 700 Ew.

iso. . . [grch.], gleich. . .

ISO, Abk. für →International Organization for Standardization.

Isobaren [grch.], →Isolinien.

Isochromasie [grch.], gleichmäßige Lichtempfindlichkeit photograph. Materials im sichtbaren Spektralbereich.

Isogon [grch.] das, regelmäßiges Vieleck.

Isohelie [grch.], photograph. Verfahren zur Erzielung graph. Bildwirkung, bei dem der stetige Übergang vom Licht zum Schatten durch einen stufenförmigen ersetzt wird; paßgenaues Übereinanderkopieren von 3–5 Zwischennegativen, die je nur 2 Tonstufen aufweisen, ergibt die endgültige I.

Isohypsen [grch.], →Isolinien, →Höhenlinien.

Isokrates, athen. Redner, * 436, † 338 v. Chr., einflußreich als Lehrer von Rednern und Staatsmännern.

Isola Bella, Isola Madre, zwei der Borromäischen Inseln.

Isolation [lat.], Vereinzelung, Trennung.

Isolationismus, polit. Bestreben einer Großmacht, außenpolit. von bestimmte Gebiete der Welt zu beschränken und Verwicklungen in anderen Gebieten fernzubleiben, spielte eine entscheidende Rolle in der Politik der USA seit der Monroe-Doktrin (1823).

Isolationsmesser, elektr. Gerät mit Kurbelinduktor oder Batterie zum Messen des Isolationswiderstands elektr. Anlagen, Maschinen, Geräte u. a.

Isolations|prüfer, Leitungsprüfer, einfaches Meßgerät, meist mit Taschenlampenbatterie, zum Prüfen des Isolations- oder Durchgangswiderstands.

Isolator, elektrisch nicht leitendes Konstruktionselement zur Befestigung spannungsführender Leiter oder zu deren Durchführung durch eine Wand. Arten: **Stütz-I., Hänge-I., Durchführungs-I.** Material: Porzellan, Steatit, Hartglas, Hartpapier, Gießharz, Kunststoff.

Isolde, in der Sage die Geliebte Tristans.

isolieren [lat.], **1)** absondern, z. B. Kranke. **2)** spannungsführende elektr. Leiter gegen Berührung schützen oder voneinander trennen durch Isolierstoffe (→ Isolator). **3)** bei Bauten durch Dämmstoffe oder Sperrstoffe das Eindringen von Feuchtigkeit, Schall, Wärme verhindern.

isolierende Sprachen, Sprachen, deren Wörter durch ihre Rolle im Satz nicht verändert werden. Ihre syntakt. Beziehung wird durch die Reihenfolge ausgedrückt, z. B. im klass. Chinesisch.

Isolini|en, Isarithmen, Linien gleicher Zahlenwerte auf geograph. und meteorolog. Karten. Die wichtigsten: Übersicht

Isomerie [grch.], **1)** ⌁ isomer sind chem. Verbindungen, die gleiche Atome in gleicher Anzahl, aber versch. Anordnung enthalten und sich deshalb chemisch und physikalisch unterscheiden, z. B. normal-Butan $CH_3 - CH_2 - CH_2 - CH_3$ und iso-Butan $CH_3 - CHCH_3 - CH_3$ (Verschiedenheit des Kohlenstoffgerüstes: **Struktur-** oder **Konstitutions-I.**). Von **Stellungs-I.** spricht man bei Unterschieden in der Stellung von Substituenten, z. B. 1-Chlorpropan, $CH_3 - CH_2 - CH_2Cl$, und 2-Chlorpropan, $CH_3 - CHCl - CH_3$. Bei **Stereo-I.** treten spiegelbildlich gleiche Atomanordnungen im Molekül auf, die sich durch ihr opt. Drehvermögen unterscheiden. **2)** ⌧ **isomere Atomkerne** bestehen aus den gleichen Bausteinen, zeigen aber versch. physikal. Verhalten.

isometrisches Training [- trʹeɪnɪŋ], Übungen zur Muskelkräftigung bei Krankengymnastik und Sporttraining.

Isomorphie [grch.], Gestaltgleichheit oder -ähnlichkeit von Kristallen bei gleicher chem. Zusammensetzung.

Isomorphismus [grch.], Grundbegriff der modernen Algebra. Zwei Mengen von Dingen, z. B. Zahlen, Funktionen, Gruppen – d. h. algebraische Strukturen G und G' –, sind isomorph, wenn es eine umkehrbare sowie operationstreue Abbildung von G auf G' gibt.

Isonicotinsäurehydrazid, Freiname **Isoniazid, INH,** heterozykl. Verbindung, wirksam gegen Tuberkuloseerreger.

Isonzo *der,* slowen. **Soča** [sʹoːtʃa], Fluß in den Ostalpen, 138 km, entspringt im Val Trenta (Jul. Alpen), mündet in die Bucht von Triest. – Um den I. fanden Juni 1915 – Nov. 1917 zwölf Schlachten statt **(I.-Schlachten).**

Isop [grch.], Pflanze, → Ysop.

Isopren *das,* $CH_2 = C(CH_3) - CH = CH_2$, Methylbutadien, flüssiger Kohlenwasserstoff, Baustein des Kautschuks, der aus I. synthetisch gewonnen wird.

Isospin, isobarer Spin, isotoper Spin, mit der elektr. Ladung zusammenhängende Quantenzahl zur Klassifizierung best. Untergruppen von Elementarteilchen.

Isostasie [grch.], der Zustand des Gleichgewichts der Massen innerhalb der Erdkruste, der durch **isostatische Ausgleichsbewegungen** aufrechterhalten wird: entlastete (durch Abtragung) Teile der Erdoberfläche steigen auf, belastete (durch Ablagerung) sinken ab.

Isothermen [grch.], **1)** ⊕ → Isolinien. **2)** ⌧ Linien, die die Abhängigkeit des Druckes vom Volumen eines Gases bei einer bestimmten Temperatur angeben.

isotonisch, isosmotisch [grch.], heißen Lösungen gleichen osmotischen Druckes.

Isotope [grch.] *Mz., Ez.* **Isotop** *das,* Abarten eines chem. Elements mit gleicher Ordnungszahl (Kernladung), aber versch. Massenzahlen, entsprechend gleicher Protonenzahl bei versch. Neutronenzahlen des Atomkerns. Außer stabilen I. kennt man auch in der Natur vorkommende oder durch Kernreaktion künstlich hergestellte instabile I. Die zu den einzelnen Elementen gehörigen I.-Gemische sind überall auf der Erde (und sehr wahrscheinlich auch auf anderen Sternen) die gleichen. Die **Isotopentrennung** ist eine wichtige Voraussetzung z. B. für die Atomenergiegewinnung. Ihre Verfahren sind die Massenspektro-skopie, die fraktionierte Destillation, die Diffusion, chem. Austauschreaktionen, Elektroanalyse, die Methode des unterbrochenen Molekularstrahls (Isotopenschleuse), die Thermodiffusion mit dem Trennrohr, die Ultrazentrifuge. Meist werden die Trenngeräte kaskadenartig hintereinandergeschaltet, wodurch sich eine nur kleine Trennwirkung bis zur Brauchbarkeit vervielfacht.

Isotopenbatterie, Atombatterie, Kernbatterie, Gerät zur Umwandlung der Energie radioaktiver Strahlung in elektrische Energie; Einsatz u. a. in Satelliten und Herzschrittmachern.

Isotopen|indikatoren, engl. **Tracer** [trʹeɪsə], chem. Elemente, in denen eines der in ihnen enthaltenen Isotope stärker angereichert ist, als es den natürl. Mischungsverhältnissen der Isotope entspricht. **Radioindikatoren** enthalten künstlich radioaktive Isotope. I. verwendet man für Stoffwechseluntersuchungen, Klärung chem. Reaktionsabläufe, Untersuchung unterird. Wasserläufe, Werkstoffprüfungen u. a. In allen Fällen werden mit I. markierte Verbindungen an Stelle der natürl. eingebracht und ihre Verteilung nach gewisser Zeit mit Feinmeß- oder Strahlungsmeßverfahren festgestellt.

Isotopenschleuse, ein Isotopentrenngerät, bei dem 2 periodisch arbeitende Blenden die voranfliegenden leichteren Isotope eines Molekularstrahls aussieben.

isotrop [grch.] heißen Körper, deren die physikal. Eigenschaften nicht von der Richtung im Körper abhängen.

Isparta, früher **Hamidabad,** Provinzhptst. in der Türkei, 91 500 Ew.; Textilind., v. a. Teppiche.

Ispra, Ort am Lago Maggiore, Italien; Kernforschungszentrum der Europ. Atomgemeinschaft.

Isra|el, Ehrenname Jakobs und Volksname seiner Nachkommen, daher **Kinder I., Israeliten.** – Die israelit. Stämme sind in mehreren Wellen vom 15. bis 13. Jh. v. Chr. von S und O in das von Kanaanäern besiedelte Kulturland Palästina eingedrungen. Ihre relig. Geschichte ist untrennbar mit der polit. verwoben. Als Hirtenstämme flohen sie aus Ägypten und wurden von Moses durch die Alleinverehrung von Jahwe zu einer relig. Einheit zusammengeschweißt. Die **Königszeit** eröffnete Saul, David (um 1000 v. Chr.) einigte von den südl. Stamm Juda aus ganz Palästina, eroberte das bisher noch kanaanäische Jerusalem und besiegte die Philister; sein Sohn Salomo baute Jahwe den Tempel in Jerusalem. Nach ihm spaltete sich I. 926 in zwei Reiche: **Juda** und I. Die folgenden Jahrhunderte waren bestimmt durch andauernde Feindschaft zw. beiden Reichen und Reibungen mit den umliegenden Staaten. Das Nordreich I. wurde 722 von den Assyrern vernichtet, das Südreich Juda 597 und endgültig 586 v. Chr. durch die babylon. König Nebukadnezar II. zerstört, der Jerusalem eroberte und den Hauptteil des Volkes in die **Babylonische Gefangenschaft** führte. Damit endete die Geschichte des Volkes und Reiches I. in Palästina. Die seit 537 teilweise zurückkehrenden Israeliten wurden unter Fremdherrschaft lebende Religionsgemeinde, sie wurden → **Juden** genannt.

Isra|el, amtlich hebräisch **Medinat I.,** Rep. in Vorderasien, 20 700 km², 3,9 Mio. Ew., davon 2,7 Mio. Juden (ohne die vormals jordan. Gebiete, die seit 1967 unter israel. Verwaltung stehen). Staatssprachen: Hebräisch (Iwrit) und Arabisch. Religion: In I. herrscht Religionsfreiheit. 85 % der Bev. sind Juden, 10 % Muslime; außerdem Christen, Drusen u. a. ⊕ Band 1, n. S. 320. Währung: 1 israel. Pfund (I£) = 100 Agorot. Allg. Wehrpflicht für Männer (3 Jahre) und Frauen (2 Jahre).

Staat und Recht. Nach den Gesetzen von 1949/51 (bisher keine geschriebene Verfassung) wird der Staatspräs. auf 5 Jahre vom

Isolinien			
Linien gleicher(-en)		Linien gleicher(-en)	
Isanomalen	Abweichung von einem Normalwert	**Isogonen**	magnet. Deklination
Isoamplituden	Temperaturschwankungen	**Isohalinen**	Salzgehaltes
		Isohyeten	Niederschlagsmengen
Isobaren	Luftdruckwerte	**Isohygromenen**	Anzahl humider oder arider Monate
Isobasen	tektonischer Hebung		
Isobathen	Wassertiefe	**Isohypsen**	Höhenlage (Höhen-
Isochronen	zeitl. Erscheinungen (Gewitterausbruch)		linien)
		Isoklinen	magnet. Inklination
		Isophoten	Helligkeit
Isodynamen	magnet. Feldstärke	**Isoseisten**	Erdbebenstärke
Isogammen	Schwerkraft	**Isothermen**	Temperaturen

Israel

Parlament gewählt. Gesetzgebendes Organ ist das aus einer Kammer bestehende Parlament, die Knesset. Recht z. T. nach engl. Vorbild.

Landesnatur. Die Nordhälfte wird von → Palästina, das im O auch Anteil an dem unter Militärverwaltung stehenden Gebiet hat, der Südteil vom → Negev eingenommen. **Bevölkerung.** Die Angleichung der jüd. Einwanderer versch. Herkunft (W-Europa, Amerika, Naher Osten, O-Europa, seit 1970 v. a. aus der UdSSR) bringt große Schwierigkeiten. Um die Neueinwanderer aufzufangen, wurden Entwicklungsstädte gegründet, denen Steuererleichterungen und Regierungshilfen gewährt werden. Über 90 % der jüd., knapp 50 % der arab. Bev. leben in Städten. Großstädte sind Tel Aviv-Jaffa, Jerusalem, Haifa, Ramat Gan. (Bilder Asien, Jerusalem, Tel Aviv-Jaffa). **Bildung.** Es besteht allg. Schulpflicht (11 Jahre); 5 Universitäten.

Wirtschaft. Neben Kollektivbesitz, der in versch. Formen ausgebildet ist, z. B. als → Kibbu(t)z, gibt es in der Landwirtschaft auch Privatbesitz. Angebaut werden (künstl. Bewässerungsanlagen in der Küstenebene und Fernwasseranlagen aus dem See Genezareth in den trockenen Negev) Futtermittel, Weizen, Gemüse, Citrusfrüchte, Erdnüsse, Ölbäume, Wein, Baumwolle u. a.; Viehhaltung (bei den Juden Rinder und Geflügel, bei den Arabern Schafe und Ziegen). Fischerei im See Genezareth. An Bodenschätzen kommen Pottasche, Phosphate, Bromsalze vor. Die Industrie hat sich seit 1948 schnell entwickelt, bes. Nahrungsmittel-, Textil-, Metall-, Fahrzeug-, Zement-, keram. und chem. Ind. Wichtig sind Diamantenschleiferei, das Stahl- und Walzwerk bei Akka und die Erdölraffinerien in Haifa und Aschdod (von Erdölleitungen von Elath beliefert). Ausfuhr: Schmuckdiamanten, Südfrüchte (Jaffa-Orangen), Fruchtsäfte, Textilien, Chemikalien, elektrotechn. Erzeugnisse u. a. Handelspartner: EG-Länder, USA. Das Verkehrsnetz ist gut ausgebaut. Haupthäfen sind Aschdod, Haifa und Elath. Hauptflughafen ist der Ben-Gurion-Flughafen (Lod) bei Tel Aviv-Jaffa.

Geschichte. Die UNO beschloß 1947 die Aufteilung → Palästinas in 2 Staaten mit einem internat. Status für Jerusalem unter Treuhandschaft der UNO. Dieser Teilungsplan wurde bes. von den arab. Staaten nicht anerkannt. Mit Beendigung des brit. Palästina-Mandats wurde am 14. 5. 1948 der Staat I. ausgerufen. Am 17. 5. 1948 eröffneten Ägypten, Jordanien, Libanon, Syrien und der Irak den Krieg gegen I. Durch Vermittlung der UNO (Graf F. Bernadotte, R. Bunche) wurden 1949 unbefristete Waffenstillstandsverträge abgeschlossen.

Seit 1949 war die sozialdemokrat. Mapai (nach Vereinigung mit anderen Linksparteien seit 1968 Israel. Arbeiterpartei) die führende Partei, die jedoch bei der Regierungsbildung auf Koalitionen mit kleineren Parteien angewiesen blieb. Sie stellte die Staatspräs. (C. Weizmann, 1948–52; I. Ben Zwi, 1952–63; 1963–74 S. Shazar, 1974–78 E. Katzir, seitdem I. Navon) und MinPräs. (D. Ben Gurion, 1948–53, 1955–63; M. Sharett, 1953 bis 1955; L. Eschkol, 1963–69; Golda Meir, 1969–74; 1974–77 I. Rabin). Erst M. Begin bildete 1977 eine Koalitionsreg. aus → Likudblock und Nationalrelig. Partei (1981 wiedergewählt). Neben der systemat. Förderung der industriellen Entwicklung des Landes (u. a. in der Negevwüste) suchte die israel. Regierung das Siedlungswesen auszubauen. Ein innenpolit. Hauptproblem ist es, die auf höchst unterschiedl. zivilisator. Stufe stehenden Bürger zu einer staatl. Gemeinschaft zu führen. – Nach 1949 verschärften sich die Spannungen zw. I. und arab. Staaten immer mehr und entluden sich 1956 im ›Suez-Krieg‹ (→ Ägypten, Geschichte) und im Juni 1967 im ›Sechs-Tage-Krieg‹. Im ›Sechs-Tage-Krieg‹ konnte I. die Altstadt von Jerusalem, Westjordanien, den Sinaihalbinsel bis zum Suezkanal und Gebiete Syriens besetzen. Zw. dem 7. und 10. 6. 1967 vereinbarte die UNO eine Waffenruhe. Nach dem ägyptisch-syrischen Angriff auf I. (›Jom-Kippur-Krieg‹) im Okt. 1973 räumte dieses 1974 nach Vermittlung des amerikan. Außen-Min. H. A. Kissinger Gebietsstreifen am Suezkanal und auf den Golanhöhen. Am 23. 3. 1979 unterzeichneten MinPräs. Begin und der ägypt. Präs. Sadat einen Friedensvertrag (ausgehandelt in Camp David, USA), der u. a. die Rückgabe besetzter Sinaigebiete an Ägypten vorsah (1982 abgeschlossen). Der Schaffung eines Palästinenserstaates stimmte Begin auch nach dem Vertrag nicht zu. Gegen den Protest bes. der arab. Welt wurde Gesamt-Jerusalem zur Hauptstadt I.s erklärt. Die Fortführung der Siedlungspolitik rief internat. Proteste hervor, so bes. die Annexion der Golanhöhen (1981). Mit einer Militäraktion suchte I. 1982 die Stützpunkte der PLO im → Libanon zu zerstören. Weiteres → Nahostkonflikt.

Italien

30

Israeli, Bewohner des Staates Israel.

Issa, Isa, Stamm der Nord-Somali in Djibouti, meist Nomaden.

Issachar, Isaschar, einer der 12 Söhne Jakobs, danach israelit. Stamm im östl. Unter-Galiläa.

Issajew, Aleksej Michailowitsch, russ. Konstrukteur, * 1908, † 1971, beteiligt an der Entwicklung des ersten sowjet. Raketenflugzeugs, leitete die Herstellung von Raketentriebwerken für die bemannten Raumkapseln Wostok, Woschod, Sojus sowie für Mars- und Venussonden.

Issos, alte Seestadt in Kilikien (Kleinasien), 333 v. Chr. Sieg Alexanders d. Gr. über den Perserkönig Dareios III.

Issyk-kul, abflußloser Hochgebirgssee in der Kirgis. SSR, 6236 km² groß, bis 702 m tief.

Ist. . ., tatsächlich vorhanden, z. B. Isteinnahmen. Ggs.: Soll.

Istanbul [türk. ist'an-], 330–1930 **Konstantinopel,** vorher **Byzanz,** die größte Stadt, bis 1923 Hptst. der Türkei, seitdem Provinzhptst., am Ausgang des Bosporus zum Marmarameer, mit großen Hafenanlagen, 3,03 Mio. Ew.; Sitz eines muslim. Mufti, hoher Geistlicher der Ostkirchen, 2 Univ. (seit 1453 und 1971), TU u. a. Hochschulen, Museen, archäolog. Institute. Die Altstadt auf der Halbinsel zw. Goldenem Horn und Marmarameer mit → Hagia Sophia, zahlreichen Moscheen (Sultan-Ahmet- oder Blaue Moschee, Suleimans Moschee von → Sinan) und Palästen (Top Kapi-Serail) wird im W begrenzt durch die z. T. erhaltene Mauer des Theodosius. Haupthafen und -handelsplatz der Türkei; bed. Verkehrsknoten (Bosporusbrücke seit 1973, internat. Flughafen). Holz-, Textil-, Leder-, Fahrzeug-, Maschinen-, Elektro-, chem., Nahrungsmittelindustrie, Kleingewerbe (Bazar). – 330 n. Chr. erhob Konstantin d. Gr. die alte grch. Handelsstadt → Byzanz unter Verleihung des Namens Konstantinopel zur neuen Hptst. des Röm. Reichs; 395 wurde sie Hptst. des Oström. (Byzantin.) Reichs, 1204 von den Teilnehmern des 4. Kreuzzuges erobert, 1261 von den Byzantinern wiedereingenommen, 1453 von den Türken erobert.

Isthmus [grch. isthmos] *der,* Landenge, bes. der **I. von Korinth,** wo im Altertum beim Heiligtum des Poseidon (Ausgrabungen: Tempel, Theater, Stadion) die **Isthmischen Spiele** stattfanden.

Istiqlal [arab. ›Unabhängigkeit‹, **1) Hisb al-Istiqlal,** polit. Partei in Marokko, 1943 gegr., bekämpfte die Protektoratsherrschaft Frankreichs und Spaniens. **2)** 1946–54 Rechtspartei im Irak.

Istranca Dağ, Istranca Dağları [istr'andʒə daːlar'i], auch **Yıldız Dağları** [jʼildɪz-], bulgar. **Strandscha,** Gebirge im nördl. türk. Thrakien und südöstl. Bulgarien, bis 1018 m hoch.

Istrati, Panait, rumän. Schriftst., * 1884, † 1935; Romane aus balkan. Milieu in frz. Sprache (›Kyra Kyralina‹, 1924).

Istrien, ital. **Istria,** serbokroat. **Istra,** Halbinsel Jugoslawiens, zw. dem Golf von Triest und der Bucht des Kvarner (Quarnero), besteht vorwiegend aus verkarsteten Kalkgebieten. Hauptort: Pula. Überwiegend Landwirtschaft; Kohle, Quecksilber, Bauxit. Fremdenverkehr. – I. wurde 177 v. Chr. römisch, 539 byzantinisch, 788 fränkisch, 952 bayerisch, kam 976 an Kärnten, wurde Ende des 13. Jh. z. T. venezianisch, 1809–14 frz., 1814 österreichisch, 1920 italienisch, 1947/54 jugoslawisch. (→ Triest)

Istwäonen, ein Stamm der Germanen.

Iswestija [russ. ›Nachrichten‹, neben der ›Prawda‹ eine der größten sowjet. Tageszeitungen; gegr. 1917 in Petrograd, seit 1918 in Moskau; Regierungsorgan.

Itabira, Stadt in Brasilien, 40000 Ew.; Mittelpunkt eines der reichsten Eisenerzgebiete der Erde.

Itaipú, Wasserkraftwerk (größtes der Erde) am Paraná, wird bis 1985 von Brasilien und Paraguay gebaut.

Itala *die,* altlat. Bibelübersetzung.

Italiaander, Rolf, Schriftsteller, Forschungsreisender, * 1913; Reiseberichte, Essays, Dramen, Jugendbücher.

Italien, amtl. **Repubblica Italiana,** Rep. in S-Europa, 301225 km² mit 57,03 Mio. zu 99 % kath. Ew. Hptst. ist Rom, Amtssprache Italienisch (in Aosta auch Französisch, in Südtirol beschränkt Deutsch). ⊕ Band 1, n. S. 320. Währung: 1 ital. Lira (L., Lit.) = 100 Centesimi (Cent.). Allg. Wehrpflicht.

Staat und Recht. Nach der Verf. von 1948 ist Staatsoberhaupt der Rep. der auf 7 Jahre vom Parlament (Abgeordnetenkammer und Senat) gewählte Präsident. Die v. ihm ernannte Regierung ist dem Parlament verantwortlich. Das Land ist in 20 Regionen (5 mit Sonderstatus) und Provinzen gegliedert. Für die Gemeinden besteht seit 1947 Selbstverwaltung. Das auf der Grundlage des

Italien: Verwaltungsgliederung *(Regionen und Provinzen)*

Aostatal

Piemont
1 Novara
2 Vercelli
3 Turin
4 Cuneo
5 Asti
6 Alessandria

Lombardei
7 Varese
8 Como
9 Sondrio
10 Bergamo
11 Brescia
12 Mailand
13 Pavia
14 Cremona
15 Mantua

Trentino – Südtirol
16 Bozen
17 Trient

Venetien
18 Belluno
19 Vicenza
20 Treviso
21 Venedig
22 Verona
23 Padua
24 Rovigo

Friaul – Julisch-Venetien
25 Pordenone
26 Udine
27 Görz
28 Triest

Ligurien
29 Imperia
30 Savona
31 Genua
32 La Spezia

Emilia-Romagna
33 Piacenza
34 Parma
35 Reggio nell'Emilia
36 Modena
37 Bologna
38 Ferrara
39 Ravenna
40 Forlì

Toskana
41 Massa-Carrara
42 Lucca
43 Pistoia
44 Pisa
45 Florenz
46 Arezzo
47 Livorno
48 Siena
49 Grosseto

Umbrien
50 Perugia
51 Terni

Marche
52 Pesaro e Urbino
53 Ancona
54 Macerata
55 Ascoli Piceno

Latium
56 Viterbo
57 Rieti

58 Rom
59 Frosinone
60 Latina

Abruzzen
61 Teramo
62 L'Aquila
63 Pescara
64 Chieti

Molise
65 Isernia
66 Campobasso

Kampanien
67 Caserta
68 Benevent
69 Neapel
70 Avellino
71 Salerno

Apulien
72 Foggia
73 Bari
74 Tarent
75 Brindisi
76 Lecce

Basilicata
77 Potenza
78 Matera

Kalabrien
79 Cosenza
80 Catanzaro
81 Reggio di Calabria

Sardinien
82 Sassari
83 Oristano
84 Nùoro
85 Cagliari

Sizilien
86 Trapani
87 Palermo
88 Messina
89 Agrigent
90 Caltanissetta
91 Enna
92 Catania
93 Syrakus
94 Ragusa

Regionsgrenze
Provinzgrenze
Region mit autonomer Verwaltung

Code Napoléon kodifizierte Recht wurde 1942 umgestaltet und nach 1945 teilweise geändert.

Landesnatur. I. besteht von N nach S aus einem Viertel des Alpenbogens, der Po-Ebene, Halbinsel-Italien und Insel-Italien (Sizilien, Sardinien u. a.). Der Südrand der Alpen ist von vielen Seen gegliedert (größter der Gardasee), die häufig nach S hin von Moränen begrenzt sind. Daran schließt sich südlich zw. Alpen und Apennin die Po-Ebene mit ihren Kanälen und Lagunenküsten an. Halbinsel-Italien wird von dem Apennin (in den →Abruzzen bis 2914 m hoch) der Länge nach durchzogen. Nach S zu löst er sich in einzelne Gebirgsstöcke auf und findet dann seine Fortsetzung in den Gebirgen des nördl. Sizilien. Nicht zum Apennin-System gehört das oft wild zerklüftete Bergland von Sardinien. I. besitzt mehrere tätige Vulkane, z. B. Vesuv, Ätna, Stromboli. Bedeutendste Flüsse: Po, Tiber, Etsch, Arno. Das Klima ist, abgesehen von einem Teil N-Italiens, mittelmeerisch mit milden, feuchten Wintern und heißen, trockenen Sommern. Die mittelmeer. Pflanzenwelt, die längs der oberital. Seen bis in die Alpen vordringt, ist gekennzeichnet durch Oleander, Lorbeer, Myrte, Zypresse, Pinie.

Die **Bevölkerung** besteht zum größten Teil aus Italienern. Von Minderheiten werden in Südtirol Deutsch und Ladinisch, im Aostatal Französisch, in Friaul Slowenisch, in S-Italien und Sizilien Albanisch gesprochen. Die Bevölkerungsdichte ist am größten in N-Italien, ferner um Rom und am Golf von Neapel. Große Armut, Arbeitslosigkeit und hohe Geburtenüberschüsse im unterentwickelten S sind die Ursache für eine starke zeitweilige oder endgültige Auswanderung; ferner besteht Binnenwanderung von S nach N, aus dem Gebirge in die Ebene und vom Land in die Stadt. **Bildung.** Allg. Schulpflicht (8 Jahre). 29 staatl. und 7 private Univ., darunter die älteste europ. in Bologna, 2 TH und weitere Hochschulen und hochschulähnl. Einrichtungen.

Wirtschaft. 14,7 % der Erwerbspersonen sind in der Land- und Forstwirtschaft tätig. Der Anbau erfolgt vorwiegend in Kleinbetrieben; ein Teil des Großgrundbesitzes (Mittel- und Süd-I.) wurde im Zuge der Bodenreform (seit 1950) aufgeteilt. Haupterzeugnisse sind Weizen und Mais, Reis, Kartoffeln, Gemüse, Oliven, Obst, Citrusfrüchte und Wein. Hauptanbaugebiet ist die intensiv bewirtschaftete Po-Ebene. 34,2 % der landwirtschaftl. Nutzfläche sind Ackerland, 19,3 % Wiesen und Weiden, 11 % Baumkulturen. Rinder- und Schweinehaltung in den Alpen und der Po-Ebene (dort auch Seidenraupenzucht), im S auch Schafund Ziegenhaltung. Vielfältige Küstenfischerei. Rund 23 % der Gesamtfläche sind Wald (Forstwirtschaft vorwiegend in den Alpen) und Buschwald (im S). – I. hat sich vom Agrarzum Industriestaat gewandelt; die Industrialisierung wurde jedoch durch die Rohstoffarmut erschwert. Führend ist I. in der Produktion von Quecksilber; ferner werden gefördert Erdgas (Po-Ebene), Marmor (Carrara), Bauxit (Apulien), Pyrit und Schwefel; Erdöl und Eisenerz. Wichtige einheim. Energiequelle ist neben Erdgas die Wasserkraft und in der Toskana die aufsteigende Erdwärme in Larderello (geotherm. Kraftwerk); 3 Kernkraftwerke (weitere im Bau). – Die Industrie (einschließlich Bauwirtschaft und Bergbau 37,8 % der Beschäftigten) konzentriert sich in Nord-I., trotz zahlreicher staatl. Industrialisierungsmaßnahmen im S (Mezzogiorno). Wichtigste Industriezweige sind Maschinen- und Fahrzeugbau, Nahrungs- und Genußmittel-, Textil- und Schuh-, chem. und metallurg. Industrie. Bed. Devisenbringer ist der Fremdenverkehr. Ausgeführt werden Maschinen und Fahrzeuge, Textilien und Bekleidung, Chemikalien und landwirtschaftl. Erzeugnisse (Citrusfrüchte, Gemüse, Reis, Wein, Käse, Olivenöl). Haupthandelspartner sind die EG-Länder, USA und Kanada. – Das Verkehrsnetz ist bes. dicht in Nord- und Mittel-I.: 20200 km Eisenbahnen; rd. 300000 km Straßen (davon fast 7000 km Autobahnen). I. hat eine der größten europ. Handelsflotten (11,096 Mio. BRT, davon rd. 45 %

31

*italienische Kunst:
Donatello, David;
um 1435, Florenz*

*italienische Kunst:
E. Greco, Badende,
Bronze (München,
Bayer. Staatsge-
mäldesammlungen)*

Tanker); die wichtigsten Handelshäfen sind Genua, Triest, Augusta; die wichtigsten Flughäfen Rom-Fiumicino, Mailand-Linate und -Malpensa, Catania-Fontanarossa.

Italiener, zu den Romanen gehörendes Volk; die urspr. Bev. in Mittelitalien wurde im Laufe der Jh. überlagert von Italikern, Ligurern, Etruskern, grch. Kolonisten, german. Völkern, Arabern.

italienische Geschichte. Zur Vorgeschichte der Apenninhalbinsel →Mittelmeerraum, zur Geschichte im Altertum →Etrusker, →römische Geschichte.

Nach dem Sturz des letzten weström. Kaisers Romulus Augustulus durch Odoaker (476) wurde Italien jahrhundertelang Kampfplatz auswärtiger Mächte. Nach der Zerstörung des Ostgotenreiches Theoderichs d. Gr. gewann Byzanz für kurze Zeit die Herrschaft über Italien; sie wurde jedoch durch die seit 568 in Oberitalien einfallenden Langobarden auf Süditalien und die Gebiete um Rom und Ravenna beschränkt. Die Pippinische Schenkung an den Papst (754) schuf die Grundlage für den →Kirchenstaat. Mit der Kaiserkrönung Karls d. Gr. (800) war die Halbinsel ganz unter fränk. Oberhoheit gekommen. Von Sizilien aus wurde sie nun von den Sarazenen bedroht. Die 875 einsetzenden Kämpfe ital. und burgund. Großer um die Macht in Italien wurden durch Otto I. 962 beendet. In Unteritalien und Sizilien gründeten im 11. Jh. die →Normannen ein Reich (1059 vom Papst als Lehen genommen). Das päpstl. Lehen fiel 1194 an die Staufer, 1263 an Anjou. Gegen das Kaisertum wehrten sich bes. die Päpste und die oberital. Städte: Höhepunkte des Machtkampfes waren der Investiturstreit (1075–1122) und die Italienzüge Friedrich Barbarossas gegen den Lombard. Städtebund (1154–84); erst im Sieg des Papsttums durch Karl von Anjou (→Karl 17) über die Staufer (→Konradin). Dieser verlor 1282 Sizilien an das Haus Aragonien (→Sizilianische Vesper). Die Päpste gerieten durch ihre Übersiedlung nach Avignon (1309–76) unter frz. Einfluß. Die Entwicklung in Oberitalien wurde durch die Rivalitätskämpfe in den Stadtstaaten (Guelfen und Ghibellinen) bestimmt. Die dt. Kaiser konnten ihre Machtposition trotz der Romzüge Heinrichs VII. (1310–13, ›Dantes Kaiser‹) und Ludwigs d. Bayern (1328–33) nicht wiederherstellen. Der Versuch des Cola di →Rienzo, nach altröm. Muster in Rom die Republik zu schaffen, scheiterte (1347–54).

Im 14./15. Jh. entstanden in Ober- und Mittelitalien neben dem Kirchenstaat selbständige Mittel- und Kleinstaaten; so vereinigten die Visconti und Sforza im Herzogtum Mailand den größten Teil der Lombardei, in Florenz gelangten die Medici zur Herrschaft; daneben standen die Adelsrepubliken Genua und Venedig; in Unteritalien gewannen die aragones. Könige von Sizilien 1442 auch die Herrschaft über Neapel. Trotz der polit. Zerrissenheit errang Italien, Mittelpunkt des →Humanismus und der →Renaissance, kulturell und wirtschaftlich die Führung in Europa. 1494 eröffnete der frz. König Karl VIII. mit seinem Eroberungszug gegen Neapel den Kampf Frankreichs und Habsburgs um die Vorherrschaft in Italien, die das habsburg. Spanien mit Mailand, Sardinien und Neapel-Sizilien gewann.

Das 18. Jh. ist gekennzeichnet durch den Aufstieg Savoyen-Piemonts, dessen Herzog 1713 den Königstitel annahm. 1713/14 fielen die Lombardei, Neapel und Sizilien an Österreich, zugleich auch das Hzgt. Mantua. Allerdings mußte Österreich 1735 das Kgr. Neapel-Sizilien einer Nebenlinie der Bourbonen überlassen, erwarb dafür das Hzgt. Parma-Piacenza. Toskana kam 1737 an Franz Stephan von Lothringen und durch ihn 1765 an eine habsburg. Nebenlinie. Genua verkaufte Korsika 1768 an Frankreich. In den Frz. Revolutionskriegen entstanden in Italien eine Reihe von Frankreich abhängiger Republiken. Nach Napoleons Erhebung zum Kaiser wurde die Ital. Rep. (Lombardei, Modena, Romagna) zum Kgr. Italien verwandelt, als dessen König sich 1805 in Mailand krönen ließ. Nach und nach kam die ganze Halbinsel in frz. Hand. Nur auf den Inseln Sizilien und Sardinien behaupteten sich unter dem Schutz der brit. Flotte die früheren Herrscher. 1814/15 brach die napoleon. Herrschaft in Italien zusammen. Der Wiener Kongreß stellte den Kirchenstaat wieder her, vergrößerte das Kgr. Sardinien (Piemont) durch Genua und machte Österreich durch den Besitz Venetiens und der Lombardei wieder zur vorherrschenden Macht in Italien.

Gegen die österr. Fremdherrschaft richtete sich die ital. Freiheits- und Einheitsbewegung, das ›Risorgimento‹. Wie die Unruhen von 1820 und 1830 blieb auch die Revolution von 1848/49, an deren Spitze König Karl Albert von Sardinien stand, erfolglos. Auch der Versuch G. Mazzinis und G. Garibaldis, in Rom die Rep. zu errichten, scheiterte (1849). Geschickt wußte C.

→Cavour Liberale und Republikaner unter piemontes. Führung zu vereinigen. Das Bündnis mit Napoleon III. ermöglichte den Krieg gegen Österreich (1859), das bei Magenta (4. 6.) und Solferino (24. 6.) besiegt wurde und die Lombardei abtrat. Durch Volksabstimmungen vereinigte Cavour die Toskana, einen Teil des Kirchenstaates und Neapel-Sizilien, wo der Freischarenzug Garibaldis die Bourbonenherrschaft stürzte, mit Piemont-Sardinien. 1861 nahm Viktor-Emanuel II. den Titel eines ›Königs von Italien‹ an, Hptst. wurde Turin, 1865 Florenz. Als Verbündeter Preußens gewann Italien im Dt. Krieg von 1866 Venetien. 1870 wurde das unter dem Schutz frz. Truppen stehende Rom besetzt, zur Hptst. erhoben und der Rest des Kirchenstaates beseitigt.

Jahrzehntelang bildeten die Spannungen zw. dem Hl. Stuhl und dem ital. Staat ein Hauptproblem der Innenpolitik. Die geringe Zahl der Wahlberechtigten und die Instabilität des Parteiwesens trugen seit 1871 stark zur Schwächung des Parlamentarismus bei. Wachsende soziale Spannungen zw. den nördl. und südlichen Landesteilen stellten die Regierung vor große Schwierigkeiten. 1882 schloß Italien den Dreibund mit dem Dt. Reich und Österreich-Ungarn ab, obwohl die →Irredenta ein gespanntes Verhältnis zu Österreich verursachte. An den Bemühungen der europ. Mächte um koloniale Ausdehnung beteiligt, gewann Italien 1881 Assab und 1885 Massaua (→Eritrea), erlitt aber zw. 1887 und 1896 (Schlacht bei Adua) gegen Abessinien schwere Niederlagen. Danach näherte sich Italien – trotz Dreibund – Frankreich und verpflichtete sich gegen Anerkennung seines Anrechts auf Tunis in einem Geheimvertrag (1902) zur Neutralität bei einem dt. Angriff auf Frankreich. 1911/12 wurde das türk. Libyen erobert. Im 1. Weltkrieg zunächst neutral, trat Italien im Mai 1915 an die Seite der →Entente. Auf den Pariser Friedenskonferenzen 1919/20 gewann es Südtirol bis zum Brenner, Triest, Istrien u. a. Die Enttäuschung über die als ungenügend empfundenen territorialen Gewinne, die starken Gegensätze zw. Sozialisten, Liberalen und Popolari (Anhänger der Ital. Volkspartei) schwächten die Staatsautorität und trugen entscheidend zur Entwicklung zu →Faschismus bei. 1922 gewann dieser unter Führung B. Mussolinis die Macht. In den Lateranverträgen von 1929 verständigte er sich mit der Kirche. Nach kleineren außenpolit. Erfolgen unterwarf er 1935/36 Äthiopien, unterstützte General F. Franco im Span. Bürgerkrieg und schloß mit dem nat.-soz. Dtl. ein Bündnis (1936 Achse Berlin-Rom; 1939 Stahlpakt). 1939 wurde Albanien besetzt. 1940 trat Italien auf seiten Dtl.s in den 2. Weltkrieg ein. Dem Sturz Mussolinis (1943) folgten Waffenstillstand und Kriegserklärung an Dtl. 1946 wurde Italien Republik. 1947 verlor es Istrien, die Dalmatin. Inseln und Fiume an Jugoslawien, den Dodekanes an Griechenland, kleinere Grenzgebiete an Frankreich; Triest wurde Freistaat (seit 1954 die Stadt Triest wieder italienisch, das Hinterland jugoslawisch), Albanien und Äthiopien wieder selbständig. Italien mußte auf alle Kolonien verzichten. Seit 1947 starke innenpolit. Auseinandersetzungen zw. Kommunisten und den regierenden Christl. Demokraten. Seit 1963 bildeten die Christl. Demokraten (DC) Regierungen der Linken Mitte (mit Sozialisten, Sozialdemokraten, Republikanern oder Minderheitsreg.; MinPräs. waren u. a. mehrfach A. De Gasperi, A. Fanfani, A. Moro und M. Rumor (bis 1982). Wachsende Spannungen innerhalb und zw. den Parteien der Regierungskoalition sowie wirtschaftl. Schwierigkeiten (Inflation, Arbeitslosigkeit) führten zu einer Radikalisierung und Polarisierung des polit. Lebens. Unter dem Schlagwort des ›Historischen Kompromisses‹ bemühten sich die Kommunisten an die Regierungsbeteiligung. Nach den Wahlen von 1976 stützten sich DC-Minderheitsreg. u. a. auch auf die Zustimmung der KPI. 1981 wurde mit G. Spadolini (Republikanische Partei) erstmals ein nicht der DC angehörender Politiker MinPräs. Seit 1949 Mitgl. der NATO. 1957 Mitbegründer der EG, förderte Italien die Politik der europäischen Integration.

italienische Kunst. Vornehmlich durch die i. K. ist die Kunst der Antike zum Besitz des Abendlandes geworden. Auf der Grundlage des spätantiken Erbes und des byzantin. Kunst entwickelte sich die i. K. langsam zur nationalen Eigenart. Seit dem 14. Jh. geschah in Europa nichts künstlerisch Entscheidendes mehr, woran Italien nicht teilgenommen hätte. In der Renaissance wurde es zur bestimmenden künstler. Macht Europas. Diese Rolle spielte es, wenn auch stetig abnehmend, bis in den Barock weiter.

Romanik (11./12. Jh.). Der Beitrag der i. K. zur Ausbildung der Romanik war geringer als der Frankreichs und Dtl.s. Die aus der frühchristl. Kunst hervorgegangene Baukunst entwickelte sich in landschaftlich stark voneinander abweichenden Stilen: in der

italienische Kunst: Links S. Miniato, Florenz; 11./12. Jh. Mitte Dom von Orvieto; im 1. Drittel des 14. Jh. von L. Maitani entworfen. Rechts Kuppel von St. Peter, Rom; bis zum Tambour von Michelangelo (seit 1564) ausgeführt

Lombardei Backsteinbauten, gegliederte Fassaden und Portale, Bogenfriese, Tierfiguren (S. Ambrogio, Mailand, S. Zeno, Verona), in der Toskana Marmorinkrustationen, antikisierende Säulen, bes. in Florenz (Baptisterium; S. Miniato). In Unteritalien und Sizilien Verschmelzung byzantin., lombard., normann. und sarazen. Elemente (Bari, Brindisi, Tarent, Martorana und Capella Palatina in Palermo, Monreale, Cefalù). – Die Plastik war byzantinisch beeinflußt: Bronzetüren des Barisanus von Trani, des Bonanus von Pisa; erste großfigurige Steinfiguren um 1100 von Wilhelm von Modena (Dom) und B. Antelami in Parma. Anschluß an röm. Vorbilder bei N. Pisano (Kanzel im Baptisterium Pisa, 1260). – Die Malerei war ebenfalls stark byzantinisch beeinflußt (Mosaiken in Sizilien und in Venedig). Erst Ende des 13. Jh. erfolgte der Bruch mit byzantin. Stil (›maniera greca‹): Apsis- und Fassadenmosaik S. Maria Maggiore, Fresken in S. Cecilia, beide Rom, in Assisi und Florenz: Fresken Cimabues.
Gotik (13./14. Jh.). Die ersten Bauten des neuen Stils waren

nach burgund. Art errichtete Zisterzienserkirchen (Chiaravalle seit 1172). Im Laufe des 14. Jh. wurde die Gotik zu einem ital. Stil umgebildet: geringeres Auflösen der Mauerfläche, Betonung der Horizontalgliederung (S. Francesco, Assisi, S. Maria Novella und S. Croce, Florenz, u. a.). Fortbildung zu immer reicheren Formen bes. der Schauseite (Dome: Florenz, Siena, Orvieto, Mailand). Auch Profanbauten haben geschlossenere Wandflächen gegenüber der nord. Gotik (Rathäuser: Florenz, Siena); typisch sind die offenen Hallen (Loggien: Florenz, Bologna). Eine Abwandlung der Gotik ins architekton. Phantastische ist der Dogenpalast, Venedig. – Bahnbrechende Bildhauer dieser Zeit: G. Pisano (Kanzeln: Pistoia 1301, Pisa, Dom, 1302–10), in Florenz: A. Pisano, A. Orcagna. – Die neue Epoche der Malerei – Überwindung des unräuml., formelhaften Stils des MA. – beginnt mit Giotto (Fresken der Arena-Kapelle, Padua, um 1305); von ihm beeinflußt: Duccio, S. Martini, P. Lorenzetti, T. und A. Gaddi.

italienische Kunst: Links Gentile da Fabriano, Die Anbetung der Könige; Ausschnitt; 1423 (Florenz, Uffizien). Rechts Tizian, Paul III. mit seinen Nepoten; 1545 (Neapel, Pinacoteca del Museo Nazionale di Capodimonte)

Ital

Die **Frührenaissance** setzte mit dem 15. Jh. (Quattrocento) ein. Florenz war führend: In der Baukunst ließ der anfänglich noch stark gotisch bestimmte Brunelleschi (Kuppel des Domes, 1418–36) in seinen späteren Werken antike Formen und Proportionen vorherrschen (S. Lorenzo seit 1420, S. Spirito seit 1436), ebenso L. B. Alberti, Michelozzo (Palastbau). – Die Plastik vertritt eine Fülle individueller Künstler. Meister eines neuen, von der röm. Antike angeregten Realismus war Donatello, während Ghiberti das got. Erbe vertrat. Meister der farbig glasierten Tonplastik: L. und A. della Robbia; Marmorbildhauer: Desiderio da Settignano; Bronzeplastiker: A. Pollaiuolo, Verrocchio (→ Colleoni), J. della Quercia. – In der Malerei vollzog Masaccio mit seinem wirklichkeitsnahen Stil die Wendung von der Gotik zur Frührenaissance (Fresken der Brancacci-Kapelle, Florenz, 1426/ 1427), ähnlich P. Uccello, A. del Castagno; der Gotik verbunden blieben: Fra Angelico, Fra Filippo Lippi, Botticelli, D. Ghirlandajo, Filippino Lippi. Bedeutende Maler außerhalb von Florenz: Piero della Francesca, ferner Melozzo da Forlì, Mantegna, die Brüder Gentile und Giovanni Bellini.

Die **Hochrenaissance** des 16. Jh. (Cinquecento) sammelte alle künstler. Kräfte in Rom; Mittelpunkt: Neubau der → Peterskirche seit 1506. Der Zentralbau wurde Ausdruck des Ideals der Renaissance, so Bramantes Entwurf zur Peterskirche, sein ausgeführter Bau: S. Pietro in Montorio (Rom). Neben dem Kirchenbau spielte der Palastbau eine große Rolle: in Rom Palazzo Farnese von A. da Sangallo d. J. und Michelangelo, in Venedig Paläste von J. Sansovino und A. Palladio (Palladianismus). – In der Plastik ragte Michelangelos bildner. Genie weit über seine Zeit hinaus. – Die Malerei weist Begabungen höchsten Ranges auf: Leonardo da Vinci, Raffael, der das Ideal der Hochrenaissance am reinsten verwirklichte: Harmonie und Schönheit, Hoheit und Würde als letztes Ziel der Kunst. Michelangelo durchbrach dieses Ideal und bahnte den Weg zum Barock mit seinen Fresken in der → Sixtinischen Kapelle an. Die Malerei der venezian. Hochrenaissance vertraten Giorgione und Tizian, in Parma Correggio. Bildnismaler war L. Lotto.

Nach nur kurzer Blüte der Hochrenaissance setzte etwa 1520 der **Manierismus** ein, Hauptmeister: Tintoretto.

Barock (17. Jh., Seicento und frühes 18. Jh.). Stilbegründende Meister in der Baukunst: Bernini (Petersplatz seit 1656) und Borromini (bed. für den nord. Barock). – In der Plastik machte der von Bernini geschaffene Stil, in der Malerei Caravaggios Helldunkelmalerei in Europa Schule.

In der Malerei des **18. Jh.** (Settecento) war Venedig führend: Tiepolo, A. und B. Canaletto, F. Guardi.

Führender **klassizist.** Bildhauer war A. Canova († 1822).

20. Jh. Starker Anteil Italiens an der modernen Architektur (G. Ponti, P. L. Nervi u. a.). Mit dem Futurismus U. Boccionis, L. Russolos, C. Carràs und G. Severinis rückte Italien an die Spitze der Modernen Kunst vor dem 1. Weltkrieg, ebenso mit der Pittura Metafisica G. de Chiricos. Zw. den Kriegen waren Einzelgänger wie G. Morandi, O. Licini und F. Melotti Bewahrer der modernen Richtungen; in der Bildhauerei M. Marini. Nach dem 2. Weltkrieg Vorstoß über die Malerei in den 50er Jahren zur Abstraktion, in den 60er Jahren zur Ambiente-Kunst (→ Environment), die sich auf der Biennale 1976 durchgesetzt hat, und zum Fotorealismus.

italienische Literatur. Die i. L. beginnt später als die Lit. der anderen roman. Länder, da die Kenntnis und der Gebrauch des Lateins in Italien länger lebendig blieben.

Duecento (13. Jh.). Die provenzal. Troubadurdichtung wurde im 12. Jh. in Oberitalien im provenzal. Sprache nachgeahmt. Erst am Hofe Friedrichs II. in Palermo dichtete man in ital. Umgangssprache (Sizilian. Dichterschule). Die Form des Sonetts ist eine Neuschöpfung dieser Schule. Fast gleichzeitig entstanden in Umbrien die ersten Ansätze relig. Volksdichtung (Sonnengesang des Franziskus von Assisi, geistl. Lobgesänge des Jacopone da Todi). Die sizilian. Dichterschule wurde von nord- und mittelital. Lyrikern abgelöst, die in Bologna und der Toskana (Guittone d'Arezzo) eine neue Richtung der Liebesdichtung einführten (→ dolce stil nuovo). Die rhetorisch-didakt. Dichtung ist bes. vertreten durch Bonvesin de la Riva, Giacomino Veronese und Brunetto Latini. Auch die ital. Novellistik hat ihre Anfänge bereits in dieser Zeit mit dem ›Novellino‹.

Im **Trecento** (14. Jh.) erreichte die i. L. bereits ihren Höhepunkt mit Dante, Petrarca, Boccaccio. Dantes ›Commedia‹ ist in ihrer Universalität ein Höhepunkt der abendländ. Dichtung. Petrarca ist u. a. Wegbereiter der Neubelebung klass. Studien (→ Humanismus). Der Toskaner Boccaccio schuf mit seiner Novellensamm-

italienische Kunst: G. Morandi, Stilleben; 1926 (Genua, Sammlung Della Ragione)

lung ›Il Decamerone‹ die eigtl. ital. Kunstprosa. Die wichtigsten Vertreter der lehrhaften Dichtung sind Cecco d'Ascoli, Francesco da Barberino und Fazio degli Uberti, während der Geschichtsschreibung ihre bed. Anfänge mit Dino Compagni und Giovanni Villani nahm. Unter den Prosaisten ragt Franco Sacchetti mit seinen 300 Novellen hervor. Einfluß auf die Ausbildung der Prosa gewannen die religiösen Schriften des Jacopo Passavanti, des Domenico Cavalca und der Katharina von Siena.

Das **Quattrocento** (15. Jh.) gehört in seiner 1. Hälfte fast ganz den Humanisten. In der 2. Hälfte des Jh. wurde Florenz unter Lorenzo de'Medici Zentrum der Kunst und Dichtung, zugleich der Sitz der Akademie. Die größten Dichter in ital. Sprache waren neben Lorenzo de'Medici bes. Angelo Poliziano, dessen ›Orfeo‹ das erste weltl. Schauspiel ist, und später Jacopo Sannazzaro, der mit dem Versroman ›Arcadia‹ Vorbild für die Hirtendichtung wurde. Andrea da Barberinos Bearbeitungen der frz. Legenden (›Reali di Francia‹) führten zur Wiederbelebung des höf. Epos, allerdings in romantisch-iron. Form (L. Pulci ›Il Morgante‹ und M. Boiardo ›Orlando innamorato‹). Die größten Vertreter der Prosa sind neben den Historikern (Vespasiano da Bisticci) v. a. M. Palmieri, L. Bruni und Leon Battista Alberti mit seinem Buch ›Della Famiglia‹, Leonardo da Vinci ist der erste große wissenschaftl. Prosaist. Die relig. Dichtung bildete die Lauden des Trecento zur geistl. Schauspielen (sacre rappresentazioni) um, während die relig. Prosa sich in den Predigten des San Bernardino da Siena und des G. Savonarola formte. Aus dem Rahmen fällt die skurrile poesia burchiellesca des Domenico di Giovanni, genannt Burchiello.

Das **Cinquecento** (16. Jh., Hochrenaissance) brachte den endgültigen Sieg der Umgangssprache über das Latein und zugleich einen neuen Höhepunkt der i. L. Durch seine einseitige Nachahmung Petrarcas begründete P. Bembo den Petrarkismus. Von dieser streng formalen Lyrik heben sich eigenwillig die Gedichte Michelangelos und einiger Dichterinnen ab (Vittoria Colonna, Gaspara Stampa, Veronica Gambara). Die burleske Lyrik fand ihren Meister in F. Berni (genere bernesco). Das Ritterepos erreichte mit L. Ariostos ›Orlando Furioso‹ (1516–32) seine höchste Form. T. Tassos ›Gerusalemme Liberata‹ (1575) weist Züge der Gegenreformation auf. Tassos ›Aminta‹ (1573) und G. Guarinis ›Pastor Fido‹ (1590) brachten die Gatt. des dramat. Schäferspiels zu europ. Bedeutung. Die lehrhafte Poesie ist bes. durch L. Alamanni und G. Rucellai vertreten, während der kühne Teofilo Folengo im ›Baldus‹ (1517) in einer seltsamen Sprachmischung von Latein und Italienisch (makkaron. Latein) die Ritterepen parodierte. Erst im 16. Jh. entsteht die erste ital. Tragödie (G. Trissinos ›Sofonisba‹, 1515). Weit größeren Widerhall fanden die Lustspiele, bes. N. Machiavellis ›Mandragola‹ und Bernardo Accoltis (gen. Il Bibbiena) ›Calandria‹. Von oberital. Schauspielern wurde die possenhafte Stegreifkomödie (commedia dell'arte) geschaffen. Die Novellistik ist vertreten v. a. durch

italienische Kunst: A. Canova, Venus; 1812 (Florenz, Galleria Pitti)

M. Bandello, A. F. Grazzini, L. G. Giraldi und G. F. Straparola. Aus der fast unübersehbaren Traktat- und Dialog-Literatur ragt B. Castigliones ›Libro del Cortegiano‹ (1528) hervor. G. Vasaris Lebensbeschreibungen großer Künstler und B. Cellinis Autobiographie bieten reiches kulturgeschichtl. Material. Mit Pietro Aretino wird die Polemik zur gefürchteten geistigen Waffe. Machiavellis ›Principe‹ eröffnete die moderne Staatslehre.

Seicento (17. Jh.; Barock). Eine wissenschaftl. Prosa entwickelte sich, deren erster Meister Galilei war. Auf ähnlich hoher Ebene stehen P. Sarpis vorurteilslose ›Storia del Concilio di Trento‹, die philosoph. Schriften G. Brunos und T. Campanellas. Das Jh. steht unter dem Druck der span. Besatzung, der kirchl. Zensur und der Sprachregelung der Accademia della Crusca. Die Dichtung nahm durch das Versepos ›Adone‹ (1623) des G. Marino eine Wendung zum Prunkhaften und raffiniert Spitzfindigen; dieser Marinismus wurde zu einer literar. Strömung. Die Gründung der Accademia dell'Arcadia in Rom (1699) war eine Reaktion auf diese übersteigerten Formen. Unter frz. und span. Einfluß entstanden der Heldenroman und der Schäferroman. Eines der bleibenden Werke der Zeit ist G. Basiles Fabelsammlung in neapolitan. Dialekt ›Pentamerone‹. Heroisch-kom. Versepen von A. Tassoni, F. Bracciolini und N. Forteguerri.

Das **Settecento** (18. Jh.) nahm an der Entwicklung der europ. Aufklärung teil. Ein eigenwilliges Werk ist die ›Scienza Nuova‹ von G. B. Vico; Gaspare Gozzi begründete mit seinen Wochenzeitschriften den ital. Journalismus. Die größten Leistungen liegen im Bereich des Theaters und der Oper. S. Maffeis Tragödie ›Merope‹ ist dem klass. Drama Frankreichs nachgebildet. Nach dem Vorbild Molières schuf G. Goldoni die Charakterkomödie. V. Alfieris Tragödienwerk läßt die Romantik vorausahnen. Die Märchenspiele Gozzis inspirierten die dt. Romantiker. P. Metastasio reinigte den Operntext von aller Überladenheit.

Ottocento (19. Jh.; Romantik, Verismus). Die Dichtungen V. Montis und U. Foscolos leiten zur ital. Romantik über. Foscolos Briefroman ›Le ultime lettere di Jacopo Ortis‹ und seine literarkrit. Schriften erweisen ihn als einen der größten Vertreter der i. L. des 19. Jh. Das Haupt der romant. Schule wurde A. Manzoni mit seinen geistl. Hymnen, seinen Tragödien, v. a. aber mit dem Roman ›Die Verlobten‹ (1827). Klass. Formstrenge und romant. Lebensgefühl vereinigen sich in der Dichtung G. Leopardis. Der romant. Roman ließ alle Jahrhunderte der ital. Vergangenheit zu neuem Leben erstehen (T. Grossi, M. D'Azeglio, F. D. Guerrazzi, C. Cantù, I. Nievo). Die satir. Dichtung trat ebenfalls in den Dienst der Politik (G. Giusti). Das Dialektdichtung blühte auf (C. Porta, G. Belli). Das größte Werk der romant. Literaturkritik ist die ›Storia della letteratura italiana‹ (1870/71) von F. de Sanctis. Die 2. Hälfte des Jh. wird durch die Lyrik G. Carduccis beherrscht. G. Pascoli schuf in musikal. kunstvollen Versen eine neue Art ländlich-idyll. Lyrik. A. Fogazzaro wurde der Schöpfer des psycholog. Romans. E. de Amicis errang mit seinen Reise- und Jugendbüchern Erfolg. Alle überragt die Erzählkunst G. Vergas, des Begründers des →Verismus. Eine große Zahl von Romanciers steht in seinem Gefolge, bes. A. Panzini, A. Beltramelli, L. d'Ambra, Grazia Deledda, A. Vivanti, L. Pirandello. Die Generation um 1900 stand unter dem übermächtigen Einfluß G. d'Annunzios.

Novecento (20. Jh.). Vor dem 1. Weltkrieg ging von Italien (F. T. Marinetti) der →Futurismus aus. In der Lyrik ist eine Strömung maßgebend, die dem frz. Symbolismus und Surrealismus verwandt ist und sich selbst als ›hermetisch‹ bezeichnet (G. Ungaretti, U. Saba, E. Montale, S. Quasimodo). Die neue Generation ital. Erzähler ist vertreten durch R. Bacchelli mit seinem großen histor. Romanen, neben ihm G. A. Borgese, A. Palazzeschi, A. Papini u. a. In vielen Romanen wurde die Wirklichkeit schonungslos dargestellt, so von A. Moravia, E. Vittorini und C. Pavese und in den v. a. sozialen Fragen gewidmeten Büchern von V. Pratolini, C. Levi, C. Alvaro, P. Volponi und I. Silone. Eigenwillig ist D. Buzzatis Prosa. Größten Erfolg errangen die Bücher von C. Malaparte und G. Guareschi sowie die Romane von Alba de Cespedes. Zu dieser den Journalismus nahestehenden Gruppe gehören auch I. Montanelli, G. Piovene und L. Longanesi. Der histor. Roman G. Tomasi di Lampedusa ›Der Leopard‹ (1958) war ein Welterfolg. Zum Ironisch-Phantast. neigt I. Calvino. Psycholog. Romane schrieben G. Bassani, M. Soldati, Elsa Morante und. a. T. auch C. Cassola, neubarocke Prosa C. E. Gadda. Einen starken Auftrieb erhielt das Theater durch U. Betti, P. Levi u. a. Echo fand die in relig. Problematik wurzelnde Dramatik D. Fabris. E. de Filippo zählt zu den bühnenwirksamsten Neorealisten. 1963–69 bestand die Gruppe 63 (›Scuola di Palermo‹), die, vertreten bes. durch L. Anceschi, N. Balestrini, R. Barilli und E. Sanguinetti, v. a. für den ›experimentellen Roman‹, Gebrauch der Alltagssprache, scharfe Zeitkritik eintrat. Thema der Erz. und (Kriminal-)Romane von L. Sciascia sind die gesellschaftl., polit. und moral. Verhältnisse Siziliens. Bed. Literaturkritiker sind, nach B. Croce, bes. G. De Robertis, G. Pasquali, P. Pancrazi, A. Momigliano, L. Russo, F. Flora.

italienische Musik. Der für die Entstehung des abendländ. Musikschaffens bedeutsame Gregorian. Choral ging von Italien aus. Dort entstand auch im 11. Jh. aus den →Neumen die abendländ. Notenschrift. Um 1300 bildete sich die Ars nova, eine mehrstimmige weltl. Liedmusik, heraus (z. B. Madrigal). Im 15. Jh. herrschten auch in Italien die ›Niederländer‹ (z. B. G. Dufay, H. Isaak, Josquin des Préz, später Orlando di Lasso). Im 16. Jh. wurde die mehrstimmige A-cappella-Musik durch G. de Palestrina zu einem Höhepunkt geführt. Ende des 16. Jh. entstand die → Oper mit einem neuen Gesangstil, der → Monodie; Meister: J. Peri (erste Oper ›Dafne‹, 1597), später C. Monteverdi mit seiner vom Wort getragenen theatral. Musik. Daneben entstanden das geistl. Oratorium (G. Carissimi), das Concerto (zuerst vokal, dann instrumental; A. Corelli, A. Vivaldi), Instrumentalgattungen (wie die → Toccata). Eine Blüte erlebten die Klaviermusik (D. Scarlatti) und die Violinmusik. Seit dem 18. und bis weit ins 19. Jh. wirkte die i. M. bes. durch ihre ernsten und kom. Opern (A. Scarlatti, G. B. Pergolesi, G. Paisiello, D. Cimarosa, G. Rossini, V. Bellini, G. Donizetti, G. Spontini); bedeutendster dramat. Opernkomponist G. Verdi. Den auf Naturwahrheit ausgehenden Verismo vertraten P. Mascagni, R. Leoncavallo, G. Puccini. Seit dem Ende des 19. Jh. gewann die reine Instrumentalmusik wieder an Bedeutung (O. Respighi, F. Malipiero, A. Casella, F. Busoni). L. Dallapiccola ging zur Zwölftonmusik über. Jüngere Komponisten: G. Petrassi, M. Peragallo, B. Maderna, L. Nono, L. Berio, A. Clementi, G. Arrigo, A. Paccagnini, S. Bussotti, N. Castiglioni, G. Manzoni u. a.

italienische Philosophie. Eine i. P. setzte erst im Humanismus ein (im MA. Überlieferung der Philosophie des Altertums). Im 16. Jh. entfaltete sich eine Naturphilosophie (B. Telesio, G. Cardano, T. Campanella, Giordano Bruno), die sich immer stärker in Ggs. zur Lehre der Kath. Kirche stellte. Die Grundlage zur Befreiung mit theolog. Denken schaffte G. Galilei. Erster bed. neuzeitl. Geschichtsphilosoph im 18. Jh.: G. B. Vico. Die ersten Idealisten im Kantischen Sinne waren im 19. Jh. P. Galluppi, A. Rosmini-Serbati, V. Gioberti; Hegelsche Philosophie vertraten A. Vera, B. Spaventa. Die im 20. Jh. von B. Croce, G. Gentile, F. Lombardi, E. Grassi u. a. fortgesetzte idealistischhumanist. Richtung versuchte die Existenzphilosophie (P. Carabellese, N. Abbagnano) zu überwinden. Auch Logik (G. Peano), Wissenschaftstheorie (G. Vailati), Neomarxismus (A. Gramsci) und Krit. Rationalismus (A. Banfi) wurden aufgegriffen.

Italienischer Salat, streifig geschnittenes Fleisch, Salzgurken u. a. mit Mayonnaise; auch in Gemüsesalat.

italienische Sprache, Landessprache Italiens, ebenso im Tessin und in Teilen Graubündens. Ital. Dialekte werden auf Korsika, in Istrien und z. T. im nördl. Dalmatien längs der Küste gesprochen. Unter den → romanischen Sprachen hat die i. S. den lat. Ursprung am reinsten bewahrt. Die jahrhundertelange polit. Zerrissenheit Italiens förderte die Eigenentwicklung der Dialekte. Die Mundarten bestehen aus 3 Hauptgruppen: 1) den süd- und mittelital. Mundarten (mit Sizilien); 2) den Toskanischen (mit den kors. Dialekten) und dem Umbrischen; 3) der oberital., gallo-ital. Gruppe (Piemont, Lombardei, Emilia, Ligurien und Venetien). Das Sardische wird als selbständige roman. Sprache betrachtet, die ladin. Mundarten Südtirols und Frauls werden dem Rätoroman. zugeteilt. – Das Lateinische herrschte in Italien länger als Amtssprache als in Frankreich. Durch den Einfluß Dantes, Petrarcas und Boccaccios errang das Toskanische und bes. das Florentinische im 14. Jh. den Sieg über alle anderen Dialekte. Das Wörterbuch der Accademia della Crusca (1612) entschied endgültig für Toskanisch.

Italienisch-Ostafrika, 1936–47 ital. Vizekönigreich: Eritrea, Italienisch-Somaliland (→ Somalia) und Äthiopien.

Italiker, moderner Name für eine Gruppe indogerman. Volksstämme, die gegen Ende des 2. Jahrtsd. v. Chr. in Italien einwanderten und im Altertum den Hauptteil seiner Bevölkerung ausmachten.

italische Sprachen, im Altertum in Italien beheimatete Gruppe der → indogermanischen Sprachen. Man teilt sie in: 1) die latinisch-falisk. Gruppe, zu der die → lateinische Sprache gehört; 2) die oskisch-umbr. Gruppe mit den Mundarten der Samniten (Osker) und der Umbrer.

Itatiaia, Bergstock in Brasilien, 2 821 m hoch; Naturschutzpark.

Itazismus, Wandlung der Aussprache des altgrch. e, ei zum i im 1. Jh. v. Chr.

item [lat.], Abk. **it.,** ⅋ ebenso, ferner. **Item** [auch 'aɪtəm, engl.] *das,* Element, Einzelangabe, Einzelfaktum. Ⓟ Einzelaufgabe eines Tests (Itemanalyse).

Ite, missa est [lat. ›Gehet, es ist die Entlassung‹], früher Entlassungsworte des Priesters am Schluß der kathol. Messe.

Iterativum [lat.] *das,* Zeitwort der Wiederholung, z. B. hüsteln, wiederholt husten.

Ith *der,* Gebirgsrücken westlich der Leine, im Lauensteiner Kopf 439 m hoch.

Ithaca ['ɪθəkə], Stadt im Staat New York, USA, 28 732 Ew.; Cornell-Universität (gegr. 1865).

Ithaka, ngrch. **Ithaki** [iθ'aki], eine der Ionischen Inseln Griechenlands, 96 km² groß, zum größten Teil Kalkgebirge, mit vereinzelten fruchtbaren Senken. Hauptort: Ithaki. Nach Homer ist I. die Heimat des Odysseus, nach W. Dörpfeld soll das homer. I. die Insel Leukas sein.

Itinerar [lat.] *das,* **1)** Reisebuch und Straßenkarte der Römerzeit mit Angabe der Straßen, Orte, Entfernungen. **2)** Aufenthaltsorte und Reisewege der mittelalterl. Herrscher, nach den Angaben der von ihnen ausgestellten Urkunden.

Ito, Hirobumi, Fürst (1907), japan. Staatsmann, * 1841, † (ermordet) 1909, zw. 1885 und 1901 viermal MinPräs., machte Japan zur modernen Großmacht.

Itschang, chines. Stadt, → Ichang.

Itschinomija, Stadt in Japan, → Ichinomiya.

Itsukushima, japan. Tempelinsel, → Miyajima.

ITT, Abk. für → International Telephone and Telegraph Corporation.

Itúrbide [-ðe], Agustín de, * 1783, † 1824, kämpfte als span. Offizier seit 1810 gegen die mexikan. Aufständischen, ließ sich 1822 zum Kaiser ausrufen, wurde 1823 gestürzt; 1824 geächtet, verhaftet und erschossen.

Itzehoe [-h'o:], Stadt im Kr. Steinburg, Schlesw.-Holst., an der Stör, 33 600 Ew.; Zementind., Großdruckerei, Netz-, Pumpen-, Maschinenherstellung. – I., aus einer von Karl d. Gr. 810 gegen die Dänen angelegten Burg entstanden, erhielt 1238 lübisches Stadtrecht.

Ius [lat.] *das,* **Jus,** *Mz.* **Iura, Jura,** Recht, Rechtskunde. Von der lat. Gelehrtensprache in vielen Zusammensetzungen übernommen: **ius aequum,** billiges, auf Treu und Glauben beruhendes Recht. **ius canonicum,** das kanon. Recht. **ius civile,** bürgerl. Recht. **ius cogens,** zwingendes Recht, das eine abweichende Regelung durch Vereinbarung der Beteiligten nicht zuläßt. **ius dispositivum,** nachgiebiges Recht. **ius divinum,** das göttl. Recht. **ius gentium,** Völkerrecht. **ius primae noctis,** Recht auf die erste Nacht, im MA. vereinzelt bezeugtes Recht des Grundherrn auf die Brautnacht einer neuvermählten Hörigen. **ius privatum,** Privatrecht. **ius publicum,** öffentliches Recht. **ius quaesitum,** das wohlerworbene Recht.

Iustitia, altröm. Personifikation der Gerechtigkeit, der grch. Dike gleichgestellt; Kennzeichen: u. a. Waage, Schwert, verbundene Augen.

Ives [aɪvz], Charles, amerikan. Komponist, * 1874, † 1954; Sinfonien, Kammermusik, Klavierwerke u. a.

Ivrea, Stadt in der Prov. Turin, Italien, 29 100 Ew.; Kathedrale (um 1000); Olivetti-Werke. – Die Markgrafen von I. erlangten im 10./11. Jh. vorübergehend die ital. Königskrone.

Ivry-sur-Seine [ivrisyrs'ɛ:n], Stadt im Dép. Val-de-Marne, Frankreich, 63 100 Ew. Elektrizitäts-, Wasserwerk für Paris; Metallverarbeitung, Fahrzeugbau u. a. Ind.

Ivy League ['aɪvi li:g, engl. ›Efeuliga‹], volkstüml. Bez. für die angesehensten Univ. im NO der USA, deren Absolventen hohes gesellschaftl. Ansehen genießen; urspr. ihr sportl. Zusammenschluß.

Iwan [pers.-arab.] *der,* ⅋ **Liwan,** 𝄐 in der sassanid., dann der islam. Baukunst ein hoher überwölbter Raum, dessen Frontseite eine Bogenöffnung bildet.

Iwan [russ. ›Johannes‹], männl. Vorname. **Iwan,** in der dt. Soldatensprache der russ. Soldat.

Iwan, russ. Herrscher:

1) Iwan I. Danilowitsch, genannt **Kalita** (Geldbeutel), Fürst von Moskau (1325) und Großfürst von Wladimir (1328), † 1341; verlegte den Sitz des Metropoliten von Wladimir nach Moskau, nannte sich zuerst ›Herr (Gossudar) von ganz Rußland‹.

2) Iwan III. Wassiljewitsch, Großfürst (1462), * 1440, † 1505, vereinigte fast alle russ. Fürstentümer mit Moskau, befreite diese 1480 von der Oberhoheit der Tataren; einer der hervorragendsten Staatsmänner Rußlands.

3) Iwan IV. Wassiljewitsch, Iwan der Schreckliche (russ. **Groznyj**), * 1530, † 1584, kam mit 3 Jahren auf den Thron, nahm als erster Moskauer Herrscher den Zarentitel an (1547), verband staatsmänn. Geschick (Förderung von Handel und Gewerbe, Verbindung mit Westeuropa) mit grausamem Despotismus. Kämpfte gegen die Bojaren, förderte den Kleinadel. Eroberte die tatar. Chanate Kasan und Astrachan, begann mit der Eroberung Sibiriens.

Iwangorod, Stadt in der Russ. SFSR, an der Narwa, 18 000 Ew.; 1492 von Iwan III. zur Sicherung des russ. Handels gegenüber der Deutschordensstadt Narwa gegründet.

Iwankowo-Stausee, Moskauer Meer, Wolgastau im N von Moskau, 327 km² groß.

Iwano-Frankowsk, bis 1962 **Stanislaw,** Gebietshptst. in der Ukrain. SSR, 159 000 Ew.; Lokomotiv- und Kraftfahrzeug-Werkstätten, Textil-, Möbel- u. a. Industrie.

Iwanow, 1) Wjatscheslaw Iwanowitsch, russ. Dichter, klass. Philologe, Übersetzer, Kulturkritiker, * 1866, † 1949; Gedichte. **2)** Wsewolod Wjatscheslawowitsch, russ. Schriftsteller, * 1895, † 1963, gehörte zur Gruppe der ›Serapionsbrüder‹; Erzählungen aus der Revolution.

Iwanowo, Gebietshptst. in der Russ. SFSR, im NO von Moskau, 466 000 Ew.; Textilind. (›russ. Manchester‹), Chemie-Kombinat, Maschinenbau u. a. Industrie, Wärmekraftwerke; 6 Institute, 3 Theater.

Iwaszkiewicz [iva∫kj'evit∫], Jarosław, poln. Schriftst., * 1894, † 1980; Romane, Lyrik.

Iwein, Held eines Artusromans von Chrétien de Troyes (um 1170), danach Epos von Hartmann von Aue (1190).

IWF, Abk. für → Internationaler Währungsfonds.

Iwo, Stadt in SW-Nigeria, 214 000 Ew.; Kakao-Anbau, Webereien.

Iwrit [hebr.], → hebräische Sprache.

Ixelles [igz'el], flämisch **Elsene,** südöstl. Vorstadt von Brüssel, 76 400 Ew.

Ixion, grch. Mythos: König der Lapithen, verliebte sich in Hera, dafür von Zeus grausam gestraft.

Ixtaccihuatl, Iztaccihuatl [istaks'iuatl, aztekisch ›Weiße Frau‹], Vulkangebirge in Mexiko, südöstlich der Stadt Mexiko, 5 286 m hoch, der Gipfel trägt mehrere kleine Gletscher.

Izmir [-z-], früher **Smyrna,** Provinzhptst. in der kleinasiat. Türkei, 637 000 Ew., wichtigster türk. Hafen am Ägäischen Meer; Univ. (gegr. 1955); Teppich-, Textil-, Tabak-Ind. – I., eine Gründung der Äolier, kam nach wechselnder Zugehörigkeit zu Byzanz, den Kreuzrittern und Johannitern 1425 in osman. Besitz. Die Besetzung I.s durch grch. Truppen (15. 5. 1919) rief die türk. Erhebung hervor, die zur Vertreibung der Griechen aus Kleinasien führte.

Izmit [-z-], Provinzhptst. und Kriegshafen in der Türkei, am Marmarameer, 191 300 Ew.; Erdölraffinerie, Schiffbau, chem., Papierindustrie. – I. ist das alte **Nikomedia** in Bithynien.

J

j, J [jɔt, n. grch. iota] *das,* der 10. Buchstabe im Abc, stimmhafter Vordergaumenlaut.

J, Einheitenzeichen für Joule.

Jabalpur [dʒ'ʌbəlpʊə], **Dschabalpur,** engl. **Jubbulpore** [dʒ'ʌbəlpɔ:], Stadt in Madhya Pradesh, Indien, 426 200 Ew.; Univ. (gegr. 1957), Textil-, Metall- u. a. Industrie.

Jablonizapaß, →Tatarenpaß.

Jablonowyjgebirge, Jablonoi-Gebirge [russ. ›Apfelgebirge‹], bewaldeter Gebirgszug in Transbaikalien, UdSSR, bis 1702 m hoch, Wasserscheide zw. Amur und Lena.

Jabłoński [jabl'oĩski], Henryk, poln. Historiker und Politiker, * 1909, seit 1972 Vors. des Staatsrats (Staatspräs.).

Jablunkapaß, Paß in den Westkarpaten, ČSSR, 552 m hoch, Bahn von Teschen nach Sillein.

Jabot [ʒab'o, frz.] *das,* Brustkrause am Männerhemd (18. bis Anfang 19. Jh.); später an Blusen und Damenkleidern.

Jacaranda, Pflanzengatt. im warmen Amerika, Bäume meist mit doppelt gefiederten Blättern und blauen oder roten Blüten. Einige Arten geben das dunkle, harte, schwere Palisanderholz (brasilian. Rosenholz, Jakarandaholz).

Jacht, → Yacht.

Jacke, Oberbekleidung des Oberkörpers, beim Mann als **Jackett** [ʒak'ɛt] Teil des Anzugs.

Jacketkrone [dʒ'ækɪt, engl.], Zahnkrone aus Porzellan oder Kunststoff, die den Zahnstumpf wie im Jackett umhüllt.

Jackson [dʒ'æksn], Hptst. von Mississippi, USA, 202900 Ew.; vielseitige Ind., in der Umgebung Erdgasfeld.

Jackson [dʒ'æksn], 1) Andrew, 7. Präs. der USA (1829–37), * 1767, † 1845, besiegte 1815 die Briten bei New Orleans, siedelte Indianerstämme um. Als Präs. vertrat er eine antikapitalist., kleinbürgerl., nicht arbeiterfreundl. Gesellschaftskonzeption; stärkte die Stellung des amerikan. Präs. 2) Mahalia, amerikan. Gospelsängerin, * 1911, † 1972.

Jacksonville [dʒ'æksnvɪl], Stadt und Kurort in Florida, USA, 540900 Ew.; 2 Univ.; vielseitige Leichtindustrie.

Jacob, 1) [ʒak'ɔb], François, frz. Zellgenetiker, * 1920; erhielt 1965 mit A. Lwoff und J. Monod für die Entdeckung eines die anderen Gene steuernden Gens in Bakterienzellen den Nobelpreis für Medizin. 2) Heinrich Eduard, Schriftst., * 1889, † 1967; ›6000 Jahre Brot‹ (1944), ›J. Haydn‹ (1950). 3) [ʒak'ɔb], Max, frz. Dichter und Maler, * 1876, † (nat.-soz. Konzentrationslager) 1944, gilt als erster Surrealist.

Jacobi, 1) Carl, Mathematiker, * 1804, † 1851, Bruder von 3), schuf die Theorie der ellipt. Funktionen, arbeitete über Differentialgleichungen, Variationsrechnung, analyt. und Himmelsmechanik. 2) Friedrich Heinrich, Philosoph, * 1743, † 1819, verfocht im Ggs. zur Aufklärung eine Gefühls- und Glaubensphilosophie. Sein Landsitz bei Düsseldorf war Treffpunkt von Dichtern und Denkern (Goethe, Hamann). 3) Moritz Hermann von (1850), Physiker und Techniker, * 1801, † 1874, Prof. in St. Petersburg, Erfinder der Galvanoplastik.

Jacobsen, Jens Peter, dän. Dichter, * 1847, † 1885, schrieb in feinfühlig-impressionist. Stil Novellen, die geschichtl. Roman ›Frau Marie Grubbe‹ (1876), den psycholog. Roman ›Niels Lyhne‹ (1880) u. a.

Jacobus a Voragine, Dominikaner, * um 1230, † 1298 als Erzbischof von Genua; seine Legendensammlung war als ›Legenda aurea‹ im Volksbuch des MA.

Jacopone da Todi, ital. Dichter, * um 1230, † 1306, Franziskaner; scharfer Gegner Papst Bonifatius' VIII.; Satiren, geistl. Lieder (Lauden), eine dialogisierte ›Marienklage‹.

Jacquardmaschine [ʒak'a:r-, nach dem Erfinder J.-M. Jacquard, * 1752, † 1834], eine Webmaschine, bei der die Kettfäden einzeln gehoben und gesenkt werden können, so daß reich- und großgemusterte Gewebe (Jacquardgewebe) entstehen.

Jade *die,* Küstenfluß in Oldenburg, 22 km lang, der Abfluß des Vareler Hochmoors, mündet in den Jadebusen (rd. 190 km²), eine durch Fluteinbrüche entstandene Bucht der Nordsee.

Jade *die,* zusammenfassend für Jadeit, Chloromelanit und Nephrit, Schmucksteine von grünl. Farbe; in China der am höchsten geschätzte Stein, verarbeitet zu Kultgerät, Kleinplastik, Schmuck; ihm wurden magische Kräfte zugeschrieben.

Jaeger, 1) Henry, Schriftst., * 1927. 2) Werner, Sprach-, Altertumsforscher, * 1888, † 1961, Prof., seit 1939 an der Harvard Univ.; ›Paideia‹ (3 Bde., 1934–47).

Jaén [xa'en], 1) Prov. Spaniens in Andalusien, 13498 km², 636800 Ew. 2) Hptst. von 1), 87100 Ew.; Kathedrale (16.–19. Jh.).

Jaffa, grch. **Joppe,** hebr. **Japho,** seit 1950 Teil der israel. Doppelstadt →Tel Aviv-Jaffa. Siedlungsreste aus dem 5. Jahrtsd. v. Chr.; Pilger- und Kreuzfahrerhafen.

Jaffna, Dschaffna, Stadt auf der gleichnamigen Halbinsel im N Sri Lankas, 120000 Ew.; Hauptort der Ceylontamilen; viele Hindutempel; bewässerte Gartenbaukulturen.

Jagannath [Sanskrit ›Herr der Welt‹], **Dschagannath,** Beiname des Krishna, unter dem er in Puri verehrt wird.

Jagd, Weidwerk, Waidwerk, Aufsuchen, Nachstellen, Erlegen und Fangen jagdbarer Tiere nach den Regeln des Jagdrechts und Jagdbrauchs (Weidgerechtigkeit), berufsmäßig vom Förster oder Jagdhüter betrieben. Die J. auf Hochwild (alles Schalen- außer Rehwild, Auergeflügel, Stein- und Seeadler) heißt **hohe,** auf alle anderen Wildarten **niedere J.** Jagdarten: **Suche** (Federwild u. a.), **Pirschen** (Schalenwild), **Anstand** (Ansitz), **Treib-J., Hetz-J., Fang-J.** (Raubwild), **Graben** (Dachs, Fuchs), **Frettieren** (Kaninchen), **Beize** (mit Falken), **Hütten-J.** (z. B. mit Uhu). – **Jagdhilfsmittel** sind Jagdwaffen, Hunde, Frettchen, Beizvögel, Locktiere, Fallen u. a. Die J. ist in der Bundesrep. Dtl. durch Gesetze geregelt und Jagdbeschränkungen (z. B. Schonzeit) unterworfen. Das Jagdrecht ist v. a. im Bundesjagdges. i. d. F. v. 29. 9. 1976 und in Landesgesetzen geregelt; die Jagdzeiten wurden 1967 festgelegt. **Jagdbezirke** (best. Mindestgröße meist 75 ha) gehören einem einzigen Grundstückseigentümer, gemeinschaftl. Jagdbezirke (Mindestgröße 150 ha) mehreren zusammen (**Jagdgenossenschaft**). Die Ausübung des Jagdrechts kann verpachtet werden (**Jagdpacht**).

Jagdflugzeuge, Jäger, Flugzeuge zum Abfangen eindringender gegner. Flugzeuge (**Abfangjäger**), zum Erringen der Luftüberlegenheit (**Luftüberlegenheitsjäger**), meist auch zur Bekämpfung von Bodenzielen. Die Vielfalt der Aufgaben erfordert **takt. Mehrzweckflugzeuge** (bis mehr als doppelte Überschallgeschwindigkeit, bis 25 km Gipfelhöhe, Maschinenwaffen, Kampfraketen).

Jagdhorn, → Horn 3).

Jagdhunde, 1) Gruppe der Hunde. 2) ☆ Sternbild des Nordhimmels.

Jagdreiten, 1) sportl. Reiten einer von einem Master geführten Reitergruppe über eine Geländestrecke mit Hindernissen, aber ohne Wild und meist ohne Meute. 2) Fuchsjagd: Verfolgung eines Reiters, der einen Fuchsschwanz trägt.

Jagdrennen, ☆ Jagdrennen für Pferde.

Jagdschein, Ausweis für die Ausübung der Jagd. Er wird auf Antrag von der unteren Polizeibehörde ausgestellt und setzt eine abgelegte Jägerprüfung voraus.

Jagdsignale, auf dem Jagdhorn (→ Horn 3) geblasene Signale und Fanfaren.

Jagdspinnen, Spinnen, die ihre Beute ohne Netz im Lauf oder Sprung ergreifen.

Jagdspringen, ☆ →Springreiten.

Jagdstück, Bildgatt. für eine stillebenartige Darstellung von Jagdmotiven in der niederländ. Malerei des 17. Jh.

Jagdvergehen, ☆ Übertretung der jagdpolizeil. Vorschriften, bes. das Jagen an Orten, an denen der Täter zu jagen nicht berechtigt ist. J. werden mit Freiheitsstrafen belegt (§§ 292ff. StGB, §§ 38ff. Bundesjagd-Ges.).

Jagdwaffen, 1) blanke Waffen, z. B. Hirschfänger. 2) Jagdgewehre: einläufig als **Schrotgewehr** und **Pirsch-(Birsch-) Büchse** oder zweiläufig als **Doppelflinte** und **Doppelbüchse.** Daneben: **Büchsflinte, Drilling.**

Jagdzauber, Bräuche bei fast allen Naturvölkern, durch die der Jagderfolg begünstigt werden soll.

Jagen *das,* regelmäßige Forststück, von geraden, unbeholzten Geländestrichen (Gestellen, Schneisen) begrenzt.

Jäger, 1) ☆ jemand, der die Jagd rechtmäßig, weidgerecht ausübt. 2) ☆ ehemals eine Infanterietruppe mit bes. guter Schießausbildung.

Jägerlatein, aufgebauschte Jagdgeschichten.

Jägerndorf, tschech. **Krnov** [k'rnɔf], Stadt in N-Mähren, ČSSR, 26400 Ew.; Textil-, pharmazeut. Ind.

Jägerrecht, dem Jagdbeamten zugesprochene Teile des Wildbrets.

Jägersprache, Gesamtheit der Ausdrücke der Jäger bei der Beschreibung der Jagdtiere und beim Jagdbetrieb.

Jäger und Sammler, Wildbeuter, Naturvölker auf einfachster Wirtschaftsstufe. Sie leben – ohne festen Wohnsitz – von Jagd, Fischfang und Sammeln wildwachsender Früchte.

Jagiełło [poln.], **Jogaila** [litauisch], Großfürst von Litauen (seit 1377), † 1434, nach Übertritt zum Christentum und Vermählung mit der polnischen Königin Hedwig als **Władisław II.** König von Polen (1386–1434); besiegte 1410 den Dt. Orden bei Tannenberg.

Jagiellonen, Jagellonen [nach → Jagiełło], litauisch-poln. Herrscherhaus, in Polen 1386–1572.

Jade

Jagst *die,* re. Nebenfluß des Neckars, entspringt am östl. Albrand, mündet bei Bad Friedrichshall, 196 km lang.

Jaguar [Tupísprache] *der,* **Unze,** das größte und gefährlichste Katzenraubtier Amerikas, 1,5–2 m lang, rostgelb mit schwarzen Flecken oder Ringen, am Bauch weiß, nicht selten ganz schwarz; von Patagonien bis Texas in feuchten Waldungen.

Jaguar

Jahn, Friedrich Ludwig, * 1778, † 1852, Gymnasiallehrer in Berlin, nach dem Zusammenbruch Preußens 1806 Vorkämpfer einer nat. Erziehung, bes. des Turnens (›Turnvater‹); später als ›Demagoge‹ verfolgt, 1848 in die Nationalversammlung gewählt. Werke: ›Dt. Volkstum‹ (1810), ›Dt. Turnkunst‹ (mit Eiselen, 1816).

Jahnn, Hans Henny, Schriftst., Orgelbauer, * 1894, † 1959; von S. Freud und J. Joyce beeinflußte Dramen (›Armut, Reichtum, Mensch und Tier‹, 1948) und Romane (›Perrudja‹, 2 Bde., 1929; ›Fluß ohne Ufer‹, 3 Tle., 1949–61).

Jahr, die Zeit, in der die Erde einmal um die Sonne läuft. Dem **bürgerlichen J.** der Kalenderrechnung liegt das **tropische J.,** d. h. die Zeit zw. 2 Durchgängen der Sonne durch den Frühlingspunkt = 365 Tage, 5 Stunden, 48 Min., 46 Sek., zugrunde. Das **astronomische J.** ist als **siderisches J.** (Stern-J.) die Zeit zw. 2 Durchgängen der Sonne durch eine bestimmte Stellung zu einem Fixstern und wegen der Präzession der Erdachse etwa 20 Min. länger als das tropische J.

Jahresabschluß, jährl. Buchführungsabschluß, § 39 HGB.

Jahresregent, Astrologie: der das jeweilige Jahr beherrschende Planet.

Jahresringe, Jahrringe, konzentrische Wachstums-Ringe im Baumstamm; zur Zeitbestimmung → Dendrochronologie.

Jahreszeiten, die 4 Zeitabschnitte des Jahres: Frühling, Sommer, Herbst, Winter. Ihr Wechsel beruht darauf, daß die Drehachse der Erde unter dem Winkel von 66° 33′ gegen die Erdbahnebene geneigt ist.

Astronomische Jahreszeiten				
Nordhalbkugel				**Südhalbkugel**
Frühling	21. 3.	bis	22. 6.	Herbst
Sommer	22. 6.	bis	23. 9.	Winter
Herbst	23. 9.	bis	22. 12.	Frühling
Winter	22. 12.	bis	21. 3.	Sommer

Jahrmarkt, auch **Kirmes, Messe, Kirbe, Kerb, Schützenfest, Send, Wasen, Rummel,** österr. **Kir(ch)tag,** schweiz. **Kilbi,** volkstüml. Vergnügungsmarkt (Krammarkt), meist mit Volksbelustigungen.

Jahwe, Jahve, Name Gottes bei den Israeliten, den sie wegen seiner Heiligkeit nicht aussprachen. (→Adonai)

Jahwist, Jahvist, älteste Quellenschrift des → Pentateuch.

Jaila-Gebirge, Gebirge auf der Krim, Ukrain. SSR, bis 1 545 m hoch (Roman-Kosch).

Jaina, Dschaina, indische Religionsgemeinschaft (1971: 2,6 Mio.) gegr. von Mahavira († vor 477 v. Chr.), dem letzten der 24 von den J. verehrten Heiligen. Nach der Lehre der J. irren die ewigen Seelen, wiedergeboren in immer neuen Körpern (als Menschen, vergängl. Götter, Tiere, Höllenwesen), bis zu ihrer Erlösung durch sittl. Läuterung umher.

Jaipur, Dschaipur, Hptst. von Rajasthan, Indien, 615 300 Ew.; Univ.; Textilindustrie, Email- und Metallarbeiten, Edelsteinschleiferei, Kunsthandwerk.

Jak, Grunzochse, →Yak.

Jakarta, Djakarta, bis 1950 **Batavia,** Hptst. der Rep. Indonesien, auf Java, 7,3 Mio. Ew. (meist islamisch), wichtigster Handelsplatz im Malaiischen Archipel; Akad. der Wissenschaft, Univ., Hafen, Flughafen.

Jako *der,* der →Graupapagei.

Jakob, 1) zweiter Sohn Isaaks, Stammvater Israels. **2)** →Jakobus.

Jakob, Könige von England und Schottland. **1) J. I.** (1603 bis 1625), als **J. VI.** König von Schottland (seit 1567), Sohn der Maria Stuart und Lord Darnleys, * 1566, † 1625, gelangte durch Elisabeths Tod auf den engl. Thron, stützte sich bes. auf die anglikan. Staatskirche gegenüber den Presbyterianern; die Aussöhnung mit den Katholiken vereitelte die →Pulververschwörung. **2) J. II.,** König (1685–88), zweiter Sohn Karls I., * 1633, † 1701, Vater der späteren Königinnen Maria und Anna. 1672 wurde er Katholik. Da er eifrig für die Wiederherstellung des Katholizismus in England arbeitete, riefen die parlamentar. Führer 1688 Wilhelm von Oranien, den Schwiegersohn J.s, herbei; J. floh nach Frankreich. Der Versuch, mit frz. Hilfe von Irland aus seinen Thron zurückzuerobern, endete 1690 mit der Niederlage am Boyne.

Jakobiner, Mitglieder des bedeutendsten und radikalsten politischen Klubs der Frz. Revolution, genannt nach ihrem Tagungsort, dem ehem. Dominikanerkloster St. Jakob in Paris. Das Werk des Klubs war u. a. der Sturz des Königtums und die Schreckensherrschaft 1793/94. Nach Robespierres Sturz am 11. 11. 1794 aufgelöst.

Jakobinermütze, rote Wollmütze zur Zeit der Frz. Revolution (Sinnbild der Freiheit); als **phrygische Mütze** seit dem Altertum am Mittelmeer gebräuchlich.

Jakobiten, 1) christl. Sekte der Monophysiten in Syrien. **2)** Anhänger des 1688 vertriebenen Königs Jakob II.

Jakobsleiter, 1) Himmelsleiter, die der Erzvater Jakob im Traume sah. **2) J.,** See-Fallreep, Strickleiter auf Schiffen.

Jakobsmuschel, die → Kamm-Muschel.

Jakobsstab, 1) Geodäsie: einfaches Winkelmeßgerät. **2)** ☆ 3 in gerader Linie stehende Gürtelsterne des Orion.

Jakobus, 1) J. der Ältere, Apostel, Fischer, Sohn des Zebedäus, Bruder des Evangelisten Johannes, 44 n. Chr. hingerichtet. – Um sein angebl. Grab entstand der Wallfahrtsort Santiago de Compostela. Tag: 25. 7. **2) J. der Jüngere,** Apostel, Sohn des Alphäus; Tag: 3. 5.; im kath. Kult identisch mit J. 3). **3)** Bruder (nach kath. Lehre Vetter) Jesu, ein Haupt der ersten christl. Gemeinde Jerusalem, 62 n. Chr. gesteinigt.

Jakobusbrief, einer der → Katholischen Briefe des N. T.

Jakuten, Türkvolk in Sibirien, an der mittleren und unteren Lena, treibt in S Pferde- und Rinderzucht, im N Rentierzucht und Pelztierjagd; geschickte Eisen- und Silberschmiede; Wohngebiet: Jakutische ASSR. – Die Sprache der J. ist Verkehrssprache in NO-Sibirien.

Jakutische Autonome Sozialistische Sowjetrepublik, Teilrep. der Russ. SFSR, 3 103 200 km², 863 000 Ew.; reiche Bodenschätze: Kohle, Gold, Blei, Zink, Eisen, Erdgas u. a.

Jakutsk, Hptst. der Jakut. ASSR, an der Lena, 155 000 Ew.; Steinkohlenlager, Pelzhandel, Industrie.

Jalapa Enriquez [xa- enrr'ikes], Hptst. des Staates Veracruz, Mexiko, 201 500 Ew.; Kaffee-, Tabak- und Citrusfruchtanbau, Textil-, Zuckerind.; kath. Erzbischofssitz.

Jalape [xa-] *die,* **Purgierwinde,** mexikan., in den Tropen angebautes Windengewächs mit großen roten Blüten. Wurzelstock und Harz sind Abführ- und Heilmittel.

Jalisco [xa-], Staat Mexikos, 80 137 km², 4,297 Mio. Ew. Hptst.: Guadalajara.

Jalousie [ʒaluz'i, frz. ›Eifersucht‹] *die,* verstellbarer Sonnenschutz vor Fenstern.

Jalta, Hafenstadt, Kur- und Badeort an der Südküste der Krim, Ukrain. SSR, 81 000 Ew. – Auf der **Konferenz von J.** (Febr. 1945) beschlossen Roosevelt, Churchill und Stalin die Aufteilung Dtl.s in 4 Besatzungszonen, die Bestrafung von Kriegsverbrechern, die Bildung einer poln. und jugoslaw. Reg. u. a., sie einigten sich über die Grundlage der UNO u. a. Nachkriegsfragen. – Die UdSSR sagte – gegen territoriale und polit. Zugeständnisse – den Kriegseintritt gegen Japan zu.

Jalu, Grenzfluß zw. Korea und der Mandschurei, → Yalu.

Friedrich Ludwig Jahn

Jakobinermütze

Jaluit [dʒˈæluɪt], größtes Atoll der Marshall-Inseln im Stillen Ozean, 90 km² groß (17 km² Landfläche).

Jam [dʒæm, engl.] *das,* Marmelade (aus einer Obstart).

Jamagata, Stadt auf Honshu, →Yamagata.

Jamaika, engl. **Jamaica** [dʒəmˈeɪkə], Insel der Großen Antillen, Westindien, 10 991 km² mit 2,085 Mio. Ew. (meist Neger und Mulatten). Hptst.: Kingston; Amtssprache: Englisch. Religion: überwiegend evang. Allg. Schulpflicht; noch 18% Analphabeten; Univ. in Kingston. J. ist ein Land des Commonwealth; nach der Verf. von 1962 ist Staatsoberhaupt die brit. Königin. ⊕ Band I, n. S. 320. Währung: J.-Dollar.

Die Insel, mit den Blauen Bergen (bis 2 257 m hoch) im O, einem stark verkarsteten Kreidekalkplateau (300–900 m ü. M.) im W, hat wenig gegliederte Küsten und trop. Klima. Die Landwirtschaft erzeugt (bes. im Küstengebiet) Zuckerrohr, Citrusfrüchte, Bananen, Kakao, Kaffee und liefert den größten Teil der Welterzeugung von Nelkenpfeffer (Piment). In der Welterzeugung von Bauxit und Tonerde (Aluminiumoxid) steht J. an zweiter Stelle. Wachsende Bedeutung haben Ind. und Fremdenverkehr. Hauptausfuhrgüter: Bauxit, Aluminiumoxid, Zucker, Bananen, Tabak, Rum; Haupthandelspartner: USA, Großbritannien. Verkehr: 360 km Eisenbahnen, rd. 16 170 km Straßen. Haupthäfen und internat. Flughäfen: Kingston, Montego Bay.

Geschichte. 1494 wurde J. von Kolumbus entdeckt. Die Insel wurde später von wenigen reichen Familien, die afrikan. Sklaven einführten, aufgekauft. 1655 eroberten die Engländer die Insel. Gegen Ende des 17. Jh. war J. einer der größten Umschlagplätze des Sklavenhandels. Nach der Emanzipation der Sklaven (1838) und einem Negeraufstand (1864) erhielt J. den Status einer Kronkolonie, deren innere Verwaltung ausgebaut wurde. 1958–61 Glied der Westind. Föderation, entließ 1962 Großbritannien J. in die staatl. Unabhängigkeit.

Jamal, Zweig der Samojeden (Nenzen) in NW-Sibirien, auf den Halbinseln Jamal und Gydan. – Ihr Wohngebiet bildet innerhalb der Russ. SFSR den **Nationalbezirk der J.-Nenzen,** 750 300 km², 176 000 Ew.; Hptst.: Salechard. Rentierzucht, Fischfang, Erdöl- und Erdgasvorkommen.

Jamantau, höchster Berg im südl. Ural, UdSSR, 1 638 m.

Jamato, Kernland Japans, →Yamato.

Jambol, Stadt in Bulgarien, 80 200 Ew.; Handel, Textil- u. a. Ind.; Bahnknoten.

Jamboree [dʒæmbərˈiː, engl.] *das,* 1) internat. Pfadfindertreffen. 2) laute Vergnügen.

Jambus [grch.-lat.] *der,* →Iambus.

James [dʒeɪmz], engl. für →Jakob.

James [dʒeɪmz], 1) Harry, amerikan. Jazztrompeter, * 1916. 2) Henry, amerikan. Schriftst., * 1843, † 1916, brachte den psycholog. Realismus zur Höchstform. Romane: ›Bildnis einer Dame‹ (1881), ›Maisie‹ (1898), ›Die Gesandten‹ (1903). 3) William, amerikan. Philosoph und Psychologe, * 1842, † 1910, Bruder von 2), führender Vertreter des Pragmatismus, richtete die erste psycholog. Forschungsstätte in Amerika ein.

James Bay [dʒeɪmz beɪ], Bucht im S der Hudsonbai.

James River [dʒeɪmz rˈɪvə], 1) li. Nebenfluß des Missouri (USA), 1 140 km lang. 2) 55 km langer Fluß in Virginia (USA).

Jammerbucht, flache, für die Schiffahrt gefährliche Bucht der Nordküste Jütlands.

Jammes [ʒam], Francis, frz. Dichter, * 1868, † 1938; sinnbildhafte Gedichte und Romane von christl. Gesinnung.

Jammu, 1) J. and Kashmir, →Kaschmir. 2) Stadt im ind. Prov. J. and Kashmir, 155 300 Ew.; Winterhauptquartier der Provinzverwaltung.

Jamnagar [dʒʌmnˈaːgə], Stadt im ind. Staat Gujarat, auf der Halbinsel Kathiawar, 215 000 Ew.

Jamnitzer, Wenzel, Nürnberger Goldschmied, * 1508, † 1585, gründete mit seiner Fam. reich verzierte Prunkgefäße.

Jam Session [dʒæm sˈeʃn, engl.], Zusammenkunft von Jazz-Musikern zum Spielen von improvisierter Jazz-Musik.

Jamshedpur, Stadt im Staat Bihar, Indien, westl. von Kalkutta, 465 200 Ew.; ältester Mittelpunkt der ind. Schwerind.

Jämtland, wald- und seenreiche Landschaft in N-Schweden.

Janáček [jˈanaːtʃek], Leoš, tschech. Komponist, * 1854, † 1928, schrieb, von der Volksmusik angeregt, Opern (›Jenufa‹, 1904; ›Katja Kabanová‹, 1921), Orchesterwerke, Kammermusik, Lieder.

Jangtsekiang *der,* amtl. chines. **Yangzijiang** [jaŋdzi-dʒjaŋ], Strom Asiens, 6 300 km lang, entspringt in Tibet,

durchfließt Südchina und mündet nördl. von Schanghai in das Gelbe Meer; 2 700 km schiffbar, bis Wuhan für Seeschiffe; häufig Überschwemmungen.

Janiculum, Mons Ianiculus, einer der 7 Hügel des alten Rom, rechts des Tibers, heute im Stadtteil Trastevere, nach einem Heiligtum des Janus benannt.

Janigro, Antonio, ital. Cellist und Dirigent, * 1918.

Janitscharen, Kerntruppe des türk. Heeres, seit 1329 aus christl., zum Islam übergetretenen Kriegsgefangenen gebildet; bestand bis 1826. **J.-Musik,** alttürk. Militärmusik.

Janker *der,* alpenländ. Trachtenjacke.

Jan Mayen, norweg. Vulkaninsel im Europ. Nordmeer, 373 km² groß, bis 2 277 m hoch; ständige Wetterstation.

Jänner *der,* österr., schweizer., südwestdt.: Januar.

Jannings, Emil, Schauspieler, * 1884, † 1950. Filme: ›Der blaue Engel‹ (1930), ›Traumulus‹ (1936), ›Robert Koch‹ (1939).

Janosch, eigtl. Horst **Eckert,** Schriftst., * 1931.

Janowitz, Gundula, Sängerin (Sopran), * 1937.

Jaensch, Erich, Psychologe, * 1883, † 1940, begründete eine psycholog. Typenlehre, die an dem Grad der Einheitlichkeit (Integration) einer Persönlichkeit orientiert ist.

Jansen, Cornelius, niederländ. Theologe, * 1585, † 1638, Bischof von Ypern, begründete den →Jansenismus.

Jansenismus, Bewegung in der nachtridentin. kath. Theologie und Kirche des 17. und 18. Jh. (bes. in Frankreich), die die Gnadenlehre des Augustinus entgegen der Kirchenlehre zur Unwiderstehlichkeit der Gnade überspitzte; Hauptsitz im Kloster Port Royal bei Versailles. Seit Anfang des 18. Jh. besteht eine schismatische jansenist. Kirche in den Niederlanden (**Kirche von Utrecht**).

Janssen, 1) Horst, Maler, Graphiker, * 1929; in seinen figürl. Zeichnungen und Radierungen wird Emotionales durch deformierte Anatomie ausgedrückt. 2) Victor Emanuel, Maler aus dem Kreis der Nazarener, * 1807, † 1845.

Januar, Jänner, Hartung der 1. Monat des Jahres, 31 Tage.

Januarius, ital. **Gennaro** [dʒ-], Märtyrer unter Diokletian, Schutzheiliger von Neapel. Tag: 19. 9.

Janus, röm. Gott, Schützer des Hauses, später der Gott des Anfangs; dargestellt mit Doppelantlitz (**Januskopf**).

Jap, Insel im Pazifik, →Yap-Islands.

Japan, japan. **Nippon,** auch **Nihon,** Kaiserreich in Ostasien, 372 313 km², 117,056 Mio. Ew. Hptst.: Tokio. Staatsoberhaupt ist der Kaiser (123. Tenno: Hirohito). Religion: Es besteht Religionsfreiheit; Religionen: Schintoismus (bis 1945 Staatskult), Buddhismus und Christentum. Landessprache: Japanisch. Recht: Nach 1945 wurde das vielfach nach dt. Vorbild modifizierte Recht weitgehend geändert. Währung ist der Yen zu 100 Sen. Die Verf. von 1946 und der Friedensvertrag von 1951 untersagen eine Neuaufstellung der 1945 aufgelösten Streitkräfte. Es wurden Selbstverteidigungsstreitkräfte geschaffen. ⊕ Band I, n. S. 320.

Landesnatur. J. besteht aus 3922 Inseln. Die Hauptinseln sind Hokkaido, Honshu, Shikoku, Kyushu. Vom ostasiat. Festland ist J. durch das Ostchines. und das Japan. Meer getrennt. Die Inseln sind im Innern gebirgig und vulkanisch (Fujisan, 3 776 m), die Küsten durch Buchten reich gegliedert. Die Flüsse sind kurz und gefällreich, die Seen meist klein (der größte ist der Biwasee, 675 km²). Rund 68% der Gesamtfläche tragen Wald. **Das Klima** ist gekennzeichnet durch den Wechsel der Monsunwinde (im Sommer S- oder SO-Monsun, im Winter N- oder NW-Monsun). Im Sommer erhält der Osten, im Winter der Westen mehr Niederschläge. Der Süden J.s ist subtropisch-heiß, der N warmbis kühl-gemäßigt.

Die **Bevölkerung** besteht fast ausschließlich aus Japanern, daneben gibt es Koreaner und Reste der →Ainu auf Hokkaido. Die größte Bevölkerungsdichte haben die Küsten und Ebenen. Es besteht neunjährige Schulpflicht. J. hat etwa 150 (davon rd. 40 staatl.) Universitäten und etwa 280 weitere Hochschuleinrichtungen.

Wirtschaft. Obwohl ⁴/₇ des Landes aus Gebirgsland bestehen und nur 16% der Gesamtfläche landwirtschaftl. nutzbar sind, arbeiten noch viele Erwerbspersonen in der Landwirtschaft (Anteil stark rückläufig); Kleinbetriebe überwiegen. Die Grundnahrungsmittel Reis (1980: 12 Mio. t), Weizen, Gerste, Kartoffeln werden auf allen Inseln angebaut. Die Nordgrenze des Reisanbaus läuft durch Hokkaido, das auch Zuckerrüben erzeugt und Schafzucht betreibt. Geringer sind die Erträge an Sojabohnen, Hülsenfrüchten, Dünge- und Futterpflanzen und im S an Tee (1980: 108 000 t), Apfelsinen, Mandarinen, Tabak, Baumwolle

Jamaika

Japan

Henry James (aus einem Gemälde von J. S. Sargent)

Emil Jannings

Japanische Geschichte

Japan: Geschichte bis 1945

Japan um 230 n. Chr.

Erwerbungen bis 646 n. Chr.

Erwerbungen bis 927 n. Chr.

Erwerbungen bis 1450

Erwerbungen bis 1945

Mandschukuo 1934–45

Japan seit 1945

1895   Jahr der Erwerbung

(1945)   Jahr des Verlustes

und Zuckerrohr. Ausgedehnt sind die Seefischerei, in der J. führend ist (1979: 10,7 Mio. t), und die Perlmuschelzucht. Die Seidenraupenkultur hat infolge der Entwicklung neuer Faserstoffe stark abgenommen. Die Viehwirtschaft wird seit 1945 gefördert (1979: 4 Mio. Rinder).

Die Landwirtschaft kann den Nahrungsmittelbedarf der Bev. nicht decken. Um zusätzl. Nahrungsmittel einführen zu können, ist J. auf die Ausfuhr von Industrieerzeugnissen angewiesen. Nur Kalkstein, Schwefel, Pyrite reichen für den Eigenbedarf aus. Kohle (Förderung 1980: 18,02 Mio. t), Eisenerz, Kupfer, Blei, Zink, Erdöl müssen durch Einfuhren ergänzt werden. Daß J. trotz dieser ungünstigen Bedingungen das führende Industrieland Ostasiens wurde, war – neben anderen Ursachen – nur möglich durch niedrige Arbeitslöhne, Ausnutzung der Wasserkräfte und des Vorkommens von Erdgas auf allen Hauptinseln. Zu der Textilindustrie (Schwerpunkte: Raum Osaka–Kobe, Tokio, Fukui) sind die Schwerindustrie (Kyushu mit Jawata und Kokura), die Metall- (nahe der Küste), die Maschinen-, Fahrrad-, Kraftfahrzeug-, chem. (einschl. petrochem.), optische, Aluminium-, Holz-, Papier-, Porzellan-, elektrotechn. und Zementindustrie getreten. Im Schiffbau steht J. an 1. Stelle der Welt. Die Energieerzeugung basiert auf Erdöl, Kohle und Wasserkraft sowie Kernkraft. Ausgeführt werden Textilien, Schiffe, Maschinen, Fahrzeuge, Metallwaren, Rundfunk- und Fernsehgeräte, optische Geräte, Chemikalien, Fischwaren. Haupthandelspartner: USA, Australien, Malaysia, Kanada, Saudi-Arabien, Großbritannien, Indien und die Bundesrep. Dtl. Das Eisenbahnnetz umfaßt rd. 28 000 km, das (unzureichende) Autobahnnetz rd. 2 600 km (1979: 36,2 Mio. Kfz). Die Handelsflotte hat rd. 41 Mio. BRT; Haupthäfen: Yokohama, Kobe, Fukuoka, Osaka, Nagoya, Kitakyushu, Otaru. Internat. Flughäfen sind Tokio (1978 wurde der Flughafen Narita in Betrieb genommen) und Osaka (neuer Flughafen am Meer in Planung).

Geschichte. Die Reichsgründung wird von der amtl. Geschichtsschreibung in das Jahr 660 v. Chr. gelegt; als erster Herrscher gilt Jimmu Tenno, dessen Abstammung von der Sonnengottheit erst 1945 verneint wurde. Kulturell stand J. unter chines. Einfluß (Übernahme der Schrift um 400 n. Chr., des Buddhismus seit 552, des Rechts und Schaffung eines straff zentralisierten Beamtenstaats nach chines. Vorbild im 7. Jh.). Der Hofadel, der ›Kuge‹, drängte die kaiserl. Macht für viele Jh. in den Hintergrund. Mit der Ernennung Yoritomos zum Reichsfeldherr (›Shogun‹, 1192) begann das Zeitalter des Lehnstaates und der Vorherrschaft des Militäradels, des ›Buke‹. In heftigen inneren Kämpfen (seit Mitte des 14. Jh.) mit den aus dem Kriegeradel hervorgegangenen Grundbesitzern, den ›Daimyô‹, und ihren ritterl. Lehnsleuten, den ›Samurai‹, setzte sich schließlich Tokugawa Ieyasu durch; 1603 zum Shogun ernannt, machte er dieses Amt in seiner Familie erblich. Durch seine straffe Neuordnung des Reiches sicherte dieses Geschlecht, das die Regierungsgewalt im Namen des Tenno ausübte, J. für mehr als 2 Jh. den inneren Frieden. Das patriarchal. Polizeiregime der Tokugawa kam zunächst bes. dem wirtschaftl. und kulturellen Aufschwung zugute. Das Christentum, das sich in der Zeit der Wirren rasch hatte ausbreiten können, wurde im 17. Jh. wieder völlig ausgerottet. 1637 begann Shogun Iemitsu mit der Politik strengster Abschließung J.s gegen die Außenwelt. Erst 1854 erwirkten die USA, später auch die europ. Handelsmächte, die Öffnung der japan. Häfen. Diese Politik rief 1861 heftige Proteste, begleitet von Ausschreitungen gegenüber den Fremden, hervor und führte schließlich zur Abdankung des letzten Shoguns (1867). Anfang 1868 übernahm der junge Tenno Mutsuhito (Meiji Tenno, 1867–1912) selbst die Regierung. Nun wurden Staat, Heer und Wirtschaft nach europ. Mustern umgestaltet. Mit der von Fürst Ito geschaffenen Verf. wurde J. 1889 eine konstitutionelle Monarchie. Durch den Krieg gegen China (1894/ 1895) erwarb J. Formosa (Taiwan). 1902 schloß es ein Bündnis mit Großbritannien; es siegte im → Russisch-Japanischen Krieg 1904/05, gewann die Herrschaft über Korea und die südl. Mandschurei und stieg damit zur Großmacht auf. Im 1. Weltkrieg stand es auf seiten der Entente und eroberte 1914 Kiautschou. Das Ende der Kriegskonjunktur (große Lieferungen von Kriegsmaterial an die Alliierten) führte 1918 zu Arbeitslosigkeit und einer allgemeinen Wirtschaftskrise. Sozialist. Ideen fanden Eingang in die Arbeiterschaft. 1925 wurde das allg. Wahlrecht für Männer (über 25 Jahre) eingeführt. Nach der Ermordung des MinPräs. Inukai (1932) verstärkten sich innerhalb der militär. Führung die Versuche, das Parlament auszuschalten. Nach Auflösung der Parteien (1940) errichtete das Militär unter MinPräs. Tojo (1941–44) ein totalitäres Herrschaftssystem. 1931/32 besetzte J. die Mandschurei und schuf hier den Staat Mandschukuo. 1933 trat es aus dem Völkerbund aus. 1935 setzte es sich auch in N-China fest, 1937 geriet es in offenen Krieg mit der chines. Regierung Tschiang Kai-scheks, im deren Verlauf es einen großen Teil Chinas besetzte. Mit dem Dt. Reich und Italien, mit denen es bereits durch den Antikominternpakt von 1936/37 verbunden war, schloß es 1940 den → Dreimächtepakt. Nach dem Neutralitätsvertrag mit der UdSSR (1941) griff es ohne Kriegserklärung überraschend die amerikan. Flotte in Pearl Harbor an und trat in den Krieg gegen die USA und Großbritannien. Trotz anfängl. Erfolge im gesamten ostasiat. Raum unterlag J. den alliierten Streitkräften im Pazifik und mußte nach dem Abwurf der beiden ersten Atombomben im August 1945 kapitulieren. Es verlor alle seit 1895 gewonnenen Gebiete und wurde von amerikan. Truppen besetzt. 1946 wurde das parlamentar. System aufgebaut. Führende Partei wurde die Liberale, später Liberaldemokrat. Partei. MinPräs. waren u. a.: S. →Yoshida, E. →Satô. Seit 1982 führt Y. Nakasone die Reg. – Der Friedensvertrag von San Francisco (1951) – ohne UdSSR und Volksrep. China – gab J. die Souveränität zum größten Teil zurück. 1954 wurde mit den USA ein Sicherheitsvertrag abgeschlossen, 1956 der Kriegszustand mit der UdSSR beendet. 1960 schloß J. einen neuen Sicherheitsvertrag mit den USA, der von den Linksparteien bekämpft wurde. Im Rahmen der Verhandlungen über die Verlängerung des amerikanisch-japan. Sicherheitsvertrags gab die amerikan. Reg. 1972 die Insel Okinawa zurück. In den 60er Jahren entwickelte sich J. wieder zu einer führenden Wirtschaftsmacht. Durch freiwillige Beschränkungen (seit 1979) seines in den 70er Jahren stark gewachsenen Exports sucht es eine Belastung seiner guten Beziehungen zu den Industrienationen v. a. in Europa und Nordamerika zu vermeiden. J. erhebt Anspruch auf die südl. →Kurilen.

Japan Air Lines [dʒəp'æn 'ɛəlaɪnz, engl.], Abk. **JAL**, größte japan. Luftverkehrsgesellschaft; gegr. 1951, Sitz Tokio.

Japaner, Mischvolk auf den japan. Inseln, dessen tungide, sinide, palämongolide und ainuide Komponenten vor langer Zeit zu einer ethn. Einheit verschmolzen sind.

Japanische Alpen, Gebirge auf der japan. Insel Honshu, im Shirane-Kitadake 3 192 m hoch.

Japanische Inlandsee, japan. **Setonaikai,** das innerhalb der 3 südwestl. Hauptinseln Japans gelegene Meeresbecken, mit vielen bergigen Inseln.

japanische Kunst entwickelte sich seit Einführung des Buddhismus unter wiederholtem chines.-korean. Einfluß.

In der **Baukunst** überwiegt die Verwendung von Holz. Die Tempelanlagen nach chines. Vorbild errichtet, so bes. der Horyuji in Nara mit den ältesten Holzbauten der Welt (604–746). Mächtige Pfeiler mit Kraggebälk, weit ausladende Ziegeldächer mit emporgeschwungenen Ecken sind allen buddhist. Bauten gemeinsam. Torbauten, Vorratshäuser, Glocken- und Trommeltürme umgeben die Tempelhalle. Äußerst schlicht ist das japan. Wohnhaus. Der japan. Garten kam aus China, er dient als Vergnügungsgarten (Palast), Gegenstand meditativer Betrachtung (Priesterresidenz) und Teegarten; er stellt stets eine Landschaft dar mit Teich, Wasserfall, Hügel, Steinen usw. – Einen Neubeginn brachten nach 1945 Architekten wie J. Sakakura, K. Maekawa, T. Sato und K. Tange. Durch die 1960 gegr. Gruppe ›Metabolismus‹ wurde die Architektur grundlegend erneuert; seit 1970 gipfelt sie in Werken und Planungen von A. Isozaki.

japanische Kunst:
Schloß von Himeji, Hyogo-Provinz, errichtet 1609

Als Mittelpunkt alles künstler. Schaffens gelten Malerei und Schreibkunst. Um 700 entstand das Hauptwerk der frühjapan. **Malerei,** die auf ind. Vorbilder zurückgehenden Wandmalereien im Horyuji in Nara (1949 verbrannt). Neben Kultbildern, auf Seide und mit Gold, wurden bereits früh weltl. Bilder gemalt. Die Yamato-E (›Japan-Malerei‹) genannte Richtung schilderte auf langen Querrollen (Makimono) meist Szenen aus dem höfischen Leben. Sie wirkte fort in der Tosa-Schule. Die Blütezeit der Tuschmalerei begann im 15. Jh. mit der Ausbreitung des Zen-Buddhismus; als ihr größter Meister gilt Sesshu. Zu reichster Mannigfaltigkeit entwickelte sich die Malerei seit dem 16. Jh.; es wurden pomphafte Paläste und Schlösser gebaut, für die Meister der Kano-Schule dekorative Malereien auf Goldgrund schufen (Wandschirme, Schiebetüren u. a.). Einen neuen Stil begründete, auf das Yamato-E zurückgreifend, Koetsu († 1637), in dessen Werken sich Bild und Schrift zur Einheit verbinden, und von ihm beeinflußt Korin (Bild). Die um die gleiche Zeit aufkommende Richtung des Ukiyo-E (›Malerei der vergänglichen Welt‹) stellte Szenen aus Vergnügungsvierteln und Schauspieler dar und fand

japanische Kunst: K. Hideyori: Ahornschau in Takao; Stellschirm, Mitte des 16. Jh. (Tokio, Nationalmuseum)

Japa

Jasmin

Japankäfer

weiteste Verbreitung durch Meister des Farbholzschnitts (Harunobu; Sharaku; Utamaro, Bild), dessen bekannteste Künstler im 19. Jh. Hokusai (Bild) und Hiroshige (Bild) sind. Seit dem Ende des 19. Jh. Übernahme und Auseinandersetzung mit westl. Kunst.

Plastik. Aus der Frühzeit stammt das Bronzebildwerk des Buddha mit 2 Bodhisattwas im Horyuji in Nara, 623 von einem Meister chines. Abkunft geschaffen. Als Werkstoff wurden außer Bronze vor allem Holz, auch Trockenlack (Kanshitsu) und Ton, verwendet. Dargestellt wurden der Buddha, buddhist. Gottheiten, Patriarchen und Priester, seit dem Ende des 12. Jh. in großen Bildhauerwerkstätten hergestellt. In der nichtreligiösen Plastik drückte sich der Sinn für physiognom. Ausdruck bes. in den Masken für das No-Schauspiel aus. Reich an Formen und Einfällen ist die Kleinplastik (→ Netsuke; Bild).

Kunsthandwerk. Die von China ausgehende, sich seit dem 12. Jh. selbständig entwickelnde Lackkunst (Bild) erreichte ihre Vollendung im späteren 15. Jh. (Schreibkästen u. a.). In der Töpferkunst wirkten sich Einflüsse aus. Japan. Formgefühl entspricht bes. das handgeformte, naturhaft grobe Teegerät (Chaire, ›Teebehälter‹; Chawau, ›Teeschale‹). Porzellan wurde nach chines. Vorbildern zuerst in Arita hergestellt und seit dem 17. Jh. sparsam bemalt; reicher geschmücktes war meist für den Export bestimmt. Der Metallbearbeitung bot die vornehmste Aufgabe das Schwert, bes. dessen Stichblatt (Tsuba). – Nach dem 2. Weltkrieg orientiert sich die Kunstszene v. a. an den USA und Westeuropa (›Gutai-Gruppe‹, ›High-Red-Center-Gruppe‹).

japanische Literatur. Älteste Gedichtsammlung ist das ›Manyoshu‹ (nach 750), von dessen über 4 000 Gedichten die meisten Fünfzeiler (›Tanka‹) sind. Aus dem Tanka entwickelte sich der Dreizeiler (›Haiku‹), dessen Meister Basho Matsuo (* 1644, † 1694) war. Hauptformen der Prosadichtung sind ›Monogatari‹ (Sagen-, Geschichtserzählung), das ›Nikki‹ (Tagebuch) und das ›Zuihitsu‹ (Essay). Das überragende Werk der erzählenden Dichtung ist das um 1010 von der Hofdame Shikibu Murasaki verfaßte ›Genji Monogatari‹ (dt. Die Geschichte des Prinzen Genji, 2 Bde.). Von der Zuihitsu-Literatur ist am bekanntesten das ›Makura no-soshi‹ der Hofdame Shonagon Sei (um 1000; dt. Das Kopfkissenbuch, 1952). Saikaku Ihara (* 1642, † 1693) schildert in Romanen die Zeitsitten. Das klassische japan. Drama mit Musik und Tanz (No) geht in seiner heutigen Form auf das 15. Jh. zurück. Im 17. Jh. entwickelte sich das Kabuki als Theater des Volks und gleichzeitig das Puppenspiel; für beide schrieb Monzaemon Chikamatsu († 1724). In der Mitte des 19. Jh. nahm die j. L. westliche Einflüsse auf.

japanische Kunst: Schutzwesen Shukongojin; Ton mit Fassung, Mitte des 8. Jh. (Nara, Todaiji-Tempel)

Bed. Prosaschriftsteller im 20. Jh. sind: Naoya Shiga (* 1883, † 1971), Junichiro Tanizaki (* 1886, † 1965), Yasunari Kawabata († 1972), Richi Yokomitsu († 1947), Shohei Ooka (* 1909), Yukio Mishima (* 1925, † 1970), Kobo Abe (* 1924), Kenzaburo Oe (* 1935). Als Lyriker bed. ist Akiko Yosano (* 1942).

japanische Musik, im wesentlichen einstimmige Gesangsmusik mit Instrumentalbegleitung (Flöten, Gitarren, Gongs), die sich auf Verstärkung der Melodie und einfache Verzierung beschränkt. Grundlage ist die chines. Tonordnung. In neuerer Zeit ist die europ. Musik eingedrungen.

japanische Schrift. Seit etwa 500 n. Chr. wird die chines. Schrift benutzt. Die Schriftzeichen laufen rechts beginnend von oben nach unten; neuerdings wird auch in Zeilen von links nach rechts gedruckt. Schon früh wurde aus chines. Schriftzeichen eine Silbenschrift (**Kana**) entwickelt, von der es 2 versch. Formen gibt (**Hiragana** und **Katakana**). Im Druck werden die chines. Schriftzeichen verwendet, vermischt mit Kana-Zeichen, die Partikeln sowie Endungen von Zeit- und Eigenschaftswörtern angeben. Bestrebungen, die lat. Buchstabenschrift einzuführen, scheitern.

Japanisches Meer, Randmeer des Pazif. Ozeans zw. den japan. Inseln und dem asiat. Festland, bis 4 225 m tief.

japanische Sprache, agglutinierende Sprache; Tempus, Aspekt, Genus verbi, Modus werden durch Verbalsuffixe bezeichnet, Nomina haben weder Genus, Numerus, Kasusflexion noch Artikel. Die Herkunft der j. S. ist ungewiß; sie steht grammatikalisch dem Koreanischen, lautlich den austrones. und austroasiat. Sprachen nahe.

Japankäfer, etwa 1,2 cm langer japan. Blatthornkäfer; in Nordamerika Großschädling.

Japan Line Ltd. [dʒɔpˈæn lain-], **Japan Line Kabushiki Kaisha,** Tokio, japan. Reederei, größte der Erde, entstand 1964 durch Zusammenlegungen.

Japanpapier, Oberbegriff für im Fernen Osten aus exot. Langfaserrohstoffen hergestellte Papiere.

Japanseide, taftbindiges, reinseidenes Gewebe aus Japan.

Jaques-Dalcroze [ʒakdalkrˈoːz], Emile, schweizer. Musikpädagoge, Schöpfer der rhythm. Gymnastik, * 1865, † 1950; 1911 künstler. Leiter der Hellerau-Schule bei Dresden.

Jargon [ʒargˈɔ̃, frz.] *der,* einer Gesellschaftsschicht oder Berufsgruppe eigentüml. Sprache.

Jarkend, Oasenstadt im Tarimbecken, China, →Yarkand.

Jarmo, Dscharmo, älteste, frühneolith. Siedlung seßhafter Bauern in NO-Irak, 15 Siedlungsschichten aufgedeckt (Lehmhäuser, Getreidebau, Kleinviehhaltung; 7. Jahrtsd. v. Chr.).

Jarmuk-Kultur, im nördl. Palästina, bes. im Jarmuktal verbreitete jungsteinzeitl. Kulturgruppe des 5. und 4. Jahrtsd. v. Chr.; stark schematisierte weibl. Kultfiguren aus Ton.

Jarnach, Philipp, Komponist, * 1892, † 1982; 1949–59 Direktor der Musikhochschule Hamburg; Orchester-, Kammermusik. Er vollendete Busonis Oper ›Dr. Faust‹.

Järnefelt, Armas, finn. Komponist, * 1869, † 1958; Orchestermusik, Chorwerke u. a.

Jarnés [xarnˈes], Benjamin, span. Schriftst., * 1888, † 1949, formvollendete Prosa.

Jaroslaw der Weise, russ. **Jaroslaw Mudryj,** Fürst von Kiew, Sohn Wladimirs des Hl., * 978, † 1054. 1036 gelang ihm die Wiedervereinigung des Kiewer Reichs; seine Dekrete sind der Kern des ersten russ. Gesetzbuches.

Jaroslawl, Gebietshptst. in der Russ. SFSR, beiderseits der Wolga, 603 000 Ew.; Bauwerke des 17. Jh., Univ.; Bahnknoten, Hafen; Erdölraffinerie, Wärmekraftwerk u. a. Ind.

Jarowisation, Landwirtschaft: →Vernalisation.

Jarrahbaum [dʒ-], **Dscharrabaum,** Eukalyptusbaum, liefert ›austral. Mahagoni‹ (**Jarrah**).

Jarry [ʒarˈi], Alfred, frz. Schriftst., * 1873, † 1907; Stück ›König Ubu‹ (1896), mit satirisch-beißender Gesellschaftskritik; Vorläufer des absurden Theaters.

Jaruzelski, Wojciech, poln. Gen. und Politiker, * 1923, seit 1968 Verteidigungs-Min., seit Febr. 1981 MinPräs., seit Okt. 1981 Erster Sekr. der PZPR; seit Verhängung des Kriegsrechts (Dez. 1981) Vors. des regierenden Militärrats.

Jasmin [pers.], **1) Echter J. (Jasminum),** Pflanzengatt. der Ölbaumgewächse in wärmeren Gegenden; Sträucher mit meist immergrünen Blättern und weißen oder gelben Trichterblüten. Asiat. Arten geben Duftstoff (**Jasminöl**) und sind Gartenpflanzen. **2) Falscher J. (Philadelphus),** Gatt. der Steinbrechgewächse mit weißen Blüten. Der **Pfeifenstrauch** ist Zierstrauch.

Jasmund, Halbinsel im NO von Rügen.

42

Jasper-Nationalpark [dʒ'æspə-], größter Nationalpark Kanadas, am Osthang der Rocky Mountains, 10 900 km².

Jaspers, Karl, Philosoph, * 1883, † 1969, urspr. Psychiater. Von der Psychopathologie ausgehend, vertrat J. seit 1932 eine Existenzphilosophie, die auf die Existenzerhellung in den Grenzsituationen des Daseins zielt und das Umgreifende des Seins in den transzendenten ›Chiffren‹ transparent zu machen sucht (›Periechontologie‹). 1958 Friedenspreis des Dt. Buchhandels.

Jaspis der, Mineral SiO₂, Abart des Chalcedon.

Jaß der, Kartenspiel mit 36 Karten (dt., frz. oder schweizer. Jaßkarten), 2–4 Teilnehmern.

Jassy, rumän. Iași [ja∫j], Hptst. des Kr. J., Rumänien, 262 500 Ew.; Univ., Museen; metallurg., pharmazeut., Textil-, Lebensmittel- u. a. Ind. – Seit 1566 Hptst. des Fürstentums Moldau. Im **Frieden von J.** (9. 1. 1792) trat die Türkei das Land zw. Bug und Dnjestr an Rußland ab.

Jatagan [türk.], urspr. ostasiat., später bes. türk. Hiebwaffe mit langer gebogener Klinge.

Jauche, durch Mikroorganismen zersetzter Harn, oft mit Kot und Spülwasser vermischt; Flüssigkeitsdünger.

Jauer, poln. **Jawor,** Stadt in der poln. Wwschaft Legnica (Liegnitz), ehem. Krst. in Niederschlesien, 18 000 Ew.

Jaufen der, ital. **Passo del Giovo** [-dʒ'o:vo], Paß in Südtirol, 2 094 m, zw. Eisacktal und Passeiertal.

Jaunde, Hptst. der Rep. Kamerun, →Yaoundé.

Jaurès [ʒor'εs], Jean, frz. Politiker, * 1859, † (ermordet) 1914, wurde 1883 Prof. der Philosophie in Toulouse, 1885 Abg. der radikalen Linken; gehörte als Pazifist zu den Anhängern einer dt.-frz. Verständigung; gründete 1902 die Zeitung ›L'Humanité‹.

Jause die, in Österreich der Nachmittagskaffee, Vesperbrot; Zwischenmahlzeit.

Java, Djawa, wichtigste Insel Indonesiens, rd. 118 000 km², rd. 80 Mio. Ew.; Hptort: Jakarta. J. gehört zu den vulkanreichsten Gebieten der Erde (höchster Berg: Semeru mit 3 676 m). Es besteht im S und SO vorwiegend aus tertiären Kalken und Mergeln, im westl. und mittleren N aus jungen Schwemmlandebenen. Das Klima ist volltropisch. Erzeugnisse: Reis, Mais, Zuckerrohr, Tee, Kaffee, Tabak. – J. ist seit 1890 Fundort zahlreicher Hominiden-Fossilien.

Javaner, malaiischer Stamm in Mitteljava (→Indonesier).

javanische Kunst, der wichtigste Zweig der indones. Kunst, erwachsen aus der ind. Kunst im Dienst von Brahmanismus und Buddhismus. Das Hauptwerk der Baukunst und Plastik ist der →Borobudur (um 800). Unter dem Islam erlosch die monumentale Kunst. Erhalten hat sich bis heute das Kunsthandwerk (Batik u. a.).

javanische Sprache, Sprache des indones. Zweiges der austrones. Sprachfamilie (→austrische Sprachen).

Javasee, Randmeer des Pazif. Ozeans zw. Borneo und Java.

Javornikgebirge, tschech., slowak. **Javorníky** [j'avornji:k], Gebirgszug der Westkarpaten in der ČSSR, bis 1 071 m hoch.

Jawata, Yahata, Teil von →Kitakyushu.

Jawlensky, Alexej von, russ. Maler, * 1864, † 1941, tätig in Dtl., Mitgl. des → Blauen Reiters, malte starkfarbige Landschaften und Bildnisse, später abstrakt vergeistigte Köpfe.

Jaya, Gunung J., indones. Name für → Carstensz-Spitzen.

Jazz [dʒæz, amerikan. Herkunft unklar] der, um 1900 unter der Negerbev. N-Amerikas aus geistl. (Spirituals) und weltl. (Blues, Arbeitslieder) Gesängen entstandene Musikrichtung. Der J. verwendet europ. Harmonik, europ.-afrikan. Melodik und afrikan. Rhythmik; seine Eigenart besteht in der **Improvisation** (dem Abwandeln und Umspielen der Melodie), der starken Betonung des Rhythmus sowie dem häufigen Gebrauch von Synkopen. Er wird gespielt von der **J.-Band,** die bei kleinerer Besetzung **Combo,** bei größerer **Big Band** heißt. Die J.-Band besteht gewöhnlich aus einer Rhythmusgruppe (Schlagzeug, Baß, Klavier, Gitarre, Banjo), auf deren Rhythmus- und Harmoniegerüst die übrigen Instrumente das **Arrangement** spielen und anschließend improvisieren (z. B. Saxophon, Posaune, Trompete, Klarinette, Vibraphon). Dem frühesten **J.-Stil,** dem **New Orleans-J.,** folgte der von auch von Weißen übernommene **Dixieland-J.** In den dreißiger Jahren folgte der **Swing (Jump).** Die nachfolgenden Stile werden unter der Sammelbez. **Modern J.** zusammengefaßt. So in den vierziger Jahren der **Bebop** und in den fünfziger Jahren der **Cool-J.** Die sechziger Jahre sind vom **Hardbop,** einer Rückkehr zu stilist. Elementen des Bebop, geprägt. In neuester Zeit entstanden der **Soul-J.** und der

Java: Reisterrassen

Free-J. Durch letzteren ist der J. in eine Phase des totalen Experimentierens getreten.

Jean I. [ʒã], Großherzog von Luxemburg (seit 1964), * 1921, ⚭ 1953 mit der belg. Prinzessin Josefine-Charlotte, der Tochter Leopolds III.

Jeanne d'Arc [ʒand'ark], **Jungfrau von Orléans** [-ɔrle'ã], frz. Nationalheldin, * zw. 1410 und 1412, † 1431, Bauernmädchen, fühlte sich durch göttl. Berufung zur Rettung des von den Engländern schwer bedrohten Frankreichs bestimmt, entsetzte 1429 das belagerte Orléans, führte Karl VII. nach Reims zur Krönung; 1430 bei Compiègne gefangengenommen und von einem geistl. Gericht als Zauberin und Ketzerin verurteilt; in Rouen verbrannt. 1920 heiliggesprochen; Tag: 30. 5.

Jean Paul [ʒã-], Schriftstellername von Johann Paul Friedrich **Richter,** * 1763, † 1825, studierte Theologie, war dann Hauslehrer; mehrere Jahre in Weimar; lebte seit 1804 in Bayreuth. Die Spannweite seiner Erzählwerke reicht von den seltsamen Käuzen seiner humorvollen Idyllik über die ›hohen Menschen‹ der großen Romane zu den trag. Gestalten der Zerrissenen. Dabei unterbrechen Abschweifungen und Kommentare den Gang der Handlung; die reiche bildhafte Sprache gewinnt häufig Eigengewicht. Neben romant. Phantasie stehen Ironie und Satire. Romane: ›Die unsichtbare Loge‹ (1793), ›Hesperus‹ (1795), ›Quintus Fixlein‹ (1796), ›Siebenkäs‹ (1796/97), ›Titan‹ (1800–03), ›Flegeljahre‹ (1804/05). Idyllen und Humoresken: ›Schulmeisterlein Wuz‹ (geschr. 1790/91), ›Leben Fibels‹ (1812) u. a. Theoret. Schriften: ›Vorschule der Ästhetik‹ (1804), ›Levana oder Erziehungslehre‹ (1807). Bild S. 44

Jeans [dʒi:nz] Mz., enge Hosen aus Baumwollköper.

Jedermann, das Spiel vom reichen Mann (›Jedermann‹) im Augenblick des Todes; von allen guten Freunden (Schönheit, Macht, Reichtum) verlassen, wird er nur von seinen guten Werken vor Gottes Richterstuhl begleitet. Älteste (niederländ. und engl.) Fassungen aus dem Ende des 15. Jh. Die Bearbeitung von Hugo v. Hofmannsthal (1911) steht im Mittelpunkt der Salzburger Festspiele.

Jedermann-Funk, CB-Funk [CB: Abk. von engl. Citizen Band, ›Bürgerwelle‹], drahtlose Übertragung von gesprochenen Nachrichten (Sprechfunk) mit kleiner vorgeschriebener Sendeleistung und entsprechend geringer Reichweite für jeden Bürger ohne Ablegung einer Prüfung. Für den J.-F. sind seit dem 1. 1. 1981 im 11-m-Band 22 Kanäle zugelassen.

Jeep [dʒi:p] der, Markenname der **Jeep Corp.,** USA. – Ü Bez. für einen auch beim Militär verwendeten, meist offenen Kraftwagen mit großer Bodenfreiheit, starkem Motor und Allradantrieb.

Jeffers [dʒ'efəz], John Robinson, amerikan. Schriftst., * 1887, † 1962; allegor. Verserzählungen, Dramen.

Jefferson [dʒ'efəsn], Thomas, 3. Präs. der USA (1801–09), * 1743, † 1826, Verfasser der Unabhängigkeitserklärung von 1776, 1779–82 Gouverneur von Virginia, 1785–89 Gesandter in Paris, 1790–93 Staatssekretär (Außenminister); gründete

Karl Jaspers

Jaspis

Alexej von Jawlensky: Selbstbildnis

Jeff

Thomas Jefferson

*Jean Paul
(aus einem Gemälde
von F. Meier)*

Jemen 1)

Jemen 2)

die Demokratische Partei; erwarb Louisiana von Frankreich (1803).

Jefferson City [dʒ'efəsnsıtı], Hptst. von Missouri, USA, am Missouri, 33 600 Ew.; Univ.; Handelszentrum.

Jegorjewsk, Stadt in der Russ. SFSR, südöstlich von Moskau, 73 000 Ew.; Textil-, Bekleidungs- u. a. Ind.

Jehol [dʒ-], **Dschehọl, 1)** ehem. chines. Prov. in der Mandschurei, 1955 aufgeteilt. 2) chines. Stadt, →Chengte.

Jehọva, im hebr. A. T. geschriebene Mischform aus den Konsonanten des Gottesnamens →Jahwe und den Vokalen von Adonai (Herr).

Jekaterinburg, bis 1924 Name für →Swerdlowsk.

Jekaterinodar, bis 1920 Name für →Krasnodar.

Jekaterinoslaw, bis 1926 Name für →Dnjepropetrowsk.

Jelängerjeli̧eber, das Echte →Geißblatt.

Jelẹz, Stadt im Gebiet Lipezk, Russ. SFSR, 112 000 Ew.; Bahnknoten; Maschinen- und Apparatebau, Leder u. a. Ind.

Jelinek, Hanns, österr. Komponist, * 1901, † 1969, Zwölftonmusik.

Jellicoe [dʒ'elikəu], John Rushworth, 1. Earl J. (1925) und Viscount **J. of Scapa** (1918), brit. Admiral, * 1859, † 1935, 1914–16 Chef der Großen Flotte (Schlacht vor dem Skagerrak), 1916–18 Erster Seelord.

Jellinek, 1) Georg, Staatsrechtslehrer, * 1851, † 1911; HW: ›Allgemeine Staatslehre‹ (1900). **2)** Walter, Staatsrechtslehrer, Sohn von 1), * 1885, † 1955; HW: ›Verwaltungsrecht‹ (1928).

Jelusich [j'elusıtʃ], Mirko, österr. Schriftst., * 1886, † 1969. Romane: ›Caesar‹ (1929), ›Der Traum vom Reich‹ (1940), ›Talleyrand‹ (1954) u. a.

Jemen, Yemen [j'emən, engl.], Großlandschaft im SW der Halbinsel Arabien, umfaßt v. a. die Staaten:

1) Arabische Republik J., arab. **Al-Djumhurijja al-Arabijja al-Jamanijja,** Staat im SW der Halbinsel Arabien, 195 000 km² (nach anderen Angaben 135 000 km²), 5,9 Mio. muslim. Ew. Hptst.: San¹a. Amtssprache: Arabisch. J. besteht aus dem dünnbesiedelten, regenarmen, feuchtheißen Küstenstreifen (Tihama) am Roten Meer, dem terrassierten Hochgebirgsland (bis 3 760 m) mit fruchtbaren Lavaböden, reicheren Niederschlägen (regenbringender SW-Monsun Juli bis September) und der größten Bevölkerungsdichte sowie dem Steppen- und Wüstengebiet des Ostens. Im Hochland werden Hirse, Weizen, Gerste, Mais, Kaffee und das Narkotikum Kat angebaut (in der trockenen Zeit häufig künstl. Bewässerung), im Küstenstreifen mit Bewässerung Baumwolle, Datteln, Gemüse, Obst und Wein; im äußersten Osten Viehhaltung der Beduinen (Rinder, Schafe, Ziegen). J. hat nicht genutzte Vorkommen von Gold, Silber, Eisen, Schwefel, Erdöl. – Die größten Städte sind durch feste Straßen miteinander verbunden. Hauptflughäfen: San¹a, Taiz, Hodeida.

Geschichte. Seit 1517 Teil des Osman. Reiches, wurde J. 1918 ein unabhängiges Reich. Nach dem Konflikt mit Saudi-Arabien erkannte dieses die Unabhängigkeit J.s im Vertrag von Taif (1934). 1945 trat J. der Arab. Liga bei, im Sept. 1947 wurde es Mitgl. der UNO. Dem 1948 ermordeten Imam Jahja folgte sein Sohn Ahmed als König. 1958–61 war J. föderatives Mitgl. der Verein. Arab. Republik. Nach dem Tode Imam Achmeds (Sept. 1962) rief ein Revolutionsrat wenig später die Republik aus. In einem Bürgerkrieg (1962–70) rangen Anhänger der Republik (bis 1967 von Ägypten unterstützt) und der Monarchie (bis 1967 von Saudi-Arabien gestützt) um die Herrschaft. (1970 Kompromiß). Eine 1972 vereinbarte Union mit dem Demokrat. VR J. scheiterte, sie wird jedoch (verstärkt seit Ende 1981) weiter angestrebt. Anf. 1982 einigten sich beide Staaten auf einen gemeinsamen Verfassungsentwurf für eine Verein. Jemenit. Rep. (Staatsreligion: Islam; Hptst.: San¹a).

2) Demokratische Volksrepublik J., arab. **Djumhurijjat al-Jaman ad-Demukratijja ash-Shabijja,** ehem. **Südjemen,** Staat im S der Halbinsel Arabien, rd. 332 968 km² (nach anderen Angaben 336 870 km²), mit den Inseln Kamaran, Perim, Sokotra u. a., 1,9 Mio. (meist muslim.) Ew. Hptst.: Medinet Asch-Schaab (Satellitenstadt von Aden). Amtssprache: Arabisch. – Die 30–60 km breite Küstenregion ist wüstenhaft. Die mit steiler Stufe darüber aufragenden Hochländer haben in den größeren Höhen Sommerregen, die gegen O abnehmen. Angebaut werden Hirse, Weizen, Baumwolle. Wichtig ist die Viehhaltung (Schafe und Ziegen). An der Ostküste Fischerei. Der Trockenheit entsprechend ist die Vegetation, von den Oasen und Teilen der Hochländer abgesehen, wüstenhaft. Straßen mit fester Decke nur im Westteil. Internat. Flughafen: Aden.

Jemen 1): Dorf im Gebirgsland zwischen Hodeida und San¹a

Geschichte. Nach dem Abzug der brit. Truppen setzten sich 1967/68 in der ›Südarab. Föderation‹ und in den östl. von ihr gelegenen Scheichtümern revolutionäre Kräfte durch, schufen nach kommunist. Muster die VR Jemen und leiteten eine enge Zusammenarbeit mit dem Ostblock ein. Zur geplanten Union mit der Arab. Rep. J. →Jemen 1), Geschichte.

Jena, Stadtkreis und Sitz der Verw. des Landkr. J., Bez. Gera, an der Saale, 103 700 Ew.; Univ., Zentralinstitut Physik der Erde, Sternwarte, Fachschulen. Weltruf erlangten die opt. (Zeiss) und Glasind. (Jenaer Glas, Schott & Gen.); nach 1945 Aufbau einer pharmazeut. Industrie. Von den alten Bauten der 1945 stark zerstörten Innenstadt blieben nur wenige erhalten (Johannistor; Pulverturm; Stadtkirche, 13. Jh.). – 14. 10. 1806 Sieg Napoleons über die Preußen (→Auerstedt).

Jena|er Glaswerk Schott & Gen., Mainz, gegr. 1884 von O. Schott, E. Abbe, C. Zeiss in Jena; größter europ. Hersteller von opt. Spezialgläsern und feuerfestem Glas (Jenaer Glas).

Jena|er Liederhandschrift (J.), prachtvoll ausgestattete Sammlung mittelhochdt. Lyrik und Spruchdichtung mit Singweisen, aus dem 14. Jh.

Jenakijewo, bis 1944 **Ordschonikidse,** Stadt im Donezbecken, Ukrain. SSR, 115 000 Ew.; Steinkohlenbergbau, Hüttenwerk u. a. Ind.; Hütten-, Bergbau-Technika.

Jenan, chines. Stadt, →Yenan.

Jenatsch, Georg (Jürg), Graubündner Freiheitsheld, * 1596, † (ermordet) 1639, anfangs evang. Pfarrer, Gegner der spanisch-kath. Partei, trat, um die Rückgabe des Veltlins an Graubünden zu erreichen, 1635 zum Katholizismus über, vertrieb 1637 den frz. Herzog Rohan. – Roman von C. F. Meyer (1876).

Jenbach, Gem. und Sommerfrische in Tirol, Österreich, am Inn, 5 500 Ew.; Motoren- und Lokomotivbau; Achensee-Kraftwerk.

Jengi der, **Abessinischer Fuchs,** hochbeinige Wildhundart mit fuchsähnl. Kopf.

Jenissej der, Strom in Sibirien, 4 102 km lang, entsteht aus den Quellflüssen Großer und Kleiner J., die sich im Tuwa-Becken vereinigen, mündet in das Karische Meer, ab Osnatschennoje auf 3 013 km rd. 5 Monate schiffbar. Hauptnebenflüsse: Abakan, Angara, Tunguska.

Jenkins [dʒ'e-], Roy, brit. Politiker, * 1920, Journalist; 1964–76 mehrfach Min.; 1977–80 Präs. der EG-Kommission; bis 1981 Mitgl. der ›Labour Party‹, seitdem der ›Social Democratic Party‹; seit 1982 deren Führer.

Jenner [dʒ'enə], Edward, engl. Landarzt, * 1749, † 1823, erfand die Kuhpocken-Schutzimpfung gegen Menschenpocken.

Jens, Walter, klass. Philologe, Schriftst., * 1923; Romane: ›Nein – Die Welt der Angeklagten‹ (1950), ›Der Mann, der nicht alt werden wollte‹ (1955), ›Herr Meister‹ (1963); Hör- und

Fernsehspiele; Arbeiten zur Theorie der Rhetorik, Reden, Lit.- und Fernsehkritiken. 1976 Präs. des PEN-Clubs.

Jensen, 1) Hans Daniel, Kernphysiker, * 1907, † 1973, entwickelte gleichzeitig mit M. Goeppert-Mayer das Schalenmodell der Atomkerne. Nobelpreis 1963. **2)** Johannes Vilhelm, dän. Schriftst., * 1873, † 1950; trat für eine Führerrolle der Angelsachsen, Dt. und Skandinavier ein; Romanreihe: ›Die lange Reise‹ (1908–22), ›Gudrun‹ (1936); Novellen. Nobelpreis 1944.

Jephtha, A. T.: →Jiftach.

Jeremia(s), alttestamentl. Prophet, seit 627 v. Chr. in Jerusalem, verkündete den Untergang des Reiches Juda.

Jerewan, Hptst. der Armen. SSR, →Eriwan.

Jerez de la Frontera [xɛr'εθ-], früher **Xeres,** Stadt in Spanien, Andalusien, 149 900 Ew.; Zentrum der Sherry-Herstellung. – 19.–25. 7. 711 entscheidender Sieg der Araber unter Tarik über die Westgoten unter König Roderich.

Jericho, arab. **Eriha, Ariha,** Oasenstadt im Jordantal, Jordanien, 6 800 Ew.; Ausgrabungen.

Jericho-Rose, mehrere Pflanzen des östl. Mittelmeergebiets, die beim Vertrocknen ihre kurzen Äste kugelig einbiegen und vom Wind entwurzelt und davongerollt werden **(Steppenläufer);** in Wasser oder feuchter Luft breiten sie sich wieder aus.

Jeritza, Maria, österr. Sängerin (Sopran), * 1887, † 1982.

Jermak Timofejewitsch, Kosakenführer, † 1585 (oder 1584), eroberte seit 1581 (oder 1579) Sibirien bis zum Irtysch für den russ. Zaren.

Jeroboam, Könige des N-Reiches Israel. **1) J. I.** (926 bis 907 v. Chr.), wurde nach Salomos Tod König. **2) J. II.** (787–747 v. Chr.), der letzte bedeutende israel. Herrscher.

Jerome [dʒər'əum], Jerome Klapka, engl. Schriftst., * 1859, † 1927; heitere Reisegeschichten: ›Drei Mann in einem Boot‹ (1889), ›Drei Männer auf dem Bummel‹ (1900).

Jérôme [ʒer'o:m], urspr. **J. Bonaparte,** jüngster Bruder Napoleons I., * 1784, † 1860, 1807–13 König von Westfalen (›König Lustig‹) mit Sitz in Kassel (Wilhelmshöhe), 1807 ⑩ mit der württemberg. Prinzessin Katharina.

Jersey [dʒ'ə:zɪ, nach der Insel J.], gewebeähnlich aussehende Wirk- oder Strickware aus Woll- oder Wollmischgarn sowie Chemiefasern.

Jersey [dʒ'ə:zɪ], größte der Normann. Inseln, 116 km², 72 700 Ew. Hptst.: Saint Hélier.

Jersey City [dʒ'ə:zɪ s'ɪtɪ], Stadt in New Jersey, USA, am Hudson gegenüber New York, 223 500 Ew., hat Anteil am Groß-New Yorker Hafen, umfangreiche Industrie.

Jerusalem, hebr. **Jeruschalajim,** arab. **El-Kuds,** seit 1950 Hptst. von Israel, 800 m ü. M. auf einer wasserarmen Kalkhochebene, 398 200 Ew. In der in muslim., christl., jüd. und armen. Viertel aufgeteilten Altstadt befinden sich die hl. Stätten dreier Religionen: der Felsendom und die El-Aksa-Moschee der Muslime, die Grabeskirche der Christen und die Klagemauer der Juden am Tempelplatz. Außerhalb der Ringmauern sind Vorstädte entstanden. J. ist Sitz von Bischöfen aller Christl. Bekenntnisse, hat hebräische Univ., eine muslim. theolog. Fakultät, wissenschaftl. Institute, Museen, Kirchen, Moscheen, 70 Synagogen.

Geschichte. Im 19. Jh. v. Chr. erwähnt, wurde J. von David erobert und zu seinem Königssitz gemacht, von Salomo prächtig ausgeschmückt, 587 v. Chr. von Nebukadnezar zerstört, nach der

Jerusalem: Klagemauer

babylon. Gefangenschaft wiederaufgebaut, 70 n. Chr. von Titus zerstört, 130 von Hadrian wiederhergestellt (Aelia Capitolina). 637 wurde es arabisch, 1099 von den Kreuzfahrern erobert und Hptst. des Kgr. J., 1187 durch den ägypt. Sultan Saladin I. erobert, seit 1516 stand es unter türk. Herrschaft, 1920–48 war es von den Engländern besetzt. Durch die Grenzziehung 1948 verblieb die Altstadt bei Jordanien, während die Vorstädte im N und W und der SW-Hügel zu Israel kamen. 1967 eroberten israel. Truppen den jordan. Stadtteil. Daß J.-Gesetz (1980), das die Stadt einschl. des früheren jordan. Teils zur Hptst. des Landes erklärte, ist international sehr umstritten.

Jesaja, Vulgata: **Isaias,** judäischer Prophet des A. T., wirkte zw. 740 und 707 v. Chr., verkündete über Israel das Gericht und erwartete aus dem Stamm Davids den →Messias. Das Buch J. enthält auch nicht von J. stammende Teile. Deren bedeutendster Abschnitt (Kap. 40–55) ist der **Deutero-J.**

Jeschkengebirge, tschech. **Ještěd** [j'εʃtjεt], Gebirgszug im nördl. Böhmen, im Jeschken 1 012 m hoch.

Jespersen, Jens Otto Harry, dän. Sprachforscher, * 1860, † 1943; erforschte Phonetik, Syntax, entwarf eine Welthilfssprache.

Jesse, grch. **Isai,** Vater des Königs David. **Wurzel Jesse,** in der bildenden Kunst eine Darstellung des Stammbaums Jesu in Gestalt eines Baumes, der von dem ruhenden J. ausgeht.

Jessel, Leon, Operettenkomponist, * 1871, † 1942; ›Das Schwarzwaldmädel‹ (1917).

Jessenin, Esenin, Sergej Alexandrowitsch, russ. Dichter, * 1895, † (Selbstmord) 1925; schwermütige Lyrik.

Jessner, Leopold, Regisseur, * 1878, † 1945; 1928–30 Generalintendant der Staatl. Schauspiele Berlin; expressionist. Inszenierungen.

Jesuiten, Gesellschaft Jesu, lat. **Societas Jesu,** Abk. **SJ,** kath. Orden, 1534 von Ignatius von Loyola gegr., 1540 von Papst Paul III. bestätigt. Hauptziel: Ausbreitung und Befestigung der Kath. Kirche durch äußere und innere Mission. Der Orden wird von einem auf Lebenszeit gewählten General mit dem Sitz in Rom geleitet; er breitete sich im 16. Jh. in Europa (Gegenreformation) und in den asiat., afrikan. und amerikan. Missionsgebieten aus. Sein starker polit. Einfluß brachte ihn immer wieder in Konflikte auch mit kath. Regierungen. Eine starke Gegenbewegung führte schließlich zur Aufhebung des Ordens durch Papst Klemens XIV. (1773). Seit seiner Wiederherstellung (1814) ist seine Bedeutung bes. im Bereich von Bildung und Erziehung angewachsen; er ist jedoch von der Krise des kirchl. Selbstverständnisses nach dem 2. Vatikan. Konzil nicht verschont geblieben.

Jesuitenstaat, im 17. und 18. Jh. Missionsterritorien am unteren Paraná mit jesuit. Selbstverwaltung.

Jesuitentheater, lat. dramat. Aufführungen in den Gymnasien der Jesuiten (seit 1570). Musik, prunkvolle Ausstattung, Massenszenen wurden reichl. verwendet. Dramatiker: J. Bidermann, N. Avancinus, J. Masen.

Jesus Christus, Begründer und Mittelpunkt der neutestamentl. Verkündigung. Der Eigenname Jesus, die grch. Umschrift des hebr. Jeschua, bedeutet ›Jahwe hilft‹.

Geschichtl. Nachrichten über das Leben Jesu sind fast ausschließlich in den Schriften des N. T. erhalten, doch wird er auch von nichtchristl. Schriftstellern (Josephus, Tacitus) erwähnt. Die Daten von Geburt und Tod Jesu können nicht mit absoluter Sicherheit festgestellt werden, doch herrscht in hinreichender Sicherheit die Zeit seines Lebens (etwa 1–30 n. Chr.). Sein öffentl. Wirken vollzog sich hauptsächlich in Galiläa, war von mannigfachen außerordentl. Taten (Wunder) begleitet und endete mit seinem Kreuzigungstod in Jerusalem. Daran schlossen sich nach dem Bericht der Evangelien seine Auferstehung, ein vierzigtägiges Wirken unter den Jüngern und seine Himmelfahrt an.

Im Mittelpunkt der Lehre Jesu stand die Verkündigung von dem Reich Gottes (Herrschaft Gottes); häufig hatte er von sich als dem Menschensohn gesprochen; die wesentl. religiös-sittl. Forderungen des Reiches Gottes sind in der Bergpredigt (Matth. 5–7), mit dem Vaterunser, enthalten. Jesus forderte Sinnesänderung, Gottesliebe, die sich in Liebe zu den Mitmenschen betätigt, vertrauende Hingabe an Gott. Dieses Reich Gottes erwartete man am Ende der Zeit.

Jesus People Movement [dʒ'i:zəs pi:pl m'u:vmənt], Erweckungsbewegung, gekennzeichnet durch stark emotionale Jesus-Hingabe, fundamentalist. Bibelverständnis, Erwartung der Wiederkunft Jesu; in den USA Anfang der 70er Jahre entstanden.

Jesus Sirach, A. T.: → Sirach.

Jet

Jet [dʒet] *der,* **1) Gagat,** tiefschwarze polierbare Braunkohle für Trauerschmuck. **2)** Kurzform für Jet-Flugzeug, ein Flugzeug mit Strahlantrieb. **3) Jet-set** *der,* begüterte Angehörige der industriellen Wohlstandsgesellschaft, die danach streben, bei den Treffen und Vergnügungen der Prominenz in aller Welt dabei zu sein. **4) Jetstream** [-stri:m] *der,* → Strahlstrom.

JET, Abk. für engl. **J**oint **E**uropean **T**orus, experimentelles Projekt der EG zur Erforschung der physikal. und techn. Grundlagen der kontrollierten Kernverschmelzung; wird in Culham bei London gebaut.

Jeton [ʒəˈtõ, frz.] *der,* Rechenpfennig, Spielmarke.

Jeu de paume [ʒødpˈoːm], Vorläufer des Tennisspieles, bes. im 16./17. Jh. in Ballhäusern mit Schlägern und Federbällen gespielt.

Jeunesse dorée [ʒœnˈɛs dɔrˈe, frz. ›goldene Jugend‹], elegante Großstadtjugend; urspr. die tonangebende Jugend der guten Gesellschaft in Paris während des → Direktoriums.

Jeunesses musicales [ʒœnˈɛs myzikˈal, frz.] *Mz.,* internat. Vereinigung zur musikal. Förderung der Jugend (dt. Landesgruppe in München), 1941 gegr. von dem Belgier M. Cuvelier, arbeitet in Verbindung mit der UNESCO.

Jever, Krst. des Kr. Friesland, Ndsachs., auf der Grenze zw. Marsch und Geest, 12 400 Ew.; Brauerei, Druckerei u. a. Ind.

Jevons [dʒˈevənz], William Stanley, engl. Volkswirtschaftler, * 1835, † 1882, entwickelte gleichzeitig mit C. Menger und L. Walras die Grenznutzentheorie.

Jewish Agency for Palestine [dʒˈuɪʃ ˈeɪdʒənsɪ fɔː pˈælɪstaɪn], im Mandatsvertrag für Palästina 1922 anerkannte Vertretung des Zionismus, beriet 1929–48 die britischen Mandatsregierung.

Jewpatorija, Eupatoria, Hafenstadt und Kurort auf der Krim, Ukrain. SSR, 95 000 Ew.; Nahrungsmittel- u. a. Ind.

Jewtuschenko, Evtušenko, Jewgenij Aleksandrowitsch, russ. Dichter, * 1933, Lyriker der nachstalinist. Generation.

Jhansi [dʒ-], **Dschansi,** Stadt in Uttar Pradesh, Indien, 173 000 Ew.; Handelszentrum; Eisenbahnwerkstätten.

Jhelum [dʒ-], **Jhelam, Dschihlam,** einer der 5 größeren Flüsse im Pandschab, 720 km lang, wichtig für die Bewässerung und Energieerzeugung.

Jiamusi [dʒjaˈ-], amtl. chines. für → Chiamussu.

Jiangsu [dʒjaŋˈ-], amtl. chines. für → Kiangsu.

Jiangxi [dʒjaŋˈçsi], amtl. chines. für → Kiangsi.

Jiaozhou [dʒjauˈdʒou], amtl. chines. für → Kiautschou.

Jiddisch, die seit Ansiedlung jüd. Gruppen im Dtl. (seit dem 9. Jh.) aus mitteldt. Mundarten, semit. und slaw. Bestandteilen entstandene Mischsprache. Im 15. Jh. breitete sich das J. im S bis in die Lombardei, später nach N (Hamburg, Amsterdam) aus; seit 1880 gelangte es auch in die USA und nach Südamerika. In W-Europa erlosch es Anfang des 19. Jh., während es die Umgangssprache der osteurop. Juden blieb. Geschrieben wird es mit hebräischen Buchstaben. – Die jidd. Literatur war von Anfang an religiös gerichtet. Eine Art Volksbibel ist ›Zenne Renne‹ von Jakob ben Isaak Aschkenasi, eine Märchen- und Geschichtensammlung das anonyme Maasse-Buch, beide 16. Jh. Gegen Ende des 19. Jh. entstand ein Schrifttum von beachtl. Höhe: Mendele Mojcher Sforim, Scholem Alejchem, Jizchok Lejb Perez, M. Rosenfeld, Scholom Asch, D. Pinski u. a.

Jiftach [hebr. ›(Gott) möge öffnen, retten‹], **Jephtha,** einer der großen Richter Israels; erzwang den Sieg über die Ammoniter (oder Moabiter?) durch den Opfertod seiner Tochter.

Jilin [dʒi-], amtl. chines. → Kirin.

Jiménez [xim'eneθ], **1)** span. Kardinal, →Ximénes (Jiménez) de Cisneros. **2)** Juan Ramón, span. Lyriker, * 1881, † 1958; schwermütige Lyrik, später im Sinne einer ›Poésie pure‹. ›Herz, stirb oder singe‹ (dt. Auswahl, 1958, neu 1977). Nobelpreis 1956.

Jimmu Tenno [dʒ-], Gründer des japan. Kaiserhauses. Er soll am 11. 2. 660 v. Chr. den Thron bestiegen haben.

Jinan [dʒi-], amtl. chines. für → Tsinan.

Jingdezhen [dʒindʒərˈ], amtl. chines. für → Chingtechen.

Jingo [dʒˈɪŋgəu] *der,* abfällige Bez. für die brit. Imperialisten und Nationalisten, entstanden während des russisch-türk. Kriegs 1877/78.

Jining [dʒi-], amtl. chines. für → Chining.

Jinnah [dʒˈɪnɑː], Mohammed Ali, Gründer Pakistans (1947), * 1876, † 1948, 1916 Präs. der Muslim-Liga, förderte die Trennung Pakistans von Indien.

Jitschin, tschech. **Jičin** [jˈɪtʃiːn], Stadt im Ostböhm. Kr.,

ČSSR, 16 000 Ew.; Maschinenfabrik; im 17. Jh. als Hptst. des Hzgt. Friedland Residenz Wallensteins (Schloß).

Jitterbug [dʒˈɪtəbʌg] *der,* Gesellschaftstanz, um 1940 in Amerika entstanden (→ Boogie-Woogie).

Jiujiang [dʒudʒjaŋ], amtl. chines. für → Chiuchiang.

Jiu-Jitsu [dʒˈiu-dʒˈitsu, japan. aus jujutsu ›sanfte Kunst‹] *das,* aus Japan stammende Kunst der waffenlosen Selbstverteidigung, die zum Ziel hat, den Gegner durch Schläge, Tritte, Stöße, Würfe, Hebel, Würgegriffe kampfunfähig zu machen oder zu töten. J.-J. gilt als einer der Vorläufer des Judo.

Jívaro [xˈiβaro], das größte Waldindianervolk Südamerikas (Ecuador, Peru); bekannt sind ihre Kopftrophäen (Tsantsa).

Jive [dʒaɪv] *der,* Tanzsport: vom Boogie-Woogie abgeleiteter Tanz im ⁴/₄-Takt; aus den USA.

Joab [hebr. ›Jahwe ist Vater‹], Oberfeldherr des israel. Königs David, von Salomo hingerichtet.

Joachim, Kurfürsten von Brandenburg:
1) J. I. Nestor (1499–1535), * 1484, † 1535, gründete 1506 die Univ. Frankfurt a. d. O., bekämpfte die Reformation.
2) J. II. Hektor (1535–71), Sohn von 1), * 1505, † 1571, trat 1539 zur Reformation über, unterstützte aber im Schmalkald. Krieg den Kaiser gegen die Protestanten.
3) J. Friedrich (1598–1608), Enkel von 2), * 1546, † 1608, setzte 1599 im Geraer Hausvertrag die Unteilbarkeit des hohenzollernschen Besitzes fest, mit Ausnahme der fränk. Lande.

Joachim, Joseph, Geiger und Komponist, * 1831, † 1907. Schumann, Brahms widmeten ihm Violinkonzerte.

Joachim von Floris, J. von Fiore, kath. Theologe, * um 1130, † 1202; Ordensgründer. Seine Lehre von den 3 Zeitaltern wurde nach seinem Tode verurteilt, dennoch hatte sie weite Auswirkungen; von ihm stammt der polit. Gedanke des → Dritten Reiches.

João Pessoa [ʒuˈãum-], Hptst. des Staates Paraíba, Brasilien, 287 600 Ew. Univ., Ind.

Job, in der Vulgata: → Hiob.

Job [dʒɔb, engl.] *der,* Arbeit, Anstellung. **Job enlargement** [-ɪnlˈaːdʒmənt], Arbeitserweiterung durch zusätzl. Arbeitsgänge. **Job enrichment** [-ɪnrˈɪtʃmənt], Bereicherung der Arbeit durch Zusammenlegung versch. Tätigkeiten. **Job hopper** [-hˈɔpə], häufiger Berufs- oder Betriebswechsler. **Job rotation** [-rəutˈeɪʃn], Arbeitsplatzwechsel, um das Unternehmen besser kennenzulernen. **Job sharing** [-ʃeərɪŋ], Form der Teilzeitarbeit, bei der sich 2 oder mehrere Mitarbeiter einen Arbeitsplatz teilen.

Jobber [dʒˈɔbə, engl.], Börsenspekulant, Wertpapierhändler an der Londoner Börse, im Ggs. zum **Broker** nur für eigene Rechnung kaufen oder verkaufen darf.

Joch *das,* **1)** Zuggeschirr für Ochsen, liegt auf Stirn (**Stirn-J.**) oder Nacken (**Nacken-J.**). **2)** ein Gespann Zugtiere. **3)** früheres Feldmaß: so viel Land, wie ein Gespann Ochsen an einem Tag umpflügen kann (30–65 a). **4)** ⊕ Sattel in einem Gebirgskamm, Paß. **5)** ⊞ in Kirchen ein Raumabschnitt von quadrat. oder rechteckigem Grundriß, an dessen Ecken vier Stützen ein Gewölbefeld tragen.

Jochbein, ⚕ paariger Knochen, der die Wange nach oben begrenzt (**Backenknochen**).

Jochenstein, Staustufe und Kraftwerk der Donau, rd. 22 km unterhalb Passau, erbaut 1952–56 als dt.-österr. Gemeinschaftsleistung.

Jochum, Eugen, Dirigent, * 1902.

Jockey [dʒˈɔkɪ, engl.], Pferdesport: Berufsreiter bei Galopprennen, der 50 Rennen der Klasse A gewonnen hat; vorher ist er **Rennreiter.**

Jod, Zeichen J, Halogen (→chemische Elemente); fest grauschwarz, gasförmig violett. J. löst sich in Alkohol, Äther u. a. J. ist in Meerwasser (0,0002%) und in Chilesalpeter (bis 0,1%) angereichert und wird aus letzterem und aus Erdöl- und Mineralwässern gewonnen. — **Jodwasserstoff** ist ein stechend riechendes Gas, seine wäßrige Lösung, die **Jodwasserstoffsäure,** bildet mit Metallen und Basen Salze, z. B. das in der Photographie verwendete **Silberjodid,** AgJ. — **Jodometrie,** maßanalyt. Verfahren in der analyt. Chemie. — J. ist ein unentbehrl. Bestandteil des tier. und menschl. Organismus; es wird mit der Nahrung aufgenommen (→Jodpräparate).

Jodelle [ʒɔdˈɛl], Étienne, frz. Dichter der Pléiade, * 1532, † 1573; erste frz. Renaissancetragödien.

Jodeln [aus johlen und dudeln], Singen mit schnellem Wechsel von Brust- und Kopfstimme; bes. in den Alpen.

Jodhpur [dʒˈɔdpuə], **Dschodhpur,** Stadt in Rajasthan,

Indien, am Rand der Wüste Thar, 319 000 Ew.; Kunstgewerbe, Metall- und Textilind.; Univ., Luftwaffenakademie.

Jodl, Alfred, Generaloberst (1944), * 1890, † (hingerichtet) 1946, war als Chef des Wehrmachtsführungsstabes militär. Berater Hitlers, unterzeichnete 1945 in Reims die Kapitulation.

Jodoform *das,* **Trijodmethan,** keimtötendes Mittel bei der Wundbehandlung; als **J.-Gaze** nur noch in beschränktem Umfang verwendet.

Jodpräparate, jodhaltige Arzneimittel; äußerlich **Jodtinktur** (Jod und Kaliumjodid in Weingeist), dient zum Desinfizieren der Haut und gegen Entzündungen; innerlich meist **Kaliumjodid,** zur Behandlung und Verhütung des Kropfes.

Jodrell Bank [dʒˈɔdrəl bæŋk], Hügellandschaft bei Manchester, England. Standort eines der größten steuerbaren Radioteleskope (Ø 76 m).

Jodvergiftung mit freiem Jod oder Jodtinktur führt zu Ätzerscheinungen im Magen-Darm-Kanal; in Dampfform eingeatmetes Jod kann **Jodschnupfen** verursachen. Gegen J. durch Arzneien sind Milch und Eiweiß zu verabreichen.

Jodzahl, Maßzahl für den Gehalt eines Fettes an ungesättigten Fettsäuren; gibt an, wieviel Gramm Jod von 100 g Fett gebunden werden.

Joel, alttestamentl. Prophet (4./3. Jh. v. Chr.), Verfasser eines der jüngsten prophet. Bücher.

Joffé, Joffe, Ioffe, Abram Fjodorowitsch, russ. Physiker, * 1880, † 1960, arbeitete über Kristallphysik und Dielektrika, entwickelte Halbleiter-Thermoelemente für die Satellitentechnik.

Joffre [ʒɔfr], Joseph, frz. Marschall (1916), * 1852, † 1931; 1911 Generalstabschef, 1914–16 Oberbefehlshaber, entschied die Marneschlacht.

Joga, →Yoga.

Jogging [dʒˈɔ-, engl. to jog ›traben‹], Freizeitsport: leichter Dauerlauf in mäßiger Geschwindigkeit.

Joghurt, Yoghurt *der, das,* kremartige Sauermilch, durch Bakterien erzeugt.

Jogi, ind. Büßer, →Yogi.

Jogyakarta, Jogjakarta, indones. Stadt, →Yogyakarta.

Johann, Fürsten:
Böhmen. **1)** **J. von Luxemburg,** König (1310–46), Sohn Kaiser Heinrichs VII., * 1296, † 1346, 1310 mit Böhmen belehnt, wurde ihm als Schwiegersohn des Přemysliden Wenzel II. 1335 das Hzgt. Breslau und die Lehnshoheit über andere schles. Fürsten und Masowien zuerkannt; seit 1340 erblindet, fiel er bei Crécy auf frz. Seite gegen die Engländer. Vater Karls IV.
Brandenburg. **2)** **J. Sigismund,** Kurfürst (1608–19), * 1572, † 1619, trat 1613 zum Calvinismus über; erwarb 1614 Kleve, Mark, Ravensberg, 1618 das Hzgt. Preußen.
Burgund. **3)** **J. ohne Furcht,** Herzog (1404–19), Sohn Philipps des Kühnen, * 1371, † 1419, ließ im Streit um die Herrschaft am Hofe des wahnsinnigen Königs Karl VI. von Frankreich den Herzog Ludwig von Orléans 1407 ermorden; wurde von Anhängern des Dauphins (Karl VII.) umgebracht.
England. **4)** **J. ohne Land,** König (1199–1216), * 1167, † 1216, folgte seinem Bruder Richard Löwenherz, verlor 1203–06 fast alle engl. Festlandsbesitzungen an Frankreich und erkannte 1213 Papst Innozenz III. als Lehnsherrn an, verlor 1214 die Schlacht von →Bouvines, mußte den aufständ. Baronen 1215 die →Magna Charta gewähren.
Frankreich. **5)** **J. II., der Gute,** König (1350–64), * 1319, † 1364, geriet in der Schlacht bei Maupertuis 1356 in engl. Gefangenschaft, mußte 1360 im Frieden von Brétigny ganz SW-Frankreich abtreten.
Österreich. **6)** **J. Parricida** [lat. ›Vatermörder‹], Enkel König Rudolfs I., * 1290, † 1313 (1312?), ermordete am 1. 5. 1308 seinen Onkel, König Albrecht I., der ihm das väterl. Erbteil vorenthielt; floh vor dem Todesurteil nach Italien.
7) **J.,** Erzherzog, sechster Sohn Kaiser Leopolds II., * 1782, † 1859, als Heerführer wenig erfolgreich. 1809 am Aufstand der Tiroler beteiligt, stiftete 1811 das steirische Landesmuseum (**Johanneum**) in Graz; in den Alpenländern sehr volkstümlich; 1848/49, gewählt von der Frankfurter Nationalversammlung, als Reichsverweser; 1827 ∞ mit Anna Plochl, der Tochter des Postmeisters in Aussee.
Polen. **8)** **J. II. Kasimir,** König (1648–68), * 1609, † 1672, verlor 1660 Ostpreußen an den Großen Kurfürsten, 1667 die Ukraine an Rußland, dankte 1668 ab.
9) **J. III. Sobieski,** König (1674–96), * 1629, † 1696; 1668 ›Krongroßhetman‹, nach seinem Sieg bei Chocim über die Türken (1673) zum König gewählt; befreite 1683 durch den Sieg am Kahlenberg Wien.
Portugal. **10)** **J. II.,** König (1481–95), * 1455, † 1495, ließ die portugies. Entdeckungsfahrten fortsetzen, schloß 1494 mit Kastilien den Vertrag von Tordesillas (Abgrenzung der portugies. und span. Entdeckungen).
11) **J. IV.,** König (1640–56), * 1604, † 1656, 1. Herrscher des Hauses Bragança, befreite das Land von der span. Herrschaft.
Sachsen. **12)** **J. der Beständige,** Kurfürst (1525–32), * 1468, † 1532, regierte bis 1525 mit seinem Bruder Friedrich dem Weisen, führte seit 1526 die Reformation durch. Unter seiner Führung kam 1531 der Schmalkald. Bund zustande.
13) **J. Friedrich der Großmütige,** Kurfürst (1532–47), Sohn von 12), * 1503, † 1554, neben Philipp von Hessen der Führer der dt. Protestanten, im Schmalkald. Krieg bei Mühlberg 1547 besiegt und gefangengenommen (bis 1552). Durch die Wittenberger Kapitulation verlor er die Kurwürde und einen Teil seiner Länder an die Albertiner. Stifter der Univ. Jena.
14) **J. Georg I.,** Kurfürst (1611–56), * 1585, † 1656, schloß sich im Dreißigjährigen Krieg 1620 dem Kaiser an, 1631/32 (unter Zwang) Gustav Adolf; im Prager Frieden 1635 erhielt er die böhm. Lausitz.
15) **J.,** König (1854–73), * 1801, † 1873, verfolgte im Dt. Bund eine mittelstaatl. Politik, kämpfte 1866 auf der Seite Österreichs; widmete sich der Danteforschung.

Johanna, Fürstinnen:
England. **1)** **J.,** engl. **Jane Seymour** [dʒeɪn sˈiːmɔː], dritte Gemahlin König Heinrichs VIII., * 1509, † 1537, starb nach der Geburt des Thronerben Eduard VI.
Kastilien. **2)** **J. die Wahnsinnige,** Königin (1504), Erbtochter Ferdinands von Aragón und Isabellas von Kastilien, * 1479, † 1555, heiratete 1496 Philipp den Schönen, Sohn Maximilians I. Philipps Tod (1506) löste ihre Geisteskrankheit aus. Mutter Karls V. und Ferdinands I.
Neapel. **3)** **J. I.,** Königin (1343–82), * um 1326, † (erdrosselt) 1382, folgte ihrem Großvater Robert I., ließ 1345 ihren ersten Gatten, Andreas von Ungarn, ermorden und heiratete noch dreimal.

Johannes, Päpste:
1) **J. XXII.** (1316–34), vorher Jacques **Duèse,** * um 1245, † 1334, festigte das Papsttum in Avignon und wirkte politisch im Interesse Frankreichs.
2) **J. XXIII.** (1410–15), vorher Balthasar **Cossa,** † 1419, mußte in die Berufung des Konzils von Konstanz einwilligen, auf dem er 1415 abgesetzt und als Gegenpapst gezählt wurde.
3) **J. XXIII.** (1958–63), vorher Angelo Giuseppe **Roncalli,** * 1881, † 1963, wirkte als Papst bes. durch die Umgestaltung des Kardinalskollegiums, die Reform der Liturgie, die Enzykliken ›Mater et Magistra‹ und ›Pacem in terris‹, die starke Förderung der Unionsbestrebungen und die Einberufung des II. Vatikan. Konzils.
4) **J. Paul I.** (1978), vorher Albino **Luciani,** * 1912, † 1978, regierte nur kurze Zeit.
5) **J. Paul II.** (seit 1978), vorher Karol **Wojtyła,** * 1920, früher (seit 1964) Erzbischof von Krakau, seit Hadrian VI. der erste nichtital. Papst.

Johannes, biblische Personen:
1) **J. der Evangelist, J. der Apostel,** Jünger Jesu, galiläischer Fischer, Sohn des Zebedäus. Nach altkirchl. Überlieferung hat er später in Ephesos gewirkt und ist erst unter Trajan gestorben. Nach dieser Tradition ist auch der Verf. des J.-Evangeliums, der Briefe und der Offenbarung des J. Heiliger; Tag: 27. 12., Ostkirche 26. 9. Sinnbild als Evangelist: Adler; Kennzeichen als Apostel: Kelch mit einer Schlange.
2) **J. der Täufer,** Bußprediger, der taufend und das heranbrechende Reich Gottes verkündend am Jordan auftrat. Er ließ auch Jesus von sich taufen. Das N. T. berichtet von seiner Hinrichtung durch Herodes Antipas. Heiliger; Tage: 24. 6. und 29. 8.

Johannes, Heilige:
1) **J. Chrysostomos,** Bischof und Patriarch von Konstantinopel (seit 398), der größte Prediger der grch. Kirche, * 344/54, † 407, Kirchenlehrer; Tag im O: 13. 11., im W: 13. 9.
2) **J. vom Kreuz, Juan de la Cruz,** span. Mystiker und Dichter, * 1542, † 1591, war Priester und Erneuerer des Karmeliterordens. Kirchenlehrer; Tag: 14. 12.
3) **J. von Capestrano,** Franziskaner, * 1386, † 1456, der bedeutendste franziskan. Wanderprediger des 15. Jh.; Tag: 23. 10.

Johannes XXIII.

4) J. von Damaskus, grch. Schriftst., Theologe und Mönch, * um 675, † um 749, Kirchenlehrer. Tag: 4. 12.

5) J. von Nepomuk, Schutzheiliger von Böhmen, * um 1350, † 1393, war Generalvikar des Erzbischofs von Prag, wurde 1393 durch König Wenzel wegen seiner unnachgiebigen Vertretung der kirchl. Rechte gefoltert und dann in der Moldau ertränkt. Tag: 16. 5.

Johannesburg, Stadt in den Goldfeldern des Witwatersrand, Prov. Transvaal, Rep. Südafrika, 1750 m ü. M., 1,5 Mio. Ew. J. ist Bahn- und Straßenknoten, Hauptflughafen Südafrikas; Univ., Observatorium, Kunstgalerie, Museum, Zoo, Theater. Ind.: Diamantenschleifereien, Maschinen, Textilien u. a.

Johannes Duns Scotus, →Duns Scotus.

Johannes Eriugena, J. Scot(t)us, scholast. Philosoph und Theologe, * in Irland um 810, † um 877; sein Werk ›Über die Einteilung der Natur‹ ist das erste große geschlossene Lehrgebäude des MA.

Johannesevangelium, das 4. Evangelium im N. T. Sein Bericht über die Geschichte Jesu weicht in vielem von den drei ersten Evangelien ab. Der eigtl. Gegenstand des J. ist die Darstellung Jesu als des Gottessohnes (Logos).

Johannes Paul, Päpste, →Johannes, Päpste.

Johannes von Tepl, J. von Saaz, böhm. Frühhumanist, kam vor 1378 als Notar und Stadtschreiber nach Saaz, ging 1411 nach Prag-Neustadt, wo er 1414 gestorben sein soll; schrieb wohl 1401 das Streitgespräch ›Ackermann aus Böhmen‹, in dem er mit dem Tod um den Verlust seiner Frau rechtet.

Johanngeorgenstadt, Stadt im Erzgebirge, Bez. Karl-Marx-Stadt, rd. 10000 Ew.; nach 1945 zeitweilig Mittelpunkt des Uranerzbergbaus.

Johannisbeere, Gatt. dornenfreier Beerensträucher. Die **Rote J.** hat grüne Blütchen und rote bis weißl., säuerl. Beeren, in Dtl. heimisch; ebenso die stark riechende, schwarz- und rauhbeerige **Schwarze J.** oder **Ahlbeere.** Ziersträucher sind z. B. die nordamerikan. Arten: **Gold-J., Goldtraube** oder **Goldribisel.**

Johannisbrot, Frucht des **J.-Baums (Karob(en)baum),** eines am Mittelmeer heimischen, bis 10 m hohen immergrünen Hülsenfrüchters.

Johannisfest, Geburtsfest Johannes' des Täufers (24. 6.) mit Volksbräuchen aus den Sonnwendfeiern.

Johanniskäfer, volkstümlich für versch. Blatthornkäfer.

Johanniskraut, Hartheu, Gatt. der Hartheugewächse, krautig und halbstrauchig. Die bis 1 m hohe Art **J.** oder **Tüpfelhartheu** hat durchscheinend drüsige Blätter und goldgelbe, schwarz punktierte und gestrichelte Blüten.

Johannis|trieb, 2. Wachstumsperiode der Holzgewächse (24. 6., ›Johannistag‹); U Phase inadäquat starker sexueller Aktivität des Mannes in höherem Lebensalter.

Johanniter|orden, 1) **J., Johanniter,** geistl. Ritterorden für die Krankenpflege, wahrscheinlich von Kaufleuten aus Amalfi in Jerusalem gegr., 1113 vom Papst bestätigt. Ritterkleidung: schwarzer, im Kriege roter Mantel mit weißem Kreuz. Nach der Eroberung Jerusalems durch Sultan Saladin (1187) wurde Akka, nach dessen Verlust (1291) Zypern, seit 1310 Rhodos (daher **Rhodiserritter**) Sitz des J. Als die Türken 1523 Rhodos eroberten, überließ Karl V. dem J. 1530 Malta (daher →Malteserorden), wo er bis 1798 selbständig blieb. 2) **Preußischer J.** (Balley Brandenburg), 1812 gestiftet als prot. Adelsgenossenschaft, widmet sich seit 1852 der Krankenpflege; Genossenschaften in Dtl., Ungarn, Frankreich, Finnland, Schweiz, Österreich und Übersee.

Johann von Neumarkt, Frühhumanist und Kanzler Kaiser Karls IV., * um 1310, † 1380, bildete am lat. Humanistenstil die Sprache der kaiserl. Kanzlei.

John Bull [dʒon bul], Spitzname des Engländers, nach der Satire von J. Arbuthnot (1712).

John F. Kennedy International Airport [dʒɔn en k'enidi intən'æʃnl 'ɛəpɔːt], bis 1963 **Idlewild,** größter Flughafen von New York.

Johns [dʒɔnz], Jasper, amerikan. Maler, Graphiker, Bildhauer, * 1930, ein Gründer der Pop Art.

Johnson, 1) [dʒɔnsn], Andrew, 17. Präs. der USA (1865–69), * 1808, † 1875. **2)** [jʼunsɔn], Eyvind, schwed. Erzähler, * 1900, † 1976; Romane: ›Hier hast du dein Leben‹ (1934–37), ›Eine große Zeit‹ (1960). 1974 Nobelpreis für Lit. (mit H. Martinson). **3)** [dʒɔnsn], James Weldon, amerikan. Schriftst., * 1871, † 1938; Romane, Essays, Autobiographie. **4)** [dʒɔnsn], Lyndon B., 36. Präs. der USA (1963–69), Demokrat, * 1908, † 1973, seit 1949 im Senat, wurde Jan. 1961 Vizepräs. und nach der

Ermordung J. F. Kennedys am 22. 11. 1963 laut Verf. Präs. Am 3. 11. 1964 wurde J. mit großer Mehrheit zum Präs. gewählt. – Über seine Politik →Vereinigte Staaten, Geschichte. (Bild S. 49) **5)** [dʒɔnsn], Samuel, engl. Schriftst., * 1709, † 1784, beurteilte als einflußreicher Kritiker die engl. Lit. nach klassizist. Grundsätzen. **6)** Uwe, Schriftst., * 1934; Romane: ›Mutmaßungen über Jakob‹ (1959), ›Zwei Ansichten‹ (1965), ›Jahrestage‹ (1970ff.). Bild S. 49

Johore, Dschohor, Bundesstaat in W-Malaysia, im S der Malaiischen Halbinsel, 18977 km², 1,4 Mio. Ew. Hptst.: J. Bahru.

Joint [dʒɔint], Kurz-Bez. für die 1914 in den USA gegr. jüdische Hilfsorganisation.

Joint [dʒɔint, engl.] der, selbstgedrehte Haschischzigarette.

Joint European Torus [dʒɔint juərəp'iən t'ɔrəs], →JET.

Joint stock company [dʒɔint stɔk k'ʌmpəni, engl.], Aktienges.; die engl. J. s. c. deckt sich im Aufbau mit der dt. AG, die amerikan. ist keine jurist. Person.

Joint Ventures [dʒɔint v'entʃəz, engl.], Partnerschaftsunternehmen mit in- und ausländ. Anteilseigntern.

Joinville [ʒuevʼili], Stadt in Santa Catarina, Brasilien, 77800 Ew.; Handels- und Ind.-Mittelpunkt; 1851 von Dt. gegr.

Joinville [ʒwɛvʼil], Jean Sire de, frz. Geschichtsschreiber, * 1225, † 1317, schrieb die Geschichte Ludwigs IX.

Jo-Jo, Yo-Yo, ein Geschicklichkeitsspiel.

Jojoba [hɔuh'əuba, engl.; aus span.], in der mexikan. Sonorawüste heimische Art der Buchsbaumgewächse, ein immergrüner Strauch, wertvoll als Begrünungspflanze für trockene Böden, als Futtermittel sowie bes. als Lieferant des **J.-Öls,** das sich u. a. zur industriellen Weiterverarbeitung eignet.

Jókai [jʼoːkɔi], Mór, ungar. Schriftst., * 1825, † 1904; Erz.; Romane: ›Ein ungar. Nabob‹ (1854), ›Der neue Gutsherr‹ (1867).

Joker [dʒʼoukə, engl.] ›Spaßmacher‹ der, in Kartenspielen (Rommé, Canasta) zusätzliche Austauschkarte, kann jede Karte vertreten.

Jokkaitschi, Hafenstadt auf Honshu, Japan, →Yokkaichi.

Jokohama, Stadt auf Honshu, Japan, →Yokohama.

Jokosuka, Marinehafen in Japan, →Yokosuka.

Joliot [ʒɔlj'o], genannt **J.-Curie,** Frédéric, frz. Atomphysiker, * 1900, † 1958, entdeckte 1934 mit seiner Frau **Irène J.-Curie** (* 1897, † 1956) die künstl. Radioaktivität, wofür sie 1935 den Nobelpreis für Chemie erhielten. J. und seine Mitarbeiter führten 1939 den Nachweis für das Auftreten einer Kettenreaktion innerhalb einer Uranmasse. (Bilder S. 49)

Jolivet [ʒɔlivʼɛ], André, frz. Komponist, * 1905, † 1974; Orchester-, Chor-, Klavierwerke, Bühnen-, Filmmusik.

Jolle die, 1) breites Ruderboot, Beiboot. 2) Segelboot mit Schwert und Großsegel.

Jom Kippur [hebr.], jüd. Fest, der →Versöhnungstag; J. K.-Krieg, → Nahostkonflikt.

Jommelli, Jomelli, Niccolò, ital. Komponist, * 1714, † 1774, erstrebte in seinen Opern vertiefte Dramatik.

Jona, Jonas, israel. Prophet, Held des Buches J., das die Erzählung von J. und dem Walfisch enthält.

Jonas, 1) Franz, österr. Politiker (SPÖ), * 1899, † 1974, Schriftsetzer, 1950–65 stellv. Bundesobmann der SPÖ, 1951–65 Bürgermeister von Wien, 1965–74 Bundespräs. **2)** Justus, Mitarbeiter Luthers, * 1493, † 1555, Propst und Prof. in Wittenberg, dann Prediger in Halle, Coburg, Eisfeld.

Jonathan, Sohn Sauls, Freund Davids, der J.s Tod in der Schlacht besang.

Jones [dʒɔunz], 1) Ernest, engl. Psychoanalytiker, * 1879, † 1958; Schüler S. Freuds. 2) Inigo, engl. Baumeister, * 1573, † 1652, führte in England den dann maßgebend gewordenen Stil Palladios ein. 3) James, amerikan. Schriftst., * 1921, † 1977; Romane: ›Verdammt in alle Ewigkeit‹ (1951), ›Die Entwurzelten‹ (1957) u. a. 4) Le Roi, (seit 1968) Imamu Amiri **Baraka,** afroamerikan. Schriftst., * 1934; Sprecher der Black-Power-Bewegung; Dramen, Essays, Gedichte.

Jonglei-Kanal, seit 1978 im Bau befindl. Kanal zw. Bor und Malakal, S-Sudan.

Jongleur [ʒɔglʼœːr, frz.] der, Artist für Geschicklichkeitsübungen: Werfen und Auffangen von Bällen, Tellern usw.

Jonkheer [niederl.: Junker‹], im niederländ. Adel die unterste Adelsbez., stets vor dem Vornamen.

Jönköping [jʼœntçøːpiŋ], Stadt im SO Schweden, am S-Ufer des Vättersees, 107700 Ew.; Zündholz-, Papier-, Textil-, Schuh-Ind. – Stadtrecht seit 1284.

Jonson [dʒɔnsn], Ben(jamin), engl. Dramatiker, * 1572,

*Johannisbeere:
oben Rote J.,
unten Schwarze J.*

Jordanien

† 1637; Gedichte, Maskenspiele, Römertragödien, realist. Lustspiele (›Volpone‹, 1606).

Joppe, Männerjacke ohne Taille.

Jordaens [-daːns], Jakob, fläm. Maler, * 1593, † 1678, malte figurenreiche Genrebilder, kraftstrotzende und humorvolle Darstellungen: ›Bohnenfest‹; ›Der Satyr beim Bauern‹; auch relig. und mytholog. Gemälde: ›Kreuzigung‹.

Jordan der, längster und wasserreichster Fluß Jordaniens und Israels, rd. 250 km lang, entspringt im Hermon, durchfließt das Huletal und den See Genezareth und mündet ins Tote Meer. Sein Lauf verfolgt eine tektonisch angelegte Senke (Jordangraben), streckenweise zahlreiche Windungen bildend und von Galeriewäldern begleitet. Bes. Israel leitet Wasser aus dem J. zur Bewässerung ab (bis in die Wüste Negev).

Jordan, 1) Pascual, Physiker, * 1902, † 1980, maßgebend an der Entwicklung der Quantenmechanik beteiligt, arbeitete über Quantenelektrodynamik, allg. Relativitätstheorie, Astrophysik, Kosmologie. **2)** Wilhelm, Schriftst., Politiker, * 1819, † 1904; Schauspiele, Romane, Übers., Epos ›Die Nibelungen‹ (1867–74).

Jordanes, Jornandes, Geschichtsschreiber, rechnete sich selbst zu den Goten, deren Geschichte er 551 verfaßte.

Jordanien, Vollform **Haschemitisches Königreich J.,** arabisch **Al-Mamlaka al-Urdunnijja al-Hashimijja,** Kgr. in Vorderasien, 97 740 km² (andere Angaben: 98 396 km²), 3,2 Mio. Ew. Hptst. ist Amman. Staatsoberhaupt König Husain II. Amtssprache: Arabisch. Religion: rd. 90% Muslime; außerdem Christen versch. Kirchen. Bildung: Allg. Schulpflicht 6.–15. Lebensjahr; Analphabetenquote rd. 50%; Univ. in Amman. Recht: teils europ. Vorbild, teils islam. Recht. Währung ist der Jordan-dinar (DJ) zu 1 000 Fils. ⊕ Band 1, n. S. 320. Wappen und Flagge S. 48.

Landesnatur. Die Einsenkung des Jordangrabens zerschneidet das rd. 600–800 m (im S bis 1 745 m) hohe Bergland und trennt Ost-J. von West-J. (›Palästina‹). Ost-J. hat nur in einem kleinen Streifen im N ausreichende subtrop. Winterregen für den Feldbau. Nach O geht das ostjordan. Bergland allmähl. in Wüste über.

Wirtschaft. Nur 11% der Gesamtfläche sind Ackerland (Weizen, Gerste, Hülsenfrüchte, Tomaten, Gemüse, Oliven, Trauben, Tabak, Citrusfrüchte, Bananen, Datteln). Das Land wird z. T. bewässert (Wasser des Jarmuk in Ost-J.). Die höchsten Erträge hat West-J. 75% nimmt das Weideland ein (Schaf- und Ziegenhaltung der Beduinen). Bodenschätze: Phosphat, Kalisalz (Jordangraben). West-J. hat mehr Industriebetriebe (Ledererzeugung, Herstellung von: Fette, Textil-, Nahrungsmittel-, Baustoffind.) als Ost-J., wo nur der Raum um Amman vielseitigere Ind. und Zerka eine Erdölraffinerie aufweisen. Haupthandelspartner sind die EG-Länder, USA, Libanon, Japan, Saudi-Arabien. Verkehr: Teilstück der Hidjasbahn von El Hamma nach Nakb Aschtar, rd. 4 100 km ausgebaute Straßen. Einziger Hafen ist Akaba am Roten Meer. Bed. Flughäfen: Amman und Akaba.

Geschichte. Das Land war bis 1918 ein Teil des Osman. Reiches. Nach deren Zusammenbruch stand das Ostjordanland, seit 1920 Emirat ›Transjordanien‹, bis 1946 unter brit. Mandatsverwaltung. 1920 setzten die Briten Abdullah ibn Husain (1920–51) aus der Dynastie der Haschemiden als Herrscher ein. 1946 wurde Trans-J. unter dem Namen ›J.‹ unabhängig. 1948–49 nahmen jordan. Truppen (→Arabische Legion) am Palästinakrieg teil. Nach dem Waffenstillstand (1949) erhielt J. die Altstadt von Jerusalem und die von den arab. Truppen behaupteten Teile Palästinas. Nach Einverleibung dieser Gebiete (Westjordanien) nannte sich J. ›Haschemit. Kgr. J.‹. Gestützt auf Armee und sein Ansehen bei den Beduinenstämmen Ostjordaniens bemühte sich König Husain (seit 1952) die Monarchie zu festigen. Die Politik Husains, die Eigenständigkeit J.s im arab. Raum zu betonen, brachte ihn außenpolitisch oft in Ggs. zu Nasser und innenpolitisch zu panarab. und pronasserist. Kräften. Im Sechs-Tage-Krieg (Juni 1967) zw. Israel und den benachbarten arab. Staaten mußte J. nach schweren Kämpfen die Altstadt von Jerusalem und Westjordanien räumen. Hatte Husain lange Zeit die Tätigkeit arab., gegen Israel operierender Guerillabanden in J. geduldet, so zerschlug die jordan. Armee 1971 in blutigen Kämpfen die Stützpunkte der Guerilla. 1973 sprach ihnen eine Konferenz der arab. Staats- und Regierungschefs J. das Recht ab, die palästinens. Araber internat. zu vertreten. 1974 verzichtete J. offiziell auf Westjordanien zugunsten der →Palästinensischen Befreiungsorganisation. Den ägyptisch-israel. Friedensvertrag (1979) lehnte J. ab. Es verurteilt die israel. Siedlungspolitik in den von Israel 1967 eroberten Gebieten.

Lyndon B. Johnson

Uwe Johnson

Ben Jonson (Kupferstich von C. Edwards)

Jörgensen [jˈœrnsən], **1)** Anker, dän. Politiker, * 1922, Vors. der Sozialdemokrat. Partei (seit 1972), 1972–73 und seit 1975 MinPräs. **2)** Johannes, dän. Schriftst., * 1866, † 1956, seit 1896 Katholik; träumerische Naturdichtung; Biographie ›Der heilige Franz v. Assisi‹ (1907); Gedichte.

Joruba, Volk in Nigeria, →Yoruba.

Joschida, japan. Politiker, →Yoshida.

Joschkar-Ola, bis 1919 **Zarewokokschajsk,** 1919–27 **Krasnokokschajsk,** Hptst. der ASSR der Mari, Russ. SFSR, 207 000 Ew.; Univ.; Maschinen-, Nahrungsmittel- u. a. Ind.

Josefstadt, der VIII. Gemeindebezirk von Wien.

Joseph, 1) im A. T. ein Sohn Jakobs und der Rahel, wurde von seinen Brüdern nach Ägypten verkauft, stieg dort zum höchsten Beamten des Pharao auf. **2)** N. T.: der Gatte Marias, der Mutter Jesu, Zimmermann in Nazareth; Tage: 19. 3. und 1. 5. (J. der Werkmann). **3)** J. von Arimathia, Mitgl. des Hohen Rates von Jerusalem; begrub Jesus in einem Felsengrab. Heiliger; Tag: 17.3.

Joseph, Fürsten:

Römisch-dt. Kaiser. **1)** J. I. (1705–11), ältester Sohn Kaiser Leopolds I., * 1678, † 1711, setzte den Span. Erbfolgekrieg siegreich fort. J.s früher Tod brachte den Habsburgern den Verlust der span. Erbfolge.

2) J. II. (1765–90), ältester Sohn Kaiser Franz' I. und Maria Theresias, * 1741, † 1790. Gegen den Willen Maria Theresias gewann er 1772 bei der 1. Teilung Polens Galizien. Die Türkei trat ihm 1775 die Bukowina ab. Seinem Plan einer Erwerbung Bayerns trat Friedrich d. Gr. 1778/79 im Bayer. Erbfolgekrieg erfolgreich entgegen. Als J. 1785 darauf zurückkam, mußte er vor Friedrichs d. Gr. →Fürstenbund zurückweichen. Ein Bündnis mit Rußland verwickelte J. 1788 in einen erfolglosen Türkenkrieg. Er war einer der Hauptvertreter des aufgeklärten Absolutismus (Josephinismus): Aufhebung der Leibeigenschaft, Abschaffung der Folter, volle Religionsfreiheit, Aufhebung der Klöster. Sein Ziel war ein zentralistisch verwaltetes Reich mit dt. Staatssprache; er ging gegen die Sonderrechte der einzelnen Länder seiner Monarchie vor. In Galizien, Ungarn, Siebenbürgen und der Bukowina gründete er zahlreiche dt. Siedlungen. Gegen J.s überstürzte Reformen erhoben sich Ungarn und die Österr. Niederlande; vor seinem Tod mußte J. für diese Länder die meisten Reformen widerrufen. (Bild S. 50)

Spanien. **3)** J. Bonaparte, König von Neapel (1806–08) und Spanien (1808–13), älterer Bruder Napoleons I., * 1768, † 1844. Großbritannien unterstützte den span. Volksaufstand gegen ihn, J. mußte nach der Niederlage gegen Vitoria (1813) Spanien verlassen.

Joséphine [ʒɔzefˈin], Kaiserin der Franzosen (1804), * 1763, † 1814, ∞ 1779 mit dem Vicomte de Beauharnais († 1794); aus dieser Ehe stammten →Eugen von Beauharnais und →Hortense. Ihre zweite Ehe mit Napoleon Bonaparte (1796) blieb ohne Kinder; sie wurde daher 1809 geschieden.

Josephs|ehe, Engels|ehe, Ehe, bei der die Ehegatten den Geschlechtsverkehr ausschließen; nach weltl. Recht nichtig.

Josephson [dʒ'əʊzɪfsən], Brian David, brit. Physiker, * 1904, erhielt für seine theoret. Erkenntnisse zum Tunneleffekt bei Suprastrom (Josephson-Effekte) 1973 den Nobelpreis für Physik (mit L. Esaki und I. Giaever).

Josephus Flavius, jüd. Geschichtsschreiber, * 37/38 n. Chr., † um 100, stand gegen die Römer beim Aufstand der Juden (66–70), dann Günstling des Vespasian und Titus; schrieb grch. die ›Geschichte des jüd. Krieges‹ und ›Jüd. Altertümer‹.

Josquin des Prez [ʒɔskˈɛ̃ de pr'e], auch **De(s)préz,** franko-

Frédéric Joliot

Irène Joliot-Curie

49

Jost

Joseph II.
(aus einem Gemälde
von Batoni,
um 1769)

James Joyce
(Kreidezeichnung
von A. John, 1930)

Benito Juárez
García

niederländ. Komponist, * um 1440, † 1521 (1524?); ausdrucksstarke, von ›humanisierter‹ Polyphonie erfüllte Werke (etwa 20 Messen, über 100 Motetten, rd. 70 weltl. Kompositionen, meist Chansons).

Jostedalsbre [j'ustəda:lsbre:], Plateaugletscher in S-Norwegen, zw. Sogne- und Nordfjord, höchster Punkt 2 083 m, mit 815 km² größtes Gletschergebiet des festländ. Europa.

Josua, A. T. 1) Nachfolger des Moses. 2) das Buch J.

Jota *das*, das grch. i (→ Iota); Ü Winzigkeit.

Jötun [›Fresser‹], in der nord. Sage dämon. Wesen von großer Kraft; das Reich der J. war **Jötunheim.**

Jotunheim, Hochfläche in S-Norwegen mit Nordeuropas höchsten Erhebungen: Galdhöpig (2 469 m) und Glittertind (2 472 m, mit Firnkappe).

Joubert [ʒub'ε:r], Joseph, frz. Moralist, * 1754, † 1824.

Jouhandeau [ʒuãd'o], Marcel, frz. Schriftst., * 1888, † 1979; Erz., Tagebücher, Romanzyklus ›Chaminadour‹ (1934–41) u. a.

Jouhaux [ʒu'o], Léon, frz. Gewerkschaftsführer, * 1879, † 1954, seit 1909 Gen.-Sekretär des frz. Gewerkschaftsbundes CGT, verhinderte 1920/21 die Übernahme der Gewerkschaften durch die Kommunisten, gründete 1947 die antikommunist. CGT-FO; 1951 Friedensnobelpreis.

Joule [dʒu:l] *das*, Einheitszeichen **J**, SI-Einheit der Energie, auch Wärme- und Strahlungsenergie, und Arbeit. 1978 ist die Kalorie als Einheit der Wärmemenge durch das J. ersetzt worden (1 cal = 4,1868 J). In der Ernährungswissenschaft tritt an die Stelle von kcal das kJ (Kilojoule). 1 J = 1 Nm (Newtonmeter) = 1 Ws (Wattsekunde) = 10⁷ erg.

Joule [dʒu:l], James Prescott, engl. Physiker, * 1818, † 1889, einer der Entdecker des Energiesatzes. J. bestimmte das mechan. Wärmeäquivalent und fand das **Joulesche Gesetz:** Die in einem stromdurchflossenen Widerstand erzeugte Wärmemenge (**J.sche Wärme**) ist proportional dem Widerstand, der Zeit des Stromdurchflusses und dem Quadrat der Stromstärke.

Jour [ʒu:r, frz.] *der*, Tag. **Jour fixe**, festgelegter Wochentag für Treffen, Empfang usw.

Journal [ʒurn'al, frz.] *das*, 1) Tagebuch, auch Schiffstagebuch, Grundbuch in der Buchführung. 2) Zeitschrift, Zeitung.

Journalismus [ʒur-], publizist. Arbeit für Presse, Film, Hörfunk und Fernsehen. **Journalist**, Publizist, der für Presse, Pressedienste, Rundfunk oder in der Werbung und Öffentlichkeitsarbeit in Wort, Schrift, Bild oder Film tätig ist.

Jouve [ʒu:v], Pierre-Jean, frz. Schriftst., * 1887, † 1976; Gedichte, Romane, psychoanalyt. Studien.

jovial [lat. ›dem Jupiter eigen‹], heiter, wohlwollend. Hptw. **Jovialität.**

Jovine, Francesco, ital. Schriftst., * 1902, † 1950; neorealist. Romane, Erz. aus dem Mezzogiorno (S-Italien).

Joyce [dʒɔɪs], James, englisch-irischer Schriftst., * 1882, † 1941, schrieb Kurzgeschichten (›Dublin‹, 1914), den autobiograph. Jugendroman ›Jugendbildnis‹ (1916). In seinen Romanen ›Ulysses‹ (1922) und ›Finnegans Wake‹ (1922–39) bezieht er mit dem Versuch der Erfassung des Unterbewußten (→innerer Monolog) fast alle Bereiche des menschl. Lebens ein. J. wirkte stark auf die Entwicklung des modernen Romans ein.

József [j'o:ʒef], Attila, ungar. Dichter, * 1905, † (Selbstmord) 1937; revolutionäre Arbeiterdichtung, religiöse Lyrik.

jr., Abk. für lat. junior, der Jüngere.

Juan [xu'an], 1) **Don J.,** Graf von Barcelona, * 1913 als Sohn Alfons' XIII., span. Kronprätendent, Vater von 2).
2) **J. Carlos I.,** * 1938, wurde 1969 Prinz von Spanien, am 22. 11. 1975 zum span. König proklamiert. ⚭ seit 1962 mit Sophia, Prinzessin von Griechenland.

Juan de Austria [xu'an-], **Johann von Österreich,** Sohn Kaiser Karls V. und der Barbara Blomberg, * 1547, † 1578, unterdrückte 1569–70 den Aufstand der Morisken in Granada, siegte 1571 bei Lepanto über die Türken, wurde 1576 span. Statthalter in den Niederlanden, wo er die Aufständischen 1578 bei Gembloux besiegte.

Juan Fernández [xu'an fεrn'andɛs], chilen. Inselgruppe im Pazif. Ozean, rd. 700 km vor der Küste Chiles; 1704–09 lebte hier der schott. Seemann Selkirk, Defoes Vorbild zum ›Robinson Crusoe‹.

Juan-les-Pins [ʒɥãlep'ɛ̃], Kurort an der frz. Riviera, zur Gem. Antibes gehörig.

Juárez García [xu'arɛs gars'ia], Benito, Präs. von Mexiko (1861–72), * 1806, † 1872, indian. Abstammung, übernahm 1858 die Reg., ließ 1859 die kath. Kirchengüter einziehen. Als er

die Zahlungen an die auswärtigen Gläubiger einstellte (1861), entsandten Großbritannien, Spanien (diese zogen sich 1862 zurück) und Frankreich ein Heer. Die Franzosen machten 1864 den Erzherzog Maximilian zum Kaiser von Mexiko. J. gewann nach Abzug der frz. Truppen die Oberhand und ließ Maximilian 1867 erschießen. 1867 und 1871 wurde J. G. wiedergewählt.

Juba, Djuba, Dschuba, Fluß in O-Afrika, rd. 1 650 km, entspringt im SO Äthiopiens, mündet im Ind. Ozean.

Jubeljahr, 1) **Jobeljahr,** bei den Israeliten jedes 50. Jahr, mit Sklavenbefreiung, Schulderlaß, Pfandrückgabe (Freijahr, Erlaßjahr). 2) **Heiliges Jahr,** Kath. Kirche: seit 1300 die Wiederkehr eines bestimmten großen Ablasses, der nur in Rom gewonnen werden kann, zuerst alle 50, seit 1475 alle 25 Jahre.

Jubilate [lat. ›jauchzet‹], der 3. Sonntag nach Ostern.

Jubiläum [lat.] *das*, Jubelfest, Feier zum Gedenken eines best. Ereignisses, bes. des 25., 50. oder 100. Jahrestages.

Júcar [x'u-] *der*, Fluß im O Spaniens, 535 km lang, mündet südlich Valencia ins Mittelmeer.

Jüchen, Gem. im Kr. Neuss, NRW, 20 900 Ew.; Textilind.

Juchtenleder, mit Weidenrinde gegerbtes und mit Birkenrindenteer wasserdicht imprägniertes Leder.

Juck|ausschlag, Juckflechte, Prurigo, Sammelbegriff für Hautkrankheiten, denen juckende Knötchen gemeinsam sind.

Jucken, Hautkribbeln infolge leichter Erregung des Schmerzsinns. Begleiterscheinung vieler Hautkrankheiten, entsteht ferner nach Insektenstichen und kann auch bei inneren Krankheiten auftreten (z. B. bei Gelbsucht). Alters-J. beruht wohl auf altersbedingter Degeneration der Haut.

Jud, Leo, schweizer. Reformator, Mitarbeiter Zwinglis, später Bullingers, * 1482, † 1542, verdient um die Bibelübersetzung.

Juda, 1) A. T.: Sohn von Jakob und Lea, legendärer Stammvater des Stammes Juda. 2) der wichtigste israelit. Volksstamm, der sich im S Palästinas ansiedelte, sein Hebron und Jerusalem. J. bestand seit 926 v. Chr. als Kgr. bis zu seiner Vernichtung durch Nebukadnezar (586 v. Chr.).

Judäa, das den Juden nach 538 v. Chr. von den Persern überwiesene Siedlungsgebiet. Die röm. Prov. J. umfaßte 6–41 n. Chr. auch Idumäa und Samaria, die 67 n. Chr. neugebildete Prov. auch Galiläa.

Judas, 1) **J. Iskarioth (Ischarioth),** Jünger Jesu, der Jesus verriet. 2) **J., Jakobus' Sohn,** Jünger Jesu, Heiliger, Tag: 28. 10. 3) **J. Makkabi** [hebr. ›der Hammerartige‹], **J. Makkabäus** leitete seit 166 v. Chr. den Befreiungskampf der Juden gegen die syr. Könige, fiel 161 v. Chr. – Oratorium von Händel (1746).

Judasbaum, Gatt. der Hülsenfrüchter, in S-Europa und O-Asien, mit purpurnen Blüten und Edelholz; Parkbaum.

Judasbrief, kurzer Brief im N. T., warnt vor Irrlehren.

Juden. Die J. sind der in der Landschaft Judäa beheimatete und von dort über die Welt zerstreute Rest des ehem. Volkes Israel. Die Gesamtheit der J. macht das **Judentum** aus, das durch die Abstammung von Israel, den Besitz der Biblia Hebraica und die Tradition bestimmt ist. Bis zum 18. Jh. war die Einheit von Religion und Nation unbestritten (hl. Volkstum). Im Zeitalter der Emanzipation wurde diese Auffassung erschüttert; seither wurde vielfach die ethn., das kulturelle oder das relig. Komponente einseitig betont. Die J. bilden keine biolog., sondern eine sozialrelig. Einheit, von einer semit. Rasse zu sprechen ist unrichtig, da Semiten ein sprachwissenschaftl. Begriff ist.

Der **jüd. Glaube** ist der Glaube an den einen-einzigen, unkörperl. und rein geistigen Gott, den Vater aller Menschen, der Inbegriff aller sittl. Vollkommenheit und vom Menschen Liebe und Gehorsam verlangt. Die Form der jüd. Religiosität ist der Gehorsam gegenüber dem göttl. Gesetz. Ihre Quelle ist die Bibel (A. T.), bes. die 5 Bücher Mose, Thora genannt. Dazu tritt der → Talmud. Die Zeremonialgesetze (Speisegesetze) gelten für den orthodoxen J. als unbedingt verpflichtend. Wöchentl. Feiertag ist der Sabbat (Sonnabend); er wird mit strenger Arbeitsruhe begangen. Jahresfeste sind das Passah, Wochenfest, Laubhüttenfest, Neujahr und der große Versöhnungstag. Die Gem. sorgt für den Gottesdienst in der Synagoge und den Religionsunterricht, ferner für die Möglichkeit, die Speisegesetze zu halten, schließlich für die (für alle gleich einfache) Totenbestattung. Im Mittelpunkt des synagogalen Gottesdienstes steht die Thoralesung im jährl. Zyklus von 54 aufeinanderfolgenden Abschnitten. Ergänzt wird sie durch die Prophetenlesung. Predigt in der Landessprache ist heute üblich. Die ältesten und wichtigsten Gebete sind das ›Höre Israel‹ und das Achtzehngebet. Die Schwierigkeit der Liturgie macht einen ständigen Kantor unentbehrlich. Dem Rabbiner sind besondere Funktionen im Gottesdienst nicht vorbehalten; seine vornehmste Aufgabe ist, religionsgesetzl. Fragen zu entscheiden.

Drei Gruppen der J. prägten hautsächlich das Brauchtum: **Aschkenasim,** eigtl. die dt. und frz. J., die sich ostwärts bis nach Rußland (Ostjuden), in der Neuzeit auch nach Amerika, Australien und Südafrika ausbreiteten; ihre Sprache war und ist z. T. heute noch das →Jiddische. **Sephardim** sind die Nachkommen der span. und portugies. J., die sich bes. in Saloniki, Konstantinopel, Spanien und Amsterdam niedergelassen haben; ihre Sprache war und ist z. T. heute noch das Spaniolische oder Ladino. Die arabischsprechenden **Jemeniten** zeichnen sich durch ihre synagogale Poesie und ihre die Konsonanten scharf unterscheidende hebr. Aussprache aus.

Geschichte. Seit der Rückkehr aus der Babylon. Gefangenschaft (→Israel) bildeten die J. eine autonome Religionsgem. (einen Priesterstaat) unter fremder Oberhoheit. Die von den Propheten vorausgesagte Zerstreuung (Diaspora) vollendete sich nach mißglückten Freiheitskämpfen im 1./2. Jh. n. Chr. Kriegsgefangene J. wurden teils nach Rom, teils in den Rhein, die Donau und nach Spanien verbannt. Die J. in Spanien erlebten nach 800 eine kulturelle Blütezeit, wurden jedoch 1492 nach Vertreibung der Muslime zur Auswanderung gezwungen. In Frankreich wurden die J. während der Kreuzzüge verfolgt und 1394 aus dem Lande verwiesen. Auch in England erlitten sie grausame Verfolgungen.

In Dtl. wurden vielfach Judenordnungen erlassen, die persönl. Bewegungsfreiheit, Sondersteuern, Familienrecht, Kleidung und Wohnen in gesonderten Straßen (**Ghettos**) regelten. Die Gewerbe waren ihnen mit wenigen Ausnahmen verboten, der den Christen von der Kirche untersagte Geldverleih gegen Zinsen erlaubt. Einige standen als ›Kammerjuden‹ gegen hohe Abgaben unter kaiserl. Schutz, andere erhielten Schutzbriefe (›Schutzjuden‹) oder wurden mit der Führung der Geldgeschäfte beauftragt (›Hofjuden‹). Judenverfolgungen setzten während der Kreuzzüge ein, zunächst am Rhein, später verstärkt auch an anderen Orten.

Die bürgerl. Gleichstellung der J. wurde seit Ende des 18. Jh. in Amerika, Frankreich, später in Dtl. und den meisten europ. Ländern anerkannt (**J.-Emanzipation**). Mitte des 19. Jh. entstand in Dtl. und Frankreich eine neue Welle des Antisemitismus im Zusammenhang mit den Versuchen, die J. als die Verantwortung für die allg. Mißstände aufgebürdet wurde. 1882 vollzog sich nach blutigen Pogromen in Rußland eine jüd. Massenauswanderung nach Amerika.

Die schwersten Verfolgungen der europ. J. begannen 1933 unter Hitler, der die J. als rassisch minderwertig und als Staatsfeinde brandmarkte. Die Rassengesetze von 1935 legalisierten die Diffamierung der J. Die Terrorisierungen begannen am 9./10. 11. 1938 (›Kristallnacht‹) mit der Zerstörung der Synagogen, jüd. Geschäfte und Wohnungen durch SA und SS; den J. wurde eine Sondersteuer von 1 Mrd. RM auferlegt. Anschließend wurden die J. völlig aus dem wirtschaftl. und sozialen Leben ausgeschaltet (›Arisierung‹) und gezwungen, den Judenstern zu tragen. Von den (1933) im Dt. Reich lebenden J. wanderten mehr als 300 000 aus. Den Höhepunkt des Terrors brachte der 2. Weltkrieg. Der Befehl zur ›Endlösung der Judenfrage‹ erging am 31. 7. 1941. In geheimgehaltenen Aktionen wurden J. aus Dtl., Österreich, der Tschechoslowakei, Polen, Litauen und den übrigen Südost- und Osteuropas auch aus Frankreich und den Niederlanden, in Konzentrationslager gebracht. Millionen von J. wurden in Vernichtungslagern im Osten (Treblinka, Majdanek, Belzec, Auschwitz-Birkenau) getötet. Die Gesamtzahl der Opfer läßt sich nur schätzen (4,5 bis etwa 6 Mio.).

Der von T. Herzl begründete →Zionismus versuchte, den J. einen staatl. Mittelpunkt und ihnen damit eine gleichberechtigte Stellung unter den übrigen Völkern zu geben. Die Gründung des Staates Israel (14./15. 5. 1948) bietet nach zionist. Auffassung die einzige Gewähr für die J., ihr Judentum unangefochten zu bewahren.

Heute leben von den 14,834 Mio. J. 48,8% in Nord- und Mittelamerika (einschl. Westindien), 29,3% in Europa (einschließlich europ. Türkei und UdSSR), 20,2% in Asien (davon über 9/10 in Israel), 1,2% in Afrika, 0,5% in Australien und Neuseeland. In den letzten Jahren ist ein starker Rückgang der J. in den Ländern, versch. Staaten des Ostblocks, in Indien und der Türkei zu verzeichnen.

Die 32 200 in Dtl. (davon 4 800 in der Dt. Dem. Rep.) lebenden J. haben sich v. a. in den Großstädten niedergelassen. Die Zahl der J. in Dtl., die sich nicht einer Gem. angeschlossen haben, wird auf 5 000–10 000 geschätzt. Die dt.-jüd. Gem. sind in Landesverbänden, diese wiederum im Zentralrat der J. in Dtl. zusammengeschlossen, der den Status einer Körperschaft des öffentl. Rechts hat. Wichtige in Dtl. erscheinende Zeitungen: ›Allgemeine unabhängige jüd. Wochenzeitung‹ (Düsseldorf), ›Münchner jüd. Nachrichten‹ (München), ›Neue jüd. Zeitung‹ (in jidd. Sprache; ebd.). 1979 wurde in Heidelberg die ›Hochschule für Jüdische Studien‹ eröffnet.

Judenburg, Bez.-Stadt und Sommerfrische in der Obersteiermark, Österreich, an der Mur, am Fuß der Seetaler Alpen, 11 300 Ew.; Gußstahlwerk, Kartonagenfabrik u. a. Ind.

Judenchristen, die ersten Christen jüd. Herkunft, die sich an das mosaische Gesetz gebunden hielten. (→Heidenchrist)

Judenitsch, Nikolaj Nikolajewitsch, russ. General, * 1862, † 1933, kämpfte 1918/19 gegen die Bolschewiki.

Judenkirsche, Pflanzen wie: Kornelkirsche, Geißblatt, Eberesche, Trauben-, Blasen-, Tollkirsche, Bittersüß.

Judex [lat.] *der,* Richter.

Judica [lat. ›richte‹], der 2. Sonntag vor Ostern.

Judikarien, ital. **Valli Giudicarie** [-dʒudik'a:rie], fruchtbare Tallandschaft im Trentino, Italien, auf der Ostseite des Adamello; Hauptort: Tione di Trento.

Judikat [lat.] *das,* Urteil. **Judikation,** Beurteilung, Verurteilung. **judikatorisch,** richterlich. **Judikatur** *die,* Rechtsprechung.

jüdische Kunst. Das den Juden auferlegte Bilderverbot hat die Entwicklung der jüd. Kunst gehemmt. Doch sind Reste von Synagogen mit Mosaiken und Wandmalereien erhalten. Mittelalterl. Handschriften sind reich illuminiert. Bes. entwickelt war immer die Silberschmiedekunst, da das relig. Leben großen Bedarf an kunstvollen Gegenständen hatte (Thoraschmuck, Sederschüsseln u. a.). Die moderne israel. Kunst knüpft bewußt an die Tradition des Judentums an.

jüdische Literatur, →hebräische Literatur.

jüdische Musik. Die jüd. M. ist in ihrer frühesten Form der aus dem A. T. bekannte Psalmengesang; der heutige Synagogalgesang stammt vorwiegend aus dem 19. Jh. Jüdische Melodien aus Synagoge und Haus wurden von modernen jüd. Komponisten verwendet (E. Bloch, D. Milhaud u. a.).

Jüdisches Autonomes Gebiet, VerwBez. des Gaues Chabarowsk, Russ. SFSR, am mittleren Amur, 36 000 km², 193 000 Ew.; Hptst.: Birobidschan. Reiche Bodenschätze.

Jüdisch-Romanisch, im MA. von den Juden entwickelte Sonderformen der roman. Sprachen. Lebendig ist noch das **Spaniolische (Ladino).**

Judith, Heldin des alttestamentl. apokryphen **Buches J.** Während der Belagerung ihrer Vaterstadt Baitylua (Bethulia) durch Holofernes ging J. ins feindl. Lager und enthauptete ihn.

Judo *das,* Kampfsport Mann gegen Mann, bes. die Kunst der waffenlosen Verteidigung (→Budo, →Jiu-Jitsu). Bodengymnastik, Fallübungen und Wurfgriffe gehören zur Grundausbildung für den nach Punkten bewerteten Kampf.

Judo, jüd. Abk. für →Jungdemokraten.

Jud Süß, →Süß-Oppenheimer.

Juel [ju:l], dän. Maler, * 1745, † 1802; realist. Porträts (Bild F. G. Klopstock), Familienbilder, Landschaften.

Jugendamt, Behörde für **Jugendhilfe** (Jugendpflege und Jugendfürsorge) in kreisfreien Städten und Landkreisen; besteht aus **Jugendwohlfahrtsausschuß** und Verwaltung.

Jugendarbeit, 1) Erwerbsarbeit von Kindern und Jugendlichen, geregelt durch Gesetze (→Jugendschutz). 2) Jugendhilfe- und Jugendpflegemaßnahmen außerhalb der Schule.

Jugendarrest, Zuchtmittel des Jugendstrafrechts zur Ahndung kleinerer Straftaten Jugendlicher, kann als **Dauerarrest** (1–4 Wochen), **Freizeitarrest** (1–4 Freizeiten) oder **Kurzarrest** (1–6 Tage) verhängt werden. Der J. hat nicht die Rechtsfolgen einer Strafe; keine Eintragung ins Strafregister.

Jugendaufbauwerk, Bundesarbeitsgemeinschaft J., Zusammenschluß aller gemeinnützigen Träger der prakt. Jugendsozialarbeit; gegr. 1949 in München, Sitz: Bonn.

Handwurf
(Tai-Otoshi)

Schulterwurf
(Seoi-Nage)

Hüftfeger
(Harai-Goshi)

Schenkelwurf
(Uchi-Mata)

Große Außensichel
(O-Soto-Gari)

Kopfwurf
(Tomoe-Nage)

Schärpen-Festhalte
(Kesa-Gatame)

Judo

Seitenstreck-Armhebel
(Ude-hischigi-
Juji-Gatame)

Ristkreuzwürgen
(Nami-Juji-Jime)

Jugendstil:
Links Bucheinband von H. van de Velde, ausgeführt von P. Claessens; Brüssel, 1895 (Hamburg, Museum für Kunst und Gewerbe). Rechts Der Kuß, Farbholzschnitt von P. Behrens, 1898

Jugendbewegung, um die Jh.-Wende entstandene Bewegung eines Teils der dt. Jugend, die aus eigenen Kräften innerlich wahrhaftige, selbstverantwortl. Lebensgestaltung finden wollte. Es bildeten sich freie Bünde weltanschaulich Gleichgesinnter, die durch Wandern (**Wandervogel**), Lagerleben, Pflege des Volkstanzes und -liedes, des Laienspiels u. a. ihren Kulturwillen bekunden wollten. 1913 vereinigten sich erstmals alle Richtungen der **Freideutschen J.** zu dem Fest auf dem Hohen Meißner, wo eine Bekenntnisformel beschlossen wurde. Nach dem 1. Weltkrieg nahm die Zersplitterung zu: nationale (z. B. Bünd. Jugend, Jungnat. Bund), religiöse (z. B. Quickborn), weltbürgerlich-pazifist. und sozialist. (z. B. Falken) Gruppen.
Jugendgericht, Gericht zur Aburteilung strafbarer Handlungen von Jugendlichen (**Jugendschöffengericht, Jugendkammer**). Das Verfahren vor dem J. ist nicht öffentlich.
Jugendherberge, Aufenthalts- und Übernachtungsstätte zur Förderung des Jugendwanderns, die das **Deutsche Jugendherbergswerk** (Sitz: Detmold) seit 1909 mit staatl. und kommunaler Unterstützung sowie aus Spenden unterhält; 1978: 12 Landesverbände. Seit 1925 entstanden auch im Ausland J. Der **Internationale Verband für J.** umfaßte 1978: 50 nationale Verbände.
Jugendhilfe umfaßt alle Maßnahmen zur Förderung der Jugendpflege, Jugendfürsorge, Jugendsozialarbeit.
Jugendhof, Ausbildungsstätte, in der Lehrgänge für die Tätigkeit in der Jugendpflege abgehalten werden.
Jugendkriminalität, strafbare Handlungen Jugendlicher (14–18 Jahre) und Heranwachsender (18–21 Jahre).
Jugendleiter(in), ♂⚥ für →Sozialpädagoge.
Jugendlicher, ♂⚥ Person vom 14.–18. Lebensjahr.
Jugendliteratur besteht aus Bearbeitungen der Erwachsenenliteratur, aus Übernahmen der volkstüml. Dichtungen oder aus eigens für Kinder oder Jugendliche geschriebenen Werken (H. Hoffmanns ›Struwwelpeter‹, E. Kästners ›Doppeltes Lottchen‹, A. Lindgrens ›Pippi Langstrumpf‹ u. a.). Man unterscheidet Bucharten wie Bilderbuch, Kinderbuch, Jugendbuch, aber auch Abenteuer-, Mädchen-, Sach-, Tier-, Bildungsbuch u. a. Das Interesse an Kinder- und Jugendbüchern mit gesellschaftl. und polit. Thematik hat seit dem Ende der 60er Jahre merklich zugenommen (antiautoritäre Kinderbücher). Ebenso hat die in den 50er Jahren von der Literaturpädagogik als verderblich abgelehnte Comics-Literatur größere Anerkennung erfahren.
Jugendpsychologie, Lehre von der seel. Situation und Entwicklung Jugendlicher in Pubertät und Adoleszenz.
Jugendrecht, rechtl. Bestimmungen und Verhältnisse, die die Jugend betreffen, umfaßt Schulrecht, Jugendarbeitsrecht, Jugendstrafrecht u. a.
Jugendreligionen, seit etwa 1975 gängige Sammel-Bez. für weltanschaul. und relig. Gruppen unterschiedl. Art, die bes.

jüngeren Menschen in der westl. Welt sinngebende Lebensgemeinschaft, Selbstverwirklichung und Sendungsauftrag versprechen, die Gewonnenen vielfach aus ihrer bisherigen Umwelt (Familie, Ausbildung, Beruf) lösen und sie für sich beanspruchen.
Jugendschutz, ♂⚥ Schutz der Kinder und Jugendlichen vor gesundheitl. und sittl. Gefahren. Die **Kinder- und Jugendarbeit** ist durch das Jugendarbeitsschutz-Ges. v. 12. 4. 1976 geregelt. Danach ist die Erwerbsarbeit von Kindern grundsätzlich verboten. Bei Jugendlichen (15–18 Jahre) ist die Arbeitszeit grundsätzlich auf 8 Stunden täglich begrenzt. Der jährl. Mindesturlaub beträgt 30 Werktage. – Der **Schutz der Jugend in der Öffentlichkeit,** d. h. vor den sittl. Gefahren, denen sie in ihrer Freizeit ausgesetzt sein kann, ist durch Ges. v. 27. 7. 1957 geregelt. Danach ist der Besuch von Kinos, Gaststätten und Spielhallen, das öffentl. Rauchen, der Genuß alkohol. Getränke, die Teilnahme an öffentl. Tanzveranstaltungen u. a. beschränkt und z. T. verboten. – Über den Schutz vor jugendgefährdenden Schriften→Schundliteratur.
Jugendstil, um 1895 entstandene Kunstrichtung, benannt nach der Münchener Zeitschrift ›Jugend‹ (seit 1896). Der J. brach mit den Nachahmungen histor. Stile und führte zu einer Stilwende im Kunsthandwerk, in der Wohnraumgestaltung, dann auch der Architektur. Die bes. von O. Eckmann ausgehende Ornamentik des J., die aus Pflanzenmotiven flächengebundene Liniengebilde entwickelte, war bald überholt. Von starkem Einfluß auf die künftige Entwicklung waren dagegen die Bestrebungen einer werkgerechten, zweckentsprechenden Formgebung. Die wichtigsten Künstler des J. waren H. van de Velde, J. Hoffmann, R. Riemerschmied, J. Olbrich, P. Behrens, B. Paul, E. Gallé, G. Klimt, A. Beardsley.
Jugendstrafe, ♂⚥ einzige echte Strafe des Jugendstrafrechts. Sie besteht in einem nach erzieher. Grundsätzen ausgestalteten Freiheitsentzug in besonderen Jugendstrafanstalten von bestimmter oder unbestimmt Dauer. J. unter einem Jahr können mit Bewährungsfrist ausgesetzt werden; ebenso kann unter Festsetzung einer Bewährungsfrist von der Verhängung einer Strafe abgesehen werden.
Jugendstrafrecht, das für Jugendliche (14–18jährige), z. T. auch für Heranwachsende (18–21jährige) geltende Straf- und Strafprozeßrecht (Jugendgerichts-Ges. v. 4. 8. 1953/11. 12. 1974); es weicht im wesentl. Grundsätzen vom allg. Strafrecht ab. Die Straftat kann durch Erziehungsmaßregeln (Weisungen, Erziehungsbeistandschaft, Fürsorgeerziehung), Zuchtmittel oder mit Jugendstrafe geahndet werden.
Jugendverbände, Zusammenschlüsse von Jugendbünden und Organisationen der freien Jugendpflege für größere Gebiete, vielfach zu **Jugendringen** (Stadt-, Kreis-, Landesjugendring, Dt. Bundesjugendring) zusammengeschlossen. In der Bundesrep. Dtl. wird die Arbeit der J. durch Zuwendungen aus dem Bundesjugendplan gefördert.
Jugendweihe, nichtrelig. oder freigeistige Weihehandlung an Stelle der Konfirmation, in der Dt. Dem. Rep. 1955 als offizieller Festakt nach dem Verlassen der Einheitsschule (14./15. Lebensjahr) eingeführt.
Jugendwohlfahrt, →Jugendhilfe.
Jugendzahnpflege, Schulzahnpflege, Maßnahmen zur Gesunderhaltung der Kauorgane bei Heranwachsenden, bes. gegen Unregelmäßigkeiten der Zahn- und Kieferstellung, Zahnfäule, Parodontose.
Jugoslawien, amtl. **Socijalistička Federativna Republika Jugoslavija** [sɔtsijal′istitʃka: f′ederati:vna rep′ublika jug′ɔsla:vija], Sozialist. Föderative Republik in SO-Europa, 255804 km², 22,35 Mio. Ew., Hptst.: Belgrad. Amtssprachen: Serbokroatisch, Slowenisch, Makedonisch. Religion: Trennung von Staat und Kirche. 41% Orthodoxe, 32% Katholiken, je etwa 13% Muslime und Gemeinschaftslose, 1% Protestanten. Bildung: Allg. Schulpflicht; eigene Schulen für die nationalen Minderheiten; 16 Univ. ⊕ Band 1 n. S. 320.
Staat und Recht. Nach der Verf. vom 21. 2. 1974 ist J. ein Bundesstaat, der aus den Sozialist. Rep. Bosnien-Herzegowina, Montenegro, Kroatien, Makedonien, Serbien (mit 2 autonomen Prov.) und Slowenien besteht. Höchstes gesetzgebendes Organ des Bundes ist die durch Delegierung gebildete Versammlung der Sozialist. Föderativen Rep. mit 2 Kammern: Bundesrat sowie Rat der Republiken und Provinzen. Die Aufgaben des Staatsoberhauptes erfüllt nach dem Tod Titos (1980) das ›Präsidium der Rep.‹. Das Recht wurde seit 1945 einheitlich nach kommunist. Grundsätzen umgestaltet. – Allg. Wehrpflicht.
Landesnatur. J. hat im NW Anteil an den Ostalpen, daran nach

Jugoslawien

SO anschließend an den Dinarischen Alpen, die gegen die Adria hin zu felsigen, von Bergrücken durchzogenen Platten abbrechen. Ihnen sind in der Adria langgestreckte Kalkinseln vorgelagert. Im N gehört ein Teil des Pannon. Beckens zu J. Im O begrenzt J. ein formenreiches Bergland, das jenseits der Bruchlinie der Flüsse Morawa und Wardar beginnt. Hauptflüsse sind Save, Drau, Donau, Theiß, Morawa und Wardar. Das Klima ist nur an der Adria und in einigen Tälern Makedoniens mittelmeerisch, im Inneren mitteleuropäisch, im O kontinental.

Die **Bevölkerung** besteht zu 74% aus Serbokroatisch sprechenden Völkern (Serben, Kroaten, Bosniern, Montenegrinern), 8% Slowenen, 6% Makedoniern, 6,4% Albanern, daneben aus magyar., rumän. und bulgar. Minderheiten.

Wirtschaft. Hauptmerkmal ist der Versuch, marktwirtschaftl. Elemente in das sozialistisch-planwirtschaftl. System einzubauen. Seit der Reform von 1965 steigt die Tendenz zur Dezentralisierung (wirtschaftl. Entscheidungsbefugnis der Betriebe durch Arbeiterselbstverwaltung). Die Kollektivierung der Landwirtschaft erstreckt sich nur auf 30,1% der Nutzfläche. Im sozialist. Bereich gibt es Agro-Industriekombinate (neben Erzeugung Weiterverarbeitung der Produkte und deren Absatz und Vertrieb). Von der Gesamtfläche sind 35% Wald, 56% werden landwirtschaftlich genutzt. Die Betriebsgröße der Privatbetriebe ist gesetzlich auf 10 ha beschränkt. Das Hauptanbaugebiet ist das Tiefland des Nordens (Weizen, 1980: 5,078 Mio. t; Mais: 9,11 Mio. t; Zuckerrüben: 1979: 5,9 Mio. t; Hopfen; Baumwolle; Sojabohnen). Im Gebirge werden Roggen, Hafer, Gerste, Kartoffeln angebaut; weiter Obst, Wein, Tabak. Die Viehhaltung ist bedeutend (1979: 5,5 Mio. Rinder, 7,7 Mio. Schweine, 7,3 Mio. Schafe). Fischerei an der Adriaküste.

J. ist reich an Bodenschätzen. Bedeutend ist die Gewinnung von Kupfer (1980: 123 000 t), Antimon, Bauxit, Blei (121 000 t), Magnesit, Eisenerz (1,52 Mio. t), Mangan, Molybdän, Chrom, Zink (114 000 t), Quecksilber, Silber, Gold u. a. Für die industrielle Entwicklung war das Vorkommen von Braunkohle (1980: 46,61 Mio. t) von Bedeutung. Steinkohle gibt es nur in Istrien und Serbien. Wichtig ist auch die Förderung von Erdöl (1980: 4,2 Mio. t). Die Ind. wird mit ausländ. Hilfe weiter ausgebaut: Eisen- und Stahl-, Maschinen-, Elektro-, Zement-, chem., Textil-, Holz-, Mühlen-, Nahrungsmittel-Ind. Die Energieerzeugung basiert bes. auf Wasserkraft (→ Eisernes Tor). Bed. Deviseneinnahmen aus dem Fremdenverkehr. – Ausfuhr: bearbeitete Waren (z. B. Kupferplatten, Garne), Maschinen, Fahrzeuge, Nahrungsmittel, Holz. Haupthandelspartner: Dt. Dem. Rep., Italien, UdSSR, Bundesrep. Dtl. Währungseinheit ist der Neue Dinar = 100 Para. – Das **Verkehrsnetz** (rd. 10 400 km Eisenbahn, rd. 67 000 km moderne ausgebaute Straßen) ist in den einzelnen Landesteilen unterschiedlich dicht, am dichtesten im nördl. Tiefland; weiterer Ausbau im Rahmen der Wirtschaftspläne (Kfz-Bestand 1977: 2,445 Mio.); 1976 Fertigstellung der Eisenbahnlinie Belgrad–Bar. Bed. Binnenschiffsverkehr (bes. Donau). Die Handelsflotte umfaßt (1980) 2,467 Mio. BRT. Bed. Häfen: Rijeka, Split, Koper, an der Donau Belgrad. Luftverkehrsmittelpunkt: Belgrad.

Geschichte. Nach dem Zusammenbruch Österreich-Ungarns entstand 1918 das ›Kgr. der Serben, Kroaten und Slowenen‹. Aus den Bestimmungen der Friedensverträge von Saint-Germain, Trianon und Neuilly ergaben sich die Grenzen des Landes. Von Anfang an litt J. unter den Gegensätzen der versch. Nationalitäten, bes. zw. den Serben und Kroaten. Die 1929 begründete Diktatur König Alexanders (1918–34) setzte die Verf. von 1921 außer Kraft, benannte den Staat in ›Kgr. Jugoslawien‹ um und setzte 1931 eine neue autoritäre Verf. in Kraft. Nach der Ermordung Alexanders bestieg sein Sohn Peter unter der Regentschaft des Prinzen Paul den Thron. Außenpolitisch trat J. 1921 der Kleinen Entente bei und schloß 1927 einen Freundschaftsvertrag mit Frankreich.

Bei Ausbruch des 2. Weltkrieges blieb J. neutral. Als ein Militärputsch im März 1941 den von der Reg. Cvetković beschlossenen Beitritt zum Dreimächtepakt verhinderte, besetzten dt. und italien. Truppen J. Von der mit den Dt. sympathisierenden Ustascha (Bewegung) wurde der ›Unabhängige Staat Kroatien‹ ausgerufen. Gegen die Besatzungsmächte bildeten sich Widerstandsorganisationen. Unter Führung Titos gelang es den Kommunisten, die Widerstandsbewegung unter ihre Kontrolle zu bringen und 1944 in J. einen kommunist. Staat zu begründen. Im Nov. 1945 wurde die Rep. ausgerufen und 1946 die Verf. der ›Föderativen VR Jugoslawien‹ verkündet. Sowjetisch-jugoslaw.

Spannungen über den Versuch Titos, sein Land auf einem eigenen nationalen Weg zum Kommunismus zu führen, führten 1949 zum Bruch J.s mit der UdSSR. J. suchte seitdem Wirtschaftshilfe bei den USA. Nach dem Tode Stalins (1953) normalisierten sich die jugoslaw. Beziehungen zur UdSSR, blieben jedoch häufig starken Belastungen unterworfen (so 1956 beim Posener Aufstand in Polen; 1956 beim Aufstand in Ungarn; 1968 bei der Besetzung der ČSSR durch die Warschauer-Pakt-Staaten). Bes. in der Zeit des Kalten Krieges bemühte sich Tito mit J. Nehru und G. ʿAbd el-Nasser um die internat. Zusammenarbeit der nichtpaktgebundenen Staaten der Dritten Welt.

Mit dem Umbau des Staates zur ›Sozialist. Föderativen Rep. J.‹ 1963 sollten die weiterhin wirksamen Spannungen zw. den Nationalitäten beseitigt werden. 1971 kam es jedoch in Kroatien zu einer Protestbewegung gegen die Partei- und Staatsführung in Belgrad; 1981 brachen in der Prov. Kosovo Unruhen aus.

Jugurtha, König von Numidien, * nach 160 v. Chr., † (hingerichtet) 104 v. Chr., im **Jugurthinischen Krieg** (111–105 v. Chr., dargestellt von Sallust) 108 v. Chr. von Metellus, später von Marius geschlagen.

Juin [ʒɥˈɛ̃], Alphonse, frz. Marschall (1952), * 1888, † 1967; 1947–51 Gen.-Resident in Marokko, 1960 als Gegner der Algerienpolitik de Gaulles aus dem Nationalen Verteidigungsrat ausgeschlossen.

Juist [jy:st], Ostfries. Insel, 16,2 km², rd. 2 000 Ew.; Seebad.

Juiz de Fora [ʒuˈiz-], Stadt im Staat Minas Gerais, Brasilien, 284 100 Ew.; Textil-, Holz- u. a. Industrie.

Jujube die, strauch- und baumartige Gatt. der Kreuzdorngewächse. Aus Zweigen des vorderasiat. **Christusdorn** soll die Dornenkrone Christi bestanden haben.

Jujutsu das, ostasiat. Kriegskunst chines. Ursprungs, die in Europa als Jiu-Jitsu (Kunst der waffenlosen Selbstverteidigung u. U. bis zum Tod des Gegners) bekannt wurde. Aus dem J. entwickelte sich die Kunst des → Budo.

Jujuy [xuxˈui], Prov. im NW Argentiniens, 401 400 Ew., Hptst.: Salvador de Jujuy.

Jul die, altes heidn. Mittwinterfest, später mit dem christl. Weihnachtsfest verschmolzen (**Julfest**). Bräuche: **Julblock**, brennender Holzklotz; **Julbock**, Schreckmaske; **Julklapp**, ins Zimmer geworfenes Scherzgeschenk.

Juli, Abk. für → Jungliberale.

Juli, Heumonat, Heuert, der 7. Monat, hat 31 Tage.

Julia, Tochter des Kaisers Augustus, * 39 v. Chr., † 14 n. Chr., in dritter Ehe mit Augustus' Stiefsohn Tiberius vermählt, wegen unsittl. Lebens aus Rom verbannt.

Julian, Flavius Claudius Iulianus, röm. Kaiser (361–363 n. Chr.), von den Christen **Apostata** [grch. ›der Abtrünnige‹] genannt, * 331, † 363, Neffe Konstantins d. Gr., schlug 357 die Alemannen bei Straßburg, wurde 360 Augustus, 361 Alleinherrscher, suchte dem Christentum ein im neuplaton. Geist erneuertes Heidentum entgegenzustellen.

Juliana

Juliana, Königin der Niederlande (1948–80), * 1909, ⚭ 1937 mit Prinz Bernhard zur Lippe-Biesterfeld; → Beatrix.

Jülich, 1) Stadt im Kr. Düren, NRW, an der Rur, 30 400 Ew.; Kernforschungsanlage, Papier- und Zuckerfabriken. **2)** ehem. Hzgt. (1356, urspr. Gfsch.) an Maas, Roer, Erft, erwarb 1423 auch das Hzgt. Berg; beide kamen 1511 an die Herzöge von Kleve. Als diese 1609 ausstarben, entstand der Jülich-Klevesche Erbfolgestreit.

Jülich-Klevescher Erbfolgestreit zw. Sachsen, Brandenburg und Pfalz-Neuburg um die Herzogtümer Jülich, Kleve, Berg u. a. Territorien; 1609 Dortmunder Rezeß: gemeinsame Verwaltung; 1614 Vergleich von Xanten: Kleve, Mark, Ravensberg und Ravenstein an Brandenburg, Jülich und Berg an Pfalz-Neuburg; spätere Bestätigung in den Verträgen von Düsseldorf (1624) und Kleve (1666). 1742 Jülich und Berg an Pfalz-Sulzbach, nachmals Kurbayern; 1801 kam Jülich an Frankreich, 1814 mit Ausnahme einiger zu Limburg geschlagener Stücke an Preußen; desgleichen → Berg.

Jülier, Paß in Graubünden, Schweiz, 2 284 m hoch, verbindet das Oberhalbstein mit dem Oberengadin.

Julier, altröm. Patriziergeschlecht; ihm gehörte Caesar an, als Adoptivvater des Augustus der Gründer des julisch-claud. Kaiserhauses (31 v. Chr.–68 n. Chr.).

Julikäfer, fälschlich **Rosenlaubkäfer**, 12–15 mm langer Blatthornkäfer mit grünschillernden Deckflügeln.

Julirevolution, 27.–29. 7. 1830 in Paris, stürzte König Karl X. und brachte Louis Philippe (**Julikönig**) auf den Thron.

1   2   3

Jungsteinzeit: **1** *Glockenbecher der Glockenbecherkultur, 18 cm hoch (Lampertheim, Kr. Bergstraße).* **2** *Gefäß der Stichbandkeramik (Hinkelsteintypus), Durchm. 15 cm (Worms).* **3** *Gefäß der Bandkeramik mit Stichreihenornament und Bemalung, Durchm. 25 cm (Prag).* **4** *Axt aus Kieselschiefer, 13,2 cm lang (Rössen).* **5** *Feuersteinsichel der Megalithkultur, 15 cm lang (Rügen)*

Julische Alpen, Teil der südöstl. Kalkalpen an der italienisch-jugoslaw. Grenze, mit Triglav (2 863 m).

Julius II., Papst (1503–13), befestigte und vergrößerte die Macht des Kirchenstaats, begann den Neubau der Peterskirche und förderte Michelangelo und Raffael.

Julius Echter von Mespelbrunn, Fürstbischof von Würzburg (1573–1617), * 1545, † 1617, gründete 1576 das Juliusspital und 1582 die Univ. in Würzburg **(Julius-Stil);** war mit Hilfe der Jesuiten ein Vorkämpfer der Gegenreformation in Würzburg, Bamberg und Fulda.

Juliusturm, Festungsturm in Spandau, in dem bis 1914 der aus der frz. Kriegsentschädigung von 1870/71 stammende Reichskriegsschatz (120 Mio. Mark in Gold) aufbewahrt wurde; Ü angesammelte Guthaben der öffentl. Hand, z. B. in der Bundesrep. Dtl. zw. 1952 und 1956 für Verteidigungszwecke.

Jullundur [engl. dʒʌləndə], **Dschalandhar,** Stadt im Staat Pandschab, Indien, 296 100 Ew.; Verarbeitung landwirtschaftl. Erzeugnisse.

Julmond, altdt. Name für Dezember.

Jumbo-Jet [dʒʌmbəu dʒet, amerikan.] *der,* Großraumflugzeug mit Strahlantrieb.

Jumna [engl. dʒʌmnə], **Dschamna,** ind. Fluß, →Yamuna.

Jumper [dʒʌmpə, engl.] *der,* Strickbluse, Pullover.

jun., Abk. für lat. **jun**ior, der Jüngere.

Juneau [dʒuːnəu], Hafen und Hptst. des Bundesstaates Alaska (USA), 19 500 Ew.; Flughafen.

Jung, Carl Gustav, schweizer. Psychologe und Psychiater, * 1875, † 1961; neben Freud ausgehend, eine neue Richtung der Tiefenpsychologie (analyt. Psychologie), die v. a. die einseitige triebdynam. Auffassung des Unterbewußten zu überwinden sucht; unterschied ein individuelles und ein von Archetypen geprägtes kollektives Unterbewußtes; beschrieb die psych. Einstellungstypen des Extravertierten und Introvertierten.

Jungbrunnen, im Volksglauben ein Brunnen, dessen Wasser Alternde verjüngen und Kranke heilen soll.

Jungbunzlau, tschech. **Mladá Boleslav,** Stadt in Böhmen, ČSSR, 43 900 Ew.; Maschinen-, Kraftwagen-, Textil- u. a. Ind.

Jungdemokraten, Abk. **Judo,** der FDP nahestehende polit. Jugendorganisation.

Jungdeutscher Orden, Abk. **Jungdo,** nationaler Kampfbund, gegr. 1920 von A. Mahraun, aufgelöst 1933.

Junge Pioniere, in der Dt. Dem. Rep. die polit. erfaßten 6–14jährigen Jugendlichen, Vorstufe der FDJ.

Jünger, 1) Ernst, Schriftst., * 1895, entwickelte aus der Erfahrung des 1. Weltkrieges (Pour-le-mérite-Träger) die Ideen eines neuen elitären Humanismus. Menschen (›Krieger‹ und ›Arbeiter‹), auch einen Stil kühler Präzision; später Anhänger eines konservativen Humanismus. Werke: ›In Stahlgewittern‹ (1920), ›Der Arbeiter‹ (1932), ›Blätter und Steine‹ (1934), ›Afrikanische Spiele‹ (1936), ›Auf den Marmorklippen‹ (Roman, 1939), ›Strahlungen‹ (1949), ›Heliopolis‹ (1949), ›An der Zeitmauer‹ (1959), ›Typus, Name, Gestalt‹ (1963), ›Die Zwille‹ (Roman, 1973). **2)** Friedrich Georg, Schriftst., Bruder von **1)**, * 1898, † 1977; Gedichte, Romane (›Der erste Gang‹, 1954; ›Zwei Schwestern‹, 1956), Kulturanalyse ›Die Perfektion der Technik‹ (1946, erweitert 1949) u. a.

Ernst Jünger

Junges Deutschland, nach der frz. Julirevolution aufgekommene Bewegung liberalrevolutionärer Schriftst. Hauptvertreter: H. Heine, L. Börne, K. Gutzkow, T. Mundt u. a.

Junge Union, Nachwuchsorganisation der CDU.

Jungfer, 1) Jungfrau. **2)** Zofe. **3)** ♫ von einem Tau umschlungene blockähnl. Holzscheibe zum Straffspannen der Wanten. **4) J. im Grünen,** ⊕ →Schwarzkümmel.

Jungfernhäutchen, Hymen, Schleimhautfalte am Scheideneingang.

Jungferninseln, →Virgin Islands.

Jungfernrebe, 1) Wilder Wein (Parthenocissus), Weinrebengewächse mit blauen, ungenießbaren Beeren; Gartensträucher (Bild S. 55). **2) Uferrebe (Vitis riparia),** Kletterzierstrauch mit resedaduftenden Blüten.

Jungfernrede, erste Rede eines Abg. vor dem Parlament.

Jungfernzeugung, Parthenogenese, 1) Fortpflanzung bei Tieren durch nicht befruchtete Eier (bei Würmern, Krebsen, Insekten). **2) Jungfernfrüchtigkeit** bei Pflanzen, Fruchtbildung ohne Befruchtung.

Jungfrau, 1) unberührtes Mädchen; Sinnbild der Reinheit: die **allerheiligste Jungfrau,** die **Jungfrau Maria,** die Mutter Gottes. **2)** Sternbild des Nordhimmels, 6. Zeichen des Tierkreises (♍).

Jungfrau, Gipfel der Finsteraarhorngruppe in den Berner Alpen, 4 158 m hoch. Zahnradbahn zum Jungfraujoch (3 454 m) mit Hochalpiner Forschungsstation.

Jungfräulichkeit, Zustand des geschlechtsreifen weibl. Körpers bis zum ersten Geschlechtsverkehr.

Jungfrau von Orléans [-orle´ã], →Jeanne d'Arc.

Junghegelianer, Vertreter des linken Flügels der Hegelschen Schule: A. Ruge, B. Bauer, D. F. Strauß, L. Feuerbach, K. Marx, F. Lassalle. (→Hegelianismus)

Jungk, Robert, Journalist, Schriftst., * 1913; schrieb ›Die Zukunft hat schon begonnen‹ (1954) u. a.; setzte sich international für Ausbreitung der Zukunftsforschung ein.

Jungki, chines. Stadt, →Kirin.

Jungliberale, Abk. **Juli,** der FDP nahestehende polit. Jugendorganisation.

Jungsozialisten, 1) 1919–33 eine aus der sozialist. Jugendbewegung hervorgegangene Richtung der SPD. **2)** kurz **Juso,** nach 1945 Nachwuchsorganisation der SPD.

Jungsteinzeit, Neolithikum, der Altstein- und der Mittelsteinzeit folgende Periode der menschl. Vorgeschichte, in Europa vom 6. Jahrtsd. bis etwa 1800 v. Chr. Kulturgruppen: Band- und Stichbandkeramik, Rössener-, Streitaxt-, Glockenbecher-, Chassey-, Megalith- und Tripolje-Kultur. Kennzeichen: Fortschritte in der Steinbearbeitung (polierte und durchbohrte Steine) und in der Töpferei (Schnur-, Band-, Kammkeramik, Glockenbecher), verstärkter Ackerbau (Hackbau, später auch Pflugbau) und vermehrte Viehzucht (zum Haushund der Mittelsteinzeit kommen Rind, Schaf, Ziege, Schwein und Pferd hinzu).

Jüngstenrecht, Juniorat, Bevorzugung des jüngsten männl. Familienmitgl. bei der Einzelerbfolge in Bauerngütern.

Jüngstes Gericht, in der christl. Lehre das am **Jüngsten Tag,** d. h. am Ende der Welt, auf die Wiederkunft Christi auf Erden folgende Weltgericht mit Auferstehung der Toten. Darstellungen: Reliefs mittelalterl. Kirchenportale am Autun (um 1130) u. a.; Fresken in Oberzell, Reichenau (um 1000), von Giotto in Padua, Signorelli in Orvieto, Michelangelo in der Sixtin. Kapelle; Mosaiken in Torcello (12. Jh.); Altarbilder von Lochner, Memling, Bosch, Rubens u. a.

Jung-Stilling, eigtl. Heinrich **Jung,** Arzt und Schriftst., * 1740, † 1817, studierte 1769–72 in Straßburg, wo er Goethe kennenlernte; später durch seine Staroperationen berühmt; schrieb eine gemütvolle Darstellung seiner Jugend, deren 1. Teil Goethe als ›Henrich Stillings Jugend‹ 1777 herausgab.

Jungtürken, türk. Reformpartei, gegr. um 1876, erstrebte Umformung der Türkei in einen verfassungsmäßigen Staat; Reg.-Partei 1908–18 (Enver Pascha); durch Atatürk verboten.

Juni, Brachmonat, Brachet, 6. Monat, hat 30 Tage.

Juniaufstand, Siebzehnter Juni, Volkserhebung in der Dt. Dem. Rep. im Juni 1953, ausgelöst durch Protreststreiks und Demonstrationen in O-Berlin am 16. 6. gegen die Erhöhung der Arbeitsnormen. Am 17. 6. kam es in O-Berlin und vielen mitteldt. Industriestädten zu Umzügen und Unruhen (Verjagung von SED-Funktionären, Gefangenenbefreiung, Entwaffnung von Volkspolizisten); gefordert wurden Rücktritt der Reg. und freie Wahlen. Gegen Mittag wurde das Standrecht verhängt, bis zum Abend war die unbewaffnete Erhebung von der Volkspolizei mit Unterstützung sowjet. Panzer unterdrückt. Streiks und Unruhen zogen sich in manchen Gebieten noch einige Tage hin. In der Folge wurden viele Verhaftungen vorgenommen und zahlreiche Todesurteile durch sowjet. Standgerichte vollstreckt. Die Höhe der Opfer blieb unbekannt. In SED, Volkspolizei u. a. wurden Säuberungen durchgeführt, Reg.-Mitgl. abgelöst. – In der Bundesrep. Dtl. wurde der 17. Juni als ›Tag der dt. Einheit‹ durch Ges. v. 4. 8. 1953 Feiertag.

Junikäfer, Brachkäfer, mehrere Gatt. der Blatthornkäfer, meist 1,5–2 cm lange braune Käfer, deren Larven (Engerlinge) von Wurzeln leben.

junior [lat.], Abk. **jun., jr.,** der Jüngere i. Ggs. zum Älteren (senior) gleichen Namens; im sportl. Wettkampf die mittlere Leistungsklasse.

Juniperus, die Gatt. Wacholder.

Juniusbriefe, polit. Briefe, die unter dem Decknamen Junius 1769–72 in der Londoner Zeitschrift ›Advertiser‹ erschienen und die führenden Männer der brit. Reg. schonungslos angriffen; der Verfasser wurde niemals mit Sicherheit festgestellt.

Junker [ahd. ›junger Herr‹], **1)** früher junger Edelmann. **2)** adliger, ostelbischer Großgrundbesitzer **(Junkertum).**

Junkers, Hugo, Flugzeugkonstrukteur, * 1859, † 1935, entwickelte den Gegenkolben-, den Doppelkolben- und den ersten Schwerölflugmotor, ein Kalorimeter, Gasbadeöfen, baute das erste Ganzmetall-Verkehrsflugzeug, dem viele weitere folgten. Die von ihm begründeten Werke wurden 1936 zur **Junkers Flugzeug- und Motorenwerke AG** zusammengeschlossen.

Junktim [lat.] *das,* Verbindung mehrerer Gesetzesvorlagen, die im Parlament gemeinsam behandelt werden sollen **(Junktimsvorlagen),** auch bei völkerrechtl. Verträgen, wenn der eine nur unter der Bedingung abgeschlossen wird, daß auch der andere in Kraft tritt.

Jünnan, chines. Prov., →Yünnan.

Juno, altitalische Göttin, später Ehe- und Geburtsgöttin, als Gattin des Jupiter Himmelskönigin **(J. Regina).**

Junta [xʹunta, span. ›Vereinigung‹] *die,* in Spanien und Lateinamerika ein Regierungs- oder Volksausschuß; heute allg. revolutionäre Ausschüsse, bes. von Offizieren gebildet **(Militärjunta).**

Jupiter, 1) altröm. Himmelsgott, Herr des Blitzes und Donners, segnet die Felder und schützt das Recht; entspricht dem grch. Zeus. **2)** ☆ Zeichen , der größte und massenreichste (318fache Erdmasse) Planet unseres Sonnensystems, mit einem Äquatordurchmesser von 142 800 km. Seine Umlaufzeit um die Sonne 11 Jahre 315 Tage, seine Umdrehungsdauer 9 Std. 50 min. Der Planet ist von 16 Monden begleitet, von denen 4 bereits mit einem kleinen Prismenfernrohr beobachtet werden können. Aus der mittleren Dichte des J. (1,35 g/cm³) schließt man, daß der Planet sich hauptsächlich im gasförmigen Zustand befindet. Er hat ein starkes Magnetfeld und einen starken Strahlungsgürtel.

Jura *der,* **1)** von den Schichten der Juraformation aufgebauter Gebirgszug in Mitteleuropa. Der **Französisch-Schweizerische J.** erstreckt sich bogenförmig von der Rhône bis zum Rhein. Er weist einen einfachen Faltenbau auf, der bes. stark auf seiner Innenseite, im **Ketten-J.** mit den höchsten Erhebungen (Crêt de la Neige, 1 723 m) ausgeprägt ist. Nach W verebben die Falten im **Plateau-J.** allmählich, das Gebirge ist zu einer einförmigen verkarsteten Hochfläche abgetragen. Der im N gelegene **Tafel-J.** ist weniger stark gefaltet, seine bewaldeten Hochflächen werden durch breite Täler gegliedert. Das Klima ist rauh und feucht, der Boden wegen der starken Durchlässigkeit meist trocken. Im Gebirge überwiegt Viehzucht; bed. Uhren-, Fahrzeug-, Stahlind. In Dtl. setzt sich der J. in der Schwäbischen Alb und →Fränkischen Alb fort. **2)** eine →geologische Formation des Mesozoikums, in der bituminöse Tone, Mergel, eisenhaltige Sandsteine, Kalke abgelagert wurden (nutzbare Ablagerungen: Eisenerze, Plattenkalk: Steindruck). Das Klima war warm. **3)** [ʒyrʹa], frz. Dép. im Franche-Comté, 5 008 km², 237 800 Ew. Hptst.: Lons-le-Saunier. **4)** [ʒyrʹa], Kt. (seit 1979) in der NW-Schweiz, 779 km², 65 000 vorwiegend kath., frz.-sprachige Ew. **(Jurassier).** (Bild S. 56)

Jura [*Mz.* von lat. ius], die Rechte, die Rechtswissenschaft. **de jure,** von Rechts wegen. **juridisch, juristisch,** rechtskundlich, das Recht betreffend. **Jurisprudenz,** die Rechtswissenschaft.

Jurisdiktion [lat.], Gerichtsbarkeit, im röm. Recht urspr. die zur Durchführung der Rechtspflege erforderl. Befehlsgewalt.

Jurisdiktionsnorm, das österr. Ges. vom 1. 7. 1895, das die Ausübung der Zivilgerichtsbarkeit und die Zuständigkeit der ordentl. Gerichte in bürgerl. Rechtssachen regelt.

Jupiter 2): Aufnahmen der Raumsonde Pioneer 11, Dezember 1974; links J. mit dem großen roten Fleck aus einer Entfernung von etwa 1 100 000 km, rechts der nördl. Teil des Planeten aus einer Entfernung von etwa 600 000 km

Jurist, Rechtskundiger mit planmäßiger rechtswissenschaftl. Ausbildung: z. B. Richter, Staatsanwalt, Rechtsanwalt, ferner höhere Verwaltungsbeamte u. a.

Juristenrecht, durch Gerichtsgebrauch und richterl. Urteile herausgebildetes Gewohnheitsrecht.

juristische Person, von der Rechtsordnung mit eigener Rechtspersönlichkeit versehene Personenvereinigung (Körperschaft, Verein) oder Vermögensmasse (Stiftung). Die j. P. ist grundsätzlich wie die natürl. Person Träger von Rechten und Pflichten und kann Vermögen erwerben.

Jurte [türk.] *die,* rundes Wohnzelt west- und zentralasiat. Nomaden, mit Filzdecken überzogen; 2–3 m hoch, bis 8 m ⌀.

Juruá [ʒurwʹa] *der,* re. Nebenfluß des Amazonas, 3 280 km lang, entspringt in O-Peru, mündet unterhalb Fonte Boa.

Jürüken, Götschebe, ehemals türkmen. Vollnomaden in östl. Anatolien, 200 000–300 000, Schaf- und Pferdezüchter; heute meist halbnomadisch; Teppichknüpfer.

Jury *die,* **1)** [dʒʹuəri, engl.], in Großbritannien und den USA die über Tatfragen entscheidende Geschworenenbank. **2)** [ʒyrʹi, frz.], Ausschuß von Sachverständigen, z. B. bei Kunstausstellungen.

Jus, Ius [lat.] *das,* das Recht.

Jus [ʒy, frz.] *die, das,* Fleischsaft, der nach dem Erkalten zu Gallerte erstarrt; eingedickte Fleischbrühe.

Juschno-Sachalinsk, Gebietshptst. von Sachalin, Russ. SFSR, im SO der Insel, 143 000 Ew.

Juso, Abk. für →Jungsozialisten 2).

Jusowka, bis 1924 Name der Stadt →Donezk.

Juste-milieu [ʒystmilʹøː, frz. ›richtige Mitte‹] *das,* **1)** gemäßigte Regierungsweise. **2)** laue Gesinnung.

Justi, Carl, Kunsthistoriker, * 1832, † 1912, schrieb Biographien: ›Winckelmann‹ (2 Bde., 1866–72), ›Velazquez und sein Jh.‹ (2 Bde., 1888), ›Michelangelo‹ (1, 1900, 2, 1909). – Sein Neffe **Ludwig,** * 1876, † 1957, war Dir. der Berliner Nationalgalerie.

justieren [lat.], **1)** genau einstellen (Meßgeräte). **2)** auf Gewicht prüfen (Münzen). **3)** ⊕ Druckstöcke auf Schrifthöhe, die Satzseiten auf Format bringen.

Justinian I., byzantin. Kaiser (527–65), * 483, † 565, stark von seiner Gattin Theodora (* 497, † 548), mit der er eine Doppelherrschaft führte, beeinflußt; durch seine Feldherren Belisar und Narses brachte er einen großen Teil des von german. Stämmen überfluteten Weström. Reiches unter seine Herrschaft; erbaute die Hagia Sophia in Konstantinopel; gab dem Rechtsleben eine feste Grundlage durch das →Corpus iuris civilis. (Bild S. 56)

Justinus der Märtyrer, Kirchenvater, wirkte in Rom, † um 165. Seine Werke bilden den Anfang der Begegnung von christl. Offenbarung und grch. Philosophie. Tag: 1. 6.

Justitia, →Iustitia.

Justitiar [lat.] *der,* mit der Bearbeitung der Rechtsangelegenheiten einer Behörde oder eines Verbandes beauftragter Beamter oder Angestellter; Rechtsbeistand.

Jupiter 1), Kolossalkopf aus Pompeji; 1. Jh. v. Chr. (Neapel, Nationalmuseum)

Jungfernrebe 1)

Jura 4):
Moutier und
Cluse de Moutier

Jute

Justinian I.,
Ausschnitt aus einem
Mosaik, vor 547
(Ravenna, S. Vitale)

Justitium [lat.] *das,* Stillstand der Rechtspflege infolge außerordentl. Ereignisse; bewirkt in Zivilprozessen Unterbrechung des Verfahrens (§ 245 ZPO).

Justiz [lat.] *die,* die Rechtspflege.

Justizausbildung. In der Bundesrep. Dtl. sind die Voraussetzungen für die Berufsausbildung als Richter, Staatsanwalt, Rechtsanwalt usw. um GVG und in den Justizausbildungsordnungen der Länder festgelegt. Nach einem mindestens siebensemestrigen rechtswissenschaftl. Universitätsstudium kann die 1. Staatsprüfung (Referendarexamen), nach einer Vorbereitungszeit von 2 1/2 Jahren die 2. Staatsprüfung (Assessorexamen) abgelegt werden. Neuerdings haben einige Bundesländer auch eine einstufige Ausbildung eingeführt (z. B. NRW, Ndsachs., Bad.-Württ.). – In Österreich umfaßt das Studium 8 Semester, gegliedert in 3 Abschnitte. Die Vorbereitungszeit ist von unterschiedl. Dauer. In der Schweiz ist die J. kantonal unterschiedlich geregelt.

Justizbeamte, Beamte bei Gerichtsbehörden und Staatsanwaltschaften.

Justizfreiheit, Freistellung hochpolit. Akte (Regierungsakte) von der richterl. Kontrolle der Rechtmäßigkeit. J. gibt es in beschränktem Umfang auch in der Bundesrep. Dtl.

Justizhoheit, Staatsgewalt, soweit sie sich auf die Gerichtsbarkeit bezieht.

Justizirrtum, falsche Entscheidung eines Gerichts auf Grund eines Irrtums über Tatsachen oder irriger Gesetzesauslegung.

Justizministerium, vom Justizmin. geleitete oberste Justiz-Verwaltungsstelle eines Staates. Sie bereitet die Justizgesetze vor, übt die Justizverwaltung aus und hat die Dienstaufsicht über die Justizbeamten und -behörden.

Justizmord, Hinrichtung eines Unschuldigen; i. w. S. jede dem Recht nicht entsprechende Verurteilung.

Justizrat, früher an ältere Richter, Rechtsanwälte, Notare ehrenhalber verliehener Titel.

Jute, Bastfaser einer ind. Staude, wichtigster Faserstoff nächst der Baumwolle, dient bes. zur Herstellung von Säcken, Stricken, Gurten, Teppichen, zur Kabelisolierung, zur Papierherstellung. Haupterzeugungsländer: Indien und Pakistan.

Jüten, german. Stamm in Jütland, nahm an der german. Besiedlung Britanniens teil; der Rest ging in den Dänen auf.

Jüterbog, Krst. im Bez. Potsdam, 13 000 Ew.; Maschinenbau-, Möbel-, Konserven-, Papier- u. a. Ind.; nahebei Truppenübungsplatz. Alte Stadttore und Kirchen.

Jütland, dän. **Jylland** [j′ylan], Halbinsel zw. Nord- und Ostsee, festländ. Teil von Dänemark.

Juvarra, Juvara, Filippo, ital. Baumeister des Spätbarock, *1678, †1736; Kirche Superga und Schloß Stupinigi bei Turin.

Juvenal, lat. **Iuvenalis,** Decimus Iunius, röm. Satiriker, etwa 60–140 n. Chr.

juvenil [lat.], jugendlich.

Juventas, altröm. Göttin der Jugendkraft.

Juwel [frz.] *das,* Kleinod, kostbarer Schmuck, geschliffener Edelstein.

Juwelier, Goldschmied, Schmuckhändler.

Jyväskylä, Stadt in Mittelfinnland, am Päijännesee, 63 500 Ew.; Univ., Museum; Maschinenbau, Papier-, Holzind.

K

k, K [ka] *das,* der 11. Buchstabe des dt. und vieler anderer Alphabete, ein stimmloser gutturaler Verschlußlaut.

k, Zeichen für Kilo...

K, 1) chem. Zeichen für Kalium. 2) Zeichen für Kelvin.

K 2, Chogori [tʃ-], der höchste Gipfel des Karakorum, zweithöchster Berg der Erde, 8611 m hoch, Erstbesteigung 1954 durch eine ital. Expedition.

Ka'aba, Ka'ba [arab. ›Würfel‹], Hauptheiligtum des Islam, ein Gebäude in Mekka, in dem als Gegenstand der Verehrung der Schwarze Stein eingelassen ist. Die K. ist das Ziel der den Muslimen vorgeschriebenen Pilgerfahrt.

Kaaden, tschech. **Kadaň** [k′adanj], Stadt an der Eger, in NW-Böhmen, ČSSR, etwa 10 000 Ew.

Kaarst, Gem. im Kr. Neuss, NRW, 34 100 Ew.

Kaas, Ludwig, kath. Theologe und Politiker, *1881, †1952, 1928–33 Vors. des Zentrums, ging 1933 an den Vatikan (Mitwirkung beim Abschluß des Reichskonkordats).

Kabale [frz.] *die,* geheimer Anschlag, Ränke, Intrige.

Kabardiner, Volk im NW-Kaukasus, mit den Tscherkessen verwandt (1970: 280 000).

Kabardino-Balkarische Autonome Sozialistische Sowjetrepublik, Teilrep. der Russ. SFSR, an der N-Abdachung des Kaukasus, 12 500 km², 681 000 Ew.; Hptst.: Naltschik. Weizen-, Mais-, Hirse-, Gemüse-, Obstanbau; Rinder-, Schaf-, Pferdezucht. Bedeutendster Wolfram-Molybdän-Bergbau der UdSSR; Maschinenbau-, chem., Nahrungsmittel- u. a. Ind. – Die K.-B. ASSR besteht seit 1936.

Kabarett [frz.] *das,* Kleinkunstbühne zum Vortrag von Gedichten, Chansons, zur Aufführung von Sketches, teils mehr literarisch, teils mehr politisch-satirisch; urspr.: Schenke, das die Kneipen der Bohémiens in Paris, deren erste ›Chat noir‹ 1881 gegründet wurde. 1901 in Berlin: ›Überbrettl‹, in München: K. der ›Elf Scharfrichter‹; in Berlin: ›Schall und Rauch‹; in Zürich: ›Cabaret Voltaire‹; in den 20er Jahren **Kabarett-Revue** (R. Nelson u. a.), 1924 in Berlin: ›Kabarett der Komiker‹, 1929: ›Katakombe‹; nach dem 2. Weltkrieg u. a.: ›Schaubude‹, ›Kom(m)ödchen‹, ›Insulaner‹, ›Kleine Freiheit‹, ›Stachelschweine‹, ›Lach- und Schießgesellschaft‹.

Kabbala [hebr. ›Überlieferung‹] *die,* Lehre und Schriften der mittelalterl. jüd. Mystik (**Kabbalistik**). Diese beschäftigt sich bes. mit dem vermeintl. geheimen myst. Sinn des A. T. und des talmud. Religionsgesetzes. Die Vertreibung der Juden aus Spanien ließ die K. zur Volksbewegung werden. An die jüngere K. (16. Jh.) knüpfte der → Chassidismus an. – In ihrer Spätzeit sank die K. z. T. zu einer Buchstabenmagie ab.

kabbalistisch, geheimnisvoll, verworren.

Kabel, 1) Drahtseil für Hängebrücken, Seilbahnen u. a. 2) jede biegsame elektr. Leitung, deren einzeln isolierte Leiter (Adern) noch gemeinsam isoliert und oft durch eine Hülle gegen Beschädigung geschützt sind. Der Leiter, meist Kupfer, selten Aluminium, besteht entweder aus einem einzigen Draht (Massivleiter) oder mehreren miteinander verseilten Drähten (Leiterseil, Litze). Isolierstoffe sind meist Papier, Kunststoffe, Gummi, Textilfasern (**Papier-, Gummi-, Kunststoff-K.**). Zum Schutz gegen Feuchtigkeit erhält das K. einen geschlossenen Mantel aus Blei (**Blei-K.**), Aluminium oder Kunststoff. **Fernmelde-K.** enthalten bis zu einigen Tausend gegeneinander isolierte Leiter; eine besondere Ausführung zur Übertragung hoher Frequenzen ist die Koaxialleitung (**Koaxial-K.**). Die einzelnen Leiter der **Starkstrom-K.** können vor dem Verseilen mit einem Bleimantel umpreßt werden (**Dreimantel-K.**). Bei K. für hohe Spannungen (bis 400 kV) wird zur Erhöhung der Isolation in das K.-Innere unter Druck stehendes Öl (**Öl-K.**) oder beim **Gasdruck-K.** Schwefelhexafluorid (SF$_6$) eingepreßt. Beim **Druck-K.** wird das ganze K. in ein Stahlrohr eingezogen und in dieses Stickstoff eingepreßt.

Kabelauszahlung, svw. →Cable Transfer.

Kabelfernsehen, Drahtfernsehen, leitungsgebundene Übertragung von Fernsehprogrammen, deren Zahl und Übertragungsqualität (bes. im Gebirge und in Hochhäusern) durch →Breitbandkabel gesteigert werden kann. Gemeinschaftsantennenanlagen gelten als Vorstufe für das K., dieses für die Breitbandkommunikation. Über K. kann auch **Kabeltext** (→Bildschirmtext) übermittelt werden. In den USA gibt es K. seit 20 Jahren, in der Bundesrep. Dtl. seit 1974 Versuchsanlagen.

Kabeljau [niederländ.], **Dorsch** der, Fisch aus der Fam. der →Dorsche in den Meeren zw. 40° und 75° nördl. Breite.

Kabellänge, engl. **cable** [keibl], Längenmaß der Schiffahrt: $^1/_{10}$ Seemeile = 185,2 m.

Kabine [frz.] die, 1) Wohn- und Schlafraum auf Schiffen. 2) Badezelle, Fernsprechzelle u. ä. 3) Raum für Fluggäste.

Kabinenbahn, Kabinentaxi, Abk. **CAT,** in Erprobung befindl. neues Nahverkehrsmittel mit Kabinen, die vollautomatisch gesteuert an Tragbalken hängend oder auf diesen aufgeständert verkehren.

Kabinett [frz.] das, 1) kleines Zimmer, Beratungsraum. 2) ♂♀ seit dem 18. Jh. der kleine Kreis persönl. Berater des Staatsoberhauptes (**Geheimes K.**) in der Gegenwart die Gesamtregierung oder (so in Großbritannien) ein enger Ausschuß der Reg. 3) Raum mit Kunstwerken (z. B. Kupferstich-K.). 4) **K.-Schrank,** Kunstschrank.

Kabinettkäfer, Museumskäfer, 2–3 mm langer brauner, gelb und weiß gefleckter Speckkäfer, dessen behaarte Larve bes. an Insektensammlungen und Wolltextilien schadet.

Kabinettschreiben, früher ein vertraul. Schreiben des Herrschers an andere Staatsoberhäupter.

Kabinettsjustiz, im absoluten Staat die Eingriffe des Landesherrn in die Rechtspflege. Die modernen Verfassungen schließen die K. aus.

Kabinettsorder, Anordnung des Herrschers in Sachen, die seiner eigenen Entscheidung vorbehalten waren.

Kabinettstück, kostbarer, seltener Gegenstand.

Kabotage, Cabotage [-t'aːʒə, frz.] die, i. e. S. der Küstenschiffahrt; i. w. S. die Beförderung von Personen und Gütern zw. 2 Orten im Inland nur durch inländ. Unternehmen. Der Ausschluß ausländ. Unternehmen (bes. Küstenschiffahrt, Flugverkehr) ist völkerrechtlich zulässig.

Kabriolett [frz.] das, 1) Kraftwagen mit rückklappbarem Verdeck. 2) leichter zweirädriger Einspänner.

Kabuki, volkstüml. japan. Dramenform mit Gesang und Tanz.

Kabul, 1) der, re. Nebenfluß des Indus, etwa 450 km lang, entspringt westl. der Stadt K.; mehrere Kraftwerke. 2) Hptst. von Afghanistan, 913 200 Ew.; Univ.; Textil-, Metall-, Leder-, Nahrungsmittel-, Kunststoffindustrie.

Kabwe, bis 1968 **Broken Hill,** Stadt in Sambia, 139 000 Ew.; Hüttenwerke.

Kabylen, Sammelbez. für die nordalger. Berbergruppen, bes. in der **Großen** und **Kleinen Kabylei. – Rif-K.** (nur im dt. Sprachgebrauch), die Berbergut an der NW-Küste Marokkos.

Kachel, Platte aus Ton, Steingut oder Porzellan, oft reliefartig gemustert oder bemalt, oft auch glasiert.

Kachlexie [grch.], ♯ Kräfteverfall, Abzehrung; Endzustand bei vielen chron. Krankheiten, bösartiger Geschwülste u. a. **kachektisch,** abgezehrt.

Kachin [-tʃ-], **Katschin, Chingpo** [tʃ-], Volk mit tibetobirman. Sprache, bewohnt heute den Kachin-Staat in N-Birma.

Kachlet das, Staustufe der Donau unterhalb von Passau.

Kachowka, Hafenstadt am Kachowkaer Stausee, in der Ukrain. SSR, 36 000 Ew.; 2 155 km² großer **Kachowkaer Stausee,** im Dnjepr-Lauf, Kraftwerk, Bewässerungsanlagen.

Kádár [k'aːdaːr], János, ungar. Politiker (Kommunist), * 1912, war 1948–50 Innenmin., 1951–54 wegen angebl. Opposition zu Rákosi inhaftiert, wurde Okt. 1956 Mitgl. der Regierung Nagy, Nov. 1956 MinPräs. (bis 1958 und 1961–65); Erster Sekretär (Gen.-Sekr.) des ZK der KP.

Kadaver [lat.] der, Aas, Tierleiche. **Kadavergehorsam,** blinder Gehorsam.

Kadelburg, Gustav, Schauspieler und Lustspieldichter, * 1851, † 1925; Schwänke und Lustspiele (›Im weißen Rößl‹, 1898, mit O. Blumenthal).

Kaden-Bandrowski, Juliusz, poln. Schriftst., * 1885, † 1944; staats- und gesellschaftskrit. Romane.

Kadenz [ital.] die, 1) die ein Musikstück oder einen Teil eines solchen abschließende Akkordfolge. Die K. schließt auf der Tonika (I. Stufe, vollkommene K.), der Dominante (V, Halbschluß, unvollkommene K.), der Subdominante (IV) oder einer anderen Stufe. Der Schluß auf der Grundstufe nach vorangegangener vollständiger Kadenz wird als Ganzschluß bezeichnet. 2) urspr. improvisierter Soloteil im Instrumentalkonzert, der dem Interpreten Gelegenheit zu virtuosem Alleinspiel gibt.

Kader [frz.] der, 1) ♂ Stammbestand einer Truppe, bes. die ausbildenden Offiziere und Unteroffiziere. **Kadersystem,** Truppenaufbau: die vorhandenen Stammbestände werden nur im Kriegsfall aufgefüllt (Rahmenheer). 2) im kommunist. Sprachgebrauch: alle in wichtigen Partei-, Staats- und Wirtschaftsstellen tätigen Funktionäre; auch deren Gesamtheit.

Kadett [frz.], Zögling eines Unterrichts- und Erziehungsinstituts (K.-Anstalt, K.-Korps) für künftige Berufsoffiziere.

Kadi [arab.], in islam. Ländern Richter der religiösen Gerichtsbarkeit, 1922 in der Türkei abgeschafft. In den arab. Staaten heute Richter aller Gerichtsbarkeiten.

Kadijewka, Stadt in der Ukrain. SSR, →Stachanow.

Kadmos, grch. Mythos: Sohn des phönik. Königs Agenor, wurde von diesem ausgesandt, seine Schwester Europa zu suchen. Er erschlug einen Drachen und säte dessen Zähne, aus denen geharnischte Männer wuchsen (**Drachensaat**). K. wurde König von Theben; soll die Schrift in Griechenland eingeführt haben.

Kaduna, Hptst. des Staates K., Nigeria, 202 000 Ew.; Kunstdüngerfabrik, Kfz.-Montagewerk, Kabelwerk u. a. Ind.

kaduzieren [lat.], für verfallen erklären. **kaduzierte Aktien** sind wegen nicht geleisteter Einzahlung für ungültig erklärt.

Kalerh, chines. Name für →Gartok.

Käfer, Ordnung der Insekten mit etwa 350 000 Arten, 0,25 mm bis über 15 cm lang, meist mit hartem Hautpanzer. Sie haben kauende Mundwerkzeuge, die (je nach der Ernährungsweise) ebenso verschieden gestaltet sind wie auch die Fühler. Die Vorderflügel sind verhärtet und decken in Ruhelage oder einfaltbaren Hinterflügeln auch den Hinterleib (**Deckflügler**). Aus dem Ei entwickelt sich die Larve, dann die Puppe, dann der ausgebildete K. Man unterscheidet die Gruppe der **Raubkäfer** (z. B. Laufkäfer, Schwimmkäfer) und der **Vielfresser** (z. B. Blatthorn-, Blatt-, Bockkäfer). Weiteres Bild S. 58.

Käferschnecken, Placophora, Klasse der Weichtiere mit achtteiliger Rückenschale; in der Brandungszone des Meeres.

Kaffa, Landschaft und Prov. im SW von Äthiopien, Heimat des wilden Kaffeebaums.

Kaffee, Erzeugnis des **Kaffeestrauchs,** einer Gatt. der Fam. Rötegewächse, im trop. Afrika und Asien heimisch; Sträucher oder Bäumchen mit weißen Blüten, kirschähnl. Früchten und meist 2 Steinkernen mit je einem Samenkern, der **K.-Bohne.** Einsteinige Früchte geben Perl-K. Der K.-Anbau erfordert viel Wärme und Bewässerung, die in den ersten Jahren Beschattung. Nach dem Ernten werden die Bohnen entfleischt, enthülst, verlesen, geröstet. Gerösteter K. enthält u. a. 1–1,5 % Coffein und 5–7 % Chlorogensäure. Für das Getränk K. werden die Bohnen geröstet und gemahlen, dann gebrüht. Es wirkt anregend; übermäßiger Genuß verursacht Herzklopfen, nervöse Störungen, Schlaflosigkeit. Man stellt daher auch **coffeinfreien K.** her. – K. breitete sich im 13. Jh. von Äthiopien in der islam. Welt aus. Nach Europa gelangte die K. Mitte des 17. Jh., gegen Ende des 17. Jh. wird K. in Asien (Java, Ceylon), und in der 2. Hälfte des 18. Jh. in Südamerika angebaut. Das erste Kaffeehaus entstand 1647 in Venedig. (Bilder S. 58 u. 59, Übers. S. 59)

Kaffeemaschine, Gerät, das kochendes oder überhitztes (**Espresso-K.**) Wasser durch Kaffeepulver gefiltert wird.

Kaffeesteuer, eine in der Bundesrep. Dtl. zusammen mit dem Kaffeezoll erhobene Verbrauchsteuer.

Kaffern [arab. kafir ›Ungläubiger‹], alte, oft abwertende Bez.

Käfer I: 1 Puppenräuber, 2 Lattich-Rüßler, 3 Gartenlaubkäfer, 4 Ameisenbuntkäfer, 5 Marienkäfer: Zweipunkt, 6 Gemeiner Rosenkäfer, 7 Walker, 8 Schnellkäfer, 9 Totengräber, 10 Sandlaufkäfer

Kafi

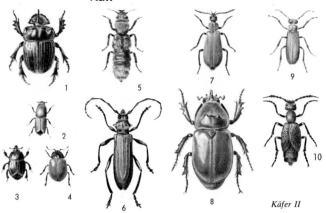

Käfer II

1 *Mondhornkäfer,* 2 *Borkenkäfer: Buchdrucker,* 3 *Stutzkäfer,*
4 *Pappelblattkäfer,* 5 *Goldstreifiger Raubkäfer,* 6 *Moschusbock,*
7 *Feuerkäfer,* 8 *Nashornkäfer,* 9 *Spanische Fliege,* 10 *Ölkäfer*

für die Bantuvölker im südl. Afrika, auch speziell für die Xhosa, gegen die zw. 1780 und 1878 von Buren und Engländern die **K.-Kriege** geführt wurden.

Kafiren, heute offiziell **Nuristani** [›Nuristan‹, Land des Lichts, früher ›Kafiristan‹, Land der Ungläubigen], Sammelbez. für die Bewohner des Hindukusch in NO-Afghanistan und NW-Pakistan mit indoarischer Sprache (→Nuristan).

Kafka, Franz, Schriftst., * 1883, † 1924. Zu seinen Lebzeiten erschienen nur einige Erz.; die Romane gab M. Brod entgegen K.s Wunsch aus dem Nachlaß heraus, seitdem kam K.s Werk zu außerordentl. Wirkung. Mit seiner Logik des Absurden, seiner Verfremdung von Ich und Welt läßt es viele Deutungen zu (relig., existentielle, sozialkrit., psychoanalyt.). – Romane: ›Der Prozeß‹ (1914/15, hg. 1925), ›Das Schloß‹ (1921/22, hg. 1926), ›Amerika‹ (1912–14, hg. 1927); Erz. (›Die Verwandlung‹, ›Das Urteil‹, ›In der Strafkolonie‹ u. a.), Skizzen, Aphorismen, Tagebücher, Briefe. (Bild S. 59)

Kaftan [pers.-arab.] *der,* **1)** langärmeliger, vorn offener langer Überrock, bes. der vorderasiat. Völker. **2)** mantelartiger, enger, geknöpfter Oberrock der orthodoxen Juden.

Kafue-Nationalpark, Nationalpark in Sambia, mit 22 400 km² einer der größten Afrikas.

Kaganowitsch, Lasar Mossejewitsch, sowjet. Politiker, * 1893, hatte als enger Mitarbeiter Stalins Anteil am Aufbau der Schwerind., an der Zwangskollektivierung und den Vernichtungsaktionen 1935–39. K., im höchsten Partei- und Staatsstellungen, wurde 1957 aller Posten enthoben, 1961 aus der Partei ausgeschlossen.

Kagel [span. kax'ɛl], Mauricio, argentin. Komponist, * 1931, seit 1957 in Köln, versucht, die sichtbare Seite der Darbietung von Musik zu eigener künstler. Bedeutung zu erheben, er nennt dies ›instrumentales Theater‹.

Kagera *der,* Fluß im Zwischenseengebiet Ostafrikas, mündet in den Victoriasee, Quellfluß des Nils.

Kagoshima [-ʃ-], Hafen und Hptst. des Ken K. auf Kyushu, Japan, 494 500 Ew.; 2 Univ.; Satsuma-Fayencen.

Kahla, Stadt im Bez. Gera, an der Saale, 8 900 Ew.; Porzellanind., Maschinenfabrik. Östlich von K. auf einem Berg (395 m) die **Leuchtenburg** (12. Jh.).

Kahl a. Main, Gem. im Kr. Aschaffenburg, Bayern, 7 500 Ew.; erstes dt. Kernkraftwerk (1961).

Kahlenberg, Berg im Wienerwald nördlich von Wien, 483 m hoch. Die Schwänke des **Pfaffen vom K.,** der angeblich um 1330 gelebt hat, wurden um 1450 von Philipp Frankfurter in Reime gebracht. Über die Schlacht am K. (1683) →Wien.

Kahler Asten, Berg im Sauerland, im Rothaargebirge, 841 m; Wintersportplatz, meteorolog. Station.

Kaffee: Sproß mit Blüten und Früchten; rechts oben Kaffeebohne

58

Kahlhieb, Kahlschlag, Gesamtfällung auf einer Forstfläche. **Kahlschlagbetrieb,** Hochwaldbetrieb mit K.

Kahlwild, geweihlose weibl. Tiere und Kälber von Rot-, Elch- und Damwild.

Kahmhaut, feine Haut aus Mikroorganismen auf nährstoffhaltigen Lösungen.

Kahn [kan], Gustave, frz. Schriftst., * 1859, † 1936, formulierte als erster eine Theorie des freien Verses.

Kahnschnabel, Nachtreiher Südamerikas, 50 cm lang, mit Hinterhauptschopf und breitem Schnabel.

Kahnweiler, Daniel-Henry, frz. Kunsthändler, * 1884, † 1979, Entdecker und Förderer bes. der Kubisten.

Kahramanmaraş [-ʃ], früher **Maraş,** Hptst. der Prov. K., Türkei, 177 900 Ew., Textilindustrie, Handelszentrum.

Kai *der,* das durch eine steile Ufermauer **(Kaimauer)** befestigte Uferbauwerk in Häfen.

Kaifeng, Stadt in der Prov. Honan, China, über 300 000 Ew.; Erdnußhandel, Baumwoll-, Seiden- u. a. Industrie.

Kailas, Berg im Transhimalaya, 6 714 m hoch, gilt als Sitz Shivas; Pilgerziel.

Kaimane [span.-karib.], Arten der Alligatoren-Gatt. **Mohren-K., Brillen-K.** (Bild Krokodile) und **Glattstirn-K.**

Kaimanfisch, Art der Knochenhechte in N-Amerika; bis 3 m lang, mit rautenförmigen Schmelzschuppen.

Kain [hebr. vielleicht ›Schmied‹], erstgeborener Sohn Adams und Evas, tötete seinen Bruder Abel.

Kainz, Josef, * 1858, † 1910, Schauspieler am Berliner Dt. Theater und Wiener Burgtheater; Charakterdarsteller.

Kaiphas, jüd. Hohepriester (um 18–37 n. Chr.) und Vors. des Gerichtshofs beim Prozeß Jesu (Mt. 26, 3. 57).

Kairo, arab. **Misr al-Kahira,** Hptst. Ägyptens, mit 5,5 Mio. Ew. die größte Stadt Afrikas, am Nil, 20 km südlich des Deltas. Der Verkehrsmittelpunkt und Großhandelsplatz mit rd. 40 % der gesamten Ind. Ägyptens; ist Sitz der obersten islamit. und relig. Behörden, mehrerer Hochschulen (islam. Azhar-Univ.); Museen, Theater, über 600 islam. Bauten (Moscheen, Mausoleen u. a.). Die arab. Altstadt des MA. umgeben neuzeitliche Stadtviertel. – 969 gründeten die Fatimiden den eigtl. Kern des heutigen K. Prächtige Bauwerke entstanden vom 10.–14. Jh. Nach 1517 (türk. Eroberung) wirtschaftl. Niedergang. Die Großstadtentwicklung begann mit → Mehmed Ali Anfang des 19. Jh. (Bild S. 59)

Kairo-Konferenz, Besprechung Roosevelts und Churchills mit Tschiang Kai-schek (1943) über die Kriegführung gegen Japan.

Kairos [grch.] *der,* günstiger Augenblick.

Kairouan [kɛrw'an, frz.], **Kairuán,** arab. **Al-Kairawan,** Stadt in Tunesien, 67 600 Ew.; reich an Moscheen, eine der vier heiligen Städte des Islam; Teppichknüpferei, Kunsthandwerk.

Kaiser [von lat. Caesar], der höchste Herrschertitel, urspr. der Name des Gründers der Alleinherrschaft im röm. Weltreich: Caesar. Das weström. Kaisertum bestand bis 476, das oström. (in Konstantinopel) bis 1453. Karl d. Gr. erneuerte 800 das weström. Kaisertum als höchste weltl. Würde der Christenheit; seit Otto d. Gr. (962) war es mit dem dt. Königtum verknüpft und erlosch 1806. 1871–1918 führte der König von Preußen den Titel ›Deutscher K.‹. Außerdem gab es den Kaisertitel z. B. in Österreich, Rußland, Frankreich, Brasilien, Mexiko, China, Korea, Äthiopien, heute noch in Japan.

Kaiser, 1) Georg, Schriftst., * 1878, † 1945, meistgespielter Dramatiker des Expressionismus, emigrierte 1938. Werke: ›Die Bürger von Calais‹ (1914), ›Von morgens bis mitternachts‹ (1916), ›Gas‹ (2 Tle., 1918–20), ›Der Soldat Tanaka‹ (1940) u. a. (Bild S. 60). **2)** Jakob, Politiker (Zentrum; CDU), * 1888, † 1961, 1924–33 in der christl. Gewerkschaftsbewegung führend, 1945 Mitgr. der CDU für Berlin und die Sowjetzone, 1949–57 MdB und Bundes-Min. für Gesamtdeutsche Fragen.

Kaiserchronik, mittelhochdt. Dichtung (röm. und dt. Kaiser bis Konrad III.), etwa um 1150, eine Gemeinschaftsarbeit bayer. Geistlicher.

Kaiser-Friedrich-Museum in Berlin, von W. v. Bode geschaffene Gemäldegalerie und Skulpturensammlung; jetzt: **Bode-Museum** (Berlin-Ost).

Kaisergebirge, Teil der Nordtiroler Kalkalpen, östlich von Kufstein, im zerklüfteten **Wilden Kaiser** 2 344 m, im **Zahmen Kaiser** 1 997 m hoch.

Kaiserjäger, österr. Truppe 1816–1918, im Frieden nur durch Soldaten aus Tirol und Vorarlberg **(Tiroler K.)** ergänzt.

Kaffee-Ernte (1 000 t)					
Land	1975	1980	Land	1975	1980
Brasilien	1 300	1 067	Guatemala	144	156
Kolumbien	540	738	Angola	132	40
Elfenbeinküste	249	200	El Salvador	125	112
Mexiko	228	222	Indien	–	150
Uganda	208	120	Philippinen	–	123
Äthiopien	183	193	Übrige	1 300	1 341
Indonesien	175	240			
			Welt	**4 462**	**4 702**

Kaffee: links Kaffeestrauch;
rechts Trocknen der kirschenähnlichen Früchte

Kaiser-Kanal, Großer Kanal, chines. **Da Yunhe,** ältester und längster Kanal in China (etwa 1 800 km), verbindet Hangchow mit Tungchow bei Peking (Ende des 13. Jh. vollendet), durch Vertiefung und Verbreiterung wieder schiffbar.

Kaiserkrone, 1) → Krone, → Reichskleinodien. **2) Fritillaria imperialis,** innerasiat. Liliengewächs; Gartenzierpflanze.

Kaisermantel, der Schmetterling → Silberstrich.

Kaisersage, Sage von einem im Berg (Kyffhäuser, auch im Untersberg bei Salzburg) schlafenden Kaiser, der aufwachen und die entschwundene Kaiserherrlichkeit erneuern wird, in Dtl. übertragen auf Karl d. Gr., Barbarossa, Friedrich II.

Kaiserschnitt, ♀ Schnittentbindung, bei der durch Bauchschnitt die Gebärmutter geöffnet wird.

Kaiserslautern, kreisfreie Stadt, Rheinl.-Pf., Verwaltungssitz des Kr. K., am Rand des Pfälzer Waldes, 98 700 Ew.; Univ., Fachhochschule; Nähmaschinenwerk (Pfaff), Eisen-, Armaturenwerke, Apparate-, Automobilbau (Opel), Spinnereien, Holz-, Lederind.

Kaiserstuhl, Bergland am Oberrhein, z. T. aus vulkan. Material, im Totenkopf 557 m hoch; Weinbau.

Kaiserwald, tschech. **Slavkovský les** [sl'afkofski: les], Bergland in NW-Böhmen, ČSSR, im Lesný 983 m hoch.

Kaiser-Wilhelm-Gesellschaft zur Förderung der Wissenschaften e. V., gegr. 1911 unter dem Protektorat Kaiser Wilhelms II. zur Pflege bes. der naturwissenschaftl. Forschung, seit 1948 Max-Planck-Gesellschaft.

Kaiser-Wilhelm-Kanal, früherer Name des → Nord-Ostsee-Kanals.

Kaiser-Wilhelm-II.-Land, Teil der Ostantarktis; 1902 von der dt. Südpolarexpedition unter E. von Drygalski entdeckt.

Kaiser-Wilhelms-Land, ehem. dt. Schutzgebiet im NO von Neuguinea.

Kajak [eskimoisch] *das* oder *der,* **1)** Männerboot der Eskimos, mit Seehundshaut überzogenes Spantengerüst, Doppelpaddel. (→ Umiak) **2)** Paddelboot im → Kanusport.

Kajanus, Robert, finn. Komponist und Dirigent, * 1856, † 1933; Sinfonien, Chorlieder.

Kajüte *die,* Wohnraum auf Schiffen.

Kakadus [malaiisch], *Ez. der* **Kakadu,** von Australien bis Celebes und auf den Philippinen heimische Unterfam. der Papageien, mit aufrichtbarer Federhaube und kurzem Schwanz. (Bild Papageien)

Kakao [-k'au, span. aus Nahuatl], Erzeugnis aus den Früchten des **Kakaobaumes (Theobroma),** einer tropisch-amerikan. Gatt. der Sterkuliengewächse, mit rötl. Blütchen, gurkenförmigen gelben oder roten Früchten, süßl. Fruchtmus und bohnenförmigen Samen **(Kakaobohnen).** Die Kakaobohne enthält 45–60% Fett (→ Kakaobutter), 14–18% Eiweiß, 6–10% Stärke, 1–3% Theobromin. Die Samen werden getrocknet, entbittert, geröstet, zermahlen, entölt. Das K.-Pulver wird mit Zucker und Milch als Getränk und zu Schokolade verwendet. – Der K. wurde in Mexiko schon Anfang des 12. Jh. angebaut, um 1520 wurde er nach Spanien, im 17. Jh. auch nach Italien, Frankreich, England und Dtl. eingeführt. (Bild S. 62)

Kakao|butter, Kakao|öl, Kakao|fett, talgartiges Nebenprodukt bei der Herstellung von Kakao; wichtiger Rohstoff für Schokoladenfabrikation, Kosmetik, Pharmazie.

Kakemono [japan.] *das,* zusammenrollbares, zum Aufhängen bestimmtes Bild, auf Seide oder Papier gemalt, Hauptgattung des ostasiat. Bildes; Gegenstück: → Makimono.

Kakerlak [wohl aus span. cucaracha] *der,* **1)** Küchenschabe (→ Schaben). **2)** Ü Albino.

Kakinada, Cocanada, Hafenstadt in Andhra Pradesh, Indien, 164 200 Ew.; Ausfuhr von Ölsaaten, Baumwolle, Reis.

Kakodyl, organ. Arsenverbindung.

Kakophonie [grch.] *die,* Mißklang. Eigw. **kakophonisch.**

Kakte|en [grch.], **Kaktusgewächse,** ausdauernde, dickfleischige, in Amerika heimische Pflanzenfam. mit mannigfacher Stengelbildung: blatt-, scheiben-, kugel-, säulenförmig, bis 18 m hoch, meist grün, ohne ausgeprägte Blätter oder blattlos, mit Haaren oder Stacheln besetzt, mit stattl. Blüten und beerenartigen Früchten. Der Verlust der Blätter, deren Arbeit der blattgrünhaltige Stengel übernommen hat, sowie die Verstärkung der Oberhaut (oft Wachsüberzug) sind Anpassungen an ein trockenes Klima. (Bilder S. 60)

Franz Kafka

Kairo: Blick über die Innenstadt

Kakao-Ernte (1 000 t)					
Land	1975	1980	Land	1975	1980
Ghana	396	255	Ecuador	75	95
Brasilien	282	294	Mexiko	37	35
Elfenbein-			Papua-Neuguinea	36	30
küste	227	325	Übrige	196	234
Nigeria	216	175			
Kamerun	96	110	**Welt**	**1 561**	**1 553**

Kakteen: **1–2** *Säulenkaktus;* **1** *Cereus Gruppe,* **2** *Trichocereus bridgesii, Bolivien,* **3** *Scheiben-kaktus (Opuntien), Nord- bis Südamerika.* **4** *Blattkaktus (Weihnachtskaktus), Brasilien.* **5–6** *Kugelkaktus;* **5** *Rebutia aureiflora, Nord-Argentinien,* **6** *Rebutia ritteri, Bolivien*

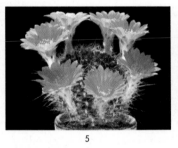

4   5   6

Georg Kaiser

Kala-Azar [Hindi ›schwarze Krankheit‹], **viszerale Leish-maniase,** zu den Leishmaniasen gehörende Allgemeinerkrankung, verläuft gewöhnlich mit schweren Krankheitserscheinungen chronisch, führt ohne Behandlung mit Antimonverbindungen meist zum Tod.

Kalabarbohne, windender, halbholziger Schmetterlingsblüter W-Afrikas, dessen giftige Samen das arzneilich genutzte **Physostigmin** liefern.

Kalabreser *der,* breitkrempiger, weicher Männerfilzhut (aus Kalabrien).

Kalabrien, ital. **Calabria,** Landschaft und Region in Süditalien mit den Prov. Catanzaro, Cosenza und Reggio di Calabria, von Gebirgen durchzogen, 15 080 km², 2,080 Mio. Ew.; Oliven-, Wein-, Citruskulturen.

Kalabsha [-ʃ-], Tempel der röm. Kaiserzeit, anstelle eines älteren Heiligtums in Nubien auf dem W-Ufer des Nils, 1961–64 mit dt. Hilfe 15 km südlich von Assuan wiedererrichtet.

Kalach [hebr.], assyr. **Kalchu,** heute **Nimrud,** Ruinenstätte am Tigris, 1270 v. Chr. gegr., zeitweilig Hptst. Assyriens; 612 v. Chr. zerstört; Ausgrabungen von Palästen und Tempeln.

Kaladie, Buntwurz, Caladium, tropisch-amerikan. Gatt. der Aronstabgewächse, knollenbildend, mit großen, z. T. bunten Blättern; mehrere Arten sind Zierpflanzen.

Kalahari *die,* Beckenlandschaft in S-Afrika, 800–1300 m hoch; mächtige Dünenwälle im S, nach N folgen Trockensavannen, Salzpfannen im **Okawango-Becken** Sumpfland; Wildreichtum (**K.-Gemsbock-Nationalpark, Etoscha-Wildpark),** dünne Besiedlung.

Kalamata, Kalamai, Kalamä, grch. Hafenstadt in Messenien, auf der Peloponnes, 39 500 Ew.; Ausfuhr von Korinthen, Wein, Öl, Südfrüchten.

Kalamität [lat.] *die,* Not, Schwierigkeit; Schaden.

Kalander [frz.] *der,* Maschine zur Verbesserung der Oberfläche von Papier, Gewebe u. a. zw. harten (aus Stahl) und/oder weichen Walzen (mit Papier- oder Baumwollauflage), die oft heizbar sind.

Kalasiris [grch.] *die,* altägypt. Kleidungsstück beider Geschlechter höherer Stände, seit rd. 1600 v. Chr.

Kalatosow, Michail Konstantinowitsch, russ. Filmregisseur, * 1903, † 1973; ›Wenn die Kraniche ziehen‹ (1957) u. a.

Kal'at Sim'an, einer der bedeutendsten Wallfahrtsorte des christl. Orients, in N-Syrien, rd. 30 km nordwestl. von Aleppo; Ruine des mächtigen Kirchenbaus aus dem Ende des 5. Jh. (4 in Kreuzform angeordnete Basiliken), als Mittelpunkt die Säule des Symeon Stylites (Säulenheiliger).

Kalauer [aus frz. Calembour(g) ›Wortwitz‹; später auf die Stadt Calau bezogen] *der,* Wortwitz, Wortspiel.

Kalb, noch nicht einjähriges Rind, Junges des Rot-, Elch-, Damwildes, beim Rehwild **Kitz.**

Kalb, Charlotte von, geb. Marschalk von Ostheim, * 1761, † 1843, Gattin eines Offiziers in frz. Diensten († 1806), war mit Schiller, Hölderlin und Jean Paul befreundet.

Kalbe *die,* **Kalbin,** weibl. Rind bis zum 1. Kalben.

Kalben, 1) Geburtsvorgang beim Rind. **2)** Abbrechen der ins Meer vorgedrungenen Gletscher zu Eisbergen.

Kälberkropf, Gatt. der Doldenblüter; der **Bergkerbel** oder **Rauhhaarige K.** an Gebirgsbächen in Mittel- und S-Europa.

Kalbsmilch, Bries, Thymusdrüse des Kalbes.

Kalbsnuß, kugelförmiges Fleischstück aus der Kalbskeule.

Kalchas, grch. Mythos: Seher der Griechen im Trojan. Krieg.

Kalchedon, antike Stadt am Bosporus, →Chalcedon.

Kalckreuth, Leopold Graf von, * 1855, † 1928, malte Landschaften, Bilder aus dem Landleben und Bildnisse.

Kaldaunen, Kutteln, die gereinigten, gebrühten Vormagen der Wiederkäuer.

Kaldor [kʼɔːldə], Nicholas, Baron (1974) of **Newnham in the City of Cambridge,** brit. Volkswirtschaftler ungar. Abstammung, * 1908, seit 1966 Prof. an der Univ. Cambridge; befaßt sich insbes. mit wachstums- und verteilungstheoret. Fragen.

Kalebasse [span.] *die,* aus der Frucht des Kalebassenbaums oder des Flaschenkürbisses hergestellte, oft reich verziertes Gefäß der Naturvölker.

Kalebassenbaum, amerikan., meist trop. Pflanzengatt. mit kürbisgroßen Früchten.

Kaledonien, keltisch-röm. Name für Nordschottland.

Kaledonischer Kanal, Kanal in Schottland, folgt der großen Talfurche des Glen More.

Kaledonisches Gebirge, Gebirgssystem, zw. Ordovizium und frühem Devon durch die **Kaledon. Faltung** in N-Europa entstanden, verläuft über Irland, Schottland, Skandinavien, Spitzbergen, Grönland, Ellesmereland; kaledon. Faltungen gibt es auch in N-Amerika, Sibirien, O-Australien.

Kaleidoskop [grch.] *das,* fernrohrähnl. opt. Spielzeug, das durch mehrfache Spiegelung unregelmäßiger Scherben u. dgl. regelmäßige Figuren darstellt.

Kalendarium [lat.] *das,* 1) Kalender, Terminkalender. 2) Verzeichnis kirchl. Gedenk- und Festtage.

Kalenden *Mz.,* lat. **Calendae** [zu lat. calare ›ausrufen‹], bei den Römern der 1. Tag im Monat.

Kalender [→Kalenden] *der,* i. w. S. die Zeitrechnung überhaupt, i. e. S. ein Verzeichnis der nach Wochen und Monaten geordneten Tage des Jahres. Unser jetziger K. hat sich aus dem röm. K. entwickelt. Er beruhte im alten Rom auf dem Mondjahr von 355 Tagen und 12 ungleich langen Monaten, zw. denen bei Bedarf ein Schaltmonat eingefügt wurde. Die entstehenden Unstimmigkeiten beseitigte Julius Caesar 46 v. Chr. durch Einführung des **Julianischen K.,** nach dem das Jahr 365 Tage und jedes vierte Jahr (Schaltjahr) 366 Tage hat. Den verbleibenden geringen Unterschied gegen das Sonnenjahr korrigiert der **Gregorianische K.** (Gregor XIII., 1582), nach dem der Schalttag bei dem vollen Jh. ausfällt, mit Ausnahme des durch 400 teilbaren (1600, 2000 usw.). Dieser K. wurde von den kath. Ländern sofort, von den evang. nur zögernd eingeführt, von manchen erst im 18. Jh. In Rußland rechnete man noch bis Februar 1918 mit dem Julian. K. Die UdSSR übernahm dann den Gregorian. K. ein; der 1. 2. (alten Stils) wurde in den 14. 2. (neuen Stils) umbenannt. Dem **jüdischen K.** liegt ein gebundenes Mondjahr zugrunde; er hat Monate von versch. Länge und Jahre von 12 und 13 Monaten, so daß Jahre von 353 bis 385 Tagen vorkommen. Die Jahreszählung beginnt mit der Weltschöpfung, die auf 3761 v. Chr. verlegt wird. – Dem **muslimischen K.** liegt ein reines Mondjahr zugrunde, eingeteilt in Monate mit abwechselnd 30 und 29 Tagen; das Gemeinjahr hat 354, das Schaltjahr 355 Tage. – Der 1793 in Frankreich eingeführte **K. der Frz. Revolution** hatte ein mit dem 22. 9. 1792 beginnendes Jahr mit 12 Monaten zu je 30 Tagen, abgeteilt in 3 Dekaden zu je 10 Tagen; 1806 wurde aber der Gregorian. K. wieder eingeführt. – Seit dem 1. 1. 1976 ist nicht mehr der Sonntag, sondern der Montag der 1. Tag der Woche. – Mit dem **Immerwährenden K.** kann zu jedem Datum der Wochentag ermittelt werden. (Tabelle rechts oben).

Kalendergeschichte, kurze Prosa-Erzählung aus dem Volksleben, seit dem 18. Jh. in Volkskalendern. K. schrieben J. P. Hebel, J. Gotthelf u. a., abgewandelt B. Brecht.

Kalesche [tschech.] *die,* leichter vierrädriger Ein- oder Zweispänner mit Faltverdeck.

Kalevala *das,* Nationalepos der Finnen, in 50 Gesängen, behandelt Kämpfe zw. den Völkern K.s und Pohjolas, den Finnen und Lappen. Die einzelnen Lieder ordnete E. Lönnrot zu einem Epos (1835, endgültige Fass. 1849).

Kalf, Willem, getauft 1619, † 1693, holländ. Stillebenmaler.

Kalfaktor [lat.], **Kalfakter** *der,* Hausmeister; Schmeichler; Aushorcher; in Gefängnissen ein Gefangener, der den Wärter im Dienst unterstützt.

Kalfatern [niederländ.], ↘ Dichtung der Nähte zw. den Planken der Außenhaut und der Decks von Holzschiffen durch Eintreiben von Werg, Ausgießen mit Kunstharz (früher Pech).

Immerwährender Kalender für die Jahre 1801 bis 2000

	Jahre							Monate											
	1801–1900				1901–2000			J	F	M	A	M	J	J	A	S	O	N	D
01	29	57	85		25	53	81	4	0	0	3	5	1	3	6	2	4	0	2
02	30	58	86		26	54	82	5	1	1	4	6	2	4	0	3	5	1	3
03	31	59	87		27	55	83	6	2	2	5	0	3	5	1	4	6	2	4
04	32	60	88		28	56	84	0	3	4	0	2	5	0	3	6	1	4	6
05	33	61	89	01	29	57	85	2	5	5	1	3	6	1	4	0	2	5	0
06	34	62	90	02	30	58	86	3	6	6	2	4	0	2	5	1	3	6	1
07	35	63	91	03	31	59	87	4	0	0	3	5	1	3	6	2	4	0	2
08	36	64	92	04	32	60	88	5	1	2	5	0	3	5	1	4	6	2	4
09	37	65	93	05	33	61	89	0	3	3	6	1	4	6	2	5	0	3	5
10	38	66	94	06	34	62	90	1	4	4	0	2	5	0	3	6	1	4	6
11	39	67	95	07	35	63	91	2	5	5	1	3	6	1	4	0	2	5	0
12	40	68	96	08	36	64	92	3	6	0	3	5	1	3	6	2	4	0	2
13	41	69	97	09	37	65	93	5	1	1	4	6	2	4	0	3	5	1	3
14	42	70	98	10	38	66	94	6	2	2	5	0	3	5	1	4	6	2	4
15	43	71	99	11	39	67	95	0	3	3	6	1	4	6	2	5	0	3	5
16	44	72	—	12	40	68	96	1	4	5	1	3	6	1	4	0	2	5	0
17	45	73		13	41	69	97	3	6	6	2	4	0	2	5	1	3	6	1
18	46	74		14	42	70	98	4	0	0	3	5	1	3	6	2	4	0	2
19	47	75	—	15	43	71	99	5	1	1	4	6	2	4	0	3	5	1	3
20	48	76		16	44	72	00	6	2	3	6	1	4	6	2	5	0	3	5
21	49	77	00	17	45	73		1	4	4	0	2	5	0	3	6	1	4	6
22	50	78		18	46	74		2	5	5	1	3	6	1	4	0	2	5	0
23	51	79		19	47	75		3	6	6	2	4	0	2	5	1	3	6	1
24	52	80		20	48	76		4	0	1	4	6	2	4	0	3	5	1	3
25	53	81		21	49	77		5	1	1	4	6	2	4	0	3	5	1	3
26	54	82		22	50	78		0	3	3	6	1	4	6	2	5	0	3	5
27	55	83		23	51	79		1	4	4	0	2	5	0	3	6	1	4	6
28	56	84		24	52	80		2	5	6	2	4	0	2	5	1	3	6	1

Wochentage						
S	1	8	15	22	29	36
M	2	9	16	23	30	37
D	3	10	17	24	31	
M	4	11	18	25	32	
D	5	12	19	26	33	
F	6	13	20	27	34	
S	7	14	21	28	35	

Anwendung. Beispiel: Auf welchen Wochentag fiel der 25. Juli 1948? **Lösung:** Man gehe von der Jahrestafel aus und suche für das Jahr 1948 in der Monatstafel unter Juli die zugehörige Monatskennzahl (4); zuzüglich der Zahl des gesuchten Wochentages (25) ergibt sich die Schlüsselzahl (4 + 25 = 29), für die man in der Wochentagstafel den Sonntag als den gesuchten Wochentag findet.

Kalgan, chines. Stadt, →Changchiakou.

Kalgoorlie Boulder [kælgˈʊəlɪ bˈɔʊldə], Stadt in W-Australien, in unwirtl. Steppe, 20900 Ew.; war Mittelpunkt des Goldbergbaus (heute noch Tiefbau).

Kali *das,* Sammelbezeichnung für die natürlich vorkommenden Kalisalze (Chloride und Sulfate des Kaliums), z. B. Carnallit, Kainit, Polyhalit, Sylvin. Die bedeutendsten K.-Lager finden sich in Nord- und Mittel-Dtl., Elsaß, Kanada, Spanien, UdSSR, USA. Die Lagerstätten sind vermutlich durch Verdunsten des Wassers eines flachen Meeres entstanden. Die Salze werden im Tiefbau gewonnen und direkt oder nach Entfernung bestimmter Bestandteile hauptsächlich zur Düngung verwendet. – Die Welterzeugung betrug (1979) 26,34 Mio. t; in der Bundesrep. Dtl. wurden 2,62 Mio. t, in der Dt. Dem. Rep. 3,39 Mio. t gefördert. (Bild S. 62)

Kali [altind. ›Die Schwarze‹], ind. Göttin, die furchtbare Erscheinungsform der ind. Göttin Durga, dargestellt mit Waffen und einem Kranz von Totenschädeln.

Kaliber *das,* 1) bei Feuerwaffen der innere Durchmesser des Laufs oder Rohrs; auch Durchmesser der Geschosse. 2) beim Walzwerk der Zwischenraum zw. 2 Walzen, der das Walzprofil ergibt. (Bild S. 63)

kalibrieren, Werkstücke durch abschließendes geringes Umformen auf genaues Maß bringen.

Kalidasa, bedeutendster Dichter Indiens, lebte um 400 n. Chr. am Hof der Gupta-Könige; wichtigste Werke: die Epen ›Raghuvamsha‹ und ›Kumarasambhava‹, das lyrische Gedicht ›Meghaduta‹, das Drama ›Shakuntala‹.

Kalif [arab. ›Nachfolger‹], Titel der Nachfolger Mohammeds in der Herrschaft über die islam. Gesamtgemeinde. Die K. wurden anfangs gewählt und hatten ihren Sitz (bis 657) in Medina. Der

Kalebasse (Kamerun)

Kali

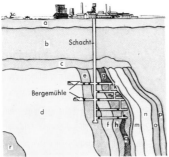

erste K. nach dem Tod Mohammeds (632) wurde Abu Bekr; es folgten Omar I., Othman, Ali. Im Kampf mit Ali errang mit Mo'awija I. die Familie der Omajjaden (661–750) die Kalifenwürde; sie regierte in Damaskus, bis durch die Abbasiden (750–1258) gestürzt wurde, die den Sitz der Herrschaft nach Bagdad verlegten. Neben dem rechtmäßigen K. haben auch die Omajjaden in Spanien (929–1031) und die Fatimiden in Ägypten (909–1171) diese Würde beansprucht. Mit der Eroberung Ägyptens durch den Osmanensultan Selim I. ging die Würde des K., das **Kalifat**, 1517 an die Sultane von Konstantinopel über. Bei der nationalen Erneuerung der Türkei seit dem 1. Weltkrieg wurde nach dem Sultanat auch das Kalifat abgeschafft (1924).

Kalifornien, 1) Golf von K., 153 000 km² große Bucht des Pazif. Ozeans zw. der W-Küste Mexikos und der mexikan. Halbinsel Niederkalifornien. **2) California** [kælɪf'ɔːnɪə], Abk. **Calif., Cal.,** postamtlich **CA**, drittgrößter und volkreichster Staat der USA, am Pazif. Ozean, 411 014 km², 23,67 Mio. Ew.; Hptst.: Sacramento. Kernlandschaft ist das von der Küstenkette und der Sierra Nevada eingeschlossene kaliforn. Längstal. Bei Bewässerung gedeihen hier v. a. Obst, Gemüse, Weintrauben, Citrusfrüchte, Baumwolle, Zuckerrüben, Getreide; im S Wüstengebiete. Das ›California State Water Project‹ mit Kanälen und Aquädukten versorgt den S K.s mit Wasser. Wichtigste Bodenschätze: Erdöl, Erdgas. Ind.: Luft- und Raumfahrtind., Elektro-, Maschinen-, Metallindustrie; Fremdenverkehr; Hauptstädte: San Francisco; Univ. in Berkeley und Los Angeles. – Von Mexiko aus erreichten die Spanier 1542 Nieder-K.; Besiedlung K.s seit 1769 durch span. Jesuiten und Franziskaner; 1821–48 mexikan. Prov. 1850 als 31. Staat in die Union aufgenommen. Die Entdeckung von Gold (seit 1848) lockte Hunderttausende von Einwanderern herbei.

Kaliko *der*, **Kalikot, Calicot** [kalik'o, frz.], glattes Baumwollnesselgewebe, oft bedruckt als Kattun, appretiert als → Buckram, beschichtet als Buchbinderleinwand.

Kalimantan, indones. Name für Borneo.

Kalinin, bis 1931 **Twer,** Gebietshptst. in der Russ. SFSR, nordwestl. von Moskau, an der Wolga, 416 000 Ew.; Waggonbau, Maschinen-, chem., Textilind., Druckereikombinat.

Kalinin, Michail Iwanowitsch, sowjet. Politiker, * 1875, † 1946, Mitarbeiter Lenins und Stalins, 1919–46 nominelles Staatsoberhaupt.

Kaliningrad, russ. Name für → Königsberg.

Kalisch, poln. **Kalisz** [k'aliʃ], Stadt, VerwSitz der poln. Woiwodschaft K., 96 000 Ew.; Maschinen-, Klavierbau, Textil-, elektrotechn., keram., Lebensmittel-, Lederind. In K. schlossen 1813 Preußen und Rußland das Bündnis gegen Napoleon.

Kalium, K, Alkalimetall (→ chemische Elemente), das dem Natrium ähnelt. Da es mit Sauerstoff leicht reagiert, muß es unter Petroleum aufbewahrt werden. Es kommt in der Natur sehr häufig in Form seiner Verbindungen vor (→ Kali). Verbindungen: **K.-**

Hydroxid, Ätzkali, ist eine starke Base; seine Lösung in Wasser, **Kalilauge,** wird in der Seifen- und Farbenind. verwendet. **K.-Carbonat, Pottasche,** ein weißes Salz, wird zur Herstellung von Glas verwendet; natürlich kommt es in Pflanzenasche u. a. Verbrennungsrückständen vor. **K.-Sulfat** dient zur Alaunherstellung und als Düngemittel. **K.-Chlorat** wird in der Zündholz- und Sprengstoffind. verwendet. **K.-Permanganat** dient als Desinfektionsmittel. **K.-Dichromat** ist ein starkes Oxidationsmittel. **K.-Silicat** ist → Wasserglas.

Kalix|älv *der*, 430 km langer Fluß in N-Schweden, mündet bei Kalix in den Bottn. Meerbusen.

Kalk, allg. für einige Calciumverbindungen; **Kohlensaurer K.** ist Calciumcarbonat, CaCO₃, kommt in tier. oder mineral. Ablagerung in Form von Kalkstein, Kreide, K.-Tuff vor. **Gebrannter K., Ätzkalk,** CaO, entsteht aus K. durch Brennen bei 900 bis 1 200 °C; hierbei wird Kohlendioxid (CO₂) ausgetrieben. **Gelöschter K.,** Calciumhydroxid, Ca(OH)₂, entsteht aus gebranntem K. durch Aufnahme von Wasser. Durch Aufnahme von Kohlendioxid aus der Luft geht er wieder in Calciumcarbonat über. Hierauf beruht seine Verwendung beim Bauen (Mörtelbereitung), ferner in der Landwirtschaft (Kalkdüngung).

Kalk|algen, Algenpflanzen, die mit Kalk aus dem Wasser ihre Zellwände festigen und Gesteinsbildner werden können, so die **Kalkgeißler.**

Kalk|alpen, die nördl. und südl. Zonen der → Alpen.

Kalkar, Stadt im Kr. Kleve, NRW, 11 100 Ew.; Pfarrkirche mit bed. Werken von Bildschnitzern und Malern des 15.–16. Jh.

Kalkpräparate, Arzneimittel mit Calcium-(Kalk-)Salzen als wirksamem Bestandteil; z. B. gegen die durch Erniedrigung der Calciumkonzentration des Blutserums hervorgerufene Spasmophilie und die Tetanie.

Kalksandsteine, Mauersteine aus Kalk-Quarzsand-Gemisch, in Formen gepreßt und unter Dampf erhärtet (Voll-, Loch- und Hohlblocksteine).

Kalkspat, Calcit, wasserklares, weißes oder hellgefärbtes Mineral, hexagonal kristallisierendes Calciumcarbonat. Klare Stücke zeigen starke Doppelbrechung (**isländ. Doppelspat**). Bild S. 63

Kalkstein, Sedimentgestein, überwiegend aus Kalkspat, meist mariner Entstehung; der → Marmor ist ein metamorph umkristallisierter K.

Kalkstickstoff, meist technisch verunreinigtes Calciumcyanamid, CaCN₂, das durch Einwirkung von Stickstoff auf Calciumcarbid entsteht; Düngemittel.

Kalkül [frz.] *der*, Rechenverfahren; allgemeiner ein System von Zeichen und Regeln zur Durchführung mathematischer oder logischer Operationen.

Kalkulation [lat.], auf die Produkteinheit bezogene Stückkostenrechnung (→ Kostenrechnung).

kalkulieren, berechnen, veranschlagen.

Kalkutta, engl. **Calcutta** [kælk'ʌtə], Haupt- und Hafenstadt von W-Bengalen, Indien, am Hoogly, einschl. der Vorstädte als Groß-K. 8,8 Mio. Ew.; 3 Univ., wissenschaftl. Institute; Verkehrsknotenpunkt; internat. Flughafen in Dum-Dum. Jute-, Maschinen-, Fahrzeug-, elektrotechn., chem., Nahrungsmittel-, Baumwollind. – Zuerst 1495 erwähnt; 1690 brit. Faktorei, 1773–1912 Hptst. Britisch-Indiens.

Kalla, engl. → Calla.

Kalletal, Gem. im Kr. Lippe, NRW, 14 400 Ew.; 1969 durch Zusammenschluß von 16 Gem. gebildet.

Kalligraphie [grch.], Schönschrift, Schönschreibekunst. Eigw. **kalligraphisch.**

Kallimachos, grch. Gelehrter und Dichter, etwa 305–240 v. Chr., aus Kyrene, der Klassiker der hellenist. Literatur, schrieb Hymnen und Epigramme.

Kalliope [grch.], Muse der erzählenden Dichtung.

Kallus [lat.] *der*, 1) (Knochen-)Gewebsneubildung bei der Heilung gebrochener Knochen. 2) [bot.] Gewebewucherung an Wundflächen verletzter Wurzeln, Achsen oder Blätter.

Kálmán [k'a:lma:n], König von Ungarn, → Koloman 1).

Kálmán [k'a:lma:n], Emmerich, ungar. Operettenkomponist, * 1882, † 1953; ›Csárdásfürstin‹ (1915), ›Gräfin Mariza‹ (1924), ›Die Zirkusprinzessin‹ (1926).

Kalmar, Hafenstadt in S-Schweden, am K.-Sund, 52 600 Ew., 6 km lange Brücke zur Insel Öland; Schloß (12. Jh.), Dom (1682 geweiht); Lebensmittel-, Textilind., Werften, Bau von Maschinen, Eisenbahnwaggons, Lokomotiven, Pkw (Volvo); Fremdenverkehr.

Kalmare, *Ez.* der **Kalmar,** schlanke zehnarmige Kopffüßer, so der **Riesen-K.** (Arme bis 18 m).

Kalmarer Union, seit 1389 Vereinigung Dänemarks, Norwegens und Schwedens, die 1397 in Kalmar bestätigt wurde; bestand mit Unterbrechungen bis zur Wahl Gustav Wasas zum König von Schweden 1523.

Kalme [frz.] *die,* Windstille. **Kalmengürtel,** drei die Erde ringförmig umspannende Gebiete schwacher, veränderl. Winde und häufiger Windstillen: die äquatoriale **(Mallungen)** und zwei subtrop. K. **(Roßbreiten).**

Kalmit *die,* höchster Berg des Pfälzer Waldes, 673 m hoch.

Kalmuck *der,* svw. → Fries 1).

Kalmücken, westmongol. Volk, Lamaisten, seit 1632 an der unteren Wolga ansässig; ein großer Teil kehrte 1771 in die Dsungarei zurück. Die an der Wolga verbliebenen K. durften 1958 in ihre heutige Kalmück. ASSR zurückkehren.

Kalmückische Autonome Sozialistische Sowjetrepublik, Teilrep. der Russ. SFSR, im W der Kasp. Senke, 75 900 km[2], 298 000 Ew.; Hptst.: Elista. Wüsten und Halbwüsten; Bewässerungsfeldbau (Weizen, Mais, Sonnenblumen) im W; Viehzucht (bes. Schafe); Fleisch-, Fischverarbeitung, Leichtind., geringe Erdöl-, Erdgasförderung.

Kalmus *der,* zu den Aronstabgewächsen gehörige Sumpfstaude mit schwertförmigen Blättern und grünl. Blütenkolben auf hohem Schaft. Der Wurzelstock dient wegen des würzigen äther. **Kalmusöls** als Magenmittel, Likörzusatz.

Kalokagathie [grch.], Vereinigung von Schönem und Gutem, altgrch. Bildungsziel.

Kalomel [grch.] *das,* alte Bez. für Quecksilber(I)-chlorid, Hg_2Cl_2; früher Desinfektions-, Abführmittel.

Kalorie *die,* Zeichen **cal,** nicht gesetzl. Einheit für die Wärmemenge, die nötig ist, um die Temperatur von 1 g Wasser von 14,5 auf 15,5 °C zu erhöhen. **Große K.** (Kilokalorie) = 1 000 cal. SI-Einheit ist → Joule; 1 cal. = 4,1868 Joule.

Kalorimeter, Gerät zum Messen von Wärmemengen, meist durch Abgabe der Wärme an Wasser und Messung der Temperaturerhöhung **(Mischungs-K.; kalorimetr. Bombe),** durch Schmelzen von Eis **(Eis-K.)** oder durch Kondensation von Wasser **(Verdampfungs-K.)** und Messung der Wassermenge.

Kalotte [frz.] *die,* 1) △ Kugelkappe, Kugelhaube. 2) Netzhaube, Kopftracht im 15. bis 16. Jh. (Bild S. 64) 3) Anthropologie: **Kalva,** Schädeldach ohne Basis.

Kalpak *der,* **Kolpak,** urspr. tatar. Lammfellmütze, dann ungar. Kopfbedeckung, später nur noch Name für die an dieser seitlich hängende farbige Tuchklappe.

Kaltblüter, 1) Tiere, deren Körpertemperatur sich jeweils der Umgebung anpaßt **(wechselwarme Tiere):** Fische, Lurche, Kriechtiere, Wirbellose. 2) **Kaltblut,** schweres Arbeitspferd.

Kälte, relativer Mangel an Wärme. **Künstliche K.** erzeugt man durch jeden Vorgang, der mit einem Wärmeentzug verbunden ist, z. B. Verdunsten einer nicht siedenden Flüssigkeit, etwa Äther **(Verdunstungskälte)** oder Auflösen von Salzen in einer Flüssigkeit **(Lösungskälte);** → Kältemischung.

kalte Zonen, die → Polarzonen.

kalte Ente, Bowle aus Weiß- oder Rotwein, Schaumwein, Mineralwasser, mit Zitronenschalen (oder -scheiben).

Kältemaschinen erzeugen tiefe Temperaturen. Bei **Kompressionsmaschinen** wird in einem geschlossenen Kreislauf ein gasförmiges Kältemittel verdichtet, im Verflüssiger durch Luft oder Wasser abgekühlt und dabei verflüssigt. Im Verdampfer entzieht es der Umgebung Wärme. Bei **Absorptionsmaschinen** wird im Kocher aus einer konzentrierten wäßrigen Ammoniaklösung durch Erwärmung das Ammoniak ausgetrieben und im Kondensator verflüssigt. Im Verdampfer wird das Ammoniak entspannt, verdampft und entzieht der Umgebung Wärme.

Kältemischung, Gemisch versch. Stoffe mit negativer Mischungswärme, meist Lösung von Salz in Wasser oder Säuren. Bei der Mischung der Komponenten sinkt die Temperatur der Mischung durch Verbrauch von Lösungswärme unter die Temperatur der Einzelstoffe (z. B. 30 Teile Kochsalz in 100 Teilen Eis ergeben als Endtemperatur −21,2 °C).

Kältemittel, Arbeitsstoff einer → Kältemaschine, durch dessen Zustandsänderung die Kälte erzeugt wird. Als K. werden leicht siedende Flüssigkeiten verwendet.

Kaltenbrunner, Ernst, österr. Nationalsozialist, *1903, † (hingerichtet) 1946, seit 1943 Chef der Sicherheitspolizei, des SD und des Reichssicherheitshauptamtes, in Nürnberg zum Tode verurteilt.

Kältepole, Orte mit der größten Kälte: auf der Nordhalbkugel Ojmjakon und Werchojansk in O-Sibirien (−70 °C); auf der Südhalbkugel in der Antarktis (−88 °C).

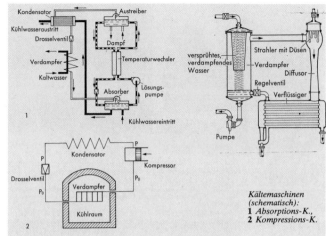

Kälter Krieg, diplomat., wirtschaftl. und propagandist., jedoch nicht militär. Auseinandersetzung, bes. in den 50er Jahren, zw. den seit dem 2. Weltkrieg entstandenen Machtblöcken unter Führung der USA und der UdSSR.

Kaltern, ital. **Caldaro,** Gem. in Südtirol, Italien, 5 400 Ew.; Handelsplatz eines bed. Weinbaugebiets.

Kälte|rückfälle, im regelmäßigen Jahresgang der Temperatur auftretende Störungen, in Mitteleuropa bes. Anfang März, Mitte Mai (Eisheilige), im ganzen Juni (Schafkälte).

Kältewelle, Periode mit relativ niedriger Temperatur durch Zufuhr von Kaltluft; bes. im Winter im Innern der Kontinente.

kalte Zonen, die → Polarzonen.

Kaltformen, Umformen ohne vorhergehendes Anwärmen der Werkstücke, z. B. Kaltwalzen, Drahtziehen, Fließpressen, Tiefziehen, Biegen, Drücken, Prägen.

Kaltfront, Meteorologie: → Front.

Kalthauspflanzen, Ziergewächse, die im **Kalthaus** (Gewächshaus) überwintern und nicht mehr als 1–10 °C Wärme verlangen.

Kaltleiter, elektr. Leiter, die im kalten Zustand eine größere elektr. Leitfähigkeit haben als im warmen (PTC-Widerstand): Metalle, halbleitende gesinterte Stoffe.

Kaltmetall, Legierung mit geringer Wärmeleitfähigkeit.

Kaltnadelradierung, Kupferstich, dessen Linien mit einer Nadel ohne Ätzung in das Kupfer geritzt werden.

Kaltschale, kalte, süße Suppe.

Kaltwalzen, warm vorgewalzte Bänder durch Walzen bei Raumtemperatur weiter auswalzen, wodurch der Werkstoff verfestigt wird.

Kaluga, Gebietshptst. in der Russ. SFSR, an der Oka, 270 000 Ew.; Maschinenbau, Holzverarbeitung, Nahrungsmittelind.; Pädagog. Institut.

Kalundborg [kalonb'ɔr], Stadt im W der Insel Seeland, Dänemark, 19 600 Ew.; Rundfunksender; Hafen.

Kalvarienberg [lat.], 1) **Schädelstätte,** das biblische → Golgatha. 2) Anhöhe mit plast. oder bildl. Darstellung der Kreuzigungsgruppe als Abschluß eines Kreuzweges.

Kalydon, antike Hptst. Ätoliens; bekannt durch die Sage vom **kalydonischen Eber,** der von der erzürnten Artemis in das Land des Königs Oineus gesandt und von Meleager und Atalante erlegt wurde.

Kalypso, bei Homer eine Tochter des Atlas, bewohnte die Insel Ogygia, hielt den dort gestrandeten Odysseus 7 Jahre zurück.

Kama *die,* größter Nebenfluß der Wolga, 1 805 km lang, mündet in den Kuibyschewer Stausee; bei Perm und Wotkinsk Stauseen mit Kraftwerken.

Kama, Kamadeva, ind. Liebesgott, dargestellt als Jüngling, der auf einem Papagei reitet.

Kamakura, Küstenstadt auf Honshu, Japan, 169 900 Ew.; Buddhastatue von 1252 (rd. 15 m hoch).

*Kältemaschinen
(schematisch):
1 Absorptions-K.,
2 Kompressions-K.*

*Kaliber:
a bei Feuerwaffen,
b beim Walzwerk*

*Kalkspat:
oben Skalenoeder,
unten Rhomboeder*

Kamele: links Trampeltier, etwa 3,50 m lang und 2,50 m hoch; rechts Dromedar, etwa 3,30 m lang und 2,30 m hoch

Kambodscha

Kalotte 2)

Kamerun

Kamaldulenser, Zweig des Benediktinerordens, gegr. um 1000 vom hl. Romuald in Camaldoli (Toskana); mit weißer Klostertracht.

Kamaran, Koralleninsel der VR Jemen, im Roten Meer.

Kamarilla [span.] *die,* Hofpartei, die den Herrscher beeinflußt, ohne die Verantwortung zu tragen; Ränkespinner.

Kamasutra *das,* altind. Lehrbuch der Liebeskunst, verfaßt von Vatsyayana im 4. Jh. n. Chr.

Kambium [lat.] *das,* ⊕ Bildungsgewebe in Stengeln, Stämmen, Ästen, Wurzeln, das in den Gefäßbündeln zw. Holz- und Siebteil liegt, teilungsfähig bleibt und Dickenwachstum bewirkt. Das K. erzeugt nach innen Holzzellen, nach außen Rindenzellen.

Kambodscha, 1975–79 amtl. **Kampuchéa** [-tʃ-], seit 1979 **Volksrepublik Kampuchéa,** VR in SO-Asien, 181 035 km² mit 9,1 Mio. Ew. Hptst.: Phnom Penh. Amtssprache: Khmer. Die Verf. v. 1975 wurde mit der Bildung eines Volksrevolutionsrates (1979) vorläufig suspendiert. Das Bildungswesen ist wegen der polit. Ereignisse im Umbruch begriffen. Es bestand allg. Schulpflicht. In Phnom Penh gab es 5 Univ. ⊕ Band 1, n. S. 320. Währung: 1 Riel = 100 Sen. Allg. Wehrpflicht.

Landesnatur. K. besteht vorwiegend aus der dichtbesiedelten Schwemmlandebene des unteren Mekong, ausschließlich des Deltas; im Zentrum der mit dem Mekong verbundene Große See (Tonle-Sap). Im SW, N und O schwach besiedelte Bergländer. Etwa 74 % K. sind mit Wald (Edel- und Nutzhölzer) bedeckt. Das trop. Klima ist unter Monsuneinfluß (Regenfälle Juni–September). Rd. 85 % der Bev. sind Khmer; ferner gibt es Vietnamesen und Chinesen. — **Wirtschaft.** Hauptanbaugebiete sind das Mekongtal und die Ufer des Großen Sees. Vor den Kriegsereignissen waren 70 % der Nutzfläche mit Reis (Wasserreis) bepflanzt; außerdem wurden Mais, Zuckerrohr, Jute, Tabak und Pfeffer angebaut. Ferner wurde Viehzucht betrieben. Der Fischfang hatte große Bedeutung. Infolge des Krieges wurden (1979) nur noch 10 % des Ackerlandes bebaut, was eine große Hungersnot auslöste. K. besitzt kaum Bodenschätze. Es bestanden Textil-, Papier-, Tabak-, Jutesackmanufakturen. Hauptverkehrsweg ist der Mekong. Eisenbahnen: rd. 650 km, Straßen: rd. 15 000 km (davon rd. 4 200 Asphalt- und Schotterstraßen). Häfen: Phnom Penh und Kompong Som; Flughafen bei Phnom Penh.

Geschichte. Im 6. Jh. eroberten die Khmer das von Indien gegr. Reich Funan im S Hinterindiens und überdauerten seine Hochkultur (Bild Angkor). Seit dem 13. Jh. verfiel das Khmer-Reich und geriet im 15. Jh. zum großen Teil unter die Herrschaft der Tai und Vietnamesen. 1867 wurde K. frz. Protektorat. Seit 1949 war es im assoziierter Staat der frz. Union; 1955 wurde es unabhängig. Prinz Norodom Sihanouk, seit 1960 Staatsoberhaupt, bemühte sich, die Neutralität K.s zu wahren und es aus dem →Vietnam-Krieg herauszuhalten. Das Eindringen immer stärkerer Truppen des Vietcong und Nord-Vietnams zum Schutz des →Ho-Chi-minh-Pfades nahmen Gegner Sihanouks zum Anlaß, ihn zu stürzen. Am 9. 10. 1970 wurde die Rep. in K. ausgerufen. Trotz Unterstützung seitens südvietnames. Truppen und einer militär. Intervention amerikan. Einheiten (Juni 1970) verlor die von Präs. Lon Nol geführte antikommunist. ›Khmer-Republik‹ gegenüber den ›Roten Khmer‹, von den vietnames. Kommunisten unterstützt, an Boden. Mit dem Fall Phnom Penhs (April 1975) brach sie zusammen. Die Kommunisten leiteten eine blutige Säuberungs-

welle ein (u. a. zwangsweise Umsiedlung der Bevölkerung Phnom Penhs). Im Zuge einer militär. Invasion (1979) setzte Vietnam eine neue kommunist. Führung in K. ein, die von der alten Regierung (v. a. von der UNO weiterhin anerkannt) in einem Guerillakrieg bekämpft wird. Guerillakrieg und große Lebensmittelknappheit lösten eine Massenflucht nach Thailand aus.

Kambrium *das,* ältestes geolog. System des Paläozoikums (→ geologische Formationen).

Kambyses, König der Perser und Meder, † 522 v. Chr., folgte 529 seinem Vater Kyros II., unterwarf 525 Ägypten und Libyen.

Kamee [frz.] *die,* geschnittener Stein mit erhaben gearbeitetem Relief. (→ Steinschneidekunst)

Kameldorn, Akazie des Hererolandes, gerbstoffreich, mit sehr hartem Holz.

Kamele, Paarhuferfam. der Schwielensohler. Von den beiden lebenden Gatt. sind die Altwelt-K. über N-Afrika und Zentralasien, die **Neuwelt-K.** (→Lama) in S-Amerika verbreitet. Von SW-Asien bis N-Afrika verbreitet ist das erdfarbene **Dromedar (Einhöckeriges K.)** mit nur einem Fetthöcker. In O- und Mittelasien lebt das ebenso große **Trampeltier (Zweihöckeriges K.).** Die aus Fettgewebe bestehenden Höcker, die Schwielensohlen an Wüsten- und Steppengebiete. Die K. sind Pack- und Reittiere; sie liefern Fleisch und Wolle.

Kamelhaar, Haar des Altweltkamels. Die 30–40 cm langen Grannenhaare werden zu Treibriemen, Bändern, die bis 13 cm lange Flaumhaare zu Garn verarbeitet.

Kamelhalsfliegen, räuberisch lebende Netzflüglerinsekten, mit halsartig verlängerter Vorderbrust.

Kamellie, Kamellie *die,* ostasiat. Zierstrauch mit immergrünen, ledrigen Blättern, roten, auch weißen, rosenähnl. Blüten (**Japan. Rose**) und holzigen Kapselfrüchten. (Bild S. 65)

Kamen, Stadt im Kr. Unna, NRW, 44 100 Ew.; Steinkohlenbergbau, Metall-, opt., Elektro- u. a. Industrie.

Kamenew, Leo Borissowitsch, sowjet. Politiker, * 1893, † (hingerichtet) 1936, einer der engsten Mitarbeiter Lenins, wegen Opposition gegen Stalin 1936 zum Tode verurteilt.

Kamenez-Podolskij, Stadt in der Ukrain. SSR, 86 000 Ew.; Maschinenbau, Textil-, Nahrungsmittel-, Holzindustrie.

Kamensk-Schachtinskij, Industriestadt im Donezbecken, Russ. SFSR, 72 000 Ew.; Maschinenbau u. a. Industrie.

Kamensk-Uralskij, Stadt in der Russ. SFSR, östlich des mittleren Ural, 189 000 Ew.; Bauxit-, Steinkohlenlager.

Kamenz, Krst. im Bez. Dresden, an der Schwarzen Elster, 18 100 Ew.; spätgot. Kirchen; Maschinen-, Motorenbau, keram., Textil-, Glas-, elektron. Ind.; Granitbrüche.

Kamera, Gerät zur opt. Abbildung eines Gegenstandes auf einer licht- oder strahlungsempfindl. Schicht (→Photographie, →photographische Kamera, →Film). Über **Sofortbild-K.** → Sofortbildphotographie, über **Fernseh-K.** →Fernsehen.

Kameralismus, dt. Richtung des Merkantilismus, wie er im 17. und 18. Jh. bes. in Westeuropa vertreten war. Die **Kameralwissenschaften** waren eine staatl. Verwaltungslehre, die sich in Verbindung mit der Förderung des Staatswohlstands auch mit wirtschaftl. Fragen beschäftigte. Hervorragende **Kameralisten** waren J. J. Becher (* 1635, † 1682 oder 1685), V. L. v. Seckendorff (* 1626, † 1692), J. H. G. v. Justi (* 1717, † 1771).

kameralistisches Rechnungswesen, Kameralistik, staatl. Kassen- und Abrechnungswesen.

Kamerlingh Onnes, Heike, niederländ. Physiker, * 1853, † 1926, gründete 1894 ein Kältelaboratorium, verflüssigte 1908 das Helium; Nobelpreis 1913.

Kamerun, amtl. **République Unie du Cameroun** [repybl'ik yn'i dy kamær'un], Rep. im W Zentralafrikas, 475 442 km² mit 8,4 Mio. Ew. Hptst.: Yaoundé. Amtssprachen: Französisch, Englisch. Religion: 25 % der Ew. sind kath., 11 % evang. Christen, 20 % Muslime; sonst Naturreligionen. ⊕ Band 1, n. S. 320. Verf. von 1972. Staatsoberhaupt ist der Präs. Währung: CFA-Franc = 100 Centimes.

Landesnatur. K. erstreckt sich von einem kurzen, flachen Küstengebiet am Golf von Guinea nach NO bis zum Tschadsee mit Bergländern (Hochland von Adamaua, um 1000 m). Ein flaches Stufenland im S (um 600 m) senkt sich im SO zum Kongobecken ab. Das Klima ist tropisch, die Küste mit dem 4 070 m hohen Kamerunberg zu den regenreichsten Gebieten der Erde. Dichter Regenwald bedeckt Küsten- und Stufenland; landeinwärts schließen sich Feucht- und Trockensavannen an. **Bevölkerung.** Im S und SW Bantuvölker (Douala, Pangwe u. a.), nördlich

Kamelie

davon Mandara, Fulbe, Araber u. a., im Innern noch Reste von Pygmäen-Gruppen. Allg. Schulpflicht (6 Jahre); Univ. in Yaoundé. – **Wirtschaft.** Angebaut werden Kaffee, Kakao, Tee, Bananen, Baumwolle, Hirse, Süßkartoffeln, Zuckerrohr, Maniok, Ölfrüchte u. a.; im N Rinderzucht. Der Wald (63% der Fläche) liefert Edelhölzer. Erschlossen werden bed. Bauxit- und Erdölvorkommen. Industrie (Nahrungsmittel, Holzverarbeitung, Aluminiumwerke) ist im Aufbau. Hauptausfuhrgüter: Kakao, Kaffee, Aluminiumoxid, Holz, Baumwolle u. a.; Haupthandelspartner: Frankreich u. a. EG-Länder, USA, Japan. Verkehr: 1173 km Eisenbahnen, 43 500 km (rd. z. T. Pisten). Haupthafen und internat. Flughafen: Douala.

Geschichte. K. war 1884–1918 dt. Schutzgebiet. Danach kam der Hauptteil unter frz., zwei schmale Streifen im W unter brit. Mandatsverwaltung; seit 1946 Treuhandgebiet der UNO. 1960 wurde das Gebiet der frz. Verwaltung unabhängig (Rep. K.). 1961 kam der südl. Teil des unter brit. Verw. stehenden Gebiets an die Rep. K., der nördl. an Nigeria. Staatsoberhaupt ist seit Nov. 1982 P. Biya. K. ist Mitgl. u. a. der UNO und der OAU; 1975 einer der Unterzeichner der → Konvention von Lomé.

Kamerunberg, Vulkanmassiv in W-Afrika, am Golf von Guinea; Hauptgipfel Fako 4 070 m hoch.

Kamikaze [japan. ›Götterwind‹], japan. freiwillige Kampfflieger, die sich mit ihren mit Sprengstoff beladenen Flugzeugen im 2. Weltkrieg auf amerikan. Schiffe stürzten.

Kamille, 1) **Matricaria,** Korbblütlergatt. In Europa und Westasien wächst aus Brach- und Kulturland die **Echte K.** (Bild Arzneipflanzen), mit kegelförmigem, hohlem Blütenboden, abwärts gebogenen Zungenblüten und würzigem Geruch. Ihre getrockneten Blütenkörbchen dienen wegen des krampfstillenden äther. **Kamillenöls** in Aufguß (**Kamillentee**) äußerlich zu Bädern und Spülungen, innerlich als Kolik- und Schwitzmittel. 2) **Anthemis,** Korbblütlergattung, die weiße, abstehende Strahlblüten hat. Die aus S-Europa stammende **Römische K.** duftet wie Echte K. und wird sie diese benutzt; die **Acker-K.** ist europäisches Feldunkraut. Die gelbblütige **Färber-K.** diente früher zum Gelbfärben.

Kamillianer, kath. Klostergenossenschaft zur Krankenpflege, 1582 gestiftet in Rom von Camillo de Lellis (* 1550, † 1614; Heiliger, Tag: 14. 7.).

Kamin *der,* 1) gemauerter Rauchabzug (Schornstein). 2) offene Feuerstelle in einer Wandnische, gibt Wärme nur durch Strahlung ab. 3) Bergsteigen: schlotartiger Felsspalt.

Kaminski, Heinrich, Komponist, * 1886, † 1946, 2 Opern, Chor-, Orchester-, Kammermusik.

Kamitz, Reinhard, österr. Politiker (ÖVP), * 1907, Volkswirtschaftler, war 1952–60 Finanzmin., 1960–65 Präs. der Nationalbank.

Kamm, 1) Gerät zum Ordnen der Haare, auch zum Halten und als Schmuck. 2) ♎ häutiger Auswuchs auf dem Scheitel der echten Hühner; auch die Hautfalte auf dem Rücken mancher Molche. 3) Nackenstück, Vorderrücken des Schlachtviehs, Wildschweins. 4) ⊕ langgestreckter, schmaler Gebirgsrücken.

Kammer, 1) Gerichtshof mit mehreren Richtern z. B. bei den Landgerichten (Zivil-, Strafkammer, K. für Handelssachen). 2) Behörde zur Verwaltung der Domänen u. a. 3) berufsständ. Körperschaft, z. B. Handwerks-K., Ärzte-K. 4) Volksvertretung, häufig geteilt in eine **Erste K.** (Oberhaus, Senat, Herrenhaus) und eine **Zweite K.** (Unterhaus, Deputiertenkammer, Abgeordnetenhaus). 5) bei Handfeuerwaffen der Teil des Schlosses, in dem Schlagbolzen und Schlagbolzenfeder gelagert sind.

Kämmerei, Finanzverwaltung einer Gemeinde.

Kämmerer, 1) **Kammerherr,** Beamter am Fürstenhof. 2) Stadtkämmerer, Leiter einer Kämmerei.

Kammerflimmern, Herzflimmern, ungeordnete Zusammenziehung der einzelnen Muskelfasern des Herzmuskels. Die Wirkung auf den Kreislauf entspricht einem Herzstillstand; meist tödlich (→ Defibrillieren).

Kammergericht, 1) im MA. das königl. Obergericht, das 1495 in das → Reichskammergericht verwandelt wurde. 2) das Oberlandesgericht für Berlin; von den seit 1949 bestehenden 2 Kammergerichten, je eins in Berlin (West) und Berlin (Ost), wurde das in Berlin (Ost) 1961 aufgelöst.

Kammerjäger 1) Leibjäger eines Fürsten. 2) → Desinfektor.

Kammermusik, für wenige Einzelinstrumente bestimmte Musik: bes. Duos, Trios, Quartette usw. für Streich- und Blasinstrumente, mit oder ohne Klavier, Sonaten für ein Melodieinstrument und Klavier, Solokompositionen für ein Melodie-

instrument. Das **Kammerorchester** hat eine Zwischenstellung zw. der K.-Besetzung und dem vollen Orchester.

Kammersänger, Ehrentitel für hervorragende Sänger, für Musiker **Kammermusiker.**

Kammersee, der → Attersee.

Kammerspiele, kleines, auf intime Wirkung berechnetes Theater; auch Schauspiele für dieses.

Kammerton, für alle Instrumente gültiger Stimmton, das eingestrichene a (a[1]); 1939 auf 440 Hz internat. festgelegt.

Kammgarn, 1) Garn aus langer Wolle, aus der die Kurzfasern ausgekämmt sind. 2) aus solchem Garn gewebte Stoffe.

Kammgras, Grasgatt. Cynosurus in deren Blütenrispen neben den fruchtbaren Ährchen unfruchtbare sitzen, die kammförmigen Blättchen ähneln. Das **Wiesen-K.** ist wertvoll als Grummetgras.

Kammgriff, Geräteturnen: Griffart, bei der die Kleinfinger einander zugewandt sind.

Kammkeramik, mit Kamm-Eindrücken verzierte Tongefäße nordeuras. Kulturgruppen (Jungstein-, Bronzezeit).

Kämmling, die bei der Herstellung von Kammgarn auf der Kämmaschine ausgekämmten Kurzfasern, die in der Streichgarnspinnerei versponnen werden.

Kamm-Muscheln, Fam. der Muscheln mit fächerförmiger, gerippter Schale und zahlreichen Tentakeln und Augen am Mantelrand (z. B. die **Jakobsmuschel**); eßbar.

Kammzug, das auf der Kammaschine von kurzen Fasern befreite Faserband, Ausgangsmaterial für hochwertige Garne.

Kamp *der,* -s/-e, 1) abgezäuntes Stück Land (meist Viehweide). 2) Pflanz- und Forstgarten, Baumschule.

Kampagne [-njə, frz.] *die,* 1) ♂ Feldzug. 2) die Betriebszeit in saisongebundenen Unternehmen, z. B. der Erntearbeit. 3) zweckgerichtete Unternehmung, z. B. Wahl-K.

Kampala, Hptst. Ugandas, nördlich des Victoriasees, rd. 458 000 Ew. (mit Vororten); Univ.; Verkehrs-, Wirtschaftszentrum; Textil-, Nahrungsmittel- u. a. Ind.

Kampanien, ital. **Campania,** dichtbesiedelte, landwirtschaftl. intensiv genutzte Landschaft und Region am Golf von Neapel, 13 595 km², 5,472 Mio. Ew.; Hptst.: Neapel. Seit dem 8. Jh. v. Chr. an der Küste von Griechen besiedelt; nach etrusk. Herrschaft seit etwa 350 v. Chr. römisch.

Kampen, Campen [k'ampən], Jakob van, niederländ. Baumeister, * 1595, † 1657, an A. Palladio geschult (Mauritshuis, Den Haag; Kgl. Palais, Amsterdam).

Kampen (Sylt), Gem. im Kr. Nordfriesland, Schlesw.-Holst., 1 000 Ew., Nordseebad auf der Insel Sylt.

Kampfadler, ergfaßt afrikan. Adler (90 cm lang).

Kampfanzug, ♂ Bekleidung der Soldaten: Feldjacke, -bluse, -hose, Stiefel, Stahlhelm; eigene K. haben Panzerbesatzungen, Gebirgs-, Fallschirmjäger, fliegendes Personal.

Kampfer, organ. Verbindung aus dem Holz des südostasiat. K.-Baums, ein aromat. Keton von brennendem Geschmack; medizinisch verwendet.

Kämpfer, ⊓⊓ als Würfel oder Gesimsstück gebildetes Bauglied über einem Kapitell, dient dem Bogen- oder Gewölbeansatz als Auflager.

Kampffische, Betta, Gatt. der Labyrinthfische, Süßwasserbewohner Hinterindiens. (Bild Zierfische)

Kampfflugzeug, für den militär. Einsatz bestimmtes → Flugzeug, fast ausschließlich mit Strahltriebwerken. **Strateg. Aufgaben** dienen: strateg. Aufklärer (Fernaufklärer), strateg. Angriffsflugzeuge (Bomber globaler Reichweite), strateg. Transporter. **Takt. Aufgaben** erfüllen Erdkampfflugzeuge, Jagdbomber, Jagdflugzeuge als Luftüberlegenheits- und Abfangjäger, takt. Aufklärer (alle diese als spezielle Typen oder vorwiegend als takt. Mehrzweckflugzeuge), Kampfzonentransporter (darunter auch Hubschrauber), Verbindungs- oder Kurier- und Sanitätsflugzeuge. **Tankflugzeuge** dienen zur Luftbetankung von strateg. und takt. K. **Marineflieger** operieren von Land oder Flugzeugträgern aus (land- oder bordgestützt); zu Kampfflugzeugen zählen Mehrzweckflugzeuge sowie Seeüberwachungs- und U-Boot-Bekämpfungsflugzeuge großer Reichweite. (Bild S. 66)

Kampfgericht, Jury [ʒyˈri, frz.], ♋ Leitungs- und Aufsichtsbehörde von Wettkämpfen.

Kampfgruppe, 1) ♂ Truppenverband aus Truppenteilen versch. Waffengattungen. 2) in der Dt. Dem. Rep. militärähnl. Verbände des SED[1] in Betrieben, Behörden u. a. Waffen der K. sind in Verwahrung der Volkspolizei.

Kampfläufer, Art der Schnepfenvögel des nördl. Europas und

Kamp

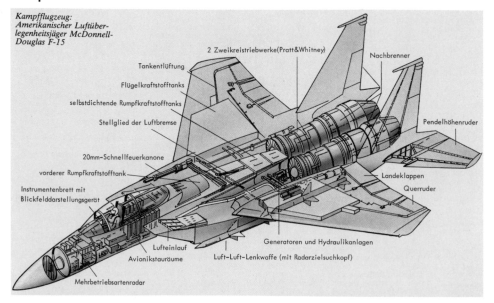

*Kampfflugzeug:
Amerikanischer Luftüber-
legenheitsjäger McDonnell-
Douglas F-15*

2 Zweikreistriebwerke(Pratt&Whitney)

Nachbrenner

Tankentlüftung

Flügelkraftstofftanks

selbstdichtende Rumpfkraftstofftanks

Stellglied der Luftbremse

Pendelhöhenruder

20mm-Schnellfeuerkanone

vorderer Rumpfkraftstofftank

Landeklappen

Querruder

Instrumentenbrett mit
Blickfelddarstellungsgerät

Lufteinlauf

Avionikstauräume

Generatoren und Hydraulikanlagen

Luft-Luft-Lenkwaffe (mit Radarzielsuchkopf)

Mehrbetriebsartenradar

Kanada

Asiens. Das Hochzeitskleid der Männchen hat einen spreizbaren Federkragen; sie führen zur Balz Scheinkämpfe aus.

Kampfmittel, Waffen, die zur Abwehr, Bekämpfung und Vernichtung eines Gegners benutzt werden.

Kampfrichter, Mitglied eines Kampfgerichts.

Kampfspiele, Ballspiele zw. zwei Mannschaften.

Kampfsport, sportl. Zweikämpfe, z. B. Boxen, Ringen, Fechten, Judo, Karate.

Kampfstoffe, ⚔ krieger. Mittel atomarer, biologischer oder chemischer Herkunft (**ABC-Waffen**). Radioaktive K. entstehen bes. aus der Rückstandsstrahlung nach Atomdetonationen; biolog. K. bestehen aus Krankheitserregern (Viren, Toxine); chem. K. sollen den Feind durch Einwirkung auf seine Atmungsorgane, Haut oder Augen kampfunfähig machen. Hauptgruppen sind: **Luft-K.,** die bes. die Luftwege und Augen angreifen, und **Gelände-K.,** langsam verdunstende Flüssigkeiten, die im Gelände verteilt werden und die Haut angreifen. Nach der toxikolog. Wirkung unterscheidet man: 1) Augenreizstoffe, 2) Nasen- und Rachenreizstoffe (Blaukreuz), 3) Lungengifte (Grünkreuz), 4) Hautgifte (Gelbkreuz), 5) Nervengifte (z. B. Blausäure). – Ein absolutes völkerrechtl. Verbot der Anwendung von K. besteht nicht.

Kampf ums Dasein, nach C. Darwin Prinzip der Daseinserhaltung und Artenentstehung.

Kampfwachteln, Fam. der Kranichvögel, hühnerartig, in warmen Gebieten der Alten Welt, z. B. das Laufhühnchen.

Kamp-Lintfort, Stadt im Kr. Wesel, NRW, 37900 Ew.; Steinkohlenbergbau. Das 1122 gegr. Kloster **Kamp** war die erste Niederlassung der Zisterzienser in Dtl.

Kamtschatka, Halbinsel in NO-Asien, zw. Ochotskischem und Bering-Meer, 1200 km lang, bis zu 480 km breit; **K.-Gebiet,** Russ. SFSR, mit dem Nationalbez. der Korjaken, 472300 km², 386000 Ew.; Hptst.: Petropawlowsk-Kamtschatskij. K. ist gebirgig, mit noch tätigen Vulkanen (bis 4750 m); lichte Birkenwälder und Tundra; Fisch-, Krabbenfang, Viehzucht, Ackerbau. – 1697 von Kosaken entdeckt.

Kamyschin, Ort der Russ. SFSR, re. der Wolga, 112000 Ew.; Umschlagplatz für Erdöl, Getreide.

Kana, Kanaa, Ort in Galiläa; hier fand das Hochzeitswunder Jesu statt (Joh. 2, 1 f.), identisch mit *Chirbet Kana,* 14 km nördl. von Nazareth; seit 1200 v. Chr. besiedelt.

Kanaan, im A. T. teils Phönikien (Jesaias 23, 11), teils das von Israel in Besitz genommene Jordanland.

Kanada, amtl. **Canada** [kˈænədə, engl.; kanadˈa, frz.], Land des Commonwealth in Nordamerika, mit 9976137 km² (nach der UdSSR) der zweitgrößte Staat der Erde; 24,089 Mio. Ew.; Hptst.: Ottawa. Amtssprachen: Englisch und Französisch. Religion: 46% kath., 45% protestant. ⊕ Band 1, n. S. 320.

Staat und Recht. Nach der Verf. v. 1982, die die Verf. v. 1867 ablöste, ist K. ein Bundesstaat im Rahmen des Commonwealth; Staatsoberhaupt ist die brit. Königin. Das Parlament besteht aus Oberhaus und Unterhaus. Die Prov. haben eigene Parlamente und innere Selbstverwaltung, die Territorien werden vom Bund zentral verwaltet. Die Rechtsordnung beruht auf englischem, in der Prov. Quebec auf frz. Vorbild. Freiwilligenarmee (79500 Mann). Währung: 1 Kanad. Dollar = 100 Cents.

Landesnatur. Der größte Teil K.s wird von den Flach-, Hügel- und Tafelländern um die Hudsonbai (›Kanad. Schild‹) eingenommen, im O begrenzt von den Ausläufern der Appalachen und der buchtenreichen Atlantikküste, im S vom Tiefland des St.-Lorenz-Stroms und der Großen Seen, im W von den Großen Ebenen (›Great Plains‹), an die sich bis zur insel- und fjordreichen W-Küste die Ketten der Kanad. Kordilleren (Felsengebirge, bis 3954 m; Küstengebirge mit Saint Elias Mountains, im Mount Logan 5951 m) anschließen. Den N des Landes bilden die Inseln des Kanadisch-Arkt. Archipels. Neben dem Anteil (37%) an den Großen Seen hat K. viele andere Seen (Großer Sklavensee, Großer Bärensee u. a.). Hauptströme: Mackenzie, St.-Lorenz-Strom. Das Klima ist im N arktisch und subarktisch (lange und strenge Winter, kurze und kühle, im Landesinneren relativ warme Sommer), im S gemäßigt. Der hohe Norden wird von Moos- und Flechtentundra eingenommen. Daran schließt sich südlich ein Nadelwaldgürtel an, der im Misch- und z. T. in Laubwald übergeht. Östlich des Felsengebirges grenzt an den Waldgürtel ein Steppengürtel (Prärie), der etwa bis Winnipeg reicht.

Bevölkerung. 44,6% sind brit., 28,7% frz. (Frankokanadier), 6,1% dt. Herkunft; 61,1% sprechen englisch, 25,5% frz. Rund 295000 Indianer leben z. T. in Reservaten, 18000 Eskimos im unwirtl. N. Über die Hälfte der Bev. lebt im Gebiet des St.-Lorenz-Stroms, an den Großen Seen und der Atlantikküste; 76% aller Ew. wohnen in Städten. – **Bildung.** Allg. Schulpflicht vom 6. bis 14. Lebensjahr. Hochschulbildung vermitteln über 350 Hochschulen, davon über 70 im Universitätsrang.

Wirtschaft. K. verfügt über große natürl. Reichtümer. Die bed., stark mechanisierte Landwirtschaft nutzt zwar nur rd. 7% der Gesamtfläche, ist aber mit rd. 12% am Ausfuhrwert beteiligt. K.

ist das größte Exportland der Erde für Weizen, der v. a. in den Prärien angebaut wird (1979: 17,2 Mio. t.) Ferner werden Ölfrüchte, Roggen, Gerste, im SW auch Obst, Gemüse, Zuckerrüben und Tabak angebaut. In der Prärie und dem Hauptsiedlungsgebiet bed. Viehwirtschaft. 44% der Gesamtfläche tragen Wald (Holznutzung). Bed. Fischerei, bes. an der atlant. Küste; daneben Binnenfischerei. Im N Pelztierfang und -zucht.

Bergbau: Das Land ist sehr reich an Bodenschätzen, die noch nicht alle erschlossen sind. In der Welterzeugung von Nickel, Asbest, Zink, Silber und Kalisalzen ist K. führend, es ist einer der Haupterzeuger von Gold, Uran, Molybdän, Titan, Eisenerz, Blei, Kobalt, Kupfer u. a. Bedeutend ist auch die Förderung von Erdöl und Erdgas; die Steinkohle reicht zur Eigenversorgung nicht aus. Hauptbergbaugebiete sind die Prov. Alberta (45%), Ontario (17%), Quebec (9%).

Die Ind. entwickelte sich, auf der Grundlage der heim. Rohstoffe und der reichen Wasserkräfte, bes. seit dem 2. Weltkrieg: Nahrungsmittel-, Papier- und Zellstoff-, Textil-, Eisen-, Stahl-, Maschinen-, Fahrzeug-, Metall- (bes. Aluminium-), chem. (bes. Petrochemie) und Verbrauchsgüterindustrie. Industriezentren sind die Prov. Ontario und Quebec. Ausfuhr: bes. Maschinen und Fahrzeuge, Holz, Zellstoff, Papier, Weizen, Aluminium, Nickel, Kupfer u. a. Metalle. Haupthandelspartner: USA, Großbritannien, Japan.

Verkehr. Das Verkehrsnetz ist fast ganz auf den S beschränkt; Eisenbahnen (2 Transkontinentallinien und einige Stichbahnen nach N): rd. 100 000 km; Straßen: 860 720 km (rd. 690 700 km befestigt). Eine Autobahn (Transcanada Highway, 7 800 km) verbindet O- und W-Küste, die Alaskastraße British Columbia mit Alaska. Auf den Großen Seen bed. Schiffahrt. Für den Verkehr mit den USA hat die Küstenschiffahrt große Bedeutung, Handelsflotte: 3,2 Mio. BRT. Haupthäfen: Vancouver (am Pazifik), Montreal, Quebec und Toronto (am St.-Lorenz-Seeweg), Halifax (am Atlantik). Das Netz von Erdgas-, Erdöl- und Produktenleitungen (rd. 60000 km) ist ein wichtiges Transportmittel. Hauptflughäfen des dichten Luftverkehrsnetzes: Edmonton, Montreal, Toronto, Vancouver, Winnipeg.

Geschichte. Im 16. Jh. nahmen frz. Seefahrer (J. Cartier) das Gebiet des St.-Lorenz-Stroms als ›Neufrankreich‹ in Besitz. Von Quebec aus schufen sie durch eine Kette von Forts eine Verbindung zum Mississippigebiet (Louisiana) und gerieten so in Konflikt mit dem nach Westen vordrängenden brit. Kolonisten. Nach dem Siebenjähr. Krieg wurden 1763 K. und Louisiana östlich des Mississippi an Großbritannien abgetreten. Die brit. Quebec-Akte von 1774 sicherte den kath. frz. Kanadiern volle Religionsfreiheit und trug dazu bei, daß diese sich nicht am Unabhängigkeitskampf der USA beteiligten. Königstreue angelsächs. Siedler wanderten aus den USA in das Gebiet nördlich der Seen ein: so entstanden Ober-K. und das frz. besiedelte Unter-K. 1867 wurden die Prov. Ontario (Ober-K.) und Quebec (Unter-K.) mit Nova Scotia und New Brunswick zum **Dominion of Canada** vereinigt. Seitdem wechseln Konservative und Liberale in der Führung des Landes ab. 1869 wurde das Gebiet der Hudsonbai-Kompanie angegliedert, aus dem die Prov. Manitoba (1870), Alberta und Saskatchewan (1905) hervorgingen; 1871 schlossen sich British-Columbia, 1873 Prince Edward Island, 1949 Newfoundland an. Die volle Unabhängigkeit K.s wurde 1926 von Großbritannien anerkannt. In beiden Weltkriegen unterstützte K. das brit. Mutterland. Gleichzeitig wurden die Bindungen an die USA verstärkt (gemeinsamer Verteidigungsrat). Innenpolit. Spannungen traten durch die separatist. Bewegungen der frz. sprechenden Bev. Quebecs auf. 1980 setzte sich jedoch die Politik des liberalen MinPräs. Trudeau (»ein Kanada« auf zweisprachiger Grundlage) in einer Volksabstimmung durch. – K. ist Gründermitgl. der UNO (1945) und der NATO (1949).

Kanadabalsam, klares Harz kanad. Balsamfichten; Verwendung als Kitt für optische Linsen u. a.

Kanadier, Canadier, 1) Ew. Kanadas. 2) → Kanusport.

kanadische Literatur. Eine k. L. in frz. Sprache entstand seit Ende des 18. Jh.: O. Crémazie (* 1822, † 1879), L.-H. Fréchette (* 1839, † 1908), E. Nelligan (* 1879, † 1941), C. H. Grignon (* 1894, † 1976), R. Lemelin (* 1919), G. Bessette (* 1920), M. Giron (* 1933), R. Carrier (* 1937), Marie-Claire Blais (* 1939) u. a. In Englisch: Für die Lyrik bahnbrechend war C. G. D. Roberts (* 1860, † 1943), ferner A. Nowlan (* 1933); bed. Prosaschriftst.: St. Leacock (* 1869, † 1944), Mazo de la Roche (* 1885, † 1961), Gwethalyn Graham (* 1913, † 1965), Margaret Atwood (* 1939); Dramatiker ist D. Freeman (* 1945).

Größe und Bevölkerung

Provinzen	Hauptstadt	Fläche in 1 000 km²	Einwohner in 1 000 1976[1]	1981
Newfoundland	St. John's	405	557,7	583,6
Prince Edward Island . . .	Charlottetown . .	6	118,2	124,1
Nova Scotia	Halifax	56	828,6	856,1
New Brunswick	Fredericton	73	677,3	709,1
Quebec	Quebec	1 541	6 234,4	6 325,2
Ontario	Toronto	1 067	8 264,5	8 600,5
Manitoba	Winnipeg	650	1 021,5	1 027,0
Saskatchewan	Regina	652	921,3	975,7
Alberta	Edmonton	661	1 838,0	2 135,9
British Columbia	Victoria	949	2 466,6	2 687,0
Territorien				
Yukon Territory	Whitehorse	536	21,8	21,5
Northwest-Territories . .	Yellowknife	3 380	42,6	42,8
Kanada	**Ottawa**	**9 976**	**22 992,5**	**24 088,7**

[1] Volkszählung.

Kanadischer Schild, vorwiegend aus archäischen Gesteinen aufgebaute Landmasse im Umkreis der Hudsonbai, O-Kanada; war in der Eiszeit vergletschert.

Kanaille [kan'aj, frz.] *die,* Schuft, Schurke; ♣ für Pack.

Kanake [hawaiisch], der Südsee-Insulaner.

Kanal, 1) künstlich angelegter Wasserlauf zur Be- und Entwässerung, als Schiffahrtsweg. In **Be-** und **Entwässerungs-K.** (für Ländereien), in **Werk-K.** (Zu- und Ableitung des Betriebswassers bei Wasserkraftanlagen) und in **Abwasser-K.** strömt das

Schiffahrtskanäle

Name	Eröffnungsjahr	verbindet	km	Schleusen[1]	trägt Schiffe bis
Deutschland					
Nord-Ostsee-K.	1895	Brunsbüttelkoog–Kiel-Holtenau	99	8	Seeschiffe
Dortmund-Ems-K.	1899	Dortmund–Emden	269	16	1 350 t
Mittelland-K.	1938	Dortmund-Ems-K.–Elbe	325	3	1 000 t
Elbe-Lübeck-K.	1900	Lauenburg–Lübeck	62	7	1 200 t
Nord-Süd-K.	1976	Elbe–Mittelland-K.	115	2	1 350 t
Main-Donau-K.	(im Bau)	Bamberg–Kelheim . . .	203	16	1 350 t
Belgien					
Albert-K.	1939	Lüttich–Antwerpen	129	6	2 000 t
Niederlande					
Nordsee-K.	1876	Amsterdam–Ijmuiden . .	27	4	Seeschiffe
Amsterdam-Rhein-K. . .	1952	Amsterdam–Tiel	72	4	4 300 t
Maas-Waal-K.	1927	Nimwegen–Maasbracht .	112	6	2 000 t
Nieuwe Waterweg	1872	Hoek v. Holland–Rotterdam	33	—	Seeschiffe
Frankreich					
Rheinseitenkanal	1959	Basel–Straßburg	50	4	3 000 t
Griechenland					
K. von Korinth	1893	Ion.–Ägäisches Meer . .	6,3	—	Seeschiffe
Großbritannien					
Manchester-K.	1894	Liverpool–Manchester . .	58	5	Seeschiffe
Nord- und Mittelamerika					
Panama-K.	1914	Atlant.–Stiller Ozean . .	82	6	Seeschiffe
St.-Lorenz-Seeweg	1959	Atlant. Ozean–Große Seen	3 769	—	Seeschiffe
Sowjetunion					
Ostsee-Weißmeer-K. . .	1933	Powenets (Onegasee) und Soroka Bucht . .	227	19	3 000 t
Moskau-K.	1937	Moskau und Wolga	128	11	18 000 t
Wolga-Don-K.	1952	Sarep-Kalatsch (Don) . .	101	13	5 000 t
Ägypten					
Suez-K.	1869	Mittelmeer–Rotes Meer .	162,5	—	Seeschiffe

[1] Gefällstufen und Hebewerke.

Kana

Kanarienvogel,
unten Haus-
kanarienvogel

Wasser; **Schiffahrts-K.** haben meist stehendes Wasser. Höhenunterschiede werden durch Schleusen oder Schiffshebewerke überwunden. **See-K.** sind von Seeschiffen befahrbar, **Binnen-K.** verbinden schiffbare Wasserläufe, überlastete oder nichtschiffbare Flüsse erhalten **Seiten-K.**, oder sie werden durch Kanalisation schiffbar gemacht. Die K.-Böschungen werden durch Steinschüttung, Pflaster, Betonplatten oder Lebendverbauung gesichert. **2)** Übertragungsweg für eine Nachricht, z. B. für ein Ferngespräch, eine Fernschreib- oder eine Fernsehsendung. **3)** $ röhrenförmiger Verbindungsdurchgang, z. B. Verdauungs-K.

Kanal, Kurzname für den →Ärmelkanal.

Kanalgase, in Abwasserkanälen oder Senkgruben durch Faulen der organ. Stoffe entstehende übelriechende Gase, Gemische aus flüchtigen Fettsäuren, Schwefelwasserstoff, Ammoniak, Kohlenwasserstoffen u. a. **Kanalgasvergiftung,** Vergiftung mit K.

Kanalinseln, die →Normannischen Inseln.

Kanalisation, Anlagen zur Ableitung der städt. Abwässer und des Niederschlagswassers (**Stadtentwässerung**). In die Straßenkanäle unter der Straße werden die Hausabwässer geleitet; sie vereinigen sich zu Hauptkanälen, diese zu einem meist begehbaren Hauptsammelkanal, der die Abwässer der Kläranlage zuführt. In größeren Städten liegen die Kanäle 3–3,50 m unter der Straßenfläche.

Kanalstrahlen, ⊠ Strahlen positiver Ionen. Bringt man in eine Entladungsröhre eine durchlochte Platte als Kathode ein, so tritt ein Teil der im Gasraum gebildeten positiven Ionen durch die Kathodenöffnung (Kanal) als schwach leuchtender Strahl.

Kanalzone, Gebietsstreifen beiderseits des →Panamakanals.

Kananga, bis 1968 Luluaburg, Hptst. der Prov. West-Kasai, zweitgrößte Stadt von Zaire, am mittleren Lulua, 704 200 Ew.; Handelszentrum.

Kanapee, Canapé [frz.] *das,* ⚬⚬ Sofa.

Kanara, Küstenebene (10–30 km breit) mit den Abhängen der W-Ghats südlich Goa, Indien; Kokos-, Reis-, Kaffee-, Pfefferanbau; Haupthafen: Mangalore.

Kanaribaum, fiederblättrige Gatt. der Balsamgewächse im trop. Asien und Afrika, liefert Balsamharz und fettes Öl (**Kanarienöl**) **Kanariennuß,** der eßbare Samen des K.

Kanarienvogel, grünl., auf den Kanar. Inseln heimischer Finkenvogel, seines Gesanges wegen schon im 16. Jh. als Käfigvogel nach Europa gebracht (›Harzer Roller‹). Der **Haus-K.** bringt es jährlich auf 3–4 Bruten zu je 4–6 Eiern.

Kanarische Inseln, Kanaren, Gruppe von 13 Inseln vor der NW-Küste Afrikas, 7 273 km², 1,3 Mio. Ew. Die größeren Inseln (Hierro, La Palma, Gomera, Teneriffa, Gran Canaria, Fuerteventura, Lanzarote) sind bewohnt. Die K. I. bilden die span. Prov. **Santa Cruz de Tenerife** und **Las Palmas.** Die Inseln sind vorwiegend vulkanisch; das Klima ist in den Küstenzonen und den niedrigeren östlichen Inseln trockenwarm. Für die Ausfuhr werden Bananen, Tomaten, Frühgemüse und -kartoffeln angebaut. Santa Cruz und Las Palmas de Gran Canaria sind wichtige Häfen und Flughäfen; Fischerei; Fremdenverkehr. – Die K. I., die ›glücklichen Inseln‹ der Römer, wurden im MA. von Arabern und Franzosen neu entdeckt, 1496 spanisch; seit 1977 Autonomiebestrebungen.

Kanazawa, Hptst. der Präfektur Ishikawa auf Honshu, Japan, 410 400 Ew.; Universität.

Kanchipuram [-tʃ-], **Conjeeveram** [kɔndʒˈiːvərəm, engl.], Stadt in Tamil Nadu, Indien, eine der 7 hl. Stätten des Hinduismus, 110 500 Ew.; Tempelbauten; Seidenindustrie.

Kandahar, Hptst. der Prov. K., Afghanistan, 178 400 Ew., 1 030 m ü. M.; Handelszentrum, Flughafen.

Kandahar, alpines Skirennen (Abfahrt, Slalom, Riesenslalom, Kombination) seit 1928, nach dem Stifter des Pokals, dem engl. General Lord Roberts of K., benannt.

Kandare [ungar.] *die,* Zaumzeug mit fester Gebißstange, Kinnkette und Zügel (→Zaum).

Kandaules, König von Lydien, →Gyges.

Kandelaber *der,* mehrarmiger Leuchter aus Bronze oder Marmor.

Kandertal, Tal der **Kander** im Berner Oberland, die aus dem Kanderfirn entspringt und in den Thuner See mündet. Hauptorte: **Kandergrund** und **Kandersteg;** Fremdenverkehr; Wasserkraftwerke.

Kandidat [lat.] *der,* **1)** Abk. **cand.,** Prüfungsanwärter. **2)** Bewerber um ein Amt, bes. Wahl-K. **Kandidatur,** Bewerbung (bes. bei Wahlen). **kandidieren,** sich bewerben.

Kandinsky, Wassily, russ. Maler, Graphiker, * 1866, † 1944, in München 1911 Mitbegr. des →Blauen Reiters, 1922–33 am →Bauhaus, dann in Frankreich; malte seit 1910 als erster ungegenständliche Bilder, anfänglich bewegte Farbphantasien, später Kompositionen aus farbigen Flächen und Linien, die reich ineinanderspielende Raum- und Bewegungsvorstellungen vermitteln. ›Über das Geistige in der Kunst‹ (1912). Bild abstrakte Kunst

Kandis *der,* **Kandelzucker,** bes. grobkristalliner und sehr reiner Zucker.

Kandla, moderner Großhafen an der W-Küste Indiens, als Ersatz für Karachi ausgebaut.

Kändler, Johann Joachim, Porzellanbildner der Meißener Manufaktur, * 1706, † 1775.

Kandrzin [-ʒ-], poln. **Kędzierzyn** [kɛndʒˈɛʒin], 1934–45 **Heydebreck,** seit 1975 Teil der poln. Stadt →Kędzierzyn-Koźle.

Kandy [kˈændɪ, engl.], Hptst. des Bezirks K., Sri Lanka, im zentralen Bergland, 104 000 Ew.; Tempel.

Kaneelgewächse, trop. Pflanzenfam. mit der den weißen Zimt (**Kaneel**) liefernden Canella alba.

Kanem, Landschaft in der Rep. Tschad, nördl. des Tschadsees; Trockensavanne, z. T. Wüste. Das Reich K., im 8. Jh. von den Kanembu gegr., im 11. Jh. islamisiert, verfiel seit etwa 1500.

Kangchendzönga [-tʃ-], **Kangchenjunga** [kæɳtʃendʒˈʌɳə, engl.], dritthöchster Berg (8 598 m) der Erde, im Himalaya, auf der Grenze von Nepal und Sikkim; Erstbesteigung 1955.

Kanggye, Kanggje, Hptst. der Prov. Chagang-do, N-Korea, 130 000 Ew.; Metallindustrie.

Känguruhratten, Nagetiere, →Taschenspringer.

Känguruhs, Fam. der Beuteltiere (Springbeutler), ratten- bis mannsgroß (z. B. das **Rote Riesen-K.**), mit langen, springtüchtigen Hinterbeinen und kräftigem Stützschwanz, schwachen Vorderbeinen und kleinem, hasenähnlichem Kopf; Pflanzenfresser, vorwiegend in den Grassteppen Australiens. Das Junge wird unausgebildet (etwa 3 cm groß) geboren, kriecht in den Brutbeutel und hängt sich an die Zitze; nach mehreren Monaten erst verläßt es den Beutel.

KaNgwane, →Homeland in der Rep. Südafrika.

Kania, Stanisław, poln. Politiker (KP), * 1927, Schmied, seit 1975 Vollmitgl. des Politbüros, 1980–81 Erster Sekretär des ZK der kommunist. Vereinigten Poln. Arbeiterpartei (PZPR).

Kanin, Halbinsel in N der europ. UdSSR, zw. Weißem Meer und Barentssee; Tundra (im Sommer Rentierweide).

Kaninchen, Karnickel, mehrere Gatt. der Fam. Hasen mit kurzen Hinterbeinen. Das **Wildkaninchen** ist gedrungen, grau bis gelblichbraun, mit kürzeren Ohren als der Feldhase; es stammt aus Südeuropa. Durch seine große Fruchtbarkeit (bis 30 Junge im Jahr) entwickelte es sich zu einer Landplage. Das Wild-K. wird durch Treiben, auch mit Frettchen, gejagt. Sein Zuchtabkömmling, das **Hauskaninchen,** wird wegen seines Fleisches und Felles (**Kanin**) in vielen Rassen gezüchtet. (Bild S. 69)

Kanister [lat.] *der,* Versandkanne, Vorratsbehälter.

Kanker, Weberknechte, Ordn. der Spinnentiere, mit langen dünnen Beinen; fressen tote Insekten.

Kankiang [-dʒjaŋ], amtl. chines. **Ganjiang,** schiffbarer re. Nebenfluß des Jangtsekiang, in der Prov. Kiangsi, China, 864 km lang, ein Hauptverbindungsweg zw. Mittel- und Südchina.

Kannada, kanaresische Sprache, eine an der W-Küste S-Indiens gesprochene Dravidasprache.

Känguruhs:
Rotes Riesenkänguruh

68

Kanne, 1) Gefäß für Flüssigkeiten. **2)** altes Hohlmaß (1–2 l).

kannelieren, mit Rillen versehen, bes. den Schaft einer Säule oder eines Pilasters.

Kannenbäckerland, Landschaft im Unterwesterwald mit reichen Tonlagern, Steinzeugind.; Zentrum: Höhr-Grenzhausen.

Kannenpflanze, Nephentes, Gatt. 2keimblättriger, kletternder, tierfangender Pflanzen der trop. Gebiete um den Ind. Ozean, mit unscheinbaren Blüten. Die Mittelrippe der Blätter läuft in einen langen Stiel mit kannenartigem Endteil aus, das Wasser enthält, in dem Kleintiere ertrinken und durch ein Enzym aus den Wanddrüsen verdaut werden können.

Kannibalismus, 1) Anthropophagie [grch.], Genuß von Menschenfleisch durch Menschen **(Kannibalen, Anthropophagen,** ›Menschenfresser‹), kam bei Naturvölkern aller Erdteile vor; beruhte vorwiegend auf Zauber- und Seelenglauben (Einverleibung der Kräfte des Getöteten). **2)** K. bei Tieren, bei denen eigene Artgenossen gefressen werden; meist eine Folge von Überbevölkerung.

Kano, Hptst. des Staates K. im N Nigerias, 399 000 Ew.; Kultur- und Wirtschaftszentrum der Hausa; Bahnlinie nach Lagos, internat. Flughafen; Viehhandel, Ausfuhr von Häuten, Erdnüssen, Lederindustrie. – Im 12. Jh. gegr., im 14. Jh. islamisiert. Blütezeit im 15. Jh. (Sklavenhandel).

Kanô, japan. Malerschule, ausgehend von K. Masanobu (* 1434, † 1530) und seinem Sohn K. Motonobu (* 1476, † 1559), der ihr größter Meister wurde; sie zählte mehr als 1 000 Maler und bestand bis Ende des 19. Jh.

Kanoldt, Alexander, * 1881, † 1939, malte Landschaften und Stilleben in der plastisch klaren Art der → Neuen Sachlichkeit (Bild).

Kanon [grch.] *der,* **1)** Richtschnur, Regel, Vorschrift. **2)** Bildende Kunst: Proportionslehre für die Darstellung des Menschen. Um Proportionsgesetze bemühten sich bes. Polyklet, Alberti, Leonardo, Dürer. **3)** mehrstimmige Musizierweise, bei der die Stimmen nacheinander in best. Abstand einsetzen und die gleiche Melodie singen oder spielen. Der K. wurde im MA. bes. in England, dann im Werk Bachs gepflegt. In der Jugendmusik lebte er erneut auf. **4)** das Verzeichnis der zur Hl. Schrift gerechneten Bücher **(kanonische Bücher). 5)** Kath. Kirche: a) die best. kirchl. Rechtsvorschrift, b) seit 1969 Eucharist. Gebet, Kernstück der Messe, c) Verzeichnis der Heiliggesprochenen.

Kanonade *die,* anhaltendes Geschützfeuer.

Kanone, Flachfeuergeschütz; urspr. Geschütz.

Kanonenboot, kleines Kriegsschiff (meist nur auf Flüssen).

Kanonen|ofen, zylindr. eiserner Ofen ohne Ausmauerung.

Kanonier, ⚔ Mannschaftsdienstgrad in der Bundeswehr.

Kanoniker, Mitgl. eines Dom- oder Stiftskapitels.

Kanonisation, die Heiligsprechung.

kanonisch, 1) einem Kanon zugehörig; maßgebend. **2)** kanonartig. **3)** kath. Kirchenrecht: **kanonisches Alter,** das für die Zulassung zu den höheren Weihen erforderl. Mindestalter.

kanonisches Recht, lat. **ius canonicum,** das in den Normen (canones) des CIC festgelegte Recht der Kath. Kirche.

Kanonissen, Chorfrauen, gottgeweihte Jungfrauen, die gemeinsam nach den Canones (nicht im Klosterstand) lebten.

Kanope *die,* altägypt. Eingeweidegefäß mit menschen- oder tierkopfförm. Deckel; auch etrusk. Aschenurne mit Menschenkopf.

Kanovitz [kˈænɔvɪts], Howard, amerikan. Maler, * 1929, bes. mit seinen photographisch genauen Porträts bahnbrechend für eine neue Phase des zeitgenöss. Realismus.

Känozo|ikum, früher **Neozo|ikum,** jüngste Formationsgruppe der Erdgeschichte, umfaßt Tertiär und Quartär.

Kanpur, engl. **Cawnpore** [kɔːˈpɔ:], Distrikt-Hptst. am Ganges in Uttar Pradesh, Indien, 1,275 Mio. Ew. (Agglomeration); Univ.; Textil-, Lederindustrie.

Kansas [kˈænzəs], Abk. **Kans.,** postal. **KS,** Staat im geograph. Mittelpunkt der USA, 213 063 km², 2,36 Mio. Ew.; Hptst.: Topeka; Weizenanbau und Viehzucht; Bodenschätze: Kohle, Erdöl, Erdgas, Salz, Gips, Zink, Helium; Nahrungsmittel-, Flugzeug-, Gummi-, Maschinenind. – Seit 1727 besiedelt, kam K. 1763 an Spanien, 1803 an die USA.

Kansas City [kˈænzəs sˈɪtɪ], Metropolitan Area (1,322 Mio. Ew.) und Doppelstadt der USA an der Mündung des Kansas River in den Missouri. Der Stadtteil in Missouri hat 448 200 Ew. (Handelsplatz, kath. Bischofssitz, Univ.), der in Kansas 161 100 Ew. (kath. Erzbischofssitz; Fleischind. mit großen Schlachthäusern u. a. Ind.).

Kansu, amtl. chines. **Gansu,** Prov. im NW Chinas, 530 000 km², etwa 20 Mio. Ew.; Hptst.: Lanchow.

Kant, Immanuel, Philosoph, * Königsberg 22. 4. 1724, † ebd. 12. 2. 1804, Sohn eines Sattlers, seit 1770 Prof. in Königsberg, begründete den krit. Idealismus, der die Voraussetzungen, Regeln und Grenzen des Erkennens und die Frage der Begründung sittl. Handelns zu klären sucht; dabei kam er zu dem Ergebnis, daß alles allgemeingültige Erkennen abhängig sei von Verstandesprinzipien (Kategorien) und von Anschauungsformen (Zeit und Raum). Sie sind → a priori (Apriorismus) und → transzendental (Transzendentalphilosophie) und machen diese erst möglich. Die menschl. Erkenntnis kann nie das ›Ding an sich‹, sondern nur den ›Erscheinungen‹ erfassen. In der Sittenlehre stellte K. die Pflichterfüllung in den Mittelpunkt (kategorischer Imperativ). Die Ideen ›Gott‹, ›Freiheit‹ und ›Unsterblichkeit‹ erklärte er für letzte Forderungen (Postulate) der Vernunft. In seinem staatsphilosoph. Denken trat er für einen Rechtsstaat in republikan. Sinn, ein Weltbürgerrecht und den ›Ewigen Frieden‹ ein.

Werke. ›Kritik der reinen Vernunft‹ (1781), ›Prolegomena zu einer jeden künftigen Metaphysik‹ (1783), ›Kritik der prakt. Vernunft‹ (1788), ›Kritik der Urteilskraft‹ (1790), ›Zum ewigen Frieden‹ (1795) u. a.

Kantabrisches Gebirge, Gebirgszug an der N-Küste Spaniens zw. den Pyrenäen und dem Galicischen Bergland, in den Picos de Europa 2 648 m hoch; reich an Wald und Weide; Eisen-, Mangan-, Zinkerzlager; dicht besiedelt.

Kantate [ital.] *die,* **1)** ♪ größeres Gesangswerk aus Chorsätzen und Einzelgesängen, wie Rezitativen, Arien, Duetten u. a., mit Instrumentalbegleitung. Urspr. Form ist nach 1600 die **Solokantate.** Die Entwicklung gipfelt in der **Kirchenkantate** J. S. Bachs. **2)** der 4. Sonntag nach Ostern.

Kant|haken, Holzstange, an deren einem Ende ein eiserner Haken angebracht ist; dient zum Kanten (Bewegen) von schweren Baumstämmen und Balken.

Kanthariden [grch.] *Mz.,* → Spanische Fliege.

Kantharos [grch.], altgrch. Becher mit hochgezogenen Henkeln.

Kant|holz, Bauschnittholz mit quadrat. oder rechteckigem Querschnitt.

Kantilene [ital.] *die,* ♪ liedhafter, lyr. Gesang.

Kantine, Speise-, Verkaufsraum in Kasernen, Fabriken.

Kant-Laplacesche Theorie [-laplˈas-], eine Lehre über die Entstehung des Sonnensystems.

Kanton, amtl. chines. **Guangzhou** [-dʒɔu], Hptst. der Prov. Kwangtung, am Perlfluß, im S Chinas, 5 Mio. Ew., Sitz von Behörden, Univ., Großbanken; bed. Ind.- und (Außen-)Handelsstadt: Seidenweberei, Gerberei, Stahl-, Maschinen-, Papier-, chem. u. a. Ind.; altes Kunsthandwerk. K. hatte schon im 9. Jh. eine arab. Handelsniederlassung; 1517 1. Kontakt mit Europäern (Portugiesen).

Kanton [frz.] *der,* **1)** Gliedstaat der Schweiz. **2)** frz. **Canton** [kätˈ5], Unterabteilung des Arrondissements in Frankreich und Belgien.

Kantonsrat, Schweiz: der → Große Rat.

Kanton|system, Kantonverfassung, ältere Art der Heeresergänzung in Preußen, bei der jedes Regiment seine Ersatzmannschaften nur aus einem best. Bezirk (Kanton) bekam.

Kantor [lat.], Leiter des evang. Kirchenchors, Organist.

Kantorei, Chorgemeinschaft zur Pflege der Kirchenmusik.

Kantorowicz [-witʃ], Alfred, Literarhistoriker, * 1899, † 1979, Offizier der Internat. Brigade im Span. Bürgerkrieg, seit 1946 in Berlin (Ost), floh 1957 in die Bundesrep. Dtl. ›Dt. Tagebuch‹ (1. Tl. 1959; 2. Tl. ›Exil in Frankreich‹, 1961).

Kantorowitsch, Leonid Witaljewitsch, sowjet. Mathematiker und Wirtschaftswissenschaftler, * 1912; entwickelte die Grundlagen der linearen Programmierung; Nobelpreis für Wirtschaftswissenschaften 1975 (mit T. Koopmans).

Kanu, Kanu *das,* **1)** einbaumartiges Boot der Indianer. **2)** Kajak und Canadier (→ Kanusport). **Kanute,** K.-Fahrer.

Kanüle [frz.] *die,* ⚕ **1)** Hohlnadel zu Einspritzungen von Medikamenten oder zur Entnahme von Körperflüssigkeiten. **2)** Röhrchen zum Durchlassen von Luft nach Luftröhrenschnitt **(Tracheal-K.).**

Kanun [arab.], in muslim. Ländern das formelle staatl. Gesetz i. Ggs. zum relig. Recht (Scheria).

Kanuri, Hausa-Name **Beriberi,** zentralsudan. Volk mit starkem Berbereinschlag, ehem. Staatsvolk des alten Reiches Bornu, heute bes. in NO-Nigeria.

Kaninchen: oben Wildkaninchen, unten Hauskaninchen (Japaner-K.)

Immanuel Kant (Stich von J. L. Raab, um 1860)

Kanu

*Kapern:
Kapernstrauch,
links unten Blüten-
knospe*

Kanu|sport, das Paddeln im Canadier, Kajak, Faltboot oder Segeln im Segelkanu. Der K. wird wettkampfmäßig in Regatten, als Kanuslalom oder Wildwassersport, aber auch als tourist. Wanderfahrt betrieben. Der **Canadier** (Kanadier) wird kniend mit einem einseitigen Paddel (Stechpaddel) gefahren, hat hochgerundete Steven, dünne Holzplanken, kein Verdeck; es gibt Einer, Zweier und Achter mit Steuermann. Der **Kajak** ist ein schmales Boot mit enger runder Sitzluke; er wird mit einem Doppelpaddel als Einer, Zweier und Vierer gefahren. Das **Faltboot** besteht aus einem zerlegbaren Stabgerüst und einer mehrschichtigen, gummierten Segeltuchhaut; es gibt Einer und Zweier.

Kanzel, 1) Kirchenbau: der erhöhte Standort für die Predigt, über eine Treppe erreichbar und von einer Brüstung umgeben. Die seit dem MA. meist an einem Pfeiler errichtete K. wurde anfänglich bes. in Italien, später im Norden reich mit Bildwerken geschmückt. **2)** Lehrstuhl an Hochschulen. **3)** ♈ Hochsitz. **4)** Führerraum im verglasten Rumpfbug eines Flugzeuges.

Kanzelmißbrauch, ⛫ öffentl. Außerungen von Religionsdienern in Ausübung ihres Amtes über Angelegenheiten des Staates ›in einen den öffentl. Frieden gefährdenden Weise‹; war in Dtl. seit 1871 strafbar (§ 130a StGB, **Kanzelparagraph**), in der Bundesrep. Dtl. 1953 aufgehoben; i. w. S. auch entspr. Äußerungen zugunsten einer Partei während des Gottesdienstes.

Kanzer der, lat. **Cancer** [›Geschwür‹], **1)** → Schanker. **2)** zu Geschwürbildung neigender → Krebs. **Kanzerologie,** Krebsforschung. **kanzerogen, karzinogen,** krebserregend.

Kanzlei, 1) ♂ mit Schranken umgebener Ort, an dem Urkunden u. a. ausgefertigt wurden; später auch Name höherer Gerichte (**Justizkanzleien**); Büro eines Anwalts, Notars. **2)** dem Reg.-Chef unmittelbar dienendes Amt (Staats-, Bundes-K.).

Kanzleiformat, Papierformat, →Folio.

Kanzleisprache, durch Überlieferung und Stil der öffentl. Verwaltung geprägte Sprachform (**Kanzleistil**).

Kanzler, 1) in der Bundesrep. Dtl., in Österreich und der Schweiz der →Bundeskanzler, im Dt. Reich der Reichskanzler. **2)** Kurator einer Univ. **3)** vielfach Titel des Bürovorstands bei diplomat. und konsular. Vertretungen. **4)** Lordkanzler (→Chancellor). **5)** K., **cancellarius,** im MA. ein Hofbeamter, der die Staatsurkunden ausfertigte und siegelte.

Kanzone [ital.] *die,* **1)** lyrische Gedichtform aus 5–10 gleichgebauten Strophen (Stanzen), die aus 11- und 7silbigen Versen bestehen; am Schluß folgt meist eine kürzere Strophe (›Geleit‹). Zu höchster Vollendung gelangte die K. durch Petrarca. Dt. Nachbildungen von A. W. Schlegel, A. v. Platen, F. Rückert. **2)** einstimmiges volkstüml. Lied mit Instrumentalbegleitung; auch liedartiges Instrumentalstück.

Kaohsiung, größte Ind.- und Handelsstadt Taiwans, 1,195 Mio. Ew. (Agglomeration); Eisen-, Maschinen-, petrochem., Zementindustrie, Werften, größte Schiffsverschrottungs-Industrie der Erde. Der Nebenhafen Tsoying ist Marinebasis.

Kaolin *der* oder *das,* **Porzellanerde,** dichtes, erdiges Gestein, v. a. aus **Kaolinit,** d. i. kieselsaure Tonerde, mit versch. Nebenbestandteilen; Hauptrohstoff der Porzellanherstellung.

Kaonen, die K-Mesonen (→Elementarteilchen).

Kap [von lat. caput ›Kopf‹] *das,* ins Meer vorspringender Küstenteil, auch Landspitze.

Kapaun, kastrierter, gemästeter Hahn.

Kapazität [lat.] *die,* **1)** Fassungsvermögen a) eines elektr. Leiters, gemessen in Farad, b) eines Akkumulators, gemessen in Amperestunden. **2)** das technisch mögliche Produktionsvermögen eines Betriebes oder Industriezweiges bei Vollbeschäftigung. **3)** hervorragender Fachmann.

Kap-Breton-Insel, engl. **Cape Breton Island** [keıp br´etn ´aılənd], Insel der kanad. Prov. Nova Scotia, 10 280 km², Kohlevorkommen.

Kap Canaveral [-kən´ævərəl], Cape →Canaveral.

Kap der Guten Hoffnung, engl. **Cape of Good Hope** [keıp ɔv gud həup], das Südende der Kaphalbinsel in S-Afrika, ein hohes, steiles Kliff; 1488 von B. Diaz erstmals umfahren und ›Kap der Stürme‹ genannt.

Kapela, bewaldeter Gebirgszug in W-Kroatien, Jugoslawien, bis 1533 m hoch.

Kapelle, 1) besonderen Zwecken dienender Raum eines Kirchenbaues (Grab-, Tauf-K. u. a.), um den Chor ein Kranz einzelner Kapellenkranz gereiht; auch ein eigener kleiner Bau (Friedhofs-, Brücken-K.) oder in Burgen, Schlössern, Rathäuser eingebaut. **2)** urspr. der im Kapellenraum der Kirche aufgestellte Sängerchor; das Instrumentalorchester.

Kapellmeister, Leiter eines Chors oder Orchesters.

Kaper *der,* bewaffnete Privatschiffe, die auf Grund staatl. Ermächtigung (**Kaperbrief**) feindl. Handelsschiffe aufbrachten (bes. im 15.–18. Jh.). Die **Kaperei** wurde durch die Pariser Seerechtsdeklaration von 1856 abgeschafft.

Kapern, mild pfeffrige Blütenknospen des **Kapernstrauches,** Heimat Mittelmeerländer; Gewürz; häufiger Ersatz sind Blütenknospen von Ginster, Sumpfdotterblume u. a.

Kaperna|um, Ort in Galiläa, am NW-Ufer des Sees Genezareth, heute **Tell Hum.** Mittelpunkt des Wirkens Jesu.

Kapetinger, frz. Herrschergeschlecht, bestieg 987 mit Hugo **Capet** den Königsthron, von dessen Reg. an die K. in direkter Linie bis 1328, in Seitenlinien bis 1792 und 1814–48 herrschten. Die Dynastie lebt im Hause der Grafen von Paris fort.

Kap Farvel, Südspitze Grönlands (Kap →Farvel).

Kapfenberg, mit **Bruck an der Mur** zusammengewachsene Doppelstadt, in der Obersteiermark, Österreich, 26 500 Ew.; Stahlwerke, Elektro-, chem. Ind.

Kapholländisch, das →Afrikaans.

kapillar [lat.], haarfein, haarartig. **Kapillare** *die,* **1)** ♥ Haargefäß (→Blutgefäße). **2)** ⊠ →Kapillarität.

Kapillarität [lat.], ⊠ Auswirkung der Oberflächenspannung von Flüssigkeiten in engen Hohlräumen fester Körper (Spalten, Haarröhrchen →**Kapillaren**, Poren); sie zeigt sich im Höhersteigen benetzender (z. B. Wasser) und Zurückbleiben nichtbenetzender (z. B. Quecksilber) Flüssigkeiten gegenüber dem Flüssigkeitsspiegel der Umgebung (**Kapillaraszension** und **Kapillardepression**). Die K. ist wichtig für den Wasserhaushalt des Bodens und der Pflanzen.

Kapital, zinsbringend angelegte Geldsumme, Stammvermögen. **1)** Volkswirtschaft: a) **Geld-K.,** Gesamtheit der finanzielle Aktiva (Bargeld, Bankdeposition, Wertpapiere) einer Wirtschaftseinheit; b) **Sach-** oder **Realkapital, K.-Güter,** produzierte **Produktionsmittel,** die während der im Produktionsprozeß verwendeten Güter. Das Real-K. ist ein abgeleiteter Produktionsfaktor; es müssen Produktionsmittel für die Herstellung von K.-Gütern eingesetzt werden, die für die Erzeugung von Konsumgütern ausfallen. Güterwirtschaftlich gesehen erfordert das Investieren ein gleich großes Sparen. Geldwirtschaftlich gesehen braucht jedoch das von den Investoren eingesetzte Geld-K. nicht mit den von den Sparern aufgebrachten Beträgen übereinzustimmen. **2)** Betriebswirtschaft: Gesamtheit der in einem Unternehmen investierten Mittel; nach der Verwendung unterscheidet man **Anlage-K.** und **Umlauf-(Betriebs-)K.,** nach der Herkunft **Eigen-K.** und **Fremd-K.** Der K.-Abnutzung wird durch →Abschreibung Rechnung getragen.

Kapital|anlage, zinstragende Verwendung von Ersparnissen, z. B. durch Kauf von Wertpapieren.

Kapital|ausfuhr, Anlage von Kapital im Ausland. Wichtigste Formen sind langfristige Kredite aller Art, Erwerb von ausländ. Sachgütern (Grund und Boden, Beteiligungen), Kauf von Aktien ausländ. Unternehmen, Erwerb ausländ. Schuldverschreibungen und Anleihen.

Kapitalband, Kaptalband, ⊠ Staubschutz, wird oben und unten an Buchblockrücken geklebt.

Kapitalbuchstaben, Versalien, ⊘ die großen Buchstaben des lat. Alphabets, die die Antiqua dem Vorbild antiker Inschriften entnahm.

Kapitälchen, ⊘ lat. Großbuchstabe, der an der Stelle des kleinen Buchstabens und in dessen Bildhöhe verwendet wird.

Kapital|erhöhung, die Erhöhung des Grundkapitals einer AG oder des Stammkapitals einer GmbH. Durch die K. werden der Ges. neue Vermögenswerte, bes. Barmittel, zugeführt. Für die K. ist eine Satzungsänderung erforderlich. Auch K. aus Gesellschaftsmitteln (offene Rücklagen) ist möglich. Die Erhöhung der Einlagen von Kommanditisten bei der Kommandit-Ges. ist ebenfalls eine K.

Kapital|ertragsteuer, Erhebungsform der Einkommensteuer für best. Kapitalerträge aus Aktien und Anteilen an einer GmbH, Wandelschuldverschreibungen u. a.

Kapitalflucht, Verlagerung von Kapital ins Ausland, z. B. wegen polit. Unsicherheit, drohender Währungsabwertung oder aus steuerl. Gründen.

Kapitalgesellschaft, im Ggs. zur Personenges. eine Gesellschaft, die auf rein kapitalmäßiger Beteiligung der Gesellschafter beruht. K. sind jurist. Personen, den Gläubigern haftet nur das Gesellschaftsvermögen; Rechtsformen: AG, GmbH u. a.

kapitalisieren, den laufenden Ertrag oder eine regelmäßige

*Kapillarität:
a Kapillaraszension,
b Kapillardepression*

Geldleistung (Zinsen, Rente) auf ihren **Kapitalwert** berechnen nach der Formel: Kapitalwert = Ertrag × 100 : Zinsfuß.

Kapitalismus, zunächst eine von liberaler Wirtschaftsgesinnung und Anerkennung des Privateigentums geprägte Wirtschaftsform; danach ein histor. Begriff der Wirtschafts- und Gesellschaftsentwicklung, bes. des 19. Jh. Ggs. des K. ist der → Sozialismus. Da K. oft als Schlagwort gebraucht wird, bevorzugt die Wissenschaft das Gegensatzpaar ›Marktwirtschaft–Zentralverwaltungswirtschaft‹ (W. Eucken).
Kennzeichen kapitalist. Wirtschaftsweise sind: die Organisation der Produktion unter dem Gesichtspunkt von Kosten und Profit; die Verwendung von Maschinen u. a. Kapitalgütern im Produktionsprozeß, die überwiegend Privateigentum sind; das Vorherrschen der Marktproduktion, d. h. das Produkt wird zuerst erzeugt und dann angeboten, wobei das Spiel von Angebot und Nachfrage den Verkaufspreis und damit den Gewinn bestimmt. Diese Wirtschaftsweise wird, wie J. A. Schumpeter hervorhob, durch die freien Unternehmer repräsentiert. Deren Tätigkeit wie ihr Verhältnis zueinander werden nach W. Sombart von drei Prinzipien beherrscht: dem **Erwerbsprinzip,** wonach ein jedes der freien Individuen nach größtmöglichem Gewinn strebt, dem **Wettbewerbsprinzip,** wonach jenem der größte Gewinn zufällt, der im Vergleich zu anderen Produzenten das beste Leistung zum niedrigsten Preis erbringt, und das **Rationalprinzip,** wonach das Verhältnis von Aufwand und Ertrag rechnerisch erfaßt und möglichst günstig gestaltet wird.
K. Marx, M. Weber und W. Sombart verwendeten den Begriff K. zur wirtschaftsgeschichtl. Periodenbildung. Sombart unterscheidet: den **Früh-K.** (16.–18. Jh., z. B. Merkantilismus), den **Hoch-K.** (19. Jh., freier Wettbewerb und techn. Fortschritt auf der Grundlage liberaler Ideen, aber auch schwere soziale Mißstände: lange Arbeitszeiten, niedrige Löhne, Kinderarbeit), **Spät-K.** (20. Jh., Tendenz zur Regelung der Wirtschaft).
Bes. K. Marx hat den K. scharf kritisiert (→ Marxismus). Die Kritik am K. führte dazu, daß zunehmend Schranken in das System eingebaut wurden. Durch Konjunkturpolitik, Sozialgesetzgebung, Umverteilung von Einkommen, Ausklammerung best. Gebiete aus der marktwirtschaftl. Ordnung griff der Staat immer mehr in das wirtschaftl. Geschehen ein, so daß es heute einen K. reiner Prägung nicht mehr gibt. Der K. konnte eine große Steigerung des Lebensstandards der Industrienationen im 19. und 20. Jh. herbeiführen.

Kapitalist, jemand, der Kapital besitzt und sein Einkommen aus Zinsen, Dividenden u. dgl. bezieht.

Kapitalkonto, Buchführung: Konto des Hauptbuches, das das Eigenkapital eines Personenunternehmens und dessen Veränderungen aufweist.

Kapitalmarkt, Markt der langfristigen Kredite und Kapitalanlagen (Aktien, Obligationen, Pfandbriefe, Hypotheken u. a.). Ggs.: Geldmarkt.

Kapitalverbrechen, urspr. Verbrechen, die mit Todesstrafe bedroht waren; jetzt Schwerverbrechen.

Kapitalverkehr, alle Kapitalübertragungen, denen keine Waren- oder Dienstleistungsgeschäfte zugrunde liegen: Erwerb und Verkauf von Aktien, Erwerb von Beteiligungen, Schuldverschreibungen u. a.

Kapitalverkehrsteuern, Steuern auf Rechtsgeschäfte des Kapitalverkehrs, die einer Kapitalbildung (Gesellschaftsteuer) oder Kapitalbewegung (Börsenumsatzsteuer) dienen.

Kapitän, 1) Führer eines Schiffes oder Flugzeuges mit staatl. Befähigungszeugnis (**K.-Patent**). **2)** K.-Leutnant, Korvetten-K., Fregatten-K., K. zur See, Offiziersgrade der Bundesmarine. **3)** ✠ der Mannschaftsführer.

Kapitel [lat.], **1)** Abschnitt einer Schrift. **2)** das → Domkapitel oder → Kollegiatkapitel. **3)** Versammlung der stimmberechtigten Mitgl. eines Klosters, einer Klosterprov. oder aller Klöster einer Genossenschaft (Kloster-, Provinzial-, General-K.).

Kapitell das, der oberste Teil einer Säule, eines Pfeilers oder Pilasters. In der grch. Säulenordnung entspricht jedem Stil ein eigene Form des K. (dorisch, ionisch, korinthisch). Zu großem Formenreichtum entwickelte sich das K. der Romanik (Würfel-K., mit Flechtwerk u. a. Ornamenten, Figuren-K.). Die Gotik beschränkte sich auf Knospen- und Blattwerk. Seit der Renaissance verwendete man wieder die antiken K. (Bild Säule)

Kapitol das, **1)** auf dem **Kapitolinischen Hügel** gelegene Burg des alten Rom mit dem Jupitertempel, relig. und polit. Mittelpunkt des Röm. Reichs. Der heutige Platz des K. mit dem Senatorenpalast, dem Kapitolin. Museum, dem Konservatorenpalast und dem

Reiterdenkmal Mark Aurels wurde von Michelangelo geschaffen. **2)** engl. **Capitol** [kˈæpɪtl], in den USA der Kongreßpalast in Washington.

Kapitolinische Wölfin, etrusk. Bronzeplastik aus dem 5. Jh. v. Chr., der im 16. Jh. die Zwillinge Romulus und Remus hinzugefügt wurden (Konservatorenpalast, Rom); Sinnbild von Rom.

Kapitulant [frz.-lat.] der, ♣ bis 1914 Soldat, der sich zu längerer als der gesetzl. Dienstzeit verpflichtete.

Kapitular, Kath. Kirche: Mitgl. eines Domkapitels. **K.-Vikar,** Leiter einer Diözese aus dem Kapitel bei → Sedisvakanz.

Kapitularien [lat.], Verordnungen der karoling. Herrscher, genannt nach ihrer Einteilung in Kapitel.

Kapitulation [lat.], **1)** Vertrag. **2)** früher ein völkerrechtl. Vertrag, durch den eine europ. Macht das Recht erhielt, für ihre Untertanen in nichteurop., bes. oriental. Staaten, durch eigene Konsuln die Gerichtsbarkeit ausüben zu lassen (**Konsulargerichtsbarkeit**). **3)** ♣ Übergabe einer Truppe u. a.

Kapiza, Pjotr Leonidowitsch, sowjet. Physiker, * 1894, erhielt 1978 für seine Arbeiten in der Tieftemperaturphysik den Nobelpreis für Physik (mit A. A. Penzias und R. W. Wilson).

Kap Kennedy, 1963–73 Name von Cap → Canaveral.

Kaplan [lat.], Hilfsgeistlicher, Gehilfe und Stellvertreter des kath. Pfarrers, auch **Kooperator.**

Kapland, die → Kapprovinz.

Kaplanturbine, 1912 von dem österr. Ingenieur V. Kaplan (* 1876, † 1934) erfundene axiale Überdruck-Wasserturbine.

Kapmaiblume, ♠ Gatt. → Freesia.

Kapok [malaiisch] der, **Pflanzendaunen,** Pflanzenhaare von der inneren Fruchtwand der Kapseln von Wollbäumen, bes. des **K.-Baums** (Java, Philippinen, Indien, Afrika, trop. Südamerika); Polstermaterial.

Kaposvár [kˈɔpoʃvaːr], Bezirkstadt in Ungarn, südlich des Plattensees, 73 000 Ew.; Nahrungsmittelind.

Kapotte [frz.] die, **Kapotthut,** kleiner Damenhut.

Kapowa, auch **Tschulgan-Tasch,** Höhle im südl. Ural; Malereien seit eiszeitl. Tieren.

Kappadokien, im Altertum: Gebirgslandschaft im östl. Kleinasien, nach dem → Kappadokien benannt. Im 4. Jh. ein Kernland der Christianisierung.

kappen, **1)** verkürzen, abschneiden, bes. Tauwerk, Takelung, Masten. **2)** kastrieren, daher: **Kapphahn, Kapphengst.**

Käppi, militär. Kopfbedeckung, schiffförmig, ohne Schirm.

Kapp-Putsch, rechtsradikaler Umsturzversuch im März 1920 unter Führung des Politikers W. Kapp (* 1858, † 1922), gescheitert am Generalstreik der Gewerkschaften und an der Ablehnung der Reichswehr.

Kapprovinz, Kapland, Prov. der Rep. Südafrika, 647 406 km², 5,930 Mio. Ew. Hptst.: Kapstadt. – 1652 erste holländ. Niederlassung am Kap (Kapstadt); von Holländern, Deutschen, Franzosen besiedelt (→ Buren); 1806 von England erobert; 1872 parlamentar. Selbstregierung, 1910 Prov. der Südafrikan. Union.

Kaprice [kapˈriːs, frz.] die, Laune, Grille.

Kapriole [ital.] die, **1)** Luftsprung auch im übertragenen Sinn. **2)** schwerste Übung der Hohen Schule: das Pferd schlägt während eines Luftsprungs mit den Hinterhand aus.

Kaprow [kˈæprəu], Allan, amerikan. Künstler, * 1927, schuf 1958 die ersten Environments und Happenings.

Kapruner Tal, res. Seitental der Salzach, in den Hohen Tauern; von der **Kapruner Ache** durchflossen. Kraftwerksgruppe Glockner-Kaprun.

Kapsel, 1) ♠ zur Reifezeit aufspringende Fruchtform. **2) Raumkapsel,** ein Raumfahrzeug.

Kapstadt, engl. **Cape Town** [keɪp taun], afrikaans **Kaapstad,** Hptst. der Kapprov. und zweitgrößte Stadt der Rep. Südafrika, 1,2 Mio. Ew.; Sitz des südafrikan. Parlaments, vieler Behörden; anglikan. und kath. Erzbischofs. Univ. u. a.; wichtiger See- und Flughafen, Ausgangspunkt der Fernverkehrswege; in den Vororten Textil-, Werft-, Nahrungsmittel-, petrochemische Ind.; Fremdenverkehr. – 1652 gegr. (Bild S. 72)

Kaptaube, Sturmvogel der südl. Halbkugel (40 cm).

Kapuze [lat.], an der Oberbekleidung befestigte Kopfbedeckung.

Kapuziner, kath. Orden, Zweig der → Franziskaner.

Kapuzineraffen, in Bäumen lebende Affen mit rd. 12 Arten in Süd- und Mittelamerika, mit Greifschwanz, z. B. Totenkopfäffchen, Wollaffen, Brüllaffen.

Kapu

Kapstadt

Kap Verde

Kapuzinerkresse

Kapuzinerkresse, Tropaeolum, südamerikan. Pflanzengatt., z. T. kletternde Kräuter mit großen Blüten. Zierpflanze ist z. B. die schildblättrige, urspr. orangerot blühende **Blumenkresse,** deren Blätter, Knospen (unechte Kapern) und Früchtchen gegessen werden.

Kapuzinerpilz, zu den Röhrlingen gehöriger Speisepilz.

Kap Verde, Halbinsel an der Küste Senegals, westlichster Punkt Afrikas.

Kap Verde, Republik K. V., amtl. **República do Cabo Verde** [-du k'aβu v'erde], Inselstaat (seit 1975) vor der W-Küste Afrikas, umfaßt die früher portugies. **Kapverdischen Inseln,** 4033 km² mit 296 000 Ew.; Hptst.: Praia; Amtssprache: Portugiesisch; Währung: 1 K. V.-Escudo (KEsc.) = 100 Centavos. Vulkanisch, sehr warmes, regenarmes Klima, Anbau (z. T. mit Bewässerung) von Kaffee, Südfrüchten, Bananen, Rizinus; Viehzucht, Fischerei; Salz-, Traß-, Kalkabbau. – Die Inseln wurden 1460 von den Portugiesen entdeckt und besiedelt.

Kar, Kaar *das*, sesselähnl. Hohlform in (ehemals) vergletscherten Gebirgshängen, mit steilen Rück- und Seitenwänden, aus eiszeitl. Firnmulden entstanden.

Karabiner, Gewehr mit verkürztem Lauf. Der **K 98 k** war 1935–45 die Einheitswaffe der dt. Wehrmacht.

Karabinerhaken, Haken mit federndem Verschluß.

Kara-Bogas-Gol, flache Bucht an der Ostküste des Kaspischen Meeres, UdSSR, rd. 12 000 km², Salzlager.

Karachi [kər'ɑ:tʃi], **Karatschi,** Hptst. der Prov. Sind, Pakistan, am Arab. Meer, 5,0 Mio. Ew.; Univ.; internat. Flug- und Seehafen. Nahrungsmittel-, Textil-, Leder-, (petro)chem., Glas-, Elektroind., Walzwerke.

Karadjordje [k'aradzjo:rdje], **Karageorg,** Führer des serb. Freiheitskampfes, *1768(?), †1817, Bauernsohn, 1804–13 erster Fürst Serbiens. Von K. stammt das Haus **Karadjordjević** ab, das in der Herrschaft mit dem Fürstenhaus Obrenović bis 1903 abwechselte und dann bis 1941 herrschte.

Karadžić [-dʒitsj], Vuk Stefanović, serb. Philologe, *1787, †1864, Schöpfer der serb. Schriftsprache.

Karaffe [ital.-frz.], geschliffene Glasflasche oder -kanne.

Karafuto, japan. Name des Südteils von Sachalin.

Karaganda, Hptst. des Gebiets K., Kasach. SSR, 577 000 Ew.; Steinkohlengebiet, vielseitige Industrie.

Karajan, Herbert von, Dirigent, *1908, seit 1955 Leiter des Berliner Philharmoniker, 1956–64 auch der Wiener Staatsoper; seit 1964 Direktoriumsmitgl. der Salzburger Festspiele, gründete 1967 die Salzburger Osterfestspiele. **Herbert-von-K.-Stiftung** (1969) fördert bes. junge Dirigenten. (Bild S. 73)

Karakalpaken *Mz.,* türk. Mischvolk am südöstl. Aralsee, den Kasachen nahestehend. Ihr Wohngebiet bildet innerhalb der Usbekischen SSR die **Karakalpakische ASSR** (165 600 km², 930 000 Ew.; Hptst.: Nukus).

Karakorum, 1) *der,* stark vergletschertes Hochgebirge Innerasiens, zw. Himalaya, Pamir und Kun-lun, mit sechs Achttausendern:

K 2 (8611 m), Gasherbrum I (8068 m), Broad Peak (8047 m), Gasherbrum II (8035 m). Der K. bildet die Wasserscheide zw. Indus und Tarimbecken. Ein Karawanenweg führt von Kaschmir über den K.-Paß (5574 m) nach Chinesisch-Turkestan (Sinkiang). 2) Ruinenstadt in der Mongolei, wurde um 1220 Residenz Tschinghis Chans; verfiel im 15. Jh.

Karakul *das,* Fettschwanzschaf, dessen Lämmer die Persianerfelle liefern.

Kara-kum, Sandwüste zw. Kasp. Meer und Amu-Darja, Turkmen. SSR; im S, von Bosaga nach Aschabad, verläuft der für die Bewässerung wichtige **Kara-kum-Kanal** (840 km).

Karamai, amtl. chines. **Ko la ma i,** Erdölfeld im W der Dsungarei, VR China.

Karamanlis, Konstantin, grch. Politiker, *1907, war 1955–63, 1974–80 erneut MinPräs., seitdem Staatspräs.

Karambolage [-l'a:ʒə, frz.] *die,* 1) Zusammenstoß. 2) Berühren von Bällen beim Billardspiel.

Karamel *der,* durch Erhitzen gebräunter Zucker, dient zum Färben, bes. von Bier. **K.-Bier** ist alkoholarm.

Karamsin, Nikolaj Michajlowitsch, russ. Schriftst., *1766, †1826, führte durch ›Briefe eines russ. Reisenden‹ (1791/92) den empfindsamen Stil in die russ. Lit. ein; ›Geschichte des russ. Reiches‹ (1816–29).

Kara-See, → Karisches Meer.

Karat *das,* 1) Gewichtseinheit für Edelsteine; 1 metr. K. (Kt) = 0,2 g. 2) Abk. **K.,** Kennzeichnung des Goldgehaltes einer Legierung. Reines oder Feingold hat 24 K., 14karätiges Gold hat ¹⁴/₂₄ (585 Tausendteile).

Karate [japan.] *das,* aus Ostasien stammender harter Nahkampf- und Selbstverteidigungssport. Im K. werden fast alle Körperteile für Schläge, Stöße, Stiche, Tritte usw. eingesetzt. (Bild S. 73)

Karatepe, Name mehrerer Ruinenhügel in Anatolien. Auf dem K. in Kilikien am Ceyhan-Fluß fand H. T. Bossert 1946 die Ruinen einer späthethit. Burg (17. v. Chr.); die 2sprachige (phönikisch-hethit.) Torinschrift trug wesentlich zur Entzifferung der hethit. Hieroglyphen bei.

Karatschaier *Mz.,* türk. Stamm, wahrscheinlich Nachkommen von Tataren und Westkaukasiern. Ihr Wohngebiet am oberen Kuban bildet seit 1957 innerhalb der Russ. SFSR das **Karatschaiisch-Tscherkessische Autonome Gebiet** (14 100 km², 370 000 Ew.; Hptst.: Tscherkessk).

Karatschi, Stadt in Pakistan, → Karachi.

Karausche, Bauernkarpfen, karpfenartiger Süßwasserfisch N-Europas, 15–30 cm. Zuchtformen: Goldfisch, Giebel. Mischlinge mit Karpfen: Halbkarpfen.

Karavelle [ital.] *die,* Segelschiff des 15. und 16. Jh. mit hohem Heckaufbau (Hütte); z. B. von Kolumbus benutzt.

Karawane [pers.] *die,* Reisegesellschaft, Kaufmanns- oder Pilgerzug im Orient, bes. in Wüstengebieten; meist Kamelzüge.

Karawanserei, Herberge an Karawanenstraßen.

Karawanken *Mz.,* Gruppe der südl. Kalkalpen, zw. der Drau im N und der Save im S (Hochstuhl 2238 m). Der Hauptkamm bildet die österreichisch-jugoslaw. Grenze.

karbo..., →carbo...

Karbolineum, braunes Steinkohlenteeröl, fäulnishemmend, desinfizierend; auch Schädlingsbekämpfungsmittel.

Karbon [lat. carbo ›Kohle‹] *das,* **Steinkohlenformation,** → geologische Formation (Übersicht) des Paläozoikums, reich an Steinkohlenlagern.

Karbonade *die,* 1) Kotelett. 2) Fleischkloß.

Karbondruck, Durchschreibeverfahren ohne Kohlepapier, bei dem die Papierrückseite mit **K.-Farbe** (Druckfarbe mit Wachsbeimischung) beschichtet ist. bes. bei Formularen.

karbonisieren, 1) Getränke mit Kohlendioxid versetzen. 2) pflanzl. Beimengungen aus Wolle entfernen. 3) Holz durch oberflächliches Ankohlen haltbar machen.

Karbunkel *der,* ⚕ Konglomerat aus mehreren Furunkeln.

Kardamom, dreikantige Kapselfrucht von Ingwergewächsen in den Tropen der Alten Welt, bes. in Indien und Indonesien, vielseitiges Gewürz, enthält als äther. **K.-Öl.**

Kardanantrieb [nach G. Cardano], ⟳ bei Kraftfahrzeugen die Kraftübertragung vom Motor zum Antrieb der Antriebsräder mit einer Gelenkwelle (**Kardanwelle,** Bild Gelenk).

kardanische Aufhängung, ⊠ Aufhängevorrichtung aus 3 unter rechtem Winkel ineinander bewegl. Ringen, bewirkt, daß der im innersten Ring befindl. Körper bei Lageänderung des Ganzen seine Lage beibehält, z. B. Schiffskompaß. (Bild S. 73)

72

Karate:
von links nach rechts:
Schlagtechniken:
Oi-Tsuki, Koken-
Shotei, Empi-Uchi;
Fußtechniken:
Yoko-Geri, Hiza-Uke

Kardätsche, Pferdebürste mit bes. steifen Borsten.

Karde *die,* distelähnl., hochwüchsige Pflanzengatt. Zugehörig: die hellviolett blühende **Weber-K.,** mit hakenborstigen Blütenköpfen, diente früher zum Rauhen von Tuch; die stachlige, lila blühende **Wilde K.**

Kardeel *das, die,* Einzeltau einer Trosse.

Kardelj, Edvard, jugoslaw. Politiker, * 1910, † 1979, 1948–53 Außen-Min., 1963–67 Parlaments-Präs., seit 1974 Mitgl. des Präsidiums der Republik.

Kardinal, Kath. Kirche: höchster Würdenträger nach dem Papst. Die K. werden vom Papst ernannt (März 1982: 123); sie sind seine engsten Mitarbeiter bei der Leitung der Gesamtkirche; außerdem wählen sie im Konklave den Papst (seit 1179). Spezielle Aufgaben haben die in Rom tätigen **Kurienkardinäle.** Das **Hl. Kollegium** der K. besteht aus 3 sachlich gleichgestellten Ordnungen: **K.-Bischöfe** (die suburbikar. Bischöfe die zu K. ernannten Patriarchen der unierten Kirchen), **K.-Priester** und **K.-Diakone** (beide mit Bischofsweihe); an seiner Spitze steht der von den K.-Bischöfen gewählte **K.-Dekan.** Die K. tragen rote Kleidung und roten Hut; sie führen den Titel Eminenz.

Kardinäle, amerikan. Finkenvögel; geschätzte Stubenvögel, z. T. mit Haube, so der **Rote K.,** ferner **Graukardinal** und **Dominikanerkardinal.** (Bild S. 75)

Kardinalstaatssekretär, Leiter der päpstl. Staatssekretarie, seit 1979 A. Casaroli.

Kardinaltugenden, seit Platon die Grundtugenden der Weisheit, Gerechtigkeit, Tapferkeit, Besonnenheit.

Kardinalzahlen, die Grundzahlen, die ganzen Zahlen 1, 2, 3 usw.

Kardiogramm [grch.], graph. Darstellung der Herzbewegung (→ Elektrokardiographie) mit Hilfe des **Kardiographen.**

Karelien, wald- und seenreiche Landschaft in NO-Europa, zw. Finn. Meerbusen und Weißem Meer; Holzverarbeitung und Fischerei.

Karelier, Stamm der Finnen in Finnland und Karelien, sprachlich dem Ostseefinnisch angehörend (→ finno-ugrische Sprachen).

Karelische Autonome Sozialistische Sowjetrepublik, innerhalb der Russ. SFSR zw. Ladogasee und Weißem Meer, 172 400 km², 740 000 Ew.; meist Russen; Hptst.: Petrosawodsk; Rinder-, Schweine-, Ren- und bes. Pelztierzucht, Fischerei; Eisen-, Mangan-, Kupfererze, Bausteine; Maschinen-, Eisen-, Aluminium-, bed. Holzind. — 1923 wurde innerhalb der RSFSR im östl. Karelien die Karelo-Finn. ASSR errichtet; 1940–56 Unionsrepublik.

Karelische Landenge, Landenge zw. Finn. Meerbusen und Ladogasee.

Karen, Bergvolk in S-Birma und W-Thailand, rd. 2 Mio.

Karenzzeit, 1) Wartezeit, Sperrfrist, die gesetzliche oder vertragliche Frist, während der bestimmte Rechte noch nicht geltend gemacht werden können. 2) Pflanzenschutz: zwischen der Behandlung mit Pflanzenschutzmitteln und der Ernte einzuhaltende Frist.

Karette [frz.] *die,* über die ganze Erde verbreitete Seeschildkröte (bis 1 m), liefert Schildpatt.

Karezza [ital.], Form des Beischlafs, bei der es nicht zum Orgasmus kommt.

Karfreitag, Freitag vor Ostern, der Kreuzigungstag Christi. Evang. Kirchen: höchster Feiertag. Kath. Kirche: Gedenk- und Fasttag.

Karfunkel *der,* **Karfunkelstein,** alter Name für edlen Granat oder auch Rubin.

Kargo [span.] *der,* Ladung (bes. Schiff); **K.-Versicherung,** Güter-, Ladungsversicherung.

Kariba-Damm, Staudamm in der Schlucht des → Sambesi, 125 m hoch, 620 m lang. Stauinhalt des **K.-Sees** rd. 180 Mrd. m³, Oberfläche 5 230 km². Kraftwerke (1,3 Mio. kW).

Kariben, Karaiben *Mz.,* indian. Sprach- und Kulturgruppe

im nördl. S-Amerika. **Schwarze K.,** Mischlinge aus K. und Negern (Belize, Honduras).

Karibisches Meer, südl. Teil des Amerikan. Mittelmeeres, zw. Antillen, Süd- und Mittelamerika, im Cayman-Graben 7680 m tief.

Karibische Wirtschaftsgemeinschaft, engl. **Caribbean Community** [kærɪb'ɪːən kɔmj'uːnɪtɪ], Abk. **CARICOM,** im Vertrag von Port of Spain am 4. 7. 1973 geschaffener Gemeinsamer Markt, zunächst zw. Barbados, Guyana, Jamaika, Trinidad und Tobago. 1974 traten die → Westindischen Assoziierten Staaten sowie Belize (Britisch-Honduras) und Montserrat bei. Die K. W. war hervorgegangen aus der Karib. Freihandelszone.

Karibu [indian.] *das,* nordamerikan. Rentier.

kariert [frz.], gewürfelt, gekästelt.

Karies [lat.] *die,* Entzündung des Skelettknochengewebes mit Zerstörung auch der festen Knochenteile; z. B. **Zahnkaries,** die Zahnfäule.

Karikatur [ital.] *die,* Darstellung, die durch Übertreibung hervorstechender Merkmale Menschen oder ihre Handlungen als komisch erscheinen läßt, oft, um Schwächen der Zeit zu brandmarken. – K. als Randerscheinung der bildenden Kunst gab es zu allen Zeiten, doch ihre eigenständige künstler. Leistung ist erst im 19. Jh. erkannt worden; den Anfang machte W. Hogarth im 18. Jh. im 19. Jh. gewann die polit. K. wachsenden Einfluß seit der Gründung satir. Zeitschriften. In Frankreich überragte H. Daumier seine Zeitgenossen; in Dtl. entwickelte W. Busch eine eigenständige Form der satir. Bildgeschichte. Für den ›Simplicissimus‹ (gegr. 1896) zeichneten T. T. Heine, O. Gulbransson, K. Arnold. Karikaturisten der neueren Zeit: S. Steinberg, R. Searle, P. Flora, J. Thurber, T. Ungerer, Loriot, A. François, J. J. Sempé, P. Neugebauer, C. Addams. **karikieren,** verzerren, ins Lächerliche übertreiben. (Bild S. 74)

Karisches Meer, Kara-See, flacher Teil des Nordpolarmeeres zw. Nowaja Semlja und Sewernaja Semlja.

Karitas [lat.] *die,* → Caritas. **karitativ,** wohltätig.

Karkemisch, alte Handelsstadt am rechten Ufer des Euphrat, heute **Djerablus,** Syrien; zur Hethiterzeit (um 1340 bis 1200 v. Chr.) Sitz eines Unterkönigs, 717 v. Chr. assyrisch. Ausgrabungen brachten kedabhethit. Inschriften, Plastiken und Reliefs zutage.

Karl, Fürsten:
Römische und römisch-deutsche Kaiser: **1) K. I., der Große,** lat. **Carolus Magnus,** frz. **Charlemagne** [ʃarlm'aɲ], König der Franken (768–814), Sohn Pippins d. J., * 742, † 814, nach dem Tode seines Bruders Karlmann (771) Alleinherrscher, unterwarf (772–804) und christianisierte die Sachsen, stürzte 774 das Langobardenreich, entriß den Arabern bis 803 die Span. Mark (Barcelona), hob das Hzgt. Bayern auf (788), zerstörte 791–805 das Reich der Awaren (Ostmark). Der Papst krönte ihn 800 zum Röm. Kaiser. Er residierte mit Vorliebe in Aachen, auch in Ingelheim und Nimwegen. K. führte das Fränk. Reich zur Vorherrschaft in Europa.

2) K. II., der Kahle, fränk. König (843–77), 875 röm. Kaiser, jüngster Sohn Ludwigs des Frommen, * 823, † 877, erhielt im Vertrag von Verdun 843 das Westfränk. Reich (später: Frankreich). Im Vertrag von Mersen 870 mußte K. Ludwig dem Deutschen die östl. Hälfte Lothringens überlassen.

3) K. III., der Dicke, König des Ostfränk. Reichs (876–87), röm. Kaiser (881), Sohn Ludwigs des Deutschen, * 839, † 888, erobte 879 Italien, vereinigte 885 zum letztenmal das gesamte Karolingerreich.

4) K. IV. (1347–78), * 1316, † 1378, Luxemburger, Sohn Johanns von Böhmen, 1346 päpstl. Gegenkönig Ludwigs des Bayern, nach dessen Tod 1347 anerkannt, 1355 röm. Kaiser; das Kgr. Burgund verlieh er 1377 dem frz. Thronfolger. Durch die Goldene Bulle von 1356 legte er den Vorrang der Kurfürsten fest.

Herbert von Karajan

Karl der Große (Bronzestatuette, 30 cm; Paris, Louvre)

kardanische Aufhängung

kardanische Aufhängung mit drei Achsen (a, b, c); der aufgehängte Körper (Kompaß) ist frei dreh- und schwenkbar

Karl

Karikatur: links Grandville: aus den ›Szenen des privaten und öffentlichen Lebens der Tiere‹, 1842; Mitte Ch. Addams: aus der Folge ›Monster Rally‹; rechts S. Steinberg: Zeichnung

*Karl IV.
(Büste von P. Parler
am Prager Dom)*

*Karl V.
(aus einem Gemälde
von Tizian, 1548)*

*Karl XII.
von Schweden
(aus einem Gemälde
von D. Krafft, 1700)*

Für seine Hausmacht erwarb er Schlesien, die Lausitz, 1373 Brandenburg. In Prag gründete er 1348 die erste dt. Univ. Sein Hof war der Mittelpunkt eines frühhumanist. Kreises (→ Johann von Neumarkt).

5) K. V. (1519–56), * 1500, † 1558, Sohn Philipps des Schönen und Johannas der Wahnsinnigen, erbte 1506 den burgund. Besitz, folgte 1516 in Spanien (als König **K. I.**) und Neapel-Sizilien Ferdinand dem Katholischen, 1519 Maximilian I. in den österr. Erblanden; zugleich dt. König; letzter vom Papst gekrönter dt. Kaiser (Bologna 1530). Gegen den frz. König Franz I. führte er 4 Kriege um Italien (Sieg bei Pavia, 1525, und Sturm auf Rom, 1527). Ferner kämpfte er gegen die Türken, gegen Tunis und Algier. Durch die Eroberung Mexikos (1519–21) und Perus (1532/33) wurde das span. Kolonialreich in Amerika begründet. K. trat der luther. Reformation entgegen (Wormser Edikt 1521), besiegte 1546/47 im → Schmalkaldischen Krieg die prot. Fürsten; der von Frankreich unterstützte Aufstand von 1552 unter Moritz von Sachsen beseitigte das kaiserl. Übergewicht und führte zum Augsburger Religionsfrieden von 1555. Darauf dankte K. ab.

6) K. VI. (1711–40) als König von Ungarn **K. III.**, 2. Sohn Kaiser Leopolds I., * 1685, † 1740, wurde 1703 König von Spanien, 1711 fielen ihm die Kaiserwürde und die österr. Erblande zu. Nach dem → Spanischen Erbfolgekrieg mußte sich K. 1714 im Rastatter Frieden mit den span. Nebenlanden (Neapel, Mailand, Sardinien, Niederlande) begnügen. Durch die → Pragmatische Sanktion von 1713 suchte er die Nachfolge seiner Tochter Maria Theresia zu sichern. Mit K. starb der Mannesstamm der Habsburger aus.

7) K. VII. Albrecht (1742–45), Kurfürst von Bayern (1726 bis 1745), * 1697, † 1745, erhob als Schwiegersohn Kaiser Josephs I. nach dem Tod Kaiser K.s VI. Erbansprüche und eröffnete den → Österreichischen Erbfolgekrieg.

Baden. **8) K. Friedrich,** Markgraf (1738–1803), Kurfürst (1803–06), Großherzog (1806–11), * 1728, † 1811, regierte im Geist des aufgeklärten Absolutismus.

Braunschweig. **9) K. Wilhelm Ferdinand,** Herzog (1780 bis 1806), Neffe Friedrichs d. Gr., * 1735, † 1806, führte das preuß. Heer 1792–94 und 1806; bei Auerstedt tödlich verwundet.

Burgund. **10) K. der Kühne,** Herzog (1467–77), Sohn Philipps des Guten, * 1432, † 1477, plante ein selbständiges burgund. Reich, kämpfte gegen Ludwig XI. von Frankreich, die mit ihm verbündeten Eidgenossen und Lothringer und wurde bei Grandson und Murten besiegt; fiel in der Schlacht bei Nancy. Durch seine Tochter Maria kam das burgund. Erbe an die Habsburger.

Fränkisches Reich. **11) K. Martell** [altfrz. ›Hammer‹], Hausmeier (714–41), Sohn Pippins des Mittleren, * um 676, † 741, sicherte durch den Sieg bei Poitiers (732) das Frankenreich vor dem Islam, gilt als Begründer der fränk. Großmacht.

Frankreich, Könige. **12) K. VII.** (1422–61), * 1403, † 1461, unter ihm begann seit 1429 (→ Jeanne d'Arc) die Befreiung Frankreichs von den Engländern. K. reorganisierte Staat, Heer und Verwaltung. Seine Geliebte war Agnes Sorel.

13) K. IX. (1560–74), * 1550, † 1574, wurde von seiner Mutter Katharina von Medici beeinflußt. (→ Bartholomäusnacht).

14) K. X. (1824–30), jüngster Bruder Ludwigs XVI. und Ludwigs XVIII., * 1757, † 1836, als Prinz **Graf von Artois** [-artw'a] leitete er die Unternehmungen der Emigranten gegen die Frz. Revolution; dankte nach der Julirevolution ab.

Großbritannien, Könige. **15) K. I.** (1625–49), * 1600, † 1649, kunstverständig (Hofmaler A. van Dyck), absolutistisch gesinnt, regierte seit 1629 ohne Parlament, mußte nach einem Aufstand in der schott. Presbyterianer 1640 das ›Lange Parlament‹ einberufen. Von den Schotten an das engl. Parlament ausgeliefert, wurde er auf Betreiben Cromwells enthauptet.

16) K. II. (1660–85), Sohn von 15), * 1630, † 1685, von Cromwell bei Worcester (1651) geschlagen. Durch die Restauration von 1660 gelangte er auf den engl. Thron. Von absolutist. und katholikenfreundl. Tendenzen erfüllt, schloß er sich eng an Ludwig XIV. an.

Neapel-Sizilien. **17) K. I. von Anjou** [-ãʒ'u], König (1266–85), Sohn Ludwigs VIII. von Frankreich, * 1226, † 1285, wurde 1263 vom Papst mit Neapel belehnt, siegte bei Benevent (1266) über Manfred, bei Tagliacozzo (1268) über Konradin und ließ diesen hinrichten; verlor Sizilien durch die → Sizilianische Vesper.

Österreich. **18) K.,** Erzherzog, 3. Sohn Kaiser Leopolds II., * 1771, † 1847, reorganisierte das österr. Heer, siegte 1809 bei Aspern über Napoleon, unterlag aber bei Wagram; seitdem ohne Einfluß.

Österreich-Ungarn. **19) K. I.,** Kaiser (1916–18), als König von Ungarn **K. IV.,** * 1887, † 1922, erstrebte einen Verständigungsfrieden und ließ 1917 geheime Verhandlungen mit Frankreich anknüpfen (→ Sixtus). Im Nov. 1918 mußte er abdanken. 1921 versuchte er Ungarn zurückzugewinnen, wurde aber von der Entente nach Madeira verbannt.

Rumänien. **20) K. (Carol) I.,** Fürst (1866–81), König (1881–1914), * 1839, † 1914, Prinz von Hohenzollern-Sigmaringen, ⚭ Carmen Sylva; ihm verdankt Rumänien die volle Unabhängigkeit. Der Kronrat beschloß 1914 gegen K.s Stimme die Neutralität Rumäniens trotz des Bündnisses mit den Mittelmächten.

21) K. (Carol) II., König (1930–40), * 1893, † 1953, wurde 1940 von J. Antonescu zum Rücktritt gezwungen.

Sachsen-Weimar. **22) K. August,** Herzog (1758–1815), Großherzog (1815–28), * 1757, † 1828, von Wieland erzogen. Die Freundschaft mit Goethe machte Weimar zum Mittelpunkt des dt. Geisteslebens; er berief Herder und Schiller und förderte Wissenschaft und Kunst. K. gründete das Hoftheater. Politisch schloß er sich eng an Preußen an. 1816 gab er als einer der ersten seinem Lande eine Verfassung.

Schweden. **23) K. XII.,** König (1697–1718), * 1682, † 1718, führte seit 1700 den → Nordischen Krieg gegen Dänemark, Sachsen-Polen und Rußland. Nach anfängl. Erfolgen (Narwa 1700, Altranstädt 1706) wurde er von Peter d. Gr. bei Poltawa (1709) besiegt. K. floh in die Türkei, kehrte 1714 zurück und fiel vor der Festung Frederikshald.

24) K. XIV. Johann, König (1818–44), bürgerlich Jean Baptiste Jules **Bernadotte** [bernad'ɔt], * 1763, † 1844, ⚭ 1798 Désirée Clary, 1804 frz. Marschall. Von den schwed. Ständen zum Kronprinzen gewählt (→ Karl XIII.), (1809–18) adoptiert, veranlaßte er 1812 den Anschluß Schwedens an die Gegner Napoleons. 1814 zwang er Dänemark zur Abtretung Norwegens.

25) Carl XVI. Gustaf, König, → Carl XVI. Gustaf.

Württemberg. **26) K. Eugen,** Herzog (1737–93), * 1728, † 1793, prachtliebender, gewalttätiger Herrscher, mußte nach Kampf die Rechte der Landstände 1770 anerkennen; gründete die Karlsschule (Schiller), baute das Neue Schloß in Stuttgart, die Schlösser Solitude und Hohenheim.

Karlfeldt, Erik Axel, schwed. Lyriker, *1864, †1931; neuromant. Dichtungen. Nobelpreis 1931 (postum).

Karlisten, in Spanien seit 1833 die klerikalen und absolutist. Anhänger des Thronanwärters Don →Carlos 2) und seiner Nachkommen, die deren Ansprüche in den **Karlistenkriegen** 1833–40, 1846–49 und 1872–76 verfochten. Gegenwärtiger Thronprätendent der K. ist Prinz Carlos Hugo (→Carlos 3).

Karlmann, fränkisch-karoling. Herrscher:
1) Bruder Karls d. Gr., erhielt 768 einen Teil des Fränk. Reichs. Nach seinem Tod 771 nahm Karl diesen Teil an sich und enterbte K.s Söhne.
2) ältester Sohn Ludwigs des Dt., *um 830, †880, erhielt 876 den südöstl. Teil des Reiches, 877–79 König von Italien.

Karl Martell, →Karl 11).

Karl-Marx-Stadt, bis 1953 **Chemnitz, 1)** Bez. der Dt. Dem. Rep., 1952 aus dem südl. und südwestl. Teil des Landes Sachsen gebildet, 6009 km², 1,930 Mio. Ew.: 3 Stadtkr. (Karl-Marx-Stadt, Plauen, Zwickau) und 21 Landkr. (Annaberg, Aue, Auerbach, Brand-Erbisdorf, Flöha, Freiberg, Glauchau, Hainichen, Hohenstein-Ernstthal, K.-M.-S., Klingenthal, Marienberg, Oelsnitz, Plauen, Reichenbach, Rochlitz, Schwarzenberg, Stollberg, Werdau, Zschopau, Zwickau).
2) Hptst. von 1), im O des Erzgebirg. Beckens, 317600 Ew., Mittelpunkt des sächs. Industriegebietes (Strümpfe, Trikotagen, Textil-, Werkzeug-, Datenverarbeitungsmaschinen, Chemikalien, Kraftfahrzeuge u. a.). TH, Hochschule für Maschinenbau, Fachschulen, Theater, Mus., Kunst- und Kultursammlungen.

Karlowitz, serbokroat. **Sremski Karlovci** [-tsi], Stadt in der Wojwodina, Jugoslawien, an der Donau. – Im **Frieden von K.** (1699), der den Türkenkrieg beendete, mußte die Türkei Ungarn und Siebenbürgen an Österreich, weitere Gebiete an Polen, Rußland, Venedig abtreten.

Karlsbad, 1) Gem. im Kr. Karlsruhe, Bad.-Württ., 12500 Ew.; Elektro- und Kunststoff-Ind.; Rehabilitationskrankenhaus.
2) tschech. **Karlovy Vary,** Kurstadt in NW-Böhmen, ČSSR, 61200 Ew.; alkalische Glaubersalz-Thermalquellen (bis 72 °C).

Karlsbader Beschlüsse, die 1819 von den dt. Regierungen unter dem Einfluß Metternichs gefaßten Beschlüsse gegen die nat. und liberale Bewegung, bes. das Verbot der Burschenschaft, strenge Beaufsichtigung der Univ. und der Presse (1848 aufgehoben). Sie waren durch das Attentat des Burschenschafters Sand auf Kotzebue veranlaßt.

Karlsbader Salz, durch Eindampfen von Karlsbader Wasser gewonnenes Salz, enthält bes. Glaubersalz, wirkt abführend.

Karlsburg, rumän. **Alba Iulia,** Krst. in Siebenbürgen, Rumänien, 46100 Ew. Im 16./17. Jh. als **Weißenburg** Sitz der Fürsten von Siebenbürgen.

Karlshorst, Ortsteil von Berlin (Ost), war Sitz der sowjet. Militärverwaltung, dann des sowjet. Hochkommissars; Pferderennbahn.

Karlskoga [-k'u:ga], Bergbau- und Industriestadt in Schweden, 37700 Ew.; Stahlwerk.

Karlskrona [-kr'u:na], Hptst. des VerwBez. Blekinge, Schweden, an der felsigen SO-Küste, 60200 Ew.; schwed. Hauptkriegshafen mit Werften, Docks; Ind.

Karls|preis, seit 1950 von der Stadt Aachen vergebener Preis für Verdienste um die europ. Bewegung; bisher verliehen an: Coudenhove-Kalergi, Brugmans, De Gasperi, Monnet, Adenauer, Churchill, Spaak, Schuman, G. C. Marshall, Bech, Hallstein, Heath, Segni, Krag, Luns, Kommission für europ. Gemeinschaften, Seydoux, Jenkins, de Madariaga, Tindemans, Scheel, Karamanlis, Colombo, Simone Veil, König Juan Carlos von Spanien.

Karlsruhe, 1) Stadtkr., VerwSitz des Kr. und des RegBez. K., in Bad.-Württ., in der Oberrheinebene, 271900 Ew.; Sitz zahlreicher Behörden, u. a. Bundesverfassungsgericht, Bundesgerichtshof; Kernforschungsinstitut, TU, PH, Musikhochschule, Fachhochschule, Kunstakademie, Archive, Botan. Garten. Verkehrsknoten, Industrie- und Handelshafen; Eisen-, Maschinen-, Elektro-, Textil-, pharmazeut., (petro)chem. Ind.; Erdölraffinerien von Marseille und Ingolstadt; Barockschloß.
2) RegBez. in Bad.-Württ., 6920 km², 2,400 Mio. Ew., umfaßt die Stadtkr. Baden-Baden, Heidelberg, K., Mannheim, Pforzheim und die Landkr. Calw, Enzkreis, Freudenstadt, K., Neckar-Odenwald-Kr., Rastatt, Rhein-Neckar-Kr.

Karls|sage, epische Erzählungen um Karl d. Gr. und seine 12

Paladine, seit Ende des 11. Jh. in Frankreich (›Chanson de Roland‹), dt. ›Rolandslied‹ des Pfaffen Konrad.

Karls|schule, von Herzog Karl Eugen von Württemberg 1770 gegr. Militärwaisenhaus auf Schloß Solitude, 1775 nach Stuttgart verlegt, seit 1781 Hochschule; 1794 aufgelöst. F. Schiller war 1773–80 Schüler der K.

Karlstad, Hptst. des VerwBez. Värmland, Schweden, nahe dem N-Ufer des Vänersees, 73900 Ew.; Dom, Museum; Industrie, Holzhandel.

Karlstadt, Krst. des Main-Spessart-Kr., Bayern, 13900 Ew. Ruine der Karlsburg, Reste der Stadtmauer, Pfarrkirche und Rathaus (14./15. Jh.); Eisenwerk, Zementfabrik.

Karlstadt, eigtl. Andreas **Bodenstein,** reformator. Theologe, *um 1480, †1541, trat 1519 noch als Anhänger Luthers gegen Eck auf, wurde dann sein Gegner (Abendmahlsstreit).

Karlstein, auch **Karlův Týn** [k'arlu:f ti:n], Burg 28 km südwestl. von Prag, über der Beraun, 319 m ü. M., unter Karl IV. 1348–57 als Schatzhaus für die Reichskleinodien errichtet.

Karma, Karman *das,* Hauptglaubenssatz des Brahmanismus, Buddhismus und Jainismus: das Schicksal des Menschen nach dem Tode hängt von seinem abgelaufenen Dasein ab. Je nachdem wird der Mensch in Himmel, Hölle oder auf Erden als Mensch, Tier, Pflanze wiedergeboren.

Kármán [k'a:rma:n], Theodore von, ungar. Physiker und Aerodynamiker, *1881, †1963, Prof. in Aachen, arbeitete über Strömungslehre, Grenzschichttheorie, Tragflügelprofile.

Karmel *der,* bei Haifa, Israel, ins Meer vorspringender, über 500 m hoher bewaldeter Gebirgszug aus Kreidekalk; in den K.-Höhlen Steinzeitfunde. An der N-Spitze liegt das Stammkloster der Karmeliter.

Karmeliter, Bettelorden, 1155 als Einsiedlerkolonie auf dem Berg Karmel gegr., 1247 Bettelorden, mit 2 Zweigen: Beschuhte K. oder K. von der alten Observanz, Unbeschuhte K., ebenso der angegliederte weibl. Orden der **Karmeliterinnen,** z. T. in der Seelsorgehilfe tätig.

Karmin *das,* roter Farbstoff aus einer Schildlaus (Koschenille); verwendet in der Kosmetik.

Karnak, oberägypt. Dorf bei Luxor, Reste eines riesigen Tempelbezirks, bes. des großen Amun-Tempels.

Karnataka, bis 1973 **Mysore** [maɪs'ɔ:], Staat im S Indiens, 191773 km², 31,8 Mio. Ew.; Hptst.: Bangalore; Anbau von Kaffee, Reis, Kardamom, Hirse, Baumwolle, Erdnüssen; Flugzeug- und Maschinenwerke, Chemie-, Zucker- und Textil-Ind.

Karner *die,* Friedhofskapelle; Beinhaus.

Karneval, →Fastnacht.

Karnies *das,* S-förmiges Profilglied an einem Gesims oder Sockel.

Karnisch, rätoroman. Mundartengruppe, die zum Friaulischen gehört (→rätoromanische Sprache).

Karnische Alpen, Gruppe der Südl. Kalkalpen, bis 2780 m, tragen einen Teil der österreichisch-ital. Grenze.

Karnivoren [lat.] *Mz.,* ⌀ die →Fleischfresser.

Kärnten, tschech. [-ʃtejn], Bundesland Österreichs, 9533 km², 537200 Ew., Hptst.: Klagenfurt. K. reicht von den Hohen Tauern (Großglockner) und den Gurktaler Alpen im N bis zu den Karn. Alpen und Karawanken im S. Im Klagenfurter Becken zahlreiche Seen:

Kärnten

Karlsruhe: Schloß (Vorderansicht)

Karn

Weißensee, Millstätter See, Ossiacher See, Wörther See u. a. K. gehört zum Flußgebiet der oberen Drau (Nebenflüsse Möll, Lieser, Gurk, Gail). Wasserkraftwerke (Edling, Schwabegg, Reißeck-Kreuzeck, Maltawerk). Die Bev. besteht aus den Kärntnern (→Österreicher), gemischtsprachigen Windischen und Slowenen. Wirtschaft: Ackerbau im Klagenfurter Becken und den großen Tälern, wichtiger ist die Viehzucht; Nahrungsmittel-, chem., Elektro- und umfangreiche holzverarbeitende Ind. Bodenschätze: Spateisenstein, Magnesit, Blei-, Zinkerze. Wichtigster Verkehrsknoten ist Villach mit Tauern- und Karawankenbahn, Südautobahn und Tauernautobahn. Mittelpunkt des bed. Fremdenverkehrs sind die Kärntner Seen.
Geschichte. K., wahrscheinlich nach dem kelt. Stamm der Karner benannt, seit 45 n. Chr. Teil der röm. Prov. Noricum. Im 8. Jh. kam es unter die Oberhoheit der Bayernherzöge und damit ins Fränk. Reiches. 976 wurde K. zu einem eigenen Hzgt. erhoben; es kam 1286 an die Grafen von Tirol, 1335 an die Habsburger. 1918 besetzten die Jugoslawen den S des Landes; sie wurden 1918/19 zurückgeschlagen, eine Volksabstimmung entschied 1920 für Österreich. 1972 kam es zum →Ortstafelstreit.

Karnul, ind. Stadt, →Kurnool.

Karo [frz.] *das,* **1)** Viereck. **2)** Farbe der frz. Spielkarte.

Karolinen, engl. **Caroline Islands** [kˈærəlain ˈailəndz], größte Inselgruppe Mikronesiens, 963 Inseln, 2 149 km², rd. 70 000 Ew., meist Mikronesier. Wichtige Inseln: Ponape, Kusaie, Truk, Yap. Trop. Klima, bed. Niederschläge nur auf den höheren Inseln. Anbau von Kokospalmen, Zuckerrohr; Fischerei. – Die K. wurden 1899 von Spanien an Dtl. verkauft, 1919 unter japan. Mandats-, 1947 unter Treuhandverwaltung der USA gestellt. Seit 1978 bilden die K. zus. mit den Marshallinseln die mit den USA assoziierten ›Föderierten Staaten von Mikronesien‹.

Karolinger, fränk. Herrschergeschlecht, nach Karl d. Gr. benannt, als Nachkommen des Bischofs Arnulf von Metz auch **Arnulfinger** genannt; mit Pippin dem Mittleren 687 Hausmeier im Fränk. Reich, mit Pippin dem Jüngeren 751 Könige. Durch Karls d. Gr. Enkel in 3 Hauptlinien geteilt: die älteste, von Kaiser Lothar I. gegr., regierte in Lotharingien, sie 869 mit Lothar II., und in Italien, wo sie 875 mit Kaiser Ludwig II. ausstarb; die 2., von Ludwig dem Dt. gegr., herrschte in Dtl. und starb 911 mit Ludwig dem Kind aus; die 3., von Karl dem Kahlen gegr., regierte in Frankreich bis 987 (ausgestorben 1012).

karolingische Kunst, Kunst des innerhalb von Karl d. Gr. geschaffenen Reiches von etwa 800 bis ins 10. Jh. Sie erwuchs aus dem Bemühen um eine ›renovatio‹ des röm. Imperiums (karoling. Renaissance) und ging von dem bewußten Streben aus, das Erbe der Antike zu bewahren. Es entstand ein einheitl. Stil, im wesentlichen vom Kaiserhof in Aachen geprägt. Die k. K. war von grundlegender Bedeutung für die mittelalterl.-abendländ. Entwicklung, da sie die Ansätze sowohl zur dt. als auch zur frz. Kunst enthielt. Stein- statt Holzbau, große Bauten. Bilderfolgen im Ggs. zur gleichzeitigen byzantin. Bilderfeindlichkeit, Lösung der menschl. Figur aus der ornamentalen Bindung. In der Baukunst Zentralbauten (Pfalzkapelle, Aachen; St. Michael, Fulda) und Bereicherung der altchristl. Basilika (St. Emmeram, Regensburg; Corvey), Fassadendekoration in Lorsch als Beispiel karoling. Profanbaukunst. In der ›Hofschule‹ Karls d. Gr. entstanden zahlreiche Buchmalereien und Elfenbeinarbeiten (Adahandschrift, Codex aureus, Dagulf-Psalter), ebenfalls in Reims, Tours, Paris.

Karolus, August, Physiker, * 1893, † 1972, arbeitete auf den Gebieten Tonfilm, Bildübertragung, Fernsehen; führte 1924 erstmalig eine komplette Fernsehapparatur vor.

Karoluszelle, die →Kerrzelle.

Karosse [frz.] *die,* Prachtwagen.

Karosserie [frz.] *die,* Aufbau des Kraftwagens.

Karotte *die,* Mohrrübe.

Karpaten, bogenförmiges Faltengebirge in SO Mitteleuropas (1 300 km lang), umschließt Siebenbürgen und die Ungar. Tiefebene. Die waldreichen, vorwiegend aus Sand- und Kalksteinen aufgebauten K. gliedert man in die **West-K.** mit den Kleinen K. (754 m), den →Beskiden, der Hohen Tatra (2 662 m) und dem Slowak. Erzgebirge. Die **Wald-K.** bis zum Quellgebiet der Theiß, die **Ost-K.** (im Pietrosul 2 305 m) bis Kronstadt und die mit mehreren Bergseen ausgestatteten **Süd-K.** (Fogarascher Geb. 2 535 m) bis zum Eisernen Tor der Donau. Mittelgebirgscharakter herrscht vor, nur die Hohe Tatra und Teile der Süd-K. zeigen alpine Formen. Die Bev. betreibt Ackerbau, Weide- und Holzwirtschaft; Bergbau auf Eisenerz, Kupfer, Magnesit, Anti-

Kartoffel 1): oben Blütenstand, unten Pflanze mit Knollen

mon, Steinkohle, Silber und Gold. In abgelegenen Teilen der K. leben noch Bär, Wolf, Luchs. (Bild Europa)

Karpato-Ukraine, historisch-geograph. Landesname für den Südabhang der Waldkarpaten, ein waldreiches Mittelgebirgsland, im Tiefland der Theiß Ackerbauland. Das Land gehörte vom frühen MA. bis 1918 zu Ungarn, bis 1939 zur Tschechoslowakei, kam dann wieder an Ungarn, 1946 als **Transkarpatien** der UdSSR (Ukrain. SSR) eingegliedert.

Karpfen *der,* wichtigste Art der Karpfenfische; wird als Speisefisch in fast allen Teilen der Welt gezüchtet. Er kann über 1 m lang, 60 cm hoch und sehr schwer werden. Der **Wildkarpfen** ist schlank, voll beschuppt, der daraus gezüchtete **Lederkarpfen** hat einige größere Schuppen, der **Spiegelkarpfen** ist völlig nackt. Speisekarpfen wiegen 1–2 kg. Der K., von großer wirtschaftl. Bedeutung, bevorzugt seichte, schlammige Gewässer.

Karpfenfische, Cyprinidae, Fam. der Knochenfische mit rd. 1200 Arten, darunter Blicke, Brasse und wirtschaftlich am wichtigsten der Karpfen.

Karpfenschwanz, ein Schmetterling →Taubenschwanz.

Karpinsk, bis 1941 **Bogoslowsk,** Stadt unweit Nischnij Tagil, im östl. Ural, Russ. SFSR, 37 000 Ew.; Braunkohlenbergbau.

Karpow, Anatolij Jewgenjewitsch, sowjet. Schachspieler, * 1951, Weltmeister seit 1975, gewann 1978 die Schachweltmeisterschaft gegen V. Kortschnoj, die er 1981 verteidigte.

Karrageen *das,* **Irländisches Moos, Irisches Moos,** Pflanzendroge, getrocknete Rot- und Braunalgen der nordatlant. Küsten; enthält etwas Jod und etwa 80% Schleim. Geliermittel, Verdickungsmittel für Farbe, Appretur u. a.

Karree [frz.] *die,* **1)** Viereck. **2)** österr.: Rippenstück.

Karren, auch **Schratten,** ⊕ durch Wasser ausgelaugte Furchen in lösungsfähigen Gesteinen (bes. Kalken); sie bilden mitunter **K.-Felder** (z. B. Gottesackerplateau im Allgäu).

Karrer, Paul, schweizer. Chemiker, * 1889, † 1971, isolierte die Vitamine A und K, stellte die Vitamine B₂ und E synthetisch her; Nobelpreis 1937.

Karriere [frz.] *die,* **1)** Laufbahn. **2)** schärfster Galopp.

Karriol *das,* **Karriole** *die,* leichter Botenwagen. **karriolen,** eilen, fahren, rennen.

Karru *die,* engl. **Karroo** [kərˈuː], Landschaft im Gebiet der südl. Randstufen S-Afrikas, meist Dornbuschsavanne; Wollschafe, Angoraziegen.

Kars, Hptst. der Provinz K., NO-Türkei, 58 700 Ew., an der Bahnlinie in die UdSSR; Verarbeitung landwirtschaftl. Erzeugnisse; 1878–1917 russisch.

Karsamstag, der Sonnabend vor Ostern, Gedächtnistag der Grabesruhe des Herrn.

Karsch(in), Anna Luise, geb. **Dürbach,** Dichterin, * 1722, † 1791; pathet. Oden, anakreont. Gedichte.

Karst *der,* **Karsterscheinungen,** Oberflächenformen, die auf der Durchlässigkeit und Auflösbarkeit des Kalkes beruhen: Höhlen (z. B. Adelsberger Grotten), Einsturztrichter (Dolinen), Becken (Poljen), Schlundlöcher (Katavothren), Karren und andere Austiefungen, unterirdische Flüsse. **Nackter K.** ist pflanzenlos, **bedeckter K.** hat eine Boden- und Pflanzendecke (Schwäb. Alb, S-Harz). Bild S. 77

Karstadt AG, größter westdt. Warenhauskonzern (148 Filialen), Hauptverwaltung: Essen; gegr. 1920 in Wismar.

Kartätsche *die,* **1)** ⚔ Artilleriegeschoß für kurze Entfernung: erst mit starkem Papier, später mit Blech umhülst; mit Eisenkugeln, Nägeln, zerhacktem Blech gefüllt; weitreichende Wirkung; im 19. Jh. durch das Schrapnell ersetzt. **2)** Maurergerät zum Verreiben des Putzes.

Kartaune *die,* ⚔ schweres Geschütz (16.–17. Jh.).

Kartause *die,* Kloster der Kartäuser.

Kartäuser, 1) *Mz.,* kath. Einsiedlerorden, von Bruno von Köln gestiftet, 1176 vom Papst bestätigt; Sitz des Ordensgenerals ist das 1084 entstandene Stammkloster Grande Chartreuse bei Grenoble. Die Mönche leben in kleinen Einzelhäusern (Zellen). Ordenstracht: weiß. **2)** feiner Kräuterlikör.

Karte, 1) meist steifes Blatt Papier zu vielerlei Zwecken (Ansichts-, Spiel-, Lochkarte). **2)** ⊕ das in der Zeichenebene verkleinert wiedergegebene Grundrißbild der Erdoberfläche oder eines Teiles davon (**Land-K.**). Nach dem Maßstab unterscheidet man: **topograph. Grund-K.** 1:5 000, **topograph. K.** bis 1:100 000, **topograph. Übersichts-K.** bis 1:500 000, **geograph. K.** bis 1:1 Mio., ferner →Seekarten. **Themat. K.** (beliebiger Maßstab) enthalten Aussagen über Geologie, Klima, Wirtschaft usw.

Kartei, Kartothek, Sammlung auswechselbarer Karten oder

Blätter, die in übersichtl. Ordnung in Kästen oder Rahmen Aufzeichnungen enthalten, ein Organisationsmittel in Wirtschaft und Verwaltung, z. B. Lose-Blatt-Buchführung.

Kartell [frz. von lat. charta ›Urkunde‹] *das,* **1)** Schutzbündnis, Freundschaftsvertrag. **2)** ♙ ein Zusammenschluß juristisch und weitgehend auch wirtschaftlich selbständig bleibender Unternehmer der gleichen Wirtschaftsstufe, der den Wettbewerb zw. den Mitgl. in bestimmten Richtungen beschränken soll. Diese Beschränkung kann etwa durch die Vereinbarung, Mindestverkaufspreise einzuhalten **(Preis-K.).** Andere Vereinbarungen der K.-Mitglieder können z. B. sein: einheitl. Geschäftsbedingungen **(Konditionen-K.),** Höchstmengen des Absatzes **(Kontingentierungs-K.)** u. a. Erfordert der K.-Zweck eine gemeinsame Verkaufsorganisation, so spricht man von einem K. höherer Ordnung, bei K. niederer Ordnung wirkt die Bindung (von Preisen und Absatzmengen) nur im Verhältnis der beteiligten Firmen untereinander.

K.-**Behörden** sind die jeweils zuständige oberste Landesbehörde (der Wirtschaftsminister) und das→ Bundeskartellamt, Gerichtsinstanzen der K.-Senat des Kammergerichts und der Bundesgerichtshof. – Die Kartellierung setzte in Dtl. Ende des 19. Jh. ein, die staatl. Aufsicht gegen Mißbrauch erst nach dem 1. Weltkrieg: VO v. 2. 11. 1923; andererseits auch die Errichtung von **Zwangs-K.,** z. B. in der Kohlen- und Kali-Industrie. In der Bundesrep. Dtl. besteht (mit Ausnahmen) ein allg. K.-Verbot (Ges. gegen Wettbewerbsbeschränkungen i. d. F. v. 24. 9. 1980).

Kartenhaus, 1) ⚓ Raum mit Seekarten zur Bestimmung des Schiffsorts. **2)** leicht einstürzendes Ideengebäude.

Kartenlegen, abergläub. Voraussagen der Zukunft aus Spielkarten.

Kartennetzentwurf, Übertragung von Punkten der Erdoberfläche auf eine Ebene. Dabei werden die Längen, Winkel oder beide verzerrt, da die Erde kugelähnlich und nicht in die Ebene ausbreitbar ist. Es gibt Abbildungen auf eine Berührungsebene **(azimutaler Entwurf),** auf einen Kegelmantel **(konischer Entwurf)** oder Zylindermantel **(zylindrischer Entwurf).** Die →Seerkarten sind vielfach winkeltreu zylindr. Entwürfe (nach Mercator, 1569).

Kartenskizze, auch **Kroki** *das,* nicht maßstäbl., vereinfachte, kartograph. Darstellung eines Geländes.

Kartesianismus, Lehre und Schule von Descartes.

Karthago, Hptst. des Reiches der **Karthager,** an der Nordküste Afrikas, beim heutigen Tunis. K. wurde im 9. Jh. v. Chr. von Phönikern aus Tyros gegr., war lange Zeit die bedeutendste Handelsstadt des Altertums und besaß die größte Seemacht. Schon im 6. Jh. v. Chr. hatte K. Kolonien in Sardinien, Sizilien, Spanien, Gallien und an der Westküste Afrikas. In den beiden ersten → Punischen Kriegen wurde, trotz der Siege Hamilkars und Hannibals, die Kraft K.s durch die Römer gebrochen. Der dritte endete mit der Eroberung und völligen Zerstörung der Stadt (146 v. Chr.); ihr Gebiet wurde der röm. Provinz Afrika einverleibt. Caesar gründete 44 hier eine neue Kolonie. Das neue K. wurde 439 vom Wandalenkönig Geiserich erobert, 533 von Belisar, und 697 durch die Araber zerstört. Die frz. Ausgrabungen erbrachten nur spärl. Funde des karthag., aber viele Baureste der röm. Stadt (Thermen, Theater, Odeon).

kartieren, kartographisch aufnehmen.

Kartoffel [aus ital. tartufolo ›Trüffel‹], **1)** Nutzpflanze aus der Fam. der Nachtschattengewächse mit weißen bis blauen Blüten und grünen, ungenießbaren Beeren. Die Knolle ist wichtig als Nahrung, Futter und Rohstoff (Brennerei). Sie enthält etwa 18% Stärke, wenig Eiweiß, Vitamine (C, B_1, B_2). Die K. liebt lockeren, etwas sandigen Boden und wird als Hackfrucht angebaut. Die Heimat der K. und der Standort vieler wilder Arten sind die südamerikan. Anden. Um 1650 gelangten die ersten Knollen aus Amerika nach Spanien; Großanbau in Europa erst im 18.Jh. (Bild S. 76). **2)** weitere ähnl. Knollen → Batate, →Yamswurzel, →Topinambur.

Kartoffelernte 1979 (in 1 000 t)		
UdSSR	90 300	Dt. Dem. Rep. 12 243
Polen	49 572	Frankreich 7 139
USA	15 556	
Bundesrep. Dtl.	8 716	**Welt** 283 332

Kartoffelbovist, ungenießbarer Bauchpilz der Wälder; knollige bis kartoffelgroße harte Fruchtkörper, gelbbraun; innen anfangs hell, dann blauschwarz mit staubfeinen Sporen.

Karst bei Cetinje (Jugoslawien)

Kartoffelerntemaschinen, Maschinen mit einer Schar zum Auswerfen der Kartoffeln. **Kartoffelvollerntemaschinen** haben zugleich Hubvorrichtungen, Lesebänder und Bunker.

Kartoffelkäfer, Colorado-Käfer, Blattkäfer, Schädling des Kartoffelkrauts; 9–11 mm lang, Flügeldecken gelb mit schwarzen Längsstreifen. Die orangegelben Eier werden in Häufchen unter Blätter, meist von Kartoffeln, abgelegt; die Larven sind fleischrot, die Puppen orangerot. Bekämpfung: Insektizide. (Weiteres Bild Abbildung)

Kartoffelknollenfäule, Trockenfäule, versch. Pilzkrankheiten der Kartoffel, z. B. **Braunfäule:** Das Fleisch der Knolle färbt sich braun, **Weißfäule:** verschiedenfarbige Polster auf der Schale, Hohlräume in der Knolle; bakterielle **Naßfäule.**

Kartoffelkrebs, Knollenerkrankung der Kartoffel (blumenkohlförmige Wucherungen) durch einen Algenpilz.

Kartoffelmehl, aus Kartoffeln gewonnene Stärke.

Kartoffelschorf, Pilzkrankheit der Kartoffelknolle. Der **Pulver-** oder **Schwammschorf** bildet helle Knötchen unter der Schale.

Kartogramm, Schaubild zur Darstellung statist. oder geograph. Sachverhalte. (Bild S. 78)

Kartographie *die,* Entwurf und Herstellung von Landkarten, Stadtplänen u. a. durch den **Kartographen** mit Hilfe schematisierter Linien (für Flüsse, Wege, Grenzen), grundrißtreuer, grundrißoder aufrißtreu. Figuren (Gebäude, Dörfer, Städte), Einzelzeichen (Kirchen, Schlösser, Bäume u. a.) und Flächenzeichen (Wald, Wiesen u. a.). Geländedarstellung mit Schraffen, Höhenlinien, Reliefs u. a. Die **angewandte K.** stellt Karten mit themat. Angaben her, z. B. über Geologie, Bevölkerung, Wirtschaft. Die erste Weltkarte stammt aus Babylon (6./5. Jh. v. Chr.). Wichtige Etappen bis zur modernen Karte waren die Wegekarten der Römer (Itinerare), die 27 Erdtafeln von Ptolemäus, die Portolan- oder Rumbenkarten (→ Portolane), die Kartographenschulen in Italien und Katalonien, die Arbeiten von Waldseemüller, Mercator, Homann, schließlich die Einführung trigonometr. Vermessungen (z. B. des Kgr. Hannover durch Gauß) und gegenwärtig die Verfeinerung der Landesaufnahme durch Photogrammetrie und Luftbild. (Bild S. 78)

Karton *der,* **1)** dickes, steifes Papier. **2)** Pappschachtel. **3)** Ersatz- oder Ergänzungsblatt, mit Berichtigungen nachträglich in ein Buch eingefügt. **4)** große Zeichnung auf starkem Papier, Vorarbeit für eine Wand- oder Glasmalerei.

Kartonage [-n′aːʒə] *die,* Umhüllung aus Karton, Fiber u. a.

Kartothek [lat.-grch.] *die,* → Kartei.

Kartusche *die,* **1)** 🏛 seit der Renaissance verbreitetes medaillonförmiges Ornament mit Inschrift oder Wappen und reichverzierter Umrahmung. **2)** ⚔ Treibladung eines Artilleriegeschosses.

Kartwel-Sprachen, → kaukasische Sprachen.

Karun, wasserreichster Fluß Irans, 800 km, mündet in den Schatt el-Arab, teilweise schiffbar.

Kartoffelkäfer, Schadbild

Karu

Kartogramme

*geometrisches
Figuren-
kartogramm*

*bildhaftes
Figuren-
kartogramm*

*Flächen-
kartogramm*

Karussell [frz.] *das,* -s/-e, auch -s, 1) drehende Rundbahn mit Reit- und Fahrsitzen als Belustigung auf Volksfesten, in Österreich: **Ringelspiel.** 2) Reiterspiel, ritterl. Wettspiel, vom MA. bis ins 18. Jh.

Karweel, Krawel [von span. Karavelle], Holzbootsbauweise mit stumpf aneinanderstoßenden Planken. Ggs.: → Klinkerbau.

Karwendelgebirge, Gruppe der Nordtiroler Kalkalpen, zw. Seefelder Sattel im W und Scharnitzpaß im O, bis 2 756 m.

Karwin, tschech. **Karviná,** Stadt im Nordmähr. Kr., ČSSR, 80 000 Ew.; Steinkohlenbergbau, Kokerei.

Karwoche [von ahd. kara ›Sorge‹], die Woche vor Ostern zum Andenken an Christi Leiden und Tod.

Karyatide [grch.] *die,* 〓 weibl. Gewandstatue an Stelle eines Säulenschaftes, z. B. die K. am Erechtheion in Athen.

Karzer, früher Haftraum für Studenten und Schüler.

Karzinom [grch.] *das,* bösartige Geschwulst (Krebs).

Kasachen, Kasak [›Abgesonderte‹], Türkvolk in Mittelasien mit stark mongoliden Zügen, sunnit. Muslime, größtenteils in der Kasach. SSR lebend.

Kasachische Sozialistische Sowjetrepublik, Unionsrep. der UdSSR (seit 1936), 2 717 300 km², 14,858 Mio. Ew. (Russen, Kasachen, Ukrainer u. a.), Hptst.: Alma-Ata. Die K. SSR reicht vom Kaspischen Meer über 3 000 km nach O bis zum Altai, vom Westsibir. Tiefland im N bis zum Tien-schan im S; den größten Teil des Landes nehmen Steppen, Halbwüsten und Wüsten ein. Im Schwarzerdegürtel werden Weizen, Zuckerrüben, in Oasen im S Baumwolle, Gemüse, Reis, Obst u. a. angebaut; in Halbwüsten Schaf-, Ziegen-, Rinderzucht. Die K. SSR ist reich an Bodenschätzen (Kohle, Erdöl, Kupfer, Titan, Antimon, Eisen, Mangan, Blei, Zinn, Zink, Chrom, Kobalt, Nickel, Vanadium, Gold, Silber, Phosphate, Bauxit), auf denen nach 1945 Schwer-, Maschinen-, chem. Ind. aufbaute, bes. um das Verkehrszentrum Karaganda.

Kasack *der,* lange Kittelbluse.

Kasack, Hermann, Schriftst., * 1896, † 1966; Gedichte, Roman ›Die Stadt hinter dem Strom‹ (1947).

Kasai, Kassai *der,* li. Nebenfluß des Kongo, 2 200 km.

Kasan, Hptst. der Tatarischen ASSR, UdSSR, am Kujbyschewer Stausee, 1,002 Mio. Ew.; wichtiger Hafen, Bahnknoten. Industrie- und Handelsstadt, Pelzkombinat, Lederfabrik. Univ., 11 Hochschulen. Es hat einen Kreml mit Kathedrale (1552), 60 Kirchen, mehrere Klöster. – Seit dem 13. Jh. Zentrum eines der Nachfolgestaaten der Goldenen Horde, 1552 von Iwan III. erobert.

Kasanlak, Kasanlik, Stadt im Tal der Tundscha, Bulgarien, 55 000 Ew.; Rosenölzentrum.

Kasavubu, Joseph, kongoles. Politiker, * 1910, † 1969, seit 1955 Führer der Abako-Bewegung (Allianz der Bakongo), war 1960–65 Präs. der Rep. Kongo.

Kasba *die,* arab. Bez. für Festung, Zitadelle, auch das arab. Viertel (Altstadt) nordafrikan. Städte.

Kasbek, erloschener Vulkan im Kaukasus, 5 033 m.

Kaschan, Stadt in Iran, 90 000 Ew.; Teppichknüpferei.

Kaschau, slowak. **Košice** [k'ɔʃitsɛ], bedeutendste Stadt in der östl. Slowakei, 201 000 Ew.; got. Dom (14./15. Jh.); TH, Eisen-, Stahl- u. a. Ind. – Im MA. dt. geprägt, europ. Handelszentrum, bis 1920 ungarisch.

Kaschemme [zigeuner.], üble Kneipe.

Kaschgar, früher chines. **Shufu,** jetzt amtl. chines. **Kashi,** Stadt im W des Tarimbeckens, in der Autonomen Region Sinkiang, China, 150 000 Ew.; Handel: Getreide-, Baumwollanbau, Töpferei, Teppichweberei.

kaschieren [frz.], 1) bemänteln, verheimlichen, verdecken. 2) Teile gleichen oder versch. Materials (Papier, Textilien, Kunststoff u. a.) zusammenkleben oder Schichten aufbringen.

Kaschmir, urspr. Gewebe aus Kaschmirziegenhaaren, heute allg. bes. weiche Wollstoffe.

Kaschmir, Teil des von Indien und Pakistan umstrittenen Gebiets im Himalaja. Kernlandschaft ist das unter ind. Einfluß stehende 130 km lange, 40 km breite Hochtalbecken (rd. 1 500 m ü. M.) von K. Die zu 77% muslim. Bevölkerung baut Reis, Weizen, Mais und Obst (bes. Aprikosen) an, betreibt Schafzucht und stellt in Heimarbeit Silber-, Kupfer-, Holz-, Lackarbeiten, Teppiche, Wolldecken u. a. her. Wichtigste Stadt, Zentrum des Tourismus, ist Srinagar. Das ehem. ind. Fürstentum (222 236 km²) K. steht seit 1947 zu 60% (5,1 Mio. Ew.) unter ind., zu 40% (1,5 Mio. Ew.) unter pakistan. Hoheit. Nach der Teilung Britisch-Indiens (1947) besetzten ind. Truppen den größeren S- und O-Teil von K., pakistan. den N und W. Durch die UNO wurde 1949 eine Waffenstillstandslinie festgesetzt. Den indisch besetzten Teil nahm die Indische Union 1957 als Territorium auf; dieser Staat Indiens **Dschammu und K.** (**Jammu and Kashmir** [dʒ'ʌmu ænd k'æʃmiə] hat eine Fläche von mehr als 100 000 km². 1965 kam es zw. Pakistan und Indien zum Konflikt um K., der zur Vermittlung der UdSSR 1966 auf der Konferenz von Taschkent beigelegt wurde. Das K.-Problem besteht jedoch nach wie vor.

Kaschnitz, Marie Luise, Schriftstellerin, * 1901, † 1974; Gedichte, Erzählungen, Hörspiele.

Kaschuben, westslaw. Volksstamm, Reste bis in neueste Zeit in Westpreußen und NO-Pommern, bis 1945 etwa 150 000 mit kaschub. Muttersprache.

Käse, Gemenge aus Eiweiß und Milchfett mit Salz u. a. Gewürzen, abgeschieden aus Milch, Buttermilch, Molke durch Lab, Säuerung oder Kochen; wichtiges Nahrungsmittel. **Quark** gewinnt man durch natürl. Milchsäuerung (Sauermilch-K.), **Bruch** durch Lab (Süßmilch-K.), **Ziger-** oder **Molken-K.** durch Kochen. Die Käseerzeugnisse werden gepreßt, gewürzt und gereift. Nach Festigkeit und Fettgehalt unterscheidet man **Hart-, Weich-, Rahm-, Fett-, halbfetten** und **Mager-K.**

Käsefliege, wenige Millimeter lange schwarze Fliege, deren weiße sprungfähige Larve (**Käsemade**) bes. im Käse lebt.

Kasein, das, →Casein.

Kasel *die,* Meßgewand des kath. Priesters. (Bild S. 79)

Kasematte *die,* schußsicherer Raum oder Geschützstand in Festungen oder auf Kriegsschiffen.

Kaserne, Gebäudeanlage zur dauernden Unterbringung von Truppen; in Europa seit dem 16. Jh.

Kasernierte Volkspolizei, in der Dt. Dem. Rep. 1952–56 Vorläufer der Nationalen Volksarmee.

Kasimir, Fürsten von Polen:
1) **K. I., der Erneuerer,** Herzog (1034–58), * 1016, † 1058, festigte mit Hilfe Kaiser Heinrichs III. die fürstl. Gewalt und das Christentum in Polen.
2) **K. III., der Große,** König (1333–70), * 1310, † 1370, letzter aus dem Hause der Piasten, verzichtete 1335 zugunsten Böhmens auf Schlesien, 1343 zugunsten des Dt. Ordens auf Pommerellen und das Culmer Land, eroberte Wolhynien und Galizien mit Lemberg (1340, 1349); ließ die erste Gesetzessammlung Polens schreiben.
3) **K. IV.,** 1440 Großfürst von Litauen und 1447 König von Polen, * 1427, † 1492, erwarb im 2. Thorner Frieden (1466) Pommerellen, Ermland und brachte den Hochmeister des Ordens in ein Abhängigkeitsverhältnis.

Kasimir, Heiliger, Schutzpatron von Polen und Litauen, Sohn König Kasimirs IV., * 1458, † 1484; Tag: 4. 3.

Kasino [ital.] *das,* Speise- und Aufenthaltsraum für Offiziere und Unteroffiziere, auch in Fabriken, Büros u. ä.; auch Name von Unterhaltungsstätten: Spielkasino (→ Spielbank).

Kaskade [frz.] *die,* 1) Wasserfall in mehreren Stufen. 2) Zirkus: verwegener Sprung. 3) 〓 Anordnung über- oder hintereinandergeschalteter, gleichartiger Gefäße.

Kaskadengebirge, engl. **Cascade Range** [kæsk'eid reindʒ], Teil der Kordilleren im NW der USA, stark bewaldet; im N in mehreren Ketten gegliedert, im Mount Rainier 4 392 m hoch, im S überragen (größtenteils erloschene) Vulkane ein 1 200–1 500 m hohes Hochplateau.

Kaskadengenerator, Gerät zur Erzeugung hoher elektr. Gleichspannungen (bis 3 MV), das mit hintereinandergeschalteten Gleichrichtern arbeitet.

Kasko [span.] *der,* Schiffsrumpf, jetzt allg. für alle Beförderungsmittel. **Kaskoversicherung,** Versicherung gegen Schäden an Beförderungsmitteln, →Transportversicherung.

Käsmark, slowak. **Kežmarok** [k'ɛʒ-,] Stadt am Fuße der

*Konischer Entwurf
(Kegelfläche)*

*Azimutaler Entwurf
(Tangentialebene)*

*Zylindrischer Entwurf
(Tangentialebene)*

*Kartographie:
Arten des Karten-
netzentwurfes*

Hohen Tatra, ČSSR, 17 400 Ew.; war bis 1944 Mittelpunkt der dt. Sprachinsel Oberzips.

Kaspar, Caspar, männl. Vorname; einer der Hl. →Drei Könige, dargestellt als Mohr.

Kasperl(e), lustige Hauptfigur im Puppenspiel. **Kasperltheater,** Handpuppenbühne.

Kaspisches Meer, Kaspisee, mit 371 000 km² der größte abflußlose See der Erde, 28 m u. M., östlich vom Kaukasus, salzhaltig. Auf der Halbinsel Apscheron reiche Erdöllager; Fischerei bes. vor der Wolgamündung.

Kasprowicz [-vitʃ], Jan, poln. Schriftst., *1860, †1926; Naturlyrik, Vertreter des poln. Symbolismus; Übersetzungen (Goethe, Schiller).

Kassageschäft, Lokogeschäft, Geschäftsabschluß, bei dem Lieferung und Zahlung von Ware oder Wertpapier innerhalb weniger Tage zu erfolgen haben; Ggs. →Termingeschäft.

Kassai, Fluß in Zaire, →Kasai.

Kassala, Prov.-Hptst. in NW-Sudan, 100 000 Ew.; Handels- und Verkehrszentrum (Bahn Khartum–Port Sudan).

Kassandra, grch. Mythos: Tochter des Priamos, die von Apollon die Gabe der Weissagung erhielt; ungehörte Warnerin in Troja. **K.-Rufe,** vergebl. Warnungen.

Kassation [lat.], **1)** Kraftloserklärung einer Urkunde, früher in Dtl. auch die Aufhebung eines gerichtl. Urteils durch ein höheres Gericht, heute durch die Revision ersetzt, in der Dt. Dem. Rep. 1949 als außerordentl. Rechtsmittel wiedereingeführt. **2)** in der Gesellschaftsmusik des 18. Jh. mehrsätziges Instrumentalstück, ähnl. dem Divertimento und der Serenade.

Kassationshof, der oberste Gerichtshof, z. B. in Frankreich, Italien, Belgien; in Österreich bis 1918. In der Schweiz ist der K. eine Abteilung des Bundesgerichts, die in Strafsachen bei Verletzung von Bundesrecht gegen Urteile kantonaler Gerichte angerufen werden kann.

kassatorische Klausel, →Verwirkungsklausel.

Kassave, Cassave die, trop. Nutzpflanze, →Maniok.

Kasse, 1) Geldkasten. **2)** Geschäftsabteilung für den Zahlungsverkehr; Zahlraum oder -schalter. **3) per K.,** bei sofortiger Zahlung; **netto K.,** zahlbar ohne Abschläge.

Kassel, 1) RegBez. Nordhessens, 8 288 km², 1,191 Mio. Ew.; umfaßt 6 Landkreise (Fulda, Hersfeld-Rotenburg, Kassel, Schwalm-Eder, Waldeck-Frankenberg, Werra-Meißner) und die kreisfreie Stadt Kassel. **2)** Hptst. von 1), 194 800 Ew., an der Fulda; Gemäldegalerie, Tapeten-, Brüder-Grimm-Museum, Landesbibliothek, Staatstheater, Gesamthochschule, Fachhochschulen; vielseitige Ind. (Lokomotiven, Kraftfahrzeuge, Maschinen, Textilien u. a.). Nach schweren Kriegsschäden (78% Zerstörung) wurde die Innenstadt mit verändertem Grundriß wiederaufgebaut. Oberhalb der Stadt liegt Wilhelmshöhe (Park und Schloß). In K. findet alle 4 Jahre die →Documenta statt. – K. war bis 1866 Hptst. von Kurhessen, 1807–13 des Kgr. Westfalen, 1866–1943 der preuß. Prov. Hessen-Nassau.

Kassem, Abd el-Karim, irak. General, *1914 (?), †(erschossen) 1963, stürzte 1958 die Monarchie, rief die Rep. aus und wurde MinPräs.; 1963 durch Staatsstreich gestürzt.

Kassenarzt, Arzt, der zur Behandlung von Krankenkassenpatienten zugelassen ist.

Kassenbuch, Grundbuch der kaufmänn. Buchführung, in das alle Einnahmen (links) und alle Ausgaben (rechts) eingetragen werden.

Kassensturz, Feststellung der Barbestände einer Kasse.

Kassenverein, →Wertpapiersammelbanken.

Kasserine [frz. kasr'in], Stadt in Tunesien, 22 600 Ew.

Kasserolle [frz.] die, flaches Brat- und Schmorgefäß.

Kassette [frz.] die, **1)** Kästchen. **2)** in opt. Geräte einsetzbarer, lichtdichter Behälter für das lichtempfindl. Material. **3)** Behälter mit auf- und abspulbarem Tonband. **Kassettendeck,** Tonbandkassettengerät ohne integrierten Endverstärker. – **Kassettendecke,** eine Decke, die in vertiefte Felder (Kassetten) aufgeteilt ist; in antiken Säulenhallen und in der Renaissance.

Kassettenfernsehen, Art des Fernsehens, bei dem die im Empfänger wiedergegebenen Bild-Ton-Signale von magnetisch auf einem Band gespeicherten Aufzeichnungen stammen (→Videorecorder). Dieses Videomagnetband ist in einer speziellen Kassette untergebracht und wird in einem mit einem üblichen Fernsehempfänger verbundenen Zusatzgerät abgespielt.

Kassettenrecorder [-rikɔ:dɐ, engl.] der, Magnetbandgerät mit einer einlegbaren Kassette, die das bespielte oder unbespielte Tonband enthält (→magnetische Aufzeichnung).

Kassiber [jiddisch kessowim ›Brief‹] der, heiml. Briefbotschaft in und aus Strafanstalten.

Kasside [arab.] die, um das 6. Jh. von den Arabern ausgebildete, von Persern und Türken geübte Dichtungsform, ein Ghasel, das in der Verherrlichung eines Gönners oder der Verhöhnung eines Gegners gipfelt.

Kassije, Cassia die, trop. Hülsenfrüchtergatt., mit paarig gefiederten Blättern. Afrikan. Arten liefern →Sennesblätter.

kassieren, 1) Geld empfangen. **2)** ♂♀ für ungültig erklären.

Kassiopeja, 1) grch. Mythos: Mutter der Andromeda. **2)** Sternbild im nördlichsten Teil der Milchstraße.

Kassiten, im Altertum ein Volk im westpers. Gebirgsland, beherrschte zeitweilig Babylonien. Nur wenige Kulturdenkmäler sind erhalten.

Kassiterit [grch.] der, →Zinnstein.

Kassner, Rudolf, Kulturphilosoph und Essayist, *1873, †1959; Schriften zur Physiognomik, philosoph. Essays.

Kastagnetten [-ɲ'ɛtən] Mz., 2 ausgehöhlte Holztellerchen, die in einer Hand aufeinandergeschlagen werden, zur Betonung des Rhythmus beim Tanz.

Kastalische Quelle, Kastalia, heilige Quelle in Delphi, in hellenist. Zeit ein Sinnbild der dichter. Begeisterung.

Kastanie, 1) die (eßbare) →Edelkastanie und **2)** die →Roßkastanie. **3) Hornwarze, Hauthorn,** nackte verhornte Hautstelle an der Innenseite der Läufe bei pferdeartigen Unpaarhufern.

Kaste, engabgeschlossene Gesellschaftsschicht. **Kastengeist,** engherzige Abschließung gegen andere Gesellschaftsschichten. – Als Gesellschaftsform findet sich die K.-Ordnung bes. in Indien sowie im alten Persien und Ägypten, bei manchen Naturvölkern, im alten Japan. Das ind. Kastensystem unterscheidet **Brahmanen** (Priester-K.), **Kschatrija** (Königs-, Adels-K.), **Waischja** (Bauern-K.) und **Schudra** (niedere K.). Außerhalb der K. stehen die Angehörigen der als unrein verachteten Berufe, wie Abdecker, Gassenkehrer, Gaukler u. a. (›Unberührbare‹, →Paria). Die ind. Verf. von 1950 verbietet jede unterschiedl. Behandlung der K.

kasteien [lat. castigare ›züchtigen‹], sich freiwillig Bußübungen auferlegen, abtöten.

Kastell das, röm., auch mittelalterl. kleine Befestigung.

Kastellan, im MA der Burgvogt, jetzt Verwalter von Schlössern oder öffentl. Gebäuden.

Kasten, Turngerät: Holzaufbau, ledergedeckt, zu Sprungübungen, 150 cm lang, mindestens 110 cm hoch.

Kastilien, span. **Castilla** [-ʎa], das, zentrale Hochland der Pyrenäenhalbinsel, durch das **Kastilische Scheidegebirge** (bis 2 650 m hoch) in Alt- und Neukastilien geteilt. – **Geschichte,** →spanische Geschichte.

Kastler, Alfred, frz. Physiker, *1902, Arbeiten über Atomforschung, bes. Doppelresonanz, Lasertechnik; Nobelpreis 1966.

Kästner, 1) Abraham Gotthelf, Mathematiker, *1719, †1800; Grundlagenprobleme der Geometrie. **2)** Erhart, Schriftst., *1904, †1974; Reise-, Erinnerungsbücher: ›Zeltbuch von Tumilad‹ (1949), ›Ölberge, Weinberge‹ (1953), ›Die Stundentrommel vom hl. Berg Athos‹ (1956), ›Die Lerchenschule‹ (1964). **3)** Erich, Schriftst., *1899, †1974, 1952–62 Präs. des PEN-Zentrums der Bundesrep. Dtl.; zeitsatir., humorist. und sarkast. Gedichte; Romane: ›Fabian‹ (1931), ›Drei Männer im Schnee‹ (1934); Drama ›Schule der Diktatoren‹ (1956); führte in die dt. Kinderlit. den sozialkrit. Realismus ein (›Emil und die Detektive‹, 1929; ›Das fliegende Klassenzimmer‹, 1933; ›Das doppelte Lottchen‹, 1949, u. a.).

Kastor, einer der beiden →Dioskuren.

Kastrat, in der Oper des 17./18. Jh. ein in der Jugend entmannter Sänger (zur Erhaltung der Sopran-Alt-Lage).

Kastration [lat.], Ausschalten der Keimdrüsen (Hoden, Eierstöcke) durch operatives Entfernen oder Bestrahlung; im Unterschied zu der →Unfruchtbarmachung (Sterilisation) durch Unterbinden der Ausführungsgänge der Geschlechtsdrüsen. – Die K. beim Mann (**Entmannung**) führt zu Unfruchtbarkeit und Erlöschen des Geschlechtstriebes. In der Jugend hat schwere seelische und körperl. Folgen (Ausfall des Stimmwechsels, der Körperbehaarung). Bei Frauen zu Heilzwecken ausgeführte K. wirkt sich genauso aus wie die natürl. Erlöschen der Eierstocktätigkeit in den Wechseljahren. – Tiere verschneidet man, um sie gefügiger und ihr Fleisch schmackhafter zu machen (z. B. Ochse, Wallach, Kapaun).

Kasualien [lat.] Mz., geistl. Amtshandlungen aus bes. Anlaß, z. B. Trauung, Taufe, Begräbnis.

Kasuare, Fam. der Ordnung Straußvögel mit helmartiger

Kasel

Erich Kästner

Kasu

Katar

Hornscheide auf dem nackten Kopf, in Urwäldern Australiens bis Indonesiens; der **Helm-K.** wiegt bis zu 80 kg.

Kasuarine *die,* Baum Australiens und Indonesiens, mit grünen Rutenästchen, die schachtelhalmähnlich gegliedert und mit Schuppenblättchen besetzt sind.

Kasuistik [lat.], Erörterung von Einzelfällen: die Anwendung sittl. Grundsätze und Lehren auf einzelne prakt. Fälle und Beispiele, um zu zeigen, wie man sich in Gewissensfragen entscheiden soll (Ethik, kath. Moraltheologie). Im Recht: die Rechtsfindung, die den einzelnen Fall in seiner Besonderheit zu entscheiden sucht. **kasuistisch,** spitzfindig, knifflig.

Kasus [lat.] *der,* 1) Fall, Begebenheit. **2)** Grammatik: Beugungsfall. 3) → Casus.

Kaswin, Stadt in Iran, 117 000 Ew.; Straßenknoten.

Kat *das,* Laub des ostafrikanisch-arab. K.-Strauches, anregendes Genußmittel (Alkaloidgehalt), mildes Rauschgift.

Katabolismus [grch.], Abbauvorgänge (Dissimilation) im Stoff- und Energiewechsel der Lebewesen.

Katachrese [grch.] *die,* der unrichtige Gebrauch eines Ausdrucks oder Bildes, z. B. ›laute Tränen‹.

Katafalk [ital.] *der,* schwarz verhängtes Gerüst für den Sarg bei Trauerfeierlichkeiten.

Katajew, Walentin Petrowitsch, russ. Schriftst., * 1897; Romane (›Im Sturmschritt vorwärts‹, 1932), Komödien (›Die Quadratur des Kreises‹, 1929).

Katakana *die,* japan. Schrift; → Schrift, Tafel, Nr. 55.

Katakaustik [grch.] *die,* → Kaustik an spiegelnden Flächen.

Katakombe [grch.] *die,* unterird. Grabanlage der ersten Christen, bes. in Rom und Neapel, bestehend aus einem oft weitverzweigten Netz von Gängen, auch in mehreren Stockwerken. Beisetzung in Wandnischen.

Katalanen, span. Volksstamm in Katalonien, Valencia und auf den Balearen. Die **katalan. Sprache** ist eine roman. Sprache, die zw. dem Spanischen und dem Provenzalischen steht. Die **katalan. Literatur** war im 13. Jh. schon voll entwickelt, verlor seit Ende des 15. Jh. an Bedeutung. Die neukatalan. Lit. ist auf allen Gebieten reich entfaltet. Lyrik: J. Maragall († 1911), C. Riba († 1959), M. Ferrà, J. Carner († 1970), S. Espriu. Epos: J. Verdaguer († 1902). Drama: A. Guimerà († 1924), J. M. de Sagarra († 1961). Erzählkunst: E. Vilanova († 1905), J. Puig i Ferreter († 1956), J. Pla, C. Riba.

Katalase, eisenhaltiges Enzym, das aus Wasserstoffperoxid molekularen Sauerstoff entwickelt.

Katalaunische Felder, Ebene von Châlons-sur-Marne (Champagne); 451 Sieg der mit den Westgoten verbündeten Römer unter Aëtius über die Hunnen unter Attila.

katalektisch [grch.], unvollständig; ein Vers, dessen letzter Fuß verkürzt ist.

Katalepsie [grch.], Starrsucht, Spannungszustand der Muskeln, bes. Anzeichen der Schizophrenie.

Katalog [grch.] *der,* alphabetisch oder sachlich geordnetes Verzeichnis von Gegenständen (Bücher, Waren), zuweilen bebildert. Zeitw. **katalogisieren.**

Katalonien, katalan. Catalunya [-l'uɲa], histor. Landschaft im NO Spaniens mit den Prov. Barcelona, Gerona, Lérida, Tarragona, reicht vom Kamm der Pyrenäen bis zur Mittelmeerküste über die Ebro mündung hinaus; hat als ›autonome Region‹ durch Volksabstimmung Teilautonomie erreicht. Bevölkerung: → Katalanen. K. hat reichen Weinbau, Ölbäume und Bewässerungskulturen; Textil-, Eisen-Ind., Bergbau (Kalisalze, Blei, Schiefer). Kultur- und Wirtschaftszentrum: Barcelona. *Geschichte.* Die nach den Westgoten benannte K. (›Gotalonien‹) entstand die ›Spanische Mark‹ (Hptst.: Barcelona). Sie wurde Ende des 9. Jh. unabhängig, 1137 mit Aragonien vereinigt. Im Rahmen des span. Gesamtstaates stand K. oft in scharfem Ggs. zu Kastilien. (→ spanische Geschichte.)

Katalpe [indian.] *die,* ♃ → Trompetenbaum.

Katalyse [grch.] *die,* Beschleunigung und Lenkung chem. Reaktionen durch bes. Stoffe, die **Katalysatoren,** die durch die Reaktion selbst keine Veränderung erfahren. Die K. spielt in der chem. Technik, bes. aber bei biochem. Vorgängen eine überragende Rolle; biochem. Katalysatoren sind die Enzyme.

Katamaran [tamil.] *der,* kentersicheres Doppelrumpfboot; in der Südsee schon vor 2 000 Jahren bekannt, in Europa nach 1945 für den Segelsport entwickelt.

Katanga, seit 1972 → Shaba.

Kataplasma [grch.] *das,* der → Breiumschlag.

Katapult [grch.-lat.] *das* oder *der,* 1) im Altertum Wurfmaschi-

ne bei Belagerungen. 2) Startvorrichtung für Flugzeuge (Startschleuder) bei zu kurzer oder nicht vorhandener Startbahn (z. B. auf Flugzeugträgern): Das Flugzeug bekommt auf dem K.-Schlitten (durch Dampfdruck, Druckluft oder Raketen) seine Abhebegeschwindigkeit.

Katar, El-Katr, El-Qatar, unabhängiges Scheichtum am Pers. Golf, auf der gleichnamigen wüstenhaften Halbinsel an der O-Küste Arabiens, 11 000 km² mit 220 000 Ew. (viele Gastarbeiter). Hptst.: Doha. Das ehem. brit. Protektorat K., seit 1971 unabhängig, ist ein wichtiges Erdölland (Förderung 1979: 25 Mio. t); ferner Erdgasförderung, Fischerei; Erdölhafen Umm Said.

Katarakt [grch.], 1) *der,* Stromschnelle; Wasserfall. 2) *die,* ♃ der Graue Star des Auges.

Katarrh [grch.] *der,* mit Schleimabsonderung verbundene Entzündung der Schleimhäute, z. B. Luftröhren-K.

Kataster [grch.] *der,* bes. ein Verzeichnis der Grundstücke eines Bez. mit Angabe über Lage, Größe, Eigentümer u. a. (**Grundkataster, Gebäudekataster**), das die Grundlage für das Grundbuch bildet. **Katasteramt,** Behörde, die den K. führt.

Katastrophe [grch. ›Umwendung‹] *die,* schweres, unglückl. Ereignis, in der Dichtung, bes. im Schauspiel, das den Konflikt entscheidende Geschehen, v. a. der trag. Ausgang der Tragödie. **katastrophal,** unheilvoll, vernichtend, furchtbar.

Katastrophenschutz, vorsorgl. Maßnahmen zur Abwendung der Folgen einer Gemeingefahr für die Bev. in einem Katastrophengebiet, z. B. bei Sturmflut, Wassergefahr, Großbränden.

Katatonie [grch.], Form der → Schizophrenie.

Kate, Kotten, Haus eines Kleinbauern oder Landarbeiters.

Katechese [grch.] *die,* Vermittlung der christl. Botschaft.

Katechet, Religionslehrer. **Katechetik,** Lehre vom kirchl. Unterricht, ein Zweig der prakt. Theologie.

Katechismus [grch.], Leitfaden der christl. Glaubenslehre in Frage und Antwort, bes. für den Unterricht. In den evang. Kirchen erlangten bes. Geltung der **Große** (für Geistliche) und der **Kleine K.** Luthers von 1529, der kalvinist. **Heidelberger K.** von Ursinus und Olevianus (1563). In der Kath. Kirche ist bes. maßgebend der im Auftrag des Tridentin. Konzils für die Geistlichen verfaßte ›Catechismus Romanus‹ (1566); daneben der für das Volk bestimmte K. des Canisius (1555). Für Dtl. liegt seit 1969 eine Neufassung des K. vor.

Katechumene [grch.], christl. Mission: für den christl. Glauben Gewonnener bei der Taufunterweisung (**Katechumenat**).

Kategorie [grch.], 1) Sorte, Klasse, Art. 2) Philosophie: Grundbegriff, allgemeinste Bestimmungsweise der Seinsbereich, z. B. Größe, Zustand, Beziehung. Aufgabe der **Kategorienlehre** ist es, Bestimmbarkeit und log. Zusammenhang allgemeinmögl. Erfahrung zu erklären. Aristoteles nahm 8 oder 10, Kant 12 K. an.

kategorisch [grch.], unbedingt, ohne Vorbehalt.

Kategorischer Imperativ, Kants Sittengesetz: ›Handele so, daß die Maxime (Richtlinie) deines Willens jederzeit zugleich als Prinzip einer allg. Gesetzgebung gelten könnte‹.

Kater, 1) männl. Katze. 2) der Katzenjammer; auch **Röntgen-K.,** → Röntgenstrahlen. 3) der → Muskelkater.

katexochen [grch.], vorzugsweise, hervorragend, schlechthin; im wahrsten Sinne des Wortes.

Katgut [engl.] *das,* Chirurgie: Nahtmaterial aus Schafsdarm oder Känguruhsehnen.

Katharer [grch. ›die Reinen‹], den Manichäern verwandte, streng asket. Sekte, die seit Anfang des 12. Jh. in südl. und westl. Europa sich ausbreitete; in Italien **Gazzari,** in Frankreich **Albigenser** genannt. Sie verwarfen das A. T., Hierarchie, Sakramente, Ehe und Eid. Durch Inquisition und Albigenserkriege (1209–29) fast völlig vernichtet.

Katharina, Heilige der Kath. Kirche: 1) **K. von Alexandria,** legendäre Märtyrerin (Anfang des 4. Jh.); sie gehört zu den 14 Nothelfern, Schutzheilige der Philosophen.

2) K. von Siena, * um 1347, † 1380, hatte Visionen; aufopfernde Krankenpflegerin, bewog Gregor XI. 1377 zur Rückkehr von Avignon nach Rom. Tag: 29. 4. Kirchenlehrerin (seit 1970).

Katharina, Königinnen:
England. **1) K. von Aragonien,** erste Frau Heinrichs VIII. (1509), * 1485, † 1536. Heinrich strengte 1526 den Ehescheidungsprozeß an, der zum Anlaß der Trennung Englands von der Kath. Kirche wurde.

2) K. Howard [h'auəd], 5. Frau Heinrichs VIII. (1540), * um 1520, † 1542, wegen angebl. ehel. Untreue hauptet.

3) K. Parr, 6. Frau Heinrichs VIII. (1543), * 1512, † 1548.

Frankreich. **4) K. von Medici,** * 1519, † 1589, Frau Heinrichs II.; als Regentin für ihren 2. Sohn Karl IX. (1560–63) suchte sie die Stellung der Krone zw. Hugenotten und kath. Partei zu behaupten.
Rußland, Kaiserinnen. **5) K. I.** (1725–27), * 1684, † 1727, aus litauischer Bauernfam., wurde 1703 Geliebte Peters d. Gr., der sie 1712 heiratete; 1724 zur Kaiserin gekrönt.
6) K. II., **die Große** (1762–96), * 1729, † 1796, Tochter des Fürsten von Anhalt-Zerbst, 1745 vermählt mit dem späteren Kaiser Peter III. Nach dessen Ermordung, die sie billigte, wurde sie zur Kaiserin ausgerufen. Hochgebildet im Geiste der Aufklärung, regte sie viele Reformen an, stärkte aber in der Praxis die übernommene Sozialordnung (Ausdehnung der Leibeigenschaft). Sie führte eine sehr erfolgreiche Expansionspolitik; insbes. erreichte sie den Zugang zum Schwarzen Meer und das Interventionsrecht bei der Pforte (1774), erhielt den Hauptanteil bei den 3 Poln. Teilungen. Der einflußreichste ihrer vielen Liebhaber war →Potjomkin.

Katharsis [grch. ›Reinigung‹] *die,* 1) nach Aristoteles die Wirkung der →Tragödie. 2) Tiefenpsychologie: das Abreagieren von Affekten.

Katheder [grch.] *das, der,* Lehrstuhl, Lehrpult. **Kathederblüte,** unfreiwillig komischer Ausspruch.

Kathedersozialismus, im letzten Drittel des 19. Jh. herrschende Richtung der dt. Nationalökonomie, die im Ggs. zum strengen Wirtschaftsliberalismus (Manchestertum) für eine staatl. Sozialpolitik eintrat, um die Klassengegensätze zu mildern und den sozialen Aufstieg der Arbeiter zu fördern. Bed. Vertreter: Adolph Wagner, G. Schmoller, L. Brentano.

Kathedrale [lat.] *die,* Bischofskirche, nach der Kathedra, dem Bischofsstuhl (in Dtl. meist Dom, Münster).

Katheten [grch.] *Mz.,* Seiten am rechten Winkel eines rechtwinkligen Dreiecks.

Katheter [grch.] *der,* Röhre, bes. zum Entleeren der Harnblase; auch →Herzkatheterisierung.

Kathiawar, Halbinsel im N der W-Küste Indiens, überwiegend Trockengebiet, Anbau von Getreide und Baumwolle mit Bewässerung.

Kathode *die,* negativ geladene Elektrode.

Kathodenstrahlen, aus der Kathode einer Entladungsröhre austretende Elektronenstrahlen.

Kathodenstrahlröhre, evakuierte oder mit geringen Gasmengen gefüllte Elektronenröhre, die mit Kathoden-(Elektronen-)Strahlen arbeitet. Zum Gebrauch die Braunsche Röhre, aber auch Elektronenröhren ohne Bildschirm, z. B. das Klystron, Wanderwellenröhren.

Kathodenzerstäubung, Zerstäubung einer Metallkathode bei einer Gasentladung, wobei durch aufprallende Ionen Atome aus der Kathode herausgeschlagen werden, die sich auf nahen Gegenständen (Glas-, Quarzplatten) niederschlagen; technisch angewendet zur Erzeugung von Metallüberzügen.

Katholikentag, Deutscher K., die alle 2 oder 4 Jahre (bis 1950 jährlich), abgehaltene ›Generalversammlung der Katholiken Dtl.s‹ (so seit 1858).

Katholikos, Titel des leitenden Bischofs der orthodoxen Georg., der monophysit. Armen., der Syr. orthodoxen Kirchen des Ostens sowie der Nestorian. (assyr.) Kirche.

katholisch [grch. ›allgemein (gültig)‹], das Ganze umfassend, Bez. der christl. Gesamtkirche, seit der Reformation der Römisch-Kath. Kirche.

Katholisch-apostolische Gemeinden, fälschlich **Irvingianer,** Anfang des 19. Jh. entstandene Gemeinschaften, die eine baldige Wiederkunft Christi annahmen und die Ämter und Ordnungen der Urkirche (12 Apostel u. a.) wiederherstellen wollten; seit 1901 in Auflösung.

Katholische Akademien, seit 1950 entstandene kirchl. Einrichtungen zur Erwachsenen-, Laien- oder Sozialschulung. In der Bundesrep. Dtl. z. Z. 22 K. A.

Katholische Aktion, das →Laienapostolat. Die 1922 von Papst Pius XI. geschaffene Form wurde durch das Zweite Vatikan. Konzil gelockert.

Katholische Arbeitnehmer-Bewegung, Abk. **KAB,** seit 1968; Zusammenschluß katholischer Arbeitnehmer zur Verbesserung ihrer wirtschaftlichen und sozialen Lage; rd. 300 000 Mitglieder.

Katholische Briefe, N. T.: die an die gesamte Kirche gerichteten (daher K. B.) oder auch ›kanon.‹ Briefe des Jakobus, Petrus (2), Johannes (3) und Judas.

Katholische Jugend, zusammengeschlossen im **Bund der Deutschen Kath. Jugend,** Köln (1980 rd. 600 000 Mitgl.).

Katholische Kirche, unter dem →Papst stehende christl. Kirche (→Christentum). Sie gliedert sich in die **Latein. Kirche,** die zugleich Trägerin der Äußeren Mission ist, und in die **Unierte Ostkirche** (insges. rd. 740 Mio. = 24,5 % der Weltbevölkerung). Die Verf. ist territorial gegliedert (→Diözese) und hierarchisch (Unterscheidung von →Klerus und Laien) aufgebaut; das Zweite Vatikanische Konzil die Einheit beider als des Volkes Gottes sehr betont. Ebenso hat es das bisherige monarch. Prinzip (Papst, →Bischof) im Sinne der Kollegialität und die zentralist. Verwaltung (Römische →Kurie) im Sinne größerer Selbständigkeit der Bischofskonferenzen und durch Beteiligung auswärtiger Bischöfe an den Kardinalskongregationen aufgelockert. Die **Glaubenslehre** beruht auf der nach der Tradition verstehenden Hl. Schrift; das kirchl. Lehramt legt sie unter Berücksichtigung der theolog. Forschung aus. Zur **Soziallehre** →katholische Soziallehre. Übernatürl. Grundlage ihres Seins und Wirkens sind ihre 7 →Sakramente. Mittelpunkt des Kultus sind →Messe und Altarsakrament; daneben besteht Heiligenverehrung (→Maria). Das Klosterwesen (→Orden) wird seit dem Konzil im Sinne stärkerer Weltzugewandtheit umgebildet. Ihren Anspruch, alleinseligmachend zu sein, hat die K. auf dem Konzil dahingehend ausgelegt, daß alle christl. Konfessionen und auch die nichtchristl. Religionen mögliche Wege zum Heil seien, wenn auch die Annahme des kath. Glaubens und demgemäß seine Ausbreitung durch die Mission der eigtl. Wille Gottes sei. Gemäß dem Menschenrecht der Religionsfreiheit beansprucht sie Unabhängigkeit vom Staat. – Die K. ist in der Bundesrep. Dtl. in 5 Kirchenprov. mit 5 Erzbistümern und 17 Bistümern gegliedert, die zus. 11831 Pfarreien und Quasi-Pfarreien haben.

Katholische Könige, Katholische Majestät, Titel der Könige von Spanien seit 1496 **(Allerkatholischste Majestät).**

Katholische Nachrichten-Agentur →KNA.

katholische Presse, aus kath. Weltanschauung gestaltete Druckschriften (Bistumskirchenzeitungen, Verbandsblätter, Familien-, Sonntags-, Jugendzeitschriften).

Katholische Reform, im 15. Jh. begonnene und bis ins 17. Jh. fortgeführte Bestrebungen innerhalb der Kath. Kirche, den sittl. Niedergang der Klöster und des Klerus, die finanzielle Ausnutzung der Volksfrömmigkeit und den päpstl. Amtsverfall u. a. innerkirchl. Mißstände zu beseitigen. Wesentliche Anstöße gaben die Reformation und das Tridentin. Konzil.

katholische Soziallehre, die als Lehre der Kath. Kirche und als Hilfe verstandene amtl. Äußerung zu Fragen der sozialen Gerechtigkeit: aus den Sozialenzykliken ›Rerum novarum‹ (1891), ›Quadragesimo anno‹ (1931) entwickelte Programm einer im Kern naturrechtl. Ordnung der wirtschaftl., gesellschaftl. und staatl. Lebens nach dem Gemeinwohl und der gegen die Staatsallmacht gerichteten Forderung der gegenseitigen Unterstützung der Berufsstände (berufsständische Ordnung). Diese Lehre wurde – teilweise unter Aufgabe des antisozialist. Akzents – weiterentwickelt in den Enzykliken ›Pacem in terris‹ (1963), ›Populorum progressio‹ (1967) und der Pastoral-Konstitution ›Gaudium et spes‹ des 2. Vatikan. Konzils (1965). Bed. Vertreter: O. v. Nell-Breuning.

Katholische Volkspartei, in den Niederlanden die Partei des polit. Katholizismus, 1959–71 stärkste Partei.

Katholizismus, Gesamtheit der glaubensmäßig bedingten Anschauungen und der Lebensäußerungen der Kath. Kirche und ihrer Gläubigen.

Kat|ion *das,* das positive Ion einer dissoziierbaren chem. Verbindung.

Katmai [k'ætmaɪ], 2047 m hoher Vulkan in Alaska, unter Naturschutz; gewaltiger Ausbruch 1912.

Katmandu, Hptst. von Nepal, 1350 m ü. M., über 400 000 Ew.; königl. Palast, Tempel; Kunstgewerbe; Univ.; Flughafen.

Kätner, Besitzer einer Kate, Kleinbauer.

Katschberg, 1641 m hoher Paß zw. Hohen Tauern und Gurktaler Alpen, verbindet Mur- und Drautal.

Katschin, →Kachin.

Kattak, →Cuttack.

Kattara-Senke, eine der tiefsten Depressionen der Erde, in der Libyschen Wüste, NW-Ägypten, bis 137 m u. M.

Kattegat [niederdt. ›Katzenloch‹] *das,* Meerenge zw. Jütland und Schweden, verbindet Nord- und Ostsee.

Kattowitz, poln. **Katowice** [-tsɛ], die Hptst. der poln. Wwschaft K., in Oberschlesien, 350 000 Ew.; Theater, Völker-

Katharina II. von Rußland (aus einem Gemälde von P. Rotari, um 1760)

Katt

1

2

3

4

5

6

7

8

9

10

Katzen (Hauskatzen): 1 Falbkatze, wilde Stammform aller Hauskatzenrassen. 2–3 Farbvarianten einiger Hauskatzen: 2 marmorierte Hauskatze. 3 dreifarbige Hauskatze. 4 Kurzhaarkatzen: 4 Siamkatze. 5–10 Langhaarkatzen: 5 Khmerkatze. 6 Birmakatze. 7 cremefarbene Perserkatze. 8 Perser ›Chinchilla‹-Katzen. 9 dreifarbige Perserkatze. 10 gelbe Perserkatze

kundemuseum, Gemäldegalerie, Bibliothek, Univ. (1968), Forschungsinstitut der Kohlenindustrie. Steinkohlenbergbau, Eisen-, Zinkhütten, Eisen-, Stahl-, Bronzegießereien, Maschinen-, Motorenbau u. a. – K. kam 1922 an Polen.

Kattun [arab.] *der,* feinfädiges, leinwandbindiges Baumwollgewebe für Kleider, Hemden, Dekorationen (Nessel).

Katyn, Dorf westlich von Smolensk, in dessen Nähe dt. Soldaten 1943 die Massengräber von über 4000 wahrscheinlich bereits im April/Mai 1940 von sowjet. Seite erschossenen poln. Offizieren fanden. Die 1946 bei den Nürnberger Prozessen von der UdSSR erhobene Beschuldigung, die Dt. hätten die Morde begangen, wurde entkräftet.

Katz, 1) Bernard Sir (1969), engl. Biophysiker, * 1911; 1970 Nobelpreis neurophysiolog. Untersuchungen (mit J. Axelrod, U. v. Euler). **2)** Richard, Schriftst., * 1888, † 1968; Reise-, Tierbücher.

Katzbach *die,* linker Nebenfluß der Oder, in Schlesien, 98 km. – 26. 8. 1813 Sieg der Preußen unter Blücher und Gneisenau über die Franzosen unter Macdonald.

Kätzchen, ⚥ Form des Blütenstands, die an einer Achse dichten Besatz unscheinbarer ungestielter Blütchen trägt.

Katzen, Felidae, Raubtierfamilie mit meist einziehbaren Krallen, spring- und klettertüchtig, mit scharfem Gesichts-,

Gehör- und Tastsinn. Zu den K. gehören Gepard, Luchs, ferner Löwe, Tiger, Leopard, Jaguar, Puma, Ozelot. Die europ. **Wildkatze** (Kuder) unterscheidet sich von der Hauskatze bes. durch die Größe (35–42 cm hoch, 90 cm lang). Eine afrikanisch-asiat. Form ist die **Falbkatze** (28–34 cm hoch, 50 cm lang). Die **Haus-K.** wird in mehreren Rassen gezüchtet: Angora-, Siam-K. u. a. (Bilder Gepard, Jaguar, Luchs, Leopard, Löwe, Ozelot, Puma, Tiger).

Katzenauge, 1) Mineralogie: streifiger Lichteffekt auf geschliffenen Mineraloberflächen, z. B. bei Asbestfasern einschließendem Quarz. 2) reflektierender Rückstrahler.

Katzenbär, Kleiner Panda, marderähnl. Kleinbär (Himalaya), → Kleinbären.

Katzenbuckel, höchster Berg des Odenwaldes, 626 m.

Katzenfrett, fuchsähnl. Kleinbär (Mittel- und S-Amerika).

Katzenhai, bis 1 m langer Hai in europ. Meeresteilen.

Katzenjammer, Kater, Nachwirkungen zu reichl. Alkoholgenusses.

Katzenkratzkrankheit, gutartige Viruskrankheit des Menschen, mit Lymphknotenschwellung; durch Kratzwunden übertragen, die meist von Katzen stammen.

Katzenkraut, ⊕ Baldrian, Pfefferminze.

Katzenpfötchen, graufilzige Korbblüter, mit doldig geordneten Blütenkörbchen und z. T. trockenhäutigem Hüllkelch; oft für Trockenblumenkränze verwendet.

Katzer, Hans, Politiker (CDU), * 1919, 1965–69 Bundes-Min. für Arbeit und Sozialordnung; seit 1979 Mitgl. des Europa-Parlaments.

Kaub, Stadt im Rhein-Lahn-Kr., Rheinl.-Pf., rechts am Rhein, 1 300 Ew.; Schiefergruben, Weinbau, Lotsenstation; auf einer Felsinsel die **Pfalz,** eine alte kurpfälz. Zollburg. – Neujahrsnacht 1813/14 Rheinübergang der Preußen und Russen unter Blücher.

kaudal [lat.], 🐾 zum Schwanz gehörend, zum Schwanz hin gelegen.

Kauderwelsch, unverständl. oder verworrene Sprache.

Kaudinische Pässe, Engpässe bei Caudium in Italien, zw. Capua und Benevent. 321 v. Chr. Niederlage der Römer durch die Samniten; die Römer mußten unter einem Joch aus Speeren hindurchziehen; daher: das **Kaudinische Joch,** eine Zwangslage, aus der es ohne Demütigung keine Rettung gibt.

Kaue die, Gebäude über einer Schachtmündung (**Schacht-K.**); Badehaus für die Bergarbeiter (**Bade-, Wasch-K.**).

Kauen, dt. Name von → Kaunas.

Kauf, 🐾 Der K. ist ein Vertrag, durch den sich der Verkäufer verpflichtet, das Eigentum an einer Sache oder ein Recht zu übertragen, während sich der Käufer zur Kaufpreiszahlung und Abnahme des Kaufgegenstandes verpflichtet (§§ 433 ff. BGB). Der K. kann formlos abgeschlossen werden; bei K. von Grundstücken ist notarielle Beurkundung des Kaufvertrags vorgeschrieben (§ 313 BGB). Der Verkäufer haftet für Sach- und Rechtsmängel. Sachmängel geben dem Käufer das Recht, ›Wandlung‹ oder ›Minderung‹ zu verlangen, u. U. auch Schadensersatz wegen Nichterfüllung. Diese Ansprüche verjähren, wenn der Mangel nicht arglistig verschwiegen ist, bei bewegl. Sachen in 6 Monaten, bei Grundstücken in 1 Jahr von der Übergabe ab. **K. auf Abruf,** ein Kaufvertrag, bei dem der Käufer die Abnahme so lange hinausschieben kann, bis er die Ware nötig hat; **K. auf Probe,** ein Kaufvertrag, der unter der aufschiebenden Bedingung geschlossen ist, daß der Käufer den Kaufgegenstand billigt; **K. nach Probe, K. nach Muster,** bei dem die Eigenschaften der Probe oder des Musters als zugesichert anzusehen sind (→ Handelskauf, Barkauf). – (§§ 1053 ff. ABGB) und im schweizer. Recht (Art. 184 ff. OR) ist der K. ähnlich geregelt.

Kaufbeuren, kreisfreie Stadt an der Wertach, Bayern, 42 000 Ew.; Textil-, Gablonzer Glas- und Schmuckindustrie (K.-Neugablonz, von Heimatvertriebenen aufgebaut). – Mittelalterl. Stadtbild; 1268–1833 Freie Reichsstadt.

Käufermarkt, durch großes Angebot und geringe Nachfrage gekennzeichnete Marktlage, bei der die Käufer Bedingungen stellen kann. Ggs.: Verkäufermarkt.

Kauffmann, 1) Angelika, schweizer. Malerin, * 1741, † 1807, schuf Bildnisse von liebenswürdiger Gefälligkeit. 2) Hans, Kunsthistoriker, * 1896.

Kaufhaus, Großbetrieb des Einzelhandels, urspr. im Unterschied zum Warenhaus auf eine bestimmte Warengruppe beschränkt, heute wie Warenhaus.

Kaufhof AG, Warenhauskonzern (183 Filialen) Köln, 1879 von L. Tietz gegr. Haupttochterges.: **Kaufhalle GmbH.**

Kaufkraft, diejenige Geldsumme, die einem Wirtschaftsobjekt in einer Zeiteinheit zur Verfügung steht. **K. des Geldes,** diejenige Gütermenge, die mit einer Geldeinheit gekauft werden kann. Dadurch wird der Realwert des Geldes ausgedrückt. Maßstab für die K. ist der Index der → Lebenshaltungskosten. **K.-Theorie der Löhne:** Löhne müssen hoch sein, damit das reale Sozialprodukt abgesetzt werden kann. – Das Verhältnis der K. zweier Währungen (**Kaufkraftparität**) beeinflußt bei freiem Devisenmarkt die Wechselkurse.

Kaufmann, Mz. **Kaufleute,** allg. jeder, der im Handelsgewerbe, sei es auch unselbständig, tätig ist, handelsrechtlich nur wer ein Handelsgewerbe selbständig ausübt. Wer ein Grundhandelsgeschäft betreibt, ist ohne weiteres K. (**Mußkaufmann**). Wer ein anderes Gewerbe ausübt, kann durch Eintragung ins Handelsregister K. werden. Zu dieser Eintragung ist er teils verpflichtet (**Sollkaufmann**), teils berechtigt (**Kannkaufmann**). Jeder, der K. des HGB ist, hat die für Kaufleute festgesetzten Pflichten (z. B. Buch- und Firmenführung) und Rechte (z. B. Erteilung einer Prokura). Die von ihm vorgenommenen Rechtsgeschäfte gelten als Handelsgeschäfte. Ausnahmen bestehen für Personen, deren Gewerbebetrieb einen kaufmännisch eingerichteten Geschäftsbetrieb nicht erfordert (**Minderkaufmann** im Unterschied zum **Vollkaufmann;** §§ 1 ff. HGB). – Das österr. Recht entspricht dem deutschen. Das schweizer. Recht unterscheidet formell keinen eigenen Kaufmannsstand; es ordnet die kaufmänn. Verhältnisse bes. im Obligationenrecht. Sachlich wird aber die Kaufmannseigenschaft umschrieben; sie äußert sich v. a. in der Pflicht zur Eintragung ins Handelsregister und zur Führung von Geschäftsbüchern.

Ausbildung: Bank-, Einzelhandels-, Industrie-, Versicherungs-K. u. a. haben meist dreijähr. Lehrzeit, dann K.-Gehilfenprüfung vor der Industrie- und Handelskammer. – **Diplom-Kaufmann,** akadem. Grad nach Studium der Betriebswirtschaftslehre.

Kaufunger Wald, Teil des Hessischen Berglandes, östlich von Kassel, im Bielstein 642 m hoch.

Kaugummi, erfrischendes Kaumittel aus Chiclegummi, heute meist aus Polyvinylester u. a., sowie Zucker und Aromastoffen.

Kaukasien, die Länder den Schwarzen und Kasp. Meer, rd. 440 000 km². Als N-Grenze gilt die Manytsch-Kuma-Niederung, im S türk. und iran. Grenze.

kaukasische Sprachen, im Bergland des Kaukasus und den vorgelagerten Ebenen einheim. (nicht zu den indogerman., semit. oder Türksprachen gehörige) Sprachen. Sie gliedern sich in: südkaukas. oder Kartwel-Sprachen (mit Georgisch), nordwestkaukas. und ostkaukas. Sprachen.

Kaukasus der, **Großer K.,** russ. **Bolschoj Kawkas,** Hochgebirge zw. Schwarzem und Kasp. Meer, über 1 500 km lang, 32–180 km breit. Er besteht aus mehreren gleichlaufenden Ketten und erreicht im Elbrus 5 642 m, im zentralen Teil vergletschert. Die Pflanzenwelt ist im W üppig, im O vorwiegend waldlos. Tierwelt: Bär, Wildschwein, Gemse, Steinbock, Adler, Geier. Wichtigste Straßen sind die → Georgische Heerstraße und die Ossetische Heerstraße (Alagir–Kutaisi). Südlich vom K. liegt der **Kleine K.,** der die nördl. Randketten des Ararat-Hochlandes bildet.

Kaukasusvölker, die Bewohner der Gebirgstäler des Kaukasus, bes. die Kartwelier, Lesgier, Tschetschenen, Tscherkessen, Abchasen; i. w. S. auch der Armenier, Osseten, Taten, Talyschen, ferner die türksprachigen Aserbaidschaner, Karatschaier, Balkaren, Bergtataren und Kumüken.

Kaulbach, Wilhelm von, Maler, * 1804, † 1874, schuf histor., allegor. und mytholog. Wandmalereien. Sein Neffe Friedrich August von K., * 1850, † 1920, malte gefällige Bildnisse.

Kaulbarsch, Pfaffenlaus, → Barschartige Fische.

Kaulifloren, ⊕ die Stammblüter (Stammfrüchter).

Kaulkopf, der Fisch → Koppe.

Kaulquappe, Larve der Frösche (→ Froschlurche).

Kaun, Hugo, Komponist, * 1863, † 1932; Opern, Sinfonien, Männerchöre.

Kaunas, bis 1915 russ. **Kowno,** dt. **Kauen,** Stadt in der Litauischen SSR, an der Memel, 377 000 Ew.; Kulturzentrum (Univ. 1922, z. T. verlegt; Forschungsanstalten, Bibliotheken, Museum, Theater); Ind. (Maschinenbau-, Leicht-, Textil-, Nahrungsmittel-, Papierind.). 1918–40 war K. statt Wilna die provisor. Hptst. Litauens.

Kaunda, Kenneth, afrikan. Politiker, * 1924; seit 1964 Präs. der Rep. Sambia.

Kaunertal, re. Seitental des Inns, in den Ötztaler Alpen.

Kaunitz, Wenzel Anton Graf, seit 1764 Reichsfürst von **K.-Rietberg,** österr. Staatsmann, * 1711, † 1794, leitete seit 1753 als Staatskanzler die auswärtige Politik Maria Theresias; Vertreter des Josephinismus.

Kauri die, Porzellanschnecke des Ind. Ozeans, mit fester gelbl. Schale; von den Eingeborenen Indiens als Schmuck getragen, nach Ostafrika eingeführt, wo sie als kleinste Münzeinheit Zahlungsmittel war.

Kaurifichte, eine →Kopalfichte.

kausal [lat.], ursächlich (→Kausalität).

Kausalgie [lat.-grch.], Schmerz nach verheilten Verletzungen peripherer Nerven.

Kausalität [lat.], Zusammenhang von Ursache und Wirkung; in der Philosophie die Annahme, daß jedes Ereignis in gesetzmäßiger Weise von einem anderen Ereignis abhängt **(Kausalprinzip).** In der Physik drückt das Kausalprinzip die vollständige Bestimmung zukünftiger durch die vergangenen Zustände aus. Die Relativitätstheorie hat den **Kausalzusammenhang** dadurch eingeschränkt, daß sich physikal. Wirkungen nicht unendlich schnell, sondern höchstens mit Lichtgeschwindigkeit ausbreiten. In der Quantentheorie ist das Kausalprinzip für einzelne Atome, Elementarteilchen u. dgl. noch weiter gelockert: Durch vorangegangene Zustände werden lediglich Wirkungsspielräume abgegrenzt, innerhalb deren das Verhalten des einzelnen Teilchens ›akausal‹ (nicht kausal) erscheint (›Statistische K.‹).

Kausalsatz, Ⓢ Nebensatz, der eine Begründung enthält, meist eingeleitet mit ›da‹ oder ›weil‹.

Kausalzusammenhang, ♐ ursächl. Zusammenhang zw. einem Tun oder Unterlassen und dem dadurch bewirkten Erfolg (Kausalität, Verursachung). Nach der **Äquivalenztheorie** ist jede Bedingung ursächlich, die nicht hinweggedacht werden kann, ohne daß der Erfolg entfiele; nach der **Adäquanztheorie** hingegen nur diejenige, die nach der allg. Lebenserfahrung zu dem eingetretenen Erfolg geführt hat.

Kausativum [lat.] das, -s/-..va, Sprachlehre: bewirkendes Zeitwort, z. B. tränken (zu trinken).

Kausche die, meist herzförmiger Metallring mit rinnenförmigem Querschnitt, wird in das Ende eines Taues oder Drahtseils eingebunden oder eingespleißt zur Bildung einer Öse.

Kaustik [grch.] die, **1)** ⚕ Zerstörung kleinerer Hautstücke durch Glühhitze, Ätzmittel oder elektr. Strom. **2) Brennfläche,** die Fläche, in der sich Bildstrahlen bei unvollkommener Korrektur eines opt. Systems schneiden. – **kaustisch,** ätzend, beißend; sarkastisch.

Kaustik 2): Kaustik einer Linse

Kautabak, Priem, Tabak in Röllchen zum Auskauen, aus Blättern von fetten, schweren Sorten, getränkt mit Soße aus anderem Tabak sowie süßen und würzigen Stoffen.

Kautel [lat.] die, Vorbehalt, Sicherheitsklausel.

Kaution [lat.], die Sicherheitsleistung für die Erfüllung übernommener Pflichten, v. a. bei Wohnraummiete; im Strafprozeß zulässig u. a. zur Haftverschonung (§§ 116ff. StPO).

Käutner, Helmut, Film- und Bühnenregisseur, * 1908, † 1980; Filme: ›Große Freiheit Nr. 7‹ (1944), ›In jenen Tagen‹ (1947), ›Der Hauptmann von Köpenick‹ (1956) u. a.

Kautschuk [Ketschua: cahuchu], **Naturkautschuk,** i. Ggs. zu →Kunstkautschuk der aus Kohlenwasserstoffen bestehende feste Bestandteil des Milchsaftes **(Latex)** einiger meist trop. Pflanzen. Die meistgenutzte Kautschukpflanze ist Hevea brasiliensis **(Kautschukbaum).** Der Milchsaft wird den Bäumen durch Anschneiden der Rinde entzogen; mit Säuren oder durch Räuchern gewinnt man daraus **Roh-K.** Roh-K. besteht chemisch aus vielen miteinander verbundenen Isopren-Molekülen, deren Doppelbindungen sich unter Anlagerung anderer Stoffe leicht aufspalten lassen. Da der Roh-K., der in seiner festen Form weich und klebrig wird, läßt sich daher unmittelbar nur für Heftpflaster, Isolierband u. dgl. verwenden. Zur Herstellung von Gummi wird er **vulkanisiert,** d. h. mit Schwefel in dichter Form derart gesättigt, daß die K.-Moleküle durch Schwefelbrücken verbunden und die Doppelbindungen größtenteils abgesättigt werden. Ein Schwefelgehalt von 1–7% ergibt Weichgummi, bis 45% Hartgummi. Bei der **Heißvulkanisation** wird der Roh-K. mit Schwefel unter Druck bei 125–180 °C längere Zeit erwärmt. Zur **Aufarbeitung (Regenerierung)** wird der Altgummi zerkleinert und mit Wasserdampf oder Chemikalien behandelt. Die eigtl. Bildsamkeit wird durch Erwärmen in einer geringen Ölmenge erzielt. Der K. wird bes. in der Kraftwagenind. verwendet.

Geschichte. Der K. war lange vor der Entdeckung Amerikas bereits den Maya bekannt. 1744 brachte der frz. Gelehrte de la Condamine den K. nach Frankreich. 1839 erfand der Amerikaner Goodyear die Vulkanisation.

John Keats (Zeichnung von C. A. Brown, 1819)

Gewinnung von **Kautschuk** (in 1 000 t)	
Naturkautschuk (1978)	Kunstkautschuk (1979)
Malaysia 1 530	USA .... 2 473[1]
Indonesien 902	Japan 1 107
Thailand 467	Frankreich 541
Sri Lanka 155	Bundesrep. Dtl. .. 446
Indien 133	Großbritannien .. 293[1]
Liberia 78	Italien 291
Nigeria 57	Niederlande 238
Kambodscha 18	Kanada 283
	Dt. Dem. Rep. ... 155[1]
Welt **3 715**	**Welt** **9 050**

[1] 1978

Kautsky, Karl, österr. marxist. Theoretiker, * 1854, † 1938, war 1881 Privatsekr. von F. Engels in London, dann Publizist in Berlin, 1892 Hauptverfasser des **Erfurter Programms** der SPD, orthodoxer Marxist, bekämpfte den Revisionismus E. Bernsteins, den Radikalismus R. Luxemburgs und den Bolschewismus als neue Form der Unterdrückung.

Kauz der, **1)** Namensteil best. Eulen. **2)** Sonderling.

Kavala, Kawalla, Stadt in W-Makedonien, Griechenland, am Ägäischen Meer, 46 700 Ew., Tabakindustrie und Tabakhandel.

Kavalier [frz.], **1)** ritterl. Mann; Begleiter der Dame. **2)** ♂ Hofmann, Adliger. **Kavaliersdelikt** das, strafrechtl. Tatbestand, der innerhalb best. Gesellschaftsschichten oder Gruppen nicht als ehrenrührig angesehen wird.

Kavalkade [frz.] die, Reiterzug, -trupp.

Kavallerie [frz.] die, urspr. die **Reiterei,** d. h. eine berittene Waffengatt., unterschieden in **Schwere K.** (Kürassiere, Schwere Reiter, Ulanen) und **Leichte K.** (Dragoner, Husaren, Jäger zu Pferde, Chevauxlegers). Die K., wegen ihrer Schnelligkeit und Wendigkeit bes. bei der Aufklärung und Sicherung bewährt, wurde nach dem 1. Weltkrieg zunehmend durch Kraftrad- und Panzer-Spähtruppen ersetzt.

Kavatine die, →Cavatine.

Kaveri, Kaweri, Fluß in S-Indien, 760 km, mündet in den Golf von Bengalen; Bewässerung, Energiegewinnung.

Kaverne [lat.], die, **1)** Höhle, v. a. als Speichereinrichtungen für Flüssigkeiten, Abfälle u. a. **2)** § durch Gewebeeinschmelzung entstandener Hohlraum in tuberkulösen Lungen.

Kaviar [frz.], gesalzener Rogen des Störs, Hausens (Beluga) u. a. Störfische, bes. in russ., pers. und nordamerikan. Gewässern. K.-Ersatz liefern überwiegend Dorsch und Seehase.

Kavitation, Hohlsog, Hohlraumbildung durch Entgasung oder Dampfbildung in strömenden Flüssigkeiten infolge eines Druckabfalls. K. tritt vor allem bei schneller relativer Bewegung von Werkstücken in Flüssigkeiten ein, z. B. bei Schiffsschrauben. Beim mit mehr oder weniger starken **K.-Geräuschen** verbundenen Zusammenfallen dieser Hohlräume durch erhöhten Druck (Wasserschlag) wird Energie freigesetzt; der Werkstoff wird mechanisch stark angegriffen und örtlich ausgehöhlt.

Kawa die, Harzstoff aus der Wurzel einer polynes. Pfefferart; daraus das säuerl. **K.-Bier.**

Kawabata, Yasunari, japan. Schriftst., * 1899, † 1972; Erzählungen und Romane, z. B. ›Ein Kirschbaum im Winter‹ (1969). Nobelpreis 1968.

Kawaguchi, Trabantenstadt nördl. Tokio, 366 000 Ew.

Kawalerowicz [-tʃ], Jerzy, poln. Filmregisseur, * 1922; Filme: ›Nachtzug‹ (1959), ›Spiel‹ (1968) u. a.

Kawasaki, Fabrik- und Hafenstadt in Japan, südl. von Tokio, 1,041 Mio. Ew.; Schwerindustrie.

Kawerin, Wenjamin Aleksandrowitsch, eigtl. W. A. **Silber,** sowjet. Schriftst., * 1902; Romantrilogie: ›Das offene Buch‹ (1949–57), ›Sieben Paar Unreine‹ (1962).

Kawi das, altjavan. Literatursprache, zw. 900–1400 n. Chr.

Kaye-Smith [keɪmʼɪθ], Sheila, engl. Schriftstellerin, * 1887, † 1956; Romane aus dem Bauernmilieu von Sussex.

Kayser, 1) Christian Gottlob, Verleger und Bibliograph, * 1782, † 1857, gründete das ›Vollständige Bücherlexikon‹

(1834–1911, 36 Bde.). **2)** Wolfgang, Literaturhistoriker, * 1906, † 1960; ›Das sprachl. Kunstwerk‹ (1948).

Kayseri [kʼaj-], Prov.-Hptst. in der kleinasiat. Türkei, 273 400 Ew.; reich an seldschuk. Baudenkmälern; Handel, Ind. (Nahrungsmittel, Textilien, Teppiche). In der Nähe Fundort von altassyr. Briefen und Urkunden in Keilschrift auf Tontafeln.

Kazan [kəzʼɑ:n], Elia, eigtl. **Kazanjoglou,** amerikan. Filmregisseur und Schriftst., * Konstantinopel 1909; Filme: ›Endstation Sehnsucht‹ (1951), ›Die Faust im Nacken‹ (1954), ›Jenseits von Eden‹ (1955); Romane.

Kazantzakis, [-z-n], Nikos, neugrch. Schriftst., * 1883, † 1957; Lesedramen; Romane aus dem Volksleben: ›Alexis Sorbas‹ (1946), ›Griech. Passion‹ (1951), ›Mein Franz von Assisi‹ (1956). K. übersetzte Dante, Goethe, Nietzsche.

Kazike [indian.] *der,* Stammes- oder Dorfhäuptling in Mittel- und Südamerika.

kcal, Zeichen für Kilokalorie.

Kea, altgrch. **Keos,** grch. Insel der Kykladen, 131 km², 4 300 Ew. Hptst.: K. (im Altertum **Julis**).

Kean [ki:n], **1)** Charles, engl. Schauspieler, Sohn von 2), * 1811, † 1868; Shakespeare-Inszenierungen. **2)** Edmund, * 1787, † 1833, bed. Shakespeare-Darsteller.

Keaton [ki:tn], Buster, * 1895, † 1966, Komiker des amerikan. Stummfilms (›Der General‹, 1926, u. a.).

Keats [ki:ts], John, engl. Dichter, * 1795, † 1821, Vertreter der engl. Hochromantik; schrieb in bild- und klangreicher Sprache Verserz., Oden, Balladen, die aus sinnenstarker Hingabe an die Natur und die antike Mythologie erwuchsen. (Bild S. 84)

Keban, Kreisstadt in der O-Türkei. In der Nähe wird der Euphrat zum **K.-Stausee** gestaut: 125 km lang, 680 km², 31 Mrd. m³ Stauinhalt; Energieerzeugung.

Kebnekaise, Kebnekajse, höchster Berg Schwedens, 2 111 m, VerwBez. Norrbotten, stark vergletschert.

Kebse, Kebsweib, ⚭ Nebenfrau, Konkubine.

Kecskemét [kʼetʃkeme:t], Hptst. des Bez. Bács-Kiskun, Ungarn, 93 000 Ew.; reiches Obst- und Weinbaugebiet.

Kedah, malays. Staat auf W-Malaysia, an der Halbinsel Malakka, 9 421 km², 1 Mio. Ew.; Hptst.: Alor Star; Kautschuk- und Ölpalmenplantage, Reisanbau.

Kediri, indones. Stadt auf O-Java, rd. 200 000 Ew.

Kędzierzyn-Koźle [kendʒʼɛʒin-kʼɔʒlɛ], Stadt in der poln. Wwschaft Opole (Oppeln), beiderseits der Oder und am Gleiwitz-Kanal (→ Klodnitz), 68 000 Ew.; Umschlaghafen mit Werft, chem. u. a. Ind. – K.-K. wurde 1975 aus den Städten Kędzierzyn (Kandrzin) und Koźle (→ Cosel) gebildet.

Keeling-Inseln [kʼi:lɪŋ-], die Kokos-Inseln.

Keelung [-ʼi:-], **Kielung, Chilung** [dʒi-], Hafenstadt auf N-Taiwan, 341 600 Ew.; Kohlenrevier.

keep smiling [ki:p smʼaɪlɪŋ, engl.] ›lächle weiter‹], amerikan. Grundsatz, stets Optimismus zur Schau zu tragen.

Kees *das,* bayerisch-österr.: Gletscher.

Keetmanshoop, Stadt in S-Namibia, an der Bahn Kapstadt –Windhuk, 10 500 Ew.; Mittelpunkt der Karakulschafzucht.

Kefermarkt, Marktgem. in OÖ, 1 700 Ew.; in der Pfarrkirche bed. spätgot. Schnitzaltar (um 1500).

Kefir [türk.] *der,* rahmartiges Sauermilchgetränk, gewonnen durch gleichzeitige alkohol. und milchsaure Gärung.

Keflavik [kjʼeblavi:k], Siedlung auf Island, westl. von Reykjavik, 6 500 Ew.; Flughafen; amerikan. Militärstützpunkt.

Kegel, 1) Holzfigur des Kegelspiels (→ Kegeln). **2)** △ Fläche, die aus geraden Linien (**Erzeugende**) besteht, von denen jede durch einen festen Punkt S (**Spitze, Scheitel**) geht und eine feste geschlossene Kurve des Raumes L (**Leitlinie**) schneidet. In der Stereometrie nennt man K. insbes. auch den von einem Kreiskegel (Leitlinie = Kreis) und der Spitze des Kreises begrenzten Körper; der K. selbst heißt dann **Kegelmantel,** die Kreisfläche **Grundfläche. 3)** Buchdruck: beim Schriftguß die Abmessung einer → Letter.

Kegeln, Kegelspiel, Kugelspiel, bei dem der Spieler – im Einzel- oder Gruppenkampf – eine Kugel (Holz, Hartgummi) mit kräftigem Schwung auf eine Asphalt-, Bohlen-, Scheren- oder (internat.) Parkettbahn ins Rollen bringt. Sie soll die am Ende der Bahn aufgestellten 9 (internat. 10, → Bowling) Kegel möglichst durch einen einzigen Schub umwerfen.

Kegelprojektion, ein Kartennetzentwurf.

Kegelschnecken, Meeresschnecken mit kegelförmigem, meist buntem Gehäuse, Stilette auf der Zungenraspel.

Kegelschnitte, ebene Kurven, die sich aus dem Schnitt eines Kreiskegels mit einer Ebene ergeben: je nach Lage →Ellipse

(Sonderfall Kreis), →Parabel oder →Hyperbel. Geht die Ebene durch den Scheitel des Kegels, so artet die K. zu einem Punkt oder einem Paar von Geraden aus. (Bild S. 86)

Kehdingen, Land K., Landschaft am Westufer der Unterelbe mit dem **Kehdinger Moor;** Viehzucht, Obst-, Gemüsebau.

Kehl, Große Krst. in Bad.-Württ., an der Mündung der Kinzig in den Rhein, gegenüber Straßburg, 30 000 Ew. Hafen, Beton-, Draht-, Stahl- u. a. Ind.; Europabrücke zw. K. und Straßburg. – 1871–1918 Brückenkopf der Festung Straßburg. Im 2. Weltkrieg schwer zerstört.

Kehle, vorderer Teil des Halses.

Kehlkopf, beim Menschen und den lungenatmenden Wirbeltieren der Eingang in die Luftröhre und das Organ der Stimmbildung, in der Mittellinie des Vorderhalses. Der **Kehldeckel** verschließt beim Schlucken den K., so daß die Speisen an ihm vorbei in die Speiseröhre gleiten. Der stimmbildende Teil des K. besteht aus den **Stimm-** und den **Taschenbändern,** zw. denen **Stimmritze** und **Kehlkopfbucht** liegen.

Kehlkopfgenerator, Gerät zur Erzeugung einer künstl. Stimme nach operativer Entfernung des Kehlkopfes.

Kehlkopfkatarrh, Laryngitis, Entzündung der Kehlkopfschleimhaut, erzeugt Brennen, Heiserkeit, Husten. Behandlung: Pinselung, Inhalieren.

Kehlkopfpfeifen, Atmungsstörungen bei Pferden und Eseln durch Kehlkopferkrankung (→ Hauptmängel).

Kehlkopfpolyp, kleine, gutartige, den Stimmbändern aufsitzende Geschwulst, die Heiserkeit verursacht.

Kehlkopfspiegel, Laryngoskop, kleiner Spiegel, hinter das Zäpfchen eingeführt, zum Besichtigen des Kehlkopfinneren und der Luftröhre.

Kehlkopftuberkulose, meist zu schmerzhafter Geschwürbildung führende tuberkulöse Erkrankung des Kehlkopfes.

Kehllaute, Velare, Gutturale, im Deutschen am Hintergaumen gebildete Laute: k, g vor a, o, u; ach-Laut; ng in ›lange‹.

Kehre, 1) Wegbiegung, Windung. **2)** Turnen: Sprung oder Abschwung mit dem Rücken zum Gerät.

Kehrreim, Refrain [rafrʼɛ̃, frz.], Vers oder Versteil, der in den einzelnen Strophen an bestimmten Stellen, meist am Ende, wiederkehrt; bes. in Volksliedern.

Keighley [kʼi:θlɪ], Stadt in der Metropolitan County West Yorkshire, England, 55 900 Ew.; Textil- und Metallind.

Keihin, Name der 1941 gegr. Hafengemeinschaft Tokio, Tschiba, Kawasaki und Yokohama.

Keil, 1) die Kante spitz zulaufender Körper zum Trennen und Spalten. Wirkungsweise: eine an der Grundfläche angreifende Kraft wird in zwei von den Schenkeln ausgehende Kräfte zerlegt. **2)** im Maschinenbau ein Stahlstück von meist rechteckigem Querschnitt und mit einer geneigten Fläche, wird in eine Öffnung (Nut) zw. zwei zu verbindende Teile gesteckt.

Keilbein, 1) Knochen des Schädelbodens mit der **Keilbeinhöhle. 2)** die 3 vorderen Fußwurzelknochen des Menschen.

Keilberg, tschech. **Klínovec** [-vets], höchster Berg des Erzgebirges (1 244 m), im NW der ČSSR.

Keilberth, Joseph, Dirigent, * 1908, † 1968.

Keiler, Wildeber nach dem 2. Lebensjahr.

Keilhaken, großer Brachvogel, → Brachvögel.

Keilriemen, → Riemen.

Keilschrift, aus keilförmigen Strichen zusammengesetzte Schriftarten im alten Vorderasien, bes. in Babylonien, Assyrien und Persien. Die K. entstand um 2900 v. Chr. bei den Sumerern aus bildmäßigen, stark vereinfachten Wortzeichen. Um 1400 v. Chr. war sie die am meisten verbreitete Schrift des Alten Orients, die auch den ägypt. Hof im diplomat. Verkehr mit

Buster Keaton

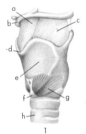

Kegel 2):
1 *gerader Kreiskegel;*
2 *schiefer Kreiskegel;*
3 *Kegelstumpf*

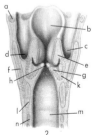

Kehlkopf des Menschen: **1** *Kehlkopf mit Zungenbein, Muskeln und Luftröhre, von links gesehen.* **a** *Mittleres Band zwischen Zungenbein und Schildknorpel,* **b** *Zungenbein,* **c** *Durchtrittsstelle für Blutgefäße und Nerv,* **d** *oberer Einschnitt des Kehlkopfs (zwischen beiden Schildknorpelplatten),* **e** *linke Schildknorpelplatte,* **f** *Bogen des Ringknorpels,* **g** *Ring-Schildknorpelmuskel,* **h** *Luftröhre.* **2** *Frontalschnitt. Einblick von hinten, nachdem die hintere Begrenzung von Kehlkopf und Luftröhre entfernt worden ist.* **a** *Zungenbein,* **b** *Kehldeckel,* **c** *Speiseröhreneingang,* **d** *Speiseröhreneingang,* **e** *Taschenband,* **f** *Schildknorpel,* **g** *Stimmband,* **h** *Stimmritze,* **k** *Stimmbandmuskel,* **l** *Ringknorpel,* **m** *Luftröhre,* **n** *Luftröhrenknorpel*

Kehlkopf

Keil

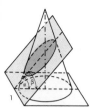

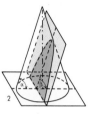

1

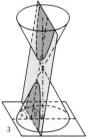

2

3

Kegelschnitte:

Kleinasien verwendete. Die pers. K. wurde als erste von Grotefend 1802 entziffert. (Tafel Schrift)

Keilschwanzsittiche, Gruppe mittelgroßer amerikan. Papageien mit kurzem, dickem Schnabel und gestuftem Schwanz.

Keim, 1) einfaches Ausgangsgebilde eines Lebewesens, das sich zum Pflanzen-, Tier-, Menschenkörper oder zu einem Organ entwickelt. **2)** Krankheitserreger.

Keimblase, Blastula, ein Stadium der →Entwicklung.

Keimblatt, ⊕ **Cotyledon,** Erstlingsblatt am Keim, in Einzahl bei den Einkeimblättrigen, in Zweizahl bei den Zweikeimblättrigen.

Keimdrüse, →Geschlechtsdrüsen.

Keimfleck, Kernkörperchen der tier. Eizelle.

keimfrei, aseptisch (→Asepsis).

Keimgifte, Stoffe, die männl. oder weibl. Keimzellen schädigen **(Keimschädigung),** z. B. Alkohol oder radioaktive Substanzen. Chemisch wirkende Stoffe (so Kolchicin, Lost) führen durch Zerstörung der Keimzellen zur Unfruchtbarkeit. K. werden u. a. als →zytostatische Mittel angewendet.

Keimling, →Embryo, →Samen.

Keimpräparate, Heilnährmittel aus Getreide-(bes. Weizen-) Keimen; reich an Vitaminen und Mineralstoffen.

Keimschädigung, →Keimgifte.

Keimscheibe, Teil des Vogeleies, schwimmt auf dem Dotter.

keimtötende Mittel, →Antisepsis.

Keimung, erste Fortentwicklung eines pflanzl. Keims. Sporen wachsen zu einer schlauchförmigen Zelle aus **(Keimschlauch),** die sich dann weiterentwickelt. Blütenstaubkörner wachsen zum Pollenschlauch **(Pollenkeimung).** Die K. beginnt mit Quellen von Samen und Embryo. Dann wird die Samenschale gesprengt, das Würzelchen bricht durch, der Embryo entwickelt sich weiter zur **Keimpflanze,** und die **Keimblätter** treten hervor. Meist keimen die Samen im 1. Jahr nach der Reife; andere Samen bekommen erst nach Jahren ihre stärkste Keimkraft (z. B. Gräser).

Keimzelle, Geschlechtszelle.

Keir Hardie [kɪəʹhɑːdɪ], James, brit. Arbeiterführer, * 1856, † 1915, wurde 1893 Präs. der von ihm gegr. Unabhängigen Labour Party, 1909 der Labour Party.

Keiser, Reinhard, Komponist, * 1674, † 1739, schrieb über 70 Opern, von denen etwa 30 erhalten sind.

1 *Die Schnittfigur ist eine Ellipse, bei β < α,* **2** *eine Parabel, bei β= α,* **3** *eine Hyperbel, bei β > α*

Keitel, Wilhelm, Gen.-Feldmarschall (1940), * 1882, † (hingerichtet) 1946, führte 1938–45 als Chef des Oberkommandos der Wehrmacht die militär. Pläne Hitlers aus; 1946 in Nürnberg zum Tode verurteilt.

Kekkonen, Urho Kaleva, finn. Politiker (Bauernpartei), * 1900, 1950–53 und 1954–56 MinPräs., 1956–81 Staatspräs.

Kekrops, grch. Mythos: erdgeborener Urmensch, ältester König von Athen.

Keks [aus engl. cake] *der oder das,* haltbares Kleingebäck, meist aus Weizenmehl, Fett, Eiern, Zucker und Gewürzen.

Kekulé von Stradonitz, August, Chemiker, * 1829, † 1896, entdeckte die Vierwertigkeit des Kohlenstoffs und die Ringstruktur des Benzols, begründete die theoret. organ. Chemie.

Kelantan, Bundesstaat in W-Malaysia, 14925 km², über 700000 Ew.; Hptst.: Kota Bharu.

Kelch [lat.], **1)** Trinkbecher mit Fuß, bes. das liturg. Gefäß zur Spendung des Weins beim Abendmahl und Aufbewahrung der Hostie. **2)** ⊕ Teil der Blüte.

Keldysch, Mstislaw Wsewolodowitsch, sowjet. Mathematiker, * 1911, † 1978, 1961–75 Präs. der Akademie der Wissenschaften der UdSSR.

Kelemen, Milko, jugoslaw. Komponist, * 1924, komponiert bes. moderne Vokal- und Instrumentalmusik.

Kéler [kʹeːler], Béla, eigtl. Adalbert von **Keller,** ungar. Komponist, * 1820, † 1882; Unterhaltungsmusik.

Kelheim, Krst. in Bayern, am Zusammenfluß von Donau und Altmühl, 14200 Ew.; Chemie-, Holzind.; bei K. die →Befreiungshalle.

Kelim *der,* **Kilim** [türk.], Wandbehang oder Teppich mit (im Ggs. zum Gobelin) beidseitig gleichem Aussehen. Der leinwandbindige Schußfaden kreuzt sich immer nur mit so vielen Kettfadengruppen, wie es das Muster verlangt.

Kelkheim (Taunus), Stadt im Main-Taunus-Kr., Hessen, am S-Fuß des Taunus, 27000 Ew.; Möbelindustrie.

Kelle, 1) Schöpfgerät. **2)** Maurergerät: 3- oder 4eckige Metallscheibe zum Aufbringen des Mörtels.

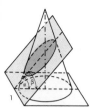

*Urho Kaleva
Kekkonen*

Keller, 1) Gottfried, schweizer. Dichter, * 1819, † 1890, bildete sich zunächst als Maler aus, lebte 1848–50 in Heidelberg (Einfluß von H. Hettner und L. Feuerbach), 1850–55 in Berlin, wo der autobiograph. bestimmte Roman ›Der grüne Heinrich‹ (4 Bde., 1854/55, Neufassung 1879) entstand, ein HW des ›poetischen Realismus‹. 1856 erschienen die Erzählungen ›Die Leute von Seldwyla‹, meist humorvoll-satirisch, jedoch auch z. T. von trag. Charakter. Ähnlich angelegt sind die späteren Novellen; der Altersroman ›Martin Salander‹ behandelt soziale und polit. Problematik. Novellensammlungen: ›Züricher Novellen‹ (2 Bde., 1878), ›Das Sinngedicht‹ (1881), ›Sieben Legenden‹ (1872); Lyrik. (Bild S. 87) **2)** Helen, amerikan. Schriftstellerin, * 1880, † 1968, verlor mit 19 Monaten Augenlicht und Gehör; autobiograph. Schriften. **3)** Paul, Schriftst., * 1873, † 1932; Romane: ›Waldwinter‹ (1902), ›Sohn der Hagar‹ (1907), ›Ferien vom Ich‹ (1915).

Kellerhals, ⊕ →Seidelbast.

Kellermann, Bernhard, Schriftst., * 1879, † 1951; Romane (›Der Tunnel‹, 1913).

Kellermeister, Verwalter eines Weinkellers, leitet die sachgemäße Weinbehandlung.

Kellerwald, östl. Ausläufer des Rhein. Schiefergebirges, südlich von Bad Wildungen, im Wüstegarten 675 m.

Kellgren [tçʹɛlgreːn], Johan Henric, schwed. Dichter, * 1751, † 1795, Vertreter der Aufklärung; später Einfluß auf die Romantik.

Kellner, Kellnerin, neuerdings amtl. **Restaurantfachmann,** Angestellte(r) zur Bedienung in Gaststätten; Ausbildungsberuf (dreijähr. Ausbildung, Gehilfenprüfung). Entgelt meist Mindestgarantie zuzüglich Bedienungs-(Trink-)Geld.

Kellogg, Frank B., amerikan. Politiker, * 1856, † 1937, 1925–29 Außenmin.; Friedensnobelpreis 1929.

Kellogg-Pakt, Vertrag, der auf Grund von Verhandlungen zw. den USA (F. B. →Kellogg) und Frankreich (A. →Briand) in Paris 1928 geschlossen wurde. In ihm verpflichteten sich 57 Staaten, denen sich bis 1938 weitere 48 anschlossen, den Krieg als Werkzeug der nat. Politik zu ächten und Streitfälle durch friedl. Mittel beizulegen; Verteidigungskriege waren ausgenommen.

Kelly, 1) Gene, amerikan. Filmschauspieler, Tänzer, Choreograph, * 1912, spielte in ›Broadway Melodie‹, ›Ein Amerikaner in Paris‹. **2)** Grace, amerikan. Filmschauspielerin, * 1929, † 1982; ›12 Uhr mittags‹ (1952), ›Das Fenster zum Hof‹ (1954); 1956 ⚭ Fürst Rainier III. von Monaco (seither **Gracia Patricia**).

Keloid [grch.] *das,* ⚕ derbe, wulstige Verdickung der Haut, meist Narbenbildung.

Kelsen, Hans, Rechtsphilosoph, * 1881, † 1973, entwarf die österr. Verfassung von 1920, lebte seit 1940 in den USA; Vertreter des Rechtspositivismus.

Kelsterbach, Stadt im Kr. Groß-Gerau, Hessen, am Main, 13800 Ew.; chem. Industrie.

Kelten, indogerman. Völkergruppe, vorgeschichtlich in der Hallstattzeit nachweisbar in Süddtl., Böhmen, Mähren, Schlesien. Bedeutung erlangte sie durch Bergbau, Anlage fester Städte und ausgedehnten Handel in der Latènezeit, einer wesentlich keltisch bestimmten Epoche. Um 450 v. Chr. wanderten die K. über den Rhein und besetzten Gallien, Oberitalien, Spanien und die brit. Inseln. Im 4. und 3. Jh. v. Chr. bedrohten kelt. Stämme Rom; andere wanderten in den Balkan-Halbinsel nach Kleinasien (→Galater). Die Eroberung Galliens und Britanniens durch die Römer durch die Macht der K.; fast alle K. wurden romanisiert.

Kelter [lat.] *die,* Fruchtpresse, bes. zum Auspressen von Weintrauben.

Kelterborn, Rudolf, Komponist, * 1931.

Keltiberer, im Altertum krieger. Stämme in N-Spanien, die aus der Vermischung von Iberern mit den aus Gallien eingewanderten Kelten entstanden waren.

keltische Kunst. Die Wurzeln reichen in die →Hallstattzeit, ihren Höhepunkt erreichte sie in der →Latènezeit, Latènezeit zu höchster Blüte im frühen MA. auf den Brit. Inseln. Hauptsächl. Zeugnisse im Kunsthandwerk (Gräberfunde), Skulpturen sind selten. Die K. zeichnet sich aus durch ihre Eigenständigkeit, die Auswahl und Verknüpfung ihrer Motive (vorwiegend aus dem Tier- und Pflanzenreich) und durch ihre phantasievolle geomet. Muster. Das von der Natur gegebene Motiv wird abstrakter und stilisiert, aber nicht zum Symbol, sondern zum Ornament mit Sicherheit in den Linien und Figuren. Kelt. Stil, auf dem Kontinent um Christi Geburt von anderen Einflüssen verdrängt, wird auf den Brit. Inseln weiterentwickelt. Aus der Synthese von kelt. Erbe und Christentum erlangte Irland seine frühmittelalterl. Blütezeit.

Kelt. Ornamentik auf kirchl. Gerät, in den illuminierten Handschriften (Book of Darrow, 7. Jh., Book of Kells, 8. Jh.) und auf den Steinkreuzen.

keltische Mythologie, die Mythologie der Inselkelten, i. Ggs. zu derjenigen der Gallier. Die k. M. läßt sich nur aus der irischen Mythologie erschließen. Der Glaube an die alten Götter (Himmelsgott Echu Oll-athair, Kriegsgott Nuado Argatlám, Feuergott und Meister aller Künste Lug, Göttin des Feuers und der Poesie Brigit u. a.) wurde vom Glauben an Lokalgötter, Elfen und Zwerge, heilige Quellen, Bäume und Steine überwuchert. In England sind die alten kelt. Götter unter den Sagengestalten der kymrischen →Mabinogion, der Tristan-, Arthur- und Gralssage verborgen.

keltische Sprachen, spät aus dem Westindogermanischen ausgesonderte Sprachfamilie, die man geographisch (Stand vor dem 4. Jh. n. Chr.) oder mundartlich gliedern kann. Geographisch wird unterschieden zw. **Festland-** und **Inselkeltisch.** Dialekte des Inselkeltischen sind: Kymrische (in Wales), kornische (in Cornwall), bretonische (in der Bretagne) als Sprachen mit dem Hauptzweig der Irischen. Festlandkeltisch ist trümmerhaft aus Gallien, Spanien bis Galatien überliefert. Schriftl. Überlieferung gibt es bes. in irischer und kymr. Sprache, von den Festlandkelten ist nur mündl. Überlieferung durch die Druiden bezeugt.

Kelvin, Zeichen **K** (früher °K), die nach Lord Kelvin (→Thomson 4) benannte SI-Einheit der thermodynam. Temperatur. **Kelvinskala:** Tripelpunkt des Wassers = 273,16 K, Eispunkt aber mit 273,15 K vereinbart. 0 K = − 273,16 °C; 0 °C = + 273,16 K.

Kemal Atatürk, Mustafa, türk. Politiker, →Atatürk.

Kemelman [kʼeməlmən], Harry, amerikan. Schriftst., * 1908; Detektivgeschichten mit dem Rabbiner David Small.

Kemenate *die,* im MA. Zimmer mit einer Feuerstätte (Kamin), bes. Wohn- und Schlafgemach auf einer Burg.

Kemerowo, bis 1932 **Schtscheglowsk,** Hptst. des Gebiets K. im Kusnezker Kohlenbecken, Russ. SFSR, 478 000 Ew.; Schwerpunkt der sowjet. chem. Industrie.

Kemijoki, längster Fluß Finnlands, 520 km, mündet bei Kemi in den Bottn. Meerbusen; Holzflößerei.

Kempen, Stadt im Kr. Viersen, NRW, 30 200 Ew.; Eisen-, Textil-, chem. u. a. Industrie.

Kempenland, niederl. **De Kempen** [-pə], frz. **Campine** [kɑ̃pʼin], grenzübergreifende Landschaft in N-Belgien und den S-Niederlanden, zw. Maas und Schelde. Durch Kohlenlager rasche Industrialisierung; belg. Kernforschungszentrum Mol; Naturschutzgebiet.

Kempff, Wilhelm, Pianist und Komponist, * 1895, einer der großen Interpreten klass. und romant. Klaviermusik.

Kempner, Friederike, Schriftstellerin, * 1836, † 1904; unfreiwillig komisch wirkende Gedichte; Novellen.

Kempowski, Walter, Schriftst., * 1929; Romane: ›Tadellöser und Wolff‹ (1971), ›Uns geht's ja noch gold‹ (1972) u. a.

Kempten (Allgäu), kreisfreie Stadt an der Iller, Bayern, 57 400 Ew.; Textil-, Druck-Ind.

Ken, japan. Verwaltungseinheit (Präfektur, Provinz).

Kena, Prov.-Hptst. in Oberägypten, am Nil, rd. 70 000 Ew.

Kendall [kendl], Edward Calvin, amerikan. Biochemiker, * 1886, † 1972, entdeckte 1914 das Schilddrüsenhormon (Thyroxin), stellte 1937 das Nebennierenrindenhormon Cortison rein dar; 1950 Nobelpreis für Physiologie und Medizin (mit P. S. Hench und T. Reichstein).

Kendo [japan. ›Schwertweg‹], urspr. die Fechtkunst der Samurai mit scharfen Schwertern, ohne Schutzpanzer; seit 1876 in eine sportl. Form umgewandelt.

Kendrew [kʼendru:], John Cowerdy, engl. Biochemiker, * 1917; Hämoglobin- und Myoglobinforschung; Nobelpreis für Chemie 1962 (mit M. F. Parutz).

Kenia, engl. **Mount Kenya** [maunt kʼi:njə], erloschener Vulkan, in dem nach ihm benannten Staat, 5194 m, mit Gletscher.

Kenia, engl. **Kenya** [kʼi:njə], Rep. in Ostafrika, 582 646 km² mit 15,9 Mio. Ew. Hptst. ist Nairobi; Amtssprachen: Englisch und Suaheli. Religion: 36% der Ew. sind evang., 22% kath. Christen, 4% Muslime; sonst Naturreligionen. ⊕ Band 1, n. S. 320. Nach der Verf. von 1967 ist Staatsoberhaupt und Regierungschef der Präs. Währung: 1 K.-Schilling (K. Sh.) = 100 Cents.

Landesnatur. Von der Küste des Ind. Ozeans steigt das Land nach NW zu weiten Hochländern (1500–2000 m ü. M.) an, von einzelnen Vulkanen (Kenia 5194 m) überragt, in N–S-Richtung

vom Ostafrikan. Graben durchzogen. Die an der Küste hohen Temperaturen des trop. Klimas werden im Innern durch die Höhenlage gemildert; im südl. Küstengebiet und im Hochland beiderseits des Ostafrikan. Grabens reichliche Niederschläge; der äußerste N ist Halbwüste. – **Bevölkerung.** Bantuvölker (Kikuyu, Luhya, Kamba u. a.), daneben nilot. und hamito-nilot. Gruppen (Luo, Masai u. a.). Der Bevölkerungsanteil der Asiaten (1%) und Europäer (0,3%) nimmt ständig ab. Allg. Schulpflicht (8 Jahre) noch nicht überall durchgeführt. Univ. in Nairobi.

Wirtschaft. In Plantagen, zunehmend auch in Kleinbetrieben, werden Kaffee, Tee, Sisal, Pyrethrum, Weizen, Zuckerrohr angebaut, für die Selbstversorgung bes. Mais, Batate, Maniok. Bedeutende Viehwirtschaft (Rinder) in Großbetrieben des Hochlands. Der Bergbau (Salz, ferner etwas Kupfer, Gold, Kalk) ist unbedeutend, die Industrie in Ostafrika führend (Nahrungsmittel, Textilien, Holz- und Metallverarbeitung, Erdölraffinerie u. a.). Hauptausfuhrgüter: Kaffee, Tee, Erdölprodukte; ferner Fleisch, Sisal; Haupthandelspartner: Großbritannien, Bundesrep. Dtl., USA, Japan, Iran. Bedeutender Devisenbringer: Fremdenverkehr. Vom Haupthafen Mombasa Eisenbahnlinie nach Uganda; rd. 45 000 km Straßen; Binnenschiffahrt auf dem Victoriasee; internat. Flughafen: Nairobi.

Geschichte. Seit dem 10. Jh. bestanden arab. Handelsniederlassungen (Mombasa, Malindi u. a.). An der Küste siedelten vom 16. bis 18. Jh. Portugiesen. 1837 unterwarf der Sultan von Sansibar das ganze Küstengebiet. Großbritannien sicherte sich durch die 1887 gegr. Imperial British East Africa Company K. Im Helgoland-Sansibar-Abkommen (1890) grenzten die dt. u. brit. Regierungen ihre Interessensphäre in O-Afrika ab. 1895 wurde K. brit. Kronkolonie. Im Hochland von K. begann schon vor 1914 eine europ. Besiedlung. Seit etwa 1920 entstand unter den Kikuyu eine moderne polit. Bewegung. Nach der Niederschlagung des Mau-Mau-Aufstandes (1950–56, →Mau-Mau) entließ Großbritannien K. 1963 in die staatl. Unabhängigkeit (Präs. J. →Kenyatta). 1967 bildete K. mit Uganda und Tansania die →Ostafrikanische Gemeinschaft. Die Kenya African National Union (KANU) wurde zur Einheitspartei.

Kenilworth [kʼenilwə:θ], Stadt in der engl. Cty. Warwickshire, 20 000 Ew.; Burgruine (12.–16. Jh.).

Kenitra, 1932–56 **Port-Lyautey,** Hafenstadt in Marokko, an der Mündung des Sebou, 366 000 Ew.

Kennan [kʼenən], George Frost, amerikan. Diplomat, * 1904, entwarf die Politik des ›Containments‹ gegenüber dem Ostblock; 1982 Friedenspreis des Dt. Buchhandels.

Kennedy [kʼenədi], **1)** Edward Moore, Bruder von 2) und 4), amerikan. Politiker, * 1932, seit 1963 demokrat. Senator für Massachusetts. **2)** John Fitzgerald, der 35. Präsident der USA (1961–63), * 1917, † (ermordet) 1963; 1953–61 Senator für Massachusetts. K. entwickelte ein neues Konzept (›New Frontier‹) zur Förderung von Technik und Bildung, Kampf gegen die Armut, für die Bürgerrechte der Farbigen; erstrebte durch Abrüstung einen Ausgleich mit der UdSSR (→Kuba-Krise). **3)** Margaret, engl. Schriftstellerin, * 1896, † 1967; ›Die treue Nymphe‹ (1924) u. a. **4)** Robert Francis, Bruder von 1) und 2), amerikan. Politiker, * 1925, † (ermordet) 1968; 1961–64 Justizmin., seit 1964 Senator für New York. 1968 bewarb er sich um die Präsidentschaftskandidatur der Demokrat. Partei.

Kennedy-Runde, 1964–67 Verhandlungen über allg. Zollsenkungen innerhalb des →GATT.

Kenning [altnord.] *die,* -/-ar, bildersprachl. Umschreibung einfacher Wörter in der altnord. Skaldendichtung, z. B. ›Trank Odins‹=Dichtkunst.

Kennlinie, graph. Darstellung des Zusammenhangs zw. 2 Größen, z. B. bei einem Motor die Abhängigkeit des Drehmoments von der Drehzahl.

Kennung, Luft- und Schiffahrt: akust., elektromagnet. oder opt. Signale, die von Funk-, Leuchttürmen, Unterwasserschallanlagen u. a. in vereinbarter Form gegeben, die Identität des Kennungsgebenden anzeigen; im militär. Bereich Freund-Feind-K.

Kenotaph *das,* Leer- oder Scheingrab zur Erinnerung an einen oder mehrere Tote, die nicht nach den geltenden Sitten bestattet werden konnten (z. B. Grabmal des Unbekannten Soldaten). Bild islamische Kunst

Kent, Cty. in SO-England, 3732 km², 1,456 Mio. Ew.; Verwaltungssitz ist Maidstone. K. ist das älteste der ehemaligen angelsächs. Königreiche.

Kent, William, engl. Architekt, * um 1685, † 1748, baute streng klassizistisch und begründete den engl. Gartenstil.

Gottfried Keller (aus einer Radierung von K. Stauffer-Bern, 1887)

John F. Kennedy

Kenia

Kent

Johannes Kepler

Kentaur, Zentaur, 1) grch. Mythos: Fabelwesen, halb Mensch, halb Pferd, in Waldgebirgen lebend. **2)** ✶ Sternbild des Südhimmels.

kentern, umschlagen (Boot, Schiff).

Kentia *die,* **Howea,** Gattung zierl. Fiederpalmen.

Kenton [k′entən], Stan, eigtl. Stanley Newcomb K., amerikan. Jazzpianist, Bandleader, * 1912, † 1979.

Kentucky [kent′ʌkɪ], Abk. **Ky.,** postamtl. **KY,** Staat der USA, zw. Ohio, Allegheny-Gebirge und Cumberland-Plateau, 104 623 km², 3,661 Mio. Ew. Hptst.: Frankfort. Anbau von Tabak, Mais, Sojabohnen; Rinder-, Pferdezucht. K. steht im Kohlebergbau an 2. Stelle der USA. Tabak-, Holz-, Elektrogeräte-, chem. Ind. – K. wurde 1792 15. Staat der Union.

Kentumsprachen, →indogermanische Sprachen.

Kenyatta, Jomo, eigtl. Johnstone Kamau **Ngengi,** Politiker in Kenia, * 1891, † 1978; wurde 1963 Premiermin., war seit 1964 Präs. von Kenia.

Kephallenia, größte der Ionischen Inseln vor der Westküste Griechenlands, 781 km², 31800 Ew. Hauptort: Argostolion. Ausfuhr von Korinthen, Feigen, Oliven und Wein.

Kephalopoden [grch.], →Kopffüßer.

Kepheus, 1) grch. Mythos: Vater der Andromeda. **2)** ✶ Sternbild in der Nähe des nördl. Himmelspols.

Kepler, Johannes, Astronom, * 1571, † 1630, kaiserl. Hofastronom in Prag, erfand das astronom. Fernrohr und entdeckte die →Keplerschen Gesetze.

Keplersche Gesetze, Gesetze der Planetenbewegung: 1) Die Planeten bewegen sich in Ellipsen, in deren einem Brennpunkt die Sonne steht. 2) Die Verbindungslinie zw. dem Mittelpunkt der Sonne und dem Planeten überstreicht in gleichen Zeiten gleiche Flächen. 3) Die Quadrate der Umlaufszeiten verhalten sich wie die Kuben der mittleren Entfernungen von der Sonne. – Diese Gesetze gelten allgemein für Massen, die sich um einen gemeinsamen Schwerpunkt bewegen.

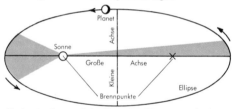

Keplersche Gesetze: Bahnellipse eines Planeten um die Sonne

Kerabau, indischer Büffel.

Kerala, Staat in S-Indien, an der Malabarküste, 38 864 km², 25,2 Mio. Ew.; Hptst.: Trivandrum; Anbau von Reis, Zuckerrohr, Pfeffer, Kautschuk, Ingwer, Kokospalmen, Tee. Bodenschätze: Ilmenit, seltene Erden. – K. wurde 1956 aus dem Staat Travancore-Cochim und angrenzenden Gebieten geschaffen.

Keramik *die,* anorganisch-nichtmetall. Stoffe, die ihre typischen Eigenschaften durch eine Temperaturbehandlung meist über 800 °C erhalten und in Wasser schwer löslich und zu mindestens 30% kristallin sind. Zu den **tonkeramischen Werkstoffen** (früher Tonwaren) gehören Erzeugnisse der Baukeramik (Ziegel, Klinker, Terrakotten) sowie Haushalts- und Wirtschaftswaren aus Porzellan, Steingut, Steinzeug u. a. **Sonderkeramische Werkstoffe** sind Silicatsteine sowie vielfältige Sonderwerkstoffe der Oxidkeramik. Ist ein keram. Scherben homogen, so spricht man von einem **feinkeramischen Werkstoff** (Porzellan, Steingut), anderenfalls von einem **grobkeramischen Werkstoff** (Erzeugnisse der Baukeramik).

Keramikwerkzeuge, Werkzeuge aus gesinterten Metallverbindungen für spanabnehmende Metallbearbeitung; von hoher Verschleißfestigkeit und Warmhärte.

keramische Öfen dienen zum Brennen von keram. Werkstoffen.

keramischer Druck, Verfahren zum Aufbringen von Mustern und Bildern auf Porzellan und Steingut.

Kerasond, ukrain. Stadt, →Giresun.

Keratine [grch.], **Hornsubstanzen,** unverdauliche Eiweißkörper der Haare, Nägel, Federn.

Keratitis [grch.], Entzündung der Hornhaut des Auges.

Keratom [grch.] *das,* geschwulstartige Verdickung der Hornschicht der Haut, bes. an Fußsohle und Handfläche.

Keratophyr *der,* alkalireiches Ergußgestein.

Kerbel *der,* **Anthriscus,** Doldenblütergattung (fiederteilige Blätter, weiße Blüten, glatte Früchtchen); Würzpflanze.

Kerbela, Karbala, Hptst. der Prov. K., Irak, 107 500 Ew.; prächtige Moscheen; Pilgerheiligtum der Schiiten (Grabmoscheen von Husain, Enkel Mohammeds, und Abbas).

Kerberos, der Höllenhund → Zerberus.

Kerbholz, gespaltener Holzstab, über dessen beide zusammengelegte Hälften von 2 Parteien (Schuldner und Gläubiger) Kerben quergeschnitten wurden; zum Zählen und Abrechnen von Schuldforderungen; bis ins MA. gebräuchlich.

Kerbschnitt, Holzverzierung durch Einschnitte (Kerben) zur Flächenverzierung von Geräten und Möbeln.

Kerbstift, zylindr. Metallstift mit 3 Kerbfurchen am Umfang, zum Verbinden zweier Maschinenteile. Die Ausführung mit Kopf heißt **Kerbnagel.**

Kerbtiere, die →Insekten.

Kerenskij, Aleksandr Fjodorowitsch, russ. Politiker, * 1881, † 1970, als MinPräs. der Provisor. Regierung Nov. 1917 von Lenin gestürzt; emigrierte nach den USA.

Kerényi [k′ere:nji], Károly, ungar. Philologe, Religionswissenschaftler, * 1897, † 1973, bed. Mythenforscher.

Kerfe *Mz., Ez.* **Kerf** *der,* die →Insekten.

Kerguelen [kergel′ɛn], frz. Inselgruppe im südl. Ind. Ozean, 6 200 km²; wissenschaftl. Stationen.

Kerker, 1) ⛓ Gefängnis. **2)** in Österreich früher die schwerste Form der Freiheitsstrafe.

Kerkrade, Gem. in der Prov. Limburg, Niederlande, 47 000 Ew.; vielfältige Konsumgüterindustrien.

Kerkyra, grch. Name für → Korfu.

Kerll, Johann Kaspar von, Komponist, * 1627, † 1693, schrieb Orgel-, Klavierwerke, Opern u. a.

Kermadecgraben [kɑːm′ædek-], Tiefseegraben im Pazif. Ozean, nordöstlich von Neuseeland, bis 10 047 m tief. Westlich davon die **Kermadec-Inseln,** vulkan. Inselgruppe (33 km²), die zu Neuseeland gehört.

Kerman, Kirman, Hptst. der Prov. K., Iran, 140 000 Ew., Straßenknoten; Teppichknüpferei.

Kermanschah, Kirmanschah, Hptst. der Prov. K., Iran, 291 000 Ew.; Erdölraffinerie mit Pipeline von Naft-i-Schah an der irak. Grenze, Textil-Ind.

Kermesbeere, meldeähnl. Pflanze. Der rote Beerenfarbstoff diente zum Färben von Wein und Zuckerwaren.

Kermes|schildläuse, versch. Schildlausarten in Südeuropa und im Orient auf der Kermeseiche; früher ein Rotfärbemittel.

Kern, 1) ⚘ innerer Teil einer Frucht, z. B. Steinkern der Steinfrüchte. **2)** ⚘ 🜨 ⚘ Zellkern. **3)** ⊠ Atomkern. **4)** Gießerei: ein volles Modellstück, das in die Gußform eingesetzt wird und dort einen Hohlraum aussart.

Kernbatterie, →Isotopenbatterie.

Kernbeißer, Gatt.-Gruppe der Finkenvögel mit kräftigem Schnabel, 18 cm lang, braun, schwarz, hellgrün. Der europ. K. knackt Kirschkerne und Baumsamen. (Bild Finken)

Kernbrennstoff, Material, aus dem durch Kernspaltung im Kernreaktor Energie gewonnen wird.

Kernchemie, Nuklearchemie, Zweig der Chemie, der sich mit dem Studium von Atomkernen und Kernreaktionen unter Verwendung chem. Methoden befaßt.

Kern|energie, Atomkern|energie, Atom|energie, Energie, die durch Atomkernumwandlungen gewonnen werden kann.

Kern|energie|antrieb, Atom|antrieb, Fahrzeugantrieb mit Hilfe eines Kernreaktors, wobei die in diesem freigesetzte Wärmeenergie in zum Fahrzeugantrieb geeignete mechan. Energie umgewandelt wird.

Kern|energierecht, Recht der friedl. Verwendung der Kernenergie. Gesetzl. Grundlage sind in der Bundesrep. Dtl. das ›Ges. über die friedl. Verwendung der Kernenergie und den Schutz gegen ihre Gefahren‹ (Atomges.) nebst Röntgen-, Strahlenschutz- u. a. Durchführungs-VO.

Kern|energie|technik, Kerntechnik, Teilgebiet der Technik, das die Kernenergie nutzbar zu machen sucht.

Kerner, Justinus, Arzt und Dichter, * 1786, † 1862; befreundet mit Uhland und Schwab; gemütvolle Gedichte, Erz., Märchen, satir. Romane: ›Reiseschatten‹ (1811), ›Die Seherin von Prevorst‹ (1829, über die somnambulen Erscheinungen von Friederike Hauffe).

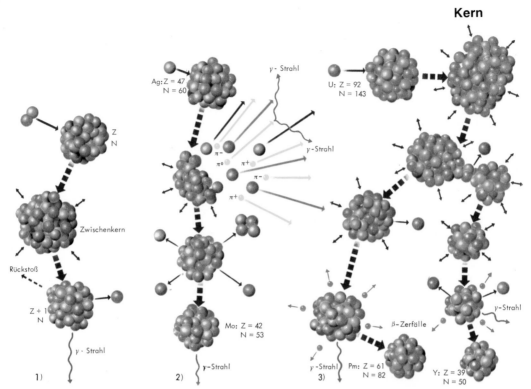

Kernphysik: Kernreaktionen. **1** *Kernprozeß, bei dem ein Deuteron in den Kern eindringt und ein Neutron wieder ausgesandt wird [(d,n)-Prozeß].* **2** *Von einem sehr energiereichen Proton bewirkte Kernzertrümmerung, durch die ein Silberkern in einen Molybdänkern umgewandelt wird. Bei der Zertrümmerung sendet der Kern außer Nukleonen auch mehrere π-Mesonen aus.* **3** *Die technisch wichtige Kernspaltung des Urankerns U 235. Während und nach der Spaltung werden Sekundär-Neutronen, danach noch mehrere Elektronen (β-Teilchen) ausgesandt; als Endprodukte erscheinen hier ein Promethium- und ein Yttriumkern.*

Kern|explosion, 1) Explosion eines Kernsprengstoffes (→ Kernwaffe). 2) Zerlegung eines Atomkerns durch Energieaufnahme (z. B. durch Stoß mit einem sehr energiereichen Teilchen).

Kernfäule, Fäule des Kernholzes lebender Bäume.

Kernfusion, → Kernverschmelzung.

Kernkraftwerk, Atomkraftwerk, ein mit Kernenergie betriebenes Kraftwerk.

Kernladungszahl, → Ordnungszahl.

Kern|obst, Obstgattungen der Rosengewächse, z. B. Apfel, Birne, Quitte, deren fleischige Scheinfrucht die eigtl. Frucht, das aus pergamentartigen Fruchtblättern bestehende **Kernhaus** mit den Kernen als Samen enthält.

Kernphysik. Man unterscheidet niederenerget. K. und hochenerget. K. Die **hochenergetische K.** befaßt sich mit der Physik und Struktur der → Elementarteilchen, die mit den Mitteln und Verfahren der Hochenergiephysik untersucht werden. Die **niederenergetische K.** ist die Physik der Atomkerne (Atomphysik).

Man stellt sich Atomkerne als dynam. Gebilde vor, deren Aufbau Ähnlichkeiten mit dem der Atomhülle aufweist. Ihre Bausteine sind die Nukleonen. An ihren inneren Umwandelbarkeit haben sie offenbar die Fähigkeit, in ähnl. Weise ›Schalen‹ zu bilden wie die Elektronen der Atomhülle. Die Gesamtzahl der Nukleonen ist die Massenzahl A, die Anzahl der Protonen die Ordnungszahl Z des Kerns, die Differenz A–Z also die Neutronenzahl. Die Kernkräfte werden schon in einer Entfernung von 10^{-15} m verschwindend klein, so daß sie nur im Kern selbst, der eine Ausdehnung von 10^{-15} bis 10^{-14} m hat, wirksam sind. Zum Verständnis benutzt man gern das Bild einer ›Energiemulde‹ (Potentialmulde, Potentialtopf; **Gamowsches Kernmodell,** Ga-

mow, 1928), in die die Nukleonen ›gemeinsam‹ hineinfallen; sie veranschaulicht das Zusammenwirken zwischen anziehenden und abstoßenden Kräften zwischen den Nukleonen. Höheren Ansprüchen als das Gamowsche Modell genügt das **Schalenmodell,** bei dem jedes Nukleon im gemeinsamen Kraftfeld aller übrigen betrachtet wird; die Nukleonen bewegen sich auf Bahnen, die sich zu Schalen gruppieren. Ein weiteres Kernmodell ist das **Tröpfchenmodell** von N. Bohr und J. A. Wheeler (1939). Dabei wird der Kern als ein homogen geladenes Tröpfchen konstanter Dichte betrachtet. Auf Grund seiner Oberflächenspannung nimmt es im Grundzustand kugelförmige Gestalt an. Das **Kollektivmodell** erhält man durch Kombination des Tröpfchenmodells und des Schalenmodells. Weitere Kernmodelle sind u. a. das **Fermi-Tröpfchenmodell,** eine Vorstufe und grobe Näherung des Schalenmodells, und das **optische Kernmodell,** bei dem der Kern als ›optische‹ Wolke mit bestimmter Berechnungszahl gegenüber den Materiewellen der ankommenden Teilchen aufgefaßt wird.

Kernpilze, artenreiche Ordn. der Schlauchpilze; den mikroskopisch kleine flaschenförmige Fruchtkörper auf Pflanzenteilen und an Insekten vorkommen.

Kernreaktion, Umwandlung eines Atomkerns durch Einbau oder Abbau von Elementarteilchen oder größeren Kernbruchstücken. Bei der spontanen K. wird Energie freigesetzt (radioaktiver Zerfall), die künstl. K. wird durch Energiezufuhr eingeleitet. Da diese etwa millionenfach größer sein muß, als es zur Anregung chem. Reaktionen erforderlich ist, verwendet man zur Auslösung von K. in der Regel hochbeschleunigte Teilchenstrahlen, wie sie durch Zyklotrone, Betatrone, Linearbeschleuniger u. dgl. erzeugt werden. K. kann man aber auch als Kettenreaktionen ablaufen

Kern

lassen. Die Formelsprache für K. ist ähnlich der chem. Zeichensprache; z. B. bedeutet $^{14}_{7}N(\alpha,p)^{17}_{8}O$, daß beim Beschuß von Stickstoffkernen der Massenzahl 14 und der Ordnungszahl 7 mit Alphateilchen (α) Sauerstoffkerne der Massenzahl 17 und der Ordnungszahl 8 und Protonen (p) entstehen.

Kernreaktor, Anlage zur Gewinnung von Kernenergie, radioaktiver Strahlung oder radioaktiver Isotope durch kontrollierte und geregelte Kernspaltungen. Das Erzeugnis, auf dessen Gewinnung das Hauptgewicht gelegt wird, bestimmt einen K. als **Leistungs-K.** (Wärme), **Forschungs-K.** (Strahlung u. a.). Der Spaltstoff im Kern **(Core)** eines K. ist so bemessen, daß der eingeleitete Kernspaltungsprozeß sich, ähnlich einer Verbrennung, selbst aufrechterhalten kann (Kettenreaktion). Als Spaltstoff eignen sich Uran 235, Uran 233, Uran 238 und Plutonium 239; benutzt wird meist Uran 235, angereichert in gewöhnl. Uran. Die bei jeder Kernspaltung entstehenden schnellen Neutronen werden durch geeignet angeordnete **Bremsstoffe** oder **Moderatoren** (Graphit, leichtes oder schweres Wasser, Beryllium) auf die der Wärmebewegung der Atome entsprechende Geschwindigkeit abgebremst **(thermische K.).** Die überschüssigen Neutronen treffen z. B. auf Kerne des Uranisotops 238 und wandeln diese in spaltbare Plutoniumkerne um: der K. erbrütet neuen Spaltstoff. K., bei denen die Spaltungen vorwiegend durch schnelle Neutronen ausgelöst werden, heißen **schnelle K.;** sie haben geringe Absorption im Bereich hoher Energie, also gute Neutronenökonomie und eignen sich besonders als **Brut-Reaktoren** kurz **Brüter.** Die durch die Kernspaltung erzeugte Wärme wird als Nutzwärme oder auch (bei Forschungs-K.) als unerwünschtes Nebenprodukt nach außen abgeführt. Die Kühlsysteme, die das leisten, bilden ein wesentliches Merkmal der verschiedenen K.-Typen. Nach dem Brennstoff unterscheidet man **Uran-** und **Thorium-K.,** nach dem Moderator **Graphit-, Schwerwasser-** und **Leichtwasser-K.,** nach dem Kühlsystem **wassergekühlte Druckwasser-, Siedewasser-, gasgekühlte Hochtemperatur-K.** Im **homogenen K.** ist der Spaltstoff homogen verteilt, meist als Uranylsulfat in schwerem Wasser, das zugleich als Brennstoff und Kühlmittel dient. Im **heterogenen K.**

Kernreaktor: Schnitt durch den Sicherheitsbehälter eines Druckwasser-Reaktors (Kernkraftwerk Biblis)

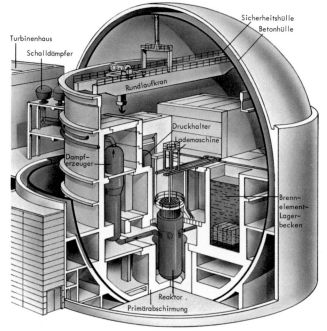

z. B. allen Leistungs-K., ist der Brennstoff heterogen in einzelnen Brennstäben verteilt. Der ausgereifteste Typ ist der Druckwasser-K. Alle K. haben ein verwickeltes Regelsystem (in den Kern versenkbare, neutronenabsorbierende Stäbe u. dgl.) sowie Meßgeräte, Sicherungen, Strahlenschutzeinrichtungen. Forschungs-K. besitzen Kanäle, durch die Stoffproben in den K.-Kern gebracht und den dort herrschenden starken Strahlungen (Neutronen-, Gamma-, Beta-, Röntgenstrahlen) ausgesetzt werden, und Strahlrohre, durch die Strahlungen austreten können. – Aus 1 g reinem Uran werden als Wärmeenergie rd. 23000 kWh. Der Wirkungsgrad der Kraftanlage beträgt etwa 25%, so daß aus 1 g natürl. Uran rd. 6000 kWh elektr. Nutzleistung gewonnen werden können. (Weiteres Bild S. 91)

Kernschleife, ⚬ für Chromosom.

Kernsdorfer Höhe, poln. **Dylewska Góra** [dil'ɛfska g'ura], höchste Erhebung (313 m) des Masur. Landrückens, südlich von Osterode in Ostpreußen.

Kernspaltung, der 1938 von O. Hahn und F. Straßmann beim Beschuß von Uran mit langsamen Elektronen entdeckte, bei schwersten Atomkernen auch von selbst eintretende Zerfall in zwei Bruchstücke, deren Massen sich etwa wie 2:3 verhalten; über die Ursache →Kernphysik. Je Spaltung wird eine Energie von etwa 200 Mio. Elektronenvolt frei. Technisch genutzt werden K.-Kettenreaktionen in Reaktoren und Kernwaffen; Spaltstoff ist dabei vorwiegend Uran 235, auch Plutonium. Die Beseitigung der meist radioaktiven Abfälle ist Aufgabe der →Entsorgung.

Kerntechnik, →Kernenergietechnik.

Kernteilung, Biologie: direkte **(Amitose)** oder indirekte Teilung **(Mitose, Meiose)** des Zellkerns der Organismen mit Teilung oder Spaltung der Chromosomen oder Halbierung der Chromosomenzahl. (Bild S. 91)

Kernverschmelzung, Kernfusion, Aufbau von Atomkernen aus leichteren Bestandteilen. Die K. ist bei leichten Kernen mit Energiegewinn (bei der Synthese von 1 kg Helium 185·10⁶ kWh) verbunden. Die von der Sonne und den Fixsternen ausgestrahlten Energien stammen größtenteils aus der Umwandlung von gewöhnl. Wasserstoff in Deuterium und Deuterium in Helium (→Bethe-Weizsäcker-Zyklus). Zur Einleitung der K. müssen sich die Atomkerne bis zur Reichweite der anziehenden Kernkräfte einander nähern; dazu müssen sie außerordentlich starke Abstoßungskräfte überwinden, was nur bei extrem hohen Geschwindigkeiten möglich ist. In den Sternen wird die dazu notwendige Energie durch die K. selbst geliefert. In der Wasserstoffbombe (→Kernwaffen) stammt sie aus der zur Zündung benutzten Plutoniumbombe. Da die Beherrschung der kontrollierten K. den Energiebedarf der Menschheit für praktisch unabsehbare Zeit decken würde, der als Brennstoff benötigte schwere Wasserstoff (Deuterium) ist als Bestandteil des Wassers vorhanden, wird weltweit mit erhebl. Aufwand an der Verwirklichung dieses Ziels gearbeitet. Dazu muß der Wasserstoff auf Temperaturen von etwa 100 Mio. K aufgeheizt werden, wobei die Atome vollständig ionisiert werden und ein →Plasma 3) bilden. Sowohl bei Forschungsanlagen, die zum Einschluß des Plasmas Magnetfelder verwenden (wie **Tokamaks** und **Stellaratoren**), als auch bei Systemen, die auf dem Trägheitseinschluß des Plasmas mittels Laser- oder Teilchenstrahlen beruhen, wurden große Fortschritte erzielt. Trotzdem kann frühestens in einigen Jahrzehnten mit einem Beitrag zur Energieversorgung gerechnet werden.

Mit den z. Z. im Bau befindl. Tokamak-Großversuchsanlagen TFTR (Abk. für **T**okamak **F**usion **T**est **R**eactor) in den USA, JET (Abk. für **J**oint **E**uropean **T**orus) in Westeuropa (Standort: Culham/Großbritannien), T-15 in der UdSSR und JT-60 in Japan, soll der Beweis der physikal. Realisierbarkeit eines Fusionsreaktors erbracht werden. Anfangs der neunziger Jahre soll mit NET (Abk. für **N**ext **E**uropean **T**orus) auf europ. Ebene oder mit INTOR (Abk. für **In**ternational **To**kamak **R**eactor), der gemeinsam von den USA, der UdSSR, Westeuropa und Japan geplant wird, der Beweis der techn. Realisierbarkeit erbracht werden.

Mit dem Tokamak ASDEX (Abk. für **A**xialsymmetrisches **D**ivertor-**Ex**periment) und dem Stellarator Wendelstein hat das Max-Planck-Institut für Plasmaphysik in Garching bei München für die Fusionsforschung herausragende Beiträge geliefert.

Kernwaffen, Nuklearwaffen, amtlich **Atomwaffen,** Sammelbez. für Kampfmittel, deren Energie aus der Kernspaltung **(nukleare Sprengkörper)** oder der Kernverschmelzung **(thermonukleare Sprengkörper)** herrührt. K. werden nach der bei der Detonation frei werdenden Energie eingeteilt, die mit der einer

Turbinenhaus
Schalldämpfer
Rundlaufkran
Druckhalter
Lademaschine
Dampferzeuger
Brennelement-Lagerbecken
Reaktor
Primärabschirmung
Sicherheitshülle
Betonhülle

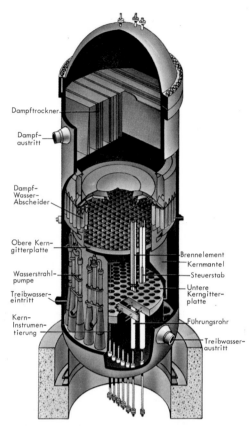

Dampftrockner

Dampf-
austritt

Dampf-
Wasser-
Abscheider

Obere Kern-
gitterplatte

Wasserstrahl-
pumpe

Treibwasser-
eintritt

Kern-
Instrumen-
tierung

Brennelement
Kernmantel

Steuerstab

Untere
Kerngitter-
platte

Führungsrohr

Treibwasser-
austritt

Kernreaktor: Schnitt durch ein Siedewasser-Reaktor-Druckgefäß
mit Einbauten (Kernkraftwerk Würgassen)

Menge Trinitrotoluol (TNT) gleicher Sprengkraft verglichen wird. Die Energie eines 20-kt-Atomsprengkörpers entspricht der Energie von 20 000 t TNT. Die Vergleichswerte berücksichtigen nicht die Wirkung der therm. und Kernstrahlung, die nur den K. eigen ist. Bei der Zündung eines nuklearen Sprengkörpers (→ Kernspaltung) wird innerhalb einer millionstel Sekunde eine Energie von 23 Mio. kWh je kg Uran 235 frei. Dabei entstehen Temperaturen von etwa 14 Mio. °C im Explosionszentrum. Durch → Kernverschmelzung wird je Masseneinheit des Kernbrennstoffs etwa dreimal soviel Energie freigesetzt wie bei der Kernspaltung; sie bedarf aber einer hohen Zündtemperatur (thermonukleare Sprengkörper). Bei einem Dreiphasensprengkörper besteht der Kern aus Uran 235 oder Plutonium 239 als Initialzünder, es folgt dann eine dicke Schale aus schweren Wasserstoffisotopen und Lithium und schließlich außen ein Mantel aus Uran 238. Die bei der Detonation von K. frei werdende Energie äußert sich zu etwa 35 % als therm. Strahlung (Lichtblitz, Wärmestrahlung), zu 15 % als Kernstrahlung (Alpha-, Beta-, Gamma- und Neutronenstrahlung) und zu 50 % als Druckwirkung (Druckwelle und Sogphase). Die militär. Wirkungen der K. auf Großgeräte, Gelände und Bauten beruhen vor allem auf der therm. Strahlung, dem Druck und der Kernstrahlung; die Wirkungen der Kernstrahlung auf den Menschen sind am bedeutungsvollsten (→ Radioaktivität, → Verseuchung, → Strahlenschädigungen, → Neutronenbombe). Die erste Atombombe wurde am 6. 8. 1945 von einem amerikan. Flugzeug auf Hiroshima, die zweite am 9. 8. 1945 auf Nagasaki abgeworfen.

Kernwaffensperrvertrag, Atomwaffensperrvertrag, offiziell **Treaty on the Non-Proliferation of Nuclear Weapons** [trˈiːtɪ ɔn ðə nˈɔnprəʊlɪfərˈeɪʃn ɔv njˈuːklɪə wˈepənz, engl.], Vertrag, um die Verbreitung und Herstellung von Kernwaffen mittels allg. Sicherheitskontrolle der kernwaffenlosen Staaten durch die Internat. Atomenergieorganisation (IAEO) zu verhindern. Zw. 1965 und 1968 von USA, UdSSR und Großbritannien ausgehandelt, 1968 von der Vollversammlung der UNO gebilligt, trat nach der Ratifizierung durch die Depositarmächte (Großbritannien, UdSSR, USA) und 40 weitere Staaten 1970 in Kraft.

Kerosin *das*, die im Erdöl enthaltenen Leichtölanteile, die etwa zw. 160° und 280 °C verdampfen. Kraftstoff bes. für Turbinen-Luft-Strahltriebwerke.

Kerouac [kˈeruæk], Jack, amerikan. Schriftst. der ›Beat Generation‹, * 1922, † 1969; Roman ›Unterwegs‹ (1958).

Kerpen, Stadt im Erftkreis, NRW, 54 600 Ew.; Braunkohlentagebau, Baustoff-, metallverarbeitende, chemische u. a. Industrie.

Kerr, Alfred, eigtl. **Kempner,** * 1867, † 1948, emigrierte 1933, einer der einflußreichsten Theaterkritiker Berlins vom Naturalismus bis 1933, schrieb einen eigenwilligen, geistreich-ironischen Stil.

Kerr-Effekt, 1) Doppelbrechung isotroper Stoffe im elektr. Feld **(elektrooptischer K.-E.). 2)** Amplituden- und Phasenänderung des Lichts bei der Reflexion an stark magnetisierten ferromagnet. Spiegeln **(magnetooptischer K.-E.).**

Kerria, Kerrie, Ranunkelstrauch, asiat. Rosengewächs-Gatt. mit brennesselähnl. Blättern und gelben Blüten **(Goldnessel).**

Kerrzelle, Karoluszelle, von A. Karolus 1923/24 entwickeltes Gerät zur trägheitslosen Umwandlung elektr. Spannungsschwankungen in Lichtschwankungen durch Ausnutzung des Kerr-Effekts, z. B. beim Tonfilm. (Bild S. 92)

Kerschensteiner, Georg, Pädagoge, * 1854, † 1932, Schulreformer und -organisator, Förderer der Arbeitsschule, Begründer der modernen Berufsschule.

Kersting, Georg Friedrich, Maler, * 1785, † 1847; Innenraumdarstellungen mit ruhigen Figuren. (Bild Biedermeier)

Kertsch, 1) östl. Landzunge der Halbinsel Krim. **2) Straße von K.,** Meerenge zw. den Halbinseln K. und Taman (41 km lang, 4–15 km breit, 4 m tief), verbindet Asowsches mit Schwarzem Meer. **3)** Stadt in der Ukrain. SSR, im O der Halbinsel K., 158 000 Ew.; Erz-, Fischereihafen; Hüttenwerk u. a. Ind. – K., das altgrch. **Pantikapaion,** hieß als Hptst. des Bosporan. Reichs **Bosporus;** es wurde später byzantinisch, im 13. Jh. mongolisch-tatarisch, 1475 türkisch, 1774 russisch.

Kerulen *der*, Fluß in der Mongol. VR und der Mandschurei, 1264 km, mündet in den Salzsee Kulun-nor, der in feuchten Jahren zum Argun überfließt.

Kerullarios, Caerularius, Michael, Patriarch von Konstantinopel (1043–58), * um 1000, † 1058; der Gegensatz zw. Lateinern und Griechen führte unter ihm zur Spaltung (Schisma) zw. abendländ. und morgenländ. Kirche (1054).

Kerygma [grch.] *das*, im N. T. Verkündigung der alttestamentl. Propheten, bes. die Predigt von Jesus Christus.

Kerykeion [grch.], Heroldsstab, Attribut des Hermes.

Kerze, 1) Beleuchtungskörper aus Wachs, Paraffin oder Stearin mit Docht aus Baumwollfäden, brennt mit offener Flamme. **2)** kurz für Zündkerze. **3)** Turnübung: Nackenstand mit Heben der geschlossenen und gestreckten Beine aus der Rückenlage in die Senkrechte. **4)** Fußball: Steilschuß.

Kescher, Käscher *der*, Fangnetz an einem Rahmen mit Stiel (Fische, Schmetterlinge).

keß [hebr.], dreist, vorlaut; flott.

Kessel, 1) weitbauchiges Metallgefäß zum Erhitzen oder Verdampfen von Flüssigkeiten: Waschkessel, Dampfkessel. **2)** ⊕ rings von Bergen umschlossener Talgrund **(Talkessel). 3)** Mittelpunkt einer Treibjagd. **4)** Lager von Wildschweinen; erweiterter Raum im Dachs- und Fuchsbau.

Kessel 1) [kesˈel], Joseph, frz. Schriftst. russ. Abstammung, * 1898, † 1979; Abenteuerromane, Autobiogr. ›Alkoholiker‹ (1960). **2)** Martin, Schriftst., * 1901; Gedichte, Roman ›Herrn Brechers Fiasko‹ (1932), Aphorismen.

Kernteilung: oben Chromosomen in der ›Äquatorebene‹; unten Auseinanderweichen der Chromosomen-Spalthälften

Kernteilung

Kesselbergstraße, Bergstraße in Bayern, verbindet Kochel- und Walchensee.

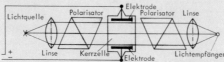

Kerrzelle

Kesselfallenblumen, Blüten, in deren Staubgefäße und Stempel bergendem Kessel die bestäubenden Insekten vorübergehend gefangen bleiben, so bei den Aronstabgewächsen.

Kesselpauke, ♪ →Pauke.

Kesselring, Albert, Gen.-Feldmarschall (1940), * 1885, † 1960, führte im 2. Weltkrieg mehrere Luftflotten, 1941–45 Oberbefehlshaber Süd (seit 1943 Südwest), 1945 West.

Kesselstein, steinartige Kruste aus Carbonaten und Sulfaten der Erdalkalien, setzt sich in Rohren, Kesseln, Kochgefäßen beim Erhitzen harten Wassers ab.

Keßler, Harry Graf, * 1868, † 1937, Mithg. der Ztschr. ›Pan‹ (1895–1900), Gründer der ›Cranach-Presse‹ (1913) in Weimar; langjähriger Präs. der Dt. Friedensgesellschaft.

Kesten, Hermann, Schriftst., * 1900, emigrierte 1933, war 1972–76 Präs. des dt. PEN-Zentrums; zeitkrit. Romane (›Josef sucht die Freiheit‹, 1927; ›Die Kinder von Gernika‹, 1939; ›Ein Mann von 60 Jahren‹, 1972), Biographien (›Casanova‹, 1952; ›Copernicus‹, 1953), Essays.

Ketchup [kˈætʃəp], →Catchup.

Ketene, äußerst reaktionsfähige organ. Verbindungen mit der Atomgruppierung >C=C=O. Das **Keten** wird zum Acetylieren von Alkoholen und Aminen und zur Herstellung von Essigsäure-anhydrid verwendet.

Ketone, organ. Verbindungen mit der Atomgruppe >C=O; einfachster Vertreter: Aceton.

Ketosäuren, organ. Verbindungen, die zugleich Ketone und Carbonsäuren sind.

Ketosen, Zuckerarten, die den Charakter von →Ketonen haben; z. B. Fructose.

Ketschua, Quechua [kˈetʃua], Indianersprache in Südamerika. Die **K.-Indianer** (etwa 5 Mio.) bilden kein durch gemeinsames Nationalbewußtsein verbundenes Volk, sondern nur eine Sprachgemeinschaft.

Kette, 1) Zug- oder Treiborgan aus einzelnen Gliedern, die beweglich ineinandergreifen (**Glieder-K.**) oder gelenkig miteinander verbunden sind (**Gelenk-K.**), zur Kraftübertragung, Bewegung von Lasten, Befestigung. (Bild S. 93) **2)** am Webstuhl gespannte Fäden, die zum Eintrag des Schusses durch Heben und Senken ein Fach bilden (→Weberei).

Ketteler, Wilhelm Emmanuel Frhr. von, * 1811, † 1877, seit 1850 Bischof von Mainz, erhob als Abg. der Frankfurter Nationalversammlung (1848/49) und des Reichstags (1871/1872) die Forderung nach rechtl. und kultureller Selbständigkeit der Kath. Kirche; erkannte die Bedeutung der sozialen Frage auch für die Kirche.

Kettenbrief, Brief meist abergläub. Inhalts, den sein Empfänger mehrfach abschreiben und weiterverbreiten soll.

Kettenbruch, kontinuierlicher Bruch, △ Bruch, dessen Nenner aus einer ganzen Zahl nebst einem Bruch besteht, dessen Nenner wieder eine ganze Zahl mit einem Bruch ist, usw.

Kettengebirge, langgestreckte Gebirge, deren Hauptkämme kettenförmig angeordnet sind; bes. die großen Faltengebirge, wie Alpen, Anden, Himalaya.

Kettenhandel, Einschaltung von ›überflüssigen‹ Zwischenhändlern zw. Erzeuger und Verbraucher.

Kettenlinie, parabelähnl. Kurve, die eine an 2 Punkten aufgehängte Kette (Draht, Seil) bildet.

Kettenreaktion, physikal., chem. oder biolog. Vorgang, der, einmal eingeleitet, von selbst sich greift; gekennzeichnet durch die Phasen **Start, Reaktions-Zyklus, Abbruch.** K. neigen zu explosivem Verlauf. Beispiele: gewöhnl. Verbrennung, selbständige Gasentladung, die im Reaktor oder in Kernwaffen ablaufende Kernspaltung.

Kettenreim, Verskunst: fortlaufende Verbindung der Zeilen durch inneren oder äußeren Reim.

Kettenware, Kettenwirkware, auf der Kettenwirk- oder Raschelmaschine hergestellte Wirkware mit in Längsrichtung maschenförmig verschlungenen Fäden.

Ketzer [wohl aus Katharer], Kath. Kirche: auch **Häretiker** [grch.], jeder, der ein kirchl. Dogma bewußt leugnet.

Keuchhusten, Pertussis, ansteckender Katarrh der Luftwege, mit krampfhaften Hustenanfällen, danach laut pfeifende Einatmung, befällt Kinder, seltener Erwachsene. Erreger: Bakterium Bordetella pertussis, übertragen durch Tröpfcheninfektion; Inkubationszeit 8–15 Tage. Behandlung: Frischluft, Luftveränderung, krampflösende Mittel, Vakzinetherapie, Antibiotica.

Keulenärmel, Gigot [ʒigˈo, frz.], nach oben erweiterter Ärmel der Frauentracht um 1830.

Keulenpilz, ⊕ →Ziegenbart.

Keun, Irmgard, Schriftstellerin, * 1910, † 1982; Unterhaltungsromane (›Das kunstseidene Mädchen‹, 1932).

Keuper der, ⊕ oberste Abteilung der german. Trias (→geologische Formationen).

Keuschheit, geschlechtl. Enthaltsamkeit in phys., aber auch in psych. Sinn.

Keuschheitsgürtel, Florentiner Gürtel, Venusgurt, von Frauen um den Unterleib getragener Gürtel mit Schloß, sollte während der Abwesenheit des Ehemannes die Keuschheit sichern; Darstellungen stammen bes. aus dem 16. und 17. Jh.

Kevelaer [kˈeːvəlaːr], Stadt im Kr. Kleve, NRW, 21 700 Ew.; Wallfahrtsort (Gnadenkapelle, 1654); Kunsthandwerk, Orgel-bau, Metall- und Leder-Ind., Blumenzucht.

Key, 1) [kej], Ellen, schwed. Pädagogin, * 1849, † 1926, schrieb bes. über Frauenbewegung und Kindererziehung. ›Das Jh. des Kindes‹ (1900). **2)** [kiː], Francis Scott, amerikan. Dichter, * 1779, † 1843; amerikan. Nationalhymne ›The Star-Spangled Banner‹ (1814). **3)** [kej], Lieven de, * um 1560, † 1627, seit 1593 Stadtbaumeister in Haarlem (Fleischhalle, 1601–03).

Keynes [keinz], John Maynard, Baron **K. of Tilton** (1942), brit. Volkswirtschaftler, * 1883, † 1946, Prof. in Cambridge, Wirtschaftsberater des brit. Schatzamtes. K. untersuchte bes. die Probleme der Vollbeschäftigung sowie die Zusammenhänge zw. Sparen und Investieren. Als Berater der brit. Regierung arbeitete er im 2. Weltkrieg einen Vorschlag für eine internat. monetäre Neuordnung aus.

Keyserling, 1) Eduard Graf von, Schriftst., * 1855, † 1918; Romane und vornehm-resignierender Stimmungsmalerei ›Beate und Mareile‹ (1903), ›Abendl. Häuser‹ (1914). **2)** Hermann Graf von, Philosoph, * 1880, † 1946; in seiner ›Schule der Weisheit‹ in Darmstadt (gegr. 1920) wollte er Kräfte der Philosophie der prakt. Kulturgestaltung zuführen. ›Reisetagebuch eines Philosophen‹ (1919).

Keystone Press Agency, Inc. [kˈiːstəun pres ˈeidʒənsi-], New York, amerikan. Nachrichtenagentur, gegr. 1891, liefert Bild- und Filmmaterial; in der Bundesrep. Dtl. ›Keystone GmbH‹, München, gegr. 1951.

Key West [kiː west], südlichste Stadt der USA, auf den durch eine Dammstraße verbundenen **Key-Inseln,** 29 300 Ew.; Marinestützpunkt, Seebad.

Kfz, Abk. für Kraftfahrzeug.

kg, Einheitenzeichen für **Kilogramm.**

KG, Abk. für **K**ommanditgesellschaft.

KGB, Abk. für russ. **K**omitet **G**osudarstwennoj **B**esopasnosti [›Komitee für Staatssicherheit‹], der sowjet. Geheimdienst, dem Innenministerium eingegliedert.

Khaibar, Paß an der afghan.-pakistan. Grenze, →Khyber.

Khairpur, Stadt in Pakistan, 56 500 Ew.; Textil-, Leder-, Lebensmittelind., Töpferei.

Khaki, Kaki der, erdfarbenes Baumwollgewebe, bes. für Tropenuniformen.

Khan, türkisch-tatar. Herrschertitel, →Chan.

Khartum, Khartoum, Hptst. der Rep. Sudan, am Zusammenfluß von Weißem und Blauem Nil, 383 m ü. M., 1,2 Mio. Ew.; Kulturzentrum (Universität); wichtigster Handelsplatz, Industriezentrum (Textilien, Ölmühlen, Brauerei, pharmazeut. Ind.); internat. Flughafen.

Khasi, Volk in Meghalaya, Indien, im Gebiet der Khasi-Berge, mit Mutterrecht und austroasiat. Sprache: Naßreisbau.

Khedive [aus pers. khidiw ›Fürst‹], 1867–1914 Titel des türk. Vizekönigs von Ägypten.

Khmer, Volk mit austroasiat. Sprache in Kambodscha, Thailand, Laos und Vietnam. Das Reich der K. erreichte im 11. und 12. Jh. seine höchste Blüte (→Angkor).

H–C–H
‖
C=O

Keten

Ketone:

CH₃
|
C=O
|
CH₃

Aceton

C=O

Benzophenon

Wilhelm Emmanuel von Ketteler

John Maynard Keynes

Khoisan, Khoi-San, wissenschaftl. Gesamtname für Hottentotten und Buschmänner, die sprachl. und kulturelle Gemeinsamkeiten haben.

Khomeini, iran. Schiitenführer, →Chomeini.

Khorana [kɔr'a:nə], Har Gobind, amerikan. Biochemiker, * 1922, erhielt 1968 (mit R. W. Holley und M. W. Nirenberg) den Nobelpreis für Medizin für die Aufklärung des genet. Codes bei der Eiweißsynthese. 1970 gelang ihm als erstem die synthet. Herstellung eines Gens.

Khotan, Chotan, amtl. chines. **Hetian,** Oase am S-Rand der Wüste Takla-Makan im S der chines. Autonomen Region Sinkiang, 1 400 m ü. M., an einer alten Seidenstraße, rd. 100 000 Ew.

Khulna, Prov.-Hptst. in Bangladesh, 500 000 Ew.; Textil- u. a. Industrie.

Khyber [k'aɪbə], **Chaiber, Khaibar,** Gebirgsstock und wichtigster Paß an der afghanisch-pakistan. Grenze, rd. 40 km lang, rd. 1 100 m ü. M.

kHz, Einheitenzeichen für **Kilohertz** (→ **Hertz**).

Kiangsi, amtl. chines. **Jiangxi,** Prov. in SO-China, 166 000 km², 28 Mio. Ew.; Hptst.: Nanchang; Reisüberschußgebiet, Teeanbau; ferner Gerste, Weizen u. a.; alte Porzellanind. K. war Ende der zwanziger Jahre Geburtsstätte des chines. Kommunismus.

Kiangsu, amtl. chines. **Jiangsu,** Prov. in China, 104 000 km², 57 Mio. Ew., Hptst.: Nanking. Anbau von Kauliang, Weizen, Reis, Baumwolle; Seidenraupenzucht; Textil-, Nahrungsmittelindustrie.

Kiautschou, amtl. chines. **Jiaozhou,** ehem. dt. Pachtgebiet (→ Schutzgebiete, Übersicht) auf der Halbinsel Shantung, China, 515 km², 200 000 Ew. (1914).

Kibbu(t)z [hebr. ›Sammlung‹] der, Mz. **Kibbuzzim,** landwirtschaftl. Kollektiv in Israel. Im K. wird Arbeit ohne Entgelt gegen Sicherstellung des Lebensunterhaltes der Familien ausgeführt.

Kibo der, Hauptgipfel des Kilimandjaro.

Kicher, Kicher|erbse, Kicherling, Schmetterlingsblütler in S-Europa, Asien; die Samen sind Nahrung und Futter.

Kick-down [kɪk daʊn] der, das Herunterschalten eines automat. Pkw-Getriebes in niedrigere Fahrstufe durch das Durchtreten des Gaspedals, z. B. zur besseren Beschleunigung.

Kickelhahn der, Berg im Thüringer Wald (861 m), südwestlich von Ilmenau; Goethehaus.

Kickstarter [engl. to kick ›treten‹], bei Motorrädern ein Trethebel zum Anwerfen des Motors.

Kid|felle, handelsübl. Sammel-Bez. für Felle junger Ziegen, z. B. afrikan. (Asmara), arab. (Hodeida, Yemen), chines. und südamerikan. Kidfelle.

Kidnapping [k'ɪdnæpɪŋ, engl. ›Kinderraub‹] das, der Raub eines Menschen, meist um Lösegeld zu erpressen (→Kindesentziehung, →Menschenraub).

Kidron, Tal zw. Jerusalem und dem Ölberg.

Kiebitz der, 1) etwa 34 cm langer Watvogel der Fam. Regenpfeifer; grün-schwarz und weiß, rotbeinig; Zugvogel in Europa, Asien, Nordafrika. 2) Karten-, Schachspiel: Zuschauer, der unerwünschte Ratschläge erteilt.

Kiefer, der, bei Menschen und Wirbeltieren: →Oberkiefer und →Unterkiefer.

Kiefer, die, Nadelbaumgatt. der Fam. Pinaceae, größtenteils in der nördl. gemäßigten Zone. Zweinadlig sind: **Wald-K.** (**Föhre, Kiene**), bes. auf Sandboden; **Berg-K.,** in höheren europ. Gebirgen als niederliegende, buschige **Latsche** (**Knieholz, Legföhre**); **Schwarz-K.,** im östl. Alpengebiet, öfter Zierbaum; →**Pinie.** Fünfnadlige K. sind: **Weymouths-K.** oder **Strobe,** mit feinen, hellen, 6–10 cm langen Nadeln, aus Nordamerika, und **Zirbel-K.** (**Arve, Zirbe, Zirbel**).

Kieferhöhle, größte Nasennebenhöhle im Oberkiefer. **Kieferhöhlen|entzündung,** Entzündung der Schleimhaut der K.

Kieferklemme, Trismus, grauer Schmetterling, die Unfähigkeit, den Mund zu öffnen, meist durch Zusammenziehung der Muskeln des Unterkiefers bewirkt; entsteht bei entzündl. Vorgängen im Mund und bei Wundstarrkrampf.

Kieferlose Fische, Agnatha, Überklasse der Wirbeltiere mit Knorpelskelett, Rücksaite und unpaarigen Flossensäumen, ohne Kieferskelett, z. B. die →Rundmäuler.

Kiefern|eule, der Schmetterling Forleule.

Kiefernschwärmer, Tannenpfeil, grauer Schmetterling, dessen grün-gelbe Raupe Kiefernnadeln frißt. (Bild S. 94)

Kiefernspanner, Schmetterling aus der Fam. der Spanner; die grüne Raupe schadet stark an Kiefern. (Bild S. 94)

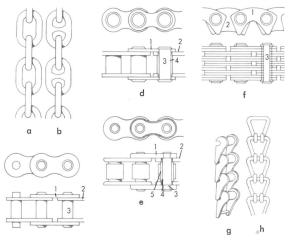

Kette 1): Kettenformen; a *Gliederkette,* b *Stegkette,* c *Gallsche Kette,* d *Buchsenkette,* e *Rollenkette,* f *Zahnkette mit Innenführung,* g *zerlegbare Gelenkkette,* h *Vaucansonsche Hakenkette.*
Kettenteile: 1 äußere Lasche, 2 innere Lasche, 3 Bolzen, 4 Buchse, 5 Rolle

Kiefernspinner, Kiefernglucke, grünlicher Gluckenschmetterling, dessen Raupe Kiefern schadet.

Kiel, 1) harter Teil der Feder. 2) der unterste Längsträger im Schiff.

Kiel, Hptst. von Schlesw.-Holst., am Südende der Kieler Förde, 250 000 Ew., Sitz zahlreicher Behörden, einer Universität (gegr. 1665) mit vielen wissenschaftl. Instituten, darunter das Institut für Weltwirtschaft, außerdem Pädagog. Hochschule, Fachschulen, Bibliotheken, Museen, Theater, Rundfunksender. K. hat ausgedehnte Hafenanlagen (Bundesmarine, Hochseefischerei, einen Segelhafen in Schilksee für die Olymp. Spiele 1972). In der Industrie stehen der Schiffbau und der Maschinenbau an erster Stelle, ferner Elektrotechnik, Elektronik, Lebensmittel-, Nahrungs- und Genußmittel (Fischkonserven), Fischhandel. – 1242 lübisches Stadtrecht, seit 1284 Mitgl. der Hanse. 1721–73 Sitz der Herzöge von Holstein-Gottorp. Seit 1871 Ausbau zum Reichskriegshafen. 1918 Ausgangspunkt der Novemberrevolution.

Kielbogen, kielförmig geschweifter Spitzbogen, bes. in der islam. Kunst, auch in der Spätgotik.

Kielce [kj'ɛltsɛ], Hptst. der Wwschaft K., Polen, am Fuße der Łysogóry, 164 000 Ew.; Metallind., Maschinen-, Armaturenbau, Lebensmittel-, Glasind.; Kalkstein-, Marmorbrüche.

Kieler Bucht, Teil der Ostsee zw. der Landschaft Schwansen im NW und der Insel Fehmarn im SO. Von ihr aus greifen Eckernförder Bucht und **Kieler Förde** (17 km lang, 1–6 km breit) tief ins Binnenland ein.

Kieler Woche, alljährlich im Juni stattfindende internat. Segelregatta, begr. 1882, umfaßt seit 1948 auch andere sportl. sowie kulturelle Veranstaltungen.

Kielfüßer, Kielschnecken, Vorderkiemerschnecken warmer Meere; Vorderteil des Fußes zu einer Flosse umgebildet.

kielholen, 1) ein Schiff durch seitl. Zug an den Masten so weit neigen, daß der Kiel aus dem Wasser ragt. 2) ◦◦ als Strafe den Schuldigen am Tau unter dem Schiffskiel hindurchziehen.

Kielland [ç'ɛlan], Alexander Lange, norweg. Schriftst., * 1849, † 1906, witziger Satiriker; realist. Romane.

Kiel|linie, Formation eines Schiffsverbandes, in der die einzelnen Schiffe hintereinander fahren.

Kielung, Hafenstadt auf Taiwan, →Keelung.

Kieme die, **Branchie,** Atmungsorgan der meisten Wassertiere; feine häutige Ausstülpung mit vielen Blutgefäßen, die den Gasaustausch mit dem umgebenden Wasser ermöglicht. Bei den Larven vieler Insekten sind die Tracheen der Atmung im Wasser angepaßt (**Tracheenkiemen**). Bei Fischen und Lurchlarven werden

Kicher

Kiebitz 1)

93

Kilimandjaro: Kibo

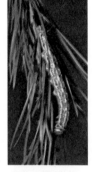

Kiefernschwärmer: Raupe

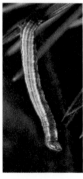

Kiefernspanner: Raupe

die K. durch **Kiemenbögen** gestützt, zw. denen die **Kiemenspalten** liegen. Bei den Fischen sitzen den durch Knorpel oder Knochen gestützten K.-Bögen blättchenartige Anhänge (**K.-Blättchen**) an. Die K. der Knochenfische schützt ein von Knochen gestützter **K.-Deckel.**

Kiemenfüßer, niedere Krebstiere, die Blattfüßer.

Kiene die, Kiefer. **Kienholz,** harzdurchtränktes Kiefernholz.

Kienspan, harziger Holzspan, Fackel aus Kienholz.

Kienholz, Edward, amerikan. Objektkünstler, * 1927; Environments, oft von brutaler sozialkrit. Aggressivität.

Kienzl, Wilhelm, Komponist, * 1857, † 1941; Opern, u. a. ›Der Evangelimann‹ (1895), Orchester-, Kammermusik.

Kiep, Walter Leisler, Politiker (CDU) * 1926, seit 1971 Schatzmeister der CDU, 1975–80 Finanzmin. in Ndsachs.

Kiepe die, 1) Rückentragekorb. 2) **Kiepenhut, Kapotte, Schute,** haubenförmiger Frauenhut mit einer gewölbten Krempe im 19. Jahrhundert.

Kiepura, Jan, poln. Sänger (Tenor), * 1902, † 1966.

Kierkegaard [k'ɛrgəgɔːr], Søren Aabye, dän. Theologe und Philosoph, * 1813, † 1855, griff das Hegelsche Weltbild und das bestehende Kirchenchristentum an, suchte die Wirklichkeit eines wahrhaft christl. Lebens zum Bewußtsein zu bringen. Von K. gingen die Existenzphilosophie und die dialekt. Theologie aus. (Bild S. 95)

Kierspe, Stadt im Märk. Kr., NRW, 14 500 Ew., im Sauerland; Kunststoffverarbeitung, elektrotechn. u. a. Ind.

Kies, 1) durch Wassertransport gerundete Gesteinstrümmer, Korngröße 2–60 mm. **2)** Mz. **Kiese,** metallglänzende Erze, Verbindungen von Schwefel und Arsen mit Metallen.

Kiesel, ∪ **Kieselstein,** kleiner, durch Wassertransport abgerundeter Stein, meist Quarz.

Kiesel|algen, die → Diatomeen.

Kieselgur, Diatomeen|erde, erdige graue Masse, in Seen abgelagerte Kieselalgenpanzer, verwendet u. a. als Isolier-, Polier-, Filtermittel.

Kieselsäuren, Sauerstoffsäuren des Siliciums: **Ortho-K.,** $Si(OH)_4$; **Poly-K.,** $H_{2n+2} Si_n O_{3n+1}$; **Meta-K.,** $(H_2SiO_3)_n$; in freiem Zustand sehr unbeständig, in Form ihrer Salze (**Silicate**) und ihres Anhydrids (Siliciumdioxid, SiO_2) aber sehr verbreitet (Quarz, Sand).

Kieselschiefer, hartes, dichtes Kieselsäuregestein aus Radiolarienschlamm.

Kieselzink|erz, farbloses bis hellfarbenes Mineral, wichtiges Zinkerz.

Kiesinger, Kurt Georg, Politiker (CDU), * 1904, Rechtsanwalt, war 1949–58 MdB., 1958–66 MinPräs. von Bad.-Württ., 1966–69 Bundeskanzler der großen Koalition (CDU/CSU-SPD), 1967–71 auch Parteivors. der CDU.

Kietz der, kleine Auenrandsiedlung: slaw. Siedlungsform im Gebiet östlich der Elbe.

Kiew, ukrain. Kijiw, Hptst. der Ukrain. SSR, am Dnjepr, 2,192 Mio. Ew., Verkehrsknoten, bedeutender Industriestandort und kultureller Mittelpunkt mit Universität (gegr. 1834), Akademie der Wissenschaften, Hochschulen, Bibliotheken, Museen, Gemäldegalerie; Höhlenkloster (1051 gegr.), ältestes und bedeutendstes Kloster Rußlands), Sophienkirche (1037). – K. erhielt seinen Namen von dem angebl. Gründer Kij, wurde 860 erstmals in russ. Chroniken erwähnt, 864 von den Waragern erobert, 882

Hptst. der russ. Großfürsten, 988 durch Wladimir den Heiligen geistl. Mittelpunkt Rußlands. 1240 Zerstörung durch die Mongolen. 1362 kam K. an Litauen, mit ihm an Polen, 1648/67 an Rußland. 1920 wurde K. endgültig sowjetisch.

Kigali, Hptst. von Ruanda, 117 800 Ew.; Straßenknoten, Handelszentrum; internat. Flughafen.

Kikuyu, Gikuyu, Kikuju, Akikuyu, Bantuvolk in Kenia (rd. 2 Mio.), meist Hackbauern; waren 1952–56 Hauptträger des Mau-Mau-Aufstands (→ Kenia).

Kikwit, Verwaltungs-, Handels- und Verkehrszentrum in W-Zaire, 173 000 Ew.

Kilauea, Vulkan auf der Insel Hawaii.

Kildare [kɪld'ɛə], irisch Cill Dara [kiljd'arə], Cty. in der Rep. Irland, 1 694 km², 97 000 Ew.; Hauptort: Naas.

Kilian, irischer Wanderbischof in Ostfranken, in Würzburg hingerichtet (um 689). Heiliger; Tag: 8. 7.

Kiliki|en, lat. Cilicia, antike Landschaft im SO Kleinasiens, umfaßte den mittleren und östlichen Taurus.

Kilimandjaro [-dʒ-], **Kilimandscharo,** höchster Berg in Afrika, 5 895 m, im NO Tansania; aus 3 Vulkanen zusammengewachsen: Schira, Mawensi und Kibo.

Kilkenny [kɪlk'ɛnɪ], irisch Cill Chainnigh [kiʎx'əɲi], **1)** Cty. in der Rep. Irland, 2 061 km², 69 000 Ew. **2)** Hptst. von 1), 10 000 Ew., gotische Kathedrale; Markt und Handelsplatz.

Killanin [kɪl'ænɪn], Baron Michael, irischer Journalist, Sportführer, * 1914; 1968–72 Vizepräs., 1972–80 Präs. des IOK.

killen [engl.], **1)** töten, ermorden. **2)** Segel: im Wind flattern.

Kilmarnock [kɪlm'ɑ:nək], Stadt in der Strathclyde Region, Schottland, 49 000 Ew.; Textilind., Maschinenbau.

Kilo [grch.], Zeichen: **k,** Vorsatz vor Maßeinheiten: $10^3 = 1 000$; z. B. 1 **Kilogramm** = 1 000 g, 1 **Kilometer** = 1 000 m, 1 **Kilohertz** = 1 000 Hertz, 1 **Kilowatt** = 1 000 Watt, 1 **Kilowattstunde** = 1 000 Wh.

Kilogramm, Einheitenzeichen **kg,** SI-Einheit der Masse (Wägeergebnis), definiert durch das seit 1889 in Sèvres bei Paris aufbewahrte Urkilogramm (Platin-Iridium-Zylinder).

Kilometerzähler, Gerät, das durch Übersetzung der Radumdrehungen die von einem Fahrzeug zurückgelegte Wegstrecke anzeigt.

Kilopond, Einheitenzeichen **kp,** nicht gesetzl. Einheit der Kraft, → Pond, → Newton.

Kilpinen, Yrjö, finn. Liederkomponist, * 1892, † 1959, vertonte finn., schwed. und dt. Gedichte.

Kilpisjärvi, See und finnische Touristenstation an der Dreiländerecke Finnland-Schweden-Norwegen.

Kilt [engl.] der, kurzer, in Stammesfarben (clan) karierter Faltenrock der schott. männl. Nationaltracht.

Kimberley [k'ɪmbəlɪ], Stadt im NO der Kapprovinz, Rep. Südafrika, 103 000 Ew., Diamantengewinnung.

Kimberley-Plateau [k'ɪmbəlɪ plat'o], Savannenlandschaft (Weidegebiet) in NW-Australien, im Mt. Hann 853 m; Eisenerzlager.

Kimberlit der, dunkles Tiefengestein, oft Muttergestein der Diamanten.

Kimbern, lat. Cimbri, german. Volk, wanderte Ende des 2. Jh. v. Chr. von Jütland nach Süddtl., Gallien und Spanien. Als die K. in Oberitalien eindrangen, wurden sie 101 von den Römern unter Marius bei Vercellae vernichtet (→ Teutonen).

Kim Il Sung, nordkorean. Politiker, * 1912, seit 1948 Vors. aus der KP hervorgegangenen Arbeiterpartei, seit 1948 MinPräs., seit 1972 Präs. der Volksrep. Korea.

Kimme, kerbartiger Einschnitt im Visier einer Handfeuerwaffe, durch das Ziel über den vorderen Teil der Zieleinrichtung, das **Korn,** anvisiert wird.

Kimmeri|er, 1) bei Homer die Anwohner des Okeanos, beim Eingang zum Hades, wo ständige Dämmerung herrscht (**kimmerische Finsternis). 2)** ein urspr. in S-Rußland ansässiges nomad. Reitervolk, stieß um 700 v. Chr. nach S vor, um 600 von dem Lyderkönig Alyattes vernichtet.

Kimon, athen. Feldherr, Sohn des Miltiades, † 449 v. Chr., siegte 466 am Eurymedon über die Perser, wurde 461 verbannt, 451 zurückgerufen; fiel bei dem Versuch, den Persern Zypern zu entreißen.

Kimono der, japan. Hauptbekleidungsstück beider Geschlechter: kaftanartiger langer, offener Rock mit weiten Ärmeln und breitem Gürtel (Obi). Bild S. 95

Kinabalu, Gunung K., der höchste Berg Borneos, 4 101 m hoch.

Kin|ästhesie, kin|ästhetischer Sinn [grch.], der Muskelsinn, die Empfindung eigener körperl. Bewegungen.

Kincardine [kɪnkˈaːdɪn], ehem. Cty. in Schottland, seit 1975 Teil der → Grampian Region.

Kinck [çiŋk], Hans Ernst, norweg. Schriftst., * 1865, † 1926; Romane und Novellen.

Kind, der Mensch von der Geburt bis zum Beginn der geschlechtl. Entwicklung. Das Kindesalter wird gegliedert in die Lebensabschnitte: Neugeborenes (Geburt bis 10. Lebenstag), Säugling (11. Lebenstag bis 12. Lebensmonat), Kleinkind oder Spielkind (2.–5. Lebensjahr) und Schulkind (6.–14. Lebensjahr). In der geistig-seelischen Entwicklung des K. unterscheidet man Entwicklungsstufen oder Phasen. Im Kleinkindalter (frühe Kindheit) schult das K. zunächst seine Bewegungen (Experimentierspiel). Sein Wortschatz, der mit 1 1/2 Jahren rasch anwächst, enthält vorerst hauptsächlich Gegenstands-, dann Tätigkeits- und schließlich Eigenschaftsbezeichnungen. Zwischen 2 1/2 und 3 Jahren schreitet die Entwicklung der Phantasie (Fiktions- oder Rollenspiel) und des Willens schnell voran. Bei erwachendem Ich-Bewußtsein opponiert das K. häufig gegen die Erwachsenen (Trotzperiode). Vom 4. Lebensjahr an tritt der Wunsch nach Selbständigkeit und nach Umgang mit Gleichaltrigen hervor. Die zahlreichen Fragen des K. (Fragealter) verraten sein Interesse am Geschehen; sein Denken bleibt jedoch noch der Anschauung verhaftet. Gegen Ende des Kleinkindalters wendet sich das K. dem Konstruktionsspiel mit Materialien wie Bausteinen, Papier und Zeichenstift zu. Im beginnenden Schulkindalter werden Gemeinschaftsspiele und Gruppenunternehmungen bevorzugt. Das K. ist leistungswillig; Abstraktionsfähigkeit und schlußfolgerndes Denken machen große Fortschritte. Das 10- bis 14jährige Schulkind versucht, in die Bereiche der Natur und Technik einzudringen; es experimentiert und sammelt. Die Bedeutung der frühen Kindesalters für die spätere Entwicklung wird heute immer stärker hervorgehoben (Psychoanalyse, Verhaltensforschung).

Kind, Johann Friedrich, Schriftst., * 1768, † 1843, gehörte zum spätromant. Dresdner ›Liederkreis‹; Libretti: ›Freischütz‹, ›Das Nachtlager von Granada‹.

Kindbett, das → Wochenbett. **Kindbettfieber,** Wochenbettfieber.

Kinder|arbeit, → Jugendschutz.

Kinderbücher, → Jugendliteratur.

Kinderdörfer, Jugenddörfer, Schul- und Erziehungssiedlungen zur ständigen Betreuung von Kindern und Jugendlichen mit unterschiedl. Schwerpunkten, z. B. Schulbildung, berufl. Ausbildung. Die Idee der K. geht auf J. H. Wichern zurück. 1948 fand die erste Begegnung der Leiter der K. in Trogen (Schweiz) statt. 1948 entstand die **Fédération Internationale des Communautés d'Enfants** (F.J.C.E.). 1949 gründete der Österreicher H. Gmeiner das Sozialwerk **SOS-Kinderdorf,** das weltweite Verbreitung fand.

Kindergarten, Einrichtung zur Förderung der Entwicklung drei- bis sechsjähriger Kinder. Für entwicklungsgehemmte Kinder bestehen **Sonder-K.,** für schulaltrige, jedoch nicht schulreife Kinder **Schul-K.** – Den ersten K. gründete Friedrich Fröbel 1840 in Blankenburg (Thüringen).

Kindergärtnerin, Erzieherin für Kinder im Vorschulalter in Kindergärten, Horten u. ä., seltener in der Familie. Ausbildung an Fachschulen mit staatl. Abschlußprüfung (2 Jahre, danach einjähr. Anerkennungspraktikum).

Kindergeld dient der Milderung der finanziellen Belastung der Familien mit Kindern, des geringen oder geringen Einkommen; wurde in der Bundesrep. Dtl. eingeführt durch Ges. v. 13. 11. 1954, das mehrfach geändert wurde (u. a. 1964, 1971). Die Steuerreform brachte vom 1. 1. 1975 an eine Ablösung des bisherigen K., der Kinderzuschläge im öffentl. Dienst und der steuerl. Kinderfreibetrage durch ein von der Arbeitsverwaltung zu zahlendes K. Die Mittel bringt der Bund auf.

Kindergottesdienst, → Kinderseelsorge.

Kinderheilkunde, grch. **Pädiatrie,** Zweig der prakt. Medizin zur Erkennung, Behandlung, Heilung von Kinderkrankheiten.

Kinderheime, Vollheime, Einrichtungen zur ständigen Betreuung von Kindern, auch über Nacht; Erholungsheime und Waisenheime, Heime für Mindersinnige, körperl. und geistig Behinderte, Psychopathen, Fürsorgezöglinge u. a. – **Kindertagesheime** (Kindertagesstätten) dienen der ganztägigen Betreuung von Kindern, die abends ins Elternhaus zurückkehren (für Kleinkinder **Kinderkrippen,** für Schulkinder **Kinderhorte).**

Kinderkrankheiten, die dem Kindesalter eigentüml. Krankheiten, bes. Infektionskrankheiten (z. B. Masern, Scharlach), die den dafür empfängl. Menschen bereits bei der ersten Ansteckungsmöglichkeit befallen.

Kinderkreuzzug, → Kreuzzüge.

Kinderladen, vorschul. Erziehungseinrichtungen, die aus Elterninitiativen hervorgegangen sind, zuerst (seit 1968) antiautoritär, später auch mit dem Ziel nichtautoritärer, freiheitlich-krit. Vorschulerziehung.

Kinderlähmung, 1) spinale K., Poliomyelitis anterior acuta, kurz **Polio,** Infektionskrankheit, die in einer entzündl. Entartung der Ursprungszellen der Bewegungsnerven im Rückenmark besteht und zu Lähmungen führt, tritt in Einzelfällen oder epidemisch auf. Der Erreger, ein Virus, hat 3 Typen und wird vorwiegend von scheinbar Gesunden durch Tröpfchen- oder Schmierinfektion übertragen. Inkubationszeit: 9–17 Tage. Die meisten Menschen machen die K. in Form eines Schnupfens, einer Halsentzündung oder eines Darmkatarrhs durch; nur wenige erkranken an Lähmungen. Am empfänglichsten für K. sind Kinder in den ersten Lebensjahren. Vorbeugung durch die Salk- und Sabin-Impfung. **2) zerebrale K.,** Sammelname für viele während der Schwangerschaft, bei der Geburt oder in der ersten Lebenszeit entstehende Krankheiten des Gehirns.

Kinderlieder, Kinderreime, Lieder und Verse, die Kindern vorgesungen werden oder für Kinder zum Aufsagen oder Singen bestimmt sind, z. B. Wiegenlieder, Spottlieder, Lieder zu Ball- und Reigenspielen, Schnellsprechreime, Abzählreime. Die K. bilden eine eigt. Gatt. des Volksliedes.

Kinderraub, ♂ für → Kindesentziehung.

Kinderseelsorge, der Auffassungs- und Vorstellungsgabe des Kindes angepaßte Form der Seelsorge; umfaßt eine in Auswahl und Fassung der Gebete und Lieder sowie in Anlage der Predigt kindertüml. Gestaltung des Gottesdienstes **(Kindergottesdienst, Kindermesse),** entsprechenden Religionsunterricht und besondere seelsorgerische Veranstaltungen.

Kindertagesheime, Kindertagesstätten, → Kinderheime.

Kinder- und Jugendpsychiatrie, Pädopsychiatrie, ein aus der Erwachsenenpsychiatrie und der Kinderheilkunde entstandener Zweig der Medizin, behandelt Nervenkrankheiten und geistig-seel. Abnormitäten bei Kindern und Jugendlichen.

Kinder- und Jugendpsychologie, psycholog. Forschung am Kind und am Jugendlichen, in den letzten Jahrzehnten immer mehr erweitert zur Jugendforschung (biolog. Veränderungen, soziale Gegebenheiten, sozial Umwelt).

Kinderweihe, in der Dt. Dem. Rep. die Feier einer vom Staat eingeführten sozialistischen Namengebung, an Stelle der christlichen Taufe.

Kindes|annahme, ♀♂ die → Annahme als Kind.

Kindes|entziehung, früher **Kinderraub,** begeht, wer eine Person unter 18 Jahren durch List, Drohung oder Gewalt ihren Eltern, ihrem Vormund oder Pfleger entzieht; ist mit Freiheitsstrafe bis zu 5 Jahren oder Geldstrafe, in besonders schweren Fällen mit Freiheitsstrafe bis zu zehn Jahren belegt (§ 235 StGB). Das **Kidnapping,** Kindesentführung zur Erpressung von Lösegeld, wird heute durch die Vorschrift über erpresser. Menschenraub (§ 239 a StGB) erfaßt und ist mit Freiheitsstrafe nicht unter drei Jahren belegt. Vergleichbare Regelungen enthalten die Strafgesetzbücher der Dt. Dem. Rep. (§ 144), Österreichs (§ 102) und der Schweiz (Art. 185).

Kindesmißhandlung, erschwerte Form der → Körperverletzung nach § 223 b StGB.

Kindes|tötung, Kindermord, vorsätzl. Tötung eines nichtehel. Kindes durch die Mutter bei oder gleich nach der Geburt; Freiheitsstrafe nicht unter 3 Jahren, bei mildernden Umständen 6 Monate bis 5 Jahre (§ 217 StGB). Sonstige Tötung eines Kindes wird als Mord oder Totschlag bestraft, ebenso in Österreich (§ 139 StGB). In der Dt. Dem. Rep. und der Schweiz stehen Tötung ehel. und nichtehel. Kinder gleich.

Kindes|unterschiebung, ♀♂ Fall der Personenstandsfälschung (§ 169 StGB).

Kindi, al-k., arab. Philosoph, Mathematiker und Astronom, * um 800, † nach 870, galt als erster arab. Denker der aristotelisch-neoplaton. Philosophie mit dem islam. Theologie zu verbinden.

Kinds|pech, vom Neugeborenen als erster Stuhlgang entleerte schwarzgrüne Masse (Schleim, abgeschilferte Zellen, Galle).

Kinemathek [grch.], Sammlung von Filmen, Filmarchiv. 1963 wurde in West-Berlin eine **Deutsche K.** gegründet.

Søren Aabye Kierkegaard (Zeichnung von H. P. Hansen)

Kimono

Martin Luther King

Kippscher Apparat

Rudyard Kipling

Kinematik [grch.], Lehre von den Bewegungen der Körper ohne Berücksichtigung der sie verursachenden Kräfte.

Kinematographie [grch.], die Aufnahme und Wiedergabe von Filmen.

Kinesik [grch.] *die*, die Deutung der ›Körpersprache‹ (Mimik, Gestik) hinsichtlich ihres Ausdrucksgehaltes.

kinetisch [grch.], auf die Bewegung bezüglich.

kinetische Gas|theorie, Berechnung der makroskopisch beobachtbaren Eigenschaften von Gasen (Druck, Viskosität, Wärmeleitfähigkeit u. a.) aus mikroskop. Eigenschaften der Moleküle (Masse, Geschwindigkeit, Stoßquerschnitt u. a.).

kinetische Plastik, Richtung der zeitgenöss. Kunst, die die Bewegung an sich zum Gestaltungsprinzip hat.

Kinetose [grch.], Bewegungskrankheit, z. B. See-, Reise-krankheit, beruht auf Reizung der Gleichgewichtsorgane.

King, 1) James, amerikan. Sänger (Tenor), * 1928, bes. Wagner-Sänger. **2)** Martin Luther, amerikan. Theologe, Neger-führer, * 1929, † (ermordet) 1968, entwickelte den gewaltlosen Widerstand als wirksames Mittel der Bürgerrechtsbewegung der amerikan. Neger. 1964 Friedensnobelpreis. **3)** William Lyon Mackenzie, kanad. Politiker (Liberaler), * 1874, † 1950, 1921–26, 1926–30 und 1935–48 Premierminister.

King's English [kıŋz 'ıŋlıʃ], korrekte Anwendung der engl. Sprache in Tonfall, Wortwahl und Stil, nach der an den Univ. Oxford und Cambridge gepflegten Sprachform.

Kingsley [kıŋzlı], Charles, engl. Schriftst., * 1819, † 1875; kultur- und religionsgeschichtl. Roman ›Hypatia‹ (1852).

Kingston [kıŋstən], Hptst. der Insel Jamaika, 643 800 Ew. (Agglomeration); Industrie, Hafen.

Kingston upon Hull [kıŋstən əp'ɔn hʌl], **Hull,** Distrikt und Stadt, an der Mündung des Hull in den Mündungstrichter des Humber, England, 274 000 Ew.; chem. u. a. Ind., Hochseefische-rei; Mühlenzentrum. Bei K. u. H. Hängebrücke über den Humber.

Kingston upon Thames [kıŋstən əp'ɔn temz], ehem. Stadt in der engl. Cty. Surrey, seit 1963 Stadtbez. im SW Londons; war die Krönungsstadt der angelsächs. Könige.

Kingstown [kıŋstən], Hptst. von Saint-Vincent, 22 800 Ew.

Kinkel, Gottfried, Schriftst., * 1815, † 1882, wurde wegen Beteiligung am pfälzisch-bad. Aufstand 1849 zu lebenslängl. Festungshaft verurteilt, 1850 von dem Studenten Karl Schurz befreit; Verserzählungen (›Otto der Schütz‹, 1846).

Kinn, Vorsprung des Unterkiefers. Stammesgeschichtlich ist die Ausprägung des K. ein wichtiges Merkmal.

Kinnhaken, Boxen: Schlag gegen die Kinnspitze.

Kino [Kurzwort aus **Kin**ematograph] *das*, Filmtheater.

Kinsey [kınzı], Alfred, amerikan. Zoologe, * 1894, † 1956; durch statist. Auswertung breit angelegten Befragung untersuchte er die durchschnittl. Häufigkeit der unterschiedl. Formen sexuellen Verhaltens zu ermitteln (**K.-Report**).

Kinshasa [-ʃ-], bis 1966 **Léopoldville,** Hptst. von Zaire, am Ufer des hier 4–5 km breiten Kongo, 2,71 Mio. Ew. K. ist Verwaltungs-, Wirtschafts- und Kulturzentrum des Landes; hat Erzbischofssitz, Universität; Industrieanlagen; internat. Flugha-fen; Hauptumschlagplatz zw. Kongoschiffahrt und Bahn nach Matadi.

Kinsky, böhm. Adelsgeschlecht. **Wilhelm Graf K.,** Oberst, war Wallensteins Unterhändler mit Franzosen und Schweden, mit Wallenstein 1634 in Eger ermordet.

Kinta-Tal, engl. **Kinta Valley** [-v'æli], eine der reichsten Zinnlagerstätten der Welt im Staate Perak (Malaysia).

Kinyaruanda, Amtssprache von Ruanda, eine Bantusprache.

Kinzig, 1) re. Nebenfluß des Mains, 82 km lang, mündet bei Hanau. **2)** re. Nebenfluß des Rheins, 112 km lang, entspringt im Schwarzwald, mündet bei Kehl.

Kiosk [pers.-türk.] *der*, **1)** Verkaufsstand für Zeitungen, Erfrischungen u. ä. **2)** in der islam. Baukunst ein Pavillon.

Kioto, Kyoto, Hptst. der Prov. K. auf Honshu, Japan, 1,5 Mio. Ew.; kulturelles und relig. Zentrum, Krönungsstadt der Kaiser; mehrere Univ.; eine der bedeutendsten Industriestädte Japans.

Kipling, Rudyard, engl. Schriftst., * 1865, † 1936; 1882–92 Journalist in Indien; Tiergeschichten, ind. Roman ›Kim‹ (1901), ›Dschungelbuch‹ (1894/95). Nobelpreis 1907.

Kippe, Geräteturnen: Aufsteigen aus dem Hang in den Stütz, meist im Schwung.

Kippenberg, Anton, Verleger, * 1874, † 1950, seit 1905 Leiter des Insel-Verlags; Goethe-Sammlung (jetzt Stiftung in Düsseldorf); Schüttelreime.

Kipper, 1) Lastkraftwagen, dessen Ladefläche rück- oder seitwärts gekippt werden kann zur Entladung von Schüttgütern. **2)** Anlage zum Kippen von Eisenbahnwagen, bei der eine Bühne, auf der die Wagen festgestellt werden, geneigt wird.

Kipper und Wipper [von nd. Kippen ›abschneiden‹ und wippen ›wägen‹], Agenten von Münzstättenpächtern in Dtl. während der Inflation 1618 bis 1622/23, die vollwertige Münzen gegen unterwertige aufkauften und durch Abkippen der Ränder und ungenauen Gebrauch der Goldwaage (Wippen) weitere unterwertige Münzen in den Verkehr brachten.

Kippflügelflugzeug, ein → Senkrechtstartflugzeug.

Kipphardt, Heinar, Schriftst., * 1922, † 1982; 1950–59 Chef-dramaturg in Ost-Berlin, seit 1959 in der Bundesrep. Dtl.; Lyrik, Erz., Zeit- und Dokumentarstücke.

Kippmoment, das maximale Drehmoment, mit dem eine elektr. Maschine belastet werden kann.

Kippregel, Vermessungskunde: bei der Meßtisch-Aufnahme benutztes kippbares Fernrohr mit Distanzmeßfäden und Höhen-kreis.

Kippscher Apparat, ⚗ gläserner, früher häufig benutzter Laboratoriumsapparat zur Herstellung von Gasen wie Wasser-stoff oder Kohlendioxid.

Kippschwingungen, period. elektrische Schwingungen mit Sprungcharakter. **Kippgenerator,** Gerät zur Erzeugung elektri-scher K.

Kiptschak, das Reich der → Goldenen Horde.

Kirche [von grch. kyriake vom Herrn gehörig(e Versamm-lung)‹], **1)** christl. Gotteshaus (→ Kirchenbau). **2)** Religions-gemeinschaft christl. Glaubens. Nach kath. Lehre ist sie als ›sichtbare‹ K. zugleich der myst. Leib Christi; daher ist sie die unfehlbare, irrtumsfreie Trägerin der Wahrheit. Ihre Kennzei-chen sind Allgemeinheit (Katholizität), Apostolizität, Einheit und Heiligkeit. Nach evang. Auffassung sind zu unterscheiden: die ›unsichtbare Kirche‹ als Gesamtheit der wahren Christen und die ›sichtbaren Kirchen‹ als äußere Gemeinschaften der Getauften gleichen Bekenntnisses. Die dialekt. Theologie versteht die K. als Anspruch und Aufgabe.

Kirchen|älteste, im Judentum und in versch. evang. Kirchen die von den Gem. in den Kirchenvorstand gewählten Vertreter (Presbyter).

Kirchen|austritt, Lossagung eines Christen von seiner Kirche in rechtl. Form; muß vor einer staatl. Dienststelle erklärt werden und hat Befreiung von der Kirchensteuer zur Folge. Der Übertritt in eine andere christl. Kirche heißt **Konversion.**

Kirchenbann, die → Exkommunikation.

Kirchenbau. In der frühchristl. Kunst entwickelte sich als eine Hauptform die → Basilika. Daneben erschien, zunächst für Tauf- und Grabkirchen, der → Zentralbau. Die ältesten Kirchen waren Bischofs- und Märtyrerkirchen; aus ihnen entwickelte sich die Kathedrale. Oft im Ggs. hierzu stand der K. der Klöster. Für die Pfarrkirche wurde im späten MA. die → Hallenkirche bevorzugt. Dorfkirchen (seit dem 8. Jh.) waren vor allem aus Holz, wie in den nord. Ländern der → Stabkirchen. Anspruchsvoller war die → Wehrkirche, die auch als Bischofs- und Ordenskirche vor-kommt. Über die Entwicklung des K. vgl. die Artikel über kunstgeschichtl. Epochen (→ frühchristliche Kunst, → Gotik usw.) und die Kunst der einzelnen Länder (→ deutsche Kunst, → französische Kunst usw.). – In den 20er Jahren des 20. Jh. setzte eine neuzeitl. K.-Bewegung ein, die einfache geometr. Formen für den Grundriß bevorzugte und moderne Baustoffe und -techniken (Beton, Stahl, Glas, Montagebau) verwendete. Kirchl. Erneue-rungsbestrebungen wurden im K. zum Ausdruck gebracht (Konzentration der Gem. um den Altar u. a.).

Kirchenbücher, seit dem 16. Jh. (teils früher) von evang. und kath. Pfarrern geführte Register, in denen Taufen, Konfirmatio-nen, Firmungen, Trauungen und Todesfälle verzeichnet werden; bis 1876 zugleich staatl. Urkunden.

Kirchengebote, Kath. Kirche: zu den Geboten Gottes hinzutretende kirchl. Rechtsvorschriften, die ein Mindestmaß an religiösen Übungen festlegen.

Kirchengemeinde, evang. Kirche: unterste Stufe der kirchl. Territorialgliederung. Kath. Kirche: Pfarrei.

Kirchengerät, christl. Liturgie: → liturgische Geräte.

Kirchengeschichte, geschichtl. Entwicklung der christl. Kirche. **Kirchengeschichtsschreibung,** die wissenschaftl. Erfor-schung und Darstellung der Entstehung und der Wandlungen der christl. Kirche; umfaßt auch Dogmengeschichte, Hagiographie, christl. Ikonographie und Liturgik, Missionsgeschichte, relig. Volkskunde.

Kirchengesetz, → kirchliche Gesetzgebung.

Kirchengewalt, Kath. Kirche: die Leitungs- und Weihegewalt.

Kirchenhoheit, die seit der Weimarer Verfassung entfallenen staatl. Rechte gegenüber Kirchen u. a. Religionsgemeinschaften kraft Staatsgewalt.

Kirchenjahr, evang. Kirchen: die Abfolge der christl. Feiern eines Jahres: der Sonntage und kirchl. Festtage. Das K. beginnt mit dem 1. Advent, in den Ostkirchen am 1. September. – Kath. Kirche: → Liturgisches Jahr.

Kirchenkampf, 1) i. e. S. die Unterdrückungsmaßnahmen des Nationalsozialismus gegen die Kirchen in Dtl. **2)** allgemein: Kirchenverfolgung.

Kirchenkreis, dt. evang. Kirchenrecht: die Mittelstufe in kirchl. Verfassungsaufbau zw. Kirchengemeinde und Landeskirche. Organe sind im geistl. Amtsträger (Superintendent, Dekan, Propst), die Kreissynode und der Synodalvorstand.

Kirchenlehrer, Kath. Kirche: ein vom Papst oder Konzil mit dem Titel ›Doctor ecclesiae‹ ausgezeichneter Kirchenschriftst.; seine Glaubenslehren haben dann einen besonderen Beweiswert. (→ Kirchenväter)

Kirchenlied, das für den Gottesdienst bestimmte Lied. Schöpfer der evang. K. war Luther; ihm folgten im 17. Jh. M. Rinckart, P. Fleming, J. Heermann, P. Gerhardt, J. Rist u. a., im 18. Jh. Matthias Claudius, im 20. Jh. G. Schwarz, G. Gerhard u. a. Kath. Dichter dt. geistl. Lieder sind bes. Angelus Silesius, Friedrich von Spee.

Kirchenmusik, dem christl. Gottesdienst dienende Musik, überwiegend Gesangsmusik allein oder mit Instrumentalbegleitung; Hauptinstrument ist die Orgel. Die Grundlage der kath. K. ist der einstimmige Gregorianische Choral. Mit dem → Organum beginnt um 900 die Geschichte der **mehrstimmigen K.** Höhepunkt der mittelalterl. K. ist die Motettenkunst des 12. und 13. Jh. Die florentin. Meister des 14. Jh. legten ihren Tonschöpfungen häufig eine weltl. Lied zugrunde, ebenso die niederländ. Meister des 15. und 16. Jh. Reformbestrebungen gingen vom reinen, harmon. A-cappella-Stil G. Palestrinas aus. Hauptvertreter der mehrchörigen K. der venezian. Schule ist A. Gabrieli. Auf dem Wege über Oratorium und geistl. Konzert drangen im 17. Jh. Rezitativ und Arie in die Messe ein. Hier knüpfte der junge Mozart an, der die einzelnen Messeteile ausdrucksvoll gestaltete. Eine Reformbewegung gegen die instrumentale K. der Wiener Klassik gab in der Gründung des ›Allgem. dt. Cäcilien-Verbands‹ (1868). Doch räumte später die cäcilian. Bewegung der Instrumentalmusik ihre Rechte wieder ein und ließ die Anwendung moderner Ausdrucksmittel zu. In derselben Richtung wirkten F. Liszt und A. Bruckner. Seit Anfang des 20. Jh. greift man wieder auf den mittelalterl. Choral zurück; zugleich wurde durch päpstl. Erlaß (1903) die Instrumentalmusik zurückgedrängt. Zeitgenöss. Komponisten der kath. K. sind J. Haas, O. Jochum, H. Schröder. Die evang. K. war anfangs von der kath. nur durch die Einführung der dt. Sprache (Luther) unterschieden. Im 16. Jh. gelangte mit dem einstimmigen Gemeindegesang der evang. Choral mit Orgelbegleitung zu hoher Blüte. Seit etwa 1600 drang der neue Sologesang mit Generalbaß in Gestalt der geistl. Konzerte ein (Schein). Der überragende Meister des 17. Jh. war H. Schütz. Einen weiteren Höhepunkt erreichte die evang. K. in den Kirchenkantaten und Passionen J. S. Bachs. Auf ihn griffen J. Brahms und M. Reger zurück. Der zeitgenöss. Stil der evang. K. läßt in Motetten- und Orgelkompositionen den Choral klar heraustönen, rückt die Stimmverflechtung an die Stelle des farbklanglt. Reizes und ist auf großzügige Herbe und ausdrucksstarke Linie bedacht (K. Thomas, H. Kaminski, J. N. David, H. Distler, E. Pepping). Neuerdings gibt es Versuche, auch Elemente des absoluten Rhythmus und des Jazz, der seriellen und elektron. Musik in die K. einzubauen.

Kirchen|ordnung, landesgesetzl. Regelung der Verf. und Verw. der evang. Kirchen, in Dtl. bes. die nach der Reformation von den protestant. Landesherren erlassenen Vorschriften zur Ordnung des inneren Lebens der Landeskirche.

Kirchenpatron, 1) Inhaber eines Patronats. **2)** Schutzheiliger einer kath. Kirche.

Kirchenpolitik, Regelung der Beziehungen zw. Staat und Kirche.

Kirchenpräsident, der leitende Geistliche in den evang. Landeskirchen von Hessen-Nassau, Anhalt, Pfalz und Nordwestdeutschland.

Kirchenprovinz, 1) kath. Kirchenrecht: Zusammenfassung mehrerer benachbarter Diözesen unter einem Erzbischof. **2)** dt. evang. Kirchenrecht: die den Provinzen des Landes entsprechenden Untergliederungen der Altpreuß. Union (nach 1945 selbständige Gliedkirchen der Evang. Kirche der Union).

Kirchenrat, dt. evang. Kirchenrecht: **1)** der Kirchenvorstand. **2)** in einzelnen Landeskirchen die kirchl. Verwaltungsbehörde. **3)** Amtsbez. für Mitgl. der kirchl. Verwaltung.

Kirchenrecht, lat. **ius ecclesiasticum,** Vorschriften, die das Gemeinschaftsleben der einzelnen christl. Kirchen ordnen. Das kath. K. (Kanonisches Recht) ist im Codex Iuris Canonici für die Gesamtkirche geordnet, seine Anpassung an die Dekrete des 2. Vatikan. Konzils ist noch nicht abgeschlossen. Das evang. K. ist überwiegend Einzelkirchenrecht (Recht der Landeskirchen und kirchl. Zusammenschlüsse). Die Beziehungen zw. Staat und Kirche sind im Staatskirchenrecht (äußeres K.) geordnet.

Kirchenregiment, evang. Kirchen: bis 1918 die Kirchenleitung der Landesherren (→ Summepiskopat).

Kirchenslawisch, Sakral- und Literatursprache der orthodoxen Slawen, beruhend auf der Bibelübersetzung von → Kyrillos und Methodios aus der damaligen Mundart von Saloniki. Älteste Form ist das **Altkirchenslawische (Altbulgarisch).** Später nahm das K. durch den Einfluß anderer slaw. Sprachen versch. Färbungen an: **Russisch-K., Serbisch-K., Bulgarisch-K.** oder **Mittelbulgarisch** und **Kroatisch-K.** K. wird in → Glagoliza und in → Kyrilliza geschrieben.

Kirchenstaat, ehem. Staatsgebiet unter päpstl. Hoheit in Mittelitalien. Der Kern des K. war das **Patrimonium Petri,** seit dem 4. Jh. der (zunächst private) Grundbesitz der röm. Kirche bes. in Mittel- und Süditalien und auf Sizilien. Bis zum 8. Jh. unter Oberhoheit von Byzanz, schrumpfte er auf den **Dukat von Rom** zusammen. Durch die **Pippinische Schenkung** (754; durch Karl d. Gr. bestätigt und erweitert) kamen das → Exarchat von Ravenna und die → Pentapolis hinzu, trotz Berufung auf die → Konstantinische Schenkung nun unter kaiserl. Schutz- und Oberhoheit. Der K. wuchs weiter durch die Erbschaft der in Mittelitalien reichbegüterten Markgräfin Mathilde von Tuscien († 1115) und wurde in diesem Umfang von Kaiser Friedrich II. 1213 dem Papst Innozenz III. verbrieft. Nur selten gelang es den päpstl. Hoheitsansprüchen, sich gegen die Adelsgeschlechter durchzusetzen; erst Julius II. (1503–13) hat den K. gefestigt, er gewann auch für kurze Zeit Parma und Perugia. Später wurde der K. mehrmals um kleinere Gebiete geschmälert (Nepotenherrschaften), doch gingen nur Parma und Modena für immer verloren. Im Zeitalter der Frz. Revolution stark verkleinert, wurde er dann von Napoleon eingezogen (1809). Der Wiener Kongreß stellte ihn im alten Umfang wieder her (1815), doch ging er 1860 bis auf das Patrimonium und 1870 völlig in Italien auf (→ Vatikanstadt).

Kirchensteuer, Steuer, die von den öffentlich-rechtl. Religionsgesellschaften erhoben wird. In der Bundesrep. Dtl. wird die K. (Maßstab: Einkommensteuer und Lohnsteuer; zw. 8 und 10 %) durch die staatl. Finanzbehörden eingezogen.

Kirchenstrafen, 1) kath. Kirchenrecht: die Entziehung eines geistl. oder weltl. Gutes (z. B. Ausschluß von den Sakramenten, Geldstrafe) zur Bestrafung eines Delikts (Vindikativstrafen) oder zur Besserung des Delinquenten (Zensuren: Exkommunikation, Interdikt; Suspension). **2)** evang. Kirchen: → Kirchenzucht.

Kirchentag, Deutscher Evangelischer K., alle 2 Jahre stattfindende Großversammlung der evang. Laienschaft (seit 1949).

Kirchenton|arten, Kirchentöne, Modi nennt man Ausschnitte aus einer auf A aufbauenden, 2 Oktaven umfassenden diaton. Skala. Sie liegen den Melodien der Gregorianik zugrunde. Man unterscheidet **authentische** und **plagale Modi,** die jeweils eine Quarte tiefer stehen, aber denselben Grundton oder Schlußton der authent. Modi haben dieselbe Tonart. Die authent. Modi sind **Dorisch** (d e f g a h c^1 d^1), **Phrygisch** (e f g a h c^1 d^1 e^1), **Lydisch** (f g a h c^1 d^1 e^1 f^1), **Mixolydisch** (g a h c^1 d^1 e^1 f^1 g^1), **Ionisch** (unserer C-Dur-Tonleiter entsprechend: c d e f g a h c^1), **Äolisch** (unserer a-Moll-Tonleiter entsprechend: a h c^1 d^1 e^1 f^1 g^1 a^1).

Kirchenväter, frühchristl. Kirchenschriftsteller, deren rechtgläubige Lehre und Heiligkeit des Lebens von der Kirche anerkannt sind. Einzelne K. sind auch Kirchenlehrer.

Kirchenverfassung, rechtl. Grundordnung der christl. Kirchen. Die Kath. Kirche sprach bis zum 2. Vatikan. Konzil die gesamtkirchl. Leitung dem Papst und dem Ökumen. Konzil zu, seither werden auch den Bischofskonferenzen gewisse Rechte übertragen. Wichtigstes Organ der evang. Kirchen in Dtl. ist die Synode.

*Gustav Robert
Kirchhoff*

Rudolf Kirchschläger

*E. L. Kirchner:
Akt mit schwarzem
Hut; Holzschnitt,
1908–09*

Kirchenverfolgung, alle Maßnahmen zur Zerschlagung der christl. Kirchen, um ihren Einfluß auf Staat, Gesellschaft und Kultur auszuschalten.

Kirchenvermögen, Kirchengut, die Gesamtheit der geldwerten Rechte der Kirche und ihrer jurist. Personen.

Kirchenvertrag, öffentlich-rechtl. Vertrag zw. einer oder mehreren evang. Kirchen und dem Staat.

Kirchenvorstand, Kath. Kirche: Organ zur Verwaltung des Ortskirchenvermögens; evang. Kirchen: Selbstverwaltungsorgan der Gemeinde.

Kirchenzucht, 1) Kath. Kirche: Durchsetzung des kirchl. Gehorsams, meist durch moral. oder pädagog. Einwirkung, im Notfall durch →Kirchenstrafen. 2) evang. Kirchen: Maßnahmen zum Schutz kirchl. Ordnung in der Gemeinde, z. B. Ausschluß vom Abendmahl.

Kirche von England, engl. **Church of England** [tʃəːtʃ əv ˈɪŋglənd], **Established Church** [ɪstˈæblɪʃd-], **Anglican Church** [ˈæŋglɪkən-], die engl. Staatskirche. Ihr Oberhaupt ist die Krone. Die K. v. E. ist Teil der →Anglikanischen Kirchengemeinschaft. Im Bekenntnis nähert sie sich der reformierten Kirche, nach Gottesdienst und Verfassung steht sie zw. prot. und kath. Bekenntnis.

Kirchgeld, der über eine freiwillige Kollekte eingehende Beitrag der Gottesdienst-Besucher zu Aufgaben ihrer Gemeinde.

Kirchheim unter Teck, Stadt im Kr. Esslingen, Bad.-Württ., am Fuße der Schwäbischen Alb, Große Kreisstadt, 32 100 Ew.; Textil-, Holz-, Papier-, Leder- u. a. Industrie; Fremdenverkehr; Segelfluggelände.

Kirchhoff, Gustav Robert, Physiker, *1824, †1887, führte mit R. W. Bunsen Untersuchungen über Emission und Absorption des Lichtes durch. Dies führte zur Aufstellung des **K.schen Strahlungsgesetzes,** zur Erklärung der Fraunhoferschen Linien und Erfindung der Spektralanalyse. Die **K.schen Regeln** über die Verzweigung elektr. Ströme besagen, daß die Summe der Stromstärken in den Zweigen eines Leitersystems gleich der Gesamtstromstärke ist.

kirchliche Gerichtsbarkeit, →geistliche Gerichtsbarkeit.

kirchliche Gesetzgebung, der Erlaß kirchlicher Rechtsvorschriften (→ Kirchenrecht) durch kirchl. Organe. Oberste Gesetzgeber sind in der Kath. Kirche der Papst, das Ökumen. Konzil und (im Auftrag des Papstes) die Röm. Kurie. In den dt. evang. Kirchen liegt die k. G. bei den Gesamtsynoden.

kirchliche Hochschulen, wissenschaftl. Hochschulen der christl. Kirchen, die kirchl. und weltl. Wissenschaft (oder auch nur weltl. Wissenschaft) lehren.

kirchliches Begräbnis, das letzte Geleit der Kirche für ihre Gläubigen.

kirchliches Lehr|amt, kath. Kirchenrecht: die Träger (Papst, Konzil, regierende Bischöfe) der von Christus der Kirche anvertrauten Befugnis und Pflicht, die Offenbarung zu bewahren, auszulegen und mit → Unfehlbarkeit zu verkünden **(kirchliche Lehrgewalt).**

Kirchner, 1) Ernst Ludwig, Maler, Graphiker, Bildhauer, *1880, †1938, einer der führenden Meister des dt. → Expressionismus, gehörte zu den Gründern der → Brücke, mit deren heftigen Farb- und Formgegensätzen er arbeitete, ging 1911 nach Berlin, 1917 Davos. 2) Heinrich, Bildhauer, *1902, schuf archaisierende Klein- und Großplastik.

Kirchschläger, Rudolf, österr. Politiker, *1915, Richter, seit 1954 Beamter im Bundeskanzleramt, seit 1956 im Außenministerium, seit 1970 Außenminister. 1974 und erneut 1980 als Kandidat der SPÖ zum Bundespräs. gewählt.

Kirchspiel, Kirchsprengel, ♗ Kirchengemeinde.

Kirchweihe, Kirchweih, feierl. Einweihung einer Kirche; seit dem 9. Jh. jährlich begangene Erinnerungsfeier daran mit Volksbelustigung, auch **Kirmes, Kerb** u. a.

Kirgisen, Türkvolk in Mittelasien, etwa 1,6 Mio., die meisten in der Kirgis. SSR, sunnit. Muslime.

Kirgisische Sozialistische Sowjetrepublik, Unionsrep. der UdSSR (Verf. v. 23. 3. 1937), 198 500 km², 3,588 Mio. Ew. (43,8 % Kirgisen, 29,2 % Russen, ferner Usbeken, Ukrainer u. a.); Hptst.: Frunse. Gebirgsland mit Anteil am Tien-shan und Pamir-Alai-System, im Pik Pobedy 7 439 m hoch; in den Hochgebirgsbecken zahlreiche Seen. Ausgedehnte Weidewirtschaft (Rinder, Schafe, Ziegen); Bergsteppenfeldbau (Weizen, Baumwolle, Zuckerrüben, Mais, Obst u. a.). Reiche Bodenschätze: Quecksilber, Antimon, Kohle, Erdöl, Erdgas, Zinn, Zink, Schwefel; Lebensmittel-, Textil-, Maschinenbau-, Buntmetallindustrie. –

Die K. SSR, 1924 als Kara-Kirgisisches Autonomes Gebiet errichtet, wurde 1926 ASSR, 1936 Unionsrepublik.

Kiribati, Republik im Südpazifik, 886 km² (n. anderen Quellen 861 km²), etwa 60 000 Ew., Hptst.: Bairiki. – Die Gilbert-Inseln, seit 1892 britisch, gehörten bis 1975 zur brit. Kronkolonie → Gilbert and Ellice Islands, erhielten 1977 innere Autonomie und wurden 1979 als K. unabhängig.

Kırıkkale, türk. Stadt, 175 200 Ew.; Stahlwerk u. a. Ind.

Kirin, amtl. chines. **Jilin,** vorübergehend **Jungki,** Stadt in der Prov. K. (Mandschurei), China, rd. 720 000 Ew.; Industrie.

Kiritimati, →Christmas Island.

Kirkcaldy [kəːˈkɔːdɪ], Stadt in der Fife Region, Schottland, 50 500 Ew.; am Firth of Forth; Leinen-, Linoleum-, Möbel-, elektrotechn. Industrie.

Kirkcudbright [kəːˈkuːbrɪ], ehem. Cty. in Schottland, seit 1975 Teil der Dumfries and Galloway Region.

Kirke, lat. Circe, in Homers ›Odyssee‹ eine Zauberin auf der Insel Aia, verwandelte die Gefährten des Odysseus in Schweine, von ihm durch Gegenzauber erlöst.

Kırklareli, Prov.-Hptst. in der europ. Türkei, 36 200 Ew.

Kirkuk, Prov.-Hptst. im Irak, 207 900 Ew.; Mittelpunkt eines Erdölgebietes, Erdölraffinerie.

Kirkwall [ˈkəːkwɔːl], Stadt in der Orkney Islands Area, Schottland, auf Mainland (Orkney-Inseln), 4 600 Ew.

Kirmes, die Kirchweihe.

Kirn, Stadt im Kr. Bad Kreuznach, Rheinl.-Pf., 9 300 Ew.; Leder-, Holz-, Kunststoffindustrie.

kirnen, kernen [zu Kern], buttern; **Kirne** die, Butterfaß, auch Gerät zur Herstellung von Margarine.

Kirow, bis 1934 **Wjatka,** Gebietshptst. in der Russ. SFSR, an der Wjatka, 392 000 Ew.; Bahnknoten, Hafen; Maschinenbau, elektrotechn., chem., Reifen- u. a. Ind.

Kirow, Sergej Mironowitsch, sowjet. Politiker, *1886, † (ermordet) 1934, Mitarbeiter Stalins.

Kirowabad, bis 1804 und 1918–35 **Gandscha,** 1904–18 **Jelisawetpol,** Stadt in der Aserbaidschan. SSR, nördl. des Kleinen Kaukasus, 237 000 Ew.; Aluminiumhütte u. a. Ind.

Kirowakan, bis 1935 **Karaklis,** Stadt in der Armen. SSR, 149 000 Ew.; im Pambak-Hochtal; Chemiekombinat, Maschinenbau u. a. Ind.

Kirowograd, bis 1924 **Jelisawetgrad,** bis 1934 **Sinowjewsk,** bis 1939 **Kirowo,** Gebietshptst. in der Ukrain. SSR, 242 000 Ew.; Maschinenbau, Nahrungsmittel-, Holz- u. a. Ind.

Kirowsk, bis 1934 **Chibinogorsk,** Bergbaustadt in der Russ. SFSR, auf der Halbinsel Kola, 38 000 Ew.; Abbau von Apatit und Nephelin.

Kirsch, Sarah, Schriftstellerin, *1935, lebt seit 1977 in West-Berlin; Lyrik: ›Zaubersprüche‹ (1973), ›Rückenwind‹ (1977).

Kirsche, Kirschbaum, Steinobstgewächs der Gatt. **Prunus.** Der **Süß-** oder **Vogelkirschbaum** ist im Obstbaum Mitteleuropas und Westasiens. Das Holz ist gutes Möbelholz. Der **Sauer-Kirschbaum** stammt aus Vorderasien. (Bild Frucht S. 99)

Kirschfruchtfliege, 3–5 mm lange Bohrfliege mit 4 schwarzen Flügelquerbinden; legt ihr Ei in Kirschen. Die Larve **(Kirschmade)** verpuppt sich in der Erde.

Kirsch|lorbeer, oriental. immergrüner Strauch mit weißen Blütentrauben und schwärzl. Früchten; Zierstrauch. Die Blätter enthalten das giftige **K.-Öl.**

Kirschwasser, Branntwein aus vergorenen Süßkirschen.

Kırşehir [kˈtrʃhir], Prov.-Hptst. in Innenanatolien, Türkei, 50 100 Ew.; Teppichknüpferei; antike Thermen.

Kirst, Hans Hellmut, Schriftst., *1914; Trilogie ›Null-acht-fünfzehn‹ (1954/55); ›Fabrik der Offiziere‹ (1960), ›Kein Vaterland‹ (1968); ›Ausverkauf der Helden‹ (1980).

Kiruna, nördlichste Stadt Schwedens, an der Bahnlinie Luleå–Narvik, am Fuß der Magneteisenberge Kirunavaara (749 m) und Luossavaara (729 m), 31 200 Ew.; bedeutender Erzbergbau; geophysikal. Observatorium; in der Nähe europ. Abschußbasis für Höhenforschungsraketen der ESA.

Kirundi, Amtssprache von Burundi, gehört zu den Bantusprachen.

Kirunga-Vulkane, → Virunga-Vulkane.

Kisangani, bis 1966 **Stanleyville,** Prov.-Hptst. in Zaire, 339 200 Ew.; Univ.; kath. Erzbischofssitz; wichtiger Umschlagplatz am Kongo.

Kisch, Egon Erwin, Schriftst. und Reporter, *1885, †1948. ›Der rasende Reporter‹ (1925).

Kischinjow, Hptst. der Moldauischen SSR, 519 000 Ew.; alter

98

Bischofssitz; Univ. (1946 gegr.); Nahrungsmittel-, Baustoff- u. a. Ind.; kultureller Mittelpunkt.

Kishon [kiʃ'on], Ephraim, hebr. Schriftst. und Journalist, * Budapest 1924, seit 1949 in Israel; satir. Prosa.

Kislowodsk, Stadt in der Russ. SFSR, im Kaukasusvorland, 102 000 Ew.; Kurort (Heilquellen, Sanatorien); Ind.

Kismet [arab.] *das,* Islam: die unabwendbare Fügung des Schicksals.

Kisseljowsk, Bergbaustadt in der Russ. SFSR, im Kusnezker Becken, unweit Prokopjewsk, 122 000 Ew.; vielseitige Ind.

Kissingen, Bad K., Stadt im Kr. K., Bayern, an der Fränk. Saale, Große Kreisstadt, 22 100 Ew.; Balneolog. Institut; Ind. – K. ist seit 1520 Kurort.

Kissinger [k'ısındʒə], Henry Alfred, amerikan. Politiker, * Fürth 1923, seit 1938 in den USA, lehrt seit 1952 polit. Wissenschaften an der Harvard University, war Berater der Präs. J. F. Kennedy und R. Nixon. Als Außenmin. (1973 bis Jan. 1977) vertrat er eine Entspannungspolitik. Mit Le Duc Tho handelte er einen Waffenstillstand aus (Jan. 1973; dafür Friedensnobelpreis für beide), der jedoch den →Vietnam-Krieg nicht beendete. Im →Nahostkonflikt vermittelte er 1973–74 Truppenentflechtungsabkommen zw. Israel sowie Ägypten und Syrien. Memoiren: Bd. 1: 1968–73 (1979), Bd. 2: 1973–74 (1981).

Kistna, Fluß in Indien, →Krishna.

Kisuaheli, Kiswahili, die Sprache der →Suaheli.

Kitaj, R(onald) B., amerikan. Maler und Graphiker, * 1932, ordnet unterschiedl. Materialien und Motive u. a. zu Zeichnungen und Collagen.

Kitakyushu, Hafen- und Industriestadt an der N-Küste der japan. Insel Kyushu, 1,065 Mio. Ew. 1963 durch Verschmelzung der Städte Kokura, Moji, Tobata, Yahata (Jawata), Wakamatsu entstanden. Früher bes. Kohlenbergbau (Chikuho-Gruben), heute Schwer- u. a. Ind.; traditionelles Kunsthandwerk.

Kitchener [k'ıtʃənə], Horatio Herbert, Lord (1914) **K. of Khartoum,** brit. Feldmarschall und Staatsmann, * 1850, † 1916, eroberte 1896–98 den Anglo-Ägypt. Sudan, zwang die Franzosen in Faschoda zum Rückzug, war im Burenkrieg (1899 bis 1902) Oberbefehlshaber, 1914 Heeresmin., setzte 1916 die allgem. Wehrpflicht durch; ertrank beim Untergang eines Kreuzers.

Kithara [grch.] *die,* bedeutendstes Saiteninstrument der altgrch. Musik, besteht aus einem flachen Holzkasten, der mit 7 (später 18) Darmsaiten bespannt ist.

Kitimat [-mæt], Ort in der Prov. British Columbia, Kanada, 11 800 Ew.; 1948 als Wohnplatz für eines der größten Aluminiumwerke der Erde gegr.

Kitsch *der,* Erzeugnisse, die mit meist primitiven Mitteln Illusionen und Rührung wecken oder Tiefgründigkeit vortäuschen. K. kann in versch. Bereichen (erot., polit., religiöser K.) und in allen Kunstgatt. auftreten. Die Abgrenzung der Kunst ist teilweise schwierig und in versch. Epochen unterschiedlich.

Kitt, dickflüssige bis pastöse Klebemasse zum Ausfüllen von Hohlräumen und Fehlstellen. **Schmelz-K.** erweichen in der Wärme, **Abdunst-K.** erhärten durch Verdunsten eines Lösungsmittels, **Reaktions-K.** durch chem. Reaktion ihrer Komponenten.

Kittel, lose fallendes Kleidungsstück, auch Berufsmantel.

Kitwe, Stadt in N-Sambia, 341 000 Ew., Mittelpunkt des Copperbelts; Kupfermine und -hütte, vielseitige Industrie.

Kitz *das, Mz.* **Kitze,** Junges von Ziege, Reh, Gemse.

Kitzbühel, Luftkurort und Wintersportplatz in Tirol, Österreich, 762 m ü. M., 8 000 Ew.; Seilbahnen, Sessel- und Skilifte in die umliegenden Berge; Spielkasino.

Kitzbüheler Alpen, Hochgebirgsgruppe der nördl. Grauwackenzone zw. Zillertal und Zeller See, im Kreuzjoch 2 558 m hoch.

Kitzingen, Stadt im Kr. K., Bayern, am Main, Große Kreisstadt, 20 300 Ew.; Teile der Befestigung (15. Jh.) sind erhalten, Rathaus (16. Jh.), Kreuzkapelle von B. Neumann (1741–45); Weinbau- und -handel, Industrie.

Kitzler *der,* **Clitoris** *die,* weibl. →Geschlechtsorgan.

Kitzsteinhorn, Gipfel der Hohen Tauern, Österreich, 3 203 m, von Kaprun durch Gletscherbahnen erschlossen.

Kiukiang, Stadt in China, →Chiuchiang.

Kiuschu, japan. Insel, →Kyushu.

Kivi, Aleksis, eigtl **A. Stenvall,** finn. Dichter, * 1834, † 1872; leitete die neuere finn. Literatur ein, gilt als finn. Klassiker. Dramen, Romane (›Die sieben Brüder‹, 1870).

Kiwi, asiat. Nutzpflanze, deren eßbare Frucht reich an Vitamin C ist.

Kiwis, *Ez.* **Kiwi** *der,* neuseeländ. Fam. der Straußvögel; die Flügel sind verkümmert. Die K. leben in Erdhöhlen.

Kiwu|see, Kivu|see, See im Zentralafrikan. Graben, 1 460 m ü. M., 2 650 km² groß, fischarm. Der Westteil gehört zu Zaire, der Ostteil zu Ruanda.

KIWZ, Abk. für →Konferenz über internationale wirtschaftliche Zusammenarbeit.

Kızılırmak [türk. ›Roter Fluß‹], im Altertum **Halys,** der größte Fluß Inneranatoliens, 1 150 km lang, mündet ins Schwarze Meer.

Kjellén [tçel'e:n], Rudolf, schwed. Staatswissenschaftler und Politiker, * 1864, † 1922, begr. eine geopolit. Staatsauffassung.

Kjökkenmöddinger [dän.], dän. **Køkkenmøddinger,** Abfallhaufen, vorgeschichtl. →Muschelhaufen.

k. k., Abk. für kaiserlich-königlich im Titel der Behörden der österr. Reichshälfte des ehem. Österreich-Ungarn; **k. u. K.,** Abk. für kaiserlich und königlich im Titel der Österreich und Ungarn gemeinsamen Behörden (z. B. Armee, ausländ. Vertretungen); **k.,** Abk. für königlich für die Behörden der ungar. Reichshälfte.

Klabautermann, Volksglaube: Schiffskobold, der Segelschiffe begleitet und auf Schäden hinweist.

Klabund, eigtl. Alfred **Henschke,** Schriftst., * 1890, † 1928, Lyriker und Erzähler zw. Impressionismus und Expressionismus. Drama ›Der Kreidekreis‹ (1924, nach einer chines. Vorlage).

Kladde, *⊿* Buch für erste Eintragungen; Tagebuch.

Kladderadatsch *der,* 1) Krach, Zusammenbruch. 2) illustrierte politisch-satir. Zeitschrift in Berlin (1848–1944).

Kladno, Stadt im Mittelböhm. Kr., ČSSR, 66 400 Ew., Steinkohlenbergbau, Eisen- und Stahlindustrie.

Klaffmuscheln, Gatt. der Meeresmuscheln mit hinten klaffenden Schalen, so die **Strandauster** im Wattenmeer.

Klafter *die, das,* 1) altes dt. Längenmaß: 1 K. = 6 Fuß (mitunter auch 10 Fuß) = 1,7 m im Mittel. 2) dt. Raummaß für Holz: 1 K. = 3,339 m³.

Klage. 1) Im Zivilprozeß das Begehren um Rechtsschutz durch gerichtl. Entscheidung; muß regelmäßig schriftlich eingereicht werden, im Verfahren vor den Landgerichten durch einen zugelassenen Anwalt. Wesentl. Erfordernisse der K. sind die Bezeichnung der Parteien, d. h. des **Klägers** und seines Gegners, des **Beklagten,** sowie des Gerichts, ferner die bestimmte Angabe des Gegenstandes und Grundes des erhobenen Anspruchs **(Klagegrund)** mit dem daraus hergeleiteten **Klageantrag.** Die **Klageerhebung** erfolgt durch Zustellung der K. an den Beklagten (§§ 253ff. ZPO). In der Dt. Dem. Rep. regelt § 10 der ZPO vom 19. 6. 1975 die mögl. Arten der K. Für Österreich gelten ähnl. Bestimmungen (§§ 266ff. ZPO). In der Schweiz bestehen kantonal verschiedene Regelungen. – 2) Über die K. im Strafprozeß →Anklage, →Privatklage.

Klage, Die K., mhd. Dichtung des 13. Jh. in Reimpaaren, dem Nibelungenlied angefügt.

Klagemauer, freiliegender Teil der Westwand (die untersten 5 Steinlagen aus der Zeit des Herodes) des Tempelplatzes von Jerusalem, den Juden bes. hl. (Bild Jerusalem)

Klagenfurt, Hptst. des österr. Bundeslandes Kärnten, östlich vom Wörther See, 85 000 Ew.; Sitz des Fürstbistums Gurk; Universität (1973); Dom; Theater; Elektro-, Metallwaren-, Maschinen-, Leder- u. a. Ind.

Klages, Ludwig, Philosoph und Psychologe, * 1872, † 1956, baute die Graphologie zu einer Wissenschaft aus und schuf eine allgem. Ausdruckslehre und Charakterkunde. Sein philosoph. Weltbild stellt die seel., lebendigen Kräfte in den Mittelpunkt und lehnt die Vorherrschaft begriffl. Denkens ab.

Klaipėda, seit 1945 amtl. Name der Stadt →Memel.

Klaj, Johann, Dichter, * 1616, † 1656, gründete 1644 in Nürnberg mit G. P. Harsdörfer den Pegnesischen Blumenorden; schrieb weltliche und geistliche Lieder; lyr.-dramat. ›Geistl. Trauer- und Freudenspiele‹.

Klamm *die,* schmale, tiefeingeschnittene Gebirgsschlucht.

Klammer, 1) Vorrichtung zur schnellen, lösbaren Verbindung einzelner Teile (Wäsche-K., Büro-K., Heft-K., Bau-K.). **2)** Zeichen ( ) für Texteinschluß in der Mathematik.

Klammer|affen, Gatt. der Kapuzineraffen Mittel- und Südamerikas mit rauhem Fell und verkümmerten oder fehlenden Daumen; ausgezeichnete Kletterer (Greifschwanz).

Klamotte *die,* 1) zerbrochener Mauerstein. 2) U Theaterstück, Film mit primitiver Situationskomik. **Klamotten** *Mz.,* U Kleider, Möbel, Siebensachen, ärmlicher Hausrat.

Klampe, Vorrichtung zum Festlegen oder Führen von Trossen an Bord eines Schiffes.

Kirsche:
oben Süßkirschen;
unten Sauerkirschen

Henry Kissinger

Klampfe *die,* Zupfgeige, Gitarre.

Klan, engl. **Clan** [klæn], Menschengruppe, die ihre Herkunft von einem gemeinsamen mythischen Ahnen oder →Totem herleitet; mit exogamer Heiratsregel.

Klang, Zusammenklingen mehrerer einfacher Töne, z. B. eines Grundtons mit seinen Obertönen. Die Art der Mischung ergibt die **Klangfarbe.**

Klangfarben|einstellung, Klangfarbenregelung, bei Rundfunkgeräten und Verstärkern die Einstellung von Filtern, die einen Teil des Tonfrequenzbereiches benachteiligen und dadurch die Klangfarbe ändern.

Klangfiguren, Chladnische K., regelmäßige Figuren, die sich auf mit Sand bestreuten Platten bilden, wenn der Rand mit einem Geigenbogen angestrichen wird und dadurch die Platte in Schwingungen gerät.

Klapper, uraltes Rhythmusinstrument, meist aus 2 gegeneinander zu schlagenden Teilen.

Klapperschlangen, Gatt. sehr giftiger Grubenottern in Amerika; mit beweglichen Hornringen am Schwanzende, die bei stärkerer Bewegung klappern. (Bild S. 101)

Klappertopf, Gatt. der Braunwurzgewächse; Wiesenunkraut mit gelben Blüten, blasigem Kelch und darin einer Kapselfrucht mit raschelnden Samen; Wurzelschmarotzer.

Klaproth, Martin Heinrich, Chemiker, * 1743, † 1817, entdeckte Kalium im Leucit, Zirkon, Uran und Cer.

Klar|älv *der,* 500 km langer Fluß in Skandinavien, durchfließt im Oberlauf den norweg. Femundsee; mündet in den Vänersee.

Klär|anlage, Anlage zur →Abwasserreinigung.

Klara von Assisi, Stifterin des Ordens der Klarissinnen (→ Franziskaner), * 1194, † 1253. Heilige, Tag: 11. 8.

Klarettwein, Clairet [klɛrˈɛ, frz.], der → Weißherbst.

klarieren, ein Schiff bei Ein- und Ausfahrt zollfertig machen.

Klarinette [ital.], Holzblasinstrument, besteht aus einer Schallröhre mit 6 Grifflöchern und weiteren 12–15 durch Klappen verschließbaren Tonlöchern und dem Mundstück mit einfachem Rohrblatt. Die K. ist ein transponierendes Instrument. Sie wird in verschiedenen Stimmungen (B, A, C, Es) mit den Umfängen d-b^3, cis-a^3, e-c^4 und g-es^4 gebaut. Weitere Formen: **Alt-** oder **Bariton-K., Baß-K.** usw. (Bild Blasinstrumente)

Klarissinnen, Klarissen, weibl. Zweig der → Franziskaner.

Klasen, Karl, Bankfachmann, * 1909, 1970–77 Präs. der Dt. Bundesbank.

Klasse, 1) Gruppe von Schülern, die gemeinsam unterrichtet werden. **2)** Logik: Gruppe von Gegenständen, die gemeinsame Merkmale besitzen. **3)** Soziologie: alle menschl. Gruppen, deren Rangstellung innerhalb einer Gesellschaft vor allem durch ihre

Klassizismus 1):
Die Sabinerinnen von J. L. David, 1799 (Paris, Louvre)

Klassizismus 1):
Neue Wache in Berlin von K. F. Schinkel; 1817/18

ökonom. Lage bestimmt wird **(Klassengesellschaft),** i. Ggs. zu Stand, Kaste u. a.; Karl Marx prägte den polit. Klassenbegriff. **4)** ⊕ ♌ systemat. Einheit, z. B. Vögel; in der Pflanzensoziologie eine Stufe im System der Pflanzenges.

Klassenkampf, zentraler Begriff der marxist. Geschichtsauffassung, bezeichnet die im geschichtl. Prozeß fortwährend sich vollziehende kämpfer. Auseinandersetzung zw. den Klassen einer Gesellschaft.

klassenlose Gesellschaft, in der marxist. Gesellschaftstheorie das Stadium der gesellschaftl. Entwicklung, in dem der Ggs. zw. den gesellschaftl. Klassen aufgehoben ist.

Klassenlotterie, →Lotterie.

Klassensprachen, mehrere Sprachgruppen in Afrika, bei denen die Hauptwörter nicht nach dem Geschlecht, sondern in Klassen der Menschen, Tiere, Bäume, kleinen Dinge usw. eingeteilt sind. Die Klassen werden durch Suffixe unterschieden. Zu den K. gehören u. a. die Bantusprachen, die Westatlant. K. (u. a. Ful) und die Gur-Sprachen.

Klassierung, ⚒ Trennung gekörnten Gutes nach der Korngröße, meist durch Roste und Siebe, in einem aufsteigenden Gas-(Windsichter) oder Flüssigkeitsstrom (Spitzkasten, Stromapparat) oder in Zyklonen.

Klassifikation [lat.], **1)** Einteilung von Dingen oder Begriffen nach gemeinsamen Merkmalen. **2)** ⊕ ♌ die Systematik der Lebewesen.

Klassik, 1) Zeitalter der Blüte bildender Kunst, Literatur oder Musik, → Klassiker, → klassisch. **2)** ♪ **Wiener Klassik,** die durch Haydn, Mozart, Beethoven repräsentierte Epoche (Blüte etwa 1780–1825).

Klassiker, im alten Rom urspr. Bürger der obersten Vermögensklasse, seit dem 2. Jh. n. Chr. hervorragender Schriftst. des grch. und röm. Altertums, heute großer, anerkannter Schriftst. einer Nationalliteratur, auch Vertreter anderer Künste und Wissenschaften.

klassisch, 1) vorbildlich, mustergültig. **2)** grch.-römisch (z. B. klass. Altertum, klass. Sprachen). **3)** der grch. Kunst in ihrer Blütezeit im 5./4. Jh. v. Chr. zugehörig. **4)** jede Kunstepoche, die den Stil dieser klass. grch. Zeit zum Maßstab nimmt: Schönheit, Ausgewogenheit, Aufhebung des Besonderen im Typischen und Normativen, Einklang zw. dem Leiblichen und dem Geistig-Seelischen, so die ital. Renaissance, das klass. Zeitalter der dt. Literatur zw. Sturm und Drang und Romantik (Goethe, Schiller). **5)** zeitlos bedeutende künstler. Schöpfung, unabhängig von ihrer Stilrichtung, eine überragende wissenschaftl. Leistung (›Klassiker der Wissenschaft‹), auch die schöpferischste Epoche einzelner Nationen (Elisabethan. Zeitalter für England, Zeitalter Calderóns und Cervantes' für Spanien).

Klassizismus, die schulmäßige Nachahmung klass. Muster und Regeln. 1) bildende Kunst: Stilepoche von etwa 1770 bis 1830, eine Gegenbewegung zum Barock und Rokoko, Besinnung auf grch.-antike Ursprünge der abendländ. Kunst. Es werden einfache, gesetzmäßig gebundene Formen angestrebt, man verzichtet auf Farbe und grenzt die einzelnen Kunstbereiche exakt voneinander ab. Hauptleistungen auf dem Gebiet der Architektur, antike Vorbilder werden nicht kopiert, sondern einzelne Motive wieder verwendet. In Dtl., wo zuerst v. Erdmannsdorff in Wörlitz, G. G. Langhans und F. Gilly in Berlin klassizistisch bauten, war K. F. Schinkel der bedeutendste Baumeister (Berlin); F. Weinbrenner wirkte in Karlsruhe, L. von Klenze in München. In Frankreich traten hervor: J.-G. Soufflot (Panthéon in Paris), C.-N. Ledoux, Ch. Percier und F. L. Fontaine. Die Brüder Adam sowie W. Chambers, J. Soane und R. Smirke bauten in England, Ch. F. Hansen in Kopenhagen, das wie St. Petersburg durch den K. sein Gepräge erhielt. – Die bedeutendsten Bildhauer waren in Italien A. Canova, in Dtl. G. Schadow (Bild) in Berlin, v. Dannecker in Stuttgart; der Däne B. Thorwaldsen arbeitete in Rom. – Rein klassizistisch malte als erster A. R. Mengs; in Frankreich J. L. David, dessen zeichnerische Strenge in J. A. D. Ingres fortwirkte. (Bilder S. 100) 2) Literatur: die äußerliche, oft schulmäßige Nachahmung klass. Muster, z. B. der K. Gottscheds im Anschluß an die frz. Klassik und die Epigonendichtung des 19. und 20. Jh. im Anschluß an die dt. Klassik der Goethe-Schiller-Zeit.

Klassizität [lat.], klassisches Ansehen, Mustergültigkeit.

klastisch [grch.] heißen Sedimentgesteine aus Produkten der mechan. Gesteinsverwitterung.

Klaue, 1) hornige Zehenbekleidung der Paarhufer, sitzt de 3. und 4. Zehe tütenförmig auf **(Klauenschuh).** Bei den Schafen liegt zw. den 2 K. die **Klauendrüse,** deren Absonderung der Fährte Geruch gibt. 2) ⊙ Haken, Greifer.

Klauer, Martin Gottlieb, Bildhauer, * 1742, † 1801, schuf lebensnahe, monumentale Büsten aus dem Weimarer Goethekreis.

Klaus, Josef, österr. Politiker (ÖVP), * 1910, Jurist, wurde 1949 Landeshauptmann von Salzburg, 1961–63 Finanzmin., 1963–70 Parteiobmann, 1964–70 Bundeskanzler.

Klause [lat.], 1) Zelle, Einsiedelei **(Klausner).** 2) ⊕ Talenge, Engpaß (in den Alpen).

Klausel, ♫ Vorbehalt, Nebenbestimmung bei Verträgen.

Klausen, ital. **Chiusa,** Stadt in der Prov. Bozen, am Eisack, Italien, 4100 Ew.; Burg Branzoll und Kloster Säben.

Klausenburg, rumän. **Cluj-Napoca** [kluʒ-], bis 1974 **Cluj,** ungar. **Kolozsvár** [k'oloʒva:r], Hptst. des Kr. Cluj, Rumänien, 212700 Ew.; Bildungszentrum (Univ. u. a. Hochschulen); Metallwaren-, Maschinen-, Leder-, Textilind. – K. entstand im 12. Jh. als vorwiegend dt. Stadt, 1405 zur ungar. Freistadt erhoben. 1920 kam K. an Rumänien, war 1940–45 ungarisch.

Klausenpaß, Paß im schweizer. Kt. Uri (1952 m); die **Klausenstraße** verbindet das Schächental mit dem Linthtal.

Klaustrophobie [grch.], Angst vor geschlossenen Räumen.

Klausur [lat.] *die,* 1) der Angehörigen des anderen Geschlechts verbotene Raum eines Klosters. 2) schriftl. Prüfungsarbeit unter Aufsicht **(K.-Arbeit).** 3) Abgeschiedenheit, Zurückgezogenheit **(K.-Tagung).**

Klaviatur, Tastenreihe von Orgel, Klavier u. a.

Klavichord, Clavichord [-k'ɔrd], Tasteninstrument, bes. des 15.–18. Jh., von zarterem Ton als das Cembalo.

Klavier, 1) i. w. S. jedes Musikinstrument mit Saiten und Tasten: Klavichord, Kiel-K., Hammer-K. 2) i. e. S. das **Hammer-K. (Pianoforte, Fortepiano).** Die Stahlsaiten werden von den durch Tasten bewegten Hämmerchen zum Erklingen gebracht. Den mittleren und hohen Tönen sind je 3, den tieferen je 2 gleichgestimmte Saiten zugeordnet. Die Saiten sind über den Klangboden an einem gußeisernen Rahmen gespannt und durch Stimmwirbel am Stimmstock befestigt. Das K. hat ein klangverstärkendes Fortepedal und ein Pianopedal, auch ›Verschiebung‹ genannt. – Das K. ist aus dem Monochord der Antike entstanden, aus dem sich im 12. Jh. das Clavichord entwickelte. Aus dem Psalterium (Hackbrett) entstand das Kielklavier. Beide wurden in der 2. Hälfte des 18. Jh. durch das Hammerklavier verdrängt. Bedeutende Klavierbauer waren J. A. Stein in Augsburg und J. B. Streicher in Wien. Weitere Verbesserungen stammen von Babcock (Gußeisenrahmen, 1825), Steinway (kreuzsaitiger Bezug, 1855), Blüthner, Bechstein, Bösendorfer u. a.

Klavier|auszug, Bearbeitung einer Oper, eines Orchester- oder Kammermusikwerkes zur Wiedergabe auf dem Klavier.

Klebe, Giselher, Komponist, * 1925, schuf Orchester-, Kammer-, Kirchenmusikwerke, Opern, Ballette.

Klebebindung, fadenloses Buchbindeverfahren, bei dem die Einzelblätter durch Spezialleim zu einem Buchblock verbunden werden, z. B. Lumbecktechnik.

Kleber, 1) Gluten, Eiweißgemenge, das nach Entfernung der Stärke aus dem Mehl zurückbleibt. 2) Klebstoff.

Kléber [kleb'ɛ:r], Jean-Baptiste, frz. General, * 1753, † (ermordet) 1800, ging 1798 mit Napoleon nach Ägypten, wo er 1799 den Oberbefehl gegen die Türken übernahm.

Klebstoffe, organ. oder anorgan. Verbindungen zu dauerhafter Oberflächenverbindung zw. Werkstoffen. **Naturprodukte** sind **Eiweißleime** (Glutin-, Casein-, Blutalbumin-Sojabohnen-Leime), **Kohlenhydrat-K.** (Stärke-, Dextrin-, Cellulose-K.), K. aus **Naturharzen** und **Pflanzenschleimen** (Kautschuk-, Kopalharz-K.). **Synthetische K.** auf Kunstharzgrundlage bieten erhöhte Widerstandsfähigkeit gegen Feuchtigkeit, Wärme, Fäulnis. Viel verwendet werden Lösungen von Kunstharzen in organ. Lösungsmitteln. Mit Kunstharz bestrichene Folien werden als **Klebefolien** oder **Klebebänder** verwendet. Große Bedeutung haben **härtbare Kunstharz-K.**

Klapperschlange

Kleidung: 1 Ägyptisches Königspaar des Neuen Reiches (Amenophis IV. und Gemahlin), 14. Jh. v. Chr. Der König in der Sphinxhaube; die Königin in der Geierhaube. 2 Griechischer Krieger in der Chlamys; Griechin im gegürteten Peplos mit Überschlag, 2. Hälfte 5.–4. Jh. v. Chr. 3 Römerin in Tunika und Palla; Römer in Tunika und Toga, um 100 v. Chr. 4 Germane im gegürteten Armelkittel mit langer Hose, 2.–5. Jh.

1   2   3   4

Kleidung: **1** Fürstliches Paar nach byzantinischer Mode gekleidet, 12. Jahrh. Langes weites und kurzes enges, tunikaartiges Gewand, das bei der Frau tailliert ist und stark sich erweiternde Ärmel hat. **2** Ritterliches Paar, Anfang 14. Jahrh. Dame in geraffter Suckenie; Ritter im langen Rock und Mantel mit Pelzfutter. **3** Fürstliches Paar nach burgundischer Mode gekleidet, um 1440–60. Mann im langen Tappert, Sendelbinde und Trippen; Frau im Kleid mit spitzem Ausschnitt und burgundischer Haube (Hennin) mit Schleier. **4** Nach der Schlitzmode gekleidetes Paar aus Basel, um 1520. Dame mit Federbarett; Herr in geschlitzten Überhosen und Wams mit Schlitzärmeln. **5** Kölner Patrizierpaar, um 1540. Frau im Kleid mit weiten Ärmeln und weißer Leinenhaube; Mann in Schaube, Wams und Barett. **6** Spanische Mode am französischen Hof, um 1560. Dame im Oberkleid mit Schneppen-taille unter dem Reifrock (Vertugadin); Herr in gepolsterten Oberschenkelhosen (Heerpauken) und spanischem Mäntelchen. **7** Vornehmes Paar um 1625. Dame im Kleid mit weiten Ärmeln und engem Mieder; Kavalier à la mode in Stulpenstiefeln, Pumphosen, Pelzrock und Filzhut. **8** Edelleute in höfischer Kleidung, um 1660/65. Dame in Robe mit Rock und Mieder mit breitem, rundem Ausschnitt; Herr in Rheingrafhose (Rhingrave) und kurzem Wams, an den Schuhen als Standesabzeichen rote Absätze

Kleidung: **1** Französische Hoftracht um 1695. Dame im nach hinten gerafften Manteau und Fontange; Herr im Justaucorps, Halsbinde (cravate) und Allongeperücke. **2** Paar in höfischer Gala, um 1770/75. Dame im Reifrock à coudes und Lockenfrisur; Herr in verkürzter Weste, Rock mit gestutzten Schößen und Frisur mit Haarbeutel (Crapaud). **3** Mode der Französischen Revolution, um 1790/92. Herr in Stulpenstiefeln, kurztailligem Frack mit Umlegekragen und gerader Weste (Gilet); Dame im faltigen Rock mit Cul postiche, Schoßjäckchen (Caraco), Schultertuch (Follette) und Kastorhut. **4** Bürgerliche Kleidung um 1800. Dame im Chemisenkleid; Herr im Frack mit Zylinder; Köchin in Spenzer, Schürze und Rüschenhaube (Dormeuse). **5** Sommerlich gekleidetes Paar um 1820. Dame mit Halskrause und Schutenhut; Herr im taillierten Rock, Vatermörder und Zylinder. **6** Paar in winterlicher Straßenkleidung um 1835. Herr in taillierter Redingote mit Pelzkragen; Dame im Kleid mit Pelzverbrämung und passendem Muff. **7** Paar in sommerlicher Kleidung, um 1870–75. Dame im Kleid mit Tournüre; Herr im Jackettanzug und Bowler (Melone, Glocke). **8** Mode um 1900–05. Dame im Nachmittagskleid. **9** Paar in Straßenkleidung, um 1929. Dame im Smokingkostüm mit kurzem Rock und Jacke mit verlängerter Taillenlinie und Topfhut; Herr im Zweireiher

Klee

Klee: Blüten des Rotklees

Kleiber: Europäischer K.

(→ Reaktionsharze) auf Neopren- und Polyurethanbasis z. B. für die Lederind., Epoxidharze oder Polyester zum Verkleben von Metall mit anderen Stoffen, wasserlösl. Celluloseäther-Verbindungen als Malerleim und Kleister.

Klee, Gatt. der Schmetterlingsblüter, Kräuter mit meist dreizähligen Blättern. Arten: **Rot-K.** mit roten Blütenköpfchen, auf Wiesen; Futterpflanze. Der **Inkarnat-K.** hat blutrote, längl. Köpfchen, der **Acker-K.** gelbweiße, der kriechende **Weiß-K.** rötlich-weiße Blütenköpfchen. – Im Volksglauben gilt ein vierblättriges Kleeblatt als Glücksbringer.

Klee, Paul, Maler, * 1879, † 1940, schloß sich in München den Malern des → Blauen Reiters an, empfing in Paris Anregungen von H. Rousseau und dem Kubismus, wirkte 1921–31 am → Bauhaus. K. schuf eine eigene Bildsprache, in der phantast. Gestalten und Formen, bei aller Abstraktion fast immer an Gegenständliches anknüpfend, traumhafte Vorgänge sichtbar machen. (Bild deutsche Kunst)

Kleefalter, Schmetterling, Gelbling.

Kleefarn, Wasserklee, Marsilea, Gatt. der Wasserfarne mit 4zähligen, kleeblattähnl. Blättern, auf sumpfigem Boden an Teichen; auch in Reisfeldern.

Kleereuter, Gestell zum Kleetrocknen.

Kleesalz, Kaliumsalz der Oxalsäure, giftig.

Kleiber, Fam. der Singvögel, die an Baumstämmen (auch kopfabwärts) klettern; die meisten Arten verkleben den Eingang zur Nisthöhle mit Lehm (daher ihr Name ›Kleber‹), so der **Europ. K.**

Kleiber, Erich, österr. Dirigent, * 1890, † 1956; 1923–35 Generalmusikdirektor der Berliner Staatsoper.

Kleidung, Körperbedeckung aus Faserstoffen, Leder, Pelzwerk u. a. Mannigfaltige Formen sind durch Klima, Sitte, Brauchtum, soziale Stellung, Kultur und Technik bedingt. Die Entwicklung der K. unterliegt der Mode.

Kulturgeschichte. Bei den Ägyptern war die männl. Hauptbekleidung der Schurz, später ein rockartiges Gewand; weibl. Hauptgewand: die Kalasiris, ein Rock oder langes Gewand, später das gleiche wie beim Mann. Hauptgewand der Assyrer war ein hemdartiges Leibrock; bei den Medern der Kandys, ein kurzer Rock. Diese Kleidung wurde persische Hof- und Staatstracht. Bei den Griechen trug der Mann den Chiton (dazu das Himation) und die Chlaina, einen Mantel, die Frau meist nur den Peplos, später auch den Chiton und das Himation. Jugend, Krieger, Reiter hatten die Chlamys. Die Römer kleideten sich ähnlich wie die Griechen: Tunika, Palla, Toga. Im Norden trug in der Bronzezeit (1800–800 v. Chr.) der Mann Kittel, Mantelumhang und Mütze, die Frau einen langen Falten- oder Schnurrock. Die Tracht der Germanen in vorröm. Zeit war bei den Männern ein kittelartiges Rumpfkleid, darüber ein ponchoartiges Pelzstülpkleid, darunter die lange Hose; Frauenkleidung war ein langes Gewand.

Das frühe MA. hatte teils weite Kleider. Um 1130 waren Männer- und Frauenkleidung zeitweilig kaum zu unterscheiden. In der französisch-burgund. Mode (1350–1480) wurde die Kleidung allgemein enger. In der ersten Hälfte des 16. Jh. entfaltete sich die Schlitzung und Puffung der Ärmel und Beinkleidung. 1550–1600 setzte sich die span. Mode durch. 1600–50 wurde die Hofkleidung von Frankreich bestimmt. 1650–80 herrschten in der Männerkleidung die Rhingrave (eine Art Rockhose), offenes Wams, geschlitzte Ärmel; in der Frauenkleidung die Schneppentaille 1680–1715. Männerkleidung: Leibrock (Justaucorps), Schoßweste, Kniehose. Frauenkleidung: nicht verändert. Seit dem 18. Jh. trug der Mann Kniehose, Schoßweste, Schoßrock; aus letzterem wurde später der Frack. Die Frauentracht bevorzugte seit 1719 den Reifrock. Der Kontusch fiel vom Nacken herab. Das Mieder (Wespentaille) behielt Halbärmel und tiefen Ausschnitt. Die Frz. Revolution brachte Directoire- und Empiretracht (1789–1805). Die Männer trugen lange Hosen (Pantalon), dazu Weste (Gilet) und Frack; die Frauen Chemisentracht. Das Biedermeier (1820–48) schnürte die Taille erneut ein, die Röcke wurden trichterförmig; die Schultern durch Keulen- oder Schinkenärmel verbreitert; in der Herrenkleidung wurden Frack, Weste, lange Beinkleider, Zylinder Mode. 1848–1914: Mit der Krinoline kam der Reifrock wieder zur Geltung (1839–65); ihm folgte der Cul de Paris (1868–89). Der Übertreibung durch das Korsett begegnete man um 1900 mit Reformkleidung. In der Damenmode war Paris, in der Herrenmode seit Ende des 18. Jh. England tonangebend. Nach 1850 entstand in der Herrenkleidung eine feste Ordnung.

Im 20. Jh. hat sich die Kleidung weiter zum Praktischen, Bequemeren hin gewandelt; die Länge der Röcke schwankt häufig. Die Konfektion beeinflußt zunehmend die Mode; international anerkannte Vorbilder liefern neben Paris Rom und London. (Bilder S. 101–103)

Kleie, beim Mahlen der Getreidekörner abfallende Schalen und Keime; dient als Viehfutter, zur Brotherstellung.

Klein, 1) Christian Felix, Mathematiker, * 1849, † 1925, arbeitete über Gruppentheorie, dient als naturwissenschaftl. Pädagogik. **2)** [klaɪn], Lawrence Robert, amerikan. Volkswirt, * 1920, erhielt 1980 den Nobelpreis für Wirtschaftswissenschaften. **3)** Yves, frz. Künstler, * 1928, † 1962; monochrome Bilder (→ Monochromismus) und Anthropometrien (Körperabdrücke).

Klein|asi|en, Anatoli|en, Halbinsel zw. dem Schwarzen Meer, dem Ägäischen Meer und dem östl. Mittelmeer.
Geschichte. Seit etwa 2000 v. Chr. traten die Hethiter auf. Noch vor 1000 v. Chr. siedelten Griechen an der W-Küste. Seit dem 7. Jh. v. Chr. bildete K. meist des Halys das Lyd. Reich; dieses ging 546 v. Chr. im Perserreich auf. 333 v. Chr. wurde K. von Alexander d. Gr. erobert. 133 v. Chr. fiel es an das Röm. Reich. Später gehörte es zum Byzantin., seit dem 14. Jh. zum Osman. Reich (→ Türkei, Geschichte).

Kleinbären, Fam. der Raubtiere; marder- bis bärenartige, allesfressende Sohlengänger, gute Kletterer. – Zu den K. gehören: die **Waschbären** in Nordamerika; die **Katzenfrette** in Nord- und Mittelamerika; die **Nasenbären** (z. B. Coatis) im wärmeren Amerika; der **Wickelbär** bes. in Brasilien. Der marderähnl. **Katzenbär (Kleiner Panda)** lebt im Himalayabereich und der **Bambusbär (Großer Panda)** in W-Szechwan. (Bild Bären)

Kleinbetrieb, Betrieb mit geringem Produktionsumfang und Kapitaleinsatz oder wenigen Beschäftigten.

Kleindeutsche, in der → Frankfurter Nationalversammlung Befürworter eines Bundesstaates unter preuß. Führung und unter Ausschluß Österreichs, im Ggs. zu den → Großdeutschen. Die Kleindt. Richtung vertraten in der Geschichtsschreibung u. a. Droysen, v. Sybel, v. Treitschke.

Kleine Entente, [-ât, frz.], polit. Bündnis (→ Entente).

Kleiner Sankt Bernhard, Alpenpaß, → Sankt Bernhard.

Kleines Walsertal, linkes Nebental der Iller in den Allgäuer Alpen, Vorarlberg, Österreich; gehört zum dt. Zollgebiet.

Kleingarten, Schrebergarten [nach dem Leipziger Arzt D. G. M. Schreber, * 1808, † 1861], kleines, gärtnerisch genutztes Grundstück am Großstadtrand, meist gepachtet.

Kleinhirn, Teil des → Gehirns.

Kleinkaliberschießen, Wettbewerbe für Sportwaffen mit Kaliber .22 (5,6 mm).

Kleinkampfmittel, im 2. Weltkrieg: Waffen für Einzelkämpfer (z. B. Einmann-Torpedo, Zwei-Mann-U-Boot).

Kleinklima, Mikroklima, das Klima kleiner Räume (Hang, Waldlichtung); kann künstlich beeinflußt werden (Anlage von Waldstreifen, Stauseen u. a.).

Kleinkredit, Darlehen von relativ geringer Höhe und unterschiedl. Laufzeit, bes. an Konsumenten.

Kleinkrieg, Kampf kleinerer Abteilungen im Rücken des Gegners (→ Partisan).

Kleinkunst, 1) Kunstgewerbe. **2)** kabarettist. Darbietungen.

Kleinmachnow [-no], Gem. im Bez. Potsdam, am Teltowkanal, 13 300 Ew.; Villen- und Landhausvorort Berlins.

Kleinmeister, Gruppe von Kupferstechern des 16. Jh., die v. a. kleinformatige Stiche schufen: die Brüder Beham und G. Pencz in Nürnberg, H. Aldegrever in Soest u. a.

Kleinod [mhd.] *das,* spätgot. Gegenstand, Edelstein.

Kleinrußland, vom 18. bis zum 20. Jh. offizielle Bez. für die Ukraine.

Kleinschmetterlinge, volkstümlich für Kleinstschmetterlinge wie Zwerg-, Blatt-Tüten-, Futtalmotten.

Kleinsiedlung, Nebenerwerbssiedlung am Stadtrand, auch mit Kleinviehställen. K. verloren nach 1967 an Bedeutung.

Kleinsporenflechte, → Mikrospore.

Kleinstadt, Statistik, Gem. mit 5000 bis 20 000 Ew. (ohne Rücksicht auf ihre rechtl. Verf.).

Kleintier, Sammelbez. für Geflügel, Kaninchen u. a.

Kleist, pommersches Uradelsgeschlecht. **1)** Ewald von, Dichter, * 1715, † 1759, wurde als preuß. Offizier in der Schlacht bei Kunersdorf tödlich verwundet; beschreibendes Gedicht ›Der Frühling‹ (1749), Idyllen, Oden (›Ode an die preuß. Armee‹, 1757). **2)** Ewald von, GFM (1943), * 1881, † 1954, im 2.

Weltkrieg Armeeführer, 1942–44 Oberbefehlshaber einer Heeresgruppe; 1944 von Hitler seines Postens enthoben. **3)** Friedrich, Graf **K. von Nollendorf** (1814), preuß. GFM, * 1762, † 1823, vereitelte bei Kulm und Nollendorf den Ausbruchsversuch der frz. Armee Vandamme. **4)** Heinrich von, Dichter, * 1777, † (Selbstmord) 1811, war 1792–99 im preuß. Militärdienst, studierte 1799/1800 in Frankfurt (Oder), lebte dann wechselnd in der Schweiz, in Oßmannstedt, Weimar, Paris, war 1805/06 bei der Königsberger Domänenkammer angestellt. 1808 gründete er in Dresden mit Adam Müller die Zeitschr. ›Phöbus‹. In Berlin gab er seit 1810 kurze Zeit die ›Berliner Abendblätter‹ heraus. Als Dramatiker gestaltete K. in kühner, bildmächtiger Sprache und erregender Dialogführung traumwandlerische Gefühlsgewißheit (›Käthchen von Heilbronn‹, 1810) oder die Verwirrung der Gefühle in der begrenzten Wirklichkeit (›Penthesilea‹, 1808, ›Prinz Friedrich von Homburg‹, gedr. 1821). Als Erzähler tritt er in meisterhaften Novellen und Kurzgeschichten hinter dem mit Sachlichkeit berichteten Geschehen ganz zurück (›Die Marquise von O.‹, ›Michael Kohlhaas‹). Weitere Werke: Gedichte; Schauspiele: ›Die Familie Schroffenstein‹ (1803), ›Robert Guiskard‹ (1803, Bruchstück), ›Die Hermannsschlacht‹ (gedr. 1821), ›Der zerbrochne Krug‹ (Komödie, gedr. 1811), ›Amphitryon‹ (nach Molière, erschienen 1807).

Kleister, Klebstoff aus Stärke oder wasserlösl. Celluloseäthern.

Kleister|älchen, Art der Fadenwürmer.

Kleisthenes, athen. Staatsmann, bewirkte 510 v. Chr. die Vertreibung des Hippias, schuf 507 durch die Gliederung in →Phylen die Grundlage der Demokratie in Athen.

Klemens, Päpste. **1)** K. I. (88–97), vorher Clemens **Romanus,** Verf. des echten Briefes der röm. Gemeinde an die Gemeinde von Korinth (**1. K.-Brief**). Weitere Schriften sind ihm zu Unrecht zugeschrieben. Heiliger (Tag: 23. 11.)

2) K. II. (1046–47), zuvor Bischof von Bamberg, im Bamberger Dom begraben.

3) K. V. (1305–14), verlegte 1309 die päpstl. Residenz nach Avignon, hob 1311/12 den Orden der Templer auf.

4) K. VII. (1523–34), vorher Giulio **de' Medici,** nahm zunächst Partei für Frankreich, nach dem ›Sacco di Roma‹ und dem Frieden von Barcelona (1529) für Karl V. (Kaiserkrönung in Bologna 1530) und konnte die Loslösung Englands von Rom durch Heinrich VIII. nicht verhindern.

5) K. XI. (1700–21) verurteilte in der Bulle ›Unigenitus‹ (1713) die Jansenisten.

6) K. XIV. (1769–74), vorher Giovanni **Ganganelli,** hob 1773 den Jesuitenorden auf, förderte Künste und Wissenschaften, stiftete das **Klementinische Museum** des Vatikans.

Klemens von Alexandria, Titus Flavius, grch. Kirchenlehrer, * 140/50, † vor 215/16, Leiter der Katechetenschule in Alexandria; verband kirchl. Überlieferung und platonisch-stoische Philosophie.

Klemm, Hanns, Flugzeugbauer, * 1885, † 1961, entwickelte das K.-Daimler-Leichtflugzeug, gründete 1926 die Firma Leichtflugzeugbau K. (1945 erloschen).

Klemmenspannung, Spannung zw. den Klemmen (Polen) eines elektr. Gerätes beim Betrieb.

Klemperer, 1) Otto, Dirigent, * 1885, † 1973; komponierte 1 Messe, 2 Sinfonien, Streichquartette. **2)** Viktor, Romanist, * 1881, † 1959. ›Geschichte der frz. Literatur im 19. und 20. Jh.‹ (1956).

Klempner, Spengler, Feinblechner, Flaschner, Rohrinstallateure u. a., Fertigungsberufe der Berufsgruppe Feinblechner und Installateure.

Klenau, Paul August von, dän. Komponist und Dirigent, * 1883, † 1946; Opern, Sinfonien, Chorwerke u. a.

Klenze, Franz Karl Leo von (1833), * 1784, † 1864, baute in vorwiegend klassizist. Stil, in München: Glyptothek, Alte Pinakothek, Propyläen, Platz- und Straßenanlagen (Königsplatz, Ludwigstraße); bei Regensburg: Walhalla; in St. Petersburg: Eremitage, Isaaks-Kathedrale.

Kleon, radikaler athen. Politiker, nach dem Tod des Perikles (429 v. Chr.) Wortführer der Kriegspartei gegen Sparta, gefallen in der Schlacht bei Amphipolis 422.

Kleopatra, ägypt. Königin (51–30 v. Chr.), * 69, † 30 v. Chr., Tochter Ptolemaios' XII., Geliebte Caesars, dem sie einen Sohn (Caesarion) gebar. Nach Caesars Tod gewann sie Antonius (41) für sich. 32 erklärte ihr Oktavian den Krieg und führte den Kampf gegen den mit ihr verbündeten Antonius offiziell nur gegen sie.

Kliff an der Kreideküste von Beachy Head (England)

Nach der Schlacht bei Aktium (31) floh K. nach Ägypten und gab sich dort selbst den Tod.

Klepper der, mageres, altes Pferd; Pferd geringer Rasse.

Klepper, Jochen, Schriftst., * 1903, † (Selbstmord mit seiner jüd. Frau und Tochter) 1942. Christl. Geschichtsroman über König Friedrich Wilhelm I. ›Der Vater‹ (1937), Lyrik, Tagebücher (›Unter dem Schatten deiner Flügel‹, 1956).

Kleptomanie [grch.], krankhafter Drang zum Stehlen.

klerikal [grch.-lat.], die kath. Geistlichkeit betreffend; streng kirchlich gesinnt.

Klerikalismus, häufig abwertend für den Anspruch der Kirche, im öffentl. Leben Einfluß zu gewinnen.

Klerus [grch.-lat.], der geistliche Stand.

Klette, Korbblütlergatt., hohe 2jährige Kräuter mit unten hellfilzigen Blättern und kugeligen roten Blütenkörbchen mit z. T. hakenspitzigem Hüllkelch.

Klettenberg, Susanna Katharina von, das Vorbild der ›schönen Seele‹ in Goethes ›Wilhelm Meister‹, * 1723, † 1774, schrieb geistl. Lieder und pietist. Aufsätze.

Kletterbeutler, Beuteltierfam. der austral. Region mit fünfzehigen Greiffüßen; nachtaktive Pflanzen- oder Allesfresser. 2 Unter-Fam.: **Rüsselbeutler,** mausgroße Nektarlecker; **Eigtl. K.,** darunter Kusus, Kuskuse und **Flugbeutler** mit Gleitflughaut. Der **Beutelbär** wurde inzw. in eine eigene Fam. gestellt (→Koalas).

Kletterfisch, ostind. Labyrinthfisch.

Klettergarten, Felsgruppen im Mittel- oder Hochgebirge, zum Erlernen und Üben der Kletter- und Seiltechnik.

Kletterpflanzen, Lianen, Pflanzen, die an Stützen emporwachsen und so zu besserer Lichtnutzung gelangen.

Klettertrompete, Trompetenjasmin, Schlingstrauch mit Haftwurzeln, gefiederten Blättern und scharlachroten Blüten.

Klettgau, Landschaft zw. Schaffhausen und Schwarzwald.

Kleve, 1) Krst. in NRW, links des Niederrheins, 44 100 Ew.; Nahrungs- und Genußmittel-, Schuhind. **2)** ehem. Hzgt. beiderseits des Niederrheins. Seit dem 11. Jh. Gfsch. um die Burg K.; 1368 an die Grafen von der Mark, 1417 Hzgt., dem 1511 Jülich, Berg und Ravensberg anfielen. Als die Herzöge 1609 ausstarben, brach der →Jülich-Klevische Erbfolgestreit aus, und K. kam an Brandenburg. 1795/1805 französisch, 1815 preußisch.

Klibi, Chedli, tunes. Politiker, * 1925, 1961–79 mehrfach Min., seit 1979 Gen.-Sekr. der Arab. Liga.

Klient [lat.], **1)** Auftraggeber, z. B. eines Rechtsanwalts **(Mandant). 2)** lat. **cliens,** im alten Rom in Höriger oder Halbfreier, der einem Patrizier (›Patronus‹) Gefolgschaft schuldete, wofür dieser ihn vor Gericht und in Not schützte.

Kliesche, Art der Plattfische.

Kliff [engl.], durch →Abrasion steil abfallende Felsküste.

Klima [grch.-lat. ›Neigung‹], Mz. **Klimate,** mittlerer Zustand der Atmosphäre über einem Gebiet und der für dieses Gebiet charakterist. durchschnittl. Ablauf der Witterung. Die das K.

Heinrich von Kleist (nach einer Miniatur von P. Friedel)

Klim

bestimmenden Größen (**Klimaelemente**) sind Temperatur, Luftdruck, Windrichtung und -stärke, Niederschläge, Luftfeuchte, Bewölkung, Sonnenscheindauer. Die mittlere Verteilung dieser Elemente ist abhängig von geograph. Breite, Höhe über dem Meer, Entfernung vom Meer, Nord- oder Südlage eines Ortes, Hangneigung u. a. **Klimafaktoren.**

Die Einteilung der K. auf der Erde nach **Klimazonen** unterscheidet eine **tropische Zone** zw. den Wendekreisen, 2 **gemäßigte Zonen** zw. Wende- und Polarkreisen und 2 **Polarzonen** jenseits der Polarkreise. Tatsächlich ist das Klima innerhalb dieser Zonen durch die Klimafaktoren stärker differenziert, so daß weitere K. hinzukommen: **Land-** oder **Kontinentalklima** (heiße Sommer, strenge Winter), **See-** oder **ozeanisches (maritimes) K.** (kühlere Sommer, milde Winter). Eine Vielzahl weiterer Klimatypen berücksichtigt die Übergänge zw. den großen Zonen (z. B. **subtrop. K.**) oder andere Eigenheiten (**Mittelmeer-** oder **Etesien-K.:** heiße, trockene Sommer, milde, feuchte Winter).

Klima [kl´i:ma], Ivan, tschech. Schriftst., * 1931; Erzählungen, Romane (›Ein Liebesroman‹, 1973), Schauspiele (›Gesellschaftsspiele‹, 1976); 1971 Publikationsverbot.

Klima|anlage, Anlage, mit der Temperatur, Feuchtigkeit, Reinheit und Bewegung der Raumluft reguliert wird.

Klimakammer, Raum, in dem einzelne Klimaelemente (Temperatur, Feuchtigkeit, Druck, elektr., physikal., chem. Eigenschaften der Luft) künstlich eingestellt werden können, zur Untersuchung von Klimaeinflüssen auf Menschen, Pflanzen, Tiere, Waren und Materialien sowie zur Krankenbehandlung (Katarrhe, Asthma, Heuschnupfen, Rheuma u. a.).

Klimakterium [grch.] *das,* die →Wechseljahre.

Klima|regeln, Regeln, die besagen, daß in polwärts oder im Hochgebirge gelegenen Gebieten die Gesamtgröße der Tiere zunimmt (**Bergmannsche Regel**), die relative Größe von Ohren, Schwanz, Schnabel, Flügel, Lauf abnimmt (**Allensche Regel**), die Grannenhaare länger und die Wollhaare dichter werden (**Renschsche Regel**), die Gesamtfärbung der Vögel heller wird (**Glogersche Regel**); auch die Zahl der Jungen wird größer.

Klimatherapie, Klimatotherapie, therapeut. Nutzung des Klimas durch Klimaänderung, bes. in **Klimakurorten.**

Klimatologie, Klimakunde, die Wissenschaft vom Klima.

Klimax [grch.] *die,* Stilistik: Steigerung im Ausdruck.

Kliment, Alexandr, eigtl. A. **Klimentiev,** tschech. Schriftst., * 1929, behandelt bes. gesellschaftl. Probleme: ›Eine ahnungslose Frau‹ (1971), ›Langeweile in Böhmen‹ (1975).

Klimme, Cissus, Gatt. der Weinrebengewächse; meist trop. Kletterstäucher; beliebte Zimmerpflanzen.

Klimsch, Fritz, Bildhauer, * 1870, † 1960, schuf in rhythm., den Umriß betonenden Stil Akte, Büsten, Grab-, Denkmäler.

Klimt, Gustav, österr. Maler, * 1862, † 1918, malte Bilder meist symbol. von raffiniert dekorativer Wirkung.

Klinge, der scharfe Teil an Waffen, Werkzeugen u. a.

Klingenthal, Krst. im Bez. Karl-Marx-Stadt, 13 300 Ew.; Musikinstrumentenbau, Wintersportplatz.

Klinger, 1) Friedrich Maximilian von (1780), Dichter, * 1752, † 1831, neben J. Lenz der bedeutendste Dramatiker des Sturm und Drang (Drama ›Sturm und Drang‹, 1776), schrieb lebensphilosoph. Romane (›Faust Leben, Thaten und Höllenfahrt‹, 1791), wurde Offizier in russ. Diensten. 2) Max, Maler, Bildhauer, Radierer, * 1857, † 1920; Radierungszyklen; Skulpturen (Nietzsche, Beethoven).

Klingsor, Zauberer, →Klinschor.

Klingstein, →Phonolith.

Klinik [grch.], →Krankenhaus.

Klinikum, Zusammenschluß mehrerer Fachkliniken.

Klinker, aus Ton bis zum Sintern gebrannter, sehr fester Ziegel.

Klinkerbau, 1) aus Klinkern aufgeführtes Bauwerk. 2) Bootsbauweise mit stufenartigen Planken.

Klinomobil [grch.-lat.], Firmenname für →Notarztwagen.

Klinschor, Klingsor, mächtiger Zauberer im →Parzival‹ Wolframs von Eschenbach; im Gedicht vom →Wartburgkrieg als König von Ungarland im Rätselspiel der Gegner Wolframs.

Klio [lat.], auch **Kleio,** Muse der Geschichte.

Klippen, gefährl. Felsen wenig unter oder über einer Wasserfläche.

Klipper, engl. **Clipper** [kl´ɪpə], Schnellsegler des 19. Jh.; heute z. T. Bez. für große Passagierflugzeuge.

Klippfisch, →Dorsche.

Klippschliefer, Ordn. kaninchengroßer Säugetiere mit Hu-

Klöppeln: Handklöppeln

fen, in Afrika und Westasien; 3 Gatt.: **K.** (Felsenbewohner), **Steppenschliefer** (in Baumhöhlen, Erdlöchern), **Baumschliefer** (Baumtiere).

Klippspringer, Gatt. der Springantilopen mit steil stehenden Hufen, Kletter- und Springer. Die einzige Art, **K.** oder **Sassa,** bewohnt Gebirge Äthiopiens bis SW-Afrika; Männchen mit kurzen, geraden Hörnern.

Klirrfaktor, das in Prozent angegebene Maß für die nichtlineare Verzerrung eines reinen Tons bei der elektroakust. Wiedergabe, entsteht durch Oberwellen (Obertöne). Bei idealer Übertragung ist der K. gleich Null; hochwertige Anlagen haben einen K. von höchstens 2%.

Klischee [frz.], 1) allg. Bez. für Druckplatten und Druckstöcke aller Art. 2) Stilistik: abgegriffener Ausdruck von urspr. hohem Stilwert.

Klistier, Klysma [grch.], Einbringen kleinerer Flüssigkeitsmengen in den Dickdarm mit K.-Spritze zur Entleerung oder zum Einbringen von Nährlösungen.

Klitoris [grch.], der Kitzler, weibl. Geschlechtsorgan.

KLM, Abk. für Koninklijke Luchtvaart Maatschappij N. V., niederländ. Luftverkehrsgesellschaft, Den Haag, gegr. 1919.

Kloake [lat.], 1) unterird. Abzugskanal zur Ableitung häusl. Abwässer. 2) gemeinsame Ausmündung für Darm, Harnblase, Keimdrüsen bei Haifischen, Lurchen, Kriechtieren, Vögeln, Kloakentieren, wenigen Wirbellosen.

Kloakentiere, Ordn. niederster, eierlegender Säugetiere mit Kloake und schnabelförmigem Maul, in Australien (z. B. Ameisenigel, Schnabeligel, Schnabeltier).

Klöckner-Humboldt-Deutz AG, Abk. **KHD,** Maschinenbauunternehmen, stellt Motoren, Triebwerke, Landmaschinen, Industrieanlagen her; 1930 entstanden, Sitz: Köln-Deutz.

Klöckner Werke AG, Duisburg, Unternehmen der Eisen- und Stahl-Ind., gegr. 1923 als Holdinggesellschaft für die industriellen Interessen von P. Klöckner (* 1863, † 1940).

Klodnitz *die,* re. Einfluß der Oder, mündet bei Kędzierzyn-Koźle, 75 km lang. Neben ihr läuft ab Gleiwitz der **Gleiwitz-Kanal** (vor Ausbau und Vertiefung K.-Kanal; 41 km lang, für 750-t-Kähne), der Gleiwitz mit der Wasserstraße der Oder bei Kędzierzyn-Koźle verbindet.

Kłodzko [kł'ɔtsko], poln. Name der Stadt →Glatz.

Klondike, Fluß im Yukon Territory, Kanada. Goldfunde zogen 1896 rd. 30 000 Goldsucher an.

Kloos, Willem, niederländ. Dichter und Kritiker, * 1859, † 1938, ein Hauptvertreter der neueren niederländ. Lit.; Gründer ihres krit. Streitorgans ›De Nieuwe Gids‹ (1885).

Klootschießen, eine Art Eisschießen mit bleigefüllten Holzkugeln.

Klopfen, in Ottomotoren ein hämmerndes oder klingelndes Geräusch, verursacht durch teilweise Selbstzündung des Luft-Kraftstoff-Gemischs bei der Kompression.

Klöpfer, Eugen, Schauspieler, * 1886, † 1950; Charakterdarsteller, bes. in Berlin.

Klopf|festigkeit, geringe Neigung eines Kraftstoffes zum Klopfen. Ein Maß dafür ist die →Oktanzahl.

Klopfkäfer, Holzschädling, →Nagekäfer.

Klöppeln, Herstellen von Spitzen, Litzen u. a. nach Muster (**Klöppelbrief**) durch Verzwirnen, Verschlingen oder Verflechten. Der Faden ist auf Holzspulen (**Klöppel**) gewickelt.

Klopphengst, Spitzhengst, Urhengst, Hengst mit Leistenhoden (→Kryptorchismus).

Klopstock, Friedrich Gottlieb, Dichter, * 1724, † 1803, studierte Theologie, wurde 1748 Hauslehrer in Langensalza,

1750/51 bei Bodmer in Zürich, ging 1751 nach Kopenhagen, seit 1770 in Hamburg. Mit seinem Epos ›Messias‹ (20 Gesänge, 1748–73), seinen Oden an Natur, Liebe, Freundschaft, Gott (in reimlosen antiken Versmaßen oder freien Rhythmen) wurde er nach der Zeit des Rationalismus der Verkünder eines neuen, schwärmer., zugleich frommen und weltfreudigen Lebensgefühls; er bereitete so den Sturm und Drang und die Erlebnisdichtung der Goethezeit vor. Schauspiele: ›Der Tod Adams‹ (1757); ›Hermanns Schlacht‹, ›Hermann und die Fürsten‹, ›Hermanns Tod‹ (1769–87); Prosaschrift: ›Die dt. Gelehrtenrepublik‹ (1774).

Klossowski, Pierre, frz. Schriftst., * 1905; Essays, Romane (›Die Gesetze der Gastfreundschaft‹, 1965; Trilogie).

Kloster [lat.], im christl. Kulturbereich der von der Außenwelt abgesonderte Gemeinschaftsbau von Mönchen oder Nonnen. Die christl. K. waren die wichtigsten Träger der frühmittelalterl. Kultur, bes. in Missionsgebieten, wo sie Bildungsstätten und wirtschaftl. Mittelpunkte waren. K. gibt es auch im Hinduismus, Buddhismus, Lamaismus und Taoismus.

Maßgebend für die Anlage des abendländ. K. wurde die Ordensregel des hl. Benedikt. An die Kirche schließt sich meist im S der Kreuzgang mit den der Klausur unterworfenen Bauten an: Speisesaal (Refektorium), Kapitelsaal, Schlafsaal (Dormitorium). Sie bilden mit der Kirche eine architekton. Einheit, umgeben von andern Gebäuden in wechselnder Anordnung: Abts-, Arzt-, Schul-, Novizen-, Gäste-, Krankenhaus, Bibliothek, Ställe, Wirtschaftsgebäude, Gärten u. a. – Die Benediktiner errichteten ihre K. auf Höhen, die Zisterzienser in abgelegenen Tälern; die Bettelorden (Franziskaner, Dominikaner) waren die ersten, die K. in Städten gründeten. Die K. des Dt. Ritterordens waren zugleich Burgen (→ Marienburg). Im Barock näherten sich die Klosteranlagen besonders in Österreich und Dtl. dem Schloßbau.

Klosterneuburg, Stadt in NÖ, rechts der Donau, 27 400 Ew.; Augustinerchorherrenstift (mit Verduner Altar von 1181), Stiftskirche (1136), Bibliothek (wertvolle Handschriften) und Museum; 1938–54 Wien eingemeindet.

Klosters, Kurort im Bez. Oberlandquart, Kt. Graubünden, Schweiz; 1125–1313 m ü. M., 3900 Ew.; Wintersport.

Klosterschulen, 1) entstanden an den Mönchsklöstern bestehenden Schulen; mit den Domschulen die Hauptträger des Schulwesens. 2) Schulen (v. a. weiterführende, höhere), die von kath. Klostergenossenschaften unterhalten werden.

Klosterstand, kath. Kirchenrecht: Stand der Vollkommenheit, dessen Mitgl. die → Evangelischen Räte innerhalb einer Klostergenossenschaft befolgen.

Kloten, Wohnvorort von Zürich, 15 800 Ew.; Flughafen.

Klotho [grch.], eine → Moira.

Klothoide [grch.], **Cornu-Spirale,** △ ebene Kurve mit stetig kleiner werdendem Krümmungsradius.

Klotz, 1) Christian Adolf, Gelehrter, * 1738, † 1771, Herausgeber einflußreicher Zeitschriften, wurde von Lessing und Herder angegriffen. **2)** Mathias, Geigenbauer, * 1653, † 1743, der bedeutendste Vertreter des Mittenwalder Geigenbaus.

Klub, engl. **Club** [klʌb], Vereinigung zur Pflege bestimmter Interessen, bes. in England (seit dem 16. Jh.).

Kluft, 1) ⊕ Spalte im Gestein, entstanden durch Pressung oder Dehnung. 2) Fleischstück aus der Oberschale der Rinderkeule.

Klug, Aaron, brit. Biochemiker, * 1926, erhielt für Arbeiten auf dem Gebiet der Nukleinsäure-Proteinkomplexe den Chemie-Nobelpreis 1982.

Kluge, 1) Alexander, Schriftst. und Filmregisseur, * 1932; Filme: ›Die Artisten in der Zirkuskuppel: ratlos‹ (1968), ›Die Patrioten‹ (1978) u. a. 2) Friedrich, Germanist und Anglist, * 1856, † 1926; ›Etymolog. Wb. der dt. Sprache‹ (1883, bearb. von W. Mitzka, ²¹1975. 3) Günther von, GFM (1940), * 1882, † (Selbstmord) 1944, Armeeführer im 2. Weltkrieg. 4) Kurt, Schriftst., * 1886, † 1940. Roman ›Der Herr Kortüm‹ (1938).

Klumpfuß, Mißbildung des Fußes: Mittelfuß und Zehen sind nach innen und unten eingerollt; meist angeboren.

Kluniazenser, Mönche der Kongregation von → Cluny.

Kluppe, 1) Werkzeug zum Gewindeschneiden **(Schneid-K.).** 2) Meßgerät für grobe Längenmessung **(Meß-K.).**

Klüse die, Loch in Deck oder Außenhaut eines Schiffes zum Durchziehen von Trossen oder Ketten; z. B. **Anker-K.**

Klute, Fritz, Geograph, * 1885, † 1952, arbeitete bes. über Klima und Eiszeit. Hg. des ›Hb. der Geograph. Wiss.‹ (1930–50).

Kluterthöhle, Kalksteinhöhle bei Ennepetal (Westf.), dient als Natur-Asthmaheilstätte, 225 Gänge von über 5 km Länge.

Klüver der, dreieckiges Vorsegel am **K.-Baum,** der Bugsprietverlängerung.

Klystron das, Laufzeitröhre zur Verstärkung von Frequenzen über ca. 500 MHz, für kleinere Leistungen weitgehend durch Halbleiter-Bauelemente ersetzt.

Klytämnestra, grch. Mythos: Frau Agamemnons, den sie ermorden ließ; dafür wurde sie von ihrem Sohn Orest getötet.

km, Einheitenzeichen für Kilometer.

KNA, Abk. für Katholische Nachrichtenagentur GmbH., 1953 entstanden. Nachrichtendienst, Sitz: Bonn.

Knab, Armin, Komponist, * 1881, † 1951; bes. Lieder.

Knabenkraut, versch. Gatt. der **Knabenkrautgewächse (Orchideen)** mit hodenähnl. Knollenpaar; z. B. die Arten **Kleines K. (Kleine Orchis;** Bild Arzneipflanzen), Wiesenpflanze, das lilablütige **Gefleckte K.** und das purpurblütige **Breitblättrige K.** mit braunfleckigen Blättern **(Händelwurz, Höswurz).**

Knabenliebe, → Päderastie.

Knäckebrot, Schrotbrot aus Weizen oder Roggen in Form dünner Fladen; Dauerbackware.

Knagge die, Maschinenbau: Spannbacken an der Planscheibe der Drehbank, auch ein Vorsprung oder Anschlag an einer Welle, der eine Steuerung betätigt.

Knallgas, ⚗ Gemisch aus Wasserstoff und Sauerstoff (2:1), das bei Zündung mit scharfem Knall explodiert; i. w. S. auch zündfähige Mischungen brennbarer Gase mit Luft.

Knallsäure, ⚗ wenig beständige Säure, die frei ein giftiges Gas ist. Die knallsauren Salze oder **Fulminate,** z. B. **Knallquecksilber, Knallsilber,** sind äußerst explosiv.

Knapp, 1) Albert, * 1798, † 1864, Pfarrer; einige seiner Gedichte sind in den evang. Gesangbüchern enthalten. 2) Georg Friedrich, Volkswirtschaftler, * 1842, † 1926, gehörte der histor. Schule an. K. begründete den Geldwert positiv-rechtlich: ›Staatliche Theorie des Geldes‹ (1905).

Knappe, im MA. ein junger Mann von edler Geburt, der, in ritterl. Diensten, zum Ritter ausgebildet wurde.

Knappertsbusch, Hans, Dirigent, * 1888, † 1965, wirkte u. a. in München, Wien, Bayreuth.

Knappschaft, seit dem 13. Jh. zunftmäßiger Zusammenschluß der Bergleute **(Knappen),** bes. zu gegenseitiger Unterstützung bei Krankheit und Unfällen.

Knappschaftsversicherung, die → Krankenversicherung und die → Rentenversicherung der Angestellten und Arbeiter des Bergbaus; Träger der K. ist die Bundesknappschaft.

Bei der **Knappschafts-Krankenversicherung** bestimmen sich Personenkreis, Beiträge und Leistungen grundsätzlich nach den Vorschriften der RVO. Die **knappschaftl. Rentenversicherung** wurde 1957 neu geordnet und den Neuregelungs-Ges. für die Rentenversicherungen der Arbeiter und Angestellten v. 23. 2. 1957 weitgehend angepaßt. Die Rentenleistungen berücksichtigen jedoch die Schwere der Bergmannsarbeit und die vorzeitige Minderung der Erwerbsfähigkeit der Bergleute. Als Sonderleistung der Knappschaft erhält den Bergmann Bergmannsrente, der a) vermindert bergmännisch berufsfähig ist und eine Wartezeit (Mindestversicherungszeit) von 60 Monaten erfüllt hat oder b) das 50. Lebensjahr vollendet hat, im Vergleich zu der von ihm bisher verrichteten knappschaftl. Arbeit keine wirtschaftlich gleichwertige Arbeit mehr ausübt und eine Versicherungszeit von 300 Monaten mit ständigen Arbeiten unter Tage oder diesen gleichgestellte Arbeiten nachweist.

Knast [neuhebr.] der, Rotwelsch: Strafe, Gefängnis.

Knaster [aus span. canastro ›Rohrkorb‹] der, Pfeifentabak im Krüllschnitt; im 18. Jh. korbweise gehandelt.

Knäuelgras, Knaulgras, hochwachsendes Futtergras mit unbegrannten Rispen aus Ährenknäueln **(Knaul).**

Knaus-Ogino, Kurzbez. für die von den österr. Gynäkologen H. Knaus (* 1892, † 1970) und dem Gynäkologen K. Ogino (* 1882, † 1975) aufgestellte Lehre von der period. Fruchtbarkeit der Frau (→ Befruchtungsoptimum).

Knautie, Knautia, Gattung der Kardengewächse, skabiosenähnl. Kräuter; z. B. **Acker-K.** mit graugrünen Blättern und blauvioletten bis gelblichweißen Blütenköpfen, auf trockenen Wiesen.

Knautschzone, am PKW derart verformbare Karosserieteile der Bug- und Heckpartie, daß bei Aufprallunfällen ein Teil der kinetischen Energie in Formänderungsarbeit umgewandelt wird. Dadurch wird der Aufprallstoß für die Insassen des formsteifen Fahrgastraumes gemindert.

Knebel, 1) Stoffballen, der jemandem in den Mund gestopft

Friedrich Gottlieb Klopstock (aus einem Gemälde von J. Juel)

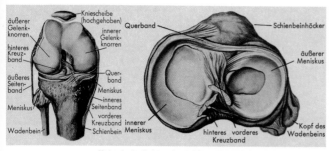

äußerer Gelenkknorren · Kniescheibe (hochgehoben) · innerer Gelenkknorren · Querband · Schienbeinhöcker · hinteres Kreuzband · äußeres Seitenband · Querband · Meniskus · äußerer Meniskus · Meniskus · inneres Seitenband · vorderes Kreuzband · innerer Meniskus · Schienbein · Wadenbein · hinteres vorderes Kreuzband · Kopf des Wadenbeins

Kniegelenk: links rechtwinklig gebeugtes rechtes K. (von vorn); rechts aufgeschnittenes rechtes K. (von oben)

wird, um ihn am Schreien zu hindern. **2)** Griff aus Holz, Metall u. a. zum Schließen von Ketten, Fenstern u. ä.

Knebelungsvertrag, 🜨 Vertrag, durch den eine Vertragspartei von der anderen in ihrer wirtschaftl. oder persönl. Freiheit in einer den guten Sitten widersprechenden Weise beschränkt wird. Der K. ist nichtig (§ 138 BGB).

Knecht, früher Bez. für Arbeitnehmer im landwirtschaftl. Betrieb, heute durch Gehilfe u. a. ersetzt.

Knecht Ruprecht, Gestalt im weihnachtl. Brauchtum, die Kindern mit Rute, Kette und Sack erscheint, Gaben spendet und ermahnt; Begleiter des hl. Nikolaus oder des Christkinds.

Knechtsand, ausgedehntes Wattgebiet zw. Elbe- und Wesermündung; Vogelschutzgebiet.

Knef, Hildegard, Schauspielerin, Chansonsängerin, *1925; autobiograph. Werke: ›Der geschenkte Gaul‹ (1970), ›Das Urteil‹ (1975).

Kneip, Jakob, Schriftst., *1881, †1958; Gedichte (›Bauernbrot‹, 1934), Romane, Essays.

Kneipe, 1) einfaches Wirtshaus, Schenke. **2)** gesellige Zusammenkunft einer Studentenverbindung.

Kneipp, Sebastian, Pfarrer, *1821, †1897, behandelte Krankheiten durch Waschungen, Bäder, Güsse, Packungen, Gymnastik, Diät **(Kneippkur).** Bild S. 109

Knesset, Knesseth, Kneset [neuhebr.] *die,* das Parlament im Staat Israel.

Knick, mit Gebüsch bepflanzter Erdwall (Feldbegrenzung).

Knickebein, Mischgetränk aus Likör oder Branntwein und Eigelb (Eierkognak).

Knickerbocker [nˈɪkəbɔkə, engl.], Überfallhose mit Kniebund.

Knickerbocker [nˈɪkəbɔkə], Diedrich, Pseudonym, unter dem W. → Irving seine ›Geschichte von New York‹ veröffentlichte; danach Spitzname der Abkömmlinge der alten holländ. Patrizier in New York und der New Yorker überhaupt.

Knickfestigkeit, Widerstand eines Stabes gegen **Knickung** bei Belastung, Sonderfall der Druckfestigkeit.

Knickfuß, ⚕ Fußschaden infolge Fußsenkung: der Fuß kippt in seinen Gelenken nach innen um.

Kniebis, Buntsandsteinplateau (971 m) im nördl. Schwarzwald, bedeckt mit Wald, Moor und Heide; Ausflugs- und Wintersportgebiet.

Kniegeige, dt. Name für **Viola da Gamba,** auch für das Violoncello.

Kniegelenk, Knie, Gelenk zw. Oberschenkelknochen und Schienbein. Zw. die beiden Knochen sind Knorpelscheiben **(Menisken)** eingeschaltet, die bei Verstauchungen und Verrenkungen leicht verletzt werden (Meniskusriß). Die Gelenkkapsel schließt das Gelenk ab; bei Verletzungen oder Entzündungen können sich in ihr schmerzhafte Flüssigkeitsansammlungen (Ergüsse) bilden. Vorn schützt die **Kniescheibe (Patella)** das Knie; sie wird von der Sehne des vierköpfigen Streckmuskels des Oberschenkels gehalten, die sich am Schienbein anheftet. Die vom Oberschenkel zum Unterschenkel ziehenden Blutgefäße und Nerven liegen in der **Kniekehle,** der Rückseite des K.

Kniehebel, ⊙ 2 durch ein Gelenk miteinander verbundene Hebel; durch eine am Gelenk wirkende Kraft wird der K. gestreckt und so eine Kraft ausgeübt und ein Kolben, Preßstempel betätigt **(K.-Presse).**

Knieholz, Krummholz, naturgebogene Hölzer für den Schiffs- und Wagnerbau.

Kniesehnenreflex, Kniescheibenreflex, Patellar-Reflex, unwillkürl. Zuckung der Oberschenkelmuskulatur, wobei der Unterschenkel nach oben wippt; auslösbar beim Beklopfen der Sehne unterhalb der Kniescheibe. Der K. ist bei manchen Nervenkrankheiten verändert.

Knigge, Adolf Frhr., Schriftst., *1752, †1796; sein Werk ›Über den Umgang mit Menschen‹ (1788) wurde tonangebend für gutes Benehmen.

Knight [naɪt, engl. ›Knecht‹, ›Knappe‹], unterste Stufe des niederen engl. Adels (Gentry), nicht erblich; führt den Titel Sir vor dem Taufnamen.

Knip|hofie, staudige Gatt. der Liliengewächse.

Knittel, John, schweizer. Schriftst., *1891, †1970. Romane: ›Therese Etienne‹ (1927), ›Via mala‹ (1934), ›El Hakim‹ (1936).

Knittelfeld, Bezirksstadt in der Obersteiermark, Österreich, im Murtal, 25 100 Ew.; bed. Industrie.

Knittelverse, Knüttelverse, paarweise reimende, vierhebige st. Verse: ›Doch Euch des Schreibens já befleißt, / Als diktiert Euch der Heilig Geist‹ (Goethe).

Knobelsdorff, Georg Wenzeslaus von, Baumeister und Maler, *1699, †1753; Opernhaus in Berlin (außen klassizistisch, innen Rokokodekorationen, 1741–43), Schloß Sanssouci (1745–47).

Knoblauch, Lauchart mit roten Blüten; die aus mehreren Teilen (Zehen) bestehende Zwiebel ist Küchengewürz, der Saft vielseitiges Volksheilmittel. (Bild Gemüse)

Knöchel, Knochenvorsprünge am Sprunggelenk und an den Fingergelenken.

Knochen, das festeste Körpergewebe des Menschen und der meisten Wirbeltiere, dient als Stützwerk und Schutz. In eine biegsame org. Grundmasse sind zur Härtung Kalkverbindungen eingelagert (bes. phosphorsaurer Kalk). Der K. ist von der **Bein-** oder **Knochenhaut** (Periost) überzogen, innen liegt das **K.-Mark,** das bei den langen Röhren-K. der Gliedmaßen gelb und fettreich ist. Die **platten** und **kurzen K.** (Schädel-K., Becken-K., Wirbel usw.) bestehen aus einem Netzwerk von K.-Bälkchen und -Plättchen, dessen Hohlräume rotes, blutbildendes K.-Mark enthalten. Der Bildung des K. dienen besondere **K.-Bildungszellen (Osteoblasten).**

Knochenbank, ⚕ Einrichtung zur Tiefkühlkonservierung von Knochen zur Transplantation bei Knochendefekten.

Knochenbruch, Fraktur, entsteht durch Einwirkung äußerer Gewalt, auch bei krankhaft bedingter Knochenbrüchigkeit. Der **einfache (geschlossene) K.** ohne Verletzung der Haut ist zu unterscheiden vom **komplizierten (offenen) K.** mit Hautverletzung und Infektionsgefahr. Behandlung: Einrichten, gegebenenfalls Nagelung, Schienen, Gipsverband. Der K. heilt mit Bildung einer **Knochennarbe.** Nachbehandlung: Bewegungsübungen, Massage, Heißluft-Diathermie.

Knochen|erweichung, Osteomalazie, der Rachitis verwandte Erkrankung des Knochens bei Erwachsenen, bes. bei Frauen zu Zeiten erhöhten Vitamin-D-Bedarfs (z. B. während

Knochen:
1 Bau eines Knochens;
a Knochenhaut,
b freie Knochenoberfläche,
c feste Knochenmasse, d Knochenmark.
2 Längsschnitt durch das obere Gelenkende des Schienbeins eines 6½jähr. Knaben;
a Knorpelscheibe.
3 Feinbau des Knochengewebes;
a Knochenzellen,
b Blutgefäße.
4 Oberschenkelkopf im Längsschnitt mit Knochenbälkchen

Schwangerschaft, Stillzeit). Behandlung: hohe Vitamin-D-Gaben über längere Zeit.

Knochenfische, Osteichthyes, Fische mit verknöchertem Skelett; Ggs.: Knorpelfische.

Knochen|ganoiden, Holoste|i, Überordnung der Strahlenflosser mit z. T. verknöchertem Skelett. Zu den K. gehören die Knochenhechte und Kahlhechte.

Knochenhaut|entzündung, Periostitis, gekennzeichnet durch Auftreibung des befallenen Knochens, Fieber, Schmerzen; nach Verletzungen oder bei Krankheiten wie Tuberkulose u. a. Behandlung: Ruhigstellen, Antibiotika.

Knochenmark|entzündung, Osteomyelitis, eitrige Entzündung des Knochenmarks mit Fieber und Schmerzen, meist durch vom Blut her eingedrungene Eitererreger; oft entstehen **Knochenfisteln,** aus denen sich Eiter und durch **Knochenbrand** abgestorbene Teile **(Knochensequester)** entleeren. Behandlung: vorwiegend chirurgisch, Antibiotika.

Knochenmehl, gemahlene, entleimte Knochen (Dünger, Hühnerfutter).

Knochentuberkulose, durch Tuberkelbakterien hervorgerufene Entzündung des Knochenmarks, befällt bes. Jugendliche. Behandlung: chirurgisch, Tuberkulostatika, Klimakuren.

Knockout [nˈɔkaʊt, engl.], Abk. **K. o.,** Boxen: Niederschlag, der zur Kampfunfähigkeit des Gegners führt.

Knokke-Heist [-hejst], Seebad in der belg. Prov. Westflandern, 28 900 Ew.

Knöllchenbakteri|en, Bakterien, die in Symbiose mit Blütenpflanzen, bes. Hülsenfrüchtern, in knollenartigen Verdickungen der Wurzeln leben. Diese **Bakterienknöllchen** können den Stickstoff der Luft aufnehmen und zu Eiweißverbindungen umbauen, aus denen die Pflanze ihren Bedarf an Stickstoff deckt. Bei Hülsenfrüchter-Anbau können die K. das Düngen mit Stickstoff-Dünger ersetzen. Hülsenfrüchter können daher als Gründüngung dienen.

Knolle, ⊕ meist unterird., fleischig verdickter, stärkereicher Sproß-(Stengel-) oder Wurzelteil; dient zur ungeschlechtl. Fortpflanzung und als Nährstoffspeicher. Wichtig als Nahrungsmittel sind die **Knollengewächse,** z. B. Kartoffel, Batate, Topinambur. (Bild S. 110)

Knollenblätterpilze, Bez. für Wulstling-Arten mit knolligem Stielgrund, Manschette am Stiel und weißen oder weißl. Lamellen. Der **Grüne K.** mit meist dunkelgrünem Hut ist der gefährlichste Giftpilz. Der seltenere **Weiße K.,** ebenfalls tödlich giftig, kann mit Champignons verwechselt werden (Bild Giftpilze). Die **K.-Vergiftung** zeigt sich meist erst nach 10–20 Stunden

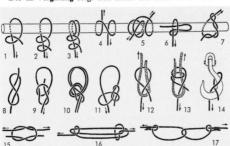

Knoten (seemännische K.): 1): 1 ein halber Schlag; 2 zwei halbe Schläge (K. läßt sich zusammenziehen); 3 Rundtörn mit zwei halben Schlägen (wenn viel Kraft auf das Ende seinzu); 4 Webeleinstek (Seilbefestigung an Rundhölzern oder Poller); 5 Stopperstek (zum Abstoppen einer durchlaufenden Trosse); 6 Schlippstek (Slipstek), leicht lösbare Seilbefestigung; 7 Zimmermannsstek (zum Heißen schwerer Balken oder als Seilbefestigung bei ständigem Zug); 8 Achtknoten (verhindert am Seilende das Ausscheren); 9 Pahlstek (häufigster K., zieht sich nicht zusammen, leicht lösbar); 10 doppelter Pahlstek; 11 laufender Pahlstek; 12 einfacher Schotstek (zur Verbindung ungleich starker Enden); 13 doppelter Schotstek; 14 Hakenschlag (hält nur bei Zug); 15 Kreuzknoten oder Weberknoten (die einfachste Seilverbindung); 16 Verkürzungsstek (Trompete; hält nur bei Zug); 17 Trossenstek (Verbindung schwerer Trossen).

(Leibschmerzen), Erbrechen, Durchfall, Kreislaufschwäche, Bewußtlosigkeit), verursacht schwere Leber- und Nierenschädigung. Behandlung: sofort Arzt oder Krankenhaus. Beste Überlebenschancen bieten Blutaustauschverfahren.

Knoller, Martin, Maler, * 1725, † 1804, malte in Tirol, Süddtl., Mailand vor allem Deckenfresken.

Knorpel, ⚕ 🔬 biegsames Stützgewebe, das die Gelenkenden überzieht, an vielen Stellen als Skelett dient (Kehlkopf, Ohrmuschel) und biegsame Verbindungen herstellt (Rippenenden). Die Knorpelzellen liegen in einer Grundmasse, die beim **Faserknorpel** zugfeste Fasern enthält.

Knorpelfische, Chondrichthyes, Fische mit Knorpelskelett (Haie, Rochen, Seedrachen); Ggs.: Knochenfische.

Knorpelganoiden, Chondroste|i, Überordnung der Strahlenflosser mit z. T. knorpeligem Skelett. Zu den K. gehören die Störartigen Fische.

Knorpelgeschwulst, →Chondrom.

Knorpelwerk, Ohrmuschelstil, im 16. und 17. Jh. in Dtl. und den Niederlanden verbreiteter Ornamentstil, dessen Formen an Ohrmuscheln erinnern.

Knospe, 1) ⊕ **Auge,** pflanzl. Sproß vor der Entfaltung, oft von **K.-Schuppen** umhüllt. K., aus denen Laubsprosse hervorgehen, heißen **Blatt-K.,** solche, aus denen Blüten hervorgehen, **Blütenstands-K.** (auch **Fruchtaugen),** jahrelang steckenbleibende K. **ruhende K. (schlafende Augen). 2)** 🔬 manche bei ungeschlechtl. Fortpflanzung entstehende Tochtertiere.

Knossos, bedeutendste Stadt des alten Kreta, im SO von Heraklion, mit großen Palastanlagen (um 1900 bis 1450 v. Chr.); seit 1900 von dem Engländer A. Evans ausgegraben. In der grch. Mythologie Herrschersitz des Königs Minos und Stätte des von Dädalus für den Minotaurus erbauten Labyrinths. (Bild S. 110 und Bild ägäische Kultur)

Knötchen|ausschlag, ⚕ der →Lichen.

Knoten, 1) seemännisch **Stek,** bei Pionieren **Stick,** Verschlingungen von Tauen, Seilen, Fäden u. ä. **2) kn,** die Fahrgeschwindigkeit eines Schiffes in Seemeilen je Stunde (1 kn = 1 sm/h = 1,852 km/h = 0,514444 m/s). **3)** ⊠ bei stehenden Wellen die Stellen mit

Knöllchenbakterien: a Wurzel der Esparsette mit Wurzelknöllchen, b Knöllchen in etwas größerer Darstellung, c Knöllchengewebe mit einer vergrößerten, bakteriengefüllten Zelle

der Amplitude Null; bei Oberflächenwellen also die Stellen der Ruhe. **4)** ✴ die beiden Schnittpunkte der Bahn eines Himmelskörpers mit einer anderen Ebene, bes. der Ekliptik. **5)** ⊕ Verdickung des Stengels am Blattansatz. **6)** ⚕ Verhärtung oder Auftreibung.

Knotenblume, Pflanzenart Großes Schneeglöckchen.

Knöterich, Polygonum, Gatt. der **Knöterichgewächse,** mit wechselständigen Blättern und weißen bis rötl. (grünlichen) Blütchen; z. B. **Wiesen-K.** (Bild S. 110)

Knotten|erz, mit Bleiglanz und Zinkblende imprägnierter Buntsandstein der Erzlagerstätten in der Eifel (Mechernich, Maubach) und in Schweden.

Know-how [nəu hˈau, engl. ›wissen wie‹] *das,* das Fachwissen um die techn. Durchführung bei Herstellung und Vertrieb von Waren.

Knox [nɔks], John, schott. Reformator, * 1513(?), † 1572, Prediger, Schüler Calvins, Bibelübersetzer.

Knoxville [nˈɔksvɪl], Stadt im Staat Tennessee, USA, 183 100 Ew.; Univ., Industriegebiet; Bergbau (Zink, Marmor).

Knüll *der,* Teil des Hess. Berglands, waldreiches Buntsandsteingebiet, im Eisenberg 636 m hoch.

Knurrhähne, Fisch-Fam. der Panzerwangen in warmen und gemäßigten Meeren. Der K. benutzt die Brustflossen zum Laufen auf dem Meeresboden, erzeugt mit der Schwimmblase knurrende Töne.

Knut, Könige von Dänemark:
1) K. II., d. Gr. (1018–35), zugleich König von England (seit 1016) und Norwegen (seit 1028), * um 995, † 1035. Zw. 1025 und 1035 trat ihm Kaiser Konrad II. die Mark Schleswig ab.
2) K. IV., der Heilige (1080–86), * um 1040, † (ermordet) 1086; 1101 heiliggesprochen, Tag: 19. 1. und 10. 7.
3) K. VI. (1182–1202), * 1163, † 1202, gewann bis 1187 Pommern und Mecklenburg, 1201 Holstein.

Knute [russ., altnord.], Lederpeitsche.

Knuth, Gustav, Schauspieler, * 1901, Charakterdarsteller, wirkt auch in Film und Fernsehen.

a

b

c

Knöllchenbakterien

Sebastian Kneipp

Knossos: Palast, Gemach der Königin

Robert Koch

Knüttelverse, die →Knittelverse.

KO, Abk. für **K**onkurs**o**rdnung.

K. o., Abk. für **K**nock **o**ut.

Ko|**adjutor** [lat.], Amtsgehilfe eines Bischofs, Pfarrers.

Ko|**agulation** [lat.], Ausflockung einer kolloidalen Lösung: Blutgerinnung.

Koalas [austral.], Fam. der Beuteltiere, früher Unter-Fam. der Kletterbeutler, 60–80 cm lang; schwanzlos, mit aschgrauem Fell; leben auf Eukalyptusbäumen.

Koalition, Verbindung. **1)** Bündnis von Staaten, bes. zu gemeinsamer Kriegführung (**Koalitionskrieg**). **2)** Zusammenschluß von Parteien zu einer Regierungsmehrheit.

Koalitionsfreiheit, Koalitionsrecht, Recht der Arbeitnehmer und Arbeitgeber, sich zur gemeinsamen Vertretung ihrer Interessen zusammenzuschließen. In der Bundesrep. Dtl. ist das Koalitionsrecht in Art. 9 Abs. 3 GG gewährleistet.

Ko|**axial**|**leitung,** nach außen und innen abgeschirmte elektr. Leitung für Wechselströme bis zu höchsten Frequenzen und Leistungen, bei der ein Innenleiter mit Isolierstücken genau in der Achse eines äußeren Leiters gehalten wird.

Kobalt, Einheitszeichen **Co,** →chemisches Element, Metall. K. ist grauglänzend, hart, schmiedbar, magnetisch; wird zu Legierungen verwendet. Gewinnung durch Rösten der Erze und anschließendes Reduzieren der Oxide mit Wasserstoff. K.-Verbindungen zeichnen sich vielfach durch blaue oder rote Färbung aus (**K.-Farben**), die Oxide dienen zum Blaufärben von Glas, Porzellan, Email.

Kobaltbestrahlung, ⚕ Tiefenbestrahlung zur Behandlung von Geschwulstkrankheiten mit im Kernreaktor aktiviertem Kobalt (Kobalt 60), das in Telekobaltanlagen Gammastrahlen von 1,3 Mio. Elektronenvolt ausstrahlt.

Kobaltbombe, Wasserstoffbombe mit einem Kobaltmantel, der bei der Explosion verdampft.

Kobaltglanz, weißliches, kubisches Kobalterz (CoAsS). Bild S. 111.

Kobe, Hptst. der Präfektur Hyogo auf Honshu, Japan, 1,4 Mio. Ew.; bed. Hafen, Univ.; Handels- und Industriezentrum: Stahl-Ind., Schiff-, Maschinenbau u. a.

Kobell, 1) Ferdinand, Maler und Radierer, * 1740,† 1799, malte realist. Landschaften bes. der Aschaffenburger Gegend. **2)** Wihelm von (1817), Maler und Radierer, Sohn von 1), * 1766, † 1855; Landschafts- und Tierdarstellungen, Bilder aus den Napoleon. Kriegen.

København [købənh'avn], dänisch für →Kopenhagen.

Koberger, Anton, Nürnberger Buchdrucker, Verleger, Buchhändler; *um 1445, † 1513.

Koblenz, 1) RegBez. in Rheinl.-Pf., 8 092,1 km², 1,364 Mio. Ew.; umfaßt die kreisfreie Stadt K. und die Landkreise Ahrweiler, Altenkirchen (Ww.), Bad Kreuznach, Birkenfeld, Cochem-Zell,

Knöterich: Wiesen-K.

Mayen-K., Neuwied, Rhein-Hunsrück-Kreis, Rhein-Lahn-Kreis, Westerwaldkreis. **2)** Hptst. von 1), kreisfreie Stadt, an der Mündung der Mosel in den Rhein, 113 700 Ew.; Erziehungswissenschaftl. Hochschule; Bundes- und Landesbehörden; Industrie: Bremsenherstellung, Aluminiumwerke, Brauerei, Sekt-, Weinkellereien. – K., als Römerkastell 9 v. Chr. gegr., gehörte seit 1018 den Erzbischöfen von Trier, kam 1816 an Preußen.

Kobold, kleiner, häßlicher Erd- und Hausgeist.

Koboldmakis, Fam. der Halbaffen; rattengroße, insektenfressende, nachtaktive Baumbewohner mit langem Schwanz, so das **Gespensttier** auf südostasiat. Inseln.

Kobras, die →Hutschlangen.

Koch, Ausbildungsberuf (3 Jahre) mit Gehilfen- und Meisterprüfung (**Küchenmeister**), Fortbildung an Hotelfachschulen. Dem **Hotelküchenchef** unterstehen die **Partiechefs,** z. B. Gardemanger, Entremetier, Saucier, Pâtissier.

Koch, 1) Joseph Anton, Maler, Radierer, * 1768,† 1839, seit 1795 in Rom, malte Landschaften; Illustrationen u. a. zu Homer, Dante, Ossian; Dante-Fresken im Casino Massimo in Rom. **2)** Robert, Bakteriologe, * 1843, † 1910, schuf die wichtigsten Grundlagen der Bakterienforschung (Züchtung und Färbung) und wies (1876) im Milzbrandbazillus zum ersten Mal einen lebenden Mikroorganismus als Ursache einer Infektionskrankheit nach. Er entdeckte das Tuberkulosebakterium und den Choleraerreger. 1905 Nobelpreis für Physiologie und Medizin. **3)** Rudolf, Graphiker, * 1876, † 1934, schuf neue Druckschriften, auch kunsthandwerkl. Entwürfe für Kirchengerät.

Kochanowski, Jan, poln. Dichter der Renaissance, * 1530, † 1584; Gedichte, Tragödie ›Die Abfertigung der grch. Gesandten‹ (1578).

Kochel a. See, Gem. im Kr. Bad Tölz-Wolfratshausen, Oberbayern, an O-Ufer des **Kochelsees** (5,9 km², bis 66 m tief), 4 600 Ew.; Walchenseekraftwerk; Fremdenverkehr.

Köchel-Verzeichnis, Abk. **KV,** chronologisch-themat. Verzeichnis der Werke von W. A. Mozart, verfaßt (1862) von Ludwig Ritter von Köchel (* 1800, † 1877).

Kochem, →Martin von Cochem.

Kocher, re. Nebenfluß des Neckars, 180 km lang, entspringt in der Schwäbischen Alb, mündet bei Bad Friedrichshall.

Kocher, Emil Theodor, Chirurg, * 1841, † 1917; Kropfoperationen, erforschte die Erkrankungen der Schilddrüse, einer der Begründer der Bauchchirurgie; 1909 Nobelpreis.

Köcher, längl. Behälter für Pfeile.

Köcherfliegen, Wassermotten, Frühlingsfliegen, Insekten-Ordn., meist düster gefärbt, mottenähnlich, behaart. Die Eier werden am oder im Wasser abgesetzt. Die raupenförmige Larve (**Köcherlarve**) steckt in einem köcherförmigen Gehäuse aus Pflanzenteilen, Sand, Steinchen.

Koch-Gotha, Fritz, Zeichner, * 1877, † 1956, schuf volkstümlich witzige Zeichnungen für illustrierte Blätter.

Kochi [-tʃi], Hptst. der japan. Präfektur K. auf Shikoku, 298 900 Ew.; Papier-, Zement-, Seidenindustrie.

Kochia, Gänsefußgewächs-Gatt., Zierpflanze.

Kochplatte, mit elektr. Widerstandsheizung beheiztes Kochgerät mit runder Stahlplatte (auch **Kochmulde**).

Kochsalz, Speisesalz, **NaCl,** → Salz. Die **physiologische Kochsalzlösung,** eine wäßrige K.-Lösung, verwendet für Infusionen, auch zum Aufbewahren lebender Gewebe.

Kodahirse, hirseartiges Getreide in Vorderindien.

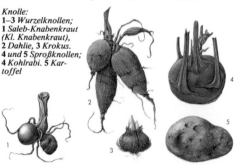

Knolle:
1–3 Wurzelknollen;
1 Saleb-Knabenkraut
(Kl. Knabenkraut),
2 Dahlie, 3 Krokus.
4 und 5 Sproßknollen;
4 Kohlrabi. 5 Kartoffel

Kodak AG, Stuttgart, opt. und phototechn. Unternehmen, gegr. 1896; Großaktionär: Eastman Kodak Co.

Kodály [k'oda:j], Zoltán, ungar. Komponist, * 1882, † 1967; neben B. Bartók der bekannteste Vertreter einer modernen national-ungar. Musik.

Kodex [lat.], **1)** →Codex. **2) Ehrenkodex,** Regeln, deren Beachtung von Angehörigen einer bestimmten Gesellschaftsgruppe erwartet wird.

Kodiak [k'ɔʊdiæk], Insel vor der Südküste Alaskas, USA, mit kleinen unbewohnten Nebeninseln rd. 9 500 km², 6 400 Ew.

Kodifikation [lat.], Zusammenfassung des Stoffes eines oder mehrerer Rechtsgebiete zu einheitl., planvoll gegliederten Gesetzbüchern.

Kodizill [lat.] *das,* im röm. und österr. Recht letztwillige Verfügung als Ergänzung des förml. Testaments.

Kodok, Ort im Sudan, →Faschoda.

Koedukation [lat.], die Gemeinschaftserziehung von Jungen und Mädchen in der Schule.

Koeffizient *der,* △ Zahl oder Funktion, mit der eine unbekannte oder veränderl. Größe in einem Rechenausdruck multipliziert wird, z. B. 2 in dem Ausdruck 2×.

Koenig, Friedrich, Buchdrucker, * 1774, † 1833, erfand 1802 die Schnellpresse.

Koeppen, Wolfgang, Schriftst., * 1906; zeitsatir. Romane: ›Tauben im Gras‹ (1951), ›Das Treibhaus‹ (1953), ›Der Tod in Rom‹ (1954); ›Jugend‹ (1976, autobiogr.).

Koestler, Arthur, engl. Schriftst. ungar. Herkunft, * 1905, 1931–37 Mitgl. der KP, behandelt in Romanen und Berichten eth. und polit. Konflikte; später wandte er sich bes. psycholog. Fragen zu. ›Sonnenfinsternis‹ (1940), ›Der Yogi und der Kommissar‹ (1945), ›Gottes Thron steht leer‹ (1951), ›Die Geheimschrift‹ (Autobiographie, 1954), ›Die Nachtwandler‹ (1959), ›Von Heiligen und Automaten‹ (1960), ›Der göttl. Funke‹ (1964), ›Das Gespenst in der Maschine‹ (1967), ›Der dreizehnte Stamm‹ (1976).

Koetsu, japan. Maler, Kunsthandwerker, * 1558, † 1637, verband Malerei und Kalligraphie (z. B. Schriftzeichen eines Gedichts und Bildmotive in Gold und Silber).

Koexistenz [lat.], Nebeneinander unterschiedl. geistiger, ökonom., polit. und gesellschaftl. Systeme. **Friedliche K.,** außenpolit. Leitlinie der UdSSR, die besagt, daß der gesellschaftl. Konflikt zwischen den ›sozialistisch‹ und ›kapitalistisch‹ geordneten Staaten ohne Einsatz militärischer Mittel ausgetragen werden soll.

Kofferdamm, 1) auf Schiffen schmaler, leerer Raum, durch den Räume mit versch. empfindl. Inhalt (Öl, Wasser) voneinander getrennt werden. **2)** der →Fangedamm.

Kofferfische, Fam. der Haftkiefer trop. Küstengebiete, bes. der Korallenriffe; beliebter Aquarienfisch.

Köflach, Industriestadt in der Steiermark, Österreich, mit 12 600 Ew.; Braunkohlenbergbau u. a. Ind.; in der Nähe Bundesgestüt Piber mit Lipizzanerzucht.

Kofu, Hptst. der japan. Präfektur Yamanashi, auf Honshu, 196 700 Ew.; Weinbau, Seidenweberei.

Kogge, Kriegs- oder Handelsschiff der Hanse (13.–15. Jh.).

Kognak [k'ɔ:njak] *der,* eingedeutscht für Cognac.

Kognaten [lat.], blutsverwandte Personen, die mindestens einen gemeinsamen Vorfahren haben.

Kogon, Eugen, Publizist, * 1903, 1939–45 im KZ, 1949–53 erster Präs. der Europa-Union in Dtl. – ›Der SS-Staat‹ (1949) u. a.

Kohabitation [lat.], der Beischlaf.

kohärent [lat.], zusammenhängend. **kohärentes Licht,** vom gleichen Punkt ausgehendes Licht.

Kohäsion [lat.], ⚛ Zusammenhalt von Atomen, Molekülen oder Ionen infolge elektr. Anziehungskräfte.

Kohelet, Qohelet [hebr.], das Buch →Prediger Salomo.

Kohinoor, Koh-i-Noor [kohin'uːr, pers.] *der,* großer Diamant im brit. Kronschatz (108,93 Karat).

Kohl, Gemüsesorten der Gattung Brassia, bes. →Blätterkohl, →Blumenkohl, →Rosenkohl.

Kohl, 1) Helmut, Politiker (CDU), * 1930; 1969–76 MinPräs. von Rheinl.-Pf., 1973 wurde er Bundesvors. der CDU, 1975 Kanzlerkandidat von CDU und CSU. 1976–82 war er Vors. der CDU/CSU-Bundestagsfraktion. Im Zug eines von CDU/CSU und der Mehrheit der FDP-Abg. getragenen konstruktiven Mißtrauensvotums gegen Bundeskanzler H. Schmidt (SPD) wurde K. dessen Nachfolger an der Spitze einer Reg. aus CDU, CSU und FDP. **2)** Michael, Politiker (SED), * 1929, † 1981, führte 1970–72 die Verhandlungen der Dt. Dem. Rep. mit der Bundesrep.

Steinkohlenförderung ausgewählter Länder (in Mio. t)

Land	1975	1980	Land	1975	1980
USA	575,9	723,6	Australien	67,1	81,2
UdSSR	538,1	552,0	Korea (Süd)	57,6	64,0
VR China	470,0	606,0	Tschechoslowakei	28,1	28,2
Polen	171,6	193,1	Frankreich	22,4	18,1
Großbritannien	127,8	128,2	Kanada	21,7	30,5
Bundesrep. Dtl.	99,2	94,5			
Indien	95,9	107,8	**Welt**	**2 430,9**	**2 829,6**
Südafrika	69,5	111,0			

Dtl., war 1974–78 ständiger Vertreter der Dt. Dem. Rep. in der Bundesrep. Dtl.

Köhl, Hermann, Flieger, * 1888, † 1938, überquerte 1928 mit G. von Hünefeld und J. Fitzmaurice erstmals den Nordatlantik im Flugzeug in Ost-West-Richtung.

Kohle, brennbares Sedimentgestein pflanzl. Herkunft, bis 30% nichtbrennbare Bestandteile. – Die in Sumpfwäldern angereicherte Pflanzensubstanz setzte sich unter Luftabschluß in Torf um, der durch Sedimente abgedeckt und unter ihrem Druck und durch erhöhte Temperatur (Inkohlung) zu **Braun-** oder **Steinkohle** umgebildet wurde. Häufige Vorkommen von Braunkohle im Tertiär, von Steinkohle im Karbon. – Die Steinkohle besitzt dichtes, hartes Gefüge, fetten Glanz, schwarze Färbung. **Koks-** oder **Fett-K.** haben 19–28%, **Gas-K.** 28–35%, **Gasflamm-K.** 35–40% Gasgehalt. Geringe Gasgehalte aber Heizwerte um 8 500 kcal/kg (etwa 35 000 kJ/kg) haben: **Anthrazit** (6–10%), **Mager-K.** (10–14%), **Eß-K.** (14–19% Gasgehalt). Gewonnen wird die Stein-K. entsprechend ihrer großen Tiefenlage auf bergmänn. Weise im Untertagebetrieb. Zur Verwendung als Brennstoff wird sie gewaschen, von taubem Gestein getrennt, gesiebt und nach Korngrößen sortiert (klassiert); sie kommt als Stück-, Nuß-, Fein-K., Grus-, Staub-K. in den Handel. Durch Verkokung erhält man Koks, brennbares Gas (Leuchtgas) und Teer. Schließlich können Stein- und Braun-K. durch Fischer-Tropsch-Synthese und Kohlehydrierung in Treibstoffe und Schmieröle umgewandelt werden. – Die **Braun-K.** hat erdiges bis bröckliges, mitunter noch hölziges Gefüge, i. a. einen hohen Wassergehalt, braune Färbung. Heizwert 6 000–6 800 kcal/kg (etwa 25 000–28 000 kJ/kg). Nach steigender Inkohlung werden unterschieden: Weich- und Hartbraunkohle. Gewonnen wird Braun-K. meist im Tagebau: Durch Förderbrücken wird das Deckgebirge weggeschafft, die freigelegten K.-Lager werden durch Bagger abgebaut. Die Rohbraun-K. wird zur Elektrizitäts-

Helmut Kohl

Kohlehydrierung

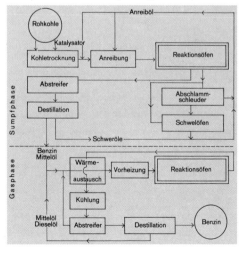

Kobaltglanz

Kohl

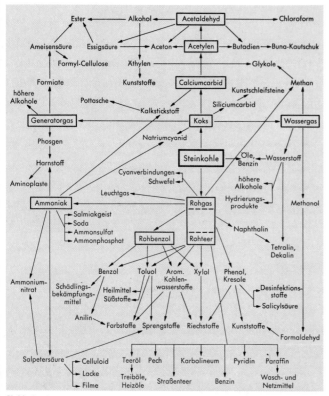

Kohlechemie: Kohlenverarbeitung

Kohlenwasserstoffe

$$H-C-H$$
Methan

Acetylen

Benzol

erzeugung verfeuert oder getrocknet, gesiebt und zu Briketts gepreßt. Durch Schwelung gewinnt man Schwelgas, Teer, Öle, Paraffin, Wachs, Grude. – Wichtige Steinkohlenreviere: Nordwesteurop. K.-Gürtel, Saarrevier, Erzgebirgsbecken, schles. Reviere, Becken von St. Etienne und Le Creusot, Donez- u. Kusnezker Becken, K.-Felder in der Prov. Shansi (China), den Appalachen und den Midlands. Braun-K. finden sich in fast allen Ländern der Erde; in Dtl. bes.: Lausitz, Mittel-Dtl., westl. von Köln.

Wirtschaftliches. Die abbaufähigen Weltvorräte an K. werden (1981) auf 882 Mrd. t geschätzt, davon entfallen 55,3% auf Stein-K. (bes. in der UdSSR und den USA) und 44,7% auf Braun-K. (überwiegend in der UdSSR). In der Bundesrep. Dtl. wurden an Stein-K. (1970) 111,3 Mio., (1980) 94,5 Mio. t gefördert, an Braun-K. (1970) 107,8 Mio., (1980) 129,8 Mio. t. Eingeführt wurden (1980) 11,0 Mio. t Stein-K., 2,1 Mio. t Braun-K., ausgeführt 22,8 Mio. t Stein-K., 0,9 Mio. t Braun-K. – Die Preisexplosion des Rohstoffs Erdöl hat die Wettbewerbsfähigkeit der K. in den letzten Jahren entscheidend verbessert.

Kohlechemie, Verwertung der durch Entgasung (→ Kokerei, → Schwelung), Vergasung oder Verflüssigung (→ Fischer-Tropsch-Verfahren, → Kohlehydrierung) von Kohle anfallenden Produkte.

Kohlehydrierung, Kohleverflüssigung, Verfahren zur Überführung von Kohle oder Kohleprodukten in Kraftstoffe, Schmieröle, Heizöle, Paraffin u. ä. Beim direkten Verfahren **(Bergius-Pier-Verfahren)** wird die Kohle mit Rohöl zu einem Brei angerieben und durch hohen Druck und hohe Temperatur aufgespalten; an die gerade entstehenden Spaltprodukte wird katalytisch Wasserstoff angelagert. Die gasförmigen Erzeugnisse werden verflüssigt und durch Destillation voneinander getrennt. Über das indirekte Verfahren → Fischer-Tropsch-Verfahren. (Übersicht S. 111)

Kohlendioxid, CO_2, farb- und geruchloses, schwach säuerlich schmeckendes Gas, das bei Verbrennung von Kohlenstoff und bei der tierischen und menschl. Atmung entsteht; kommt in der Luft vor (etwa 0,03 Vol.-%), strömt aus Vulkanen und ist in allen natürl. Wässern gelöst. Durch Verbrauch von K. halten die Pflanzen den ›Kreislauf des Kohlenstoffs‹ aufrecht. K. wird für künstl. Mineralwässer verwendet, festes K. kommt in Blöcke gepreßt als **Trockeneis** in den Handel. (Bild S. 113)

Kohlenhobel, Gerät zur Kohlegewinnung: mit Hartmetall belegte Messer an einer endlosen Kette werden am Kohlenstoß hin- und hergezogen, sie schälen jeweils 5–15 cm aus der festen Kohle heraus.

Kohlenhydrate, organ. Verbindungen, die zus. mit den Fetten und Eiweißstoffen die organ. Nährstoffe für Mensch und Tier bilden. Zu ihnen gehören Zucker, Stärke, Cellulose, Glykogen und Inulin.

Kohlen|oxid, Kohlenmon|oxid, CO, giftiges Gas, das bei ungenügender Luftzufuhr bei der Verbrennung von Kohle (Kohlenstoff) entsteht. K. ist farb- und geruchlos, ein sehr kräftiges Reduktionsmittel. Zu **Kohlenoxidvergiftung (Gasvergiftung)** können führen: schadhafte Stadtgasleitung und Kohleöfen, Motorgase in geschlossenen Garagen u. a.; sie ist gekennzeichnet durch Kopfschmerz, Benommenheit, Schwindel, Übelkeit, schließlich Betäubung und Tod. Blut und Schleimhäute sind bei frischer Vergiftung hellrot. Erste Hilfe: frische Luft, künstl. Atmung. Arzt rufen!

Kohlensäure, H_2CO_3, nur in wäßriger Lösung und ihren Verbindungen bekannte Säure, entsteht bei Auflösung von Kohlendioxid in Wasser. Ihre Salze sind die Carbonate.

Kohlenstaub|explosion entsteht, wenn eine Flamme in eine Staubwolke schlägt; häufig die Folge von Schlagwetterexplosionen.

Kohlenstoff, C, →chemisches Element, wichtigstes Element des Pflanzen- und Tierkörpers. Frei findet sich K. nur selten, in kristalliner Form als Diamant und als Graphit. Durch Zersetzen organ. Stoffe unter Luftabschluß oder durch unvollständige Verbrennung erhält man den K. in einer dritten, amorphen Form, entweder in derben Massen (Koks, Holzkohle) oder in feinster Verteilung (Ruß). Amorpher K. besitzt die Fähigkeit, Gase, molekular oder kolloidal gelöste Stoffe, Bakterien usw. zu adsorbieren; ein bes. hohes Adsorptionsvermögen zeigt die Aktivkohle. K. wird verwendet in Form von Ruß zur Herstellung von Druckerschwärze, Tusche, Reifen, als Aktivkohle u. a.

Kohlenstoff-Fasern, spinnbare Fäden, werden durch Abscheiden von Graphit aus der Gasphase oder durch therm. Zersetzung vorgefertigter Fasern (Viskose- und Acrylfasern) gewonnen; leichter, fester und elastischer als Glasfasern, werden eingebettet in hochbeanspruchte Metalle oder Kunststoffe **(kohlenstofffaserverstärkte Werkstoffe).**

Kohlenstoffverbindungen, organische Verbindungen, Gesamtheit der die lebenden Organismen aufbauenden, durch zahlreiche künstlich erzeugte Stoffe ergänzten chem. Verbindungen des Kohlenstoffs.

Kohlenwasserstoffe, chem. Verbindungen, die nur aus Kohlenstoff und Wasserstoff aufgebaut sind. Der einfachste **aliphat. K.** ist das Methan, der einfachste **aromat. K.** das Benzol. **Gesättigte K. (Alkane, Paraffine)** haben einfache, **ungesättigte K. (Alkene, Olefine)** auch doppelte und dreifache Kohlenstoffbindungen, z. B. Acetylen. Paraffin-K. kommen vorwiegend im Erdgas und Erdöl vor. Große Mengen von K. werden bei der trockenen Destillation (Verkokung) der Steinkohle gewonnen. Die dabei entstehenden gasförmigen K., wie Methan und Äthan, finden sich im Leuchtgas. Die flüssigen K., z. B. das Benzol, kommen im leichten Teeröl vor. Feste K. (wie Naphthalin und Anthracen) werden aus den höher siedenden Anteilen des Steinkohlenteers gewonnen, während man Paraffin aus Braunkohlenteer erhält. Durch die Methoden der Kohlehydrierung werden aus Kohle Paraffin-K. gewonnen. Die K. sind brennbar; Verwendung für Treibstoffe, Lösungs-, Schmiermittel, pharmazeut. Produkte u. a.

Kohlepapier, dünnes, zähes Seidenpapier mit einseitiger Farbschicht, für Durchschriften.

Köhler, ♫ Art der Dorsche.

Köhler, Wolfgang, Psychologe, * 1887, † 1967, Mitbegründer der Berliner Schule der Gestaltpsychologie.

Köhlerei, Herstellung von Holzkohle durch Schwelen von Holz im **Kohlenmeiler,** heute selten durchgeführt. Lufttrockenes Holz (1–2 m lang) wird um einen Feuerschacht **(Quandel)**

dichtgesetzt und mit feuerfester Decke aus grünem Reisig, Rasen und Erde allseitig abgeschlossen. Mit leicht brennbaren Stoffen wird der **Meiler** im Quandel angezündet. Die Ausbeute beträgt etwa 25%.

Kohlfliegen, Gatt. der Blumenfliegen; ihre weiße Made **(Kohlmade)** schadet den Kreuzblütern.

Kohlhaas, Michael, Held der gleichnamigen Novelle von H. v. Kleist, nach dem Kaufmann H. Kohlhase aus Cölln bei Berlin (hingerichtet 1540), wurde aus verletztem Gerechtigkeitsgefühl zum Gesetzesbrecher.

Kohlhernie, Pilzkrankheit, bes. des Kohls, mit Anschwellungen an den Wurzeln **(Kropf).**

Kohlpalmen, Palmenarten, deren Gipfelknospen als Gemüse gegessen werden.

Kohlrabi, Ober-K., Oberrübe, Gartenkohlart, deren Stengelknolle als Gemüse dient. (Bild Knolle)

Kohlraupe, Raupe des →Kohlweißlings.

Kohlrausch, 1) Eduard, Strafrechtslehrer, * 1874, † 1948, Mithg. eines Kommentars zum StGB. **2)** Friedrich, Physiker, * 1840, † 1910, führte Untersuchungen durch über das Leitvermögen der Elektrolyte, bestimmte elektromagnet. Grundgrößen, fand das nach ihm benannte Gesetz von der unabhängigen Wanderung der Ionen.

Kohlröschen, Braunelle, Orchideengatt. mit grasähnl. Blättern und schwarzroter, kugeliger, vanilleduftender Blütenähre, auf kalkigen, trockenen Gebirgsmatten Europas.

Kohlrübe, Wruke, Erd-, Steckrübe, Dorsch, Dotsche, Erd-, Boden-, Unterkohlrabi, aus dem Wildkohl entstandene Rübe, Futterpflanze; auch als Gemüse verwendet.

Kohlrübenblattwespe, 6–9 mm lange, rotgelbe Blattwespe, deren graugrüne, gefräßige Larven **(Afterraupen)** bes. an Kohlrüben schaden.

Kohlschnake, Art der Schnaken; die Larve schadet an Klee, Gras, Getreide, Gemüse. Sie beißt die Sprosse ab, zieht sie in die Erde hinein, nagt auch an den Wurzeln.

Kohlwanzen, an Kreuzblütern schädl. Schildwanzen.

Kohlweißlinge, zu den Weißlingen gehörige Tagschmetterlinge; ihre Raupen schaden an Kreuzblütern. Der **Große K.** hat eine Flügelspannweite von 6 cm, der **Kleine K.** von rd. 4 cm.

Kohorte die, altröm. Truppeneinheit; der 10. Teil einer Legion, gegliedert in 6 Zenturien zu je 600, später 1000 Mann.

Kohout [k'ohout], Pavel, tschech. Schriftst., * 1928; Dramatiker, verließ 1978 die ČSSR. ->Die Einfälle der Hl. Klara< (1980).

Koine, die grch. Sprache der hellenist. Zeit.

Koinzidenz [lat.], Zusammenfallen, Zusammentreffen.

Koinzidenzmessung, in der Hochenergie- und Kernphysik übl. Verfahren, Teilchen- oder Gammastrahlen, die einen definierten zeitl. Abstand voneinander haben, zu registrieren und auch die Bahnen von Teilchen zu bestimmen. Die Bahn ionisierender Teilchen der kosm. Strahlung kann bestimmt werden mit Zählerteleskopen, z. B. Zählrohren, die in gerader Linie hintereinanderliegen.

Koitus [lat.], **Coitus** der, Beischlaf.

Koivisto, Mauno, finn. Politiker (Sozialdemokrat), * 1923, mehrfach Min. und MinPräs., seit 1982 Staatspräsident.

Koje, fest eingebaute Schlafgelegenheit auf Schiffen.

Kojiki [-dʒi-], das älteste japan. Geschichtswerk und Sprachdenkmal, verfaßt 712 n. Chr. von Ono Yasumaro.

Kojote [span.] der, der Präriewolf.

Kokain, →Cocain.

Kokand, Stadt in der Usbek. SSR, am Sosch, 154000 Ew., Baumwoll-, Textil-, chem., Nahrungsmittel-, elektrotechn. Ind.

Kokarde [frz.] die, Abzeichen an Hut oder Mütze, urspr. in der Frz. Revolution am Hut getragene Schleife oder Stoffblume; heute meist aus Metall, rund oder oval, auch Hoheitszeichen an Militärflugzeugen.

Kokardenblume, Gaillardia, Korbblütergatt., in Amerika heimisch; lang blühende Zierpflanzen.

Kokel, Große und **Kleine K.,** rumän. **Tîrnava Mare** und **Tîrnava Mică** [-mikə], zwei Flüsse in Rumänien, 190 und 144 km lang, entspringen im Harghita-Gebirge, vereinigen sich 30 km vor der Mündung in die Maros.

Kokerei, Betrieb zur Koks- und Gasgewinnung durch trockne Destillation von Kohlen. Nebenerzeugnisse sind Ammoniak, Benzol und Teer. Die Hälfte des anfallenden Gases wird für die Koksöfen verwendet.

kokett [frz.], gefallsüchtig. **kokettieren,** liebäugeln, tändeln.

Kokille [frz.] die, Gußform aus Gußeisen, Stahl oder Kupfer zum Gießen von Blöcken aus Metall.

Kokiu, amtl. chines. **Gejiu** [gedʒju], chines. Stadt im SO der Prov. Yünnan, etwa 400000 Ew.; Zentrum der chines. Zinnförderung und -verhüttung.

Kokken Mz., Ez. **Kokkus,** kugelförmige Bakterien.

Kokon [kok'ŏ, frz.] der, **1) Puppen-K.,** Gespinsthülle, mit der sich viele Insektenlarven beim Verpuppen umgeben. **2) Ei-K.,** Gespinst- oder Sekrethülle zum Schutz der Eigelege.

Kokonverfahren [kok'ŏ-, frz.], Verpackung mit einer Kunststoffhülle, aufgetragen mit einer Spritzpistole als porenfreie Haut.

Kokoschka, Oskar, Maler, Graphiker, Schriftst., * 1886, † 1980, einer der führenden Künstler des dt. Expressionismus, schuf Illustrationen, z. T. zu eigenen Dichtungen, und psycholog. Bildnisse; in seinen Städte- und Landschaftsbildern ist der Erlebnisausdruck oft ins Visionäre gesteigert. (Bild S. 114)

Kokosfaser, →Kokospalme.

Kokos-Inseln, engl. **Cocos Islands** [k'əukəuz'ailəndz], **Keeling-Inseln** [k'i:liŋ-], 2 Atolle mit 27 Koralleninseln im Ind.

Kohlendioxid

Kohlendioxid: Kohlensäureflasche, a Handrad mit Ventil, b Ventilgehäuse, c Überdruckventil, d Druckregulierung, e Druckanzeiger

Ozean, 14 km², 650 Ew.; Kokospflanzungen, Wetterstation. 1608 entdeckt, 1857 britisch, 1955 australisch.

Kokospalme, trop. Fiederpalmengattung. Der Stamm ist bis 30 m hoch, die Wedel werden 4–6 m lang. Die Kokosnuß enthält in weißem, faserigem Samenfleisch eine Höhlung mit süßl. Flüssigkeit **(Kokosmilch).** Das Holz dient als Nutzholz; das Laub zu Dachbedeckung u. a.; die Fruchtfaser **(Kokosfaser)** für Taue, Matten, Bürsten, Teppiche; der Blütenscheidensaft Palmzucker, Palmwein. Das getrocknete Samenfleisch **(Kopra)** wird zu Speisefett **(Kokosfett),** Kerzen, Seife verarbeitet; der Preßrückstand als Kraftfutter.

Kokotte [frz.], Halbweltdame, Prostituierte.

Koks, Rückstand bei der Entgasung der Steinkohle, hochwertiger Brennstoff; wird gewonnen durch Hochtemperaturverkokung in Kokereien **(Zechen-** oder **Hütten-K.),** in Gasanstalten **(Gas-K.)** sowie durch Tieftemperaturverkokung **(Schwel-K.).**

Kokura, seit 1963 Teil von →Kitakyushu.

Kokytos, grch. Mythos: Zufluß des Acheron.

Kola, Halbinsel zw. Weißem Meer und Barentssee, UdSSR, rd. 100000 km²; im N Tundra, im S Fichten-Föhren-Wald; im Chibiny-Gebirge bis 1191 m hoch. Bodenschätze: u. a. Nephelin, Apatit. Hauptbahn bei Kirowsk; Haupthafen: Murmansk.

Kołakowski, Leszek, poln. Philosoph und Publizist, * 1927; krit. Darstellung des marxist. Weltanschauung; deswegen 1966 aus der kommunist. Partei Polens ausgeschlossen, emigrierte in 1969 nach Kanada, dann in die USA; lebt in Oxford. K. erhielt 1977 den Friedenspreis des Dt. Buchhandels.

Kolar Goldfields [k'əula: g'əuldfi:ldz], Stadt in Karnataka, Indien, 119000 Ew.; Goldbergbau.

Kolarowgrad, 1950–65 Name der bulgar. Stadt →Schumen.

Kolb, Annette, Schriftstellerin, * 1870, † 1967; emigrierte 1933. Romane: ›Das Exemplar‹ (1913), ›Daphne Herbst‹ (1928), ›Die Schaukel‹ (1934); Biographien (›Mozart‹, 1937, ›Schubert‹, 1941); Essays.

Kolbe die, männl. Haartracht der Renaissance, bei der das gleichmäßig herabgekämmte Haar über der Stirn, den Ohren und im Nacken waagerecht geschnitten wird.

Kolbe, Georg, Bildhauer, * 1877, † 1947, schuf maßvoll vereinfachte Aktfiguren (›Tänzerin‹), meist in Bronzeguß; auch Bildnisse. (Bild S. 114)

Kolben, runde Verdickung mit Stiel. **1)** ⊙ der im Zylinder der

Kohlwanzen

Kohlweißlinge: Raupen des Kleinen K. und ihre Fraßspuren

Belgien

Frankreich

Niederlande

Kokarde (Hoheitszeichen an Militärflugzeugen)

Bundesrep. Deutschland

Großbritannien

Verein. Staaten

Sowjetunion

Kolb

K.-Maschinen sich hin- und herbewegende (**Hubkolbenmaschinen**) oder sich drehende (**Kreiskolbenmotor**) Teil, der die treibende Kraft unmittelbar aufnimmt und überträgt. 2) ♉ flaschen- oder becherförmiges Glasgefäß. 3) an Handfeuer- und Maschinenwaffen das hintere, breite Ende des Schaftes. 4) ⚥ Form des Blütenstandes, z. B. beim Mais.

Kolbenheyer, Erwin Guido, Schriftst., *1878, †1962, vertrat eine biolog. Weltanschauung; Romane (›Amor Dei‹, 1908), Dramen (›Gregor und Heinrich‹, 1934).

Kolbenmaschinen, Kraft- und Arbeitsmaschinen, die mit Kolben arbeiten (**Verdrängermaschinen**).

Kolbenpalme, Gatt. der Scheibenblumengewächse im trop. Amerika mit kolbenförmigen Blüten- und Fruchtständen. Die Blätter der fächerpalmenähnl. **Panamapalme** werden zu Panamahüten verarbeitet.

Kolbenwasserkäfer, Käfer-Fam. mit keulenförmigen Fühlern, meist im Wasser lebend.

Kolberg, poln. **Kołobrzeg** [koɫˈɔbʒɛk], Hafenstadt in der poln. Wwschaft Koszalin (Köslin, Pommern), an der Persantemündung, 36 000 Ew.; alter Handelsplatz; Fischkombinat u. a. Ind.; Seebad und Kurort (Heilquellen); got. Mariendom (14. Jh.). – K., seit 1255 Stadt, kam 1648 an Brandenburg; im Siebenjähr. Krieg wurde es 1761 von den Russen eingenommen; 1807 hielten Gneisenau und Nettelbeck die Festung gegen Frankreich; 1945 zu 80% zerstört.

Kolchis [-çʼis], fruchtbare Anschwemmungsebene im O des Schwarzen Meeres, Georg. SSR. – In der grch. Sage die Heimat der Medea und das Ziel der Argonauten.

Kolchos der, das, Kurzw. für russ. **Kollektjwnoje chosjajstwo** [›Kollektivwirtschaft‹], auch **Kolchose** die, in der UdSSR landwirtschaftl. Großbetrieb auf genossenschaftl. Basis (i. Ggs. zum → Sowchos). Nach 1917 auf der Grundlage der Freiwilligkeit, seit 1928 durch zwangsweisen Zusammenschluß

bäuerl. Einzelbetriebe entstanden. Nach dem 2. Weltkrieg wurden die rd. 252 000 K. zu 36 800 **Groß-K.** zusammengelegt.
→ Landwirtschaftliche Produktionsgenossenschaft

Kolding [kʼɔleŋ], Stadt an der O-Küste Jütlands, Dänemark, 55 800 Ew.; Viehexportmarkt, Schlachtbetriebe, Brauerei.

Koleopterologe [grch.], Käferkundler.

Kolgujew, sowjet. Insel in der Barentssee, 3 200 km^2 groß, mit Tundra bedeckt.

Kolhapur, Stadt im Staat Maharashtra, Indien, 259 100 Ew.; alte buddhist. Tempel; Univ. (seit 1962); Zucker-, Textilindustrie.

Kolibakteri|en, im Dickdarm gesunder Warm- und Kaltblüter in Symbiose mit dem Wirt lebende Bakterien. Einige K.-Arten verursachen Durchfallkrankheiten.

Kolibris [karib.], Ordn. und Fam. kleiner, farbenprächtiger amerikan. Vögel. Beim Schwirren schlagen die steifen, flachen Flügel bis zu 50mal je s. Die fast um die Länge des z. T. sehr langen Schnabels vorstreckbare Zunge dient der Aufnahme von Nektar und Blüteninsekten. Die kleinsten K. wiegen nur etwa 2 g. (Bild S. 115)

Kolik [grch.] die, wehenartige, krampfhafte Leibschmerzen. K. entsteht an Hohlorganen mit glatter Muskulatur (**Magen-K., Gallenstein-K., Nierenstein-K.** usw.) Behandlung durch den Arzt.

Kolin, tschech. **Kolín** [kʼɔliːn], Stadt im Mittelböhm. Kr., ČSSR, 31 200 Ew. Am 18. 6. 1757 Sieg der Österreicher unter Graf v. Daun über Friedrich d. Gr.

Kolk der, durch Wassereinwirkung entstandene Vertiefung (**Auskolkung**) bes. im engen Flußbett, unterhalb von Wasserfällen, an Steilküsten, Gletscherschen.

Kolk|rabe, der größte Rabenvogel, brütet in Mitteleuropa nur noch in den Voralpen und in N-Dtl., neuerdings in Polen; 64 cm lang, mit schwarzem, metall. Gefieder.

kollabieren [lat.], ♥ plötzlich zusammenbrechen (→ Kollaps).

Kollaboration [frz.], Zusammenarbeit mit der Besatzungsmacht auf dem Feind, im besetzten Frankreich 1940–44. Die **Kollaborateure** wurden dort und in den übrigen von der dt. Wehrmacht besetzten Ländern nach Abzug der dt. Truppen verfolgt. Zeitw. **kollaborieren.**

Kollagen das, Eiweißstoffe des Bindegewebes, der Knorpeln, Knochen; Leimrohstoff.

Kollaps [lat.] der, plötzl. Versagen des Kreislaufs, mit Schwindel, kaltem Schweiß, Schwächeanfall, Ohnmacht; bei Herzmuskelschwäche, bei hohem Fieber u. a.; Patienten flach lagern, Arzt rufen.

kollateral [lat.], auf der gleichen Körperseite, benachbart, nebenher laufend; Ggs.: **kontralateral.**

Kollath, Werner, Hygieniker, Bakteriologe, *1892, †1970, arbeitete bes. über Vitamine und Ernährung.

Kollation [lat.] die, ✠ das Vergleichen der Abschrift mit dem Original; im Erbrecht die →Ausgleichungspflicht.

Kolle, 1) Kurt, Psychiater, Sohn von 3), *1898, †1975, Charakterforschung, Psychotherapie. 2) Oswald, Publizist, Sohn von 1), *1928; Beiträge zur sexuellen Aufklärung. 3) Wilhelm, Hygieniker, *1868, †1935, entwickelte die Schutzimpfung gegen Cholera und Typhus (mit R. Pfeiffer).

Kölleda, Stadt im Bez. Erfurt, 7 200 Ew.; Funkgerätebau. 1265–1525 Zisterzienserinnenkloster.

Kolleg [lat.] das, -s/-ien oder -s, 1) Vorlesung (an Hochschulen). 2) Erziehungsanstalt der Jesuiten.

Kollege [lat.], Mitarbeiter; Berufsgenosse, Amtsbruder. **kollegial,** wie unter Kollegen üblich.

Kollegialgericht, mit mehreren Richtern besetztes Gericht.

Kollegialsystem, Zusammensetzung einer Behörde aus mehreren gleichberechtigten Mitgl., die mit Stimmenmehrheit beschließen.

Kollegiatkapitel, Kapitel einer nichtklösterl. und nichtbischöfl. Kirche (**Stiftskapitel**).

Kollegium [lat.] das, -s/.... gien, Körperschaft von Personen gleichen Amts oder Berufs, z. B. Lehrerkollegium.

Kollekte [lat.] die, 1) kirchl. Geldsammlung zu wohltätigem Zweck. 2) kurzes Gebet im Gottesdienst.

Kollektion, Warensortiment; Muster-K. sind Warenmuster für die Vorlage bei Kunden und Messen.

kollektiv, gemeinschaftlich, geschlossen.

kollektiv das, Arbeits- oder Interessengemeinschaft, bes. im Sinne des → Kollektivismus; in kommunist. Ländern in Betrieben und in der Landwirtschaft zur Durchführung bestimmter Produktionsaufgaben (z. B. Kolchos).

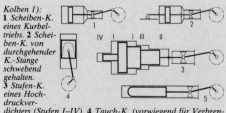

Kolben 1):
1 Scheiben-K. eines Kurbeltriebs. **2** Scheiben-K. von durchgehender K.-Stange schwebend gehalten. **3** Stufen-K. eines Hochdruckverdichters (Stufen I–IV). **4** Tauch-K. (vorwiegend für Verbrennungsmotoren). **5** Tauch-K. (Plunger-K.) einer Pumpe

Kollektivbegriff, Sammelbegriff (z. B. Wald).

Kollektivbewußtsein, Soziologie: die (umstrittene) Annahme, daß die seel. Struktur des Einzelnen durch Denk- und Verhaltensmuster der Gruppe bestimmt wird, in der er lebt; Begriff bes. bei E. Durkheim.

Kollektivdelikt, Sammelstraftat, mehrere gewerbsmäßig, geschäftsmäßig oder gewohnheitsmäßig begangene Straftaten einer Person, die grundsätzlich als Einzeltaten zu werten und zu bestrafen sind.

kollektives Unbewußtes, nach C. G. Jung die tiefste Schicht des →Unbewußten.

Kollektivgesellschaft, Handelsgesellschaft des schweizer. Rechts, die der dt. Offenen Handelsgesellschaft entspricht (Art. 552 ff. OR).

Kollektivierung, Überführung von Privateigentum in Kollektiveigentum, bes. von privatem landwirtschaftl. Besitz.

Kollektivismus, Lehre, daß das gesellschaftl. Ganze den Vorrang vor dem Einzelnen (Individuum) habe, denn der K. als unselbständigen Teil des Ganzen auffaßt. Ggs.: Individualismus. Dem K. entsprechen gebundene Formen der Wirtschaft (Zwangssyndikate, Planwirtschaft), kollektive Arbeitsregelungen. Das Denkmodell des K. ist bestimmend in kommunistisch regierten Staaten.

Kollektivnote, 𝄞 gemeinsame Note mehrerer Staaten an einen anderen Staat.

Kollektivschuld, der gegenüber einer Gesamtheit (Familie, Volk, rass. Gruppe) erhobene Schuldvorwurf wegen unmoral. oder verbrecher. Handlungen einzelner Glieder oder einer Anzahl von Angehörigen. Daraus entstand u. a. im älteren Antisemitismus die Vorstellung einer K. der Juden für die Kreuzigung Christi. Nach 1945 wurde von den Alliierten vielfach eine K. des dt. Volkes für die Untaten des Nationalsozialismus angenommen. Der wissenschaftl. Ethik, der Moraltheologie und dem rechtsstaatl. Denken ist die Annahme einer K. fremd, ist Ggs. zu dem jurist. Begriff der **Kollektivhaftung,** der den Mitgl. einer Personengesamtheit die Haftung für Schäden auferlegt, die die Organe der Gesamtheit durch ihr Handeln vertretbar verursacht haben.

Kollektivum [lat.] *das,* -s/. . . va, Ⓢ Sammelname, z. B. Gebirge, Volk.

Kollektiv‖vertrag, 1) Staatsvertrag, an dem mehr als 2 Staaten beteiligt sind, bes. beim Aufbau internat. Organisationen und Einrichtungen. **2)** ein Tarifvertrag.

Kollektor [lat.] *der,* **1)** ⊕ der →Kommutator. Bei Transistoren ist der K. eine der 3 Elektroden. **2)** Sammellinse, bes. im Bildwerfer und Mikroskop.

Koller *der,* **1)** Wutanfall. **2)** →Dummkoller.

Koller *das,* **Goller,** Hals- und Schulterkragen der Frauenkleidung des 16. Jh., in Volkstrachten ein oft loses, passenartiges Schulterstück.

Kollergang, Zerkleinerungsmaschine für Erze, Steine, Kohlen: schwere Walzen rollen auf einer waagerechten Bahn um eine senkrechte Antriebsachse.

kollidieren [lat.], zusammenstoßen.

Kollier [kɔljˈe, frz.] *das,* Halsgeschmeide.

Kollimator *der,* opt. Gerät, das parallele Strahlen erzeugt und so z. B. eine Meßquelle ins Unendliche abbildet.

Kollision [lat.], Zusammenstoß (von Schiffen); Widerstreit (zw. verschiedenen Rechtsvorschriften).

Kollo, eigtl. **Kollodziepski, 1)** René, Sänger (Tenor) * 1937, Enkel von 2.) Wagner-Interpret. **2)** Walter, Operettenkomponist, * 1878, † 1940; Operette ›Wie ein Mai‹ (1913) u. a.

Kollodium, Lösung von schwach nitrierter Cellulose (**K.-Wolle**) in Alkohol und Äther, verwendet als Wundverschluß, zur Herstellung von Lacken, rauchlosem Pulver, als Träger von Arzneimitteln gegen Hautkrankheiten, Hornhaut u. a.

Kolloide [grch.] *Mz.,* →Dispersionen, bei denen die Teilchengröße der dispersen Phase unter 0,2 μm, d. h. gerade unterhalb der lichtmikroskop. Sichtbarkeit, liegt und deutlich über der Molekülabmessungen von niedrigmolekularen Stoffen (etwa 5 nm) liegt. Ist die disperse Phase relativ frei beweglich, so spricht man von einem **Sol,** sind die einzelnen Teilchen dagegen netzartig miteinander verbunden und daher nur schwer gegeneinander zu verschieben, von einem **Gel.** Übergänge zw. den beiden Fällen verlaufen in manchen Fällen reversibel (z. B. Abkühlen und Erhitzen von Sülze). Unterschieden werden: a) **Dispersions-K.,** sie entstehen durch geeignete Zerteilung der zu dispergierenden Substanzen; b) **Assoziations-K.,** sie entstehen durch Zusammenla-

gern von Molekeln (Molekülen) zu größeren Aggregaten (**Micellen**); c) **Molekel-K.,** sie sind in ihrer Größe bereits durch ihre makromolekulare Struktur weitgehend festgelegt. – K. sind von großer prakt. Bedeutung (Waschmittel, Farbstoffe u. a.). In der Biologie spielen sie eine entscheidende Rolle, da sich alle Lebensvorgänge in der kolloiden Phase abspielen.

Kolloquium [lat.] *das,* -s/ . . . quien, wissenschaftl. Diskussion.

Kollusion [lat.], im Strafrecht das unerlaubte geheime Einverständnis mehrerer zum Nachteil eines Dritten oder des Staates, bes. die Verständigung zw. Angeklagten und Zeugen zur Verdeckung der Wahrheit. Eine solche Verdunklungsgefahr (**Kollusionsgefahr**) ist Verhaftungsgrund.

Kollwitz, Käthe, Malerin, Graphikerin, Bildhauerin, * 1867, † 1945; sozial aufrüttelnde Radierungen und Lithographien (Weberaufstand, Bauernkrieg); Gefallenendenkmal bei Dixmuiden. (Bild S. 116 und Bild Kupferstich)

Kolmar, Gertrud, eigtl. **Chodziesner,** * 1894, als Jüdin 1943 verschleppt und verschollen; schrieb schwermütige Lyrik.

Kolmogorow, Andrej Nikolajewitsch, russ. Mathematiker, * 1903, schuf die axiomat. Grundlagen der Statistik und Wahrscheinlichkeitstheorie.

Köln, 1) RegBez. in NRW, 7 373 km², 3,927 Mio. Ew.; umfaßt die kreisfreien Städte Aachen, Bonn, K. und Leverkusen und die Kr. Aachen, Düren, Erftkr., Euskirchen, Heinsberg, Oberbergischer Kr., Rheinisch-Bergischer Kr. und Rhein-Sieg-Kr. **2)** Hptst. von 1), kreisfreie Stadt, am Rhein, 972 900 Ew.; Sitz vieler Behörden, Spitzenverbände und Kammern. K. ist reich an Bildungsstätten und kulturellen Einrichtungen: Univ. (seit 1388), Hochschule für Musik, Sporthochschule, Verwaltungs- und Wirtschaftsakademie, PH, Museen, Bibliotheken, Archive, Theater, Rundfunksender, Zoolog. und Botan. Garten u. a. Kölns großartige Bauten des MA. wurden im 2. Weltkrieg zerstört oder schwer beschädigt; wiederhergestellt wurden sind u. a. der Dom (→Kölner Dom), das Alte Rathaus, der Gürzenich. K. hat Fahrzeugbau, Maschinen-, Eisen-, Stahl-, Metall-, chem., elektrotechn., Textil-, Nahrungsmittelind., zahlreiche Banken und Versicherungsunternehmen. K. ist bed. Messestadt, wichtiger Bahn- und Straßenknoten, Hafen und Flughafen (K.-Bonn). – K., um 50 v. Chr. von den Römern gegr., erhielt 50 n. Chr. Stadtrecht und wurde zu Ehren der Kaiserin Agrippina **Colonia Agrippinensis** genannt; Sitz des Statthalters von Niedergermanien. Nach 450 fränkisch. Die Bischöfe (seit 313) durch Karl d. Gr. 785 Erzbischöfe, vom 10. bis 13. Jh. Erzkanzler des Reichs für Italien, im 13. Jh. Kurfürsten; durch den Sturz Heinrichs des Löwen gewannen sie 1180 das Hzgt. Westfalen. K. war im MA. die volkreichste Stadt Dtl.s (rd. 50 000 Ew.), einer der Vororte der Hanse. 1288 wurde es de facto, 1475 de iure freie Reichsstadt. 1388 Gründung einer Univ. (bis 1798, 1914 wiedereröffnet). 1794 wurde K. von den Franzosen besetzt, 1815 kam es zu Preußen. (Bild S. 116)

Kölner Bucht, klimatisch begünstigtes Senkungsfeld innerhalb der Niederrhein. Bucht; fruchtbarer Löß- und Lehmboden, Acker- und Gartenbau.

Kölner Dom, St. Peter und Maria, die größte got. Kirche Dtl.s, eine 5schiffige Basilika mit 3schiffigem Querhaus, 1248 von Meister Gerard aus Amiens nach dem Vorbild der Kathedrale in Amiens begonnen. 1322 war der Chor vollendet; unvollendet blieben Quer- und Langhaus. Im W baute man noch am S-Turm bis zum Glockengeschoß. Der Weiterbau, für den bes. S. Boisserée gewirkt hatte, wurde 1842 begonnen; 1880 wurde der Dom geweiht. Im Chor sind aus dem 14. Jh. Glasmalereien, Pfeilerfiguren und Chorgestühl erhalten; auf dem Hochaltar steht der Dreikönigsschrein (um 1200), in einer Chorkapelle das Dombild S. Lochners.

Kölner Malerschule, Schule der seit etwa 1300 bis ins 16. Jh. in Köln wirkenden Maler. Zu den bedeutendsten gehören der Anfang des 15. Jh. tätige Meister der hl. Veronika und S. Lochner, in der 2. Hälfte des 15. Jh. die niederländisch beeinflußten Meister der Georgslegende, der Verherrlichung Mariä, des Marienlebens, des Bartholomäusaltars, der hl. Sippe, der Ursulalegende.

Kölner Wirren, Auseinandersetzungen zw. dem preuß. Staat

Kolibris:
von oben nach unten Flaggensylphe, Glanzkolibri, Helmkolibri, Prachtelfe, Hummelelfe (alle Abb. etwa ½ nat. Gr.)

Köln: Dom, rechts Römisch-Germanisches Museum

Käthe Kollwitz: Selbstbildnis; Lithographie, 1924

Kolumbien

und der Kath. Kirche 1836–41 über die Frage der Mischehen und über den Hermesianismus (→ Hermes 2, → Droste zu Vischering).

Kol nidre [aram. ›alle Gelübde‹], Anfangsworte des jüd. Gebets, das am Vorabend des Versöhnungstages den Gottesdienst einleitet, sowie dieser Gottesdienst selbst.

Kölnisch Wasser, Eau de Cologne [o:dəkɔl'ɔŋ], Duftwasser, alkoholisch-wäßrige Lösung oder Destillat äther. Öle, v. a. aus Bergamotte, Zitrone, Orange und Orangenblüten.

Kolo, Ketten-Rundreigen, Nationaltanz der Serben.

Kolobom [grch.] *das,* angeborene Spaltbildung am Auge, meist der Regenbogenhaut, mit birnenförmiger Pupille.

Kofobrzeg [koʹobʒɛk], poln. Name von → Kolberg.

Kolokasie *die,* Gatt. der Aronstabgewächse in den asiatisch-australisch-afrikan. Tropen. Die **Eßbare K.** hat stärkehaltige Knollen **(Taro, Kalo, Wasserbrotwurzel),** das junge Kraut gibt Gemüse; Parkpflanze.

Koloman, 1) magyar. **Kálmán,** König v. Ungarn (1095 bis 1116), * um 1068, † 1116, eroberte Dalmatien.
2) Heiliger, → Colomannus.

Kolombowurzel, ostasiat. Schlingstrauch der Mondsamengewächse. Die bittere Wurzel ist Magen- und Stopfmittel.

Kolomna, Stadt im Gebiet Moskau, russ. SFSR, Hafen an der Moskwamündung in die Oka, 149 000 Ew.; Institute, Technika; Maschinenbau, Zementfabrik.

Kolon [grch.] *das,* Doppelpunkt.

Kolonen *Mz.,* lat. **Coloni,** in der röm. Kaiserzeit die Pächter, die persönlich frei, dinglich unfrei, erblich an die Scholle gebunden und zu Abgaben und Fronden an den Grundherrn verpflichtet waren.

Kolonel *die,* Schriftgrad, → Schriften.

kolonial, die Kolonien betreffend.

Kolonialgesellschaften dienten der wirtschaftl. Erschließung und der Verwaltung überseeischer Gebiete auf Grund staatl. Privilegs, auch der Förderung der Auswanderung.

Kolonialismus, Schlagwort für eine übersteigerte, rücksichtslose Kolonialpolitik (→ Neokolonialismus).

Kolonialstil, 🏛 in Übersee zu Sonderformen entwickelter europ. Stil, z. B. span. Barock und engl. Klassizismus in Amerika.

Kolonialwaren, 🏪 für Erzeugnisse trop. und subtrop. Länder, bes. Kaffee, Tee, Kakao, Reis, Gewürze, Südfrüchte.

Kolonie *die,* auswärtige, meist überseeische Besitzung eines Staates. Arten: **Siedlungs-K.,** nahm Massenauswanderungen in Dauersiedlung auf; **Wirtschafts-K.,** diente der wirtschaftl. Ausnutzung; **Militär-K.,** meist Luft- oder Flottenstützpunkt. Man unterscheidet zw. den **eigentlichen K.** (mit und ohne Selbstverwaltung; → Kronkolonie), → Protektoraten, **Schutzstaaten** und → Schutzgebieten, **Pachtgebieten** sowie **Mandats-** und **Treuhandgebieten** (→ Mandatsgebiete). – Schon Phöniker, Griechen, Römer, Chinesen, Araber und Türken verfolgten eine Politik kolonialer Ausdehnung. Seit etwa 1500 schufen sich europ. Nationen K., bes. England, Frankreich, Portugal, Spanien, Rußland, ferner Belgien, die Niederlande, Italien und Dtl. Nach dem 2. Weltkrieg setzte eine rasche Auflösung der Kolonialreiche ein. **Kolonisation** *die,* Gründung einer K., → innere Kolonisation.

kolonisieren, besiedeln, wirtschaftlich erschließen.

Kolonnade, Säulengang mit geradem Gebälk im Unterschied zur Arkade.

Kolonne, 1) ⚔ militär. Marsch- und Exerzierform; auch frühere Bez. für Nachschubeinheit. **2)** → Fünfte Kolonne. **3)** Spalte einer Liste. **4)** Schar, Gruppe, Arbeitsgruppe.

Kolophonium, ein Harz als Destillationsrückstand von Terpentin, aus Kiefernwurzelstöcken und Tallöl, hart und spröde, dient zum Geschmeidigmachen der Geigenbogenhaare, für Seifen, Klebstoffe, Lacke u. a.

Koloquint(h)e [grch.], Kürbisgewächs in N-Afrika und SW-Asien, mit durch ein Alkaloid bitterem Fruchtfleisch (Abführmittel) und eßbaren Samen.

Koloratur [ital.] *die,* ♪ Auszierung der Gesangsstimme mit Figuren auf einer Textsilbe, bes. in Arien.

kolorieren, mit Farben ausmalen (Zeichnungen, graph. Blätter, Landkarten u. a.).

Kolorimetrie, 1) ✴ Messung der Sternfarben, um die Sterntemperatur zu ermitteln. **2)** ⌾ Bestimmung der Konzentration von farbigen gelösten Stoffen durch Farbvergleich mit einer Lösung des gleichen Stoffes bekannter Konzentration **(Vergleichs-K., Kolorimeter)** oder durch photometr. Bestimmung des Absorptionsgrades.

Kolorist, 1) Maler, in dessen Bildern reiche Farbgebung vorherrscht. **2)** jemand, der Drucke koloriert.

Kolorit [ital.] *das,* **1)** Malerei: Farbgebung. **2)** ♪ Klangfarbe. **3)** Atmosphäre einer literar. Schilderung.

Koloß [grch.] *der,* Riesenstandbild, Ungetüm. **K. von Rhodos,** 32 m hohe Helios-Statue des Bildhauers Chares am Hafen von Rhodos, 227 v. Chr. durch Erdbeben umgestürzt und zerstört; eines der Sieben Weltwunder.

kolossal, gewaltig, riesig.

Kolosserbrief, Brief des Paulus im N. T. gegen die Irrlehren in der Gem. von Kolossä (Phrygien).

Kolosseum, ital. **Colosseo, Coliseo,** das größte Amphitheater der antiken Welt, Rom, 80 n. Chr. vollendet, ein ellipt. Bau mit etwa 48 000 Sitz- und 4 000–5 000 Stehplätzen (Längsachse: 188 m, Höhe: 48,5 m); diente vom MA. bis zum Barock als Festung und Steinbruch.

Kolostrum [lat.], **Vormilch, Erstmilch,** milchähnl. Flüssigkeit, nach der Geburt von der Brustdrüse gebildet, geht vom 3. bis 4. Tage an in Frauenmilch über.

Kolozsvár [k'olozva:r], ungar. Name von → Klausenburg.

Kolping, Adolf, * 1813, † 1865, Gründer der kath. Gesellenvereine (1846), die in der Dt. Kolpingsfamilie im internat. Kolpingwerk fortbestehen.

Kolportage [-'aʒə, frz.] *die,* früher der Vertrieb von Waren durch reisende Kleinhändler **(Kolporteure),** die v. a. geringwertigen Druckerzeugnisse vertrieben. Der **K.-Roman,** auch Hintertreppenroman, ist eine Form der → Trivialliteratur. **kolportieren,** etwas mündlich verbreiten, herumerzählen.

Kolposkop [grch.] *das,* ⚕ Gerät zur **Kolposkopie,** dem opt. Untersuchen des Muttermundes und des Scheidenanteils der Gebärmutter.

Kölsch, Kölner obergäriges Bier.

Koltschak, Aleksandr Wassiljewitsch, russ. Admiral, * 1874, † (erschossen) 1920, führte 1918/19 eine antibolschewist. Armee, erhob sich zum Reichsverweser und errichtete in seinem Machtbereich ein diktator. Reg.-System.

Kolumbien, amtlich **República de Colombia,** Rep. im N Südamerikas, 1 138 914 km² mit 27,18 Mio. Ew. Hptst. ist Bogotá. Amtssprache: Spanisch. Religion: mehrheitlich katholisch. ⊕, Band 1, n. S. 320. Nach der Verf. von 1886 (mehrfach geändert, zuletzt 1968) ist Staatsoberhaupt und Regierungschef der Präs.

Recht nach frz. und span. Vorbild. Allg. Wehrpflicht. Währung: 1 kolumbian. Peso (kol $) = 100 Centavos.

Landesnatur. K. wird im W von drei Ketten der Anden durchzogen, mit weiten Hochbecken (Becken von Bogotá 2 500–2 800 m ü. M.), von z. T. noch tätigen Vulkanen überragt (Nevado del Huila 5 750 m); in der Sierra Nevada de Santa Marta an der karib. Küste werden 5 775 m ü. M. erreicht. Den Talfurchen folgen die Hauptströme Magdalena und Cauca. Der O des Landes wird von den ausgedehnten Tiefländern von Orinoco und Amazonas eingenommen, mit Savannen (Llanos) im N und trop. Regenwald im S. Das trop. Klima wird im Gebirgsland nach der Höhe gemäßigt. Der W-Hang der Kordilleren und das östl. Tiefland erhalten hohe Niederschläge.

Die **Bevölkerung** (rd. 47% Mestizen, 26% Mulatten, 20% Weiße, ferner Neger, Zambos, Indianer) lebt überwiegend in den klimatisch begünstigten Gebieten der Anden, zu rd. 70% in Städten (3 Millionenstädte: Bogotá, Medellín, Cali). Der O ist kaum erschlossen und fast menschenleer. Bildung: Allg. Schulpflicht (6 Jahre), die jedoch nicht überall durchgesetzt werden kann (rd. 19% Analphabeten); 25 staatliche, 35 private Universitäten.

Wirtschaft. Die Hauptrolle in der Landwirtschaft spielt der Kaffee, der im Hochland angebaut wird (nach Brasilien an 2. Stelle der Welterzeugung). Um die starke Abhängigkeit vom Weltmarkt zu vermindern, wird der Anbau von Zuckerrohr, Reis und Baumwolle gefördert. Ferner werden Mais, Reis, Weizen, Kartoffeln, Bananen, Tabak u. a. angebaut. Die Viehwirtschaft (bes. Rinder) deckt den Eigenbedarf und trägt zur Ausfuhr bei. Der Wald (68% der Gesamtfläche) wird noch wenig genutzt. K. ist reich an Bodenschätzen, die jedoch erst z. T. erschlossen sind. Bedeutend ist die Förderung von Erdöl, Steinkohle, Smaragden, Gold, Platin. Die Ind. hat sich seit dem 2. Weltkrieg rasch entwickelt (Textil-, Nahrungsmittel-, Baustoff-, Eisen-, Stahl-, chem. Ind.). Ausfuhr: Kaffee (²/₃), Erdöl, Baumwolle, Zucker, Fleisch und Vieh; Haupthandelspartner: USA, Bundesrep. Dtl.

Verkehr. Die geograph. Verhältnisse erschweren den Ausbau von Eisenbahnen (3 100 km) und Straßen (rd. 56 700 km); der Luftverkehr hat daher besondere Bedeutung; internat. Flughäfen: Bogotá, Barranquilla, Medellín, Cali, San Andrés. Haupthäfen: Santa Marta, Barranquilla, Cartagena, Buenaventura.

Geschichte. Die Küste K.s wurde 1499 entdeckt. 1536–39 eroberte G. Jiménez de Quesada das Hochland von Bogotá und nannte das Land Neugranada, das als Vizekgr. (1739) auch Quito (Ecuador) umfaßte. 1810–19 beseitigte Bolívar die span. Herrschaft; er vereinigte Neugranada und Venezuela zur Rep. Großkolumbien, der sich 1821 Panama, 1822 Ecuador anschlossen. Nach dem Abfall Ecuadors und Venezuelas und der Abdankung Bolívars (1830) konstituierte sich der Reststaat als **Republik Neugranada**, 1858 als Staatenbund, der 1861 den Namen **Vereinigte Staaten von K.** erhielt. 1903 erklärte Panama seine Unabhängigkeit. Polit. Unruhen (seit 1948) führten 1957 zu einer durch Volksbefragung gebilligten Vereinbarung, nach der bis 1974 die zur ›Nationalen Front‹ zusammengeschlossenen Liberalen und Konservativen abwechselnd einen Präsidentschaftskandidaten vorschlugen. 1970 konnte sich die ›Nationale Front‹ nur knapp gegen die ›Volksallianz‹ (ANAPO, Partei des früheren Diktators Rojas Pinilla) durchsetzen. Nach Auflösung der ›Nat. Front‹ siegten jeweils liberale Kandidaten (1974 A. López Michelson, 1978 J. C. Turbay Ayala), 1982 setzte sich der Konservative B. Betancur durch. Seit 1969 gehört K. dem Andenpakt (wirtschafts- und sozialpolit. Verbund mehrerer lateinamerikan. Staaten) an.

Kolumbus, Christoph, ital. Cristoforo **Colombo**, span. Cristóbal **Colón**, Entdecker Am.s, * 1451, † 1506. K. suchte Indien auf dem Weg nach W über den Atlant. Ozean zu erreichen und landete am 12. 10. 1492 auf der Insel Guanahani, später auf Kuba und Haiti. Auf drei weiteren Reisen entdeckte er die Kleinen Antillen, Jamaika, Puerto Rico, Trinidad, die Mündung des Orinoco und befuhr die O-Küste des südl. Mittelamerika. K. starb in der Meinung, die Küste Indiens (›Indianer‹) befahren zu haben.

Kolumbusritter, 1882 gegr. kath. Männervereinigung in den USA und Kanada.

Kolumne [lat.] die, Druckseite; Spalte. **Kolumnentitel,** Seitentitel.

Kolumnist, Journalist, der den Leitartikel oder eine bestimmte andere Spalte in der Presse verfaßt.

Koluren [grch.] Mz., Ez. der **Kolur,** durch die Himmelspole gelegte Großkreise.

Kolyma die, Fluß in NO-Sibirien, 2 129 km, mündet ins Nordpolarmeer.

Koma [grch.] die, 1) Asymmetriefelder bei abbildenden Linsen und Kathodenstrahlröhren: einseitige Bildpunktverzerrung bei schief einfallenden Strahlenbündeln. 2) → Kometen.

Koma [grch.] das, ♀ tiefe Bewußtlosigkeit, die unmittelbar in Tod übergehen kann, z. B. bei Zuckerkrankheit, Harnvergiftung.

Komantschen, nordamerikan. Indianerstamm, → Comanchen.

Kombattant [frz.] der, Kämpfer, Mitstreiter.

Kombinat das, in den sozialist. Ländern der Zusammenschluß industrieller Erzeugungsstätten mit ihren Nebenindustrien.

Kombination [lat.], 1) Verknüpfung, Zusammenfügung. 2) Gedankenverbindung, Vermutung. 3) ♀ im Mannschaftspielen das Zusammenspiel. 4) Gesamtpunktwertung aus Einzelwettbewerben (im Skisport → alpine Kombination, → nordische Kombination). 5) zwei- oder dreifache Hindernisse beim Springreiten.

Kombinationston, ♪ entsteht, wenn 2 Töne versch. Höhe gleichzeitig hinreichend stark erklingen.

Kombinatorik, △ Lehre von den versch. Anordnungsmöglichkeiten gegebener Dinge oder Elemente. Die K. wird v. a. in der Wahrscheinlichkeitsrechnung angewendet.

kombinieren, verbinden; verknüpfen; vermuten.

Kombiwagen, Personenkraftwagen, der auch zur Beförderung von Gütern eingerichtet ist.

Komburg, ehem. Benediktinerkloster **(Großkomburg,** gegr. gegen 1079) bei Schwäbisch Hall, eine großartige Anlage mit Bauten aus 8 Jahrhunderten.

Kombüse [nd.] die, Schiffsküche.

Kometen [grch. ›die Behaarten‹], **Haarsterne, Schweifsterne,** ☆ meteorartige Körper, die sich meist in sehr exzentr. Bahnen um die Sonne bewegen. **Period.** K. laufen auf ellipt. Bahnen und nähern sich periodisch der Sonne; K. mit parabol. und hyperbol. Bahnen laufen nur einmal um die Sonne, um sich dann für immer von ihr zu entfernen. Nur wenige K. sind mit freiem Auge sichtbar. Den Kopf des K. bilden der **Kern,** aus meteorartigen Körpern, Masse 10^{-4}–10^{-19} der Erdmasse, und die umhüllende **Koma** aus leuchtenden Gasmassen (Durchmesser 20 000–600 000 km, Dichte 10^4–10^6 Moleküle/cm³). Nur wenige K. entwickeln einen **Schweif;** er entsteht bes. dadurch, daß die leuchtenden Koma-Moleküle durch den Strahlungsdruck der Sonne oder vom Sonnenwind fortgetrieben werden.

Komfort [-fˈoːr, engl.] der, Einrichtung der häusl. Behaglichkeit; Annehmlichkeit. **komfortabel.**

Komi, Eigenname der Syrjänen. Ihr Wohngebiet ist die **Komi ASSR** im N der Russ. SFSR, westlich des Urals, 415 900 km², 1,132 Mio. Ew.; Hptst.: Syktywkar. Rd. 70% der Fläche sind Waldland (Holzwirtschaft); Ackerbau im S; Viehzucht herrscht vor; große Kohlenlager (Workuta), Erdgas und Erdöl. Die **Komi-Permjaken** bilden einen Nationalbezirk (172 000 Ew.) im Gebiet Perm; Hptst.: Kudymkar.

Komik [grch.] die, eigtl. das, was erheiternd, zugleich oft auch befremdend wirkt; als Grund der K. gelten Dissonanzen von Schein und Sein, von gewohnter Vorstellung und Abweichung; die entstehende Spannung löst sich im Lachen. **Komiker,** Darsteller komischer Rollen; Vortragskünstler, Spaßmacher. **komisch,** spaßhaft, sonderbar.

Kominform das, Kurzwort für **Kommunistisches Informationsbüro,** eigtl. Informationsbüro der kommunistischen und Arbeiterparteien, 1947–56, Sitz zuerst in Belgrad, wegen der Auseinandersetzungen zw. Stalin und Tito seit 1948 in Bukarest. Die internat. die kommunist. Parteien der UdSSR, Jugoslawiens, Polens, Bulgariens, Rumäniens, Ungarns, der ČSSR, Italiens und Frankreichs. Ebenso wie die Komintern bildete das K. als Hilfsorgan der sowjet. Politik in Ost- und Westeuropa. Seine Auflösung stand im Zusammenhang mit der Lockerung der kommunist. Blocks nach Stalins Tod.

Komintern die, Kurzwort für **Kommunistische Internationale,** Vereinigung der kommunist. Parteien, gegr. im März 1919 in Moskau auf Anregung Lenins, stand (als III. Internationale) in scharfem Ggs. zur Sozialist. (II.) Internationale. Sie lenkte, hauptsächlich durch ihr ständiges Organ, das Exekutivkomitee (EKKI), die Politik der Gliedparteien, koordinierte sie, auch organisatorisch, nach einheitl. Grundsätzen und verfolgte als Endziel die Weltrevolution. Der sowjet. Einfluß, von Anfang an stark und seit 1925 beherrschend, verwandelte die internat. Organisation schrittweise in ein Instrument der Moskauer Außenpolitik. Mit der Auflösung der K. im Mai 1943 verminderte

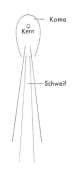

Kometen: Schemat. Darstellung der Bestandteile

sich das Mißtrauen der westl. Bündnispartner gegenüber der UdSSR im 2. Weltkrieg.

Komitadschi *Mz.*, Angehörige der bulgar. Revolutionskomitees (Komita), die in den 60er Jahren des 19. Jh. in Makedonien gegen die türk. Herrschaft kämpften.

Komitat [lat.] *das*, früher VerwBez. in Ungarn (Gespanschaft).

Komitee [frz.] *das*, Ausschuß.

Komiti|en [lat.] *Mz.*, im alten Rom die von einem ordentl. Magistrat einberufenen Volksversammlungen.

Komma [grch.] *das*, 1) der Beistrich, ein → Satzzeichen. 2) ♪ kleinster Schwingungsunterschied zw. äußerlich gleichen, aber auf versch. Weg entstandenen Tonstufen.

Kommandant, Befehlshaber eines Schiffes, einer Festung u. a. **Kommandantur**, Befehlsstelle einer Festung, einer Stadt usw., auch das entsprechende Dienstgebäude.

Kommandeur [-d'ø:r, frz.], der Befehlshaber eines Truppenverbandes.

Kommandeur-Inseln [-d'ø:r-], zur UdSSR gehörende Inselgruppe östlich von Kamtschatka, 1 848 km².

Kommanditgesellschaft, Abk. **KG**, Handelsgesellschaft, bei der mindestens ein Gesellschafter persönlich mit seinem ganzen Vermögen haftet (**Komplementär**), der andere Teil nur mit einer bestimmten Vermögenseinlage (**Kommanditist**). Von der offenen Handelsgesellschaft unterscheidet sich die K. durch die Stellung des Kommanditisten (§§ 161 ff. HGB). In der Dt. Dem. Rep. wurde die Rechtsform der K. i. d. R. für Betriebe mit staatl. Beteiligung gewählt; die österr. K. entspricht der dt.; in der Schweiz ist die K. in Art. 594 ff. OR ähnlich geregelt. – Bei der **K. auf Aktien (KgaA)**, sind die Kommanditisten mit Einlagen auf das in Aktien zerlegte Grundkapital beteiligt (§§ 278 ff. Aktien-Ges.).

Kommando *das*, ⚓ 1) Befehl (in festgelegter Formel), Oberbefehl. 2) höhere Befehlsstelle (General-K.). 3) begrenzter Sonderauftrag.

Kommandobrücke, brückenartiger Aufbau auf einem Schiff, der Aufenthaltsort des Schiffsführer.

Kommandogerät, Bez. für Datenverarbeitungsgeräte in → Waffenleitsystemen, die aus Meßdaten von Zielsuch- und Ortungsgeräten geeignete Waffen zur Bekämpfung dieser Ziele auswählen, Richtwerte oder Lenkbefehle für diese Waffen ermitteln und an diese übertragen sowie den günstigsten Zeitpunkt für den Waffeneinsatz bestimmen.

Kommandozeichen, Flagge oder Stander zur Kennzeichnung des Aufenthaltsortes militär. Führer, meist an Kraftfahrzeugen und Schiffen.

Kommaschildläuse, Gatt. der Pflanzensauger, deren Arten durch ihre Saugtätigkeit Holzgewächse (z. B. Pistazien, Obstbäume) schädigen. Die Weibchen haben einen braunen, kommaähnl. Schild.

Kommende [lat.] *die*, 1) kirchl. Pfründe ohne Verpflichtung zur Erfüllung kirchl. Amtspflichten. 2) Komturei, → Komtur.

Kommensalismus [lat.], **Mutualismus, Mit|essertum**, Zusammenleben zweier Organismen, wobei sich der eine **Kommensale** vom Nahrungsüberschuß des anderen miternährt, seinen Wirt aber weder oder unwesentlich schädigt.

kommensurabel [lat.], △ maßverwandt.

Kommentar [lat.] *der*, eine Erläuterungsschrift. 1) ♂ das fortlaufende Erläutern der einzelnen Sätze eines Gesetzes. 2) Literaturwissenschaft: sprachl. und sachl. Erläuterungen zu einem literar. Text. 3) Publizistik: die Meinungsaussage. Zeitw. **kommentieren**.

Kommentator, 1) der Verfasser eines Kommentars. 2) Fernseh-, Rundfunksprecher, der zu Zeitereignissen Stellung nimmt. 3) der → Postglossator.

Kommerell, Max, Literaturhistoriker und Schriftst., *1902, †1944; ›Jean Paul‹ (1935), ›Gedanken über Gedichte‹ (1943), ›Kasperlespiele für große Leute‹ (Roman, 1949); Erz., Gedichte.

Kommers [lat.] *der*, student. festl. Trinkgelage mit Gesang von Liedern aus dem ›Allg. Dt. K.-Buch‹ (seit 1843).

Kommerz [lat.] *der*, ⚓ Handel, Verkehr. **kommerziell**, den Handel betreffend.

Kommerzialisierung, 1) Durchdringung außerwirtschaftl. Bereiche mit kommerziellen Motiven. 2) die Umwandlung öffentlicher in privatwirtschaftl. Schulden, z. B. durch die Dawes- und Young-Anleihe nach dem 1. Weltkrieg.

Kommerzi|enrat, Titel für Männer der Wirtschaft, bis 1919 verliehen; in Österreich: **Kommerzialrat**.

Kommilitone [lat.] *der*, Mitstudent.

Kommiß [lat.], U auch **Barras**, volkstümlich für ›die Truppe‹. **Kommißbrot**, grobes Roggenbrot, Soldatenbrot.

Kommissar [lat.], im Staats- oder Gemeindeauftrag tätige Person, die mit Sondervollmachten ausgestattet ist, z. B. Polizei-K. Die Dienststelle heißt **Kommissariat**.

kommissarisch, durch Beauftragte vertretungsweise ausgeübt.

kommissarische Vernehmung, ♂ Vernehmung von Zeugen und Sachverständigen außerhalb der Hauptverhandlung durch einen ersuchten oder beauftragten Richter; nur in Sonderfällen zulässig (§§ 223, 224 StPO).

Kommission [lat.], 1) ⚓ Auftrag. 2) Ausschuß.

Kommissionär, derjenige, der gewerbsmäßig Kommissionsgeschäfte vornimmt.

Kommissionsbuchhandel, Zweig des Buchhandels, der zw. Verlags- und Sortimentsbuchhandel vermittelt.

Kommissionsgeschäft, Ein- und Verkauf von Waren oder Wertpapieren im eigenen Namen, aber für fremde Rechnung.

Kommissionslager, Warenlager zum Verkauf für fremde Rechnung.

Kommode [frz. commode ›bequem‹] *die*, niedriges Kastenmöbel mit Schubfächern.

Kommodore, in den Kriegsmarinen ein Kapitän z. S. in Admiralsstellung, bei der Luftwaffe der Führer eines Geschwaders, in den Handelsmarinen Ehrentitel für ältere verdiente Kapitäne.

kommunal [lat.], eine Gemeinde oder einem Gemeindeverband gehörig, eine Gemeinde betreffend.

Kommunal|anleihen, von Gemeinden oder Gemeindeverbänden aufgenommene langfristige Kredite.

kommunale Spitzenverbände, Zusammenschlüsse kommunaler Gebietskörperschaften oder deren Regionalverbände zur Auswertung von Erfahrungen und zur Beratung gemeinsamer Gemeindeangelegenheiten. Im der Bundesrep. Dtl. bilden der **Dt. Städtetag**, der **Dt. Städte- und Gemeindebund** und der **Dt. Landkreistag** die **Bundesvereinigung der k. S.** (Köln).

Kommunalisierung, Übernahme oder Fortführung privater Unternehmen durch eine Gemeinde.

Kommunal|obligation, Teilschuldverschreibung einer Kommunalanleihe.

Kommunalpolitik, die der Erfüllung der Gemeindeaufgaben gewidmete Gesetzgebungs- und Verwaltungstätigkeit.

Kommunalwissenschaft, wissenschaftl. Darstellung der Gemeindeverwaltung, Teil der Verwaltungswissenschaft.

Kommunarsk, bis 1931 **Altschewsk**, 1931–61 **Woroschilowsk**, Stadt im Gebiet Woroschilowgrad, Ukrain. SSR, im Donezbecken, 121 000 Ew.; Kohlenbergbau, eisenschaffende, chem., Nahrungsmittelindustrie.

Kommune *die*, 1) Gemeinde. 2) mittelalterl. Stadtstaat in Italien mit republikanischer Verfassung. 3) **Pariser K.**, revolutionäre Sonderreg. in Paris vom 18. 3. bis Ende Mai 1871; unter Mac-Mahon in der ›blutigen Woche‹ (21.–28. 5.) niedergeworfen. 4) in China, Volkskommune. 5) Zusammenschluß von Personen (**Kommunarden**, oft Studenten und Studentinnen), die eine neue Form des Zusammenlebens (Wohn- und Wirtschaftsgemeinschaft) suchen.

Kommunikation, Mitteilung, Verständigung untereinander, die Übertragung von Nachrichten oder Informationen durch Zeichen aller Art unter Lebewesen. **Kommunikationsmittel**, Verständigungsmittel, bes. Sprache, Druck, Funk, Fernsehen.

Kommunikationswissenschaft beschäftigt sich, verbunden mit Soziologie und Psychologie, mit den ›kommunikativen Wechselwirkungen‹, im einzelnen etwa mit Zeichen (Symbolen), Zeichenkomplexen, Sprachen, Schriften sowie dem Verhalten der am Kommunikation Beteiligten.

Kommunion, Kath. Kirche: Empfang des Altarsakraments. Die **Erstkommunion**, meist am → Weißen Sonntag, ist mit einer besonderen Feier verknüpft.

Kommunismus [von lat. communis ›gemeinsam‹]. Der Begriff bezeichnet a) die Vorstellung einer zukünftigen Gesellschaft, in der das Privateigentum abgeschafft, die Produktionsmittel in Gemeineigentum überführt, der Konsum auf der Grundlage gemeinschaftl. Lebensführung und allg. Gütergemeinschaft geregelt und die materiellen und kulturellen Bedürfnisse aller Menschen gleichsam befriedigt werden; b) ökonom. und polit. Lehren, die auf die Schaffung solcher Verhältnisse abzielen, und c) polit. Bewegungen, die diese Lehren in die Praxis umsetzen wollen.

Zw. Sozialismus und K. gibt es keine verbindl. Abgrenzung; beide sind im wesentlichen Produkte der im 18. und bes. im 19. Jh. entstandenen industriellen Arbeitswelt. Doch gibt es eine Tradition kommunistisch-utop. Zukunftsvorstellungen. Moses Hess war der erste, der sich nicht nur um eine ökonom., sondern um eine philosoph. Begründung des K. bemühte.

Für K. Marx stand der Weg zum K. im Zeichen der Philosophie, in der er bes. an G. W. F. Hegel und L. Feuerbach anknüpfte. Er verstand unter K. mehr als nur die Verwirklichung sozialer Gerechtigkeit, nämlich die Aufhebung der menschl. Selbstentfremdung; der K. ist damit für ihn die Voraussetzung für den Beginn der eigtl. menschl. Geschichte (→ Marxismus). Marx und F. Engels erwarteten in der zukünftigen Gesellschaft die volle Selbstverwirklichung des Menschen. An die Stelle der bürgerl. Gesellschaft solle eine Assoziation treten, in der nach Abschaffung des Privateigentums an den Produktionsmitteln Ausbeutung und Klassengegensätze unmöglich seien; es solle das Prinzip herrschen: ›Jeder nach seinen Fähigkeiten, jedem nach seinen Bedürfnissen‹. Im Sinne von Marx und Engels, die überzeugt waren, daß materialist. Gesetzmäßigkeiten den Weg zum K. weitgehend determinieren, hat die dt. → Sozialdemokratie nie detaillierte kommunist. Zielvorstellungen entwickelt. Bebel und Kautsky gaben jedoch ungefähre Beschreibungen des Zukunftsstaats; eine Gegenposition bezog, mit großer Wirkung, E. Bernstein (→ Revisionismus). Lenin nahm Begriff und Konzeption des K. wieder auf, um sich von der reformist. Politik der westeurop. Sozialisten abzusetzen. In Anlehnung an Marx, der zw. einer niederen und einer höheren Stufe des K. unterschieden hatte, bezeichnete Lenin 1917 die niedere Stufe als Sozialismus, der im Zeichen der Diktatur des Proletariats, der Verteilung nach dem Leistungsprinzip stehen werde, die höhere Stufe als K., die u. a. durch eine herrschaftsfreie klassenlose Gesellschaft bestimmt sei. Die Benennung der bolschewist. Parteiorganisation als Kommunist. Partei besagt seiner Meinung nach, daß man den vollen K. wolle.

Der **K. als politische Macht** gelangte zuerst in Rußland in Gestalt des Bolschewismus durch die Oktoberrevolution 1917 zur Herrschaft (→ Sowjetunion, Geschichte). Durch seinen Anspruch auf internationale Gültigkeit wurde der Bolschewismus als Theorie und Herrschaftsform Vorbild der Kommunisten in anderen Ländern (→ Komintern, → Kominform) und der Ausdehnung des sowjet. Einflußbereichs auf O- und SO-Europa, Afrika und O-Asien seit 1945 zu einem entscheidenden Wirkungsfaktor der gegenwärtigen Weltlage.

In den kommunistisch regierten Staaten sind Machtpolitik und Ideologie untrennbar. In diesen ›Volksrepubliken‹ oder ›Volksdemokratien‹ ist der K. vielfach durch eine Minderheit im Schutz der Sowjetarmee zur Herrschaft gelangt. Er hat dann alle Mittel eingesetzt, um die Alleinherrschaft zu erringen. Die Herrschaftsform ist totalitär und bürokratisch, auf straffe Lenkung der Massen bedacht. Die individuelle Freiheit wurde aufgehoben und in der Wirtschafts-, Sozial- und Kulturpolitik durch einen Kollektivismus ersetzt; das Privateigentum wurde durch Vergesellschaftung und Kollektivierung beseitigt oder zumindest eng begrenzt. Gleichzeitig wurden starke militär. Kräfte aufgebaut. In den Kommunist. Parteien selbst wurden Abweichungen von der Generallinie durch ›Säuberungen‹ und ›Liquidationen‹ abgewehrt. Die kommunist. Herrschaftsform Stalinscher Prägung (→ Stalinismus) wurde vom 20. Parteikongreß der KPdSU 1956 verworfen; einige andere kommunist. Länder folgten dem Beispiel der ›Entstalinisierung‹; der vorübergehend ›weichere Kurs‹ wurde bald wieder von einem härteren abgelöst. Die Verquickung des K. mit der Weltmachtpolitik der UdSSR hat ebenso wie die Mißachtung der Freiheit nach dem 2. Weltkrieg die Anziehungskraft des K. in den westl. Ländern und solchen mit europ. Tradition geschwächt; gleichzeitig mit dem Abklingen des Kalten Krieges seit Anfang der 60er Jahre nahm auch im Westen die betont antikommunist. Haltung ab. Den ehem. Kolonialvölkern bot sich der K. als Bundesgenosse gegen den ›Kolonialismus‹ an; durch Entwicklungshilfe sucht er die soeben unabhängig gewordenen Länder zu gewinnen. Seit dem Ende der 50er Jahre entwickelte sich aus ideolog. und machtpolit. Gründen ein tiefer Ggs. zw. der sowjet. und chines. KP. Reformkommunist. Ideen, im Ostblock gewaltsam unterdrückt (›Prager Frühling‹) werden auch in kommunist. Parteien Westeuropas sichtbar (›Eurokommunismus‹, → Reformkommunismus).

Kommunismus, Pik K., → Pik Kommunismus.
Kommunistische Internationale, → Komintern.

Kommunistische Parteien, Abk. **KP.** In **Dtl.** entstand während des 1. Weltkrieges der Spartakusbund, aus dem am 1. 1. 1919 unter Führung von K. Liebknecht und Rosa Luxemburg die KPD hervorging. Im Verlauf der Radikalisierung des öffentl. Lebens in der → Weimarer Republik wuchs die KPD auf 100 Reichstagsmandate an (1932). Mit der Unterstellung des Reichstagsbrandstiftung am 27. 2. 1933 wurde sie von der nat.-soz. Reichsregierung aufgelöst, ihre Führer und viele Anhänger verhaftet und in Konzentrationslager gebracht (E. Thälmann). 1945 wurde die KPD in allen Besatzungszonen wieder zugelassen. In der sowjet. Besatzungszone betrieb sie mit Hilfe der SMAD den Zusammenschluß (22. 4. 1946) mit der SPD zur → Sozialistischen Einheitspartei Deutschlands (SED) als allein herrschende Partei. Im ersten Bundestag der Bundesrep. Dtl. war die KPD mit 15 Abg. vertreten. 1953 erhielt sie nur noch 2,2 % der Wählerstimmen und kein Mandat im Bundestag. 1956 wurde sie für verfassungswidrig erklärt. 1968 konstituierte sich eine Deutsche Kommunist. Partei (DKP). Daneben entstanden seit Ende der 60er Jahre maoistisch orientierte Splittergruppen. In **Österreich** erlangte die KP (gegr. 1918, verboten 1933) keinen stärkeren Anhang. In der **Schweiz** wurde 1921 eine KP gegr.; 1940–45 verboten, entstand sie als ›Partei der Arbeit‹ neu.

In **Frankreich** besitzen die Kommunisten seit den 30er Jahren eine starke Stellung. Als 1939 die KP gegen den ›kapitalistischen‹ Krieg Frankreichs auftrat (des deutsch-sowjet. Nichtangriffspaktes wegen), wurde sie verboten. 1944–47 waren die Kommunisten, die sich seit 1941 aktiv am Widerstand beteiligt hatten, in der Regierung. Seit 1965 entwickelte sich eine Zusammenarbeit mit den Sozialisten, die bei den Wahlen von 1973 eine Volksfront führte. Die KPF gewann 1978: 86 Sitze, 1981: 44 Sitze; am Kabinett Mitterrand ist sie mit 4 Ministern beteiligt; Gen.-Sekr. seit 1972: G. Marchais.

In **Italien** hat die KP, die 1926 vom Faschismus verboten wurde, im wesentl. den Partisanenkrieg der Deutschen geführt (1944/45). Nach 1945 wurde sie zu einem bed. Machtfaktor im polit. Leben und die stärkste KP in Westeuropa (1972: 27,2%, 179 Sitze; 1976: 34,4%, 228 Sitze; 1979: 30,4%, 201 Sitze). Im Weltkommunismus verfolgt sie seit Beginn des chinesisch-sowjet. Konfliktes zunehmend eine eigene Linie (P. → Togliattis Schlagwort von der ›Einheit in der Vielheit‹, Polyzentrismus). Gen.-Sekr. seit 1972: E. Berlinguer.

In **Griechenland** geriet die aktive Widerstandsbewegung (E. A. M.) bis Ende 1947 ganz unter den Einfluß der KP (1920 gegr.); 1947–74 war die KP verboten; Ersatzorganisation war die ›Verein. Demokrat. Linke‹ (EDA), die 1966–74 ebenfalls verboten war. Seit 1974 treten zwei kommunist. Gruppen auf (moskau- und eurokommunistisch orientiert).

Die KP **Spaniens** (gegr. 1921), die nach dem Bürgerkrieg im Exil sowie im Untergrund ihre Organisation bewahren konnte, trat nach dem Tod Francos (1975) wieder öffentlich auf. In ihrem Programm lehnt sie sich an die ital. KP an.

Die KP **Portugals** (gegr. 1921) organisierte sich in der Zeit Salazars im Untergrund. Unter Führung von A. Cunhal gewann sie nach dem Umsturz von 1974 großen Einfluß (→ Portugal).

Die KP **Finnlands** wurde aus ihrer starken Stellung im Bürgerkrieg (1918) durch die bäuerlich-pietist. Lappobewegung 1930 verdrängt und konnte sie seit 1945 nur teilweise wiedergewinnen; seit 1966 an versch. Volksfront-Regierungen beteiligt.

Innerhalb des **sowjet. Machtbereichs** haben die Kommunisten überall die unbeschränkte Macht (→ Volksdemokratie); einzige Partei ist die KP, oft unter anderem Namen. Durch die Bodenreform erhielt sie in allen Ländern auch Stimmen der Kleinbauern, so in **Bulgarien** unter G. Dimitrows Führung nach der Bodenreform vom April 1946, in **Rumänien** nach den Landreformen (März 1945, März 1949). In **Ungarn** übernahm die KP 1947 die Macht, die 1948 durch Verschmelzung mit den Sozialisten gefestigt wurde. Unter Führung von M. Rákosi (1945–56) erhielt die Partei ein stalinist. Gepräge. Mit der Volkserhebung (Okt./ Nov. 1956) geriet die KP in eine schwere Krise, die trotz aller Terrormaßnahmen unter J. Kádár nicht behoben ist. In **Polen** erlangte die zahlenmäßig kleine KP erst 1947 gemeinsam mit den Sozialisten die Regierungsmehrheit. Als beide vereinigte sie sich 1949 zur ›Verein. Poln. Arbeiterpartei‹ unter kommunist. Führung (B. Bierut). Nach dem ›Posener Aufstand‹ (1956) gewannen nationale Strömungen unter W. Gomułka an Bedeutung. Nach den Unruhen Ende 1970 sah sich dieser gezwungen, zugunsten von E. Gierek als Parteisekretär zurückzutreten. Nach abermaligen inneren Unruhen (→ Polen) wurde Gierek 1980 als

Komm

Komoren

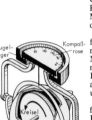

Kompaß:
Kreisel-K.

kommunizierende
Röhren

Parteiführer abgesetzt. Sein Nachfolger S. Kania mußte die Parteiführung 1981 an General Jaruzelski abtreten.

In der **Tschechoslowakei** übernahmen die Kommunisten unter K. Gottwald 1948 gewaltsam die Alleinherrschaft. Säuberungen formten die Partei auf der Linie des →Stalinismus um. Liberalisierungstendenzen unter A. Dubček mündeten in das Experiment des ›Humanen Sozialismus‹. Nach dem Einmarsch der Truppen des Warschauer Paktes (1968) übernahmen die strikt auf die KPdSU ausgerichteten Kräfte wieder die Macht (unter G. Husák).

Die starke kommunist. Bewegung **Jugoslawiens** (gegr. 1920, verboten 1929), die seit 1943 im Partisanenkampf unter Führung Titos gegen die Deutschen und die kroat. Pavelić-Regierung gekämpft hatte, wurde 1948 wegen Abweichens von der sowjet. Generallinie (›Titoismus‹) aus dem Kominform ausgeschlossen. Die KP **Albaniens** geriet 1961, unterstützt von der Volksrep. China, in scharfen Gegensatz zu der Linie Chruschtschows, brach aber 1978 ihre engen Beziehungen zur chines. KP ab.

In **China** kamen die Kommunisten 1948/49 zur Herrschaft und gestalten den Staat mit Errichtung der Volksrep. (1. 10. 1949) unter Mao Tse-tung den Staat im kommunist. Sinn um (›Bodenreform‹, seit 1958 ›Volkskommunen‹). Mit Unterstützung Chinas konnte sich 1950–53 der K. in **Nord-Korea** behaupten. China ist zweiter Brennpunkt des Weltkommunismus geworden. Mit abweichender Auslegung des Marxismus-Leninismus hat sich die Volksrep. China in Gegensatz zur UdSSR gebracht. 1965 wurde die ›Große Proletarische →Kulturrevolution‹ beschlossen. Nach dem Tod Mao Tse-tungs übernahm zunächst Hua Kuo-feng die Führung der Partei, seit Juni 1981 Hua Jao-pang.

Vietnam. Die von Ho Tschi-minh 1930 gegr. KP Indochinas führte einen erfolgreichen Guerilla-Krieg gegen die frz. Kolonialmacht in Indochina. Seit 1954 ist sie die staatstragende Partei Nord-Vietnams. Sie unterstützte seitdem die kommunist. Nationale Befreiungsfront Süd-Vietnams. Am Ende des Vietnam-Krieges konnten die vietnames. Kommunisten ihre Herrschaft auch auf Süd-Vietnam, die ›Roten Khmer‹ auf →Kambodscha und den ›Pathet Lao‹ auf Laos ausdehnen.

In **Indien** spaltete sich die KP in einen moskau- und peking-freundl. Flügel. In **Indonesien** gewannen die Kommunisten großen Einfluß auf die Politik des Präs. Sukarno. 1965/66 schlug die indones. Armee einen kommunist. Putschversuch blutig nieder.

In **Lateinamerika** artikulieren die zahlenmäßig kleinen kommunist. Parteien die Politik der UdSSR. In →Kuba hat sich eine Sonderform des K. entwickelt: der **Castrismus.**

Kommunistisches Informationsbüro, →Kominform.

Kommunistisches Manifest, ›Manifest der Kommunistischen Partei‹, das grundlegende Dokument des Marxismus, von K. Marx und F. Engels im Auftrag des ›Bundes der Kommunisten‹ 1847/48 verfaßtes Grundsatzprogramm.

kommunizieren, 1) die Kommunion empfangen. 2) in Verbindung stehen.

kommunizierende Röhren, untereinander verbundene Röhren, in denen sich eine Flüssigkeit überall gleich hoch einstellt.

Kommutation [lat.], Vertauschung.

Kommutativgesetz, △ für das Rechnen mit gewöhnl. (reellen) und komplexen Zahlen gültige Regel, daß man bei Addition und Multiplikation die Reihenfolge vertauschen kann, z. B. 3+7=7+3 und 3·7=7·3.

Kommutator [lat.], **Kollektor, Stromwender,** Teil einer elektr. Maschine (**K.-Maschine**), besteht aus radial angeordneten, mit der Läuferwicklung leitend verbundenen Kupferlamellen, die gegeneinander isoliert sind. Der K. kann als Gleichrichter, aber auch als Wechselrichter verwendet werden.

Kommutierung die, **Stromwendung,** Umkehrung der Stromrichtung in Gleichstrommaschinen, einphasigen Wechselstrom-Reihenschlußmotoren, Drehstrom-Kommutatormaschinen und Stromrichterschaltungen.

Komnenen, byzantin. Kaiserhaus aus Kleinasien, herrschte 1057–59, 1081–1185 in Konstantinopel, 1204–1561 in Trapezunt.

Komödiant [grch.], Schauspieler (oft abschätzig); auch Mensch, der im Leben schauspielert.

Komödie [grch.], bühnenmäßige Gestaltung komischer Vorgänge und Situationen. Die grch. K. entstand in Verbindung mit den Umzügen des Dionysoskults im 5. Jh. v. Chr. etwa gleichzeitig mit der Tragödie (Kratinos, v. a. Aristophanes). Die Variationsbreite der neueren K., oft auch **Lustspiel** genannt, reicht von der K. als Schöpfung spielender Poesie und Phantasie (Shakespeare, Lope de Vega, Calderón), als formstrengem Wortkunstwerk

(klass. frz. Vers-K. Molières) und als Charakter-K. (Molières ›Tartuffe‹) bis zu den Formen des Stegreifspiels (Commedia dell'arte), Fastnachtsspiels, des Lokal- und Volksstücks (Raimund, Nestroy, Thoma, Niebergall), den derben Kurzformen der Farce, des Schwanks, der Burleske, der Posse, des modernen Sketch.

Komoren, amtl. **République fédérale et islamique des Comores** [repybl'ik feder'al e islam'ik de kɔm'ɔːr], Rep. und Inselgruppe im Ind. Ozean, im NW von Madagaskar, ohne →Mayotte 1797 km² mit 340000 Ew. (meist muslim. Araber, ferner Inder). Hptst.: Moroni. Amtssprache: Französisch; Verkehrssprachen: Suaheli, Bantu-Sprachen; Religionssprache: Arabisch. Nach der Verf. von 1978 sind die K. eine ›Islam. Bundesrepublik‹. Währung: CFA-Franc = 100 Centimes. ⊕ Band 1, n. S. 320. – Die trop. Inselgruppe ist vulkan. Ursprungs. Der Regenwald ist bis 600 m Höhe durch Pflanzungen (Vanille, Kaffee, Kakao, Parfümpflanzen, Gewürznelken, Sisal, Reis) verdrängt. – Gegen den Widerstand der Insel Mayotte erhielten die K. 1975 die staatl. Unabhängigkeit.

Komotau, tschech. **Chomutov** [x'ɔmutɔf], Stadt am Fuß des Erzgebirges, ČSSR, 50000 Ew.; histor. Bauten; metallurg. Ind., Braunkohlentagebau (Wärmekraftwerk).

Komotini, Hptst. des grch. Nomos Rhodope in Thrakien, 32200 Ew.

Kompagnon [kɔpaɲ'õ, frz.], ⚖ Teilhaber.

kompakt [lat.], gedrungen, massiv, dicht.

Kompanie, 1) Genossenschaft, Gesellschaft (frz. →Compagnie). 2) ⚔ Einheit der Fußtruppen, 100–250 Mann stark.

komparabel [lat.], vergleichbar. **Komparation,** ⑤ Steigerung.

Komparativ der, ⑤ Steigerungsstufe.

Komparator [lat.] der, Gerät zur genauen Längenmessung, bei dem unter Meßmikroskopen Maßstab (beim **Intereferenz-K.** Lichtwellenlängen) und zu messende Größe verglichen werden.

Komparse [ital.] der, stummer Darsteller im Film, auch eine Nebenfigur. **Komparserie** die, Gesamtheit der K.; auf der Bühne meist **Statisten.**

Kompaß, Gerät zum Bestimmen der Himmelsrichtung. Beim **Magnet-K.** stellt sich unter der Wirkung des erdmagnet. Feldes eine Magnetnadel in die magnet. N-S-Richtung ein. Beim einfachsten K. dreht sich die Nadel über einem Skalenblatt, bei größeren K. sind mehrere Nadeln parallel zueinander an der Unterseite einer K.-Rose angebracht, so daß sich die Rose selbst einstellt. Der **Kreisel-K.** beruht darauf, daß ein schnell rotierender Kreisel seine Drehachse im Raum beibehält. Der **Radiokompaß** ist ein in See- und Luftfahrzeugen verwendeter Navigationshilfe als Funkpeiler, der selbsttätig und laufend die Richtung zu einem Sender anzeigt.

Kompaßpflanzen, Meridianpflanzen, Pflanzen, die in Abwehr gegen Prallsonne ihre Blattflächen hochkantig in die N-S-Richtung stellen, so z. B. der wilde Lattich.

kompatibel [lat.], verträglich, vereinbar, zusammenpassend. **Kompatibilität** die, Vereinbarkeit. Ggs.: **inkompatibel.**

Kompendium [lat.] das, -s/. . .dien, Leitfaden, Handbuch.

Kompensation [lat.], 1) Ausgleichung, Aufhebung der Wirkung einander entgegengesetzter Ursachen. 2) Bankgeschäft: Ausgleich von Effektenkommissionsaufträgen durch die Bank als Kommissionär. 3) ⚖ **Kompensationsgeschäft,** der Austausch von bewirtschafteten Gütern und Dienstleistungen mit und ohne Zahlungsverkehr. 4) Strafrecht: die Ausgleichung wechselseitiger Verschuldens. Werden Beleidigungen oder leichte Körperverletzungen auf der Stelle erwidert, so kann der Richter beide Teile oder einen milder bestrafen oder für straffrei erklären (§§ 199, 233 StGB). Über K. im Zivilrecht →Aufrechnung. 5) Psychologie: der Ausgleich von psychisch oder organisch bedingten Mängeln durch eine verstärkte und übertriebene Leistung (›Über-K.‹).

Kompensator der, elektr. Meßgerät zur Spannungsbestimmung mittels Vergleich mit einer Hilfsgröße (Normal; **Kompensationsmethode).**

kompensieren, ausgleichen, verrechnen.

kompetent [lat.], zuständig, maßgeblich, befugt.

Kompetenz die, 1) die Zuständigkeit. 2) Sprachwissenschaft: Fähigkeit eines Sprechers, über die Sprachrichtigkeit in seiner Muttersprache zu entscheiden.

Kompetenzkonflikt, Streitigkeiten zw. ordentl. Gerichten und Verwaltungsbehörden oder -gerichten über die Zuständigkeit. Grundsätzlich kann jedes angerufene Gericht bindend entscheiden, ob es zuständig oder nicht zuständig ist, der Landes-

Gesetzgeber kann jedoch die Entscheidung besonderen K.-Gerichtshöfen übertragen.

Kompilation [lat.], aus den Werken anderer zusammengestelltes Schriftwerk.

Kompilierer, Kompilierprogramm, engl. **Compiler** [kɔmpʹailǝ], Übersetzungsprogramm für Rechenanlagen in → Programmiersprachen.

Komplement [lat.] *das*, Ergänzung, Ergänzungsstück. **komplementär,** ergänzend. **Komplementär,** → Kommanditgesellschaft.

Komplementärfarbe, Farbe, die eine gegebene zu Weiß ergänzt.

Komplementarität, nach N. Bohr die Eigenschaft der Atome, Elementarteilchen u. dgl., bei der Untersuchung mit versch. Meßverfahren versch., anschaulich nicht miteinander vereinbare Erscheinungsweisen (›Seiten‹) zu zeigen, z. B. als Teilchen oder als Wellen zu erscheinen.

Komplet, 1) Complet [kɔplʹe, frz.] *das*, Kleid mit Jacke oder Mantel aus dem gleichen Stoff. **2)** → Completorium.

komplett [frz.], vollständig; vollzählig.

komplex, zusammengesetzt, vielschichtig, verwickelt.

Komplex [lat.] *der*, **1)** Gesamtumfang, Inbegriff; Gruppe; Fläche, Block (Gebäude). **2)** Ⓟ Verbindung einer Mehrheit von Sinneseindrücken oder Vorstellungen zu einer Erlebnisgesamtheit; in der Tiefenpsychologie: ›affektmächtiger Gedanken- und Ideenkreis‹ (S. Freud), der oft ins Unterbewußtsein verdrängt wird und von dort aus das Seelenleben einwirkt, z. B. **Minderwertigkeits-K. 3)** ♉ K. sind Verbindungen höherer Ordnung, die durch Zusammenschluß von Molekeln (Molekülen) entstehen.

komplexe Zahlen, aus **reellen** und **imaginären Zahlen** zusammengesetzte Zahlen der Form a+bi, z. B. 2−5i, wo für die imaginäre Einheit i die Regel i² = − 1 gilt. Die k. Z. sind wichtige Hilfsmittel der höheren Mathematik.

Komplikation [lat.], **1)** Verwicklung, Schwierigkeit. **2)** ⚕ Zusammentreffen mehrerer Krankheiten, wodurch das Krankheitsbild verwickelt, die Heilung erschwert wird.

Kompliment [frz.], Höflichkeitsbezeugung, liebenswürdige Schmeichelei; Gruß, Ehrerbietung.

Komplize [frz.] *der*, Mitschuldiger, Mittäter.

komplizieren [lat.], verwickeln, verwirren, erschweren. **kompliziert,** verwickelt.

Komplott [frz.] *das*, Verschwörung. ♐ Verabredung mehrerer zur gemeinsamen Begehung eines Verbrechens; wird wie der Versuch bestraft (§ 30 StGB).

Komponente [lat.] *die*, Bestandteil eines Ganzen.

komponieren [lat.], zusammensetzen, formen, kunstvoll zusammenfügen; ein musikal. Werk **(Komposition)** schaffen.

Komponist, Schöpfer von Musikstücken.

Kompositen *Mz.*, die Korbblütler.

Komposition [lat.], **1)** wohldurchdachte Anordnung. **2)** ♪ Tonsetzkunst, Musikstück. **Kompositionslehre,** ein Teil der → Musiklehre.

Kompositkapitell, röm. Sonderform des korinth. Kapitells: die Voluten sind wie die ionischen gebildet und diagonal gestellt.

Kompositum [lat.] *das*, ⚥ zusammengesetztes Wort, z. B. Bau-geschäft.

Kompost [frz.] *der*, Mischdünger aus Erde, Mist, organ. Abfällen u. ä.

Kompott *das*, mit Zucker gekochtes Obst.

Komprehension [lat.] *die*, Erfassen, Zusammenfassen, Begreifen eines Mannigfaltigen in einer Einheit als Ganzes.

kompreß [lat.], ❦ eng, dicht gedrängt; Drucktechnik: ohne Abstand (Durchschuß) enge Zeilen.

Kompresse [lat.] *die*, zusammengelegtes Stück Mull für Verbände, feuchter Umschlag.

Kompressibilität, die Zusammendrückbarkeit.

Kompression [lat.], Verdichtung, bes. von Gasen.

Kompressor *der*, frühere Bez. für → Verdichter.

komprimieren [lat.], zusammendrücken, -pressen, verdichten.

Kompromiß [lat.] *der*, Vergleich, Übereinkunft; im Zivilprozeß die Vereinbarung der Parteien, sich dem Spruch eines Schiedsrichters zu unterwerfen.

kompromittieren [frz.], bloßstellen.

Komsomol [lat.] *der*, Kurzwort für russ. **Kommunistitscheskij sojus molodjoschi** (›Kommunist. Jugendverband‹), die 1918 gegr. Jugendvereinigung (14- bis 26jährige) in der UdSSR.

Komsomolsk am Amur, russ. **Komsomolsk na Amure,**

Stadt in der Russ. SFSR, am Amur, 269 000 Ew.; erbaut (seit 1932) von Komsomolzen; Stahlwerk, Werft, Werkzeugmaschinenfabrik, Ölraffinerie u. a. Industrie.

Komsomolze, Mitglied des Komsomol.

Komtesse, dt. für Comtesse, → Comte.

Komtur [lat.], **1)** geistl. Ritterorden: der Vorsteher eines Verwaltungsgebiets **(Komturei, Kommende, Ballei). 2)** Verdienstorden: der Inhaber einer höheren Klasse **(Kommandeur).**

kon . . . [lat.], zusammen . . . , mit . . .

Konak [türk.] *der*, in der Türkei: Regierungsgebäude; Schloß.

Konarak, 30 km im NO von Puri in Orissa, O-Indien, liegende Ruine eines riesigen Sonnentempels, von König Narasimha Devas I. (1238–64) zu Ehren des Sonnengottes Surya erbaut.

Konche *die*, 🏛 Halbkuppel der Apsis, daraus selbst in frühchristl. und mittelalterl. Kirchen. **Dreikonchenanlage,** kleeblattförmige Anlage einer Kirche.

Konchylie [grch.] *die*, Schale der Weichtiere.

Kond, Khond *Mz.*, Volksstamm mit Dravidasprache im östl. Vorderindien, der den früher Menschenopfer üblich waren.

Konde, fruchtbare Landschaft nördl. des Njassasees, Tansania; auch deren Bev. (→ Nyakyusa).

Kondemnation [lat.], Verurteilung, im Seekriegsrecht die gerichtl. Einziehung eines feindl. Schiffes.

Kondensation [lat.], **Verdichtung, 1)** Übergang von Gasen und Dämpfen in den flüssigen oder festen Zustand durch Abkühlung oder unter Druck. Dabei wird **K.-Wärme** frei. Die Temperatur, bei der K. eintritt, heißt **K.-Punkt.** Wenn keine flüssige oder feste Phase vorhanden ist, setzt die K. bevorzugt an **K.-Kernen** (Staubteilchen u. a.) ein **(Kondensstreifen** der Flugzeuge). **2)** Vereinigung von 2 Molekülen unter Abspaltung von Wasser oder anderer einfacher Verbindungen zu einem größeren Molekül.

Komtur 2): Komturkreuz; oben St.-Alexander-Orden, Königreich Bulgarien; unten Menelik-II.-Orden, Kaiserreich Äthiopien

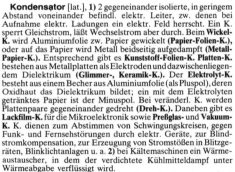

Komtur 2)

Kondensator [lat.], **1)** 2 gegeneinander isolierte, in geringem Abstand voneinander befindl. elektr. Leiter, zwischen denen bei Aufnahme elektr. Ladungen ein elektr. Feld herrscht. Ein K. sperrt Gleichstrom, läßt Wechselstrom aber durch. Beim **Wickel-K.** wird Aluminiumfolie zu. Papier gewickelt **(Papier-Folien-K.),** oder auf das Papier wird Metall beidseitig aufgedampft **(Metall-Papier-K.).** Entsprechend gibt es **Kunststoff-Folien-K. Platten-K.** bestehen aus Metallplatten als Elektroden und dazwischenliegendem Dielektrikum **(Glimmer-, Keramik-K.).** Der **Elektrolyt-K.** besteht aus einem Becher aus Aluminiumfolie (als Pluspol), deren Oxidhaut das Dielektrikum bildet; ein mit dem Elektrolyten getränktes Papier ist der Minuspol. Bei veränderl. K. werden Plattenpaare gegeneinander gedreht **(Dreh-K.).** Daneben gibt es **Lackfilm-K.** für die Mikroelektronik sowie **Preßglas-** und **Vakuum-K.** K. dienen zum Abstimmen von Schwingungskreisen, gegen Funk- und Fernsehstörungen durch elektr. Geräte, zur Blindstromkompensation, zur Erzeugung von Stromstößen in Blitzgeräten, Blinklichtanlagen u. a. **2)** bei Kältemaschinen im Wärmeaustauscher, in dem der verdichtete Kühlmitteldampf unter Wärmeabgabe verflüssigt wird.

Kondensatorkammer, kleine Ionisationskammer ähnlich einem Kondensator.

Kondensor [lat.] *der*, in opt. Geräten eine Sammellinse oder ein System aus mehreren Sammellinsen oder Spiegelflächen zur Beleuchtung des Objekts.

Kondition [lat.], **1)** Bedingung. **2)** ⚕ körperl. Verfassung.

konditional, konditionell, bedingend, bedingt. **Konditionalsatz,** Ⓢ ›Bedingungssatz.

Konditionierung [lat.], **1)** Textilindustrie: Bestimmen des legalen Handelsgewichtes der Faserstoffe durch Austrocknen der Proben bei 105 bis 110 °C und Zuschlag der handelsübl. Normalfeuchtigkeit (›Reprise‹). **2)** Psychologie: Erzeugen von bedingten Reflexen.

Konditionstraining [-treɪnɪŋ], ⚕ Übungen zur Steigerung der körperl. Leistungsfähigkeit; bes. der motorischen Grundeigenschaften Kraft, Ausdauer und Schnelligkeit, Gewandtheit.

Konditor stellt feinere Backwaren, Speise-Eis u. ä. her. Nach dreijähriger Lehre und bestandenen Gesellen-, später Meisterprüfung. Oft ist der K. gleichzeitig Bäcker.

Kondolenz [lat.] *die*, Beileidsbezeigung. **kondolieren,** sein Beileid aussprechen.

Plattenkondensator

Wickelkondensator

Drehkondensator

Kondensator 1)

Kondom [nach einem engl. Arzt Condom oder Conton] *der,* **Präservativ,** Gummihülle zur →Empfängnisverhütung.

Kondominat, Kondominium [lat.], Herrschaft mehrerer über ein Land oder einen Landesteil; auch das Gebiet selbst.

Kondor *der,* Bez. für 2 Arten der Neuweltgeier. Der **Anden-K.** ist mit bis 3,25 m Flügelspannweite neben den Straußen der größte Vogel. Der nur noch in geringer Zahl lebende **Kaliforn. K.** ist kleiner. (Bild Geier)

Kondratjew, Kondrati|eff, Nikolaj Dimitrijewitsch, russ. Volkswirtschaftler, * 1892, † um 1930, gründete und leitete 1920–28 das Moskauer Konjunktur-Institut; schrieb 1926 ›Die langen Wellen der Konjunktur‹ (**K.-Wellen**).

Kondukt [lat.] *der,* feierl. Geleit, Leichenzug.

Konduktanz *die,* Wirkleitwert eines Wechselstromkreises, der Kehrwert der Resistanz (→Widerstand).

Kondylom [grch.] *das,* die →Feigwarze.

Konfekt, Zuckerwerk, Pralinen.

Konfektion, serienmäßig hergestellte Fertigkleidung in genormten Größen (**K.-Größen**).

Konferenz [lat.] *die,* Sitzung, Beratung, Tagung. **konferieren,** besprechen, eine Sitzung abhalten.

Konferenz über internationale wirtschaftliche Zusammenarbeit, Abk. **KIWZ,** vereinbart 1975 im Gefolge der Auseinandersetzungen über die künftige Gestaltung der Wirtschaftsbeziehungen zw. Industrie- und Entwicklungsländern (›Nord-Süd-Dialog‹). Die dabei gebildeten Kommissionen für Energiepolitik, Rohstoffe, Entwicklungshilfe und Finanzfragen arbeiten seit 1976.

Konferenz über Sicherheit und Zusammenarbeit in Europa, Abk. **KSZE,** →Europäische Sicherheitskonferenz.

Konfession [lat.], 1) relig. Bekenntnis. 2) Bekenntnisschrift. 3) Gemeinschaft der in einem Bekenntnis Verbundenen. **Konfessionalismus,** die strenge Bekenntnistreue. **konfessionell,** das Glaubensbekenntnis betreffend.

Konfessions|schule, die →Bekenntnisschule.

Konfetti [ital.] *das,* urspr. Konfekt, dann Papierblättchen, die beim Karneval geworfen werden.

Konfiguration [lat.], 1) Gestaltung, Anordnung. 2) ♉ räuml. Anordnung der Atome um das Zentralatom.

Konfirmation [lat.], in den evang. Kirchen die feierl. Aufnahme junger Christen (meist im 12.–14. Lebensjahr) in die Gemeinde (**Einsegnung**), womit die Zulassung zum Abendmahl und das Recht zur Patenschaft verbunden ist. Der K. geht ein **Konfirmandenunterricht** voraus.

Konfiskation [lat.] *die,* entschädigungslose Entziehung des Eigentums, i. d. R. durch Gesetz. **konfiszieren,** einziehen.

Konfitüre [frz.] *die,* Einfruchtmarmelade mit Fruchtstücken, auch andere Süßwaren.

Konflikt [lat.] *der,* 1) Streit, Zusammenprall, Gegensatz. 2) ⓟ Aufeinandertreffen einander entgegengesetzter Interessen, Strebungen oder Motive. 3) Soziologie: im gesellschaftl. Bereich (**sozialer K.**) alle Auseinandersetzungen, die von sozialen Gruppen zur Veränderung oder Beibehaltung der gegebenen Zustände geführt werden (**Generations-K., Klassen-K.** u. a.). Die **K.-Forschung** untersucht die Ursachen für die Entstehung von K. bes. im polit. Bereich und im Rahmen der →Friedensforschung.

Konföderation [lat.], Staatenbund, z. B. die 11 **Konföderierten Staaten von Amerika,** die 1861–65 einen Sonderbund bildeten (→ Sezessionskrieg).

konform [lat.], übereinstimmend, gleichförmig.

Konformismus [lat.], soziale Einstellung, die durch starke Anpassung an die Normen, Meinungen und Verhaltensweisen einer Bezugsgruppe bestimmt ist; Ggs.: **Nonkonformismus. Konformist,** jemand, der sich willig anpaßt. (→Conformists)

Konfrontation [lat.], Gegenüberstellung (bes. von Personen vor Gericht). **konfrontieren,** gegenüberstellen.

konfus [lat.], wirr, verworren, unklar. **Konfusion,** 1) Verwirrung. 2) ⚖ Vereinigung von Gläubigerrecht und Schuldnerpflicht in einer Person, z. B. wenn ein Schuldner seinen Gläubiger beerbt.

Konfuzianismus, Lehre des Konfuzius.

Konfuzius, chines. K'ung-(fu-)tzu (›Meister K'ung‹), chines. Philosoph, * um 551 v. Chr., † um 479 v. Chr., war Beamter, wurde verbannt und kehrte im Alter in seine Heimat (W-Shantung) zurück. Seine Aussprüche wurden durch Aufzeichnungen seiner Schüler überliefert. In dieser Zeit entwickelte sich aus der Lehre des K. eine fortgebildete Staats- und Sittenlehre des **Konfuzianismus:** Der Kern des Staates ist die Familie. Die ›5 Beziehungen‹ zw. Fürst und Staatsdiener, Vater

Kongo

und Sohn, Mann und Frau, älterem und jüngerem Bruder, Freund und Freund werden durch die Tugenden der Menschenliebe, der Gerechtigkeit und Ehrerbietung bestimmt. Pietät bildet die Grundlage für das Familienleben wie für den Staat. Sie erstreckt sich über den Tod hinaus (Ahnenverehrung).

kongenial [lat.], geistesverwandt, geistig ebenbürtig.

kongenital [lat.], angeboren.

Kongestion [lat.], der Blutandrang.

Konglomerat [lat.] *das,* 1) aus verschiedenartigen Dingen Zusammengehäuftes. 2) aus Geröllen bestehendes, durch kalkige u. a. Bindemittel verkittetes Gestein.

Kongo, Zaïre, der wasserreichste Strom Afrikas, 4 320 km lang, entspringt als **Lualaba** im Mitumba-Gebirge, durchfließt nach Durchbruch durch die Randschwellen **(Stanley-Fälle)** von Kisangani ab als K. das Kongobecken, durchbricht die Niederguineaschwelle **(Livingstone-Fälle)** und mündet bei Matadi in den Atlant. Ozean mit einem Mündungstrichter, der sich als K.-Rinne (bis 1 700 m tief) weit in den Atlantik hinaus fortsetzt. Wichtige Nebenflüsse von rechts: Lukuga, Aruwimi, Ubangi, Sanga; links: Lomami, Kasai.

Kongo, 1) ehem. Königreich in Afrika, als dessen Hauptträger die **Mushikongo** galten. 2) **K., Bakongo,** Bantuvolk (rd. 5 Mio.) am unteren Kongo. 3) **République Démocratique du Congo** [repybl'ik demɔkrat'ik dy kɔ̃g'o], frühere offizielle, **Kongo (Kinshasa),** frühere inoffizielle Bez. für → Zaire.

Kongo, Volksrepublik K., amtl. **République Populaire du Congo** [repybl'ik popyl'ɛr dy kɔ̃g'o], Volksrep. in Zentralafrika, 342 000 km² mit 1,54 Mio. Ew. (überwiegend Bantuvölker, rd. 45% Kongo). Hptst.: Brazzaville. Amtssprache: Französisch. Religion: etwa 40% kath., 10–12% prot. Christen; Naturreligionen, muslim. Minderheit. Bildung: allg. Schulpflicht von 6 bis 16 Jahren (rd. 50% Analphabeten), Univ. in Brazzaville. ⊕ Band 1, n. S. 320. Nach der Verf. v. 14. 7. 1973 gibt es wieder eine gewählte Nationalversammlung. Allg. Wehrpflicht. Währung: CFA-Franc = 100 Centimes (c).

K. liegt beiderseits des Äquators im Gebiet des K.-Beckens, mit Flach- und Hügelländern um 300 m ü. M., die von den Zuflüssen der östl. Grenzflüsse Kongo und Ubangi zerschnitten sind. Im SW wird es durch die Niederguineaschwelle (Mayombeplateau, bis 800 m ü. M.) gegen den schmalen, rd. 150 km langen Küstensaum abgegrenzt. Das Klima ist tropisch mit hohen Niederschlägen, rd. die Hälfte des Landes ist mit Regenwald bedeckt.

Die Landwirtschaft erzeugt Erdnüsse, Baumwolle, Zuckerrohr, Palmkerne, Mais, Reis, Kaffee, Kakao; für den Eigenbedarf Maniok, Hirse, Bataten u. a. Der Bergbau fördert Kalisalze, Blei, Zink, Diamanten, Erdöl und Erdgas. Ausfuhr: Holz, Diamanten, Zucker, Erdöl. Haupthandelspartner: Frankreich, Bundesrep. Dtl. Planwirtschaftl. Maßnahmen in der Landwirtschaft führten in den letzten Jahren v. a. im Export zur Stagnation. Die Verkehrseinrichtungen spielen eine große Rolle im Transitverkehr der Nachbarländer eine Rolle: rd. 11 000 km Straßen; Eisenbahnen dienen dem Erztransport von Gabun und verbinden Brazzaville, den Flußhafen am Kongo, mit dem bed. Seehafen Pointe-Noire (rd. 510 km). Hauptflughäfen: Brazzaville, Pointe-Noire. – K. wurde zw. 1880 und 1885 zur frz. Kolonie ausgestaltet, wurde 1910 ein Gebiet Französisch-Äquatorialafrikas, 1960 unabhängig und Mitgl. der Frz. Gemeinschaft.

Kongo-Kordofanisch, →afrikanische Sprachen.

Kongregation [lat.], Kath. Kirche: 1) Verbindung mehrerer Klöster derselben Regel. 2) Klostergenossenschaft mit einfachen Gelübden. 3) Kardinals-K. (→Kurie).

Kongregationalisten, →Independenten.

Kongreß [lat.] *der,* 1) Tagung, Zusammenkunft (bes. von Bevollmächtigten mehrerer Staaten). 2) in den USA die Volksvertretung (Senat und Repräsentantenhaus).

Kongreßpartei, →Indischer Nationalkongreß.

Kongreßpolen, das durch den Wiener Kongreß 1815 geschaffene Kgr. Polen unter der Herrschaft der russ. Zaren.

kongruent [lat.], sich deckend, genau gleich. **Kongruenz,** 1) △ völlige Übereinstimmung von Figuren in Größe und Gestalt. 2) ⑤ Übereinstimmung von zusammengehörigen Satzteilen in Person, Numerus, Genus und Kasus.

Konidium [grch.] *das,* Pilzspore, die auf dünnem Stiel sitzt.

Koniferen [lat.] *Mz.,* Nadelhölzer.

Koniferennadel|öle, aus Nadeln, Zweigen und Zapfen versch. Koniferen gewonnene, farblose, balsamisch riechende Öle; in der Parfümerie und Pharmazie verwendet.

König, 1) Träger der höchsten Herrscherwürde nach dem

Kaiser; Anrede: ›Majestät‹. – Aus dem Königtum der Merowinger und Karolinger gingen das dt. und das frz. Königtum hervor. I. Ggs. zur Erblichkeit bes. des frz. und engl. Königtums blieb das dt. bis 1806 ein Wahlkönigtum. Wahlberechtigt waren zunächst alle Reichsfürsten, später nur die → Kurfürsten. Seit Otto d. Gr. (962) führten die dt. K. den Titel eines ›Römischen Kaisers‹, sobald sie in Rom vom Papst gekrönt waren; seit 1508 und 1556 nannten sie sich ohne päpstl. Krönung Kaiser. Der noch bei Lebzeiten eines Kaisers gewählte Nachfolger hieß seit dem 11. Jh. ›Römischer K.‹. Von den dt. Landesfürsten nahm 1701 der Kurfürst von Brandenburg für das Hzgt. Preußen den Königstitel an; Napoleon I. erhob 1806 die Kurfürsten von Bayern, Württemberg und Sachsen zu K.; auf dem Wiener Kongreß wurde 1815 Hannover Königreich. **2)** Spielkarte. **3)** die Hauptfigur im Schachspiel.

König, Bad K., Heilbad im Odenwaldkr., Hessen, im nördl. Odenwald, 8100 Ew.; Acrylglas-, Elfenbein-, Horn-, Holz-, Kunststoffverarbeitung; Pfarrkirche (15.–18. Jh.), Schloß (1559).

König, 1) Franz, österr. Kardinal (seit 1958), * 1905, seit 1956 Erzbischof von Wien; 1965–80 Leiter des Sekretariats für die Nichtglaubenden. **2)** Leo Frhr. von, Maler, * 1871, † 1944; beeinflußt vom Impressionismus, malte v. a. Porträts. **3)** René, Soziologe, * 1906; Vertreter der empir. Sozialforschung; Untersuchungen zur Soziologie der Familie, der Gemeinde, der Mode u. a.

Könige, Bücher der K., A. T.: behandelt die Geschichte Judas und Israels vom Tode Davids bis 561 v. Chr.

Königgrätz, tschech. Hradec Králové [hr´adɛts kr´alɔvɛː], Hauptort des Kr. O-Böhmen, ČSSR, 93 200 Ew., got. Kathedrale; wissenschaftl. Institute; Maschinenbau, chem., Textil-, Gummi-, Holz-Ind., Klavierfabrik. – 3. 7. 1866 Sieg der Preußen unter Moltke über die Österreicher und Sachsen unter Benedek.

Königin, 1) Herrscherin in einem Königreich oder Gattin des Königs. **2)** Dame im Karten- und Schachspiel. **3)** ⚲ Weisel, fruchtbares Weibchen bei staatenbildenden Insekten.

Königin-Charlotte-Inseln, engl. **Queen Charlotte Islands** [kwiːn ʃ´aːlət ´ailəndz], fjordreiche kanad. Inselgruppe an der NW-Küste N-Amerikas, 9596 km²; von Indianern bewohnt; Fischfang, Holzeinschlag.

Königin der Nacht, 1) Kaktus des trop. Regenwaldes, mit großen, nur in einer Nacht geöffneten Blüten. **2)** Gestalt in Mozarts ›Zauberflöte‹.

Königinmetall, Engesterium, eine Zinn-Antimon-Legierung; Lagermetall.

König Rother, → Rother.

Königs|au, 65 km langer Fluß in Jütland, war 1864 bis 1920 Grenze zw. Dänemark und Schlesw.-Holst.

Königsberg, 1) K. in der Neumark, poln. **Chojna** [x-], Stadt in der poln. Wwschaft Szczecin (Stettin), 5200 Ew., in der Neumark; Metallverarbeitung, Landmaschinenbau. Die Bauten des MA. wurden im 2. Weltkrieg weitgehend zerstört. **2) K. (Pr.),** russ. **Kaliningrad,** Hptst. des Gebiets Kaliningrad, UdSSR, ehem. Hptst. der Prov. Ostpreußen, am Pregel, 7 km oberhalb seiner Mündung in das Frische Haff, 361 000 (1939: 372 000) Ew. Hafen, Werften, Waggonfabrik, Maschinenbau, Cellulose-, Papier-, Nahrungsmittel-Ind. Fischereihafen; Forschungsinstitute. 1944/45 wurde die Innenstadt mit den meisten histor. Bauten zerstört: Schloß (13.–16. Jh.) mit dem ›Blutgericht‹ (Weinkeller, ehem. Richtungsstätte), Kirche mit den Judithen (14. Jh.), Dom (1325 begonnen), Schloßkirche (1592), Burgkirche (1690), Kneiphöfsches Rathaus u. v. a. Die Univ. (gegr. 1544) wurde 1945 aufgelöst, seit 1967 besteht eine neue ›Staatsuniv. Kaliningrad‹. – K. entstand seit 1255 um eine Burg des Dt. Ordens und wurde nach dem Böhmenkönig Ottokar II. benannt. 1457–1525 war es Sitz der Hochmeister, seit 1525 Residenz der Herzöge von Preußen. Am 18. 1. 1701 krönte sich hier Kurfürst Friedrich III. von Brandenburg zum König in Preußen.

Königsboten, von den Merowingern und Karolingern der König mit außerordentl. Vollmachten aussandte **(Sendgrafen).**

Königsbrunn, Stadt im Kr. Augsburg, 18 000 Ew.; Ind.

Königsfarn, → Rispenfarne.

Königsfelden, ehem. Franziskaner-Kloster im schweizer. Kt. Aargau, gegr. 1309; berühmte Glasgemälde (13. Jh.).

Königsfeld im Schwarzwald, Gem. und Luftkurort im Schwarzwald-Baar-Kreis, Bad.-Württ., 5400 Ew., 763 m ü. M. – K. wurde 1806 von der Herrnhuter Brüdergemeinde gegr.

Königsfisch, Gotteslachs, im Atlantik und Pazifik, hat hohen gedrungenen Körper, bis 2 m lang und über 250 kg schwer; auffallend bunt.

Königshofen i. Grabfeld, Bad K. i. G., Stadt im Kr. Rhön-Grabfeld, Bayern, an der Fränk. Saale, 5400 Ew.; Heilquellen; spätgot. Pfarrkirche, Rathaus (16. Jh.).

Königshufe, im MA. Landmaß bei allen Rodungen auf Königsland, später 1 K. = 47,7 ha.

Königshütte, poln. **Chorzów** [x´ɔʒuf], Stadt in der Wwschaft Katowice (Kattowitz), Polen, im oberschles. Industriegebiet, 150 000 Ew.; Steinkohlengruben, Eisenhütten, chem. Ind., Stahlkonstruktionen, Kokerei, Kraftwerk, Lebensmittel-Ind.

Königskerze, Verbascum, Gatt. der Rachenblüter; bis 1,5 m hoch, mit meist filzigen und wolligen Blättern und großen Blütentrauben. Die Blüten der **Großblütigen K.** und des **Windblumen-Wollkrauts** werden als Hustentee **(Wollblumen)** verwendet. Einige Arten sind Zierpflanzen.

Königslutter am Elm, Stadt im Kr. Helmstedt, Ndsachs., 16 500 Ew.; Fachschule für Steinmetzen und -bildhauer; Büromaschinen-, Konserven-, Zucker-, Zigarettenfabrik, in der Stiftskirche (Kaiserdom, 1135 gegr.) die Grabstätte Kaiser Lothars III.

Königsmarck, altmärk. Adelsgeschlecht: **1)** Hans Christopher Graf (1651) von, schwed. Feldmarschall (1655), * 1600, † 1663. **2)** Maria Aurora Gräfin von, * 1662, † 1728, Geliebte Georgs I. von Hannover, dann Augusts des Starken von Sachsen-Polen, Enkelin von 1), Mutter des späteren Marschalls von Sachsen, wurde 1700 Pröpstin von Quedlinburg.

Königsschlange, Abgottschlange, → Boaschlangen.

Königssee, See bei Berchtesgaden, 602 m ü. M., 5,2 km² groß, bis 188 m tief; am W-Ufer die Wallfahrtskirche **Sankt Bartholomä.**

Königin der Nacht 1)

Königssee

Königstein, 1) K. **(Taunus),** Stadt und Kurort im Hochtaunuskr., Hessen, 16 500 Ew.; Burgruine. **2) K./Sächs. Schweiz,** Stadt im Bez. Dresden, im Elbtal, 4900 Ew.; Festung (1241 erwähnt; 1589–1731 ausgebaut); Holz-, Papier-Ind.

Königstuhl, Berg bei Heidelberg, 586 m hoch, Bergbahn, Sternwarte.

Königswasser, Mischung von konzentrierter Salz- und Salpetersäure (3:1), die Gold und Platin auflöst.

Königswinter, Stadt im Rhein-Sieg-Kr., NRW, am Siebengebirge, 34 800 Ew.; Autozubehör-Ind., elektr. Prüfgerätebau; Weinbau, -handel, Fremdenverkehr; Zahnradbahn zum Drachenfels.

Königs Wusterhausen, Krst. im Bez. Potsdam, 12 000 Ew.; Jagdschloß (1717); Standort des ›Dtl.-Senders‹.

Konimeter *das,* Gerät zum Bestimmen des Staubgehaltes der Luft; eine bestimmte Luftmenge wird so an einer mit Gummiglycerin bestrichenen Glasplatte vorbeigesaugt, daß sich der Staub abscheidet.

Koninklijke Nederlandsche Hoogovens en Staalfabrieken N. V., [k´oːnəŋləkə n´eːdərlantsə h´oːxɔvəns ɛn st´aːlfabriːkə] IJmuiden, niederländ. Stahlkonzern, gegr. 1918 (→ ESTEL N. V. Hoesch Hoogovens).

konisch [grch.], kegelförmig.

Koni

Konjunktion 2)

Köniz, Gem. im Kt. Bern, Schweiz, 33 400 Ew., Sitz der Landestopographie, der Forschungsanstalt für Agrikulturchemie und Umwelthygiene, des Eidgenöss. Amtes für Maße und Gewichte; versch. Ind.

Konjektur [lat.] *die,* Vermutung, bes. der Versuch, unvollständige Texte zu verbessern. Zeitw. **konjizieren.**

Konjew, Iwan Stepanowitsch, Marschall der Sowjetunion, * 1897, † 1973, im 2. Weltkrieg Armeeführer, 1946–55 Oberbefehlshaber des sowjet. Heeres, 1955–60 der Truppen des Warschauer Paktes und 1961–62 der sowjet. Streitkräfte in der Dt. Dem. Rep. K. war seit 1952 Mitgl. des ZK der KPdSU.

Konjugation [lat.], 1) Zuordnung. 2) Ⓢ Beugung der Zeitwörter. Zeitw. **konjugieren.**

Konjunktion [lat.], 1) Ⓢ **Bindewort,** Wortart, die Beziehungen zw. Satzgliedern und Sätzen ausdrückt. **Beiordnende K.:** ›und‹, ›sondern‹. **Unterordnende K.:** ›daß‹, ›damit‹. 2) ☆ →Aspekt.

Konjunktiv [lat.] *der,* Ⓢ die →Möglichkeitsform.

Konjunktur [lat.] *die,* Gesamtlage der Wirtschaft, bes. die Bewegungsvorgänge, aus denen sich die Geschäftsaussichten ergeben; i. e. S. die günstige Lage. Das wirtschaftl. Wachstum verläuft wellenförmig (**K.-Schwankungen, K.-Zyklen**). Der **K.-Anstieg** ist durch ein Ansteigen von Erzeugung, Beschäftigung und Gewinnerwartungen gekennzeichnet, die **Hoch-K.** durch steigende Zinssätze und verstärkten Preisauftrieb mit anschließendem Umschlag in die **Krise** (sinkende Börsenkurse, Produktionsrückgänge und steigende Arbeitslosigkeit), die darauf folgende **Depression** durch sinkende Zinssätze und freiwerdende Kapazitäten. Seit der Weltwirtschaftskrise (1929 bis 1933) ist ein unregelmäßiger Ablauf der K.-Zyklen festzustellen. Nicht zum K.-Ablauf gehören die Saisonschwankungen.

Die **K.-Theorien** untersuchen die Ursachen dieser Schwankungen. Aufgabe der **K.-Forschung** ist die statist. Beobachtung der Wirtschaft; aus Einzelbeobachtungen wird eine Voraussage über den weiteren K.-Ablauf versucht (**K.-Prognose**). – Staatl. Maßnahmen zur Vermeidung übermäßiger Wirtschaftsschwankungen sind seit der Weltwirtschaftskrise üblich (**K.-Politik**).

konkav [lat.], hohl, nach innen gewölbt. Ggs.: **konvex.**

Konklave [lat.], *das,* 1) von der Außenwelt abgeschlossener Raum, in dem die Kardinäle zur Papstwahl zusammenkommen. 2) Kardinalversammlung zur Papstwahl.

konkludent [lat.], eine Schlußfolgerung zulassend, schlüssig. **Konklusion** *die,* Schlußfolgerung.

konkludente Handlung, ⚖ Handlung, aus der auf einen bestimmten Willen des Handelnden geschlossen wird; sie ersetzt die ausdrückl., wörtl. Erklärung des Willens.

Konkordanz [lat.] *die,* 1) ⊕ gleichlaufende ungestörte Lagerung von jüngeren geolog. Schichten auf älteren. 2) ✍ typograph. Längenmaß von 4 Cicero. 3) Verzeichnis aller in einer Schrift vorkommenden Wörter (**Verbal-K.**) oder Sachen (**Real-K.**) mit Stellenangabe (→Bibelkonkordanz).

Konkordat [lat.] *das,* Vertrag zw. einem Staat und dem Hl. Stuhl. Das älteste dt. K. ist das Wormser K. (1122).→Reichskonkordat.

Konkordienbuch [lat.], Sammlung der luther. Bekenntnisschriften.

Konkordienformel, Bekenntnisschrift, die den Lehrinhalt der luther. Kirche endgültig festlegt (1577).

konkret [lat.], gegenständlich, sinnlich wahrnehmbar, anschaulich. Ggs.: **abstrakt.**

konkrete Kunst, gegenstandslose Malerei und Plastik, die vom unmittelbaren Umgang mit den konkreten Bildmitteln (Linie, Farbe, Fläche, Raum) ausgeht.

konkrete Musik, frz. **Musique concrète** [myz′ik kɔ̃kr′ɛːt], besteht aus alltägl. Geräuschen (Straßen-, Industrielärm u. a.), die auf Tonband aufgenommen zu einer Komposition montiert werden.

Konkretion, ⊕ unregelmäßiges, knollig, traubig-nierig geformtes Mineralaggregat, durch Anlagerung von Mineralsubstanz aus übersättigten diffundierenden Lösungen an einem Ansatzkern (Keim) entstanden, z. B. Feuersteine und Pyritknollen der Kreide.

Konkubinat [lat.] *das,* ♂♀ dauernde außerehel. Geschlechtsgemeinschaft (**wilde Ehe**).

Konkubine [lat.], ♂♀ im Konkubinat lebende Frau.

Konkupiszenz [lat.] *die,* sinnl. Begierde.

Konkurrent, *der,* wirtschaftl. oder sportl. Gegner; Rivale, Mitbewerber. **Konkurrenz, 1)** Wettbewerb. 2) ⚖ **Konkurrenz von Verbrechen,** die Verletzung mehrerer Strafgesetze durch eine oder mehrere Handlungen derselben Person (→ Idealkonkurrenz, → Realkonkurrenz).

Konkurrenzklausel, vertragliches →Wettbewerbsverbot.

konkurrieren, im Wettbewerb stehen.

konkurrierende Gesetzgebung, in einem Bundesstaat der Bereich der Gesetzgebung, für den der Gesamtstaat und die Gliedstaaten zuständig sind. Macht der Bundesstaat von seiner Gesetzgebungsbefugnis Gebrauch, geht das von ihm gesetzte Recht dem der Gliedstaaten vor.

Konkurs, [lat.] *der,* **1)** Zahlungsunfähigkeit. **2)** ⚖ **K.-Verfahren,** Zwangsvollstreckung zur anteilmäßigen, gleichmäßigen Befriedigung aller persönl. Gläubiger (**K.-Gläubiger**) aus dem gesamten Vermögen (**K.-Masse**) eines zahlungsunfähig gewordenen Schuldners (**Gemeinschuldner**). Es ist in der K.-Ordnung (KO) v. 10. 2. 1877 geregelt. Danach erfolgt die **K.-Eröffnung** auf Antrag des Schuldners oder eines Gläubigers durch das K.-Gericht. Dieses ernennt einen Bevollmächtigten zur Verwaltung der K.-Masse (→ Konkursverwalter). Wer ein Pfand- oder Zurückbehaltungsrecht hat, kann **abgesonderte Befriedigung** verlangen, also Begleichung seiner Forderung vor anderen Gläubigern. Bei der Verteilung der in Geld umgesetzten K.-Masse in Höhe der nach den Forderungen bemessenen Anteile werden zunächst die Forderungen bevorrechtigter Gläubiger (Dienstlohn-, Arztforderungen u. a.) befriedigt. Gegenstände, die dem Gemeinschuldner nicht gehören, unterliegen der **Aussonderung.**

In Österreich (KO v. 10. 12. 1914) bestimmen die K.-Gerichte einen Richter als **K.-Kommissär** und einen Verwalter (**Masseverwalter**). In der Schweiz wird die K. durch das **Konkursamt** oder durch den K.-Verwalter abgewickelt (Bundesges. über Schuldbetreibung und K. v. 11. 4. 1889). Über K.-Vergehen und -Verbrechen →Bankrott; → Gläubigerbegünstigung.

Konkursanfechtung, ⚖ Anfechtung von Rechtshandlungen, durch die Konkursgläubiger benachteiligt worden sind (**Gläubigeranfechtung**); §§ 29–42 KO).

Konkursdividende, ⚖ im Konkursverfahren die Quote, nach der die Forderungen der Gläubiger befriedigt werden.

Konkursgericht, ⚖ das Amtsgericht, bei dem der Gemeinschuldner seine gewerbl. Niederlassung oder, bei Fehlen einer solchen, seinen gewöhnl. Aufenthalt hat. Gerichtsstand hat (§ 71 KO).

Konkurstabelle, ⚖ vom Konkursgericht geführtes Verzeichnis der von den Gläubigern angemeldeten Forderungen.

Konkursverwalter, ⚖ der zur Durchführung des Konkursverfahrens ernannte Bevollmächtigte. Er hat die Konkursmasse zu verwalten und in Geld umzusetzen; dabei wird er durch die **Gläubigerversammlung,** oft auch einen **Gläubigerausschuß,** unterstützt und überwacht.

Konnersreuth, Gem. im Kr. Tirschenreuth, Bayern, 1800 Ew.; Heimatort der stigmatisierten Therese Neumann.

Konnex [lat.] *der,* Zusammenhang. **Konnexion,** einflußreiche Verbindung.

Konnossement [ital.-frz.] *das,* ⚖ vom Verfrachter nach Empfang des Gutes ausgestellte Urkunde, in die verpflichtet, das Gut dem berechtigten Inhaber der K. nach Beendigung der Reise auszuhändigen (**Seefrachtbrief;** §§ 642 ff. HGB).

Konquistador [kɔŋkistɑdˈoːr, span.], Eroberer, bes. die span. und portugies. Eroberer Amerikas im 16. Jh.

Konrad, Fürsten:

Dt. Könige und röm.-dt. Kaiser. **1) K. I.** König (911–18), Herzog der Franken, stützte sich im vergebl. Kampf gegen die Stammesherzöge auf die Bischöfe.

2) K. II. (1024–39), * 900, † 1039, wurde 1027 Kaiser, Begründer des fränk. oder salischen Kaiserhauses. Er festigte die Verbindung Italiens mit Dtl., erwarb 1032 das Kgr. Burgund. K. begann den Bau des Doms zu Speyer.

3) K. III., König (1138–52), * 1093 oder 1094, † 1152, Herzog in Ostfranken, 1127 als Gegenkönig gegen Kaiser Lothar aufgestellt, erst nach dessen Tod zum König gewählt. Auf Drängen Bernhards von Clairvaux nahm er am 2. (mißglückten) Kreuzzug teil.

4) K. IV., König (1250–54), Sohn Kaiser Friedrichs II., * 1228, † 1254, bereits 1237 zum König gewählt.

Köln. **5) K. von Hochstaden,** Erzbischof (1238–61), betrieb als Gegner Kaiser Friedrichs II. die Wahl der Gegenkönige Heinrich Raspe und Wilhelm von Holland, später die Richards von Cornwall. 1248 begann er den Bau des Kölner Doms.

Konrad der Pfaffe, Regensburger Geistlicher aus der Mitte des 12. Jh.; erste Bearbeitung des ›Rolandslieds‹.

Konradin, ital. **Corradino** [›kleiner Konrad‹, eigtl. **Konrad,**

Herzog von Schwaben, Sohn König Konrads IV., * 1252, † 1268, wurde 1268 bei Tagliacozzo von Karl von Anjou geschlagen, auf der Flucht ergriffen und nach einem Scheinprozeß enthauptet. Er war der letzte Staufer.

Konrad von Einbeck, Bildhauer, Baumeister, seit 1382 für die Moritzkirche in Halle tätig: Schmerzensmann (1416), trauernde Maria, Selbstbildnis (?) u. a.

Konrad von Marburg, Prämonstratenser, † (erschlagen) 1233, Beichtvater der hl. Elisabeth von Thüringen, wurde 1227 päpstl. Inquisitor in Dtl.

Konrad von Soest [-zo:st], Maler, 1394 bis um 1425 in Dortmund, schuf, an burgundisch-frz. Kunst geschult, zarte, in hellen Farben leuchtende Bilder: Hochaltar der Kirche in Bad Wildungen, Hochaltar der Dortmunder Marienkirche.

Konrad von Würzburg, mhd. Dichter bürgerl. Herkunft, * zw. 1220 und 1230, † 1287; stärkste dichter. Persönlichkeit der 2. Hälfte des 13. Jh.; Epen, Kleinerzählungen (›Die Herzmäre‹, ›Der Welt Lohn‹).

Konrektor [lat.], Vertreter des Rektors an Grund-, Haupt- und Sonderschulen.

Konsanguinität [lat.] *die,* Blutsverwandtschaft.

Konsekration [lat.], 1) Einsegnung, Weihung. 2) Kath. Kirche: feierl., dem Bischof vorbehaltene Weihe von Personen oder Sachen (z. B. Bischof, Altar, Kirche); an der Messe die Wandlung von Brot und Wein.

konsekutiv [lat.], abgeleitet, folgernd. **Konsekutivsatz,** Ⓢ Folgesatz, wird eingeleitet mit ›daß‹, ›so daß‹.

Konsens [lat.] *der,* Einwilligung, Zustimmung.

konsequent [lat.], folgerichtig, beharrlich. **Konsequenz** *die,* Folgerichtigkeit.

konservativ [lat.], erhaltend, das Hergebrachte bejahend.

Konservative Parteien, 1) Dt. Reich nach 1871: a) die Alt- (seit 1876 Deutsch-)konservative Partei; sie entsprach der K. P. in Preußen und war überwiegend protestantisch, kirchlich, feudalistisch, gegen Erweiterung der Volksrechte, vertrat sehr stark landwirtschaftl. Interessen. b) die liberalere Freikonservativen, im Reichstag: Dt. Reichspartei. Führer: v. Kardoff. c) In der Weimarer Zeit gingen die Konservativen in der Deutschnationalen Volkspartei auf, von ihr spalteten sich die Volkskonservativen und andere unbedeutende Gruppen ab. Konservative Züge zeigten nach 1945 die DP und der rechte Flügel der CDU/CSU. 2) **Großbritannien:** eine der beiden großen Parteien. Sie ging 1832 aus der feudalen Partei der Tories hervor und war im 19. und frühen 20. Jh. die Trägerin der großen Politik des Empire. Die Konservativen stellten die Premier-Min. Disraeli (1874), Salisbury (1885), Balfour (1902), Baldwin (1935), N. Chamberlain (1937), Churchill (1940), Eden (1955), Macmillan (1957), Douglas-Home (1963), Heath (1970), Margaret Thatcher (1979). **3)** Schweiz: Konservativ-Christlichsoziale Volkspartei, gegr. 1847, vertrat die kath.-kirchl. Interessen, ging 1970 in der Christlich-Demokratischen Volkspartei der Schweiz auf. **4)** Kanada: im 19. Jh. entstanden, seit 1943 Progressive Conservative Party, stellten die Premier-Min. MacDonald (1867 und 1878), Borden (1911), Bennett (1930), Diefenbaker (1957), Clark (1979). **5)** K. P. spielen im 19. Jh. in roman. Ländern eine bedeutende Rolle, so in Spanien und Lateinamerika (mit katholisch-feudalist. Programmen) und in Italien (fortschrittlich-national unter Cavour); nach 1945 sind in den neofaschist. und monarchist. Parteien Italiens und auf dem rechten Flügel der Democrazia Cristiana noch konservative Einflüsse bedeutsam. In Frankreich bilden die Unabhängigen eine starke K. P.

Konservativismus, Konservatismus [lat.], geistige, soziale und polit. Haltung, die überlieferte Werte und überkommene Ordnungen wertmäßig bejaht und grundsätzlich zu erhalten strebt. Der K. lehnt Neuerungen nicht schlechthin ab, verlangt aber von jedem, der sie fordert, den Beweis ihrer Notwendigkeit. Staat, Gesellschaft, Recht und Kultur gelten ihm als geschichtlich gewordene, organisch sich entwickelnde Gebilde. Allen Einrichtungen, die Dauer verbürgen und Erbe verkörpern (Kirche, Monarchie, Ständeordnung, Familie, Eigentum), mißt er hohe Bedeutung zu. Die konservative Haltung achtet Autorität, wobei sie eine Überfülle staatl. Macht ablehnt und verwirft meist sowohl den → Individualismus wie den → Kollektivismus.

Konservative Haltung kann sich innerhalb dieser Grundlinien sehr vielfältig akzentuieren. Politisch hat sich der K. meist erst in der Gegenwehr gegen progressive und radikale Bewegungen zu grundsätzlicher Stellungnahme und zu eigenen Parteibildungen verfestigt, bes. in Zeiten der Revolution und danach. In

Extremformen verband er sich auch mit dem Interesse bestimmter Stände an der Aufrechterhaltung bestehender Verhältnisse, zielte gegenüber siegreichen Revolutionen auf → Restauration oder wurde gegenüber fortschrittlichen Bestrebungen zur → Reaktion.

In Abwehr der Ideen der Frz. Revolution, diesen die stetige Verfassungsentwicklung Großbritanniens gegenüberstellend, vertrat E. Burke den Gedanken der ›geschichtl. Kontinuität‹ als Grundprinzip konservativen Denkens und Handelns. Der frz. Traditionalismus (de Bonald, de Maistre) entwickelte eine rationalist. Rechtfertigung der altständischen Ordnung, des legitimen Königtums und der kirchl. Autorität. Die Romantik, von Burke beeinflußt, begründete den K. durch die Lehre vom organ. Charakter und vom naturhaften Wachstum geistiger und gesellschaftl. Gebilde, bes. des Staates und des Rechts (F. Gentz, A. Müller, histor. Rechtsschule, Savigny). Eine eigene theoret. Grundlegung des alten K. und ihre Überleitung zur Idee der konstitutionellen Monarchie. – Das Erstarken der Arbeiterbewegung und die Gefahr der sozialen Revolution seit 1848 riefen ein Bündnis zw. dem K., der sich nunmehr zum nationalen Einheitsstaat und zur Verfassungsidee bekannte, und dem gemäßigten Liberalismus, soziologisch zw. dem Großgrundbesitz und dem großbürgerl. Unternehmertum hervor, während der Ggs. zum freihändler. Liberalismus stark blieb; eine breitere Grundlage schuf sich der K. als Vertretung der landwirtschaftl. Interessen (Bund der Landwirte) sowie im Mittelstand. In den meisten Ländern wurde er zu einem der wesentl. Vertreter des Machtstaatsgedankens. Junge Kräfte und Ideen (bes. in Dtl.: **Jungkonservative**) und neue gesellschafts- und staatstheoret. Systeme (O. Spann, R. Smend, C. Schmitt) drangen gegenüber dem rechtsradikalen Totalitarismus nicht durch, der im Faschismus und Nationalsozialismus einzelne Elemente des Gedankengutes übernahm (Autorität, Hierarchie, Korporativismus) und umdeutete. Ein weniger theologisch-philosophisch als praxisbezogen argumentierender K. entwickelt sich seit dem Ende der 60er Jahre.

Konservator [lat.], Beamter, dem in der Denkmalpflege oder im Museumsdienst die Erhaltung und Pflege der Kunstwerke und naturwissenschaftl. Sammlungen untersteht.

Konservatorium [lat.] *das,* Ausbildungsstätte für alle Zweige der Musik.

Konserve [lat.] *die,* Dauerware. **konservieren,** haltbar machen (Lebensmittel); erhalten, aufbewahren (z. B. Gemälde).

Konservierung, Haltbarmachen bes. von Lebensmitteln, die durch Einwirkung von Kleinstlebewesen oder durch Luftsauerstoff verderben. Gebräuchl. Verfahren sind Trocknen, Dörren, Eindampfen, Einsalzen, Gefrieren, Zuckern, Zusatz von Säuren (Essig), Räuchern, Einmachen mit Sterilisierung, Kaltlagerung und die Verwendung chem. K.-Mittel, die gesundheitlich unschädlich sein müssen. Als **K.-Mittel** sind in der Bundesrep. Dtl. zugelassen: Sorbinsäure, Benzoesäure, PHB-Ester, Propionsäure und Ameisensäure. Die chem. K. ist auf bestimmte Lebensmittel beschränkt.

Konsignation [lat.], Übergabe von Waren zum Verkauf im Kommissionsgeschäft, bes. im Überseehandel. Der Auftraggeber **(Konsignant)** bleibt so lange Eigentümer der **K.-Ware,** bis der Beauftragte **(Konsignatar)** nach Verkauf den Erlös an ihn abgeführt hat.

Konsilium [lat.] *das,* -s/...lien. 1) Ratsversammlung, Rat. 2) Beratung mehrerer Ärzte über einen Krankheitsfall.

konsistent [lat.], dicht, fest, haltbar. **Konsistenz,** *die,* äußere Beschaffenheit eines Stoffes, bes. sein Formverhalten.

Konsistorium [lat.] *das,* 1) Kath. Kirche: Vollversammlung der Kardinäle unter dem Vorsitz des Papstes; auch verstädt. für Offizialat. 2) evang. Kirchen: seit der Reformation zunächst landesherrl., später rein kirchl. Behörde für die Verwaltung kirchl. Angelegenheiten.

Konskription [lat.], bedingte Wehrpflicht, läßt noch Loskauf oder Stellvertretung zu. Im 19. Jh. durch die allg. Wehrpflicht ersetzt.

Konsole, 🔲 hervorkragendes Bauglied, das eine Stein- oder Holzkonstruktion trägt oder auf dem ein Bildwerk steht.

Konsolidation [aus lat.], **Konsolidierung,** Ausgleich, Festigung. **konsolidieren,** festigen. Beim öffentl. Kredit die Umwandlung von schwebenden Schulden in meist längerfristige

Konstanz: Konzilgebäude

Konstantin der Große (Marmorbüste, um 330 n. Chr.)

(fundierte) Anleihen. Bei Zusammenlegung älterer Anleihen wird oft der Zinssatz gesenkt (Konsols).

konsolidierte Bilanz, zusammengefaßte Bilanz mehrerer Ges., z. B. von Mutter- und Tochtergesellschaften.

Konsonạnt [lat.] *der,* ⓈMitlaut.

Konsonạnz [lat.], ♪ als spannungslos empfundener Zusammenklang, z. B. Oktave, Quinte, Terz.

Konsọrten [lat.] *Mz.,* Genossen, Teilnehmer, bes. im verächtl. Sinn (Mittäter).

Konsọrtium [lat.], vorübergehende Vereinigung von Kaufleuten oder Banken zur gemeinsamen Durchführung eines größeren Geschäfts unter Verteilung des Risikos **(Konsortialgeschäft,** z. B. Emission von Wertpapieren).

Konspiratiọn [lat.], Verschwörung. Zeitw. **konspirịren.**

Konstạbler [lat.] *der,* 1) ⚓ ⚔ Büchsenmeister zum Bedienen der Geschütze. 2) ♣ Polizist.

konstạnt [lat.], beständig, fest, unveränderlich.

Konstạntan [lat.] *das,* Legierung aus 55–70% Kupfer und 30–50% Nickel, für elektr. Widerstände und Thermoelemente.

Konstạnte [lat.] *die,* unveränderl. Größe.

Konstạntin, Fürsten:
Römischer Kaiser. **1) K. I., der Große** (306–37), * um 280, † 337, Sohn des Constantinus Chlorus, besiegte 312 seinen Gegner Maxentius an der Milvischen Brücke, 324 den Licinius und wurde Alleinherrscher. K. begünstigte das Christentum (Toleranzedikt von Mailand 313) und bahnte damit dessen Entwicklung zur Staatsreligion an (Konzil von Nicäa 325). Vor seinem Tod ließ er sich taufen. 330 verlegte er den Kaisersitz nach Byzanz (Konstantinopel). Heiliger der armen,, grch. und russ. Kirche; Tag: 21. 5.
Byzantinische Kaiser. **2) K. VII. Porphyrogennetos,** Kaiser 912–59, * 905, † 959, Sohn Leos VI., schrieb für die Geschichte des Byzantin. Reichs wichtige Werke.
3) K. XI. Palaiọlogus (1449–53), letzter byzantin. Kaiser, * 1405, † 1453, fiel bei der Eroberung Konstantinopels durch die Türken.
Griechenland. **4) K. I.,** König der Hellenen (1913–17, 1920 bis 1922), Sohn König Georgs, * 1868, † 1923, versuchte im 1. Weltkrieg die Neutralität zu wahren; wurde 1917 von Venizelos und der Entente gestürzt, 1920 durch Volksabstimmung wiedergewählt. Nach dem unglückl. Ausgang des griechisch-türk. Krieges dankte er 1922 ab.
5) K. II. König der Hellenen (1964–73/74), * 1940, folgte am 6. 3. 1964 seinem Vater Paul I. auf den Thron, ⚭ seit 1964 mit Anne-Marie von Dänemark, ging 1967 nach Rom ins Exil. 1973 wurde K. vom Diktator G. Papadopulos abgesetzt. Nach dem Zusammenbruch der Militärherrschaft entschied sich die Bev. 1974 gegen die Wiederherstellung der Monarchie.

Konstantịnische Schenkung, gefälschte Urkunde, nach der Konstantin d. Gr. den Vorrang Roms über alle Kirchen anerkennt und dem Papst die Herrschaft über Rom und alle abendländ. Provinzen zugesteht; nach 750 entstanden.

Konstantinọpel, 330–1930 Name der Stadt → Istanbul.

Konstantịnowka, Stadt im Donez-Becken, Ukrain. SSR, 113 000 Ew.; Eisen-, chem., Glas-, Baustoff- u. a. Industrie; Erdgasleitung von Stawropol.

Konstantịnsbogen, Triumphbogen am Anfang der Via Triumphalis in Rom, erbaut 312 für Konstantin d. Gr.

Konstạnz [lat.] *die,* Unveränderlichkeit.

Konstạnz, Krst. in Bad.-Württ., 68 300 Ew.; am Bodensee; Bauten aus dem MA.: Konzilgebäude, Münster, Rathaus, Inselhotel (früher Dominikanerkloster) mit Kreuzgang, Zunfthäuser. K. ist Sitz einer Univ., der Bodensee-Forschungsanstalt; bedeutender Fremdenverkehr (Autofähre nach Meersburg); Textil-, Elektro-, chem. u. a. Ind. – K., wahrscheinlich durch den röm. Kaiser Constantius Chlorus um 300 n. Chr. gegr., war seit dem 6. Jh. Bischofssitz, seit 1192 Reichsstadt. 1414–18 fand hier das → Konstanzer Konzil statt. 1548 kam K. an Österreich, das Hochstift fiel größtenteils 1803 an Baden, 1805 auch die Stadt. Das Bistum K. wurde 1827 zugunsten des neuen Erzbistums Freiburg aufgelöst.

Konstạnza, rumän. Stadt, → Constanța.

Konstạnze, Erbtochter des normann. Königs Roger II. von Sizilien, * 1154, † 1198, ⚭ (seit 1186) mit dem Staufer Heinrich VI., Mutter Kaiser Friedrichs II.

Konstạnzer Konzil, Kirchenversammlung 1414–18 in Konstanz, beendete das große abendländ. Schisma, verurteilte J. Hus.

konstatịren [lat.], feststellen.

Konstellatiọn [lat.], 1) Lage, Umstände. 2) ✫ die Stellung der Himmelskörper zueinander.

konsternịert [lat.], bestürzt, verblüfft.

Konstipatiọn [lat.], ⚕ Verstopfung.

konstituịren [lat.], gründen, zur Einrichtung erheben.

konstituierende Versammlung, Constituạnte, die außerordentliche verfassunggebende Versammlung.

Konstitutiọn [lat.], 1) Zusammensetzung, Anordnung. 2) ♫ Verfassung. 3) überwiegend erbbedingte körperlich-seelisch-geistige Struktur des Menschen, die sich in Körperbau, Organfunktionen und Reaktionen, Charakter, Temperament, Verhalten und Neigung zu best. Krankheiten äußert. (Bild S. 127)

Konstitutionstypen nach E. Kretschmer		
Typus	Körperbau	Temperament
leptosom	schlank, geringe Breiten- und Tiefenentwicklung	kühl bis empfindlich, verhalten
pyknisch	breite, runde Formen; Neigung zur Fülle	gemütvoll, heiter bis traurig
athletisch	derber Knochenbau, stark entwickelte Muskeln	explosiv bis phlegmatisch, beharrlich
dysplastisch	›mißwüchsig‹, z. T. krankhaft verändert	unausgeprägt

konstitutionẹll [lat.], 1) verfassungsmäßig. 2) auf die Körperbeschaffenheit bezüglich.

konstitutionelles System, Staats- und Regierungsform, bei der das Staatsoberhaupt (meist der Monarch: **konstitutionelle Monarchie)** i. Ggs. zum Absolutismus durch eine Verf. (Konstitution) gebunden ist **(Konstitutionalismus);** wurde zuerst in England verwirklicht (1689).

konstitutịv [lat.], 1) aufbauend, grundlegend. 2) Ⓟ das Wesen einer Sache bestimmend. 3) rechtsbegründend; Ggs. ↔ deklaratorisch (rechtsfeststellend).

konstruịren [lat.], 1) bauen, entwerfen, einen Plan berechnen. 2) Ⓢ Sätze nach den Regeln der Sprachlehre bauen und zergliedern. **Konstrukteur** [-'tø:r], Erbauer, Erfinder. **Konstruktiọn, 1)** Aufbau, Bauweise, Entwurf, Berechnung. 2) Satzaufbau. 3) △ Durchführung der Aufgabe, Figuren mit vorgeschriebenen Eigenschaften zu zeichnen. **konstruktịv,** aufbauend.

konstruktives Mißtrauensvotum, → Mißtrauensvotum.

Konstruktivịsmus, Bewegung in der bildenden Kunst und in der Architektur (1918–24), bes. zutreffend für die Kunst der UdSSR geübte Kunst im Dienst der proletar. Kulturrevolution. Als K. werden in der Plastik bes. das Werk von A. Pevsner und N. Gabo bezeichnet, in der Architektur die Entwürfe von W. Tatlin, A.

Rodschenko, A. L. und W. Wesnin, E. Lissitzky u. a. K. umfaßt i. w. S. alle auf assoziationsfreie Komposition reiner geometr., nicht figurativer Elemente gerichteten Kunstauffassungen oder die Zurschaustellung der techn. Komponenten.

Konsul [lat.] *der,* 1) in der röm. Rep. die beiden obersten, auf 1 Jahr gewählten Beamten. 2) in Frankreich 1799–1804 **Erster K.,** Napoleon Bonaparte als Inhaber der obersten Regierungsgewalt. 3) der ständige, techn. diplomat. Vertreter eines Staates in einem anderen. Die **Berufs-K.** sind Beamte, die **Wahl-K.** ehrenamtlich tätige Bewohner des Empfangsstaates (**Ehren-** oder **Honorar-K.**). Nach der Amtsstufe gibt es **General-K., K.,** **Vize-K.** und **Konsularagenten.**

Konsulargerichtsbarkeit, die →Kapitulation in völkerrechtl. Sinn.

Konsulat [lat.] *das,* 1) Amtszeit eines Konsuls. 2) Amt und Amtsgebäude eines Konsuls. Eigw. **konsularisch.**

Konsulent [lat.] *der,* ⚹ Berater.

Konsultation [lat.], Beratung, Befragung (z. B. eines Arztes, Rechtsanwalts). **konsultieren,** zu einer Beratung aufsuchen. **konsultativ,** beratend.

Konsultationsunterricht, Verbindung von Fern- und Direktunterricht, bes. in den Ostblockländern.

Konsultativpakt, Vereinbarung mehrerer Staaten, bestimmte außenpolit. Entscheidungen erst nach gemeinsamer Beratung zu treffen.

Konsum [lat.] *der,* 1) Verbrauch, jener Teil des Sozialprodukts, der von privaten und öffentl. Haushalten zur eigenen Bedürfnisbefriedigung erworben wird. Die zentrale Bedeutung des K. in der Marktwirtschaft ist, daß die Nachfrage nach K.-Gütern das Ausmaß der Investitionen der Unternehmer mitbestimmt. 2) auch **Konsum,** Verkaufsstelle einer K.-Genossenschaft.

Konsument [lat.] *der,* Verbraucher; Ggs.: Produzent.

Konsumentenkredit, Kredit zum Kauf von Konsumgütern, v. a. Ratenkredite in Form von Klein-, Teilzahlungskrediten und Anschaffungsdarlehen, sowie Buchkredite.

Konsumerismus, Bez. für das organisierte Bemühen der Verbraucher, ihren Interessen mehr Nachdruck zu verleihen (z. B. durch verbesserte Informationen).

Konsumfreiheit, ⚖ Freiheit der Wahl unter versch. angebotenen Gütern und Dienstleistungen auf den Märkten.

Konsumgenossenschaften, Co op Genossenschaften, Konsumvereine, Verbrauchergenossenschaften, genossenschaftl. Zusammenschlüsse von Verbrauchern zur Versorgung mit Gütern des tägl. Lebensbedarfs (gemeinsamer Einkauf, preisgünstiger Verkauf gegen bar). Die K. sind mehr und mehr vom Großeinkauf zur Eigenproduktion übergegangen. In der Bundesrep. Dtl. gab es 1979: 102 K. mit 3 561 Einzelhandelsgeschäften und 15,3 Mio. Mitgliedern.

Konsumgesellschaft, Schlagwort für einen besonderen Aspekt v. a. westl. Industriegesellschaften: den Verbrauch (Konsum) fördert eine Produktion, die vielfach durch einkalkulierte Verschleißfälligkeit und geplantes Altern der Waren, durch raschen Wechsel der modischen Formen, aber auch durch Vielfalt und häufige Verbesserungen nach Absatzmöglichkeiten sucht. Negative Folgen dieser Entwicklung ergeben sich dann, wenn Wohlstand und Konsum im gesellschaftl. Wertsystem an die erste Stelle treten.

Konsumgüter, Güter, die für den Letztverbrauch bestimmt sind: dauerhafte Güter (→Gebrauchsgüter oder Güter für den sofortigen Verbrauch (→Verbrauchsgüter).

konsumieren [lat.], verzehren, verbrauchen.

Konsumtion [lat.], 1) ⚖ Verbrauch. 2) ⚖⚖ Ausschaltung einer engeren Strafnorm durch eine weitere, wenn der Tatbestand der weiteren Norm den engeren einschließt, z. B. der Raub (§ 249 StGB), der Diebstahl und Nötigung umfaßt.

Konsumvereine, die →Konsumgenossenschaften.

kontagiös [frz.] *≡≡* ansteckend. **Kontagion,** Ansteckung.

Kontakt [lat.] *der,* 1) Berührung, Fühlung. 2) ⚘ fester Katalysator. 3) Elektrotechnik: Sichberühren stromführender Teile zur Herstellung einer stromleitenden Verbindung, z. B. in Schaltern und Steckdosen.

Kontakter [von engl.], Angestellter einer Werbeagentur, Mittelsmann zw. Agentur und werbungtreibendem Unternehmen.

Kontaktgesteine, durch Berührung mit magmat. Schmelzen umgewandelte Gesteine (**Kontaktmetamorphose**), z. B. Hornfelse, Frucht- und Garbenschiefer.

Kontaktgifte, Berührungsgifte, Gruppe der Insektiziden.

Kontaktlinsen, kleine, dünne, auf der Hornhaut des Auges über der Pupille schwimmende, aus Kunststoff bestehende schalenförmige Linsen; Brillenersatz.

Kontaktsperre, Ges. über K. vom 30. 9. 1977, nach dem für Gefangene wegen einer Straftat nach § 129a StGB unter best. Voraussetzungen der Gefahr für Leib und Leben einer Person jede Verbindung miteinander oder mit der Außenwelt unterbrochen werden kann.

Kontaktstudium, 1966 vom Wissenschaftsrat geforderte Einrichtung zur Weiterbildung Berufstätiger.

Kontamination [lat.] ⓈS) Wortbildung durch Kreuzung zweier Wörter (z. B. ›Stagflation‹ aus Stagnation und Inflation). 2) Verunreinigung durch radioaktive Stoffe.

Kontemplation [lat.], Betrachtung, Beschaulichkeit. **kontemplativ,** beschaulich.

kontemporär [lat.], zeitgenössisch, gleichzeitig.

Kontenance [kɔ̃tə'nãs, frz.] *die,* Fassung, Haltung.

Kontenplan, systemat. Ordnung der Konten der doppelten Buchführung eines Betriebes. Der **Kontenrahmen,** 1937 durch Erlaß eingeführt, bildet die Grundlage des K. Aufbau nach **Kontenklassen** (0–9) und **Kontengruppen;** die Ordnung entspricht der Reihenfolge der einzelnen Betriebsvorgänge.

konter. . . [frz. contre], gegen. . .

Konteradmiral, ⚓ im Dienstgrad der Admirale.

Konterbande [frz.] *die,* das Banngut.

Konterfei [frz.] *das,* ⚘ Bildnis.

kontern, 1) ⚒ einen seitenverkehrten Andruck herstellen. 2) ✂ einen schnellen Gegenangriff durchführen (Fußball); aus der Defensive zur Offensive übergehen (Boxen).

Konter|revolution, Gegenrevolution.

Kontertanz, Contredanse [kɔ̃trd'ãs, frz.], mit Paartanzfiguren durchsetzter Reigentanz des 17./18. Jh., hervorgegangen aus den altengl. Countrydances (ländl. Tänze), in Frankreich **Contredanse Anglaise.**

Kontext [lat.] *der,* ⓈS) sprachl. Umgebung eines Wortes oder Satzes (**sprachlicher K.**), in der ein Text geäußert und verstanden wird (**situativer K.**).

Kontiguität [lat.] *die,* Angrenzung, Berührung.

Kontinent [lat.] *der,* Festland; Erdteil. **kontinental,** zum Festland gehörig, binnenländisch. **Kontinentalklima,** →Klima.

Kontinentalsockel, →Festlandsockel, →Schelf.

Kontinentalsperre, Maßnahmen Napoleons I. zur wirtschaftl. Abschließung des europ. Festlandes gegen England (Dekret von Berlin, 1806); in allen europ. Festlandstaaten außer Schweden und der Türkei) durchgeführt. Weil Rußland die K. nicht einhielt, kam es zum Russ. Feldzug von 1812.

Kontinentalverschiebungstheorie, von A. Wegener (1912) begründete erdgeschichtl. Theorie, nach der die Kontinente, als leichtere Sialschollen auf schwererem Sima schwimmend, ihre Lage zueinander im Lauf der Erdgeschichte durch horizontale Verschiebung (Drift) änderten.

Kontingent [lat.] *das,* 1) ⚖ Beitrag, Anteil, z. B. die Warenmenge, die ein Kartellmitgl. erzeugen oder absetzen darf; im Außenhandel die nach Menge, Wert und Herkunftsland bestimmte Befugnis zur Wareneinfuhr (**Einfuhr-K.**). 2) ⚔ Beitrag an Truppen, den das einzelne Mitgl. eines Bundesstaates, Staatenbundes zur Verteidigungsgemeinschaft leistet.

kontingent [lat.], benachbart, sich berührend; zufällig. Hptw. **Kontingenz** *die.*

kontinuierlich [lat.], ununterbrochen, zusammenhängend.

Kontinuität [lat.] *die,* Stetigkeit, Zusammenhang. 1) Staatsrecht: das Fortbestehen eines Staates trotz innerer (Revolution) oder äußerer Wandlungen (Gebietsverluste); so ist nach vom Bundes-VerfGer. bestätigter Auffassung das Dt. Reich 1945 nicht untergegangen. 2) Geschichtsphilosophie: der äußere oder innere Zusammenhang aufeinanderfolgender Kulturen oder Zeitalter.

Kontinuum [lat.] *das,* das lückenlos Zusammenhängende.

Konto [ital.] *das,* -s/. . .ti, Verrechnungsform für Geschäftsvorfälle in der Buchführung.

Kontokorrent [ital. ›laufende Rechnung‹] *das,* Geschäftsverbindung, bei der die Forderungen der beiderseitigen Ansprüche und Verbindlichkeiten nebst Zinsen in Form eines **K.-Kontos** in Rechnung gestellt werden und in regelmäßigen Zeitabschnitten der Saldo festgestellt wird. **K.-Geschäft,** ein Bankgeschäft, bei dem zw. der Bank und einem Kunden ein K.-Verhältnis besteht. Der Kunde kann über sein Guthaben (**K.-Guthaben**) verfügen und erhält nötigenfalls von der Bank auch einen Kredit (**K.-Kredit**).

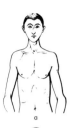

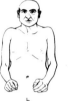

Konstitution 3):
a leptosom,
b pyknisch,
c athletisch

Kont

Kontrapost:
Rekonstruktion des
Speerträgers von
Polyklet (München,
Universität)

Kontusch
(aus einer
Kostümstudie
von A. Watteau,
um 1715)

Kontor [frz.] *das,* Büro: Handelsniederlassung; Reederei. **Kontorist,** Büroangestellter.

kontra [lat.], gegen, wider.

Kontrabaß, Baßgeige, Baß, das größte und tiefste Streichinstrument. Der K. ist meist mit 4 Saiten bezogen, die in Quarten gestimmt sind: E_1 A D G. Um die Töne unterhalb des E_1 spielen zu können, verlängert man entweder die E-Saite mit dem Klappenmechanismus oder nimmt eine fünfte, in C gestimmte Saite. Der K. entstand Mitte des 16. Jh.

Kontradiktion [lat.], Widerspruch, Gegensatz. **kontradiktorisch,** widersprechend, einander ausschließend. **kontradiktorisches Verfahren,** Verfahren im Zivilprozeß auf Grund der widerstreitenden Anträge der Parteien.

Kontrafagott, Holzblasinstrument, eine Oktave tiefer als das Fagott.

Kontrahent [lat.], Vertragspartner; Zweikampfgegner.

kontrahieren, [lat.], 1) vereinbaren. 2) zum Zweikampf fordern. **Kontrahierungszwang,** gesetzl. Verpflichtung zum Abschluß eines Vertrages, besteht vor allem für öffentl. Verkehrs- und Versorgungsunternehmen.

Kontraindikation, die →Gegenindikation.

Kontrakt [lat.] *der,* 1) Vertrag. 2) Vertragsurkunde.

Kontraktion [lat.], Zusammenziehung (von Muskeln); Schrumpfung (des Banknotenumlaufs, des Erdkörpers).

Kontraktur [lat.] *die,* 1) dauernde Verkürzung von Muskeln, Sehnen oder Bändern. 2) die dadurch hervorgerufene veränderte Gelenkstellung.

Kontrapost [ital.] *der,* Kunst: der Wechsel von Stand- und Spielbein einer Figur; eine der großen bildner. Erfindungen der Griechen, die Last, Gelöstheit, Ruhe, Bewegung, Gebundenheit und Freiheit des Körpers verbindet.

Kontrapunkt [lat.], Kunst, die Stimmen eines mehrstimmigen Musikstücks selbständig zu führen, insbes. zu einer gegebenen Melodie oder mehrere melodisch selbständige Gegenstimmen zu finden. K. bedeutet somit die Entfaltung melod. Linien, während die Harmonielehre den akkordl. Zusammenklang in den Vordergrund rückt. Ein Hauptmittel ist die melod. Nachahmung; die strengsten und geschlossensten Kunstformen sind Kanon und Fuge. Der Höhepunkt erreichte der Kontrapunkt. Stil im 15. und 16. Jh. (Palestrina) und im Werk J. S. Bachs.

konträr [lat.], entgegengesetzt, gegenteilig.

Kontraspiel, in Kartenspielen (Tarock, Skat, Bridge) ein Gegenspiel, das den Spielpreis verdoppelt.

Kontrast [frz.] *der,* starker Gegensatz. **kontrastieren,** voneinander abstechen, sich scharf unterscheiden.

Kontrastmittel, für Röntgenstrahlen undurchlässige Stoffe, die auf dem Röntgenbild Schatten geben und zum Kenntlichmachen von Hohlräumen dienen.

Kontrazeption [lat.], Verhütung der Konzeption, →Empfängnisverhütung.

Kontribution [lat.], 1) Beitrag, Leistung. 2) Zwangsauflage in besetzten Gebieten während eines Krieges (Kriegs-K.), von der Haager Landkriegsordnung beschränkt zulässig. 3) alte Form der Grundsteuer.

Kontrition [lat.], nach kath. Lehre die vollkommene Reue.

Kontrolle [frz.], Überwachung, Nachprüfung. **kontrollieren,** überwachen, prüfen; beherrschen. **Kontrolleur** [-l'ø:r], Prüfer, Aufsichtsbeamter.

Kontrollkommission, 1) 1919–27 der alliierte Ausschuß zur Überwachung der Entmilitarisierung der Mittelmächte. 2) 1949–53 die sowjet. Besatzungsbehörde in Dtl., Sitz: Berlin-Karlshorst. 3) **Zentrale K., Zentrale Kommission für Staatl. Kontrolle,** Abk. **ZKSK,** in der Dt. Dem. Rep. bis 1963 das Kontrollorgan des Ministerrats zur Überwachung der Verwaltungsorgane.

Kontrollrat, Alliierter K., Organ, durch das Frankreich, Großbritannien, die UdSSR und die USA nach ihrer Erklärung vom 5. 6. 1945 die Regierungsgewalt in Dtl. ausübten. Der K., der aus den Militärbefehlshabern der 4 Besatzungszonen bestand (Sitz: Berlin) und Gesetze, Befehle, Direktiven u. a. erließ, wurde am 20. 3. 1948 von sowjet. Vertreter verlassen und trat damit praktisch außer Tätigkeit.

Kontrollturm, engl. **Tower** [t'auə] *der,* meist turmartiges Gebäude auf einem Flughafen zur Leitung und Überwachung der Bewegungen von Luftfahrzeugen in der Flugplatz-Kontrollzone und in den Nahverkehrsbereichen.

Kontrolluhr, ein Gerät zur Anzeige oder Aufzeichnung von Zeitpunkten und Zeitdauern, wie z. B. die Arbeitszeitkontrolluhr, die Wächterkontrolluhr.

Kontroverse [lat.] *die,* Meinungsverschiedenheit, Streit. **kontrovers,** strittig, gegensätzlich.

Kontur [frz.] *die,* Umriß, Umrißlinie.

Konturenflug, Terrainfolgeflug [ter'ɛ̃-], Flug militär. Luftfahrzeuge mit geringem und möglichst gleichbleibendem Bodenabstand, um die Kontur der Bodenoberfläche als Schutz gegen eine vorzeitige Entdeckung und gegen den Beschuß zu nützen.

Kontusch [poln.] *der,* im 18. Jh. ein aus der Alltagskleidung übernommenes männl. Obergewand der poln. Gala; auch ein loses Überkleid der Damenmode.

Konus [lat.] *der,* kegel(stumpf)förmiger Körper, meist Maschinenteil.

Konvaleszenz [lat.] *die,* Gültigwerden von Rechtsgeschäften durch Wegfall eines Hindernisses.

Konvektion [lat.], 1) Strömung von kleinen Teilchen in Flüssigkeiten und Gasen auf Grund äußerer Kräfte. 2) Mitführung, bes. die Übertragung von Energie oder der Transport elektr. Ladung durch kleinste Teilchen einer Strömung.

Konvektor [lat.], ein verkleideter Heizkörper aus Rippenrohren. Die Raumluft tritt an einer unteren Öffnung der Verkleidung ein, erwärmt sich und strömt oben ab.

Konvenienz [lat.] *die,* Herkommen, Schicklichkeit; das Zuträgliche, Bequeme. **konvenieren,** passen, sich gut fügen.

Konvent [lat.] *der,* 1) Versammlung, bes. von Mönchen. 2) Kloster, Stift. 3) **Nationalkonvent,** verfassunggebende Versammlung der Frz. Revolution 1792–95. 4) in den USA die Tagung der polit. Parteien zur Aufstellung ihrer Kandidaten für die Wahl des Präs. und des Vizepräs.

Konventikel [lat.] *das,* außerkirchl. religiöse Versammlung, oft gegen die offizielle Kirche gerichtet.

Konvention [lat.], 1) Überlieferung, Brauch. 2) Übereinkunft, (zwischenstaatl.) Vereinbarung.

Konventionalstrafe, die →Vertragsstrafe.

konventionelle Waffen, alle Waffen außer den nuklearen, biolog. und chem. Waffen.

Konvention von Lomé, K. v. L. I: Das 1975 in Lomé unterzeichnete Assoziierungsabkommen zw. den 9 EG-Staaten und 46 Entwicklungsländern aus Afrika, der Karibik und dem Pazifik (**AKP-Staaten**). – **K. v. L. II:** Das 1979 mit 57 Entwicklungsländern abgeschlossene Abkommen.

konvergent [lat.], aufeinander zulaufend (Linien).

Konvergenz [lat.] *die,* Annäherung. 1) Biologie: die Erscheinung, daß systematisch weitauseinanderstehende Lebewesen sehr ähnlich gebaut sind; Beispiel aus dem Pflanzenreich: Stachel und Dorn. 2) Farbfernsehen: bei Bildröhren mit mehreren Elektronenstrahlen das Zusammenführen der Elektronenstrahlen am Bildschirm.

Konvergenztheorie, 1) Biologie: von W. Stern aufgestellte Theorie, daß bei der Prägung eines Lebewesens Anlage und Umwelt in einander ergänzender und modifizierender Weise zusammenwirken. 2) Gesellschaftswissenschaft: die Theorie von der allmähl. Angleichung der Wirtschafts-, Gesellschafts- und polit. Systeme in den modernen Industriegesellschaft; wird v. a. auf eine Annäherung der östl. und westl. Machtblöcke bezogen.

Konversation [frz.], (gebildete) Unterhaltung, geselliges Gespräch. **konversieren,** sich unterhalten.

Konversationslexikon, allgemeinverständl. Sachwörterbuch in Abc-Folge, Sonderform der →Enzyklopädie.

Konversationsstück, das in der ›höheren Gesellschaft‹ spielende Schau- und Lustspiel (Gesellschaftsstück, z. B. von J. Scribe, V. Sardou, O. Wilde u. a.), dessen Wirkung auf dem geistvollen Dialog beruht.

Konversion [lat.], 1) Übertritt von einer nichtchristl. Religion zum Christentum oder innerhalb des Christentums von einer Konfession zur anderen; nach kath. Sprachgebrauch nur der Übertritt zur Kath. Kirche. 2) **K., Konvertierung,** Finanzwesen: Umwandlung einer Schuld (z. B. öffentl. Anleihe) in eine andere, meist mit niedrigerem Zinsfuß.

Konverter [engl.], 1) metallurg. birnen- oder trommelförmiges Gefäß, in dem durch Luft oder Metallschmelzen geblasen wird, z. B. die Bessemerbirne. 2) Reaktor, in dem durch Kernreaktionen neuer Spaltstoff entsteht, z. B. Plutonium 239 aus Uran 238. 3) Linsensystem negativer Brennweite zur Verlängerung der Brennweite eines Objektivs; ersetzt ein entsprechendes Teleobjektiv.

Konvertierbarkeit, Konvertibilität, die Möglichkeit, inländ. Geld ohne Beschränkungen in ausländ. Zahlungsmittel umzuwechseln (**volle K.**); Ggs.: Devisenbewirtschaftung.

konvertieren [lat.], 1) zum anderen Glauben übertreten. 2) umwandeln. **Konvertit,** der Übergetretene.

konvex [lat.], erhaben, nach außen gewölbt; Ggs.: **konkav.**

Konvikt [lat.] *das,* Gemeinschaftsheim für Schüler oder Studenten, bes. als kirchl. Einrichtung.

Konvolut [lat.] *das,* 1) Bündel, bes. von Schriftstücken, Drucksachen. 2) Sammelband.

Konvulsion [lat.], ♄ Schüttelkrampf bei Erkrankungen des Nervensystems. **konvulsivisch,** krampfartig.

Konya, Hptst. der türk. Prov. K. in Inneranatolien, 325 900 Ew.; Weizenanbau, Nahrungsmittel-, Textilindustrie.

Konz, Stadt im Kr. Trier-Saarburg, Rheinl.-Pf., 14 800 Ew., an der Mündung der Saar in die Mosel; Reste eines röm. Kaiserpalastes; Textilind., Maschinenbau u. a. Ind.

konzedieren [lat.], zugestehen.

Konzentration [lat.], 1) gespannte Aufmerksamkeit. 2) ◫ Zusammenschluß von Unternehmen durch Beteiligungen an rechtlich selbständigen Ges., durch Gründung von Holdinges., durch Fusion zu einem einzigen Unternehmen (Trust, Interessengemeinschaft, Konzern, Kartell). Die Unternehmens-K. kann eine **horizontale** (Ausdehnung auf einer Marktstufe), eine **vertikale** (Ausdehnung auf vor- und nachgelagerte Produktionsstufen) oder **diagonale** (Ausdehnung in andere Produktionsbereiche) sein. 3) Vereinigung aller Aufgaben einer staatl. Verwaltungsstufe bei einer Behörde. 4) ⊕ Maß für die Zusammensetzung von homogenen Mischungen aus versch. Stoffen. Für prakt. Zwecke wird die K. einer betrachteten Substanz bevorzugt in Gewichts- oder Volumenprozenten (Gewichts- oder Volumenanteil mal 100) angegeben. Für theoret. Überlegungen stellen der **Molenbruch** (Mole je Summe der Mole, →Mol), die **Molarität** (Mole je Liter Lösung) oder die **Molalität** (Mole je kg Lösungsmittel) meist geeignetere K.-Maße dar.

Konzentrationslager, Abk. **KZ,** urspr. ein Internierungslager (→Internierung); erstmals von den Spaniern während der Revolution von 1895 auf Kuba sowie von den Briten im Burenkrieg (1899—1902) errichtet. In den totalitären Staaten des 20. Jh. wurden die KZ ein Mittel zur Unterdrückung von ›Staatsfeinden‹, bes. in nat.-soz. Dtl. Insassen der KZ waren polit. Gegner, rassisch Verfolgte (bes. Juden), Kriminelle, ›Asoziale‹, Homosexuelle u. a. Die Häftlinge waren rechtlos und sadist. Quälereien sowie drakon. Strafen ausgesetzt; Zwangsarbeit mußte bis zur Erschöpfung geleistet werden. Die KZ unterstanden seit 1934 der SS. Bis 1939 bestanden die 3 großen Lager Dachau, Buchenwald und Sachsenhausen und mehrere kleinere; im März 1944 gab es 20 KZ mit 165 Arbeitslagern als ›Außenlager der KZ‹. In den seit 1941 in Polen errichteten Vernichtungslagern (wie Auschwitz, Maidanek u. a. sowie in den Ghettos in Warschau u. a.) wurden die Massenmorde an den →Juden begangen. Das Ausmaß des Greuel wurde durch härteste Schweigegebote verschleiert. Nach dem Mai 1945 wurden von der sowjet. Militär-Administration in Dtl. die alten KZ benutzt, um als Kriegsverbrecher beschuldigte Personen zu inhaftieren; 1950 z. T. aufgelöst, z. T. als Strafanstalten der Dt. Dem. Rep. übergeben.

konzentrieren [lat.], 1) verdichten, sättigen (eine Lösung). 2) sich sammeln, auf etwas einstellen, genau aufmerken. **konzentrisch,** mit gemeinsamem Mittelpunkt.

Konzept [lat.] *das,* Entwurf eines Schriftstückes oder einer Rede, erste Niederschrift.

Komzeption [lat.], 1) Abfassung (Konzipierung), schöpfer. Einfall. 2) Auffassung, Gesamtbegriff. 3) ♄ Empfängnis.

Konzeptismus [lat.], Stilrichtung der span. Literatur in der Barockzeit (F. de Quevedo y Villegas, B. Gracián y Morales) mit Spitzfindigkeiten, Wortspielen, Sinnvertauschungen u. a.

Konzeptualismus [lat.], ⓟ Lehre, nach der die allg. Begriffe weder Realität noch bloße Wörter, sondern Ordnungselemente seien.

Konzern [engl.] *der,* Zusammenfassung mehrerer rechtlich selbständiger und selbständig bleibender Unternehmen zu einer wirtschaftl. Einheit unter einheitl. Leitung. Die K.-Bildung ist ein Teil der →Konzentration der Unternehmen; sie kann aus produktionstechn., markt- oder finanzwirtschaftl. Gründen erfolgen. Ein K. mit monopolist. Machtstellung ist der →Trust.

Konzert [frz.], Vertag; Einverständnis, Übereinstimmung. **konzertieren,** abgestimmt, verabredet, vereinbart.

Konzert [ital.], 1) Musikaufführung. 2) Musikstück, in dem Stimmen oder Instrumente einzeln oder in Gruppen selbständig gegeneinander stehen und im Spiel miteinander abwechseln. Es entwickle sich Ende des 16. Jh. in Italien und bestand aus

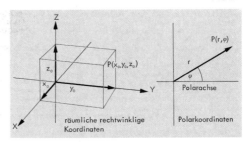

Koordinaten

Bildunterschriften innerhalb der Grafik: räumliche rechtwinklige Koordinaten · Polarkoordinaten · Polarachse

vokalen oder instrumentalen Chören, dann auch aus Einzelstimmen mit Generalbaßbegleitung. Diese übernimmt im **Kirchen-K.** die Orgel. Hauptmeister dieser Form ist J. S. Bach in seinen Kantaten. Aus dem rein instrumentalen **Kammerkonzert** entwikkelte sich das Kammersonate und das neuzeitl. **Solokonzert.** Eine besondere Form schuf Ende des 17. Jh. A. Corelli mit dem **Concerto grosso,** deren Hauptmeister nach Corelli G. F. Händel und Bach sind. Im 18. und 19. Jh. gelangte das Instrumentalkonzert (Klavier-, Violinkonzert) zu hoher Blüte. **konzertant,** konzertartig.

Konzert|agentur, Unternehmen zur Vermittlung von Stellen für konzertierende Künstler; **Konzertdirektionen** befassen sich mit Veranstaltungsplanung und -durchführung.

Konzertierte Aktion, Begriff der neueren dt. Wirtschaftspolitik, unter der i. w. S. die Abstimmung zw. der Politik der Bundesbank und der Wirtschafts- und Finanzpolitik des Bundesregierung, aber auch die Koordinierung der weitgehend autonomen Gebietskörperschaften verstanden wird, i. e. S. das wirtschaftspolit. Zusammenwirken der Bundesreg. mit den autonomen Tarifvertragsparteien. Seit 1977 ist die wirtschaftspolit. Wirksamkeit sehr begrenzt, da die Gewerkschaften wegen der Verfassungsklage der Arbeitgeberverbände gegen das Mitbestimmungsgesetz an der K. A. nicht mehr teilnehmen.

Konzertmeister, der führende Orchestermusiker in der Streichergruppe, bes. der erste Geiger am 1. Pult.

Konzertzeichner, Börse: Spekulant, der bei der Emission von Wertpapieren höhere Beträge zeichnet als er erwerben möchte, weil er mit Repartierungen (→repartieren) rechnet.

Konzession [lat.], 1) Genehmigung, Bewilligung; Zugeständnis. 2) Verwaltungsrecht: gewerbepolizeil. Erlaubnis zum Betrieb eines nicht jedem zugängl. Gewerbes, z. B. einer Apotheke; auch die Verleihung des Rechts an einer öffentl. Sache. 3) Völkerrecht: die Erteilung eines Ausbeutungs- oder Niederlassungsrechts (vgl. **Erdöl-K.). – konzessionieren,** behördl. genehmigen. **Konzessionär,** Inhaber einer K.

konzessiv [lat.], einräumend. **Konzessivsatz,** Ⓖ Einräumungssatz, eingeleitet durch: ›obwohl‹, ›obgleich‹, ›wenn auch‹ u. a.

Konzil [lat.] *das,* Versammlung kirchl. Würdenträger (Bischöfe, Äbte, Ordensobere) zur Beratung kirchl. Angelegenheiten (→Ökumenisches Konzil).

konziliant [lat.], versöhnlich, verbindlich, umgänglich.

Konziliarismus, →episkopal (Episkopalsystem).

konzipieren [lat.], entwerfen, planen (Schriftstück u. a.).

konzis [lat.], bündig, kurz.

Koog *der,* -s/Köge, eingedeichtes Marschland.

Kooning, Willem de, niederl.-amerikan. Maler, *1904, Vertreter des ›abstrakten Expressionismus‹.

Ko|operation [lat.], Zusammenarbeit, z. B. genossenschaftl. Güterzeugung und -verteilung. **kooperativ,** genossenschaftlich.

Kooperator, Kaplan.

Koopmans, Tjalling, amerikan. Volkswirtschaftler, *1910, erhielt 1975 mit L. W. →Kantorowitsch den Nobelpreis für Wirtschaftswissenschaften für Beiträge zur Theorie der optimalen Ressourcenverwendung.

ko|optieren [lat.], durch Zuwahl ergänzen oder verstärken. Hptw. **Kooptation.**

Ko|ordinaten [lat.] *Mz.,* Größen, die die Lage eines Punktes oder einer Geraden auf einer Fläche oder im Raum eindeutig festlegen (**K.-System**). In der Ebene wählt man meist die Abstände x (**Abszisse**) und y (**Ordinate**) des Punktes P von 2 aufeinander

*Nikolaus
Kopernikus*

senkrecht stehenden Geraden (Achsenkreuz). Zur Festlegung eines Raumpunktes sind 3 K. notwendig. Als **sphärische K.** (z. B. auf der Erd- oder Himmelskugel) dienen der Abstand vom Nullpunkt und bestimmte Bögen (Winkel) auf Kugelgroßkreisen.

Ko|ordination [lat.], Zuordnung, Beiordnung. **koordinieren,** beiordnen, zuordnen; Tätigkeiten in Teilbereichen oder Teilpläne untereinander und auf das Gesamtziel abstimmen, bes. in Wirtschaft und Verwaltung.

Ko|ordinationslehre, ⟳ Wissenschaft von der Zusammensetzung und dem räuml. Aufbau von Verbindungen höherer Ordnung, die als **Koordinationsverbindungen** (auch Komplexverbindungen) bezeichnet werden. Charakteristisch für diese ist, daß um ein oder mehrere **Zentralatome** oder **Zentralionen** ein oder mehrere neutrale Mole und/oder Ionen **(Liganden)** gruppiert sind. Auf Grund der Bindungsverhältnisse unterscheidet man zw. Durchdringungs- und Anlagerungskomplexen.

Kopais|see, ehem. See in Mittelgriechenland, 1883–92 trockengelegt, zu intensivem Ackerbau genutzt.

Kopaivabaum, Kopaibabaum, baumartige Hülsenfrüchtergatt.; afrikan. Arten liefern Kopal, südamerikan. Holz.

Kopale *Mz.*, sehr feste Naturharze, die z. T. durch Einritzen von verschiedenen Baumarten, z. T. als fossile K. durch Ausgraben aus dem Boden gewonnen werden; Verwendung für Lack, Firnis, Linoleum.

Kopalfichten, Dammarfichten, Nadelbaumgatt. mit ledrigem Laub und viel Kopal, von den südostasiat. Inseln bis Australien und Neuseeland **(Kaurifichte)** verbreitet.

Kopejsk, Industriestadt im Gebiet Tscheljabinsk, Russ. SFSR, 146000 Ew.; Braunkohlenförderung.

Kopeke *die,* seit 1535 russ. Silbermünze, jetzt sowjet. Scheidemünze: 1 K. = $1/100$ Rubel.

Kopelew, Lew Sinowjewitsch, russ. Literarhistoriker und Schriftst., *1912; Systemkritiker, verließ 1980 die UdSSR, 1981 Aberkennung der sowjet. Staatsbürgerschaft; Friedenspreis des Dt. Buchhandels 1981. Autobiogr. ›Aufbewahren für alle Zeit!‹ (1975), ›Verbietet die Verbote‹ (1977), ›Und schuf mir einen Götzen‹ (1978).

Kopenhagen, dän. **København** [-'haun], Hptst. Dänemarks, auf den Inseln Seeland und Amager am Øresund, 658300 Ew. (Agglomeration: 1,245 Mio.); kgl. Residenz, Festung, Flottenstützpunkt, Sitz der Ministerien, des Folketings, Univ. (gegr. 1479), TH u. a. Hochschulen, Bibliotheken, Museen, Theater; bed. Bauwerke (Schlösser Rosenborg und Amalienborg, Frauenkirche, Gerichtsgebäude u. a.). Durch seine günstige Lage am Øresund, dem Hauptschiffahrtsweg zw. Nord- und Ostsee, wurde K. zur wichtigsten Handelsstadt Dänemarks. Industrie: Eisen-, Metall-, Lebensmittel-, elektrotechn., pharmazeut., Textil-, Konfektions-, Kunststoff-, Porzellan-, Verpackungs- u. a. Ind. – K. erhielt 1254 Stadtrecht und kam 1416 an die dän. Krone. In der Seeschlacht vor K. (1801) Niederlage der Dänen gegen die Engländer, die später durch die Beschießung K.s (1807) die Auslieferung der dän. Flotte erzwangen.

Kopenhagen: Rathausplatz

Kopenhagener Porzellan, das seit 1773 hergestellte Porzellan der seit 1779 kgl. Manufaktur. Sie pflegt seit Ende des 19. Jh. einen gemäßigten Naturalismus und hat im Dekor wie in der Glasurbehandlung einen charakterist. Stil.

Köpenickiade *die,* Gaunerstück, wie das des ›Hauptmann von Köpenick‹, des Schuhmachers Wilhelm Voigt, der am 16. 10. 1906, als Hauptmann verkleidet, mit einigen ihm zufällig begegnenden Soldaten das Rathaus von Köpenick besetzte und sich die Stadtkasse aushändigen ließ. Roman von W. Schäfer (1930), Schauspiel von C. Zuckmayer (1931).

Köper *der,* **1)** eine der drei Grundbindungsarten (→ Bindung). **2)** Gewebe in K.-Bindung.

Kopernikus, Nikolaus, Astronom, *1473, †1543, wurde 1497 in das ermländ. Domkapitel aufgenommen, leitete 1516 bis 1521 in Allenstein die Ländereien des Domstifts und wurde 1523 Bistumsverweser von Ermland. Nach einem kurzen vorläufigen Bericht ›Commentariolus‹ (wohl vor 1514) verfaßte K. sein HW ›De revolutionibus orbium coelestium‹ (erst kurz vor seinem Tod veröffentlicht), in dem das **kopernikanische Weltsystem** begründet wurde, nach dem, im Ggs. zu dem geozentr. Weltsystem des Ptolemäus, die Sonne und nicht die Erde und den anderen Planeten umkreisten Mittelpunkt der Welt bildet.

Kopf, Haupt, lat. **Caput,** beim Menschen, den Wirbeltieren und einigen Wirbellosen der vom Rumpf abgegliederte Körperteil, der Gehirn, Sinnesorgane und den Eingang des Verdauungs- und Atmungsweges enthält.

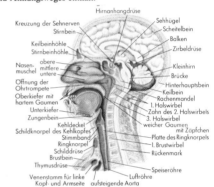

Kopf: Sagittalschnitt

Kopfball, das Weiterspielen des Balles mit dem Kopf.

Kopfblatt, Orts- oder Gebietsausgabe einer Tageszeitung mit einem anderen Titel (›Titelkopf‹) als dem der Hauptausgabe.

Kopfdüngung, Verabreichen sofort aufnehmbarer Nährstoffe durch Ausstreuen zw. die Pflanzen.

Kopffüßer, Kephalopoden, Cephalopoda, meerbewohnende Klasse der Weichtiere mit vom Rumpf abgesetztem Kopf und hochentwickelten Augen. Um den Mund stehen bewegl. Arme, die, meist mit Saugnäpfen besetzt, dem Kriechen, Tasten, Ergreifen bes. von Fischen, Krebsen, Muscheln dienen. Bauchseits bildet der Rumpf die Mantelhöhle. Wird sie geweitet, so nimmt sie Atemwasser auf, wird sie verengt, so schießt das veratmete Wasser durch ein Rohr (Trichter) nach außen; dadurch ergibt sich das den K. eigentüml. Rückwärtsschwimmen. Viele K. haben eine Farbstoffdrüse (Tintenbeutel), aus der sie in Gefahr eine schwarzbraune Flüssigkeit (→ Sepia) ausstoßen, um sich zu verbirgt. Es gibt Vierkiemer und Zweikiemer, die fast alle einen Tintenbeutel haben **(Tintenschnecken, Tintenfische);** nach der Armzahl teilt man die Zweikiemer in Achtfüßer **(Oktopoden, Kraken)** und Zehnfüßer **(Dekapoden,** z. B. **Kalmare)** ein. (Bild S. 131)

Kopfgrippe, volkstüml. Bez. für best. seltene Formen einer Gehirnentzündung als Nachkrankheit der Grippe.

Kopfholz, Nutzholz von Laubbäumen, die alle 3–10 Jahre geköpft werden und sich aus den Wunden durch Ausschläge verjüngen, z. B. Baumweiden **(Kopfweiden).**

Kopfhörer, 2 durch einen Stahlbügel verbundene Hörkap-

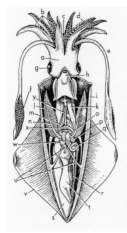

Kopffüßer:
Bau eines Kalmars;
a Kopf, b Saugnäpfe
an den Armen, c Mund,
d der Begattung dienender
Arm (Hektokotylus) des
Männchens, e Tentakel,
f Tentakelkeule, g Auge,
h Trichter, i Mantel,
k Trichterrückziehmuskel,
l Kieme (Kammkieme),
m Harnsackmündung,
n Kiemenvene, o Nieren,
p Kiemenherz, q Sperma-
tophorendrüsen, r Samen-
leiter, s Hoden, t Magen,
u Mantelarterien, v Flosse,
w Perikardialdrüse, x Harn-
sack, y Tintengang

seln, die einen elektroakust. Wandler zur Umwandlung von elektr. Schwingungen in akust. Schwingungen enthalten.

Kopfjagd, das Erbeuten von Menschenköpfen als kraftbringende magische Trophäen, war bei manchen Naturvölkern (**Kopfjägern**) verbreitet.

Kopfsalat, ein Gartensalat. (Bild Gemüse)

Kopfschmerz wird hervorgerufen z. B. durch Stoffwechselstörungen, Giftwirkungen, seel. Belastungen, Blutdruck- und Kreislaufstörungen, Rheuma, Erkrankungen der Gehirnhäute, Blutaustritt und Geschwülste im Gehirn; Behandlung je nach Ursache. Eine Sonderform ist die →Migräne.

Kopfstand, Turnübung, bei der der Körper von Kopf und den aufgestützten Händen im Gleichgewicht gehalten wird.

Kopfsteuer, einfachste Form der Personalsteuer, bei der jede Person mit dem gleichen Betrag besteuert wird.

Kopfstimme, die ohne Vibrieren des Brustkorbs entstehende hohe Stimme.

Kopftier, Leit|tier, ⚥ rudelführendes Alttier.

Kopftuch, die wohl älteste bäuerl., dann auch städt. Kopfbedeckung. Abwandlungen vom Schleier, Haube, Turban.

Kopie [lat.] *die,* 1) Vervielfältigung, Abschrift. 2) Nachbildung eines Kunstwerks, im Unterschied zur Replik. 3) Abzug einer photograph. Aufnahme.

Kopieren, 1) nachahmen. 2) abschreiben, abzeichnen, nachformen. 3) von einem Original Wiedergaben (Duplikate, Vervielfältigungen) herstellen. Man unterscheidet: 1) **Kontaktkopierverfahren:** Das durch photograph. Aufnahme erhaltene Negativ wird im Kontakt mit dem Kopierpapier belichtet und das Kopierpapier dann entwickelt. 2) **Direkt-Positiv-Verfahren:** Umkehrentwicklung zu einem Positiv. 3) **Optisch-photograph. Verfahren (Reprotechnik):** Vom Original werden stark verkleinerte Negative mit Mikrofilmgeräten auf 16, 35 oder 70 mm breitem Kinefilm im Schritt- oder Durchlaufverfahren hergestellt. 4) **Lichtpausverfahren** →Lichtpause. 5) **Diffusionsverfahren,** auch **halbtrockenes** oder **Blitzverfahren,** z. B. bei der →Sofortbildphotographie. 6) **Wärmekopierverfahren (Thermographie, Evaporographie):** Wärmeempfindl. Papier wird im Kontakt mit der Vorlage mit infraroten Strahlen ›belichtet‹. Dabei tritt an den dunklen Stellen des Originals eine Wärmestauung und im Kopierpapier durch die Wärme ein Farbumschlag ein. 7) **elektrophotograph. Kopierverfahren:** das Kopieren mit Hilfe von Photohalbleiterschichten. Eine photoleitfähige Schicht wird elektrostatisch aufgeladen und belichtet. Das latente Ladungsbild wird durch entgegengesetzt aufgeladene Farbpigmente des festen oder flüssigen Toners (Farbgeber), der sich an den unbelichteten Stellen niederschlägt, sichtbar gemacht. Die **direkten** elektrophotograph. Kopierverfahren benützen meist einen flüssigen Entwickler, dessen Lösungsmittel rasch verdunstet, so daß sich das Tonerbild dauerhaft mit der Unterlage verbindet. Bei den **indirekten** Verfahren (z. B. →Xerographie) wird das Tonerbild auf eine andere aufgeladene Fläche übertragen.

Kopisch, August, Maler, Schriftst., * 1796, † 1853, entdeckte mit E. Fries die Blaue Grotte auf Capri, verarbeitete Sagen und Märchen in volkstüml. Versen, übersetzte Dante.

Kopist, Abschreiber; Nachbildner von Kunstwerken.

Kopp, Georg von (1906), * 1837, † 1914, 1887 Fürstbischof von Breslau, 1893 zugleich Kardinal; maßgeblich an der Beilegung des Kulturkampfes beteiligt.

Koppe *die,* 1) Bergkuppe. 2) **Kaulkopf,** 10–18 cm langer Stachelflosser klarer Wasserläufe in Europa und Asien, mit schuppenloser, schleimiger Haut (**Rotzkober**).

Koppel *die,* 1) eingezäuntes Land-, bes. Weidestück (**Koppelweide**). 2) Pferde oder Hunde, die miteinander gekoppelt sind. 3) *das,* ⚔ Leibriemen, Degengehenk.

Koppeln, Navigation: die vom Schiff oder Luftfahrzeug zurückgelegten Kurse und Entfernungen zeichnerisch oder rechnerisch aneinanderreihen unter Zugrundelegung von Eigengeschwindigkeit, Zeit, Strom- und Windeinfluß (**Koppelnavigation**).

Koppen, Luftschnappen, Windschnappen, das ständige Verschlucken von Luft bei Pferden.

Kopplung, 1) ⊠ wechselseitige Beeinflussung zweier physikal. Systeme, z. B. zweier durch eine Feder verbundener Pendel, auch zweier wechselwirkender Elementarteilchen. 2) Verbindung zweier Stromkreise zur Energieübertragung, entweder durch Zusammenschalten (**galvanische K.**) oder über ein Magnetfeld (**induktive K.**) oder über ein elektr. Feld (**kapazitive K.**).

Kopplungsmanöver, Koppeln zweier Raumfahrzeuge als Abschluß eines → Rendezvous-Manövers.

Kopra *die,* das zerschnittene und getrocknete Fleisch der Kokosnuß.

Koprolithen [grch.], versteinerte Kotballen vorweltl. Tiere.

Koprophagen [grch.], Tiere, die sich vom Kot anderer Tiere ernähren, z. B. Mistkäfer.

Kopten [arab.], christl. Nachkommen der alten Ägypter.

koptische Kirche, christl. Nationalkirche Ägyptens, die sich seit dem 5. Jh. von der orthodoxen Ostkirche getrennt hat; die Leitung hat der Patriarch von Alexandria, seit dem 11. Jh. Sitz in Kairo. Ein kleiner Teil ist unter einem eigenen Patriarchen mit Rom uniert.

koptische Kunst, aus der altägypt. Überlieferung hervorgegangene Kunst der Kopten, die spätantike, byzantin., syr. und arab. Einflüsse zu eigener Formensprache verarbeitete (5.–9. Jh.): mit Kuppeln überwölbte Kirchenbauten, reichhaft ornamentale Gestaltung der Wandmalereien in Klosterkirchen, der Bauplastik, Grabsteine, Elfenbeinschnitzereien und Gewebe.

koptische Kunst: Christus; Ausschnitt aus einer Apsismalerei, Bawît, 7. Jh. (Kairo, Koptisches Museum)

Kopt

Korea (Nord)

koptische Sprache, Schriftsprache der christl. Ägypter (Kopten), geschrieben mit grch. Alphabet; sie entstand im 3. Jh., wurde im MA. vom Arabischen verdrängt, wird aber noch als Kirchensprache gebraucht. Die **koptische Literatur** besteht v. a. in Übersetzungen von relig. Büchern.

Kopula [lat.] *die,* ⑤ das Hilfszeitwort ›sein‹ im Prädikat, z. B. ›die Rose ist rot‹. **kopulativ,** verbindend.

Kopulation [lat.], 1) Biologie: Verschmelzung der Geschlechtszellen; Begattung, Paarung. 2) ⚭ Trauung. 3) Veredelung von Pflanzen.

kor. . . [lat.], Nebenform von → kon or r-Anlaut.

Korach, Korah, A. T.: Führer einer Gruppe von Leviten (**Rotte K.**), die sich gegen Aaron auflehnte.

Korakan, Speisehirse in Afrika und Asien.

Korallen, die →Korallentiere.

Korallenbaum, 1) Indischer K., Art ind. Hülsenfrüchte, trop. Zierbaum, mit eßbaren roten Samen und wertvollem Kernholz **(Korallenholz). 2) Korallenstrauch,** Hülsenfrüchter-Gatt., Bäume mit dreizähligen Blättern und großfahnigen, meist roten Blüten.

Korallenbauten: J Insel, 1–1 Saumriff, 2–2 Wallriff, 3–3 Atoll, a Abbruchschutt (nach Darwin und Dana)

Korallenbauten, Riffe und Inseln aus ungeschichteten Kalkablagerungen, vorwiegend durch Korallenskelette gebildet **(Korallenkalk);** sie sind bes. verbreitet in den flachen Teilen trop. Meere (Pazif., Indischer Ozean). Nach der Form werden unterschieden: 1) **Korallenbank,** mit Riffkorallen bewachsene Untiefe; 2) **Saumriff,** von der nahen Küste durch ein Wasserchannel getrennt; 3) **Wall-** oder **Barrier-Riff,** von der Küste durch einen breiten Strandkanal getrennt (z. B. das → Große Barrier-Riff); 4) **Atoll,** ringförmiges Korallenriff, das nach außen steil und nach innen flach abfällt; die von ihm umschlossene Lagune kann bis 75 km Durchmesser haben.

Korallenfische, versch. Fischarten, bes. an Korallenriffen; farbenprächtig, oft seltsam gestaltet. (Bild S. 133)

Korallen|nattern, harmlose, bunt geringelte amerikan. Nattern.

Korallenpilz, ein Ziegenbartpilz.

Korea (Süd)

Korallentiere, Blumentiere, Anthozoen, meerbewohnende Klasse der Hohltiere, meist dem Untergrund fest ansitzend, von Polypengestalt; Einzeltiere **(Korallenpolypen,** so die Seerosen) oder Tierstöcke **(Korallenstock).** Im Stock bleiben die Einzeltiere vereinigt durch ein kalkiges oder horniges Skelett. Man unterscheidet sechs- und achtstrahlige K.; zu letzteren gehören die **Edelkorallen** mit strauchförmig verzweigtem, blutrotem, weißem oder schwarzem Kalkskelett, das zu Schmuck verarbeitet wird (Weiteres Bild S. 133). → Korallenbauten.

Korallenwurz(el), 1) europ. Waldorchidee, ohne Blattgrün. 2) eine Zahnwurz. 3) ein Tüpfelfarn.

Koran [arab.] *der,* das Heilige Buch des Islam, das die Offenbarungen des Propheten Mohammed in arab. Sprache enthält; es wurde nach Mohammeds Tod um 653 endgültig zusammengestellt und in 114 Kapitel **(Suren)** eingeteilt. Der K. enthält Weissagungen, Drohungen, Ermahnungen, Belehrungen, Propheten-Erzählungen und Predigten, auch gesetzl. Bestimmungen.

Korb, meist geflochtener Behälter für vielerlei Zwecke.

Korbach, Krst. des Kr. Waldeck-Frankenberg, Hessen, 22 400 Ew.; Fachschulen; Gummi-, Stahlmöbel-, elektrotechn. Industrie.

Korb|ball, Mannschaftsspiel für Frauen und Mädchen, bei dem jede der beiden Parteien (zu je 7 Spielerinnen) einen Hohlball in den im Feld des Gegners aufgestellten Korb (in 2,50 m Höhe auf einem Ständer) zu werfen versucht.

Korb|blüter, Kompositen, mit rd. 19 000 Arten, deren Blüten zu Körbchen vereint sind. Der Kelch bildet meist eine Haarkrone (Pappus). Die Blumenkrone ist röhrenförmig **(Röhrenblüten)** oder zungenförmig **(Zungenblüten);** außerdem unterscheidet man **Scheiben-** und **Randblüten.** Der Fruchtknoten ergibt eine einsamige Schließfrucht (Achäne).

Körbchen, 1) Blütenstand der Korbblüter. 2) Sammelorgan der Arbeitsbiene (→ Biene).

Korbinian, Missionar, * um 675, † um 725, wirkte in Bayern. Heiliger; Tage: 9. 9. und 20. 11.

Korbmacher, Korbflechter, Ausbildungsberufe des Handwerks und der Industrie; vielfach Blindenberuf.

Korčula [kˈɔːrtʃula], ital. **Curzola,** Insel der mitteldalmatin. Inselgruppe, zu Kroatien, Jugoslawien, gehörig, 276 km²; gebirgig. Der Hauptort K. (2700 Ew.) hat alte Rundtürmen überragte Mauern und eine Kirche.

Korczak [kˈɔrtʃak], Janusz, eigtl. Henryk **Goldszmit,** poln. Kinderarzt und Sozialpädagoge, * 1878, † (KZ) 1942; erhielt 1972 postum den Friedenspreis des Dt. Buchhandels.

Korda [kˈɔːdə], Sir Alexander, eigtl. Sandor **Kellner,** engl. Filmregisseur und Produzent, * 1893, † 1956; Filme: ›Heinrich VIII.‹ (1932); als Produzent: ›Der dritte Mann‹ (1949) u. a.

Kordel, Bindfaden, Schnur.

kordial [frz.], herzlich, vertraut.

Kordilleren [-lj-] *Mz.,* Kettengebirge im W von Nord- und Südamerika, von der Beringstraße bis Feuerland, das längste

Korallentiere:
1 und 2 *Hexakorallier;* **1** *Zylinderrose,* **2** *Gelbe Krustenanemone.* **3 und 4** *Oktokorallier;* **3** *Edelkoralle,* **4** *Weiße Hornkoralle*

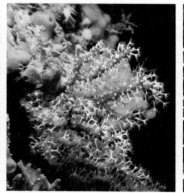

1   2   3   4

Faltengebirge der Erde (über 15000 km lang), im Tertiär entstanden. Die nordamerikan. K. bestehen aus mehreren Gebirgszügen (Rocky Mountains, Küstengebirge, Kaskadengebirge, Sierra Nevada, Sierra Madre), die durch Becken und Plateaus voneinander getrennt sind. I. e. S. gelten als K. die K. von Südamerika, meist **Anden,** span. **Cordilleras de los Andes,** genannt, rd. 7500 km lang (Bild Anden). Landschaftlich sind diese das mannigfaltigste Gebirge der Erde, das an fast allen Klimagürteln Anteil haben. Die K. werden von hohen (Aconcagua, 6959 m), z. T. vulkan. Gipfeln (Sajama, 6520 m) überragt. Im mittleren Teil nimmt das Gebirge eine größere Breite (bis 800 km) ein; der Hauptkamm teilt sich in eine westl. und eine östl. Kette, die ein rd. 4000 m hohes abflußloses Becken (Altiplano) mit vielen Salzpfannen und Seen (Titicacasee) einschließen. Die Schneegrenze steigt von 700 m Höhe auf Feuerland bis über 6000 m am Wendekreis und fällt bis zum Äquator wieder auf 4700 m. Die K. bilden eine wichtige Klimascheide und die Hauptwasserscheide zw. dem Pazif. und dem Atlant. Ozean. Nur wenige Bahnlinien und Straßen queren sie. Die K. sind reich an Erzen aller Art, bes. Kupfer, Zinn, Zink, Blei, Silber, sowie an Salz, Salpeter, Borax, Jod, Erdöl. Anbau ist am Titicacasee bis in Höhen um 4000 m möglich (Mais, Knollenfrüchte). Der trop. Teil der K. (2000–4000 m hoch) war Sitz der ältesten Kulturen des Erdteils (→Andine Hochkulturen). La Paz (3600–4000 m ü. M.) ist die höchstgelegene Großstadt des Kontinents.

Kordon [kord'3, frz.] *der,* **1)** ⚭ Postenkette, Absperrung. **2)** Form-(Spalier-)Baum, senkrechte und waagerechte Schnurbäume.

Kore [grch.] *die,* in der archaischen grch. Plastik langgewandete Mädchenstatuen.

Korea, ostasiat. Land, besteht aus einem Festlandsaum und der Halbinsel K., die im SO durch die Koreastraße von den japan. Inseln getrennt ist. ⊕ Band 1, n. S. 320. (Wappen und Flaggen S. 132) *Landesnatur.* K. wird an der Südseite in Nord-Süd-Richtung von Gebirgsketten durchzogen. Die Westseite ist von Hügelländern durchsetztes Tiefland. Im W und S sind K. viele Inseln vorgelagert. Der längste Fluß ist der Yalu (zugleich die Grenze gegen China). Das Klima ist im S und SW oceanisch mild und wird nach N hin zunehmend kontinentaler. Die Niederschläge fallen zum großen Teil im Sommer.

Die *Bevölkerung* besteht ausschließlich aus Koreanern, die in Nord-K. in der Mehrzahl dem Buddhismus und Konfuzianismus, in Süd-K. dem Buddhismus, Konfuzianismus und Christentum angehören.

Politisch ist K. ein geteiltes Land: **1) Demokratische Volksrepublik K. (Nord-K.),** koreanisch **Chosun Minchu-chui Inmin Konghwaguk,** 120538 km², 18 Mio. Ew. Hptst.: Pyöngyang. Amtssprache: Koreanisch. Nach der Verf. v. 1972 ist Staatsoberhaupt der Präs. Währungseinheit ist der Won zu 100 Chon. Bildung: 11jährige Schulpflicht; Univ., TU und medizin. Univ. in Pyöngyang. – Allg. Wehrpflicht.

Wirtschaft. Rd. 40% der Erwerbstätigen arbeiten in der kollektivierten Landwirtschaft. Haupterzeugnisse sind Reis, Mais u. a. Getreide, Sojabohnen, Kartoffeln, Baumwolle, Tabak. Bergbau auf Steinkohle, Braunkohle, Eisenerz, Graphit, Tonerde, Zink, Mangan, Blei, Kupfer, Wolfram. Die Industrie umfaßt Eisen- und Stahlerzeugung, Investitionsgüter, Textilien, Nahrungsmittel, Chemikalien. Hauptausfuhrgüter: Kohle, Zement, Fischereiprodukte, Holzwaren, Agrarerzeugnisse. Haupthandelspartner: UdSSR, VR China, Japan. Das Eisenbahnnetz umfaßt rd. 4400 km, das Straßennetz ist noch wenig ausgebaut. Haupthandelspartner: UdSSR, VR China, Japan. Das Eisenbahnnetz umfaßt rd. 4400 km, das Straßennetz ist noch wenig ausgebaut. Hauptseehäfen sind Nampo, Wonsan, Chongjin, Hungnam; internat. Flughafen bei Pyöngyang.

2) Republik K. (Süd-K.), koreanisch **Daehan-Minkuk,** 98484 km², 37,5 Mio. Ew. Hptst.: Seoul (die alte Landeshptst.). Amtssprache: Koreanisch. Nach der Verf. v. 1972 ist Staatsoberhaupt der Staatspräs. Währungseinheit ist der Won zu 100 Chon. Bildung: allg. 6jährige Schulpflicht; 24 Univ. – Allg. Wehrpflicht.

Wirtschaft. Rd. 38% der Erwerbstätigen arbeiten in der Landwirtschaft. Angebaut werden bes. Reis, Gerste, Süßkartoffeln, Sojabohnen, Weizen, Äpfel, Maulbeerbäume (Seidenraupenzucht), Tabak, Baumwolle. Bed. Fischfang. An Bodenschätzen werden Steinkohle, Zink, Blei, Wolfram, Graphit, Salz, Eisenerz abgebaut. Die mit ausländ. Hilfe aufgebaute Industrie umfaßt Eisen- und Stahl-, chem., Textil-, holzverarbeitende, Zement-, Kunstdünger-, elektrotechn. Industrie. Hauptausfuhrgüter: Bekleidung, Textilien, Fische, Sperrholz, Schuhe. Haupthandelspartner sind die USA und Japan. Es gibt rd. 5780 km

Korallenfische: links Kaiserfisch; rechts Drückerfisch

Eisenbahnen und 46300 km Straßen. Haupthäfen: Pusan, Yösu, Mokpo, Inchön, Masan. Seoul hat internat. Flughafen.

Geschichte. In K. gab es zunächst mehrere voneinander unabhängige Reiche. 1627–1894 stand K., das sich 1637 von der Außenwelt abschloß, unter der Oberhoheit der Manchu. Die japan. Interessen in K., das sich Rußland zugewandt hatte, waren Anlaß des Russisch-japan. Krieges (1904/05); 1905 japan. Protektorat, wurde K. 1910 Japan als Kolonie einverleibt. Nach der Kapitulation Japans 1945 wurde K. unabhängig, 1948 jedoch politisch in 2 Staaten gespalten, getrennt durch die Grenze des 38. Breitengrades. Nach der militär. Niederlage Japans (1945) besetzten sowjet. Truppen den Norden, amerikan. den Süden K.s. Beiderseits der Demarkationslinie am 38. Breitengrad bildeten sich Staaten, im Süden die Rep. (Süd-)Korea unter Präs. Syngman Rhee, im Norden die kommunistisch ausgerichtete Demokrat. VR (Nord-)Korea, geführt von Parteisekretär und MinPräs. Kim Il Sung. 1950 fielen nordkorean. Truppen in Süd-K. ein (→ Korea-Krieg). In Süd-K. bildete sich 1961 durch Putsch eine Militärregierung. Gen. Park Chung Hee (seit 1967 Präs.) schuf ein autoritäres Reg.-System, das nach seiner Ermordung (1979) fortgeführt wurde. Präs. ist seit 1980 Chun Doo Hwan. 1972 fanden zw. beiden Staaten Wiedervereinigungsgespräche statt.

Korea-Krieg, der Krieg, der am 25. 6. 1950 mit dem Angriff der Demokrat. VR (Nord-)Korea auf die Rep. (Süd-)Korea begann. Vom Brückenkopf Pusan aus gelang es einer hauptsächlich von den USA getragenen Streitmacht der UNO, die Nordkoreaner wieder über den 38. Breitengrad zurückzudrängen und bis zum Yalu vorzustoßen. Mit Hilfe der VR China konnten jedoch die Nordkoreaner die Frontlinie am 38. Breitengrad stabilisieren. Im Waffenstillstand von Panmunjom (27. 7. 1953) wurde dieser wieder Trennungslinie zw. beiden Staaten.

Koreaner, Volk, dessen Urbev. seit prähistor. Zeiten mit einwandernden Stämmen mongol. Rasse vermischte; alte Eigenkultur.

koreanische Kunst entwickelte sich unter dem Einfluß der chines. Kunst zu selbständigen Leistungen und beeinflußte ihrerseits die japan. Kunst; Königsgräber aus dem 8.–9. Jh., Tempel aus dem 8. Jh. erhalten; hervorragend das Kunsthandwerk, Lackkunst und Keramik; Malerei auf Papier- und Seidenrollen.

koreanische Literatur. Die ältesten Zeugnisse der k. L. sind Kultgesänge (nur in chines. Übersetzung erhalten). Die k. L. war zunächst stark von der chines. Lit. abhängig. Nach Lyrik in japan. Sprache entwickelte sich seit dem Ende des 14. Jh. auch eine eigenständige Prosalit. (Thematik: taoist. und buddhist. Gedankengut bis zur Anklage sozialer Mißstände), die sich seit dem Ende des 19. Jh. auch in den Dienst des Kampfes gegen die Feudalstruktur und die japan. Besatzungsmacht stellte und sich westl. Idealen (Freiheit, Demokratie u. a.) zuwandte. Seit der staatl. Unabhängigkeit Koreas wird der Versuch einer literar. Formulierung nationalen Selbstverständnisses unternommen.

koreanische Musik. Die klassisch-konfuzian. Musik mit ihren eigenartigen Instrumenten hat sich in Korea als einzigem Land Ostasiens erhalten. Bes. ausgebildet wurde während der Silla-Periode die höf. Musik (Kayaflöte, Kayalaute).

koreanische Sprache. Das Koreanische ist eng verwandt mit der tungus. Sprache. Mitte des 15. Jh. schuf König Sejong ein System von Schriftzeichen (17 Konsonanten, 11 Vokale), das 1446 als ›Volksschrift‹ eingeführt wurde und heute (von geringen Änderungen abgesehen) noch die offizielle Schrift Koreas ist.

Korea-Straße, etwa 160 km breite Meerenge zw. Korea und Japan, verbindet Japan. und Ostchines. Meer.

Korallentiere (Schmuck):
1 Edelkoralle *(Engelshaut).*
2 Edelkoralle *(lachsfarben).*
3 Morokoralle

Kore

Kornrade

kören, Zuchttiere auswählen.

Korfanty, Wojciech, poln. Politiker, * 1873, † 1939, 1903 bis 1912 und 1918 Mitgl. des dt. Reichstags, leitete 1921 den 3. poln. Aufstand in Oberschlesien.

Korfball, Korfbal, dem Basketball ähnl., urspr. niederländ. Ballspiel für 2 Mannschaften mit je 6 männl. und weibl. Spielern, bei dem ein Ball in einen Korb geworfen wird; Spieldauer 2 x 45 min.

Korfu, grch. **Kerkyra,** nördlichste der Ion. Inseln, 592 km², 92 300 Ew.; im N Kalkgebirge, im S Anbau von Wein, Obst, Gemüse. Die Hptst. K. (29 400 Ew.) liegt an der O-Küste.

Koriander der, südeurop. Doldenblütler; die Früchte sind wegen des Gehalts an äther. **K.-Öl** Gewürz.

Korin, japan. Maler, * 1658, † 1716, schuf, von Koetsu ausgehend, Bilder stark dekorativer Wirkung mit virtuoser Pinseltechnik in reichen Farben (Silber und Gold), auch kostbare Lackarbeiten.

Korinth, grch. **Korinthos,** Stadt auf der Peloponnes, Griechenland, 20 800 Ew., am **Golf** und **Isthmus von K.,** durch den **Kanal von K.** (6343 m lang, 1881–93 angelegt) mit dem Saron. Golf verbunden. K. wurde im 10. Jh. v. Chr. von Dorern gegr. Im Altertum war es nächst Athen die bedeutendste Handelsstadt Griechenlands. 146 v. Chr. wurde es von den Römern zerstört und erst 44 v. Chr. durch Caesar neu besiedelt (antike Reste: Apollontempel, 6. Jh. v. Chr.). In K. gründete Paulus eine Christengemeinde. (Bild S. 135)

Korinthen, kleine getrocknete Weinbeeren ohne Kerne.

Korintherbriefe, N. T.: 2 Schreiben des Apostels Paulus an die Gem. von Korinth (55, 56 n. Chr.).

korinthischer Baustil, →griechische Kunst, →Säulenordnung.

Korinthischer Krieg, 395–386 v. Chr., der Krieg Korinths im Bunde mit Athen, Theben, Argos gegen Sparta.

Koriolan, eigtl. C. **Marcius Coriolanus,** röm. Patrizier, der Sage nach 491 v. Chr. als Feind der Plebejer verbannt, zog mit einem Heer der Volsker gegen Rom, kehrte aber auf die Bitten seiner Mutter und seiner Gattin hin um.

Koriyama, Korijama, Stadt auf Honshu, Japan, 276 000 Ew.; Textil-, Maschinenind., Seidenspinnerei.

Korjaken, paläoasiat. Volk im N der Halbinsel Kamtschatka. Ihr Wohngebiet ist der **K.-Nationalbezirk,** Russ. SFSR, 301 500 km², 35 000 Ew.; Hauptort: Palana.

Kork, ⊕ oberflächlich liegendes, meist braunes Schutzgewebe der pflanzl. Rinde, an Zweigen, Stamm, Wurzel, Knollen. Seine Zellwände sind durch einen fettartigen Stoff, das Suberin, schwer durchlässig, daher Schutzmittel gegen Wasserverlust. Der technisch verwendete K. stammt von der **K.-Eiche,** die bes. in den Mittelmeerländern heimisch ist. Ihre Rinde, aus lufthaltigen Zellen, fast undurchlässig für Gas und Wasser, wird verwendet für Schwimmgürtel, Verschlußpfropfen, Isolierungen (durch Erhitzen aufgeblähter **expandierter K.** wird mit Pech oder Ton gebunden zu **K.-Stein** oder **K.-Platten** verarbeitet), zerkleinert zu Linoleum.

Korkholz, sehr leichtes, weiches Holz einiger trop. Bäume, bes. das Balsaholz; Korkersatz.

Kormophyten, Kormuspflanzen, Sproßpflanzen, die in Sproß (Stengel und Blätter) und Wurzel gegliederten, somit einen

Korin: Welle (New York, Metropolitan Museum of Art)

Kormus (Pflanzenkörper) besitzenden Pflanzen, im Ggs. zu den →Thallophyten. K. sind Samenpflanzen und Farnpflanzen.

Kormorane, Scharben, Fam. der Ruderfüßer, entenförmige Fischfresser; dienen in SO-Asien auch zum Fischfang.

Korn das, 1) Samenkorn. 2) landesübl. Hauptgetreide, z. B. für Roggen in Dtl., für Weizen in Frankreich, für Mais in Amerika. 3) Photographie: kleinste Silber- oder Farbstoffteilchen, aus denen ein Bild aufgebaut ist. 4) Schußwaffen: der dem Lauf aufsitzende vordere Teil der → Visiereinrichtung. 5) der, kurz für → Kornbranntwein.

Korn, 1) Arthur, Physiker, * 1870, † 1945, führte 1904 die erste Übertragung einer Photographie über eine Leitung, 1923 die erste drahtlose Bildübertragung durch. 2) Karl, Publizist, * 1908; Mitgründer und (bis 1973) -herausgeber der ›Frankfurter Allgemeinen Zeitung‹; ›Die Rheingauer Jahre‹ (1946), ›Sprache in der verwalteten Welt‹ (1958), ›Lange Lehrzeit‹ (1975), ›Zola in seiner Zeit‹ (1980).

Kornberg [k'ɔːnbəːg], Arthur, amerikan. Biochemiker, * 1918, erhielt 1959 mit S. Ochoa für die Synthetisierung der Desoxyribonucleinsäure den Nobelpreis für Physiologie u. Medizin.

Kornblume, Art der Flockenblume mit azurblauen Blüten; Ackerunkraut.

Kornbranntweine, Korn, aus Roggen, Weizen, Buchweizen, Hafer oder Gerste hergestellte Trinkbranntweine mit mindestens 32 (**Doppelkorn** oder **Kornbrand** mindestens 38) Vol.-% Alkohol.

Kornejtschuk, Oleksandr Jewdokymowytsch, ukrain. Dramatiker, Parteifunktionär, * 1905, † 1972, Stücke im Sinne des sozialist. Realismus.

Kornelkirsche, →Hartriegel.

Körner, 1) Christian Gottfried, Freund Schillers, * 1756, † 1831, seit 1783 Oberkonsistorialrat in Dresden, seit 1815 im preuß. Staatsdienst. 2) Hermine, Schauspielerin, * 1878, † 1960; Rollen: Lady Macbeth, Elisabeth (in ›Maria Stuart‹), Hedda Gabler, Die Irre von Chaillot. 3) Theodor, Dichter, Sohn von 1), * 1791, † (gefallen) 1813, errang in Wien große Erfolge mit Lustspielen und Trauerspielen in der Nachfolge Schillers (›Zriny‹, ›Rosamunde‹), schloß sich 1813 dem Lützowschen Freikorps an; Kriegs- und Freiheitslieder u. d. T. ›Leyer und Schwert‹ (1814). 4) Theodor, österr. General und Politiker (SPÖ), * 1873, † 1957, 1945–51 Bürgermeister von Wien, 1951–57 Bundespräs.

Körnerkrankheit, Ägyptische Augenkrankheit, Trachom, Granulose, mit Körnerbildung verbundene ansteckende Entzündung der Bindehaut des Auges, die zu narbiger Schrumpfung und zum Erblinden führen kann.

Kornett das, urspr. trompetenartiges Blasinstrument aus Holz, später kleines, mehr dem Blechblasinstrument mit Ventilen. Es steht meist in B, als **Cornettino** in Es; trompetenähnl. Klang.

Kornett der, im 17. und 18. Jh. der Fähnrich bei der Reiterei, trug die Standarte.

Korneuburg, Stadt in NÖ, an der Donau, 8500 Ew.; Schiffswerft, chem. Ind., Großdruckerei, Dampfkraftwerk.

Kornfeld, Paul, Schriftst., * 1889, † (KZ Lodz) 1942; expressionist. Tragödien, auch Komödien.

Korngold, Erich Wolfgang, österr.-amerikan. Komponist, * 1897, † 1957; Opern, Filmmusik.

kornische Sprache, eine der →keltischen Sprachen.

Kornkäfer, Kornkrebs, Schwarzer Kornwurm, braunschwarzer etwa 4 mm langer Rüsselkäfer, ein Schädling des lagernden Getreides. Das Weibchen legt in Getreidekörner u. ä. je ein Ei.

Kornrade, bis 1 m hohes purpurblütiges Nelkengewächs mit durch Saponin giftigem Samen; Getreideunkraut.

Korntal-Münchingen, Stadt im Kr. Ludwigsburg, Bad.-Württ., 17 000 Ew.; hat evang. Brüdergemeine; 1. 1. 1975 durch Zusammenschluß von Korntal, Münchingen und Kallenberg entstanden.

Kornwestheim, Stadt im Kr. Ludwigsburg, Bad.-Württ. Große Krst., 27 000 Ew.; Schuh-, Metallind.

Korolenko, Wladimir Galaktionowitsch, russ. Schriftst., * 1853, † 1921; ›Geschichte meines Zeitgenossen‹, 4 Bde. (1909–22).

Korollar [lat.] das, Zugabe, Ergänzung; Logik: ein Satz, der sich aus einem schon bewiesenen Satz folgerichtig ergibt.

Korolle [lat.] die, Blumenkrone der Blüte.

Koromandel-Küste, südl. O-Küste Vorderindiens.

Korona [lat.] die, 1) ∪ Zuhörerkreis, fröhl. Gesellschaft. 2) ☆ leuchtende, strahlenförmige äußerste Schicht der Sonnenatmo-

Korona 2)
(2. 10. 1959)

Tetraeder

Würfel

Oktaeder

Dodekaeder

Ikosaeder

Körper 1)

sphäre, die die Sonne kranzartig umgibt; nur bei totaler Sonnenfinsternis sichtbar. Die **innere K.** besteht aus hochionisierten Atomen und freien Elektronen und hat eine Temperatur von etwa 1 Mio. °C. Die **äußere K.** geht in Staubform über. 3) Hochspannungstechnik: eine selbständige Gasentladung, die bei hohen elektr. Feldstärken an Leiteroberflächen in Form einer bläulich leuchtenden Entladung auftritt. 4) Meteorologie: System aufeinanderfolgender farbiger Ringe mit Sonne oder Mond im Mittelpunkt (Hof, Kranz).

Koronargefäße, die → Kranzgefäße des Herzens.

Koronograph, astronom. Fernrohr zur Erforschung der Sonnenkorona und der Protuberanzen. Die Sonnenscheibe wird durch eine Blende abgedeckt.

Körper, 1) △ von Flächen begrenzter Raumteil, der selbst keine Fläche ist, z. B. Würfel, Pyramide, Kugel. 2) Gegenstand der höheren Algebra. 3) ⊠ Stoffmenge mit beständiger (starrer K.) oder veränderlicher (deformierbarer, elastischer, plastischer) Gestalt. 4) der Organismus (Leib) der Lebewesen.

Körperbau, kennzeichnende charakterist. Erscheinungsform des menschl. Körpers.

Körperbehinderte, → Behinderte, → Schwerbehinderte.

Körperbemalung, bei Naturvölkern verbreitete Sitte, oft nur Schmuck, häufiger als Trauer-, Stammes-, Standeszeichen.

Körperfarbe, Farbe einer nicht selbstleuchtenden Fläche.

Körperkulturistik, das → Body Building.

Körperpflege, Teil der prakt. Gesundheitspflege.

Körperproportionen, Größenverhältnis der einzelnen Körperabschnitte zueinander und zum Gesamtkörper.

Körperschaft, Korporation, Gemeinschaft, Gruppe, rechtlich die mit den Rechten einer jurist. Person ausgestattete Vereinigung mehrerer Personen zu gemeinsamem Zweck (**privatrechtl. K.:** Verein, AG, GmbH, Genossenschaft). **K. des öffentl. Rechts** sind rechtsfähige Verbände zur Wahrnehmung staatl. Aufgaben unter Staatsaufsicht, bes. im Bereich der Selbstverwaltung (z. B. Gemeinden, Berufsverbände).

Körperschaftsteuer, Steuer auf den Jahresgewinn der Körperschaften und selbständigen Vermögensmassen; sie erfaßt Kapitalgesellschaften, Erwerbs- und Wirtschaftsgenossenschaften; Versicherungsvereine auf Gegenseitigkeit, Stiftungen, gewerbl. Betriebe von Körperschaften des öffentl. Rechts u. a. (Ges. v. 31. 8. 1976). Von der K. befreit sind u. a.: Dt. Bundespost, Dt. Bundesbahn, Dt. Bundesbank, das Spargeschäft der öffentl. Sparkassen, Einrichtungen mit kirchl., gemeinnützigen o. ä. Zwecken, Pensions- und ähnl. Kassen sowie Gewinne aus Beteiligungen (Schachtelprivileg). Seit dem 1. 1. 1977 gilt ein **Ausrechnungsverfahren**, das die Doppelbelastung z. B. bei Aktien abgeschafft hat.

Körpertemperatur, bei Tieren und beim Menschen durch chem. Umsetzungen im Körper aufrechterhaltene Körperwärme, beim gesunden Menschen im Durchschnitt 37 °C (im Mastdarm gemessen); Abweichungen → Fieber.

Körperverletzung, ⚔ widerrechtl. Verletzung der körperl. Unversehrtheit eines Menschen. Man unterscheidet die **vorsätzl.** und **fahrlässige K.**, die **leichte (einfache) K.**, **gefährl. (schwere) K.** und **K. mit tödl. Ausgang**, die **Mißhandlung von Schutzbefohlenen** (Kindern, Jugendlichen und Wehrlosen) sowie die **K. im Amte** (§ 340 StGB). Strafe ist Geld- oder Freiheitsstrafe. Neben der

Strafe kann eine an den Verletzten zu zahlende Buße festgesetzt werden. – In Österreich ist die K. in §§ 83 ff. StGB, in der Schweiz in Art. 122 ff. StGB geregelt.

Körperverstümmelung, Deformierung, Völkerkunde: künstl. Veränderung einzelner Körperteile zu Schmuckzwecken, aus relig. oder gesundheitl. Gründen oder zur Mutprobe; oft Stammes- oder Klassenzeichen. Formen: Durchbohren von Ohrläppchen, Nase, Lippe, Feilen von Zähnen, Einschnüren von Kopf, Leib, Arm, Bein u. a.

Korporal, Unteroffizier. **Korporalschaft,** Unterabteilung der Kompanie im inneren Dienst.

Korporation [lat.], 1) ⚭ die Körperschaft. 2) student. Verbindung. **korporativ,** körperschaftlich, geschlossen.

Korps [ko:r, frz.] *das,* 1) Großverband und militär. Führungsstelle der oberen Führung. 2) **Corps,** bestimmte student. Verbindungen.

korpulent [lat.], beleibt, dick. **Korpulenz** *die,* Fettleibigkeit.

Korpus [lat.], 1) Körper. 2) **K.** *die,* Schriftgrad von 10 typograph. Punkten.

Korpuskel *das,* svw. Teilchen, Partikel.

Korrasion [lat.], ⊕ Abreiben, Abscheuern, Abschleifen des Untergrunds durch Wind, Wasser oder Eis mit Hilfe von Geschieben, Geröllen, Sand, Schnee. (→ Pilzfelsen)

Korreferent [lat.], Nebenberichterstatter. **Korreferat,** Nebenbericht, Gegenbericht.

korrekt [lat.], richtig, einwandfrei.

Korrektion [lat.], 1) Berichtigung, z. B. von Flußläufen, Grenzen. 2) Verbesserung optischer Systeme.

korrektiv [lat.], verbessernd. **Korrektiv** *das,* Besserungsmittel.

Korrektor [lat.], Fachkraft der Druckerei, die den Schriftsatz auf Satzfehler prüft.

Korrektur [lat.], 1) Verbesserung. 2) Prüfung und Berichtigung des **Korrekturabzugs,** des ersten Abzugs vom Schriftsatz. **Korrekturzeichen,** vgl. → Übersicht S. 136.

Korrelat [lat.], Ergänzung, Wechselbegriff. **korrelativ,** wechselseitig.

Korrelation [lat.], wechselseitige Beziehung. Der Stetigkeitsgrad einer K. kann mathematisch durch den **K.-Koeffizienten** ausgedrückt werden. Vielfach ergibt eine solche Korrelationsrechnung erste Hinweise auf Zusammenhänge von Merkmalen; Anwendung in Biologie, Geometrie, Logik, Wahrscheinlichkeitstheorie.

Korrepetitor *der,* Musiker, der bei der Oper mit den Sängern die Gesangsstimmen am Klavier einübt.

Korrespondent [lat.], 1) kaufmänn. Angestellter, der mit dem Briefwechsel betraut ist. 2) auswärtiger Berichterstatter einer Zeitung. **Korrespondenz,** Briefwechsel, Briefverkehr.

Korrespondenzprinzip, heurist. Prinzip der Atommecha-

Korinth: Einfahrt zum Kanal von K.

Fehler	Korrigierter Text	Korrekturzeichen
Falscher Buchstabe Falsches Wort	Die Hauptträger für Korrektur-	/e H der ⌐k
Buchstaben aus anderer Schrift	vofschriften sagt, daß jefes in	/n L s ⌐d
Überflüssige Buchstaben oder Wörter (Hochzeit)	denn Satz Sato eingezeichnete	/ ʃ ⊢ ʃ
Umgekehrter Buchstabe (Fliegenkopf)	Korrekturzeichen auf dem Rande	/ d
Ausgelassene Wörter (Leiche)	des Korrekturabzuges wieder-	L zu
Fehlende Buchstaben und Interpunktionen	hol n ist Die Änd rung	Ulen /t. ⌐ der
Verstellte Buchstaben und unrichtige Wortfolge	Berichtigung rechts ist oder	⊓ 1 2 3 4
Mitdruckende Wort-zwischenräume (Spieße)	neben das Korrekturzeichen zu	/# ⌐#
Beschädigte und unreine Buchstaben	schreiben, sofern dieser nicht	/h ⌐n L s b c
Verkehrt stehende Buchstaben	für sich selbst spricht.	⊓ v ⌐v
Einzug vergessen	Die Bedeutung solcher Zeichen	⊔
Fehlender Zwischenraum	muß deshalb bekannt sein.	⊔
Überflüssiger Zwischenraum	Komm en in einer Zeile mehr ere	⌒ ⌒
Sperren Nicht sperren	Fehler vor, so erhalten	┼┼┼┼ ⌇⌇⌇
Fehlender Absatz	sie verschiedene Zeichen. Auf	⌐⌐
Ein Wort durch andere Schrift auszeichnen	der linken Seite des Schemas	halbfett
In Linie bringen	sind die wichtigsten auf-	⎓
Größere Auslassung	tretend Korrekturmöglichkeiten	⌐ s. Ms.
Ungültige Korrektur	vermerkt und nehmen Bezug auf	H sehen
Zeilenabstand (Durchschuß) fehlt	die in diesen Text ein-gestreuten Fehler und	>
Kein Absatz Text soll fortlaufen	Änderungswünsche.	⌐
Zeilenabstand (Durchschuß) fällt weg	Die genauen Korrekturvorschriften enthält u. a. das Merkblatt des	→
Falsche Einrückung	⊢Normenausschusses DIN 16511	⊢

Korrektur 2): Korrekturzeichen

nik, das eine bestimmte Ähnlichkeit zwischen den Gesetzen der klassischen Mechanik und denen der Quantentheorie herstellt.

korrespondieren [lat.], 1) Briefe wechseln. 2) sich entsprechen.

Korridor, 1) Gang, Flur. 2) Gebietsstreifen, der fremdes Staatsgebiet durchquert, z. B. der **Poln. Korridor** (1919).

korrigieren [lat.], verbessern, (Hefte) durchsehen; Korrektur lesen.

Korrosion [lat.], 1) ⊕ Zerstörung von Werkstoffen von der Oberfläche aus durch chem. oder elektrochem. Einwirkung. Bei Angriff von Stoffen ohne Ionenleitfähigkeit (Gase, geschmolzene Metalle) tritt rein chem. K. ein. Wirken Stoffe mit Ionenleitfähigkeit (Elektrolyte), so entstehen Lokalelemente, es tritt elektrochem. K. auf. **K.-Schutz** wird erreicht durch möglichst homogenen Werkstoff, durch best. Legierungszusätze, durch Oberflächenschutz, durch Zusätze zum angreifenden Mittel, durch Aufzwingen eines kathod. Stromes (Anschließen von ›Opferanoden‹, die

Fritz Kortner

sich auflösen). 2) ⊕ chem. Gesteinszerstörung durch Wasser und darin enthaltener chem. Verbindungen.

korrumpieren [lat.], moralisch verderben, bestechen. **korrumpiert, korrupt,** moralisch verdorben; bestechlich. **Korruption,** Bestechung, moral. Verfall.

Korsak, der Steppenfuchs.

Korsar [ital.], 1) Seeräuber, Freibeuter. 2) Seeräuberschiff.

Korselett [frz.] *das,* leichtes Mieder.

Korsen, die Bewohner Korsikas, mit einer Urbev. von wahrscheinlich Iberern und Ligurern und starken Überlagerungen durch Karthager, Etrusker, Römer, Mauren, Italiener und Franzosen. Ihre neolat. Sprache wurde seit dem 11. Jh. durch toskan., genues. und neapolitan. Dialekte überdeckt.

Korsett [frz.] *das,* einteiliges, die Hüfte bedeckendes Mieder.

Korsika, frz. **La Corse** [lak'ɔrs], Insel im Mittelmeer, nördlich von Sardinien, gehört geologisch und ethnographisch zum ital. Bereich, ist politisch eine Region Frankreichs mit den Dép. **Haute-Corse** und **Corse-du-Sud,** 8 568 km², 289 000 Ew. (→ Korsen); Hptst.: Ajaccio. Amtssprache: Französisch. K. ist ein stark zertaltes, wildes Gebirgsland mit fruchtbaren, aber z. T. versumpften Küstenebenen im O. Anbau von Edelkastanien, Wein, Südfrüchten, Getreide; Viehzucht; Fremdenverkehr. – Seit dem 5. Jh. v. Chr. stand K. unter karthag., seit 238 v. Chr. unter röm. Herrschaft, seit 1020 unter Pisa und seit 1300 unter Genua, das K. 1768 an Frankreich verkaufte. Seit 1970 verstärkten sich die Autonomiebestrebungen; es entstanden Untergrundbewegungen. – K. ist die Heimat der Familie Bonaparte (Napoleon I.).

Korso [ital.] *der,* 1) Festzug blumengeschmückter Wagen: **Blumenkorso.** 2) Prachtstraße. 3) Pferdesport: Vorführung bes. schöner Gespanne.

Korsør, Stadt auf der Insel Seeland, Dänemark, am Großen Belt, 21 000 Ew.; Eisenbahn- und Autofähre nach Fünen, Autofähre nach Langeland; Glasfabrik, Nahrungsmittelind.

Kortner, Fritz, Schauspieler und Regisseur, * 1892, † 1970; war am Dt. Theater und am Staatstheater Berlin, Filmrollen; lebte 1933–49 in der Emigration; ›Aller Tage Abend‹ (1959, Autobiogr.).

Kortrijk [k'ɔrtrɛjk], frz. **Courtrai** [kurtr'ɛ], Stadt in der belg. Prov. Westflandern, an der Leie, 76 000 Ew.; Univ. (1968 gegr.); got. Rathaus, St.-Martins-Kirche, Beginenhof, Belfried; Textilind. – 11. 7. 1302 Sieg des flandr. Städtebundes über ein frz. Ritterheer (›Goldensporenschlacht‹).

Kortschnoj, Wiktor Lwowitsch, sowjet. Schachspieler, * 1931, 1976 emigriert, war 1978 und 1981 offizieller Herausforderer von Weltmeister A. J. Karpow.

Kortum, Karl Arnold, Schriftst. und Arzt, * 1745, † 1824; grotesk-komisches Heldengedicht ›Die Jobsiade‹ (1784 mit selbstentworfenen Bildern; auch Vorlage für eine Jobsiade von Wilhelm Busch, 1874).

Korund *der,* sehr hartes Mineral aus reiner Tonerde. K. sind u. a. Saphir, Rubin, Smirgel. (Bild S. 137)

Korutürk, Fahri, türk. Admiral und Politiker, * 1903, 1973–80 Staatspräsident.

Korvette [frz.] *die,* leichtes, vollgetakeltes Kriegsschiff.

Korvettenkapitän, Marineoffizier im Majorsrang.

Korybant [grch.], dämon. Begleiter, auch Priester der phryg. Göttin Kybele. **korybantisch,** besessen.

Koryphäe [grch.], 1) *der,* Chorführer im altgrch. Schauspiel. 2) *die,* hervorragender Fachmann.

Kos [ko:s], grch. Insel des Dodekanes, im Ägäischen Meer, 290 km² groß, 18 200 Ew.; Hauptort ist K.; Anbau u. a. von Wein, Zitronen, Getreide. Tempelreste des antiken Asklepiosheiligtums.

Kosaken [tatar.], seit dem 15. Jh. Reiterscharen an Don, Wolga, Kral und am unteren Dnjepr (Saporoger K.). Sie organisierten sich in Reiterheeren unter gewählten **Atamanen** oder **Hetmanen** und lebten von Beutezügen und etwas Landwirtschaft. Gegen die Einschränkung ihrer Freiheiten reagierten sie 1648 mit einem Aufstand (B. Chmelnizkij) gegen Polen. Im 18. Jh. entstanden die gefährdeten Grenzen (Don, Kuban, Terek, Astrachan, Orenburg, Sibirien) neue K.-Heere. Sie waren erbitterte Gegner der Bolschewiki im Bürgerkrieg. Daher wurde ihre Organisation vernichtet, ihr Bestand dezimiert. Ihre Chöre erlangten in der Emigration Berühmtheit (→ Donkosaken).

Kosch, Wilhelm, österr. Literarhistoriker, * 1879, † 1960. ›Dt. Literatur-Lexikon‹ (2 Bde., 1928–30).

Koschenille [span.-frz.] *die,* Schildlausarten, die einen roten, ungiftigen Farbstoff **(Karmin)** enthalten.

koscher [hebr.], nach den jüd. rituellen Speisegesetzen erlaubt, sauber.

Koschnick, Hans, Politiker (SPD), * 1929, seit 1967 erster Bürgermeister und Senatspräs. von Bremen.

Kosciusko, Mount K. [maʊnt kɔzɪˈaskəʊ], der höchste Berg Australiens, in den Austral. Alpen, 2230 m.

Kościuszko [kɔsjtsjˈuʃko], Tadeusz, poln. General und Nationalheld, * 1746, † 1817, 1778–83 Adjudant Washingtons, führte 1794 den letzten Aufstand gegen die Teilungen Polens.

Ko|sekans, →Winkelfunktionen.

Kösen, Bad K., Solbad im Bez. Halle, im Saaletal, 6500 Ew.; nahebei das ehem. Kloster →Pforta, **Rudelsburg** und Ruine **Saaleck.**

Kosi, li. Nebenfluß des Ganges, rd. 500 km, entspringt in Nepal.

Košice [kˈɔʃitsɛ], slowak. Name von →Kaschau.

Kosinski, Jerzey, poln.-amerikan. Schriftst., * 1933, seit 1957 in den USA; zeitkrit. Romane: ›Der Teufelsbaum‹ (1973), ›Cockpit‹ (1975) u. a.

Kosinus, →Winkelfunktionen.

Kosinzew, Grigorij Michajlowitsch, russ. Film- und Theaterregisseur, * 1905, † 1973, Pionier des sowjet. Films; ›Don Quichote‹ (1957), ›Hamlet‹ (1964), ›König Lear‹ (1970).

Koskenni|emi, Veikko Antero, finn. Schriftst., * 1885, † 1962; Lyrik, Essays, literaturgeschichtl. Werke.

Köslin, poln. **Koszalin** [kɔʃˈalin], Hptst. der poln. Wwschaft K., in Pommern, 86000 Ew.; Maschinenbau, elektrotechn., elektron. u. a. Ind.

Koslow, Frol Romanowitsch, sowjet. Politiker, * 1908, † 1965, 1960–64 Sekretär des ZK.

Kosmas und Damianus, legendäre Ärzte, Brüder, Märtyrer unter Diokletian; Schutzheilige der Ärzte und Apotheker; Tag: 26. 9., Ostkirche: 1. 7., 17. und 25. 11.

Kosmetik [grch.], die Erhaltung, Verbesserung oder Wiederherstellung der Schönheit des menschl. Körpers, bes. des Gesichts, durch Anwendung von Kosmetika, die bevorzugt pflegend oder dekorativ **(Make-up)** sein können. Die **ärztl. K.** beseitigt als entstellend empfundene Schönheitsfehler, teilw. durch Operation **(plastische Chirurgie),** z. B. bei verstärkter Faltenbildung der Haut **(Face-lifting).**

Kosmetikerin, Angestellte oder freiberufl. Tätige auf dem Gebiet der Körper- und Schönheitspflege; Ausbildung an privaten Fachschulen.

kosmisch [grch.], zum Weltall gehörig.

kosmische Geschwindigkeit, svw. →Kreisbahngeschwindigkeit **(1. k. G.),** →Fluchtgeschwindigkeit **(2. k. G.).**

kosmische Strahlung, Höhenstrahlung, von energiereichen Protonen und leichteren Atomkernen gebildete Strahlung, die aus dem Weltraum auf die Erdatmosphäre trifft, nach mannigfachen Umwandlungen in der Lufthülle durch Atomkernzertrümmerung (Erzeugung von Sekundär- und Tertiärstrahlung) noch in der festen Erdrinde und im Meer (dort noch in etwa 1300 m Tiefe) nachweisbar ist.

kosmo... [grch.], welt...

Kosmodrom, russ. Bez. für Raumfahrt-Raketenstartplatz.

Kosmogonie [grch.], Lehre von der Weltentstehung, urspr. in mythisch-dichterischer Form bei nahezu allen Völkern vertreten (meist Schöpfungsakt einer Gottheit); später naturwissenschaftliche Auffassungen und Ergebnisse über die Entstehung des Weltalls. In den Vordergrund getreten ist die auf die →Relativitätstheorie gestützte Vorstellung, daß der Anfang der kosmologischen Entwicklung gleichbedeutend dem Zeitbeginn ist.

Kosmographie [grch.], Beschreibung des Weltalls.

Kosmologie [grch.], Lehre vom Weltall als einem einheitl. Ganzen.

Kosmonaut, russ. Bez. für Astronaut.

Kosmopolit [grch.] der, →Weltbürger. **Kosmopolitismus,** Weltbürgertum.

Kosmos [grch.] der, Ordnung, Weltordnung, Weltall.

Kosmos, Name wissenschaftl. und militär. Satelliten der UdSSR.

Kosmotron das, Teilchenbeschleuniger, →Synchrotron.

Kosovo, bis 1968 **K. und Metohija,** autonome Prov. der Rep. Serbien, Jugoslawien, 10887 km² groß, 1,55 Mio. Ew.; Hptst.: Priština.

Kosovo polje, serb. für →Amselfeld.

Kossak-Szczucka [-ʃtʃˈutska], Zofia, poln. Schriftstellerin,

* 1890, † 1968; histor. Romane: ›Die Kreuzfahrer‹ (1935), ›Der Bund‹ (1958).

Kossel, 1) Albrecht, Biochemiker, * 1853, † 1927, arbeitete über Eiweißkörper, Purine, Nucleinsäuren. 1910 Nobelpreis für Physiologie und Medizin. **2)** Walther, Physiker, Sohn von 1), * 1888, † 1956, trug entscheidend zur Klärung des Periodensystems der Elemente bei.

Kossuth [kˈɔʃuːt], Lajos (Ludwig von), Führer der ungar. Unabhängigkeitsbewegung von 1848/49, * 1802, † 1894, Haupt der liberalen Opposition, verschärfte den Ggs. zur Wiener Reg. bis zum offenen Bruch, wurde 1849 zum Reichsverweser Ungarns gewählt, mußte abdanken und fliehen.

Kossygin, Aleksej Nikolajewitsch, sowjet. Politiker, * 1904, † 1980; war 1964–80 MinPräs., widmete sich dem Inneren bes. der Wirtschaftspolitik. K. vermittelte 1966 im indisch-pakistan. Konflikt (Vertrag von Taschkent), trat seit den 70er Jahren außenpolitisch in den Hintergrund.

Kosten, der bewertete Güter- und Dienstverzehr zur Erstellung von Leistungen. Die K. sind abzugrenzen sowohl von den Ausgaben (Geldausgängen) als auch vom Aufwand (bewerteter Güterverbrauch, soweit dieser Ausgaben hervorruft), der ggf. unabhängig von der Leistungserstellung anfällt (neutraler Aufwand). Betrachtet man die gegebenen Kapazitäten den Einfluß der Produktionsperiode, so unterscheidet man **fixe** und **variable K.** Man spricht von fixen K., wenn die K. von der Mengenvariation nicht berührt werden. Steigen die K. mit der Produktmenge, so heißen sie variabel. Sind die K. bestimmten Leistungen **(Kostenträgern)** unmittelbar zurechenbar, spricht man von **direkten K. (Einzelkosten),** wenn nicht, von **indirekten K. (Gemeinkosten).** Bezugsbasen können Produkte, Betriebe, Werke u. a. sein.

Kosten|anschlag, Vorberechnung der Kosten von Leistungen und Lieferungen, bes. bei Errichtung eines Gebäudes.

Kostendämpfungsgesetz, Kurzbez. für ›Ges. zur Dämpfung der Ausgabenentwicklung und zur Strukturverbesserung in der gesetzl. Krankenversicherung‹ v. 27. 6. 1977, in Kraft seit 1. 7. 1977.

Kostenrechnung, Kalkulation, Teilgebiet des Rechnungswesens der Unternehmen neben Buchführung, Statistik und Planungsrechnung. Man unterscheidet die **periodische K.** (Betriebsbuchführung) von der auf die Produkteinheit bezogenen **Stück-K.** (Kalkulation). Die periodische K. gliedert sich in Kostenerfassung **(Kostenartenrechnung)** und Kostenverteilung **(Kostenstellenrechnung, Kostenträgerrechnung)** (Zahlenmaterial für die Stück-K. Man unterscheidet **Divisions-** und **Zuschlagskalkulation.** – Die neuere Entwicklung zielt dahin, die Zurechenbarkeit der Kosten in den Vordergrund zu rücken, die Kostenabhängigkeit von der Produktmenge zu berücksichtigen (Deckungsbeitragsrechnung) und die Zukunftsorientierung der Rechnung (Plankostenrechnung) zu betonen.

Kostgeschäft, das Reportgeschäft.

Kostomarow, Nikolaj Iwanowitsch, ukrain. Schriftst. und Historiker, * 1817, † 1885, historiograph. Werke zur ukrain. und russ. Gesch., ferner Gedichte, histor. Dramen und Romane.

Köstritz, Bad K., Kurort im Bez. Gera, 4500 Ew.

Kostroma, Hptst. des Gebiets K., Russ. SFSR, an der oberen Wolga, 255000 Ew.; Bauten aus dem 16. und 17. Jh.; Leinenind., Werft, Maschinenbau u. a. Ind.

Kostrzyn [kˈɔstʃin], poln. Name von →Küstrin.

Kostüm [frz.] das, **1)** Tracht, Kleidung; Verkleidung (Theater, Karneval). **2)** Damenbekleidung: Rock und Jacke.

Kot, bei Menschen und Tieren: die Darmausscheidungen.

Kota Bharu, Hptst. von Kelantan, W-Malaysia, 55100 Ew.

Kota Kinabalu, früher Jesselton, seit 1946 Hptst. von Sabah (Ost-Malaysia), Borneo, 41400 Ew.; Verwaltungs- und Handelszentrum mit internat. Flugplatz, Überseehafen.

Ko|tangens, →Winkelfunktionen.

Kotau der, chines. **K'ou-t'ou,** in China die tiefe Verbeugung im Gottesdienst, vor hochgestellten Personen.

Köte die, **Fesselgelenk,** Fußgelenk bei Huftieren.

Kotelett [frz.] das, Rippenstück von Kalb, Hammel, Schwein, Wild; kleinstes Stück Fleisch.

Koteletten Mz., schmaler Schläfen- oder Backenbart.

Kotflügel, bei Straßenfahrzeugen ein Schutzblech der Räder zum Auffangen des Schmutzes.

Köthen/Anhalt, Krst. im Bez. Halle, 34650 Ew.; Schloß der Fürsten von Anhalt-Köthen (1597–1604 erbaut); Maschinenbau (Förderanlagen, Kräne) u. a. Ind.

Korund

prismatisch

spitzpyramidal

taflig

rhomboedrisch

Aleksej Kossygin

Koth

Kothurn [grch.] *der,* hoher Schuh in der Antike; gehörte mit bes. dicker Sohle zum Kostüm der Tragödien-Schauspieler.

Kotierung, Zulassung eines Wertpapiers zur amtl. Notierung an der Börse.

Kotillon, Cotillon [kɔtij'ɔ̃, frz.] *der,* urspr. **Contredanse,** Gesellschaftsspiel in Tanzform, oft Abschluß des Balles.

Kotingas *Mz.,* **Schmuckvögel,** südamerikan. drosselgroße Fam. der Sperlingsvögel mit rd. 90 Arten.

Kotka, Hafenstadt in SO-Finnland, 34 400 Ew.; bed. Exporthafen; Holzverarbeitung (Cellulose, Papier).

Kotkäfer, Gatt.-Gruppe der Blatthornkäfer, rd. 1 900 Arten, tragen Kotballen als Larvennahrung in 30–60 cm tiefe Stollen.

Kotlin, sowjet. Insel im Finnischen Meerbusen, 15 km², mit dem Kriegshafen → Kronstadt.

Kotor, ital. **Cattaro,** Hafenstadt in Montenegro, Jugoslawien, an der Bucht von K., 5 800 Ew. – K. war im MA. ein fast selbständiger Stadtstaat, wechselnd unter byzantin., serb., ungar. und bosn. Hoheit; kam 1420 an Venedig; gehörte 1797–1805 und 1814–1918 zu Österreich.

Kotschinchina, →Cochinchina.

Kotsteine, Darmsteine, meist aus phosphor- und kohlensaurem Kalk bestehende Steine im Darm. K. kommen auch bei Tieren vor, bes. bei Pferden.

Kott, Jan, poln. Literarhistoriker und Theaterkritiker, * 1914, arbeitete bes. über die Lit. des 18. Jh. und Shakespeare (›Shakespeare heute‹, 1961).

Kotyledon [grch.] *der,* **Keimblatt,** bereits am Embryo der Samenpflanzen ausgebildetes Erstlingsblatt.

Kotze [zu Kutte] *die,* ärmelloser, knielanger Wetterüberwurf aus Loden, der vorn geknöpft wird.

Kotzebue [-bu] August von (1785), Dramatiker, * 1761, † 1819, 1781–90 im russ. Staatsdienst, befehdete seit 1807 Napoleon in Zeitschriften, war seit 1817 russ. Kultur-Attaché und polit. Beobachter in Dtl., verspottete liberale Anschauungen und nat. Begeisterung, wurde von dem Studenten K. L. Sand erdolcht. K. war einer der erfolgreichsten Bühnenschriftst. seiner Zeit (Lustspiele: ›Die beiden Klingsberg‹, 1801; ›Die dt. Kleinstädter‹, 1803). Bild S. 139

Kowa, Victor de, eigtl. V. **Kowarzik,** Schauspieler, * 1904, † 1973, Bonvivant- und Charakterdarsteller, auch in vielen Filmen.

Kowalewskaja, Sofja Wassiljewna, russ. Mathematikerin, * 1850, † 1891, arbeitete über partielle Differenzialgleichungen und Kreiseltheorie.

Kowloon [kauʔl'uːn], **Kaulun,** chines. **Jiulong,** Halbinsel und Stadt, Teil von →Hongkong, rd. 1,5 Mio. Ew.; Standort des Flughafens Kai Tak von Hongkong.

Kowno, russ. Name von →Kaunas.

Kowrow, Industriestadt östl. von Moskau, 144 000 Ew.

Koyasan, Berg wsw. der japan. Halbinsel Kii (Honshu); auf seiner 900 m hohen Gipfelschulter eine der bedeutendsten Klostersiedlungen Japans.

Kozhikode [-ʒ], früher engl. **Calicut,** Stadt im Staat Kerala, Indien, 334 000 Ew.; Holzverarbeitung, Textilind., Kaffeeaufbereitung; Univ. (1968).

kp, Einheitenzeichen für **Kilopond.**

KP, Abk. für →**Kommunistische Partei.**

Kr, chem. Zeichen für **Krypton.**

Kra, Isthmus von K., Landenge auf der hinterind. Halbinsel Malakka, 42 km breit.

Krabbe, 🐚 →**Kriechblume.**

Krabbe, *Ez.* die Krabbe, **Kurzschwanzkrebse, Brachyuren, Brachyura,** Unter-Ordn. der Zehnfußkrebse mit gedrungenem Kopfbruststück, unter das der zu einer kurzen flachen Schwanzplatte (bei den Weibchen Brutraum für die Eier) umgebildete Hinterleib eingeschlagen wird. Die gestielten Augen und die kurzen zweiten Fühler können in eigenen Gruben geborgen werden. Als Larvenform tritt die **Zoëa** auf, die noch einen langen gegliederten Hinterleib hat. Die K. sind größtenteils Meeresbewohner. Die K. umfassen u. a. die **Dreiecks-K.** oder **Seespinnen,** die auf ihrem Rücken Fremdkörper anbringen, so die japanische Riesen-K.; weitere Familien: Land-, Renn-, Scham-, Schwimm-, Süßwasser-K.; Gattungen: Winker-, Woll-K. und Arten wie Strand-, Wollhand-K., Taschenkrebs. (Bild S. 139

Krabbentaucher, zu den Alken gehöriger Schwimmvogel der Arktis.

Kracken [engl. to crack ›spalten‹], **Cracken** [kr'ækən], Spaltung hochsiedender höhermolekularer Kohlenwasserstoffe in niedrigsiedende niedermolekulare. – Das **thermische K.** wird in 3 Temperaturbereichen durchgeführt: das **therm. K. i. e. S.** zw. 400 und 650 °C dient der Erdölverarbeitung in der Raffinerie, die **Mitteltemperatur-Pyrolyse (Steamcracken)** zw. 650 und 1 000 °C zur Herstellung von Alkenen, die **Hochtemperatur-Pyrolyse** bei Temperaturen über 1 000 °C zur Herstellung von Acetylen neben Äthylen. Bei den **Coking-Verfahren** wird durch Erhitzen auf etwa 500 °C v. a. die Bildung von Petrolkoks angestrebt. Durch **katalytisches K.** werden v. a. olefinreiche Benzinfraktionen aus Vakuumdestillation gewonnen. – Beim **Hydro-K.** (Spaltung unter Wasserstoff bei erhöhtem Druck) entstehen olefinfreie Benzinfraktionen. (Bild S. 139)

Krad, Abk. für →**Kraftrad.**

Krafft, Kraft, Adam, Nürnberger Sandsteinbildhauer, * um 1460, † 1508/09, wurzelte im Spätgotik und gelangte später zu einer sich der Renaissance nähernden Klarheit der Form. Werke: Schreyer-Epitaph mit Passionsreliefs am Chor von St. Sebaldus (1490–92); Sakramentshaus in St. Lorenz, 20 m hoch (1493–96), beide Nürnberg.

Krafft-Ebing, Richard Frhr. von, Psychiater, * 1840, † 1902; begründete die moderne Psychopathologie der Sexualität.

Kraft, physikal. Größe, die bei der Wechselwirkung physikal. Systeme auftritt und durch die Änderung des Bewegungszustandes eines Körpers, genauer seiner Impulsänderung in der Zeit, gemessen wird. Für kleine Geschwindigkeiten gilt: K. = Masse × Beschleunigung. Maßeinheit ist das →Newton. Zwei (oder mehrere) in einem Punkt angreifende Kräfte können zu ihrer **Resultierenden** vereinigt werden. Deren Größe und Richtung ist durch die Diagonale eines Parallelogramms bestimmt, dessen Seiten die gegebenen Kräfte darstellen (**Kräfte-Parallelogramm**).

Kraft, 1) Adam, Bildhauer, →**Krafft. 2)** Werner, Schriftst., * 1896; Lyriker, Erzähler, Essayist, Kritiker und Interpret dt. Dichtung; lebt in Jerusalem.

Kraftfahrstraße, Kraftfahrzeugstraße, früher **Autostraße,** eine ausschließlich für Kraftfahrzeuge bestimmte Straße, mit anderen Verkehrswegen nicht unbedingt plankreuzungsfrei geführt, i. d. R. vierspurig, meist Zubringerstraßen von den Städten zur Autobahn (Autobahnzubringer).

Kraftfahrt-Bundesamt, KBA, 1951 errichtete Bundesoberbehörde für den Kraftfahrzeugverkehr, Flensburg-Mürwik; sie führt u. a. ›Verkehrssünderkartei‹ (seit 1958).

Kraftfahrtversicherung, Sammelbez. für versch. Versicherungszweige gegen die Gefahren aus dem Gebrauch eines Kraftfahrzeuges: **Haftpflicht-, Fahrzeug- (Voll-** oder **Teilkasko), Kraftunfall-, Gepäckversicherung.** Sie werden mit nur einem Versicherungsschein abgeschlossen, dem die ›Allg. Bedingungen für die K.‹ i. d. F. v. 1. 10. 1965 zugrunde liegen. K.-Verträge dürfen nur nach Tarifen abgeschlossen werden, die nach den Grundsätzen der Ges. über die Pflichtversicherungen für Kraftfahrzeuge i. d. F. v. 9. 4. 1965, zuletzt geändert durch Ges. v. 20. 4. 1976, genehmigt worden sind.

Kraftfahrzeug, Kfz, Landfahrzeug, das durch Maschinenkraft bewegt wird und nicht an Gleise gebunden zu sein. In der Bundesrep. Dtl. sind Rechtsgrundlagen für die Zulassung von K. und den K.-Verkehr das Straßenverkehrs-Ges. (StVG) v. 19. 12. 1952, zuletzt geändert durch Ges. v. 16. 8. 1977, die Straßenverkehrs-Zulassungs-Ordnung (StVZO) v. 15. 11. 1974, zuletzt geändert 1976, die Straßenverkehrs-Ordnung (StVO) v. 16. 11. 1970, zuletzt geändert durch VO v. 5. 8. 1976, ferner das Personenbeförderungs-Ges. v. 24. 8. 1961 und das Güterkraftverkehrs-Ges. i. d. F. v. 6. 8. 1975.

K. mit einer Höchstgeschwindigkeit von mehr als 6 km/h und ihre Anhänger müssen, von einigen Ausnahmen abgesehen, zum Betrieb auf öffentl. Straßen behördlich zugelassen sein. Die Betriebserlaubnis muß erteilt werden, wenn das K. den Vorschriften der StVZO entspricht. Sie erlischt, wenn die K. den Vorschriften der StVZO entspricht und ein →Kraftfahrzeugschein oder Anhängerschein und ein →Kraftfahrzeugbrief oder Anhängerbrief ausgehändigt sowie ein amtl. →Kraftfahrzeugkennzeichen zugeteilt ist. Das Fahren mit nicht zugelassenen K. wird mit Geld- oder Freiheitsstrafe geahndet (§ 23 StVG).

Ähnl. Bestimmungen wie in der Bundesrep. Dtl. bestehen in der Dt. Dem. Rep. (Straßenverkehrs-Ordnung und Straßenverkehrs-Zulassungs-VO v. 30. 1. 1964, i. d. F. v. 20. 5. 1971), in Österreich (Kraftfahr-Ges. v. 23. 6. 1967) und der Schweiz (Bundesges.

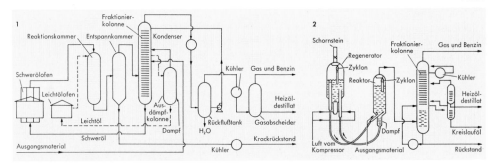

Kracken: links: thermisches Kracken, rechts: katalytisches Kracken im Wirbelschichtverfahren

v. 19. 12. 1958, bundesrätl. VO über die Straßenverkehrsregeln v. 13. 11. 1962).

Kraftfahrzeugbrief, Urkunde, die der Sicherung des Eigentums u. a. Rechte am Fahrzeug dient; enthält eine Fahrzeugbeschreibung, das amtl. Kennzeichen und die Personalien desjenigen, für den es zugelassen wird. Nicht auf Fahrten mitzuführen, Verlust ist anzuzeigen. Entsprechend: **Anhängerbrief.**

Kraftfahrzeughaftung, ♐ Verpflichtung des → Kraftfahrzeughalters zum Schadensersatz, wenn bei dem Betrieb seines Fahrzeugs ein Mensch getötet oder verletzt oder eine Sache beschädigt wird, auch wenn ihn kein Verschulden trifft. Neben dem Halter haftet auch der Führer des Fahrzeugs, wenn er den Schaden verschuldet hat (§§ 7 ff. StVG).

Kraftfahrzeughalter, derjenige, der ein Kraftfahrzeug für eigene Rechnung in Gebrauch hat und die Verfügungsgewalt darüber besitzt; Eigentümer braucht er nicht zu sein.

Kraftfahrzeug|industrie, Herstellung und Absatz von Kraftfahrzeugen. Die Weltproduktion von Personenwagen stieg von (1960) 12,8 Mio. auf (1980) 28,81 Mio.

Kraftfahrzeugkennzeichen (hierzu Übersicht), zur polizeil. Registrierung eines Kraftfahrzeugs dienende amtl. Kennzeichen. Es wird vom Verfügungsberechtigten bei der zuständigen Heimatzulassungsstelle unter Vorlage des Kraftfahrzeugscheins sowie des Nachweises einer ausreichenden Kraftfahrzeug-Haftpflichtversicherung (→ Kraftfahrtversicherung) beantragt. Das K. enthält seit der VO v. 29. 3. 1956 ein bis drei Buchstaben für den VerwBez. (Übersicht S. 140–142) und die Erkennungsnummer (mit Dienststempel), unter der das Kraftfahrzeug bei der Zulassungsstelle eingetragen ist, beides in schwarzen Buchstaben auf weißem Grund. Die Kennzeichen müssen gut lesbar sein, dürfen nicht spiegeln und sind an Vorder- und Rückseite des Kraftfahrzeugs fest anzubringen (bei Anhängern und Krafträdern an der Rückseite). Das hintere Kennzeichen muß ausreichend und gleichmäßig beleuchtet sein. Außer dem Kennzeichen ist an Kraftfahrzeugen der Bundesrep. Dtl. bei Fahrten ins Ausland das Nationalitätszeichen D anzubringen.

Kraftfahrzeugmechaniker, **Kraftfahrzeughandwerker,** Ausbildungsberuf des Handwerks (3jährige Ausbildung) und der Industrie (3 1/2jährige Ausbildung: **Kraftfahrzeugschlosser).** Spezialberuf: **Kraftfahrzeugelektriker** (3jährige Ausbildung).

Kraftfahrzeugschein, amtl. Urkunde, die auf den Namen des Kraftfahrzeughalters ausgestellt wird und die polizeil. Zulassungsnummer sowie bestimmte techn. Daten des Fahrzeugs enthält. Der K. ist vom jeweiligen Benutzer des Fahrzeugs mitzuführen. Entsprechend der **Anhängerschein.**

Kraftfahrzeugsteuer, Verbrauchssteuer, der das Halten eines Kraftfahrzeugs oder Anhängers zum Verkehr auf öffentl. Straßen unterliegt (Ges. v. 1. 2. 1979). Die K. bemißt sich nach dem Hubraum (bei Zwei- und Dreirad-Kraftfahrzeugen und Pkw) und (bei allen anderen Kraftfahrzeugen) nach dem verkehrsrechtl. höchstzulässigen Gesamtgewicht. Von der K. befreit sind Fahrzeuge von Bund, Ländern, Gemeinden, zur Krankenbeförderung, Straßenreinigung, zur Feuerlöschdienst, Wegebau u. a., auch Obusse. Das Aufkommen der K., das den Ländern zusteht, betrug 1980: 6,58 Mrd. DM.

Kraftfeld, → Feld.

Kraftfutter, eiweißreiches Viehfutter.

Kraftlos|erklärung, Rechtshandlung, durch die Urkunden ihre Wirksamkeit entzogen wird.

Kraftmaschinen, Maschinen zur Umsetzung einer Energieform z. B. Wasser-, elektr. oder Wärmeenergie in mechan. Energie, wobei treibende Kräfte erzeugt werden. Man unterscheidet: Wasser-K., Elektromotoren, Wärme-K. (Dampfmaschinen, Dampfturbinen, Verbrennungsmotoren).

Kraftmesser, das → Dynamometer.

Kraft|omnibus, Omnibus, Autobus, Abk. **KOM, Bus,** ein Kraftwagen für die Beförderung von mehr als 9 Personen (einschl. Fahrer) und ihres Reisegepäcks.

Kraftrad, durch luftgekühlten, seltener durch Wasser oder Gebläse gekühlten Zwei- oder Viertakt-Ottomotor angetriebenes einspuriges Fahrzeug, auch mit Beiwagen. Der Antrieb geschieht über Kupplung, Wechselgetriebe, Gelenkwelle oder Kette auf das Hinterrad. – Arten: **Motorrad,** über 80 cm³ oder über 80 km/h; Führerschein-Klasse 1. – **Leichtkraftrad,** 51–80 cm³ Hubraum, bis max. 80 km/h; Führerschein-Klasse 1 b (b=beschränkt). **Kleinkraftrad** (Moped, Mokick), bis 50 cm³ Hubraum, bis 40 km/h; Führerschein-Klasse 4. – **Fahrrad mit Hilfsmotor, Motorfahrrad (Mofa),** bis 25 km/h; Prüfbescheinigung.

Kraftschluß, ⊙ Weiterleitung von Kräften zw. Bauteilen oder an die Umgebung durch Reibungskräfte (z. B. bei Räderfahrzeugen zw. Rad und Fahrbahn, oder durch Feldkräfte, z. B. bei der Induktionskupplung).

Kraftstoffe, meist flüssige Kohlenwasserstoffgemische, die als Antriebsmittel für Verbrennungskraftmaschinen verwendet werden. Man unterscheidet: Otto- oder Vergaser-K., Diesel-K., Flugturbinen-K.; Flüssiggase als K. für Gasmotoren und Gasturbinen und Petroleum als Traktoren-K. haben daneben nur sehr geringe Bedeutung. Alle K. werden aus Erdöl gewonnen. Als K. grundsätzlich geeignet sind auch andere brennbare Stoffe (Alter-

Krabben: Strand-K.

August von Kotzebue

Kraftrad: Motorrad BMW R 100 RS, teilweise aufgeschnitten, 972 cm³, 51 kW (70 PS), luftgekühlter 2-Zylinder, 200 km/h

Bundesrep. Dtl. und West-Berlin
(Unterscheidungszeichen der VerwBez., die 1982 zugeteilt werden)

A	Augsburg
AA	Ostalb-Kr. in Aalen
AB	Aschaffenburg
AC	Aachen
AIC	Aichach-Friedberg in Aichach, Kr.
AK	Altenkirchen Westerwald, Kr.
AM	Amberg
AN	Ansbach
AÖ	Altötting, Kr.
AS	Amberg-Sulzbach in Amberg, Kr.
AUR	Aurich, Kr.
AW	Bad Neuenahr-Ahrweiler in Ahrweiler, Kr.
AZ	Alzey-Worms in Alzey, Kr.
B	Berlin
BA	Bamberg
BAD	Baden-Baden, Stadt
BB	Böblingen, Kr.
BC	Biberach, Riß, Kr.
BGL	Berchtesgadener Land in Bad Reichenhall, Kr.
BI	Bielefeld, Stadt
BIR	Birkenfeld Nahe, Kr. Idar-Oberstein, Stadt
BIT	Bitburg-Prüm in Bitburg, Kr.
BL	Zollernalb-Kr. in Balingen
BM	Erft-Kr. in Bergheim
BN	Bonn, Stadt
BO	Bochum, Stadt
BOR	Borken in Ahaus, Kr.
BOT	Bottrop, Stadt
BRA	Wesermarsch in Brake Unterweser, Kr.
BS	Braunschweig, Stadt
BT	Bayreuth
BÜS	Konstanz, Kr., Gem. Büsingen am Hochrhein
CE	Celle, Kr.
CHA	Cham, Kr.
CLP	Cloppenburg, Kr.
CO	Coburg
COC	Cochem-Zell in Cochem, Kr.
COE	Coesfeld, Kr.
CUX	Cuxhaven, Kr.
CW	Calw, Kr.
D	Düsseldorf, Stadt
DA	Darmstadt Darmstadt-Dieburg in Darmstadt, Kr.
DAH	Dachau, Kr.
DAN	Lüchow-Dannenberg in Lüchow, Kr.
DAU	Daun, Kr.
DEG	Deggendorf, Kr.
DEL	Delmenhorst, Stadt
DGF	Dingolfing-Landau in Dingolfing, Kr.
DH	Diepholz, Kr.
DLG	Dillingen a. d. Donau, Kr.
DN	Düren, Kr.
DO	Dortmund, Stadt
DON	Donau-Ries in Donauwörth, Kr.
DT	Lippe in Detmold, Kr.
DU	Duisburg, Stadt
DÜW	Bad Dürkheim Weinstraße in Neustadt Weinstraße, Kr.
E	Essen, Stadt
EBE	Ebersberg, Kr.
ED	Erding, Kr.
EI	Eichstätt, Kr.
EL	Emsland in Meppen, Kr.
EM	Emmendingen, Kr.
EMD	Emden, Stadt
EMS	Rhein-Lahn-Kr. in Bad Ems Lahnstein, Stadt
EN	Ennepe-Ruhr-Kr. in Schwelm
ER	Erlangen
ERB	Odenwald-Kr. in Erbach Odenwald
ERH	Erlangen-Höchstadt in Erlangen, Kr.
ES	Esslingen Neckar, Kr.
ESW	Werra-Meißner-Kr. in Eschwege
EU	Euskirchen, Kr.
F	Frankfurt/Main, Stadt
FB	Wetterau-Kr. in Friedberg Hessen
FD	Fulda, Kr.
FDS	Freudenstadt, Kr.
FFB	Fürstenfeldbruck, Kr.
FL	Flensburg, Stadt
FN	Bodensee-Kr. in Friedrichshafen
FO	Forchheim, Kr.
FR	Freiburg, Breisgau Breisgau-Hochschwarzwald in Freiburg-Breisgau, Kr.
FRG	Freyung-Grafenau in Freyung, Kr.
FRI	Friesland in Jever, Kr.
FS	Freising, Kr.
FT	Frankenthal Pfalz, Stadt
FÜ	Fürth
GAP	Garmisch-Partenkirchen, Kr.
GE	Gelsenkirchen, Stadt
GER	Germersheim, Kr.
GF	Gifhorn, Kr.
GG	Groß-Gerau, Kr.
GI	Gießen, Kr.
GL	Rheinisch-Bergischer-Kr. in Bergisch-Gladbach
GM	Oberbergischer Kr. in Gummersbach
GÖ	Göttingen
GP	Göppingen, Kr.
GS	Goslar, Kr.
GT	Gütersloh in Rheda-Wiedenbrück, Kr.
GZ	Günzburg, Kr.
H	Hannover
HA	Hagen, Stadt
HAM	Hamm, Stadt
HAS	Haßberge in Haßfurth, Kr.
HB	Hansestadt Bremen Bremen Nord in Bremen Vegesack, Bremerhaven, Stadt
HD	Heidelberg Rhein-Neckar-Kreis in Heidelberg, Kr.
HDH	Heidenheim Benz, Kr.
HE	Helmstedt, Kr.
HEF	Hersfeld-Rotenburg in Bad Hersfeld, Kr.
HEI	Dithmarschen in Heide-Holstein, Kr.
HER	Herne, Stadt
HF	Herford in Kirchlengern, Kr.
HG	Hochtaunus-Kr. in Bad Homburg vor der Höhe
HH	Hansestadt Hamburg Hamburg-Bergedorf Hamburg-Harburg
HI	Hildesheim, Kr.
HL	Hansestadt Lübeck
HM	Hameln-Pyrmont in Hameln, Kr.
HN	Heilbronn, Neckar
HO	Hof
HOL	Holzminden, Kr.
HOM	Saar-Pfalz-Kr. in Homburg Saar
HP	Bergstraße in Heppenheim Bergstraße, Kr.
HR	Schwalm-Eder-Kr. in Homberg
HS	Heinsberg in Erkelenz, Kr.
HSK	Hochsauerland-Kr. in Meschede
HU	Main-Kinzig-Kr. in Hanau
HX	Höxter, Kr.
IGB	St. Ingbert, Stadt
IN	Ingolstadt, Stadt
IZ	Steinburg in Itzehoe, Kr.
K	Köln, Stadt
KA	Karlsruhe
KB	Waldeck-Frankenberg in Korbach, Kr.
KC	Kronach, Kr.
KE	Kempten (Allgäu), Stadt
KEH	Kelheim, Kr.
KF	Kaufbeuren, Stadt
KG	Bad Kissingen, Kr.
KH	Bad Kreuznach
KI	Kiel, Stadt
KIB	Donnersberg-Kr. in Kirchheimbolanden
KL	Kaiserslautern
KLE	Kleve, Kr.
KN	Konstanz, Kr.
KO	Koblenz, Kr.
KR	Krefeld, Stadt
KS	Kassel
KT	Kitzingen, Kr.
KU	Kulmbach, Kr.
KÜN	Hohenlohe-Kr. in Künzelsau
KUS	Kusel, Kr.
L	Lahn-Dill-Kr. in Wetzlar Lahn-Dill-Kr. in Dillenburg
LA	Landshut
LAU	Nürnberger Land in Lauf a. d. Pegnitz, Kr.
LB	Ludwigsburg, Kr.
LD	Landau, Stadt
LER	Leer Ostfriesland, Kr.
LEV	Leverkusen, Stadt
LG	Lüneburg, Kr.
LI	Lindau (Bodensee), Kr.
LIF	Lichtenfels, Kr.
LL	Landsberg a. Lech, Kr.
LM	Limburg-Weilburg in Limburg Lahn, Kr.
LÖ	Lörrach, Kr.
LU	Ludwigshafen Rhein
M	München
MA	Mannheim, Stadt
MB	Miesbach, Kr.
ME	Mettmann, Kr.
MG	Mönchengladbach, Stadt
MH	Mühlheim a. d. Ruhr, Kr.
MI	Minden-Lübbecke in Minden, Kr.
MIL	Miltenberg, Kr.
MK	Märk. Kr. in Lüdenscheid
MM	Memmingen, Stadt
MN	Unterallgäu in Mindelheim, Kr.
MOS	Neckar-Odenwald-Kr. in Mosbach
MR	Marburg, Biedenkopf in Marburg Lahn, Kr.
MS	Münster, Stadt
MSP	Main-Spessart in Karlstadt, Kr.
MTK	Main-Taunus-Kr. in Hofheim am Taunus
MÜ	Mühldorf a. Inn, Kr.
MYK	Mayen-Koblenz in Koblenz, Kr. Mayen-Koblenz in Mayen, Kr. Stadt Andernach
MZ	Mainz, Stadt Mainz-Bingen in Mainz, Kr. Mainz-Bingen in Bingen, Kr.
MZG	Merzig-Wadern in Merzig Saar, Kr.
N	Nürnberg, Stadt
ND	Neuburg-Schrobenhausen in Neuburg a. d. Donau, Kr.
NE	Neuss, Kr.
NEA	Neustadt a. d. Aisch-Bad Windsheim in Neustadt a. d. Aisch, Kr.

NES	Rhön-Grabfeld in Bad Neustadt a. d. Saale, Kr.	PE	Peine, Kr.	SIG	Sigmaringen, Kr.	VK	Völklingen, Stadt
		PF	Pforzheim Enz-Kr. in Pforzheim	SIM	Rhein-Hunsrück-Kr. in Simmern	VS	Schwarzwald-Baar-Kr. in Villingen-Schwenningen
NEW	Neustadt a. d. Waldnaab, Kr.	PI	Pinneberg, Kr.	SL	Schleswig-Flensburg in Schleswig, Kr.		
NF	Nordfriesland in Husum, Kr.	PLÖ	Plön Holstein, Kr.	SLS	Saarlouis, Kr.		
		PS	Pirmasens	SO	Soest, Kr.	W	Wuppertal, Stadt
NI	Nienburg Weser, Kr.			SP	Speyer, Stadt	WAF	Warendorf in Beckum, Kr.
NK	Neunkirchen Saar, Kr.	R	Regensburg	SR	Straubing, Stadt Straubing-Bogen in Straubing, Kr.		
NM	Neumarkt i. d. OPf., Kr.	RA	Rastatt, Kr.			WEN	Weiden i. d. OPf. Stadt
		RD	Rendsburg-Eckernförde in Rendsburg, Kr.				
NMS	Neumünster, Stadt			ST	Steinfurt, Kr.	WES	Wesel in Moers, Kr.
NOH	Gfsch. Bentheim in Nordhorn, Kr.	RE	Recklinghausen in Marl, Kr.	STA	Starnberg, Kr.	WF	Wolfenbüttel, Kr.
				STD	Stade, Kr.	WHV	Wilhelmshaven, Stadt
NOM	Northeim, Kr.	REG	Regen, Kr.	SU	Rhein-Sieg-Kr. in Siegburg	WI	Wiesbaden, Stadt
NR	Neuwied, Rhein	RH	Roth, Kr.			WIL	Bernkastel-Wittlich in Wittlich, Kr.
NU	Neu-Ulm, Kr.	RO	Rosenheim	SÜW	Südl. Weinstraße in Landau, Kr.		
NW	Neustadt Weinstraße, Stadt	ROW	Rotenburg Wümme, Kr.	SW	Schweinfurt	WL	Harburg in Winsen Luhe, Kr.
		RS	Remscheid, Stadt	SZ	Salzgitter, Stadt	WM	Weilheim-Schongau in Weilheim i. Ob., Kr.
OA	Oberallgäu in Sonthofen, Kr.	RT	Reutlingen, Kr.				
OAL	Ostallgäu in Marktoberdorf, Kr.	RÜD	Rheingau-Taunus-Kr. in Rüdesheim	TBB	Main-Tauber-Kr. in Tauberbischofsheim	WN	Rems-Murr-Kr. in Waiblingen
			Rheingau-Taunus-Kr. in Bad Schwalbach	TIR	Tirschenreuth, Kr.	WND	St. Wendel, Kr.
OB	Oberhausen, Stadt			TÖL	Bad Tölz-Wolfratshausen in Bad Tölz, Kr.	WO	Worms, Stadt
OD	Stormarn in Bad Oldesloe, Kr.	RV	Ravensburg, Kr.			WOB	Wolfsburg, Stadt
		RW	Rottweil, Kr.			WST	Ammerland in Westerstede, Kr.
OE	Olpe, Kr.	RZ	Hzgt. Lauenburg in Ratzeburg, Kr.	TR	Trier; Kr. Trier-Saarburg in Trier		
OF	Offenbach, Main			TS	Traunstein, Kr.	WT	Waldshut in Waldshut-Tiengen, Kr.
OG	Ortenau-Kr. in Offenburg			TÜ	Tübingen, Kr.		
OH	Ostholstein in Eutin, Kr.	S	Stuttgart, Stadt	TUT	Tuttlingen, Kr.	WTM	Wittmund, Kr.
		SAD	Schwandorf, Kr.			WÜ	Würzburg
OHA	Osterode Harz, Kr.	SB	Saarbrücken, Stadtverband	UE	Uelzen, Kr.	WUG	Weißenburg-Gunzenhausen in Weißenburg i. Bay., Kr.
OHZ	Osterholz in Osterholz Scharmbeck, Kr.			UL	Ulm Donau Alb-Donau-Kr. in Ulm Donau		
		SC	Schwabach, Stadt	UN	Unna, Kr.		
OL	Oldenburg	SE	Segeberg, Kr.			WUN	Wunsiedel i. Fichtelgebirge, Kr.
OS	Osnabrück	SFA	Soltau-Fallingbostel in Fallingbostel, Kr.				
PA	Passau	SG	Solingen, Stadt	VB	Vogelsberg-Kr. in Lauterbach Hessen	WW	Westerwald in Montabaur, Kr.
PAF	Pfaffenhofen a. d. Ilm, Kr.	SHA	Schwäbisch Hall, Kr.	VEC	Vechta, Kr.		
PAN	Rottal-Inn in Pfarrkirchen, Kr.	SHG	Schaumburg in Stadthagen, Kr.	VER	Verden Aller, Kr.		
PB	Paderborn, Kr.	SI	Siegen, Kr.	VIE	Viersen, Kr.	ZW	Zweibrücken, Stadt

Weitere Unterscheidungszeichen:

BD	Bundestag, Bundesrat, Bundesregierung	O	Diplomat. Korps, Zulassungsstelle Bonn
BP	Dt. Bundespost	RPL	Rheinland-Pfalz, Landesreg. und Landtag
BW	Bundes-Wasser- und Schiffahrtsverwaltung	RWL	Nordrhein-Westfalen, Landesreg. und Landtag
BWL	Bad.-Württemberg, Landesreg. und Landtag	SAL	Saarland, Landesreg. und Landtag
BYL	Bayern, Landesreg. und Landtag	SH	Schleswig-Holstein, Landesreg. und Landtag
DB	Dt. Bundesbahn	X	Bundeswehr für Fahrzeuge der NATO-Hauptquartiere
HEL	Hessen, Landesreg. und Landtag	Y	Bundeswehr
NL	Niedersachsen, Landesreg. und Landtag	Z	Zoll

Dt. Dem. Rep.

A	Rostock	F	Erfurt	N	Gera	U	Leipzig
B	Schwerin	I	Berlin	O	Suhl	V	Halle
C	Neubrandenburg	K	Halle	R	Dresden	X	Karl-Marx-Stadt
D	Potsdam	L	Erfurt	S	Leipzig	Y	Dresden
E	Frankfurt/O.	M	Magdeburg	T	Karl-Marx-Stadt	Z	Cottbus

Österreich

B	Burgenland	O	Oberösterreich	T	Tirol	L	Linz
K	Kärnten	S	Salzburg	V	Vorarlberg	W	Wien
N	Niederösterreich	St	Steiermark	G	Graz		

Schweiz

AG	Aargau	BS	Basel-Stadt	NE	Neuenburg	TG	Thurgau
AI	Appenzell-Innerrhoden	FR	Freiburg	NW	Nidwalden	TI	Tessin
AR	Appenzell-Außerrhoden	GE	Genf	OW	Obwalden	UR	Uri
		GL	Glarus	SG	St. Gallen	VD	Waadt
BE	Bern	GR	Graubünden	SH	Schaffhausen	VS	Wallis
BL	Basel-Land	JU	Jura	SO	Solothurn	ZG	Zug
		LU	Luzern	SZ	Schwyz	ZH	Zürich

Kraf

Nationalitätszeichen

A	Österreich	ET	Ägypten	MA	Marokko	S	Schweden
ADN	Jemen	ETH	Äthiopien	MAL	Malaysia	SD	Swasiland
	(Demokrat. VR)	F	Frankreich und	MC	Monaco	SF	Finnland
AL	Albanien		Überseegebiete	MEX	Mexiko	SGP	Singapur
AND	Andorra	FJI	Fidschi	MS	Mauritius	SME	Surinam
AUS	Australien	FL	Liechtenstein	MW	Malawi	SN	Senegal
B	Belgien	FR	Färöer	N	Norwegen	SP	Somalia
BD	Bangladesh	GB	Großbritannien	NA	Niederländ.	SU	Sowjetunion
BDS	Barbados		und Nordirland		Antillen	SY	Seychellen
BG	Bulgarien	GBA	Alderney	NIC	Nicaragua	SYR	Syrien
BH	Belize	GBG	Guernsey	NL	Niederlande	T	Thailand
BR	Brasilien	GBJ	Jersey	NZ	Neuseeland	TG	Togo
BRN	Bahrein	GBM	Insel Man	P	Portugal	TN	Tunesien
BRU	Brunei	GBZ	Gibraltar	PA	Panama	TR	Türkei
BS	Bahamas	GCA	Guatemala	PAK	Pakistan	TT	Trinidad und Tobago
BUR	Birma	GH	Ghana	PE	Peru	U	Uruguay
C	Kuba	GR	Griechenland	PL	Polen	USA	Verein. Staaten
CDN	Kanada	GUY	Guyana	PY	Paraguay	V	Vatikanstadt
CH	Schweiz	H	Ungarn	R	Rumänien	VN	Vietnam
CI	Elfenbeinküste	HK	Hongkong	RA	Argentinien	WAG	Gambia
CL	Sri Lanka	I	Italien	RB	Botswana	WAL	Sierra Leone
CO	Kolumbien	IL	Israel	RC	China	WAN	Nigeria
CR	Costa Rica	IND	Indien	RCA	Zentralafrikan.	WD	Dominica
CS	Tschechoslowakei	IR	Iran		Rep.	WG	Grenada
CY	Zypern	IRL	Irland	RCB	Kongo	WL	St.-Lucia
D	Bundesrep. Dtl.	IRQ	Irak		(Brazzaville)	WS	Westsamoa
DDR	Dt. Dem. Rep.	IS	Island	RCH	Chile	WV	St. Vincent
DK	Dänemark	J	Japan	RH	Haiti	YU	Jugoslawien
DOM	Dominikan. Rep.	JA	Jamaika	RI	Indonesien	YV	Venezuela
DY	Benin (Dahomey)	JOR	Jordanien	RIM	Mauretanien	Z	Sambia
DZ	Algerien	K	Kambodscha	RL	Libanon	ZA	Rep. Südafrika
E	Spanien	KWT	Kuwait	RM	Madagaskar	ZR	Zaire
EAK	Kenia	L	Luxemburg	RMM	Mali	CD	Diplomat. Korps
EAT	Tansania	LAO	Laos	RN	Niger	CC	Konsular. Korps
EAU	Uganda	LAR	Libyen	RSM	San Marino	EUR	Diplomaten der
EC	Ecuador	LS	Lesotho	RSR	Rhodesien		EWG und Euratom
ES	El Salvador	M	Malta	RWA	Rwanda		in Brüssel

nativ-K.), z. B. Alkohole (Äthanol wurde im 2. Weltkrieg benutzt, Methanol befindet sich in der Erprobung) oder Wasserstoff, die aus Kohle oder Erdgas hergestellt werden können. – **Vergaser-K.** sind Benzine, Dieselkraftstoffe für schnellaufende Dieselmotoren sind Mitteldestillate; **Flugturbinen-K.** sind Kerosine. Für langsam laufende Dieselmotoren als Schiffsantrieb werden Marineheizöle (schwere Rückstandsheizöle) verwendet.

Kraftwagen, Automobil, Auto, drei-, vier- oder mehrrädriges, durch einen Motor (meist Verbrennungsmotor) angetriebenes Fahrzeug. Während früher Fahrgestell (Chassis) und Karosserie (Aufbau) selbständige Einheiten waren, überwiegt heute im Personenkraftwagenbau die Bauweise der selbsttragenden Karosserie wegen ihres geringen Gewichts. Dabei treten an die Stelle des eigtl. Rahmens Verstärkungen, an denen die Triebwerk- und Fahrwerkteile befestigt werden. Zwischen den Rädern oder Achsen und dem Rahmen oder der Karosserie sind Schrauben-, Blatt- oder Torsionsstabfedern angeordnet, um die Stöße der Fahrbahn zu mildern. **Last-K.** haben meist noch Vorder- und Hinterachse, bei **Personen-K.** sind die Vorderräder meist einzeln und unabhängig voneinander gelagert. Vom Motor aus wird die Kraft über Kupplung, →Kraftwagengetriebe, Kardanwelle und Ausgleichsgetriebe auf die Triebräder übertragen. Bei K. mit Heckmotor oder Frontantrieb entfällt die Kardanwelle. Die Lenkung, Bedienungs- und Überwachungseinrichtungen (Kupplungs-, Brems-, Gaspedal, Schalthebel, Handbremse, Schalter für Beleuchtung u. a.) sind vom Fahrersitz aus zu bedienen. Die elektr. Ausrüstung umfaßt die Lichtmaschine zur Stromerzeugung, Batterie, Anlasser, Zündanlage, Signaleinrichtung, Scheinwerfer, Scheibenwischer, Heizung, Innenbeleuchtung.

Personenkraftwagen (Pkw) werden nach der Größe des Hubraums unterschieden in Kleinwagen bis 1,0 *l*, mittlere Wagen von 1,1 bis 2,0 *l* und große Wagen über 2 *l* Hubraum. Der **offene Wagen** kommt vor als **Renn-** oder zweitüriger **Sportwagen (Roadster)**, z. T. mit auf- und absetzbarem Dachaufbau (**Hardtop**). Die **geschlossene Wagen, Limousine,** wird als Vier- bis Sechssitzer mit zwei oder vier Türen gebaut. Weitere Bauarten sind: das **Kabriolett**, das **Coupé,** der **Kombiwagen**. Höheren Sicherheitsanforderungen soll

der →Sicherheitskraftwagen genügen, dem Umweltschutz bes. das →Elektrofahrzeug.

Lieferwagen bis zu einer Nutzlast von 750 kg werden mit Kasten- oder Pritschenaufbau meist auf Personenwagenfahrgestellen montiert. Für **Lastkraftwagen (Lkw)** mit Nutzlasten über 1 t sind stärkere Fahrgestelle erforderlich. Fahrzeuge, die oft auf Baustellen oder im Gelände fahren müssen, werden mit Allradantrieb ausgerüstet, der die Geländegängigkeit erhöht. Bauarten sind: **Kastenwagen, Pritschenwagen, Kipper, Sattelschlepper.** Bei **Kraftomnibussen** geht man zur selbsttragenden Bauweise über. (Bilder S. 143 u. 144 sowie Übers. S. 142)

Kraftwagengetriebe, Wechselgetriebe, Schaltgetriebe, dienen dazu, durch eine Übersetzung zw. Motor und angetriebener Achse zu erreichen, daß der Motor bei jeder Fahrgeschwindigkeit in dem für Leistung oder Kraftstoffverbrauch günstigsten Drehzahlbereich arbeitet. K. sind meist gestufte, schaltbare Zahnradgetriebe **(Klauengetriebe)**. **Synchrongetriebe** werden erst dann geschaltet, wenn durch eine Synchronisiervorrichtung die sich drehenden Teile auf gleiche Geschwindigkeit gebracht sind. Bei **vollautomat. Getrieben** wird die Übersetzung an den Fahrzustand ohne Zutun des Fahrers angepaßt. Hierbei genügen das Bedienen des Gaspedals und die Einstellung des gewünschten Fahrbereichs (Stadt, Gebirge, Rückwärtsfahrt), während bei **halbautomat. Getriebe** ohne auszukuppeln geschaltet werden kann. – Die Achsgetriebe der Treibachsen sind meist mit dem →Ausgleichsgetriebe kombiniert. (Bild S. 143)

Kraftwerk, Anlage zur Erzeugung elektr. Energie durch Generatoren. Die mechan. Energie zum Antrieb der Generatoren entzieht man Trägern von Bewegungsenergie (Wasser, Wind), Trägern chem. Energie (Kohle, Erdöl), natürl. Wärmefällen oder Trägern von Kernenergie. Danach werden unterschieden: **Wasser-, Wind-, Wärme-** (**Dampf-, Kern-, Sonnen-, geothermische K.), Gezeiten-K.**

Kraftwerk Union AG, Abk. **KWU,** Mülheim, größter dt. Hersteller von Kraftwerken; gegr. 1969.

Kragen|echse, bis 80 cm lange austral. Agame, die in der Erregung einen breiten Hautkragen abspreizt. (Bild S. 145)

Kragplatte, Kragsims, Kragstein, Kragträger, →Auskragung, → Konsole.

Kragujevac [-vats], Stadt in Serbien, Jugoslawien, 71 000 Ew.; Kraftfahrzeug-, Metall-, Maschinen- u. a. Ind.

Krähen, Rabenvogelarten: in Europa die **Saatkrähe,** schwarz mit schillerndem Metallglanz, und die **Aaskrähe,** bildet in Europa 2 Rassengruppen: im O die graue **Nebelkrähe,** im W die schwarze **Rabenkrähe.**

Krähenbeere, Rauschbeere, Gatt. der Krähenbeerengewächse. Die rosa blühende **Schwarze K.** wächst auf Moorheiden; sie hat schwarze oder rote, säuerliche Beeren.

Krähenfüße, Fältchen in den Augenwinkeln.

Krähenhütte, Versteck des Jägers, vor dem in Schußentfernung auf einen Pfahl ein Uhu als Lockmittel für Krähen und Elstern angebunden ist; selten gewordene Jagdart.

Krähen-Indianer, engl. **Crow** [krəʊ], Stamm der Sioux, Bisonjäger der nördl. Plains, jetzt in einer Reservation in Montana (USA).

Krähennest, ⚓ Beobachtungsstand im vorderen Schiffsmast.

Krähwinkel, früherer dt. Ortsname; durch Kotzebues Lustspiel ›Die dt. Kleinstädter‹ (1803) Sinnbild einer spießbürgerl. Kleinstadt.

Kraichgau, Landschaft zw. nördl. Schwarzwald und Odenwald, Oberrheinebene und Neckar, fruchtbares, dichtbesiedeltes Hügelland (Getreide- und Hackfrucht-, Gemüse-, Obst- und Weinbau).

Krain, slowen. **Kranjska,** der W-Teil Sloweniens, Jugoslawien. – K. gehörte in der Römerzeit zur Prov. Pannonien, seit dem 8. Jh. zu Frankenreich. 1282 bis 1335 wurde es von den Grafen von Görz verwaltet, danach verblieb es bis 1918 bei Österreich (seit 1394 Herzogtum), 1849 österr. Kronland. 1918 wurde der größte Teil zu Jugoslawien, ein kleiner an Italien, dieser 1947 auch an Jugoslawien. Die Deut-

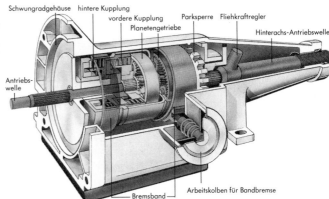

Schwungradgehäuse — hintere Kupplung — vordere Kupplung — Planetengetriebe — Parksperre — Fliehkraftregler — Hinterachs-Antriebswelle — Antriebswelle — Arbeitskolben für Bandbremse — Bremsband

Kraftwagengetriebe: vollautomatisches K.

schen, die im MA. in K. angesiedelt wurden, gingen größtenteils in der slowen. Bev. auf.

Krakatau, Krakatoa, Rakata, vulkan. Insel in der Sunda-Straße, zw. Sumatra und Java; 1883 wurde durch einen Vulkanausbruch die Insel gesprengt und von 33,5 auf 10,5 km² verkleinert (rd. 40 000 Tote).

Krakau, poln. **Kraków** [-kuf], Hptst. der Wwschaft K., Polen, an der oberen Weichsel, 693 000 Ew.; fast unzerstörte Altstadt mit zahlreichen alten Baudenkmälern: got. Marienkirche mit Altar von Veit Stoß, auf dem Schloßberg (Wawel) Schloß mit Kathedrale (Krönungsort und Grabstätte der poln. Könige); Univ., TH, Akademien, Hochschulen, Forschungsinstitute, Erzbischofssitz; Maschinen- und chem. Industrie; metallurg. Kombinat in Nowa Huta. – K. erhielt 1257 Magdeburger Stadtrecht; 1430 Hansestadt; bis ins 16. Jh. hatte es eine dt. bestimmte Bürgerschaft. 1320–1609 poln. Haupt- und Krönungsstadt. Bei der 3. Teilung Polens (1795) fiel K. an Österreich. 1809–15 gehörte es zum Hzgt. Warschau. Der Wiener Kongreß machte K. 1815 zur Freien Stadt, die 1846 Österreich (Galizien) angeschlossen wurde; 1918 an Polen.

Krakeel *der,* Lärm und Streit.

Kraken, Oktopoden, Octopoda, artenreiche Ordn. zweikiemiger Kopffüßer mit 8 Armen, in warmen Meeren. Der **Gemeine K. (Polyp, Pulp),** mit bis 3 m Spannweite, zeigt Farbwechsel. Zu den K. gehören **Moschuspulp** und **Papierboot.**

Krakowiak *der,* nach der Stadt Krakau benannter poln. Nationaltanz im ²/₄-Takt.

Kral, Kraal [afrikaans aus portugies. corrál ›eingefriedeter Platz‹] *der,* auch *das,* Rundlingsiedlung afrikan. Völker mit dem oft ebenso benannten Viehgehege in der Mitte.

Kraljević Marko [-vitsj], der beliebteste Held der serbokroat. und bulgar. Volksdichtung. Der geschichtl. M. (* um 1335, † 1395) war Sohn des Königs Vukašin in Makedonien.

Krallen, gebogene, scharfe Horngebilde an den Zehen mancher Kriechtiere, Vögel und Säugetiere.

Kraftwagen: oben G. Daimler mit seinem Wagen, 1886, 1,5 PS; unten Benz-Motorwagen, 1885, 0,75 PS

Krähen: Nebelkrähe

Kraftwagenerzeugung (1980, in 1 000)			Bestand[1]) an Kraftfahrzeugen		
	Pkw	Lkw		Pkw	Lkw
Bundesrep. Dtl.	3 530	334	Bundesrep. Dtl.	369	20
Dt. Dem. Rep.	176	40	Dt. Dem. Rep.	151	20
ČSSR	184	54	Australien	396	99
Frankreich	2 939	440	Frankreich	345	44
Großbritannien	924	389	Großbritannien	268	33
Italien	1 445	167	Italien	309	24
Japan	7 038	4 005	Japan	196	115
Kanada	847	528	Kanada[2])	411	115
Schweden	256	52	Österreich	285	23
UdSSR	1 327	868	Schweden	346	21
USA	6 376	1 633	Schweiz	340	25
1) 1979, je 1000 Einw.; 2) 1978.			USA[2])	527	143

Kraftwagen:
oben Porsche 911 SC, Motor
und Antrieb hinten, 3 000 cm³,
132 kW (180 PS), 220 km/h;
Mitte Ford Fiesta, Motor und Antrieb vorn,
bis 1300 cm³, 49 kW (66 PS), 158 km/h;
unten Opel Senator, Motor vorn, Antrieb
hinten, bis 3 000 cm³, 132 kW (180 PS), 210 km/h

Krallen|affen, Krallen|äffchen, südamerikan. Fam. baumbewohnender Affen mit spitzen Krallen, seidenweichem, oft auffällig gefärbtem Fell, sehr langem Schwanz. Die kleinsten K. sind die **Zwergseidenäffchen.** Weitere Gatt.: **Löwenäffchen** mit langer Kopfmähne, **Pinseläffchen** mit schwarzen oder weißen Ohrpinseln, **Silberäffchen** und **Schnurrbart-Tamarins.**

Kramář [krˈamaːrʃ], Karel, tschech. Politiker, * 1860, † 1937, Führer der tschech. Nationalbewegung. 1918/19 erster MinPräs. der Tschechoslowakei.

Kramatorsk, Industriestadt im Donezbecken, Ukrain. SSR, 180 000 Ew.; Maschinenbau, Eisenhütten- u. a. Ind.

Krambambuli *der,* urspr. Danziger Wacholderbranntwein, dann Schnapsglühwein, heute u. a. ein mit Heidelbeersaft gefärbter Kräuterlikör.

Kramer [krˈeɪmə], Stanley, amerikan. Filmproduzent und -regisseur, * 1913. Produzent: ›Tod eines Handlungsreisenden‹ (1951), ›12 Uhr mittags‹ (1952), ›Die Caine war ihr Schicksal‹ (1954) u. a. – Regie: ›Flucht in Ketten‹ (1958), ›Das Urteil von Nürnberg‹ (1961) u. a.

Krämer-Badoni, Rudolf, Schriftst., * 1913; Zeitromane, Essays, Kritiken.

Krammet [veraltet für ›Wacholder‹] *der,* **1) Krammetsbeere,**

Kranich 1)

Wacholder- und Eberescheart. **2) Krammetsvogel,** Art der → Drosseln.

Krampf, ♀ unwillkürl. schmerzhafte Zusammenziehung von Muskeln (z. B. **Waden-K.),** kürzere oder längere Zeit dauernd, veranlaßt durch sehr unterschiedl. Ursachen.

Krampf|adern, Varizen, knotenförmig erweiterte und serpentinartig geschlängelte Venen; **Aderknoten** (lat. **Varices,** grch. **Phlebektasie),** am häufigsten an den Unterschenkeln und am After (Hämorrhoiden). Es besteht Neigung zu Venenentzündung. Durch Ernährungsstörungen der Haut können **Krampfadergeschwüre (Beingeschwüre, Ulcus cruris)** entstehen. Behandlung: Bäder, elast. Binden, Verödung, Operation (›Stripping‹).

krampflösende Mittel, Antispasmodika, Spasmolytika, beseitigen Krampfzustände der glatten Muskulatur, z. B. Belladonna-Alkaloide, Scopolamin, Papaverin.

Krampus *der,* alpenländisch: Begleiter des hl. Nikolaus in Gestalt eines Teufels, der böse Kinder straft.

Kran, Maschine zum Heben, Senken, Versetzen von Lasten, z. B. als Lauf-, Dreh-, Bock-, Kabel-, Portal-, Derrick-K., Verladebrücke; Tragfähigkeit bis etwa 800 t.

Krängung, seitl. Neigung eines Schiffes durch Winddruck u. a.

Kranich, 1) Kraniche, Fam. der Kranichvögel, große, hochbeinige Vögel, mit langem Hals, kleinem Kopf und spitzem Schnabel. Der Grau-K., ein Sumpfbewohner mit aschgrauem, hinten hahnenschweifähnl. Gefieder, brütet in NO-Europa. Im Herbst fliegen die K. in keilförmigen Flugverbänden nach Spanien und N-Afrika. **2)** Sternbild des Südhimmels.

Kranichstein, Jagdschloß bei Darmstadt; **Kranichsteiner Ferienkurse,** vom ›Internat. Musikinstitut Darmstadt‹ veranstaltete Ferienkurse für Neue Musik.

Kraniologie [grch.], Schädellehre, Teilgebiet der Biologie.

Kraniometrie [grch.], Schädelmessung.

Krankengeld, → Krankenversicherung.

Krankengymnastik, Anwendung körperl. Übungen zu Heilzwecken **(Heilgymnastik),** z. B. zum Beweglichmachen von Gelenken u. a., als **Atmungsgymnastik (Heilatmung)** zur Besserung des Gasaustauschs in den Lungen; → Ausgleichsgymnastik.

Krankenhaus, Klinik, Sanatorium, Hospital, Spital, Gebäude zur Aufnahme und ärztl. Behandlung von Kranken; im Hochhaussystem ein geschlossenes, mehrstöckiges Gebäude, in dem die Krankenzimmer nebeneinander längs der Korridore liegen; im Pavillonsystem mehrere niedrigere Einzelhäuser. Man unterscheidet **allgemeine K.** von **Fach-K.** für best. Krankheiten (Tuberkulose-, Frauen-, Kinder-Kliniken, orthopädische, Nerven-, Augen-, Haut-Kliniken u. a.); größere allg. K. sind meist in entsprechende Sonderabteilungen aufgegliedert; lang dauernde seel. Erkrankungen werden in eigenen – ›Heilanstalten (Heil- und Pflegeanstalten)‹ behandelt, Infektionskrankheiten in abgesonderten Abteilungen (Isolierstationen). Allgemein-K. besitzen chirurg. und in der Regel medizin. (internist.) Abteilungen – nach Geschlechtern getrennt – sowie meist eine gynäkolog. (Frauen-) Abteilung; jede Abteilung ist gegliedert in **Stationen** (Pflegeeinheiten), die nicht mehr als je 30 Betten umfassen sollen und außer den Krankenzimmern Toiletten, Bäder und die erforderl. Nebenräume (Küche, Wäscherei u. a.) aufweisen müssen. Die Krankenzimmer sollen nicht mehr als 3 Betten enthalten. Zur chirurg. Abteilung gehören Operationssäle. Außerdem besitzen die K. Röntgeneinrichtungen, Räume für chem. Untersuchungen, für best. Behandlungsarten wie Diathermie, Höhensonne, Krankengymnastik usw., z. T. auch Intensivpflegestationen (→ Intensivtherapie). Der leitende Arzt **(Chefarzt)** ist der unmittelbare Vorgesetzte des gesamten Heil- und Pflegepersonals. – In den Univ.-Kliniken nehmen neben der Krankenbetreuung medizin. Forschung und Lehre einen breiten Raum ein.

Krankenkassen, → Krankenversicherung.

Krankenpflege, Versorgung eines Kranken mit den zur Genesung notwendigen Mitteln und Leistungen; sie wird von Arzt angeordnet.

Krankenpfleger(in), Krankenschwester, Krankenpflegehelferin, Personen, die die Pflege von Kranken in Anstalten oder in der Wohnung beruflich ausüben sowie Hilfe bei ärztl. Verrichtungen u. a. leisten. Ausbildungszeit: 3 Jahre.

Krankensalbung, früher **Letzte Ölung,** Kath. Kirche: Sakrament, das der Priester Schwerkranken, bes. solchen, die in Todesgefahr sind, durch Salbung der Sinne (Augen, Ohren, Nase, Mund, Hände) mit Krankenöl und durch begleitendes Gebet zur übernatürl. Kräftigung der Seele und des Leibes spendet.

Krankenschein, → Krankenversicherung.

Krankenversicherung, Personenversicherung gegen wirtschaftl. Nachteile und Kosten, die durch Krankheit oder Mutterschaft entstehen.

1) Soziale K., ältester Zweig der Sozialversicherung. Gesetzl. Grundlage ist die Reichsversicherungsordnung (RVO) v. 19. 7. 1911 (mehrfach geändert). Arbeiter, Auszubildende, Hausgehilfen und Seeleute sind ohne Rücksicht auf die Einkommenshöhe versicherungspflichtig, Angestellte bis zu (1982) 3525 DM Monatsverdienst; der Betrag erhöht sich automatisch mit der Beitragsbemessungsgrenze der Rentenversicherung (75% davon). Die Beiträge (rd. 12% vom Grundlohn) werden je zur Hälfte vom Arbeitgeber und Versicherten getragen; auch bei freiwillig Versicherten trägt der Arbeitgeber einen Anteil des Beitrags (seit 1. 1. 1971). Versichert sind weiterhin Arbeitslose und Sozialrentner. Bei Ausscheiden aus der Versicherungspflicht ist freiwillige Weiterversicherung möglich.

Die Leistungen der K. bestehen in der Regel bei freier Arztwahl aus Krankenhilfe (Krankenhauspflege, Krankengeld), Mutterschaftshilfe, Familienhilfe und Sterbegeld, in begrenztem Umfang aus Vorsorgeleistungen. Vor Inanspruchnahme der Krankenhilfe muß der Versicherte eine Krankenschein lösen. Seit dem 1. 1. 1970 erhalten die Arbeiter, wie vorher bereits die Angestellten, bei Krankheit für 6 Wochen ihren vollen Bruttolohn. Danach ist von der Kasse Krankengeld zu zahlen, das ohne zeitl. Begrenzung gewährt wird, jedoch für dieselbe Krankheit innerhalb von 3 Jahren höchstens für 78 Wochen. Es beträgt 75% des Regellohns und erhöht sich, wenn Angehörige zu unterhalten sind.

Träger der K. sind die **Krankenkassen,** bes. die Allg. Ortskrankenkassen. Sie sind zuständig für alle Versicherungspflichtigen, die nicht einer Landkrankenkasse (bes. für landwirtschaftl. Beschäftigte), Betriebskrankenkasse, Innungskrankenkasse, knappschaftl. Krankenkasse, der Seekrankenkasse (für Seeleute) oder einer Ersatzkasse angehören. Die Einnahmen der K. betrugen (1980) 86,53 Mrd. DM, die Ausgaben 86,44 Mrd. DM.

2) Die private K. ist freiwillig. Bei freier Arztwahl erfolgt dem Privatpatient satzungsgemäße Kostenerstattung. Der amtl. Statistik der Bundesrep. Dtl. berichteten (1981) 40 private K. mit 8,7 Mio. Versicherungen, 11 Mrd. DM Beitragseinnahmen, 8,5 Mrd. DM Zahlungen.

Krankheit, Störung im Ablauf der Lebensvorgänge, die mit einer Herabsetzung des Leistungsfähigkeit einhergeht. Die **Krankheitsursachen** können sein: äußere, wie Hitze, Kälte, Nässe, krankheitserregende Lebewesen, mechan. und chem. Schädlichkeiten, oder innere, wie Erbanlage oder im Lauf des Lebens erworbene Krankheitsneigung. Nach dem Verlauf unterscheidet man die **akuten** (rasch ablaufenden) und die **chronischen** (schleichend verlaufenden) **K.**

Kranzgefäße, Koronargefäße, Herzkranzgefäße, die das Herz ernährenden **Kranzarterien** und die **Herzvenen.**

Kranzgeld, → Defloration.

Kranzreiten, Kranzstechen, Reiterspiele zu Pfingsten, als Wettrennen oder mit der Aufgabe, einen aufgehängten Kranz im Vorbeireiten mit einer Stange herunterzustechen.

Krapfen, Pfannkuchen, in Schmalz gebackener Hefeteig.

Krapp, Krappfarbstoffe, Farbstoffe aus der Wurzel der Färberröte u. a. Die rote Farbe, bes. das Alizarin.

Krasiński [krasj'iński], Zygmunt Graf, poln. Dichter, *1812, †1859, Romantiker; dramat. Gedicht ›Ungöttliche Komödie‹ (1835), Drama ›Irydion‹ (1836).

Kraslice [-ts-], tschech. Name von → Graslitz.

Krasnodar, bis 1920 Jekaterinodar, Hptst. des Gaus K., Russ. SFSR, am Kuban, 572000 Ew.; Maschinenbau-, Nahrungsmittel-, Leder-, Textil-, Baustoffind., Erdölverarbeitung; Univ.

Krasnojarsk, Hptst. des Gaus K., Russ. SFSR, S-Sibirien am Jenissej, 807000 Ew.; bed. Industrien: Schwermaschinenbaufabrik, Aluminiumwerk, Chemie-, Papier-, Cellulosekombinat, Apparatebau, Holz-, Nahrungsmittel-, Leicht-, Baustoffind.; Goldbergbau; Wärtsknoten; Univ. (1969).

Krasnojarsker Stausee, vom Jenissej gebildeter Stausee (2000 km², 73,3 Mrd. m³ Fassungsvermögen); Großkraftwerk.

Krasnokamsk, Stadt in der Russ. SFSR, Westural, 56000 Ew.; Zellstoff-, Papierind., Erdölverarbeitung.

Krasnowodsk, Hafenstadt in der Turkmen. SSR, am Ostufer des Kasp. Meeres, 54000 Ew.; Erdölindustrie.

Kraśnyj Lutsch, bis 1929 **Krindatschewka,** Stadt in der Ukrain. SSR, im Donezbecken, 107000 Ew.; Kohlenbergbau, Maschinenbau.

Kraszewski [kraʃ'efski], Józef Ignacy, poln. Schriftst., *1812, †1887; geschichtl. und soziale Romane.

Krater der, weitgeöffnetes altgrch. Gefäß mit 2 Henkeln, zum Mischen von Wasser und Wein.

Krater [grch.] der, **1)** trichter- oder kesselförmige Mündung des Auswurfschlotes von Vulkanen. **2)** Mondkrater, → Mond.

Krätze, 1) ⚕ durch **Krätzmilben** hervorgerufene Hautkrankheit (Scabies). Die Milben graben sich zur Eiablage in die Haut ein (Milbengänge). Der starke Juckreiz kann durch Kratzwunden zu einer Zweitinfektion (z. B. mit Eitererregern) führen. Behandlung: milbentötende Mittel. **2)** bei Tieren, → Räude. **3)** Pflanzenkrankheiten, z. B. **Gurken-K.,** durch einen Pilz hervorgerufene braune Flecken auf Früchten, oder **Kartoffel-K.,** durch Kartoffelmilben oder Fadenwürmer verursachte Risse oder Furchen in der Schale. **4)** ⚒ metallbreiiger Abfall (→ Gekrätz).

Kratzer, Hakenwurm, Acantocephala, Klasse der Rundwürmer, 1,5 bis 60 cm lang, schlauchförmig, mit einem Haken tragenden Rüssel; schmarotzen meist im Dünndarm von Wirbeltieren, z. B. **Riesen-K.** im Schwein.

Krätzer, 1) saurer Wein. **2)** auch **Kretzer, Lagreinkretzer,** hellroter, milder Wein des Bozener Weinbaugebietes.

Krätzmilben, sehr kleine schmarotzer. Milben, darunter die Erreger der Krätze und Räude und die **Hühnermilbe.**

Kratzputz, ⌂ ein Putz, der durch Aufrauhung mit einem Kratzeisen belebt ist, auch durch Einkratzen von Mustern, bes. an Fachwerkbauten (→ Sgraffito).

Kraulschwimmen, engl. **Crawl** [krɔ:l] das, schnellster Schwimmstil, bei dem die Beine aus dem Hüftgelenk heraus auf- und abwärts geschlagen werden, während die Arme handüberhand arbeiten (Bild Schwimmsport). Zeitw. **kraulen.**

Kraus, 1) Carl von, österr. Germanist, *1868, †1952; Arbeiten zur mhd. Literatur, bes. zur Textkritik. **2)** Franz Xaver, kath. Kirchen- und Kunstgeschichtsforscher, *1840, †1901, Gegner des polit. Katholizismus. **3)** Georg Melchior, *1737, †1806, Maler des Goethekreises in Weimar. **4)** Karl, österr. Schriftst., *1874, †1936, gründete, leitete und schrieb meist selbst die polem. Zeitschrift ›Die Fackel‹; Pazifist, scharfer Satiriker, kämpfte für Reinheit der Sprache. Drama: ›Die letzten Tage der Menschheit‹ (1918/22); ›Die Sprache‹ (1937); Aphorismen, Lyrik.

Krause, 1) Jakob, *1531, †1585, seit 1566 Hofbuchbinder des Kurfürsten August von Sachsen; ›Jakob-Krause-Bund‹ der Kunstbuchbinder (gegr. 1912). **2)** Karl Christian Friedrich, Philosoph, *1781, †1832. Seine Rechtsphilosophie und der ›All-in-Gott-Lehre‹ (**Panentheismus**) wirkten bes. in Spanien (**Krausismo**).

Kräuselkrankheit, ⚘ Pflanzenkrankheiten mit Kräuseln der Blätter; teils durch Viren hervorgerufen, so die **K. der Kartoffel;** teils durch Pilze, so die **K. des Pfirsichs;** teils durch Milben, so die **K. der Rebe.**

Krauss, 1) Clemens, Dirigent, *1893, †1954; bed. Strauss-Dirigent. **2) K.,** Krauß, Werner, *1884, †1959, Charakterschauspieler von hoher Wandlungsfähigkeit, auch im Film.

Kraut, 1) ein- und zweijährige Pflanze; Ggs. Staude. **2)** Gemüsearten, → Kohl.

Kräuterbuch, Schriftwerk über Pflanzen und deren heilkundliche Anwendung.

Kräuterkäse, Sahnekäse mit Gewürzkräuterzusatz.

Kräuterlikör, Likör mit Gewürzkräuterzusatz; Benediktiner, Chartreuse, die Bitter- und Magenliköre.

Kräuterweihe, Volksbrauch, bes. an Mariä Himmelfahrt (15. 8.): Segnung von Kräutern zum Schutz von Haus und Hof.

Krawall der, Lärm, Aufruhr; Streit.

Krawatte [frz.] die, **1)** lange, zum Knoten oder quer als Schleife (**Fliege**) gebundene Halsbinde. **2)** Ringkampf: am Kinn angesetzter Kopfgriff (im Amateursport verboten).

Krawel [aus span.], **→** Karavelle.

Kreatin [grch.], Stoffwechselprodukt des Eiweißes, findet sich in Muskeln (0,5%), in geringen Mengen wohl in allen Organen und Körperflüssigkeiten.

Kreation [lat.], Schöpfung; Gestaltung.

Kreativität [lat.], schöpfer. Kraft, schöpfer. Einfall; bes. durch das Finden neuer Aspekte und Ansätze zu Problemlösungen gekennzeichnet.

Kreatur [lat.] die, **1)** Geschöpf, Lebewesen, bes. der Mensch gegenüber Gott. **2)** Günstling; verworfener, willenloser Mensch; auch bemitleidenswerter Mensch.

Krebs, 1) ⚹ Krustentier, → Krebstiere. **2)** ✶ lat. **Cancer,**

Kragenechse

Karl Kraus

Werner Krauss

145

Kreb

Sternbild des Tierkreises, enthält den mit bloßem Auge erkennbaren Sternhaufen **Krippe**. Auch das 4. Zeichen des Tierkreises. **3)** ♋ grch. **Karzinom**, latinisiert **Carcinoma**, lat. **Cancer, Kanzer.** Oberbegriff für bösartige Gewebsneubildungen (**Geschwülste, Tumoren**), die vom Epithelgewebe (Epithel) ausgehen (die eigentlichen Karzinome) oder bindegewebigen Ursprungs sind (Sarkom). Wenn die Gewebsneubildungen beide Gewebsanteile enthalten, werden sie als **Mischgeschwülste**, wenn sie das blutbildende oder lymphatisch-retikuläre Gewebe betreffen, als **Hämoblastose** oder **Retikulose** bezeichnet.

Nach der Art des Epithels, von dem Karzinome ausgehen, unterscheidet man Deckepithel- und Drüsenepithel-K., nach dem feineren Bau der Geschwülste Faser-, Schleim- oder Gallert-, Zylinderepithel-, Plattenepithel-K. Bei den Sarkomen unterscheidet man nach dem Ursprungsgewebe Fibro-, Osteo- und Chondro-Sarkome. Zu den Hämoblastosen zählen die Formen der Leukämie.

Die Entwicklung eines K. beginnt mit ungeordneter, schneller Vermehrung von Zellen in zunächst nicht sichtbar verändertem Gewebe. Die feingewebl. Struktur dieses Primärtumors ist für ihn kennzeichnend; sie kann dem Ursprungsgewebe ähneln und dessen Funktionen nachahmen. In weiteren Stadien kommt es dann zum Einwachsen in die Umgebung, auch über die

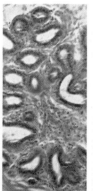

Krebstiere: *Bau eines höheren Krebses (männl. Flußkrebs, Rückenseite); a erster, b zweiter Fühle, c Auge, d Magen, e Kiemen, f Hoden, g Herz, h Ausführungsgang des Hodens, k Enddarm*

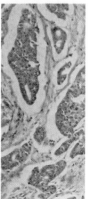

Organgrenzen hinaus (**Invasion**), dann zur Zerstörung des gesunden Organgewebes (**Destruktion**)), und wenn sich einzelne wuchernde Zellen aus dem Verband lösen, zur Bildung von Tochtergeschwülsten (**Metastasen**) an anderen Stellen des Körpers infolge Verschleppung durch den Blut- und Lymphstrom (**Metastasierung**). Weiterhin führt es zum K. durch hohen Verbrauch an lebenswichtigen Stoffen (z. B. Eiweiß) und vermehrte Abgabe von Stoffwechselschlacken zur Auszehrung (**Kachexie**), ferner zu Kompression und Verschluß von Hohlorganen, Blutungen durch Schädigung größerer Gefäße u. a.

Die Ursachen des K. sind vielfältig und z. T. noch nicht geklärt. 3 Faktoren, die jeweils in einem best. Entwicklungsstadium des K. wichtig sind, werden in der K.-Forschung bes. beachtet: 1) Zellschädigung: Lang dauernde chem., physikal. oder auch entzündl. Reize wirken schädigend auf die noch gesunde Zelle. Aus der experimentellen K.-Forschung kennt man über 800 chem. Stoffe, die K. erzeugen können. Viele davon kommen in unserer Umwelt vor (z. B. 3,4 Benzpyren oder Benzo[a]pyren). Von einigen weiß man mit Sicherheit, daß sie für best. K. des Menschen verantwortlich sind. Diese krebserzeugenden (**karzinogenen**) Substanzen können am Einwirkungsort (lokal) oder in entfernten Organen (resorptiv) die Zellen schädigen. Wirken davon kleine Mengen (Dosen) über lange Zeit, so summieren sich auf und erreichen schließlich die Wirkung großer Dosen. Gleiches gilt für best. Strahlen (physikal. Reize), z. B. Alpha-, Beta-, Gamma-, Röntgenstrahlen sowie für die chron. Störung des Zellmilieus durch entzündliche Reize. Am Zusammenhang zwischen Zunahme von Luftverschmutzung und Tabakrauchen einerseits und dem vermehrten Auftreten von bösartigen Geschwülsten der Luftwege andererseits zweifelt man heute nicht mehr. Viren als K.-Ursache sind bis heute nur im Tierversuch nachgewiesen.

2) Zellumwandlung: In einem weiteren Stadium der K.-Entstehung beschäftigt sich die Forschung bes. mit dem Wesen der ›Umwandlung‹ der gesunden Zelle in eine K.-Zelle. Da die K.-Zelle dabei ihr Erbgut verändert hat und dieses weitergibt, glaubte man an eine endgültige (irreversible) Schädigung des Erbgutes. Tatsächlich lassen sich bei Einwirkung krebserzeugender Stoffe auf den Träger der Vererbung Veränderungen feststellen. Beim Einwirken von Viren wäre auch eine Einschleusung ›falscher‹ Virus-DNS in den Kern der menschl. Zelle denkbar (Virus). Da es aber Stoffe gibt, die das Erbgut verändern, ohne dabei krebserzeugend zu sein, ist dieser Vorgang noch ungeklärt.

3) K.-Wachstum: In einem fortgeschrittenen Stadium des K.

stellt sich bes. die Frage nach den Zusammenhängen zw. Tumorwachstum und den Gegebenheiten des Wirtsorganismus. Gesichert ist, daß die Wachstumsgeschwindigkeit von der hormonellen Situation des Körpers, von seinem Alter und vom Zellmilieu abhängt. Es wird vermutet, daß die Fähigkeit des menschl. Abwehrsystems, fremde Zellen zu erkennen, der K.-Zelle gegenüber versagt und es damit zum ungehinderten K.-Wachstum kommt.

Diagnostik. Nicht selten sind unspezif. Symptome wie Blässe, Gewichtsabnahme und allg. Ermüdbarkeit erste Anzeichen für K., so daß die Diagnose vielfach zu spät gestellt wird. Wichtige Hilfsmittel zur Feststellung von K. sind die Röntgendurchleuchtung, mit deren Hilfe Veränderungen bei der Organdarstellung auffallen, die Isotopenszintigraphie (Nuklearmedizin, → Szintigraphie), die Endoskopie, die direkten Einblick in manche Hohlorgane und Körperhöhlen erlaubt, die feingewebliche (mikroskop.) Untersuchung von probeweise entnommenem Gewebsmaterial oder von Abstrichen aus krebsverdächtigen Bezirken (Zytodiagnostik, Papanicolaou) sowie laborchem. Methoden, mit denen man biochem. oder hormonelle Veränderungen nachweisen kann.

Behandlung. Beste Aussicht auf Heilung bietet die Radikaloperation, wobei der Tumor weit im Gesunden unter Mitnahme regionaler Lymphknoten entfernt wird, und/oder die Strahlenbehandlung, bei der sowohl direkte Bestrahlung der Geschwulst (→ Röntgenbehandlung, → Radium) als auch Implantation von radioaktivem Material erfolgreich angewendet wird (Behandlung mit ›Stahl‹ und ›Strahl‹). Die Chemotherapie mit ›zytostatischen‹ Mitteln versucht, das K.-Wachstum zu hemmen. Wegen der teils noch unbefriedigenden Behandlungsergebnisse kommt der **K.-Vorbeugung (K.-Prophylaxe)** große Bedeutung zu: Vermeiden von krebserzeugenden Ursachen (z. B. Inhalation von Zigarettenrauch, entsprechende Vorsicht am Arbeitsplatz u. ä.). Wichtig ist rechtzeitiges Aufsuchen des Arztes (z. B. bei dauerndem Heiserkeit oder Husten mit blutigem Auswurf, unregelmäßigen Monatsblutungen, auffallenden Verdickungen oder Pigmentveränderungen in oder unter der Haut). Frühzeitiges Entfernen chronischentzündlicher Herde (Stein-Gallenblase, chron. Magengeschwür) gehören dazu. Sehr wichtig sind regelmäßige Vorsorgeuntersuchungen.

Sieben Krebs-Warnzeichen

1. Jede nicht heilende Wunde, jedes nicht heilende Geschwür.
2. Knoten oder Verdickungen in oder unter der Haut – bes. im Bereich der Brustdrüse – sowie ungewöhnliche, auffällige Lymphknotenschwellungen (Hals, Achsel, Leiste).
3. Jede Veränderung an einer Warze oder einem Muttermal.
4. Anhaltende Magen-, Darm- und Schluckbeschwerden.
5. Dauerhusten oder Dauerheiserkeit.
6. Ungewöhnliche Absonderungen aus einer der Körperöffnungen.
7. Unregelmäßige Monatsblutungen oder Scheidenausfluß mit Blutbeimischungen sowie Blutungen nach Aufhören der Monatsblutungen im Klimakterium.

Krebs, 1) Hans Adolf, Sir (1958), brit. Biochemiker dt. Herkunft, * 1900, † 1981; für Arbeiten über Atmungsfermente und die Auffindung des Zitronensäure-Zyklus (**K.-Zyklus**) 1953 Nobelpreis für Physiologie und Medizin (mit F. A. Lipmann). **2)** Johann Ludwig, Komponist, * 1713, † 1780, Schüler J. S. Bachs; Klavier-, Orgel-, Kammermusik. **3)** Konrad, * 1492, † 1540, Baumeister des Schlosses Hartenfels in Torgau (Vorbild des dt. Schloßbaus der Renaissance).

Krebsschere, Froschbißgewächs, Süßwasserpflanze mit stachelig gezähnten, schwertförmigen Blättern und weißen Blüten.

Krebs|tiere, Krebse, Krustentiere, Crustacea, Gliederfüßer, Kiemenatmer, meist Meeresbewohner, fast stets mit 2 Paar Fühlern und 4 Beinpaaren, oft mit einem Scherenpaar. Kopf und Brust meist zum Kopfbruststück vereinigt. Der Körper ist von einem Panzer aus Chitin bedeckt, in das bei vielen K. kohlensaurer Kalk eingelagert ist. Um wachsen zu können, müssen sie ihren Panzer abwerfen, sich häuten. Die K. haben ein Strickleiternervensystem mit einem Gehirn. Die Entwicklung ist oft eine Verwandlung. Die Larvenform der niederen K. ist der **Nauplius**, mit nur 3 Gliedmaßenpaaren. Die Larve der höheren K. ist die **Zoëa** mit vielen Gliedmaßen. Die Flohkrebse, die Asseln und der

Krebs 3) oben gesunde Brustdrüse mit normaler Anordnung der Epithelzellen in den Drüsenschläuchen; unten wuchernde Epithelzellen haben die Struktur des Muttergewebes verändert (beide Abb. 90fach vergr.)

Flußkrebs entwickeln sich ohne Verwandlung. Die systemat. Einteilung der K. umfaßt 9 Unterklassen: **Niedere K.**, Entomostraca (Unterklasse 1–8), bes. Ruderfüßer (z. B. Barschlaus), Blattfüßer (z. B. Wasserfloh), Muschelkrebse (z. B. Cypris), Rankenfüßer (z. B. Seepocke); **Höhere K.**, Malacostraca (9. Unterklasse), bes. Flohkrebse (z. B. Strandfloh), Asseln (z. B. Kellerassel), Spaltfüßer (z. B. Mysis), Maulfüßer (z. B. Heuschreckenkrebs), Zehnfußkrebse (z. B. Krabben).

Kredenz [ital.] *die,* Anrichte. ℗ **kredenzen,** darbringen.

Kredit [ital.-lat.] *der,* **1)** Vertrauenswürdigkeit eines Schuldners. **2)** zusätzl. Kaufkraft, die auf der Hereinnahme fremder Mittel beruht, wobei der **K.-Geber** dem **K.-Nehmer** die wirtschaftl. Verfügung über eine best. eigene Geldsumme überläßt, gegen die Verpflichtung des K.-Nehmers, den Betrag zu einem späteren Zeitpunkt zurückzuzahlen. Der K.-Geber erhält als Entgelt Zins. – Man unterscheidet: **Konsumtiv-K.**, der zur Bedürfnisbefriedigung, und **Produktiv-K.**, der zur Erzeugung von Gütern verwendet wird; kurzfristigen K. (z. B. Wechsel-K.) und langfristigen K. (z. B. Anleihe-K.); **Personal-K.**, der sich auf die Vertrauenswürdigkeit des K.-Nehmers gründet, und **Real-K.**, der durch besondere Sicherheiten gedeckt ist (bewegl. Güter, z. B. Lombard-K.; unbewegl. Güter, z. B. Hypothekar-K.). Die volkswirtschaftl. Bedeutung des K. liegt darin, daß Kaufkraft den Stellen zugeleitet wird, die die verfügbaren Mittel möglichst produktiv verwenden; die K.-Gewährung oder K.-Drosselung (**K.-Restriktion**) gehört daher zu den Mitteln der Konjunktur- und Wirtschaftspolitik. Die **K.-Politik** der Zentralnotenbanken ist deshalb v. a. wirtschaftspolitisch ausgerichtet. Neben der K.-Vermittlung betreiben die Banken, bes. die Zentralnotenbank, die **K.-Schöpfung** (→ Geldschöpfung). In der Bundesrep. Dtl. ist das gesamte Kreditwesen durch Ges. v. 10. 7. 1961 einheitlich geregelt. Die Novelle vom 24. 3. 1976 hierzu führt zu einer Einschränkung der Risiken der Banken bei der Vergabe von Großkrediten und zu einer Verbesserung der Eingriffsbefugnisse der Bankenaufsicht.

Kreditanstalt für Wiederaufbau, Abk. **KfW** oder **KW**, Frankfurt a. M., öffentlich-rechtl. Bankinstitut; gegr. durch Ges. v. 5. 11. 1948 (i. d. F. v. 22. 1. 1952) mit den Aufgaben: Gewährung von Darlehen und Übernahme von Bürgschaften für Wiederaufbau und Förderung der dt. Wirtschaft nach dem Krieg, Finanzierung von Exportgeschäften, Gewährung von Finanzierungskrediten im Rahmen der Entwicklungshilfe.

Kreditbrief, an Banken gerichtete Zahlungsanweisung (Akkreditiv), dem im K. genannten Inhaber Geldbeträge bis zu einer festgesetzten Höhe auszuzahlen; bes. als **Reise-K. (Reiseakkreditiv)** weitverbreitet; bei mehreren Zahlungsstellen: **Zirkular-K.** Eine freiere Ausgestaltung der K. sind die **Reise-** oder **Zirkular-(Traveller-)Schecks.**

Kreditgefährdung, ♊ Behauptung oder Verbreitung unwahrer Tatsachen wider besseres Wissen, die, geeignet sind, den Kredit eines anderen zu gefährden; als verleumderische Beleidigung strafbar (§ 187 StGB); verpflichtet zum Schadenersatz.

Kreditgenossenschaft, Genossenschaft des gewerbl. und landwirtschaftl. Mittelstands zur Vermittlung von Krediten an ihre Mitglieder.

kreditieren, Kredit geben. **Kreditor** *der,* Gläubiger.

Kreditinstitut, privates oder öffentl. Unternehmen zur Vermittlung von Kredit: Banken, Kreditgenossenschaften, Girokassen, Giroverbände, Girozentralen.

Kreditiv, das →Akkreditiv.

Kreditkarte, Ausweiskarte, die ihren Inhaber berechtigt, bei Vertragsfirmen (Einzelhandelsgeschäften, Hotels u. a.) Rechnungen bargeldlos durch Unterschrift zu begleichen. Die Rechnung wird durch die K.-Organisation bezahlt, die ihrerseits ihrem Mitgl. meist monatlich eine Rechnung vorlegt.

Kreditreform, Bestrebungen zur Beseitigung von Mißständen im Kreditwesen. **Kreditschutzvereine** erteilen Auskünfte über die Kreditwürdigkeit von Geschäftsleuten.

Kreditrestriktion, gesamtwirtschaftl. Einschränkung des Kreditvolumens seitens der Notenbank durch Kreditsperre oder selektive Kreditkontrolle.

Kreditversicherung, Versicherung gegen Verluste bei Kreditverkäufen. Die inländ. **Waren-K. (Delkredereversicherung)** deckt als **Einzel-K.** die Forderungen aus Warenlieferungen, als **Pauschal-K.** alle Kundenkredite (bei Selbstbeteiligung bis 25 %) bis zur Höchstgrenze.

Krefeld, kreisfreie Stadt in NRW, 224 000 Ew.; Rheinhafen; Mittelpunkt der dt. Seiden- und Samtweberei (seit dem 17. Jh.).

Krefelder Appell, Bez. für eine Nov. 1980 in Krefeld verabschiedete Resolution v. a. pazifist. Gruppierungen gegen Nachrüstung und zur Friedenssicherung.

Kreide, 1) erdiger weißer Kalkstein, dient zum Polieren, als Farbe, in der keram. Industrie. **Rote K.** ist Rötel. **Schreib-K.** besteht meist aus bes. fein gekörntem Gips. **2)** Geologie: jüngstes geolog. System des Mesozoikums (→ geologische Formationen).

Kreidemanier, Crayonmanier [krɛj'ɔ-], Technik des Kupferstichs, mit der die Wirkung einer Kreidezeichnung erzielt wird.

Kreidolf, Ernst, schweizer. Maler und Zeichner, * 1863, † 1956, illustrierte Kinderbücher, deren Texte er oft selbst verfaßte.

kreieren [frz.], **1)** in Mode bringen. **2)** als erster eine Bühnenrolle spielen. **3)** zum Kardinal ernennen (**Kreierung**).

Kreis, 1) △ geschlossene ebene Kurve, deren Punkte alle den gleichen Abstand r (**Radius**) von einem festen Punkt (**Mittelpunkt**) haben. Die K.-Linie (**Umfang, Peripherie**) hat die Länge $2\pi r$, die K.-Fläche hat den Inhalt πr^2; die Zahl π ist die **K.-Zahl** und hat die Größe $\pi = 3,14159 \ldots$ **2)** in der Bundesrep. Dtl. und der Dt. Dem. Rep. untere staatl. Verwaltungseinheit und Gemeindeverband zur Selbstverwaltung (**Landkreise**), größere Städte bilden davon

Kreis 1): Alle zu einem Kreisbogen gehörigen Peripheriewinkel α sind einander gleich und halb so groß wie der zugehörige Zentriwinkel 2α (unteres Bild)

Kreis 1)

unabhängige **kreisfreie Städte** (in Bad.-Württ. **Stadtkreise**), die den Landkreisen gleichgestellt sind. Als **Kreisstadt** wird der Verwaltungssitz eines Land-K. bezeichnet. In Österreich gibt es keine den Landkreisen entsprechenden Selbstverwaltungskörperschaften. In der Schweiz gibt es K.-Gemeinden nur in Graubünden. **3)** im Dt. Reich seit 1806 → Reichskreise.

Kreisauer Kreis, Gruppe der Widerstandsbewegung gegen Hitler. Mittelpunkt war Helmuth J. Graf v. Moltke, Gutsherr in Kreisau (bei Schweidnitz, Schlesien); er wurde im Jan. 1944, die anderen Mitgl. nach dem 20. 7. 1944 verhaftet. Zum Tode verurteilt und hingerichtet: Moltke, Yorck v. Wartenburg, A. Delp, T. Haubach, J. Leber, A. Reichwein, ferner dem K. K. nahestehende A. v. Trott zu Solz, H. B. v. Haeften; Zuchthaus: E. Gerstenmaier u. a.

Kreisbahngeschwindigkeit, erste kosmische Geschwindigkeit, Geschwindigkeit, die erforderlich ist, um einen Raumflugkörper in eine Kreisbahn um die Erde zu schicken; beträgt an der Erdoberfläche 7,91 km/s und nimmt mit der Höhe langsam ab.

Kreisel, in einem Punkt festgehaltener, sonst freibeweglicher, starrer, um sich drehbarer Körper. Die Achse hat das Bestreben, ihre Lage im Raum beizubehalten; bei Einwirkung einer äußeren Kraft beschreibt sie einen Kegelmantel (**Präzession**). Der Präzessionsbewegung überlagern sich im allg. kleine Pendelungen der Figurenachse (**Nutationen**). Anwendungen: K.-Kompaß (→Kompaß), Bordinstrumente.

Kreiselpumpe, wichtigste Pumpenbauart, Strömungsmaschine mit rotierendem Laufrad. Pumpen mit halbaxialen Laufrädern nennt man **Schraubenpumpen,** mit axialen Laufrädern **Kaplanpumpen,** mit festen Schaufeln **Propellerpumpen.** (Bild Pumpen)

Kreiselverdichter, →Verdichter, mit rotierendem Laufrad.

Kreisgericht, in der Dt. Dem. Rep. das etwa dem Amtsgericht, in Österreich dem Landgericht entsprechende Gericht.

Kreishandwerkerschaft, Zusammenschluß aller Handwerksinnungen in einem Stadt- oder Landkreis; den Vorsitz führt der **Kreishandwerksmeister.**

Kreiskolbenmotor, Verbrennungsmotor mit rotierendem Kolben. Beim **Wankel-Motor,** als einziger K. techn. Bedeutung erlangt hat, ist ein Drehkolben in Form eines Bogendreiecks in einem trochoidenförmigen Gehäuse exzentrisch gelagert. Er führt eine Bewegung aus, die aus einer Drehung um seinen Mittelpunkt und einer Kreisbewegung dieses Mittelpunktes um den Gehäusemittelpunkt zusammensetzt. Eine Verzahnung im Gehäuse und Läufer bewirkt, daß sich Läuferdrehzahl und Exzenterdrehzahl wie 1:3 verhalten. Der Arbeitsvorgang nach dem Viertaktverfahren findet in den zw. Drehkolben und Gehäusewandung entstehenden sich vergrößernden und verkleinernden 3 Räumen nacheinander statt. – Die Vorteile eines K. gegenüber einem Hubkolbenmotor sind der Wegfall der hin- und hergehenden Massen, geringe Baugröße und geringes Gewicht. (Bild Verbrennungsmotor)

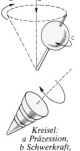

Kreisel:
a Präzession,
b Schwerkraft,
c Rotation

Kreta:
Lassithi-Hochebene

Bruno Kreisky

Ernst Krenek

Kreisky, Bruno, österr. Politiker (SPÖ), *1911, Jurist, 1938–45 in der Emigration (Schweden), 1959–65 Außen-Min., 1967 Vors. der SPÖ, seit 1970 Bundeskanzler.

Kreislauf, 1) ♀ ♑ der →Blutkreislauf. **2)** →Wirtschaft. **3)** K. der Stoffe in der Natur; z. B. Wasser-K., Sauerstoff-K.

Kreislaufstörung, ♀ Regulationsstörung des Blutkreislaufs mit schwankendem Unter- oder Hochdruck. Neigung zu Schwindel, Ohnmacht, Herzbeschwerden u. a.

Kreisler, 1) Fritz, österr. Geiger und Komponist, *1875, †1962, bed. Virtuose; Violinstücke. **2)** Georg, österr. Kabarettist, *1922; parodist., sozialkrit. Lieder.

Kreissäge, Maschinensäge mit kreisförmigem Sägeblatt.

kreißen, in den Wehen liegen. **Kreißsaal,** Entbindungsraum in Krankenhäusern.

Kreisverkehr, um eine Verkehrsinsel geführter Einbahnverkehr. Die Rechts-vor-links-Vorfahrt gilt, wenn nicht anders geregelt, auch für von rechts in einen Kreis einfahrende Fahrzeuge.

Krelle, Wilhelm, Volkswirtschaftler, *1916; Beiträge zur Verteilungs-, Preis-, Wachstums- und Konjunkturtheorie.

Krematorium [lat.] *das,* Anlage zur Feuerbestattung, die außer der Feierhalle die Ofenanlage zur Verbrennung enthält. **Kremation,** Einäscherung.

Krementschug, Stadt im Gebiet Poltawa, Ukrain. SSR, am Dnjepr, 210000 Ew.; Maschinenbau, chem., Holz-, Textil- u. a. Ind.; Kraftwerk mit Stausee (2252 km²).

Kreml [russ.] *der,* einst stark befestigter Kern russ. Städte mit Gebäuden der weltl. und geistl. Macht. Der K. in Moskau, um 1500 meist von Italienern erbaut, von Mauern und Türmen umgeben, mit großen Kirchen und Palästen, ehedem Residenz der Zaren, seit 1918 Sitz des Obersten Sowjet.

Krempe *die,* der Hutrand.

Krempel, wichtigste Spinnereivorbereitungsmaschine mit einer Trommel und mehreren Walzen **(Walzen-K.)** oder Deckeln **(Deckel-K.),** zw. deren Drahthäkchen die Faserflocken aufgelöst, gleichgerichtet und zu einem Vlies ausgebreitet werden; Verunreinigungen und kurze Fasern werden ausgeschieden.

Krempling, Gatt. bedingt eßbarer Blätterpilze mit abwärts umgerolltem Hutrand; in rohem Zustand giftig.

Krems, 1) li. Nebenfluß der Donau, in NÖ, 50 km, entspringt mit der Großen und Kleinen K. im Weinsberger Wald, mündet bei K. **2) K. an der Donau,** Bezirksstadt in NÖ, 23700 Ew.; spätgot. und frühbarocke Kirche, alte Bürgerhäuser; Weinbaumuseum; Obst- und Weinhandel; Maschinen-, chem. u. a. Industrie.

Kremser [Berliner Fuhrunternehmer, 1825] *der,* vielsitziger offener, bespannter Mietwagen mit Verdeck.

Kremsier, tschech. **Kroměříž** [krˈɔmjɛrʒiːʃ], Stadt in S-Mähren, ČSSR, 25500 Ew.; Kunstgalerie; Nahrungsmittelind. – 1848/49 Tagungsort des 1. österr. Reichstags. K. steht unter Denkmalschutz.

Kremsmünster, Marktgem. in OÖ, 5800 Ew.; 777 gegr.

Benediktinerstift mit reichen Sammlungen (Tassilokelch) und wertvoller Bibliothek.

Krenek, eigtl. **Křenek** [kʃˈɛnɛk], Ernst, österr.-amerikan. Komponist, *1900, gelangte vom Expressionismus zur Zwölftonmusik; Jazz-Oper ›Jonny spielt auf‹ (1927), Opern, Sinfonien, Klaviermusik; seit 1938 in den USA.

Kreole, die in Lateinamerika (und in Louisiana) geborenen Nachkommen von span., portugies. und frz. Einwanderern.

Kreolen-Sprachen, durch Übernahme europ. Sprachen von einer überseeischen Mischbev. entstandene Sprachen. Auf den Kleinen Antillen wird **Karibisch-Kreolisch,** auf Haiti **Kreolisch,** auf Curaçao wird das **Papiamento** gesprochen. Zu den K.-S. zählen auch das **Indoportugiesisch** (Sri Lanka), das **Negerportugiesisch** (Kapverden) und das **Vietnamfranzösisch.**

Kreon, grch. Mythos: König von Theben, Bruder der Iokaste, der Mutter und Gattin des Ödipus, Oheim der Antigone.

Kreosot *das,* Gemisch aus Kresolen, Guajacol u. a., gewonnen aus Teer.

krepieren [lat.], **1)** zerspringen, platzen (Sprenggeschosse). **2)** beim Vieh: elend umkommen, verenden, sterben.

Krepp, Crêpe [krɛːp, frz.] *der,* gekräuselte oder wellig aussehende Gewebe, entstehen durch besondere Bindung, durch stark gedrehte Garne, besondere Gewebsausrüstung.

Krepp-Papier, Papier mit gekrauster Oberfläche, entsteht durch Stauchen der feuchten Papierbahn beim Trocknen.

Kresol *das,* Extrakt des Braunkohlenteeröls, Bestandteil vieler Desinfektionsmittel (›Lysol‹ u. a.). Durch Behandeln von K. mit Formaldehyd entstehen Kunstharze, die **K.-Harze.**

Kresse, versch. Pflanzen von pfefferigem Geschmack: **1)** Garten-K., blaugrüner, weißblütiger, einjähr. Kreuzblütler, Salat- und Würzpflanze. **2) Brunnenkresse. 3) Kapuzinerkresse. 4)** Kreuzblüter wie Schaum-, Barbara-, Löffel-, Täschlkraut.

Kreszenz [lat.] *die,* Weinbau: Wachstum; nach dem dt. Weines von 1971 nicht mehr zulässige Bez.

Kreta, ngrch. **Krete** [krˈiti], ital. **Candia,** größte grch. Insel, im östl. Mittelmeer, 8259 km², 465000 Ew. Wichtigste städt. Siedlungen: Heraklion, Chania, Rethymnon. K. ist gebirgig (im Ida 2456 m); in den Ebenen Wein-, Obst-, Gemüse- und Olivenbau. Internat. Flughafen.

Geschichte. Von etwa 2500 bis etwa 1400 v. Chr. war K. der Mittelpunkt der minoischen Kultur (→ ägäische Kultur). Sie erlag den Achaiern, später den Dorern, die dort unabhängige Stadtgemeinden gründeten. 67 v. Chr. wurde K. römisch, 395 n. Chr. byzantinisch, 825–961 war es in arab. Hand, wurde 1204 venezianisch, 1669 türkisch. Im 19. Jh. suchte sich K. durch Aufstände zu befreien; 1897 Selbstverwaltung unter grch. Einfluß; 1913 mit Griechenland vereinigt. Über die Kämpfe 1941 →Weltkrieg II.

Krethi und Plethi [hebr. ›Kreter‹ und ›Philister‹], die aus Ausländern bestehende Leibwache Davids (2. Sam. 8,18). – In abschätzig: gemischte Gesellschaft.

Kretin [kretˈɛ̃, frz.], ein an **Kretinismus** Leidender; bereits im Fetalleben (→ Fetus) durch Unterfunktion der Schilddrüse und damit zusammenhängende mangelhafte Hormonversorgung entstandene schwere Entwicklungsstörung, die bes. das Skelett- und Nervensystem betrifft. Erscheinungsbild des K.: disproportionierter Minderwuchs, durch Unterfunktion der Schilddrüse geprägte Stoffwechsellage; durch Unterentwicklung des Gehirns Intelligenzdefekte bis zum →Schwachsinn, auch neurolog. Störungen (z. B. spast. Gang). Das rechtzeitige Erkennen der mütterl. Schilddrüsenstörung kann eine vorbeugende Hormontherapie hilfreich sein.

kretische Schrift, Schrift der vorgrch. Einwohner der Insel Kreta. In der frühminoischen Periode kam eine Bilderschrift auf. Aus ihr entwickelten sich 2 Gatt. von Silbenschrift, **Linearschrift A** und **B.** Die bereits entzifferte Schrift B gibt die Sprache der Griechen des 2. Jahrtsd. v. Chr. wieder.

kretisch-mykenische Kultur, →ägäische Kultur.

Kretscham, Kretschem [slaw.] *der,* Wirtshaus.

Kretschmer, Ernst, Psychiater, *1888, †1964; begr. eine Konstitutionstypologie (→Konstitution).

Kreuder, 1) Ernst, Schriftst., *1903, †1972; skurril-phantastische Kurzgeschichten, Romane (›Die Unauffindbaren‹, 1948), Essays. **2)** Peter, Komponist, *1905, †1981, Filmmusiken, Schlager.

Kreusa, grch. Mythos: **1)** Tochter des Priamos, Frau des Äneas. **2)** Frau des Iason. **3)** Mutter des Ion.

Kreuth, Gem. im Kr. Miesbach, Oberbayern, 800 m ü. M.,

3 600 Ew., südlich vom Tegernsee, heilklimat. Kurort; südl. davon **Wildbad K.** (Schwefelquellen, Solbäder).

Kreutzberg, Harald, Tänzer, Choreograph, * 1902, † 1968; Vertreter des Ausdruckstanzes; Wigmanschüler.

Kreutzer, 1) Conradin, Komponist, * 1780, † 1849; Oper ›Das Nachtlager von Granada‹ (1834); Männerchöre. **2)** Rodolphe, frz. Geigenvirtuose, Komponist, * 1766, † 1831; Beethoven widmete ihm die Sonate A-Dur, op. 47, für Geige und Klavier, die **Kreutzersonate** (Novelle von Tolstoj, 1886).

Kreuz, 1) 2 sich rechtwinklig, seltener schräg durchschneidende Balken mit vielen Formen und Namen; als relig. und symbol. Zeichen seit 2000 v. Chr. bekannt, später auch in Wappen, Orden- und Ehrenzeichen (→ Ehrenlegion, → Eisernes Kreuz) und Abzeichen vieler gemeinnütziger Einrichtungen, z. B. Rotes Kreuz, Blaues Kreuz. **2)** Farbe der Spielkarte (Treff = dt. Eichel). **3)** Anatomie: Körpergegend des Kreuzbeins. **4)** ♩ Zeichen (♯) für die Erhöhung eines Tons um einen Halbton.

Kreuzbein, Anatomie: durch Verschmelzung von 5 Wirbeln entstandener Knochen, die hintere Wand des Beckens.

Kreuzberg, 1) Berg in der Rhön (932 m), Franziskanerkloster; Wallfahrtsort. **2)** der 6. VerwBez. von West-Berlin, 149 300 Ew., am Fuß der gleichnamigen Anhöhe (66 m); Zentrum des graph. Gewerbes (Zeitungsviertel Kochstraße, Bundesdruckerei); Textil-, Elektro-Ind.; stark überalterter (Wohn-)Baubestand (Ausländer-Ghettos).

Kreuzblume, 1) ⊕ Pflanzengatt. mit schmetterlingsblütenähnl., meist zu schmalen Trauben geordneten Blüten. Die **Gemeine K. (Natterblümchen)**, mit blauen, rotvioletten oder weißen Blüten, wächst auf Wiesen. Die nordamerikan. **Senega-K.** liefert die Senegawurzel, ein schleimlösendes Mittel. **2)** ⯃ in der Gotik eine knaufartige, aus kreuzförmig angeordneten Knospen und Blättern bestehende Bekrönung von Türmen, Fialen, Giebeln; auch an Altären, Chorgestühlen.

Kreuzblütler, Kruziferen, Pflanzenfam. von Kräutern oder auch Halbsträuchern mit je 4 kreuzweise stehenden Kelch- und Blütenblättern. Früchte: Schoten mit Scheidewand. (Bild Blüte)

Kreuzbund, kath. Organisation zur Bekämpfung des Alkoholmißbrauchs.

Kreuzchor, Knabenchor der Dresdner **Kreuzschule,** gegr. um 1225.

Kreuz des Südens, → Südliches Kreuz.

Kreuzdorn, Gatt. der Kreuzdorngewächse. Der kreuzähnlich verzweigte Dornstrauch **Echter K.** hat grünl. Blütchen und schwarze Früchte, die **Kreuzbeeren,** zum Färben als Abführmittel gebraucht; das Holz dient zu Drechslerarbeiten. Der dornenlose **Faulbaum** liefert mit seiner Rinde ein Abführmittel **(Faulbaumrinde).**

kreuzen, ⤨ gegen den Wind segeln.

Kreuzer, 1) Kriegsschiff zur Aufklärung und Sicherung. Man unterscheidet die konventionellen **Leichten K.** (3 000–8 000 t) und **Schweren K.** (rd. 10 000 t) sowie die z. T. nuklear angetriebenen **Lenkwaffen-K.** (8 000–14 000 t). **2)** Münze, nach dem Doppel-

Kreuz 1): 1 *Griechisches K.* **2** *Lateinisches, Hoch- oder Passions-K.* **3** *Andreas-, Schräg-K.* **4** *Antonius-K.* **5** *Schächer-K.* **6** *Tatzen-K.* **7** *Achtspitziges Malteser-, Johanniter-K.* **8** *Anker-K.* **9** *Krücken-K.* **10** *Jerusalem-K.* **11** *Doppel-, Patriarchen-K., lothring. K.* **12** *russ. K., orthodoxes K.* **13** *Winkelmaß-K., Swastika, populär: Hakenkreuz*

kreuz auf einer um 1270 in Meran geprägten Münze (Etschkreuzer), seit 1551 Reichsmünze. In Österreich-Ungarn bis 1892: 1/100 Gulden.

Kreuzerhöhung, kath. und ostkirchl. Fest am 14. 9.

Kreuzfahrer, Teilnehmer an → Kreuzzügen 2).

Kreuzgang, Klosterbau: der um einen meist quadrat. Binnenhof angelegte Gang, dessen eine Seite an eine Längsseite der Kirche angelehnt ist, die anderen drei werden von den Gebäuden für die Mönche oder Domherrn begrenzt. Der meist gewölbte K. öffnet sich zum Hof in Bogenstellungen.

Kreuzgewölbe, aus der rechtwinkligen Durchdringung zweier Tonnengewölbe entstandenes Gewölbe.

Kreuzherren, kath. Orden vom hl. Kreuz, für Chordienst und Krankenpflege.

Kreuzigung, aus Persien stammende, bei vielen antiken Völkern übl. Todesstrafe, bestand im Aufspießen, Aufhängen, Annageln oder Anbinden an Pfahl mit Querholz in Form eines T oder +.

Kreuzigung Christi, Höhepunkt und Abschluß des Erlösungswerkes Christi durch sein Sterben auf Golgatha. – Kunst: Anfänglich wurde Christus zw. den Schächern dargestellt, dann meist zw. Maria und Johannes, auch mit Longinus und Stephaton, der Ecclesia und Synagoge. Erste großplast. Kreuze entstanden in otton. Zeit, auch als Triumphkreuze auf einem Balken vor dem Chor. In der Romanik erscheint Christus als Überwinder des Todes, in der Gotik mit dem Ausdruck qualvollen Leidens. Figurenreiche Darstellungen des Spät-MA. schildern das Geschehen auf dem Kalvarienberg. Die Renaissance mied den Ausdruck des Leidens, im Barock wurde er stärker betont.

Kreuzkopf, bei Hubkolbenmaschinen der Teil des Kurbeltriebs, der die Kolbenstange geradeführt und sie gelenkig mit der Pleuel- oder Schubstange verbindet.

Kreuzkraut, Senecio, Korbblüter-Gatt. mit 300 Arten, Kräuter, meist mit gelben Blüten, mit weißem Flughaarschopf auf den Früchten **(Greiskraut);** das **Gemeine K.,** Unkraut, Vogelfutter; **Jakobs-K.,** bis 1 m hoch; z. T. Zierpflanzen (→ Cineraria).

Kreuzlied, im MA. Werbelied für einen Kreuzzug.

Kreuzlingen, Bezirkshauptort im Kt. Thurgau, Schweiz, 16 300 Ew., 403 m ü. M., am S-Ufer des Bodensees; Barockkirche des ehem. Augustinerklosters; Industrie.

Kreuznach, Bad K., Krst. im RegBez. Koblenz, Rheinl.-Pf., an der Nahe, 41 000 Ew., radioaktive Solquellen; Weinhandel; Filter- und Kellereimaschinenfabrik, opt. und Reifenwerke, chem., Leder- und Kunststoffindustrie.

Kreuzotter, Otter, europ. und westasiat., bis 70 cm lange Viper, bräunlichschwarz mit kreuzähnl. Scheitelzeichnung und dunklem Zickzackband auf dem Rücken. Der breite, dreieckige Kopf hebt sich deutlich vom Rumpf ab. Die K. frißt u. a. Mäuse und Eidechsen; ihr Biß kann tödlich sein (→ Schlangengift). Bild S. 150.

Kreuzprobe, serologische Verträglichkeitsprobe, ⚕ vor Bluttransfusionen die wichtigste serolog. Untersuchung auf Antikörper zur Sicherung der Verträglichkeit von Spender- und Empfängerblut.

Kreuzgang des Klosters S. Marco, Florenz, von Michelozzo

Kreuzblume 1)

Kreuzotter

Kreuzung 2)

schiefwinklig

fünfarmig

Raute

Kleeblatt

Kreuzrehe, die Pferdekrankheit → Schwarze Harnwinde.

Kreuzritter, 1) Teilnehmer an → Kreuzzügen 2). **2)** Mitgl. des → Deutschen Ordens.

Kreuzschmerzen, Schmerzen in der Kreuzbeingegend als Zeichen von Ermüdung, zu Beginn von Infektionskrankheiten, bei Frauenleiden, Krankheiten der Nieren, des Nierenbeckens, der Wirbelsäule u. a.

Kreuzschnabel, Finkengatt. mit gekreuztem Schnabel. Der gelbrote und olivengrüne **Fichtenkreuzschnabel** in den Wäldern der Alten und Neuen Welt frißt bes. Fichtensamen.

Kreuzsee, im Meer die Überlagerung zweier Oberflächenwellen mit versch. Fortbewegungsrichtung.

Kreuzspinne, Art der Radnetzspinnen mit weißer Kreuzzeichnung auf dem Hinterleib; Weibchen bis 16, Männchen bis 10 mm lang; im Volksglauben ein Glücksbringer.

Kreuzspulinstrument, elektr. Meßinstrument, dessen bewegl. Anzeigeorgan 2 Spulen bilden, die wie ein Andreaskreuz zueinander liegen.

Kreuzstich, Handarbeitsstich, bei dem sich 2 Fäden rechtwinklig kreuzen.

Kreuzung, 1) Biologie: Bastardierung. **2)** Überschneidung von Verkehrswegen. Man unterscheidet **höhengleiche K.:** beide Anlagen auf gleicher Höhe (verkehrsbehindernd), und **K. in mehreren Ebenen:** unbehinderter Verkehr durch Über- oder Unterführungen.

Kreuzverhör, ♐ Zeugenvernehmung durch die Parteien ohne Mitwirkung des Richters; üblich im engl. und amerikan. Recht. Auch im dt. Strafprozeß (§ 239 StPO) kann die Vernehmung der Zeugen und Sachverständigen durch die Staatsanwaltschaft dem Verteidiger auf deren übereinstimmenden Antrag überlassen werden.

Kreuzweg, 1) Leidensweg Jesu vom Palast des Pilatus bis Golgatha. **2)** kath. Andacht vor den 14 **K.-Stationen,** den Nachbildungen des Weges K. (→ Kalvarienberg 2). **3)** Volksglaube: die Kreuzungsstelle zweier Wege; Aufenthaltsort von Geistern und Hexen.

Kreuzworträtsel, Worträtsel, bei dem die gesuchten Wörter waagerecht und senkrecht buchstaben- oder silbenweise in Vierecke eingetragen werden.

Kreuzzeichen, im Christentum Brauch, mit der rechten Hand über sich selbst, andere oder auch über Dinge ein Kreuz zu zeichnen. Im kath. und ostkirchl. Gottesdienst sehr häufig; bei kath. Laien und Geistlichen auch im tägl. Leben. Im luther. Gottesdienst, nicht im reformierten, bei der Taufe, → Konsekration und am Schluß des Segens.

Kreuzzüge, 1) im MA. die von der Kirche geförderten Kriege gegen Ungläubige und Ketzer zur Ausbreitung oder Wiederherstellung des kath. Glaubens. **2)** vom 11. bis zum 13. Jh. bes. die Kriege der abendländ. Christenheit zur Eroberung des Hl. Landes, veranlaßt durch die Eroberung Palästinas 1071 durch die türk. Seldschuken. Der **1. K.** (1096–99), zu dem Papst Urban II. aufrief, endete mit der Eroberung Jerusalems. Der einzige weltliche Reichsfürst war Gottfried von Bouillon. Nach seinem Tod (1100) wurde sein Bruder Balduin König von Jerusalem. Lehnsstaaten wurden Edessa, Antiochia und Tripolis. Der **2. K.** (1147–49), namentlich von Bernhard von Clairvaux veranlaßt, unter Konrad III. und dem frz. König Ludwig VII., scheiterte. Nach der Eroberung Jerusalems durch Saladin (1187) begann Friedrich Barbarossa 1189 den **3. K.** (1189–92), den Philipp II. August und Richard Löwenherz 1190 weiterführten und nach der Eroberung Akkos (1191) beendeten. Der **4. K.** (1202–04) erreichte das Hl. Land nicht, sondern führte unter Leitung Venedigs (Dandolo) zur Errichtung des Latein. Kaisertums in Konstantinopel. Der **5. K.** (1228/29), unter Kaiser Friedrich II., schloß mit einem zehnjährigen Waffenstillstand und der Übergabe von Jerusalem, Bethlehem und Nazareth an die Christen, denen sie aber schon 1244 wieder verlorengingen. König Ludwig IX. von Frankreich führte 1248–54 den **6. K.** gegen Ägypten und den **7. K.** gegen Tunis (1270). Außer diesen wurden noch viele kleinere Züge unternommen, auch ein **Kinderkreuzzug** (1212), der Tausende ins Verderben führte. Indessen konnte sich Palästina, auf sich allein angewiesen, gegen die muslim. Angriffe nicht halten; 1291 ging Akko, der letzte Besitz der Kreuzritter, verloren. – Durch die K. kam die abendländ. Kultur mit dem Orient in Berührung; sie förderten aber auch die kulturellen Beziehungen zw. den europ. Völkern. Politisch waren die K. ein Mißerfolg.

Kribbelkrankheit, Kriebelkrankheit, Vergiftung mit → Mutterkorn.

Kricket, engl. **Cricket** [krˈɪkɪt], Schlagballspiel zw. 2 Parteien von je 11 Spielern. Spielgerät: Schlagholz (Keule), Ball, 2 Tore (je 3 in die Erde gesteckte Stäbe, obenauf 2 Querstäbe). Der Werfer (Bowler) sucht das feindl. Tor so zu treffen, daß die Stäbe fallen, der Schläger (Batsman) soll dies verhindern.

Kriebelmücke, Kribbelmücke, Fam. 3–6 mm großer fliegenähnl. Zweiflügler. Die schmerzhaften Stiche der blutsaugenden Weibchen rufen Schwellungen und lang andauernden Juckreiz hervor und können bei Massenauftreten an Weidetieren zu Herz- und Kreislaufschwäche führen **(Kriebelmückenkrankheit).**

Kriechblume, Krabbe, ⌂ Gotik: blattartig gebildetes Bauornament an Helmen, Wimpergen, Strebebögen.

Kriechspur, zusätzl. Fahrbahn für langsam fahrende Fahrzeuge, bes. an Steigungen der Autobahnen.

Kriechstrom, unerwünschter Stromübergang entlang der Oberfläche eines Isolierstoffkörpers, auf dem spannungführende Teile befestigt sind; entsteht, wenn das Isolationsvermögen des Isolierstoffes, z. B. durch Feuchtigkeit, herabgesetzt ist.

Kriechtiere, Reptilien, Klasse der Wirbeltiere mit den Ordnungen der **Schildkröten, Brückenechsen, Krokodile** und **Schuppenkriechtiere** (Echsen und Schlangen). Die trockene Haut der K. ist mit hornigen Schuppen oder größeren Schildern bedeckt. Die K. sind wechselwarme, lungenatmende Tiere; sie entwickeln sich aus Eiern, die frei abgelegt werden oder im Muttertier ausreifen.

Krieg, mit Waffengewalt ausgetragene Auseinandersetzungen zw. Staaten.

Krieger, 1) Adam, Komponist, * 1634, † 1666, Meister des dt. Barockliedes. **2)** Arnold, Schriftst., * 1904, † 1965; Gedichte, Dramen, Romane. **3)** Johann Philipp, Komponist, * 1649, † 1725, schrieb Sonaten, Ouvertüren, geistl. und weltl. Arien.

Kriegerdenkmal, Ehrenmal für Gefallene, schon in der Antike (Löwe von → Chaironeia), seit dem 19. Jh. weitverbreitet, im 20. Jh. auch Gedenkstätten.

Kriegführung gliedert sich in → Taktik (Anordnungen für den Kampf selbst), operative Führung (Bewegungen großer Verbände) und → Strategie (Maßnahmen der obersten militär. Führung).

Kriegsbeschädigte, Personen, die während des Krieges durch Kriegshandlungen gesundheitlich geschädigt worden sind. Über ihre Versorgung → Kriegsopferversorgung.

Kriegsdienstverweigerung, Wehrdienstverweigerung, Weigerung, am Kriegsdienst mit der Waffe teilzunehmen. Sie ist in der Bundesrep. Dtl. nur geschützt, wenn der Dienst mit der Waffe aus Gewissensgründen verweigert wird (Art. 4 GG). Über die Anerkennung als Kriegsdienstverweigerer wird auf Antrag von einem Prüfungsausschuß entschieden. Kriegsdienstverweigerer haben einen → Zivildienst zu leisten. In Österreich ist die K. ähnlich geschützt, in der Dt. Dem. Rep. kann der Militärdienst in einer waffenlosen Einheit absolviert werden. In der Schweiz ist die Einführung eines zivilen Ersatzdienstes im Gespräch.

Kriegsentschädigung, Ersatz der Kriegskosten durch den unterlegenen Teil; sie wurde vor dem 1. Weltkrieg meist in Friedensverträgen festgelegt. Nach den beiden Weltkriegen wurde dem Besiegten nicht K., sondern Wiedergutmachung in Form von → Reparationen auferlegt.

Kriegserklärung, förml. Ankündigung der Kriegseröffnung an den Gegner.

Kriegsfinanzierung, Beschaffung der im Kriegsfall benötigten Gelder. Das Aufkommen aus einer verschärften Besteuerung (Kriegsgewinnsteuern, Zuschläge zu bestehenden Steuern) ist selten ausreichend, so daß staatl. Kreditaufnahme (im 1. Weltkrieg im Dt. Reich 98 Mrd. Mark **Kriegsanleihen**) oder Geldschöpfung (im 2. Weltkrieg) erforderlich ist. Die alliierten Staaten deckten die Kriegskosten weitgehend durch Auslandsanleihen. K. über die Besteuerung hinaus führt zu Inflation und Währungszusammenbrüchen.

Kriegsflagge, staatl. Hoheitszeichen auf Kriegsschiffen.

Kriegsflugzeug, ein für den militär. Einsatz bestimmtes Flugzeug, → Kampfflugzeug.

Kriegsgefangene, Angehörige von Streitkräften eines kriegführenden Staates, die in die Gewalt des Feindes geraten sind. Der Haager Landkriegsordnung (1907) folgten verbesserte Fassungen im Rahmen der Genfer Vereinbarungen 1929 und 1949. Danach haben K. Anspruch auf Achtung ihrer Person und Ehre, sind in hygienisch einwandfreien Lagern unterzubringen und ausreichend zu versorgen. Kollektivstrafen sind verboten

Repressalien gegen K. untersagt. Gesunde K. (nicht Offiziere) können zu Arbeiten, für die sie tauglich sind, verwendet werden. Nach dem Ende der Feindseligkeiten sollen K. ohne Verzug entlassen werden.

Kriegsgericht, früher das erstinstanzl. Gericht im Militärstrafverfahren (→ Militärgerichtsbarkeit; → Truppendienstgericht).

Kriegsgeschichte, Erforschung und Darstellung von Kriegshandlungen, als Zweig der allg. Geschichtsschreibung, heute meist **Militärgeschichte** genannt (→ Wehrgeschichte).

Kriegsgräberfürsorge, Betreuung der Gräber und Friedhöfe der im Kriege Gefallenen. Träger der K. ist seit 1919 neben den amtl. Stellen der ›Volksbund Dt. Kriegsgräberfürsorge‹, Kassel.

Kriegskommunismus, Phase radikaler Wirtschaftszentralismus während des sowjet. Bürgerkriegs (1918–21). Die Regierung der Bolschewiki unter Lenin verstaatlichte Banken und Industrien, verbot den Privathandel und führte den Abgabezwang für die Bauern ein.

Kriegsmarine, Gesamtheit der Seestreitkräfte eines Staates. Ihre Aufgabe im Frieden ist die Wahrung der maritimen Interessen, im Krieg der Kampf zur See und die Verteidigung der Küsten.

Kriegsmaschinen, im Altertum und MA. bei Belagerung verwendete Maschinen: bewegl. Schutzdächer, Sturm- und Fallbrücken, Widder (Mauerbrecher), Wurfmaschinen (Katapulte, Arkuballisten u. a.).

Kriegsministerium, im Dt. Reich 1934–38 als **Reichs-K.** höchste Verwaltungsbehörde für die Streitkräfte.

Kriegsopferversorgung, den Kriegsbeschädigten und -hinterbliebenen gewährten Leistungen (Bundesversorgungs-Ges. i. d. F. v. 22. 6. 1976). Anspruchsberechtigt, wer durch den militär. Dienst, Kriegseinwirkung, Kriegsgefangenschaft, Internierung wegen der dt. Staatsangehörigkeit u. ä. gesundheitl. Schäden erlitt. Die K. umfaßt u. a.: Heil- und Krankenbehandlung (ärztl. Behandlung, Körperersatzstücke u. a.); Hilfe zur Erlangung, Wiedererlangung und Besserung der berufl. Leistungsfähigkeit (berufl. Fortbildung, Umschulung); die Beschädigtenrente, die nach der Minderung der Erwerbsfähigkeit gestaffelte Grundrente für die Schwerbeschädigten zusätzlich gewährte, ebenfalls gestaffelte Ausgleichsrente, auf die eigene Einkünfte angerechnet werden; Zuschläge für Ehegatten und Kinder der Schwerbeschädigten; die Pflegezulage für Blinde, Hirnverletzte u. a.; Bestattungsgeld; Renten für Witwen und Waisen der Beschädigten, Elternrenten. Alle Renten werden in ihrer Höhe laufend der allg. Lohnentwicklung angepaßt. Zum Erwerb von Grundbesitz können die Beschädigten oder Witwen eine Kapitalabfindung erhalten. – Die Verwaltung der K. liegt bei den Versorgungsämtern; die Ausgaben trägt der Bund. Für die Versorgung der Kriegs- und Wehrdienstopfer wurden (1975) 11,08 Mrd. DM gezahlt.

Kriegsrecht, 1) völkerrechtl. Regeln, die für kriegführende Staaten untereinander und gegenüber Neutralen gelten und die nach neuerer Auffassung auch unmittelbar Rechte und Pflichten für Einzelpersonen erzeugen; der Zweck des K. ist, die Leiden des Krieges so weit zu mildern, wie es die militär. Interessen gestatten. Quellen sind das Kriegsgewohnheitsrecht und multilaterale Verträge: die Pariser Seerechtsdeklaration (1856), die Genfer Vereinbarungen von 1864, 1929 und 1949, die Haager Landkriegsordnung von 1899 und 1907 u. a. Danach ist z. B. die Verwendung von Giften und bakteriolog. Kampfmitteln, die Tötung oder Verwundung eines Feindes, der die Waffen gestreckt hat, die Plünderung und die Festnahme von Geiseln verboten. **2)** innerstaatlich die Veränderungen des für normale Zeiten geltenden Rechts im Kriege, z. B. Verhängung des Ausnahmezustands, Einschränkung der Pressefreiheit und der Freizügigkeit, Zwangswirtschaft, Sonderbestimmungen für Kriegsteilnehmer.

Kriegsschäden, dem Einzelnen durch Kriegseinwirkungen entstandene Personen- und Sachschäden. Für die K. des 2. Weltkriegs in der Bundesrepr. Dtl. für Personenschäden das Bundesversorgungs-Ges. maßgebend (→ Kriegsopferversorgung), für Schäden und Verluste aus den Vertreibungen und Zerstörungen das Ges. über den →Lastenausgleich und das Reparationsschädengesetz.

Kriegsschadenrente, Ausgleichsleistung des Lastenausgleichs für betagte, dauernd erwerbsunfähige oder einkommensschwache Geschädigte.

Kriegsschiffe werden eingeteilt in Flugzeugträger, Schlachtschiffe, Kreuzer, Zerstörer, Fregatten, U-Boote, Minenleger,

Minensuch- und Räumfahrzeuge, Kleine Kampfschiffe, Landungsfahrzeuge, Schnellboote und Hilfsfahrzeuge. (Bilder Flugzeugträger, Schnellboot, Unterseeboot)

Kriegsschuldfrage, → Weltkrieg I.

Kriegs|tagebuch, im Kriege von allen Truppenteilen und Kommandobehörden geführtes Buch über alle militär. Ereignisse, Personalveränderungen, Verluste u. a.

Kriegsverbrechen, Handlungen von Angehörigen kriegführender Staaten, die nach nationalem oder internat. Recht unter Strafe gestellt sind, z. B. Führung von Angriffskriegen, Verstöße gegen Regeln des →Kriegsrechts, Völkermord, Zwangsarbeit fremder Staatsangehöriger. Die Vereinten Nationen und internat. Rechtskommissionen bemühen sich um Ausarbeitung eines internat. Strafrechts gegen K. (→ Nürnberger Prozesse)

Kriegswirtschaft, die auf die Bedürfnisse des Krieges eingestellte Volkswirtschaft, meist eine Zwangswirtschaft mit bevorzugter Deckung des militär. Bedarfs.

Kriegswissenschaften, → Wehrwissenschaften.

Kriemhild, Hauptgestalt des Nibelungenlieds; ihrer Rache für die Ermordung ihres Gatten Siegfried fällt nicht nur der Mörder Hagen, sondern ihre ganze Sippe, das burgund. Königsgeschlecht, zum Opfer.

Kri|ens, Wohnvorort von Luzern, Schweiz, am N-Fuß des Pilatus (Seilbahn), 21 200 Ew.; Maschinen- u. a. Ind.

Krill, im Plankton lebende Leuchtkrebse, werden wegen ihres hohen Eiweißgehalts als bed. Eiweißreserve für die menschl. Ernährung angesehen.

Krim *die,* russ. **Krym,** Halbinsel zw. Schwarzem und Asowschem Meer, im N durch die Landenge von Perekop mit dem Festland verbunden. Der größere N-Teil der K. ist Flachland mit kontinentalem Klima: Steppe und Ackerland (Weizen, Gemüse, Sojabohnen). Nach S steigt das Land im Jaila-Gebirge bis 1 545 m an; entlang der steilen S-Küste Mittelmeer-Klima und -Pflanzenwuchs (Wein, Obst, Tabak, Lavendel, Rosen), viele Kurorte (u. a. Jalta). Bodenschätze: Eisenerz, Erdöl, Flußspat, Salz. Industrie: Maschinenbau, Chemie, Nahrungsmittelverarbeitung, Wein-, Sektkellereien. Bedeutendste Stadt: Sewastopol.

Geschichte. 480 v. Chr. entstand auf der K. das Bosporan. Reich, das später an das Röm. Reich kam. Während der Völkerwanderung drangen Hunnen und Goten ein. Im 13. Jh. eroberten die Tataren die K., seit 1475 stand sie unter türk. Oberhoheit, 1783 kam sie an Rußland und war 1854/55 Schauplatz des →Krim-Kriegs. 1921 wurde die K. Autonome SSR innerhalb der Russ. SFSR. 1941–44 war sie von dt. Truppen besetzt; 1946 Gebiet der Russ. SFSR, seit 1954 der Ukrain. SSR.

kriminal [lat.], strafrechtlich.

Kriminalbeamter, Polizeibeamter mit Sonderausbildung für die Kriminalpolizei.

Kriminalgericht, das Strafgericht.

Kriminalgeschichte, Kriminalroman, Erzählung von verbrecher. Handeln. Vorläufer der K. sind die Räuberromane. Zur Kunstgatt. erhoben wurde die K. durch F. Schiller (›Verbrecher aus verlorener Ehre‹, 1786), E. T. A. Hoffmann (›Das Fräulein von Scudéry‹, 1820), Annette von Droste-Hülshoff (›Die Judenbuche‹, 1842), W. Raabe (›Stopfkuchen‹, 1891), Ch. Dickens, F. A. Dostojewskij. – In der **Detektivgeschichte,** die bald in den Vordergrund rückte, geht es in erster Linie um die Aufhellung eines Verbrechens, ganz allg. um die Lösung eines verwickelten Problems durch scharfsinnige Kombination. Den Grund legte E. A. Poe mit einigen Kurzgeschichten; als weitere Ahnen gelten W. W. Collins, E. Gaboriau. Conan Doyle schuf 1887 die erste moderne Detektivgeschichte (Detektiv: Sherlock Holmes). Neuere Vertreter: G. K. Chesterton, E. Wallace, Agatha Christie, Dorothy Sayers, R. Chandler, D. Hammett, G. Simenon, P. Boileau, T. Narcejac, Patricia Highsmith, M. Spillane, C. Himes, H. Kemelman, R. Stout. Der K. nahverwandt ist die **Spionage-** und **Geheimagentengeschichte** (E. Ambler, J. Le Carré, I. Fleming, P. O'Donnel). – Der **Kriminalfilm,** seit den 30er Jahren bes. in den USA, verbreitete sich stark durch Fernsehserien **(Krimi).**

Kriminalistik, Lehre von der Bekämpfung des Verbrechens durch Verbrechensaufklärung; i. w. S. auch die Lehre von den Erscheinungsformen der Verbrechensbegehung. (Bild S. 152)

Kriminalität, Gesamtheit der Straftaten als Massenerscheinung innerhalb einer sozialen Gruppe oder eines Volkes während eines bestimmten Zeitabschnitts.

Kriminalpädagogik, forensische Pädagogik, die im Freiheitsentzug angewendeten Maßnahmen zur Resozialisierung der Straffälligen.

Kriminalpolizei, Abk. **Kripo,** Zweig der Polizei zur Aufklärung begangener und zur Verhinderung beabsichtigter Straftaten.

Kriminalroman, → Kriminalgeschichte.

Kriminalstatistik, Statistik, die über Stand, Bewegung und Entwicklung der Kriminalität Auskunft gibt; eingeteilt in **polizeil. K.** (alle bekannt gewordenen und aufgeklärten Straftaten sowie die polizeilich ermittelten Täter), **amtl. K.** (alle Abgeurteilten einschließlich Freigesprochenen), **Strafvollzugsstatistik** (alle Gefangenen und Verwahrten).

kriminell [frz.], strafbar, verbrecherisch. **Kriminelle** *der,* Verbrecher.

kriminelle Vereinigungen, Vereinigungen, deren Zwecke oder Tätigkeit darauf gerichtet sind, Straftaten zu begehen. Gründung und Beteiligung strafbar (Geldstrafe oder Freiheitsentzug bis 5 Jahre; § 129 StGB); verschärfte Strafe gilt bei **terrorist. Vereinigungen.**

Kriminologie [lat.-grch.], Wissenschaft vom Verbrechen. I. Ggs. zur Strafrechtswissenschaft behandelt sie das Verbrechen nicht unter juristisch-wertenden Gesichtspunkten, sondern beschreibend und kausal (genetisch). Die K. umfaßt 1) die Lehre von den Erscheinungsformen **(Kriminalphänomenologie).** 2) die Lehre von den inneren und äußeren Ursachen des Verbrechens **(Kriminalätiologie),** die die Kriminalanthropologie (Kriminalbiologie und -somatologie, Kriminalpsychologie und -psychopathologie einschließt). 3) die → Kriminalistik. 4) die Lehre von der Behandlung des Angeklagten im Verfahren und des Verurteilten im Vollzug, zugleich als Teil moderner Verbrechensbekämpfung (Strafvollzug). 5) die Lehre der Verhütung künftiger Verbrechen bei Anwendung vorbeugender Mittel durch den Staat **(Kriminalpolitik).** Im Rahmen der Ursachenforschung hat ferner die **Kriminalsoziologie,** die Lehre von den sozialen Tatsachen (Umwelt), die auf die Kriminalität einwirken, Bedeutung. Sie umfaßt die Sozialpsychologie (Lehre von den Verhaltensweisen der Menschen in sozialen Gruppen), allg. Kriminalsoziologie

Kriminalistik: **1** *und* **2** *entfernte Prägezeichen werden durch chemische Behandlung wieder sichtbar gemacht, hier abgefeilte Fahrradnummer;* **3** *oben Schartenspur eines Brecheisens am Türschloß, unten die übereinstimmende Vergleichsspur mit dem Tatwerkzeug;* **4** *und* **5** *Erkennungsdienst: am Tatort gesicherte Fingerabdruckspur* **(4)** *ist mit dem linken Daumenabdruck eines Verdächtigen* **(5)** *identisch;* **6–8** *Altersbestimmung einer Tintenschrift durch den im Papier festgestellten Auswanderungsgrad gewisser Tintensalze:* **6** *frische Schrift,* **7** *einen Monat alt,* **8** *ein Jahr alt*

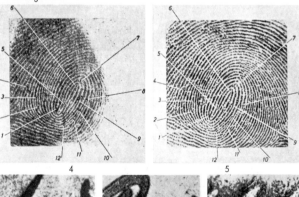

(Beschreibung der Kriminalität als Gesellschaftserscheinung) und Kriminalstatistik.

Krim-Krieg, der Krieg, den Frankreich, Großbritannien, die Türkei (seit 1855 auch Sardinien) gegen Rußland führten. Die Kriegserklärung der Türkei folgte am 4. 10. 1853 ihrer Ablehnung des Ultimatums Nikolaus' I., die russ. Schutzherrschaft über die orthodoxen Christen im Osman. Reich anzuerkennen, und der russ. Besetzung der Donaufürstentümer (Moldau und Walachei). 1854 traten die Westmächte in den Krieg ein und landeten auf der Krim. Nach fast einjähriger Belagerung fiel die Festung Sewastopol (10. 9. 1855). Im Pariser Frieden (30. 3. 1856) mußte Rußland Gebietsverluste, die Aufhebung des Protektorats über die Donaufürstentümer und die Neutralisierung des Schwarzen Meeres hinnehmen.

Krimmer, 1) Fell des Fettschwanzschafes der Krim, Ukraine, Bessarabiens. **2)** gewebte Pelzimitation.

Krimmler Tauern, Paß (2634 m) in den Hohen Tauern. Die **Krimmler Ache** bildet vor ihrer Mündung in die Salzach die drei **Krimmler Fälle** (insgesamt 380 m hoch).

Krimtataren, türk. Stammesgruppe, nur in Resten noch auf der → Krim, Nachkommen der mongol. Eindringlinge, mit Komanen u. a. Türken, Genuesen, Krimgoten vermischt; sunnit. Muslime.

Krinoline [frz.], aus Fischbeinstäben und -reifen mit Roßhaarbindung bestehender Rock unter dem weiten Frauenrock (etwa 1840–65).

Kripo, Abk. für → **Kri**minal**polizei.**

Krippe, 1) Futtertrog. **2) Weihnachtskrippe,** figürl. Darstellung der hl. Familie im Stall zu Bethlehem. **3)** früher: Kindertagesheim. **4)** ☿ → Krebs 2).

Kris *der,* dolchartige Waffe der Indonesier mit meist schlangenförmig gekrümmter Klinge.

Krise, Krisis [grch.], Entscheidung, Unsicherheit, bedenkliche Lage, Zuspitzung, Wendepunkt. **1)** ⚒ das plötzliche Zusammenbrechen von Güterpreisen und Aktienkursen, das bei manchen Konjunkturzyklen die allg. Depression einleitet, auch diese selbst, durch Häufung von Konkursen, Anwachsen der Arbeitslosigkeit, Erschütterung des Kreditmarktes gekennzeichnet. Von einer K. können einzelne Wirtschaftszweige (z. B. **Agrar-K.**) oder ganze Volks- oder die Weltwirtschaft betroffen werden. Große K. gab es bes. 1637 (holländ. **Tulpen-K.**), 1929/32 **(Weltwirtschafts-K.). 2)** ⚕ das plötzliche Umschlagen einer Krankheitsgeschehen, z. B. Abfall des Fiebers innerhalb 24 Stunden; anfallartiges Auftreten von Krankheitserscheinungen mit besonderer Heftigkeit. – **Krisenzeit,** die Stunden zw. 3 und 5 Uhr morgens, in denen akute Krankheitserscheinungen (Herzinfarkt, Gehirnschlag, Migräne u. a.) gehäuft auftreten. **3)** Psychologie: Zuspitzung einer Situation, die einen Entwicklungsprozeß in seinem weiteren Verlauf entscheidend beeinflußt; allg. **Existenz-** und **Lebens-K.,** z. B. Midlife Crisis.

Krisenstab, vom Regierungschef bei akuten Notständen (Naturkatastrophen, schwere polit. Gewalttaten u. a.) gebildetes Gremium, das der Reg. beratend und koordinierend zur Seite stehen soll.

Krishna, Krischna, myth. ind. König, irdische Erscheinungsform →Vishnus; Kultstätten in Mathura u. a.

Krishna [-ʃ-], früher **Kistna,** ind. Fluß, 1280 km, kommt aus den Westghats, mündet in den Golf von Bengalen.

krispeln, pflanzlich gegerbte Leder nach dem Trocknen weich und geschmeidig machen.

Kristall, Festkörper, dessen Bauelemente (Atome, Ionen, Moleküle) in einem **K.-** oder **Raumgitter** periodisch streng regelmäßig geordnet sind, was die regelmäßige, ebenflächige äußere Form bewirkt. Nach der kleinsten Raumeinheit **(Elementarzelle)** lassen sich 6 **K.-Systeme** unterscheiden: 1) **kubisches (reguläres) System** mit 3 gleich langen, senkrecht aufeinanderstehenden Achsen; 2) **tetragonales System** mit 2 gleichen, sich senkrecht schneidenden Achsen, auf denen eine dritte, verschieden lange, senkrecht steht; 3) **hexagonales System** mit 3 gleich langen, sich unter 60° schneidenden Achsen, auf denen eine vierte, abweichend große, senkrecht steht; 4) **rhombisches System** mit 3 sich rechtwinklig schneidenden, verschieden langen Achsen; 5) **monoklines System** mit 2 ungleichen, sich schiefwinklig schneidenden Achsen und einer darauf senkrechten Achse; 6) **triklines System** mit 3 ungleichen, schiefwinklig gekreuzten Achsen. Ihr Aufbau wird durch Beugung und Interferenz von Röntgenstrahlen nach der Drehkristallmethode, dem Debye-Scherrer-Verfahren und dem Laue-Verfahren ermittelt. Physikal. Eigenschaften bestimmter K. sind Doppelbrechung, Drehung der Polarisationsebene durchfallenden Lichtes, Piezoelektrizität.

Kristalldiode, Diode aus einem Halbleiterkristall.

Kristallglas, farbloses, meist geschliffenes Glas, stark glänzend, mit hoher Lichtbrechung. Man unterscheidet nach der chem. Zusammensetzung **bleifreies böhmisches Kristall** (Kalikalksilicat) und **Blei-K.** (Kalibleisilicat).

kristallin, aus kristallisiertem Material bestehend.

kristalline Schiefer, metamorphe Gesteine, aus Eruptivund Sedimentgesteinen entstanden, mit schiefrigem Gefüge, z. B. Gneis, Glimmerschiefer.

Kristallisation, Bildung von Kristallen.

Kristallit, einzelnes Kristallkorn.

Kristallnacht, die von den Nationalsozialisten in der Nacht vom 9./10. 11. 1938 organisierten Pogrome gegen Juden.

Kristallographie, Lehre vom Bau, der Struktur und Zusammensetzung, vom Wachstum und von der Auflösung natürl. und künstl. Kristalle.

Kristallpalast in London, für die Weltausstellung 1851 von Sir Joseph Paxton im Hyde Park errichtet, eines der ersten Werke reiner Eisen- und Glasarchitektur; 1854 nach Sydenham versetzt, 1936 abgebrannt.

Kristallviolett, synthet., organ. Farbstoff für Stempelfarben, Durchschreibepapiere u. dgl.

Kristallwasser, in kristallisierten Verbindungen chemisch gebundenes Wasser.

Kristallzähler, Strahlungsnachweisgerät der Kernphysik, enthält einen Kristall im elektr. Feld, in dem durch auftreffende Strahlung kurze Stromstöße angeregt werden.

Kristiania, 1624–1924 Name von Oslo.

Kristiansand, Hptst. der Prov. Vest-Agder und bedeutendste Hafenstadt S-Norwegens, 60 000 Ew., am Skagerrak, Autofähre nach Dänemark; Schiffbau, Hüttenwerk, Metall-, Textil-, Holzu. a. Industrie.

Kristianstad [kriʃʹan-], Bezirkshptst. in S-Schweden, 68 500 Ew.; Textil-, Maschinen-, Nahrungsmittelind.

Kriterium [lat.-grch.], **1)** Unterscheidungsmerkmal, Kennzeichen. **2)** Radsport: Straßenrennen über eine Distanz von meist mehr als 50 km auf einen Rundkurs von 1–2,5 km Länge ohne die sonst übl. Leistungsklassen.

Kritias, grch. Schriftst. und Dichter, der bedeutendste und gewalttätigste der dreißig Tyrannen in Athen, fiel 403 v. Chr. im Kampf gegen Thrasybul.

Kritik [grch.], Beurteilung, gewissenhafte Prüfung von Gegebenem nach best. Maßstäben; Beanstandung, Tadel. K. ist eine Grundfunktion der denkenden Vernunft und im Rückbezug auf das eigene Denken ein Wesensmerkmal der Urteilsbildung bes. in der Wissenschaft. Von entscheidender Bedeutung ist die K. heute im Bereich der Medien als Beitrag zur freien Meinungsbildung.

Kritiker, Beurteiler, wertender Berichterstatter; Tadler. **Kritikaster,** Nörgler.

kritisch, prüfend, richtend; entscheidend, bedrohlich.

kritische Drehzahl, Drehzahl, die mit der Eigenfrequenz eines rotierenden Teils übereinstimmt. Beim Betrieb einer Maschine mit dieser Drehzahl tritt Resonanz auf, die zum Bruch des Systems führen kann.

kritischer Apparat, Lesarten, Textverbesserungen im Anhang eines Buches.

Kritischer Rationalismus, von K. R. Popper (*1902) ausgehende wissenschaftstheoret. Methodenlehre, die im Kern auf das log. Prinzip der permanenten Fehlerkorrektur im Bereich der Theorienbildung stützt.

kritischer Zustand, Grenzzustand eines Stoffes, bei dem zw. seinem flüssigen und seinem gasförmigen Zustand nicht mehr unterschieden werden kann. Zum k. Z. gehören **kritischer Druck, kritische Temperatur** und **kritisches Volumen.**

Kritische Schule, eine Studentenbewegung, die in Anlehnung an die → Kritische Universität entstand; Organisationskern war das ›Aktionszentrum unabhängiger und sozialist. Schüler‹ (AUSS).

Kritische Theorie, Bez. für die im Rahmen der → Frankfurter Schule von M. Horkheimer und H. Marcuse entwickelte, von T. W. Adorno weiterverfolgte, marxistisch bestimmte krit. Gesellschaftstheorie und -analyse, nach 1960 von starker Wirkung auf die gesellschaftskrit. Bewegung der Jugendlichen Westeuropas und Nordamerikas.

Kritische Universität, Ziel der student. Protestbewegung (meist sozialistisch-marxist. Gruppen), die v. a. seit 1967 in der

Bundesrep. Dtl. eine radikale Umgestaltung des Lehrbetriebes in Form und Inhalt an den Hochschulen zu erreichen suchte.

kritisieren, prüfend beurteilen; bemängeln, tadeln.

Kritizismus, Denkrichtung, die das Erkenntnismittel, ihr Wesen und ihre Grenzen prüft; Begründer ist Kant.

Kriton, Schüler des Sokrates (Dialog ›K.‹ des Platon).

Kriwoj Rog, Bergbau- und Industriestadt in der Ukrain. SSR, 657 000 Ew.; Eisenerzgewinnung, Hüttenwerke, Eisen-, Stahlwerke, Maschinenbau, Eisen-, Stahl- u. Nahrungsmittelind.

Krk, ital. **Veglia** [vʹeʎa], nördlichste und größte Insel im Quarnero, Jugoslawien, 410 km², rd. 20000 Ew.; mit dem Festland durch eine Brücke verbunden; Fremdenverkehr.

Krieža [kʹrleʒa], Miroslav, kroat. Dichter, *1893, †1981; Balladen, Dramen, Romane, Essays.

Kroaten, Hrvati, südslaw. Volk in Jugoslawien, bes. in Kroatien; rd. 4,5 Mio. Menschen.

Kroatien, serbokroat. **Hrvatska,** Sozialist. Rep. Jugoslawiens, 56538 km², 4,56 Mio. Ew. Hptst.: Zagreb. K. umfaßt das Tiefland zw. Drau, Save und Donau, das Gebirgsland Hochkroatiens (teils kahler Karst) und das dalmatin. Küstengebiet. Bev.: zum größten Teil Kroaten. Erwerbszweige: überwiegend Landwirtschaft (Getreide, Zuckerrüben, Wein, Obst, Oliven); Viehzucht; Forstwirtschaft. Bodenschätze: Erdöl, Bauxit, Kohle; Maschinen-, Schiffbau, Eisen- und Stahl-, Aluminiumerzeugung, Erdölraffinerien u. a. Ind.; Fremdenverkehr.

Geschichte. Das Land wurde im 7. Jh. von den Kroaten besiedelt, geriet Ende des 11. Jh. unter ungar. Herrschaft, ging im

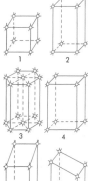

Kristall: Die Grundformen der Kristallsysteme: **1** *kubisch,* **2** *tetragonal,* **3** *hexagonal,* **4** *rhombisch,* **5** *monoklin,* **6** *triklin*

Kristall

16. Jh. größtenteils an die Türken verloren, kam 1699 an die österr. Habsburger. K. bildete mit Slawonien ein Nebenland der ungar. Krone; 1918 wurde K. ein Teil → Jugoslawiens.

kroatische Literatur und Sprache, → serbokroatische Literatur, → serbokroatische Sprache.

Kroatzbeere [schles.], Brombeere.

Krocket [engl.], Rasenspiel, bei dem Holzkugeln mit Holzhämmern mit möglichst wenigen Schlägen durch 12–20 Tore (Drahtbügel) zu treiben sind.

Kroetz, Franz Xaver, Schriftst., *1946; sozialkrit. Stücke: ›Heimarbeit‹ (1971), ›Wildwechsel‹ (1971), ›Stallerhof‹ (1972), ›Wunschkonzert‹ (1973), ›Mensch Meier‹ (1978), ›Bilanz‹ (1980).

Kröger, Timm, Schriftst., *1844, †1918; Erzählungen aus dem holstein. Bauernleben.

Krogh, Schack August Steenberg, dän. Physiologe, *1874, †1949, Arbeitsgebiete: Gaswechsel bei der Atmung und Physiologie der Kapillaren. 1902 Nobelpreis für Medizin.

Krokant [frz.] *der,* gebackene Mandelkruste.

Kroketten, gebackene Klößchen aus Kartoffeln, Fisch, Schaltieren, Fleisch, Geflügel o. a.; Vor- oder Zwischengericht.

Kroki *das,* eine → Kartenskizze.

Krokodile [grch.], **Panzerechsen,** Ordn. der Kriechtiere, vorwiegend Süßwasserbewohner der Tropen und Subtropen. Einige Arten werden fast 10m lang und vermutlich über 100 Jahre alt. Familien: der → Alligatoren (z. B. → Kaimane), der → Gavial und die eigtl. K. (Crocodylidae) mit dem nur 1,7m lange **Stumpf-K.** in W-Afrika ist schwanzschnauzig. Sehr lang ist die Schnauze beim **Sunda-K.** Zur Gatt. Crocodylus gehören das afrikan. **Nil-K.** und das ebenfalls bis fast 10 m lange **Leisten-K.** in Brack- und Seewasser von S-Asien bis östlich von Australien; auffallend langschnauzig sind die amerikan. **Spitz-K.** Die K.-Haut gibt wertvolles Leder. Der große Bedarf führte zu Züchtungen von K. und Alligatoren in Farmen, um die Ausrottung zu verhindern. (Bild S. 154)

Krokodilwächter, Watvogel Zentral- und Ostafrikas, der Krokodile von Ungeziefer (z. B. Egel) befreit.

Krokoit *der,* Rotbleierz.

Krokus [grch.-lat.], artenreiche Gatt. der Schwertliliengewächse, meist in den Mittelmeerländern; ausdauernde Knollenpflanzen. Violett, gelb und weiß blühende Arten sind Gartenblumen. Die hellviolett blühende **Echte Safran** ist u. a. Gewürzpflanze. (Bild S. 154)

Krolow [-lo], Karl, Schriftst., *1915, gelangte von moderner Naturlyrik zu differenzierter Darstellung des Alltäglichen und Subjektiven; Essays, Übersetzungen.

Krokoit: **1** *nadelig,* **2** *säulenförmig*

Krokodile: oben Nil-K., Mitte Gavial, unten Brillenkaiman

Kronach, Krst. in Oberfranken, Bayern, im Frankenwald, 18500 Ew.; altertüml. Stadtbild (got. Pfarrkirche; Rathaus, 1583; Bürgerhäuser). Elektronik-, chem., Keramik-, Schuh-, Holz-Ind., Werkzeugbau u. a.

Kron|anwalt, 1) früher in Hannover der Staatsanwalt. **2)** im engl. Recht: →Attorney.

Kronberg im Taunus, Stadt im Hochtaunuskr., Hessen, 17600 Ew.; Luftkurort; Burg (13. Jh.); Tiergehege (›Opelzoo‹); bed. Obstanbau; Elektroindustrie (Braun AG), Kronthaler Mineralbrunnen.

Kronblätter, Blütenblätter, die Blätter der Blumenkrone.

Krone [lat. corona ›Kranz‹], **1)** Sinnbild der Würde und Macht des Herrschers, urspr. glatter Reif, im MA. mit Blattornamenten, später mit Perlenzinken, Bügeln u. a. verziert; auch der versch. Adelsränge: Adels-, Freiherrn-, Grafenkrone u. a. **2)** Münze und Währungseinheit, nach 1871 das goldene Zehnmarkstück, 1892–1924 in Österreich und Ungarn Währungseinheit (= 100 Heller). Jetzt Währungseinheit in Dänemark, Norwegen, Schweden (= 100 Øre), Island (= 100 Aurar); in der ČSSR Koruna (= 100 Halér). **3)** Blumenkrone, die nichtgrünen Blütenhüllenblätter. **4)** Zahnkrone, →Zähne. **5)** Rehgehörn; Gipfel des Hirschgeweihs (Kronenhirsch). **6)** Sternbilder des Nordhimmels (**Nördliche K.**) und des Südhimmels (**Südliche K.**).

Kröner, Adolf von (1905), Verleger, * 1836, † 1911, übernahm mit seinem Bruder Paul 1889 die J. G. Cottasche Buchhandlung in Stuttgart. Sein Sohn Alfred (1861–1922) gründete den **Alfred Kröner Verlag,** Stuttgart.

Kronglas, mit Pottasche (statt Soda) erschmolzenes optisches Glas.

Kronkolonie, engl. **Crown Colony** [kraʊn kʼɔlənɪ], im brit. Staatsrecht die von der Krone durch einen Gouverneur verwalteten Besitzungen ohne voll ausgebildete Selbstverwaltung. Ggs.: →Dominion.

Kronland, Erbland eines fürstl. Hauses, bes. die 1867 bis 1918 im zisleithan. Reichsteil Österreich-Ungarns liegenden Königreiche und Länder.

Kronos, grch. Mythos: ein Titan, jüngster Sohn des Uranos und der Gaia, vermählt mit seiner Schwester Rhea. Da ihm geweissagt war, daß sein Sohn ihn stürzen werde, verschlang er alle seine Kinder bis auf Zeus, den Rhea vor ihm verbarg. Zeus, der **Kronide,** warf ihn nach jahrelangem Kampf in den Tartaros.

Kronprinz, in Monarchien der Thronfolger in direkter Linie.

Kronrat, in monarch. Staaten eine Sitzung des Kabinetts unter Vorsitz des Monarchen.

Kronsbeere, Preiselbeere.

Krokus

Kronschnepfe, →Brachvögel.

Kronshagen, Gem. im Kr. Rendsburg-Eckernförde, Schlesw.-Holst., 12900 Ew.

Kronstadt, 1) rumän. **Brașov** [braʃʼov], Kreishptst. in Siebenbürgen, Rumänien, 299000 Ew.; Bauten des MA. (Bartholomäuskirche, 13.–15. Jh.; Schwarze Kirche, 14.–15. Jh. u. a.). Wichtiges Industriezentrum (Maschinenbau, chem., Textil- u. a. Ind.). Univ., Pädagog. Institut. – Im 13. Jh. vom Dt. Orden gegr., Hauptstadt des Burzenlandes; Mittelpunkt der Reformation in Siebenbürgen; kam 1920/21 von Ungarn an Rumänien. (Bild S. 155) **2)** Kriegshafen auf der Insel Kotlin, westlich Leningrad, Russ. SFSR, 45000 Ew.; Werften. – K., 1703 gegr., war 1917 einer der Ausgangspunkte der bolschewist. Revolution.

Krontaube, entengroße Taube mit fächerförmiger Federkrone, auf Neuguinea und den Nachbarinseln.

Krönung, feierl. Einsetzung des Herrschers, meist unter Verwendung der Krönungsinsignien (→Reichskleinodien), i. d. R. verbunden mit relig. Weihe. Die K. in Dtl. nahm urspr. der Erzbischof von Mainz, seit 1024 der von Köln vor. Als K.-Ort setzte sich Aachen durch (letzte K. 1531). Seit 1562 wurde in Frankfurt a. M. gekrönt, und zwar wieder vom Erzbischof von Mainz. Von der Königs-K. ist zu unterscheiden die Kaiser-K. in Rom (bis 1530).

Kronwicke, Schmetterlingsblüter-Gatt., v. a. im Mittelmeergebiet. Die **Bunte K. (Bunte Peltsche)** ist eine liegende Staude mit rosaweiß-violetten Blüten, gegliederten Hülsen auf trockenem, kalkigem Grasland.

Kronzeuge, im angloamerikan. Strafprozeß ein Mittäter, der gegen Zusicherung der Straflosigkeit als Belastungszeuge auftritt.

Kropf, 1) bei Vögeln Erweiterung der Speiseröhre zur Vorverdauung. **2)** beim Menschen die Vergrößerung der Schilddrüse; Ursachen: Vererbung, Umwelt- und Ernährungseinflüsse mit Jodmangel oder Jodfehlverwertung, Zysten und Blutungen im Schilddrüsengewebe. Vorbeugung: Jodhaltiges Speisesalz. Behandlung: Jodhaltige Mittel, Schilddrüsenhormon, Operation.

kröpfen, Stabeisen und Achsen so abbiegen, daß die Achsenmittellinie des umgeschmiedeten Teils parallel oder in der gleichen Richtung verläuft wie die urspr. Achsenmittellinie.

Kröpfer, Kropftaube, Haustaube, die ihren Kropf aufblähen kann.

Kropfstorch, der →Marabu.

Kropotkin, Pjotr Aleksejewitsch, Fürst, russ. Revolutionär, * 1842, † 1921, urspr. Kosakenoffizier, bedeutendster Vertreter des föderalist. Anarchismus.

Krösus, grch. **Kroisos,** letzter König von Lydien (560 v. Chr.), dessen Reichtum sprichwörtlich war; 546 vom Perserkönig Kyros II. besiegt und unterworfen.

Kröten, Fam. der Froschlurche, zahnlos, meist plump, mit fast gleich langen Vorder- und Hinterbeinen und warzig-drüsiger Haut, deren Sekret giftig ist (**Krötengift**). Die an schattig-feuchten Orten in selbstgegrabenen Löchern wohnende, etwa 12 cm lange **Erdkröte** ist dunkel-, die **Wechselkröte** buntfarbig. Die südamerikan. **Riesen-K. (Aga)** wird über 20 cm lang. (Bild Froschlurche)

Krötenechsen, Leguane mit krötenartig flachem, dornigem Körper, in Nordamerika.

Krone 1): **1** *Alte Reichskrone.* **2** *Österr. Kaiserkrone.* **3** *Königskrone.* **4** *Engl. Grafenkrone (Earl).* **5** *Kontinentaleuropäische Grafenkrone.* **6** *Freiherrnkrone.* **7** *Deutsche fünfperlige Adelskrone*

Krötentest, eine → Schwangerschaftsreaktion.

Kroton, antike Stadt, das heutige → Crotone.

Kroton|ölbaum, Tiglibaum, südasiat. Strauch oder Baum, Wolfsmilchgewächs, dessen Samen das stark abführende **Krotonöl** liefert.

Krøyer [krø'jər], Peter Severin, *1851, †1909, dän. Maler bes. figürlicher, impressionistisch gesehener Darstellungen.

Krozingen, Bad K., Gem. im Kr. Breisgau-Hochschwarzwald, Bad.-Württ., am Fuß des Schwarzwaldes, 11 600 Ew., Heilbad.

Kru, Kroo [kru:], Völkergruppe in Liberia und Elfenbeinküste.

Krüdener, Barbara Juliane Freifrau von, geb. v. Vietinghoff, *1764, †1824, pietistische religiöse Schwärmerin; schrieb den Briefroman ›Valérie‹ (2 Bde., 1803).

Krueger, Felix, Philosoph und Psychologe, *1874, †1948, begründete die Ganzheitspsychologie.

Krug, 1) kannenähnl. ausgebauchtes Gefäß mit Henkel. **2)** Schänke, Wirtshaus. **Krüger**, Schankwirt.

Krüger, 1) Bartholomäus, *um 1540, †nach 1597, Trebbiner Stadtschreiber und Organist, schrieb Schauspiele und das Schwankbuch ›Hans Clauerts werkliche Historien‹ (1587). **2)** Franz, Maler in Berlin, *1797, †1857, schuf mit biedermeierl., malerisch reizvoller Sachlichkeit große Paradebilder, Bildnisse des preuß. und russ. Adels und des Berliner Bürgertums (Bild A. Borsig); Pferdebilder. **3)** afrikaans **Kruger** [kr'yxər], Paulus, genannt **Ohm Krüger** oder **Oom Paul**, *1825, †1904, wurde 1864 Generalkommandant des Freistaats Transvaal, war 1883–1900 Präs. der Südafrikan. Rep. (Transvaal), Führer der Transvaal-Buren im polit. und militär. Kämpfen gegen Großbritannien. Die **Krügerdepesche** vom 3. 1. 1896, ein Glückwunschtelegramm Wilhelms II. zur Abwehr den Jameson Raid, rief in Großbritannien starke Erregung hervor.

Krüger-Nationalpark, Naturschutzgebiet, Wildreservat in der Rep. Südafrika, 19 485 km², gegr. 1898 von P. Krüger.

Krügerrand [engl. -rænd], seit 1967 kursfähige Goldmünze der Rep. Südafrika, 33,9 g, darin 31,1 g (1 Unze) Feingold.

Krugersdorp [kr'yx-], Stadt in Transvaal, Rep. Südafrika, 1740 m ü. M., 103 000 Ew.; Gold-, Uranbergbau, Maschinenbau; Satelliten- und Raumsondenstation.

Krulle die, breite, gestreifte, leinene Halskrause der weibl. Tracht des 17. Jh.

Krumbach (Schwaben), Stadt im Kr. Günzburg, Bayern, 11 800 Ew.; Kleinindustrie.

Krummdarm, der unterste Teil des Dünndarms.

Krümmel, Teil von → Geesthacht, Kernkraftwerk im Bau.

Krümmer, 1) Gerät zum Auflockern des Bodens. **2)** rechtwinklig abgebogenes Rohr.

Krummhals, Wolfsauge, Gatt. der Borretschgewächse; der vergißmeinnichtähnl. Acker-K. wächst auf kalkarmem Boden.

Krummholz, das → Knieholz.

Krummhorn, Blasinstrument (vermutlich 13.–17. Jh.) mit doppeltem Rohrblatt, gebogener Schallröhre und 7 Grifflöchern.

Krummhörn, Gem. im Kr. Aurich, Ndsachs., 12 300 Ew.

Krummhübel, poln. **Karpacz** [-tʃ], Stadt in der poln. Wwschaft Jelenia Góra, Luftkurort und Wintersportplatz, ehem. Niederschlesien, einer der Schneekämpfe, 550–813 m ü. M., rd. 5000 Ew. Im Stadtteil **Brückenberg** die Holzkirche Wang (13. Jh.), aus dem Vanger Fjord (S-Norwegen).

Krummstab, der → Bischofsstab.

Krümmung, △ Abweichung einer Linie vom geradlinigen, einer Fläche vom ebenen Verlauf.

Krümper, die 1808–12 zu kurzer Ausbildung in das preuß. Heer eingestellten Soldaten, Notbehelf einer Vermehrung (**K.-System**).

Krumpfen, das Einlaufen von Textilien im Gebrauch, bes. beim Naßwerden. Durch besondere Appretur-Verfahren werden Gewebe **krumpfecht** gemacht.

Krumpfmaß, Schwundverlust von Getreide, Ölfrüchten u. a. auf dem Schüttboden.

Krumpper, Krumper, Hans, Bildhauer und Baumeister, *um 1570, †1634; Münchner Residenz: Maximilianeischer Trakt und Bronzefiguren (›Patrona Boiariae‹ u. a.).

Krupp, Diphtherie des Kehlkopfes; **falscher K.,** nicht diphther. entzünd. Anschwellung der Rachenschleimhaut.

Krupp, Fried. K., führendes Unternehmen der Stahl- und Investitionsgüterind. in Essen, gegr. 1811 von Friedrich K. (*1787, †1826), dessen Sohn Alfred (*1812, †1887) es zu der bedeutendsten Gußstahlfabrik der Erde entwickelte; er begrün-

Kronstadt 1): Schwarze Kirche

dete das **K.-Sozialwerk.** Ihm folgte Friedrich Alfred (*1854, †1902). 1909 übernahm die Leitung Gustav v. Bohlen und Halbach (*1870, †1950), dessen Schwiegersohn Gustav v. Bohlen und Halbach (*1870, †1950), dessen Sohn Alfred (*1907, †1967) folgte, wieder Alleininhaber der Firma nach Umwandlung in eine Einzelfirma (1943). Von 1945–53 unter alliierter Kontrolle. Im Zuge der Entflechtung wurde 1953 die Hütten- und Bergwerke Rheinhausen AG gegr., 1965 nach Fusion mit der ›Bochumer Verein für Gußstahlfabrikation AG‹ umbenannt in → Krupp, Fried. K. Hüttenwerke AG. Der Kohlebereich wurde 1969 auf die Ruhrkohle AG übertragen. Die Einzelfirma Fried. K. wurde nach Finanzierungsschwierigkeiten 1967 in eine GmbH umgewandelt, aber mit Satzung und Organen einer AG; Alleinerbe Alfred K.s ist eine Stiftung, in die die Firma eingebracht wurde. Die Stiftung dient philanthrop. Zwecken. Die Fried. K. GmbH ist bes. tätig im Stahlbereich, Industrieanlagen-, Maschinen- und Schiffbau. 1976 übernahm der iran. Staat eine Beteiligung von über 25%.

Krupp, Fried. K. Hüttenwerke AG, Bochum, Unternehmen der Eisen- und Stahlind. (→ Krupp, Fried. K.); Hauptaktionäre: Fried. Krupp GmbH, Essen, rd. 70%, National Iranian Steel Industries Co., Teheran, rd. 25% (seit 1974).

Kruppe [aus frz. croupe], das Kreuz des Pferdes.

Krüppel, Körperbehinderter, ein Mensch mit stark beeinträchtigter Bewegungsmöglichkeit oder Körperhaltung.

Kruse, 1) Käthe, *1883, †1968, Kunsthandwerkerin, bekannt durch ihre Stoffpuppen; Frau des Bildhauers Max K. (*1854, †1942). **2)** Martin, *1929, wurde 1976 Landesbischof der Evang. Kirche in Berlin-Brandenburg (Region West).

Krusenstjerna [-ʃæːrna], Agnes von, schwed. Erzählerin, *1894, †1940; ›Pahlen-Zyklus‹ (7 Bde., 1930–35).

Kruste|echse, Fam. der Echsen, mit dem giftigen **Gila-Tier** des südl. Nordamerikas, Rücken mit höckerigen Schuppen.

Krustentiere, die → Krebstiere.

Kruziferen [lat.], die → Kreuzblüter.

Kruzifix [lat.], Darstellung Christi am Kreuz, → Kreuzigung Christi.

Krylow, Iwan Andrejewitsch, russ. Fabeldichter, *1768, †1844.

kryo. . . [grch.], Eis. . ., Kälte. . .

Kryobiologie, Teilgebiet der Biologie, untersucht die Wirkung tiefer Temperatur auf Organismen.

Kryochirurgie, Anwendung tiefer Temperaturen in der Chirurgie. Das kranke Gewebe wird eingefroren und behandelt.

Kryohydrate, Kältemittel, deren Temperatur beim Gefrieren und Schmelzen konstant bleibt.

Kryolith, farbloses, leicht schmelzendes Mineral (Na₃AlF₆); dient zur Herstellung von Milchglas und Emaille.

Kryomagnet, ⊠ auf dem → Supramagnetismus beruhender Magnet ohne Eisenkern.

Kryopumpen, Verfahren zur Erzeugung hohen Vakuums

Ohm Krüger

Alfred Krupp

Kryo

Kuckuck

durch Kühlen von Teilen der Wand des Vakuumbehälters, an der Gasmoleküle durch Kondensation niedergeschlagen werden.

Kryoskopie, Molekulargewichtsbestimmung durch Messung der Gefrierpunktserniedrigung.

Kryo|sphäre, die die Erde bedeckenden Eismassen.

Kryotechnik, die Technik der bei Temperaturen unter −100 °C verflüssigten Gase, d. h. deren Verflüssigung, Handhabung, Lagerung sowie die Entwicklung der dazu notwendigen techn. Geräte.

Kryotron, elektr. Schalt- und Speicherelement. bes. bei Rechenautomaten.

Krypta [grch.], Grabkammer eines Märtyrers in den Katakomben, dann unter dem Altar der ihm geweihten Kirche, später Grabstätte auch geistl. und weltl. Würdenträger, ein mehrschiffiger Hallenraum, der eine Unterkirche unter einem erhöhten Kirchenchor bildet; seit got. Zeit wurden K. seltener gebaut.

krypto... [grch.], geheim..., verborgen...

Kryptocalvinisten, Philippisten, Anhänger Melanchthons, die nach Luthers Tod in der Abendmahlsfrage eine Verständigung mit dem Calvinismus anstrebten.

Kryptogamen [grch.] *Mz.,* die → Sporenpflanzen.

Kryptologie [grch.], Wissenschaft vom Verschlüsseln, Verschleiern, Entschlüsseln und Entziffern von Informationen.

Kryptomerie, japanische Zeder, japanisch-chines. Nadelbaum mit araukarienähnl. Benadelung.

Krypton, ⟨Ο Zeichen **Kr,** Edelgas (→ chemische Elemente). K. ist in sehr geringer Menge Bestandteil der Luft, dient für Glühlampenfüllungen und Gasentladungsröhren.

Kryptorchismus [grch.], ⚥ Steckenbleiben der Hoden im Leistenkanal **(Leistenhoden)** oder Bauchhöhle **(Bauchhoden).** Behandlung: Hormone, Operation.

Kryptozoikum, ältester Abschnitt des Präkambriums, die Zeit ohne nachgewiesene Spuren pflanzl. und tier. Lebens, vor rd. 4 bis 2,6 Mrd. Jahren, auch das gesamte Präkambrium.

Ksar el-Kebir, span. *Alcazarquivir* [-θarkiβ′ir], Stadt in Marokko, Markt- und Handelszentrum in der fruchtbaren Ebene des Oned Lukkos, an der Bahn Tanger–Fès, 50 000 Ew.

Ksyl-Orda, Gebietshptst. in der Kasach. SSR, am Syr-Darja, 159 000 Ew.

KSZE, **K**onferenz über **S**icherheit und **Z**usammenarbeit in **E**uropa, →Europäische Sicherheitskonferenzen.

kt, Einheitenzeichen für **K**ilotonne als Maßeinheit der Sprengkraft von Kernwaffen.

Kt, Zeichen für metrisches Karat.

Ktesiphon, antike Stadt am Tigris, unweit Bagdad, Hauptsitz der Partherkönige, dann der Sassaniden (Gewölbehalle eines riesigen Palastes erhalten).

Kuala Lumpur, Hptst. von Malaysia (Bundesterritorium), auf der Halbinsel Malakka, 750 000 Ew.; Univ.; moderne Verwaltungs-, Handels-, Bank- und Industriestadt.

Kuangsi, Region in China, →Kwangsi.

Kuangtschouwan, →Chanchiang.

Kuangtung, chines. Prov., →Kwangtung.

Kuantung, →Kwantung.

Kuan-yin [chines.], **Kwannon** [japan.], buddhist. Gottheit der Barmherzigkeit, in China und Japan meist weiblich.

Kuba, Bakuba, Buschongo, Bantuvolk in Zaire. Das Königreich der K. bestand vom 16. Jh. bis 1904.

Kuba, span. *Cuba,* Rep. in Mittelamerika, die größte Insel der Großen Antillen, 113 122 km² (einschl. Fichteninseln) mit 9,73 Mio. Ew. Hptst.: Havanna. Amtssprache: Spanisch. Religion: 44% kath. ⊕ Band 1, n. S. 320. Nach der Verf. von 1976 ist oberstes Staatsorgan die Nationalversammlung, die den Staatsrat wählt. Der Vors. des Staatsrats ist Staats- und Regierungschef. Währung: 1 kuban. Peso (kub. $) = 100 Centavos.

Der größte Teil der Insel ist Hügel- und Flachland, höchstes Gebirge die Sierra Maestra (bis 1 994 m) im O. Der über 3 500 km langen buchtenreichen Küste sind viele kleine Inseln vorgelagert. Das Klima der am Rande der Tropen gelegenen Insel bringt geringe jahreszeitl. Temperaturschwankungen und reiche Niederschläge im Sommer. Wirbestürme sind häufig. Von der Bevölkerung (50% Weiße, 26% Neger, 23% Mulatten) leben rd. 60% in Städten. Allg. Schulpflicht (9 Jahre); mit rd. 4% hat K. die geringste Analphabetenquote in Lateinamerika. 4 Universitäten.

Die **Wirtschaft** wird seit 1959 vom Staat gelenkt. Zuckerrohr (jährlich rd. 55 Mio. t) wird auf fast der Hälfte der landwirtschaftl. Nutzfläche angebaut; dieses starke Übergewicht konnte wegen der großen Ausfuhrverpflichtungen noch nicht beseitigt werden.

Daneben Anbau von Tabak, Kaffee, Mais, Reis, Früchten, Sisal u. a. Große Bedeutung haben Viehwirtschaft (Rinder) und Fischerei. Der Bergbau fördert bes. Nickel. Die noch wenig entwickelte Industrie verarbeitet v. a. landwirtschaftl. Erzeugnisse, bes. Zuckerrohr. Ausfuhr: Zucker (rd. 80–85%), ferner Nickel u. a. Erze, Fisch, Tabak, Honig. Haupthandelspartner: UdSSR (rd. 50% des Importwertes). Verkehr: gutes Straßennetz (rd. 31 000 km); von den Eisenbahnen dienen nur etwa 5 500 km dem öffentl. Verkehr. Handelsflotte: rd. 825 000 BRT; Haupthäfen: Havanna, Santiago de Cuba. Internat. Flughafen: Havanna.

Geschichte. K. wurde von Kolumbus 1492 entdeckt und war 1511–1898 spanisch. Da die indian. Ew. bald ausgerottet waren, wurden Negersklaven als Arbeitskräfte eingeführt. 1880 wurde die Sklaverei aufgehoben, 1901 wurde K. nach dem Krieg zw. den USA und Spanien selbständige Rep. 1901–34 besaßen die USA Interventionsrecht. Sie erhielten einen Flottenstützpunkt in Guantánamo. Im Dez. 1958 wurde das Regime des Präs. Batista (seit 1934) durch einen Aufstand von Fidel Castro Ruz gestürzt. Seit Februar 1959 MinPräs., gestaltete F. Castro K. im Sinne kommunist. Zielvorstellungen um (Verstaatlichung der Wirtschaft, Bodenreform). Die Ideen der kuban. Revolution übten Anziehungskraft in ganz Lateinamerika aus. Castros außenpolit. Kurs führte zu immer größeren Spannungen mit den USA (1961 Abbruch der diplomat. Beziehungen). Eine Landung von Exilkubanern (1961) scheiterte. Die Installierung weitreichender Raketen durch die UdSSR führte im Okt./Nov. 1962 zu einer schweren sowjetisch-amerikan. Kontroverse (→Kuba-Krise). Die kuban. Reg. unterstützt revolutionäre Strömungen in Lateinamerika und (seit 1975) durch Entsendung von Truppen der marxist. Kräfte in Afrika (Angola, Äthiopien). Seit Einf. der neuen Verf. (1976) ist Castro auch Vors. des Staatsrates.

Kuba-Krise. Die Lieferung weitreichender sowjet. Raketen an Kuba und der Bau von Abschußrampen auf der Insel führten im Okt. 1962 zur K.-K. Präs. J. F. Kennedy verhängte eine Blockade (24. 10.–21. 11. 1962), Chruschtschow erklärte sich am 28. 10. 1962 zum Abbau der Abschußrampen und Rücktransport der Raketen bereit. Jan. 1963 offizielle Beilegung des Konflikts.

Kuban, *der,* im Altertum **Hypanis,** Fluß in Nordkaukasien, 906 km lang, fließt vom Elbrus ins Asowsche Meer.

kubanische Literatur, →lateinamerikanische Literatur.

Kubba, *die,* islam. Architektur: Gewölbe, Kuppel; auch kuppelüberwölbter Grabbau; erste K.: Felsendom, Jerusalem.

Kubelik, Rafael, tschech. Dirigent und Komponist, * 1914.

Kubik... [von lat. *cubus*], 1) Raum..., z. B. **K.-Meter** = Raummeter (m³). 2) die 3. Potenz: **K.-Zahl,** z. B. 8 = 2³, 27 = 3³.

Kubilai, Chubilai, mongol. Groß-Chan (seit 1260), * 1215, † 1294, Enkel Dschingis Chans, dehnte die mongol. Herrschaft über China aus und begründete die Yüan-Dynastie.

Kubin, Alfred, Zeichner, * 1877, † 1959, schuf mit Ausdrucksmitteln von meist unheiml. und spukhafter Wirkung Federzeichnungen. Lithographien und Illustrationen zu romant. und die Nachtseite des Lebens behandelnden Dichtungen (E. T. A. Hoffmann, E. A. Poe u. a.).

kubisch, 1) würfelförmig, räumlich. 2) in der 3. Potenz, 3. Grades. 3) ein Kristallsystem.

Kubismus, von Picasso und Braque 1908 begründete Richtung der Malerei, die Gegenständliches auf stereometr. Formen zurückführte, von diesen mehrere Ansichten zugleich

A. Kubin: Hengst und Schlange; Lithographie, 1920

erfaßte und facettenartig gebrochen in die Fläche übersetzte. Die meisten der auf graue und braune Töne beschränkten Bilder waren wohlausgewogene Stillebenkompositionen. Fortentwickelt, bes. zu reicher Farbigkeit, wurde der K. von J. Gris, K. R. Delaunay (Bild) u. a.; in Dtl. wirkte er sich bes. auf L. Feininger und F. Marc aus.

Kubitschek de Oliveira, Juscelino, brasilian. Politiker, * 1902, † 1976, Arzt, 1956–61 Staatspräs., betrieb die Gründung der Hptst. Brasília.

Kubrick [kj'u:-], Stanley, amerikan. Filmregisseur, * 1928; Filme: ›Wege zum Ruhm‹ (1957), ›2001: Odyssee im Weltraum‹ (1968), ›Barry Lyndon‹ (1975), ›Shining‹ (1980) u. a.

Kubus [lat.] *der,* Würfel.

Küchenlatein, schlechtes Latein, bes. das verderbte Mönchs- und Universitätslatein des späten MA.

Küchenschelle, Kuhschelle, Pulsatilla, Gatt. der Hahnenfußgewächse; die **Gemeine K.** (Anemone pulsatilla; Bild Giftpflanzen), eine Kleinstaude mit fiederspaltigen Blättern und violetter Blüte.

Kuckuck, Cuculus canorus, Art der Kuckucke in Eurasien und Afrika, die Weibchen legen 8–15 Eier in ebenso viele Nester von (möglichst gleichartigen) Singvögeln; zieht im Herbst nach Afrika; aschgrau gefärbt, Insektenvertilger. (Bild S. 156)

Kuckucke, Cuculidae, Fam. der Kuckucksvögel, Brutparasiten (→ Kuckuck).

Kuckucksei, Untergeschobenes; nach dem Kuckuck, der sein Ei in fremde Nester legt.

Kuckucksnelke, eine →Lichtnelke.

Kuckucksspeichel, von den Larven der Schaumzikaden beim Saugen an Pflanzen ausgeschiedener, speichelähnl. Schaum.

Kuder *der,* →Katzen.

Kudowa, Bad K., poln. **Kudowa Zdrój** [-zdruj], Stadt in poln. Wwschaft Wałbrzych (Waldenburg/Schles.), bis 1945 Gem. in Niederschlesien, im Glatzer Bergland, rd. 9000 Ew. Die Heilquellen waren schon 1581 bekannt.

Kudrun [Nebenform zu Gudrun], Heldin eines mhd. Heldenepos des 13. Jh. Die Dichtung umfaßt 3 Generationen (Hagen, Hilde, K.) und stellt zweimal das Motiv räuber. Entführung über See in den Mittelpunkt. Der Stoff erfuhr um 1230 die erhaltene Umdichtung ins Höfische (Ambraser Handschrift des 16. Jh.).

Kuds, El-K., arab. Name von Jerusalem.

Kudu *der,* ☽ →Waldantilopen.

Kueilin, chines. Stadt, →Kweilin.

Kueitschou, chines. Prov., →Kweichow.

Kueiyang, chines. Stadt, →Kweiyang.

Kufa, Stadt am Euphrat, Irak, über 1000 Ew.; war im 7.–10. Jh. Mittelpunkt islam. Wissenschaft (**kufische Schule** der arab. Sprachwissenschaft).

Kufe, 1) Kübel, Gefäß. 2) altes Biermaß. 3) eiserne Gleitschiene des Schlittens.

Küfer, Kelleraufseher; auch Böttcher.

Kuff *die,* ⚓ flachgehendes Küstenfrachtsegelschiff mit runden Schiffsenden.

kufische Schrift [nach → Kufa], eckige Monumentalform der arab. Schrift. Aus ihr entstand im 10. Jh. die in Nordafrika gebräuchl. maghrebin. Schrift.

Kufra, Oasengruppe in der Libyschen Wüste, etwa 10000 Ew., Hauptort: El-Djof, Karawanenumschlagplatz, Beregnungsanlage, Erdgasleitung.

Kufstein, Stadt und Bez.-Hauptort in Tirol, Österreich, im Inntal am Fuß des Kaisergebirges, 12000 Ew.; Glashütte, Ski-, Blechwaren-, Zementfabrik; reger Fremdenverkehr. Die Stadt wird überragt von der **Festung K.**

Kugel, 1) △ runder Körper, genauer eine gekrümmte geschlossene Fläche, deren sämtl. Punkte von einem festen Punkt **(Mittelpunkt)** den gleichen Abstand r **(Halbmesser, Radius)** haben. Der Rauminhalt einer K. ist $^4/_3\pi r^3$, die Oberfläche $4\pi r^2$; dabei ist π (die Kreiszahl) die Größe 3,14159... Die Schnittkurve einer K. mit einer Ebene ist stets ein Kreis; geht die Ebene durch den K.-Mittelpunkt, entsteht ein **Großkreis (größten Kreis).** Über **Abschnitt, Ausschnitt, Zone, Schicht** vgl. Bild. 2) ⚔ Gerät beim Kugelstoßen, Kegeln u. a.

Kugelblume, 1) staudige Pflanze mit blauen Blütenköpfchen, auf trockenem Grasboden. 2) eine →Trollblume.

Kugeldistel, Korbblütlergatt., distelförmige Stauden mit einblütigen Blütenkörbchen in kugeligen Blütenständen; z. B. mit blauen Blüten und filzigem Stengel.

Kugeldreieck, sphärisches Dreieck, △ Dreieck auf einer

Kubismus: P. Picasso, Die Violine; 1912
(Stuttgart, Staatsgalerie)

Kugeloberfläche, dessen Seiten Bögen größter Kugelkreise sind; für Berechnungen in der Astronomie und Kartographie.

Kugelfang, 1) Schießen: Erdwall hinter der Scheibe eines Schießstandes. 2) Kegelsport: Grube am Bahnende, die die Kugel aufhalten soll, damit sie in den Rücklauf gelangt.

Kugelfisch, stachliger Fisch mit schnabelförmigen Kiefern, kann sich durch Aufnahme von Wasser oder Luft in den Magen kugelig aufblähen. (Bild Zierfische)

Kügelgen, Gerhard von, Maler, * 1772, † 1820, malte Bildnisse und relig. Bilder wie auch einen Sohn Wilhelm v. K., Maler und Schriftst., * 1802, † 1867, der v. a. bekannt wurde durch ›Jugenderinnerungen eines alten Mannes‹ (1870).

Kugelhaufenreaktor, Hochtemperaturreaktor mit kugelförmigen Brennelementen.

Kugellager, →Lager.

Kugelmühle, drehbare Trommel mit Löchern, die knapp halb mit Mahlgut und Stahl-, Porzellankugeln, Flintsteinen u. ä. gefüllt ist. Bei Drehung wird der Inhalt von den Kugeln zerkleinert.

Kugelschreiber, Schreibstift mit einer Kugel als Schreibspitze am Ende eines mit Farbpaste gefüllten Röhrchens.

Kugelstoßen, Leichtathletik: Wurfübung, bei der eine Metallkugel aus einem Kreis von 2,135 m Durchmesser möglichst weit gestoßen wird. Gewicht der Kugel für Männer: 7,25 kg, Frauen 4 kg, Jugendliche 6,25 und 5 kg. Seit 1896 olymp. Diszplin.

Kugler, Franz, * 1808, † 1858, Kunsthistoriker, Geschichtsschreiber. ›Geschichte Friedrichs d. Gr.‹, von A. Menzel illustriert (1841).

Kuh, weibl. Rind; auch weibl. Elefant, Hirsch, Giraffe u. a.

Kuhantilopen, Gatt.-Gruppe afrikan. Steppenantilopen mit mittellangen gedrehten oder gekrümmten Hörnern; das **Hartebeest,** mit langgestrecktem Kopf, rötlich-braunem Fell; die **Leierantilope** mit dem **Bunt-** oder **Bleßbock** mit leierförmigem Gehörn; die **mähnentragenden Gnus,** z. B.: **Weißschwanz-Gnu (Wildebeest), Streifengnu, Weißbartgnu, Blaues Gnu.**

Kuhhandel, übler Tauschhandel.

kuhhessig, bei Tieren x-förmige Stellung der Hinterfüße.

Kuhländchen, Landschaft in N-Mähren, ČSSR, an der oberen Oder, 11. Jh. bis 1945 dt. Sprachgebiet.

Kühl|anlage, Anlage, die aus Kältemaschine einschließlich Antrieb und Heizung und allen zur Kälteverteilung und -anwendung notwendigen Maschinen besteht.

Kuhlau, Friedrich, Komponist, * 1786, † 1832, schuf beliebte Klaviersonatinen.

Kühler, meist in der Frontpartie von Fahrzeugen angeordneter Wärmeaustauscher, in dem das durch den Verbrennungsmotor aufgeheizte Kühlwasser abgekühlt wird.

Kugel 1)

157

Kuhl

Kühlhaus, gut isoliertes Gebäude mit niedrigen Innentemperaturen (0 bis −40 °C) zur Lebensmittelaufbewahrung.

Kühlkette, ununterbrochene Folge versch. Kühleinrichtungen, die der Einhaltung konstant niedriger Temperaturen bei Gefriergütern von der Gefrieranlage bis zum Verbraucher dienen.

Kühllast, die aus einem zu klimatisierenden Raum abzuführende Wärmemenge, bestehend aus äußerer Last (Sonnenstrahlung und Transmissionswärme) und innerer Last (hervorgerufen durch Personen, Maschinen, Beleuchtungskörper).

Kühlschiff, Spezialschiff mit Kälteanlagen (0 bis +10 °C) zum Transport verderbl. Güter. **Gefrierschiffe** befördern gefrorene Ladung.

Kühlschmierung, das Abführen der Wärme und Vermindern der Reibung zw. Werkzeug und Werkstück durch dünnflüssiges Öl u. a. bei der spanabnehmenden Metallbearbeitung.

Kühlschrank, Schrank zum Frischhalten von Lebensmitteln, durch Dämmstoffe gegen Wärmeeinfall geschützt, der eine vollautomat. → Kältemaschine auf einer wählbaren Temperatur um +5 °C gehalten.

Kühltruhe, Tiefkühltruhe, →Tiefkühlung.

Kühlturm, turmartige Konstruktion aus Holz, Stahl, Stahlbeton zur Abkühlung von Wasser, das darin einem aufsteigenden Luftstrom entgegenrieselt und durch Verdunstung eines kleinen Teiles abgekühlt wird.

Kühlungsborn, bis 1938 **Brunshaupten-Arendsee,** Ostseebad im Bez. Rostock, 8100 Ew.

Kühlwagen, Eisenbahn- oder Lastkraftwagen zum Transport leichtverderbl. Lebensmittel, durch Dämmstoffe gegen Wärmeeinfall geschützt, durch Eis, verflüssigte Gase oder eine Kältemaschine gekühlt.

Kuhn, 1) Franz, Sinologe, * 1889, † 1961, Übersetzer chines. Werke. **2)** Richard, Chemiker, * Wien 1900, † 1967, erhielt für seine Arbeiten über die Carotinoide und Vitamine 1938 den Nobelpreis.

Kühn, 1) Heinz, Politiker (SPD), * 1912, Journalist; 1966–78 MinPräs. von NRW. **2)** Herbert, Vorgeschichtsforscher, * 1895, † 1980, schrieb bes. über die Felsbilder der Eiszeit.

Kuhnau, Johann, Komponist, * 1660, † 1722, Vorgänger J. S. Bachs als Thomaskantor; Schöpfer der mehrsätzigen Klaviersonate; Kantaten.

Kuhpilz, zu den Röhrlingen gehöriger Speisepilz.

Kuhreigen, frz. **Ranz des Vaches** [rã(s)dev'aʃ], alte schweizer. Volksmelodie, von den Hirten gesungen oder auf dem Alphorn geblasen.

Kuhschelle, ⊕ die → Küchenschelle.

Kujbyschew, Kuibyschew, bis 1935 **Samara,** Gebietshptst. an der mittleren Wolga, in der Russ. SFSR, 1,22 Mio. Ew.; Verkehrs- und Kulturmittelpunkt; Hafen; Maschinen-, Flugzeug-, Werkzeugbau, Stahlwerk, Werft u. a. Ind.; Univ. − Im Wolgalauf 80 km nordwestlich der **K.er Stausee,** 6450 km² groß, 58 Mrd. m³ Fassungsvermögen. Wolgakraftwerk ›Lenin‹ (2 300 MW).

Kujon [frz.], Schuft, Kerl. **kujonieren,** schlecht behandeln.

k. u. k., →k. k.

Küken, 1) Küchlein, ♫ junges Geflügel. **2)** ⊙ der zylindr., kegelige oder kugelförmige drehbare Absperrkörper eines Hahns.

Ku Klux Klan [kj'u: klʌks kl'æn], polit. Geheimbund im S der USA, entstanden 1866/67 in Tennessee, um die befreiten Neger politisch niederzuhalten; streng hierarchisch gegliedert mit weißer Kapuzentracht; wegen Terrors seit 1871 unterdrückt; lebte nach dem 1. Weltkrieg und bes. nach 1960 mit rassistisch-rechtsradikaler Zielsetzung wieder auf.

Kukumer [aus lat.], **Kukumber** die, Gurke.

Kuku-nor, amtl. chines. **Qinghai** [tʃin-], auch **Tsinghai,** salziger, fischreicher See in NW-China, 3205 m ü. M., rd. 5000 km² groß.

Kukuruz [türk.], der, der Mais.

Kulake, russ. Bauer, der familienfremde Arbeitskräfte beschäftigt; ›Dorfkapitalist‹.

Kulan [kirgis.], der, asiat. Wildesel.

kulant [frz.], entgegenkommend (im geschäftl. Leben). **Kulanz** die, Entgegenkommen.

Külbel das, an der Glasbläserpfeife hängende, innen hohle Glasposten.

Kuldja, Kuldscha, amtl. chines. **Yining,** Handelsstadt in der chines. Auton. Region Sinkiang, rd. 125000 Ew.

Kulenkampff, 1) Georg, Geiger, * 1898, † 1948. **2)** Hans-Joachim, Schauspieler und Conferencier, * 1921.

Kuli [hindustan.], Lastträger, Taglöhner in China, Indien.

Kulierware, gewirkte oder gestrickte Maschenware, bei der ein einziges oder mehrere Fadensysteme in der Querrichtung verarbeitet werden.

Kulikow, Wiktor Georgijewitsch, * 1921, seit 1977 Oberbefehlshaber der Streitkräfte des Warschauer Paktes.

kulinarisch [lat.], auf die Kochkunst bezüglich, feinschmeckerisch.

Kulisse [frz.], **1)** in Abständen hintereinander aufgehängte, mit bemalter Leinwand bespannte Holzrahmen, die das Bühnenbild seitlich abschließen, neuerdings fast ganz durch das Setzstück verdrängt, das auch oft als K. bezeichnet wird. **2)** urspr. der Freiverkehr an der Pariser Börse, übertragen im Börsenhandel der freie Markt, an dem neben amtlich zugelassene Wertpapiere gehandelt werden **(Kulissengeschäft; Kulissenpapier).**

Kullak, Theodor, Pianist und Komponist, * 1818, † 1882, Mitbegründer des Sternschen Konservatoriums in Berlin.

Kulm [slaw.] der, Berg, Kuppe, Hügel.

Kulm, Stadt in Polen, →Culm.

Kulmbach, Stadt im Kr. K., Oberfranken, Bayern, am Zusammenfluß von Weißem und Rotem Main, 28 300 Ew.; Textil-, Nahrungsmittel- u. a. Ind. Über der Stadt die **Plassenburg** (Zinnfigurenmuseum).

Kulmbach, Hans von, eigtl. Hans **Süß,** Maler, * um 1480, † 1522, Schüler Dürers, malte in leuchtenden Farben Altartafeln und Bildnisse.

Kulmination, 1) Durchgang eines Gestirns durch den Meridian **(oberer** und **unterer K.-Punkt). 2)** Höhepunkt einer Entwicklung, Zeitw. **kulminieren.**

Külpe, Oswald, Philosoph und Psychologe, * 1862, † 1915, begründete die Würzburger Schule der Denkpsychologie.

Kult, der →Kultus.

kultivieren [lat.], **1)** pflegen, bilden, verfeinern. **2)** bearbeiten, urbar machen.

Kultur [lat.], **1)** das Ganze der Bestrebungen, die natürl. Fähigkeiten des Menschen zu entwickeln, zu veredeln und zu gestalten, sowie die Hilfsmittel hierzu und ihr Ertrag. Zuweilen faßt man vorwiegend oder ausschließlich diese K.-Werke im Auge, so daß K. dann das Ganze der vom Menschen geschaffenen oder mitgestalteten Werke und Einrichtungen bedeutet. **2)** allg.: Pflege, Veredlung, Vervollkommnung. bes. der menschl. Gesittung, Lebensführung und der Umwelt des Menschen. **3)** Urbarmachen des Bodens; Anbau, Pflege von Nahrungspflanzen. **4)** ⚘ künstl. Gründung eines Waldbestandes (Saat, Pflanzung). **5)** Biologie: auf geeigneten Nährböden gezüchtete Bakterien oder Zellarten.

Kulturautonomie, Recht einer nat. Minderheit auf Wahrung und Entfaltung ihrer kulturellen Eigenart. Auch das Recht der Gliedstaaten im Bundesstaat, die kulturellen Angelegenheiten ohne Einflußnahme des Gesamtstaates zu verwalten.

Kulturboden, Boden, dessen Fruchtbarkeit durch Düngung, Pflügen, Eggen, Ent- oder Bewässerung u. a. gesteigert wird; Ggs.: Naturboden.

Kulturbund der DDR, gegr. 1945 auf Veranlassung der sowjet. Militäradministration in Berlin als ›Kulturbund zur demokrat. Erneuerung Deutschlands‹, seit 1947 auf Ost-Berlin und die Dt. Dem. Rep. beschränkt, 1958 in ›Deutscher Kulturbund‹ umbenannt, seit 1974 K. der DDR.

Kulturfilm, ♫ für den → Dokumentarfilm.

Kulturflüchter, Tiere und Pflanzen, die aus Kulturlandschaften verschwinden, die sich nicht mehr die erforderl. Lebensbedingungen vorfinden, z. B. Biber, Nerz, Kranich.

Kulturföderalismus, in der Bundesrep. Dtl. die Zuständigkeit der Länder für die Schul- und Kulturpolitik.

Kulturfolger, Tiere und Pflanzen, die sich in Kulturlandschaften ausbreiten, z. B. Sperling, Feldlerche, bestimmte Nager, Wegerich, Goldrute.

Kulturgeographie, Teil der Anthropogeographie, erforscht die Veränderungen der Erdoberfläche durch den Menschen.

Kulturgeschichte, Erforschung und Darstellung der geistigen und gesellschaftl. Entwicklung der Menschheit.

Kulturkampf, der Kampf des preuß. Staates, parlamentarisch bes. von den Nationalliberalen unterstützt, gegen die Kath. Kirche, deren parlamentar. Vorkämpferin die Zentrumspartei war; Bismarck sah in der staatl. Sicherheit des Reiches durch den polit. Katholizismus eine polit. Kampfansage. Der Name für ihn. Der K. begann 1871, führte u. a. zum Kanzelparagraphen von 1871, zum Jesuitengesetz von 1872 und zu den scharfen ›Maigesetzen‹ von 1873, die 1880 bis 1887 allmählich abgebaut wurden. Das Jesuitengesetz wurde erst 1904 und 1917 aufgehoben. Im Verlauf des K. wurde auch die pflichtmäßige Zivilehe eingeführt.

Kulturkonvention, Europäische K., 1955 in Kraft getretenes Abkommen der Mitgl. des Europarats zur Förderung des Studiums und zur Erleichterung des kulturellen Austauschs (gegenseitige Anerkennung von Schulzeugnissen u. a.).

Kulturkreis im Bundesverband der Deutschen Industrie, gegr. 1951. Aufgaben u. a.: Förderung und Unterstützung kulturell-schöpfer. Leistungen.

Kulturlandschaft, durch Menschen aus wirtschaftl., kulturellen u. a. Gründen umgestaltete Naturlandschaft.

Kulturpflanzen, alle Pflanzen, die durch Anbau, Pflege, Bewirtschaftung Nutzpflanzen wurden; bes. die Nahrungs-, Genußmittel-, Gewürz-, Obst-, Industrie-, Garten-, Zier-, Arznei-, z. T. auch Holz-(Forst-)Pflanzen, Schimmelpilze (Antibiotica), Algen (z. B. die Grünalge Chlorella: Fett, Eiweiß).

Kulturpolitik, Tätigkeit v. a. des Staates wie auch bes. Organisationen und Institutionen (Kirchen, Gewerkschaft) auf dem Gebiet der Bildung, Wissenschaft und Kunst. Massenmedien (Presse, Funk, Fernsehen) haben starke kulturpolit. Ausstrahlungskraft.

Kulturrevolution, polit. Kämpfe 1966–69 in der VR China zw. Mao Tse-tung und Politikern um den Staatspräs. Liu Shaoch'i, die Maos radikale gesellschaftspolit. Maßnahmen abgebaut hatten. Maos Kampf galt u. a. der Stärkung seiner seit 1958 geschwächten Stellung, offiziell war er gegen noch wirksame Denk- und Lebensweisen westlich europ. und traditionell chines. Prägung gerichtet. – 1972–74 ›neue K.‹.

Kulturstatistik, Teilgebiet der angewandten Statistik, umfaßt kirchl. Verhältnisse, Unterricht, Bildung, Kultur u. ä.

Kultursteppe, Umwandlung einer Waldlandschaft in eine Ackerlandschaft.

Kulturtechnik, techn. Bodenverbesserung für die Landwirtschaft, z. B. Hochwasserschutz, Be- und Entwässerung, Wasserversorgung, Ödlandkultur, Neulandgewinnung; i. w. S. auch die Flurbereinigung.

Kultus [lat.], **Kult,** äußere Form des Gottesverehrung in Opfer und Gebet.

Kultusfreiheit, Recht zur Vornahme der zu einer Religion gehörenden Kultushandlungen und zur Teilnahme an ihnen.

Kultusministerium, oberste Staatsbehörde für kulturelle Angelegenheiten. In der Bundesrep. Dtl. liegt die Kulturhoheit bei den Ländern. Die Koordinierung überregionaler Angelegenheiten der Kulturpolitik und die Zusammenarbeit mit den Bundesorganen obliegen der 1946 gegr. Ständigen Konferenz der Kultusminister der Länder, Sitz: Bonn. – In der Dt. Dem. Rep. besteht das Ministerium für Volksbildung, daneben seit 1954 ein Ministerium für Kultur, in Österreich das Bundesmin. für Unterricht und Kunst. In der Schweiz werden die Aufgaben eines K. vom Departement des Innern ausgeübt; die Kantone sind in weitem Umfang selbständig.

Kum, Ghom, Qum, Oasenstadt in Iran, 250 000 Ew.; geistiger Mittelpunkt der Schiiten und bedeutendster Wallfahrtsort Irans.

Kumamoto, Hptst. der Prov. K. auf Kyushu, Japan, 490 000 Ew.; Univ.; Kunsthandwerk, Leichtind.

Kumani|en, Kumanej, 2 Landschaften in Ungarn, nach den **Komanen** genannt, die sich hier, aus Südrußland kommend, im 13. Jh. ansiedelten und deren Reste im 18. Jh. untergegangen sind: **Klein-K.,** ungar. Kiskunság, zw. Donau und Theiß; **Groß-K.,** ungar. Nagykunság, östlich der Theiß.

Kumasi, Hptst. der Region Ashanti, Ghana, 260 000 Ew. (Agglomeration: 343 000); Kulturzentrum, Handelsplatz, Kakaoanbaugebiet, Konsumgüterind.; Flughafen.

Kümmel, versch. Doldenblüter: **1) Feldkümmel,** europäisch-asiat. Gewürzpflanze, bes. auf trockenem Grasland; zweijährig, mit weißen (rötlichen) Dolden und graubraunen, fünfrippigen Spaltfrüchten (Bild Frucht), wegen ihres äther. **Kümmelöls** in der Genußmittel- und Likörind. verwendet. **2) Kreuzkümmel,** einjährige Gewürzpflanze aus Turkestan.

Kümmelblättchen, ein Glücksspiel.

Kümmelmotte, bräunl. Kleinschmetterling, dessen grüngelbschwarze Raupe Früchte des Kümmels u. a. Doldenblüter anfrißt.

Kümmerer, Pflanzen und Tiere, die in der Entwicklung zurückgeblieben sind.

Kümmernis, auch **Hl. Hilfe, St. Hulpe, Wilgefortis** und **Liberata,** in Mittel- und Westeuropa verehrte sagenhafte Heilige

ohne kirchl. Kult, dargestellt als gekreuzte Jungfrau mit Krone und Bart, der ihr zum Schutz ihrer Jungfräulichkeit gewachsen war (mißverstandener gekreuzigter Christus), und mit nur einem goldenen Schuh.

Kummet, auch **Kumt,** um den Hals gelegter Teil des Pferdegeschirrs.

Kumpan [lat. companio ›Brotgenosse‹], Geselle, Genosse, auch Zechbruder, Helfershelfer. **Kumpel,** Arbeitskamerad, bes. Bergmann.

Kümpeln, Krämpen, das Kölben, auch Umbiegen (Bördeln) von Kesselböden.

Kumran, →Qumran.

Kumulation [lat.], Häufung, Anhäufung. Zeitw. **kumulieren.**

Kumulus, Cumulus, →Wolken.

Kumyß [türk.] der, gegorene Stutenmilch, Sauermilchgetränk, ähnlich Kefir.

Kunde, 1) Abnehmer der Ware, bes. der regelmäßige Käufer. **2)** Pferd: die →Bohne.

Kundendienst, Service [s'ǝ:vıs, engl.], die einem Kunden nach dem Kauf erbrachten Dienstleistungen.

Kundera, Milan, tschech. Schriftst., * 1929, Gedichte, Romane (›Ein Scherz‹, 1968).

Kündigung, einseitige empfangsbedürftige Erklärung, daß ein Dauerschuldverhältnis (z. B. Miete, Dienstvertrag, Gesellschaftsvertrag) beendet oder eine Leistung fällig werden soll. Im Arbeitsrecht erfolgt die **ordentl. K.** unter Einhaltung gesetzl. oder vertraglich bestimmter Fristen, die **außerordentliche K.,** meist fristlose K. oder **fristlose Entlassung** setzt einen ›wichtigen Grund‹ voraus (z. B. beharrl. Arbeitsverweigerung). Die **Änderungs-K.** ist eine fristgemäße K. des Arbeitgebers, verbunden mit dem Angebot eines neuen Arbeitsvertrages zu veränderten Bedingungen. Kommt der Neuabschluß zustande, wird die K. hinfällig.

Kündigungsgeld, Bankeinlagen mit vereinbartem Kündigungstermin.

Kündigungsschutz, 1) rechtl. Schutz der Arbeitnehmer vor ungerechtfertigter Kündigung v. a. geregelt im K.-Ges. v. 10. 8. 1951 i. d. F. v. 25. 8. 1969. Danach ist eine Kündigung unwirksam, wenn sie ›sozial ungerechtfertigt‹ ist; der Arbeitnehmer muß aber innerhalb 3 Wochen auf Feststellung klagen, daß das Arbeitsverhältnis durch die Kündigung nicht aufgelöst ist. Besonderer K. besteht für Betriebsratsmitgl., bei Massenlassungen, auf Grund des Mutterschutzes, für Schwerbeschädigte und für Heimkehrer. **2)** über K. von Räumen →Miete.

Kundrie, im ›Parzival‹ Wolframs von Eschenbach die häßl. Botin des Grals. In R. Wagners ›Parsifal‹ ist Kundry der Typ triebhafter Sinnlichkeit; sie wird durch den reinen Helden Parsifal erlöst.

Kundtsche Staubfiguren [nach dem Physiker A. Kundt, * 1839, † 1894], in einem geschlossenen, gasgefüllten Glasrohr werden stehende Wellen erzeugt, an deren Schwingungsknoten sich z. B. Korkpulver anhäuft.

Kunene, Cunene, 975 km langer Fluß in S-Afrika, fließt vom Bihé-Hochland (Angola) in den Atlant. Ozean; Staudämme mit Kraftwerken (**K. Projekt;** nur z. T. in Betrieb).

Kunersdorf, Gem. 15 km östlich von Frankfurt a. d. O. Am 12. 8. 1759 Sieg der Österreicher unter Laudon und der Russen unter Saltykow über Friedrich d. Gr.

Küng, Hans, kath. Theologe, * 1928, bedeutend für die innerkirchl. Diskussion über Unfehlbarkeit und Gott; seine Thesen sind z. T. umstritten. Im Dez. 1979 wurde ihm der kirchl. Lehrauftrag entzogen, da er die Grenzen der kath. Wissenschaft und den Auftrag durch das kath. Lehramt nicht beachtet habe.

Kunigunde, Frau Kaiser Heinrichs II., Tochter des Grafen von Luxemburg, † 1033; Standbilder K.s und Heinrichs am Bamberger Dom, 1230; Grabmal von Riemenschneider, 1499–1513. Heiliggesprochen 1200; Tag: 3. 3.

Kunkel die, Spinnrocken; im alten dt. Recht Sinnbild des weibl. Geschlechts.

Kunkelmage [ahd.] der, die, Verwandte(r) von der Mutterseite.

Kun-lun, fast 4 000 km langes Gebirgssystem Innerasiens (VR China), im **Ulugh Mustagh** 7 724 m hoch.

Kunming, Hptst. der Prov. Yünnan, China, 900 000 Ew.; Univ.; Handel; Textil- u. a. Industrie.

Künneke, Eduard, Komponist, * 1885, † 1953; Operetten: ›Der Vetter aus Dingsda‹, ›Glückliche Reise‹ u. a.

Kunst [zu können], **1)** schöpferisch gestaltende Tätigkeit in

Kuns

Baukunst, Plastik, Malerei, Graphik, Kunsthandwerk (bildende Künste), in Musik, Dichtung, Theater, Tanz. **2)** oft nur: die bildenden Künste. **3)** allg.: jedes zur Meisterschaft entwickelte Können.

Die K. entspringt einem Grundtrieb des Menschen und ist seit Urzeiten eines seiner wichtigsten Ausdrucksmittel (Ornamentik, Felsbilder von Jagdtieren relig. Bedeutung u. a.). In den alten Hochkulturen war die K. lange aufs engste mit Glauben und Kult verbunden (Tempel, Götterbilder, myth. Darstellungen; so in Griechenland fast ausschließlich bis ins 5. Jh. v. Chr.). Auch im MA. stand sie im Dienst der Religion, die bis in die Zeit des Barocks für weite Gebiete der K. maßgebend blieb. Der zunehmenden Lockerung der religiösen Bindungen seit der Renaissance folgte die Ablösung der K. von der Religion und ihre Verselbständigung zu ästhet. Eigenleben. Nach Kirche und Adel wurde das Bürgertum zum Interessenten- und Abnehmerkreis. Kennzeichnend für die folgenden Epochen sind der Phantasie- und Gefühlsüberschwang der Romantik, das Streben nach unbedingter Wirklichkeitserfassung (Realismus), schließlich der Bruch mit der künstler. Überlieferung und das Suchen nach neuen Ausdrucksmitteln, um neuerlebte Gehalte auszusprechen (Expressionismus, abstrakte K., Surrealismus, moderne Malerei). Vgl. die Artikel über die K. der einzelnen Länder und Kulturen (z. B. deutsche Kunst, chinesische Kunst, islam. Kunst), über Epochen und Stile (Gotik, Barock, Jugendstil u. a.), über die Zweige des Kunsthandwerks (Bildwirkerei, Goldschmiedekunst, Kunstglas) und der Graphik (Holzschnitt, Kupferstich, Steindruck).

Kunst, Hermann, evang. Theologe, * 1907, 1950–77 Bevollmächtigter des Rates der EKD bei der Bundesregierung, 1957–72 zugleich evang. Militärbischof.

Kunst|akademie, eine Kunsthochschule.

Kunst|ausstellung wurde im Spät-MA. als Verkaufsausstellung nötig, als der Künstler nicht mehr im Auftrag, sondern auf Vorrat arbeitete. Nach dem 17. Jh. herrschte in Europa die in Paris zuerst eingeführte Akademieausstellung. Ausstellungen histor. Kunst ohne Verkaufsabsichten gibt es seit dem 19. Jh. (→ Kunsthandel, → Museum).

Kunstdenkmäler, künstlerisch oder geschichtlich wertvolle Werke (Baukunst und Plastik) früherer Zeiten. Sie werden vor der Inventarisierung wissenschaftlich erfaßt. (→ Denkmalpflege).

Kunstdruckpapier, mit hochwertigen Pigmentstrichen beidseitig beschichtetes Druckpapier.

Kunstdünger, Handelsdünger, anorgan. Salze, die für die Pflanzenernährung notwendig sind (→ Dünger).

Kunst|eis, mit Kältemaschinen fabrikmäßig hergestelltes Eis.

Kunst|erziehung, Kunst|unterricht, Lehrfach an Schulen, hervorgegangen aus dem früheren Zeichenunterricht.

Kunstfälschung, → Fälschung.

Kunstfasern, → Chemiefasern.

Kunstfehler, Verstoß eines Arztes, Heilpraktikers, Apothekers oder einer Hebamme gegen die anerkannten Regeln der ärztl. Wissenschaft. K. können nach dt. und schweizer. Recht (in Österreich z. T. abweichende Regelungen) als fahrlässige Tötung oder Körperverletzung bestraft werden; zivilrechtlich können K. Schadensersatzansprüche begründen.

Kunstflug, Ausführung schwieriger Flugbewegungen und -figuren. Grundfiguren: Looping, Rolle, Schraube, Trudeln, Rückenflug, Turn, Messerflug, Nach.

Kunstgeschichte, → Kunstwissenschaft.

Kunstgewerbe, Sammelbez. für künstlerisch gestaltete Zweckgegenstände in versch. Materialien und Techniken: Gold, Silber, Zinn, Bronze, Eisen; Elfenbein, Holz, Glas, Keramik, Porzellan; Stoff, Leder, Papier; Schmiede-, Schnitz-, Blas-, Brenn- und Knüpfarbeiten. Eine klare Abgrenzung zum **Kunsthandwerk** ist nicht möglich. Das K. im Ggs. zur freien Kunst zweckgebunden ist, spricht man auch von **angewandter Kunst,** zu der u. a. auch das → Graphik-Design gehört. Die für industrielle Serienerzeugung bestimmte Gestaltung von Gebrauchsgegenständen heißt → Industrie-Design.

Aufschwung nahm das K. um 1860 in England, wo W. Morris u. a. Zweck- und Materialgerechtheit zum Grundsatz erhoben und das K., im Ggs. zur 1. Hälfte des 19. Jh., auf Handarbeit zurückführten. Die Anregungen wurden um 1900 in anderen Ländern selbständig weitergebildet, bes. von Künstlern des Jugendstils (H. van de Velde u. a.). Maßgebend für das neue K. waren der 1907 gegr. Dt. Werkbund und das 1919 gegr. Bauhaus, das Schule und Werkstätte zugleich war.

Kunstglas, künstlerisch gestalteter Gegenstand aus Glas, meist durch Blasen gewonnen. In der Masse gefärbtes Glas kann einfarbig (z. B. Rubinglas) oder mehrfarbig sein. Mehrfarbigkeit wird meist durch Aneinanderschmelzen verschiedenfarbiger Glasstücke erzielt (Lamination), so auch die Marmorierung von **Achat-** und **Onyxglas.** Bei dem **Fadenglas** (Filigranglas) wird ein stabartiges Bündel von weißen, mit farbloser Glasmasse umhüllten Milchglasfäden beim Blasen gedreht und geschwungen, so daß sich Spiralwindungen der Fäden ergeben. Werden 2 Glasblasen übereinandergeschmolzen, deren Fäden sich kreuzen, so entsteht das **Netzglas.** Bei **Mosaik-** oder **Millefioriglas** werden verschiedenfarbige Glasstäbe zu Bündeln zusammengeschmolzen, die, in dünne Scheiben geschnitten, geomet. und Blumenmuster ergeben. Bei **Überfanggläsern** wird eine Schicht von farbigem Glas über ein farbloses geschmolzen, bei **Zwischengoldgläsern** eine ausgeschnittene Goldfolie zw. 2 Glasschichten eingelassen. Die Oberfläche kann durch Schleifen verziert werden, auch durch Ätzung oder durch Ritzen mit der Diamantnadel.

Kunsthandel. Im Handel mit zeitgenöss. Kunst vermitteln Galerien zw. den Schaffenden und dem Publikum und können auf beide einen starken Einfluß ausüben. Der K. mit alter Kunst setzt Heranziehung von Experten voraus, um die Werke auf ihre Echtheit zu prüfen und wissenschaftlich zu bestimmen. Werke hohen Ranges wechseln den Besitzer. Der Handel mit **Kunstauktionen** durch den Besitzer. Der **Antiquitätenhandel** sieht weniger auf künstler. Bedeutung der Gegenstände als auf den dekorativen Wert. **Kunstmessen** sind seit 1940 von steigender Bedeutung.

Kunsthandwerk, → Kunstgewerbe.

Kunstharze, harzartige → Kunststoffe.

Kunsthochschulen, Kunst|akademi|en, Hochschulen für bildende Künste (HfbK), für Kunst- und Werkerziehung, dienen der Ausbildung von Künstlern bis zur künstler. Selbständigkeit und von Kunstpädagogen. Lehrgegenstände sind Architektur, Malerei, Bildhauerei, Metallplastik, Zeichnen, Graphik, Mosaik, Glasmalerei, Werklehre, Formgebung, Kunstpädagogik, Angewandte Kunst (Bildwirkerei, Buchbinderei, Graphikdesign, Innenarchitektur, Industrielle Formgebung, Gold- und Silberschmiede); Ergänzungsfächer: Anatomie, Bau- und Kunstgeschichte und Pädagogik.

Kunsthonig, honigähnl. Gemisch aus Trauben- und Fruchtzucker.

Kunsthorn, durch Härtung aus Casein und Formaldehyd künstlich hergestellter hornartiger Werkstoff, v. a. für Knöpfe.

Kunstkautschuk, kautschukähnl. Kunststoff, erzeugt bes. durch Mischpolymerisation von Butadien mit Styrol (Butadien-Styrol-Kautschuk) oder Acrylnitril (Nitrilkautschuk). **Chloroprenkautschuk** wird aus Chlorbutadien hergestellt und ist nicht entflammbar. **Butylkautschuk** ist bes. gasdicht. Kautschukähnl. Eigenschaften haben auch die Thioplaste, weichgemachtes Polyvinylchlorid, Siliconkautschuk sowie mit Diisocyanaten vernetzte Polyester (Polyurethane).

Kunstkohle, reiner Kohlenstoff für öllose Lager, Kolbenringe, Elektroden u. dgl. aus feingemahlenen Pech- und Petrolkoksen, durch Teer oder Pech gebunden, auch mit Kunstharzen, Graphit oder Ruß gemischt werden.

Kunstkraftsport, Akrobatik, Artistik, schwerathlet. Sportart, die aus Elementen des Gewichthebens, der Gymnastik und des Turnens besteht, wird einzeln oder in Gruppen, auf dem Boden oder in der Luft ausgeübt. Requisiten: Trapez, Seil, Perche, Fahrrad, Roller, Kleinrad.

Kunstleder, künstlich hergestellte Werkstoffe mit lederähnl. Eigenschaften, v. a. als **Lederersatzstoff** (Sitzbezüge u. a.).

Künstlerkolonie, Zusammenschluß von Künstlern, die in gemeinsamem Wohngebiet verwandte künstler. Ziele verfolgen. Die erste war die K. in → Barbizon; in Dtl. entstanden K. in Kronberg (Ts.), Dachau, Darmstadt, Worpswede u. a.

Künstlersozialversicherung, Rentenversicherung für selbständige Künstler und Publizisten, eingeführt durch Ges. v. 27. 7. 1981; soll 1983 in Kraft treten.

Künstlervereinigungen, berufsständ. Interessenverbände von Künstlern, mit dem Zweck, die Kunst zu erneuern und gemeinsame Belange nach außen hin zu vertreten. Im MA. Bauhütten und Zünfte, vom 16. bis 18. Jh. Akademien, im 19. Jh. Künstlervereine und -genossenschaften (Allg. Dt. Künstlergenossenschaft 1858). Seit dem 20. Jh. sezessionistische, z. B. die wichtige Kunstabschnitte bestimmten: Impressionismus, Fauvismus, Kubismus, Surrealismus, Futurismus; Brücke, Blauer Reiter u. a.

künstliche Atmung, Beatmung, lebensrettende Maßnah-

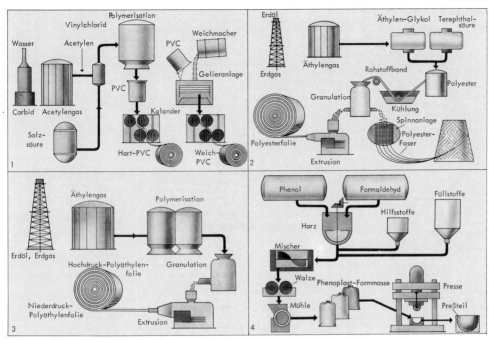

Kunststoffe: Herstellungsvorgang; 1 Polyvinylchlorid, 2 Polyester, 3 Polyäthylen, 4 Phenoplast-Formmassen

me bei Atemstillstand oder ungenügender Atmung infolge Krankheit oder Unfall. Die k. A. wird durchgeführt 1) als Sofortmaßnahme der Ersten Hilfe durch die →Atemspende. 2) bei allen in →Narkose durchgeführten Operationen. – Das Verfahren, mit der **Eisernen Lunge** zu beatmen, ist überholt.

künstliche Intelligenz, Bez. für durch Nutzung physikal. oder chem. Prozesse künstlich oder technisch hergestellte Erkenntnis- oder Denkfähigkeit. Zu unterscheiden sind: 1) Simulation und Untersuchung **natürl. Intelligenz** bei Mensch und Tier v. a. mittels Elektronenrechner; 2) **maschinelle Intelligenz,** v. a. Entwicklung von Sensoren und Programmen (Steuerungen) bei Maschinen, die ›intelligente‹ Arbeiten verrichten sollen.

künstliche Niere, (Hämo)dialyse, Verfahren zum Reinigen des Blutes (daher oft – ungenau – **Blutwäsche** genannt) von Stoffen, die bei Störung oder Ausfall der Nierentätigkeit nicht mit

künstliche Niere: Hämodialyse (schematisiert). Das einer Vene entnommene Blut wird von ausscheidungspflichtigen Stoffwechselprodukten (›Giftstoffen‹) befreit und über eine Arterie dem Körper wieder zugeführt. Bei Langzeitdialyse werden die Blutgefäße nicht durch Kanülen punktiert, sondern Arterie und Vene durch einen Kunststoffschlauch (Shunt) verbunden und dieser bei Bedarf an die k. N. angeschlossen

dem Harn ausgeschieden werden. Nach der Dauer unterscheidet man Kurz- und Langzeitdialyse. Die Methode kann von eigenver-

antwortlich handelnden Patienten zu Hause durchgeführt werden (Heimdialyse). – Das erste Gerät zur Hämodialyse wurde 1912/1913 eingesetzt.

künstlicher Horizont, Flugzeug-Bordinstrument, dessen Kreisel die Lage des Flugzeugs zum natürl. Horizont anzeigt.

künstliches Herz, 1) Herz-Lungen-Maschine. **2)** Kunstherz. Implantierbare Doppelpumpe zum dauernden oder vorübergehenden Ersatz des Herzens. Seit 1959 von vielen Forschern in Angriff genommenes Projekt als eine Alternative zur Herztransplantation. Bis heute ist noch kein k. H. zum klin. Einsatz geeignet.

künstliche Sprache, 1) → Sprache. **2)** → Welthilfssprachen.

künstliches Tageslicht, weißes Kunstlicht, kommt in seiner spektralen Zusammensetzung dem Tageslicht sehr nahe, bes. für Färbereien u. ä. Es wird in tageslichtweißen Leuchtstofflampen oder Xenonlampen erzeugt.

Kunstseide, früher für Chemieseide (→Chemiefasern).

Kunstspeisefett, Gemisch von festen Fetten wie Kokos- und Palmkernfett, Rindertalg oder gehärteten Fetten, z. B. Erdnuß- oder Walhartfett mit Ölen.

Kunstspringen, →Wasserspringen.

Kunststeine, alle künstlich hergestellten Steine, z. B. Betonwerksteine, Gipsbeton, Kalksandsteine; Ggs. Natursteine.

Kunststoffe, chemisch abgewandelte organ. Naturstoffe oder völlig neu (synthetisch) aufgebaute organisch-chem. Stoffe mit günstigen techn. Eigenschaften und wirtschaftl. Herstellungsverfahren. Unter best. Bedingungen lassen sie sich plastisch verformen; die **Thermoplaste (Plastomere)** behalten die Verformbarkeit auch bei wiederholtem Erwärmen, während **Duroplaste (Duromere)** schon während oder nach der Formung in der Wärme zu nicht mehr erweichbaren Massen erstarren; **Elastomere** zeigen von der Raum- bis zur Zersetzungstemperatur gummielast. Verhalten. K. von harzartiger Beschaffenheit nennt man **Kunstharze;** sie unterscheiden sich nicht streng von den K. Zu den K. gehören auch die Kunstkautschuke und die Chemiefasern.

Herstellung: 1) **Cellulose-Kunststoffe:** durch Abwandlung von Cellulose in geeigneten Chemikalien gewinnt man Hydratcellulose in Form von Zellglas, Zellwolle, Reyon; durch Pergamentierung von Papier gewonnene Hydratcellulose ist die Vulkanfiber. Cellulosenitrat ist die Grundlage des Celluloids und der Nitrolakke. Celluloseacetat wird ebenfalls zu Filmen und Fasern verarbeitet. Celluloseäther zu Lacken, Kleistern und Verdickungsmitteln. Aus Casein werden Kunsthorn und Chemiefasern hergestellt.

2) Synthese von K. durch **Polykondensation:** Die niedermolekularen Grundstoffe werden fortlaufend unter Abspaltung einfacher Verbindungen, meist Wasser, bis zu einem makromolekularen Endprodukt umgesetzt. So entstehen z. B. **Phenoplaste** und **Aminoplaste,** deren Anfangskondensate man z. B. in Verbindung mit Füllstoffen oder Harzträgern zu → Formmassen aufbereitet. Das gehärtete Material weist hervorragende Widerstandsfähigkeit auf und dient als hochwertiger Isolierstoff in der Elektrotechnik. Mit härtbaren Phenolharzen getränkte Papiere und Gewebebahnen ergeben bei der Druckhärtung Hartpapiere und Hartgewebe, die in der Elektrotechnik und im Maschinenbau vielfältige Anwendung finden. Pheno- und Aminoplaste werden, als Lackkunstharze, Kunstharz-Leime, Basenaustauscher, zur Textilveredelung u. a. verwendet. Nichthärtende, schmelzbare Polykondensate mit langen Molekülketten sind z. B. linear aufgebaute Polyester und Polyamide aus Ausgangsstoffen mit nur zwei funktionellen Gruppen wie Dicarbonsäuren, Glykolen, Oxy- und Aminocarbonsäuren. Sie lassen sich aus der Schmelze zu Fäden verspinnen oder zu Folien verarbeiten, denen dann ein Reckprozeß bes. hohe Festigkeit erlangen. Außerdem können solche unvernetzten Polykondensate zu Formkörpern verpreßt oder durch Spritzgießen verarbeitet werden. Weitere Harze, z. B. Alkyd-, Keton-, Epoxidharze, Thioplaste (Polyalkylpolysulfide), Silicone, Polycarbonate u. a. werden ebenfalls durch Polykondensation hergestellt.

3) Bei der **Polymerisation** lagern sich niedermolekulare, ungesättigte Verbindungen aneinander, ohne daß dabei Nebenprodukte abgespalten werden; die Enderzeugnisse sind gesättigt. Die meisten Polymerisate sind thermoplastisch und können unter Druck und Wärme geformt werden (pressen, spritzen u. dgl.). Einige lassen sich zu Folien verarbeiten, andere zu Fasern verspinnen. Bei der Copolymerisation werden verschiedenartige Verbindungen abwechselnd aneinandergereiht. Unter den Polymerisaten sind technisch am wichtigsten: Polyäthylen und Polypropylen, Polyvinylchlorid (PVC) sowie Polystyrol. Isobutylen, Vinyläther, Vinylester, Vinylacetate, ferner Acryl- und Methacrylverbindungen. Fluorierte Polymerisat-K. weisen eine bes. hohe therm. und chem. Beständigkeit. Copolymerisate des Acrylnitrils, Butadiens und Styrols (ABS-K.) weisen bes. hohe Schlagzähigkeit und Stoßfestigkeit auf. Weitere Polymerisate und Copolymerisate mit kautschukähnl. Eigenschaften wie Polyisopren, Polychloropren, Butylkautschuk, Äthylen-, Propylen-Copolymerisate können oft vernetzt und damit praktisch vulkanisiert werden. Aldehyde, vor allem Formaldehyd in Form des Trioxans, lassen sich in Linearpolymere überführen, die als Polyacetalharze wertvolle Thermoplast-Eigenschaften aufweisen.

4) Ein weiteres Aufbauverfahren für K. ist die **Polyaddition,** bei der sich sehr reaktionsfähige Grundmoleküle, ebenfalls ohne Austritt von Nebenprodukten miteinander vereinigen. Zu den Endprodukten gehören z. B. die Polyurethane, darunter die Schaum-K.

5) Schließlich kann man die versch. Aufbauprinzipien vereinigen; z. B. sind die ungesättigten Polyester sowie die Epoxidharze Polykondensate, die durch Polymerisation eine weitere Molekülvergrößerung und Vernetzung erfahren.

Die Anzahl der industriell hergestellten K. wuchs bis in die sechziger Jahre hinein rapide an, die Mannigfaltigkeit ihrer Verwendung auf allen Lebensgebieten vergrößert sich auch heute ständig. Die K.-Industrie ist zu einem der bedeutendsten Zweige der chem. Ind. geworden. Die ersten K. entwickelte L. H. Baekeland 1907–09.

Kunst|turnen, stilisiertes, zur artist. wie ästhet. Hochleistung abzielendes Boden- und Geräteturnen.

Kunstwissenschaft, wissenschaftl. Erforschung aller Künste, i. e. S. der bildenden Kunst. Die K. verwendet Ergebnisse der Ästhetik, Soziologie, Theologie und Geschichte und beschäftigt sich mit den Kunsttheorien. Ihr Hauptzweig, die **Kunstgeschichte,** verfolgt die geschichtl. Entwicklung, reicht jedoch unter Ausschluß der vorgeschichtl., antiken und primitiven Kunst, als Gegenstand der Vorgeschichte, Archäologie, Völkerkunde sind. Die Kunstgesch. als Wissenschaft wurde von Winckelmann begründet, der zum erstenmal Wesen, Voraussetzung und Entwicklung der Kunst einer Epoche darstellte. Im 19. Jh. standen

formale Stilfragen der kunstwissenschaftl. Forschung im Vordergrund im 20. Jh. gewann die → Ikonographie und der vom einzelnen Kunstwerk ausgehende Strukturanalyse an Bedeutung. Die wachsende Zahl der Kunsthistoriker ermöglichte die Inventarisierung der Kunstwerke in den europ. Ländern und die Katalogisierung der Museumsbestände. Kunsthistor. Forschungsinstitute entstanden in aller Welt. Wie kein anderer Wissenschaftszweig gewann die K. bes. im 20. Jh. ein neues Verhältnis zur Öffentlichkeit (Kunstvereine, Ausstellungen, Erziehungswesen).

Kunstwort, ⓢ meist aus lat. und grch. Bestandteilen, neuerdings oft auch aus anderen Sprachen künstlich geschaffener Fachausdruck, z. B. Automobil.

Kunze, Reiner, Schriftst., * 1933, emigrierte 1977 in die Bundesrep. Dtl.; schrieb Gedichte (Zimmerlautstärke, 1972) und Prosa (Die wunderbaren Jahre, 1976).

Künzels|au, Krst. des Hohenlohekr., Bad-Württ., am Kocher, 12 000 Ew.; Leder-, Bekleidungs-, Holzind., Apparatebau; ehemals Hohenloheschs Schloß (um 1680).

Kuo-min-tang [chines. ›Nationale Volksparteil], Abk. **KMT,** Partei in China, nach dem Sturz des Kaisertums 1912 von Sun Yatsen mit nationalem und sozialem Programm gegr., in den Bürgerkriegen nach 1919 zur revolutionären Volksbewegung geworden (1924–27 mit sowjet. Einfluß), kam 1925 unter die Führung Tschiang Kaischeks. Sie war 1928–45 die maßgebende, zeitweilig diktatorisch regierende Partei. Die unter ihren Führern aufkommende Mißwirtschaft mit nachfolgender Spaltung trug zum Sieg des kommunist. Umsturzes 1949 bei. Auf Taiwan ist die K. noch Regierungspartei.

Kuopio, Hptst. der Prov. K. in Mittelfinnland, 73 600 Ew.; Hochschule seit 1972; Holzindustrie.

Kupa, Kulpa, rechter Nebenfluß der Save in Kroatien, Jugoslawien, 296 km.

Küpe, 1) großes Gefäß, Färberbottich. **2)** die zum Färben dienende Lösung.

Küpenfarben, Küpenfarbstoffe, wasserunlösl. Farbstoffe, die erst auf der Stoffaser durch Aufnahme von Sauerstoff ihre endgültige Farbe erhalten.

Kupfer, Cu, Schwermetall (→ chemische Elemente). An

Kupferförderung[1] (in 1 000 t)			
	1980		**1980**
USA	1 168	Polen	343
UdSSR	1 150	Philippinen	304
Chile	1 067	Australien	231
Kanada	708	Südafrika	211
Sambia	595	Übrige Länder ...	1 215
Zaire	459		
Peru	365	**Welt**	**7 816**

[1]) Kupferinhalt von Erzen oder Konzentraten.

frischen Schnittflächen ist K. von glänzender, hellroter Farbe, nächst Silber der beste Leiter für Wärme und elektr. Strom. Bei längerem Lagern überzieht es sich mit einer stumpfen, dunkleren Oxidschicht, an feuchter Luft mit grünem basischem Kupfercarbonat (Patina). Durch Einwirkung von Essigsäure entsteht der giftige Grünspan (basisches Kupferacetat). K. kommt gediegen, vor allem aber in Form von Sulfiden und Oxiden vor; wichtigstes K.-Erz ist der K.-Kies, $CuFeS_2$. Roh-K. wird durch Rösten und Umschmelzen mit Koks oder durch Bessemerverfahren gewonnen und durch eine Raffinationsschmelze und anschließende Elektrolyse gereinigt. Die bedeutendsten K.-Erzlagerstätten finden sich in den USA, Chile, Kanada, Sambia, der UdSSR, Zaire, Südspanien. K. wird in Form von Draht, Röhren, Blechen in der Industrie verwendet, bes. auch für Leitungen, mit Zinn zu Bronze, Messing, Neusilber u. a. Von seinen Verbindungen wird das tiefblaue **K.-Sulfat** (K.-Vitriol) zur Verkupferung, in galvan. Elementen, zur Schädlingsbekämpfung u. a. verwendet. (→ Kupfervergiftung)

Kupferdruck, Druck von Kupferstichen, Radierungen und Photogravüren auf der **Kupferdruckpresse.** Zw. 2 Walzen wird der Druckstich hindurchgezogen, auf dem die eingefärbte Kupferplatte mit dem angefeuchteten Papierbogen liegt. **Kupfertiefdruck** ist der Rakeltiefdruck mit geätzten Kupferplatten oder -zylindern. (→ Tiefdruck)

Kuppel mit Pendentifs

Kupferstich: links F. de Goya, aus der Folge der ›Proverbios‹ (Radierung mit Aquatinta); rechts Käthe Kollwitz, aus der Folge ›Ein Weberaufstand‹, 1896/97 (Radierung)

Kupferglanz, ⊕ Sammelbez. für mehrere Kupferminerale, v. a. Cu_2S, schwärzlich-bleigrau, schwach glänzend.

Kupferkies, das verbreitetste Kupfererz, $CuFeS_2$; ist messinggelb, oft goldgelb oder bunt angelaufen.

Kupfer|rose, Hautkrankheit, die, bes. an der Nase, zu Rötung und Knötchenbildung führt (›Knollennase‹).

Kupferschiefer, Kupfer- und andere Metallsulfide (Blei, Zink, Silber) führender bituminöser Mergelschiefer des dt. Zechsteins (Mansfeld).

Kupferstecher, Künstler, der mit dem Grabstichel → Kupferstiche herstellt; auch Beruf im graph. Gewerbe.

Kupferstich, Kunst, eine Zeichnung in eine Kupferplatte einzugraben, sowie der von dieser abgezogene Druck. – Beim K. i. e. S. werden mit dem Grabstichel oder der kalten Nadel die Linien in die polierte Kupferfläche geritzt. Bei der **Radierung** überzieht man die Platte mit einer säurefesten Harzschicht, zeichnet in diese mit der Nadel und übergießt die Platte mit Säure, so daß an den freigelegten Stellen die Zeichnung in das Metall geätzt wird; dann entfernt man die Deckschicht. Bei der **Schabkunst (Mezzotinto),** mit der man ein samtartiges Schwarz erzielt, wird das Kupfer gleichmäßig aufgerauht und an den Stellen, die hell erscheinen sollen, wieder glattgeschabt. Bei der **Aquatinta** läßt man die Säure durch angeschmolzenen Metallstaub hindurch wirken. Die **Kreidemanier** ermöglicht durch Anwendung gezahnter Rädchen und raspelartiger Werkzeuge der Kreidezeichnung ähnl. Wirkungen. Die **Punktiermanier** gibt Schattierungen durch Punkte wieder. Im 19. Jh. stach man auch in Stahl **(Stahlstich).** Geätzt wurde anfänglich in Eisen.
Die seit etwa 1400 entstandene Kunst des K. entwickelte sich aus der Technik der Metallgravierung. Zu den bedeutendsten Stechern des 15. Jh. gehören der Meister ES, Schongauer, der Hausbuchmeister, Mantegna. An Schongauer knüpfte Dürer an, der den K. zu nie wieder erreichter Vollendung entwickelte. Nach der Blütezeit im 16. Jh., in dem neben Dürer bes. Altdorfer und andere dt. Meister, ferner L. van Leyden und Raimondi als Stecher wirkten, diente der K. vor allem der Wiedergabe von Gemälden (Rubens-Stecher). – Die 1510 aufgekommene Technik der Radierung geht auf den Brauch der Plattner zurück, Verzierungen in Rüstungen und Waffen zu ätzen. Zu den frühesten Werken gehören in Eisen geätzte Radierungen Dürers. Die durch das Ätzverfahren ermöglichten Helldunkelwirkungen wurden zu ihrer höchsten Vollendung von Rembrandt entwickelt. Im 17. Jh. radierten auch andere holländ. Maler sowie Callot und Claude Lorrain, im 18. Jh. Tiepolo, Piranesi, Hogarth, Fragonard, Chodowiecki. Der bedeutendste Radierer des 19. Jh. war Goya, dessen oft mit Aquatinta verbundene Technik Wirkungen von düsterer Phantastik erzielte. In Dtl. wurden meisterhafte Radierungen von Leibl, Klinger und Käthe Kollwitz geschaffen.

Kupferstichkabinett, auch **Graphische Sammlung,** Sammlung von Zeichnungen, Kupferstichen u. a. Druckgraphik in Museen und Bibliotheken.

Kupfervergiftung, Kuprismus, Vergiftung durch Kupferverbindungen (in Dünge- und Schädlingsbekämpfungsmitteln) ruft Erbrechen, Durchfall und Koliken hervor. Erste Hilfe: Milch oder Tierkohle; Magenspülung, Kreislaufmittel.

Kupfervitriol das, das Kupfersulfat, → Kupfer.

kupieren [frz. ›schneiden‹], stutzen (Ohren, Schwanz z. B. beim Hund); hemmen (Krankheit).

Kupka, František, tschech. Maler, * 1871, † 1957, einer der Begründer der abstrakten Malerei.

Kupol|ofen, schachtförmiger Ofen in Gießereien zum Erschmelzen des Gußeisens, bis 10 m hoch, 1,5 m lichte Weite, wird von oben mit Roheisen, Koks und Zuschlägen beschickt; das Eisen wird unten abgestochen.

Kupon [kup'ɔ̃, frz.] der, →Coupon.

Kuppe die, 1) rundl. Ende. 2) rundl. Berggipfel.

Kuppel, meist halbkugelförmiges Gewölbe über kreisrundem oder vieleckigem Auflager. Grabbauten prähistor. Zeit, bes. der myken. Kultur **(Kuppelgräber),** wurden mit ringförmig verlegten, übereinander vorkragenden Steinschichten überwölbt (›Schatzhaus des Atreus‹, Mykene). Im Alten Orient, dann bes. in Rom, wurde die K. bei Monumentalbauten verwendet (Pantheon). Weitergebildet wurde der byzantin. Kuppelbau (Hagia Sophia) von der islam. Kunst. Höchste Ausbildung erfuhr er in der ital. Renaissance (Peterskirche). Bild S. 162

Kuppelei, früher allg. die strafbare Begünstigung der Unzucht. Seit dem 4. Strafrechtsreformgesetz v. 23. 11. 1973 wird in der Bundesrepr. Dtl. nur noch die Förderung sexueller Handlungen durch oder an Personen unter 16 Jahren mit Freiheitsstrafe bis zu 3 Jahren oder mit Geldstrafe bestraft (§ 180 StGB), außer wenn sie durch den Personensorgeberechtigten auf der Grundlage vertretbarer sexualpädagog. Ansichten erfolgt (›Erzieherprivileg‹). Eine erschwerte Form ist der K. gegen Entgelt oder unter Ausnutzung eines Autoritätsverhältnisses (auch bei Personen unter 18 Jahren strafbar), eine Sonderform die Förderung der Prostitution durch Führung eines Bordells und ähnl. Maßnahmen (§ 180a StGB). Das österr. (§§ 213–215 StGB) und das schweizer. Recht (Art. 198 ff. StGB) enthalten ähnl. Strafvorschriften.

Kupplung, Maschinenteil zur lösbaren Verbindung zweier Fahrzeuge, Schlauch- und Rohrleitungen oder sich drehender Maschinenteile, z. B. Wellen. **Wellen-K.** können **nichtschaltbare K.** (z. B. Ausgleichs-K.) oder **Schalt-K.** sein; letztere sind z. B. Klauen-K., im Kraftwagengetriebe als Reibungs-K. verwendete Scheiben-, Mehrscheiben-, Lamellen-K., drehzahlgeschaltete K. (Fliehkraft-K.), drehmomentgeschaltete K. (Sicherheits-K.), drehrichtungsgeschaltete K. (Klemmkörper-K., Überhol-K. z. B. im Freilauf von Fahrrädern). Induktionselektromagnet. **Schlupf-K.** übertragen berührungsfrei das Moment.

Kuprin, Aleksandr Iwanowitsch, russ. Schriftst., * 1870, † 1938; naturalist. Erzählungen (›Die Gruft‹, 1909–15).

Kur die, 1) [lat.], Heilverfahren mit planmäßiger Anwendung bes. zusammengestellter Heilmittel. 2) [ahd.], Wahl, bes. die dt. Königs durch die **Kurfürsten;** auch das Kurfürstentum, die Kurfürstenwürde.

Kür die, Wahl im Sport, →Kürübung.

Kura die, größter Fluß Transkaukasiens, 1 515 km, kommt vom Ararat-Hochland, durchbricht den Kleinen Kaukasus und mündet in das Kasp. Meer; mehrfach zur Kraftgewinnung und Bewässerung gestaut.

Kurantgeld, Geld, das unbeschränkt in Zahlung genommen werden muß.

Klauenkupplung

Lamellenkupplung

Fliehkraftkupplung

elektromagnetische Kupplung

Kupplung

Kura

Kürbis:
männliche Blüten
(oben),
weibliche Blüte
(Mitte)
und junge
Frucht (unten)

Kurashiki, Industriestadt auf Honshu, Japan, 393 500 Ew.; Spinnereien, Schwer-, chem. Industrie.

Küraß *der,* Brustharnisch der Schweren Reiter (**Kürassiere**).

Kurator [lat.], **1)** Pfleger, Vormund. **2)** der Aufsichtsbeamte des Staates an Hochschulen. **3)** Verwalter einer Stiftung.

Kuratorium, Aufsichtsbehörde.

Kuratorium Unteilbares Deutschland, Vereinigung führender Persönlichkeiten des öffentl. Lebens zur Förderung der dt. Wiedervereinigung, gegr. 1954; Sitz: Bonn.

Kurbel, einarmiger Hebel zum Drehen einer Welle.

Kurbelgetriebe, Kurbeltrieb, Getriebe, das bes. in Hubkolbenmaschinen zur Umformung der hin- und hergehenden Bewegung des Kolbens in die Drehbewegung dient.

Kurbelwelle, ein- oder mehrfach gekröpfte Welle (meist Stahl), wird durch die Pleuelstange in Umdrehung versetzt.

Kurbette [frz.] *die,* Reitkunst der Hohen Schule: ein mehrmaliges Vorspringen in der Stellung der Levade, ohne daß das Pferd mit der Vorhand niedergeht.

Kürbis, einjährige Kletter- oder Kriechgewächse aus den wärmeren Erdgebieten, mit gelben zweihäusigen Blüten; ihre bis zentnerschwere fleischige Beerenfrucht wird als Speise und Futter verwendet. Verschiedene K.-Formen dienen als Zierpflanzen. Vom verwandten **Flaschen-K.** der Tropen wird die Frucht zu Gefäßen (Kalebasse) ausgehöhlt. (Weiteres Bild Gemüse)

Kurden, vorderasiat. Volk mit iran. Sprache. Von den rd. 6 Mio. K. (meist Muslime) leben die meisten in → Kurdistan, eine geringere Anzahl in Syrien und der Armen. SSR. Die meisten K. sind seßhafte Bauern, einige Gruppen sind noch Nomaden oder Halbnomaden. – 1958 begannen die K. im Irak unter M. al Barsani einen Aufstand (bis 1970), den die irak. Regierung durch Autonomie-Zugeständnisse (Verträge 1966 und 1970) zu beenden suchte. Erneute Aufstände (1972–75) und 1979/80 in Iran wurden niedergeschlagen.

Kurdistan, von → Kurden bewohntes Gebiet in Vorderasien, umfaßt v. a. das Ararat-Hochland, den östl. Taurus und sein südl. Vorland, das nördl. Zagros-Gebirge und den gebirgigen NO Iraks. K. gehört politisch zur Türkei, zu Irak und Iran; rauhes Gebirgsland (Schaf- und Ziegenzucht im N, Ackerbau im fruchtbaren S).

Kure, Stadt und früherer Kriegshafen in der japan. Provinz Hiroshima, 243 000 Ew.; Stahlind., Werften.

Kuren, balt., zu den Letten zählender Stamm in Kurland, sprachlich zw. Prußen, Litauen und Semgallern stehend; im 15. Jh. in den Semgallern (Mittellettern) aufgegangen.

Kürenberg, Der von K., Der Kürnberger, einer der ältesten mit Namen bekannter dt. Minnesänger (um 1160), aus österr. rittel. Geschlecht ›Falkenlied‹.

Kürette [frz.], ♃ Gerät zur Ausschabung.

Kurfürsten [zu Kur 2], im Dt. Reich bis 1806 die zur Wahl des dt. Königs berechtigten Fürsten, urspr. alle Reichsfürsten. Seit 1257 galten nur 7 als K.: die Erzbischöfe von Mainz, Trier und Köln, der Pfalzgraf bei Rhein, der Herzog von Sachsen, der Markgraf von Brandenburg, der König von Böhmen. Ihre Sonderstellung wurde von Kaiser Karl IV. durch die Goldene Bulle (1356) festgesetzt. 1623 wurde die pfälz. Kur auf Bayern übertragen, 1654 eine 8. Kur für die Pfalz, 1692 eine 9. Kur für Hannover geschaffen. 1803 fielen Köln und Trier fort, Mainz wurde auf Regensburg übertragen, es wurden 4 neue Kurwürden geschaffen: Salzburg (1805 durch Würzburg ersetzt), Württemberg, Baden, Hessen-Kassel. Nach 1806 behielt nur der K. von Hessen-Kassel den Titel (bis 1866).

Kurgan, westsibir. Gebietshptst., UdSSR, am Tobol, 316 000 Ew.; Maschinenbau-, pharmazeut., Textilind., Nahrungsmittelkombinat.

Kurialen [lat.], Amtsträger der Römischen Kurie.

Kurie [lat.] *die,* **1)** älteste Gliederungsform der röm. Bürgerschaft in 30 Körperschaften, danach auch Bez. für das Versammlungshaus, bes. des Senats. **2)** zentrale Verwaltungsbehörde des Papstes (**Römische K.**) und des Bischofs (**Diözesan-K.**). Die Röm. K. umfaßt a) das Staatssekretariat, dem ein bes. › Rat für die öffentl. Angelegenheiten der Kirche‹, der Päpstl. Rat ›Cor Unum‹ und das Zentralamt für kirchl. Statistik verbunden sind; b) 9 Kurienkongregationen, darunter die Kongregation für die Glaubenslehre, die Kongregation für die Bischöfe, die Kongregation für die (unierten) Ostkirchen, die Kongregation für die Evangelisierung der Völker, die Kongregation für die Disziplin der Sakramente und den Gottesdienst, die Kongregation für die Selig- und Heiligsprechungen, die Kongregation für das kath. Unterrichtswesen u. a.;

c) 3 Gerichtshöfe (Apostol. Paenitentiarie, Apostol. Signatur, Rota); d) 3 Sekretariate (für die Förderung der Einheit der Christen, für die Nichtchristen, für die nicht Glaubenden); e) den Laienrat für Gerechtigkeit und Frieden; f) Ämter (Apostol. Kanzlei für die Ausfertigung von Bullen, seit 1973 Teil des Staatssekretariats; Präfektur für die Wirtschaftsangelegenheiten des Hl. Stuhles und die Vermögensverwaltung des Hl. Stuhles u. a.). – Die leitenden Beamten der Diözesan-K. sind → Generalvikar und → Offizial.

Kurienkongregationen, die 9 Hauptbehörden der Röm. → Kurie unter der Leitung von Kardinalpräfekten.

Kurier [frz.], Eilbote, Überbringer wichtiger Nachrichten.

Kurilen *Mz.,* japan. **Chishima, Tschischima,** 1270 km langer Inselbogen zw. Hokkaido und Kamtschatka, insges. 15 600 km² mit über 30 nur z. T. bewohnten Inseln. Die K. wurden 1875 japanisch, 1945 der UdSSR zugesprochen. Japan fordert die Rückgabe der Inseln Iturup und Kunashiri.

kurios, seltsam, absonderlich. **Kuriosität** *die,* Merkwürdigkeit. **Kuriosum** *das,* -s/ . . .sa, seltsamer Vorfall.

Kurisches Haff, Meeresbucht der Ostsee, in Ostpreußen, 1610 km² groß, bis 10 m tief, von der Ostsee abgetrennt durch die 98 km lange Kurische Nehrung.

Kurische Nehrung, eine 98 km lange Landzunge, reicht vom Samland bis südlich Memel, wo das Memeler Tief den Zugang zur Ostsee bildet. Seit 1945 zur Russ. SFSR, Lit. SSR.

Kurkume *die,* →Curcuma.

Kurland, lett. **Kurzeme,** histor. Landschaft in der Lett. Sozialist. Sowjetrep., benannt nach den Kuren; ehem. Hptst.: Mitau, 1918–40 Libau. K. wurde im 13. Jh. vom Dt. Orden erobert, 1561 unter hoheit. des Herzogs. Hzgt. unter G. Kettler; 1737 wurde E. J. →Biron Herzog von K. 1795–1918 war K. als eine der Ostseeprovinzen russ. Gouvernement, dann bis 1940 eine Prov. im Freistaat Lettland, hierauf kam es größtenteils zum Gebiet Libau der Lett. SSR.

Kurlande, Besitzungen eines Kurfürsten, an die die Kurwürde geknüpft war.

Kurmark, ehemals der Hauptteil der Mark Brandenburg.

Kürnberger, Ferdinand, Schriftst. und Publizist, * 1821, † 1879; Lenau-Roman ›Der Amerika-Müde‹ (1855).

Kurnool [kən'u:l], **Karnul,** Stadt im Staat Andhra Pradesh, Indien, 136 700 Ew.; landwirtschaftl. Ind., Kunstgewerbe.

Kurosawa, Akira, japan. Filmregisseur, * 1910. Filme: ›Rashomon‹ (1950), ›Die sieben Samurai‹ (1953), ›Das Schloß im Spinnwebwald‹ (1957), ›Kagemusha‹ (1980) u. a.

Kuro Shio [-ʃ-], **Kuroschio,** warme Meeresströmung des Pazif. Ozeans im O der japan. Inseln.

Kurpfuscher ist, wer ohne Approbation oder ohne Erlaubnis als Heilpraktiker Kranke oder behandelt.

Kurrende [lat.] *die,* kirchl. Knabenchor.

Kurrentschrift [lat.], die Schreibschrift.

Kurs [lat. ›Lauf‹] *der,* **1)** Lehrgang. **2)** Lauf, Richtung von Schiffen, Flugzeugen, Zügen u. ä. **3)** Umlauf, z. B. einer Münzsorte, eines Gerüchts (**kursieren**). **4)** Börse: der Preis für Wertpapiere und andere vertretbare Waren, die an einer Börse gehandelt werden. Die amtl. K. werden von **K.-Maklern** festgestellt. Für die Kassageschäfte ermittelt als **Einheits-K.** der Preis zu dem die meisten Geschäfte abgeschlossen werden können. Für best. Wertpapiere werden daneben fortlaufende Notierungen ermittelt. Für den Terminhandel in Wertpapieren gibt es die **Termin-K.** Die an die Börse gegebenen Aufträge sind entweder limitiert (sie enthalten für Kauf einen Höchst-K., für Verkauf einen Mindest-K.) oder unlimitiert (billigst bei Kauf, bestens bei Verkauf). Der an jedem Börsentag herausgegebene **K.-Zettel** sind nach Wertpapieren und Waren gegliedert. Für Devisen und Banknoten enthält der K.-Zettel regelmäßig einen **Geld-K.,** zu dem sie gefragt sind, und einen **Brief-K.,** zu dem sie angeboten werden. Der K. wird bei Wertpapieren meist in Hundertsätzen des Nennwertes ausgedrückt: z. B. ist der **K.-Wert** einer Aktie zu 50 DM (Nennwert) bei einem K. von 120 %: 60 DM. **Kursregulierung,** die Maßnahmen der an einem Wertpapier interessierten Kreise, bes. Emissionsbanken, um die Kurse schwankungsfrei zu halten (**Kursintervention**). Durch Käufe kann im Überangebot aufgenommenen und so ein **Kurssturz** verhindert, der K. gestützt (**Kursstützung**) werden.

Kursbuch, Zusammenstellung von Fahrplänen der Eisenbahn, Schiffs-, Autobus- und Fluglinien.

Kürschner, Handwerker, der Pelzwerk verarbeitet; 3 Jahre Ausbildung.

Kürschner, Joseph, Schriftst., * 1853, † 1902; gab mit

anderen die Auswahlsammlung ›Dt. Nationalliteratur‹ heraus (1882 ff., 220 Bde.), leitete seit 1882 den ›Dt. Literaturkalender‹ (als ›K.s Dt. Literatur-Kalender‹ im 58. Jg. 1981). Daneben gibt es seit 1925 ›K.s Dt. Gelehrten-Kalender‹ ([13]1980), seit 1929 ›K.s Dt. Musiker-Kalender‹ ([2]1954), seit 1956 ›K.s Biograph. Theater-Hb.‹, ›K.s Graphiker-Hb.‹ ([2]1967).

Kursivschrift [lat.], → Schriften.

Kursk, Gebietshptst. im SW der Russ. SFSR, 383 000 Ew.; Maschinenbau-, elektrotechn., chem., Leicht-, Nahrungsmittelindustrie.

Kurskreisel, zum Kurshalten verwendetes Kreiselgerät, wird bes. bei Flügen in hohen geograph. Breiten nach Ausrichten auf eine Bezugsrichtung benutzt.

kursorisch [lat.], fortlaufend, ununterbrochen. **kursorische Lektüre,** auf Einzelheiten nicht eingehend.

Kursus [lat.] *der, -/Kurse,* Lehrgang, Vortragsreihe.

Kurswagen, ⚙ durchlaufender Eisenbahnwagen.

Kurswert, → Kurs.

Kurszettel, Kursblatt, → Kurs.

Kur|taxe, Gebühr für Kurgäste.

Kurtisane [frz.], urspr. Hoffräulein, später allg. die Geliebte vornehmer Herren.

Kurtschatowium, Ku, von einer sowjet. Arbeitsgruppe 1964 vorgeschlagene Bez. für das Element 104 aus der Reihe der →Transurane (→chemische Elemente). US-Wissenschaftler gaben ihm den Namen **Rutherfordium.** Die endgültige Namensgebung steht (1982) noch aus.

Kür|übung, Kür, Turnen und Sport: Übung nach freier Wahl i. Ggs. zur Pflichtübung.

kurulische Ämter, im antiken Rom die höchsten Staatsämter. Amtsträger waren die Konsuln, Prätoren, Zensoren und kurulischen Ädilen.

Kurume, Stadt auf Kyushu, Japan, 205 000 Ew.; Baumwoll-, Gummi-, Papierindustrie.

Kurve, 1) allg.: eine Krümmung, z. B. einer Straße. **2)** △ gerade oder gekrümmte Linie, entweder in der Ebene (**ebene K.**) oder im Raum (**Raum-K.**). Ebene K. sind z. B. Gerade, Kreis, Parabel; eine Raum-K. ist z. B. die Schraubenlinie.

Kurven|abtaster, Kurvenleser, Gerät zum Abtasten einer Kurve, deren Verlauf in ein anderes Gerät, z. B. ein Rechengerät oder eine Werkzeugmaschine, übertragen werden soll.

Kurvengetriebe, Getriebe, bei dem ein gleichförmig umlaufender Kurventräger (Scheibe, Zylinder) ein Eingriffsglied (Schieber, Hebel) eine vorgeschriebene Bewegung ausführen läßt.

Kurvenmesser, Kurvimeter, Kartometer, Gerät zur Längenmessung von Kurven, z. B. auf Landkarten, etwa ein Meßrädchen, das längs der Kurve gerollt wird.

Kur|verein von Rhense, Vereinigung der Kurfürsten 1338 zur Verwahrung gegen die Ansprüche des Papsttums auf Bestätigung der dt. Königswahl.

Kurz, 1) Hermann, * 1813, † 1873, Lyriker der schwäb. Schule, volkstüml. Erzähler, Übersetzer; Romane (›Der Sonnenwirt‹, 1854). **2)** Isolde, Schriftstellerin, Tochter von 1), * 1853, † 1944; Gedichte, Romane.

Kurzarbeit, verkürzte Arbeitszeit unter entsprechender Kürzung des Arbeitslohnes; zur Vermeidung von Entlassungen aus betriebl. Gründen mit Genehmigung des Landesarbeitsamts möglich. Im Rahmen der Arbeitslosenversicherung kann **Kurzarbeitergeld** gezahlt werden.

Kurzatmigkeit, ⚕ die Atemnot.

Kürzel, Sigel *das,* Kürzungszeichen in der dt. Kurzschrift.

Kurzflügler, Käfer, deren Flügeldecken den Hinterleib nur an der Wurzel bedecken, leben im Mist, Aas, Moder.

Kurzgeschichte, in der dt. Literatur tauchen Wort und Begriff erst um 1920 auf, wohl als Übersetzung von engl. Short Story. K. waren schon die Fazetien, Schwänke, Kalendergeschichten, Anekdoten. Die neuere K., die bes. dem Unterhaltungsbedürfnis der Leser von Zeitungen und Zeitschriften dient, gestaltet in Amerika mit E. A. Poe; weitere Verfasser: H. Melville, Mark Twain, Bret Harte, O. Henry, E. Hemingway, J. Steinbeck, E. Caldwell, in England R. L. Stevenson, R. Kipling, J. Conrad, H. G. Wells, in Frankreich G. de Maupassant, in Dtl. G. Meyrink, W. Schäfer, E. Kreuder, K. Kusenberg, W. Schnurre, H. Böll, Marie-Luise Kaschnitz, S. Lenz u. a.

Kurzköpfigkeit, grch. **Brachyzephalie,** menschl. Kopfform: die größte Breite beträgt über 80% der Länge.

Kurzschluß, in elektr. Anlagen oder Geräten eine fehlerhafte Verbindung zw. spannungsführenden Teilen. Es fließt dabei ein hoher Strom, der Anlagen oder Geräte gefährden kann und der die Überstromschalter oder Sicherungen auslöst.

Kurzschlußhandlung, Handeln aus plötzlich oder zufällig auftauchenden Motiven, Stimmungen, Affekten, ohne Überblick über Sinn und Folgen.

Kurzschrift, Stenographie, Stenografie, Schrift mit besonderen kurzen Zeichen und festen Kürzungen (Sigel, Kürzel), zur Aufnahme von Reden u. a., meist gegliedert in **Schul-** oder **Verkehrsschrift** und **Eil-** oder **Redeschrift.** – K. gab es schon im grch. und röm. Altertum. In Dtl. wurden über 600 K.-Systeme aufgestellt; Bedeutung erlangten: Gabelsberger, Stolze-Schrey, Faulmann; seit 1924 gibt es die **Einheits-K.,** die in den Schulen gelehrt wird.

Kurzschulen, Lehrgänge mit Landheimcharakter für Jugendliche nach dem Vorbild der 1941 von K.-M. Hahn (* 1886, † 1974) in Aberdovey (Wales) eingerichteten Anstalt.

Kurzsichtigkeit, grch. **Myopie,** ⚕ Brechungsfehler des Auges: Die das Bild eines fernen Gegenstandes entwerfenden Lichtstrahlen werden schon vor der Netzhaut vereinigt, so daß auf dieser nur unscharfe Abbildungen entstehen. Ausgleich durch Konkavgläser.

Kurzstartflugzeuge, STOL-Flugzeuge [Abk. für short take-off and landing], Flugzeuge für kurze Start- und Landestrecken.

Kurzstreckenlauf, ✕ Lauf über Strecken von 50 bis 400 m Länge.

Kurzwellenbehandlung, ⚕ Anwendung von →Kurzwellen zur Tiefendurchwärmung von Geweben und Körperteilen bei rheumatischen Leiden, Ischias, Gelenk-, Nebenhöhlenentzündungen u. a.

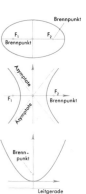

Kurve 2): ebene Kurven; von oben nach unten Ellipse, Hyperbel, Parabel, Logarithmische Spirale

Kurve 2)

Kurzwaren, Nähbedarf (Knöpfe, Garne u. a.).

Kurzwellen, Abk. **KW,** elektromagnet. Wellen mit Wellenlängen von 10 bis 100 m (→Wellenbereich). Mit ihnen können mit kleiner Energie große Entfernungen überbrückt werden (Überseeverkehr). Den Rundfunksendern sind das 13-, 16-, 19-, 25-, 31-, 41-, 49-m-Band zugeteilt.

Kurzwort, Kurzform, Ⓢ Abk. von Wörtern oder Wortverbindungen, z. B. ›Akku‹ (aus ›Akkumulator‹).

Kurz|zeile, altdt. Metrik: Vers von 4 Hebungen mit stumpfem oder 3 (später auch 4) Hebungen mit klingendem Versausgang; urspr. die unselbständige Hälfte der german. →Langzeile.

Kurzzeitmesser, Gerät zum Messen der Zeitdauer sehr schnell verlaufender Vorgänge, im einfachsten Fall eine Stoppuhr, sonst elektr. oder elektron. K. (bis zu 10^{-11} s).

Kuschiro, Hafenstadt in Japan, → Kushiro.

Kuschitensprachen, kuschitische Sprachen, Sprachgruppe der → hamitosemitischen Sprachen.

Kusel, Krst. in Rheinl.-Pf., 14 200 Ew.; Druckereimaschinen-Herstellung, Textilind., Brauereien u. a. Ind.

Kusenberg, Kurt, Schriftst., * 1904; humorist., skurrile, grotesk-phantast. Geschichten.

Kushiro [-ʃ-], **Kuschiro,** Hafenstadt auf Hokkaido, Japan, 207 000 Ew., Kohlenbergbau, chem. Industrie; Fischerei.

Kusine [aus frz. Cousine] *die,* Base.

Kurzschrift:
Probe der verschiedenen Schriftarten. Beispiel: Brockhaus-Lexika informieren die Deutschsprechenden der ganzen Erde

Gabelsberger	alte Form					
	neue Form					
Stolze						
Stolze-Schrey						
Faulmann						
Dt. Einheitskurzschrift						

Küste: Kliff-Küste mit Brandungsplatte in schräg gestellten Schichten bei Biarritz, SW-Frankreich

Kuskokwim River [kˈʌskɔkwɪm rˈɪvə], zweitgrößter Fluß in Alaska, USA, 1287 km, entspringt in der Alaska-Kette und mündet ins Beringmeer.

Kuskuse, Gatt. nächtlich lebender Kletterbeutler mit Greifschwanz, leben in N-Australien, auf Neuguinea und von den Salomonen bis Celebes.

Kusmin, Michail Aleksejewitsch, russ. Schriftst., * 1875, † 1936; ›Alexandrin. Gesänge‹ (1906), Romane.

Kusnezker Kohlenbecken, russ. Kurzwort **Kusbass,** eines der wichtigsten Steinkohlenreviere der UdSSR im SO W-Sibiriens. Die Kohle wird in die beiden Hüttenwerke in Nowokusnezk, in den Ural und in die europ. und mittelasiat. Teil der UdSSR befördert.

Kusnezow, Wassilij Wassiljewitsch, sowjet. Politiker, * 1901, Ingenieur, seit 1955 stellv. Außen-Min., wurde 1977 Kandidat des Politbüros und Stellv. L. Breschnews als Staatsoberhaupt.

Kuß, Berühren mit den Lippen als Ehrfurchts-, Liebes-, Freundschaftsbezeigung, auch als gesellschaftl. Sitte.

Kußmaul, Adolf, Arzt, * 1822, † 1902, beschrieb die durch Acidose verursachte Atemnot (K.sche Atmung).

Küßnacht am Rigi, Bezirkshauptort im Kt. Schwyz, Schweiz, am Vierwaldstätter See, 8 000 Ew.; Glasfabrik, Milchwirtschaft, Obstbau; Fremdenverkehr. In der Nähe die ›Hohle Gasse‹ (Tellsage).

Kustanaj, Gebietshptst. in der Kasach. SSR, am Tobol, 169 000 Ew.; Kunstfaser-, Baustoff-, Nahrungsmittelind.

Küste, Grenzraum zw. Land und Meer, hat stark wechselnde Breite (bis viele km) und unterliegt dauernden Veränderungen durch Zerstörung, Transport und Aufbau. Nach dem Aufriß unterscheidet man: **Flachküsten** mit Küstenwällen oder Nehrungen, Dünen, Lagunen und von **Steilküsten** mit Kliffen, Klippen usw. Fast alle K. sind ehem. festländ. Hohlformen, in die das Meer drang: **Fjord-K.** (eiszeitl. Trogtäler), **Schären-K.** (eiszeitl. Flachtäler und Rundhöcker), **Förden-** und **Bodden-K.** (Zungenbecken eiszeitl. Aufschüttungsgebiete), **Ria-K.** (Flußtäler), **Cala-** und **Canale-K.** (Flußmündungen) usw. Sonderformen der Tropen sind die Flach-K. mit Mangrovevegetation (**Mangrove-K.**) und die **Korallen-K.** (→ Korallenbauten).

Küstenfieber, durch Protozoen (Piroplasmen) hervorgerufene, durch Zecken übertragene Krankheit der Rinder an der ostafrikan. Küste, im Mittelmeergebiet und in Australien; mit Fieber, Schwellung der Lymphknoten, blutigem Durchfall.

Küstengebirge, Gebirgszug in Nordamerika, → Coast Ranges.

Küstengewässer, Küstenmeer, der Teil des Meeres, der zum Hoheitsbereich des Uferstaates gehört (→ Dreimeilenzone, → Territorialgewässer).

Küstenkanal, Kanal zw. Ems und Weser, 71 km lang; wichtig für den Verkehr vom Rhein-Ruhr-Gebiet nach Bremen.

Küstenschiffahrt, Schiffahrtsverkehr mit Personen und

Kuwait 2)

Gütern zw. Seehäfen desselben Staates, meist den Schiffen (in Dtl. See- und Binnenschiffe) des Küstenstaates vorbehalten.

Küstenverteidigung, Abwehr eines Angriffs auf die Küste und Häfen durch Seestreitkräfte, Minen, Sperren, Befestigungen, Küstenartillerie, Luftwaffe.

Küster, Angestellter der Kirchengemeinde (**Glöckner, Mesner, Kirchner),** der die einfachen Kirchendienste versieht.

Kustos [lat.] *der,* -/... ˈoden, **1)** wissenschaftl. Beamter an Sammlungen und Büchereien. **2) Domkustos,** der mit der Oberaufsicht über einen Dom betraute Domkapitular oder -vikar. **3)** Vorsteher einer **Kustodie** (Vereinigung mehrerer Klöster) innerhalb des Franziskanerordens.

Küstrin, poln. **Kostrzyn** [kˈɔstʃin], Stadt in der poln. Wwschaft Gorzów (Landsberg/Warthe), ehem. Stadt und Festung in der Prov. Brandenburg, an der Mündung der Warthe in die Oder, 13 000 Ew. – 1730 wurde Friedrich d. Gr. in K. als Kronprinz gefangengehalten. Ende des 2. Weltkrieges wurde K. zu 90% zerstört. Der Vorort K.-Kietz westlich der Oder gehört zur Dt. Dem. Rep.

Kusus, Gatt. der Kletterbeutler mit dem **Fuchskusu** und dem **Hundskusu.**

Kütahya [kytˈahja], Provinzhptst. in der Türkei, im westl. Inneranatolien, 101 100 Ew.; eisenverarbeitende, Keramikind., westl. K. Braunkohleabbau mit Wärmekraftwerk.

Kutaissi, Stadt in der Georg. SSR, am Rion, 197 000 Ew.; Lastkraftwagen-, Baggerwerk, Nahrungsmittel-, Textil- u. a. Industrie.

kutan [lat.], die Haut (Cutis) betreffend.

Kutsche, gefederter Personen-Pferdewagen mit Verdeck.

Kutscher, Lenker eines Pferdewagens.

Kutte, Mönchsgewand (fußlange, langärmelige, gegürtete Tunika mit Kapuze).

Kutteln, → Kaldaunen.

Kutter [aus engl.], **1)** Segelschiff mit einmastiger Gaffeltakelage. **2) Fisch-K.,** kleineres Fischereifahrzeug mit Motor- und/oder Segelantrieb. **3)** Beiboot auf Kriegsschiffen mit Ruder- und/oder Segelantrieb.

Kutusow, Michail Ilarionowitsch, Fürst **Smolenskij** (1813), russ. Feldmarschall, * 1745, † 1813, unterlag Napoleon bei Austerlitz (2. 12. 1805) und Borodino (7. 9. 1812), siegte bei Smolensk (16./17. 11. 1812).

Kuusinen, Otto Wilhelmowitsch, sowjet. Politiker finn. Herkunft, * 1881, † 1964, 1918 Gründer der finn. KP, 1921 bis 1939 Mitgl. des Sekretariats der Komintern, 1939/40 Leiter der sowjet.-finn. Gegenregierung, 1940–56 Staatspräs. der Karelo-Finn. SSR. Seit 1957 Mitgl. des Präsidiums des ZK der KP der UdSSR.

Kuvert [kuˈvɛrt] *das,* **Couvert** [kuˈvɛːr, frz.], **1)** Briefumschlag. **2)** Gedeck.

Küvette [frz.] *die,* **1)** flache Glasschale. **2)** Innendeckel in Taschenuhren.

Kuwait, Kowait, Kuweit, 1) Hptst. von 2), am S-Ufer der Bucht von K., rd. 100 000 Ew.; Univ.; Finanz- und Bankenzentrum.

2) Staat am Pers. Golf, 17 818 km² (nach anderen Angaben 18 040 km²), mit 1,27 Mio. Ew. (darunter unter den Erwerbstätigen mehr als 50% Ausländer). Hptst. ist K. Amtssprache: Arabisch. Staatsreligion: Islam. Allg. Schulpflicht; eine Univ. (seit 1966). ⊕ Band 1, n. S. 320. Nach der Verf. von 1962 ist K. ein erbl. Emirat. Währung: K. Dinar = 10 Dirham = 1000 Fils. K. liegt am NW-Ende des Pers. Golfs in einer schwül-heißen Kies- und Sandwüste, die keine landwirtschaftl. Nutzung zuläßt. Trinkwasser wird vom Schatt el-Arab herbeigeschafft oder durch Meerwasserentsalzung gewonnen. K.s Reichtum liegt in seinen reichen Erdöllagern (Reserven 1977 auf rd. 10,5% der gesamten Welterdölreserven geschätzt). Die Erdölförderung (Höchststand 1973: 152 Mio. t) wird in den letzten Jahren bewußt gedrosselt (Furcht vor zu schneller Erschöpfung der Reserven). Verbreitet sind Erdölverarbeitungsanlagen (Raffinerien, Düngemittelwerke). Handels- und Ölhäfen sind Schuwaik und Schuaiba, größter Erdölhafen Mina al-Ahmadi. K. hat ein gutes Straßennetz, modernen internat. Flughafen bei der Stadt K. – 1899 wurde K. brit. Protektorat; 1961 gab Großbritannien seine Schutzherrschaft auf. 1961 wurde K. Mitgl. der Arab. Liga, 1963 der UNO.

Kuwatli, Kuwwatli, Schukri al-K., syr. Politiker, * 1886 (1891?), † 1967, seit 1926 einer der Führer des Unabhängigkeitskampfes gegen Frankreich, 1943–49 und 1955–58 Staatspräs.

Kux *der,* -es/-e, Gesellschaftsanteil an einer bergrechtl.

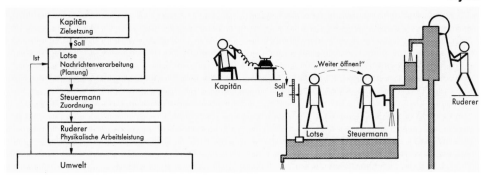

Kybernetik: links Schema der kybernetischen Instanzen mit den vier Typen menschlicher Aktivität. rechts Regelung des Wasserstandes in einem durchströmten Becken auf einen vom ›Kapitän‹ festgelegten Sollwert. Der Kapitän setzt das Ziel; er benötigt die Fähigkeit, zwischen verschiedenen möglichen Zielen auswählen zu können (Urentscheidung). Der Lotse ermittelt den gegenwärtigen Zustand (Ist); er entwirft ein Programm, um den Ist-Zustand in den vom Kapitän gewünschten Zielzustand (Soll) zu überführen. Er speichert den Sollwert, vergleicht ihn mit dem Istwert und überträgt das daraus resultierende Programm in Form von Einzelbefehlen, den determinierten Entscheidungen, an die Steuerleute. Der Steuermann ordnet den Befehlen des Lotsen die Steuerstellung zu; er bewirkt die Verwirklichung der Lotsenentscheidung. Der Ruderer (Antriebssystem) leistet die physikalische Arbeit und bewirkt die gewünschte Veränderung der Situation innerhalb der Umwelt (nach H. Frank, Kybernetische Grundlagen der Pädagogik)

Gewerkschaft. Er lautet auf eine Quote, nicht (wie die Aktie) auf einen festen Nennbetrag. Die Namen der Inhaber (Gewerken) sind im Gewerkenbuch eingetragen. Bei Kapitalbedarf können die Gewerken zu Zubußen herangezogen werden. Entsprechendes gilt für das österr. Recht; dem schweizer. Recht ist der K. unbekannt.

Kuyper [kˈœjpər], Abraham, niederländ. Politiker und reformierter Theologe, * 1837, † 1920, Pfarrer, gründete 1880 in Amsterdam die ›Freie Universität‹; war als Führer der protestantisch-konservativen Antirevolutionären Partei 1901–05 MinPräs.

Kuznets [kˈuznɪts], Simon S., amerikan. Volkswirtschaftler, * 1901, erhielt 1971 den Nobelpreis für Wirtschaftswissenschaften für empir. Forschungen in der Konjunktur- und Wachstumsanalyse.

kV, Einheitenzeichen für **K**ilo**v**olt (1 000 Volt).

k. v., **k**riegs**v**erwendungsfähig.

KV, Abk. für **1)** ♪ Köchel-Verzeichnis. **2)** Studentensprache: Kartell-Verband.

kVA, Einheitenzeichen für **K**ilo**v**olt**a**mpere (1 000 Voltampere); 1 kVA = 1 kW.

Kvark, die Engen des Bottn. Meerbusens: **Südkvark** nordwestl. von den Ålands-Inseln, **Westkvark** und **Ostkvark** zw. Umeå und Vaasa.

kW, Einheitenzeichen für **K**ilo**w**att, 1 000 Watt. **kW·h,** Einheitenzeichen für Kilowattstunde, 1 000 Wattstunden.

Kwakiutl, nordamerikan. Indianerstamm im NO der Insel Vancouver und auf dem gegenüberliegenden Festland. Die K. haben bedeutende künstler. Leistungen hervorgebracht (geschnitzte und bemalte Holzmasken, Wappenpfähle u. a.).

Kwanchowwan [-tʃ-], →Chanchiang.

KwaNdebele, ein →Homeland in der Rep. Südafrika.

Kwangju, Kwangdschu, südkorean. Prov.-Hptst., 606 500 Ew.; 2 Univ., Zentrum der Leichtind. SW-Koreas.

Kwangsi, Kuangsi, amtl. chines. **Guangxi** [-sji], autonome Region in S-China, 236 000 km², 31 Mio. Ew.; Hptst.: Nanning. Reis, trop. Früchte, Edelhölzer; Mangan, Zinn, Antimon, Wolfram, Kohle, Eisenerz; Leichtind.

Kwangtung, Kuangtung, amtl. chines. **Guangdong,** südlichste Prov. Chinas, 215 000 km², 54 Mio. Ew.; Hptst.: Kanton. Reis, trop. Früchte; Ölschieferverarbeitung, Stahlind., Zuckerraffinerie, Düngemittelerzeugung.

Kwannon, japan. Göttin, →Kuan-yin.

Kwantung, Kuantung, japan. **Kwanto,** von 1905–45 japan. Pachtgebiet auf der Halbinsel Liaotung, Mandschurei.

Kwashiorkor [-ʃ-], **Kwaschiorkor,** in unterentwickelten trop. und subtrop. Gebieten verbreitete Ernährungsstörung von Kleinkindern, die nach dem Abstillen einseitig mit Kohlenhydraten ernährt werden.

Kwa-Sprachen, Bez. für eine Sprachgruppe bes. in den südl. Teilen von Liberia, Elfenbeinküste, Ghana, Togo, Benin und Nigeria. Zu den K.-S. gehören u. a. Akan, Ewe, Yoruba, Ibo.

Kwaß, Kwas [russ.] *der*, russ. gegorenes Getränk aus Mehl oder Brot, Malz, auch Zucker, Pfefferminzblättern, Rosinen, enthält etwa 0,5 % Alkohol.

KwaZulu [-z-], früher **Zululand,** ein →Homeland in der Rep. Südafrika; 31 443 km², 2,9 Mio. Ew. Hauptort: Nongoma; Univ.

Kweichow, Kueitschou, amtl. chines. **Guizhou** [gweɪdʒɔʊ], Prov. in SW-China, 174 000 km², 24 Mio. Ew.; Hptst.: Kweiyang. Kohle, Quecksilber, Steinsalz, Eisen, Kupfer, Mangan.

Kweilin, Kueilin, Guilin [gweɪ-], amtl. chines. Stadt in der autonomen Region Kwangsi, über 200 000 Ew., früher Hptst. der ehem. Prov. Kwangsi.

Kweiyang, Kueiyang, amtl. chines. **Guiyang** [gweɪjaŋ], Hptst. der Prov. Kweichow, China, etwa 600 000 Ew., Verkehrs-, Wirtschaftsschwerpunkt; Stahlwerk, Aluminiumhüttung, Maschinenbau, chem., Textil- u. a. Ind.

Kybele, kleinasiat. Göttin der Erdfruchtbarkeit; ihre Begleiter waren die **Korybanten,** ihr Liebhaber der schöne Attis. Ihr Dienst war mit wilden Tänzen und Ausschweifungen verbunden; in Rom galt sie seit 204 v. Chr. als **Magna mater.**

Kybernetik [grch. kybernetes ›Steuermann‹], eine versch. Gebiete verbindende Wissenschaft statt Forschungsrichtung, bei der die Gesetzmäßigkeiten der →Regelung, der Informationsübertragung und -verarbeitung (→Informationstheorie) in Maschinen, Organismen und Gemeinschaften untersucht werden. K. ist durch das Forschungsobjekt, die Problemstellung und die mathematisierende Methode gekennzeichnet. Ihr Begriffssystem ist unabhängig von den Untersuchungsgegenständen. Der Name K. stammt von N. Wiener (›Cybernetics‹, 1948).

Die **allg. K.** beschäftigt sich mit rein formalen Beziehungen. Sie verarbeitet den mathemat. Ansatz zu den Problemen der informationellen Systemen, d. h. Systemen, die Nachrichten aufnehmen, verarbeiten oder weitergeben. Auf der Grundlage der allg. Nachrichtentheorie baut die **allg. Nachrichtenverarbeitungstheorie (informationelle Systemtheorie)** auf. Die allg. **Theorie der Kreisrelationen** bezieht Umweltfaktoren ein; die oberste Stufe, die **Organisations-K.,** behandelt das Zusammenwirken mehrerer informationeller Systeme.

In der **Technik** wird die K. v. a. bei der Planung von →Rechenanlagen, von Steuerungssystemen für Flugzeuge, Eisenbahnen, Raumschiffe, Werkzeugmaschinen u. a. angewendet.

In der kybernet. **Biologie** (auch →**Bionik**) werden Vorgänge im lebenden Organismus als Informations- und Regelsysteme betrachtet (v. a. die Übertragung von Signalen durch Nervenimpulse und Hormone sowie von genet. Informationen durch den

Kwakiutl:
Holzmaske

Kyd

→genetischen Code, die sinnesphysiolog. Verarbeitung von Reizen und Bewegungskoordinierung, die Regelung von Stoffwechselprozessen, von Körpertemperatur und Blutdruck).

Die **Soziologie** versucht, Modelle und Ergebnisse der Regelungslehre und Systemtheorie auf das Verhalten dynamischer sozialer Systeme anzuwenden.

In der **Psychologie** dienen kybernet. Informations- und Spieltheorien v. a. als Hilfsmittel der Wahrnehmungs-, Lern- und Denkpsychologie (Informationspsychologie; bes. Aufnahme-, Kanal- und Speicherkapazitäten von Sinnesorganen, Nervenbahnen und Gehirn¹ sowie der Kommunikationsanalyse sozialer Gruppen.

Die **kybernetische Pädagogik** untersucht das günstigste Zusammenwirken von Lehrsystem (Lehrer, Lehrautomat) und Lernsystem (Schüler) und Lehrgut im Unterricht.

Weitere Einsatzgebiete der K.: in der **Medizin** bei der Sammlung aller Krankheitsdaten zur Vorbereitung von Laboruntersuchungen oder Diagnosen; in der **Sprachforschung** zur Übersetzung oder Stiluntersuchung; in der **Wirtschaftswissenschaft** zur Unternehmensforschung.

Kyd [kɪd], Thomas, engl. Dramatiker, getauft 1558, † um 1594; Rachedrama ›Die spanische Tragödie‹ (1587).

Kyffhäuser [kʹɪf-] der, bewaldeter Bergrücken südlich des Unterharzes, im S der Goldenen Aue, im Kulpenberg 477 m hoch. Auf dem NO-Kamm das **Kyffhäuserdenkmal** (1896). **Kyffhäusersage,** →Kaisersage. Die Burganlage, im 11. Jh. gegr., ist seit dem 16. Jh. verfallen.

Kyffhäuserbund, →Soldatenverbände.

Kykladen, grch. **Kyklades,** grch. Inselgruppe und VerwBez. im Ägäischen Meer. 2572 km² mit 86 300 Ew.; Hptst. ist Hermupolis auf Syros.

Kyklopen, Zyklopen, grch. Mythos: bei Homer einäugige Riesen, u. a. →Polyphem. Bei Hesiod die Söhne der Gaia, die dem Zeus die Donnerkeile schmieden.

Kyll [kɪl] die, linker Nebenfluß der Mosel, kommt von der Schneifel, mündet bei Ehrang, 142 km lang.

Kymation, Kyma [grch.] das, ⫿ blattförmige Schmuckleiste in der Antike; Typen: **dorisches K.** (Hohlkehle), **ionisches K.** (Eierstab), **lesbisches K.** (Herzlaub).

Kymograph [grch.] der, Gerät zum Aufzeichnen von physikal. und physiolog. Veränderungen; die **Röntgen-Kymographie** ist ein Verfahren zur Darstellung von Organbewegungen im Röntgenbild.

Kymren, kelt. **Cymry** [kʹəmrɪ], kelt. Bewohner von Wales mit eigenem, festbewahrtem Volkstum.

kymrische Literatur. 1150–1350 war die Blütezeit der bard. Hofdichtung. Größter Dichter der folgenden Zeit war Dafydd Ap Gwilym (um 1340–70). Das wichtigste alte Prosawerk sind die Mabinogion (11.–13. Jh.; romantisch-myth. Sagenerzählungen). Erneuerer der k. L. war G. Owen (1723–69). Neuere Erzähler: D. Owens (1836–95), T. Rowland Hughes († 1949), Kate Roberts u. a.; Dramatiker: D. T. Davies, Saunders Lewis, J. Gwilym Jones.

kymrische Sprache, Walisisch, Eigenbez. **Cymraeg** [kəmrʹaɪg], engl. **Welsh** [welʃ], die in Wales gesprochene, zum Inselkeltischen gehörige →keltische Sprache.

Kynast [kʹiː-], poln. **Chojnik** [xʹɔjnɪk], Burgruine im Vorland des Riesengebirges, 588 m ü. M.

Kyniker, grch. Philosophenschule, gestiftet von Antisthenes, einem Schüler des Sokrates, in Athen. Das Ideal der Bedürfnislosigkeit verwirklichten sie bis zur Verachtung des Anstandes. Danach **Kynismus,** Lehre der Kyniker (→Zyniker).

Kynologie [grch.], die Hundekunde; Hauptgebiete: Zucht, Dressur, Krankheiten der Hunde.

Kynoskephalai, Berg- und Hügelland in Thessalien, Griechenland, 197 v. Chr. Niederlage des makedon. Königs Philipp V. durch den röm. Feldherrn Flaminius.

Kyn|urenin [grch.] das, Stoffwechselprodukt des Tryptophans im Organismus, Urinbestandteil.

Kyodo, führende japan. Nachrichtenagentur.

Kyphose [grch.] die, ⚥ Buckel.

Kyprianu, Spyros, grch.-zypriot. Politiker, * 1932; 1960–72 Außen-Min.; seit 1977 Staatspräs. (Wahl 1978) von Zypern.

Kyrenaïsche Schule, die von →Aristippos (von Kyrene) gegr. grch. Philosophenschule **(Kyrenaiker),** die in sophist. Form den →Hedonismus vertrat.

Kyrene, antike Hptst. der Cyrenaica, im 7. Jh. von Griechen gegr.; bed. Reste seit 1924 freigelegt.

Kyriale [grch.] das, Sammlung der Gregorian. Melodien für die gleichbleibenden Gesänge der lat. Messe.

Kyrie eleison [grch. ›Herr, erbarme dich!‹], christl. Bittruf; Kath. Kirche: früher (heute noch im Hochamt) am Anfang der Messe gesungen; evang. Kirchen: Bittruf in der Eingangsliturgie des Gottesdienstes.

Kyrilliza, kyrillische Schrift, Form der kirchenslaw. Schrift; sie verdrängte seit dem 10. Jh. die ältere →Glagoliza und wurde die alleinige Schrift der orthodoxen Slawen. Sie deckt sich wesentlichen mit der grch. Majuskel, ist aber den phonet. Besonderheiten des Slawischen angepaßt.

Kyrillos und Methodios, Brüder aus Saloniki, die Apostel der Slawen, predigten seit 863/64 das Evangelium in Mähren, führten die slaw. Sprache im Gottesdienst ein. Kyrillos, eigtl. **Konstantinos,** gilt als Erfinder der ältesten slaw. Schrift, der **Glagoliza.** Heilige; Tag für beide: in der Kath. Kirche 14. 2.; in der Ostkirche 11. 5.

Kyrillos von Alexandria, Kirchenlehrer, † 444, Patriarch von Alexandria 412, führte einen Lehrstreit mit Bischof Nestorius von Konstantinopel und dessen Anhängern. Heiliger; Tag: 27. 6. in der Kath., 9. 6. in der Ostkirche.

Kyrios [grch. ›Herr‹], N. T.: Bez. des erhöhten Jesus als des von Gott eingesetzten Herrschers über Welt und Kirche.

Kyritz, Krst. im Bez. Potsdam, 10 500 Ew.; Hallenkirche St. Marien (15. Jh., 1708–14 umgebaut); Stärkefabrik.

Kyros, lat. **Cyrus,** pers. Herrscher aus dem Geschlecht der Achaimeniden:

1) K. II. der Große, der Ältere, Gründer des alten Perserreiches, † 529 v. Chr., stürzte 550 v. Chr. Astyages und eroberte Medien, 546 Lydien (→Krösus) und mehrere kleinasiat. Staaten, 539 Babylon.

2) K. der Jüngere, jüngster Sohn Dareios' II., * 423, † 401 v. Chr., Statthalter von Kleinasien, erhob sich gegen seinen älteren Bruder Artaxerxes II. Mnemon mit einem Heer, darunter 10 000 Griechen, wurde aber 401 v. Chr. bei Kunaxa geschlagen und fiel. Über das Leben des K. und den Rückzug seiner grch. Hilfstruppen berichtet Xenophon in der ›Anabasis‹.

Kysyl, Hptst. der Tuwin. ASSR, Russ. SFSR, am Jenissej, 67 000 Ew.; Maschinenbau-, Nahrungsmittel-, Leicht-Ind.

Kysyl-kum [türk.], Sandwüste zw. Syr-Darja und Amu-Darja, UdSSR.

Kythera, Insel vor dem SO-Kap der Peloponnes, 278 km².

Kyu [japan. ›Schülergrad‹], Budosport: die 6 (Karate, Aikido) oder 5 (Judo, Jujutsu) Rangstufen der Schüler bis zur Erlangung des 1. Meistergrads.

Kyudo, Kyujutsu [kjudʒutsu], japan. zeremonielles Bogenschießen, eine die Kunst der Selbstversenkung. K. wird auch sportlich betrieben.

Kyushu [-ʃ-], **Kiuschu,** drittgrößte Insel Japans, 42 084 km² (mit Nebeninseln), 12,5 Mio. Ew.

KZ, Abk. für **K**onzentrationslager.

L

l, das **L** [ɛl], der 12. Buchstabe des dt. Abc, Zungen- oder Zahngaumenlaut.

l, Einheitenzeichen für Liter.

L, 1) röm. Zahlzeichen für 50. **2)** Abk. für Lira.

ł, im Polnischen das mit stark gehobenem Zungenrücken gesprochene l, das zum Übergang in u neigt.

£, Zeichen für Pfund (Sterling).

La, 1) ♪ in der Solmisation der 6. Ton der Tonleiter. **2)** ⊙ Zeichen für Lanthan.

Laacher See, das größte Maar im Vulkangebiet der Eifel, 276 m ü. M., 3,32 km² groß, bis 53 m tief; Naturschutzgebiet; am SW-Ufer die Abtei **Maria Laach.**

Laasphe [l'a:sfə, ›Lachs-Fluß‹], Stadt und Kneipp-Heilbad im Kr. Siegen, NRW, 331 m ü. M., im Naturpark Rothaargebirge, 14600 Ew.; Eisen-, Metall-, Holzind. – Überragt wird L. vom Schloß Wittgenstein (17.–18. Jh.).

Laatzen, Stadt im Kr. Hannover, Ndsachs., 34700 Ew.; Wohn- und Industriestadt (Maschinenbau, elektrotechnische Industrie; IBM-Hannover). Das Gelände der Hannover-Messe gehörte bis 1974 zu L.

Lab, Labferment, Enzym im Labmagen säugender Kälber, bringt das Casein der Milch zum Gerinnen.

Laban, A. T.: Bruder der Rebekka, Schwiegervater Jakobs.

Laban, Rudolf, eigtl. **L. von Váralya,** Tanzlehrer, * 1879, † 1958, schuf neue Ausdrucksformen des Tanzes.

Laband, Paul, * 1838, † 1918, führender Staatsrechtler des dt. Kaiserreichs.

Labarum [gall.] *das,* spätröm. kaiserl. Hauptfahne des Heeres, trug seit Konstantin d. Gr. das Christusmonogramm.

La Baule-Escoublac [lab'o:l ɛskubl'ak], Seebad an der Loire-Mündung, Frankreich, 15200 Ew.

Labé, Louise, frz. Dichterin, * um1526, † 1566; von Petrarca beeinflußte Liebessonette.

Label [leibl, engl.] *das, der,* Anhängezettel, Etikett.

Labenwolf, Pankraz, Nürnberger Erzgießer, * 1492, † 1563.

labial [lat.], die Lippen betreffend. **Labial** *der,* → Lippenlaute.

Labialpfeifen, Lippenpfeifen, Orgel: Mehrzahl der Orgelstimmen, deren Ton Pfeifen in Form und Ton der Blockflöte ähneln.

Labiaten, ⚥ für **Lamiaceae,** die → Lippenblüter.

Labiau, russ. **Polessk,** Stadt im Gebiet Kaliningrad (Königsberg/Pr.), Russ. SFSR, ehem. Krst. in Ostpreußen, an der Deime, rd. 5000 Ew.; Ordensburg (14.–16. Jh.), Pfarrkirche (16. Jh.). – Im **Vertrag von L.** (20. 11. 1656) sicherte Schweden Brandenburg die volle Souveränität über Preußen zu.

Labiche [lab'iʃ], Eugène, frz. Dramatiker, * 1815, † 1888; possenhafte Lustspiele.

labil, schwankend, leicht störbar; Ggs.: stabil. **labiles Gleichgewicht,** → Gleichgewicht. **Labilität,** Unstabilität, Anfälligkeit.

Labkraut, Gatt. der Rötegewächse mit quirlständigen, zungenförmigen Blättern, weißen **(L. und Kletterndes L.)** oder gelben Blütchen **(Echtes L.).**

Labmagen, der 3. Magenabschnitt der Wiederkäuer.

Laboe, Gem. und Ostseebad an der Kieler Außenförde, Schlesw.-Holst., 4300 Ew.; Marine-Ehrenmal.

Laboratorium [lat.], kurz **Labor** *das,* Arbeitsraum für wissenschaftl. und techn. Versuche und Untersuchungen. **Laborant,** Gehilfe im L., Lehrberuf.

Laborem exercens [lat. ›Die Arbeit verrichtend‹], Anfangsworte der 3. Enzyklika Johannes Pauls II. vom 14. 9. 1981 zum 90jähr. Jubiläum der Enzyklika ›Rerum novarum‹ Leos XIII. Sie betont den Primat der menschl. Arbeit gegenüber Kapital und Technik und das Recht des arbeitenden Menschen auf gerechten Lohn und Zusammenschluß.

laborieren, sich abmühen, (an einer Krankheit) leiden.

Labour Party [l'eibə p'a:tɪ], brit. Arbeiterpartei, gegr. 1900 von den Gewerkschaften, der 1893 gegr. **Independent Labour Party** u. a. sozialist. Organisationen, nahm 1906 den Namen L. P. an; bekannte sich 1918 zur Politik der Fabian Society (›Entwicklung schrittweise zum Sozialismus‹). Die L. P. bildete 1924, 1929–31, 1945–51, 1964–70, 1974–79 die Reg.; Parteiführer: C. Attlee (1935–55), H. T. Gaitskell (1955–63), H. Wilson (1964–70), J. Callaghan (1976–80), M. Foot (seit 1980). 1981 traten führende Mitgl. aus und gründeten die ›Social Democratic Party‹.

Labrador, Halbinsel N-Amerikas in Kanada, 1,6 Mio. km², i. e. S. nur der Festland. Teil der Prov. Neufundland; flachwelliges, bewaldetes Hochland, im NO bis 1700 m Höhe; kaltes und rauhes Klima; Eisenerzgewinnung (→ Schefferville). – L. wurde um 1000 von Leif Eriksson, 1497 erneut von J. Caboto entdeckt.

Labradorit, ein Feldspat, zeigt auf den Spaltflächen häufig prächtige Farben; Verarbeitung zu Schmucksteinen.

Labradorstrom, kalter Meeresstrom im Atlant. Ozean vor Labrador und Neufundland, führt Eisberge mit sich.

La Bruyère [la bryj'ɛ:r], Jean, frz. Schriftst., * 1645, † 1696; ›Die Charaktere oder die Sitten im Zeitalter Ludwigs XIV.‹ (1688) bilden einen Höhepunkt der frz. Moralistik.

Labskaus *das,* seemänn. Gericht aus gekochtem Pökelfleisch, Fisch, Zwiebeln, Kartoffeln.

Labyrinth [grch.] *das,* **1)** Bau oder Garten **(Irrgarten)** mit einem Gewirr von Gängen, genannt nach dem L. der grch. Sage, das

Daidalos für den Minotauros auf Kreta baute; im MA. oft auf dem Fußboden von Kirchen dargestellt (Kathedrale von Chartres u. a.). **2)** ⚤ das innere Ohr. **3)** ♓ Atmungsorgan der Labyrinthfische.

Labyrinth|fische, trop. stachelflossige Fische des Süßwassers und der Küstengebiete. In 2 seitl. Schädelhöhlen liegt das Luft-Atmungsorgan **(Labyrinth):** Kletterfisch, Kampffisch (Betta splendeus), Gurami, Großflosser.

Lac [frz.], der See.

La Chapelle-aux-Saints [laʃap'ɛlos'ɛ̃], Fundort eines menschl. Gerippes der Neandertalgruppe aus der letzten Eiszeit im südl. Mittelfrankreich.

La Chaussée [laʃos'e], Pierre Claude **Nivelle de,** frz. Dramatiker, * 1692, † 1754; Begründer des moralisierenden Rührstücks (›Comédie larmoyante‹).

La Chaux-de-Fonds [la ʃodf'ɔ̃], Bez.-Stadt im Kt. Neuenburg, Schweiz, 40500 Ew.; Zentrum der schweiz. Uhrenind.

Lachesis, grch. Mythos: eine der Moiren (→ Moira).

Lachgas, Distickstoffmonoxid, N_2O; Narkosemittel.

Lachmann, Karl, Altphilologe und Germanist, * 1793, † 1851; wandte als erster die Grundsätze strenger Textkritik auf altdt. Texte an (Nibelungenlied).

Lachs, Sammelbez. für Arten der Lachsfische. Der **Europ.** oder **Atlant. L.** wird bis 1,5 m lang und 36 kg schwer, geht mit 1–5 Jahren als **Sämling** vom Oberlauf der Flüsse ins Meer und steigt nach 1 Jahr als **Jakobslachs** oder nach 2–5 Jahren als **Salm** in seinen Geburtsfluß zum Laichen auf. Höchstalter des L. etwa 10 Jahre. – Durch Flußverschmutzung hat der L.-Bestand abgenommen.

Lachs|schinken, mild gepökeltes, wenig geräuchertes Kotelettstück des Schweins, in Speck gewickelt.

Lachtaube, kleine, graugelbe Taube mit schwarzem Nackenband, lebt im Dornbusch NO-Afrikas und SW-Arabiens.

Lackbaum, ♣ ein → Sumach.

Lackdraht, Draht für Wicklungen, mit elektrisch isolierendem Lacküberzug.

Lacke [altind.], in Lösungsmitteln gelöste **Lackstoffe** (Bindemittel, Pigmente u. a.), die nach Auftragen und Verdunsten des Lösungsmittels erhärten und ein feines, dichtes, meist glänzendes Häutchen bilden, das die lackierte Fläche verschönt und schützt. **Lackarten.** Harz-L., flüchtige L. und Harzlösungen, z. B. in Spiritus (Spirituslack). **Cellulose-L.** enthalten Celluloseester und Celluloseäther u. a.; sehr widerstandsfähig sind die **Nitrocellulose-L.,** z. B. **Zapon-L.; Asphalt-** und **Stearinpech-L.** werden in der Elektrotechnik, zum Imprägnieren u. a. verwendet. **Öl-L.** erhält man durch Verkochen von Harzen mit trocknenden Ölen (z. B. Ahornlack, Luft- oder Schilder-L. **Polyurethan-L., Epoxidharz-L., UP-Harz-L.** u. a. werden erst unmittelbar vor dem Auftrag gemischt und bilden dann durch chem. Reaktion einen festen Film; sie dienen z. B. zum Versiegeln von Fußböden. **Chlorkautschuk-L.** geben chemisch widerstandsfähige und völlig unbrennbare Anstriche. **Lackierverfahren** sind Streichen, Spritzen, Tauchen, Fluten, Heißspritzen u. a.

Lackfarben, Anstrichmittel aus pigmentiertem Lack.

Lackierer, handwerkl. und industrieller Beruf mit 3jähriger Ausbildungszeit.

Lack|kunst, Kunst, Geräte mit einer Lackschicht zu überziehen und diese künstlerisch zu gestalten; ausgebildet in China und bes. in Japan: gemalte Lacke, geschnittene Lacke (rot, seltener schwarz), Lacke mit Einlagen (Gold, Silber, Perlmutt, in Japan auch Blei und gebrannter Ton). Die ältesten erhaltenen Werke der L. stammen aus chinesischen Gräbern der Han-Zeit (um 200 v. bis 200 n. Chr.); bes. im 18. Jh. in Europa nachgeahmt. (Bild S. 170)

Lackleder, Leder mit Lacküberzug.

Lackmus *das,* Flechtenfarbstoff, der als Kaliumsalz blau ist; chem. Indikator: blaues L.-Papier wird in saurer Flüssigkeit rot, rotes in basischer Flüssigkeit blau.

Lackschildläuse, außeräquator. Schildläuse, deren harzige Ausscheidungen Schellack geben.

Lac Léman [-lem'ã], der → Genfer See.

Laclos [lakl'o], Pierre Ambroise François **Choderlos de,** frz. Schriftst., * 1741, † 1803; Briefroman ›Gefährliche Liebschaften‹ (1782).

La Coruña [lakor'uɲa], **1)** Prov. in Spanien (Galicien), 7876 km², 1,061 Mio. Ew. **2)** Hptst. von 1), 216300 Ew., Fischerei-, Handels- und Ölhafen in NW-Spanien; Erdölraffinerie. – La C. war phönik. Hafen, 1588 Sammelplatz der Armada.

Lacq [lak], Gem. im frz. Dép. Pyrénées-Atlantiques, 700 Ew.; Erdöl, eines der reichsten Erdgaslager Europas.

Labkraut:
Echtes L.

Labradorit

Lackkunst: links Papierkasten mit Perlmutteinlagen, vermutl. China, spätes 16. Jh. (Köln, Museum für Ostasiat. Kunst); rechts Schreibkasten mit Gold- und Silbereinlagen, Japan, 18. Jh. (Wuppertal, Sammlung Herberts)

Lacretelle [lakrət′ɛl], Jacques de, frz. Schriftst., * 1888; Romane (›Kreuzweg der Ehe‹, 1929).

Lacrimae Christi [lat. ›Tränen Christi‹], Wein vom Vesuv.

Lacrosse [lakr′ɔs], dem Hockey, Tennis verwandtes Spiel auf Tore, bei dem 2 Mannschaften einen Ball mit einem dreieckigen Netzschläger (**Racket**) fangen und schlagen.

Lact|albumin *das,* in der Milch enthaltenes Eiweiß.

Lactasen *Mz.,* Enzyme, die Milchzucker in Traubenzucker und Galaktose spalten.

Lactate *Mz.,* die Salze der Milchsäure.

Lactone *Mz.,* innere Ester von Hydroxycarbonsäuren, in denen die Carboxylgruppe unter Wasserabspaltung und Ringschluß mit der Hydroxylgruppe des eigenen Moleküls reagiert hat. Ein wichtiges L. ist das Cumarin.

Lactose *die,* der Milchzucker.

Ladakh, Gebirgslandschaft zw. Himalaja und Karakorum, bis 7672 m hoch (Sasir Kangri). Ein Teil gehört zum Staat Dschammu und Kaschmir. Die Bevölkerung (**Ladakhi**) betreibt Bewässerungsanbau (Getreide, Hülsenfrüchte, Obst).

Ladebaum, starkes Rundholz am Lademast der Schiffe, ersetzt mit dem Ladegeschirr einen Kran.

Ladegewicht, Höchstgewicht, mit dem Fahrzeuge beladen werden dürfen. (→ Deadweight, → Nutzlast).

Ladelini|e, gesetzlich vorgeschriebene Markierung (**Freibordmarke**) an der Bordwand, bis zu der ein beladenes Schiff eintauchen darf.

Lademaschinen, vollmechan. Geräte zum Wegladen im Erdbau, im Steinbruch und im Bergbau.

Lademaß, Stahlrahmen über einem geraden Gleis zum Prüfen der Umrißlinien von Güterwagenladungen.

Laden, 1) Verschluß vor Fenstern und Türen (**Klapp-, Schiebe-, Roll-L.**). **2)** Geschäft, Verkaufsraum.

Ladenburg, Stadt im Rhein-Neckar-Kreis, Bad-Württ., am unteren Neckar, 11 400 Ew.; Max-Planck-Institut für Pflanzengenetik; chem., Elektronik-Industrie.

Ladenhüter, schwerverkäufliche Ware.

Ladenpreis, Einzelhandelspreis, durch Auszeichnung der Ware kenntlich gemacht.

Ladenschluß. Nach dem L.-Ges. v. 28. 11. 1956 müssen Verkaufsstellen an Sonn- und Feiertagen ganztägig, montags bis freitags von 18.30 bis 7 Uhr, samstags ab 14 Uhr geschlossen sein. Ausnahmen gelten z. B. für den 1. Samstag im Monat, für die Advents-Samstage, für Kurorte, Apotheken, Tankstellen, best. Waren (z. B. Milch).

Lactone:

H H

H

H H

H

O O

H

Cumarin
$C_9H_6O_2$

Ladebaum: a Lademast, b Ladebaum, c Hanger, d Läufer mit Ladehaken, e Geer (Gei) zum Schwenken des L., f Lümmellager (Drehpunkt des L. beim Schwenken)

Lade|rampe, ebene Fläche (meist vor der Güterhalle) in Höhe der Güterwagenböden, die das Verladen erleichtert.

Ladeschein, Urkunde, die der Frachtführer über seine Verpflichtung zur Auslieferung des Gutes an den Empfänger ausstellt.

Ladestock, Stab zum Einschieben der Ladung in den Lauf von Vorderladegewehren.

lädieren [lat.], beschädigen, verletzen.

Ladiner, → Rätoromanen.

Ladino [span.] *der,* **1)** Mischling zw. Weißem und Indianer. **2) Spaniolisch,** jüdisch-span. Dialekt auf dem Balkan, in Kleinasien, Israel, Nordafrika, New York.

Ladislaus, Könige von Ungarn:
1) L. I., der Heilige (1077–95), * um 1043, † 1095, eroberte 1091 Slawonien, begann die Umgestaltung Ungarns nach westl. Vorbild. 1192 heiliggesprochen; Tag: 27. 6.
2) L. IV. (1272–90), * 1262, unterstützte Rudolf von Habsburg gegen Ottokar II.; von den Kumanen 1290 ermordet.

Ladogasee, buchten- und inselreicher See im NW der UdSSR, der größte See Europas, 17 700 km², durch Kanalnetz mit Weißem Meer, Ostsee, Wolga verbunden; Hauptzuflüsse: Wolchow vom Ilmensee, Vuoksi von den finn. Seen, Swir vom Onegasee; Abfluß ist die Newa zur Ostsee; Binnenschiffahrt.

Ladung, ♂♀ Aufforderung, vor einer Behörde, bes. vor einem Gericht, zu einem best. Termin zu erscheinen. Im Zivilprozeß wird die L. vom Gericht veranlaßt (§ 214 ff. ZPO). Im Strafprozeß können L. auch durch die Polizei, den Staatsanwalt oder den Nebenkläger erfolgen; der Angeklagte kann Zeugen und Sachverständige unmittelbar laden. – Im österr. Zivil- und Strafprozeß erfolgen alle L. durch das Gericht, im schweizer. Strafprozeß nur die zur Hauptverhandlung; die L. im Zivilprozeß ist kantonal verschieden geregelt. **2)** der Schußwaffe im Lauf befindl. Treibmittel für das Geschoß erforderl. Pulvermenge (Kartusche). **3) elektrische L.,** Elektrizitätsmenge, Quelle eines elektromagnet. Feldes (→ Elektrizität). **4)** Fracht, Last; beim Schiffen → Kargo.

Ladungsfrist, ♂♀ Frist, die bei Prozessen zw. der Zustellung der Ladung und dem Gerichtstermin liegt.

Lady [l′eɪdɪ, engl.], *Mz.* **Ladies, 1)** engl. Adelstitel für Frauen (Frau eines Peers). **2)** allg. eine Frau, die in ihrer Lebensart dem männl. Ideal von Gentleman entspricht. **First L.** [fə:st-], ranghöchste Dame eines Landes, einer Gesellschaft. **ladylike** [-laɪk], damenhaft.

Laënnec [laɛn′ɛk], René Théophile Hyacinthe, frz. Mediziner, * 1781, † 1826, erfand die Auskultation mit dem Stethoskop.

Laer [la:r], **Bad L.,** Solbad am Teutoburger Wald, im Kr. Osnabrück, Ndsachs., 11 300 Ew.

Laer [la:r], Pieter van, niederländ. Maler, * 1599, † kurz nach 1642; auf seine in Rom entstandenen Gemälde geht die Bildgattung der → Bambocciate zurück.

Laertes, bei Homer der Vater des Odysseus.

Laetare [lat. ›freue dich‹], der 4. Sonntag der österl. Bußzeit, benannt nach seinem Introitus (Jes. 66,10).

La Fayette, Lafayette [lafaj′ɛt], **1)** Marie Joseph, Marquis de Motier, frz. Gen. und Politiker, * 1757, † 1834, nahm seit 1777 als Gen. am nordamerikan. Unabhängigkeitskrieg teil, war 1789–92 und wieder 1830 Führer der Pariser Nationalgarde; Gegner Napoleons. (Bild S. 171) **2)** Marie Madeleine **Pioche de la Vergne,** Comtesse de, frz. Schriftstellerin, * 1634, † 1693; ›Die Prinzessin von Clèves‹ (1672) gilt als der erste psycholog. Roman der frz. Literatur.

La Ferrassie [laferas′i], Höhle im Dép. Dordogne (S-Frankreich), Fundstelle menschl. Skelette aus der Altsteinzeit.

Lafette *die,* Gestell, in der Regel auf Rädern, auf dem das Geschützrohr ruht.

La Fontaine [lafõt′ɛ:n], Jean de, frz. Fabeldichter, * 1621, † 1695, schrieb ›Erzählungen und Novellen in Versen‹ (1665 bis 1686) und ›Fabeln‹ (1668–94), die Märchenzauber und Aufklärung verbinden. (Bild S. 171)

Laforgue [laf′ɔrg], Jules, frz. Schriftst., * 1860, † 1887; einer der ersten Vertreter des frz. freien Verses.

Lag [læg, engl.] *der,* allg.: Rückstand, Zurückbleiben. – Volkswirtschaft: das Nachlaufen wirtschaftl. Größen hinter anderen, z. B. der Löhne hinter den Güter- und Warenpreisen; Ggs.: Lead.

LAG, Abk. für Lastenausgleichsgesetz.

Lagarde [lag′ard], Paul Anton de, eigtl. **Bötticher,** Orientalist, Kulturphilosoph, * 1827, † 1891, schrieb kulturkrit. und polit. Schriften; vertrat ein nationales Christentum.

Lagasch, sumer. Stadt des 3. Jahrtsd. v. Chr. in S-Mesopotamien (heute **el-Hiba**); Ausgrabungen seit 1877.

Lage, 1) allg.: räuml. Stellung, augenblickl. Verhältnisse, z. B. polit. **L. 2)** ♪ Stellung der Töne innerhalb des Gesamttonbereichs: **hohe, tiefe, mittlere L.** Harmonielehre: die Stellung der Töne eines Akkords zueinander (**enge L.,** mit nahe beieinander-, **weite L.,** mit auseinanderliegenden Akkordtönen). Beim Dreiklang unterscheidet man außerdem **Oktavlage, Terzlage** und **Quintlage,** je nachdem, ob die Oktave, Terz oder Quinte den obersten Ton des Akkords bildet. **3)** ⊕ Bestimmung eines Ortes nach geograph. → Länge und → Breite, auch der örtl. Gegebenheiten (Bergkuppe, Tal u. a.). **4)** Weinbau: bestimmte Rebfläche, von der gleichwertige Weine gewonnen werden.

Lage, Stadt im Kr. Lippe, NRW, an der Werre, 32 400 Ew.; Stahlbau, Holz-, Möbel-, elektrotechn., Zuckerind.

Lagenholz, Holzwerkstoff aus mehreren miteinander verleimten Furnieren. Unter Preßdruck entsteht **Preß-L.**

Lagenschwimmen, Wettbewerbe in den 4 Stilarten (Lagen): Delphin-, Rücken-, Brust- und Kraulschwimmen, auch als **Lagenstaffel.**

Lager, 1) Raum zum vorübergehenden Aufbewahren von Gütern, die bezüglich Menge, Warengruppe, Wert erfaßt werden. Nach der physikal. Zustandsform und der Handhabung des Gutes unterscheidet man: **Schüttgut-L., Stückgut-L., Tank-L.,** nach der sie gestellten Aufgabe **Rohstoff-, Halbfabrikate-, Fertigprodukt-, Hilfsstoff-** und **Verteil-L. 2)** behelfsmäßige Unterkunft für eine größere Anzahl von Menschen, z. B. Jugendlager, Internierungslager. **3)** Maschinenbau: ein Maschinenelement zur Führung von Maschinenteilen. **Gleit-L.** (mit gleitender Reibung) umgreifen 2 oder mehr Schalen die Welle. **Wälz-L.** (mit rollender Reibung) sind die **Kugel-, Rollen-** oder **Nadel-L.** L. werden gebaut als **Quer-(Radial-, Trag-)L.,** die nur Kräfte senkrecht zur Achse aufnehmen können, und als **Längs-(Axial-)L.,** die nur Kräfte in Längsrichtung aufnehmen können. Bei **Spitzen-** oder **Stein-L.** (für Uhren, Meßgeräte) ist das Wellenende in der Vertiefung eines Edelsteins gelagert. Bei **Schneiden-L.** der Waagen liegen Stahlschneiden auf Stahlplatten. **Hänge-, Bock-, Wand-, Konsol-L.** sind Einbauformen. **4)** ⊓ Auflager oder Widerlager. **5)** ⊕ **Lagerstätte.**

Lage|regler, in Flugzeugen ein Kreisel-Flugüberwachungsgerät, das eine best. Fluganlage automatisch aufrechterhält. In Raumflugkörpern regeln Steuerdüsen die Lage.

Lagergeschäft, gewerbsmäßige Lagerung und Aufbewahrung von fremden Gütern durch einen **Lagerhalter** (§§ 416–424 HGB). Gegenleistung ist das **Lagergeld.**

Lagerkvist, Pär, schwed. Schriftst., * 1891, † 1974, Vertreter eines illusionslosen und krit. Humanismus; Romane: ›Der Henker‹ (1933), ›Der Zwerg‹ (1944), ›Barabbas‹ (1950) u. a. Nobelpreis 1951.

Lagerlöf, Selma, schwed. Dichterin, * 1858, † 1940; heimat- und naturverbundene, phantasiereiche Erzählerin. Romane: ›Gösta Berling‹ (1891), ›Jerusalem‹ (1901/02); Christuslegenden (1904); Löwensköld-Trilogie (1925/28); Kinderbuch ›Wunderbare Reise des kleinen Nils Holgersson‹ (1906/07). Nobelpreis 1909.

Lagermetalle, meist Blei-, Zinn-, Aluminium-, Kupferlegierungen oder Sintermetalle für Gleitlager, chrom-, mangan- und molybdänlegierte Stähle für Wälzlager. (→ Lager)

Lagerpflanzen, die →Thallophyten.

Lagerschein, vom Lagerhalter ausgestellte Bescheinigung über gewerbsmäßige Lagerung und aufbewahrte Ware, mit dessen Übertragung die Ware veräußert werden kann.

Lagerstätte, abbauwürdiges Vorkommen nutzbarer Mineralien, z. B. Eisen-, Kupfererze, Kohle, Erdöl, Erdgas.

Lager|umschlag, Verhältnis zw. Umsatz und durchschnittl. Lagerbestand eines Zeitraums (z. B. Monat, Jahr).

Lago [ital., span.], See.

Lago Maggiore [-maddʒ'o:re], **Lago Verbano,** dt. **Langensee,** See in Oberitalien, 193 m ü. M., 212 km² groß, 65 km lang, bis 372 m tief, liegt zu ¹/₅ in der Schweiz, wird vom Tessin durchflossen. Wegen der landschaftl. Reize und des milden Klimas lebhafter Fremdenverkehr. Hauptorte: Locarno, Ascona, Verbania, Stresa, Arona; im See die Borromäischen Inseln.

Lagos [engl. l'eɪɡɔs], Hptst. von Nigeria, 3,5 Mio. Ew.; Univ., kath. Erzbischofssitz; Industriezentrum (Konsumgüter); Ausfuhrhaffen, Flughafen.

La Grande-Motte [la grãd m'ɔt], neues Ferienzentrum an der Languedoc-Küste im frz. Dép. Herault.

Lagrange [lagr'ãʒ], Joseph Louis de, frz. Mathematiker,

* 1736, † 1813, entwickelte die Variationsrechnung, begr. die analyt. Mechanik, lieferte Beiträge zur Himmelsmechanik.

Lagting *das,* in Norwegen die vom Storting gewählte 2. Kammer (¹/₄ der Parlamentsmitgl.).

La Guaira, Haupthafen Venezuelas, nordwestl. von Caracas, 20 300 Ew.; Handelszentrum.

Laguerre [lag'ɛːr], Edmond Nicolas, frz. Mathematiker, * 1834, † 1886, Förderer der Algebra, Mitbegr. der modernen Geometrie.

Lagune [lat. lacuna ›Weiher‹] *die,* **1)** durch ein Riff oder eine Nehrung vom offenen Meer abgetrennter Brachwasserbereich (→ Haff). **2)** die von Korallenriffen geschützte Wasserfläche im Innern eines → Atolls.

La Habana [la aβ'ana], Hptst. von Kuba, →Havanna.

La Harpe [la 'arp], Frédéric César de, * 1754, † 1838, schweizer. Politiker, Erzieher des späteren Zaren Alexander I., den er im Sinne der Aufklärung beeinflußte; 1798–1800 im Direktorium der Helvet. Reg.; befreite die Waadt von der Herrschaft Berns.

Lähmung, ♁ Aufhebung oder Einschränkung der Tätigkeit eines Organs, äußert sich in Bewegungs- oder Empfindungslosigkeit. Ursachen: krankhafter Zustand des Gehirns, des Rückenmarks, der Nerven oder Muskeln. Die L. kann vollständig sein (**Paralyse**), sie kann nur eine Körperhälfte befallen (**Hemiplegie**), oder es sind noch schwache Bewegungen möglich (**Parese**).

Lahn *die,* re. Nebenfluß des Rheins, 245 km lang, kommt aus dem Rothaargebirge, mündet bei Lahnstein. Sie trennt im Mittel- und Unterlauf Westerwald und Taunus, ihr Tal ist reich an Burgen und Ruinen.

Lahn, ehem. kreisfreie Stadt in Hessen, 1977 durch Zusammenschluß der Städte Gießen und Wetzlar sowie 14 umliegender Gem. neu gebildet, 1979 wieder aufgelöst.

Lahnstein, Stadt im Rhein-Lahn-Kr., Rheinl.-Pf., 19 100 Ew.; Fabriken für feuerfeste Erzeugnisse, chem., Draht- u. a. Ind.; Mineralbrunnen. In der Nähe Burg **Lahneck** (1244 bezeugt).

Lahnstein, Manfred, Politiker (SPD), * 1937, Diplom-Kaufmann, 1977–82 Staatssekretär, 1982 Bundesmin. für Finanzen.

Lahnung [nd.], niedriges dammartiges Bauwerk auf dem Watt aus Erde, Busch, Holz oder Kunststoffplatten, dient zur Landgewinnung.

Lahore [ləh'ɔː; engl.], **Lahọr,** Prov.-Hptst. in Pakistan, im Pandschab, 2,165 Mio. Ew.; Univ., wissenschaftl. Institute, Moscheen, Paläste (17. Jh.); Textil-, Leder-, chem. Ind., Metallverarbeitung, Maschinenbau u. a. Ind.

Lahr/Schwarzwald, Stadt im Ortenaukr., Bad.-Württ., 35 500 Ew.; Tabak-, Eisen-, Metall-, Papier-, Elektro- u. a. Ind.

Lahti [l'axti], Stadt in S-Finnland, 94 900 Ew.; Möbel-, Elektroind.; größte Skisprungschanze Finnlands.

Lai [lɛ, frz.] *der,* urspr. breton. Harfenlied, im 12./13. Jh. Versnovelle aus der Artussage (bes. von Marie de France), im 13.–15. Jh. lyr. Lied.

Laibach, 1) *die,* dt. Name des Flusses →Ljubljanica. **2)** dt. Name der Stadt →Ljubljana.

Laibung, Leibung, ⊓ innere Fläche der Maueröffnung bei Bögen, Fenstern, Türen.

Laich *der,* die ins Wasser abgelegten Eier der Lurche, Fische, Insekten, Weichtiere u. a.

Laichkraut, einkeimblättrige Pflanzengatt., meist Süßwassergewächse mit kriechendem Wurzelstock, flutendem Kraut, über das Wasser ragender Blütenähre.

La Fayette 1)
(Stich von
J. Hopwood)

Jean de La Fontaine
(Stich von
G. Edelinck)

Selma Lagerlöf

Lager 3)

Pendelkugellager   zweireihiges   Nadellager   Gelenklager
Zylinderrollenlager

Laie, 1) Nichtfachmann, Ungelernter. **2)** Kath. Kirche: Nichtgeistlicher.

Laien|apostolat, Kath. Kirche: selbständige Mitarbeit von Laien und ihrer Organisation an der Ausbreitung der kath. Lehre und Lebensführung; weitgehend in der Nachfolge der → Katholischen Aktion.

Laienbrüder, Kath. Kirche: frühere Bez. der Mitgl. einer Klerikalgenossenschaft mit Profeß, aber ohne Weihe; den priesterl. Mitgl. ihrer Gemeinschaft in den Rechten (mit Ausnahme der geistl. Leistung) gleichgestellt.

Laiengesetze, antiklerikale Gesetze in Frankreich von 1901 bis 1905 (→ französische Geschichte).

Laienkelch, Kath. Kirche: Austeilung der Eucharistie an Laien unter Gestalt des Weines (im Kelch). Der L. war im Spät-MA. Symbol der → Hussiten, wurde daher 1415 von der Kath. Kirche verboten; seit 1564 zu best. Anlässen wieder zugelassen. – In den evang. Kirchen ist der L. seit der Reformation üblich.

Laienmalerei, Sonntagsmalerei, die → naive Malerei.

Laienrichter, ⚬ für → ehrenamtliche Richter.

Laienschwester, bis 1967 (vereinzelt auch später) Klosterschwester ohne die Rechte einer Chorschwester.

Laienspiegel, Rechtsbuch in dt. Sprache, von Ulrich Tengler verfaßt, 1509 erstmals erschienen.

Laienspiel, Theaterspiel nicht berufsmäßiger Schauspieler; so die Aufführungen geistl. Spiele im MA. und ihre Fortführungen bis heute (Oberammergau u. a.), Bauerntheater; in den angelsächs. Ländern Amateur-Theater zahlreicher Clubs. Das L. wurde neu angeregt durch die Jugendbewegung und im Expressionismus. In der Gegenwart gehören i. w. S. auch Kinder-, Studententheater u. a. dazu.

Laios, grch. Mythos: Vater des Ödipus.

Laisse [lɛːs, frz.] *die,* aus beliebig vielen Versen bestehende, durch Assonanz gebundene Strophe im altfrz. Epos.

Laissez faire, laissez aller [lesef'ɛːr leseal'e, frz.], Schlagwort des Wirtschaftsliberalismus: die Wirtschaft gedeihe am besten, wenn der Staat sich nicht in sie einmische.

Laizismus Bestrebungen nach Ausschluß der Geistlichkeit von nichtkirchl. Angelegenheiten.

Lakai [frz.-türk.], **1)** Diener (in Livree). **2)** Ü Unterwürfiger.

Lake, Salzlösung zum Einsalzen.

Lake [leik, engl.], der See.

Lakedämon, Lakedaimon, antiker Name von → Sparta.

Lake District [leik d'istrikt], Seengebiet in den → Cumbrian Mountains.

Lake of the Woods [leik ɔv ðə wudz], See z. T. in Kanada (Ontario, Manitoba), z. T. in den USA (Minnesota), fast 4000 km²; Abfluß zum Winnipegsee.

Lake Placid [leik pl'æsid], Wintersportort in den Adirondacks, im Staat New York, USA, 2700 Ew.; war Austragungsort der Winterolympiaden von 1932 und 1980.

Lake Success [leik sʌks'es], Vorort von New York auf Long Island, bis 1951 Sitz der UNO.

Lake Superior [leik sju:p'iɔriə], der → Obere See (Kanada).

Lakhnau, Stadt in Indien, → Lucknow.

Lakkadiven, Gruppe von Koralleninseln im Arab. Meer; bilden mit den Amindivi-Inseln und Minicoi das ind. Unionsterritorium **Lakshadweep.**

Lakkolith *der,* in Schichtgestein eingedrungene Magmamasse, die die über ihr lagernden Sedimente aufgewölbt hat.

Lakonien, Landschaft in Griechenland, im SO der Peloponnes, das Kernland des alten Sparta; Hptst.: Sparta.

lakonisch [nach Lakonien], wortkarg, kurz, treffend.

Lakritze *die,* Auszug aus der Süßholzwurzel, glänzendschwarze, süße Masse **(Süßholzsaft).** Bestandteil vieler Hustenmittel; auch zur Behandlung von Magengeschwüren.

Lakshmi, Lakschmi, bei den Hindus die Göttin des Glücks und der Schönheit, Gattin des Vishnu.

Laktation [lat.], Milchabsonderung (bei Mensch und Tier).

La Laguna, Stadt auf der span. Insel Teneriffa, 77700 Ew.; kath. Bischofssitz; Univ.

Lalebuch, Schwanksammlung, in der die törichten Streiche die einzelnen Kleinstädten zugeschrieben wurden, um einen Mittelpunkt (Laleburg) gruppiert sind; entstanden im Elsaß, erschienen 1597, seit 1598 u. d. T. ›Die Schildbürger‹.

La Línea de la Concepción [-kɔnθepθi'ɔn], Stadt in der span. Prov. Cádiz, 52700 Ew.

Lalo, Édouard, frz. Komponist span. Herkunft, * 1823, † 1892, einer der frühesten Vertreter der impressionist. Musik.

Lama 1)

Lama [peruanisch] *das,* **1)** Kamelgatt. im westl. Südamerika, ohne Höcker. Von dem wildlebenden **Guanako** stammen als Fleisch und Wolle liefernde Haustiere das **Alpaka** und das größere **Lama** ab, das bes. als Lasttier dient. Eine andere wilde Art ist das **Vicuña** oder **Vikugna. 2)** flanellartiger Futter- und Mantelstoff aus Wolle, Halb- oder Baumwolle.

Lama *der,* vollgeweihter lamaist. Geistlicher.

La Madeleine [lamadl'ɛːn], altsteinzeitl. Fundstelle bei Tursac (Dép. Dordogne, Frankreich); nach ihr ist die Kulturstufe des Magdalénien benannt.

Lamaismus, tibet. Form des Buddhismus, eine Mischung von buddhist. Philosophie, prunkvollem Kultus und bodenständigem Ahnen-, Toten- und Zauberglauben der Bon-Religion. Der L. soll 632 n. Chr. in Tibet eingeführt worden sein. Er bildete seit dem 14. Jh. einen Priesterstaat aus mit reichen Klöstern als Mittelpunkten der Wirtschaft. Die beiden Häupter der lamaist. Kirche gelten als ird. Erscheinung von Buddha und Bodhisattva: Der **Dalai Lama** in Lhasa war bis 1959 Staatsoberhaupt und zugleich mit dem **Panchen Rin-po-che** im Tashi-lumpo bei Shigatse als geistl. Oberhaupt Mitgl. der Regierungsorgane der chines. VR (weiteres → Tibet). – Der L. schuf auch die Religion der Himalaya-Länder Ladakh, Sikkim und Bhutan.

La Manche [-m'ãʃ], frz. Name des Ärmelkanals.

Lamarck, Jean Baptiste de **Monet** de, frz. Naturforscher, * 1744, † 1829; schuf den **Lamarckismus,** eine Abstammungslehre, nach der die Umwandlung der Arten und die Zweckmäßigkeit in der Ausbildung der Organismen auf die Umwandlungen des Einzelwesens unter dem Einfluß der Außenwelt zurückgeführt werden.

Lamartine [lamart'in], Alphonse de, frz. Dichter, * 1790, † 1869, nach der Revolution 1848 kurz Außen-Min.; schrieb schwermütige romant. Verse (›Méditations poétiques‹, 1820), plante eine große epische Menschheitsdichtung, von der ›Jocelyn‹ (1836) und ›Der Fall eines Engels‹ (1838) erschienen.

Lamb [læm], **1)** Charles, engl. Schriftst., * 1775, † 1834; geistreiche Essays über unscheinbare Dinge und Nacherzählungen der Werke Shakespeares für Kinder (zus. mit seiner Schwester Mary). **2)** Willis Eugene, amerikan. Physiker, * 1931; verbesserte die Resonanzmethode zur Bestimmung von Kernmomenten, erhielt 1955 für die Präzisionsbestimmung der Feinstruktur des Wasserstoff, Helium, Deuterium den Nobelpreis für Physik (mit P. Kusch).

Lambaréne, Ort am Ogowe, Gabun, mit Urwaldspital von A. → Schweitzer.

Lambda *das,* Name des grch. Buchstabens (Λ, λ), dessen Lautwert dem heutigen L entspricht.

Lambda-Teilchen, Λ oder Λ⁰, Elementarteilchen aus der Gruppe der Baryonen.

Lambert, Johann Heinrich, Philosoph, Mathematiker, Physiker, * 1728, † 1777, bed. Vertreter des dt. Rationalismus, wies die Irrationalität der Zahl π nach, schuf die Grundlagen für eine genaue Lichtstärkemessung.

Lambeth-Konferenzen [l'æmbəθ-], die seit 1867 meist alle 10 Jahre nach dem Lambeth Palace in London einberufenen Versammlungen aller anglikan. Bischöfe.

Jean Lamarck

Lalebuch: Titelblatt der Ausgabe von 1597

Lambrequin [lãbrək'ɛ̃, frz.] *der*, Querbehang über Fenstern, Türen; im Barock auch in Stein, Bronze.

Lambsdorff, Otto Graf, Politiker (FDP), * 1926, Rechtsanwalt, Bundeswirtschaftsmin., 1977–82 in der von SPD und FDP, seit 1982 in der von CDU, CSU und FDP gebildeten Regierung.

Lamé [frz.] *der*, mit Metallfäden durchwirkter Stoff für festl. Kleider.

Lamech, A. T.: Stammvater der Hirten, Musikanten und Schmiede (Gen. 4,18 ff.), nach Gen. 5,28 f. Vater des Noah.

Lamelle [lat.] *die*, dünnes Blättchen, Scheibe.

Lamellendach, netzartige Dachkonstruktion aus miteinander verschraubten Holz- oder Stahllamellen zum Überspannen großer Hallen.

Lamellibranchiata, die → Muscheln.

Lamennais [lamn'ɛ], Hugues-Félicité-Robert, frz. theolog. und polit. Schriftst., * 1782, † 1854, verteidigte die kirchl. Freiheit gegen den Staat, wurde aber wegen seines Liberalismus von Gregor XVI. zensuriert (1834) und brach mit der Kirche; wurde später Sozialist.

Lamentationen [lat.], in der lat. Karwochen-Liturgie vorgetragene Abschnitte aus den Klageliedern des Propheten Jeremias über die Zerstörung Jerusalems (586 v. Chr.).

lamentieren, jammern, wehklagen.

Lamento [ital.] *das*, Wehklage. ♪ Klagegesang, bes. in der Renaissance- oder Barockoper. **lamentoso**, ♪ klagend, traurig.

Lametta [ital.] *die*, *das*, papierdünn ausgewalzte, in feine Streifen geschnittene Aluminium- oder Zinnbleche; Christbaumschmuck. Ü viele Orden, militär. Auszeichnungen.

La Mettrie, **Lamettrie** [lametr'i], Julien Offroy de, frz. Philosoph, * 1709, † 1751, lehrte, daß der Mensch maschinenähnlich aufgebaut sei; wegen seiner materialist. und atheist. Schriften wurde er verfolgt, von Friedrich d. Gr. aufgenommen.

Lamia, *Mz.* **Lamien**, grch. Mythos: weibl. blutsaugendes Schreckgespenst, das auch in Kinder Rache nimmt.

Lamia, Bez.-Hptst. in Mittelgriechenland, 38 500 Ew.; Seifen-, Textil-, Tabakfabrik; grch. Erzbischofssitz.

Lamina [lat.] *die*, 1) ⚕ die Blattspreite. 2) ⚓, Anatomie: plattenförmige (platte) Organteile.

laminare Strömung, **Schichtenströmung**, ⚒ Form der Bewegung stationär bewegter Flüssigkeit oder Gase, deren Schichten ohne Wirbelbildung aneinander vorbeigleiten.

Laminektomie, operatives Freilegen des Rückenmarks.

laminieren, ⚒ → kaschieren, bes. mit Zellglas.

Lamischer Krieg [nach der Stadt Lamia], Krieg der Griechen unter Führung Athens (323/22 v. Chr.) gegen Antipater, in dem die Griechen erfolglos versuchten, die makedon. Herrschaft abzuschütteln.

Lamm, junges Schaf, junge Ziege.

Lammasch, Heinrich, österr. Strafrechtslehrer, * 1853, † 1920, entwarf 1906–12 ein neues österr. Strafges.; Okt./Nov. 1918 letzter MinPräs. des alten Österreich.

Lamorisse [-r'is], Albert, frz. Filmregisseur, * 1922, † 1970; künstlerisch-poet. Dokumentarfilme (›Der weiße Hengst‹, 1952, ›Die Reise im Ballon‹, 1955, u. a.).

Lamormain [lamɔrm'ɛ̃], Wilhelm, Jesuit, * 1570, † 1648, Beichtvater Ferdinands II., wirkte für die Gegenreformation, aber gegen Wallenstein und die Schweden.

La Motte-Fouqué [lam'ɔt fuk'e], Friedrich Frhr. von, Dichter, → Fouqué.

Lampe, im techn. Sprachgebrauch: gebrauchsfertige künstl. Lichtquelle; allg. Sprachgebrauch: das ganze, Licht erzeugende und verteilende, zu einer Einheit bündige, Gerät (→ Leuchte).

Lampe [Kurzform von Lamprecht], **Meister L.**, Name des Hasen in der Tierfabel.

Lampedusa, Giuseppe **Tomasi di**, ital. Schriftst., → Tomasi di Lampedusa.

Lampertheim, Stadt im Kr. Bergstraße, Hessen, im Hess. Ried, 31 300 Ew.; Elektro- u. a. Ind., Spargelanbau.

Lampion [lãpj'ɔ̃, frz.] *der*, *das*, oft reichbemalte Papierlaterne ostasiat. Ursprungs.

Lampionpflanze, **Lampionblume** [lãpj'ɔ̃-], → Blasenkirsche.

Lamprecht, Karl, Historiker, * 1856, † 1915, behandelte Fragen der Wirtschafts- und Kulturgeschichte; ›Dt. Geschichte‹, 16 Bde. (1891–1909).

Lamprecht der Pfaffe, moselfränk. Geistlicher, dichtete um 1140/50 ein Alexanderlied, die erste dt. Bearbeitung eines antiken Stoffes.

Lamprete *die*, das Meeresneunauge, → Neunaugen.

Län, Name der Verwaltungsbez. Schwedens und Finnlands (lääni).

Lançade [lãs'a:d, frz.] *die*, Pferdesport: Figur der Hohen Schule; Sprung aus der Levade nach vorn.

Lancashire [l'ænkəʃiə], Cty. in NW-England, an der Irischen See, 3 043 km², 1,36 Mio. Ew.; Verwaltungssitz ist Preston.

Lancaster [l'æŋkəstə], 1) Stadt in der engl. Cty. Lancashire, rd. 50 000 Ew. 2) Stadt in Pennsylvania, USA, 54 600 Ew.; Vieh- und Tabakmarkt; Uhren-, Elektro-, Landmaschinenind.

Lancaster [l'æŋkəstə], eine Nebenlinie des engl. Königshauses Plantagenet, die 1399–1461 die engl. Könige stellte; erlosch in den Rosenkriegen 1471.

Lancaster [l'æŋkəstə], 1) Burt, amerikan. Filmschauspieler, * 1913. 2) Joseph, engl. Pädagoge, * 1778, † 1838, errichtete 1798 in London eine unentgeltl. Grundschule mit → Monitorsystem, die zur Errichtung von **L.-Schulen** in ganz Großbritannien anregte.

Lancelot [l'antsəlɔt], Ritter aus der sagenhaften Tafelrunde des Königs Artus. Versroman von Chrétien de Troyes (um 1180). Dt. ›Lanzelet‹ von Ulrich von Zatzikhoven (um 1195/1200).

Lanchow [-dʒɔv], **Lantschou**, amtl. chines. **Lanzhou**, Hptst. der Prov. Kansu, China, im Hwangho, etwa 1,5 Mio. Ew.; naturwissenschaftl. Institute; Woll- und Lederverarbeitung, petrochem., chem. u. a. Ind.; therm. und Wasserkraftwerke; Nuklearzentrum.

Lancia & C. [l'antʃa], **Fabbrica Automobili Torino S. p. A.**, Turin, ital. Kraftfahrzeugunternehmen, gegr. 1906; 1969 von der FIAT SpA übernommen.

Lanciergewebe, **Lancé** [lãs'e, frz.], lanzierte Gewebe, Gewebe mit zusätzlich eingearbeitetem Figurmuster.

Lancret [lãkr'ɛ], Nicolas, frz. Maler, * 1690, † 1743, malte, beeinflußt von A. Watteau, koloristisch reizvolle Genrebilder.

Land, 1) Erdboden, Grundstück. 2) Festland i. Ggs. zum Wasser. 3) naturnahe, dörfl. Gegend i. Ggs. zur Stadt. 4) abgegrenztes Gebiet, Staat, Gliedstaat.

Landabgaberente, seit 1969 Rente für Landwirte, die das 60. Lebensjahr überschritten, 60 Monate Beiträge zur landwirtschaftl. Alterskasse geleistet und ihren Betrieb zum Zwecke der Strukturverbesserung abgegeben haben.

Landammann, → Ammann.

Landarbeiter, familienfremde, im Lohnverhältnis stehende landwirtschaftl. Arbeitskräfte. Nach der Dauer der Beschäftigung unterscheidet man **ständige** und **nichtständige L.** Beide werden in der Regel nach Tarif entlohnt. Ständige L. sind weitgehend **landwirtschaftl. Facharbeiter** mit abgeschlossener 3jähr. Lehrzeit.

Land Art [lænd ɑːt, engl.], Äußerungen der zeitgenöss. Kunst, in der Landschaft zum Gestaltungsmaterial wird, z. B. großräumige Veränderungen nicht besiedelter Gebiete mit deren Beleuchtungsverhältnissen, wie Wüsten und Küstenstreifen (z. B. W. de Maria, D. Oppenheim, R. Long, M. Heizer).

Landau, Lew Dawidowitsch, sowjet. Physiker, * 1908, † 1968, erhielt 1962 für die theoret. Klärung der Erscheinungen des suprafluiden Zustandes beim Helium II den Nobelpreis.

Landauer *der*, viersitziger Kutschenwagen mit vorn und hinten niederklappbarem Verdeck.

Landauer, Gustav, Schriftst., sozialist. Politiker, * 1870, † (ermordet) 1919, Volksbeauftragter für Volksaufklärung der Münchener Räteregierung 1919; verfocht konsequent den Rätegedanken.

Landau in der Pfalz, kreisfreie Stadt in Rheinl.-Pf., am Rand der Haardt, ca. 36 500 Ew.; frühgot. Stiftskirche; Erziehungswissenschaftl. Hochschule, Naturwissenschaftl. Technikum, Fachschulen; Weinbau, Forstwirtschaft, Erdölförderung; vielfältige Ind. – 1291 Reichsstadt, 1679 zu Frankreich, 1688 von Vauban befestigt, 1816 an Bayern, bis 1867 dt. Bundesfestung.

Landbauschule, frühere Bez. der Fachhochschule für Landbau.

Landbrücke, ⊕ Landverbindung von Kontinenten, z. B. die zentralamerikan. L. zw. Nord- und Südamerika.

Landbund, in Österreich zw. 1920 und 1934 eine Bauernpartei, gehörte 1927–33 der Regierungskoalition an.

Landeck, 1) Bezirksstadt in Tirol, Österreich, im Oberinntal, 7 400 Ew.; Verkehrsknoten; Karbidfabrik, Textilind.; über der Burg L. (13. Jh.) überragt. 2) **Bad L. i. Schl.**, → **Lądek Zdrój**, Stadt in der poln. Wwschaft Wałbrzych (Waldenburg/Schl.), Niederschlesien, 7000 Ew.; radioaktive Schwefelquellen, Moorbäder.

Land

Landeskirchen (Stand der Zahlen: 1980/81)

Landeskirche	Landes-bischof	Mitgl. in Mio.	Kreise	Gemein-den	Geist-liche
Evang. Kirche der Union, Bereich Bundesrep. Dtl. und Berlin (West)					
Berlin-Brandenburg (Regionalsynode West)	Kruse	1,008	14	173	553
Rheinland	G. Brandt	3,383	46	827	1 872
Westfalen	Reiss	3,070	33	644	1 681
Übrige unierte Landeskirchen					
Hessen und Nassau	Hild	2,138	60	1 160	1 368
Kurhessen-Waldeck	Jung	1,069	26	943	668
Baden	Engelhardt	1,346	30	543	1 099
Pfalz	Kron	0,664	20	435	450
Bremen	Ranft	0,380	–	69	144
Evang. Kirche der Union, Bereich Dt. Dem. Rep.					
Anhalt	Natho	0,216	–	–	130
Berlin-Brandenburg (Regionalsynode Ost)	Forck	1,5	–	–	730
Görlitzer Kirchengebiet	Wollstadt	0,117	–	–	80
Greifswald	Gienke	0,400	–	–	190
Kirchenprovinz Sachsen	Krusche	1,4	–	–	870
Vereinigte Evang.-Luther. Kirche Dtl.s					
Bayern	Hanselmann	2,563	73	1 507	1 917
Braunschweig[1]	Heintze	0,544	13	395	303
Eutin[2]					
Hamburg[2]					
Hannover[1]	Lohse	3,609	76	1 560	1 778
Lübeck[2]					
Schaumburg-Lippe[1]	Heubach	0,071	3	21	36
Schleswig-Holstein[2]					
Nordelb. Evang.-Luther. Kirche	Stoll	2,876	36	666	1 308
Übrige luther. Kirchen					
Oldenburg[1]	Harms	0,520	13	120	242
Württemberg	Keler	2,427	50	1 384	1 895
Vereinigte Evang.-Luther. Kirche in der Dt. Dem. Rep.					
Mecklenburg	Rathke	0,685	–	–	310
Sachsen	Hempel	2,114	–	–	1 020
Thüringen	Leich	1,2	–	–	650
Reformierte Landeskirchen					
Nordwestdeutschland[1]	Schröder	0,198	10	127	132
Lippe	Haarbeck	0,239	6	68	119

[1] gehören zur ›Konföderation Evang. Kirchen in Ndsachs.‹.
[2] gehören zur ›Nordelbische Evang.-Luther. Kirche‹.

Landeführungssysteme, funktechn. Verfahren für den Landeanflug von Flugzeugen ohne Bodensicht. Das **ILS** (engl. Instrument Landing System) legt den Anflugkurs durch zwei Leitstrahlebenen fest, die von einem Bordinstrument angezeigt werden, wonach der Pilot steuert. Das **GCA** (engl. Ground Controlled Approach) bestimmt die Lage des Flugzeugs vom Boden aus durch Präzisions-Radar, der Radarlotse ›spricht das Flugzeug herunter‹. Das noch meist angewendete ILS wird abgelöst durch **Mikrowellen-Landesysteme (MLS),** die nicht an eine starre Anflugbahn gebunden sind, kontinuierliche Entfernungsanzeige, präzisere und weniger gestörte Führungssignale in der Aufsetzphase ermöglichen.

Landehilfen, Einrichtungen zur Unterstützung der Landung, bes. zur Herabsetzung der Landegeschwindigkeit und damit der Landestrecke von Flugzeugen. Bordseitige L. sind die auftriebserhöhenden **Landeklappen** (Nasen-, Spalt-, Spreizklappe, Fowler-Flügel), **Vorflügel** und **Nasenklappen.** Widerstandserhöhende L. sind die Bremsklappen (Spoiler), Bremsschirm, Schubumkehr. Bodenseitige L. sind Fanganlagen, ferner Landeführungssysteme, Befeuerung, Nebelauflösung.

Landekorridor, schmales, schlauchartiges Gebiet tangential zur Erdoberfläche, in dem aus dem Weltall zurückkehrender Raumflugkörper sich ständig befinden muß. Bei zu steilem Atmosphäreneintritt besteht die Gefahr des Verglühens, bei zu flachem Eintritt fliegt er wieder in das Weltall zurück.

Land|enge, Isthmus, schmale Landverbindung zw. (ehem.) Inseln, Halbinseln oder Kontinenten.

Länder, im Dt. Reich seit 1919, in der Bundesrep. Dtl. seit 1949 die Gliedstaaten, die bis 1918 Bundesstaaten hießen. In der Dt. Dem. Rep. wurden die L. 1952 durch Bezirke ersetzt; in Österreich bestehen 9 selbständige Teilgebiete (Bundesländer).

Länderkampf, Länderspiel, ✗ Wettkampf zweier oder mehrerer Nationalmannschaften.

Länderkunde, Teil der Geographie.

Länderrat, Organ im ehem. → Vereinigten Wirtschaftsgebiet.

Land|erziehungsheim, Heimschule, in der neben dem Unterricht das Gemeinschaftsleben bes. gepflegt wird. Die ersten L. wurden nach engl. Vorbild von H. Lietz, G. Wyneken, P. Geheeb u. a. gegr., so Ilsenburg i. Harz (1898), Schondorf am Ammersee (1905), Freie Schulgemeinde Wickersdorf (1906), Salem (1920).

Landes [lɑ̃:d, kelt. ›Heide‹, 1) in Frankreich häufiger Name für Landstriche, die mit Heide bewachsen oder vermoort sind, z. B. die **L. de Gascogne** im SW zw. Gironde und Adour, 14 000 km². 2) Dép. in SW-Frankreich, 9 236 km², 292 000 Ew.; Hptst.: Mont-de-Marsan.

Landes|arbeitsämter, mittlere Verwaltungsstellen der Bundesanstalt für Arbeit.

Landes|aufnahme, Landesvermessung, planmäßige Vermessung eines Landes, umfaßt astronom. Ortsbestimmung, Strecken-, Höhenmessung, topograph. Aufnahme und kartograph. Darstellung.

Landesbanken, gemeinnützige öffentlich-rechtl. Bankinstitute, heute meist von Giroverbänden betrieben; in der Bundesrep. Dtl. zugleich zentrale Verrechnungsstellen der regionalen Sparkassen (Girozentralen); Spitzeninstitut ist die Dt. Girozentrale – Dt. Kommunalbank.

Landesbischof, der leitende Geistliche in einigen evang. Landeskirchen; Wahl auf Lebenszeit bei einer Altersgrenze von 70 Jahren.

Landesgericht, in Österreich die Gerichtshöfe erster Instanz in den Landeshauptstädten; in der Bundesrep. Dtl. seltene Bez. für die Gerichte der Länder.

Landesgeschichte, als Disziplin der allg. Geschichtswissenschaft die dynastisch-territoriale und kulturell-soziologische Betrachtung räumlich begrenzter Gebiete, die ihre besondere Eigenart in der Verbindung von Geographie und Geschichte entwickelt hat.

Landeshauptmann, Österreich: in den Bundesländern der Vors. der Landesreg.; in Wien der Bürgermeister.

Landesherrschaft, im Dt. Reich bis 1806 das Herrschaftsgebiet **(Territorium)** eines Fürsten oder einer Reichsstadt; die **Landeshoheit** wurde durch den Reichsgrundges. Kaiser Friedrichs II. von 1220 und 1231/32 anerkannt, 1648 verstärkt.

Landeshut i. Schles., poln. **Kamienna Góra** [-gʹura], Stadt in der poln. Wwschaft Jelenia Góra (Hirschberg i. Riesengebirge), Niederschlesien, am Bober, 21 800 Ew.; Gnadenkirche (1709–20); Textilind.

Landeskirchen (hierzu Übersicht), Gliedkirchen der Evang. Kirche in Dtl. Sie sind Körperschaften des öffentl. Rechts. Die landeskirchl. Gesetzgebung üben die Landessynoden aus. Sie bilden auch die Kirchenleitung, deren Verwaltungsbehörde das Konsistorium oder Landeskirchenamt ist.

Landeskonservator, Landesdenkmalpfleger, beamteter Leiter eines staatl. Landesamtes für Denkmalpflege.

Landeskrone, Basaltkegel bei Görlitz, 420 m.

Landeskultur, Maßnahmen zur Bodenerhaltung, Bodenverbesserung (Melioration), Neulandgewinnung, Flurbereinigung.

Landeskunde, die Kenntnis über ein Land oder Staatsgebiet in der Gesamtheit von Land und Leuten.

Landesliga, ✗ Fußball-Amateurspielklasse in der Bundesrep. Dtl.

Landesliste, Wahlvorschlag einer Partei auf Landesebene. Vorgesehen z. B. im Bundeswahlges.; danach wird die Hälfte der für den Bundestag zu wählenden Abg. (259) gewählt.

Landes|ordnungen, in den früheren dt. Territorien seit dem 15. und 16. Jh. Polizei- und Gerichtsverordnungen.

Landespflege erstrebt eine menschenwürdige und naturgemäße Umwelt durch Ordnung, Schutz, Pflege und Entwicklung von Wohn-, Industrie-, Agrar- und Erholungslandschaften. Neuerdings wird auch der Begriff → Umweltschutz im gleichen Sinn wie L. gebraucht.

Landesplanung, die vorausschauende Gesamtgestaltung

eines Gebiets unter Berücksichtigung der Bedürfnisse von Siedlung, Bodenbewirtschaftung, Industrie, Verkehr usw.

Landesrat, in den österr. Bundesländern ein Mitgl. der Landesregierung.

Landesrecht, Partikularrecht, in Bundesstaaten das Recht der Gliedstaaten im Unterschied zum Bundesrecht.

Landesregierung, in den Ländern der Bundesrep. Dtl. die leitende Behörde (Ministerium, Staatskanzlei), auch das Kabinett (in Bayern: Staatsreg., in Hamburg, Bremen und Berlin: Senat); besteht aus dem MinPräs. (Regierender oder 1. Bürgermeister, Präs. des Senats) und den Min. (Senatoren); in den österr. Bundesländern aus dem Landeshauptmann, dessen Stellvertretern und den Landesräten; in Wien ist L. der Stadtsenat.

Landessportbund, Abk. **LSB,** der Zusammenschluß der Fachverbände und überfachl. Organisationen (der Städte, Kreise und Bezirke) zu einem Sportdachverband in den Ländern der Bundesrep. Dtl.

Landessteuern, Steuern, für die in einem Bundesstaat die Länder die Gesetzgebungszuständigkeit besitzen und die von den Ländern erhoben werden. In der Bundesrep. Dtl. fließen den Ländern bes. die Vermögen-, Erbschaft-, Grunderwerb-, Bier-, Rennwett- und Lotteriesteuer, Feuerschutzsteuer zu.

Landesstraßen, in NRW **Landstraßen,** in Bayern **Staats-straßen,** früher **Landstraßen 1. Ordnung,** und **Kreisstraßen,** früher **Landstraßen 2. Ordnung,** ergänzen die →Bundesfernstraßen und bilden zusammen mit diesen das klassifizierte Straßennetz der Bundesrep. Dtl.

Landesvermessung, die →Landesaufnahme.

Landesverrat, ⚥ i. Ggs. zum Hochverrat bestimmte, gegen die äußere Sicherheit und Machtstellung des Staates gerichtete Straftaten, bes. der Verrat von Staatsgeheimnissen. L. wird meist mit Freiheitsstrafe bestraft (§§ 94 StGB). – In der Dt. Dem. Rep. wird in bes. schweren Fällen bei L. lebenslängliche Freiheitsstrafe oder die Todesstrafe angedroht (§§ 97, 110 StGB). – Im österr. StGB (§§ 252, 258) und im StGB der Schweiz (Art. 267, 271–274) sind ähnl. Regelungen wie in der Bundesrep. Dtl. enthalten.

Landesversicherungsanstalten, Träger der Rentenversicherung der Arbeiter und der Handwerkerversicherung, zugleich Träger von Gemeinschaftsaufgaben der Krankenversicherung.

Landeszentralbanken, Abk. **LZB,** seit 1. 8. 1957 die in den Ländern der Bundesrep. Dtl. bestehenden Hauptverwaltungen der Dt. Bundesbank. Ihnen sind die Geschäfte mit dem Land und den Kreditinstituten des Landes vorbehalten. Zur Koordinierung der Geschäftstätigkeit seit 1947 als öffentlich-rechtl. Noteninstitute gegr. L. wurde 1948 die Bank dt. Länder als Spitzeninstitut des Zentralbanksystems errichtet.

Landflucht, Berufswechsel aus der Landwirtschaft in nichtlandwirtschaftl. Berufe.

Landfolge [mhd.], **Landes|aufgebot,** im Dt. Reich bis 1806 die Verpflichtung der Landeseinwohner zur Heeresfolge, zur Verfolgung von Friedensbrechern u. a.

Landfrauenschulen, ältere Bez. für die zu den Fachschulen zählenden Landwirtschaftsschulen (Abt. Hauswirtschaft), die auf die Prüfung als staatlich geprüfte ländl. Wirtschafterin und als Meisterin der ländl. Hauswirtschaft (einjährig) vorbereiten. Die Oberstufe der höheren L. vermittelt die fachgebundene Hochschulreife.

Landfriede, im MA. das Verbot oder die Einschränkung der Fehden; jeweils für eine bestimmte Zeit, bis der **Ewige L.** des Wormser Reichstags von 1495 das Fehderecht im Dt. Reich ganz beseitigte.

Landfriedensbruch begeht, wer sich an 1) Gewalttätigkeiten gegen Menschen oder Sachen oder 2) Bedrohungen von Menschen mit einer Gewalttätigkeit, die aus einer Menschenmenge mit vereinten Kräften begangen werden, als Täter oder Teilnehmer beteiligt. Er wird nach § 125 StGB mit Freiheitsstrafe bis zu drei Jahren bestraft. Die Vorschrift ist durch das 3. Strafrechtsreform-Ges. v. 18. 3. 1970 neu gefaßt worden (bis zu 10 Jahren in bes. schweren Fällen).

Landgericht, in der Bundesrep. Dtl. ein Gericht erster Instanz für Sachen größerer Bedeutung; für amtsgerichtl. Entscheidungen Rechtsmittelinstanz.

Landgewinnung geschieht bes. aus dem Wattenmeer durch Förderung der Schlickablagerung mit Buhnen und Lahnungen; auch durch Trockenlegung (Auspumpen) von Binnenseen (z. B. in den Niederlanden der Haarlemmermeer-Polder).

Landgraf, im Dt. Reich seit dem 12. Jh. der Vors. eines königl. Landfriedensbezirkes, nach der Territorialisierung im 13. Jh. bis 1806 der Landesherr einer **Landgrafschaft.**

Landgrebe, Ludwig, Philosoph, * 1902, arbeitet an phänomenolog. Analysen von Gesellschaft und Geschichte.

Landhalbkugel, die Erdhalbkugel mit größtmöglicher Landfläche. Ihr Mittelpunkt liegt in W-Frankreich.

Landjäger, 1) in den meisten dt. Ländern 1919–37 Gendarm. **2)** flach gepreßte, hart geräucherte Wurst aus Schweinefleisch.

Landkapitel, Kath. Kirche: Gesamtheit der Geistlichen eines Landdekanats.

Landkärtchen, Gitterfalter, Art der Fleckenfalter; die Frühjahrsgeneration ist vorwiegend rotbraun, die Sommergeneration schwarzbraun.

Landkarte, →Karte.

Landkreis, →Kreis.

Ländler, Dreher, alpenländ. Volkstanz im ³/₄- oder ³/₈-Takt.

Landmann, Michael, Philosoph, * 1913, arbeitet über antike Philosophie, Kulturphilosophie und Anthropologie.

Landmarke, 1) weithin sichtbarer Geländepunkt, bes. ein Berg; bes. zur Einführung der Grenzsteine wichtig. **2)** in See- und Luftfahrtkarten eingetragener Geländepunkt zur Orientierung.

Landmaschinen, techn. Hilfsmittel der Landwirtschaft. Maschinen zur Bodenbearbeitung: Walze, Egge, Grubber, Pflug, Bodenfräse; zur Saat und Pflege der Pflanzen: Sä- und Pflanzmaschinen, Düngerstreuer, Hackmaschinen, Jauchverteiler; Geräte zur Schädlingsbekämpfung; zur Ernte: Mähhäcksler, Mähdrescher, Grasmäher, Heuwender, Kartoffel- und Rübenerntemaschinen, Schlepprechen; Hofmaschinen: Dreschmaschine, Strohpresse, Saatgutreinigungs- und Beizanlagen, Futterreitungs-, Melkmaschinen u. a. (Bild Mähmaschine)

Landmeister, im Dt. Orden der Vertreter des Hochmeisters in Preußen, Livland und Binnendtl. (Deutschmeister).

Landnahme, Inbesitznahme eines Landes durch Bodenverteilung und Besiedlung.

Landolfi, Tommaso, ital. Schriftst., * 1908, † 1979; phantast.-iron. Erzählungen, Drama (›Faust 67‹, 1969).

Landor [læ'ndə], Walter Savage, engl. Schriftst., * 1775, † 1864; ›Erdichtete Gespräche‹ (1824–53) über die Antike u. a.

Landowska, Wanda Alexandra, poln. Cembalistin, * 1877, † 1959.

Landpacht, ⚥ entgeltl. Nutzung landwirtschaftl. Grundstücke. L.-Verträge müssen nach dem Ges. v. 25. 6. 1952 der Landwirtschaftsbehörde angezeigt werden.

Landpfleger, von M. Luther geprägter Ausdruck. A. T.: Statthalter über einen Landesteil. N. T.: der röm. Statthalter.

Landquart *die,* rechter Nebenfluß des Rheins in N. Graubünden, Schweiz, 43 km lang, entspringt in der Silvrettagruppe, durchfließt das Prättigau und mündet bei der Klus. (5500 Ew.).

Landrasse, Landschlag, dem Wildtier noch nahestehende, von der menschl. Zuchtwahl kaum berührte Haustierrasse.

Landrat, 1) in der Bundesrep. Dtl. meist der Leiter der Verwaltung in einem Landkreis. **2)** in der Schweiz in einigen Kt. das Parlament eines Kantons.

Landrecht, →Preußisches Allgemeines Landrecht (1794).

Landrücken, langgestrecktes Hügelland mit gerundeten Bergformen, bes. in ehem. Inlandeisgebieten.

Landsassen, bis 1806 die adeligen, z. T. landständigen Untertanen eines Landesherrn i. Ggs. zu den Reichsunmittelbaren.

Landsberg, 1) L. **am Lech,** Krst. in Oberbayern, 18 300 Ew.; alte Stadt mit Toren und Türmen in der Stadtmauer, Pfarrkirche (Mitte des 15. Jh.), Kirchen aus dem 18. Jh.; Metallverarbeitung. **2)** L. **(Warthe),** poln. **Gorzów Wielkopolski,** Hptst. des Wwschaft Gorzów in der Neumark, Brandenburg, 95 200 Ew.; bed. Industrie.

Landschaft, Gebiet, das durch sein besonderes Gepräge eine Einheit bildet und sich von anderen L. abhebt, als **Natur-L.** von der Hand des Menschen noch unberührt, als **Kultur-L.** vom Menschen zum Siedlungs-, Wirtschafts- und Verkehrsraum umgewandelt.

Landschaft, landschaftliche Banken, Ritterschaften, ritterschaftliche Kreditvereine, öffentlich-rechtl. Bodenkreditanstalten auf genossenschaftl. Grundlage. Die älteste L. war die 1770 in Breslau gegr. Schles. L. In der Bundesrep. Dtl. gibt es noch 2 L. und 3 landschaftsähnl. ›ritterschaftl. Kreditvereine‹ in Ndsachs.

Landschaftsgarten, →Gartenkunst und Landschaftsbau.

Landschaftsgestaltung, Landschaftsbau, Maßnahmen

*Landkärtchen:
1 Frühjahrsform,
2 Sommerform,
3 Sommerform
(Unterseite)*

Land

Landschaftsmalerei: links Heilige Landschaft, Wandmalerei aus Pompeji (Neapel, Nationalmuseum); rechts J. Constable Das Tal von Dedham (Edinburgh, National Gallery of Scotland)

der Landschaftspflege unter ästhet. Aspekten, bes. durch Anlage von Hecken, Gebüschen, Schutzstreifen, künstl. Seen.

Landschaftsmalerei. Landschaften wurden schon auf röm. Wandgemälden dargestellt, dann in Ostasien, im Abendland wieder seit dem Spät-MA., bes. in niederländisch-burgund. Buchmalereien, auch auf Altarbildern, in denen Landschaftshintergründe allmählich den Goldgrund verdrängten (Bodenseelandschaft im ›Fischzug Petri‹ von K. Witz, 1444). Dürer stellte Landschaften ohne Figuren in Aquarellen dar, Altdorfer schuf das erste selbständige Landschaftsgemälde (Bild Altdorfer). Im 17. Jh. begründeten N. Poussin und C. Lorrain die ideale (heroische) und holländ. Maler die realistische L. (Rembrandt, J. van Ruisdael u. a.). Seitdem gehört das Landschaftsbild zu den Hauptgatt. der Malerei. – In Ostasien ist die Landschaft ein Hauptthema der Malerei, erster Höhepunkt im 8. Jh., seit dem 12. Jh. Meisterwerke in China und Japan.

Landschafts|ökologie, Landschaftsbiologie, Wissenschaft vom Naturhaushalt in der Landschaft, von den Lebensbedingungen und der Besiedlung von Landschaften mit Organismen unter dem Einfluß des Menschen.

Landschaftsplanung,   Landschaftsaufbauplanung, Ausarbeitung und Erstellung eines Landschaftsplanes für Maßnahmen der → Landespflege. Sie umfaßt alle aus Landschaftsgestaltung und Gartenkunst erwachsenen, über diese weit hinausgehenden Planungsmaßnahmen für Landschaften, die durch gehäufte Ansiedlungen, durch Industrie, Verkehr, Flurplanungen usw. bedroht sind.

Landschaftsschutz befaßt sich mit der Sicherung, Gestaltung und Pflege der Landschaft als Lebensraum von Menschen, Tieren und Pflanzen.

Landschaftsschutzgebiet, geschützte naturnahe Fläche (Größe über 5 ha) zur Erhaltung eines ausgeglichenen Naturhaushaltes und als Erholungsgebiet.

Landschaftszonen, Landschaftsgürtel, Räume, die sich unabhängig von den Kontinenten über das gesamte Festland erstrecken und bes. durch Klima, Pflanzenkleid, Relief und Höhenstufen bedingt werden.

Landschulen, früher die wenig gegliederten, meist ein- oder zweiklassigen Grundschulen in ländlichen Siedlungen; jetzt oft zu mehrklassigen **Zentral-** oder **Mittelpunktschulen** zusammengelegt.

Landser, ∪ Soldat.

Landsgemeinde, in einigen schweizer. Kt. die verfassungsmäßige Vereinigung der stimmfähigen Bürger zur Ausübung der polit. Rechte (Stimm- und Wahlrecht).

Landshut, kreisfreie Stadt in Bayern, an der Isar, 55 800 Ew.; mittelalterl. Stadtbild, Martinskirche (1389 beg.); elektrotechn., Nahrungsmittelind., Maschinenbau. L. wird überragt von der Burg Trausnitz. – 1392–1503 Sitz der Herzöge von Bayern-L., 1802–26 einer Univ.; **Landshuter Fürstenhochzeit** von 1475 (Festspiel alle 3 Jahre).

Landsknechte, seit dem 15. Jh. die zu Fuß kämpfenden dt. Söldner. Die Haufen waren gegliedert in Fähnlein von 300–500 Mann unter einem Hauptmann, über 10–15 Fähnlein übte ein ›Oberster Hauptmann‹ sein ›Regiment‹ aus. Über dem gesamten Aufgebot stand ein ›Feldhauptmann‹, auch ›generaler Hauptmann‹. (Bild S. 177)

Landsmål [l'antsmoːl, ›Landessprache‹] *das,* das auf der Volkssprache beruhende Neunorwegisch (Nynorsk), ist seit 1885 die zweite offizielle Schriftsprache in Norwegen (→ norwegische Sprache).

Landsmannschaft, 1) nach 1945 Zusammenschluß von Heimatvertriebenen zur Pflege heimatl. Tradition und Vertretung gemeinsamer Interessen. **2)** student. Verbindungen.

Landstände, Landschaft, die nach Ständen (Geistlichkeit, Ritterschaft u. a.) gegliederte Vertretung des Landes gegenüber den Landesherren des alten Dt. Reichs.

Landsteiner, Karl, Bakteriologe, * 1868, † 1943, 1930 Nobelpreis für die Entdeckung der menschl. Blutgruppen; 1940 entdeckte er mit A. S. Wiener den Rhesusfaktor.

Landsting, 1) die Provinzialausschüsse in Schweden. **2)** [l'anstɛŋ], 1849–1953 Name der 1. Kammer der dän. Volksvertretung.

Landstraßen, in NRW die → Landesstraßen.

Landstraßenfunk, beweg. → Funkdienst mit Funksprechgeräten auf fahrenden Kraftfahrzeugen zw. festen Funkstellen der Bundespost.

Landstreicherei, ♒︎ das gewohnheitsmäßige Umherziehen ohne regelmäßige Arbeit und eigene finanzielle Versorgung. L. ist nicht mehr strafbar.

Landstufe, stufenartiger Übergang von einer tiefer- zu einer höhergelegenen Landschaft; etwa die Schichtstufe der Schwäb. und Fränk. Alb; durch Verwerfung oder Abtragung entstanden.

Landstuhl, Stadt im Kr. Kaiserslautern, Rheinl.-Pf., 8300 Ew.; Porzellanfabrik, Telephonapparatebau. In der Burg **Nannstein** bei L. wurde 1523 F. von Sickingen belagert und getötet.

Landsturm, urspr. Aufgebot aller Waffenfähigen, später das der älteren Jahresklassen; in Dtl. seit 1814 bis zum 50., 1888–1914 bis zum 45. Lebensjahr. – In der Schweiz die Altersklasse der Waffenfähigen vom 49. bis 60. Lebensjahr.

Landtag, 1) in den dt. Ländern bis 1806 die Versammlung der →Landstände. **2)** im 19./20. Jh. die verfassungsmäßig festgelegten Volksvertretungen, nach verschiedenen Wahlsystemen, in den größeren Staaten (z. B. Preußen) aus 2 Kammern bestehend, deren eine (Herrenhaus) der Landesherr (König) ernannte. **3)** in der Bundesrep. Dtl. die gewählten Volksvertretung der Länder (in Bremen und Hamburg **Bürgerschaft,** in West-Berlin **Abgeordnetenhaus).** In der Dt. Dem. Rep. wurden die L. mit den Ländern 1952 aufgehoben. In Österreich sind die L. die gewählten Volksvertretungen der Bundesländer, in Wien der Gemeinderat.

Land- und Seewind, durch den Unterschied der Erwärmung von Land und Wasser hervorgerufener Wind an Küsten, tagsüber vom Wasser zum stärker erwärmten Land **(Seewind),** nachts vom stärker abgekühlten Land zum Wasser **(Landwind).**

Landvogt, im Dt. Reich bis 1806 der vom König bestellte Verwaltungsbeamte eines reichsunmittelbaren Gebiets **(Landvogtei);** in der Schweiz bis 1798 der Verwalter des Untertanengebiets eines Kantons.

Landvolkbewegung, bäuerl. Widerstandsbewegung in der Agrarkrise 1928–32, ausgehend von Schlesw.-Holst.

Landvolkshochschulen, von den Landesbauernverbänden und/oder anderen Trägerorganisationen unterhaltene Ausbildungsstätten, die v. a. der allgemein-kulturellen, musischen und staatsbürgerl. Bildung dienen.

Landwehr, 1) Teil der dt. Wehrmacht bis 1918: 1. Aufgebot 5 Jahre lang nach Ablauf der Reserve, 2. Aufgebot bis zum 39. Lebensjahr. Nach dem Wehrges. von 1935 gehörten zur L. die Wehrpflichtigen vom 35. bis 45. Lebensjahr. – In der Schweiz die Altersklasse der Waffenfähigen vom 37. bis 48. Lebensjahr. **2)** Name alter Grenzbefestigungen.

Landwehrkanal, Kanal in Berlin (West-Berlin) zw. Ober- und Unterspree, 1845–50 angelegt.

Landwirt, Eigentümer oder Pächter eines landwirtschaftl. Betriebes, auch Angestellter (Gutsbeamter) in Großbetrieben. Ausbildung: mehrjährige Lehre in einem Lehrbetrieb, Besuch einer Landwirtschaftsschule, Prüfung vor der Landwirtschaftskammer, dann prakt. Tätigkeit und Meisterprüfung; Ausbildung zum **Agraringenieur (grad.)** durch 6semestriges Studium an einer Fachhochschule oder zum **Diplom-Agraringenieur** durch 8semestriges Studium an Univ. oder landwirtschaftl. Hochschule.

Landwirtschaft, Nutzung der Bodenkräfte zur Erzeugung pflanzl. und tier. Rohstoffe. Sie umfaßt Ackerbau, Wiesen- und Weidewirtschaft, Viehzucht, Garten- und Weinbau; i. w. S. auch Forstwirtschaft, Jagd und Fischfang. Hauptzweige sind Bodennutzung und Viehhaltung. Den Maßstab für den unterschiedl. Aufwand an Arbeit und Betriebsmitteln nennt man **Intensität,** den planmäßigen Anbauwechsel **Fruchtfolge,** die Herausbildung der für die jeweiligen Standortbedingungen typ. Verhältnisse der Pflanzengruppen zueinander **Bodennutzungssystem,** Umfang und Produktionsrichtung der Nutzviehhaltung **Viehhaltungssystem;** beide Systeme bilden das **Betriebssystem.** Die **Betriebsgrößen** werden gemessen nach Ausstattung, Betriebsmitteln, Arbeitskräften, Flächenumfang. Nach der Besitzform unterscheidet man Eigentums- und Pachtbetriebe, nach der Arbeitsverfassung Familienbetriebe (bäuerl. Betriebe) und Lohnarbeitsbetriebe (Gutsbetriebe). Der bäuerl. Betrieb ist in den westl. Ländern die vorherrschende Betriebsform, in den kommunist. Ländern die Produktionsgenossenschaft (Kolchose). Durch höhere Produktions- und Rationalisierung versucht die L., den heutigen wirtschaftl. und sozialen Problemen gerecht zu werden; Fortschritte auf wissenschaftl. und techn. Gebiet und zahlreiche fördernde staatl. und überstaatl. Maßnahmen unterstützen diesen Anpassungsprozeß (→Agrarpolitik). – In der Bundesrep. Dtl. waren 1980 5,3% der Erwerbspersonen in der L. tätig (0,54 Mio. Selbständige, 0,72 Mio. mithelfende Familienangehörige, 0,26 Mio. Abhängige); der Beitrag der L. zum Bruttoinlandprodukt betrug 1980 2,2% (einschl. Forstwirtschaft und Fischerei).

landwirtschaftliche Betriebslehre, Lehre von der zweckmäßigen Organisation und Bewirtschaftung landwirtschaftl. Betriebe.

landwirtschaftliche Genossenschaften, Kredit-, Bezugs- und Absatz-, Betriebs- und Produktivgenossenschaften, häufig auch als Universalgenossenschaften (z. B. Spar- und Darlehnskassen mit Warenverkehr), soweit sie vorwiegend

Landwirte als Mitgl. haben; in der Bundesrep. Dtl. im →Deutschen Genossenschafts- und Raiffeisenverband e. V. zusammengefaßt.

Landwirtschaftliche Hochschulen, →landwirtschaftliches Unterrichtswesen.

landwirtschaftliche Nebengewerbe, die innerhalb eines landwirtschaftl. Betriebs oder in wirtschaftl. Abhängigkeit von diesem vorgenommene Weiterverarbeitung von Rohprodukten (Brennereien, Trocknereien, Süßmostkeltereien).

Landwirtschaftliche Produktionsgenossenschaften, LPG, in der Dt. Dem. Rep. zwangsmäßige Zusammenschlüsse von Bauern zu landwirtschaftl. Kollektiven nach sowjet. Vorbild; 1980: 3946 L. P. mit 826713 Mitgl. und 5,033 Mio. ha landwirtschaftl. Nutzfläche.

Landwirtschaftliche Rentenbank, Frankfurt a. M., öffentlich-rechtl. Zentralinstitut zur Beschaffung und Gewährung von Krediten an die Land-, Ernährungs-, Forstwirtschaft, Fischerei.

landwirtschaftliches Inventar, bewegl. Vermögensteile landwirtschaftl. Betriebes (Betriebskapital), z. B. Geräte **(totes Inventar),** Nutzvieh **(lebendes Inventar).**

landwirtschaftliches Unterrichtswesen. Den Unterbau des Unterrichtswesens für Berufe der Landwirtschaft und landwirtschaftl. u. a. Hauswirtschaft bildet die dreiklassige Berufsschule. Daran anschließend kann eine Fachschule (Landwirtschaftsschule, Fachschule für Hauswirtschaft) besucht werden, die nach 2 Semestern (bei der Landwirtschaftsschule i. d. R. nur im Winter) den Titel ›Staatl. gepr. Wirtschafter(in)‹ verleiht. Die darauf oder auf der Berufsschule und weiterer Praxis aufbauenden Technikerschulen bilden in 2 Jahren für die Laufbahn des mittleren landwirtschaftlich-techn. Dienstes zum ›Staatl. gepr. Techniker‹ (mit Angabe der Fachrichtung) aus und führen zur Fachhochschulreife, die im Bereich der Hauswirtschaft durch eine zweijährige Fachschulausbildung mit Zusatzprüfung erworben wird. Die Fachhochschulreife kann auch durch zweijährigen Besuch einer Fachoberschule erworben werden, die einen mittleren Abschluß (Realschule, mittlere Reife) oder den zweijährigen Besuch einer Berufsfachschule im Anschluß an das 8. Hauptschuljahr voraussetzt. Die Fachhochschulen bilden in 6 Semestern zum ›Ingenieur (grad.)‹ für Landbau (Gartenbau, Landespflege)‹ oder in der Hauswirtschaft zum ›grad. Oecotrophologen‹ aus und führen wie das Abitur zur Hochschulreife. Durch achtsemestriges Studium an einer wissenschaftlichen Hochschule wird der Titel ›Diplom-Agraringenieur‹, ›Diplom-Ingenieur für Landespflege‹ oder ›Diplom-Oecotrophologe‹ erworben.

Landwirtschaftsfliegerei, Agrarluftfahrt, Einsetzen von Flugzeugen zur Bearbeitung landwirtschaftlich genutzter Flächen (Schädlingsbekämpfung, Düngung, Aussaat, Maßnahmen zum Frost- und Hagelschutz).

Landwirtschaftskammern, berufsständ. Vereinigungen zur Wahrnehmung der Belange der Land- und Forstwirtschaft ihrer Bezirke.

Landwirtschaftslehrer(in), Lehrer(in) an einer landwirtschaftl. Fachschule (nach 4jähr. Hochschulstudium und 1- bis 2jähr. wissenschaftlich-pädagog. Ausbildung mit Studienratsausbildung).

Landwirtschaftsschulen, →landwirtschaftliches Unterrichtswesen.

Landwirtschaftswissenschaften, Erforschung der Grundlagen der landwirtschaftl. Produktion, der Agrarmärkte und der sozialen Verhältnisse der landwirtschaftl. Bevölkerung. Die Fachvertreter sind in der **Deutschen Gesellschaft der Landbauwissenschaften** (gegr. 1948) zusammengeschlossen.

Landwirtschaftswoche, Vortragswoche für prakt. Landwirtschaft, oft mit Lehrschauen, Filmvorführungen, Besichtigungen, Ausstellungen, z. B. die **Grüne Woche** in Berlin.

Landzunge, lange, schmale Halbinsel.

Landzwang, ⚔ Störung des öffentl. Friedens durch Androhung eines gemeingefährl. Verbrechens (z. B. Brandstiftung); Freiheitsstrafe bis zu 1 Jahr (§ 126 StGB).

Lanfranco, Giovanni, ital. Maler, *1582, †1647, schuf Kuppel- und Deckenfresken in illusionist. Stil (→Illusion 2).

Lang, Fritz, österr. Filmregisseur, *1890, †1976, ging 1933 nach Amerika; Filme: ›Dr. Mabuse, der Spieler‹ (1922), ›Die Nibelungen‹ (1924), ›M‹ (1931) u. a.

Langbehn, Julius, Schriftst., *1851, †1907, der ›Rembrandtdeutsche‹, nach seinem anonym erschienenen Werk ›Rembrandt als Erzieher‹ (1890), das zur Besinnung auf dt. Wesen aufrief.

Landsknecht

Lang

Lange, 1) Friedrich Albert, Philosoph und Sozialpolitiker, * 1828, † 1875, Neukantianer, vertrat früh sozialist. Forderungen.
2) Hartmut, Dramatiker, * 1937, ›Marski‹ (1965), ›Die Gräfin v. Rathenow‹ (1968), ›Pfarrer Koldehoff‹ (1979) u. a. **3)** Helene, Führerin der dt. → Frauenbewegung, * 1848, † 1930, Lehrerin, forderte u. a. die Neuordnung des Mädchenschulwesens unter weibl. Einfluß und unter Leitung auf wissenschaftlich vorgebildeten Lehrerinnen. **4)** Horst, Schriftst., * 1904, † 1971, Lyrik, Romane (›Schwarze Weide‹, 1937; ›Verlöschende Feuer‹, 1956). **5)** Samuel Gotthold, Dichter, * 1711, † 1781 als Pastor; ›Thirsis und Damons freundschaftliche Lieder‹ (mit I. J. Pyra, 1745).

Länge, ⊕ **Geographische L.,** der in Winkelgraden gemessene Bogen **(Längengrad)** zw. dem Meridian **(Längenkreis)** eines Ortes und dem festgesetzten Nullmeridian (Greenwich). Alle Längenkreise laufen durch beide Pole der Erde. Die L. wird vom Nullmeridian aus gezählt: je 180° nach O **(östliche L.)** und W **(westl. L.).** Orte gleicher L. haben gleiche Zeit. ☆ der Bogen der Ekliptik zw. dem Frühlingspunkt und dem Schnittpunkt seines Breitenkreises mit der Ekliptik, gezählt vom Frühlingspunkt aus in östl. Richtung von 0 bis 360°. **3)** ⊠ der einfachste physikal. Begriff. Die L. zw. zwei Punkten eines Körpers ist nach der Relativitätstheorie abhängig von dessen Bewegungszustand.

Langeland, dän. Insel südöstl. von Fünen, 284 km², 18 000 Ew.; Hauptort: Rudkøbing.

Langemar(c)k, Gem. in der belg. Prov. Westflandern, bei Ypern, 5 400 Ew.; im 1. Weltkrieg schwer umkämpft (bes. 18. 10.–30. 11. 1914); dt. Kriegerfriedhof mit 45 000 Gräbern.

Langen, Stadt im Kr. Offenbach, Hessen, 28 900 Ew.; Maschinenbau, Baustoffind. (Sand, Kies, Beton).

Langen, Eugen, Ingenieur, * 1833, † 1895, erfand zusammen mit N. A. Otto einen Gasmotor.

Langen|argen, Kurort im Bodenseekreis, Bad.-Württ., 5 600 Ew.; auf einer Landzunge im See Schloß Montfort.

Langenbielau, poln. **Bielawa** [bjɛ-], Stadt in der poln. Wwschaft Wałbrzych (Waldenburg/Schl.), Niederschlesien, am O-Fuß des Eulengebirges, 32 900 Ew.; war Hauptort der schles. Leinen-, später Baumwollind.

Langenburg, Stadt im Kr. Schwäbisch Hall, Bad.-Württ., 1 800 Ew.; auf dem Langen Berg über dem Jagsttal, Schloß der Fürsten zu Hohenlohe-L.; Fremdenverkehr.

Langeneß, Hallig vor der Nordseeküste Schlesw.-Holst., 11,1 km² groß (mit Oland), durch einen Damm über die Hallig Oland mit dem Festland verbunden. (Bild Hallig)

Langenfeld (Rheinland), Stadt im Kr. Mettmann, NRW, 47 200 Ew.; Metall-, Textilind.

Langenhagen, Stadt im Kr. Hannover, Ndsachs., 46 800 Ew.; vielfältige Ind., Flughafen Hannover.

Langensalza, Bad L., Krst. im Bez. Erfurt, an der Salza, 16 300 Ew.; Großgärtnereien, Textil-, Lebensmittelind. Schwefelquelle. – 29. 6. 1866 Kapitulation des hannover. Heeres vor den Preußen.

Langenscheidt, Gustav, Sprachlehrer und Verleger, * 1832, † 1895, entwickelte mit Chr. Toussaint († 1877) eine Methode fremdsprachl. Unterrichtsbriefe und Wb.; gründete 1856 die Verlagsbuchhandlung L. KG.

Langenthal, Gem. im Kt. Bern, Schweiz, 13 400 Ew.; Textil-, Maschinen-, Porzellan-, Schokoladen- u. a. Ind.

Langeoog, ostfries. Insel und Gem. im Kr. Friesland, Ndsachs., 15 km lang, 1,5 km breit, 19,66 km², 2 700 Ew.; Seebad.

Langer, Frantíšek, tschech. Schriftst., * 1888, † 1965; Erz., Dramen, Lustspiele (›Ein Kamel geht durchs Nadelöhr‹, 1923).

Langerhans, Paul, Pathologe, * 1847, † 1888, beschrieb die **Langerhansschen Inseln,** den innersekretor. Teil der → Bauchspeicheldrüse.

Langer Marsch, der rd. 12 500 km lange Marsch der chines. Kommunisten durch 11 Prov. von Kiangsi nach Shensi (Okt. 1934 bis Okt. 1935), nachdem die Nationalreg. die Kommunisten zur Aufgabe ihrer Stellungen gezwungen hatte. Durch den L. M. festigte Mao Tse-tung seine Stellung als Führer der chines. KP.

Langes Parlament, das von König Karl I. 1640 einberufene engl. Parlament, das sich, in den letzten Jahren nur ein Rumpfparlament, erst 1660 endgültig auflöste.

Langevin [lãʒvˈɛ̃], Paul, frz. Physiker, * 1872, † 1946, arbeitete bes. über Magnetismus, Ultraschall, Atombau.

Langgässer, Elisabeth, Schriftstellerin, * 1899, † 1950, erhielt 1936 als Halbjüdin Berufsverbot; Naturlyrik, Erzählungen, Hörspiele, Romane (›Das unauslöschliche Siegel‹ (1946), ›Märk. Argonautenfahrt‹ (1950).

Langhans, Carl Gotthard, * 1732, † 1808, Baumeister des Frühklassizismus (Brandenburger Tor). Sein Sohn Carl Ferdinand (* 1782, † 1869) war bes. Theaterbaumeister.

Langhaus, Langschiff, ⊞ der langgestreckte, in der Regel nach O gerichtete Teil einer Basilika oder Hallenkirche; bestehend aus Mittelschiff und Seitenschiffen.

Langkofel, Gebirgsgruppe in den Südtiroler Dolomiten, 3 181 m.

Langköpfigkeit, Dolichozephalie, Kopfform, bei der die größte Breite höchstens 75 % der Länge beträgt.

Langland [lˈæŋlənd], William, engl. Dichter, * um 1332, † um 1400; allegor., bäuerlich-vorreformator. ›Vision von Peter dem Pflüger‹.

Langlauf, Skisport: Einzelwettbewerbe im Nordischen Skisport, 5–10 km für Damen, 15, 30 und 50 km für Herren. In der Nordischen Kombination wird ein 15- und 20-km-L. zus. mit Skispringen ausgetragen (nur für Herren). Als Staffel werden 4 x 10 km und 4 x 5 km (nur für Damen) gelaufen.

Langmuir [lˈæŋmjuə], Irving, amerikan. Physiker und Chemiker, * 1881, † 1957, entwickelte die gasgefüllte Glühlampe und eine Vakuumpumpe. Für seine Forschungen über Grenzflächenchemie erhielt er 1932 den Nobelpreis.

Langobarden, german. Volk, urspr. an der Unterelbe, zog im 4. Jh. in die Donau-Theiß-Ebene, eroberte 568 unter König Alboin Oberitalien (Lombardei) und Teile Mittel- und Süditaliens. Den Höhepunkt ihrer polit. Macht in Italien erreichten sie in der 1. Hälfte des 8. Jh. 774 rief der Papst Karl d. Gr. gegen die L. zu Hilfe, der ihr Reich eroberte und den Fränk. Reich eingliederte. Nur das Hzgt. Benevent hielt sich bis ins 11. Jh. Die L. sind im ital. Volk aufgegangen.

Langreo, Stadt in Asturien, Spanien, 58 500 Ew.; Steinkohlenbergbau.

Langres [lãgr], Stadt und ehem. Festung im frz. Dép. Haute-Marne, auf dem **Plateau von L.,** 12 500 Ew.; Textil-, Metallind.

Langschiff, das → Langhaus.

Lang|spielplatte, LP, eine → Schallplatte.

Langstreckenlauf, ⚡ Olymp. Disziplinen: Lauf über 5 000, 10 000 m sowie der Marathonlauf (42 195 m).

Langstreckenschwimmen, Schwimmwettbewerb für Berufssportler; wichtigste Strecken: über den Ontariosee, das Nilschwimmen, Neapel–Capri, Überquerung des Ärmelkanals (auch von Amateuren).

langue d'oc [lãgdˈɔk, frz.] die, im MA. die provenzal. Sprache nach dem Wort oc für ›ja‹, im Ggs. zur nordfrz. Sprache, der **langue d'oïl** nach der Bejahungsform oïl.

Languedoc [lãgdˈɔk, nach → langue d'oc], ehem. frz. Provinz, mit der Hptst. Toulouse.

Languedoc-Roussillon [lãgdˈɔk rusijˈõ], Wirtschaftsregion in S-Frankreich; umfaßt die Dép. Aude, Gard, Hérault, Lozère, Pyrénées-Orientales; Hptst.: Montpellier; Obst-, Gemüse-, Weinanbau. Für den Fremdenverkehr Ausbau der 180 km langen Mittelmeerküste seit 1963 zu einer ›zweiten Riviera‹.

Langusten [frz.] die → Panzerkrebse.

Langwellen, lange Wellen, elektromagnet. Wellen mit einer Wellenlänge von 1 000 bis 10 000 m, → Wellenbereich.

Langzeile, Langvers, Versform der altgerman. Dichtung aus zwei durch Stabreim gebundenen, urspr. vierhebigen Kurzzeilen.

Lanner, Joseph, österr. Komponist, * 1801, † 1843, neben J. Strauß der Begründer des Wiener Walzers.

Lanolin [lat.] das, Salbengrundlage, bestehend aus 13 Teilen Wollwachs, 4 Teilen Wasser und 3 Teilen Paraffin.

Lansdowne [lˈænzdaun], Henry Charles Keith **Petty-Fitzmaurice,** Marquis of, brit. Politiker, * 1845, † 1927, 1883 GenGouv. von Kanada, 1888 Vizekönig von Indien, 1895 Kriegs-Min., 1900–05 Außen-Min.

Lansing [lˈænsɪŋ], Hptst. von Michigan, USA, 130 200 Ew.; Automobil- und Zulieferindustrien.

Lantane, Wandelrös|chen, Gatt. staudiger und strauchiger Eisenkrautgewächse, z. T. Zierpflanzen; bei manchen sind die Blüten anfangs gelb, später rot.

Lanthan das, **La,** chem. Element aus der Gruppe der Lanthanoide (→ chemische Elemente); kommt v. a. mit Cer im Monazit und Cerit vor.

Lanthanoide, die 14 auf das Lanthan folgenden chemischen Elemente der Ordnungszahlen 58–71; unedel, dem Lanthan ähnlichen Atombau chemisch nahe verwandt, mit stetig abnehmenden Ionenradien **(L.-Kontraktion).** → Periodensystem der Elemente.

Lantschou, chines. Stadt, →Lanchow.
Lanugo [lat.] *die,* Wollhaar (Flaumhaar) der Säugetiere.
Lanza, Mario, eigtl. Alfredo **Cocozza,** Sänger (Tenor), * 1921, † 1959.
Lanzarote [lanθar′ote], östlichste und niedrigste (bis 684 m ü. M.) der Kanarischen Inseln mit zahlreichen Vulkanen, 41 900 Ew.; Hauptort: Arrecife (Hafen, archäolog. Museum). Weinbau, Fischfang, Meersalzgewinnung; Fremdenverkehr.
Lanze, eine der ältesten Waffen: Wurf- oder Stoßwaffe, Schaft mit Metallspitze.
Lanzen|ottern, Lanzenschlangen, sehr giftige, bis 2 m lange Grubenottern Südamerikas.
Lanzette [frz.] *die,* spitzes, zweischneidiges Messer zum Impfen.
Lanzett|fischchen, Gatt. im Meer lebender Schädelloser. Als Stützorgan durchzieht den ganzen Körper ein die Rücksaite (Chorda); an Stelle eines zentralen Herzens verengbare Gefäßstrecken. Das am besten untersuchte L. **Branchiostoma lanceolatum** ist 5–6 cm lang, gräbt sich in den Meeressand ein und strudelt sich Nahrung herbei.
Lanzhou [-dʒou], amtl. chines. für →Lanchow.
lanzierte Gewebe, →Lanciergewebe.
Lao, große Volksgruppe der →Tai, in NO-Thailand und Laos.
Laoko|on, grch. Mythos: trojan. Priester des Apoll; warnte vor dem hölzernen Pferd der Griechen, wurde mit seinen beiden

Laokoon: Marmor, röm. Kopie (Rom, Vatikan. Museen)

Söhnen von 2 Schlangen erwürgt; Marmorgruppe der rhodischen Bildhauer Agesandros, Polydoros und Athenodoros (1. Jh. v. Chr.; Vatikan).
Laon [lã], Hptst. des Dép. Aisne in NO-Frankreich, 30 200 Ew.; frühgot. Kathedrale (1160–1230); Metallind.
Laos, VR in SO-Asien, 236 800 km² mit 3,7 Mio. Ew.; Verwaltungssitz: Vientiane; Amtssprachen: Laotisch und Französisch. Staatsreligion: Buddhismus. ⊕ Bd. 1, n. S. 320. Währung: 1 Neuer Kip (NK) = 100 At. Bildungssystem nach frz. Vorbild, allg. Schulpflicht; Univ. in Vientiane.
L. ist ein langgestrecktes Binnenland zw. Vietnam und Thailand; es ist größtenteils gebirgig zu 60% von trop. Regenwäldern bedeckt, deren wertvolle Hölzer bisher wenig genutzt sind. Hauptfluß und stellenweise Grenze gegen Thailand ist der Mekong. Das Klima ist tropisch und steht unter Monsuneinfluß (Regenzeit Mai bis September). – Die Bevölkerung konzentriert sich vorwiegend am Mekong (Pfahlbauten); sie besteht aus Lao (63%) und anderen Tai-Gruppen; in den Städten

Chinesen, Vietnamesen und Inder. – Der wichtigste Wirtschaftszweig ist die Landwirtschaft (Reis, Mais, Tabak, Kaffee), die der Selbstversorgung dient. Im S ist Viehzucht verbreitet (Rinder, Büffel, Schweine). Von den Bodenschätzen (Eisen, Steinsalz, Kupfer, Kohle) wird bisher nur Zinn (im S) gefördert. Hauptausfuhrgüter: Zinnkonzentrat, Rohbaumwolle, Holz. Hauptverkehrsader ist der Mekong; keine Eisenbahn; bei den wenigen Straßen (knapp 8 000 km, davon 10% asphaltiert) spielt der Luftverkehr eine große Rolle (10 Flughäfen).
Geschichte. Die austroasiat. Kha gelten als Urbevölkerung. Seit 1353 bestand das große Reich der Lanschang, das sich 1707 in die Reiche Luang Prabang und Viengtschan teilte; diese wurden im 19. Jh. von Siam erobert. 1893 wurde L. frz. Protektorat und dem Gen.-Gouv. von Indochina unterstellt; 1946 wurde es ein assoziierter, 1949/53 ein unabhängiger Staat der Frz. Union, seit 1954 ist L. selbständig (seit 1975 Kgr.). Während des Indochinakrieges wurde im N die kommunist. Gegenreg. Pathet-Lao gebildet, 1957 in die Reg. Souvanna Phouma aufgenommen wurde. Nach deren Sturz kam es zum Bürgerkrieg, der sowohl die Ost- wie die Westmächte durch Waffenlieferungen zu beeinflussen versuchten. Die Genfer L.-Konferenz 1961/62 beschloß die Neutralisierung des Landes. Die 1962 gebildete Reg. Souvanna Phouma, die zunächst alle rivalisierenden Gruppen umfaßte, geriet seit 1963 zunehmend wieder unter den Druck des Pathet-Lao und darüber hinaus in den Sog des Vietnam-Krieges. 1971 unternahmen südvietnames. und amerikan. Verbände einen befristeten Angriff auf den durch L. verlaufenden Abschnitt des →Ho-Chi-minh-Pfades. Nach dem Sieg der Kommunisten im →Vietnam-Krieg (1975) mußte MinPräs. zugunsten von Phomvihan zurücktreten; die Monarchie wurde abgeschafft, Staatsoberhaupt an der Spitze eines Revolutionsrates (25 Mitgl.) wurde Prinz Souvanna Vong. L. steht unter dem Einfluß des kommunist. Vietnam.
Laoshan [-ʃ-], **Lauschan,** Gebirge in S der chines. Halbinsel Shantung, verwitterte Granitfelsen (bis 1 087 m).
Lao-tzu, Lao-tse, der größte und neben Konfuzius einflußreichste chines. Philosoph; ihm wird das Werk Tao-Te-ching zugeschrieben, das (nach heutiger Annahme) um oder nach 300 v. Chr. entstanden ist. Es handelt vom **Tao,** dem Welturgrund, der sich in Natur- und Menschenleben äußert, und dem **Te,** der ausstrahlenden Kraft, die der Weise aus der Versenkung in das Tao schöpft. Nur durch Nichthandeln und Sichfernhalten vom weltl. Wirken könne man im Einklang mit den Gesetzen des Kosmos bleiben.
La Palma, nordwestlichste der Kanar. Inseln, 728 km², 73 700 Ew., von einem vulkan. Gebirge durchzogen; Anbau von Wein, Gemüse, Südfrüchten, Tabak; Hauptort: Santa Cruz de la Palma (Hafen, Flugplatz).
Laparo|skopie, Bauchhöhlenspiegelung, Betrachtung des Bauchinnern mit dem **Laparoskop.**
Laparotomie [grch.], **Bauchschnitt,** ⚕ das operative Eröffnen der Bauchhöhle.
La Paz [lap′as], Stadt in Bolivien, die höchstgelegene Großstadt der Erde (3 600–4 000 m ü. M.), 696 800 Ew., Sitz der Reg. und eines Erzbischofs, Univ.; Handels- und Industrieplatz.
La Pérouse [laper′u:z], Jean François de **Galaup,** Comte de, frz. Seefahrer, * 1741, † 1788, entdeckte 1787 die **La-P.-Straße** zw. Sachalin und Hokkaido.
lapidar [lat. lapis ›Stein‹, knapp]; wuchtig. **Lapidarschrift,** Versalschrift ohne Verzierung (meist auf Stein).
Lapislazuli *der,* **Lasurstein, Lasurit,** tiefblaues Mineral (Natrium-Aluminium-Silicat), oft durchsetzt mit Diopsid, Glimmer, Kalkspat, Pyrit u. a.
Laplace [lapl′as], Pierre Simon Marquis de (1817), frz. Mathematiker, Astronom, * 1749, † 1827, stellte eine Lehre der Entwicklung des Sonnensystems auf, entwickelte eine Theorie der Kugelfunktionen und des Potentials und bildete die Wahrscheinlichkeitsrechnung fort.
La Plata, 1) Rio de la Plata [span. ›Silberstrom‹], der gemeinsame Mündungstrichter der Flüsse Paraná und Uruguay an der O-Küste Südamerikas, etwa 300 km lang, 50–200 km breit; bedeutendste Häfen: Buenos Aires, La Plata und Montevideo. **2)** Hptst. der Prov. Buenos Aires und Hafen in Argentinien, am Río de la Plata, 391 200 Ew.; Univ. (1884 gegr.), Erzbischofssitz; Erdölraffinerie, Industriestandort. – 1882 gegr.
La-Plata-Staaten, Staaten, die am Stromgebiet des Río de la Plata Anteil haben: Argentinien, Uruguay und Paraguay. Seit 1969 besteht ein regionaler Integrationsversuch dieser Länder

Lapislazuli

Laos

Lapp

Lappe

*François de
La Rochefoucauld*

(einschl. Bolivien, Brasilien) innerhalb der Lateinamerikan. Freihandelszone **(La-Plata-Gruppe).**

Lappali|e die, Kleinigkeit, Belanglosigkeit.

Lappeenranta, schwed. **Villmanstrand,** Stadt am S-Ende des Saimasees, Finnland, 52 600 Ew.; vielseitige Industrie, Fremdenverkehr.

Lappen [finn.], eigener Name **Samen,** Volk in → Lappland, rd. 30 000; kleinwüchsig und kurzköpfig mit osteuropiden und nordiden Merkmalen und mongolidem Einschlag (ohne Mongolenfalte). Ihre Sprache gehört zu den finno-ugrischen Sprachen.

Läppen, Verfahren der spanabnehmenden Formung, bei dem Werkzeug und Werkstück, unter Verwendung eines lose zugegebenen Schleifmittels, bei dauerndem Richtungswechsel aufeinander gleiten.

Lappentaucher, Vögel, die → Steißfüße.

Lappland, nördlichste Landschaft Skandinaviens, urspr. das Wohngebiet der Lappen, gehört politisch zu Norwegen, Schweden, Finnland, UdSSR (Kola). L. senkt sich vom Skandinav. Gebirge nach O hin zu einer niedrigen Wald- und Sumpflandschaft; im N Tundra. Waldwirtschaft, Viehzucht (Rentiere); reiche Erzlager. Die **L.-Bahn** durchquert L. von Luleå bis Narvik.

Lappo-Bewegung, finn. antikommunist. Bauernbewegung, die 1930 den Rücktritt der Reg. und nach Neuwahlen die Ausschaltung der Kommunisten erzwg; 1932 aufgelöst.

Lapsus [lat.] der, Fehler, bes. Schreib- oder Sprechfehler.

Laptewsee, Randmeer des Nordpolarmeeres zw. der Taimyr-Halbinsel und den Neusibirischen Inseln.

L'Aquila, L'A. degli Abruzzi [l'aːkuila dˈɛʎiabrˈuttsi], Prov.-Hptst. in den Abruzzen, Mittelitalien, 66 200 Ew.; Erzbischofssitz; elektron. Ind.; Fremdenverkehr.

Lar [lat.] der, **Weißhandgibbon,** zu den Gibbons gehörender Affe auf dem indisch. Festland.

Larbaud [larbˈo], Valery, frz. Schriftst., * 1881, † 1957; sensible, bald spött., bald eleg. Romane und Gedichte. ›Tagebuch eines Milliardärs‹ (1913).

Lärche die, **Larix,** Gatt. der Kieferngewächse in den nördl. gemäßigten Zonen mit grünen, weichen, im Herbst abfallenden, gebüschelten Nadeln; die einzige europ. Art ist ein bis 45 m hoher Baum mit tief zerklüfteter roter Borke. Das harzreiche Holz mit rotbraunem Kern und gelbem Splint ist bes. geeignet als Bau- und Werkholz.

Laren Mz., altröm. Gottheiten, Schutzgeister von Familie und Feldflur; Hausgötter.

larghetto [ital.], ♪ ein etwas bewegteres Zeitmaß.

largo [ital.], ♪ sehr langsam, sehr breit. **Largo** das, Musikstück in diesem Zeitmaß, bes. als Satz einer Sonate, Sinfonie usw. Das ›Largo‹ von Händel ist eine Arie aus seiner Oper ›Serse‹ (Xerxes; 1738).

Larifari [ital.] das, Geschwätz, leeres Gerede, Unsinn.

La Rioja [-rɪ'ɔxa], Landschaft in Spanien, → Rioja.

Larissa, Larisa, Bez.-Stadt in Griechenland, Thessalien, 72 800 Ew.; Ind.; Bischofssitz.

Laristan, Larestan, Landschaft in S-Iran, meist gebirgig und wasserarm. Bed. Hafenstadt: Bender Abbas.

Lärm, als unangenehm empfundenes Geräusch, hervorgerufen durch unregelmäßige und schnell wechselnde Schallschwingungen. L. kann Gesundheitsschäden hervorrufen. **Lärmbekämpfung,** → Lärmschutz.

larmoyant [larmwaj'ã, frz.], ∞ weinerlich, rührselig.

Lärmschutz, alle Maßnahmen zur Verminderung oder Verhinderung störenden Schalls bei der Schallerzeugung **(Emissionsschutz)** oder bei der Einwirkung von vorhandenem Lärm **(Immissionsschutz). Baulicher Schallschutz** beruht bes. auf Schalldämpfung (Absorption) und Schalldämmung (Reflexion); die Verringerung des **Verkehrslärms** richtet sich gegen Motoren-, Roll- und Windgeräusche sowie auf das Anlegen von Bepflanzungen und Schallschirmen; **Industrielärm** wird durch Berücksichtigung mehrerer dieser Vorkehrungen bekämpft. Der L. ist in der Bundesrep. Dtl. durch das Bundesges. zum Schutz gegen Fluglärm (1971) und das Bundes-Immissionsschutzges. (1974) geregelt.

La Roche [lar'ɔʃ], **1) Laroche,** Johann Joseph, österr. Schauspieler, * 1745, † 1806, bekannt durch seine von ihm geschaffene Kasperl-Rolle. **2)** Sophie, geb. **Gutermann,** Schriftstellerin, * 1731, † 1807, Jugendgeliebte C. M. Wielands, Großmutter von Clemens und Bettina Brentano, schrieb empfindsame Romane, bes. ›Geschichte des Fräuleins von Sternheim‹ (1771).

La Rochefoucauld [larɔʃfuk'o], François VI., Duc de La R., frz. Schriftst., * 1613, † 1680, schuf mit seinen ›Betrachtungen oder moralischen Sentenzen und Maximen‹ (1665) den Aphorismus frz. Prägung; ›Memoiren‹ (1662).

La Rochelle [larɔʃ'ɛl], Hptst. des Dép. Charente-Maritime, W-Frankreich, 77 500 Ew., mit dem Vorhafen La Pallice einer der bed. Handels- und Fischereihäfen, rege Hafenind. – Hauptstützpunkt der Hugenotten bis 1628.

Larousse [lar'us], Pierre Athanase, frz. Verleger und Lexikograph, * 1817, † 1875, gründete 1852 mit P. A. Boyer den Verlag **Librairie L.** [librɛr'i-] in Paris.

L'Arronge [lar'ɔʒ], Adolf, Dramatiker und Theaterdirektor (Breslau, Berlin), * 1838, † 1908, Volksstücke und Possen (›Mein Leopold‹, 1873; ›Hasemanns Töchter‹, 1877).

Larsson, Carl, schwed. Maler, * 1853, † 1919, Hauptmeister des Jugendstils in Schweden; Fresken, Buchillustrationen, Aquarelle, die sein Haus und seine Familie schildern (›Das Haus in der Sonne‹, Buch 1909).

L'art pour l'art [larpurl'aːr, frz. ›Die Kunst um der Kunst willen‹], von V. Cousin stammende Formel für die Überzeugung, daß die Kunst eigenen Gesetzen folge und nicht nach polit., sozialen, moral. oder religiösen Maßstäben beurteilt werden dürfe; im 19. Jh. von T. Gautier, C. Baudelaire, G. Flaubert, den Brüdern Goncourt, P. Cézanne, E. Manet, O. Wilde, dem Stefan-George-Kreis u. a. vertreten.

La Rue [lar'y], Pierre de, niederländ. Komponist, * um 1460, † 1518; Messen, Motetten, Chansons.

Larve [lat.], **1)** Gesichtsmaske. **2)** ♫ Jugendstadium von Insekten und Lurchen, das in seiner Gestalt wesentlich von den geschlechtsreifen Formen abweicht. Larvenformen sind bei Insekten Raupe, Engerling, Made, bei den meisten Lurchen die Kaulquappe. Die L. der Insekten wandelt sich über das Stadium der → Puppe in das ausgebildete Kerbtier um.

Laryngitis, der Kehlkopfkatarrh.

Laryngologie, Lehre vom Kehlkopf.

Laryngo|skop, der Kehlkopfspiegel.

Larynx [grch.] der, der Kehlkopf.

Lasagne [las'aɲe, ital.], Teigwarengericht, das in Schichten mit geriebenem Käse überbacken wird.

La Salle [-s'al], Jean Baptiste de, * 1651, † 1719, Domherr in Reims, widmete sich dem Armenschulwesen, stiftete 1684 die Genossenschaft der Christl. Schulbrüder. Heiliger; Tag: 7. 4.

Las Casas, Bartolomé de, span. Dominikaner, * 1474, † 1566, kämpfte gegen die Versklavung und Mißhandlung der Indianer durch die Konquistadoren, erwirkte einen gesetzl. Schutz der Indianer.

Lascaux [lask'o], Höhle bei Montignac (Dép. Dordogne, Frankreich) mit eindrucksvollen Malereien der jüngeren Altsteinzeit. (Bild Altsteinzeit)

Laser [l'eɪzə], Abk. für **light amplification by stimulated emission of radiation** [laɪt æmplɪfɪˈkeɪʃn baɪ stˈɪmjuleɪtɪd ɪmˈɪʃn ɔv reɪdɪˈeɪʃn, engl. ›Lichtverstärker durch erzwungene

Larven: links Schmetterlingslarve (Raupe); Mitte Maikäferlarve (Engerling); rechts Larve des Kamm-Molchs

*Laser:
Bohren mit
Laserstrahl*

*Lasthebemagnet
(links im Schnitt
dargestellt)*

Emission von Strahlung‹], Verstärker oder Oszillator für elektromagnet. Wellen nach dem Prinzip des →Maser; liefert einen kohärenten, scharf gebündelten, fast zerstreuungsfreien Strahl von monochromat., frequenz- und phasengleichem Licht mit hoher Energiedichte. Bauarten: **Festkörper-L.** (Kristalle, meist Rubin), **Gas-L.** (Helium, Neon, Argon, Krypton, Kohlendioxid), **L.-Dioden** (z. B. Gallium-Arsenid-L.), auch **Injektions-L.** oder **Halbleiter-L.** Die L.-Wirkung beruht auf der Möglichkeit, durch Resonanz bestimmte Elektronenübergänge im Atom zu erzwingen. Eingestrahltes Licht wird durch Rückkopplung verstärkt, wobei 2 Spiegel einen opt. Resonator bilden. Anwendungen: Bohren von feinsten Löchern, Schneiden, Schmelzen, Schweißen von Metallen, Keramik, Kunststoffen, Diamanten; Augen- und Mikrochirurgie, Spektroskopie, Landvermessung, Längenmessung, Leitstrahlsteuerungssysteme (Tunnelbauten), Nachrichtenübertragung. Militär. Anwendungen sind in Entwicklung.

Laserkraut, Laserpitium, Doldenblüter-Gatt. mitteleurop. Stauden, z. B. das Breitblättrige L.

Laserwaffen [l′eɪzə-], in Entwicklung befindliche →Strahlenwaffen.

Lash [læʃ], Abk. für engl. **Lighter aboard ship** [l′aɪtə əb′ɔːd ʃɪp], Spezialschiff zum Transport von Leichtern über See, die als Schwimmbehälter (Container) vorher oder nachher auf Binnenwasserstraßen im Schubverband fahren.

Lashio [laʃ′o], Stadt in Mittel-Birma, Bahnendpunkt und Ausgangspunkt der Birmastraße nach China.

lasieren, Farbe oder Lack so dünn auftragen, daß der Untergrund durchscheint.

Lasker-Schüler, Else, dt.-jüd. Schriftstellerin, * 1869, † 1945; emigrierte 1933; verbindet in ihrer Dichtung (Lyrik, Dramen, Prosa) Wirklichkeit und Traum, Mythisches, Alttestamentarisches, Orientalisches und Moderne. Daseinsproblematik.

Laski [l′æskɪ], Harold Joseph, brit. Politiker (Labour Party) und Staatswissenschaftler, * 1893, † 1950; Mitbegr. der Politologie (Theorie des Pluralismus).

Las Palmas, 1) span. Prov. auf den Kanar. Inseln, 4065 km², 780000 Ew. **2) L. P. de Gran Canaria,** Hptst. von 1), im NO von Gran Canaria, 384000 Ew.; Hafen, Flughafen; Transatlantik-Verkehr, Ausfuhr von Bananen, Tomaten, Zucker u. a.

La Spezia, 1) Prov. Italiens, 882 km², 245000 Ew. **2)** Hptst. von 1), 118700 Ew.; Handels- und Kriegshafen am Golf von La S., Werft, Erdölraffinerie.

Lassalle [las′al], Ferdinand, * 1825, † (im Duell) 1864, Mitbegr. der sozialdemokrat. Bewegung in Dtl. und Mitgründer des ›Allg. Dt. Arbeitervereins‹ (Leipzig 1863), dessen Programm er entworfen hatte; neigte im Ggs. zu K. Marx einem Staatssozialismus zu; erstrebte das allg., gleiche und geheime Wahlrecht sowie als Vorstufe zum Produktionsgenossenschaften, die mit der Zeit das kapitalist. Wirtschaftssystem ablösen sollte. Sein Anhang ging 1875 in der von A. Bebel und W. Liebknecht gegründeten marxist. Arbeiterpartei auf.

Laßberg, Joseph Freiherr von, Germanist, * 1770, † 1855, Schwager A. v. Droste-Hülshoffs, erforschte und gab altdt. Literaturdenkmäler (›Liedersaal‹, 4 Bde., 1820–25) heraus.

Lassen Peak [l′æsn pi:k], **Mount Lassen** [maʊnt-], tätiger Vulkan im Kaskadengebirge der USA, 3187 m.

läßliche Sünde, Kath. Kirche: Sünde, die nicht, wie die Todsünde, zum Verlust der heiligmachenden Gnade führt.

Lasso [span.] *der* oder *das,* **1)** 10–15 m langer Wurfriemen oder -strick mit leicht zusammenziehbarer Schlinge, zum Einfangen von Tieren. **2)** Eis-, Rollkunstlauf: Figur im Paarlauf.

Lasso, Orlando di, niederländ. Komponist, * um 1532, † 1594, seit 1564 Leiter der Hofkapelle in München; neben Palestrina der bedeutendste Komponist des 16. Jh. Er verband den kunstvollen kontrapunkt. Stil der Niederländer mit einer häufig chromat. Harmonik; Motetten (etwa 1200), Madrigale, Lieder, Messen.

Laßwitz, Kurd, Philosoph und Schriftst., * 1848, † 1910, dem Neukantianismus nahestehend, Klassiker des technisch-utop. Romans (›Auf zwei Planeten‹, 2 Bde., 1897).

Last, 1) Gewicht, Bürde. **2)** Fracht- und Vorratsraum auf Schiffen. **3)** ⊙ die Belastung eines Bauteils, Hebelarms u. a.

Last, James (Hans), dt. Bandleader (seit 1965) und Komponist, * 1929; internat. Erfolge.

Lasten, ♊ Leistungen, die aus einer Sache selbst zu entrichten sind und deren Nutzwert mindern (z. B. Grundsteuer).

Lasten|ausgleich, in der Bundesrep. Dtl. nach dem 2. Weltkrieg der Vermögensausgleich zw. den durch die Kriegs- und Nachkriegsereignisse Geschädigten und denen, die ihren Besitzstand bewahrt hatten (Ges. v. 14. 8. 1952 i. d. F. v. 27. 1. 1975, mehrfach geändert). Zur Durchführung werden Ausgleichsabgaben erhoben (Vermögensabgabe, Hypothekengewinnabgabe, Kreditgewinnabgabe), die den Ausgleichsfonds zufließen und nur zur Finanzierung der Ausgleichsleistungen (Hauptentschädigung, Kriegsschadenrente, Härtefonds u. a.) verwendet werden dürfen. Dem L. unterliegen Vertreibungs-, Kriegssach-, Ost- und Sparerschäden. Zur Durchführung des L. wurde das Bundesausgleichsamt (Landes- und örtl. Ausgleichsämter) errichtet. Zur Sicherung der Forderungen für den L. wurde u. a. am 8. 8. 1949 das Soforthilfe-Ges. erlassen. – Im Rahmen des L. wurden bis 1979 113,7 Mrd. DM ausbezahlt.

Lastensegler, Gleitflugzeug zur Beförderung von Truppen und Lasten, vom Motorflugzeug geschleppt, zur selbständigen Landung ausgeklinkt.

Lasthebemagnet, Hubmagnet, Hebezeug aus Stahlguß mit einer Magnetspule im Inneren, zum Verladen von Eisen in jeder Form.

Lastkraftwagen, →Kraftwagen.

Lastman, Pieter, holländ. Maler, * 1583, † 1633, in Rom beeinflußt von A. Elsheimer und Caravaggio; Lehrer Rembrandts. Biblische, mytholog. Bilder.

last, not least [lɑːst nɔt liːst, engl.], Redewendung, nach Shakespeare: Julius Caesar 3,1; König Lear 1,1: an letzter Stelle, jedoch nicht dem Wert nach.

Lastrohrfloß, floßartiger Verband aus röhrenförmigen Behältern zum Transport von Massengütern auf Binnenwasserstraßen.

Lästrygonen, grch. Mythos: Riesenvolk, menschenfressend.

Lastschrift, Forderungsbuchung zu Lasten des Schuldners.

Lasurfarben lassen die darunterliegende Farbschicht oder Zeichnung durchschimmern. I. Ggs. zu den Deckfarben.

Lasurit *der,* **Lasurstein,** →Lapislazuli.

Las Vegas [engl. læs v′eɪgəs], Stadt in Nevada, USA, 164300 Ew.; Fremdenverkehr, Spielkasinos. In der Umgebung Viehwirtschaft und Bergbau.

lasziv [lat.], schlüpfrig, unzüchtig. Hptw. **Laszivität.**

Latakia, Lattakia, das antike **Laodikeia,** Hptst. und Hafen der Prov. L. in Syrien, über 200000 Ew.

Latein, die →lateinische Sprache

Latein|amerika, das von den roman. (lat.) Völkern der Iberischen Halbinsel (deshalb auch **Ibero-Amerika**) kolonisierte Süd- und Mittelamerika (mit Mexiko); es besteht sprachlich aus Hispano-Amerika und den amerikan. Gebieten mit portugies. **Luso-Amerika.** Rd. 92% der ethnisch und rassisch unterschiedl. Bev. (Indianer, Weiße, Neger, Asiaten; eine wachsende Zahl von Mischlingen) ist katholisch. →Mittelamerika; →Südamerika.

Geschichte (vgl. hierzu die geschichtl. Abschnitte der einzelnen Länderartikel). Nachdem Kolumbus 1492 die Antillen (Westin-

Else Lasker-Schüler

Ferdinand Lassalle

*Orlando di Lasso
(aus einem Kupferstich von
N. Larmessin)*

Late

dien) entdeckt hatte, unterwarfen die span. Konquistadoren im 16. Jh. nach und nach den größten Teil L.s (Eroberung des Aztekenreichs in Mexiko durch Cortez 1519–21, des Inkareichs in Peru durch Pizarro 1531–33). In Brasilien setzten sich seit 1500 die Portugiesen fest. Trotz der Bemühungen der Kath. Kirche (B. de → Las Casas) und der span. Verwaltung hatten die harten Zwangsarbeiten und bes. die durch den Kontakt mit den Weißen auftretenden Seuchen einen starken Rückgang der Indianerbevölkerung zur Folge. Seit dem 16. Jh. wurden Negersklaven eingeführt, die die Plantagenwirtschaft Brasiliens und Westindiens ermöglichten. Im 17. Jh. errichteten Holländer, Engländer und Franzosen ihrerseits Kolonien in L. (Guayana, Jamaika, Honduras, Haiti). Die 1809/10 einsetzenden Unabhängigkeitskämpfe waren nicht nur Erhebungen gegen das span. Mutterland, sondern zugleich Bürgerkriege. Unter der Führung von S. de Bolívar, J. de San Martín u. a. erfochten die Kolonien bis 1824 auf dem ganzen Festland ihre Unabhängigkeit. 1822 riß sich auch Brasilien von Portugal los und errichtete ein Kaisertum (bis 1889); das bisher span. Amerika zerfiel in eine große Zahl selbständiger Freistaaten, die immer wieder von heftigen sozialen Kämpfen heimgesucht wurden. Trotz der inneren Wirren erlebte L., bes. Argentinien, Brasilien, Chile, durch Zustrom fremden Kapitals und eine massenhafte europ. Neueinwanderung seit der Mitte des 19. Jh. einen großen wirtschaftl. Aufschwung, jedoch auch starke Überfremdung. Bes. die USA setzten im Krieg von 1898 gegen Spanien, das Kuba und Puerto Rico einbüßte, und durch militär. Interventionen nicht nur Erhebungen gegen das → Monroe-Doktrin begründete panamerikan. Vormachtstellung durch. Die Weltwirtschaftskrise (seit 1929) traf durch den Sturz der Rohstoffpreise die Wirtschaft L.s, dessen Produktion meist auf Monokulturen basierte, schwer. Es setzte eine Massenarbeitslosigkeit ein. Die Krise führte seit 1930 zu innenpolit. Erschütterungen und meist unter Führung der Armee zur Errichtung autoritärer oder diktator. Regierungssysteme. Gleichzeitig wuchsen seit dieser Zeit polit. Kräfte, die die wirtschaftl. und polit. Macht herrschender Schichten zu beschränken oder zu beseitigen trachteten und Bodenreform und Verstaatlichung von wichtigen Industrien erstrebten. Die wirtschaftl. und polit. Übermacht der USA rief in L. Widerstand hervor. Daher suchte Roosevelt eine Politik der ›Guten Nachbarschaft‹ anzubahnen. Bei allen gemeinsamen Interessen in N-Amerika (→ panamerikanische Bewegung) besteht in L. ein kulturelles Gemeinschaftsgefühl und Eigenbewußtsein. Da auch die von Präs. Kennedy gewährte Wirtschaftshilfe nicht den Erwartungen der Lateinamerikaner auf eine Verbesserung ihrer wirtschaftl. und sozialen Lage erfüllt hat, macht sich weiter ein verstärkter Widerstand gegen die Verein. Staaten bemerkbar. Der Erfolg sozialrevolutionärer Kräfte in Kuba ließ in weiten Staaten L.s Guerilla-Bewegungen entstehen. 1967 wurde L. zur kernwaffenfreien Zone erklärt.

In den 60er und 70er Jahren setzten die Länder L.s ihre Integrationsbestrebungen fort (Andenpakt, Amazonasvertrag), → Lateinamerikanische Integrationsvereinigung.

Latein|amerikanische Freihandelszone, amtl. span. **Asociación Latinoamericana de Libre Comercio** [asosjasj'on - - ami'ersjo], Abk. **ALALC,** durch Vertrag vom 18. 2. 1960 geschaffene Freihandelszone von 11 lateinamerikan. Staaten; Sitz: Montevideo. Die ALALC wurde am 31. 12. 1980 aufgelöst (→ Lateinamerikanische Integrationsvereinigung).

Latein|amerikanische Integrationsvereinigung, amtl. **Asociación Latinoamericana de Integración** [asosjasj'on - inteɣrasj'on], Abk. **ALADI,** im Juli 1980 in Acapulco, Mexiko, beschlossene Nachfolgeorganisation der → Lateinamerikanischen Freihandelszone. Ziel: die Förderung und Regulierung des Handels und der wirtschaftl. Zusammenarbeit der Mitgliedstaaten durch ein gestaffeltes System regionaler Abkommen und Präferenzen zw. allen oder einzelnen Ländern sowie durch Öffnung der (Teil-)Märkte für Länder mit geringer Wirtschaftsentwicklung ohne Anwendung des Gegenseitigkeitsprinzips.

latein|amerikanische Kunst war zunächst von der Kunst der span. Kolonialmacht geprägt. Eine L. begann die künstler. Entwicklung im 16. Jh.: Kathedrale von Sto. Domingo auf den Antillen; in Mexiko errichteten die Bettelorden festungsartige Klosteranlagen mit spätgot. Kirchen; Anlagen der Franziskaner: Huejotzingo, Cholula, Calpan, der Augustiner: Acolman, Actopan, der Dominikaner: Tepoztlán. Die zeitlich folgenden Kathedralkirchen wurden als Hallenkirchen nach span. Vorbildern errichtet: Guadalajara, Oaxaca, Mexiko, Puebla, Lima. Im 17. Jh. wurde die Baukunst von den Jesuiten gefördert, ein

Mischstil ital., mitteleurop. und span. Elemente (Cuzco). Es folgten im 17. und 18. Jh. zahllose Barockkirchen mit überreichem Ornamenten am Außenbau und im Inneren, viele Paläste und öffentl. Gebäude mit dekorativem Reichtum an Portalen und Innenhöfen. – Die Skulptur stand fast ausschließlich im Dienst der Architektur, die Malerei brachte wenig eigenständige lokale Kunstwerke hervor. – In den **portugies. Kolonien** begann die künstler. Entwicklung erst im 17. Jh., gefördert von Jesuiten und Franziskanern; Übernahme portugies. und ital. Stilelemente. Künstlerische Zentren lagen an der Küste (Bahía, Rio de Janeiro). Im 18. Jh. entstand in den Städten des Landesinneren (nach den Goldfunden von Minas Gerais) eine regionale Schule des brasilian. Rokoko mit eigenständigen Werken, vertreten von: Fr. de Araujo und A. F. da Costa Lisboa (Rosenkranzkapelle und S. Francisco in Ouro Preto). Nach unproduktiver Zeit im 19. Jh. wurden künstler. Kräfte erst wieder im 20. Jh. lebendig. Auf allen Gebieten der bildenden Kunst verschafften sich lateinamerikan. Künstler internat. Ansehen.

latein|amerikanische Literatur. Die brasilian. Literatur ist in portugies., die der anderen Länder Lateinamerikas in span. Sprache geschrieben. – Während der Kolonialzeit entwickelte sich die l. L. analog zu den Literaturen der Mutterländer. Im Laufe des 19. Jh. trat bes. der Einfluß Frankreichs in den Vordergrund (Romantik). Mit dem Aufkommen des Modernismus gegen Ende des 19. Jh. wirkte die l. L. wieder auf Spanien zurück. Eine bodenständige Literatur entfaltete sich im wesentl. erst nach dem 1. Weltkrieg. Die heimatl. Landschaft und Kulturentwicklung, die Geschichte und die sozialen Verhältnisse des eigenen Volkes, die Probleme der Integration der indian. Bev. wurden Gegenstand der Literatur. Immer stärker traten polit. und wirtschaftlich-soziale Probleme in den Vordergrund (Latifundienwirtschaft und Landproletariat, Diktatorenherrschaft u. a.). Bes. reich entwikkelten sich Lyrik und Roman.

Argentinien. Charakteristisch sind die volkstüml. Dichtungen, die das Leben der Gauchos behandeln: José Hernández (›Martín Fierro‹, 1872), R. Obligado. Den Modernismus vertraten L. Lugones und E. Larreta. Das Gaucho-Milieu stellte R. Güiraldes in romant., B. Lynch in psychologisierender Weise dar. Lyriker sind u. a. J. L. Borges, R. Molinari, L. Cané, E. G. Lanuza, E. Molina, Prosaschriftst. J. L. Borges, E. Mallea, M. Gálvez, J. Cortázar.

Brasilien. Bedeutendster Vertreter der romant. Lyrik war im 19. Jh. A. Gonçalves Dias. Gesellschaftsromane schrieb A. d'Escragnolle Tauny, realist. Romane J. de Alencar, regionale Romane H. Coelho Neto. Die Lyrik im Stil der frz. Parnassiens vertraten Machado de Assis, O. Bilac, den Naturalismus in der Prosa Machado de Assis, A. Gonçalves de Azevedo. Die Brüder Mário und Oswald de Andrade waren in den zwanziger Jahren des 20. Jh. die Hauptvertreter des Modernismus. Bedeutende Lyriker sind C. D. de Andrade, J. de Lima, moderne regionalist. Erzähler J. Lins do Rêgo, E. Veríssimo, J. Guimarães Rosa, G. Ramos, J. Amado.

Chile. Weltgeltung erhielt die Literatur im 20. Jh. durch die Lyriker Gabriela Mistral (Nobelpreis 1945), P. Prado, V. Huidobro, P. Neruda (Nobelpreis 1971). Der wichtigste Romanschriftst. ist J. Donoso.

Guatemala. Hervorragendster Schriftst. im 20. Jh. ist M. A. Asturias (Nobelpreis 1967).

Kolumbien. Die bedeutendsten Schriftst. der Gegenwart sind G. García Márquez und M. Mejía Vallejo.

Kuba. Der bedeutendste Lyriker im 19. Jh. war J. María de Heredia, im 20. Jh. N. Guillén. Den modernen Roman vertreten J. Lezama Limas, G. Cabrera Infante, A. Carpentier, S. Sarduy, M. Barnet.

Mexiko. Zu den romant. Lyrikern zählten bes. M. M. Flores, J. R. Galván. Der Roman wurde gepflegt u. a. von R. Delgado. Im 20. Jh. traten hervor die Erzähler F. Gamboa, G. López y Fuentes, R. F. Múñoz, R. Revueltas, C. Fuentes, J. Elizondo, die Lyriker J. Torres Bodet, O. Paz. Bed. Essayisten sind J. Vasconcelos, A. Reyes, L. Zea.

Nicaragua. Ende des 19. Jh. war R. Darío der bedeutendste Lyriker Lateinamerikas, bes. als Begründer des Modernismus. E. Cardenal (Nobelpreis 1980) ist heute der bedeutendste Vertreter der relig. Dichtung in span. Sprache.

Peru. Als erstes Werk der hispanoamerikan. Lit. gilt das Werk von Garcilaso de la Vega. Die Romantik fand ihren Höhepunkt mit R. Palma. Wichtige Romanautoren waren C. Alegría, J. M. Arguedas, M. Vargas Llosa. Dem Modernismus folgte in der Lyrik J. M. Eguren, in der Prosa V. García Calderón; polit. und sozialkrit. Lyrik schrieb C. Vallejo.

Venezuela. Im 19. Jh. erlangte die Literatur Bedeutung mit der klassizist. Dichtung von A. Bello und R. M. Baralt. Realistisch-satir. Sozialromane schrieb R. Blanco Fombona. Der größte Romanschriftst. ist R. Gallegos (›Doña Bárbara‹, 1929). Im modernist. Stil schrieben M. Díaz Rodríguez, P. E. Coll, Teresa de la Parra, mit Romanen traten M. Picón Salas und M. Otero Silva (auch Lyriker) hervor.

latein|amerikanische Musik. Zu einer eigenständigen, meist von der Volksmusik angeregten Musik kam es erst im 20. Jh. Bed. Komponisten sind: die Brasilianer H. Villa-Lobos (* 1887, † 1959) und M. C. Guarnieri (* 1907), die Mexikaner C. Chávez (* 1899, † 1978) und S. Revueltas (* 1899, † 1940) sowie der Argentinier A. Ginastera (* 1916) und M. Kagel (* 1931), ein Hauptvertreter der experimentellen Musik. In vielen lateinamerikan. Ländern bemüht man sich um den Anschluß an die jüngste Musikentwicklung N-Amerikas und Europas (z. B. durch die Gründung eines Studios für Elektron. Musik 1958).

latein|amerikanische Philosophie, die im lateinamerikan. Kulturbereich entstandenen philosoph. Gedanken und Systeme. Das erste philosoph. Buch Lateinamerikas schrieb der span. Augustiner Fray Alonso de la Veracruz (1504–84). Die folgenden Jh. wurden von der philosoph. Systemen Europas bestimmt, bes. von Scholastik und Positivismus. Erst mit dem entschiedenen Widerstand gegen letzteren setzte eine eigenständige l. P. ein. Sie wird vertreten in A. Caso in Mexiko, A. O. Deustúa in Peru, A. Korn in Argentinien, R. de Farías Brito in Brasilien, E. Molina in Chile, E. J. Varona in Kuba u. a. Anregungen gaben der Neukantianismus, Bergson, Dilthey, Nietzsche, Husserl, Blondel, der Neuthomismus, später auch Heidegger, Scheler, N. Hartmann, G. Marcel, J.-P. Sartre. Der mexikan. Philosoph Leopoldo Zea (* 1912) hat den Begriff ›filosofía americana‹ geprägt.

latein|amerikanischer Tanz ist afro-kreolischen Ursprungs, in Kult und Festtänzen des Volkes, bes. auf den Antillen und in Brasilien, noch erhalten. Diese Tänze vermischten sich mit ›weißem‹ Musizier- und Tanzstil, erhielten europ. Melodien und Instrumente und kamen in dieser Form im 20. Jh. nach Europa: Habanera, Tango, Rumba, Samba, Cha-Cha-Cha, Mambo u. a. Beim sportl. Turniertanz zählen Rumba, Samba, Cha-Cha-Cha, Jive und Pasodoble zur Disziplin ›Lateinamerikan. Tanz‹, in der eigene Meisterschaften ausgetragen werden.

Latein|amerikanisches Wirtschaftssystem, Sistema Latinoamericano, Abk. **Sela,** 1975 in Panama gegr. Wirtschaftsvereinigung von 25 unabhängigen lateinamerikan. Staaten (seit 5. 6. 1976 in Kraft); Sitz: Caracas. Ziel: Konsultation und Koordination von wirtschaftspolit. Aktivitäten gegenüber Drittländern und multinationalen Unternehmen.

Lateinische Kirche, der Teil der Kath. Kirche, der den lat. Ritus befolgt. Die L. K. übertrifft die mit ihr unierten Oriental. Kirchen an Zahl der Gläubigen und theolog. Bedeutung, ist aber dogmatisch und rechtlich-formal nur eine Teilkirche.

lateinische Literatur, →römische Literatur, →mittellateinische Literatur, →neulateinische Literatur.

lateinische Münz|union, gängige, aber nicht amtl. Bez. für den 1865 in Paris zw. Frankreich, Belgien, Italien und der Schweiz geschlossenen Vertrag über die gleichartige Ausprägung von Gold- und Silbermünzen; die l. M. war infolge der Inflation nicht mehr aufrechtzuerhalten und erlosch 1927.

Lateinisches Kaisertum, das 1204 von den Kreuzfahrern in Konstantinopel gegr. Kaiserreich, bis 1261.

lateinische Sprache, Sprache der alten Römer, urspr. die Stammessprache der Latiner. Die l. S. bildete mit der Mundart von Falerii im südl. Etrurien die latinisch-faliskische Gruppe der →italischen Sprachen. Mit der Ausbreitung der Herrschaft Roms wurde die l. S. zur Verwaltungssprache der unterworfenen Länder und verdrängte dort auf die einheim. Sprachen: in Italien, auf den westl. Mittelmeerinseln, auf der Pyrenäenhalbinsel, in Gallien (Frankreich), in Dakien (Rumänien), wo heute roman. Sprachen gesprochen werden. Da die Christianisierung Westeuropas vom lat. Sprachgebiet ausging und der kirchl. Zusammenhang mit Rom gewahrt wurde, blieb auch nach dem Ende des Weström. Reichs (476) bis ins MA. und weit in die Neuzeit Latein die Sprache von Kultus, Bildung und Verwaltung.

Entwicklungsperioden: 1) vorliterar. Zeit, bis 240 v. Chr.; 2) altlatein. literarische Periode, 240 bis etwa 100 v. Chr.; 3) klassische, **goldene Latinität,** etwa 100 v. Chr. bis 14 n. Chr.; 4) **silberne Latinität,** um 14 bis etwa 120 n. Chr.; 5) archaisierende

(altertümelnde) Periode, etwa 120 bis 200 n. Chr.; 6) spätantike Periode, etwa 200 bis 600 n. Chr.: Auseinanderfallen von Literatursprache und Volkssprache (Vulgärsprache), die zur Grundlage der roman. Sprachen wird. Seit Anfang des 5. Jh. wird das k gesprochene c vor e, i, y, ae, oe zum Zischlaut ts. 7) Das **Mittellatein** ist im MA. als Verkehrssprache die unmittelbare Fortsetzung der spätantiken latein. Schriftsprache, in die mehr oder weniger Vulgarismen einflossen. 8) Als **Neulatein** der Renaissance und des Humanismus (seit dem 14. Jh.) wurde die l. S. von aller ›Barbarei‹ gereinigt, büßte aber durch starre Festlegung auf die Norm einer fernen Vergangenheit jede Entwicklungsmöglichkeit ein; sie wurde außerhalb der Kath. Kirche (in ihrem Gebrauch zahlreiche Begriffs-Neubildungen) zur toten Sprache.

Lateinschulen, im ausgehenden MA. die Kloster-, Dom- und Stadtschulen; Vorläufer der höheren Schulen.

Lateinsegel, dreieckiges Segel an schrägem, beweglichem Mast.

La Tène [lat'ε:n, frz.], Untiefe am Nordende des Neuenburger Sees (Schweiz), Fundstelle von Pfahlbauten und einer eisenzeitl. Siedlung, die der →Latènezeit den Namen gab.

Latènezeit [nach →La Tène], der der Hallstattzeit folgende 2. Abschnitt der Eisenzeit West- und Mitteleuropas, etwa 500/450 v. Chr. bis zu Chr. Geburt, kulturell getragen von den Kelten. Erhalten sind Waffen, Werkzeuge, Schmuck mit reicher Verzierung (z. T. mit Motiven, die im Zusammenhang mit den kelt. Italienzügen am Ende des 5. Jh. von der italisch-etrusk. Kunst übernommen wurden). Charakteristisch sind die Oppida (stadtartige Siedlungen).

latent [lat.], verborgen. **Latenz** die, Verborgenheit.

latentes Bild, das bei der Belichtung photograph. Materials entstehende, unsichtbare Bild, das erst durch die Entwicklung sichtbar wird.

latente Wärme, die Wärme, die ein System beim Übergang vom festen in den flüssigen oder vom flüssigen in den gasförmigen Zustand aufnimmt und die nicht zur Temperaturerhöhung beiträgt.

Latenzzeit, in der Physiologie die Zeit, die zw. Reiz und Reaktion liegt.

lateral [lat.], seitlich, seitwärts.

Lateran, Palast und Kirche in Rom. Exklave der Vatikanstadt. Die von Konstantin d. Gr. gegr. Kirche **S. Giovanni in Laterano,** die Bischofskirche des Papstes, ist die rangerste aller kath. Kirchen. Der **Lateranpalast** war bis 1308 Papstresidenz, 1841–67 Museum, seitdem Sitz der röm. Diözesanverwaltung. – Für das **Lateran-Museum** (antike und frühchristl. Kunst, Missionsmuseum) wurde 1970 ein eigenes Gebäude eröffnet.

Laterankonzil|en, die im Lateranpalast abgehaltenen altkirchl. und mittelalterl. Kirchenversammlungen; von ihnen gehören 5 zu den →Ökumenischen Konzilien.

Lateranverträge, die am 11. 2. 1929 im Lateranpalast zw. dem Hl. Stuhl und dem Kgr. Italien abgeschlossenen Staatsverträge. Danach wurde dem Papst die weltl. Souveränität über die Vatikanstadt zuerkannt, die er dem Kgr. Italien anerkannte. Die ital. Verf. v. 1. 1. 1948 erkannte die L. an.

Laterit der, roter Verwitterungsboden (**Roterde**) der Tropen, enthält Eisen- und Aluminiumoxidhydrate; Vorstufe des Bauxits.

Laterna Magica [lat. ›Zauberlaterne‹] die, im 17. Jh. entwickelter Projektionsapparat für durchsichtige Lichtbilder, Vorläufer des Bildwerfers.

Laterne, 1) Lampe mit Regen- und Windschutz. **2)** Kuppelaufsatz mit Fenstern (Bild Brunelleschi).

Latènezeit: **1** *Fibeln: oben bronzene Fibel, Frühlatène; unten eiserne Fibel, Mittellatène, 15 cm.* **2** *Tongefäß, Drehscheibenware, 11 cm hoch, Lämmerspiel, Kr. Offenbach.* **3** *Bronzene Schnabelkanne, Eigenbilsen, Prov. Limburg, Belgien.* **4** *Schale mit Goldbelag, Durchbrucharbeit, Durchmesser etwa 12 cm, Schwarzenbach, Kr. Birkenfeld.* **5** *Eiserne Schere, Reilingen, Kr. Mannheim.* **6** *Bronzener Gürtelhaken, 14 cm lang, Mainz*

Laternenträger, ♫ Arten der →Leuchtzirpen.

Latex der, milchähnl. Saft aus Kautschukbäumen, enthält 30–35% Rohkautschuk. Verwendet wird L. für Gewebeimprägnation und feine Gummiwaren verwendet. Wäßrige Dispersionen von Kunstkautschuk (**künstl. L.**) dienen zur Herstellung von Anstrichmitteln und Klebern.

1

2

3

4

5

6

Latènezeit

Lattich:
Wilder L.

M. Q. de La Tour:
Mlle. Fel, Pastell
(St. Quentin,
Museum)

Laufmilben: oben Larve der Erntemilbe, etwa 25fach vergr. (Unterseite); unten Sammetmilbe, etwa 7fach vergr.

Latifundium [lat.] *das*, -s/ . . . dien, sehr großer, in einer Hand vereinigter Grundbesitz.

Latimeria chalumnae, Fisch, →Quastenflosser.

Latina, bis 1947 **Littoria**, die 1932 gegr. Hptst. der Prov. L., Italien, in den urbar gemachten Pontinischen Sümpfen, 93 400 Ew.; Autoreifen-, Tabakfabrik, Kernkraftwerk.

Latiner, →Latium.

Latinismus, in eine andere Sprache übertragene Spracheigentümlichkeit des Lateins.

Latinität, eigentüml. sprachl. Ausdrucksform lat. Schriftsteller oder Perioden; **goldene L.**, →lateinische Sprache.

Latinum, Nachweis best. Lateinkenntnisse (**Großes L., Kleines L.**); Prüfungsvoraussetzung in best. Hochschulfächern.

Latium, ital. **Lazio**, geschichtl. Landschaft und heutige Region in Mittelitalien, 17 203 km², 5,1 Mio. Ew.; im Altertum von den **Latinern** bewohnt. Nach Auflösung des Latin. Bundes 338 v. Chr. gingen sie im Römertum auf.

La Tour [latu:r], 1) Georges de, frz. Maler, * 1593, † 1652, von Caravaggio beeinflußt; malte Nachtstücke mit künstl. Beleuchtung in eigenwilligem Kolorit. 2) Maurice Quentin de, frz. Maler, * 1704, † 1788, Charakterbildnisse in Pastell.

Latrine [lat.] *die*, Abort; **Latrinengerücht**, Ü unglaubwürdiges Gerücht.

Latsche *die*, eine →Kiefer.

Lattakia, Stadt in Syrien, →Latakia.

Lattich, Gatt. krautiger milchsafthaltiger Korbblüter, meist gelb blühend. Wichtigste Art ist der **Gartenlattich (Gartensalat).** Die gefiederten Blätter des **wilden L.** haben die Einstellung einer →Kompaßpflanze.

Latwerge *die*, 1) ♣ Arzneiform, Gemisch von Pulvern mit Sirup oder Pflanzenmus. 2) Pflaumenmus.

Lauban, poln. **Lubań** [l'ubajn], Stadt in der poln. Wwschaft Jelenia Góra (Hirschberg), in Niederschlesien, am Queis, 21 300 Ew.; Textilind., Maschinenbau.

Laub|baum, Laubblätter tragender Baum.

Laube, 1) Gartenhäuschen. 2) Bogengang, Vorhalle.

Laube, Heinrich, Schriftst. und Theaterleiter, * 1806, † 1884, gehörte zum ›Jungen Deutschland‹. 1849–67 Direktor des Wiener Hofburgtheaters, das unter ihm eine seiner Blütezeiten hatte; Dramen (›Die Karlsschüler‹, 1846), histor. Romane, Novellen.

Laubengang, 1) mit Laubwerk überwölbter Gartenweg (Pergola). 2) →Arkade.

Laubenganghaus, das →Außenganghaus.

Laubenkolonie, Kleingartengelände.

Laubenvögel, Unterfam. der Paradiesvögel in Australien. Die Männchen bauen für Balzspiele Reiserlauben (bis 2,5 m hoch, mit Vorplatz oder Balztenne) mit Zierbelag.

Lauberhornrennen, Skisport: jährlich am Lauberhorn bei Wengen (Schweiz) ausgetragene internat. Rennen für Herren (Abfahrtslauf, Slalom, Riesenslalom).

Laubfall, Blattfall, das mit Lauberneuerung (Blatt-, Laubwechsel) verbundene Abfallen älterer Blätter bei Holzgewächsen, bewirkt durch den jahreszeitl. Witterungswechsel. Der L. ist ein Verdunstungsschutz, da die Wurzeln im Winter wegen der Bodenkälte kein Wasser aufnehmen. Vor dem L. verfärben sich die Blätter vieler Pflanzen.

Laubfrösche, Hylidae, Fam. der Froschlurche mit zahnlosem Unterkiefer und Haftscheiben an den Zehenenden, meist Baumbewohner. Der Europ. **L.** ist bis 5 cm lang, grün, unterseits gelblich, an den Seiten gelb und schwarz gesäumt, als Männchen mit blähbarer Schallblase an der Kehle, nur zur Paarung und Eiablage (im Frühjahr) im Wasser, Insektenfresser, mit Winterschlaf; als angebl. Wetterprophet ist der L. auch Zimmertier. (Bild Froschlurche)

Laubhölzer, Laubgehölze, alle bedecktsamigen Bäume, Sträucher und Büsche; Ggs.: →Nadelhölzer.

Laubhüttenfest, das jüd. Erntedankfest, im Oktober.

Laubkäfer, Gatt. der Blatthornkäfer. Der **Gemeine L.** zerfrißt junge Apfelblätter.

Laubmoose, in Stengel und Blätter gegliederte →Moose, z. B. **Torfmoose, Mohren-** oder **Klaffmoose, Echte L.**

Laubsäge, Handsäge, deren schmales, feingezahntes Blatt durch einen U-förmigen Bogen gespannt wird.

Laubsänger, Gatt. der Grasmücken, meist grünlich-graue Singvögel; Insektenfresser, bauen am Boden ein überdachtes Nest. In Mitteleuropa brüten z. B. der **Fitis-L.** und der **Zilpzalp** oder **Weiden-L.** (Bild S. 185)

Lauch, Allium, Gatt. der Liliengewächse, mit schmalen oder schlauchförm. Blättern, kugeligem Blütenstand, meist mit Zwiebel. Viele Nutzpflanzen: **Knoblauch, Zwiebel, Porree, Schnittlauch** u. a.; in feuchtem Laubwald der **Bärenlauch.** (Bild Gemüse)

Lauchhammer, Stadt im Bez. Cottbus, 24 800 Ew.; Braunkohlenind., Großkokerei, Bergbau-Großgeräte.

Lauchstädt, Bad L., Kurort im Bez. Halle, 5 300 Ew.; Eisensäuerling-Quelle; Goethe-Theater (1802).

Lauda-Königshofen, Stadt im Main-Tauber-Kr., Bad.-Württ., 14 600 Ew.

Laudanum [lat.], im MA. jedes Beruhigungsmittel, bes. aus Opium.

Laudatio [lat.], Lobrede, ehrende Ansprache.

Laudes [lat.] *Mz.*, das Morgenlob des röm. Breviers.

Laudi, Laude [lat.-ital.], *Ez.* **Lauda**, volkstüml. geistl. Lieder in Italien im 13. Jh., zunächst einstimmig mit Kehrreim, später mehrstimmig. Zu den L. gehört u. a. der Sonnengesang des hl. Franziskus.

Laudon, Loudon [l'au-], Gideon Ernst, Freiherr von, österr. Feldmarschall, * 1717, † 1790, besiegte Friedrich d. Gr. bei Kunersdorf (1759), wurde von ihm bei Liegnitz (1760) geschlagen. 1789 eroberte er Belgrad.

Laue, Max von, Physiker, * 1879, † 1960, entdeckte die Beugung von Röntgenstrahlen an Kristallen, förderte die Relativitätstheorie, entwickelte eine Theorie der Supraleitung; 1914 Nobelpreis für Physik. →Laue-Verfahren. (Bild S. 185)

Lauenburg, 1) **Herzogtum L.**, Kr. in Schlesw.-Holst.; Verwaltungssitz ist Ratzeburg. – Das Hzgt. **Sachsen-L.**, früher Gfsch. Ratzeburg, kam 1200 an die askan. Herzöge von Sachsen (1260–1689 Linie **Sachsen-L.**), anschließend an Hannover, 1815–64 an Dänemark, 1876 an die preuß. Prov. Schlesw.-Holst. Die Domäne L. (Sachsenwald) erhielt Bismarck als Staatsgeschenk. 2) **L. (Elbe)**, Stadt in 1), an der Einmündung des Elbe-Lübeck-Kanals in die Elbe, 10 800 Ew.; Elbhafen, Schiffswerften, Reedereien, versch. Ind. 3) **L. in Pommern**, poln. **Lębork**, Stadt in 2)600 Ew.; Maschinen-, Holzindustrie. – 1341 vom Dt. Orden gegründet.

Laue-Verfahren, Erzeugung von Röntgenstrahl-Interferenzen durch Beugung von Röntgenstrahlen in einem Kristall und die darauf gegr. Ermittlung der Kristallstruktur. Ein durch eine Kristallplatte hindurchtretender Röntgenstrahl erzeugt auf einem photograph. Film eine regelmäßige Anordnung von Interferenzflecken (**Laue-Diagramm**).

Lauf, 1) **Laufen**, ✕ Form der Fortbewegung, bei der nie beide Beine zugleich den Boden berühren; bildet als sportl. Disziplin den Mittelpunkt der Leichtathletik. Sportl. Wettbewerbe: Kurz-, Mittel- und Langstrecke, Marathon-, Hindernis-, Hürden- und Staffellauf. 2) Rohr der Handfeuerwaffen und Maschinengewehre. 3) Bei der Jagdtiere und Hunde. 4) ♪ schnelle, stufenweise auf- oder absteigende Tonfolge.

Lauf|achse, Laufradsatz, bei Schienenfahrzeugen nicht angetriebene, nur tragende Achse.

Lauf an der Pegnitz, Krst. in Mittelfranken, Bayern, 21 800 Ew.; Maschinen-, keram. Ind. Wasserschloß (um 1360 von Kaiser Karl IV. erneuert) auf einer Pegnitzinsel.

Laufen, Stadt in Oberbayern, an der Salzach, 5 500 Ew.; älteste dt. Hallenkirche Süddt.s.

laufende Rechnung, das Kontokorrent.

laufender Hund, in Wellenlinien fortlaufendes grch. Ornament, dem →Mäander verwandt.

Laufender Keiler, olymp. Disziplin im Schießsport, wobei eine Scheibe mit dem Bild des Tieres als Ziel dient.

laufendes Gut, ⚓ Tauwerk zum Bewegen der Rahen und Segel.

Läufer, 1) Fußball, Handball, Hockey: Verbindungsspieler zw. Stürmern und Verteidigern. 2) Schachfigur. 3) junges Schwein von der 15. bis 26. Woche. 4) ⊙ der umlaufende Teil bei Maschinen. 5) langer, schmaler Teppich in Meterware. 6) Ordonnanz an Bord von Kriegsschiffen.

Lauf|feldröhre, →Wanderwellenröhre.

Laufen a. N., Stadt in Bad.-Württ., am Neckar, 8 800 Ew.; got. Regiswindiskirche; bed. Weinbau; Zementwerk.

Laufgraben, ♣ im Stellungskrieg ein Graben, der zur Kampfstellung führt.

Läufigkeit, ♀ Brunstzeit weibl. Hunde und Füchse.

Laufkäfer, räuber. Käfer mit meist nächtl. Lebensweise: u. a. **Getreide-L.** und **Puppenräuber.** (Bild Naturschutz)

Laufkatze, an einem Hebezug waagerecht verfahrbare Winde.

Laufkraftwerk, Wasserkraftwerk, bei dem das zufließende Wasser eines Flusses durch ein Wehr aufgestaut und laufend verarbeitet wird, außer bei Hochwasser; Ggs.: Speicherkraftwerk.

Laufmasche, bei Wirk- und Strickwaren ein sich lösender Maschenverband.

Laufmilben, Fam. meist roter Milben mit stechborstenförmigen Kieferfühlern, z. T. Schmarotzer an Insekten, bes. die Larve der **Erntemilbe.** Plüschartig scharlachrot behaart ist die **Sammetmilbe.** Hautparasiten auch beim Menschen. (Bild S. 184)

Laufpaß, ⚬ Entlassungsschein.

Laufrad, 1) bei Strömungsmaschinen (Turbinen, Pumpen) der rotierende Teil zur Umwandlung der Energie. **2)** bei Schienenfahrzeugen: → Laufachse.

Laufvögel, ⚬ für → Straußvögel.

Laufzeit, bei einem Wechsel die Zeit bis zum Verfalltag.

Laufzeitröhren, Elektronenröhren, bei denen die Flugzeit (Laufzeit) der Elektronen von der Kathode zu den Elektroden zur Verstärkung hochfrequenter elektromagnet. Wellen ausgenutzt wird, z. B. → Klystron, → Magnetron, → Wanderwellenröhre.

Lauge, Lösung einer starken Base in Wasser. Technolog. Lösungen mit Nutz- oder Ballaststoffen.

Laugenvergiftung, Vergiftung durch Lösungen ätzender Lauge oder kohlensaurer Alkalien; Folgen: Anätzung der Mundschleimhaut, heftige Schmerzen von der Mundhöhle bis zum Magen, Erbrechen, Koliken mit Durchfall (blutig), Narbenbildung; Behandlung: Zufuhr verdünnter Säuren oder Milch, herzanregende Mittel.

Laughton [lɔ:tn], Charles, engl. Charakterdarsteller, * 1899, † 1962. – ›Das Privatleben Heinrichs VIII.‹ (1932), ›Rembrandt‹ (1936), ›Der Glöckner von Notre Dame‹ (1939) u. a.

Laugung, Verfahren zur Metallgewinnung und -aufbereitung aus Erzen durch Extrahieren mit Wasser, wäßrigen Lösungen von Säuren, Basen u. a., neuerdings auch mit Hilfe von oxidierenden Mikroorganismen (**biologische** oder **bakterielle L.**). L. an der Lagerstätte selbst (**in-situ-L.**) heißt **Lauge-Bergbau.**

Launceston [lɔ:nsəstən], Stadt in Tasmanien, Australien, 63 400 Ew.; Wirtschaftszentrum, Seehafen am Tamar-Fluß.

Laupheim, Stadt in Bad.-Württ., 15 000 Ew.; Industrie; zwei Schlösser (16., 18. Jh.), Rathaus (1589).

Laura, die Frau, die Petrarca in seinen Dichtungen besang; ihre histor. Existenz ist umstritten.

Laurana, Luciano da, ital. Renaissance-Baumeister, * um 1420/25, † 1479, schuf den Herzogspalast in Urbino.

Laureat [lat.], → poeta laureatus.

Laurencin [lɔrãsɛ̃], Marie, frz. Malerin, * 1885, † 1956, von Matisse beeinflußt, zartfarbige Mädchenbildnisse.

Laurens [lɔrãs], Henri, frz. Bildhauer, * 1885, † 1954, schuf, vom Kubismus angeregt, zunehmend abstraktere Bildwerke.

Laurentius, Märtyrer in Rom, † 258, auf glühendem Rost zu Tode gefoltert; Tag: 10. 8.

Laurentius|schwarm, Sternschnuppenschwarm, der um den 10. 8. (Tag des hl. Laurentius) auftritt.

Laurenziana, Biblioteca Medicea L., Bibliothek der Medici in Florenz mit kostbaren Handschriften.

Lauretanische Litanei, im 16. Jh. erstmals bezeugte, aus Ehrentiteln Mariens zusammengesetzte Litanei.

Laurin, ngrch. **Lavrion,** grch. Hafenstadt an der O-Küste Attikas, 8 200 Ew.; Bergbau: Blei, Zink, Eisenmangan.

Laus, Insekt, → Läuse.

Lausanne [lozan], Hptst. des Kt. Waadt (seit 1803), Schweiz, auf mehreren Hügeln am Genfer See, 127 300 Ew.; Univ. (1537 gegr.), TH, viele Privatschulen, Sitz des Eidgenöss. Bundesgerichts und des Internat. Olymp. Komitees. Bauten: Kathedrale (1173–1275), Schloß (1425–31), Rathaus (1456, 1674–78 umgebaut); Verkehrsknoten, Fremdenverkehrszentrum, Messen. – Seit etwa 590 Bischofssitz, seit 1536 unter der Herrschaft Berns, die die Reformation einführte. **Konferenzen von L.:** 1) 1912 Frieden zw. der Türkei und Italien; 2) 1923 Frieden zw. der Türkei und Griechenland, Großbritannien, Italien u. a. 3) 1932 abschließende Reparationskonferenz; 4) 1949 israelisch-arab. Waffenstillstandsabkommen.

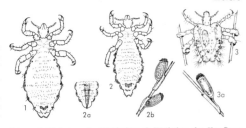

Läuse: **1** *Weibchen der Kleiderlaus.* **2** *Weibchen der Kopflaus; a Hinterleib einer männlichen Kopflaus mit Begattungsorgan, b Nisse der Kopflaus, an ein Haar geklebt.* **3** *Weibchen der Filzlaus; a Ei mit Larve (1 etwa 6fach, 2 etwa 8fach, 3 etwa 10fach vergr.)*

Lausanner Schule, mathemat. Richtung der → Grenznutzenschule, bes. V. Pareto, L. Walras.

Lauscha, Stadt im Bez. Suhl, 5 200 Ew.; älteste Glashütte (1597) des Thüringer Waldes, Glasmuseum.

Lauscher, Loser, Luser, ♀ Ohren des wiederkäuenden Schalenwildes.

Läuse, Anoplura, Ordn. flügelloser Insekten mit stechendsaugenden Mundwerkzeugen, Klammerbeinen, abgeflachtem Körper; machen unvollständige Verwandlung durch und leben als Blutsauger an Säugern. Am Menschen leben: **Kopflaus** (2–3 mm lang), klebt die Eier (Nisse) an die Kopfhaare; Bekämpfung: Insektizide. **Kleiderlaus** (bis 4 mm lang), in rauher Wäsche, überträgt die Erreger des Fleckfiebers, des Fünftagefiebers und des Rückfallfiebers. Bekämpfung: Insektizide, Begasen oder Hitzetrocknen der Wäsche. **Filzlaus** (1–1,5 mm lang), bes. an den Schamhaaren, mit grauweißem, schildförmigem Körper. Bekämpfung: Insektizide.

Läusekraut, Läusewurz, Rachenblüter-Gatt., meist Stauden mit fiederspaltigen Blättern und Ähren großer Lippenblüten. Das **Sumpf-L.,** bis 0,5 m hoch, hat rote Blüten.

Lausfliegen, als Blutsauger an Säugetieren und Vögeln lebende Zweiflügler, mit lederartiger Haut und Klammerklauen.

Lausick, Bad L., Stadt im Bez. Leipzig, 6 600 Ew.; Eisen- und Moorbad; Schamottewerk.

Lausitz die, Landschaft um die Görlitzer (Lausitzer) Neiße und die obere Spree, umfaßt die **Nieder-L.** im N und die **Ober-L.** in S. Der Südteil ist gebirgig (→ Lausitzer Bergland) und geht nach N in Niederungen (Spreewald) mit Heiden (Kiefernheiden) über. Um Senftenberg und Hoyerswerda Braunkohlenabbau, in größeren Städten (Cottbus, Guben, Forst) Tuchind. – Die L. kam im 10. Jh. zum Dt. Reich, im 14. Jh. an Böhmen, 1635 an Kursachsen, 1815 fielen die Nieder-L. und die halbe Ober-L. an Preußen; seit 1945 ist die östl. L. unter poln. Verwaltung.

Laubsänger

Lausitzer Bergland, westlich der Görlitzer Neiße gelegene Ausläufer der Sudeten, im S m **Lausitzer (Zittauer) Gebirge** 793 m (Lausche). Im dichtbesiedelten L. B. neben Nutzung der Bodenschätze (Granit, Braunkohle, Kaolin) Textilindustrie.

Lausitzer Kultur, Kulturgruppe der mittl. Bronze- und frühen Eisenzeit, verbreitet im östl. Mitteleuropa, bes. in der Niederlausitz. Kennzeichnend: formenreiche Keramik. Welche Völker (Germanen, Slawen oder, am wahrscheinlichsten, Illyrer) die Träger der L. K. waren, ist nicht eindeutig bewiesen.

Laut, 1) Ton, Klang. **2)** Ⓢ jeder bei bestimmter Stellung der Sprachwerkzeuge (Artikulation) mit Hilfe des Atemstroms erzeugte Schall.

Lauta, Gem. im Bez. Cottbus, Niederlausitz, 8 800 Ew.; Großkraftwerk, Aluminiumwerk.

Laut|archiv, Sammlung von Sprechtexten (Schallplatten, Tonbänder, Tonfilme). Zentrale Einrichtung in der Bundesrep. Dtl.: **Dt. Spracharchiv** in Münster (engr. 1938).

Max von Laue

Laute [arab.], ♪ Zupfinstrument, dessen länglich-ovaler Schallkörper mit bis zu 11 Saiten bespannt ist; stammt aus dem Orient. (Bild Zupfinstrumente)

Lauterbach, Stadt im Vogelsberg-Kr., Hessen, am Vogelsberg, 14 600 Ew.; Ind.; 812 erstmals erwähnt, Stadtkirche (Rokoko), Burg (um 1685), Schloß Hohhaus (1769–73).

Lauterberg im Harz, Bad L. i. H., Stadt im Kr. Osterode a. H., Ndsachs., 14 100 Ew.; Kneippbad; Metall-, Möbel-, Pinsel-, Holz-, Eisen- u. a. Industrie; Schwerspatbergbau.

Charles Laughton

Laut

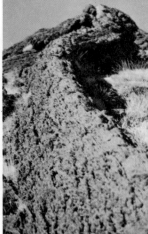

*Lava: links Lavastrom beim Ausbruch;
rechts erkalteter Lavastrom am Ätna, Sizilien*

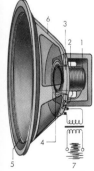

*David Herbert
Lawrence*

Lauterbrunner Tal, das Tal der Weißen Lütschine im Berner Oberland, vom Tschingelgletscher bis Zweilütschinen, 18 km lang. Hauptort: **Lauterbrunnen.**

Lauterstall, Harnruhr der Pferde, das Absetzen (Stallen) großer Mengen eines dünnflüssigen, blassen (lauteren) Harns aus unterschiedl. Ursachen.

Lautgesetz, Regel, nach der sich in einer best. Sprache und zu best. Zeit ein bestimmter **Lautwandel** vollzieht. Er erfaßt alle Laute unter vergleichbaren Bedingungen, z. B. wurde lat. a im 4.–9. Jh. in offener Silbe zu altfrz. e. Ausnahmen vom L. gehen bes. auf die Wirkung der Analogie zurück.

Lautlehre, Lehre von den Sprachlauten, ihrer Bildung (**Phonetik**), ihrer Geltung im Sprachsystem (**Phonologie**) und ihrer Entwicklung (**Lautgeschichte**).

Lautmalerei, grch. **Onomatopöie,** Versuch sprachl. Wiedergabe außersprachl. Sinneseindrücke (z. B. von Tierlauten: so ›kikeriki‹ für den Hahnenschrei).

Lautréamont [lotream'3], Comte de, eigtl. Isidore **Ducasse,** frz. Dichter, * 1846, † 1870; halluzinator. Prosadichtung: ›Gesänge des Maldoror‹ (1869).

Lautschrift, Schriftsystem zur möglichst lautgetreuen Aufzeichnung des Gesprochenen (phonet. Transkription). Am verbreitetsten ist das System der ›Association Phonétique Internationale‹ (seit 1886). Die einem Schriftzeichen beigelegte phonet. Bedeutung ist dessen **Lautwert.**

Lautsprecher, Gerät zum Umwandeln elektromagnet. Schwingungen in hörbare (akustische) Schwingungen. **Der magnet. L.** beruht auf der Anziehungskraft eines Elektromagneten, bei dem der ersten L. auf eine Blechmembran wirkte, die später durch einen frei schwingenden Anker ersetzt wurde (**Freischwinger**). Der meist verwendete **dynamische L.** beruht auf der Wechselwirkung zw. einem konstanten Magnetfeld und einem stromdurchflossenen Leiter, der im Feld eines Dauermagneten abgelenkt wird. Beim **Kristall-L.** wird der piezoelektr. Effekt von Salzkristallen ausgenutzt. Die Schwingungen des Kristalls werden von einer mit ihm verbundenen Membran auf die Luft weitergegeben. Der **elektrostat. L.** (Kondensator-L.) benutzt die elektrostat. Anziehung zweier Metallflächen, die eine elektr. Spannung gegeneinander haben.

Lautstärke, Maß für die Stärke einer Schallempfindung. Maßeinheit ist das Phon. (Übersicht)

Lautverschiebung, gleichartige Veränderung größerer Teile des Lautsystems einer Sprache, bes. der Konsonanten; in den indogerman. Sprachen v. a. im Armenischen und in den german. Sprachen. In den letzteren unterscheidet man 2 Stufen: **1) germanische L.** (unterschiedl. datiert: 500 v. Chr. bis 2. Jh. n. Chr.), die die german. Sprachen aus der indogerman. Gemeinschaft löste. Durch sie wandelten sich u. a. die Laute k, t, p in h, th, f; z. B. entsprechen sich im Lateinischen und Gotischen: cornu und haurn (Horn), tres und threis, thris (drei), pater und fadar (Vater). **2) hochdeutsche L.** (7. Jh. n. Chr.) betraf nur die hochdt. Sprache, die seitdem vom Niederdeutschen geschieden ist. Damals wandelten sich k in ch, t in ts oder ss, p in ff oder pf, ferner b, d, g zu p, t, k. So entsprechen sich niederdt. Schipp, Water, ik und hochdt. Schiff, Wasser, ich, niederdt. ten, Perd, hochdt. zehn, Pferd, niederdt. dag, hochdt. Tag.

Lautwandel, →Lautgesetz.

Lava [ital.] *die,* bei Vulkanausbrüchen ausfließendes Magma und das daraus entstandene, durch entweichende Gase meist poröse, häufig auch glasige Ergußgestein.

Lavabo [lat.] *das,* 1) sinnbildliche Handwaschung des kath. Priesters in der Messe. 2) die Gefäße dazu.

Laval, Hptst. des frz. Dép. Mayenne, 54 500 Ew.; Kathedrale (12.–16. Jh.); Metall-, Textilind., Obstbau.

Laval, Pierre, frz. Politiker, * 1883, † 1945, sozialist. Abg., dann parteilos; 1925–44 mehrmals Min. und MinPräs., um frz.-ital. Verständigung bemüht. Wegen Kollaboration mit Dtl. zum Tode verurteilt und hingerichtet.

La Valletta, Hptst. von Malta, →Valletta.

Lavant, linker Nebenfluß der Drau in Kärnten, 64 km, durchfließt das Lavanttal der **Lavanttaler Alpen.**

Lavant, Christine, eigtl. **Habernig,** geb. Thonhauser, österr. Schriftstellerin, * 1915, † 1973; Lyrik, Erzählungen.

La Varende [-var'äd], Jean Mallard Vicomte de, frz. Schriftst., * 1887, † 1959. Romane (›Unter der Maske‹, 1937).

Lavater, Johann Kaspar, schweizer. philosoph. Schriftst., * 1741, † 1801, Pfarrer in Zürich; erläuterte in den ›Physiognom. Fragmenten‹ (4 Bde., 1775–78), an denen auch Goethe mitarbeitete, die Kunst der Charakterdeutung aus den Gesichtszügen.

Lavendel, halbstrauchige, blaublühende Lippenblüter-Gatt. des Mittelmeerbereiches; die duftreiche Blüte gibt **Lavendelöl,** den Rohstoff für den Duftstoff **Lavendelwasser** und das Einreibemittel **Lavendelspiritus;** z. T. Heilpflanzen. (Bild Arzneipflanzen)

La Venta, archäolog. Fundort in Mexiko, nach dem die **La-Venta-Kultur** (präkolumb. Indianer-Kultur) benannt ist.

Laveran [lavr'ä], Charles Louis Alphonse, frz. Mediziner, * 1845, † 1922; entdeckte 1880 den Malariaerreger, erhielt 1907 den Nobelpreis für Medizin.

lavieren [frz.-niederländ.], 1) ⚓ gegen den Wind kreuzen. 2) Ü Kreuz- und Querzüge machen, um zum Ziel zu kommen. 3) Malerei: aufgetragene Farben verwischen.

Lavigerie [laviʒr'i], Charles Martial Allemand, frz. Kardinal, * 1825, † 1892, Erzbischof von Algier seit 1867; gründete 1868 die Kongregation der →Weißen Väter.

Lavoisier [lawasj'e], Antoine Laurent de, frz. Chemiker, * 1743, † (hingerichtet) 1794; Begründer der neuzeitl. organ. Chemie, führte die Waage in die analyt. Chemie ein, deutete die Oxidation als Sauerstoffaufnahme. Als Steuerpächter in der Frz. Revolution zum Tode verurteilt.

Lavongai, Insel im Bismarckarchipel, 1 600 km², hieß als dt. Schutzgebiet **Neuhannover** (1884–1918).

Law [lɔ:, engl.], Recht, Rechtsordnung.

Law [lɔ:], John L. of Lauriston [-ɔv 'lɔristən], schott. Finanzmann, * 1671, † 1729, errichtete 1717 in Paris eine Privatnotenbank, die 1718 Staatsbank wurde. Die übermäßige Ausgabe von Banknoten und Aktien stürzte Frankreich 1720 in eine Finanz- und Wirtschaftskrise.

Lautstärke	
Untere Hörschwelle	0
Blättersäuseln	10
Flüstern	20
Gedämpfte Unterhaltung	40
Lautes Sprechen	60
Mittlerer Straßenlärm	70
Schreien	80
Motorrad	85
Schmerzschwelle (z. B. Flugzeug in 25 m Entfernung)	120

Lautsprecher (dynamischer L.): 1 *Weicheisenkern,* 2 *Schwingspule.* 3 *Luftspalt,* 4 *Zentrierung,* 5 *elastische Halterung,* 6 *Membran,* 7 *elektrisches Signal*

Law and Order [lɔ: ænd 'ɔ:də, engl. ›Gesetz und Ordnung‹], polit. Schlagwort, betont die Notwendigkeit staatl. Ordnungsmacht gegenüber Gewalt und Verbrechen.

Lawine [ladin.] *die,* in Tirol **Lahn(e),** in der Schweiz **Laui** *(Mz.* **Lauene, Leuine),** große stürzende Schnee- und Eismassen der Hochgebirge. **Staub-L.:** feinkörniger, trockener Neuschnee, der mit orkanartigem Luftstrom zu Tal fährt. **Grund-L.:** durchweichter Schnee, der an steilen Hängen abrutscht und als geschlossene, im Sturz sich verdichtende Firn- und Eismasse niedergeht; sehr zerstörend. **Fließ-L.:** vorwiegend fließende Bewegung, dem Boden folgend, trocken oder naß. **Schneebrett-L.:** schlagartige Ablösung eines Schneebretts in riesigen Schollen. – Den besten Schutz gegen L. bietet geschlossener Hochwald (Bannwald). Wo er fehlt, sucht man Dörfer, Straßen usw. durch **L.-Verbauung** (Dämme, Mauern, Galerien) zu schützen.

Lawinenhunde, Hunde, die zur Suche nach Lawinenopfern abgerichtet sind; seit dem MA. Bernhardiner, neuerdings meist dt. Schäferhunde.

Lawinenschnur, 20–25 m lange rote Schnur, die in Lawinengebieten von Bergsteigern und Skiläufern nachgeschleift wird; erleichtert bei Verschüttung schnelles Auffinden.

Lawn Tennis [lɔ:n-, engl.], Tennis auf Rasen.

Lawra, Lavra, Laura [grch.] *die,* urspr. Einsiedlerkolonie ostkirchl. Mönche, später: Ehrentitel einiger Klöster der Ostkirche, z. B. **Große L.** auf dem Athos.

Lawrence [l'ɔrəns], **1)** David Herbert, engl. Schriftst., * 1885, † 1930; sah in der Sexualität die einzige noch ungebrochene Urkraft des Lebens. Romane: ›Söhne und Liebhaber‹ (1913), ›Liebende Frauen‹ (1920), ›Lady Chatterly‹ (1928). Novellen, Gedichte. (Bild S. 186) **2)** Ernest Orlando, amerikan. Physiker, * 1901, † 1958, entwickelte das Zyklotron und stellte mit ihm eine große Anzahl künstlich radioaktiver Stoffe her. Nobelpreis für Physik 1939. **3)** Sir Thomas, engl. Hofmaler, * 1769, † 1830; Bildnisse der europ. Gesellschaft. **4)** Thomas Edward, gen. **L. of Arabia** [-ɔv ər'eibjə], engl. Oberst, Archäologe, Arabist, Schriftst. und polit. Agent, * 1888, † (Unfall) 1935, leitete 1916–18 den Aufstand der Araber gegen die Türken, geriet in Widerspruch zur brit. Orientpolitik und diente seit 1922 als einfacher Soldat in der engl. Luftwaffe. Er schrieb ›Die sieben Säulen der Weisheit‹ (1926), ›Unter dem Prägestock‹ (1955).

Lawrencium [lɔ:-] *das,* **Lr,** ⊙ zu den Transuranen gehörendes chem. Element, erstmals 1961 hergestellt (→ chemische Elemente).

lax [lat.], nachlässig.

Laxantie̜n [lat.], *Ez.* **La̜xans** *das,* ♀ milde Abführmittel.

Laxenburg, Markt in Niederösterreich, 2000 Ew.; Schloß (Wasserburg des 13. Jh., nach 1683 mehrfach erweitert; u. a. mit ›Blauem Hof‹); Franzensburg (1798–1836).

laxieren [lat.], ♀ abführen.

Laxismus [lat.], von der kath. Moraltheologie verworfene Lehre, daß eine Gewissensverpflichtung schon bei leichtem Zweifel entfällt.

Laxness, Halldór Kiljan, eigtl. Guðjonsson [g'yðjɔunsɔn], isländ. Schriftst. * 1902. Romane: ›Salka Valka‹ (1931/32), ›Islandglocke‹ (Trilogie, 1943–46), ›Atomstation‹ (1948), ›Das Fischkonzert‹ (1957), ›Auf der Hauswiese‹ (1975). Nobelpreis 1955. (Bild S. 188)

Layout [l'eɪaʊt, engl.] *das,* der graph. Entwurf zur wirkungsvollen Gestaltung von Bild und Schrift bei Druckerzeugnissen. **Layouter,** Graphiker, der L. herstellt.

Lazarett, Militärkrankenhaus. Zum Transport dienen u. a. **L.-Züge, L.-Schiffe.**

Lazarillo de To̜rmes [laθar'iʎoðe-], Titelheld des in alle Kultursprachen übersetzten ersten span. Schelmenromans (1554).

Lazaristen, Vinzentiner, lat. **Congrega̜tio Missio̜nis** [›Kongregation der Mission‹], Abk. **CM,** Priestergenossenschaft ohne öffentl. Gelübde, gegründet 1625 vom hl. Vinzenz von Paul.

La̜zarus [hebr.], **1)** der von Jesus vom Tode auferweckte Bruder der Maria und Martha (Joh. 11,1 ff.). **2)** der Aussätzige im Gleichnis Luk. 16,19 ff.

La̜zarus, Moritz, Philosoph und Völkerpsychologe, * 1824, † 1903; knüpft an W. Wundt an.

Lazulith [lat.], blaues Mineral, vorwiegend Tonerdephosphat.

Lazzaro̜ne [ital.], *Mz.* **Lazzaro̜ni,** alte Bez. für Gelegenheitsarbeiter in Neapel; Ü Tagedieb.

lb [lat. libra], Einheitenzeichen für → pound.

l. c. [lat.], Abk. für loco citato, → loco.

LDPD, Abk. für → Liberal-Demokratische Partei Deutschlands (der Dt. Dem. Rep.).

Lea, erste Frau Jakobs.

Leader [l'i:də, engl.] *der,* Führer, Leiter.

Leakey [l'i:kɪ], Louis, * 1903, † 1972, Erforscher der Vorgeschichte Ostafrikas, Leiter archäolog. Expeditionen.

Leamington Spa, Royal L. S. [r'ɔɪəl l'emɪŋtən spa:], Badeort in Südwestengland, 45 000 Ew.; Stahl-, Schwefel-, Salzquellen gegen Magen- und Leberleiden.

Leander, Geliebter der → Hero.

Leander, Zarah, schwed. Filmschauspielerin und Sängerin, * 1907, † 1981; ›La Habanera‹ (1937) u. a. Filme.

Lear [l'ɪə], sagenhafter König Britanniens, Held eines Trauerspiels von Shakespeare.

Leasing [l'i:zɪŋ, engl.] *das,* Vermietung von Industrieanlagen, Investitions- und Konsumgütern; eine aus den USA kommende Methode der Industriefinanzierung. Vorteile: erhöhte Liquidität und Steuerersparnisse; Nachteile: hohe Mietausgaben.

Leba, Fluß in Pommern, 117 km, durchfließt den **Lebasee** (75 km²), mündet in die Ostsee.

Lebach, Stadt im Kr. Saarlouis, Saarland, 20 300 Ew.

Lebedew, Pjotr Nikolajewitsch, russ. Physiker, * 1866, † 1912, arbeitete über Wellen und Strahlungsdruck.

Leben, die Seinsform der Organismen **(Lebewesen),** naturwissenschaftlich charakterisiert als ein komplexes System (Ganzheit) von Eigenschaften. L. ist an die Zelle gebunden; die Viren z. B., die nicht zellig gebaut sind, besitzen nicht alle Kennzeichen des L. Das L. spielt sich durchweg auf der chem. Grundlage von Eiweißstoffen ab und zeigt sich in den meist hochst verwickelten Vorgängen (selbstgesteuerten Regelungen), die das Lebewesen in einem fließenden Gleichgewicht (Fließgleichgewicht) von Aufbau und Abbau erhalten. Werden die Abbau- und Zerfallsvorgänge nicht mehr durch Aufbauvorgänge ausgeglichen oder überwogen, so endet das L. des Einzelwesens (Tod). – Die **Lebenserscheinungen** (L.-Vorgänge) lassen sich zusammenfassen in die Gruppen: 1) Stoff- und Energiewechsel (Ernährung, Atmung); 2) Reizerscheinungen (Reizaufnahme und -beantwortung); 3) Formwechsel (Wachstum, Entwicklung, Fortpflanzung, Vererbung). Diese Vorgänge können nur dann ablaufen, wenn eine Reihe von **Lebensbedingungen** gegeben ist (so Wasser, Licht, Nahrung, Sauerstoff, Mindest- bis Höchsttemperatur). – Die Frage der Erstentstehung von L. aus leblosem Stoff ist noch ungeklärt. Nach verschiedenen, z. T. durch Versuche bestätigten Annahmen konnten sich wahrscheinlich einfache organ. Verbindungen (Kohlenwasserstoffe, Aminosäuren u. a.) in der Uratmosphäre der Erde unter Einfluß der Sonne, kosm. Strahlen und elektr. Entladungen (Gewitter) bilden (Urzeugung).

Der Begriff L. erlangte im 19. und frühen 20. Jh. ähnl. philosoph. Gewicht wie im frühen 19. Jh. ›Natur‹ und im 18. Jh. ›Vernunft‹. Als Eigenschaft des Organischen steht das L. zw. Anorganischem und Seelisch-Geistigem. L. ist (nach N. Hartmann) eine Seinsschicht des Kosmos (Materie, Leben, Seele, Geist). Materie kann ohne L. sein, L. ohne Seelisches (Pflanze), Seelisches ohne Geist (Tiere). Im Menschen jedoch verwirklichen sich alle 4 Schichten. Der um die Jahrhundertwende lebhafte Streit um die **Lebenskraft** (H. Driesch) tritt heute zurück, da sie weder beweisbar (Vitalismus) noch widerlegbar ist (Mechanismus), → Lebensphilosophie.

lebendes Inventar, → landwirtschaftliches Inventar.

Lebendgewicht, Gewicht des lebenden Tieres. Ggs.: Schlachtgewicht.

lebend(ig)gebärend, vivipar [lat.], heißen: 1) Tiere, deren Junge ihre Frühentwicklung im mütterl. Geschlechtswegen durchmachen: außer Säugetieren manche Kriechtiere (z. B. Kreuzotter), manche Lurche (Alpensalamander), manche Schnecken und Würmer; 2) Pflanzen, deren Samen noch an der Mutterpflanze keimen (z. B. Mangrove).

Leben-Jesu-Forschung, in der Gegenwart als ›historische Jesusfrage‹ bekanntgewordene modernere Untersuchung der Geschichte Jesu an Hand bibl. und außerbibl. Quellen.

Lebens|alter, Zeitspanne von der Geburt bis zum Tod; bestimmter Alterszeitpunkt im Leben eines Individuums; für

lebendgebärend

lebendgebärend: oben keimender Same eines Manglebaumes mit lang herausgewachsenem Hypokotyl (Keimstengel); unten die Jungpflanze hat sich gelöst; das schwerere untere Ende, das die Wurzelanlage trägt, hat sich in den Schlamm eingebohrt

Abschnitte der körperl. und geistig-seel. Entwicklung des Menschen. Über die rechtl. Bedeutung des L. → Alter (Übers.).

Lebensbaum, zypressenartige Nadelhölzer der Gatt. **Thuja** und **Thujopsis,** mit kegelförmigem Wuchs und gegenständigen Schuppenblättchen; z. T. Zierpflanzen, so der **Abendländische L.** aus Nordamerika, der **Morgenländische L.** aus Ostasien. – In der Mythologie ein Lebenssymbol.

Lebensdauer. 1) ⊕ ⌀ Man unterscheidet **durchschnittliche (mittlere) L.** der einzelnen Arten von Lebewesen und **Höchst-L.,** die unter günstigen Verhältnissen erreicht wird (vgl. Übersicht). –

Lebensdauer
(annähernde Höchstwerte in Jahren)

Pflanzen:		Perlmuschel	. . . . über 100
Affenbrotbaum .	5000	Adler	80
Mammutbaum . .	4000	Storch	70
Linde	800–1000	Eule	60
Buche	600–1000	Pferd	60
Ulme	500	Kuckuck	40
Nadelhölzer	300–500	Rind	30
Weinstock	130	Löwe	25
Heide	40	Katze, Hund	20–30
Heidelbeere	28	Amsel	18
Tiere:		Reh	16
Schildkröte	200	Regenwurm	10
Elefant	60	Hase	10
Karpfen	über 100	Hausmaus	4

Beim zivilisierten Menschen gilt die Steigerung der mittleren →Lebenserwartung als Maß für die Verlängerung der durchschnittl. L. **2)** ⌀ durchschnittl. Zeit von der Entstehung bis zum Zerfall eines Elementarteilchens. **3)** ⊙ für ein einzelnes Bauteil oder ein System die Zeitdauer vom Beanspruchungsbeginn bis zum Zeitpunkt des Ausfalls.

Lebens|elixier, alchimist. Allheilmittel.

Lebens|erwartung, in der Bevölkerungsstatistik die durchschnittl. Anzahl von Jahren, die ein Neugeborener voraussichtlich leben wird. Die L. wird an Hand von Sterbetafeln, meist getrennt nach Geschlechtern, errechnet. Ferner wird eine altersspezif. mittlere L. für jedes Lebensalter errechnet. Die mittlere L. eines Neugeborenen liegt heute unter 60 Jahren, in Afrika z. w. 40 und 50 Jahren; sie schwankt mit dem Grad der Industrialisierung und dem Grad der Hygiene und Ernährung. Die L. betrug in der Bundesrep. Dtl. 1870 und 1880 bei männl. Neugeborenen 36, bei weibl. 38 Jahre; 1977/79 analog 69,4 und 76,1 Jahre.

Lebenshaltungskosten werden berechnet nach den Preisen der Güter und Dienste, die für die Lebensführung ausgegeben werden. In der Bundesrep. Dtl. werden ›Preisindices für die Lebenshaltung‹ berechnet für alle privaten Haushalte, für 4-Personen-Haushalte von Angestellten und Beamten mit höherem Einkommen, für 4-Personen-Arbeitnehmerhaushalte mit mittlerem Einkommen (alleinverdienender Haushaltsvorstand), für 2-Personen-Haushalte von Renten- und Sozialhilfeempfängern, für die einfache Lebenshaltung eines Kindes. Die Zusammenstellung der hierfür ausgewählten Güter **(Warenkorb)** hängt von den Verbrauchsgewohnheiten ab; der Preisindex für die Lebenshaltung gilt als Maßstab für die Kaufkraft des Geldes.

Preisindex für die Lebenshaltung
(Bundesrep. Dtl.: 1970 = 100)

	1968	1971	1980
insgesamt	94,9	105,3	117,0
Nahrungs- und Genußmittel	95,5	103,8	112,7
Bekleidung	95,2	105,9	120,8
Wohnungsmiete	90,1	106,1	115,4
Energie (ohne Kraftstoffe)	95,8	105,4	137,6
Verkehr, Nachrichtenübermittlung	97,7	106,7	116,8
Körper-, Gesundheitspflege	92,5	106,9	119,1
Bildung, Unterhaltung	94,4	105,1	108,9

Lebenshilfe für geistig Behinderte e. V., 1958 gegr. Vereinigung, die die Öffentlichkeit auf ihre Verpflichtung gegenüber den jährlich etwa 6000 in der Bundesrep. Dtl. geborenen geistig behinderten Kindern hinweist; Sitz: Bonn, Geschäftsstelle: Marburg.

Halldór Kiljan Laxness

Lebslini|e, Linie um den Daumenballen der Innenhand.

Lebensmittel, alle Stoffe, die vom Menschen in rohem oder verarbeitetem Zustand gegessen oder getrunken werden, soweit sie nicht überwiegend Arzneimittel sind; nach dem →Lebensmittelgesetz keine Unterscheidung zw. Nahrungs- und Genußmitteln (Tabak, Kaffee, Tee u. a.).

Lebensmittelchemie, Wissenschaft von der chem. Zusammensetzung und ernährungsphysiolog. Funktion von Lebensmitteln.

Lebensmittelgesetz, regelt die Herstellung und Verarbeitung von Lebensmitteln sowie den Verkehr mit ihnen. Das dt. L. v. 17. 1. 1936 wurde durch das ›Ges. zur Neuordnung und Bereinigung des Rechts im Verkehr mit Lebensmitteln, Tabakerzeugnissen, kosmet. Mitteln und sonstigen Bedarfsgegenständen‹ **(Lebensmittel- und Bedarfsgegenstände-Ges.)** v. 15. 8. 1974 abgelöst. Das Ges. verbessert die Lebensmittelkontrolle.

Lebensmittelkonservierung, →Konservierung.

Lebensmittelrecht, Gesamtheit der rechtl. Bestimmungen zum Schutz des Verbrauchers vor Gesundheitsschädigung und wirtschaftl. Benachteiligung durch nicht einwandfrei beschaffene oder bezeichnete Lebensmittel. Es ist geregelt im →Lebensmittelgesetz und lebensmittelrechtl. Vorschriften (Bier-, Tabaksteuergesetz, Milch-, Fett-, Weingesetz u. a.).

Lebensmittel- und Bedarfsgegenständegesetz, →Lebensmittelgesetz.

Lebensnerven, das vegetative →Nervensystem.

Lebensniveau [-nivo:, frz.], von einer Bev., einer Gruppe oder einem Einzelnen gegenwärtig tatsächlich realisierte Lebensbedingungen.

Lebensphilosophie, seit dem 19. Jh. verbreitete philosoph. Strömung, die im Prinzip des Lebens den metaphys. Grund der Wirklichkeit sieht. Grundbegriffe sind Erleben, Verstehen, Einfühlen, Intuition, élan vital. Die L. knüpfte an J. G. Herder, Goethe, die Romantik, an A. Schopenhauer und v. a. an F. Nietzsche, an; anderes entnahm sie der Biologie des 19. Jh.; ihre wichtigsten Vertreter waren H. Bergson, W. Dilthey, M. Scheler, G. Simmel, L. Klages.

Lebensqualität, schlagwortartiger Sammelbegriff für die Summe schwer definierbarer Elemente, die das Glück oder Zufriedenheit der in einem Staat lebenden Menschen ausmachen. Der Begriff L. (zuerst wohl von J. K. Galbraith in den 60er Jahren gebraucht) stand zunächst unter dem Aspekt der Gefährdung von Lebensbedingungen durch Umweltverschmutzung; dem bis dahin v. a. quantitativ aufgefaßten Fortschritt stellte man so ein qualitatives Fortschrittsideal gegenüber. Später wurde der Begriff auf die Gesamtheit aller (auch nichtmateriellen) Gegebenheiten ausgedehnt, die optimiert werden sollten.

Lebensraum, 1) ⊕ ⌀ von Lebewesen (Mensch, Tier, Pflanze) besiedelter oder besiedelbarer Raum **(Biosphäre).** Innerhalb des L. werden durch einheitl. Lebensbedingungen charakterisierte und abgegrenzte Räume als Lebensstätten (→Biotop) unterschieden. **2)** polit. Schlagwort, in Dtl. bereits seit 1870/71 von Publizisten versch. polit. Richtungen gebraucht; im nat.-soz. Dtl. ideolog. Grundlage für eine imperialist. Ausdehnungspolitik.

Lebens-Rettungs-Gesellschaft e. V., →Deutsche Lebens-Rettungs-Gesellschaft.

Lebens|schutz, Biophylaxe, Bioprotektion [grch.-lat.], Schutz von Lebewesen und ihres Lebensraumes (Umwelt).

Lebens|standard, Gesamtheit aller Güter, Rechte und Nutzungen, die der Bev. eines Staates, einer Bevölkerungsgruppe oder dem Einzelnen für die private Lebensführung zugute kommen. Hauptbestandteil des L. ist die **Lebenshaltung.** Die zeitl. Entwicklung und die internat. Unterschiede des L. werden u. a. durch das Ergebnisse der Sozialproduktsberechnungen über den privaten Verbrauch dargestellt.

Lebensversicherung, Personenversicherung, die an die ungewisse Dauer des menschl. Lebens und die daraus entstehenden wirtschaftl. Bedürfnisfälle anknüpft. Man unterscheidet **Rentenversicherung** (lebenslängl. Rente) und **Kapitalversicherung,** bei der die Auszahlung einer Geldsumme für den Todesfall oder zu einem best. Zeitpunkt (Alter; Ausbildung und Aussteuer der Kinder) vereinbart wird. Die Höhe der Prämien (Einzahlungen) richtet sich, abgesehen von der Höhe der Versicherungsleistung, nach Alter und Gesundheitszustand der zu versichernden Person beim Eintritt. Die Prämie wird in Raten oder einmalig (Mise) geleistet. – In der Bundesrep. Dtl. hatten (1980) 104 L.-Unternehmen 28,6 Mrd. DM Beitragseinnahmen und 7,2 Mrd. DM Ausgaben für Versicherungsfälle und Rückkäufe. Es bestanden 65,48 Mio. L.-Verträge mit einer Summe von 708,3 Mrd. DM.

Leber, grch. **Hepar,** zentrales Stoffwechselorgan und die größte Drüse des menschl. und tier. Körpers. Die keilförmige menschl. L. besteht aus einem großen Lappen (rechts im Oberbauch) und einem kleineren, nach links gelagerten; beide

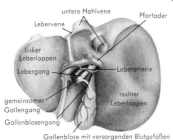

Leber: Ansicht von hinten und unten

untere Hohlvene
Pfortader
Lebervene
linker Leberlappen
Lebergang
Leberarterie
gemeinsamer Gallengang
rechter Leberlappen
Gallenblasengang
Gallenblase mit versorgenden Blutgefäßen

sind in Läppchen gegliedert. Die L. sondert die Galle ab, die durch Gänge in die Gallenblase und den Darm gelangt. Aus Traubenzucker, der ihr aus dem Darm durch die Pfortader zugeführt wird, baut die L. tierische Stärke (Glykogen) auf und speichert sie; auch Eiweiß wird vorwiegend in der L. umgesetzt. Aus den Endezreugnissen des Stickstoffhaushaltes bildet die L. Harnstoff, scheidet ihn aus und wirkt damit entgiftend. Die L. bildet auch Stoffe, die für die Blutgerinnung wichtig sind. → Fettleber.

Leber, 1) Georg, Politiker (SPD), * 1920, 1957–66 Vors. der IG Bau, Steine, Erden, 1966–72 Bundesmin. für Verkehr (1969–72 auch für Post und Fernmeldewesen), 1972–78 für Verteidigung. **2)** Julius, Politiker (SPD), Journalist, * 1891, † (hingerichtet) 1945, 1933–37 im KZ, Widerstandskämpfer (Mitgl. des → Kreisauer Kreises).

Leberbalsam, Ageratum, aus Amerika stammende Korbblüter-Gatt., Zierpflanzen.

Leberblümchen, Gatt. der Hahnenfußgewächse, Vorfrühlingspflanze des Laubwaldes.

Leber|egel, 1,5 cm breiter und bis 3 cm langer, blattförmiger, zwittriger Saugwurm mit Mund- und Bauchsaugnapf, verursacht als Schmarotzer im der Leber von Schafen, Rindern u. a. Haustieren, gelegentlich auch beim Menschen, die **Leberegelkrankheit, -seuche (Leberfäule).** Seine Larve lebt in einem Zwischenwirt, der Zwergschlammschnecke, kapselt sich an Pflanzen ein und wird mit dem Futter aufgenommen.

Leberfleck, 1) ein → Muttermal. **2) Chloasma,** während der Schwangerschaft vorübergehend auftretende Flecken.

Leberfunktionsproben, zur Früherfassung von Leberschäden und Verlaufsbeurteilung der Leberbehandlung.

Lebermeer, sagenhaftes, geronnenes Meer, in dem die Schiffe haftenbleiben.

Lebermoose, Hepaticae, Klasse der → Moose; z. B. Brunnen-L.

Leberpilz, fleischrot bis rotbrauner, jung eßbarer Röhrenpilz **(Ochsenzunge)** an Kastanien und Eichen.

Lebertran, Öl aus der Leber des Kabeljaus und des Schellfisches, wegen seines hohen Gehalts an Vitaminen (A, D) und ungesättigten Fettsäuren gegen Rachitis und Skrofulose sowie als Stärkungsmittel verwendet.

Leberwurstbaum, ⊕ der → Elefantenbaum.

Lebewesen, Organismus, lebende Zelle oder aus Zellen bestehender lebender Körper.

Leblanc [ləblã'], Nicolas, frz. Chemiker und Arzt, * 1742, † 1806, erfand das L.-Verfahren zur Sodaherstellung.

Le Blon [ləblõ'], Jakob Christof, Maler und Kupferstecher, * 1667, † 1741, Erfinder des Vierfarbendrucks (um 1710).

Le Bon [ləbõ'], Gustave, frz. Psychologe, * 1841, † 1931, Begründer der Massenpsychologie.

Le Bourget [ləburʒ'ɛ], Industriegem. im NO von Paris, 10 500 Ew., Flughafen.

Lebowa, ein → Homeland in der Rep. Südafrika.

Lebrun [ləbr'œ̃], **1)** Albert, frz. Politiker, * 1871, † 1950, war 1932–40 der letzte Präs. der Dritten Rep. **2) Le Brun,** Charles, frz. Maler, * 1619, † 1690, begabter Organisator, beherrschte das

Kunstleben im Zeitalter Ludwigs XIV., malte die Decken der Spiegelgalerie in Versailles und der Apollo-Galerie des Louvre.

Lec [lɛts], Stanisław Jerzy, poln. Lyriker und Satiriker, * 1909, † 1966. Aphorismen ›Unfrisierte Gedanken‹ (1959).

Lecanuet [ləkanɥ'ɛ], Jean, frz. Politiker, * 1920; war 1963–65 Präs. des Mouvement Républicain Populaire, gründete 1966 die ›Demokratische Mitte‹, war 1974–76 Justiz-Min., 1976–77 Staats-Min. (Landesplanung).

Le Carré [ləkar'ɛ], John, eigtl. David John **Moore Cornwell,** engl. Erzähler, * 1931; Spionageromane (›Der Spion, der aus der Kälte kam‹, 1963, u. a.).

Le Cateau [ləkat'o], Stadt im frz. Dép. Nord, 8 900 Ew. – Über den Frieden von 1559 → Cateau-Cambrésis.

Lecce [l'ettʃe], **1)** Prov. in Italien, Apulien, 2 759 km², 772 000 Ew. **2)** Hptst. von 1), 85 700 Ew.; Univ. (1956), Dom (14. und 17. Jh.); Textil- und Lebensmittel-Ind.

Lecco, Stadt in Oberitalien, am Ostarm des Comer Sees, 54 000 Ew.; Eisen- und Stahlwerk; Fremdenverkehr.

Lech der, re. Nebenfluß der Donau, 263 km, entspringt in den westl. Lechtaler Alpen in Vorarlberg; mehrere Staustufen, 1 Stausee zw. Füssen und Roßhaupten **(Forggensee).**

Lechersystem, Lecherleitung [nach E. Lecher, * 1856, † 1926], ⊠ Leitungssystem der Höchstfrequenztechnik: 2 parallele, gut isolierte Leiter, auf denen sich stehende elektromagnet. Wellen ausbilden.

Lechfeld, Schotterebene südl. von Augsburg, zw. Lech und Wertach. Die **Schlacht auf dem L.** (955), Sieg Ottos I. über die Ungarn, fand nicht hier, sondern vermutlich westl. und südöstl. von Augsburg statt.

Lechner, Leonhard, * um 1553, † 1606, einer der bedeutendsten Komponisten der mehrstimmigen Musik des 16. Jh.

Lechtaler Alpen, Gruppe der Nördl. Kalkalpen, Österreich, zw. Lech- und Oberinntal, Parseier Spitze 3 038 m.

Lechter, Melchior, * 1865, † 1937, Maler, Buchkünstler des George-Kreises; Glasmalereien, kunsthandwerkl. Entwürfe.

Lecithin das, cholinhaltiges organ. Verbindung, ein in jeder menschl. und tier. Zelle vorkommendes Lipoid. **L.-Präparate** dienen bei nervösen Schwächezuständen als Kräftigungsmittel.

Leck das, undichte Stelle an Rohrleitungen, Behältern und Schiffen.

Leckage [lɛk'aʒə] die, 1) Frachtverkehr: Verlust an flüssigen Waren durch Auslaufen oder Verdunsten. 2) Kerntechnik: aus einem Reaktor ungenutzt entweichende Neutronen.

Lecksteine, Stücke von Steinsalz oder mineralhaltigen Salzen als Futterergänzung für Haustiere und Wild.

Lecksucht, ♿ krankhafte Sucht gestalltener Rinder und Ziegen, Gegenstände zu belecken; Vitaminmangelkrankheit.

Leclair [ləklɛ'ɛːr], Jean Marie, frz. Komponist und Violinist, * 1697, † (ermordet) 1764; Violinkonzerte, Oper.

Leclanché-Element [ləkláʃ'e-], → galvanische Elemente.

Le Clézio [ləklezj'o], Jean Marie Gustave, frz. Schriftst., * 1940, Vertreter des ›nouveau roman‹.

Lecocq [lək'ok], Alexandre Charles, frz. Komponist, * 1832, † 1918, ein Hauptmeister der frz. Operette.

Leberblümchen

Leberpilz

Leber: Krankheiten und Krankheitszeichen

Leberabszeß, Eitergeschwulst infolge von Infektionen, z. B. bei Darminfektion mit Amöben (Ruhr), durch Bakterien bei Gallenstauung. Behandlung: Chemotherapie, Antibiotica, Operation.

Leberdystrophie, schwere Leberzellschädigung, bei der die Zellen verfetten und zugrunde gehen; infolge Giftwirkung (Bakteriengifte, Pilzgifte, Phosphor u. a.). Behandlung: Nebennierenrindenhormon, Aminosäuren, Zuckergaben u. a.

Leberegelkrankheit, Entzündung der Leber infolge Befalls mit Leberegellarven. Behandlung: Antimonpräparate.

Leberentzündung (Hepatitis), verschiedene entzündl. Leberkrankheiten, z. B. die Viruskrankheit Hepatitis epidemica, gekennzeichnet durch Gelbsucht, Übelkeit, oft Fieber. Behandlung: Bettruhe, fettfreie Ernährung, Leberschutzmittel.

Leberkrebs, bösartige Geschwulst in der Leber, meist verschleppt von Krebserkrankungen anderer Organe; gekennzeichnet durch Schmerzen in der Lebergegend, Abmagerung, Gelbsucht, Bauchwassersucht. Behandlung meist chirurgisch.

Leberschwellung, Anzeichen für Entzündung, Geschwülste, Stauungen.

Leberschrumpfung, Verkleinerung der Leber. Anzeichen bes. für Leberzirrhose.

Leberzirrhose, Verhärtung der Leber infolge entzündlicher Schädigung des Bindegewebes, führt zum Schwund der Leberzellen. Anzeichen: Verdauungsstörungen, Gelbsucht, Bauchwassersucht. L. ist oft Folge von Alkoholmißbrauch. Behandlung: Diät, Medikamente, Trinkkuren.

Leberschäden entstehen auch durch Gelbfieber, Weilsche Krankheit. Kennzeichen vieler Leberkrankheiten sind Bauchwassersucht und Gelbsucht.

Leco

Gertrud von le Fort

Leconte de Lisle [lɔk'ɔt dəl'i:l], eigtl. Charles-Marie-René **Lecomte**, frz. Dichter, * 1818, † 1894, Vertreter der → Parnassiens; formvollendete Gedichte von kühler Klarheit.

Le Corbusier [lɔkɔrbyzj'e], eigtl. Charles-Édouard **Jeanneret**, frz.-schweizer. Architekt, * 1887, † 1965, fand neue Formen des Stahlbetonbaus; seine Wohnhäuser, Wohnhochhäuser (Marseille 1947–52, Berlin 1957 u. a.) sind kubisch klar gestaltet; Wallfahrtskirche Ronchamp (1950–54). Seit 1950 entstand nach seinen Plänen die indische Stadt Chandigarh. Le C.s Schriften und Bauten sind von grundlegender Bedeutung für die moderne Architektur.

Le Creusot [lɔkrøz'o], frz. Stadt im Dép. Saône-et-Loire, 33 500 Ew.; bed. Eisen- und Stahlerzeugung.

Lecturer [l'ektʃərə], im angloamerikan. Bereich: Dozent.

Leda *die*, re. Nebenfluß der Ems, 27 km schiffbar. Das **Leda-Jümme-Sperrwerk** schließt das z. T. unter NN liegende Mündungsgebiet gegen die Flut ab.

Leda, grch. Mythos: Mutter der Dioskuren, der Klytämnestra und der Helena, Geliebte des Zeus, der als Schwan nahte.

Leder, die von Haaren befreite und gegerbte, meist auch gefettete und gefärbte Tierhaut. **Narben-L.** hat die durch die Haarporen gezeichnete Oberflächenschicht. **Spalt-L.** werden aus dickeren Häuten durch maschinelles Spalten hergestellt, dabei entstehen Narbenspalt-L. (Narbenspalte) mit und Spalt-L. ohne Narben. **Voll-L.** haben die Narbenschicht und sind ungespalten (z. B. Vollrind-L.).

Das meiste L. wird in der Schuhfabrikation verarbeitet. **Unter-L.** werden meist aus Rindshäuten in pflanzlich-synthetischer Gerbung hergestellt. **Ober-L.** sind chrom-, auch kombiniert chrom-pflanzlich gegerbt. Wichtigste Arten: Rindbox, Boxcalf, Chevreau (aus Ziegenhäuten). Stärker gefettete Ober-L. für Sport- und Skistiefel heißen **Waterproof-L.** Rein pflanzlich gegerbtes **Fahl-L.** ist für Arbeitsschuhe. Meist pflanzlich gegerbt sind **Sattler-, Blank-L., Möbel-L., Täschner-** oder **Portefeuille-L.** und **Buchbinder-L.** Großflächige Rindledernarbenspalte heißen **Vachetten. Fein-L.** für Luxusartikel sind: farbige Ziegenleder, Schweins-L., Saffian-L., L. aus Schlangen-, Eidechsen-, Krokodil-, Strauß- und Fischhäuten. L. mit feinfaseriger, tuchartiger Schauseite sind **Nubuck-L.** (mit angeschliffener Narbenseite) und **Velours-L.** (mit samtartig geschliffener Fleischseite); sie dienen auch als Schuhoberleder. **Bekleidungs-L.**, aus großflächigen Ziegen-, Schaf- und Kalbfellen, sind meist chromgegerbt. **Handschuh-L.** werden vorzugsweise aus Lamm- und Zickelfellen nach besonderen Gerbverfahren gearbeitet: Glacé-L. (meist glattnarbig) und Nappa-L. (kräftigere chromgegerbte Narben-L.). Zu den **technischen L.** gehören die meist stark gefetteten Riemen-, Manschetten- und Dichtungs-L., Spezial-L. für Ausrüstung von Textilmaschinen, Gasmessermembranen, L. für Sportartikel, Orthopädie-L., Rohhaut-L. usw.

Le Corbusier: Wallfahrtskirche in Ronchamp

Lederarbeiten, kunsthandwerkl. Arbeiten aus Leder wie Bucheinbände, Kästen, Futterale. Bei dem **Lederschnitt** des Spät-MA. wurde eine Zeichnung eingeschnitten, auch reliefplastisch ausgearbeitet. Gegen Ende des 15. Jh. kam die **Blindpressung** mit Stempeln auf, später auch Prägeplatten und Rollen. Aus dem Orient stammen die **Vergoldung** und das **Ledermosaik** aus verschiedenfarbigem Leder. Von den Mauren in Spanien eingeführte **Ledertapeten** waren bis ins 18. Jh. verbreitet.

Lederbeere, durch Falschen Mehltau befallene, geschrumpfte Weinbeere.

Lederberg [l'eɪdəbə:g], Joshua, amerikan. Genetiker, * 1925, erforscht die Erbanlagen bei Bakterien. Nobelpreis 1958 für Medizin (mit G. Beadle und E. L. Tatum).

Leder|ersatzstoffe, → Kunstleder.

Lederhaut, 1) Schicht der menschl. und tier. Haut. **2)** Teil des → Auges.

Lederstrauch, nordamerikan. Rautengewächs (Hopfenersatz).

Lederstrumpf, Beiname des Helden in den Indianergeschichten von J. F. Cooper.

Lederzecken, → Zecken.

Ledóchowski [ledu-], Mieczysław Halka Graf, Kardinal, * 1822, † 1902, Erzbischof von Posen-Gnesen, im preuß. Kulturkampf 1874 abgesetzt, vom Papst 1875 demonstrativ zum Kardinal ernannt.

Le Duc Tho, nordvietnames. Politiker (KP), * 1912 (?), Mitgl. des Politbüros, schloß 1973 mit dem amerikan. Sonderbeauftragten H.-A. Kissinger ein Waffenstillstandsabkommen, erhielt mit diesem dafür den Friedensnobelpreis, lehnte jedoch die Annahme ab.

Lee *die*, vom Wind abgekehrte Schiffsseite. Ggs.: **Luv.**

Lee [li:], **1)** Robert, nordamerikan. General, * 1807, † 1870, im Sezessionskrieg 1861–65 Oberbefehlshaber der Südstaaten. **2)** Tsung-Dao, chines. -amerikan. Physiker, * 1926, erhielt für seine Forschungen zur Parität der Elementarteilchen 1957 mit C.-N. Yang den Nobelpreis für Physik.

Leeds [-i:-], Industrie- und Handelsstadt in O-England, am N-Rand eines großen Kohlenreviers, 724 000 Ew.; Univ. (1904); Tuch-, Leder-, Möbel-, metallurg., elektrotechn. u. a. Ind.; Kanalverbindung mit Liverpool.

Leer (Ostfriesland), Krst. in Ndsachs., 31 000 Ew., an der Mündung der Leda; Seehafen; Seefahrtsschule; Eisengießerei, Maschinen-, Lebensmittel- u. a. Ind.; Schiffswerften.

Leergewicht, Gewicht eines betriebsfertigen Fahrzeugs ohne Ladung. Eingeschlossen sind die Füllung der Kraftstoffbehälter, das Gewicht aller Ausrüstungsteile und, außer bei Krafträdern und Pkw, 75 kg als Fahrergewicht.

Leergut, Frachtverkehr: zurückgehender Verpackungsstoff, von der Bahn zum ermäßigten Satz befördert.

Leerlauf, ⊙ bei Maschinen und Geräten der Betrieb im unbelasteten Zustand.

Leerverkauf, Blankoverkauf, → blanko.

Leeuwarden [l'e:vardə], Hptst. der niederländ. Prov. Friesland, 84 500 Ew.; Gießerei, Möbel-, Papier-, Textil-Ind., Viehmärkte; Fries. Museum.

Leeuwenhoek [l'e:vnhu:k], Antoni van, niederländ. Naturforscher, * 1632, † 1723, entdeckte mit selbstgebauten Mikroskopen u. a. Blutkörperchen, Querstreifen der Muskeln, Infusorien, Spermatozoen.

Leeward-Inseln, engl. **Leeward Islands** [l'i:wəd-, lj'uəd aıləndz], Inselgruppe der Kleinen Antillen, Westindien, nördl. Teil der ›Inseln über dem Winde‹.

Lee|wellen, Meteorologie: vertikale Schwingungen der Luftströmung hinter Gebirgen; in ihrem Bereich großzügige Aufwinde.

Lefebvre [ləf'ɛ:vr], **1)** François Joseph, frz. Marschall, * 1755, † 1820; von Napoleon I. 1807 zum Hzg. von Danzig ernannt. **2)** Marcel, frz. Erzbischof, * 1905, traditionalist. Kritiker der Entwicklung nach dem 2. Vatikan. Konzil, fordert Erhaltung der herkömml. Liturgie, wurde wegen unerlaubter Weihen von Priestern 1976 suspendiert.

le Fort [ləf'o:r], Gertrud von, Schriftstellerin, * 1876, † 1971, trat 1925 zum kath. Glauben über. Romane: ›Das Schweißtuch der Veronika‹ (1928/46), ›Die Magdeburgische Hochzeit‹ (1938); Erz. (›Die Letzte am Schafott‹, 1931), Lyrik.

Lefze *die*, die Lippe bei Wild und Haustieren.

legal [lat.], gesetzlich, gesetzmäßig.

Legalität [lat.], Gesetzmäßigkeit; die äußere Rechtmäßigkeit der staatl. Maßnahmen und des Verhaltens einzelner oder von Gruppen, Verbänden u. a.

Legalitätsprinzip, ⚖ Grundsatz, daß die Staatsanwaltschaft wegen aller Straftaten beim Vorliegen zureichender Anhaltspunkte ohne Rücksicht auf die Zweckmäßigkeit Anklage erheben muß (§ 152 StPO). Ggs.: → Opportunitätsprinzip.

Legasthenie [grch.] *die,* Lese-Rechtschreib-Schwäche bei im übrigen normaler Intelligenz.

Legat [lat.], **1)** *der,* im alten Rom: Gesandter, auch der ständige Gehilfe des Feldherrn oder Statthalters. **2)** *der,* Kath. Kirche: Abgesandter des Papstes zur Erledigung kirchl. Aufgaben **(Apostolischer L.).** Ständige L. als diplomat. Vertreter des Hl. Stuhls sind die Nuntien, solche ohne diplomat. Aufgaben die Apostolischen Delegaten. **3)** *das,* Vermächtnis.

Legation [lat.], ⚶ die Gesandtschaft.

Legationsrat, höherer Beamter im diplomat. Dienst.

legato [ital.], ♪ gebunden.

Legebohrer, Lege|röhre, Legestachel, ⚶ Eiablegeorgan bei Insekten.

Legel *der,* ⚓ Hanftau- oder Metallöse, mit der ein Segel am Stag aufgereiht wird.

Legende, 1) wunderbare, unverbürgte Erzählung, bes. aus dem Leben der Heiligen. In der mhd. Blütezeit wurde die L. zu einer höfischen Kunstform (Hartmann v. Aue, Rudolf v. Ems, Konrad v. Würzburg). Umfangreiche L.-Sammlungen entstanden bes. im späten MA.: ›Legenda aurea‹ des Jacobus a Voragine (um 1270), ›Passional‹ und ›Väterbuch‹ (Ende des 13. Jh.). Seit der Romantik wurde die L. als Kunstform wiederbelebt. **2)** erklärender Text zu Landkarten und Abbildungen. **3)** Text auf Spruchbändern der bildenden Kunst. **4)** Text auf Münzen.

Legendre [lõ'ãdr], Adrien Marie, frz. Mathematiker, * 1752, † 1833; arbeitete über Integralrechnung, ellipt. Funktionen, Fehlertheorie.

leger [lɛ'ʒɛːr, aus frz.], ungezwungen, leicht.

Léger [le'ʒe], Fernand, frz. Maler, * 1881, † 1955, fand, angeregt vom Kubismus, seinen eigenen Stil mit geometr. Abstraktionen.

Lege|röhre, ⚶ *der* → Legebohrer.

Legföhre, Wuchsform der → Kiefer.

leggiero [ledʒ'ero, ital.], ♪ leicht.

Legging(g)s [l'egɪŋz, engl.] *Mz.,* Ledergamaschen; Name für eine Art Hose der meisten nordamerikan. Indianer.

Leg|horn [engl. Name für Livorno], weiße Haushuhnrasse mit hoher Legeleistung.

Legien, Carl, Gewerkschaftsführer, * 1861, † 1920; setzte sich für die Gleichberechtigung der Gewerkschaften bei Verhandlungen mit den Unternehmern ein.

Legierungen, Vereinigungen eines (Grund-, Basis-)Metalles mit einem oder mehreren anderen metall. oder nichtmetall. Elementen. L. werden meistens durch Zusammenschmelzen oder -sintern hergestellt. Die Zahl der praktisch verwendeten L. wird auf mehrere Hunderttausend geschätzt.

Legion, die, **1)** altröm. Heereseinheit bis 6 000 Mann zu Fuß, rd. 300 Reiter, dazu Troß. **2)** in neuerer Zeit: Truppenverbände aus Freiwilligen oder Söldnern. **3)** Ü Menge, Masse.

Legionär, die, **1)** Soldat einer → Legion. **2)** Ritter der → Ehrenlegion.

Legionärskrankheit, Veteranenkrankheit, eine 1976 in Philadelphia, USA, bei einem Treffen einer Kriegsteilnehmerorganisation erstmals aufgetretene schwere Erkrankung mit Lungenentzündung, hohem Fieber und hoher Sterblichkeit. Der Erreger, eine bislang unbekannte Bakterienart, kann mit Hilfe der Gas-Chromatographie bestimmt werden.

Legion Condor, dt. Wehrmachtsverbände zur Unterstützung Francos im Span. Bürgerkrieg (1936–39).

Legion Mariens, kath. Laienvereinigung für Seelsorgehilfe, gegr. in Dublin 1921.

Legislative [lat.] *die,* die gesetzgebende Gewalt. **legislativ,** gesetzgebend. **legislatorisch,** gesetzgeberisch.

Legislaturperiode, Zeitraum, für den eine Volksvertretung gewählt ist.

legitim [lat.], gesetzmäßig, rechtmäßig.

Legitimation [lat.], Beglaubigung; Nachweis der Berechtigung; Ausweis über die Persönlichkeit; auch Urkunde, durch die man sich ausweist, z. B. Paß. Im Familienrecht erlangt ein nichtehel. Kind durch L. die Rechtsstellung eines ehel. entweder kraft Gesetzes durch nachfolgende Ehe des Vaters mit der Mutter (§ 1719 BGB) oder durch vormundschaftsgerichtl. Verfügung (Ehelichkeitserklärung) auf Antrag des Vaters (§§ 1723ff.).

Legitimationspapier, Schuldurkunde, die den Berechtigten namentlich nennt, bei dem aber der Aussteller an jeden Inhaber

F. Léger: Frau mit Blumen, 1922
(Düsseldorf, Kunstsammlung Nordrhein-Westfalen)

mit befreiender Wirkung leisten kann (z. B. Sparkassenbuch, Gepäckschein).

legitimieren, für rechtmäßig erklären; sich ausweisen.

Legitimität, Rechtmäßigkeit, bes. einer Reg. oder eines Herrscherhauses. Die **L. des demokrat. Staates** beruht auf der These, daß die Staatsgewalt vom Volk ausgeht. **Legitimisten,** Anhänger der L., bes. eines gestürzten Herrscherhauses.

Legnano [leɲ-], Industriestadt in der ital. Prov. Mailand, 49 300 Ew. – 1176 Sieg des Lombard. Städtebunds über Kaiser Friedrich I.

Legnica [-n'itsa, poln. Name von → Liegnitz.

legno [l'eɲo, ital. ›Holz‹, **col l.,** ♪ mit der Bogenstange statt mit dem Bogenbezug die Saiten streichen.

Legros [lagr'o], Alphonse, * 1837, † 1911, frz. Radierer düster phantast. Darstellungen, auch Maler.

Leguane, vorwiegend südamerikan. Echsen, meist auf Bäumen lebend; so der bis 1,5 m lange **Grüne L.,** mit dunklen Querbinden, und die **Meerechse** der Galápagos-Inseln; ferner → Basilisk. (Bild S. 192)

Leguminosen, die → Hülsenfrüchter.

Leh, Hauptort von Ladakh, Kaschmir, 3 520 m ü. M., Handelsort im Verkehr Indien–Tibet–China.

Lehár, Franz, Operettenkomponist, * 1870, † 1948; ›Die lustige Witwe‹ (1905), ›Der Graf von Luxemburg‹ (1909), ›Paganini‹ (1925), ›Der Zarewitsch‹ (1927), ›Das Land des Lächelns‹ (1929) u. a.

Le Havre [lə'aːvr], Hafenstadt (rd. 80 Mio. t Jahresumschlag), im frz. Dép. Seine-Maritime, an der Seinemündung, 219 600 Ew.; Seebad; Schiffswerften, Textil-, Flugzeug-, Auto-Ind., Erdölraffinerien; Erdöl-, Erdgas- und Produktenleitungen nach Paris.

Lehen, mittelalt. **Benefizium** ⚖ im MA. ein Grundstück, nutzbares Recht oder Amt, das der **Lehnsmann** (Vasall) von dem **Lehnsherrn** durch die **Belehnung** zu meist erbl. Besitz erhielt. Er war dafür zu ritterl. Kriegs- und Hofdienst verpflichtet. Das **Lehnswesen** entstand im Fränk. Reich der Karolinger und wurde die Grundlage der Staatsverfassung des MA. **(Lehnsstaat).**

Lehm, Verwitterungsprodukt, durch Eisenverbindungen gefärbter, sandhaltiger Ton, Rohstoff für Ziegel und Töpferwaren, auch Baustoff.

Lehmann, 1) Arthur Heinz, Schriftst., * 1909, † 1956; ›Hengst Maestoso Austria‹ (1940). **2)** Else, Schauspielerin, * 1866, † 1940, Interpretin von Hauptmann- und Ibsen-Rollen. **3)** Lilli, Sopranistin, * 1848, † 1929. **4)** Lotte, Sopranistin, * 1888, † 1976. **5)** Wilhelm, Schriftst., * 1882, † 1968; Thema seiner Lyrik ist die realistisch erfaßte, ins Magische gesteigerte Natur: ›Der grüne Gott‹ (1942); Entwicklungsroman ›Der Überläufer‹ (1962), Essays.

Lehmbau, alte Bauweise bes. im MA., bei der die lufttrockene Lehmsteine vermauert werden, Lehm zw. Schalung gestampft oder Reisig mit Lehm beworfen wird.

Franz Lehár

191

Lehm

*W. Lehmbruck:
Weiblicher Torso;
1910/11*

Lehmbruck, Wilhelm, Bildhauer, Maler, Radierer, * 1881, † 1919, schuf meist weibl. Akte (oft als Torso) und Büsten, deren Gestaltung zunehmend expressiver wurde.

Lehmwespen, einzeln lebende, schlanke, schwarz-gelb gezeichnete Faltenwespen. L. bauen Brutzellen in Lehmwände, Böschungen oder Pflanzenstengeln. In Mitteleuropa leben die Mauerwespe und die Pillen- oder Glockenwespe. (Bild S. 193)

Lehnin, Gem. und ehem. Zisterzienserkloster (1180 gegr.) mit roman. Backsteinbasilika, im Bez. Potsdam.

Lehnswesen, →Lehen, →Feudalismus.

Lehnübersetzung, ein Wort, das als wörtliche Übersetzung eines fremdsprachl. Wortes entstanden ist, z. B. ›Schöngeist‹ nach frz. ›bel esprit‹.

Lehnwort, aus einer anderen Sprache aufgenommenes Wort, das lautlich das Gepräge eines einheim. Wortes erhalten hat, z. B. ›Mauer‹ aus lat. ›murus‹.

Lehrberufe, 1) Berufe, die eine Lehrzeit erfordern. 2) die Lehrerberufe.

Lehrdichtung, Dichtung, die belehren will; sie ist an keine bestimmte Form gebunden, wenn auch Fabel, Epigramm und Parabel ihr zuneigen. In hellenist. und röm. Zeit wurden bestimmte Wissensbereiche systematisch in poet. Form vorgetragen, so von Lukrez (›Von der Natur der Dinge‹), Vergil (›Lehrgedicht vom Landbau‹), Horaz (›Über die Dichtkunst‹). Reich ist die geistl. und moralisch-prakt. L. des MA. Auch in der Neuzeit entstanden viele Lehrgedichte, so von Boileau, Dryden, Thomson, Brockes, Haller. In den philosoph. Gedichten Schillers (›Die Künstler‹, ›Der Spaziergang‹) gewinnt die L. den Rang hoher Dichtung. In jüngster Zeit lebte die L. wieder auf in der Lehrdramatik der UdSSR und bei B. Brecht.

Lehre, 1) Meßgerät meist aus Stahl, zum Prüfen der Werkstückmaße. Die **Fühler**-L. bestehen aus einem Satz verschieden dicker Blechstreifen, mit denen Fugen u. ä. geprüft werden; **Grenz**-L. haben einen Satz Gut- und ein Ausschußende. **Grenzrachen**-L. und **Grenzlehrdorne** dienen zum Prüfen von Bohrungen und Wellen. (Bild S. 193) **2)** System wissenschaftl. oder relig. Inhalte, z. B. Arbeitswertlehre. **3)** ⚥ die Lehrzeit.

Lehrer, Lehrender, Unterrichtender, i. w. S. jeder, der berufsmäßig Unterricht erteilt; i. e. S. die Lehrkräfte aller Schulen und Hochschulen. L. sind i. d. R. Beamte im öffentl. Dienst. Ausbildung zum **Grundschul**-L. an Univ. oder an PH in 6 Semestern; für das Lehramt an höheren Schulen an Univ. mindestens 8 Semester, anschließend Referendariat. **Realschul-**

Leguane: Grüner L.

L.: Grundschullehrer nach der 2. Prüfung (fachl. Ergänzungsprüfung), Studierende nach 6semestrigem Fachstudium und 1- bis 2semestrigen Referendariat.

Lehrerverbände, Lehrervereine, seit dem Ende des 18. Jh.; pädagog. und standespolit. Aufgaben. In der Bundesrep. Dtl. z. B. Gewerkschaft Erziehung und Wissenschaft (GEW), der Dt. Philologenverband, seit 1969 mit anderen zum Dt. Lehrerverband (DL) zusammengeschlossen.

Lehrfilm, → audiovisuelle Unterrichtsmittel.

Lehrfreiheit, das Recht, die wissenschaftlich gewonnenen Einsichten und Überzeugungen frei von staatl. oder kirchl. Einmischung durch Lehre, Rede und Druck zu verbreiten; als Grundrecht im Art. 5 GG gewährleistet.

Lehrgang, geschlossener, schulmäßiger Ausbildungsgang in einem Fachgebiet.

Lehrgerüst, Lehrbogen, ⌂ Tragwerk aus Holz oder Stahlrohren, stützt einen Bogen oder ein Gewölbe während des Bauens und legt dessen Form fest.

Lehrling, Auszubildende(r), ein in der Ausbildung stehender zukünftiger Handwerker, Kaufmann, Industriehandwerker u. a. Die Lehrzeit dauert 2–3¹/₂ Jahre und schließt mit einer Gesel-

len- oder Gehilfenprüfung ab. Alle Besonderheiten der L.-Ausbildung sind im Berufsbildungs-Ges. v. 14. 8. 1969 für alle Lehrverhältnisse (Ausnahmen: öffentl. Dienst und Seeschiffahrt) einheitlich geregelt. Der L. wird von einem Ausbilder im Betrieb betreut und besucht daneben die Berufsschule.

Lehrmaschinen, Lernmaschinen, Lehrautomaten, die auf der Grundlage manueller, elektron. und elektr. Steuerung eine Kontrolle des Lernfortschritts mehrerer Schüler durch vorkonstruierte **Lernprogramme** ermöglichen und damit selbständiges Lernen ohne direkte Einwirkung eines Lehrers gestatten.

Lehrmittel, Unterrichtshilfsmittel wie Filme, Karten, Modelle, Sammlungen u. ä. (im Ggs. zu **Lernmitteln** wie Hefte, Bücher).

Lehrsatz, innerhalb einer Theorie beweisbarer Satz.

Lehrte, Stadt im Kr. Hannover, Ndsachs., 38 400 Ew.; Bahnknoten; Kalibergbau, Maschinenbau, Zucker-Ind.

Lehrwerkstätten, Ausbildungseinrichtungen der Industrie.

Lehtonen [l'ɛx-], Joel, finn. Schriftst., * 1881, † 1934; sozialkrit. Romane.

Leib, 1) der Körper von Lebewesen, bes. der menschl. Körper. **2)** der Bauch.

Leibbursch, Verbindungsstudent, persönl. Berater des jüngeren **Leibfuchses.**

Leib|eigenschaft, im MA. die persönl. Abhängigkeit des zu Frondienst und mancherlei Abgaben verpflichteten bäuerl. Hintersassen von seinem Herrn. In Süd- und West-Dtl. führte die Auflösung der Grundherrschaft schon im Spät-MA. zur Auflockerung und später zur Beseitigung der L., in Ost-Dtl. erhielt sich dagegen ihre strengste Form in der seit dem 16. Jh. entstandenen Erbuntertänigkeit aus (bis 1850).

Leibes|erziehung, Bereich der Erziehung und Pädagogik, der mit Sport und Spiel Anregung zur Leistung und zu sinnvollem Freizeitverhalten geben will.

Leibesfrucht, das Kind im Mutterleib; wird rechtlich in bestimmten Fällen als schon geboren behandelt, z. B. gilt, wer zur Zeit eines Erbfalls gezeugt war, als vor dem Erbfall geboren.

Leibeshöhle, ⌀ **1) primäre L.** (**Schizozöl**), Hohlraum zw. dem inneren und den äußeren Keimblatt (→Entwicklung). **2) sekundäre L.** (**Zölom**), der vom mittleren Keimblatt ausgekleidete Hohlraum, bes. bei Ringelwürmern und Wirbeltieren.

Leibes|übungen, planmäßig betriebene Übungen zur Erhaltung körperl. Leistungsfähigkeit.

Leibesvisitation, ♐ körperliche →Durchsuchung als Beweismittel des Augenscheins.

Leibgarde, seit dem Ende des 15. Jh. die zum persönl. Schutz der Monarchen bestimmten Truppen.

Leibgedinge, das →Altenteil.

Leibl, Wilhelm, Maler, * 1844, † 1900, fand selbständig den Weg zu einem rein maler. Realismus. Nach einem Aufenthalt in Paris schlossen sich ihm in München Trübner, Schuch, Haider u. a., zeitweilig auch Thoma an (L.-Kreis). Seit 1873 lebte er mit dem Maler Sperl in oberbayer. Dörfern, deren Menschen er in einzigartiger Detailtreue malte (›Dorfpolitiker‹, 1877, ›Drei Frauen in der Kirche‹, 1878/81). (Bild S. 193)

Leibnitz, Bezirksstadt in der Steiermark, Österreich, im von der Mur durchflossenen **Leibnitzer Feld** (Ebene), 6 700 Ew.; nahebei Schloß Seggau (Burggründung 9. Jh.).

Leibniz, Gottfried Wilhelm Frhr. von, Philosoph, Mathematiker, Jurist, Politiker, Theologe, Physiker, Geschichts- und Sprachforscher, * 1646, † 1716, entwickelte die Differential- und Integralrechnung (unabhängig von Newton) und die erste brauchbare Rechenmaschine. Am bekanntesten ist seine Monadenlehre. ›Monaden‹ sind unendlich verschiedene Kraftpunkte seelischer Natur, aus denen das Weltganze aufgebaut ist. Gott ist die Urmonade, er hat alle Monaden zu einem harmonisch geordneten Kosmos abgestimmt (**prästabilierte Harmonie**); daher ist L. unsere Welt die beste aller möglichen Welten. (Bild S. 193)

Leibrente, Lebensrente, Geldrente, die einem anderen, meist auf dessen Lebenszeit an bestimmten wiederkehrenden Zeitpunkten zu leisten ist.

Leibschmerz, ♀ Anzeichen für Spannungszustände und Verkrampfungen der Eingeweidemuskulatur, Entzündungen im Bauchraum, Steinkrankheiten, bei Frauen auch für Störungen der Menstruation u. a.

Leibung, die →Laibung.

Leicester [l'estə], Hptst. der engl. Cty. Leicestershire, am Soar, 276 000 Ew.; Univ. (1923); Maschinen-, elektrotechn., Textil-Industrie.

192

W. Leibl: Die Wild-schützen; Teil eines von Leibl zerschnittenen Gemäldes, 1882–86 (Berlin, Natio-nalgalerie)

Leicester [l'estə], Robert **Dudley** [d'ʌdlɪ], Earl of L., * um 1533, † 1588, Günstling der Königin Elisabeth I. von England.

Leicestershire [l'estəʃiə], **Leicester**, Cty. in Mittelengland, 2 553 km², 836 300 Ew.

Leich *der*, in der mhd. Lyrik Lied mit frei wechselnden Strophen, die meist zu großen Strophensystemen zusammenge-faßt werden (religiöse, Minne- und Tanz-L.).

Leiche, der abgestorbene menschl. (**Leichnam**) oder tier. Körper. Menschl. L. sind nach der Leichenschau innerhalb landesgesetzlich festgelegter Fristen zu bestatten. Zum Transport einer L. ist ein → Leichenpaß erforderlich. Für die Feuerbestat-tung gelten Sondervorschriften.

Leichenbasen, bei der Eiweißzersetzung in der Leiche entstehende, z. T. giftige Stoffe (**Ptomaine**).

Leichenflecke, blaurote Flecke an tief gelegenen Stellen der Leiche (**Totenflecke**), entstehen infolge Senkung des Blutes.

Leichenfledderei, ›Diebstahl‹ von Sachen, die einem Bestat-teten beigegeben sind. Die L. ist kein eigener Straftatbestand, kann aber als Störung der Totenruhe bestraft werden (§ 169 StGB).

Leichen|öffnung, die → Sektion.

Leichenpaß, amtl. Genehmigung zum Transport einer Leiche; nach Vorlegung eines Sterberegisterauszugs und einer Bescheinigung über die vorschriftsmäßige Einsargung erteilt.

Leichenraub, unbefugte Wegnahme einer Leiche aus dem Gewahrsam der berechtigten Personen. Freiheitsstrafe (§ 168 StGB); ähnlich auch Österreich, Schweiz.

Leichenschändung, an einer Leiche vorgenommene un-züchtige Handlungen. Das dt. StGB kennt die L. als besonderes Verbrechen nicht, meist ist Bestrafung wegen Störung der Totenruhe (§ 168 StGB) möglich. Nach österr. Recht werden Mißhandlungen an Leichen mit Freiheitsstrafe geahndet (§ 190 StGB), das schweizer. Recht bestraft L. als Verunehrung eines Leichnams (Art. 262 StGB).

Leichenschau, Totenschau, die im amtl. Auftrag erfolgte Untersuchung eines Verstorbenen vor der Bestattung; sie soll bes. die Beerdigung Scheintoter verhindern.

Leichenstarre, Totenstarre, Starrwerden der Muskulatur einer Leiche, hervorgerufen durch Quellen des Eiweißes.

Leichhardt, Ludwig, Australienforscher, * 1813, verschollen 1848 in Australien, dessen NO er seit 1844/45 auf Entdeckungs-reisen erforscht hatte.

Leichlingen (Rheinland), Stadt im Rheinisch-Berg. Kr., NRW, an der Wupper, 24 500 Ew.; Metall- und Textil-Ind., Obstverwertung.

Leicht|athletik, alle aus der natürl. Bewegungen des Gehens, Laufens, Springens, Stoßens und Werfens entwickelten Übungen, die als Einzel-, Mehr- oder Mannschaftswettkämpfe ausgetragen werden: Laufwettbewerbe (Kurzstreckenlauf, Mittelstrecken-lauf, Langstreckenlauf, Staffellauf, Hürdenlauf, Hindernislauf); Wurfwettbewerbe (Diskuswerfen, Hammerwerfen, Kugelsto-ßen, Speerwerfen); Gehen; Sprungwettbewerbe (Hochsprung,

Stabhochsprung, Weitsprung, Dreisprung), Mehrkampf. Die L. ist Hauptteil der Olymp. Spiele, Grunddisziplin der modernen Leibeserziehung und Grundlage für sportl. Spitzenleistungen in anderen Disziplinen.

Leichtbau, Bauweise, bei der durch Leichtbaustoffe, Bauar-ten und Formen bei der Konstruktion tragender Elemente im Hoch-, Fahrzeug- und Maschinenbau das Gewicht verringert wird (Stahl-L., Leichtmetall-, Leichtbetonbau, Kunststoffbauweise).

Leichtbauplatten, in Formen gepreßte Platten aus minerali-sierter Holzwolle oder Holzspänen, mit Zement, Gips oder Magnesit gebunden, gute Wärme- und Kältedämmstoffe.

Leichtbeton, Beton mit leichten, porigen Zuschlagstoffen.

Leichter *der*, kleines, flach gebautes Wasserfahrzeug ohne eigenen Antrieb, zum Entladen größerer Schiffe.

Leichtgewicht, ✄ eine →Gewichtsklasse.

Leichtgut, ⚓ Ladung, die bei geringem Gewicht viel Raum einnimmt oder Gewicht unter dem des Wassers liegt. Ggs.: **Schwergut**.

Leichtkraftrad, Kraftrad mit 50–80 cm³ Hubraum und einer Höchstgeschwindigkeit von 80 km/h; erforderlich ist Führer-schein Klasse 1 (b), Mindestalter: 16 Jahre.

Leichtmatrose, Matrose im Rang zw. Jungmann und Vollma-trose.

Leichtmetalle, Metalle und Legierungen mit einer Dichte unter 3,5 g/cm³, z. B. Aluminium, Magnesium, Titan, Beryllium.

Leicht|öl, leichtentzündl. Brenn- und →Heizöl.

Leideform, Ⓢ → Passivum.

Leiden, Leyden [l'ɛɪdə], Stadt in der Prov. Südholland, Niederlande, an der Vereinigung von Oude Rijn und Nieuwe Rijn, 103 000 Ew.; reich an Bauten des MA. und der Renaissance, Univ. (1575), Museen, Sternwarte; Stahl-, Maschinen-, Appara-tebau, Textil-, Papier- u. a. Ind., Druckereien; Handelszentrum.

Leidener Flasche, histor. Form des Kondensators.

Leidenfrost-Phänomen, ⚛ Erscheinung, daß kleine Was-sertropfen, die auf eine glühende Platte fallen, durch einen Dampfmantel vor sofortiger Verdampfung geschützt werden.

Leie, frz. **Lys**, li. Nebenfluß der Schelde, 214 km, mündet bei Gent in Belgien.

Leier, 1) Eindeutschung von Lyra; Sinnbild lyr. Dichtung. **2)** Drehorgel. **3)** ♀ Schwanz des Birkhahns. **4)** Sternbild des Nordhimmels, mit dem hellen Stern Wega (α Lyrae).

Leier|antilopen, → Kuhantilopen.

Leierhirsch, hinterind. Art der Hirsche mit leierförmigem Geweih.

Leierkasten, die → Drehorgel.

Leierschwanz, Sperlingsvogel der Wälder Ost-Australiens, fasanenähnlich mit leierförmigem Schwanz.

Leif Eriksson, norweg. Seefahrer, Sohn **Erichs des Roten**, * um 975, † um 1020, fand um 1000 die Küste N-Amerikas, die er ›Vinland‹ nannte; gilt als erster Entdecker Amerikas.

Leigh [li:], Vivien, * 1913, † 1967, engl. Schauspielerin, Filme: ›Vom Winde verweht‹, 1939; ›Endstation Sehnsucht‹, 1951.

Leihbücherei, gewerblich betriebene Bücherei, bisweilen mit Sortimentsbuchhandlung verbunden, verleiht (rechtlich: vermie-tet) Bücher befristet gegen Entgelt.

Leihe, ⚖ unentgeltl. Gebrauchsüberlassung einer Sache gegen die Verpflichtung zur Rückgabe (§ 598 ff. BGB). Gebrauchs-überlassung gegen Entgelt ist rechtlich **Miete**. Ähnlich in Öster-reich (§§ 971 ff. ABGB) und der Schweiz (Art. 305 ff. OR).

Leihhaus, Pfandanstalt, öffentl. oder privates Unterneh-men: verleiht gegen Pfand Geldsummen auf kurze Zeit (meist 6 Monate). Über Pfand und Darlehen werden Pfandscheine ausgestellt. Geschieht die Rückzahlung nicht rechtzeitig, werden die Pfänder öffentlich versteigert.

Leih- und Pachtgesetz, Lend-and-Lease-Act [-ænd li:s ækt], Gesetz v. 11. 3. 1941, das den Präs. der USA ermächtigte, Kriegsmaterial und Versorgungsgüter den Staaten leih- oder pachtweise zu überlassen, deren Verteidigung für die USA wichtig erschien.

Leim, kolloider, wasserlösl. Klebstoff, bes. zur flächigen Verbindung von Holzbauteilen, urspr. Bez. für natürl. L.: **Glutin-L., Casein-L., Albumin-L.**, Stärke- und Dextrinklebstoffe, später auch für **Cellulose**klebstoffe und **Kunstharz-L. Kalt-L.** binden bei normaler Temperatur, **Warm-L.** bei 50 bis 70 °C ab.

Leimbau, Holz-Leimbau, Holzbauweise: die Teile werden durch Kunstharzleime verbunden.

Leimen, Gem. im Rhein-Neckar-Kr., Bad.-Württ., 16 000 Ew.; Zementwerk, Eternitwerk, Tankbau.

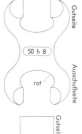

Lehmwespen: Pillen- oder Glok-kenwespe (oben). Lehmzellen, im Vordergrund geöff-net mit Ei und Rau-pen (Larvenfutter)

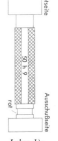

Lehre 1): oben Grenzrachen-lehre; unten Grenzlehrdorn

Gottfried Wilhelm Leibniz

Leim

Leimkraut, Silene, artenreiche Gatt. der Nelkengewächse; **Gemeines L. (Taubenkropf),** mit blasigem Kelch; **Stengelloses L.,** mit rosenroten Blüten (Bild Alpenpflanzen); **Nickendes L.,** drüsig-weichhaarig mit einer Rispe nickender weißer Blüten.

Leimring, mit Harzen, Wachsen, Weichmachern und Zusätzen von Gift und Farbstoffen getränkter Papier- oder Baumwollstreifen an Obstbaumstämmen gegen Schädlinge.

Leimrute, mit Leim bestrichener Zweig zum Vogelfang; verboten.

Lein, der →Flachs.

Leinberger, Hans, Bildschnitzer, * um 1480/85, † 1531/35, seit etwa 1511 in Landshut tätig, schuf Bildwerke, deren spätgot., malerisch gelockerte Form sich zu barocker Bewegtheit steigerte (Hochaltar, Moosburg, 1511–14; Sitzender Jakobus, 1523/25 München, Bayer. Nationalmuseum).

H. Leinberger: *Hl. Jakobus d. Ä.; Lindenholz, um 1523/25 (München, Bayer. Nationalmuseum)*

Leindotter, Camelina sativa, Art der Kreuzblüter; in kontinentalem Klima angebaut; das Öl der Samen dient v. a. zur Herstellung von Schmierseife und Brennöl.

Leine, li. Nebenfluß der Aller, 279 km, mündet bei Schwarmstedt, 112 km schiffbar.

Leinenband, ⌀ Bucheinband (Rücken und Deckel mit Leinen überzogen).

Leinenfischerei, Angelfischerei im Meer auf Kabeljau, Schellfisch, Lachs, Flunder mit Lang-, Hand- oder Schleppleinen.

Leinfelden-Echterdingen, Stadt im Kr. Esslingen, Bad.-Württ., 35 300 Ew.; Flughafen Stuttgart-Echterdingen; Elektro-, Werkzeug-, Konservenind.; Spielkartenmuseum.

Leinkraut, Rachenblütergatt. mit gespornten Blüten: **Echtes L. (Frauenflachs)** mit gelben Blüten, an Wegen; das liegende, violett-gelb blühende **Alpen-L.** (Bild Alpenpflanzen); das violett blühende **Zimbelkraut.**

Leino [l'eino], Eino, eigtl. **Lönnbohm,** finn. Lyriker, * 1878, † 1926, auch Kritiker, Übersetzer, Essayist.

Leinöl, goldgelbes Öl aus Leinsamen, vorwiegend aus Glyceriden hochungesättigter Fettsäuren bestehend. Verwendung als Speiseöl, für Firnis, Ölfarben, Linoleum.

Leinölkitte, Kitte aus Leinöl mit Kreide oder Metalloxiden, für Installationen, z. B. Glaserkitt.

Leinpfad, Seil-, Treidelpfad, an Flüssen oder Kanälen entlangführender Weg für Menschen oder Tiere, die Schiffe an Seilen flußaufwärts zogen.

Leinsamen, Samen des Flachses; als Leinsamenschrot leichtes Abführmittel; auch Futtermittel.

Leinster [l'ensta], irisch **Laighean** [l'aian], südöstlichste der 4 historischen Provinzen Irlands, 19632 km², 1,74 Mio. Ew.; Hptst.: Dublin.

Leinwand, 1) Gewebe in Leinwandbindung, als **Reinleinen** ganz aus Flachsbastfasergarnen, als **Halbleinen** in der Kette aus Baumwolle, im Schuß aus Flachs; für Wäsche, Kleider u. a. **2)** Projektionswand.

Leipzig: Katherinenstraße

Leip, Hans, Schriftst., * 1893, schrieb Lyrik (Lied ›Lili Marleen‹), Erz., Romane (›Jan Himp und die kleine Brise‹, 1933; ›Das Muschelhorn‹, 1940); auch Graphiker.

Leipzig, 1) führender Ind.-Bez. der Dt. Dem. Rep., 1952 aus dem NW des Landes Sachsen und Teilen von Sachsen-Anhalt und Thüringen gebildet, 4 966 km² mit 1,412 Mio. Ew.; umfaßt den Stadtkreis L., die Landkreise Altenburg, Borna, Delitzsch, Döbeln, Eilenburg, Geithain, Grimma, L., Oschatz, Schmölln, Torgau, Wurzen. **2)** Hptst. von 1), bedeutendste Handels- und Industriestadt Mittel-Dtl.s, in der Leipziger Tieflandsbucht, 562 500 Ew.; Univ. (1409), Mendelssohn-Akademie (Hochschule für Musik), Hochschulen für Bauwesen (1953), Körperkultur, Blumenhandel, Graphik und Buchkunst, Museen, Büchereien (→Deutsche Bücherei); Theater, Gewandhausorchester, Thomanerchor; Wirtschaft: Eisen-, Stahl-, elektrotechn., chem., Textil- u. a. Ind., bis zum 2. Weltkrieg auch bed. Pelzhandel, weltumspannender Buch- und Musikalienhandel, graph. Gewerbe. Alljährlich zweimal wird die Leipziger Messe (Mustermesse) mit Techn. Messe abgehalten. – Die Innenstadt mit großen Messepalästen und alten Handelshäusern ist Geschäftsstadt. Bauwerke: Nikolaikirche (Grundmauern noch romanisch), Thomaskirche, an der J. S. Bach wirkte (Hauptbau 1482–94), Paulinerkirche (1485–1521), Altes Rathaus (1556/57), Handelsbörse (1678–82), Gohliser Schlößchen (1755/56), Neues Rathaus (1899–1905 an der Stelle der Pleißenburg, 1550–67), Opernhaus (1960 eröffnet). 1943–45 wurde L. stark zerstört. – Um 1160 Stadtrecht; seit dem 13. Jh. Messestadt, 1409 Gründung der Univ. nach Auszug der Deutschen aus Prag. Seit dem 18. Jh. ein Mittelpunkt der Musik, Lit., des Theaters. 1879–1945 Sitz des Reichsgerichts. 16.–19. 10. 1813 Völkerschlacht bei L.: Sieg der Verbündeten über Napoleon (→Freiheitskriege); Denkmal im SO der Stadt.

Leipziger Allerlei, Gericht aus jungem Gemüse, Spargel und Morcheln, mit Grießklößchen garniert, auch mit Krebssoße gebunden.

Leipziger Disputation, theolog. Streitgespräch in der Pleißenburg zw. Luther, Karlstadt und Eck (1519).

Leipziger Tieflandsbucht, Bucht des Norddt. Tieflands zw. Thüringen, Harz und Mittelsächs. Bergland; fruchtbare Böden (Lehm, Schwarzerde) mit Weizen-, Zuckerrübenanbau, Gartenbau. Bodenständige Industrie auf der Grundlage der Braunkohlevorkommen bes. im S und W.

Leise die, **Leis** der, geistl. (volkstüml.) Lied des MA., genannt nach dem ›Kyrieleis‹, dem Ende der Strophen.

Leisegang, Hans, Philosoph, * 1890, † 1951, arbeitete über Denkformen der versch. Kulturen und Religionsphilosophie.

Leisewitz, Johann Anton, Dramatiker, * 1752, † 1806; Bruderzwist-Drama ›Julius von Tarent‹ (1776).

Leishmaniasen [liʃ-, nach W. B. Leishman, * 1865, † 1926], durch Flagellaten der Gatt. **Leishmania** erregte Krankheiten (z. B. Aleppobeule oder Orientbeule); Behandlung v. a. mit Antimonpräparaten.

Leisnig, Stadt im Kr. Döbeln, Bez. Leipzig, an der Freiberger Mulde, etwa 10000 Ew.; Ind.; auf einem Bergsporn die **Burg L.** (vor 1081).

Leiste, 1) bei Mensch und Säugetieren der unterste, dicht über dem Schenkel liegende Bauchteil (**L.-Gegend**), mit der **L.-Furche,** in der das **L.-Band** liegt. Die L. wird durchsetzt vom **L.-Kanal,** in dem beim Mann der Samenleiter verläuft. (Bild S. 195) **2)** ein Stab aus Holz u. ä. als Einfassung.

Leisten der, dem Fuß nachgebildete Holz-, Kunststoff- oder Metallform zur Schuhherstellung.

Leistenbruch, ⚕ Eingeweidebruch, bei dem die Eingeweide durch den Leistenkanal hindurchtreten; er hebt sich als Bruchgeschwulst unter der Haut hervor.

Leistendrüsen, ⚕ Lymphknoten in der Leistengegend.

Leistenhoden, ⚕ ein →Kryptorchismus.

Lejstikow [-ko], Walter, Maler, * 1865, † 1908, Mitbegr. der Berliner Sezession, malte impressionist. Stimmungsbilder der märk. Seenlandschaft.

Leistung, 1) in best. Zeit verrichtete Arbeit, auch das dadurch geschaffene Arbeitsergebnis. **2)** Betriebswirtschaftslehre: die Menge (L.-Einheiten) oder der Wert (Geldgröße) der innerhalb eines Zeitraums hervorgebrachten Sachgüter (Leistungsergebnis) oder der bereitgestellten Dienstleistungen (Output, Betriebsprodukt). **3)** ⊠ Quotient aus Arbeit und Zeit, gemessen in Watt (W). 1 W = 1 J/s = 10⁷ erg./s. **4)** Ⓟ der Einsatz der nach Begabung, Kenntnis, Motivation und Umfeld verfügbaren Fähigkeiten des

194

Leiste 1); Leistengegend:
Unterer Teil
der vorderen
Bauchwand
beim Mann von
innen, nach
Entfernung des
Bauchfells;
a gerader
Bauchmuskel,
b Harnblase,
c Gegend der
Schambeinfuge,
d Darmbein,
e Sitzbein,
f Pfanne des
Hüftgelenks,
g innerer
Leistenring,
h Leistenband
(durchscheinend), *k innere Öffnung des Hüftkanals, m Hüftge-*
fäße, n Blutgefäße, die gemeinsam mit dem Samenleiter (o) den
Samenstrang bilden und in den Leistenkanal eintreten

Menschen. 5) ⚤ Gegenstand einer Schuldverpflichtung, bes. die Zahlung.

Leistungsbilanz, Außenwirtschaft: der Teil der Zahlungsbilanz, der die Einnahmen und Ausgaben aus dem Warenverkehr und die Zahlungen für den Dienstleistungen umfaßt.

Leistungsgesellschaft, Gesellschaftsordnung, in der sich die soziale Position des Individuums nach seiner Leistung richten soll.

Leistungsgewicht, das Motor- oder Fahrzeuggewicht, bezogen auf die Leistung, Angabe in kg/kW.

Leistungsklage, ⚖ Klage, mit der die Verurteilung des Beklagten zu einer Leistung (oder Unterlassung) verlangt wird.

Leistungsklasse, ✗ Einteilung von Wettkämpfen und Mannschaften nach ihrem Können.

Leistungslohn, Lohnform, die das quantitativ-qualitative Arbeitsergebnis im Entgelt berücksichtigt.

Leistungsprüfung, zahlenmäßige Feststellung der Nutzleistungen (z. B. Arbeit, Milch). L. werden von der DLG und Zuchtverbänden vorgenommen.

Leistungsschutzrecht, Recht, das die Leistungen ausübenden Künstler, der Schallplattenhersteller und der Sendeunternehmen schützt (Ges. über Urheberrecht und verwandte Schutzrechte, 1965).

Leistungssport, sportl. Betätigung, bei der im Unterschied zum Gesundheits- und Breitensport die Leistung stärker betont wird (intensives Training).

Leitartikel, größerer aktueller, meist polit. Zeitungsaufsatz an bevorzugter Stelle mit meinungsbildender Absicht, heute vielfach auch **Kommentar** genannt.

Leitbild, idealhafte, richtungweisende Vorstellungen, deren Verwirklichung angestrebt wird.

Leitbündel, ⊕ das Gefäßbündel für den Stofftransport.

Leiteinrichtungen, ⇆ auf Fahrbahnen angebrachte Zeichen: weiße Leitlinien und -male, Leitpfosten (meist mit Katzenaugen), Leitplanken und -mauern, Leitpfeile.

leitende Angestellte, nach § 5 Betriebsverfassungs-Ges. Arbeitnehmer, deren Tätigkeit von beachtl. Teilhabe am unternehmer. Entscheidungsprozeß geprägt ist (z. B. Manager).

Leiter, 1) *die,* hölzernes oder eisernes Gerät aus 2 L.-Bäumen (Holmen), die durch Querstangen miteinander verbunden sind (Sprossenleiter). Sonderformen: Steh-L., Steck-L., Feuer-L., Strick-L., Scheren-L. **2)** *der,* ⚡ Stoff, der den elektr. Strom leitet. Jeder Stoff enthält eine sehr große Anzahl positiver und negativer elektr. Ladungsträger in gleicher Anzahl (Ionen, Elektronen). Elektronen-L. sind bes. die Metalle, Ionen-L. die Elektrolyte (→Elektrolyse) sowie geschmolzene Salze.

Leitfähigkeit, 1) ⚡ Kehrwert des spezif. elektr. Widerstandes, gemessen in S/m = 1/Ω cm². **2) Wärme-L.** →Wärme.

Leitfossilien, Tier- oder Pflanzenversteinerungen, die nur in einer geolog. Schicht auftreten und diese kennzeichnen, z. B. Ammoniten, Trilobiten.

Leitgeb, Joseph, österr. Schriftst., *1897, †1952; Lyrik, Prosa, ›Kinderlegende‹ (1934) u. a.

Leith [li:θ], Seehafen von Edinburgh, am Firth of Forth.

Leitha, re. Nebenfluß der Donau, 180 km. Südlich der L. das **Leithagebirge,** ein bis 483 m hoher Waldrücken. – L. und L.-Gebirge bildeten bis 1918 z. T. die Grenze zw. Österreich **(Zisleithanien)** und Ungarn **(Transleithanien).**

Leitkreis, bei einer Ellipse oder Hyperbel ein Kreis, dessen Mittelpunkt in einem Brennpunkt des Kegelschnittes liegt und dessen Radius gleich der Länge der Hauptachse ist.

Leitlinie, →Kegel.

Leitmeritz, tschech. **Litoměřice** [l'itəmjerʒitse], Stadt in N-Böhmen, ČSSR, 23 100 Ew., an der Elbe; got. Rathaus; Brauereien; Obst-, Hopfenanbau. L. erhielt 1227 Stadtrecht.

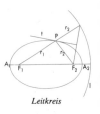

Leitkreis

Leitkreis: Konstruktion der Ellipse mit Hilfe des Leit-
kreises 1; P Ellipsenpunkt, t Tangente in P, $A_1A_2 = 2a$;
$F_1F_2 = 2e$; $r_1 + r_2 = 2a$. Bei gegebenen A_1, A_2, F_1, F_2
schlägt man um F_1 den Leitkreis mit 2a, verbindet die
Kreispunkte mit F_1 und F_2 und errichtet auf den Verbin-
dungen die Mittelsenkrechten

Leitmotiv, in einem Tonstück oft wiederkehrende Tonfolge, die einem Handlungsvorgang, einer Gefühlsäußerung usw. zugeordnet ist; auch auf die Lit. übertragen.

Leitner, Ferdinand, Dirigent, *1912.

Leitpflanzen, →Zeigerpflanzen.

Leitplanken, →Leiteinrichtungen.

Leitrad, feststehender Träger der Leitschaufeln einer Dampf-, Gas- oder Wasserturbine, durch die das Treibmittel dem Laufrad gerichtet zugeführt wird.

Leitrim [l'i:trim], irisch **Liatroim** [l'iətrim], Cty. im N der Rep. Irland, 1525 km², 27 800 Ew. Hauptort: Carrick-on-Shannon.

Leitsätze für die Preisermittlung auf Grund von Selbstkosten, LSP, Richtlinien zur Ermittlung der Selbstkosten, die der Preisfestsetzung zugrunde gelegt werden, bei Leistungen für öffentl. Auftraggeber, für die kein Marktpreis besteht.

Leitstrahlsender, ⌁ ✈ Navigationshilfsmittel. 2 Richtstrahlsender strahlen abwechselnd oder verschieden moduliert elektromagnet. Wellen aus, die in ihrem Überlappungsbereich einen Leitstrahl für den Kurs festlegen.

Leitton, ♪ Ton, der auf Grund seiner Stellung im Satzgefüge und der herrschenden Tonart stark zum Weiterschreiten um einen Halbtonschritt nach oben (oder unten) drängt.

Leitung, 1) Führung. **2)** ⊕ Einrichtung zum Weiterleiten von Stoffen oder Energien. Für die Zu- und Ableitung von Flüssigkeiten oder Gasen und auch fester Körper (Rohrpost, Müll) dienen Rohrleitungen, für die Fortleitung von elektr. Energie oder von Nachrichten Kabel.

Leitungsanästhesie, →Schmerzbekämpfung.

Leitwährung, Währungen, in denen ein großer Teil des Welthandels berechnet wird und für die ein breiter internat. Kapitalmarkt besteht; u. a. der US-Dollar, DM, Schweizer Franken.

Leitwerk, 1) ✈ die der Stabilisierung und Steuerung dienenden Flossen und Ruder des **Höhen-** und **Seiten-L.** sowie die **Querruder. 2)** bei Flüssen ein dammartiger Längsbau zur Einschränkung des Niedrig- oder Mittelwasserbettes.

Leitwert, der Kehrwert des elektr. Widerstandes; SI-Einheit ist das Siemens (S); 1 S = 1/Ω.

Leitz, Ernst L. GmbH, Optische Werke, Wetzlar, 1849 gegr., stellt u. a. die Kleinbildkamera LEICA **(Leitz Camera)** her.

Leitzahl, Photographie: die Lichtleistung eines Blitzgerätes kennzeichnende, von der Filmempfindlichkeit abhängige Hilfszahl zur Errechnung der Blendenöffnung.

Lek [lat.], Mz. **Lekë,** Währungseinheit Albaniens: 1 L = 100 Quindaska.

Lek *der,* das mittlere Stück des nördl. Rheinarmes in den Niederlanden, berührt Arnheim und Rotterdam.

Lékai [l'e:kɔi], László, ungar. Erzbischof von Gran (Esztergom) und Kardinal (1976), *1910, Vors. der ungar. Bischofskonferenz.

Lektion [lat.], **1)** Lehrstunde. **2)** Lehrbuchabschnitt. **3)** kath. Liturgie: Epistel, Lesung. **4)** Zurechtweisung.

Lektor [lat.], **1)** Hochschullehrer für Einführungskurse und Übungen. **2)** Manuskriptprüfer eines Verlages. **3)** evang. Landeskirchen: Vertreter des Pfarrers.

Lektüre [frz.] *die,* das Lesen; der Lesestoff.

Lekythos *die,* grch. Tongefäß für Öl, schlank, enghalsig, einhenklig, oft mit farbigen Zeichnungen auf weißem Grund.

Lekythos,
5. Jh. v. Chr.
(München, Staatl.
Antikensammlung)

L. Le Nain: Bauern beim Mahl, 1642 (Paris, Louvre)

Nikolaus Lenau
(aus einem Gemälde
von K. Rahl)

Wladimir Iljitsch
Lenin

Le Locle [ləl'ɔkl], Bez.-Stadt im Kt. Neuenburg, Schweiz, 12 000 Ew.; bed. Uhrenind.; Uhrenmuseum.

Leloir [ləlw'a:r], Luis Federico, argentin. Biochemiker, * 1906, Nobelpreis 1970 für die Aufklärung der Biosynthese von Polysacchariden.

Lem, Stanisław, poln. Schriftst., * 1921; utop. Romane (›Der futurolog. Kongreß‹, 1979, u. a.), Erzählungen (›Memoiren, gefunden in der Badewanne‹, 1979, u. a.).

Lemaitre [ləm'etr], Jules, frz. Schriftst., * 1853, † 1914; Theaterkritiker, Essayist; Dramen, Erzählungen.

Lemaître [ləm'etr], Georges, belg. Theologe und Astronom, * 1894, † 1966, arbeitete über kosmolog. Anwendungen der Relativitätstheorie.

Le Mans [ləm'ã], Hptst. des Dép. Sarthe, NW-Frankreich, 184 800 Ew.; Textil-, Maschinenind.; Autorennstrecke. – Galloröm. Stadtmauer, Kathedrale (11./12. Jh.).

Lemberg, ukrain. **Lwiw**, russ. **Lwow**, poln. **Lwów** [lvuf], Hptst. des Gebiets Lwow, Ukrain. SSR, am Peltew, 676 000 Ew.; Univ. (1661), Hochschulen, 4 Theater, Oper, Konservatorium. Museen; Maschinenbau, elektrotechn., chem., keram. Ind., Energiekombinat. – L. kam 1340 an Polen, erhielt 1356 dt. Stadtrecht; war 1772–1918 österreichisch, 1919–39 polnisch; kam 1945 zur UdSSR.

Lemercier [ləmɛrsj'e], Jacques, frz. Baumeister, * um 1585, † 1654; Louvre-Erweiterung, Kirche der Sorbonne, Palais Richelieu (Palais Royal) in Paris.

Lemgo, Stadt im Kr. Lippe, NRW, 39 700 Ew., alte Hansestadt; Möbel-, Textil-, Metallindustrie.

Lemma [grch.] das, Hauptgedanke (Motto) eines Aufsatzes; Hilfssatz; Merk- oder Stichwort.

Lemmer, Ernst, Politiker (CDU), * 1898, † 1970, 1922–33 Gewerkschafter, 1924–33 MdR., 1945 Mitbegr. der Ost-CDU, 1956 Bundesmin.; für gesamtdt. Fragen, 1957–63 Bundesmin. für gesamtdt. Fragen, 1964–65 Bundesvertriebenenminister; 1965–69 Sonderbeauftragter des Bundeskanzlers für Berlin.

Lemming, hamsterähnl. Gatt.-Gruppe der Wühlmäuse im N Europas, Asiens, Amerikas; günstige Lebensbedingungen lösen Massenvermehrung und Wanderzüge aus, die meist zur Massenvernichtung (Seuchen, Erschöpfung, Ertrinken) führen.

Lemnos, neugrch. **Limnos**, Insel in der N-Ägäis, 476 km², rd. 17 400 Ew., bis 430 m hoch, im O fruchtbar.

Le Monde [ləm'ɔ:d], Pariser Tageszeitung; Aufl. rd. 568 000.

Lemongrasöl, äther. Öl aus versch. Bastgras-Arten Vorderindiens mit zitronenartigem Duft, für Seifenparfüms.

Lemonnier [ləmɔnj'e], Camille, frz.-belg. Schriftst., * 1845, † 1913, Förderer der ›Jeune Belgique‹-Gruppe, schildert das Leben belg. Arbeiter.

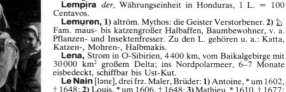

Lemoyne [ləmw'an], François, frz. Maler, * 1688, † 1737, Deckengemälde im Herkulessaal, Versailles.

Lempira der, Währungseinheit in Honduras, 1 L. = 100 Centavos.

Lemuren, 1) altröm. Mythos: die Geister Verstorbener. 2) ⟦Fam.⟧ maus- bis katzengroßer Halbaffen, Baumbewohner, v. a. Pflanzen- und Insektenfresser. Zu den L. gehören u. a.: Katta, Katzen-, Mohren-, Halbmakis.

Lena, Strom in O-Sibirien, 4 400 km, vom Baikalgebirge mit 30 000 km² großem Delta; ins Nordpolarmeer, 6–7 Monate eisbedeckt, schiffbar bis Ust-Kut.

Le Nain [lənɛ], drei frz. Maler, Brüder: 1) Antoine, * um 1602, † 1648; 2) Louis, * um 1606, † 1648; 3) Mathieu, * 1610, † 1677; malten realist. Bilder, bes. aus dem Alltagsleben der Bauern.

Lenard, Philipp, Physiker, * 1862, † 1947, schuf mit Hilfe des **L.-Fensters** (einer Aluminiumfolie) die Möglichkeit, Kathodenstrahlen als freie Elektronen zu untersuchen, führte das Elektronenvolt als Energiemaß in die Physik ein. 1905 Nobelpreis für Physik.

Lenau, Nikolaus, eigtl. N. **Niembsch** Edler von **Strehlenau**, österr. Dichter, * 1802, † 1850, nahm 1831 Beziehungen zu den schwäb. Romantikern auf; 1832/33 Kolonist in Ohio; seit 1844 geistig gestört. L. schrieb stimmungsvolle, schwermütige Gedichte (›Schilflieder‹, ›Zigeunerlieder‹), das Epos ›Die Albigenser‹ (1842), die dramatisch-epischen Gedichte ›Faust‹ (1836), ›Don Juan‹ (postum 1851).

Lenbach, Franz von, Maler, * 1836, † 1904, bed. Porträtmaler. (Bild Bismarck)

Lenclos [läkl'o], Anne, genannt **Ninon de L.**, * 1620, † 1705, eine schöne und gebildete Frau, deren Haus in Paris der Treffpunkt bed. Persönlichkeiten war.

Lend-and-Lease Act [-ænd li:s ækt], →Leih- und Pachtgesetz.

Lende, hintere (obere) und seitl. Gegend der Bauchwand mit dem großen **Lendenmuskel.**

Lengerich, Stadt im Kr. Steinfurt, NRW, 20 500 Ew.; Zement-, Kalk-, Maschinenindustrie.

Lenggries, Gem. im Kr. Bad Tölz-Wolfratshausen, Bayern, 8 100 Ew., 680 m ü. M.; Sommerfrische, Wintersport.

Lenin, eigtl. **Uljanow**, Wladimir Iljitsch, russ. revolutionärer Staatsmann, * 1870, † 1924, Sohn eines adeligen Schulinspektors; nach jurist. Studium Advokat in St. Petersburg, 1897–1900 als Revolutionär nach Sibirien verbannt, danach im Ausland. 1903 führte L. in London die Spaltung der russ. Sozialdemokratie in Bolschewiki und Menschewiki herbei und wurde zum führenden Kopf der Bolschewiki. Nach der Kerenskij-Revolution vom Febr. 1917 kehrte er aus der Schweiz mit Hilfe der dt. Regierung nach Rußland zurück und organisierte, unterstützt von Trotzkij, Bucharin, Kamenew, Sinowjew u. a., die →Oktoberrevolution und die Machtergreifung durch die Bolschewiki. Als Vorsitzender des Rates der Volkskommissare wurde L. Gründer der UdSSR (1922) und deren erster Regierungschef. Die in seinen Schriften (u. a. ›Der Imperialismus als höchstes Stadium des Kapitalismus‹, 1916; ›Staat und Revolution‹, 1917) aus dem →Marxismus entwickelte Lehre (**Marxismus-Leninismus**) wurde zur Staats- und Parteidoktrin.

Leninabad, bis 1936 **Chodschent**, Gebietshptst. im N der Tadschik. SSR, am Syr-Darja, 132 000 Ew.; versch. Ind.

Leninakan, bis 1924 **Alexandropol**, Stadt in der Armen. SSR, 210 000 Ew.; Textil-, Maschinenbau-, Elektro-Ind.

Leningrad, bis 1914 **Sankt Petersburg**, bis 1924 **Petrograd**, Hptst. des Gebiets L., zweitgrößte Stadt der UdSSR, Hafenstadt und Bahnknoten an der Finn. Meerbusen, an der Mündung der Newa, 4,63 Mio. Ew., Univ., Akademie der Künste, 180 wissenschaftl. Institute, Fachhochschulen, Museen, Bauten der barocken und klassizist. Zeit, u. a. Admiralität (1705–1827), Winterpalais mit Eremitage (1754–84), viele Adelspaläste, Börse (1805–15), Peter-Pauls-Kathedrale (1714–33), Kasaner Kathedrale (1801–11), Isaak-Kathedrale (1819–58), Smolnyi-Kloster (1744–57). Industrie: Werften, Elektro-, Textil-, Nahrungsmittel- u. a. Ind., Kraftwerk-Ausrüstung; Druckereien. – 1703 von Peter d. Gr. mit der Peter-Pauls-Festung als Kern gegr., 1712 bis 1918 Hptst. Rußlands; Ausgangspunkt der Revolutionen von 1905 und 1917, im 2. Weltkrieg schwere Kämpfe mit hohen Verlusten der Zivil-Bev.

Leninsk-Kusnezkij, Bergbau- und Industriestadt in W-Sibirien, an der oberen Inja, 131 000 Ew.; Mittelpunkt des Kusnezker Kohlenbeckens.

Lenk|achsen, ♂ in ihrer Längsrichtung verschiebbar gelagerte Achsen, so daß sie Gleiskrümmungen folgen können.

Lenker, bei Räderfahrzeugen: 1) Lenkrad, Lenkstange; 2) Hebel oder Wellen zur Führung der Räder.

Lenkflugkörper, durch Raketen und/oder Staustrahltriebwerk angetriebener Flugkörper, dessen Bewegungsbahn durch Fern- oder Eigenlenkung beeinflußt werden kann; sie dienen als Trägerflugzeuge für militär. Nutzlasten, Fernlenkwaffen oder Köderflugzeuge.

Lenkung, Vorrichtung, die bei Straßenfahrzeugen und Flugkörpern der Richtungsänderung dient. Bei Straßenfahrzeugen bewirkt die **Achsschenkel-L.** durch Drehen des Lenkrades über ein Getriebe und das Lenktrapez, daß die Räder eingeschlagen werden. Bei der **Drehschemel-L.** wird die ganze Achse um eine senkrechte Achse in der Fahrzeugmittelebene gedreht. Bei Raketen- und Raumflugkörpern ist die L. aus 4 wiederkehrenden Teilschritten aufgebaut: der in Meßgrößen definierbaren Bestimmung des derzeitigen Standortes des Flugkörpers; der Bestimmung der Größe und Richtung der Geschwindigkeit des Flugkörpers; der Berechnung der eventuell notwendigen Lenkmanöver; der Ausführung der Manöver mit Hilfe der Steueraggregate.

Lenne, li. Nebenfluß der Ruhr, 131 km; Stausee.

Lenné, Peter Joseph, Gartengestalter, * 1789, † 1866, schuf Parkanlagen in engl. Stil, bes. Schlösser, u. a. Sanssouci.

Lennestadt, Stadt im Kr. Olpe, NRW, 26 000 Ew.; Schwerspat- und Schwefelkiesbergbau; Industrie.

Le Nôtre [lən'o:tr], André, frz. Gartengestalter, * 1613, † 1700, schuf mit den Parkanlagen von Versailles (seit 1661) den frz. Gartenstil, der für Europa vorbildlich wurde.

lento [ital.], ♪ langsam.

Lentulus, Beiname einer altröm. patriz. Familie aus dem Geschlecht der Cornelier. **Publius Cornelius L. Sura,** 71 v. Chr. Konsul, 63 als Teilnehmer an der Verschwörung Catilinas hingerichtet. **Publius Cornelius L. Spinther** erwirkte 57 v. Chr. als Konsul die Rückberufung Ciceros aus der Verbannung.

Leonardo da Vinci:
Mona Lisa; um 1503–06 (Paris, Louvre)

Lenya, Lotte, Schauspielerin und Sängerin, * 1900, † 1981, bekannt bes. als ›Seeräuber-Jenny‹ in Brechts ›Dreigroschenoper‹, ⚭ mit Kurt Weill.

Lenz, dichterisch: Frühling.

Lenz, 1) Hermann, Schriftst., * 1913; Romane und Erz. aus Geschichte und Zeitgeschichte. 2) Jakob Michael Reinhold, Dichter, * 1751, † 1792, Gefährte Goethes in Straßburg, Dramatiker des Sturm und Drangs (›Der Hofmeister‹, 1774; ›Die Soldaten‹, 1776). 3) Siegfried, Schriftst., * 1926; Romane (›Deutschstunde‹, 1968, ›Das Vorbild‹, 1973, ›Der Verlust‹, 1981), Dramen (›Zeit der Schuldlosen‹, 1961), Erzählungen.

Lenzerheide, Lai, Kurort im Kt. Graubünden, Schweiz, 1475 m ü. M., im Hochtal zw. Chur und Tiefencastel.

Lenzsche Regel, ƒ → Induktion 3).

Leo, Päpste:
1) L. I., der Große (440–61), erwirkte 445 die kaiserl. Anerkennung der Vormachtstellung der Päpste innerhalb der Kirche (Primat), bewog 452 Attila zur Umkehr. Kirchenlehrer. Heiliger; Tag: 10. 11.
2) L. III. (795–816), krönte am 25. 12. 800 Karl d. Gr. zum röm. Kaiser. Heiliger; Tag: 12. 6.
3) L. IX. (1049–54), vorher Graf Bruno von **Egisheim** (Elsaß), * 1002, † 1054. Unter ihm kam es zum Bruch mit der morgenländ. Kirche. Heiliger; Tag: 19. 4.
4) L. X. (1513–21), vorher Giovanni de'**Medici,** der bedeutendste Renaissance-Papst, hochgebildet, verlieh seiner Regierungszeit durch Förderung von Kunst und Wiss. Glanz und Ansehen. Sein Interesse galt auch der europ. Politik (Wahl Karls V.), weniger jedoch der beginnenden Reformation.
5) L. XIII. (1878–1903), vorher Gioacchino **Pecci,** * 1810, † 1903, bed. Gelehrter und Politiker, förderte die christlichsoziale Bewegung und die Entwicklung der kath. Wiss., beendete den Kulturkampf und festigte die polit. und weltanschaul. Bedeutung der Kath. Kirche.

Leoben, Bezirksstadt in der Obersteiermark, Österreich, an der Mur, 35 200 Ew.; Montanist. Hochschule, Hütten-, Walz-, Blasstahlwerk. – 1797 Vorfriede zw. Österreich und Frankreich.

Leobschütz, poln. **Głubczyce** [glupt∫'itse], Stadt in der poln. Wwschaft Opole (Oppeln) am O-Rand der Sudeten, 12 200 Ew.; Textil-, Nahrungsmittelind.

Leochares, grch. Bildhauer um 350 v. Chr.; auf ihn gehen wohl der Apoll von Belvedere (Vatikan) und die Artemis von Versailles (Louvre) zurück.

Leon, byzantinische Kaiser:
1) L. I. (457–74), * 401, † 474, als 1. Kaiser vom Patriarchen gekrönt, kämpfte erfolglos gegen die Wandalen in Afrika.
2) L. III., der Syrer (717–41), * um 675, † 741, verteidigte Konstantinopel gegen die Araber (717/18); verbot 730 die Bilderverehrung.
3) L. V., der Armenier (813–20), * 766, † (ermordet) 820, besiegte die Bulgaren und die Araber; nahm den Kampf gegen die Bilderverehrung wieder auf.

León, 1) Prov. und geschichtl. Landschaft in Spanien, im W des altkastil. Hochlandes, 15 468 km², 514 900 Ew.; 910 Kgr., zuerst 1037, dann 1230 mit Kastilien vereinigt. 2) Hptst. von 1), 120 300 Ew., roman. Kirche S. Isidoro mit ›Pantheon der Könige‹ (bedeutende Wandmalereien des 12. Jh.), Kathedrale (13.–15. Jh.). 3) Stadt im Staat Guanajuato, Mexiko, 624 800 Ew.; Textil-, Lederindustrie.

León, Fray Luis de, span. Lyriker und Mystiker, * 1527, † 1591; Augustiner. Myst. Traktate ›Los nombres de Cristo‹ (1583), ›La perfecta casada‹ (1583).

Leonardo (Leonardo) da Vinci [-v'int∫i], ital. Maler, Bildhauer, Naturforscher, Techniker, * 1452, † 1519, war nach Ausbildung bei Verrocchio in Florenz als Maler tätig (Verkündigung, Florenz, Uffizien; Anbetung der Könige, unvollendete, Uffizien, u. a.) und trat 1482 in den Dienst des Herzogs Lodovico Sforza in Mailand, wo er die Felsgrottenmadonna (Paris) und das Wandbild des Abendmahls im Refektorium von S. Maria delle Grazie malte. Gleichzeitig beschäftigte er sich mit architekton. Entwürfen (Zentralkirchen), wissenschaftl. Studien (Anatomie, Optik, Mechanik) und begann sein ›Buch von der Malerei‹. Sein originalgroßes Modell zu einem Bronze-Reiterdenkmal des Herzogs wurde nach dessen Sturz (1499) zerstört. L. da V. kehrte nach Florenz zurück, wo er 1503 den Auftrag für ein Wandgemälde der Schlacht von Anghiari im Rathaus übernahm (nicht ausgeführt) und das Bild der → Mona Lisa malte. Es folgten vor allem wissenschaftl. Arbeiten in Mailand und Rom: ein Traktat über den Bau des menschl. Körpers mit anatom. Zeichnungen, Untersuchungen über den Vogelflug, geolog. Studien u. a. 1517 folgte L. da V. einem Ruf König Franz' I. nach Frankreich. – L. da V. war als Maler der erste Vollender des klass. Stils der Renaissance; seine

Leon

Giacomo Leopardi (aus einem Gemälde von D. Morelli)

Lerchensporn

Helldunkelmalerei mit weichen Licht- und Schattenübergängen wirkte weit über den Kreis seiner Schüler hinaus. Als Forscher suchte er ein enzyklopäd. Wissen mit den Mitteln der Erfahrung und des Experiments zu gewinnen, womit er am Anfang der Naturwissenschaft der Neuzeit steht. (Bild Zeichnung)

Leonard-Schaltung, Schaltung zur Regelung der Drehzahl eines Gleichstrommotors, angewandt bei Papier-, Werkzeug-, Fördermaschinen, Walzstraßen u. a.

Leonberg, Stadt im Kr. Böblingen, Bad.-Württ., Große Krst., 39 000 Ew., mittelalterl. Stadtbild; Maschinenbau, opt. Industrie.

Leoncavallo Ruggiero, ital. Komponist, * 1857, † 1919, ein Hauptvertreter der verist. Oper, die die Begebenheit des tägl. Lebens musikalisch zu gestalten sucht. ›Der Bajazzo‹ (1892).

Leonding, Stadt (seit 1975) im SW von Linz, OÖ, 20 400 Ew., Barockkirche.

Leone, 1) Giovanni, ital. Politiker (Democrazia Cristiana), * 1908; 1963 und 1968 MinPräs., 1971–78 Staatspräs. **2)** Sergio, ital. Filmregisseur (Italo-Western), * 1929; ›Für eine Handvoll Dollar‹ (1964), ›Spiel mir das Lied vom Tod‹ (1968) u. a.

Leonhard, Heiliger des 6. Jh., Patron der Gefangenen, der Kranken und der Bauern; Tag: 6. 11.

Leonhard, 1) Rudolf, Schriftst., * 1889, † 1953; soz. Dramen, Erz., Essays, Hörspiele. **2)** Wolfgang, Publizist, * Wien 1921; in der UdSSR erzogen, kam nach 1945 mit der Gruppe Ulbricht nach Dtl., Funktionär der SED, seit 1951 in der Bundesrep. Dtl. Auseinandersetzung mit dem Bolschewismus: ›Die Revolution entläßt ihre Kinder‹ (1955), ›Die Dreispaltung des Marxismus‹ (1970), ›Die Zukunft des Sowjetkommunismus‹ (1975).

Leonidas, König von Sparta, fand 480 v. Chr. bei der Verteidigung der →Thermopylen den Tod.

Leoniden, ✶ im Nov. auftretender Sternschnuppenschwarm.

Leoninischer Vers, wahrscheinlich nach Papst Leo I. genannte Versform mittellat. Gedichte: Hexameter und Pentameter, in denen Mitte und Schluß sich reimen.

leoninischer Vertrag [lat. societas leonina, ›Löwengesellschaft‹], Gesellschaftsvertrag, bei dem ein Teilhaber den Nutzen (Löwenanteil) zieht, der andere den möglicherweise eintretenden Schaden übernimmt.

Leonow, 1) Aleksej Archipowitsch, sowjet. Kosmonaut, * 1934; als erster 10 Min. außerhalb des Raumschiffs im freien Raum. **2)** Leonid Maksimowitsch, russ. Schriftst., * 1899; Romane: ›Die Dachse‹ (1924), ›Das Werk im Urwald‹ (1930), ›Der russ. Wald‹ (1953); ›Jewgenija Swanowna‹ (1963).

Leontief [lɪˈɒntɪəf], Wassily, amerikan. Volkswirtschaftler, * 1906, entwickelte und praktizierte die Input-Output-Analyse; Nobelpreis für Wirtschaftswissenschaften 1973.

Leopard: Amur-Leopard

Leopard, Panther (Pardel), ♌ Art der Großkatzen, von 110 bis 150 cm Kopf-Rumpf-Länge, 45–62 cm Schulterhöhe, meist gelblich, mit dunklen Flecken, bisweilen ganz schwarz; in Afrika und Südasien; durch das Washingtoner Artenschutzübereinkommen geschützt. **2)** ⚙ Kampfpanzer der Bundeswehr.

Leopardi, Giacomo Graf, ital. Dichter, * 1798, † 1837; strenggeformte Verse, Ausdruck tiefen Weltschmerzes.

Leopold, Fürsten:
Röm.-dt. Kaiser. **1) L. I.** (1658–1705), 2. Sohn Ferdinands III., * 1640, † 1705. Unter ihm entfaltete Großmacht, bes. durch den Türkenkrieg von 1683–99. Harte Verfolgungen der ungar. Protestanten.
2) L. II. (1790–92), 3. Sohn Franz' I. und Maria Theresias,

Lerchen: Feldlerche

* 1747, † 1792; 1765 Großherzog von Toskana (als L. I.), 1790 Nachfolger seines Bruders Joseph II. in Österreich und als Kaiser.

Anhalt-Dessau. **3) L. I.,** der **Alte Dessauer,** Fürst (1693–1747), preuß. Feldmarschall, * 1676, † 1747, volkstüml. Heerführer im Span. Erbfolgekrieg und in den Schles. Kriegen.

Belgien, Könige. **4) L. I.** (1831–65), * 1790, † 1865, aus dem Hause Sachsen-Coburg. Sein Sohn **L. II.** (1865–1909), * 1835, † 1909, gleichfalls ein geschickter Diplomat und Finanzmann; er begründete den Kongostaat.

5) L. III. (1934–51), Sohn Alberts I., * 1901, kapitulierte beim dt. Einmarsch 1940, wurde interniert, ging 1945 ins Ausland. Er verzichtete auf den Thron zugunsten seines Sohns Baudouin. L. heiratete 1926 die schwed. Prinzessin Astrid († 1935), 1941 Marie Lilian Baels (Prinzessin Réthy).

Hohenzollern-Sigmaringen. **6) L.,** Fürst, * 1835, † 1905; seine Kandidatur für den span. Thron löste den Deutsch-Französ. Krieg von 1870/71 aus.

Österreich. **7) L. III.,** Markgraf (1095–1136), * um 1073, † 1136, Babenberger, gründete die Klöster Klosterneuburg und Heiligenkreuz. 1485 heiliggesprochen; Tag 15. 11.

8) L. V., Herzog (1177–94), Babenberger, * 1157, † 1194, nahm 1192 König Richard Löwenherz gefangen und lieferte ihn an Kaiser Heinrich VI. aus.

Leopoldina, älteste naturforschende Gesellschaft, 1652 gegr., seit 1742 **Kaiserlich Leopoldinisch-Carolinische Deutsche Akademie der Naturforscher,** seit 1879 mit Sitz in Halle.

Leopold-II.-See, See in Zaire, →Mai Ndombe.

Léopoldville [-v'il], früherer Name von →Kinshasa.

Lepanto [ital.], grch. Ort, →Naupaktos.

Lepidodendron [grch.] *das,* fossiler Bärlappbaum.

Lepidoptera [grch.] *Mz.,* Insekten, →Schmetterlinge.

Lepidus, Marcus Aemilius, röm. Staatsmann, * um 87, † 13/12 v. Chr., bildete 43 v. Chr. mit Antonius und Octavianus das 2. Triumvirat.

Leporello, in Buchform harmonikaartig zusammenfaltbare Reihe von Bildern, benannt nach Don Juans Diener Leporello (in Mozarts ›Don Giovanni‹), der ein Verzeichnis der Geliebten seines Herrn anlegte.

Leppich, Johannes, Jesuit, * 1915, Volksprediger (drast. Zeitkritik), Organisator aktivist. kath. Kreise.

Lepra [grch.], **Aussatz,** durch Mykobakterien verursachte, sich über lange Jahre hinziehende meldepflichtige Infektionskrankheit mit nicht eindeutig geklärter Übertragungsweise und Inkubationszeit. Beginn mit Hautflecken und Hautknoten, die später geschwürig zerfallen können. Bei Brandigwerden einzelner Gliedmaßen kommt es zu schweren Verstümmelungen. Die Befallenen wurden früher aus der Gemeinschaft ›ausgesetzt‹. Behandlung: Chemotherapie, bes. mit Sulfonen, Resozialisierung, Wiederherstellungschirurgie.

Lepsius, Karl Richard, * 1810, † 1884, Mitbegr. der Ägyptologie (Ägypt. Museum in Berlin).

Leptis Magna, urspr. phönik. Hafenstadt in Nordafrika, östlich von Tripolis, seit 25 v. Chr. römisch, um 200 n. Chr. von Septimius Severus großartig ausgebaut, im 7. Jh. von den Arabern zerstört. Grabungen seit 1920. (Bild S. 199)

lepto . . . [grch.], zart . . ., schmal . . ., dünn . . ., fein . . .

Leptonen, leichte Elementarteilchen: Elektronen, Neutrinos, Muonen (μ-Mesonen) und deren Antiteilchen.

leptosom [grch.], schmalwüchsig (→Konstitution).

Leptospiren, Gatt. der Spirochäten. **Leptospirosen,** die von L.-Arten erregten Krankheiten (z. B. **Weilsche Krankheit**).

Le Puy [ləpy'i], Hptst. des Dép. Haute-Loire in Frankreich, 29 000 Ew.; roman. Kathedrale (12. Jh.); Spitzen- u. a. Industrie.

Lerchen, Fam. bodenbewohnender, meist unauffällig gefärbter Singvögel, mit 70 Arten. In Mitteleuropa brüten: die **Feldlerche** (18 cm lang), mit trillerndem Fluggesang; die **Heidelerche** (15 cm), mit leisl. Fluggesang; die **Haubenlerche** (18 cm), mit zartem Federschopf. Die **Kalanderlerche** ist in den Mittelmeerländern beheimatet.

Lerchensporn, Gatt. der Mohngewächse: **Gefingerter L.,** mit geteilten Blättern, traubig stehenden, purpurroten Blüten, in Laubwäldern; südeurop. **Gelber L.,** Zierstaude.

Lérida [l'eriða], **1)** Prov. Spaniens, in Katalonien, 12 028 km², 349 800 Ew. **2)** Hptst. von 1), am Segre, 108 900 Ew.; Textil- und Glasindustrie.

Lermontow, Michail Jurjewitsch, russ. Dichter, * 1814, † (im Duell) 1841, Offizier; neben A. Puschkin und N. Gogol der Begründer der neuen russ. Lit. Seine Dichtung ist leidenschaftlich,

Michail Lermontow

Lesotho

Leptis Magna: Theater

grüblerisch, voll Weltschmerz. Gedichte, Verserzählungen, Novellen, lyrisch-visionäres Epos ›Der Dämon‹ (1840), Roman ›Ein Held unserer Zeit‹ (1846).

Lermoos, Luftkurort in Tirol, Österreich, bei der Zugspitze, 995 m ü. M., 900 Ew.

Lernäische Schlange, → Hydra.

Lernen. Das L. bezeichnet den Vorgang der Aufnahme und der Speicherung von Erfahrungen und der Konditionierung des Verhaltens. Ergebnis des Lernprozesses ist die Veränderung der Wahrscheinlichkeit, mit der Verhaltensweisen in bestimmten Situationen auftreten. Begrifflich wird L. einerseits von Reifung und andererseits von reaktiven Zustandsänderungen (z. B. durch Verletzung oder pharmakolog. Beeinflussung) unterschieden. Der **Lernerfolg** hängt einerseits von der Bedürfnislage des Organismus und im Zusammenhang damit von Zahl und Art der Bekräftigungen ab sowie andererseits von der Anzahl der Wiederholungen. Dabei spielen auch Begabungsunterschiede der Lernenden eine Rolle; eine generelle Lernbegabung ist jedoch nicht anzunehmen.

lernende Automaten, techn. Systeme mit Informationsverarbeitung, deren Arbeits-(Verhaltens-)weise von früheren, gespeicherten Arbeitsergebnissen (Erfahrungen) abhängig gemacht werden kann mit dem Ziel, einen beabsichtigten Arbeitsprozeß zu verbessern (optimieren).

Lernet-Holenia, Alexander, österr. Schriftst., * 1897, † 1976; Dramen, Erz., Lyrik, Romane: ›Ich war Jack Mortimer‹ (1933), ›Die Standarte‹ (1934), ›Prinz Eugen‹ (1960), ›Pilatus‹ (1967).

Lernmaschinen, → Lehrmaschinen.

Lernmatrix, mathemat. Modell zur Erfassung des Lernprozesses; auch eine techn. Einrichtung in → lernenden Automaten.

Lernpsychologie, Untersuchung des Lernvorganges in Abhängigkeit von Situation, Eigenschaften und Zuständen des Lernenden und bei Tieren).

Lerntheorie, Lehre vom Lernen, meist im Sinne des → Behaviorismus, jetzt auch allg. auf Prozesse des Verhaltens übertragen, die sich auf Grund von neuen Daten ändern.

Lersch, 1) Heinrich, Arbeiterdichter, * 1889, † 1936; gefühlsstarke Lyrik: ›Menschen im Eisen‹ (1925), Erzählungen. **2)** Philipp, Psychologe, * 1898, † 1972, bemühte sich um eine ganzheitl. Darstellung der Persönlichkeit; ›Aufbau der Person‹ (1938).

Lesage [ləsa:ʒ], Alain René, frz. Schriftst., * 1668, † 1747; Possen, satir. Komödie ›Turcaret‹ (1709); führte mit den Romanen ›Der hinkende Teufel‹ (1707) und ›Gil Blas de Santillane‹ (1715–35) den span. Schelmenroman in die frz. Literatur ein.

lesbische Liebe, Tribadie, → Homosexualität unter Frauen, genannt nach der Dichterin Sappho auf Lesbos. In Dtl., der Schweiz und Österreich (seit 1975) straflos.

Lesbos, ngrch. **Lesvos,** grch. Insel vor der kleinasiat. Küste, 1630 km², 96 700 Ew.; Anbau von Weizen, Wein, Oliven und Südfrüchten. Hauptort: Mytilene. – L. wurde im 11./10. Jh. v.

Chr. von Griechen (Äoliern) besiedelt; Heimat des Alkaios und der Sappho. – An der O-Küste prähistor. Fundort Thermi.

Lescot [-k'o], Pierre, frz. Baumeister, * um 1510, † 1578, von ihm stammt der SW-Flügel des Louvre-Hofs, das Hauptwerk der frühen frz. Renaissance.

Lesegerät, → Mikrofilmgeräte.

Lesemaschine, lichtelektrisch oder magnetisch arbeitendes Gerät zur Zeichenerkennung auf Schriftstücken.

Lesgier, ostkaukas. Völkergruppe, bes. in der Dagestan. ASSR, UdSSR, verbreitet, rd. 324 000 Menschen, die eine ostkaukas. Sprache sprechen.

Leskow, Nikolaj Semjonowitsch, russ. Erzähler, * 1831, † 1895, kritisierte in 2 Romanen (›Ohne Ausweg‹, 1864; ›Bis aufs Messer‹, 1870) die revolutionär gesinnte Intelligenz, zeichnete ein lebendiges Bild vom russ. Menschen (›Lady Macbeth aus dem Kreise Mzensk‹, 1865; ›Die Klerisei‹, 1872).

Leslau, 1940–45 dt. für → Włocławek.

Lesotho, Kgr. in SO-Afrika, als Enklave von der Rep. Südafrika umgeben, 30 355 km² mit 1,34 Mio. Ew. (vorwiegend Sotho, rd. 80% Christen). Hptst.: Maseru. Amtssprache Englisch. ⊕ Band 1, n. S. 320. Währung ist der südafrikan. Rand = 100 Cents. Univ. in Roma.

L. ist größtenteils ein 2 000–3 000 m hohes Gebirgsland, das in den Drakensbergen bis 3 482 m ansteigt und durch Viehzucht (Wollschafe, Mohairziegen, Rinder) genutzt wird. Die landwirtschaftl. Anbaugebiete (Mais, Hirse, Weizen, Bohnen, Erbsen) liegen im Tiefland längs der W-Grenze, wo auch rd. 70 % der Bev. leben. Rd. 200 000 Ew. arbeiten im Bergbau der Rep. Südafrika. Ausfuhr: Rinder, Wolle, Diamanten. – Das Gebiet von L. war seit 1868 als **Basutoland** brit. Protektorat. 1966 wurde es unabhängig.

Lesseps, Ferdinand Vicomte de, * 1805, † 1894, leitete 1859–69 den Bau des Suezkanals; der Versuch, 1879 den Panamakanal zu bauen, scheiterte.

Les Sept-Îles [leset'i:l, frz. ›Sieben Inseln‹], Inselgruppe vor der N-Küste der Bretagne.

Lessing, 1) Doris, engl. Schriftstellerin, * 1919, stellt in Romanen und Kurzgeschichten Rassenprobleme in Afrika und das Leben der Frau in einer vom Mann bestimmten Welt dar, Lyrik, Dramen. Romane: ›Afrikan. Tragödie‹ (1950), ›Das goldene Notizbuch‹ (1962), ›Der Sommer vor der Dunkelheit‹ (1973). **2)** Gotthold Ephraim, Dichter und Kritiker, * 1729, † 1781, lebte seit 1748 mit Unterbrechungen in Berlin. Er schrieb treffsichere Kritiken in der ›Vossischen Zeitung‹ (1748–55) und in der Zeitschrift ›Briefe, die neueste Literatur betreffend‹ (1759–65). Mit der Tragödie ›Miß Sara Sampson‹ (1755) begr. er das dt. bürgerl. Trauerspiel nach engl. Vorbild. 1767 ging er als Dramaturg an das Dt. Nationaltheater in Hamburg (›Hamburgische Dramaturgie‹, 1767–69). Nach dessen Zusammenbruch wurde er 1770 Bibliothekar in Wolfenbüttel. Als Kritiker befreite L. die dt. Dichtung aus ihrer Abhängigkeit von frz. Mustern, rechtfertigte Shakespeares Werke und wurde zum Wegbereiter der dt. Klassik. Als Dichter schuf er mit ›Minna von Barnhelm‹ (1763, gedr. 1767) eines der schönsten dt. Lustspiele; sein ›Nathan der Weise‹ (1779) ist Ausdruck aufklärischer Humanitätslehre. In theologisch-philosoph. Schriften überwand L. den dogmat. Rationalismus: Voller Besitz der Wahrheit ist dem Menschen versagt; die Suche danach ist seine Aufgabe. L.s klare, prägnante Sprache wurde beispielhaft für die dt. Prosa, bes. für die Essayistik (›Laokoon‹, 1776). Weitere Werke: ›Fabeln‹, 3 Bde. (1759). Trauerspiele: ›Philotas‹ (1759), ›Emilia Galotti‹ (1772). Prosaschriften: ›Anti-Goeze‹ (1778), ›Ernst und Falk. Gespräche für Freimaurer‹ (1778/1780), ›Die Erziehung des Menschengeschlechts‹ (1780). **3)** Theodor, Kulturphilosoph, * 1872, † (ermordet) 1933, Sozialkritiker und Kulturpessimist.

Lesueur, Le Sueur [ləsɥˈœːr], **1)** Eustache, frz. Maler, * 1617, † 1655; bibl. Szenen. **2)** Jean François, frz. Komponist, * 1760, † 1837, Hofkapellmeister Napoleons I.; Opern, Oratorien, Kirchenmusik.

Lesung, 1) Beratung einer Gesetzvorlage oder eines Antrags im Parlament; meist sind 3 L. erforderlich. **2)** die → Lektion 3).

Leszczyński [lɛʃtʃ'ĩiski], → Stanisław 1).

letal [lat.], tödlich. **Letalität,** Sterblichkeitsquote.

Letaldosis, Abk. **LD,** tödliche Gift- oder Strahlendosis.

Letalfaktoren, Gene, die die Lebensfähigkeit mindern oder tödlich wirken.

L'Etat c'est moi [let'a sɛ mw'a, frz.], ›Der Staat bin ich‹, angebl. Ausspruch Ludwigs XIV. im Geiste des Absolutismus.

Nikolaj Leskow (aus einem Gemälde von V. Serow, 1894)

Gotthold Ephraim Lessing (aus einem Gemälde um 1767)

Leuchte: oben Petroleumleuchte, um 1865; unten bewegbare Gasleuchte, um 1900 (beide München, Deutsches Museum)

Lethargie [grch.], Teilnahmslosigkeit, Interesselosigkeit, auch Schlafsucht.

Lethe [grch.], grch. Mythos: Fluß oder Quelle in der Unterwelt, woraus die Seelen der Verstorbenen Vergessenheit tranken.

Leto, lat. **Latona,** grch. Mythos: Geliebte des Zeus, durch ihn Mutter der göttl. Zwillinge Apollon und Artemis.

Letten, volkstüml. für grauen bis bunten, sandigen Ton.

Letten, die zur ostbalt. Völkergruppe gehörenden Bewohner Lettlands, rd. 1,5 Mio.

Letter [lat.] *die,* 1) Buchstabe. 2) **Type,** der aus einer Antimon-Blei-Zinn-Legierung **(Letternmetall)** gegossene Metallkörper, der an seiner Stirnfläche das erhabene, seitenverkehrte Bild des Buchstabens trägt.

Lette-Verein, urspr. ›Verein zur Förderung der Erwerbsfähigkeit des weibl. Geschlechts‹, 1866 von W. A. Lette (* 1799, † 1868) in Berlin gegr., unterhält Fachschulen und Lehrwerkstätten zur Berufsausbildung von Frauen.

Lettgallen, lett. **Latgale,** ehem. Prov. in Lettland.

lettische Literatur. Die Letten besitzen eine reiche Volksdichtung: Dainas (Volkslieder) und Märchen. Ein eigtl. Schrifttum, meist kirchl. Charakters, entwickelte sich erst Ende des 16. Jh. Eine bewußt nationale l. L. begann mit J. Alunans (* 1832, † 1864), A. Pumpurs (* 1841, † 1902), den Brüdern R. und M. Kaudzite, dem Realisten R. Blaumanis (1863–1908). Etwa 1890 setzte mit Aspazija, Rainis u. a. eine neuromant. Bewegung ein. Neuere Dichter sind A. Niedra, V. Pludonis, K. Skalbe, A. Brigadere, Zenta Maurina, J. Medenis, A. Eglitis u. a.

Lettische Sozialistische Sowjetrepublik, Unionsrep. der UdSSR (Verf. v. 25. 8. 1940), 63 700 km², 2,5 Mio. Ew.; Hptst. Riga. – Die L. SSR ist ein niedriges Moränenhügelland (bis 311 m hoch) beiderseits der Düna mit vielen Seen und Mooren. Landwirtschaft ist vorherrschend, bes. Getreide, Viehzucht und Molkereiwirtschaft, Torf; Schiff-, Maschinenbau, Elektro-, Textil-, chem. Ind. Häfen sind Riga, Windau, Libau. – Die Bev. besteht aus 56,8% Letten und 29,8% Russen. Univ. (1919) u. a. Hochschulen, Lett. Akad. der Wiss. in Riga.

lettische Sprache, gehört zum balt. Zweig des indogerman. Sprachstamms; unterteilt in 3 Dialekte, von denen der mittellettische Grundlage der Schriftsprache ist.

Lettland, lett. **Latvija,** eine 1918–40 unabhängige Rep. im Baltikum, mit 65 800 km²; Hptst.: Riga. L., eine der 3 russ. Ostseeprovinzen, konstituierte sich 1918 als unabhängige Rep. Nach dem erzwungenen Beistandspakt mit der UdSSR (Aug. 1939) besetzte diese auf Grund des Hitler-Stalin-Paktes (Sept. 1939) 1940 L. und gliederte es sich als → Lettische Sozialistische Sowjetrepublik ein.

Lettner *der,* in mittelalterl. Kirchen die seit etwa 1200 übliche halbhohe Scheidewand zw. Chor und Gemeinderaum, mit Skulpturen ausgestaltet und von einer, auch mehreren Pforten durchbrochen. Vom L. herab wurde die Hl. Schrift verlesen, er diente auch als Sängertribüne u. a. Im Barock wurden, bes. in Frankreich, die meisten L. beseitigt.

Lettow-Vorbeck [-to-], Paul von, preuß. General, * 1870, † 1964, 1913–18 Kommandeur der Schutztruppe von Dt.-Ostafrika.

Letzte Dinge, → Eschatologie.
Letzte Ölung, → Krankensalbung.
Letzter Wille, ᛩ das → Testament.

Leu [l'e:u] *der,* *Mz.* **Lei** [l'e:i], Währungseinheit in Rumänien, 1 L. = 100 Bani.

Leu, Hans d. J., schweizer. Maler, * um 1490, † (gefallen) 1531; Landschaften (Einfluß der Donauschule).

Leubus, poln. **Lubiąż** [l'ubjɔ̃ʃ], Dorf in der poln. Wwschaft Wrocław (Breslau), etwa 5 000 Ew.; ehem. Zisterzienserkloster (gegr. um 1175).

Leuchtbake, ᛩ landfeste Markierung mit Leuchte.

Leuchtbakterien, Bakterien, die Licht erzeugen; sie leben im Meer, auf lagerndem Fleisch u. a. oder schmarotzerisch (z. B. in Schmetterlingsraupen).

Leuchtdichte, von einer leuchtenden Fläche in einen kleinen Raumwinkel best. Richtung ausgestrahlter Lichtstrom. Maßeinheit: Candela/m².

Leuchte, Vorrichtung zur Lenkung und Verteilung des von einer künstl. Lichtquelle (Lampe) erzeugten Lichtstroms; urspr.

einfachste Verbrennungslampen, dann Kerzenhalter; seit Ende des 18. Jh. Gebrauch von Petroleum, Glaszylinder; im späteren 19. Jh. Gasglühlicht.

Leuchtenberg, Herzog von, → Eugen von Beauharnais.

Leuchtfarben, die → Leuchtstoffe.

Leuchtfeuer, ᛩ ⚓ Anlagen zur Navigation, die Lichtsignale aussenden wie Leuchttürme, Feuerschiffe, Leuchtbaken, Leuchtbojen, Leuchttonnen in Küstengewässern, Flußläufen (auch als Hafenfeuer), auf Bergen, Anflug-, Landebahn-, Rollbahn- und Hindernisbefeuerung auf und um Flughäfen.

Leuchtgas, → Stadtgas. **L.-Vergiftung,** Vergiftung mit → Kohlenoxid.

Leuchtkäfer, → Leuchtlebewesen.

Leuchtlebewesen, tier. und pflanzl. Lebewesen, die durch chem. Vorgänge beim Stoffwechsel phosphorartig leuchten. Die L. sind z. T. Landbewohner, wie z. B. Glühwürmchen, der amerikan. Cucujokäfer, der auf faulem Holz lebende Hallimasch, das Leuchtmoos; z. T. Meeresbewohner, wie Quallen, Borstenwürmer, Muscheln und Tiefseetiere. Das **Meeresleuchten** bewirken u. a. Leuchtbakterien, Algen und das Geißeltierchen Noctiluca. Die Leuchtorgane vieler Tiefseetiere (Tintenfische, Fische, Feuerwalzen) enthalten Leuchtbakterien, die mit diesen in Symbiose leben und das Leuchten verursachen. (Bild S. 201)

Leuchtmittelsteuer, dem Bund zufließende Verbrauchsteuer auf elektr. Glühlampen, Entladungslampen u. ä.; Aufkommen 1960: 124,4 Mio. DM.

Leuchtmoos, an lichtarmen Orten Europas wachsende, 1 cm hohe Laubmoosart; sein Vorkeim leuchtet grünlich, da das in seinen linsenförmigen Zellen gesammelte Tageslicht zurückgestrahlt wird.

Leuchtmunition, mit einem Leuchtsatz versehener Körper, abgeschossen aus der Leuchtpistole oder abgeworfen vom Aufklärungsflugzeug, zur Erhellung des Geländes, zur Markierung eines Zieles oder zur Signalgebung.

Leuchtröhren, → Gasentladungslampen, → Leuchtstofflampen.

Leuchtsätze, mit gefärbter Flamme verbrennende Feuerwerksmischungen; im Rettungswesen als Signalmittel.

Leuchtschaltbild, Vereinigung von Schaltbild und Schalttafel. Durch Einbau der Befehlsschalter und Meßinstrumente in das beim L. von hinten beleuchtete Schaltbild wird eine gute Übersicht über den Schaltzustand erzielt. Anlagen erreicht.

Leuchtschirm, Bildschirm, Glas-, Pappe- oder Metallplatte, auf der ein lumineszierender Stoff aufgebracht ist, dient zum Sichtbarmachen von Röntgenstrahlen, Elektronenstrahlen und ultraviolettem Licht sowie als Verstärkerschirm, als Lichtquelle zum Kopieren in der Phototechnik, für die Wiedergabe von Fernsehbildern u. a.

Leuchtspurgeschoß, Geschoß mit Leuchtsatz hinter dem Stahlkern, zum Sichtbarmachen der Flugbahn.

Leuchtstoffe, Leuchtfarben, Stoffe, die bei Belichtung aufleuchten oder auch längere Zeit nachleuchten. Die nicht nachleuchtenden **(fluoreszierenden)** L. wandeln die auffallende Strahlung in längerwellige um, z. B. UV in sichtbares Licht. Nachleuchtende **(phosphoreszierende)** L. leuchten nach Aufhören der Bestrahlung so lange nach, bis die bei der Anregung gespeicherte Energie verbraucht ist. Als L. dienen bes. Zink-Cadmium-Sulfide, Silikate, Wolframate, Molybdate, Halogenide.

Leuchtstofflampe, röhrenförmige Gasentladungslampe (Niederdruck-Quecksilberdampflampe), deren Innenwände mit Leuchtstoff belegt sind. Durch die UV-Strahlung der Entladung wird der Leuchtstoff angeregt und sendet sichtbares Licht aus.

Leuchttonne, ᛩ schwimmendes Seezeichen mit ständig brennender Leuchte.

Leuchtturm, ᛩ turmartiges Seezeichen an wichtigen Punkten, mit starkem Leuchtfeuer, oft auch Radaranlagen, Einrichtungen für Nebel- und Sturmwarndienst, Schiffsmelde-, Wetter-, Seenotdienst. (Bild S. 201)

Leuchtzirpen, Langkopfzirpen, Überfam. der Zikaden mit rd. 6500 meist trop. oder subtrop. Arten, u. a. die nach der Kopfform so benannten **Laternenträger.** Die L. haben kein Leuchtvermögen; einige sind Kulturschädlinge.

Leucin [grch.] *das,* eine Aminosäure.

Leucit *der,* weißes Mineral, ein Feldspatvertreter.

leuk . . . , leuko . . . [grch.], weiß . . .

Leuk, frz. **Loèche-la-Ville** [lɔ'ɛʃlav'il], Bez.-Hauptort im Kt. Wallis, Schweiz, 3 000 Ew.; Weinbau; Burgen aus dem MA.; nahebei **Leukerbad** mit radioaktiven Schwefel- und Gipsthermen.

Leukämie [grch.], **Weißblütigkeit,** ⚥ Gruppe schwerer Erkrankungen mit stark vermehrter Bildung von weißen Blutkörperchen (**Leukose,** ›Weißblütigkeit‹), Verminderung der Zahl der roten Blutkörperchen (daher zunehmende Blässe der Kranken) und der Zahl der Blutplättchen (daher herabgesetzte Gerinnungsfähigkeit des Blutes und Neigung zu Blutungen). Die **myeloische L.** ist gekennzeichnet durch erhöhte Zahl der im Knochenmark gebildeten Myelozyten oder Granulozyten sowie durch Milz- und Leberschwellung, die **lymphatische L.** durch vermehrte Bildung der in den Lymphknoten erzeugten Lymphozyten und durch Lymphknotenschwellung. Es gibt akute, stürmisch, mit hohem Fieber verlaufende Formen der L. und chronische, die sich über Monate und Jahre hinziehen. Behandlung: Cytostatica und Antimetabolite; ferner Bluttransfusionen.

Leukas, ngrch. **Levkas,** Ion. Insel, 302 km², gebirgig.

Leukippos, grch. Mythos: König von Argos, dessen beide Töchter Phoebe und Hilaeira von den Dioskuren geraubt wurden.

Leukippos von Milet, grch. Philosoph des 5. Jh. v. Chr.; Mitbegr. der **Atomistik.**

Leukom [grch.] *das,* ⚥ weiße Narbentrübung der Hornhaut des Auges, nach Hornhautgeschwüren.

Leukotomie [grch.], ⚥ operative Durchtrennung der vom Stirnhirn zu anderen Hirnteilen ziehenden Nervenbahnen; angewendet bei schwer erregten Kranken, bei unstillbarem Schmerz; führt zur Veränderung der Persönlichkeit.

Leukoverbindungen, meist wasserlösl. Verbindungen, die aus vielen organ. Farbstoffen durch Reduktion entstehen.

Leukozyten [grch.], die weißen Blutkörperchen. (→ Blut)

Leukozytose, Vermehrung der Leukozyten im strömenden Blut, bes. bei Infektionskrankheiten.

Leuktra, Ebene und wohl auch Ort in Böotien; 371 v. Chr. Sieg der Thebaner unter Epaminondas über die Spartaner.

Leumund, der gute oder schlechte Ruf; **Leumundszeugnis,** Zeugnis über den Ruf einer Person.

Leuna, Stadt im Bez. Halle, an der Saale, etwa 10 000 Ew.; Sitz des Kombinats VEB **Leunawerke ›Walter Ulbricht‹** (flüssige Gase, Kraftstoffe, Schwefel, Salzsäure, Kunststoffe, Pharmazeutika u. a.; verarbeitet werden Braunkohle und Erdöl; Stadtautobahn nach Merseburg-Schkopau.

Leuschner, 1) Bruno, Politiker (KPD, SED), * 1910, † 1965, 1936–45 in Haft; 1952–61 Vors. der staatl. Plankommission. **2)** Wilhelm, Politiker (SPD), * 1890, † (hingerichtet) 1944, Bildhauer, dann Gewerkschaftssekr., 1928–32 hess. Innen-Min., 1933–34 im KZ, darauf Führer des gewerkschaftl. Widerstands, vom Volksgerichtshof zum Tode verurteilt.

Leuthen, poln. **Lutynia,** Dorf in Niederschlesien, westl. Breslau. 5. 12. 1757 Sieg Friedrichs d. Gr. über die Österreicher unter Karl von Lothringen (›schiefe Schlachtordnung‹).

Leuthold, Heinrich, schweizer. Dichter, * 1827, † 1879; schrieb schwermütige Lyrik.

Leutkirch im Allgäu, Luftkurort im Kr. Ravensburg, Bad.-Württ. Große Kreisstadt, 19 900 Ew. Ind.: Elektrotechnik, Herstellung von Kugellagern, Holzwaren u. a.

Leutnant, unterste Rangklasse der Offiziere.

Leutpriester, im MA. der Geistliche, der für einen nicht amtierenden Pfarrer die Seelsorge ausübte.

Levade [frz.] *die,* Pferdesport: Übung der Hohen Schule. Das Pferd senkt die Hinterhand so weit, daß sie für Sekunden das gesamte Gewicht des Reiters und Pferdes allein zu tragen vermag; die Vorhand wird vom Boden erhoben.

Levalloisien [lavalwaz'ẽ, frz.] *das,* Kulturstufe der mittleren Altsteinzeit (Feuerstein-Abschlag-Geräte).

Levana, röm. Schutzgöttin der Kinder.

Levante [ital. ›Morgenland‹] *die,* die Länder um das östl. Mittelmeer, i. e. S. die Küste Kleinasiens, Syriens und Ägyptens.

Levantiner *der,* europ.-oriental. Mischling; auch die Händler in den Hafenstädten der Levante.

Levau [ləv'o], **Le Vau,** Louis, frz. Baumeister, * um 1612, † 1670, Hofarchitekt Ludwig XIV.; Bauleitung am Louvre, den Tuilerien, Schloß in Versailles u. a. (Bild Versailler Schloß)

Levée [ləv'e, frz.] *die,* Aushebung von Rekruten. **L. en masse** [-ã mas], Aufgebot der männl. Bevölkerung zum Kriegsdienst (erstmals 1793 in Frankreich).

Level [levl, engl.] *der,* Stufe, soziales, geistiges Niveau.

Leventina, Bez. im Kt. Tessin, Schweiz, umfaßt das **Valle Leventina,** dt. **Livinental,** den 34 km langen Talabschnitt des Tessin von Airolo bis zur Mündung des Brenno, durchzogen von der Gotthardbahn.

Lever [ləv'e:, frz.] *das,* Aufstehen; **le lever du roi** [-dyrw'a], am frz. Hof die Morgenaudienz beim König (17. und 18. Jh.).

Leverkusen, kreisfreie Stadt in NRW, am re. Ufer des Rheins, 160 400 Ew.; Sitz und Hauptbetriebsstätte der Bayer AG und der Agfa-Gevaert AG u. a. Industrie.

Le Verrier [ləverj'e], Urbain Jean Joseph, frz. Astronom, * 1811, † 1877, leitete aus Bahnstörungen von Merkur und Uranus die Stellung des Neptun ab, der daraufhin von J. G. Galle entdeckt wurde.

Levetzow [-o], Ulrike von, * 1804, † 1899. Goethes Liebe zu ihr fand Ausdruck in seiner ›Marienbader Elegie‹.

Levi, Leviten, A. T.: nach Levi, Sohn von Jakob und Lea, benannter israelit. Stamm, in der Königszeit ausschließl. Träger des Priesteramtes an den Heiligtümern Jahwes in Palästina.

Levi, Carlo, ital. Schriftst., Maler, Arzt, * 1902, † 1975; ›Christus kam nur bis Eboli‹ (1945, soziale Fragen S-Italiens).

Leviathan, A. T.: der Chaosdrache (Hiob 3,8. 26,13 u. ö.); dichterisch: Ungeheuer, Krokodil; bei Hobbes: Sinnbild des allmächtigen Staates.

Levirat, Schwagerehe, die Sitte bei manchen Völkern, daß der Bruder eines Verstorbenen dessen kinderlose Witwe zu heiraten und zu versorgen hat, z. B. bei den Israeliten.

Lévi-Strauss [levistr'os], Claude, frz. Ethnologe, * 1908, begr. die ›Strukturale Anthropologie‹: aus empir. Material abgeleitete Modelle sozialer Strukturen sollen allg. strukturale Gesetzlichkeiten erkennen lassen (→ Strukturalismus). ›Das wilde Denken‹ (1962) u. a.

Levitation, freies Schweben von Gegenständen, auch des menschl. Körpers; eine Fähigkeit, die Jogis und Medien nachgesagt wird.

Leviten, 1) israelit. Stamm und Priester, → Levi. **2)** lat. Liturgie: Diakon und Subdiakon beim feierl. Hochamt (**Levitenamt**); seit dem 2. Vatikan. Konzil nicht mehr üblich.

Levkoje, Kreuzblüter-Gatt. mit graufilzig behaarten Blättern. Die einjährige **Sommer-L.** und die ausdauernde **Winter-L.** sind Gartenblumen mit meist gefüllten, duftenden Blütenständen. (Bild S. 202)

Lévy-Bruhl [levibry:l], Lucien, frz. Philosoph und Soziologe, * 1857, † 1939; ›Arbeiten über das Denken der Naturvölker.

Lew, Lev *der,* Währungseinheit in Bulgarien; 1 L. = 100 Stótinki.

Lewin, Kurt, Gestaltpsychologe, * 1890, † 1947, Begründer der → Gruppendynamik.

Lewis [l'uis], **1)** Sir (William) Arthur, brit. Wirtschaftswissenschaftler, * 1913; befaßte sich u. a. mit der Entwicklungstheorie; erhielt 1979 mit T. Schultz den Nobelpreis für Wirtschaftswissenschaften. **2)** Cecil **Day,** anglo-irischer Schriftst., → Day-Lewis. **3)** Clive Staples, engl. Literarhistoriker, Schriftst., * 1898, † 1963, schrieb u. a. phantast. Romane. **4)** Gilbert Newton, amerikan. Physikochemiker, * 1875, † 1946, grundlegende Beiträge zur Theorie der chem. Bindung, entdeckte die elektrolyt. Gewinnung des schweren Wassers. **5)** Jerry, amerikan. Filmkomiker und -regisseur, * 1926. **6)** John Aaron, amerikan. Jazzpianist, * 1920. **7)** John Llewellyn, amerikan. Arbeiterführer, * 1880, † 1969, Bergmann; 1935 Mitbegr. der CIO. **8)** Sinclair, amerikan. Schriftst., * 1885, † 1951, satirisch-humorist. Sittenbilder der amerikan. Mittelklasse. 1930 Nobelpreis für Literatur. Romane: ›Babbit‹ (1922), ›Elmer Gantry‹ (1927), ›Dodsworth‹ (1929), ›Die verlorenen Jahre‹ (1938). Bild S. 202. **9)** Wyndham, engl. Schriftst., * 1886, † 1957; satir. Romane, Essays.

Lex [lat.] *die, Mz.* **leges,** das Gesetz.

Lexem *das,* ⓢ Träger der begriffl. Bedeutung.

Lexikographie [grch.], Aufzeichnung und Erklärung des Wortguts eines oder der Begriffe eines oder vieler Sachbereiche in einem Lexikon.

Lexikologie [grch.], Lehre vom Aufbau des Wortschatzes.

Lexikon [grch.] *das,* -s/...ka, alphabet. geordnetes Nachschlagewerk, im 18. Jh. als Sonderform der → Enzyklopädie entwickelt, behandelt alle Wissensgebiete (früher: Konversationslexikon; heutige Form in Dtl. im 19. Jh. von F. A. Brockhaus entwickelt; es folgten L. von J. Meyer, H. A. Pierer sowie des Verlags Herder) oder ein bestimmtes Fachgebiet.

Lexington [l'eksıŋtən], Stadt in Kentucky, USA, 203 100 Ew.; Staatsuniv.; bed. Pferdezucht, Landwirtschaft, Handelsplatz für Tabak und Kohlen; vielseitige Ind.

Ley, Robert, Politiker (NSDAP), * 1890, † (Selbstmord) 1945, Chemiker, löste 1933 die Gewerkschaften auf, gründete die Dt. Arbeitsfront und die NS-Gemeinschaft ›Kraft durch Freude‹,

Leuchtlebewesen:
Glühwürmchen,
a Männchen,
b Weibchen

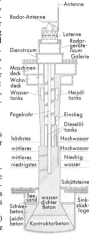

Leuchtturm:
Schnitt durch den L.
›Alte Weser‹

Antenne
Radar-Antenne
Laterne
Radargeräteraum
Galerie
Dienstraum
Maschinendeck
Wohndeck
Heizöltanks
Wassertanks
Pegelrohr
Einstieg
Dieselöltanks
höchstes
Hochwasser
mittleres
Hochwasser
mittleres
Niedrigwasser
niedrigstes
Schüttsteine
Seesand
wasserdichter Beton
Sinkstücklage
Schwerbeton
Kontrakterbeton
Leichtbeton

Leyd

Levkoje

Libanon

Sinclair Lewis

wurde 1945 vor dem Internat. Militärtribunal in Nürnberg angeklagt.

Leyden [lʼɛidə], **1)** →Lucas van Leyden. **2)** →Gerhaert von Leyden.

Leyen, Friedrich von der, Germanist, * 1873, † 1966, Märchenforscher.

Leysin [lɛzʼɛ̃], Luftkurort im Kt. Waadt, Schweiz, 1400 m ü. M., 2800 Ew.; Wintersport; Zahnradbahn.

Leyte [lʼɛite], eine der 11 Hauptinseln der Philippinen, 8003 km², 2,8 Mio. Ew.; gebirgs- und vulkanreich.

lg, Abk. für dekadischen Logarithmus.

Lhasa [tibet. ›Götterstätte‹], amtl. chines. **Lasa,** Hptst. der autonomen Region Tibet, 3700 m ü. M., rd. 120000 Ew.; bis 1959 Sitz des Dalai Lama und hl. Stadt der lamaist. Buddhisten, Palastburg **(Potala;** Bild Tibet), Jo-khang-Tempel (7./8. Jh.).

L'hombre [lɔ̃br, frz.] *das,* span. Kartenspiel unter 3–5 Teilnehmern, mit frz. Karten ohne 8, 9, 10.

Lhote [loːt], André, frz. Bildhauer und Maler, * 1885, † 1962; stand dem Kubismus nahe; Illustrator, Kunstkritiker.

Lhotse, Berg im Himalaya, 8511 m, erstmals 1956 von E. Reiss und F. Luchsinger erstiegen.

Li, chem. Zeichen für Lithium.

Liaison [ljɛzʼɔ̃, frz.] *die,* **1)** Liebesverhältnis. **2)** Phonetik: Aussprache eines sonst stummen Endkonsonanten in einer Wortgruppe, z. B. frz. les hôtes [lezʼoːt], aber les haricots [learikʼo].

Liane [frz.] *die,* Schlingpflanze, →Kletterpflanzen.

Liangchow [-tʃ-], **Liangtschou,** →Wuwei.

Liaodong Bandao, chines. für →Liautung.

Liaoho, Liauho, rd. 1300 km langer Steppenfluß in der südl. Mandschurei, China, mündet in den Golf von Liaotung.

Liaotung, Liautung, chines. **Liaodong Bandao,** Granithalbinsel im Gelben Meer, zw. den Mündungsbuchten des Liaoho und des Yalu.

Lias *der,* →geologische Formationen.

Liauho, chines. Fluß, →Liaoho.

Liautung, chines. Halbinsel, →Liaotung.

Libanon, arab. **Al-Djumhurijja al-Lubnanijja,** Staat an der Ostküste des Mittelmeers in Vorderasien, 10400 km², 3 Mio. Ew. Hptst.: Beirut. Amtssprache: Arabisch. Nach der Verf. von 1926 (mehrfach geändert) ist Staatsoberhaupt der Präs. Religion: Über 50% Christen, gegen 40% Muslime, ferner Drusen und Juden. Keine allg. Schulpflicht, geringe Analphabetenquote (20%), 4 Univ. in Beirut, eine Univ. in Jounieh. Recht: nach frz. Vorbild. ⊕ Band 1, n. S. 320. Währung: 1 libanes. Pfund = 100 Piaster.

Landesnatur. L. ist meist Gebirgsland. Es gliedert sich von W nach O in einen schmalen Küstenstreifen, das L.-Gebirge, die Grabenebene der Beka und den Antilibanon. L. hat an der Küste und im L.-Gebirge subtrop. Klima, mit Winterregen, in den Höhenlagen oft Schnee. Von der Beka bis zum Antilibanon sinkende Niederschläge.

Wirtschaft. L.s Haupteinnahmequellen waren bis zum Bürgerkrieg (1975) Handel und Finanzen. Hauptanbauzonen der Landwirtschaft (z. T. künstl. Bewässerung): Küstenebene (Bananen- und Citrushaine, Gemüsefelder), terrassierter Westhang des L.-Gebirges (Öl-, Feigenbäume, Reben, Tabak, Tafelobst) und Beka (Getreide, Obst, Gemüse, Zuckerrüben). Die halbnomad. Schafs- und Ziegenhaltung verliert an Bedeutung.

Die Industrie ist im wesentl. Verbrauchsgüterind., Druck- und Verlagswesen, ferner Zementherstellung und Erdölverarbeitung; sie ist mit ihrem Hauptstandort Beirut vom Bürgerkrieg bes. betroffen. Haupthandelspartner: USA, Bundesrep. Dtl., vorderasiat. Erdölländer. Haupteinfuhrgüter: Maschinen, Eisen, Stahl, Kraftfahrzeuge. Verkehr: Dichtes Straßennetz. Internat. Flughafen ist Beirut. Erdölhäfen sind Daida und Tripoli (Erdölleitungen aus Saudi-Arabien und Irak).

Geschichte. Die Geschicke L.s waren früher mit denen →Syriens verbunden; 1920 wurde L. mit Syrien frz. Mandat, seit 1926 mit eigener Verwaltung, 1944 unabhängig. Als 1958 eine polit. Krise das Land erschütterte, wurden vorübergehend amerikan. Truppen in L. stationiert. Unter dem Druck der arab. Nachbarstaaten und der PLO ließ die libanes. Reg. seit 1967 Guerilla-Aktionen der palästinens. Araber vom L. gegen Israel zu; dies führte zu zahlr. israel. Vergeltungsaktionen. Die zunehmende Verwicklung des L. in den Nahostkonflikt führte zu schweren innenpolit. Spannungen und stellte das verfassungsmäßig garantierte Gleichgewicht zw. den Religionsparteien in Frage. Seit 1975 entwickelte

sich ein Bürgerkrieg zw. christl. und muslim. Kräften; dabei kam es bis heute (Jan. 1983) zu Ausschreitungen gegen die Zivil-Bev. Die 1976 in das Land einmarschierten syr. Streitkräfte, von der Arab. Liga in eine panarab. Friedenstruppe eingebaut, sicherten den Einfluß Syriens im L. In einem kleinen Gebietsstreifen entlang der libanes.-israel. Grenze bildeten christl. Milizen (Major Hadad) unter israel. Schutz den ›Freien L.‹. Im L.-Krieg (1982) drangen israel. Truppen bis Beirut vor; dabei erzwang Israel den Abzug der v. a. in West-Beirut konzentrierten palästinens. Kampfverbände, die oft israel. Siedlungen in N-Israel von L. aus angegriffen hatten.

Libanon-Gebirge, arab. **Djebel Lubnan** [dʒ-], 175 km langer, bis zu 25 km breiter Gebirgszug im Libanon, im Kurnet es-Sauda 3088 m. Nur noch geringer Zedernbestand. Höhen als Weidetrift genutzt; an den Westhängen intensive Bewirtschaftung (Edelobst). Bed. Erholungs- und Wintersportgebiet.

Libation [lat.], Trankopfer, Spende.

Libau, lett. **Liepaja,** Hafenstadt in der Lett. SSR, 108000 Ew., auf schmaler Nehrung zur Lett. See; Lettgalischem See; Stahlwerk, Landmaschinenfabrik, Textil- u. a. Ind. – L. wurde Mitte des 13. Jh. vom Schwertbruderorden gegründet.

Libby, Willard F., amerikan. Chemiker, * 1908, † 1980, 1954–59 Mitgl. der Atomenergie-Kommission der USA, entwickelte die Gleichgewichts- und ⁝ Radiokarbon-Methode. Nobelpreis 1960.

Libelle *die,* →Wasserwaage.

Libellen, Wasserjungfern, Schillebolde, Ordn. starrflügeliger, räuberischer Insekten; meist lebhaft metall- und schillerfarbig. Die Larven sind räuber. Wassertiere mit Tracheenkiemen. Zu den **Gleichflüglern** gehören **Seejungfer, Schlankjungfer,** zu den **Ungleichflüglern** (Hinterflügel breiter als Vorderflügel) **Teufelsnadel** und **Plattbauch.** (Bild Insekten)

Liber [lat.], *Mz.* **Libri,** Buch. **L. librorum,** ›Buch der Bücher‹, Bibel.

Liber, altitalischer Gott der Fruchtbarkeit; später mit Dionysos gleichgesetzt.

liberal [lat.], freisinnig, freiheitlich; vorurteilsfrei.

Liberal-Demokratische Partei Deutschlands, LDPD, im Juli 1945 in der SBZ gegr., hatte 1946 22,7% der Stimmen, verlor 1948 ihre Selbständigkeit.

Liberale Parteien. 1) In Frankreich entwickelte sich unter dem Einfluß der Revolutionen von 1789, 1830 und 1848 im 19. Jh. eine liberale Bewegung, deren Ideen im 20. Jh. in versch. republikan. Parteien (→ Radikalsozialisten, →Unabhängige Republikaner) wirksam wurden. **2)** In Großbritannien ging aus den Whigs im 19. Jh. die auf innere Reformen gerichtete Liberale Partei (u. a. die Premiermin.: Lord Palmerston, W. Gladstone, Lord Asquith, D. Lloyd George) hervor. Nach 1918 wurde sie von der Labour Party in den Hintergrund gedrängt. **3)** In Dtl. entwickelten sich liberale Gruppen seit 1815 und spielten bes. 1848 eine Rolle. Schon vorher waren sie in Gemäßigte und Radikale gespalten, die in Preußen nach 1859 mehrere Fraktionen bildeten, im Reichstag die Fortschrittspartei, die Freisinnige Volkspartei und die Nationalliberale Partei. Nachfolger waren nach 1918 die Dt. Demokrat. Partei und die Dt. Volkspartei. 1945 wurde in der SBZ die Liberal-Demokrat. Partei, 1948 in der Bundesrep. Dtl. die Freie Demokrat. Partei gegründet. **4)** In Österreich entstand 1861 die Liberalen der Verfassungspartei, sie ging 1881 in der Vereinigten Linken auf, die schließlich 1895/96 zerfiel. Deutschliberale, bes. die Dt. Fortschrittspartei, verbanden sich 1910 mit den Deutschnationalen. Nach 1945 suchten der Verband der Unabhängigen und die Freiheitl. Partei Österreichs liberale Tendenzen wieder aufzunehmen. **5)** In der Schweiz besteht seit 1894 die Freisinnig-demokrat. Partei. Neben ihr besteht die Liberal-demokrat. Union.

Liberalisierung, Gewährung eines höheren Maßes an Freiheit(en).

Liberalismus [vgl. liberal; als polit. Begriff n. den span. ›liberales‹, den Anhängern der Verfassung von 1812], Geistesrichtung, die der persönl. Freiheit und der ungehinderten Betätigung des Einzelnen oder auch von Gruppen entscheidenden Wert im Rahmen des Ganzen zuspricht, sowie die Bestrebungen, das öffentl. Leben entsprechend zu gestalten. Der polit. L. fand seine histor. erste Ausprägung in der Glorreichen Revolution in England (Bill of rights). Im besonderen heißt L. die seit Anfang des 19. Jh. vom Bürgertum getragene Bewegung mit dem Ziele, diese Auffassungen in Politik, Wirtschaft und andern Lebensgebieten durchzusetzen. Die polit. Ziele des L., der dabei u. a. an die Frz. Revolution von 1789 anknüpfte, waren Beseitigung des

Liberia

Absolutismus, Einführung von Verfassungen, Errichtung von Volksvertretungen, weitgehende Selbstverwaltung und Gewährung der Grundrechte. In Dtl. vor 1870 und in Italien war der L. Träger des nationalen Einheitsstrebens. Auf wirtschaftl. Gebiete forderte der L. die Beseitigung staatl. Eingriffe in das wirtschaftl. und soziale Leben (›laissez faire‹, Gewährenlassen); bei freiem Wettbewerb durch Gewerbefreiheit und Freihandel sollten sich Preise und Löhne nach dem Gesetz von Angebot und Nachfrage im freien Kräftespiel regeln. Diese Ideen werden im → Neoliberalismus in modifizierter Form wieder aufgenommen. Auf kirchl. Gebiet trat der L. gegen polit. Einflüsse der Kirche auf, so in Preußen z. Z. des Kulturkampfes; bes. in Frankreich, Italien, Spanien zeigte er antiklerikale Tendenzen.

Liberia, amtl. **Republic of L.** [rɪp'ʌblɪk ɔv laɪb'ɪərɪə, engl.], Rep. in Westafrika, 111 369 km² mit 1,8 Mio. Ew. Hptst.: Monrovia. Amtssprache: Englisch. ⊕ Band 1, n. S. 320. Nach der Verf. von 1847 (zuletzt geändert 1949) ist Staatsoberhaupt und Reg.-Chef der Präs. Recht nach amerikan. Vorbild. Währung: 1 Liberian. Dollar (Lib $) = 100 Cents.
Landesnatur. Hinter der meist sumpfigen Küstenebene erhebt sich ein Plateau- und Hügelland (200–400 m), das im N durch Mittelgebirge überragt wird (Nimba-Berge bis 1 384 m). Über 70% der Fläche tragen Wald. Das Klima ist tropisch (feuchtheiß).
Bevölkerung: Staatstragende bilden die Nachkommen der 16 400 ehem. Sklaven aus den Südstaaten der USA; ferner 16 andere ethn. Gruppen. Allg. Schulpflicht (seit 1919); 10 Kab., jedoch noch mehr als 80% Analphabeten. Naturreligionen herrschen vor; 18% der Ew. sind Muslime, 12% Christen.
Wirtschaft. Anbau für den Eigenbedarf Reis, Maniok, Batate, Erdnüsse; ferner Kaffee, Kakao, Zuckerrohr; in Plantagen wird Kautschuk gewonnen; der Wald liefert Edelhölzer, Palmkerne. Der Bergbau fördert hochwertiges Eisenerz, Diamanten, Schwerspat, Bauxit, Blei, Chrom u. a. Ausfuhr: Eisenerz (75%), Kautschuk (12%), Diamanten, Holz. Haupthandelspartner: USA, Bundesrep. Dtl. Verkehr: Eisenbahnen nur zum Erztransport, rd. 8 500 km Straßen. Haupthäfen: Monrovia, Buchanan. Durch zahlreiche unter der Flagge L.s registrierten ausländ. Schiffe steht L. mit 73,5 Mio. BRT an 1. Stelle der Welttonnage (→ billige Flaggen).
Geschichte. L. wurde 1822 als Niederlassung freigelassener Negersklaven aus den USA gegr., seit 1847/48 als unabhängige Rep. anerkannt. Im 1. und nach dem 2. Weltkrieg verstärkte amerikan. Einfluß hat das Land (Präs. W. Tubman, 1943–71) wirtschaftlich und kulturell stark gefördert. Das soziale Gefälle zw. den Americo-Liberianern und den ethn. Gruppen des Hinterlandes führte zu Spannungen. 1980 kam S. K. Doe durch einen Putsch an die Macht.

Libero [ital. ›freier Mann‹, Fußball]: ein Abwehrspieler, der auch im Angriff mitspielt, wenn die Situation es erlaubt.

Libertas, altröm. Göttin der Freiheit.

Liberté, Égalité, Fraternité! [frz.], ›Freiheit, Gleichheit, Brüderlichkeit‹, seit 1793 die Devise der Frz. Revolution und Wahlspruch der Zweiten Republik (1848–52).

Libertiner [lat. ›Freigelassener‹, **1)** herabsetzende Bez. Calvins für seine spiritualist. Gegner. **2)** allg.: abwertende Bez. für freizügig Lebende. **Libertinismus,** Bez., bes. des 19. Jh., für Haltung und Anschauung eines L. 2). **Libertinage** [libɛrtin'aːʒ, frz.], Zügellosigkeit.

liberum arbitrium [lat.], freies Ermessen.

Libido [lat.] *die,* der geschlechtl. Trieb, Begierde.

Libra [lat. ›Waage‹] *die,* **1)** das Sternbild Waage. **2) L. pondo,** altröm. Gewicht, das Pfund.

Libration [lat.], das scheinbare Pendeln des Mondes, das bewirkt, daß man ⁴/₇ der Mondoberfläche sehen kann.

Libretto [ital.], *Mz.* **Libretti,** Opern-/Operettentext; Textbuch.

Librettist, Verfasser eines L.

Libreville [librv'il], Hptst. und wichtigster Hafen von Gabun, 225 200 Ew., kath. Erzbischofssitz; Univ.; Flughafen.

Libussa, sagenhafte Gründerin von Prag.

Libyen, amtl. **al-Djumhurijja al-Arabijja al-Libijja ash-Shabijja al-Ishtirakijja,** Rep. in Nordafrika, 1 759 540 km² mit 2,74 Mio. Ew. Verwaltungssitz: Tripolis; Regierungssitz: El-Beida. Amtssprache: Arabisch. Der Islam ist Staatsreligion. ⊕ Band 1, n. S. 320. Die provisor. Verfassung von 1969 wurde 1976 durch ein verfassungsänderndes Gesetz ersetzt. Staatsoberhaupt ist der Vors. des Revolutionsrats. Währung: 1 lib. Dinar = 1 000 Dirham.
Landesnatur. L. erstreckt sich am rd. 2 000 km langen

Mittelmeerküste beiderseits der Großen Syrte südwärts weit in die Sahara und gliedert sich in Tripolitanien, den Fessan und die Cyrenaica, die zur Libyschen Wüste gehört. 90% des Landes sind Wüste. Nur das Küstengebiet mit Kultur- und Weideland erhält geringe Niederschläge, das Innere hat Wüstenklima mit extremen Temperaturen.
Die seßhafte **Bevölkerung,** v. a. Araber und Berber (z. T. arabisiert), wohnt zu 95% in der Küstenzone. Rd. 20% der Ew. sind Halb- oder Vollnomaden. Allg. Schulpflicht; rd. 62% Analphabeten; Univ. in Bengasi und Tripolis; islam. Univ. in El-Beida.
Wirtschaft. Die Eigenversorgung mit Produkten der Landwirtschaft ist gering; Anbau bes. an den Küsten und in den Oasen von Gerste, Weizen, Mais, Hirse, Reis, Gemüse u. a.; Viehhaltung bei den Nomaden und in Ackerbaubetrieben. Nach 1958 wurde L. zu einem wichtigen Erdöllieferanten, neuerdings auch von Erdgas. Die Ind. erzeugt v. a. Nahrungsmittel; ein petrochem. Ind. ist im Aufbau. 98% der Ausfuhr sind Erdöl; Haupthandelspartner: USA, Italien, Bundesrep. Dtl., Großbritannien.
Verkehr. Personen und Güter werden durch Kfz transportiert. Die Straßen (einschl. Pisten 20 000 km, asphaltiert 8 700 km) verlaufen bes. in Küstennähe. Keine Eisenbahn. Viele Rohrfernleitungen. Haupthäfen und internat. Flughäfen: Tripolis und Bengasi, versch. Erdölhäfen.
Geschichte. In altägypt. Zeit das Land westlich des Nildeltas, später der von Griechen besiedelte Teil Nordafrikas (Cyrenaica, Barka), 46 v. Chr. römisch, 641 n. Chr. arabisch, 1551 türkisch. Im italienisch-türk. Krieg (1911/12) kamen Tripolitanien und die Cyrenaica an Italien, 1934 wurden sie zur ital. Kolonie **Libia** vereinigt, 1942/43 von den Engländern (der Fessan von den Franzosen) besetzt. 1947 verzichtete Italien auf L., das 1951 auf Beschluß der UNO unter Idris as-Senussi Königreich wurde. Der König wurde 1969 abgesetzt. Oberst M. al-Gaddhafi übernahm die Macht, L. wurde Rep. Gaddhafi schlug einen am Islam orientierten scharf nationalistisch-panarab. Kurs ein. Im arab.-israel. Konflikt unterstützt der libysche Reg. terrorist. Aktionen der palästinens. Araber und bekämpft den israelisch-ägypt. Friedensvertrag (1979).

Libysche Wüste, der NO-Teil der Sahara, rd. 2 Mio. km², gehört im NW zu Libyen, im NO zu Ägypten, im S zu Sudan.

Lic., lic. theol., Abk. für →Lizentiat.

Licence [lis'ãs, frz.] *die,* akadem. Grad des frz. Bildungssystems; erworben nach 2–3jährigem Universitätsstudium.

Lichen *der,* **1)** ⊕ Flechte. **2)** ⚕ **Knötchenausschlag,** stark juckende Knötchen an Haut und Mundschleimhaut.

Lichfield [l'ɪtʃfiːld], Stadt in der engl. Cty. Staffordshire, 22 700 Ew.; dreitürmige got. Kathedrale (11./14. Jh.).

Lichnowsky, schles. Adelsgeschlecht, Fürsten: **1)** Felix, * 1814, † (ermordet) 1848, konservatives Mitgl. der Frankfurter Nationalversammlung. **2)** Karl Max, * 1860, † 1928, Neffe von 1), 1912–14 Botschafter in London, um die deutsch-engl. Verständigung bemüht. – ›Meine Mission 1912–14‹ (1918). **3)** Mechtilde, * 1879, † 1958, Erzählungen. ›Das Rendezvous im Zoo‹ (1928), ›Kindheit‹ (1934), Essays (›Der Kampf mit dem Fachmann‹, 1924), Glossen (›Worte über Worte‹, 1949).

Licht, ⊠ elektromagnet. Strahlung, die sich im leeren Raum geradlinig ausbreitet. Von Körpern, auf die sie trifft, wird sie mehr oder weniger stark verschluckt (Absorption), durchgelassen oder zurückgeworfen (Reflexion). Weißes L. wird durch ein Glasprisma abgelenkt (Brechung) und in verschiedene Farben zerlegt, die aus dem Prisma in verschiedenen Richtungen austreten. Durch eine Linse können die vom Prisma getrennten L.-Bündel wieder zu weißem Licht vereinigt werden.
Über die geometr. Beschreibung hinaus führen die Interferenzerscheinungen, die die L.-Strahlung als eine Wellenstrahlung erweisen. Man spricht in erweitertem Sinne auch von (unsichtbarem) Infrarot-L., Ultraviolett-L., Röntgen-L.
Die Maxwellsche Theorie des L. gibt neben der elektromagnet. Wellentheorie des L. auch eine Erklärung des Lichtdruckes und der Polarisation. Über die elektromagnet. Wellentheorie des L. hinaus führen manche Experimente, nach denen dem L. korpuskulare Eigenschaften zugeschrieben werden müssen. Es zeigt sich dabei, daß sich beim Entstehen (Emission) und Verschwinden (Absorption) wie Teilchen (**L.-Quanten, Photonen**), bei der Ausbreitung im Raum wie Wellen verhält.

Licht|anlage, alle zur elektr. Beleuchtung erforderlichen, fest verlegten Leitungen, Schalter, Sicherungen, Steckdosen.

Licht|ausbeute, Verhältnis des Lichtstroms einer Lichtquelle (in Lumen) zur aufgenommenen Leistung (in Watt).

Libyen

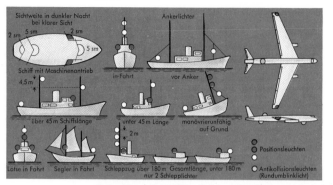

Sichtweite in dunkler Nacht
bei klarer Sicht

Ankerlichter

2 sm 5 sm 2 sm
5 sm

Schiff mit Maschinenantrieb
4,5 m

in Fahrt   vor Anker

über 45 m Schiffslänge   unter 45 m Länge   manövrierunfähig
auf Grund
2 m

Lotse in Fahrt   Segler in Fahrt   Schleppzug über 180 m Gesamtlänge, unter 180 m
nur 2 Schlepplichter

○ Positionsleuchten

○ Antikollisionsleuchten
(Rundumblinklicht)

Lichterführung bei Schiffen (links) und bei Flugzeugen (rechts)

Lichtbehandlung, ♃ Anwendung des Lichts zu Heilzwecken; man verwendet das natürl. Sonnenlicht (Sonnenbad) oder künstl. Lichtquellen (→Solarium).

Lichtbild, Abbildung eines Gegenstandes mit Hilfe lichtempfindl. Stoffe. (→Photographie)

Lichtbogen, stromstarke →Gasentladung, meist in freier Luft unter Atmosphärendruck. Gewollte L. werden zum elektr. Schweißen und zur Lichterzeugung (→Bogenlampe) ausgenutzt.

Lichtdruck, Flachdruckverfahren, bei dem, entsprechend der Belichtung, eine lichtempfindl. Gelatineschicht in Wasser unterschiedlich stark quillt und so fette Druckfarbe mehr oder weniger annimmt. Durch vorsichtiges Einwalzen entsteht eine Druckform, die alle Schattierungen und Einzelheiten wiedergibt.

Licht|echtheit, Beständigkeit von Farben gegen Licht.

lichte Höhe, →lichtes Maß.

licht|elektrischer Effekt, →Photoeffekt.

licht|elektrische Zelle, die →Photozelle.

lichten, hieven, ⚓ den Anker hochziehen.

Lichtenberg, Georg Christoph, Physiker und Schriftst., * 1742, † 1799; bekämpfte Geniekult, Empfindsamkeit und Mystik, schrieb geistreiche Aphorismen.

Lichtenfels, Krst. in Bayern, am Main, 20 300 Ew.; Zentrum der Korbflechterei; nahebei Banz und Vierzehnheiligen.

Lichtenstein, 1) Schloß südöstl. von Reutlingen; durch W. Hauffs Roman bekannt. **2) Lichtenstein (Sachsen),** Industriestadt im Bez. Karl-Marx-Stadt, am Rand des Erzgebirges, 13 700 Ew.; Abbau von Nickelerzen.

Lichtenstein, 1) Alfred, Schriftst., * 1889, † (gefallen) 1914; expressionist. Lyriker und Erzähler. 2) Roy, Künstler, * 1923, konsequenter Vertreter der →Pop Art.

Lichter, ⚛ Augen beim Schalenwild.

Lichterführung, international vorgeschriebene Kennzeichnung der Luft- und Wasserfahrzeuge von Sonnenunter- bis Sonnenaufgang durch Positionslaternen.

lichtes Maß, Lichtmaß, die nutzbaren inneren Abstände zw. den Begrenzungen einer Öffnung oder eines Raumes, z. B. die **lichte Höhe** einer Unterführung. Die **lichte Weite** eines Rohres ist sein innerer Durchmesser.

Lichtfilter, →Lichtfilter.

Lichtgaden der, **Obergaden,** die von den Fenstern durchbrochene, die Seitenschiffdächer überragende Mittelschiffwand der Basilika.

Lichtgeschwindigkeit, c, die Ausbreitungsgeschwindigkeit des Lichts und aller elektromagnet. Wellen sowie größtmögliche Ausbreitungsgeschwindigkeit physikal. Wirkungen überhaupt, eine universelle Konstante der Relativitätstheorie. Ihr Wert beträgt 299 792 456,2 ± 1,1 m/s.

Lichthof, 1) bei Gebäuden ein umbauter Hof oder Schacht (**Lichtschacht**), durch den Tageslicht in die anliegenden Räume gelangt. 2) Photographie: die Überstrahlung stark beleuchteter Stellen eines Bildes auf schwach beleuchtete.

Lichthupe, ⊷ das Blinken mit dem Scheinwerferfernlicht als opt. Signal an Stelle der Hupe.

Lichtjahr, Abk. Lj, ✲ Strecke, die das Licht (im leeren Raum) während eines trop. Jahres zurücklegt: $1 \text{ Lj} = 9,460528 \cdot 10^{15}$ m.

*Georg Christoph
Lichtenberg
(Kupferstich von
Bollinger)*

*Lichtnelke:
Kuckucks-L.*

Lichtleiter, gerader oder gebogener Stab aus Glas- oder Kunststoffasern zur Fortleitung eines Lichtstrahls durch wiederholte Totalreflexion in seinem Innern. Mit Hilfe des Laser ist es möglich, Nachrichten auch über →Glasfasern zu übertragen (→Faseroptik); von Bedeutung zur Übertragung von Telephongesprächen, Telegrammen, Bildsignalen oder Daten eines Computers.

Lichtmaschine, bei Fahrzeugen meist ein Drehstromgenerator, liefert den Strom für Batterieladung, Lampen, Zündung u. a. Die L. von Kraftfahrzeugen wird auch mit dem Anlasser, der Zündanlage oder beiden zusammen gebaut.

Lichtmeß, Mariae L., seit 1969 **Darstellung des Herrn,** kath. Fest (2. 2.) zum Gedächtnis der Darstellung Christi im Tempel (Lukas 2,22ff.).

Lichtnelke, 1) Lychnis, staudige Nelkengewächs-Gatt., z. B. **Kuckucks-L.,** mit klebrigem Stengel und rosenroten Blüten. Gartenpflanzen: **Vexier-** oder **Kranz-L.,** weißfilzig mit großen purpurroten Blüten; **Chalzedonische L., Brennende Liebe** oder **Feuernelke,** mit kopfförmig vereinigten, meist scharlachroten Blüten. 2) Die **Weiße L.** und die **Rote L.** gehören zur Gatt. Leimkraut.

Licht|orgel, Effektbeleuchtungsanlage (kein Musikinstrument), bei der verschiedenfarbige Lampen im Takt von Lautsprechermusik selbsttätig gesteuert werden. Der Tonfrequenzbereich wird durch elektr. Filter in 3 oder mehr Frequenzbänder aufgeteilt, die je einer der farbigen Lampen zugeordnet werden.

Lichtpause, Kopie einer transparenten Vorlage auf Papier, das mit lichtempfindl. Diazoverbindungen (organ. Stickstoffverbindungen) u. a. getränkt ist; durch andere Kopierverfahren weitgehend verdrängt.

Lichtquanten, Photonen, masselose, sich mit Lichtgeschwindigkeit bewegende Elementarteilchen, korpuskulare Träger des Lichts.

Lichtraumprofil, Bewegungs- und Sicherheitsraum für Eisenbahnfahrzeuge über den Gleisen, für Straßenfahrzeuge auf der Straße, für Schiffe auf Binnenwasserstraßen.

Lichtsäule, ✲ ein →Halo in Form einer vertikalen weißen Säule über und unter Mond oder Sonne.

Lichtschäden, Lichtdermatosen, Photodermatosen, aktinische Krankheiten, Schädigungen durch Lichtstrahlen, z. B. **Sonnenbrand** (auf Schneeflächen, am Wasser, auf Gletschern als Gletscherbrand).

Lichtscheu, Photophobie, gesteigerte Lichtempfindlichkeit der Augen, z. B. bei entzündl. Augenkrankheiten.

Lichtschranke, Anlage mit einem Photodetektor, der von einer Lichtquelle beleuchtet wird und ein elektr. Signal liefert, sobald der Lichtweg durch einen undurchsichtigen Gegenstand unterbrochen wird. Anwendungen zur Geschwindigkeitsmessung, zur Maschinensteuerung, in der Sicherheitstechnik, für Alarmeinrichtungen.

Lichtsignal|anlage, übermittelt Nachrichten durch elektr. Lichtquellen, wie Blinklicht, Eisenbahnsignale, Leuchtfeuer, Lichterführung, Notsignale, Personenrufanlage, Straßenverkehrsampeln.

Lichtstärke, 1) Lichttechnik: der in →Candela (cd) gemessene Quotient aus dem von einer Lichtquelle abgestrahlten Lichtstrom und dem durchstrahlten (infinitesimalen) Raumwinkel. Die L. ist im Internat. Einheitensystem die photometr. Grundgröße. 2) Optik: das Verhältnis des Durchmessers der wirksamen Öffnung eines Objektivs zu seiner Brennweite; meist **Öffnungsverhältnis** genannt.

Lichtsteuergeräte dienen in der Tonfilmtechnik dazu, Mikrophonströme in entsprechende Lichtströme umzuwandeln und umgekehrt.

Lichtstrom, die Lichtmenge, die eine Lichtquelle in 1 s nach allen Richtungen ausstrahlt (Strahlungsleistung), gemessen in Lumen (lm).

Licht|technik, 1) **Leuchttechnik,** Technik der Lichterzeugung. 2) **Beleuchtungstechnik** (→Beleuchtung). 3) **Lichtmeßtechnik** (→Photometrie).

Licht|tonverfahren, Tonfilm: Verfahren zur photograph. Aufzeichnung von den Bildern gehörendem Schallwellen, die in Lichtsteuergeräten in Lichtschwankungen umgesetzt werden.

Lichtverstärker, 1) →Laser. 2) **Bildverstärker,** →Bildwandler.

Lichtwark, Alfred, Kunsthistoriker, * 1852, † 1914, Direktor der Hamburger Kunsthalle, führend in der Kunsterziehungsbewegung.

Lichtweg, optische Weglänge, ⊠ Produkt aus geometr. Weglänge eines Lichtstrahls und Brechzahl des Mediums, in dem das Licht läuft.

Lichtwer, Magnus Gottfried, Fabeldichter, *1719, †1783. ›Vier Bücher Äsopischer Fabeln‹ (1748).

Lichtwert, bei Kameraverschlüssen eine vom Belichtungsmesser angezeigte Hilfszahl (1 bis 20) zur Einstellung (und Kopplung) von Belichtungszeit und Blende in Abhängigkeit von der Filmempfindlichkeit.

Lichtzählrohr, ⊠ Zählrohr, das nur auf Photonen des sichtbaren Lichtes reagiert; dient zum Messen von Lichtintensitäten.

Lichtzeit, Aberrationszeit, die Zeit, in der das Licht von einem Himmelskörper zur Erde gelangt. Die L. der Sonne in mittlerer Entfernung beträgt 8 min 18,72 s, die des Mondes 1,28 s.

Lick-Sternwarte, Sternwarte auf dem Mt. Hamilton in Kalifornien, benannt nach J. Lick († 1876), mit 3-m-Parabolspiegel, Refraktor von 91 cm Öffnung und Doppelastrograph.

Lid *das,* ♀ ♌ zweiteilige Hautfalte am Auge (**Ober-** und **Unterlid**).

Liddell Hart [lɪdl hɑːt], Sir Basil Henry, brit. Offizier und Militärschriftst., *1895, †1970, einer der theoret. Urheber der mechanisierten Kriegführung.

Liderung, Schußwaffen: bei Hinterladern der gasdichte Abschluß des Ladungsraumes nach hinten.

Lidice [ˈlɪdjɪtse], tschechoslowak. Ort im Kr. Mittelböhmen, rd. 500 Ew.; 1942 von der SS als Repressalie für das Attentat auf R. Heydrich zerstört; die Männer wurden erschossen, die Frauen in Konzentrationslager gebracht, die Kinder auf dt. Familien verteilt. Nach dem Krieg neu aufgebaut.

Lidingö, Stadt in Schweden, VerwBez. Stockholm, auf der Insel L., 37 300 Ew.; Ausflugsverkehr.

Lido [ital.] *der,* langgestreckte Nehrung zw. Meer und Lagune, z. B. **L. von Venedig (L. di Venezia).**

Lie 1) Jonas, norweg. Schriftst., *1833, †1908; Romane (›Die Familie auf Gilje‹, 1883). 2) (Marius) Sophus, norweg. Mathematiker, *1842, †1899, bed. Gruppentheoretiker. 3) Trygve (Halvdan), norweg. Politiker, *1896, †1968, 1946–52 GenSekr. der UNO.

Liebe, Sammelbegriff einer Vielfalt menschl. Gefühlsbindungen, denen eine rational nur unvollständig begründbare Wertbejahung zugrunde liegt. Die **personbezogene L.** besteht als L. der Geschlechtsliebe zw. Partnern, in Form der verwandtschaftl. L. als Eltern-L. (bes. Mutter-L.), Kindes- oder Geschwister-L. und L. zum Stamm, zum Volk und zur Menschheit (soziale, humane L., Nächstenliebe). Objekte **gegenstandsbezogener L.** können konkrete Dinge (Geld, Besitz) wie auch abstrakte Werte (Wahrheit, Freiheit) sein. Im relig. Bereich gipfelt diese Form in der intellektuellen Gottesliebe.

Liebeneiner, Wolfgang, *1905, Schauspieler, Regisseur; Filme: ›Der Mustergatte‹ (1937), ›Liebe 47‹ (1949) u. a.

Liebenstein, Bad L., Stadt in Thüringen, Bez. Suhl, 8 500 Ew.; stärkste Eisen-Arsen-Quelle in Dtl.

Liebenwerda, Bad L., Kreisstadt im Bez. Cottbus, an der Schwarzen Elster, 6 500 Ew.; Eisenmoorbad.

Liebenzell, Bad L., Stadt im Kr. Calw, Bad.-Württ., im N-Schwarzwald, 6 300 Ew.; Heilbad, Luftkurort, Natrium-Chlorid-Hydrogencarbonat-Thermen (28,4 °C).

Lieber, Francis (Franz), dt.-amerikan. Staatswissenschaftler, *1798, †1872, Begründer der ›Encyclopedia Americana‹.

Liebermann, 1) Max, Maler und Graphiker, *1847, †1935, lebte seit 1884 in Berlin; Hauptvertreter des dt. Impressionismus, begann mit realist., anfangs dunkeltonigen Bildern arbeitender Menschen (Gänserupferinnen, 1872, Berlin), wandte sich dann einer lichteren Farbigkeit zu, bes. in Bildern aus Holland (Flachsscheuer in Laeren, 1887, Berlin; Netzflickerinnen, 1889, Hamburg) und gelangte in den 90er Jahren zu einem eigenen impressionist. Stil (Bildnisse, Strand- und Dünenlandschaften, Gartenbilder; Bild W. v. Bode und S. 206). 2) Rolf, schweizer. Komponist und Intendant, *1910; Opern, Kammermusik u. a.

Liebesapfel, die Tomate.

Liebesmahl, christl. Kirchen: →Agape.

Liebeszauber, magische Handlungen oder Mittel, durch die die Liebe eines Menschen gewonnen werden soll, z. B. Liebestränke und Zauberformeln.

Liebfrauenmilch, Liebfraumilch, weißer Qualitätswein von liebl. Art, der in Rheinhessen, Rheinpfalz, Rheingau und Nahe aus Riesling-, Silvaner- oder Müller-Thurgau-Trauben

gewonnen wird. Historisch führt der Name auf Weine zurück, die seit 1500 bei der Liebfrauenkirche zu Worms erzeugt wurden.

Liebig, Justus von (1845), Chemiker, *1803, †1873, Schöpfer der Agrikulturchemie, führte die Mineraldüngung ein, entwickelte einen Fleischextrakt.

Liebknecht, 1) Karl, Politiker, Sohn von 2), *1871, † (ermordet) 1919, Rechtsanwalt, seit 1912 MdR. (SPD; 1916 aus der Fraktion ausgeschlossen), wurde 1916 wegen Hochverrats zu 4 Jahren Zuchthaus verurteilt, Okt. 1918 begnadigt, gründete mit Rosa Luxemburg den Spartakusbund, unternahm den Januaraufstand 1919 in Berlin, wurde verhaftet und durch Freikorpssoldaten ermordet. (Bild S. 206) 2) Wilhelm, sozialdemokrat. Politiker, *1826, †1900, 1850–62 mit K. Marx in London befreundet, gründete mit A. Bebel die Sozialdemokrat. Arbeiterpartei; 1867–70 und seit 1874 MdR.

Liebstöckel, Doldenblüter-Art mit gelbl. Blütchen (Küchengewürz), Wurzelstock gibt harntreibenden Tee.

Liechtenstein, amtl. **Fürstentum L.,** in den Alpen, 157 km², 25 000 meist kath. Ew. Hptst.: Vaduz. Staatsoberhaupt ist der Fürst. Amtssprache: Deutsch. Recht: teils österr., teils schweizer. Vorbild. ⊕ Band 1, n. S. 320.

L. liegt südl. vom Bodensee, re. des Rheins und reicht bis auf den Kamm des Rätikons. **Wirtschaft.** Seit dem 2. Weltkrieg ist die Industrie der Hauptwirtschaftszweig (metallverarbeitende, Textil-, Holz- und Möbel-, keram. Ind.). Landwirtschaft: Viehzucht; Weizen, Obst, Wein. Fremdenverkehr. Sitz vieler ausländ. Unternehmen (wegen niedriger Steuersätze). Währung ist der Schweizer Franken.

Geschichte. Das österr. Adelsgeschlecht L. erwarb 1699 und 1712 die Herrschaften Schellenberg und Vaduz; 1719 dt. Fürstentum; 1815–66 Mitgl. des Dt. Bundes; 1876–1918 Zoll- und Steuergemeinschaft mit Vorarlberg, seit 1921 Post-, seit 1923 auch Zollgemeinschaft mit der Schweiz.

Lied, 1) sangbare lyr. Form, die als religiös-kult. L., Sieges-, Preis- und Klage-L., ferner als Arbeits-, Marsch-, Kampf- und Tanz-L. zu den frühesten poet. Ausdrucksformen aller Völker gehört. Das frühgerman. Heldenlied war episch-balladenartig; noch die aus Erweiterung und Vereinigung früher Helden-L. erwachsenen mhd. Versepen hießen L. (Nibelungenlied u. a.). Das literarisch greifbare dt.-sprachige L. begann im 12. Jh. mit Marienliedern, setzte sich im Kunstlied des Minnesangs fort und ging dann in den spätmittelalterl. Meistersang über. Daneben entfaltete sich das Volkslied und seit der Reformation das Kirchenlied. Eine neue Blütezeit des Liedes brachte, im Zusammenhang mit der Wiederentdeckung des Volkslieds, die Goethezeit, bes. die Romantik. Während Realismus (T. Storm) und Impressionismus (v. Liliencron) die L.-Dichtung weiterpflegten, tritt sie im 20. Jh. zurück. An die Stelle des Liedes tritt in der neuesten Dichtung der an Vagantenlied und Moritat anknüpfende ›Song‹, das ›Chanson‹, das politisch-krit. L. 2) als musikal. Kunstwerk die Vertonung eines Gedichts mit einer gesangsmäßig geführten Melodie. Die urspr. Form, das **Strophenlied,** hat für alle Strophen die gleiche Melodie; beim durchkomponierten L.

Justus von Liebig

Liechtenstein

Liechtenstein: Schloß Vaduz

Lied

M. Liebermann: Selbstbildnis, 1909 (Hamburg, Kunsthalle)

Karl Liebknecht

Liguster: Gemeiner L.

werden die einzelnen Verse je nach ihrem Inhalt versch. vertont. Das vertonte L. tritt in versch. Gestalt auf: als **einstimmiges**, als **mehrstimmiges L.**, als **Chorlied**, unbegleitet oder mit Instrumentalbegleitung. Die in der neueren Musik wichtigste Form ist das **Sololied** mit Klavierbegleitung; auch das L. mit Orchesterbegleitung wird üblich.

Das mittelalterl. L. ist einstimmig. Im 14. Jh. entstand in Italien das L. mit selbständig geführten Instrumentalstimmen (Madrigal, Balata). Das 16. Jh. brachte in Deutschland die Blüte der mehrstimmigen Volksliedbearbeitung. Nach 1600 entstand das eigtl. Solokunstlied mit zunächst akkord. Begleitung. Neuen Auftrieb erhielt das Kunstlied im 18. Jh. durch die Berliner Liederschule (J. F. Reichardt, C. F. Zelter). Nach J. Haydn, Mozart und Beethoven erreicht es durch F. Schubert eine erste Vollendung. Ihm folgen R. Schumann, J. Brahms und H. Wolf; in das 20. Jh. hinein ragen M. Reger, G. Mahler, R. Strauss und H. Pfitzner. In Anlehnung an das dt. L. schrieben in Frankreich G. Fauré, G. Debussy und M. Ravel, in der Schweiz O. Schoeck, in Finnland J. Sibelius und Y. Kilpinen L. Neue Formen der melod. und harmon. Liedgestaltung fanden im 20. Jh. A. Schönberg, A. Webern, P. Hindemith, P. Boulez u. a.

Lied der Lieder, A. T.: → Hohes Lied.

Liedermacher, Bez. für Autoren und Interpreten des dt.-sprachigen Raums, die ihre Lieder selbst texten, komponieren und vortragen; Begriff, von W. Biermann in Anlehnung an B. Brecht (›Stückeschreiber‹) geprägt, soll das Herstellen von Liedern als eine Arbeit wie jede andere charakterisieren.

Liedertafel, von Zelter 1809 gegr. Männergesangverein.

Lieferbedingungen, die zw. Verkäufer und Käufer vereinbarten Einzelheiten hinsichtlich Transport, Auslieferung und Bezahlung der Ware.

Lieferfrist, vertraglich festgesetzter Zeitraum, in dem eine Leistung (meist Warenlieferung) erbracht werden muß; bei der Güterbeförderung richtet sich die einzuhaltende Frist nach Gesetz, Vertrag, Ortsgebrauch (§ 428 HGB).

Lieferort, der → Bestimmungsort.

Lieferschein, 1) Begleitpapier einer Warenlieferung. 2) im Lagergeschäft Anweisung des Einlagerers an den Lagerhalter auf Aushändigung der Ware.

Lieferungsgeschäft, Lieferungskauf, Vertrag, bei dem sich der Unternehmer verpflichtet, das Werk aus einem von ihm zu beschaffenden Stoff herzustellen.

Liegegeld, Schiffsfrachtrecht: eine vom Absender dem Frachtführer zu zahlende Vergütung, wenn letzterer über die Ladezeit hinaus auf die Ladung warten muß.

Liegendes, ⊕ das Unterlagernde einer Gesteinsschicht, das bei ungestörter Lagerung älter als diese ist.

Liegenschaft, Grundstück.

Liegestütz, ✕ Stützen des gestreckten Körpers auf Hände und Fußspitzen.

Liegnitz, poln. **Legnica** [-tsa], Hptst. der poln. Wwschaft Legnica, Niederschlesien, 85 400 Ew.; mittelalterl. Piastenschloß,

Renaissancehäuser, barockes Rathaus, got. Hallenkirche, Johanneskirche (1714–30); Kupferhütte, Metall-, Strickwaren-, Bekleidungs-, Nahrungsmittel- u. a. Ind. – 1248–1675 Sitz der Piastenherzöge. 9. 4. 1241 Abwehrschlacht gegen die Mongolen.

Lienz, Bezirksstadt in Osttirol, Österreich, an der Drau, 12 000 Ew.; Fremdenverkehr; im NW Schloß Bruck.

Liesch das, **Liesche** die, an und im Wasser wachsende Arten der Segge u. a. schilfförmige Pflanzen wie Rohrkolben.

Lieschgras, Grasgattung trockener Standorte mit rohrkolbenähnlicher Rispe, z. B. das bis 1,5 m hohe **Wiesen-L.** oder **Timotheegras**.

Liestal, Hptst. des Kt. Basel-Landschaft, Schweiz, 11 750 Ew., an der Ergolz; mittelalterl. Altstadt; Textil- u. a. Ind.

Lievens, Jan, niederländ. Maler, *1607, †1674, Schüler P. Lastmans, malte Bildnisse, Landschaften; Holzschnitte.

Lifar, Serge, frz. Tänzer, Choreograph und Ballettmeister russ. Herkunft, *1905; beeinflußte das frz. Ballett i. S. eines eleganten Neoklassizismus.

Life [laif], amerikan. illustrierte Zeitschrift mit internat. Verbreitung, erschien 1936–72; 1978 als Monatsschrift neu gegr.

Lifo-Methode [nach der amerikan. Formel last in, first out ›zuletzt herein, zuerst hinaus‹], Verfahren zur Bewertung des Umlaufvermögens, bei dem die zuletzt angeschafften Gegenstände als wieder zuerst veräußert betrachtet werden.

Lift [engl.], Aufzug, Fahrstuhl. **Liftboy** [-boi], Fahrstuhlführer.

Lift-Slab-Methode [-slæb-], **Hubdeckenbau**, Hochbau: Bauweise, bei der die Decken der einzelnen Geschosse am Boden übereinander betoniert und dann entlang von Stützen auf die gewünschte Stockwerkhöhe als Ganzes hochgezogen werden.

Liga [span.], 1) Bund; bes. die Fürstenbündnisse im 15. bis 17. Jh., so 1511 die **Heilige L.** zw. dem Papst, der Schweiz, Venedig und Aragonien zur Vertreibung der Franzosen aus Italien; 1609 die **Kath. L.** der meisten kath. Fürsten unter Maximilian I. von Bayern gegen die prot. Union. 2) in neuerer Zeit Zusammenschlüsse mit polit., weltanschaul., humanitären oder militär. Zielsetzungen auf internat. oder nationaler Ebene. 3) ✕ Bez. für Spitzenklassen in Mannschaftssportarten. In der Bundesrep. Dtl. ist die **Bundesliga** die oberste Spielklasse, darunter als 2. Stufe die **Zweite Bundesliga** (Fußball).

Liga für Menschenrechte, 1898 in Paris aus Anlaß des Dreyfus-Prozesses gegr. Vereinigung zur Verteidigung der persönl. Freiheit gegenüber dem Staat und zur friedl. Beilegung internat. Konflikte; heutiger Sitz: London.

Ligament [lat.], ✚ sehniges Band.

Ligatur [lat.], 1) Verschmelzung von 2 Buchstaben, z. B. æ. 2) ✚ zusammengegossene Buchstabentypen, wie ff. 3) ♪ Zusammenziehung zweier Noten gleicher Tonhöhe zu einem Ton. 4) ✚ Unterbindung von Blutgefäßen.

Ligeti, György, österr. Komponist ungar. Herkunft, *1923, entwickelte eine eigene Satztechnik, die Klangfarbenkomposition.

Lignin das, Holzbestandteil; muß bei der Celluloseherstellung entfernt werden.

Lignit, früher für → Xylit.

Ligny [lin'i], Dorf in Belgien, 20 km nordwestlich von Namur. 16. 6. 1815 Sieg Napoleons über Blücher.

Ligroin, Leichtöl, Ersatz für Terpentinöl.

Liguori, Alfonso Maria di, kath. Moraltheologe, *1696, †1787, Gründer des Ordens der Redemptoristen (1732); Kirchenlehrer. Heiliger, Tag: 1. 8.

Ligurien, 1) Landschaft und Region Italiens, am Golf von Genua, 5 413 km², 1,889 Mio. Ew.; Hptst.: Genua. 2) im Altertum Land der vorindogerman. Ligurer im S Galliens und NW Italiens, nach 200 v. Chr. von den Römern allmählich unterworfen.

Ligurische Alpen, Teil der Westalpen, zw. dem Golf von Genua und dem Tal des Tanaro, bis 2 200 m hoch.

Ligurische Republik, 1797–1805 Name der ehem. Adelsrep. Genua als von Frankreich abhängiger Staat.

Ligurisches Meer, nördl. Teil des Mittelmeeres zw. der Riviera und der Insel Korsika; Tiefen bis 2 615 m.

Liguster, Rainweide, der Ölbaumgewächse. Die europ. Art ist bis 5 m hoch, hat ledrige, im Herbst violett werdende Blätter, weiße, süßlich riechende Blüten und schwarze Beeren.

liieren [frz.], verbinden, vereinigen.

Likasi, bis 1966 Jadotville [ʒadov'il], Stadt in Zaire, im S von Shaba, 146 400 Ew.; eines der wichtigsten Bergbauzentren des Landes (Kupfer, Kobalt, Uranerz).

Likör, Liqueur [-k'œr, frz.], 1) süßer Gewürz-, Frucht-, Kräuterbranntwein. 2) aus Weinbrand, Kandis und Würzstoffen bestehender Zusatz zu Schaumwein.

Liktoren [lat.], Amtsdiener der höheren Beamten im alten Rom.

Likudblock [hebr. likud ›Zusammenlegung‹], Parteienkoalition in Israel, geführt von M. Begin.

Lilie, Gatt. der Einkeimblättrigen mit Zwiebeln, großen Blüten (Bild Naturschutz), blaß braunrot blühend, bes. im Buchenwald, steht unter Naturschutz; die **Feuer-L.,** rotgelb blühend, und die weißblühende **Weiße L.** vom östl. Mittelmeergebiet. – Zu den **Liliengewächsen** gehören außer der Gatt. L. noch Tulpe, Maiglöckchen, Spargel, Sansevieria, Hyazinthe u. a. – In Wappen wurde die L. als Sinnbild seit dem Hoch-MA. vielfach verwendet (z. B. frz. Könige seit dem späten 12. Jh., Florenz, Wiesbaden).

Lilien[c]ron, Detlev von, Schriftst., * 1844, † 1909, preuß. Offizier in den Feldzügen 1866 und 1870/71, hielt in seinen Gedichten mit knappen Strichen opt. und akust. Impressionen fest; ›Kriegsnovellen‹ (1895); Romane.

Lilien[f]eld, Bezirkshauptort in den niederösterr. Kalkvoralpen, im Traisental, 3 300 Ew.; Zisterzienserkloster (1202 gegr.) mit frühgot. Kreuzgang.

Lilien[t]hal, Otto, Ingenieur, Flugtechniker, * 1848, † (abgestürzt) 1896, führte seit 1891 als erster Gleitflüge bis zu 300 m Länge aus (insgesamt über 2 000), vermittelte das erste gesicherte Wissen über das Fliegen.

Liliput, in J. Swifts Satire ›Gullivers Reisen‹ ein Märchenland mit nur daumengroßen Bewohnern; **Liliputaner** daher auch Name von Zwergen auf Jahrmärkten u. a.

Lilith, urspr. der assyr. Sturmdämon **Lilitu**; im jüd. Volksglauben ein weibl. Dämon; im Talmud Adams erste Frau.

Lilje, Hanns (Johannes), evang. Theologe, * 1899, † 1977, 1952–57 Präs. des Luther. Weltbundes; 1947–71 Landesbischof der evang.-luther. Kirche von Hannover, Gründer der Evang. Akademie Loccum.

Lille [lil], fläm. **Rijssel** [r'εjsəl], Hptst. der Region und des Dép. Nord, NO-Frankreich, 177 200 Ew.; staatl. und kath. Univ.; Textil-, Lebensmittel- u. a. Ind. – L. kam 1668 an Frankreich.

Brüder von Limburg:
Der Herzog von Berry bei Tisch, Miniatur aus den ›Très riches heures du Duc de Berry‹ (Chantilly, Musée Condé)

Lillo [l'ıləu], George, engl. Dramatiker, * 1693, † 1739, schuf das erste engl. bürgerl. Drama (›The London merchant‹, 1731).

Lilongwe, Hptst. von Malawi (seit 1975), 102 900 Ew.; Handelszentrum eines Agrargebiets.

Lima, Hptst. von Peru, rd. 6 km vom Pazifik, 5,0 Mio. Ew., Sitz eines kath. Erzbischofs; Kathedrale u. a. Bauten aus der Kolonialzeit; Universitäten, Fachhochschulen, Nationalmuseum; Textil-, Fisch-, chem., Leder-, Nahrungsmittelind., Maschinenbau.

Liman der, ⊕ Strandsee an den Küsten des Schwarzen und Kasp. Meeres, senkrecht zur Küste verlaufend.

Limba, gelb-grünlich-braunes Holz aus dem trop. W.-Afrika, Sperr- und Ausstattungsholz für den Innenausbau.

Limbach-Oberfrohna, Stadt im Kr. und Bez. Karl-Marx-Stadt, 23 400 Ew.; Wirkwaren-, Maschinenindustrie.

Limburg, 1) **L. a. d. Lahn,** Krst. in Hessen, 28 600 Ew., Dom (1235, Übergang vom Romanik zur Gotik), Burg und Fachwerkhäuser; Bundesbahnausbesserungswerk, Ind. der Steine und Erden, Gießereien u. a. 2)**L.** [niederländ. l'imbyrx], Prov. im NO Belgiens, 2422 km², 716 100 Ew.; Hptst.: Hasselt. 3) **L.** [l'imbyrx], Prov. im SO der Niederlande, 2 209 km², 1,07 Mio. Ew.; Hptst.: Maastricht. 4) ehem. Gfsch., später Hzgt., östlich des Maas, wurde 1288 mit Brabant vereinigt, 1648 kam der N an die Generalstaaten. 1839 wurde L. zw. Belgien und den Niederlanden geteilt; das niederländ. L. gehörte bis 1866 zum Dt. Bund.

Limburg, Brüder von L., die niederländ. Buchmaler Paul, Hermann und Jan; ihr HW ist das Stundenbuch des Herzogs von Berry (›Très riches heures‹, 1411 begonnen), dessen Monatsbilder zu den ersten wirklichkeitsnahen Landschaftsschilderungen der europ. Kunst gehören.

Limbus [lat. ›Rand‹], kath. Dogmatik: Vorhölle, Aufenthaltsort (ohne Leiden) der Gerechten des A. T. (bis zur Himmelfahrt Christi) sowie der Kinder, die ohne die Taufe gestorbenen Kinder.

Limerick, engl. Strophenform, meist fünfzeilig, für Ulk- und Nonsense-Verse; literar. Bedeutung durch E. Lears ›The book of nonsense‹ (1846ff.).

Limerick, irisch **Luimneach** [l'imnəx], 1) Cty. der Rep. Irland, Prov. Munster, 2 685 km², 157 400 Ew. 2) Hptst. von 1) und Hafen, 60 700 Ew., am Shannon; Nahrungs- und Genußmittel-, Textil- und Metallind.

Limes [lat. ›Grenze‹] der, 1) Grenzwall zum Schutz des Röm. Reichs; bes. bekannt der gegen die Germanen zw. Rhein und Donau, 548 km lang mit rd. 1000 Kastellen und rd. 1000 Wachttürmen, vom Neuwieder Becken bis zur Schwäb. Alb (**Obergerman. L.,** ›Pfahlgraben‹) und bis zur Kelheim (**Rätischer L.,** ›Teufelsmauer‹); 84 n. Chr. unter Domitian begonnen, unter Trajan und Hadrian ausgebaut; um 260 aufgegeben; streckenweise noch gut erkennbar. (Bild S. 208) 2) △ Grenzwert.

Limfjord [-fjo:r], buchten- und inselreiche Wasserstraße in Nordjütland zw. Nordsee und Kattegat, 150 km lang.

Limit [engl.] das, Grenze. **Limitpreis,** Preisgrenze für Wertpapiere.

limited [l'imitid, engl.], Abk. →Ltd., Lim. oder Ld.

limitieren, begrenzen, ein →Limit festsetzen.

Limmat die, re. Zufluß der Aare, 140 m, entspringt als **Linth** am Tödi im Kt. Glarus, Schweiz, durchfließt den Walensee und den Zürichsee, den sie als L. verläßt, und mündet bei Brugg.

Limnologie [grch.], Lehre von den Binnengewässern (→ Seenkunde, →Potamologie).

Limoges [lim'o:ʒ], Hptst. des Dép. Haute-Vienne, im Limousin, Mittel-Frankreich, 147 400 Ew., mittelalterl. Bauwerke, Univ., Museum für Keramik und Emailmalerei; Herstellung von Fayencen, Porzellan, Emailwaren u. a. bekannt.

Limonade die, alkoholfreies Getränk aus natürl. Aromastoffen, Wasser und Zucker; mit Kohlendioxid **Brause-L.**

Limone [ital.], Zitrone in der Citrusgewächs.

Limousin [limuz'ɛ̃], frz. histor. Landschaft am NW-Rand des Zentralmassivs, Mittelpunkt: Limoges.

Limousine [limuz'i:nə], allseitig geschlossener Pkw.

Limousiner Email [-mu- em'aj], Schmelzarbeiten aus Werkstätten der Stadt Limoges (bereits im 12. Jh. bekannt).

Limpopo der, 1600 km langer Strom im südl. Afrika, entspringt als **Krokodilfluß** bei Johannesburg, wird vom Hartebeestpoort-Damm zur Bewässerung gestaut, bildet streckenweise die N-Grenze der Rep. Südafrika, mündet in den Indischen Ozean.

Linares, Stadt in Spanien, am Rand der Sierra Morena, 51 900 Ew.; Bergbaugebiet (silberhaltiger Bleiglanz).

Linard, Piz L., Gipfel der →Silvretta.

Lilie: Feuerlilie

Otto Lilienthal

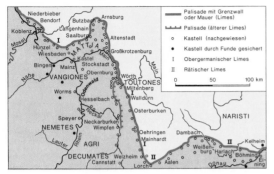

Limes 1)

▬▬▬	Palisade mit Grenzwall oder Mauer (Limes)
⊔⊔⊔	Palisade (älterer Limes)
○	Kastell (nachgewiesen)
○	Kastell durch Funde gesichert
I	Obergermanischer Limes
II	Rätischer Limes

0   50   100 km

Lincke, Paul, Berliner Operettenkomponist, *1866, †1946; ›Frau Luna‹ (1899), ›Lysistrata‹ (1902); Schlager.

Lincoln [ˈlɪŋkən], 1) Stadt und Distrikt in der engl. Cty. Lincolnshire, eine der ältesten Städte Englands, 71 900 Ew.; Kathedrale (12.–14. Jh.); Eisengießereien, Maschinen- und Fahrzeugbau, elektrotechn., chem. Ind. 2) Hptst. von Nebraska, USA, 171 800 Ew., staatl. und methodist. Univ.; Nahrungsmittel- und Metallindustrie.

Lincoln [ˈlɪŋkən], Abraham, *1809, † (ermordet) 1865; als Republikaner 1861–65 der 16. Präs. der USA, hob 1862 die Sklaverei auf, führte die Nordstaaten im Sezessionskrieg.

Abraham Lincoln

Lincolnshire [ˈlɪŋkənʃiə], Cty. in England, zw. Humber und südl. Wash, 5 885 km², 533 800 Ew.; Verwaltungssitz in Lincoln.

Lind, Jenny, schwed. Sängerin (Sopran), *1820, †1887, die ›schwedische Nachtigall‹.

Lindau (Bodensee), Krst. in Bayern, Große Kreisstadt, 24 200 Ew.; die Altstadt liegt auf einer Insel im Bodensee; Peterskirche (10. u. 12. Jh.), Rathaus (1422; umgebaut), Patrizierhäuser; Fremdenverkehr; Gummiwerke, Maschinen-, Nahrungsmittel- u. a. Ind. Bis 1802 Reichsstadt.

Lindbergh [ˈlɪndbəːg], Charles, amerikan. Flieger, *1902, †1974, überquerte 1927 in 33,5 Stunden als erster im Alleinflug den Atlantik in West-Ost-Richtung von New York nach Paris.

Linde, Baumgatt. der Lindengewächse, etwa 25 Arten, mit duft- und honigreichen Blüten in Trugdolden und einem Hochblatt, das mit der Blütenstandsachse verwachsen ist und dem ein Nüßchen als Flugmittel dient. Die **Sommer-L.** blüht etwa Mitte Juni, die **Winter-L.** 2 Wochen später. Das weiche, zähe Holz dient zu Schnitzarbeiten, der Bast als Flechtstoff, die Blüten zu schweißtreibendem Lindenblütentee.

Linde, Carl von (seit 1897), Ingenieur und Unternehmer, *1842, †1934, erfand die Ammoniak-Kältemaschine, ein Verfahren zur Verflüssigung von Gasen; gründete 1879 die **Gesellschaft für Linde's Eismaschinen AG,** Wiesbaden (jetzt **Linde AG**).

Linde:
Zweig mit Blüten,
links Früchte

Lindegren [-greːn], Erik, schwed. Schriftst., *1910, †1968, führend in der engagierten Dichtung der 40er Jahre.

Lindenberg i. Allgäu, Stadt im Kr. Lindau (Bodensee), Bayern, 10 100 Ew.; Fremdenverkehr; Herstellung von Luftfahrtzubehör.

Linderhof, Ortsteil der Gem. Ettal, Kr. Garmisch-Partenkirchen, Schloß König Ludwigs II., 1874–78 (Rokokostil).

Lindgren, Astrid, schwed. Kinderbuchautorin, *1907; ›Pippi Langstrumpf‹ u. a. Kinderbücher. Friedenspreis des Dt. Buchhandels 1978.

Lindholm Høje [-ˈhɔiə], Anhöhe bei Ålborg, Dänemark, mit einem großen, durch schiffsförmige Steinsetzungen gekennzeichneten Gräberfeld des 7.–9. Jh.

Lindlar, Gem. im Oberberg. Kr., NRW, im Berg. Land, 17 100 Ew.; Edelstahl-, Maschinen- u. a. Ind.

Lindos, Stadt an der O-Küste von Rhodos, rd. 1 000 Ew.; Akropolis (4. und 3. Jh. v. Chr.) mit Tempel der Athena Lindia u. a. Bauten.

Lindsay [ˈlɪndzɪ], 1) Philip, austral. Schriftst., *1906, †1958, histor. Romane. 2) (Nicholas) Vachel, amerikan. Lyriker und Graphiker, *1879, †1931; Sänger und Prediger eines Schönheitsevangeliums.

Lindtberg, Leopold, Regisseur, *1902, wirkte bes. in Zürich; auch Filmregie (›Die Vier im Jeep‹, 1951).

Lindwurm, schlangenartiges Ungeheuer der german. Sage.

Lineal, Werkzeug zum Zeichnen gerader Linien. **Kurven-L.** haben den häufigsten Kurvenformen entsprechende Kanten.

linear, geradlinig. **lineare Gleichung,** Gleichung ersten Grades; z. B. $y = mx + c$, Gleichung einer Geraden.

Linearbeschleuniger, →Teilchenbeschleuniger.

Linearmotor, Sonderbauform des →Elektromotors, bei der eine geradlinige Bewegung erzeugt wird. Anwendungen: Antrieb von Förderbändern, Schnellbahnen u. a.

Linearschrift A, Linearschrift B, → kretische Schrift.

Ling, Pe(h)r Henrik, Begründer der schwed. Gymnastik; Schriftsteller, *1776, †1839.

Linga(m), in Indien verehrtes Sinnbild des Shiwa, entspricht dem grch. Phallus.

Lingen, Theo, eigtl. Franz Theodor **Schmitz,** *1903, †1978; Schauspieler, bes. in kom. Rollen, Regisseur, Schriftst.

Lingen (Ems), Stadt im Kr. Emsland, Ndsachs., 44 100 Ew.; Hafen am Dortmund-Ems-Kanal, Erdöl- u. a. Ind.; bedeutende Viehmärkte.

Lingg, Hermann von, Schriftst., *1820, †1905, Mitgl. des Münchner Dichterkreises um Maximilian II.; Balladen, ep. Dichtungen.

Lingga-Inseln, → Riau-Inseln.

lingual [lat.], Zungen. . . **Lingual** der, Zungenlaut. **Linguist,** Sprachforscher. **Linguistik,** die wissenschaftl. Untersuchung der Sprache (→ Sprachwissenschaft). **linguistisch,** sprachwissenschaftlich.

Linhartová, Věra, tschech. Schriftstellerin, *1938, intellektualisierte Prosa.

Linije, 1) Kurve. 2) der Erdäquator. 3) Abstammungsreihe, Familienzweig.

Linienfahrt, Linienschiffahrt, fahrplanmäßige Schiffsverbindung im Überseeverkehr; Ggs.: Trampschiffahrt. **Linienflug,** fahrplanmäßige Flugverbindung.

Linienrichter, bei Ballspielen der die Seiten- und Abseitslinien überwachende Gehilfe des Schiedsrichters.

Linientaufe, der →Äquatortaufe.

Linke, 1) im Parlament die – vom Präsidentenplatz aus – auf der linken Seite des Saales sitzende(n) Partei(en). 2) in einer polit. Partei der linke Flügel, mit reformerischen oder revolutionären Zielen. 3) Boxen: Schlag mit der linken Faust.

linke Hand, Ehe zur l. H., morganatische Ehe, beim Hochadel die standesungleiche Ehe.

Linklater [ˈlɪŋkleɪtə], Eric, schott. Schriftst., *1899, †1974; ›Juan in Amerika‹ (1931), ›Aufruhr in Namua‹ (1954).

Linköping [ˈlɪntɕøːpɪŋ], Hptst. des VerwBez. Östergötland, Schweden, 111 900 Ew.; Dom, Schloß; Maschinen-, Zuckerfabriken, Flugzeug-, Auto- u. a. Industrie.

Linkshändigkeit, der bevorzugte Gebrauch der linken Hand vor der rechten, bei etwa 2–5% der Menschen ausgeprägt.

Linlithgow [lɪnˈlɪθgəʊ], Stadt in der Lothian Region, Schottland, 5 700 Ew.; Papierfabriken.

Linné, Carl von, schwed. Naturforscher, *1707, †1778, schuf die Grundlagen der botan. Fachsprache, die Form der Diagnose, d. h. einer Beschreibung, die in best. Reihenfolge die einzelnen Pflanzenteile aufsucht und kennzeichnet, und führte die binäre Nomenklatur ein; das **Linnésche System** war auf Unterschiede in den Geschlechtsorganen der Pflanzen aufgebaut (Sexualsystem). Bild S. 209.

Linnich, Stadt im Kr. Düren, NRW, 13 000 Ew.; Pfarrkirche

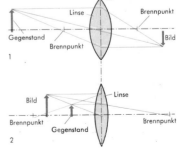

Linse:
Abbildung
durch eine
Sammellinse:
1 Gegenstand
außerhalb,
2 innerhalb
der Brennweite

(Hochaltar und 2 got. Schnitzaltäre aus Antwerpen mit Flügelgemälden des **Meisters von L.**); Papier- und Klebstoffwerke.

Linole|um, elast., fußwarmer Belagstoff für Fußböden, Wände, Tischplatten u. ä. aus Leinölfirnis, Kork, Harzen und Farbstoffen, auch Sojabohnenöl.

Linolschnitt, vom Holzschnitt abgeleitetes Hochdruckverfahren, bei dem in eine Linolplatte geschnitten wird.

Linon, gebleichtes, leinwandbindiges Baumwollgewebe für Wäsche.

Linotype [l'aınotaıp, engl.], erste brauchbare Setzmaschine für Zeilenguß.

Lin Piao, chines. Politiker (Kommunist) und General (1955 Marschall), * 1907, † (offiziell: Flugzeugabsturz) 1971, nahm am ›Langen Marsch‹ Mao Tse-tungs teil, wurde 1946 Oberbefehlshaber der kommunist. Armeen in der Mandschurei, 1959 Verteidigungs-Min.; in der Kulturrevolution enger Vertrauter Mao Tsetungs, danach entmachtet.

Linse, 1) ⊕ Art der Schmetterlingsblüter, Hülsenfrucht, hauptsächlich im Mittelmeer- und Balkanraum angebaut; einjährige, niedrig wachsende, buschige, feingegliederte Pflanze mit unscheinbaren bläulichweißen Blüten und diskusförmigen Samen. **2)** ⊠ Körper aus durchsichtigem Material (Glas, Kunststoff, Minerale), der von 2 kugeligen Flächen oder 2 asphärischen Rotationsflächen oder einer ebenen und einer gewölbten Fläche begrenzt wird (→ Brille). **Sammel-** oder **Konvex-L.,** in der Mitte dicker als am Rande, lassen achsenparallele Lichtstrahlen im Brennpunkt zusammenlaufen (konvergieren), **Zerstreuungs-** oder **Konkav-L.,** innen dünner als außen, lassen sie auseinanderlaufen (divergieren). Bild S. 208 ⊡ die Kristalline des Auges.

Linters, Baumwollfaserabfälle; Rohstoff für die Herstellung von Chemiefasern und Feinpapier.

Linth die, der Oberlauf der → Limmat.

Lin Yutang, eigtl. **Lin Yü-t'ang,** chines. Gelehrter und Schriftst., * 1895, † 1976; Werke über chines. Kultur und Sprache, Romane.

Linz, Hptst. von OÖ, 201 400 Ew.; Bischofssitz, Vereinigte Österr. Eisen- und Stahlwerke, Chemie Linz AG, ferner Nahrungsmittel-, Holz-, Textil-, Leder-, Glasind. Rathaus (1658/59), Dreifaltigkeitssäule (1723), Stadtpfarrkirche (13. Jh.), Alter Dom (1669–78), Minoritenkirche (1752–58).

Linzgau, Landschaft nördl. vom Bodensee.

Lions [l'aıənz], Abk. für Liberty, Intelligence, Our Nations' Safety, 1917 gegr. internat. Zusammenschluß von Männern aller Berufszweige zur Hilfe für Bedürftige und zur Völkerverständigung; Sitz: Oak Brook (Illinois); 33 474 Clubs in 151 Ländern, davon 584 in der Bundesrep. Dtl.

Liotard [ljot'a:r], Jean-Étienne, schweizer. Pastellmaler, * 1702, † 1789, Porträtist an europ. Höfen.

Liparische Inseln, Äolische Inseln, ital. **Isole Eolie** oder **Isole Lipari,** 7 größere und 11 kleinere vulkan. Inseln nördlich von Sizilien, mit insgesamt 117 km². Noch tätig sind die Vulkane Stromboli (926 m) und Lipari. Bild S. 210

Lipasen *Mz.*, fettspaltende Enzyme.

Lipchitz, Jacques, Bildhauer, * 1891, † 1973, seit 1909 in Paris, seit 1941 in den USA; arbeitete zunächst in kubist. Formen und schuf später Gebilde surrealist. Art.

Lipezk, Gebietshptst. in der russ. SFSR, am Woronesch, 405 000 Ew.; Hüttenwerk mit Stahl-, Walz-, Röhren-, Traktorenwerk, chem. Ind., Wärmekraftwerk.

Lipizzaner, Warmblutpferde (meist Schimmel), bis 1918 aus dem Hofgestüt **Lipizza** bei Triest, das dann nach Piber (Steiermark) verlegt wurde; Dressurpferde der Span. Reitschule in Wien.

Lipmann, Fritz Albert, amerikan. Mediziner und Biochemiker dt. Herkunft, * 1899, Entdecker des Coenzyms A. Hauptarbeitsgebiete: Energetik des Stoffwechsels, B-Vitamine. Nobelpreis 1953 (mit H. Krebs).

Lipoide, fettähnl. Stoffe in Tier- und Pflanzenkörper, wie Phosphatide, Cerebroside, Sterine; wichtig für den Aufbau der Zellen und die Permeabilität der Zellwände.

Lipom [grch.] das, **Fettgeschwulst,** ⊡ langsam wachsende gutartige Geschwulst aus Fettgewebe; häufig im Unterhautzellgewebe. Behandlung: chirurg. Entfernung.

Lippe, 1) fleischiger Rand bes. der menschl. Mundspalte. **2) Labien,** paarige Säume um eine Spalte, z. B. **Scham-L. 3)** ⊕ Blütenteil.

Lippe, 1) die, re. Nebenfluß des Rheins in Westfalen, 255 km lang, kommt vom Westfuß des Eggegebirges, mündet bei Wesel.

Filippino Lippi:
Selbstbildnis
(Florenz,
Uffizien)

2) ehem. Freistaat in NW-Dtl., westlich der Weser im Weserbergland, 1 215 km²; Hptst.: Detmold. – 1528 Reichs-Gfsch., 1720 Reichs-Fst., 1919 Freistaat, 1933–45 unter einem Reichsstatthalter, 1947 NRW eingegliedert.

Lippenblüter, Lamiaceae, früher **Labiaten, Labiatae,** Pflanzenfamilie mit über 3 000 Arten; Kräuter, Sträucher, Bäume mit äther. Öl und würzigem Geruch; Blätter kreuzweisegegenständig oder quirlständig, die Stengel vierkantig, zweiseitig symmetrische Blüten in den Blattachseln, Blumenkrone röhrig, meist zweilippig, Staubblätter (meist 4; 2 versch. lange Paare) der Blumenkrone angewachsen, Fruchtknoten oberständig, in 4 Nüßchen (Klausen) zergliedert.

Lippenlaute, lat. **Labiale,** mit beiden Lippen (**Bilabiale,** b, p, m) oder mit der Unterlippe gegen die oberen Schneidezähne (**Labiodentale,** f, norddt. w) gebildete Laute.

Lippenpflöcke, Scheiben oder Klötzchen aus Holz, Knochen, Stein, von Indianern, Eskimos und afrikan. Völkern als Schmuck in durchbohrten Lippen getragen. (Bild S. 210)

Lipper Wald, Lippischer Wald, der SO-Teil des Teutoburger Waldes.

Lippe-Seitenkanal, Kanal am linken Ufer der Lippe, 107 km lang, besteht aus dem **Wesel-Datteln-** und dem **Datteln-Hamm-Kanal.**

Lippi, 1) Filippino, ital. Maler (Florenz), Sohn von 2), * um 1457, † 1504, Schüler seines Vaters, dann Botticellis, dessen Stil er zu einer ornamentalen, sensiblen Ausdruckssprache weiterbildete (Vision des hl. Bernhard, Florenz, Badia; Fresken in S. Maria Novella, Florenz). **2)** Fra Filippo, ital. Maler (Florenz), * um 1406, † 1469, Karmelitermönch, Schüler Masaccios, 1456 aus dem Klosterdienst entlassen, malte mit Wirklichkeitssinn Fresken (im Domchor zu Prato) und Altarbilder (Anbetung des Kindes im Walde, Berlin; Madonnen). Bild S. 210

Lippisch, Alexander, Aerodynamiker und Flugzeugkonstrukteur, * 1894, † 1976, konstruierte Segelflugzeuge und Nurflügel-Flugzeuge (Raketenjäger Me 163), arbeitete an Staustrahltriebwerken und Deltaflügeln; konstruierte flügellose Senkrechtstarter (Aerodyne) und das →Aerofoil-Fluggerät.

Lippmann [l'ıpmən], Walter, amerikan. Publizist, * 1889, † 1974, einflußreicher Kommentator.

Lipps, Theodor, Philosoph, * 1851, † 1914, sah in der Psychologie die Grundlage der Geisteswiss. (Psychologismus); forderte eine Ästhetik der ›Einfühlung‹.

Lippspringe, Bad L., Stadt im Kr. Paderborn, NRW, an der Lippequelle, 10 900 Ew., warme Mineralquellen, Asthma- und Allergie-Forschungsinstitut.

Lippstadt, Stadt im Kr. Soest, NRW, an der Lippe, 61 700 Ew.; Metall-, Textil-, Möbelindustrie.

Lips, Johann Heinrich, schweizer. Kupferstecher, * 1758, † 1817, von Goethe nach Weimar berufen; Bildnisse.

Lipsanothek, Reliquiar, z. B. die L. in Brescia, Museo Civico, ein reich reliefierter frühchristl. Elfenbeinkasten.

Carl von Linné

J.-É. Liotard:
Das Schokoladen-
mädchen, um 1745
(Dresden, Gemälde-
galerie)

Fra Filippo Lippi: Ausschnitt aus einem Madonnenbild (Florenz, Uffizien)

Lippenpflöcke

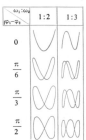

Lissajoussche Figuren (nach Grimsehl, Lehrbuch der Physik)

Lipscomb [lɪpskəm], William Nunn, amerikan. Chemiker, * 1919, erhielt 1976 für Arbeiten über die Chemie der Borane (Borwasserstoffverbindungen) den Nobelpreis für Chemie.

Lipsius, Justus, eigtl. **Joest Lips,** niederländ. klass. Philologe, * 1547, † 1606, Altertumswissenschaftler.

Liptauer Käse, Schafmilch-Weichkäse aus Liptau (ČSSR).

Liquida [lat. liquidus ›flüssig‹], die Laute l und r.

Liquidation [lat.], **1)** ♿ Abwicklung der Geschäfte bei Auflösung eines Unternehmens, von **Liquidatoren** durchgeführt. **2)** Rechnung, z. B. eines Arztes. **3)** Börse: Abwicklung von Termingeschäften.

Liquidität, allg.: Zahlungsfähigkeit einer Wirtschaftseinheit (Haushalt, Unternehmung, Staat); sie wird bestimmt durch das Verhältnis der Zahlungseingänge (einschließlich Kassenbestand) zu den Zahlungsausgängen. Aus dem Verhältnis von Bestand und Bedarf an flüssigen Mitteln wird der **L.-Grad** errechnet. Gesetzlich geregelte **L.-Vorschriften** bestehen für die Banken.

Liquor [lat.], **♩ 1)** flüssige Arznei. **2) Liquor cerebro-spinalis,** die → Gehirn-Rückenmarks-Flüssigkeit.

Lira *die, Mz.* **Lire,** Währungseinheit in Italien, 1 L. = 100 Centesimi.

Liscow [lˈɪsko], Christian Ludwig, Satiriker, * 1701, † 1760; ›Sammlung Satyr. und Ernsthafter Schriften‹ (1739).

Liselotte von der Pfalz, → Elisabeth 3).

Lisene, ⊓ ein der Wandgliederung dienender senkrechter, wenig vortretender Mauerstreifen, ohne Basis und Kapitell.

Lisieux [lizjˈø], Stadt im frz. Dép. Calvados, 26 700 Ew.; Wallfahrtsort (hl. Theresia vom Kinde Jesu) mit got. Kirchen; Nahrungsmittel-, Tuch- u. a. Industrie.

Lispeln, Sigmatismus, Sprachstörung; fehlerhafte Aussprache des s-Lautes.

Liss, Johann, Maler, * um 1597, † 1629/30, aus Holstein stammend, seit etwa 1621 in Venedig, malte in reicher Farbigkeit ländl. Szenen, religiöse und mytholog. Bilder.

Lissa, 1) ital. Name der dalmatin. Insel → Vis. 1866 Seesieg der Österreicher unter Tegetthoff über die Italiener. **2)** poln. **Leszno** [lˈɛʃnɔ]. Hptst. der poln. Wwschaft Leszno, 43 800 Ew.; Maschinen- u. a. Industrie.

Lissabon, portugies. **Lisboa** [liʒβˈoa], Hptst. Portugals und des Distrikts L., größte Stadt und wichtigster Hafen des Landes im SW der Iber. Halbinsel an der Mündungsbucht des Tejo, 861 500 (Agglomeration: 2 Mio.) Ew. L. ist kultureller und wirtschaftl. Mittelpunkt des Landes, Sitz eines Patriarchen; vier Univ. u. a. Hochschulen; Schiffbau, Textil-, chem., Lebensmittel-, keram., Tabak-, Stahl- u. a. Ind., Erdölraffinerie. Flughafen. Bauten: Kastell São Jorge (urspr. 6. Jh.), Alte Kathedrale (älteste Teile 12. Jh.), im Stadtteil Belém das Hieronymitenkloster (16. Jh.). – L., das Olisipo des Altertums, seit 715 das Lischbuna der Araber, wurde 1147 durch Alfons I. von Portugal erobert, war seit 1260

Residenz. Das Erdbeben von 1755 vernichtete zwei Drittel der Stadt.

Lissajous|sche Figuren [lisaʒˈu-, n. d. frz. Physiker J. A. Lissajous, * 1822, † 1880], Überlagerungsfiguren zweier zueinander senkrecht verlaufender periodischer Vorgänge, z. B. Schwingungen.

Lissitzkij, El (Eliezer), russ. Maler und Architekt, * 1890, † 1941; wichtigster Theoretiker des → Konstruktivismus.

List, Friedrich, Volkswirt, * 1789, † (Selbstmord) 1846, württemberg. Abg. 1822 zu Festungshaft verurteilt, gegen das Versprechen freigelassen, nach Amerika auszuwandern; seit 1832 als amerikan. Konsul zurück. L. trat bes. für die dt. Zolleinigung und den Eisenbahnbau ein, als Theoretiker für die realistisch-histor. Methode. Für die in Entwicklung stehende heim. Ind. verlangte er Schutz durch Erziehungszölle. ›Das nationale System der polit. Ökonomie‹ (1841). Bild S. 212

Listenwahl, Wahlverfahren, nach dem mehrere Abgeordnete zugleich nach einer feststehenden Liste gewählt werden.

Lister [lˈɪstə], Joseph Baron (seit 1897), engl. Chirurg, * 1827, † 1912, führte die Antisepsis in die Wundbehandlung ein.

Listeriose, ♩ seuchenhafte Gehirn-Rückenmarks-Entzündung der Tiere, deren Erreger, das Bakterium **Listeria monocytogenes,** auf den Menschen übergehen kann. Behandlung: Antibiotica, Sulfonamide.

Liszt, 1) Franz von (1859), Komponist und Pianist, * 1811, † 1886, Schüler von C. Czerny und A. Salieri in Wien, seit 1844 Hofkapellmeister in Weimar; lebte seit 1860 in Rom, wo er die niederen Weihen (Abbé) empfing. L. wurde der Schöpfer der Sinfon. Dichtung und einer neuartigen virtuosen Klaviermusik. HW: Klavier: Pilgerjahre, Sonate h-moll, Ungar. Rhapsodien, 2 Klavierkonzerte; Orchester: Sinfon. Dichtungen, Faustsinfonie; Kirchenmusik: Graner Festmesse, Oratorium ›Legende von der Hl. Elisabeth‹. (Bild S. 212) **2)** Franz von, Rechtslehrer, Vetter von 1), * 1851, † 1919; forderte eine auf den Erziehungs- und Sicherungszweck der Strafe abgestimmte Strafgesetzgebung.

Lit., Abk. für **Litera,** Bez. der Ausgabeserie auf Banknoten und Wertpapieren.

Li T'ai-po, Li Po, * 701 (oder 699), † 762, gilt als der größte chines. Lyriker; taoistischer Einfluß.

Litanei [grch.], christl. Liturgie: Wechselgebet zw. Vorbeter und Gemeinde. Vorzüglich wendet sich die L. an alle Heiligen, bes. auf dem → Bittgang.

Litauen, litauisch **Lietuva,** einer der 3 balt. Staaten, 1918–40 unabhängige Rep. mit (1938, ohne Memelgebiet) 52 900 km²; Hptst. war Kaunas. **Geschichte.** Im 13. Jh. faßte Mindaugas die litauischen Stämme zusammen und erhielt die Königskrone. Gedimin (1316–40) schuf ein Großreich mit dem Schwerpunkt in Weißrußland und der Ukraine, das sich gegen den Dt. Orden behauptete. Sein Enkel Jagieło schloß 1385 den Unionsvertrag mit Polen, doch behielten beide Reichsteile bis zur Realunion von Lublin (1569) weitgehend ihre Autonomie. 1422 gewann L. die westl. Landschaft Schemaiten. Durch die poln. Teilungen (1772/ 1793/95) erwarb Rußland ganz L. Es konstituierte sich 1918 als unabhängige Rep., deren Außenpolitik durch Memel- und Wilnafrage belastet war. 1940 wurde L. in die UdSSR eingegliedert (→ Litauische Sozialistische Sowjetrepublik).

Litauer, Lietuviai, zur balt. Völker- und Sprachengruppe der Indogermanen gehörige Bewohner Litauens.

litauische Literatur. Sie ist reich an Märchen und Volksliedern. Die weltl. Kunstpoesie beginnt im 18. Jh. im 19. Jh. vertreten den Realismus V. Kudirka, Žemaité. Symbolisten im 20. Jh. sind Vydūnas, J. Baltrušaitis, M. Gustaitis. Romane schrieben Putinas, V. Krévé-Mickevičius u. a.

Litauische Sozialistische Sowjetrepublik, Unionsrep. der UdSSR (Verfassung v. 27. 8. 1940), 62 000 km², 2,5 Mio. Ew., Hptst.: Wilna. Die L. SSR ist ein Hügelland mit dem Balt. Endmoräne im O, reich an Seen, Wäldern und Mooren; im W grenzt sie an die Ostsee. In der Landwirtschaft führt die Viehzucht vor dem Ackerbau. Nahrungsmittel-, Textilind., Maschinen-, Apparate-, Schiffbau; Fischindustrie in Memel (einziger Hafen), Univ. in Kaunas und Wilna.

litauische Sprache, gehört zum balt. Zweig der indogerman. Sprachen. 2 Mundartgruppen: das **Niederlitauische oder Schemaitische** und das **Hochlitauische oder Aukschtaitische.** Der Schriftsprache liegt das Hochlitauische zugrunde.

Litchibaum, Litschi [chines.], baumförmiges ostasiat. Seifenbaumgewächs mit rotbraunen, hartschaligen, gefelderten Früchten, deren Samenmantel rosinenähnlich schmeckt.

Liten, im altgerman. Recht Halbfreie, gingen seit Ende des 9. Jh. in der Gruppe der Hörigen auf.

Liter [grch.-lat.] *das,* Zeichen **l,** Hohlmaß, 1 l=1 dm³.

Literạt [lat.], zunächst der Gelehrte, dann der Berufsschriftsteller; auch abschätzig gebraucht.

Literatụr [lat.], **1)** Gesamtheit der schriftlich (meist in Buchform) niedergelegten sprachl. Zeugnisse, i. e. S. das gesamte schöngeistige Schrifttum (Dichtung und Essayistik). Die L. wird nach Epochen, Völkern oder Sachgebieten geordnet. Die Schriftwerke einer Nation faßt man als **Nationalliteratur** zusammen, die über die Grenzen der Nationen hinauswirkende L. als **Weltliteratur.** Der L. werden heute häufig auch Trivial-L. und Gebrauchs-L. (z. B. Werbetexte) zugerechnet. **2)** → Sekundärliteratur.

Literaturkritik, Analyse und krit. Wertung literar. Werke, entwickelte sich bes. seit der Aufklärung, wurde meist in Zeitschriften betrieben. Sie nahm mitunter auch die Form der Satire an; heute meist als Rezension oder Essay. Eine strenge Abgrenzung zur Literaturwissenschaft, in Dtl. vielfach üblich, kennen die angelsächs. Literatur nicht.

Literaturwissenschaft erforscht die Entstehung literar. Werke, analysiert und interpretiert sie in detaillierter Weise, stellt sie in einen geschichtl. Zusammenhang und entwirft Gesamtbilder vom Ablauf der Nationalliteraturen oder der Literatur einzelner Epochen. Die dt. Spätromantik erhob erstmals die **Literaturge-schichte** zur Wissenschaft, die nach dem Muster der klass. Philologie krit. Ausgaben herstellt und Quellenforschung betreibt. Nach W. Scherers positivist. Methode (Herausarbeitung literaturgeschichtl. Kausalzusammenhänge) befaßten sich neuere Richtungen der L. mit dem Zusammenhang von Dichtung und Ideengeschichte (Unger, Korff, Rehm), mit der Eigenart der Literatur der dt. Stämme (Nadler), mit der Dichtung als Sprachkunstwerk (Stilanalyse; Vossler, Spitzer, Strich, Auerbach), mit der Stellung literar. Texte innerhalb der Kontinuität literar. Denk- und Ausdrucksschemata (Topoi; E. R. Curtius). Der russ. Formalismus und der New Criticism im engl. Sprachbereich untersuchten bes. die Formensprache der Texte. In neuster Zeit treten soziolog. Fragestellungen in den Vordergrund, daneben zeigt sich der Einfluß der Linguistik.

Litewka [poln.] *die,* blusenartiger Uniformrock.

Litfaßsäule, Anschlagsäule, nach dem Drucker E. Litfass, zuerst 1855 in Berlin.

Lith..., **Litho...** [grch.], Stein...; **...lith,** ...stein.

Lịthium, Li, Alkalimetall (→ chemische Elemente, Übersicht); L. findet sich weitverbreitet in Mineralien, auch in Mineralquellen. Gewinnung durch Elektrolyse; Verwendung als Legierungszusatz, in der Kerntechnik als Abschirmungs- und Reaktorkühlmittel.

Lithographịe, Steindruck, das älteste Flachdruckverfahren; die Vorlage wird mit Fettkreide oder -tusche auf eine Kalkschieferplatte übertragen. Nach Ätzen der Platte mit Gummi arabicum nimmt beim Einfärben mit fetter Druckfarbe nur die Zeichnung Farbe an. Oft werden statt der Kalksteinplatten gekörnte Zinkplatten verwendet. Heute ist die L. auf photograph. Grundlage und Metallplatten umgestellt. – Erfunden wurde die L. von A. Senefelder (Privileg 1799). Anfänglich diente sie für die Vervielfältigung von Noten, Drucksachen u. a.; bald wurde sie von Künstlern verwendet, in Dtl. von G. Schadow, F. Schinkel, F. Olivier, K. Blechen, F. Krüger und A. v. Menzel, in Spanien von Goya. Zu größter Vielseitigkeit wurde die Technik von frz. Künstlern entwickelt, von Delacroix, Géricault, Corot und v. a. von Daumier, später von Manet und Degas. Ein neuer Stil wurde von Toulouse-Lautrec gefunden, der farbige L. auf mehreren Platten druckte (Plakate u. a.). Unter den Deutschen traten Thoma, Liebermann, Slevogt, Käthe Kollwitz (Bild) hervor. Der Norweger E. Munch leitete zum dt. Expressionismus über, in dem die L. eine neue Blütezeit erlebte durch Kokoschka und Barlach, außerhalb Dtl.s durch Matisse, Picasso, Braque, Chagall.

Lithopone, weiße Mineralfarbe, Gemisch aus Zinksulfid und Bariumsulfat.

Lithosphäre, die Gesteinskruste der Erde.

litorạl [lat.], zu Küste, Ufer, Gestade, Strand gehörend oder sie betreffend.

Litọtes [grch.] *die,* verstärkte Hervorhebung durch Verneinung des Gegenteils, z. B. ›nicht wenig‹ für ›viel‹.

Litschi [chines.] *die,* → Litchibaum.

Litt, Theodor, Philosoph und Pädagoge, *1880, †1962; Beiträge zur Wissenschaftstheorie, entwickelte eine Kulturphilosophie und philosoph. Anthropologie.

Lithographie: links H. de Toulouse-Lautrec: *Sitzender weiblicher Clown;* rechts O. Mueller: *Wald*

Little Rock [lɪtl rɔk], Hptst. von Arkansas, USA, 153 500 Ew., Zweig der University of Arkansas; Baumwollsaatöl-, Möbel-, chem. u. a. Industrie.

Littlesche Krankheit [lɪtl-, n. dem engl. Arzt W. J. Little, *1810, †1894], spast. Lähmung der Arme und Beine, beruht auf einer vor oder während der Geburt erlittenen Gehirnschädigung.

Liturgịe [grch.], **1)** in den altgrch. Staaten die unentgeltl. Leistung für das Gemeinwesen, zunächst freiwillig, später als Steuer. **2)** das kult. Handeln der christl. Kirche. Nach kath. Lehre vollzieht Christus durch die Kirche die L. Sie ist in Form und Inhalt durch die Leitung der Kirche geordnet, in neuer Gestalt (auch in der Volkssprache) nach der L.-Konstitution des 2. Vatikan. Konzils. Die L. umfaßt die Feier der Sakramente, die Messe, das in den einzelnen Kulturen und Landessprachen hat die Einheitlichkeit des lat. Ritus durchbrochen. – Die L. der Ostkirchen ist mehr noch als im Westen wesentl. Ausdruck des kirchl. Lebens; ihre Änderung hat daher oft zu schismat. Spaltungen geführt. – Die evang. Kirchen haben seit den Anfängen der Reformation an die Stelle der in die Hand des

Lithographie: P. Picasso, ›Pan‹; 1948

Lithographie: links A. v. Menzel, aus der ›Armee Friedrichs des Großen‹, 1857; rechts H. Daumier ›Der Drang zur Kasse‹, 1840

Friedrich List (Lithographie von Kriehuber, 1845)

Franz von Liszt 1)

David Livingstone

Klerus gelegten L. den Gottesdienst der Gemeinde gesetzt, die in der L. auf Gottes Wort in der Predigt hört und mit Gott in Lob und Anbetung, Bitte und Dank redet.

Liturgische Bewegung, liturg. Reformbestrebungen in der Kath. und den evang. Kirchen, bes. im 20. Jh.

liturgische Bücher, in den christl. Kirchen die Vorlagen für die Feier des Gottesdienstes; Kath. Kirche: →Rituale, evang. Kirchen: →Agende.

liturgische Geräte, Kirchengeräte, die gottesdienstl. Gegenstände: Kirchenausstattung (Altar mit Kreuz und Leuchtern, Kanzel, Taufstein, Beichtstuhl, Weihwasserbecken, Glokken, Chor- und Sitzgestühl), liturg. Gerät i. e. S. (Kelch, Ciborium, Monstranz, Rauchfaß) und Paramente.

Liturgisches Jahr, Kirchenjahr, lat. Liturgie: die liturg. Vergegenwärtigung des von Christus vollbrachten Heilswerkes und der Gedenktage der Heiligen im Jahreskreislauf.

liturgische Sprache, für die Liturgie vorgeschriebene, früher von der Landessprache meist versch. Sprache (z. B. Latein). In der lat. Kirche seit dem 2. Vatikan. Konzil seltener gebraucht, in anderen Riten noch heute erhalten. Die evang. Kirchen halten die Liturgie grundsätzlich in der Landessprache.

Lituus [lat.], **1)** im alten Rom der Krummstab der Auguren. **2)** altröm. Reitertrompete mit umgebogenem Schallstück.

Litvak, Michael Anatole, Filmregisseur, * Kiew 1902, † 1974, seit 1937 in Hollywood.

Litwinow, Maksim Maksimowitsch, eigtl. **Wallach,** sowjet. Politiker, * 1876, † 1951, 1930–39 Volkskommissar des Äußeren, vertrat die UdSSR im Völkerbund; 1941–43 war L. Botschafter in Washington.

Litze, 1) schmales Flachgeflecht, Tresse. **2)** biegsamer elektr. Leiter aus dünnen, verflochtenen oder verseilten Einzeldrähten. **3)** Draht mit Öse (Auge) zum Einziehen der Webkettfäden.

Liuchow, Liutschou, amtl. chines. **Liuzhou** [ljuʒɔu], Stadt in der autonomen Region Kwangsi, etwa 430000 Ew.; Verkehrsknoten; Holzhandel, Maschinenbau, chem., Nahrungsmittel- u. a. Industrie.

Liudger, Ludger, erster Bischof von Münster, * um 744, † 809, Missionar der Friesen, Heiliger, Tag: 26. 3.

Ljudolfinger, Ludolfinger, Ottonen, sächs. Adelsgeschlecht, das mit Graf Liudolf († 866) eine führende Stellung im O Sachsens, mit dessen Sohn Otto († 912) die sächs. Herzogswürde erlangte; stellte die Könige Heinrich I., Otto I., II., III. und Heinrich II. (919–1024).

Liu Shao-ch'i [lju ʃaotʃi], chines. Politiker (Kommunist), * 1898, † 1969 (?), wurde 1943 Vizevors. des ZK der KP, 1959 als Nachfolger Maos Vors. der VR China (Staatspräs.). 1968 wurde er aller Ämter enthoben und aus der Partei ausgeschlossen; 1980 rehabilitiert.

Liutizen, →Lutizen.

Liutprand, König (712–44) der Langobarden.

Liutprand von Cremona, langobard. Geschichtsschreiber, * um 920, † um 972, seit 961 Bischof von Cremona.

Liuzhou [ljudʒɔu], amtl. chines. für →Liuchow.

live [laɪv, engl.], Hörfunk, Fernsehen: unmittelbar, direkt; **Live-Sendung,** Direktsendung vom Ort und z. Z. des Ereignisses.

Liverpool [l'ɪvəpuːl], Stadt und Distrikt in der Metrop. Cty. Merseyside, W-England, am Mersey, 520000 (Agglomeration:

1,5 Mio.) Ew.; drittgrößter Seehafen Großbritanniens; Sitz eines anglikan. Bischofs und eines kath. Erzbischofs, Univ. Ind.: Nahrungs- und Genußmittel, Herstellung von Chemikalien, Pharmazeutika, Bekleidung, Möbeln, Gummiwaren, Papier, Seife, Glas, Fetten, Ölen, Maschinenbau, Druckereien.

Livia Drusilla, * 58 v. Chr., † 29 n. Chr., Frau des Kaisers Augustus, dessen Nachfolger ihr Sohn aus erster Ehe, Tiberius, wurde.

Livinental, dt. für Valle →Leventina.

Livingstone [lɪvɪŋstən], auch **Maramba,** Provinzhauptstadt in Sambia, nahe den Victoriafällen des Sambesi, 80000 Ew.; Verkehrsknoten.

Livingstone [l'ɪvɪŋstən], David, brit. Forschungsreisender, urspr. Missionar, * 1813, † 1873, entdeckte u. a. die Victoriafälle des Sambesi, den Schirwa- und den Njassasee.

Livingstone-Fälle [l'ɪvɪŋstən-], Wasserfälle im Unterlauf des Kongo, unterhalb von Kinshasa.

Livingstone-Gebirge [l'ɪvɪŋstən-], Bergland in Tansania, im NO des Malawisees, O-Afrika, bis 2200 m hoch.

Livistone, Schirmpalme, von Südostasien bis Australien heim. Fächerpalmengatt., z. T. Warmhauspflanzen.

Livius, Titus, * 59 v. Chr., † 17 n. Chr., schrieb eine röm. Gesch. in 142 Büchern, von denen 35 erhalten sind.

Livius Andronicus, Lucius, der älteste Bekannte lat. Dichter, wahrscheinlich ein Grieche aus Tarent, † nach 207 v. Chr.; übersetzte die ›Odyssee‹ in lat. saturn. Verse, bearbeitete grch. Tragödien und Komödien in lat. Versen.

Livland, histor. Landschaft an der balt. Küste der Ostsee, ehemals bewohnt von dem finn. Stamm der Liven. Zunächst hießen die zum Deutschen Reich gehörigen Gebiete des Deutschen Ordens sowie die Bistümer Riga, Dorpat, Ösel und Kurland L., seit dem 16./17. Jh. nur noch das zwischen Estland und Kurland liegende Gebiet. Dieses bildete seit 1721 eine der 3 russ. Ostseeprovinzen und wurde 1919 zwischen Estland und Lettland nach der Sprachgrenze geteilt.

Livorno, 1) Prov. Italiens, in der Region Toskana, 1213 km², 346300 Ew. **2)** Hptst. von 1), wichtiger Hafen an der W-Küste Italiens, 177100 Ew.; Ölraffinerie, Werft.

Livre [›Pfund‹], **1)** bis 1796 die frz. Rechnungs- und Münzeinheit (= 20 Sous). **2)** alte frz. Gewichtseinheit (= 489,5 g).

Livrée [livr'e, frz.], uniformartige Bedienstetenkleidung.

Livré|raupe, die Raupe des →Ringelspinners.

Liwan, oriental. Bauform, →Iwan.

Lizentiat [lat.], im MA. ein Gelehrter mit Lehrberechtigung, später akadem. Titel der theolog. Fakultät. Der Lic. theol. wurde fast allgemein durch den Doktortitel ersetzt.

Lizenz [lat.], Erlaubnis, Freiheit. **1)** im Gewerberecht die Konzession. **2)** im Patentrecht die Erlaubnis, die der Patentinhaber einem anderen (**Lizenznehmer**) erteilt, das Patent zu benutzen.

Lizenz|ausgabe, Sonderausgabe eines Werkes durch einen Verlag, der von dem zunächst berechtigten Verlag eine Ermächtigung (Lizenz) erhalten hat.

Ljuberzy, Trabantenstadt Moskaus, Russ. SFSR, 162000 Ew.; Bahnknoten; Maschinenbau, chem. Industrie.

Ljubljana, dt. **Laibach,** Hptst. der Rep. Slowenien, Jugoslawien, 173550 Ew., beiderseits des Flusses Ljubljanica; Univ., Inst. für Kernforschung, Museen; Metallurgie, elektrotechn., Textil-, chem. Ind.; Maschinenbau. – L. war Hptst. des habsburg. Hzgt. Krain, kam 1918 an Jugoslawien.

Ljubljanica [-tsa], Karstfluß in Jugoslawien, 85 km lang, mündet unterhalb Ljubljana.

Ljusna(n) [j'y:sna(n)], Fluß in Mittelschweden, 430 km lang, mündet in den Bottnischen Meerbusen.

Lkw, Abk. für Lastkraftwagen.

Llano Estacado [j'ano-, span.], Plateau in den Great Plains der Staaten Texas und New Mexico, USA, 1000–1500 m hoch.

Llanos [j'anɔs], die Graslandebenen in den Tropen und Subtropen Lateinamerikas, bes. die L. im Orinocogebiet.

Llewellyn [luː'elɪn], Richard, eigtl. R. D. L. **L. Lloyd,** engl. Schriftst., Filmproduzent, * 1906; Romane und die Gangsterwelt von Wales; der Gangsterwelt von London und Los Angeles.

Lloyd [→Lloyd's], Name von Schiffahrts- und Versicherungsgesellschaften (→Lloyd's).

Lloyd [lɔɪd], **1)** Harold, amerikan. Filmkomiker, * 1893, † 1971. **2)** John Selwyn, brit. Politiker (Konservativer), * 1904, † 1978, 1955–60 Außen-Min.; 1960–62 Schatzkanzler, 1963–64 Lordsiegelbewahrer und Führer des Unterhauses.

Lloyd George [lɔɪd dʒɔːdʒ], David, seit 1945 Earl **L. G. of**

Lochkarte: Schlüssel zu einer 80spaltigen L.; links Ziffern, Mitte Buchstaben (Alphabet), rechts Sonderzeichen

Dwyfor, brit. Politiker (Liberaler), *1863, †1945, führte als Schatzkanzler (1908–15) eine Sozialreform durch, 1916–22 MinPräs., 1919 führend auf der Pariser Friedenskonferenz.

Lloyd's, Abk. für **Corporation of Lloyd's** [kɔːpərˈeɪʃn ɔv lɔɪdz], Vereinigung von brit. Einzelversicherern (bes. Seeversicherung), nach **E. Lloyd,** dessen Londoner Kaffeehaus seit Ende des 17. Jh. Zentrum der Schiffsinteressenten wurde, die sich später zu einer Vereinigung zusammenschlossen.

Lloyds Bank Ltd. [lɔɪdz bæŋk-], London, brit. Großbank, gegr. 1765.

lm, Einheitenzeichen für →Lumen.

ln, △ Abk. für Logarithmus naturalis, →Logarithmus.

Loase, tropisch-südamerikan. Pflanzengatt. mit zerteilten Blättern, gelben oder orangefarbenen Blüten, Brennhaaren. Die kletternde L. (**Brennwinde**) ist Zierpflanze.

Lob [lɔb, engl.] *der,* 1) Badminton, Tennis: hoher, weich geschlagener Ball. 2) Volleyball: angetäuschter Schmetterschlag, der hoch über oder am gegner. Block vorbeigeschlagen wird.

lobär [grch.], einen Lappen (Lunge, Leber, Gehirn) betreffend.

Lobatschewskij, Nikolaj Iwanowitsch, russ. Mathematiker, *1792, †1856, arbeitete über nichteuklidische Geometrie.

Lobau, Auenlandschaft (21,6 km²) am linken Donauufer in Wien.

Löbau, Kreisstadt im Bez. Dresden, im N des Lausitzer Berglands, 17 300 Ew.; Granitbrüche und -werke, Zuckerfabrik u. a. Industrie.

Lobby [lˈɔbɪ, engl.], Vorhalle, bes. die Wandelhalle im Parlament. **Lobbyismus,** Versuch von Interessenvertretern (**Lobbyisten**), Politiker zu beeinflussen.

Löbe, Paul, Politiker (SPD), *1875, †1967, war 1920–24 und 1925–32 Reichstagspräs., 1949–53 MdB., seit 1954 Präs. des Kuratoriums ›Unteilbares Deutschland‹.

Lob|ektomie [grch.], ♀ →Lungenoperationen.

Lobelie, Gatt. der Glockenblumengewächse. Eine nordamerikan. Art liefert das giftige Alkaloid **Lobelin,** Mittel gegen Atemlähmung. Zu L. gehören Djibarra, die Zierpflanze **Scharlachrote L.** sowie die **Wasser-L.** (Bild S. 214)

Lobi, Volk im SW von Obervolta (rd. 380 000) und im NO der Rep. Elfenbeinküste.

Lobositz, tschech. **Lovosice** [-tsɛ], Stadt im Kr. Nordböhmen, ČSSR, 9 300 Ew. – Am 1. 10. 1756 Sieg Friedrichs d. Gr. über die Österreicher.

Locarno, Bezirksstadt und Kurort im schweizer. Kt. Tessin, am Nordende des Lago Maggiore, 14 100 Ew., hat altes Kastell; über L. die Wallfahrtskirche Madonna del Sasso.

Locarno-Verträge, Locarno-Pakt, die 1925 auf der Konferenz von Locarno ausgehandelten Verträge, durch die sich das Dt. Reich (Stresemann) Frankreich und Belgien – unter Garantie Großbritanniens und Italiens – verpflichteten, die im Versailler Vertrag festgelegten dt. Westgrenzen und die entmilitarisierte Rheinlandzone zu achten. Die nat.-soz. Außenpolitik zerstörte das Vertragswerk, endgültig mit der Besetzung des entmilitarisierten Rheinlands (1936).

Locatelli, Pietro, ital. Geiger, Komponist, *1695, †1764.

Loccum, Ortsteil von →Rehburg-Loccum. Das ehem. Zisterzienserkloster (1163 gegr.) wurde 1593 evangelisch, 1820 luther. Predigerseminar, 1952 evang. Akademie.

Loch, irisch **Lough** [lɔx, lɔk; gälisch], See, Meeresbucht.

Lochamer Liederbuch, Lochheimer Liederbuch, Minneliederhandschrift, entstanden zw. 1450 und 1460, benannt nach dem Mundschenk Wolfin von Lochamer.

Loch|eisen, Werkzeug zum Stanzen von Löchern; ähnlich **Locher** und **Lochzange.**

Löcherpilze, Porlinge, meist an Holz lebende Pilzfruchtkörper, die Überzüge oder einen Hut bilden, der seitlich an einer Unterlage festgewachsen ist. Eßbar ist z. B. der **Eichhase,** sehr schädlich der holzzerstörende **Hausschwamm.**

Lochien [grch.] *Mz.,* ♀ der Wochenfluß (→Wochenbett).

Lochkamera, →Camera obscura.

Lochkarte, Karte, in die nach einem bestimmten Code Zahlen, Buchstaben oder Zeilen eingestanzt werden (**Datenträger**). In L.-Maschinen werden die L.-Stapel mit hoher Geschwindigkeit nach bestimmten Lochkombinationen abgetastet. So können in **Sortiermaschinen** (z. B. nach dem Alphabet) sortiert werden; **Tabelliermaschinen** führen mit den Daten der herausgesuchten Karten Berechnungen durch und übertragen die gelochten Daten in Klarschrift z. B. auf Listen. Als Eingabegerät zur L.

dient ein **L.-Leser,** der mit einer Geschwindigkeit von 150–2 000 L./min meist auf photo-elektr. Basis arbeitet. (Bild S. 212)

Lochner, Stefan, Hauptmeister der Altkölner Malerschule, *um 1400, †1451, seit etwa 1430 in Köln, malte Altarwerke (Dreikönigsbild, Kölner Dom; Darbringung im Tempel, Darmstadt, Museum), Andachtsbilder (Muttergottes in der Rosenlaube, Köln, Wallraf-Richartz-Museum).

S. Lochner: Muttergottes in der Rosenlaube (Köln, Wallraf-Richartz-Museum)

Loch Ness, See in Nordschottland, Teil des Kaledonischen Kanals, 52 km², 36 km lang, durchschnittlich 1,5 km breit, bis 230 m tief; bekannt durch Berichte über ein angebl. Meeresungeheuer.

Lochsteine, Lochziegel, Mauersteine mit Hohlräumen, für leichte Wände.

Lochstickerei, Weißstickerei; das Muster entsteht durch umstickte Löcher.

Lochstreifen, gelochtes Band zur Ein- und Ausgabe von Informationen bei Rechenanlagen und numerisch gesteuerten Maschinen. Ein L.-Leser (200–2 000 Zeichen/s) dient der Eingabe.

Locke [lɔk], John, engl. Philosoph, *1632, †1704, Begründer des engl. Empirismus, vertrat die Lehre vom Gesellschaftsvertrag als dem Rechtsgrund des Staates und gründete darauf die Forderungen der Volkssouveränität und der Gewaltenteilung. Seine Gedanken begründeten das Zeitalter der Aufklärung.

Lockheed Aircraft Corp. [lˈɔkhiːd ˈɛəkrɑːft-], Burbank (Calif.), amerikan. Unternehmen der Luftfahrtind., gegr. 1932.

Lockspitzel, Verdeutschung für frz. →Agent provocateur.

Lockstoffe, →Attractants.

Lockyer [lˈɔkjə], Sir (1897) Joseph Norman, engl. Astrophysiker, *1836, †1920, erfand die spektroskop. Methode zur Beobachtung der Sonnenprotuberanzen, entdeckte das Helium.

loco [lat.], 1) am Ort. **loco citato,** Abk. l. c., an der angeführten Stelle (eines Buches). 2) ♪ Bez. für die Aufhebung eines vorausgegangenen Oktavenzeichens.

Lod, Stadt in Israel, im SO von Tel Aviv, 39 400 Ew.; internat. Flughafen; Flugzeugbau u. a. Ind.

Loden, Streichgarngewebe aus Wolle oder Halbwolle in Tuch- oder Köperbindung für Wetter-, Jagd-, Sportkleidung.

Lóderer, Eugen, Gewerkschafter und Politiker (SPD), *1920, war 1968–72 stellvertr. Vors., seit 1972 Vors. der IG Metall, seit 1973 auch Präs. des Internat. Gewerkschaftsbundes.

Lodge [lɔdʒ], 1) Henry Cabot, amerikan. Politiker (Republikaner), *1850, †1924, bekämpfte nach 1918 die Völkerbunds-

David Lloyd George

Lodi

Lobelie

pläne Wilsons. **2)** Henry Cabot, amerikan. Politiker (Republikaner), Enkel von 1), * 1902, 1952–60 Vertreter der USA bei der UNO, 1965–67 Botschafter in Südvietnam, 1967–69 in der Bundesrep. Dtl., 1969 amerikan. Verhandlungsleiter bei den Pariser Friedensgesprächen über Vietnam.

Lodi, Stadt in der ital. Prov. Mailand, an der Adda, 44 100 Ew.; Majolikaherstellung, Woll-, Nahrungsmittel- u. a. Ind.; roman. Dom (geweiht 1163).

Lodz [lɔtʃ], poln. **Łódź** [łutsj], Hptst. der Wwschaft L., Polen, 832 000 Ew.; Univ., TH; einer der größten Industriestandorte Polens: Textil-, elektrotechn. Ind., Maschinenbau u. a.

Loerke, Oskar, Schriftst., * 1884, † 1941. Seine Lyrik ist Ausdruck eines kosmischen Naturgefühls: ›Pansmusik‹ (1929), ›Der Silberdistelwald‹ (1934) u. a.; Erz., Essays.

Loewe, 1) Carl, Komponist, * 1796, † 1869, Hauptmeister der neueren Ballade (Solostimme und Klavierbegleitung): ›Erlkönig‹, ›Prinz Eugen‹ u. a. **2)** [l'ouɪ], Frederick, amerikan. Komponist, * 1904; Musical ›My Fair Lady‹ (1956).

Loewi, Otto, Pharmakologe, * 1873, † 1961, bewies die chem. Übertragung der Nervenimpulse. 1936 Nobelpreis für Medizin mit Sir H. Dale.

Löffel *Mz.*, ꝥ Hasen-, Kaninchenohren.

Löffellente, eine Art der →Enten.

Löffelfuchs, Löffelhund, Art der →Hunde.

Löffelkraut, Kreuzblütler-Gatt. Das weißblütige **Echte L. (Bitterkresse)** wächst an feuchten Stellen und auf Salzwiesen; Volksarznei, im MA. bes. gegen Skorbut.

Löffler, Gatt. der Ibisse. Die Art **L.,** weiß mit löffelartigem Schnabel, bewohnt Europa und Asien, der rosenrote **Rosa-L.** Mittel- und Südamerika.

Löffler, Friedrich, Hygieniker, * 1852, † 1915, entdeckte 1882 den Erreger der Rotzkrankheit der Pferde und 1884 das Diphtheriebakterium.

Lofot-Inseln [l'u:fut-, norweg.], felsige Inselkette im N Norwegens, südwestlich der Vesterål-Inseln (Bild Europa). Kabeljaufischerei, Fischverarbeitung. Hauptort: Svolvær.

log, Funktionszeichen für **Logarithmus.**

Log *das,* Gerät zum Messen der Geschwindigkeit von Schiffen. Beim **Hand-L.** wird ein an der durch Knoten unterteilten Logleine befestigtes, mit Blei beschwertes Brettchen ins Wasser geworfen; die während der Laufzeit des Logglases (Sanduhr) ablaufenden Knoten werden gezählt. Das **Patent-L.** ist ein Schraubenpropeller, dessen Umdrehungen vom Zählwerk angezeigt werden, heute meist durch **Fahrtmeßanlage** ersetzt. Diese mißt die Schiffsgeschwindigkeit relativ zum umgebenden Wasser, gemessen als Differenz von 2 hydrodynam. Drücken (Drucklog) oder nach der Drehzahl eines Meßpropellers.

Logan, Mount L. [maʊnt l'əʊɡən], vergletscherter Gipfel in den Saint Elias Mountains; an der Grenze Alaskas und Kanadas, 6050 m.

Logarithmus, Exponent einer Potenz; z. B. ist in $5^3 = 125$ die Zahl 3 der L. des **Numerus** 125 zur **Basis** 5, $^5\log 125 = 3$. Meist werden die **dekadischen** oder **Briggsschen L.** benutzt, die die Basis 10 haben; Zeichen **lg.** Es ist also lg 100 = 2, lg 10 000 = 4 usw. (wegen $10^2 = 100$, $10^4 = 10 000$), ferner aber auch lg 2 = 0,3010, lg 20 = 1,3010. Die Zahl links vom Komma heißt **Kennzahl,** die rechts vom Komma **Mantisse.** Die Mantissen sind in **L.-Tafeln** zusammengestellt. Durch Bilden der L. (**Logarithmieren**) läßt sich Multiplizieren auf Addieren, Dividieren auf Subtrahieren zurückführen. In der höheren Mathematik haben die **natürlichen L. (logarithmus naturalis),** Zeichen **ln,** mit der Basis e = 2,71828 ... besondere Bedeutung.

Logasthenie, Sprach- oder Sprechstörung, bei der die Worte verdreht oder vergessen werden.

Logau, Friedrich Freiherr von, Dichter, * 1604, † 1655; Epigramme.

Logbuch, ꝥ ⚓ gesetzlich vorgeschriebenes Tagebuch, in das alle nautisch wichtigen Beobachtungen, Vorkommnisse usw. eingetragen werden.

Loge [l'oʒə, frz.], **1)** im Theater ein kleiner, teilweise abgeschlossener Raum mit wenigen Zuschauerplätzen. **2)** Raum für den Pförtner (Portier-L.). **3)** Vereinigung und Versammlungsraum der Freimaurer u. a. Bünde.

Logger *der,* Heringslogger mit Dieselmotorantrieb.

Loggia [l'ɔddʒa, ital.], **1)** offene, meist gewölbte Bogenhalle, entweder frei stehend oder im Erd- oder Obergeschoß eines Baus. **2)** in Wohnhäusern ein offener überdeckter Aufenthaltsraum, der hinter der Mauerflucht zurückspringt.

Logik [grch.], Lehre des folgerichtigen Denkens; Notwendigkeit, Zwangsläufigkeit. I. e. S. die Lehre von den formalen Beziehungen v. Sätzen (Propositionen, Urteilen), deren Beachtung für die (›logische‹) Richtigkeit entscheidend ist. Die **formale Logik** umfaßt die Lehre vom Begriff, vom Urteil und vom Schluß. (→ **mathematische Logik**)

Logis [loʒ'i, frz.] *das,* **1)** zeitweilige Wohnung. **2)** auf Handelsschiffen der Mannschaftsraum.

logisch, gemäß der Logik, den Gesetzen der Logik entsprechend, folgerichtig; einleuchtend.

Logistik, 1) kaum noch gebräuchl. Bez. für die moderne formalisierte Logik. **2)** innerhalb der militär. Führung der Bereich der gesamten materiellen Versorgung der Truppe; entsprechend auch auf den zivilen Bereich erweitert.

Logizismus, △ Auffassung, nach der sich die gesamte konkrete Mathematik (Arithmetik, Analysis) vollständig auf die

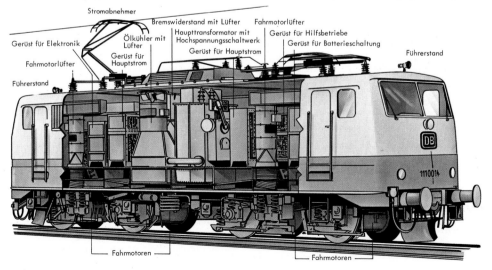

Lokomotive: elektrische L. 111 der Dt. Bundesbahn, gebaut seit 1975; Leistung 3 620 kW, Gewicht 83 t, Länge über Puffer 16,75 m

Stromabnehmer · Bremswiderstand mit Lüfter · Hauptmotorlüfter · Ölkühler mit Lüfter · Haupttransformator mit Hochspannungsschaltwerk · Gerüst für Hilfsbetriebe · Gerüst für Elektronik · Gerüst für Batterieschaltung · Fahrmotorlüfter · Gerüst für Hauptstrom · Gerüst für Hauptstrom · Führerstand · Führerstand · Fahrmotoren · Fahrmotoren

Logik zurückführen läßt. Hauptvertreter: G. Frege, A. N. Whitehead, B. Russell, O. Quine.

Logopädie [grch.], Heilerziehung von Sprachkranken, -gehemmten und -gestörten.

Logos [grch.] *der*, im Griechischen, bes. in der grch. Philosophie: zugleich ›Wort‹, ›Rede‹, das in den Dingen erkennbare ›Gesetz‹; später bei den Stoikern als Weltvernunft, als Gott aufgefaßt. In der jüd. Philosophie: Mittler zw. Gott und den Menschen; im A. T.: das empfangene Urwort Gottes; im N. T.: Christus, der Fleisch gewordene L.

Logotherapie [grch.], psychotherapeut. Methode (nach V. E. Frankl) zur Behandlung von seel. Störungen, die durch geistige Probleme verursacht sein sollen.

Logroño [loɣr'oŋo], **1)** Prov. in N-Spanien, 5034 km², 242 900 Ew. **2)** Hptst. von 1), am oberen Ebro, 103 170 Ew.; Textil-, Metall-, Konservenindustrie.

Lohe, zerkleinerte gerbstoffreiche Rinden und Baumfrüchte; Gerbmittel.

Löhe, Johann Konrad Wilhelm, evang. Theologe, * 1808, † 1872; gründete die **Neuendettelsauer Missionsanstalt** (1846) und das Diakonissenmutterhaus (1854).

Loheland-Schule für Gymnastik, Landbau und Handwerk, Künzell, gegr. 1911; seit 1971 Stiftung.

Lohengrin, Sagenheld aus dem Gralskreis, Sohn des Parzival. Romant. Oper von R. Wagner (Urauff. 1850).

Lohenstein, Daniel Casper von (1670), Dichter des Spätbarock, * 1635, † 1683; Tragödien, Roman ›Arminius‹.

Lohkrankheit, Baumkrankheit mit Auftreibungen an Zweigen und Wurzeln, die zu lohfarbigem Pulver zerfallen.

Lohmar, Gem. im Rhein-Sieg-Kr., NRW, 21 300 Ew.; Naherholungsgebiet.

Lohn, das Entgelt für eine Arbeitsleistung, bes. bei Arbeitern, auch das auf Arbeit beruhende Einkommen; bei Beamten und Angestellten spricht man von **Gehalt.** Der L. ist meist **Geld-L.;** dabei ist zu unterscheiden zw. dem **Nominal-L.,** dem Geldbetrag in bestimmter Höhe, und dem **Real-L.,** der besagt, welche Menge an Gütern man für den Geldbetrag kaufen kann. **Natural-L.,** das Entgelt in lebenswichtigen Gütern (Verpflegung, Wohnung), ist für Hausangestellte und landwirtschaftl. Arbeiter zulässig, bei gewerbl. Arbeiter und Angestellten verboten (Truckverbot). Lohnformen: Der **Zeit-L.** (Stunden-, Tages-, Wochen-, Monats-, Jahres-L.) wird nach der Arbeitszeit berechnet; beim **Akkordlohn** wird eine bestimmte Arbeitsleistung zugrunde gelegt; beim **Prämien-L.** werden zusätzl. Prämien für besondere Leistungen, z. B. sparsamen Materialverbrauch, gezahlt. – Die Arbeiter werden nach Art ihrer Arbeit in den Tarifverträgen in L.-Gruppen eingestuft, wobei jede Gruppe in ein prozentuales Verhältnis zum → Ecklohn gesetzt wird. Für Mehr-, Sonn- und Feiertags-, Nachtarbeit wird **L.-Zuschläge** gewährt. Aus dem tarifl. Stunden-L., Zuschlägen, Arbeitszeit wird der **Brutto-L.** des Arbeiters **(L.-Empfänger)** berechnet.

Die **L.-Politik** umfaßt die Bestrebungen und Maßnahmen zur Beeinflussung des gesamten L.-Niveaus oder des L. einzelner Arbeitnehmergruppen. Sie liegt in der Bundesrep. Dtl. bei den Gewerkschaften und den Arbeitgeberverbänden. Die gewerkschaftl. L.-Politik ist auf Erhaltung und Steigerung des Real-L. gerichtet; ihre Mittel sind L.-Forderungen und L.-Kämpfe (Streiks). Für die Arbeitgeber stellen die Löhne Kosten dar, von denen die Wirtschaftlichkeit ihrer Unternehmen mit abhängt.

Lohnausgleich, Erhöhung der Stundenlöhne bei Arbeitszeitverkürzungen, damit keine Kürzung der Verdienste eintritt.

Lohndumping [-dʌmpɪŋ], das soziale → Dumping.

Löhne, Stadt im Kr. Herford, NRW, 36 900 Ew.; Holz-, Textil-, Eisen- und Kunststoffverarbeitung.

Lohne (Oldenburg), Stadt im Kr. Vechta, Ndsachs., 18 600 Ew., Kunststoff-, Metallverarbeitung.

Lohnfortzahlung, Weiterzahlung des Lohns im Krankheitsfall an gewerbl. Arbeitnehmer durch die Arbeitgeber, Ges. v. 12. 7. 1969.

Lohngesetz, → ehernes Lohngesetz.

lohn|intensive Betriebe, Betriebe, in denen die Lohnkosten die Material- und Kapitalkosten übersteigen, z. B. Hotelbetriebe.

Lohn|nebenkosten, die gesetzl., tarifl. und zusätzl. Sozialaufwendungen der Betriebe.

Lohnpfändung, Gehaltspfändung, 🔒 die in der Zwangsvollstreckung in beschränktem Umfang mögliche Pfändung noch nicht ausgezahlter Lohn- und Gehaltsforderungen (§§ 850ff. ZPO). Unpfändbar sind neben bestimmten Sonderzulagen u. a.

das Nettoeinkommen bis 559 DM monatlich (129 DM wöchentlich, 25,80 DM täglich); Zuschlag für die erste unterhaltsberechtigte Person, die der Schuldner versorgen muß: 234 DM (54 DM, 9 DM), für jede weitere: 95 DM (45 DM, 9 DM). Bei Einkommen über 1573 DM bleiben ³/₁₀ des Mehrbetrages pfändungsfrei, dazu ²/₁₀ für die erste unterhaltsberechtigte Person, ¹/₁₀ für jede weitere, bis zu höchstens ⁹/₁₀ des Mehrbetrages. Beträge über 3003 DM Nettoeinkommen monatlich (693 DM, 138,60 DM) sind voll pfändbar. – In Österreich gilt eine ähnl. Regelung, in der Schweiz besteht keine gesetzl. Pfändungsgrenze.

Lohn-Preis-Spirale, bildl. Ausdruck für den behaupteten Zusammenhang zw. dem Anziehen der Löhne als Folge von Preissteigerungen und der Preise als Folge von Lohnerhöhungen.

Lohnquote, Anteil der Arbeitseinkommen am Volkseinkommen.

Lohnsteuer, Einkommensteuer auf die Einkünfte aus nichtselbständiger Arbeit, die vom Arbeitgeber einzubehalten und an das Finanzamt abzuführen ist. Rechtsquellen der L. sind v. a. die §§ 9, 19, 38–42f. EStG und die L.-Durchführungs-VO. **L.-pflichtiger Arbeitslohn** sind alle Geld- oder geldwerten Einnahmen, die dem Arbeitnehmer aus einem gegenwärtigen oder früheren Arbeitsverhältnis zufließen. Aus sozialen Gründen werden zur Ermittlung des zu versteuernden Einkommens Freibeträge (z. B. Grund-, Versorgungs-, Arbeitnehmer-Weihnachtsfreibetrag, Kinderbetreuungsbetrag) abgezogen. Der Arbeitgeber hat die L. nach Maßgabe der **L.-Karte** einzubehalten, die ihm der Arbeitnehmer zu übergeben hat. Die Höhe der L. ist durch die **L.-Tabelle** und die darin enthaltenen **L.-Klassen** so gestaltet, daß sie möglichst der Einkommensteuer entspricht, die ein Arbeitnehmer schuldet, wenn er ausschließlich Einkünfte aus nichtselbständiger Arbeit erzielt. In Steuerklasse I sind Ledige und dauernd getrennt lebende Eheleute eingereiht, in II vorbezeichnete Personen ab 49 und solche mit mindestens einem Kind, in III verheiratete Arbeitnehmer, die im Verhältnis zu ihrem Ehegatten der Hauptverdiener sind, in IV und V (Wahlrecht) mitverdienende Ehegatten und in VI Arbeitnehmer mit Arbeitslohn aus einem zweiten oder weiteren Arbeitsverhältnis. Im Wege des **L.-Jahresausgleichs** können Arbeitnehmer beim Finanzamt bis zum 31. 5. dem Ausgleichsjahr folgenden Kalenderjahr beantragen, ihnen die L. zu erstatten, die unter Nichtberücksichtigung aller Absetzungsmöglichkeiten einbehalten worden ist. (→ Einkommensteuer)

Lohnsummensteuer, Form der Gewerbesteuer, bei der die Summe der Löhne und Gehälter Besteuerungsgrundlage ist. Die L. wurde zum 1. 1. 1980 aufgehoben. (→ Gewerbesteuer)

Lohr a. Main, Stadt im Main-Spessart-Kr., Bayern, 16 800 Ew.; eisen-, holzverarbeitende u. a. Ind.; Stadtpfarrkirche (13., 14. Jh.), Rathaus (1599–1602), Schloß (16. Jh.).

Lohse, Eduard, evang. Theologe, * 1924; 1975–78 Leitender Bischof der VELKD, seit 1979 Vors. des Rates der EKD.

Loibl, 1368 m hoher Grenzpaß in den Karawanken, zw. Klagenfurter Becken und Krainburg im Savetal in Slowenien.

Loipe *die*, Skisport: künstlich angelegte Langlaufstrecke.

Loir [lwa:r] *der*, linker Nebenfluß der Sarthe in W-Frankreich, 312 km.

Loire [lwa:r], **1)** *die*, der größte Fluß Frankreichs, 1010 km, kommt vom Cevennen, mündet bei St. Nazaire in den Atlant. Ozean; durch Kanäle mit der Seine, Saône und mit Brest verbunden. **2)** Dép. im frz. Zentralmassiv, 4774 km², 742 400 Ew.; Hptst.: Saint-Étienne.

Loire-Atlantique [lwa:r atlãt'ik], Dép. in W-Frankreich, 6893 km², 934 500 Ew.; Hptst.: Nantes.

Loire-Schlösser [lwa:r-], Gruppe malerischer, z. T. historisch bedeutender Schlösser entlang der Loire, hauptsächlich im 15. und 16. Jh. errichtet, z. B. Amboise, Blois, Chambord, Chenonceaux, Valençay.

Loiret [lwar'ε], Dép. in Mittel-Frankreich, 6742 km², 490 200 Ew.; Hptst.: Orléans.

Loir-et-Cher [lwa:reʃ'ε:r], Dép. in Mittel-Frankreich, 6314 km², 283 700 Ew.; Hptst.: Blois.

Loisach, linker Nebenfluß der Isar, entspringt im Lermooser Becken in Tirol, mündet bei Wolfratshausen, 120 km.

Loiseleuria [lwazl'œria], eine Azalee, die →Alpenheide.

Loisy [lwaz'i], Alfred, frz. Religionshistoriker und -philosoph, * 1857, † 1940, von der Kath. Kirche 1908 exkommuniziert; ein Haupttheologe des Modernismus.

Lo-Johansson [lu:j'u:hansɔn], Ivar, schwed. Erzähler, * 1901; naturalist. Romane und Novellen.

Jack London

Hendrik Antoon Lorentz

Konrad Lorenz

lokal [lat.], örtlich, räumlich, auf einen Ort beschränkt. **Lokal,** Gaststätte, Restaurant. **Lokalität,** Örtlichkeit, Raum. **Lokal|anästhesie,** ♯ örtl. Betäubung.

lokale Gruppe, lokale Nebelgruppe, ☆ Gruppe von Sternsystemen, die mit dem Milchstraßensystem eine lokale Verdichtung bilden. Zu ihnen gehören auch Andromedanebel und die beiden Magellanschen Wolken.

Lokalfarbe, Lokalton, die in einem Gemälde wiedergegebene Eigenfarbe eines Gegenstandes.

lokalisieren, 1) beschränken, begrenzen. **2)** den Entstehungsort feststellen. **3)** ♯ eine Seuche auf ein kleines Gebiet oder einen Krankheitsvorgang auf einen begrenzten Teil des Körpers beschränken. **Lokalisation,** örtl. Festlegung.

Lokaltermin, gerichtl. Termin außerhalb des Gerichts, bes. zur Augenscheinnahme und Aufklärung des Sachverhalts.

Lokativ [lat.], Ⓢ Beugefall, der die Lage angibt.

Loki, altnord. Mythos: Feuerdämon, Dämon des Weltuntergangs, auch der Spaßmacher unter den Göttern, bewirkt heimtückisch den Tod des Gottes Baldr.

Lokogeschäft, Geschäftsabschluß in Wertpapieren oder Waren mit sofortiger Lieferung **(Kassageschäft).**

Lokomobile, fahrbare Dampfmaschinenanlage, meist fest auf dem Kessel gebaut.

Lokomotion, Ortsveränderung, Fortbewegung. **lokomotorisch,** nicht ortsfest, beweglich; der Fortbewegung dienend.

Lokomotive, kurz **Lok,** Zugmaschine der Eisenbahnen. Der auf dem Laufwerk ruhende Rahmen trägt das Triebwerk und den übrigen Aufbau. Das Laufwerk umfaßt Lauf- und Treibachsen. **Dampf-L.** arbeiten mit Holz, Torf, Kohle oder Öl geheizten →Dampferzeuger, der den Dampf für die Dampfmaschine erzeugt; deren Kraft wird über Treib- und Kuppelstangen auf die Treibräder übertragen. Dampfbetriebene L. haben meist mehrere Kuppelachsen, oft vorauslaufendes Drehgestell und hintere Laufachse. Schlepptender-L. führen im Tender größere Kohlen- und Wasservorräte mit; Tender-L. haben die Kohlen in Kästen an der Führerhausrückwand und das Wasser in Behältern beiderseits des Kessels und innerhalb des Rahmens. Antriebsmaschine der **Turbo-L.** ist eine Dampfturbine. Bei turboelektr. L. erzeugen turbinengetriebene Generatoren den Strom für Elektro-Fahrmotoren. Die **elektr. L.** erhält den Strom unmittelbar mit besonderer Leitung oder Schiene über Stromabnehmer oder mittelbar durch Speicherung in Akkumulatoren-Batterien **(Akkumulatoren-L.;** Verwendung im Rangierdienst, in Bergwerken). Am weitesten verbreitet ist die Einphasen-Wechselstrom-L. für 16²/₃ Hz. Der Strom wird aus der Fahrleitung mit 15 kV Spannung entnommen (in anderen Ländern auch 25 kV, 50 Hz). Im grenzüberschreitenden Verkehr werden mitunter Mehrstrom- oder Mehrfrequenz-L. eingesetzt. Insgesamt gewinnt die Drehstrom-Antriebstechnik an Bedeutung. Die meisten elektr. L. haben Fernsteuereinrichtung, durch die über ein Kabel entweder eine 2. unbemannte L. mitgesteuert oder die L. von einem Steuerwagen aus ferngesteuert werden kann. Die **Brennkraft-L.** wird durch Dieselmotoren, Vergasermotoren oder Gasturbinen angetrieben. Von diesen hat die **Diesel-L.** die größte Verbreitung gefunden. Die Antriebskraft wird vom Motor über Zahnradstufengetriebe **(dieselmechan. Antrieb),** hydrodynam. Getriebe **(dieselhydraul. Antrieb,** in Dtl.) oder über einen vom Dieselmotor angetriebenen Generator, der Strom für die elektr. Fahrmotoren erzeugt **(dieselelektr. Antrieb),** auf die Achsen übertragen. **Druckluft-L.** (v. a. in Bergwerken) werden durch mitgeführte Druckluft betrieben. (Bild S. 214)

Lokomotivführer, Maschinist, dessen Aufgabe die Führung von Lokomotiven ist; bei der Dt. Bundesbahn und L. Beamte des mittleren Dienstes. Die Anwärter müssen Handwerker oder Facharbeiter in Berufen der Metallverarbeitung oder Elektrotechnik sein. Ausbildung auch bei Unterhaltung von Triebfahrzeugen.

Lokris, zwei altgrch. Landschaften: die Küste gegenüber Euböa und am Nordufer des Golfs von Korinth.

Lok Sabha *die,* seit 1954 das ›Haus des Volkes‹ (Unterhaus) in ind. Parlament.

Lolch, Grasgatt. mit zweiseitig abgeflachten Ährchen: **Ausdauernder L.** ohne Grannen; **Ital. Raygras** mit Grannen; beide Futtergräser. **Taumel-L.,** Samen giftig.

Lolland [l'ɔlan], dän. Insel südl. von Seeland, 1 241 km², 78 900 Ew.; bedeutender Zuckerrübenanbau.

Loll(h)arden, die Anhänger Wycliffs in England.

Lollobrigida [-br'idʒida], Gina, ital. Filmschauspielerin, * 1928; auch Photographin.

Lolo, in China amtlich **Yi,** tibetobirman. Sprach- und Volksgruppe in SW-China und im nördl. Hinterindien.

Lombard *der* oder *das,* Beleihung.

Lombardei, Landschaft und Region in Norditalien, 23 850 km², 8,9 Mio. Ew.; mit der Po-Ebene als Kerngebiet; Hptst.: Mailand. Benannt nach den im 6. Jh. eingewanderten Langobarden, durch Karl d. Gr. ein Teil des Fränk., durch Otto d. Gr. 951 ein Teil des Dt. Reichs. Im 11. Jh. blühten die Städte rasch auf; sie unterstützten als **Lombard. Bund** unter Führung Mailands die Päpste im Investiturstreit und gegen die Staufer. Seit Ende des 14. Jh. bildete den größte Teil der L. das Hzgt. Mailand. 1535 spanisch, 1714–97 und 1815–59 österr. **(Lombardo-Venezianisches Königreich).**

Lombarden, privilegierte christl. Kaufleute aus lombard. Städten, die Geld gegen Zins leihen durften (daher z. B. Lombardgeschäft), spätestens seit dem 13. Jh. ital. Kaufleute in Frankreich, England und den Niederlanden.

Lombardgeschäft, Gewährung von Bankkredit gegen Verpfändung von Waren und Wertpapieren **(Lombardkredit).** Über das Pfand erhält der Darlehnsnehmer in der Regel einen Pfandschein **(Lombardschein).** Beliehen werden durch die Dt. Bundesbank bes. die in Lombardlisten zusammengestellten beleihbaren Wertpapiere; der Zinsfuß **(Lombardsatz)** liegt in der Regel 1% über dem Diskontsatz.

Lombardo, Lombardi, vom Luganer See stammende Baumeister- und Bildhauerfam. in Venedig: **Pietro** (* um 1435, † 1515) schuf mit seinen Söhnen **Antonio** (* um 1458, † um 1516) und **Tullio** (* um 1455, † 1532) außer Grabmälern die Kirche S. Maria dei Miracoli (1481–89).

Lombok, eine der Kleinen Sunda-Inseln, Indonesien, 4 669 km², 1,5 Mio. Ew.; Reis, Mais, Tabak; Viehzucht.

Lombroso, Cesare, ital. Arzt, * 1836, † 1909; vertrat die Lehre vom ›geborenen Verbrecher‹, untersuchte die Beziehungen zw. Genie und Irrsinn.

Lome, frz. **Lomé** [lɔm'e], Hptst. der Rep. Togo, 283 000 Ew. (Agglomeration); Univ. (seit 1970); Ausgangspunkt von 3 Bahnlinien; Tiefwasserhafen; Erdölraffinerie.

Lomond [l'oumənd], **1) Ben L.,** Berg in Schottland, 973 m hoch. **2) Loch L.,** der größte See (85 km²) Großbritanniens, im mittleren Schottland.

Lomonossow, bis 1948 **Oranienbaum,** Hafenstadt am Finn. Meerbusen, Russ. SFSR, 43 000 Ew.; Industriekombinat; ehem. Kaiserschloß (1710–25).

Lomonossow, Michail Wassiljewitsch, russ. Gelehrter, * 1711, † 1765, bemühte sich um Ausbildung einer wissenschaftl. Chemie; seine philolog. Arbeiten förderten die russ. Schriftsprache.

London [l'ʌndən], Hptst. des Vereinigten Kgr. von Großbritannien und Nordirland an beiden Ufern der brückenreichen Themse (z. B. Tower, London und Westminster Bridge), 75 km oberhalb ihrer Mündung. London ist Sitz der brit. Regierung (Downing Street), der königl. Residenz (Buckingham-Palast; Bild) sowie des anglikan. Erzbischofs von Canterbury. →Greater London, bestehend aus der City of L. und den L. Boroughs (vgl. Übersicht), hat rd. 6,8 Mio. Ew. Der größte Teil der Stadt wurde 1666 bei einem großen Brand zerstört, großen Anteil an dem klassizist. Wiederaufbau hatte C. Wren. Am Nordufer der Themse liegen im Zentrum die City, das Geschäftsviertel mit der Bank von England, der Guildhall (Rathaus), dem →Tower und die St.-Pauls-Kathedrale (1675–1710; Bild engl. Kunst). Von der City geht die Fleet Street (Zeitungszentrum) und anschließend Strand in den flußabwärts gerichteten Stadtteil Westminster. Vom Trafalgar Square führt Whitehall, die Straße der Ministerien, zum Parlamentsgebäude (1836–52) mit der →Westminster Hall und dem Glockenturm ›Big Ben‹ und got. →Westminster-Abtei. Im N von Westminster die belebten Straßenviertel von Regent Street, Piccadilly u. a., nordwestl. der →Hyde Park. L. hat 3 Univ., Brit. Museum, National-, Tate-Galerie u. a. Museen, Theater, Bibliotheken, botan. und zoolog. Gärten. Es ist ein Mittelpunkt des Weltverkehrs (bes. Seehafen mit großen Docks und Lagerhäusern im O), bed. Handels- und Ind.-Stadt (Steine und Erden, Metallverarbeitung, Textilien, Bekleidungs-, Möbel-, Elektro-, Schwer-, chemische u. a. Industrie) mit Buch- und Zeitungsverlagen.

Geschichte. Schon das keltisch-röm. Londinium war eine wichtige Handelsstadt. Ende des 12. Jh. entstand die Verfassung der City (Mayor und Stadtrat), die vorbildlich für die übrigen engl. Stadtverfassungen wurde. Seit dem 17. Jh. Aufstieg zur lange Zeit volkreichsten Stadt der Erde. Im 2. Weltkrieg wurde London durch Fliegerbomben schwer zerstört.

London [l'ʌndən], Jack, eigtl. John **Griffith L.** [gr'ɪfɪθ-], amerikan. Schriftst., * 1876, † (Selbstmord) 1916; Romane mit sozialist. Tendenz und Abenteuerromane, Tiergeschichten; ›Ruf der Wildnis‹ (1903), ›Der Seewolf‹ (1904), ›Wolfsblut‹ (1905), ›Lockruf des Goldes‹ (1910) u. a. (Bild S. 216)

London Boroughs [l'ʌndən b'ʌrəz], →Greater London, →London (Übersicht).

Londonderry [l'ʌndənd'erɪ], 1) ehem. Cty. in Nordirland, 2 075 km², 130 300 Ew., 1973 in Distrikte aufgeteilt, u. a. L., 387 km², 87 900 Ew. 2) zweitgrößte nordir. Stadt, 51 900 Ew.; Hafen; Eisengießerei u. a. Ind.

Londoner Akte, →Londoner Konferenzen und Vereinbarungen 6).

Londoner Konferenzen und Vereinbarungen (Auswahl): **1)** 1921 Reparationskonferenz, auf der das Londoner Ultimatum an das Dt. Reich beschlossen wurde. – **2)** 1930 Flottenkonferenz, auf der Großbritannien, die USA, Frankreich, Italien und Japan ihre Flottenneubauten begrenzten. – **3)** deutsch-brit. → Flottenabkommen von 1935. – **4)** 1945 Abkommen von Frankreich, Großbritannien, der UdSSR und den USA über die Aburteilung von → Kriegsverbrechen. – **5)** das →Londoner Schuldenabkommen. – **6)** 1954 Neunmächtekonferenz, auf der in der Londoner Akte die Beendigung des Besatzungsregimes in der Bundesrep. Dtl. und die Aufstellung dt. Truppen in neuen Formen beschlossen wurde (vertraglich festgelegt in Paris 23. 10. 1954). – **7)** die 3 Konferenzen der 22 Benutzernationen des Suezkanals (1956) zur Klärung der durch die Verstaatlichung des Kanals entstandenen Lage. Gründung der Vereinigung der Suezkanal-Benutzer (Suez Canal Users' Association, SCUA).

Londoner Schulden|abkommen vom 27. 2. 1953; regelt die Rückzahlung der dt. Vorkriegs- (bes. Auslandsanleihen des Dt. Reichs, private Sonderkredite und Handelsschulden) und Nachkriegsschulden (bes. aus der Wirtschaftshilfe der USA) unter Erlaß eines Teils der Schulden. Die privaten Vorkriegsschulden sind (1979) getilgt; öffentl. Restschuld: rd. 500 Mio. DM.

London-Kräfte, ⊠ sehr schwache Anziehungskräfte zw. Atomen oder Molekülen, die weder eine Ladung noch eine permanente Polarität aufweisen.

Londrina, Stadt im NO des brasilian. Staates Paraná, 160 000 Ew.; Kaffee-, Baumwollverarbeitung u. a.

Longane [chines.] *die,* **Longanbaum,** südostasiat. Seifennußgewächse, z. T. trop. Obstbäume mit pflaumengroßen Früchten.

Long Beach [-bi:tʃ], Hafen und Seebad in Kalifornien, USA, 358 600 Ew.; Erdöl- und Erdgaslagerstätten.

Longchamp, Longchamps [lɔ̃ʃ'ã], Pferderennbahn im Bois de Boulogne bei Paris (seit 1863).

Long Drinks [-drɪŋks, engl.], alle Bar-(Misch-)Getränke mit viel Flüssigkeit.

Longe [lɔ̃ʒə, frz.] *die,* lange Leine, an der man Pferde zur Dressur im Kreise laufen läßt.

Longfellow [l'ɔŋfeləʊ], Henry Wadsworth, amerikan. Dichter, * 1807, † 1882; Gedichte, Balladen, idyllisches Hexameterepos ›Evangeline‹ (1847), Indianerepos ›Hiawatha‹ (1855); Übersetzungen europ. Dichtung.

Longford [l'ɔŋfəd], irisch **An Longphort** [ənl'u:ŋfort], Cty. in der Rep. Irland, 1 043 km², 30 800 Ew.; Hptst.: L.

Longhena [lɔŋg'e:na], Baldassare, ital. Baumeister, * 1598, † 1682, Hauptmeister des venezian. Hochbarocks: S. Maria della Salute eines (1630 ff.), Palazzo Pesaro (1676 ff.) u. a.

Longhi [l'ɔŋgi], Pietro, eigtl. **Falca,** ital. Maler, * 1702, † 1785; lebenswahre, humorvolle Bilder vom venezian. Leben.

Long Island [-'aɪlənd], Insel an der Ostküste der USA, im Staat New York, 4 463 km² groß, durch den **Long-Island-Sund** vom Festland getrennt. Auf L. I. liegen Teile der Stadt New York (Brooklyn, Queens) und Seebäder.

longitudinal [lat.], längs-.

Longus von Lesbos, grch. Schriftst. des 2. oder frühen 3. Jh.; Schäferroman ›Daphnis und Chloe‹.

Longwy [lɔ̃v'i], Stadt im frz. Dép. Meurthe-et-Moselle, 20 200 Ew., nahe der belg. Grenze; wichtiger Bergbau- und Industrieort (Eisenerzlabbau, Hochöfen).

Long Xuyen [-suiən], Hafenstadt im Mekongdelta, Vietnam, rd. 150 000 Ew.

Longyearbyen [l'ɔŋjø:rby:ən], Hauptort von → Spitzbergen, etwa 1 000 Ew.

London: Parlamentsgebäude mit Big Ben

Lon Nol, kambodschan. General, Politiker, * 1913, mehrfach Min. und stellv. MinPräs., war 1966–67 und 1969–70 MinPräs., stürzte 1970 Staatschef Prinz Norodom Sihanouk und rief die Rep. aus. 1972 wurde er Staatspräs. Nach dem Zusammenbruch der Khmer-Rep. in Kambodscha (1975) ging er ins Exil.

Lönnrot [l'œnru:t], Elias, finn. Volkskundler, * 1802, † 1884, urspr. Kreisarzt, schuf aus mündlich überlieferter Volksdichtung das Epos → Kalevala (1835/1849).

Löns, Hermann, * 1866, † (gefallen) 1914, Dichter der niedersächs. Heide; Gedichte, Erzählungen, Tiergeschichten, Naturschilderungen: ›Mein grünes Buch‹ (1901), ›Mümmelmann‹ (1909). Romane: ›Der Wehrwolf‹ (1910), ›Das zweite Gesicht‹ (1912) u. a.

Looping [l'u:pɪŋ, engl.] *der,* Figur im Kunstflug: das Fliegen eines senkrechten Kreises nach oben oder unten.

Loos, Adolf, österr. Architekt, * 1870, † 1933, Vorkämpfer einer strengen, jedes Ornament verbannenden Sachlichkeit.

Lope de Vega, span. Dichter, →Vega.

López de Ayala [l'opeθ ðe aj'ala], Pero, span. Schriftst., Staatsmann, * 1332, † 1407; Großkanzler von Kastilien; Chronik, satir. Zeitgedicht.

Verwaltungsgliederung London (1979)					
	Fläche km²	Ew. in 1 000		Fläche km²	Ew. in 1 000
Inner London		**2 671,9**			
City of London	2,7	5,5	Bexley	60,6	213,0
London Boroughs			Brent	44,2	251,9
Camden	21,7	190,9	Bromley	151,8	290,7
Hackney	19,5	190,7	Croydon	86,6	320,5
Hammersmith	16,2	161,8	Ealing	55,5	289,4
Haringey	30,3	223,9	Enfield	81,2	258,8
Islington	14,9	167,4	Greenwich	47,4	204,4
Kensington			Harrow	50,8	196,6
and Chelsea	12,0	149,9	Havering	117,8	239,9
Lambeth	27,3	266,4	Hillingdon	110,3	228,7
Lewisham	34,7	238,0	Hounslow	58,5	201,3
Newham	36,4	224,3	Kingston upon		
Southwark	28,8	219,2	Thames	37,5	135,7
Tower Hamlets	20,2	149,2	Merton	37,9	162,1
Wandsworth	34,9	272,8	Redbridge	56,5	225,8
Westminster			Richmond upon		
(City of W.)	21,6	211,9	Thames	55,3	161,7
Outer London		**4 205,2**	Sutton	43,4	166,6
London Boroughs			Waltham Forest	39,7	218,4
Barking	34,2	149,3			
Barnet	89,5	290,4	**London** (Greater L.)	**1580¹⁾**	**6877,1**

¹⁾ Differenzen durch Abrundung.

Albert Lortzing

López Portillo y Pacheco [l'ɔpes pɔrt'iʎo i patʃ'eko], José, mexikan. Politiker, * 1920, seit 1976 Präs. von Mexiko.

Lop-nor, amtl. chines. **Lop Nur,** wanderndes Seen- und Sumpfgebiet in China, Mündungsgebiet des Tarim.

LORAN, Abk. für **Long Range Navigation** [- reɪndʒ nævɪg'eɪʃn, engl.], Funknavigationsverfahren für große Entfernungen. Je 2 ortsfeste, synchron und mit gleicher Amplitude arbeitende Sender strahlen Impulse aus, deren Laufzeiten mit Hilfe einer Braunschen Röhre gemessen werden. Aus dem Laufzeitunterschied kann der Standort ermittelt werden.

Lorbeer, Lorbeerbaum, Laurus, immergrüner hoher Strauch des Mittelmeergebiets mit weißl. Blüten. Die ledrigen Blätter dienen als Gewürz; die Samen der blauschwarzen Beere enthalten **L.-Öl,** das zu Einreibungen verwendet wird. Seit dem Altertum ein Symbol des Ruhms. (Bild Gewürzpflanzen)

Lorca, Stadt in der span. Prov. Murcia, am Guadalentín, 60 300 Ew.; Textil- und chem. Industrie; maurisches Kastell, alte Paläste.

Lorca, span. Dichter, →García Lorca.

Lorch, Stadt im Ostalbkr., Bad.-Württ., an der Rems, 9 400 Ew.; Holz-, Metall- u. a. Ind.; ehem. Benediktinerabtei (Gräber der Hohenstaufen).

Lorchel *die,* morchelartiger Schlauchpilz, z. B. **Frühjahrs-L.** (eßbar nach Abkochen und Abspülen) und **Herbst-L.** (schwer verdaulich).

Lörcher, Alfred, dt. Bildhauer, * 1875, † 1962, schuf Bildnisbüsten, Aktfiguren.

Lord [lɔ:d], in Großbritannien Titel des hohen Adels, auch Anrede für Bischöfe und Titel einzelner Bürgermeister (L. Mayor), der Minister und Beamten (Minister).

Lord Chancellor [lɔ:d tʃ'ɑ:nsələ], dt. **Lordkanzler,** →Chancellor.

Lordose [grch.], nach vorn gerichtete Krümmung der menschl. Wirbelsäule im Hals- und Lendenbereich.

Lore, zweiachsiger, auf Schienen laufender Wagen mit Kippmulde.

Lorelei, Loreley [mhd. lure ›Elfe‹, lei ›Fels‹] *die,* Name des bei St. Goarshausen aus dem Rhein 132 m hoch aufsteigenden Schieferfelsens (Eisenbahntunnel). Die Phantasiegestalt der L., eines zauberhaft schönen Mädchens, das den Männern zum Verderben wird, geht auf C. Brentanos Ballade ›Die Lore Lay‹ (1801) zurück; volkstümlich wurde sie durch H. Heines Gedicht (1824, vertont von F. Silcher).

Loren, Sofia, eigtl. **Scicolone** [ʃi-], ital. Filmschauspielerin, * 1934, ∞ mit dem Filmproduzenten Carlo Ponti.

Lorentz, Hendrik Antoon, niederländ. Physiker, * 1853, † 1928, entwickelte die Elektronentheorie, erklärte den Zeeman-Effekt und wurde zu einem der Wegbereiter der Relativitätstheorie. Nobelpreis 1902 (mit P. Zeeman). Bild S. 216

Lorentz-Kraft, die auf eine bewegte Ladung in einem elektromagnet. Feld ausgeübte Kraft.

Lorentz-Transformation, Umrechnungsbeziehung zw. den Raum- und Zeitkoordinaten zweier gleichförmig zueinander bewegter physikal. Bezugssysteme. Sie ist Grundlage der speziellen Relativitätstheorie. Aus der L.-T. ergeben sich die **Lorentz-Kontraktion,** die scheinbare Verkürzung der räuml. Abstände eines relativ zum Beobachter bewegten Körpers, und die →Zeitdilatation.

Lorenz, Konrad, österr. Verhaltensforscher, * 1903, Dir. am Max-Planck-Institut für Verhaltensphysiologie in Seewiesen bei Starnberg; begründete die Verhaltensforschung als Bindeglied zw. Human- und Tierpsychologie. L. erhielt 1973 mit K. von Frisch und N. Tinbergen den Nobelpreis für Physiologie und Medizin. (Bild S. 216)

Lorenzen, Paul, dt. Philosoph, * 1915, entwirft eine konstruktive Logik (›Konstruktivismus‹) als Begründungslehre der Wiss. (›Konstruktive Wissenschaftstheorie‹, 1974).

Lorenzetti, Pietro und sein Bruder Ambrogio, ital. Maler, † beide vermutlich 1348; Pietro malte Fresken (Passion Christi) in der Unterkirche von S. Francesco in Assisi, Ambrogio die allegor. Fresken des guten und schlechten Regiments im Rathaus zu Siena.

Lorenzo Monaco, eigtl. Piero **di Giovanni** [-dʒov'anni], ital. Maler, * um 1370, † 1423/24, seit 1391 Kamaldulensermönch; bedeutendster Maler des →weichen Stils in Florenz.

Loreto, Wallfahrtsort in der Prov. Ancona, Italien, 10 800 Ew.; mit dem ›Heiligen Haus‹ (das angebl. Haus der Hl. Familie zu Nazareth, nach der Legende 1294 von Engeln nach L. gebracht).

Lorgnette [lɔrnj'ɛt, frz.] *die,* bügellose Brille mit Stielgriff.

Lorgnon [lɔrnj'ɔ̃] *das,* gestieltes Einglas.

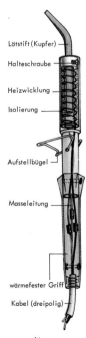

Lötstift (Kupfer)

Halteschraube

Heizwicklung

Isolierung

Aufstellbügel

Masseleitung

wärmefester Griff

Kabel (dreipolig)

*löten:
elektrischer
Lötkolben*

Lori [malaiisch] *der,* 1) Papagei, →Pinselzüngler. 2) Halbaffe, →Loris.

Lorient [lɔrj'ɑ̃], Stadt in der frz. Dép. Morbihan, in der Bretagne, 71 900 Ew.; Kriegs- und Fischereihafen; Schiffbau.

Loriot [lɔrj'o, frz.], eigtl. Vicco **von Bülow,** Zeichner und Karikaturist, * 1923; auch satir. Fernsehsendungen.

Loris *Mz.,* Fam. der Halbaffen; langsame Greifkletterer; nächtlich lebende frucht- und kleintierfressende Baumbewohner Afrikas (z. B. **Potto**) und Asiens (z. B. **Plumplori**).

Lorokonto [ital.], **Vostrokonto,** Kontokorrent-Konto, das eine Bank für eine andere Bank als ihren Kunden führt.

Lörrach, Krst. in Bad.-Württ., an der schweizer. Grenze, 41 400 Ew.; Pädagog. Hochschule; Textil-, Metall- u. a. Ind.

Lorrain [lɔr'ɛ̃], Claude, frz. Maler, →Claude Lorrain.

Lorris, Guillaume de, altfrz. Dichter, schrieb den 1. Teil des →Roman de la Rose.

Lorsch, Stadt im Kr. Bergstraße, Hessen, im Hess. Ried, 10 800 Ew.; Tabak-, Obst-, Spargelanbau, tabak-, holz-, metallverarbeitende u. a. Ind.; Torhalle der 764 gegr., von Karl d. Gr. zur Reichsabtei erhobenen Benediktinerabtei.

Lortzing, Albert, Komponist, * 1801, † 1851, Meister der volkstümlich-humorvollen dt. Spieloper: ›Zar und Zimmermann‹ (1837), ›Der Wildschütz‹ (1842), ›Undine‹ (1845), ›Der Waffenschmied‹ (1846).

Los Alamos [lɔs'æləmoʊs], Ort im Staat New Mexico, USA, 11 300 Ew.; Forschungszentrum der amerikan. Atomenergiebehörde.

Los Angeles [lɔs'ændʒɪlɪz], Stadt in Kalifornien, USA, 2,815 Mio. als Metropolitan Area 9,4 Mio. Ew., eine der weiträumigsten Städte (1200 km²), mit vielen Teilstädten; im Stadtgebiet reicher Obstbau und große Erdölfelder. Industriemittelpunkt: Flugzeuge, Kraftwagenmontage, Kautschuk, Erdölraffination u. a. Film (Hollywood); Hafen (Long Beach); mehrere Univ.; Mt. Wilson-Sternwarte.

Los Casares, Höhle in der Prov. Guadalajara, Spanien, mit altsteinzeitl. Felsbildern.

löschen, 1) Feuer bekämpfen. 2) Frachtgüter aus Schiffen ausladen. 3) tilgen, streichen (Schuld). 4) gebrannten Kalk mit Wasser versetzen.

Loschmidt-Konstante, Anzahl der Moleküle je m³ eines idealen Gases unter Normalbedingungen: $n_0 = 2,687 \cdot 10^{25}/m^3$.

Löschung, ♂ Beurkundung, daß ein in ein öffentl. Register eingetragenes Recht aufgehoben wird.

Loseblattausgabe, Veröffentlichung in zusammengefaßten Einzelblättern, die durch Fortsetzungs- und Berichtigungsblätter auf dem laufenden gehalten wird; zweckmäßig für Gesetzessammlungen u. a.

Lose-Blatt-Buchführung, eine →Buchführung auf losen Kontenkarten und Journalblättern.

Löser, Blättermagen der →Wiederkäuer.

Losey [l'oʊzɪ], Joseph Walton, amerikan. Filmregisseur, * 1909; ›Der Diener‹ (1963), ›Ein Puppenhaus‹ (1973) u. a.

Losfest, das jüd. →Purimfest.

Lošinj [l'ɔʃinj], ital. **Lussin,** ital. **Lussino,** Insel vor der Küste Kroatiens, Jugoslawien, 74,7 km² groß; Wein-, Öl-, Agrumenbau, Fischfang.

Löß *der,* gelbl., lockeres Sediment, größtenteils Quarz mit Kalk, Tonerdesilikaten; oft sehr fruchtbarer Boden. Der L. wurde in der Eiszeit vom Wind aus Moränen u. a. ausgeweht. Er ist standfest, bildet senkrechte Wände (Hohlwege); Vorkommen z. B. Kaiserstuhl. L. wird in China heute noch gebildet **(Gelbe Erde).**

Lößnitz *die,* Hügellandschaft unterhalb Dresdens, rechts der Elbe; Wein- und Gartenbau.

Lost *der,* chem. Kampfstoff (Gelbkreuz).

Lostage, Tage, die im Volksglauben als bedeutsam für das Wetter gelten, z. B. Lichtmeß (2. 2.), Siebenschläfer (27. 6.).

Lost generation [lɔst dʒenər'eɪʃən, engl. ›verlorene Generation‹], Bez. für die Generation nordamerikan. Schriftst., die nach der Teilnahme am 1. Weltkrieg eine skept. ›negative‹ Weltanschauung ausdrückten, z. B. E. Hemingway.

Losung, 1) ♂ auch **Parole,** Erkennungswort. 2) † tägl. Bibelspruch (urspr. in der Brüdergemeine). 3) Kot von Wild, Hund.

Lösung, physikal. Chemie: **Echte L.** stellen ein homogenes, d. h. molekularverteiltes Gemisch mehrerer Reinstoffe dar, bei dem eine Komponente, das **L.-Mittel,** im Überschuß vorliegt. Bei **kolloidalen L.** (→ Kolloide) können Abmessungen des Gelösten bis zum 1000fachen über denen der echten L. liegen. **Gesättigte L.**

enthalten die Höchstmenge lösbaren Stoffes, **übersättigte L.** scheiden den Überschuß als unveränderten ›Bodenkörper‹ aus. L. kennt man für alle 3 Aggregatzustände.

Los-von-Rom-Bewegung, romfeindl. Bewegung im ausgehenden 19. und beginnenden 20. Jh. in den deutschsprachigen Gebieten Österreich-Ungarns; führte zu vielen Übertritten zum Protestantismus.

Lot, 1) △ gerade Linie, die auf einer anderen Geraden senkrecht steht. 2) ⊺⊺ auch **Senklot, Senkblei, Senkel,** kegelförmiges Metallgewicht zum Ermitteln senkrechter Richtungen. 3) ↝ Gerät zum Messen der Wassertiefe vom Schiff aus. Das → Echolot hat seit 1919 die herkömmlichen Handlote und Lotmaschinen verdrängt. 4) früheres Handelsgewicht.

Lot [lɔt], 1) *der* **L.**, Nebenfluß der Garonne in S-Frankreich, 491 km, entspringt in den Cevennen. 2) Dép. in SO-Frankreich, 5 228 km², 150 700 Ew. Hptst.: Cahors.

Lot, Neffe Abrahams, in der Legende Stammvater der Moabiter und Ammoniter; auf der Flucht aus Sodom wurde seine Frau in eine Salzsäule verwandelt.

Lot|abweichung, Lot|ablenkung, Lotstörung, dauernde örtl. Abweichung des Lotes von der dem Erdellipsoid entsprechenden normalen Lotrichtung; hervorgerufen durch störende Massen nahe dem Beobachtungsort (z. B. Gebirge).

löten, Metallteile durch flüssig gemachtes Metall **(Lot)** verbinden. Beim **Weich-L.** werden unter 450 °C schmelzende Legierungen verwendet, zw. 450 und 900 °C schmelzende Legierungen, beim **Hochtemperatur-L.** oberhalb davon schmelzende. Die Verunreinigungen müssen von den Oberflächen durch Flußmittel entfernt werden: **Lötwasser** (Salzlösungen in Säure), **Lötstein** (Ammoniumchlorid), **Lötfett, Lötpaste** (Zinn in Mineralöl), Borax u. a. Beim **Weich-L.** werden das Lot und die Teile mit dem beheizten **Lötkolben** oder der **Lötlampe** erwärmt. Zum **Hart-L.** werden die hohen Temperaturen erreicht mit Schweißbrennern, in Lötöfen oder durch Induktion (Hochfrequenz-, **Induktions-L.**). Ein neues Verfahren ist das L. mit Laserstrahlen. (Bild S. 218)

Lot-et-Garonne [lɔtegar'ɔn], Dép. in SO-Frankreich, 5 358 km², 292 600 Ew. Hptst.: Agen.

Lothar, Fürsten:

1) **L. I.,** röm. Kaiser und König der Franken (840–55), ältester Sohn Ludwigs des Frommen, * 795, † 855, erhielt im Vertrag von Verdun 843 Italien und einen Landstrich zw. Rhein, Maas und Schelde bis zur Nordsee.

2) **L. II.,** König der Franken (855–69), Sohn von 1), * um 825, † 869, erhielt das nördl. Drittel des väterl. Reichs, nach ihm Lotharingien (Lothringen) genannt.

3) **L. III., L. II., L. von Supplinburg, L. von Sachsen,** röm.-dt. Kaiser eigtl. **L. II.,** * 1075 (?), † 1137, Herzog von Sachsen, führte die aufständ. Sachsen gegen das Heer Heinrichs V. und siegte 1115 am Welfesholz. Unter ihm begann die dt. Ostkolonisation.

4) **L.,** westfränk. König (954–86), * 941, † 986, stand bis zum Tod seines Onkels, Kaiser Ottos I., (973) unter dessen Einfluß, beherrschte nur karoling. Restgebiete um Laon.

Lothian Region [l'əʊðɪən r'i:dʒən], seit 1975 bestehende Verwaltungseinheit Schottlands, 1 755 km², 750 700 Ew. (einschl. der Stadt Edinburgh).

Lothringen, frz. **Lorraine** [lɔr'ɛn], Landschaft zw. den Vogesen im O, der Champagne im W, den Ardennen im N und den Monts Faucilles im S. L. wird von mehreren Landstufen in Richtung NW–SO durchzogen. Die mittl. Stufe ist reich an Erzlagern (Minette); Eisen- und Stahlerzeugung wurden zum wichtigsten Wirtschaftszweig; Glas-, Porzellan-, Steingutfabriken, chem., Textil-, Lebensmittel- u. a. Ind.; Viehzucht, Ackerbau, Waldwirtschaft. Großstädte: Nancy, Metz.

Geschichte. Urspr. das Land Lothars II. (855) an Schelde, Rhein, Maas, Saône, 870 zum Ostfränk. Reich, 959 in die Hzgt. **Nieder-L.** (heute etwa die Niederlande, größter Teil Belgiens und des Rheinlands) und **Ober-L.** (später kurz L., Hptst.: Nancy) geteilt. Frankreich nahm 1552 Metz, Toul, Verdun in Besitz. Das Hzgt. L. erhielt 1735 Stanislaus Leszczyński im Tausch gegen Toskana, 1766 fiel es an Frankreich. 1871–1918 gehörten der deutschsprachige Teil von L., Metz und Umgebung zum Dt. Reich (Reichsland Elsaß-L.).

Loti [lɔt'i], Pierre, eigtl. Julien **Viaud** [vi'o], frz. Schriftst., * 1850, † 1923, gab eindringl. Naturbeschreibungen (›Die Islandfischer‹, 1886).

Lötigkeit, ältere Bez. für die Feinheit des Silbers.

Lotion [lat.-frz., engl. auch l'əʊʃn], wäßrig-alkohol. Flüssig-

keit mit Wirkstoffzusätzen zur Belebung der Gesichtshaut, auch verdünnte Öl-in-Wasser-Emulsionen.

Lotophagen, grch. Mythos: Volk in Nordafrika, dessen Nahrung (Lotosblumen) Odysseus' Gefährten ihre Heimat vergessen ließ.

Lotos [grch.] *der,* versch. Pflanzen, die in der Kultur des grch. und ägypt. Altertums hervortreten: 1) Fruchtbäume der → Lotophagen, vielleicht Jujube, Zürgelbaum oder Dattelpalme. 2) ägypt. und südasiat. Arten von Seerose und Verwandte **(Lotosblume);** der L. spielt in Religion, Kultur und Kunst Ägyptens, Indiens und Ostasiens eine bed. Rolle.

lotrecht, senkrecht.

Lötrohr|analyse, Lötrohrprobierkunde, trockene Vorprobe der qualitativen chem. Analyse durch Erhitzen auf Holzkohle mittels Lötrohr; auch zur Bestimmung von Mineralien herangezogen.

Lötschental, Tal des re. Rhônezuflusses Lonza im Kt. Wallis, Schweiz. Der **Lötschenpaß,** 2 690 m hoch, führt ins Kandertal. Die **Lötschbergbahn** mit dem 14,6 km langen **Lötschbergtunnel** führt von Spiez nach Brig ins Rhônetal.

Lotse, erfahrener, behördlich zugelassener Seemann mit höchstem naut. Patent, der auf See, Seeschiffahrtsstraßen, Flüssen oder in Häfen Schiffe als Berater geleitet. Für best. Gewässer besteht der **L.-Zwang.** Die L. sind teils beamtet, teils frei, teils gewerblich, teils nicht gewerblich tätig.

Lotsenfisch, Pilotenfisch, Leitfisch, bis 70 cm lange Art der Stachelmakrelen, Begleitfisch der Haie.

Lotter, Melchior d. Ä., Buchdrucker und Verleger, * um 1470, † 1549, druckte mit seinen Söhnen für Luther (u. a. Luthers Thesen) und Melanchthon.

Lotterie [frz.] *die,* Auslosung, bei der durch Ziehen eines Loses oder von Nummern der Zufall über Verlust des Spieleinsatzes oder einen Gewinn entscheidet. Der Einsatz ist regelmäßig eine Geldsumme; der Gewinn besteht bei der **Geld-L.** aus Geld, bei der **Waren-L. (Tombola)** aus Sachen. Die **Klassen-L.** wird in mehreren Ziehungen (Klassen) gespielt. **Zahlenlotto:** 1) **genuesisches Lotto,** der Spieler wählt aus der Zahlenreihe 1–90 eine oder höchstens fünf Nummern aus und wettet darauf, daß die gewählten Zahlen sich unter den fünf Zahlen befinden, die bei der nächsten Ziehung gezogen werden. 2) **Berliner Zahlenlotto,** kurz **Lotto** (seit 1955 auch in der Bundesrep. Dtl.): ›6 aus 49‹ mit einer Zusatzzahl. Die Gewinne werden entsprechend 6–3 richtigen Voraussagen in 4 Gewinnklassen ausgezahlt; Höchstgewinn 1956–74: 500 000 DM, 1974–81: 1,5 Mio. DM, seit 1981: 3 Mio. DM.

Lotteriesteuer, → Rennwett- und Lotteriesteuer.

Lotterievertrag, ⚖ Vertrag, bei dem nach einem bestimmten Plan der Zufall über Gewinn oder Verlust der Einsätze entscheiden soll **(Ausspielung).** Öffentl. Ausspielungen ohne staatl. Erlaubnis sind strafbar (§ 286 StGB).

Lotto *das,* 1) die Zahlenlotterie, → Lotterie. 2) Gesellschaftsspiel mit Karten.

Lotto, Lorenzo, ital. Maler, * um 1480, † vor dem 1. 7. 1557, schuf Altarbilder u. a. in Venedig, Bergamo und Treviso, lebhaft

Lotos 2): indische Lotosblume

L. Lotto: Bildnis eines jungen Mannes, um 1525 (Berlin, Staatl. Museen)

Löwenzahn 1)

Löwe 1):
Löwin mit Jungen

bewegt und reich an Helldunkelwirkungen und ausdrucksstarker Dramatik.

Lotze, Rudolph Hermann, Philosoph, * 1817, † 1881, urspr. Mediziner, suchte die Tradition des dt. Idealismus mit der strengen Naturwissenschaft zu vereinigen; führte den Begriff des ›Wertes‹ und den Aspekt der ›Geltung‹ in die Philosophie ein.

Lötzen, poln. Giżycko [giʒˈitskɔ], Stadt in der poln. Wwschaft Suwałki, in Ostpreußen, zw. Mauer- und Löwentinsee, 22 800 Ew.; Fischerei-, Fischkonservenf.-, Baustoffind., Ordensburg.

Lough [lɔx, lɔk, vgl. Loch], See, Meeresbucht. **L. Neagh** [-neɪ], → Neagh.

Louisdor [lwidˈɔːr] der, frz. Goldmünze seit Ludwig XIII. (1640) bis 1793/94.

Louis Ferdinand [lwi-], 1) eigtl. **Friedrich Ludwig Christian,** Prinz von Preußen, Neffe Friedrichs d. Gr., * 1772, † (gefallen) 1806, Komponist der Frühromantik. 2) Prinz von Preußen, Enkel Kaiser Wilhelms II., Chef des Hauses Hohenzollern, * 1907, ⚭ Kira, Großfürstin von Rußland († 1967).

Louisiade-Archipel [lʊɪzɪˈæd-], Inselgruppe von Papua-Neuguinea, vor der O-Spitze Neuguineas, 2 200 km² mit rd. 25 000 Ew. (meist Papua). Goldfunde. Hauptort ist Bwagoia.

Louisiana [lʊɪzɪˈænə], Abk. **La.,** einer der südwestl. Mittelstaaten der USA, am Golf von Mexiko und im Deltagebiet des Mississippi, 125 675 km², 4,2 Mio. Ew. (davon rd. 30% Neger). Hptst.: Baton Rouge, größte Stadt: New Orleans. Über 50% von L. ist Wald; Anbau von Zuckerrohr, Baumwolle, Reis, Gemüse; Fleisch- und Milchviehhaltung. Bodenschätze: Schwefel, Erdöl, Erdgas; chem., Nahrungsmittel-, Papier-, Metall- u. a. Ind. – Urspr. das ganze Stromgebiet des Mississippi umfassend, seit 1681/82 von Franzosen besiedelt und nach Ludwig XIV. benannt, 1783 und 1803 an die USA; der südl. Teil des alten L. wurde 1812 als 18. Staat in die Union aufgenommen; im Sezessionskrieg stand es auf seiten der Südstaaten.

Louis Philippe [lwi fiˈlip], → Ludwig 24).

Louis-quatorze [lwikatˈɔrz, frz. ›Ludwig XIV.‹] das, der klassisch gemäßigte Barockstil unter Ludwig XIV. (1643–1715), der für große Teile Europas vorbildlich wurde (Schloß- und Wohnbauten, Innenräume, Parkanlagen).

Louis-quinze [lwikˈɛz, frz. ›Ludwig XV.‹] das, der unter Ludwig XV. (1715–74) in Frankreich herrschende Stil; entspricht dem dt. Rokoko.

Louis-seize [lwisˈɛz, frz. ›Ludwig XVI.‹] das, der in Frankreich in den 60er Jahren des 18. Jh. einsetzende Stil des Übergangszeit vom Rokoko zum Klassizismus.

Louisville [ˈluːɪsvɪl], Stadt in Kentucky, USA, am Ohio, 298 200 Ew.; Univ. (1798 gegr.); Herstellung von Whisky, Zigaretten, Chemikalien, Maschinen, Elektrogeräten u. a.; Schlächtereien und Mühlen.

Lourdes [lurd], Stadt in S-Frankreich, Dép. Hautes-Pyrénées, 18 100 Ew.; kath. Wallfahrtsort; Quelle, der übernatürl. Heilwirkungen zugeschrieben werden.

Loure [luːr, frz.] die, langsamer, der Sarabande verwandter Tanz im ⁶/₄-Takt, meist mit Auftakt; häufig in der Suite.

Lourenço Marques [lorˈẽsu mˈarkiʃ], früherer Name von → Maputo.

Louth [lauð], irisch **Luaidh** [lˈuːi], Cty. der Rep. Irland, 821 km², 86 100 Ew. Hptst.: Dundalk.

Louvois [luvwˈa], François Michel **Le Tellier** [lətljˈe], Marquis de, * 1641, † 1691, seit 1668 Kriegsmin. Ludwigs XIV., befürwortete 1689 die Verwüstung der Pfalz.

Louvre [luːvr] der, urspr. die Residenz der frz. Könige in Paris, seit 1793 Museum. Der Bau wurde unter Franz I. 1546 von P. Lescot (Teile des Hofs) begonnen und seit 1624 von J. Lemercier fortgesetzt (Pavillon de l'Horloge). Unter Ludwig XIV. wurde der quadrat. Hof von L. Levau geschlossen, die O-Fassade von C. Perrault erbaut und der L. mit den westl. gelegenen → Tuilerien durch eine Galerie verbunden. Napoleon III. ließ den L. nach W erweitern. Die Kunstsammlungen des L. wurden ständig gemehrt (Enteignungen während der Frz. Revolution, Kunstraub Napoleons I., Ausgrabungen u. a.) und entwickelten sich zu einem der größten Museen der Welt.

Louÿs [lwi], Pierre Louis, frz. Schriftst., * 1870, † 1925; Gedichte und Romane, die meist das spätgrch. Liebesleben zum Thema haben.

Lövenich, seit 1975 (westl.) Stadtteil von Köln.

Low [ləʊ], Sir (1962) David, Karikaturist engl. Zeitungen, * 1891, † 1963.

Löwe, 1) Panthera leo, Art der Großkatzen Afrikas und NW-Vorderindiens, früher u. a. auch in Iran, Irak, östl. Arabien, Türkei bis nach Griechenland; mit gelbem Fell und Mähne beim männl. Tier (Widerristhöhe 80–100 cm, Länge 150–190 cm). L. und Tiger sowie L. und Leoparden können miteinander gekreuzt werden. – Im Märchen ist der L. der König der Tiere. **2)** ☆ das 5. Sternbild im Tierkreis mit dem hellen Stern Regulus; nördl. des L. der **Kleine L.**

Lowell [lˈəʊəl], 1) Amy, amerikan. Lyrikerin, * 1874, † 1925, gehörte zu den Imagisten (→ Imagismus). 2) James Russell, amerikan. Schriftst., * 1819, † 1891; Verssatiren; Essays. 3) Robert Traill Spence, jr., amerikan. Lyriker, * 1917, † 1977.

Löwen, fläm. und amtl. **Leuven** [lˈøːvə], frz. **Louvain** [luvˈɛ̃], Stadt in der Prov. Brabant, Belgien, nach Eingemeindungen 85 500 Ew.; 2 Univ. (1425 gegr., 1970 geteilt); Getreidehandel, Stahlbau-, Schuh-, Nahrungsmittel-, Spitzen-, Tuchind., Bierbrauereien; spätgot. Rathaus, Peters-, Jakobs-, Gertrudskirche sowie Michaeliskirche (17. Jh.).

Löwen|äffchen, Gatt. der → Krallenaffen.

Löwenberg in Schlesien, poln. **Lwówek Śląski** [lˈvuvɛk sˈlɔski], Stadt in der poln. Wwschaft Jelenia Góra (Hirschberg), ehem. Krst. in Niederschlesien, 7 500 Ew., Luftkurort. Renaissance-Bürgerhäuser, Stadtmauern, Türme (14.–16. Jh.).

Löwenherz, Beiname des engl. Königs Richard I.

Löwenmaul, Antirrhinum, Gatt. der Rachenblüter; oft mit Äckern, an Wegen oder in Gärten, z. B. **Garten-L.**

Löwenstein-Wertheim, süddt. Fürstengeschlecht: die evang. Linie **L.-W.-Freudenberg** seit 1812, die kath. **L.-W.-Rosenberg** seit 1711 fürstlich; aus letzterer traten Fürst Karl (* 1834, † 1921), sein Sohn Aloys (* 1871, † 1952), sein Enkel Karl (* 1904) als streng kath. Politiker hervor.

Löwentinsee, poln. **Niegocin** [njeɡˈɔtsjin], Grundmoränensee in Masuren, 26,04 km², Kanäle zum Spirding- und Mauersee.

Löwenzahn, 2 Korbblüter-Gatt., milchsafthaltige Pflanzen mit Köpfen aus gelben Zungenblüten: 1) **Taraxacum,** darunter der **L.** oder **Kuhblume** mit dickem Wurzelstock, hohlem Schaft und abblasbaren Flugfrüchten, auf Wiesen; Salat- und Gemüsepflanze, Volksarznei. 2) **Leontodon,** darunter der **Herbst-L.,** meist mit mehrköpfigem Blütenschaft.

Lowestoft [lˈəʊstɒft], Nordseebad in der engl. Cty. Suffolk, 52 200 Ew.; Fischerei, Motoren-, Schiffsbau.

Löwith, Karl, Philosoph, * 1897, † 1973; Monographien, philosophiegeschichtl. Längsschnitte.

Lowlands [lˈəʊləndz], **Scottish L.** [skˈɔtɪʃ-], mittelschott. Senke zw. den Grampians und dem Southern Uplands.

Loxodrome die, Kurve auf einer Umdrehungsfläche, etwa der Kugel, die alle Meridiane unter gleichem Winkel schneidet. Im Kartennetzentwurf Mercators erscheinen sie als Geraden (in der Navigation leicht zu handhaben). → Orthodrome

loyal [lwajˈaːl, frz.], gesetzestreu; redlich, ehrlich. Hptw. **Loyalität.**

Loyalty-Inseln [lˈɔɪəltɪ-], frz. **Îles de la Loyauté** [il də la lwajotˈe], engl. Inselgruppe in Melanesien, zum Überseegebiet Neukaledonien gehörend, 2072 km², 14 500 Ew.

Loyang, amtl. chines. **Luoyang,** Stadt in der chines. Prov. Honan, am mittleren Hwangho, über 500 000 Ew., gilt als Wiege der chines. Kultur und des chines. Buddhismus. Großes Traktorenwerk u. a. Industrie.

Loyola, Ignatius von, → Ignatius 2).

Lozère [lɔzˈɛːr], Dép. in S-Frankreich, 5 168 km², 72 300 Ew. Hptst.: Mende.

LP, Abk. für Langspielplatte.

LPG, Abk. für →Landwirtschaftliche Produktionsgenossenschaften.

Lr, chem. Zeichen für Lawrencium.

LSD, Abk. für Lysergsäurediäthylamid, →Lysergsäure.

LSP, *z* Abk. für →Leitsätze für die Preisermittlung auf Grund von Selbstkosten.

Ltd., auch **Lim.** oder **Ld.,** Abk. für **limited** [l′ımıtıd, engl.], im anglo-amerikan. Handels- und Gesellschaftsrecht Zusatz zu einem Firmennamen; weist auf die beschränkte Haftung hin.

Lu, chem. Zeichen für Lutetium.

Lualaba *der,* der Oberlauf des Kongo.

Luanda, früher **(São Paulo de) Loanda** [säu p′aulu di lu′andə], Hptst. und wichtigster Hafen von Angola, 475 300 Ew., kath. Erzbischofssitz, Univ. (gegr. 1963); Erdölraffinerie u. a. Ind.; Hafen, Flughafen, Bahn nach Malange.

Luang Prabang, ehem. Residenzstadt von Laos, am Mekong, 44 200 Ew.; buddhist. Wallfahrtsort.

Luba, Baluba, Bantuvolk im SO von Zaire, zw. Lualaba und dem Tanganjikasee; rd. 2,5 Mio.

Lübbecke, Stadt im Kr. Minden-Lübbecke, NRW, 21 600 Ew.; Zigarren-, Maschinen- u. a. Industrie.

Lübbenau/Spreewald, Stadt im Bez. Cottbus, Niederlausitz, an der Spree, 22 300 Ew.; Gurkenverarbeitung, Gemüsebau; großes Wärmekraftwerk.

Lübben/Spreewald, Krst. im Bez. Cottbus, Niederlausitz, 14 200 Ew.; Weberei, Pappenfabrikation, Gurkenverarbeitung; spätgot. Nikolaikirche, Schloß.

Lubbers, Rudolf Frans Marie, niederländ. Politiker (Christl.-Demokrat. Appell), * 1939; seit 1982 MinPräs.

Lubbock [l′ʌbək], Stadt in Texas, USA, 174 200 Ew.; Sitz des Texas Technological College; Baumwollpressen, Ölmühlen, Schlachthäuser, Meiereien; elektron. Ind.

Lübeck, Hansestadt L., kreisfreie Stadt in Schlesw.-Holst., an der Trave und Lübecker Bucht, 220 600 Ew. L. ist ein wichtiger Verkehrsplatz: Verbindung durch den Elbe-Lübeck-Kanal mit der Nordsee, Schiffahrtslinien nach den Ostseeländern. Handel und Schiffahrt wurden seit etwa 1900 durch die Ind. ergänzt: Schiffswerften, Maschinenbau, Metallhüttenwerk, keram. Ind., Holz-, Verpackungs-, Konserven-, Bekleidungs-, Süßwarenind. (L.er Marzipan), Großkraftwerk. Alte Bauwerke: Holstentor, Burgtor, das got. Rathaus u. a. Die got. Marienkirche und der urspr. roman. Dom wurden nach Schäden im 2. Weltkrieg wiederaufgebaut. – 1143 angelegt, 1159 durch Heinrich den Löwen neu gegr., 1226 freie Reichsstadt, war L. führend bei der Gründung vieler dt. Ostseestädte (→Lübisches Recht), seit Ende des 13. Jh. Haupt (Vorort) der Hanse. 1530/31 Einführung der Reformation. Unter Bürgermeister Wullenwever durch die dän. ›Grafenfehde‹ (1534–36) Niedergang. 1815 ›Freie und Hansestadt‹, 1937 zur preuß. Prov. Schleswig-Holstein.

Lübecker Bucht, die am weitesten nach SW vordringende Ostseebucht, mit L.-Travemünde als Haupthafen.

Lüben, poln. **Lubin,** Stadt in der poln. Wwschaft Legnica (Liegnitz), ehem. Krst. in Niederschlesien, 56 300 Ew.; Kupfererzschürfung, Bau von Saiteninstrumenten.

Lübisches Recht [nach der Stadt Lübeck], nach dem Magdeburger das wichtigste mittelalterl. dt. Stadtrecht; es hatte im ganzen Ostseeraum Geltung (bis 1900).

Lubitsch, Ernst, Filmregisseur, * 1892, † 1947, seit 1923 in Hollywood. Filme: ›Madame Dubarry‹ (1919), ›Ninotschka‹ (1939) u. a.

Lübke, Heinrich, Politiker (CDU), * 1894, † 1972, 1953–59 Bundes-Min. für Ernährung, Landwirtschaft und Forsten; 1959–69 Bundespräs.; die Entwicklungshilfe.

Lublin, Hptst. der Wwschaft L., Polen, 292 000 Ew.; staatl. und kath. Univ.; Textil-, Kraftwagen-, elektrotechn., Metall-, Maschinen-, Zementind.; Schloß, Kathedrale.

Lubliner Komitee, nichtoffizieller Name für das bes. von poln. Kommunisten am 22. 7. 1944 gegr. Poln. Komitee der nat. Befreiung; Keimzelle der späteren prosowjet. poln. Reg.

Lubliner Union von 1569, verwandelte die Personalunion Litauens und Westpreußens mit Polen in eine Realunion.

Lubumbashi [-b′aʃi], bis 1966 **Elisabethville,** Hptst. der Prov. Shaba (Katanga), Zaire, 451 300 Ew., Mittelpunkt eines Bergbaugebiets; Hüttenwerke u. a. Industrie; Univ. (1955 gegr.); internat. Flughafen.

Lucas van Leyden (Leiden) [l′y:kas van l′ɛɪdə], holländ. Maler und Graphiker, * 1494, † 1533, schuf Kupferstiche voll

scharfer Beobachtungs- und lebhafter Erzählergabe und malte Altarwerke, Genreszenen und Bildnisse.

Lucca, 1) Prov. Italiens, in der Toskana, 1 773 km², 388 400 Ew. **2)** Hptst. von 1), 91 200 Ew., Erzbischofssitz; Seiden-, Papier-, Tabak-, Textilind.; Dom (romanisch-got.).

Lucebert [l′y:səbərt], eigtl. Lubertus Jacobus **Swaanswijk** [-wɛɪk], niederländ. Schriftst., * 1924; experimenteller Lyriker, auch Maler und Graphiker.

Luchow [ludʒɔʊ], chines. Stadt, →Hofei.

Luchse *Mz.,* **Lynx,** Gatt. der Katzen; hochbeinig mit Haarpinsel auf den Ohren und kurzem Schwanz. Der graubraune, oft über 100 cm lange **Nordluchs** ist ein gefürchtetes Waldraubtier N- und O-Europas, Asiens, Kanadas.

Luchse:
Nordluchs

Lucia, Luzia, Heilige, Jungfrau und Märtyrerin aus Syrakus, wahrscheinlich unter Diokletian hingerichtet; Tag: 13. 12., in Schweden bes. gefeiert (Austeilung von Geschenken durch ein lichtertragendes Mädchen, die **Lucienbraut**).

Luciani [lutʃ′a:ni], Albino, Papst Johannes Paul I. (→Johannes, Päpste 4).

Lucilius, Gaius, röm. Dichter, * wahrscheinlich 180 v. Chr., † 103/102 v. Chr., gab der röm. Satire ihre Form.

Luckau, Krst. im Bez. Cottbus, Niederlausitz, 6 400 Ew.; Gärtnereien, Eisenmoorbad.

Luckenwalde, Krst. im Bez. Potsdam, 27 500 Ew.; hat Tuch-, Maschinen-, Metall- u. a. Ind.; Pfarrkirche (16. Jh.).

Luckner, Felix Graf von, Seeoffizier, * 1881, † 1966, durchbrach im 1. Weltkrieg mit dem Hilfskreuzer ›Seeadler‹ die brit. Blockade.

Lucknow [l′ʌknaʊ], **Lakhnau,** Hptst. von Uttar Pradesh, Indien, rd. 750 000 Ew.; Univ. (gegr. 1921); Bahnknoten; Eisenbahnwerkstätten, Baumwoll- u. a. Industrie.

Lucretia, nach der röm. Sage die Gattin des Lucius Tarquinius Collatinus; von Sextus Tarquinius entehrt, tötete sie sich selbst.

Lucullus, Lucius Licinius, röm. Feldherr, * 117 v. Chr., † um 57 v. Chr., hatte 74–67 v. Chr. den Oberbefehl im 3. Krieg gegen Mithridates in Kleinasien. Sprichwörtlich war seine Freude am Genuß (›Lukullisches Mahl‹).

Lüda, amtl. chines. Name der Stadt →Lüta.

Ludendorff, Erich, preuß. General, * 1865, † 1937, leitete seit der Schlacht bei Tannenberg (Aug. 1914) als Generalstabschef Hindenburgs den Krieg im Osten; seit 1916 in der Obersten Heeresleitung mit entscheidendem Anteil an der militär. Kriegführung; auch polit. Einfluß (Sturz Bethmann Hollwegs); war nach 1918 mit seiner Frau Mathilde politisch und schriftstellerisch im ›dt.-völkischen‹ Sinn tätig. Die L.-Bewegung wurde 1961 in der Bundesrep. Dtl. verboten.

Lüdenscheid, Krst. des Märkischen Kr., NRW, im Sauerland, 74 500 Ew.; Metall- u. a. Industrie.

Luder *das,* ⚘ Aas als Köder.

Lüderitz, Adolf, Bremer Großkaufmann, * 1834, † (ertrunken im Oranje) 1886, kaufte 1883 den Hafen Angra Pequena (heute **Lüderitz**) mit Küstengebiet, das 1884 Grundlage des Schutzgebiets Deutsch-Südwestafrika wurde.

Lüders, Marie Elisabeth, Politikerin (DDP, FDP), * 1878, † 1966, führend in der dt. Frauenbewegung, war 1919/20 Mitgl.

Heinrich Lübke

der Weimarer Nationalversammlung, 1920–32 MdR., 1953 bis 1961 MdB.

Ludhiana, Stadt in Indien, im Pandschab, 420 000 Ew.; Textil- u. a. Industrie.

Lüdinghausen, Stadt im Kr. Coesfeld, NRW, 18 000 Ew.; Textil-, Nahrungsmittel- u. a. Industrie.

Ludmilla, Gemahlin eines böhm. Herzogs, als Christin 921 (?) ermordet; Heilige, Schutzherrin Böhmens; Tag: 16. 9.

Ludolfinger, die →Liudolfinger.

Ludolphsche Zahl [nach Ludolph van Ceulen, 1540–1610], die Kreiszahl $\pi = 3,14159\ldots$, das Verhältnis von Kreisumfang zu Kreisdurchmesser.

Ludovisischer Thron, im Gebiet der früheren Villa Ludovisi in Rom gefundenes grch. Marmorwerk (um 470–460 v. Chr.) mit einem Relief, als Geburt Aphrodites aus dem Meer gedeutet (jetzt im Thermenmus.).

Ludwig, Fürsten:

Römische und römisch-deutsche Kaiser:

1) L. I., der Fromme (813/14–40), 3. Sohn Karls d. Gr., * 778, † 840, wurde 813 Kaiser und Mitregent; er teilte das Fränk. Reich unter seine Söhne Lothar, Pippin und Ludwig und änderte 829 die frühere Erbteilung zugunsten seines aus einer 2. Ehe stammenden Sohnes Karl; der Streit der Brüder ging bis zum Vertrag von Verdun (843).

2) L. II. (850/55–75), König von Italien (839/40), ältester Sohn Lothars I., Enkel von 1), * um 825, † 875; 850 Mitkaiser.

3) L. IV., der Bayer (1314–47), * 1287 (1283?), † 1347; 1314 gegen den Habsburger Friedrich den Schönen zum König gewählt, besiegte diesen bei Mühldorf 1322. Von Papst Johann XXII. in Avignon gebannt, ließ sich L. 1328 in Rom zum Kaiser krönen; Marsilius von Padua verteidigte seine Sache gegenüber der Kurie, und die Kurfürsten wiesen im Kurverein von Rhense 1338 jede Einmischung des Papsttums in die dt. Königswahl zurück. 1346 wurde der Luxemburger Karl IV. als päpstl. Gegenkönig aufgestellt.

Deutsche (Ostfränkische) Könige.

4) L. der Deutsche (833–37 und 840/43–76), Sohn von 1), * um 806, † 876, nötigte im Bund mit Karl dem Kahlen seinen Bruder Lothar I. zum Vertrag von Verdun (843), wodurch L. die Lande östl. von Rhein und Aare erhielt. Nach Lothars II. Tod zwang L. Karl den Kahlen zur Teilung der lothring. Gebiete (Vertrag von Meerssen, 870).

5) L. III., der Jüngere (876–82), 2. Sohn von 4), * um 835, † 882, schlug Karl den Kahlen bei Andernach (876), gewann den Rest Lotharingiens (Vertrag von Ribemont, 880).

6) L. IV., das Kind (900–11), Sohn Arnulfs von Kärnten, * 893, † 911, der letzte der dt. Karolinger, stand unter Vormundschaft des Erzbischofs Hatto von Mainz.

Baden. **7) L. Wilhelm I.,** Markgraf (1677–1707), * 1655, † 1707, ›Türkenlouis‹, Reichsfeldmarschall im großen Türkenkrieg und (seit 1693) gegen die Franzosen.

Bayern. **8) L. IX., der Reiche,** Herzog von Bayern-Landshut (1450–79), * 1417, † 1479, gründete 1472 die Universität Ingolstadt.

Ludwig II. von Bayern (Photo 1876)

9) L. I., König (1825–48), Sohn König Maximilians I. Joseph, * 1786, † 1868, machte München zur Kunststadt und 1826 zum Sitz der Univ. Seine Beziehungen zu Lola →Montez riefen Opposition hervor; 1848 mußte er abdanken.

10) L. II., König (1864–86), Enkel von 9), * 1845, † 1886, nahm auf österr. Seite am Dt. Krieg (1866) teil, schloß 1867 ein Bündnis mit Preußen und gab durch ein von Bismarck (der ihm finanzielle Hilfe zusicherte) entworfenes Schreiben an die dt. Fürsten den Anstoß zur Kaiserproklamation 1871. L. setzte sich für R. Wagners Kunst ein (Festspielhaus in Bayreuth). Durch Schloßbauten (Herrenchiemsee, Neuschwanstein, Linderhof) stürzte er sich in Schulden. Wegen seiner Geisteskrankheit übernahm 1886 sein Onkel Luitpold die Regentschaft. L. fand zus. mit dem Psychiater A. v. Gudden den Tod im Starnberger See.

Brandenburg. **11) L. der Ältere,** Markgraf (1323–51), als Herzog von Bayern **L. V.** (1347–61), ältester Sohn von 3), * 1315, † 1361, von seinem Vater mit der Mark Brandenburg belehnt, überließ diese 1351 seinen Brüdern.

Ludwig XVI. (Zeichnung von J. Ducreux)

Frankreich, Könige. **12) L. VI., der Dicke** (1108–37), * 1081, † 1137, verband sich mit der Kirche, unterwarf die Barone der Krondomäne und begünstigte die nordfrz. Städte, womit er den Aufstieg der frz. Königtums einleitete.

13) L. VII. (1137–80), Sohn von 12), * 1120/21, † 1180, nahm am 2. Kreuzzug (1147–49) teil. Seine geschiedene Gattin

Eleonore, Erbin des Hzgt. Aquitanien, vermählte sich mit Heinrich II. von England.

14) L. VIII. (1223–26), Sohn Philipps II. August, * 1187, † 1226, führte den entscheidenden Schlag gegen die Albigenser, wodurch er die Herrschaft der frz. Könige in S begründete.

15) L. IX., der Heilige (1226–70), Sohn von 14), * 1214, † 1270, förderte bes. die Verwaltung; bei seinem 2. Kreuzzug starb er vor Tunis. 1297 heiliggesprochen; Tag: 25. 8.

16) L. XI. (1461–83), Sohn Karls VII., * 1423, † 1483, Wegbereiter des königl. Absolutismus und Zentralismus. Aus der burgund. Erbschaft erwarb er die Bourgogne und die Picardie (Friede von Arras, 1482), 1480 Anjou und Maine, 1481 die Provence.

17) L. XII. (1498–1515), * 1462, † 1515, eroberte 1499 Mailand, verlor 1505 das ebenfalls gewonnene Kgr. Neapel; die ›Heilige Liga‹ entriß ihm 1513 auch Mailand.

18) L. XIII. (1610–43), Sohn Heinrichs IV., * 1601, † 1643, urspr. unter Vormundschaft seiner Mutter Maria von Medici. Leitender Min. war seit 1624 Kardinal Richelieu.

19) L. XIV. (1643–1715), der ›Sonnenkönig‹, Sohn von 18), * 1638, † 1715, stand anfangs unter Vormundschaft seiner Mutter Anna von Österreich und übernahm erst nach dem Tod des

Ludwig XIV. (Gemälde von H. Rigaud; Madrid, Prado)

Kardinals Mazarin (1661) selbst die Leitung des Staats. L. entfaltete den Absolutismus in seiner für das Europa des 17. Jh. charakterist. Form (Leitwort: →L'État c'est moi). Den Adel zog er in den Hof, um ihn zu überwachen; das Demonstrationsrecht des Parlaments drückte er zur Bedeutungslosigkeit herab. Aber er rechtfertigte seinen Anspruch der unteilbaren Souveränität durch die Verpflichtung, dem Staatswohl zu dienen. Unterstützt wurde er durch hervorragende Mitarbeiter (J. B. →Colbert, M. de Louvois). Seine Kriege (→Devolutionskrieg, Holländischer Krieg, →Pfälzischer Erbfolgekrieg, →Spanischer Erbfolgekrieg) brachten Frankreich zwar die europ. Vormachtstellung, führten aber schließlich zur Erschöpfung des Landes und riefen die ersten schweren Krisen des absolutist. Systems hervor. Nach dem Tod seiner span. Gattin Maria Theresia heiratete er 1684 in 2. Ehe Madame de →Maintenant.

20) L. XV. (1715–74), Urenkel von 19), * 1710, † 1774, bis 1723 unter der Regentschaft des Herzogs Philipp von Orléans. Willkür, Verschwendung und Mißerfolge (Siebenjähriger Krieg)

untergruben das frz. Königtum, ebenso sein Lebenswandel (Mätressen Madame de Pompadour, Madame Dubarry).

21) L. XVI. (1774–92), Enkel von 20), * 1754, † (hingerichtet) 1793, verheiratet mit der österr. Kaisertochter Maria Antoinette. Die Reformversuche seiner Min. A. R. de Turgot und J. Necker scheiterten, die Teilnahme Frankreichs am Unabhängigkeitskrieg der USA steigerte die Zerrüttung der Finanzen. Der Frz. Revolution zeigte sich L. nicht gewachsen; 1792 wurde er abgesetzt, vom Nationalkonvent zum Tode verurteilt und 1793 hingerichtet. (Bild S. 222)

22) L. (XVII.), eigtl. **Louis Charles** [lwi ʃ'arl], Sohn von 21), * 1785, † 1795, Thronfolger (Dauphin), kam wohl während der Frz. Revolution um.

23) L. XVIII. (1814/15–24), Bruder von 21), * 1755, † 1824, floh ins Ausland, war das Haupt der Emigranten in Koblenz. Nach der Abdankung Napoleons I. gelangte er auf den Thron und erließ eine Verf.

24) L. Philipp, frz. **Louis Philippe** [lwi fil'ip], der ›Bürgerkönig‹ (1830–48). * 1773, † 1850, schloß sich der Revolution von 1789 an, ging aber 1793 zu den Österreichern über. Nach der Julirevolution (1830) bestieg er den Thron. Die Regierung führte er trotz liberaler Formen konservativ, 1848 wurde er gestürzt.

Hessen-Darmstadt. **25) L. X.,** Landgraf (1790–1806), als Großherzog **L. I.** (1806–30), * 1753, † 1830, konnte in der napoleon. Zeit sein Land stark vergrößern; schloß 1828 den Zollverein mit Preußen.

Holland. **26) L. (Louis) Bonaparte,** König (1806–10), Bruder Napoleons I., Vater Napoleons III., * 1778, † 1846, ⚭ mit Napoleons Stieftochter Hortense de Beauharnais; dankte ab.

Thüringen. **27) L. IV., der Heilige,** Landgraf (1217–27), * 1200, † 1227, Ehemann der hl. Elisabeth.

Ungarn. Könige. **28) L. I., der Große** (1342–82), aus dem Hause Anjou-Neapel, * 1326, † 1382, befestigte die ungar. Oberhoheit über die nördl. Balkanländer; 1370 auch König von Polen. Unter ihm hatte Ungarn seine größte Ausdehnung.

29) L. II. (1516–26), Jagiellone, * 1506, † 1526, auch König von Böhmen, unterlag den Türken in der Schlacht von Mohács, ertrank auf der Flucht.

Ludwig, 1) Christa, österr. Sängerin (Mezzosopran), * 1928. **2)** Emil, eigtl. E. **Cohn,** Schriftst., * 1881, † 1948; biograph. Werke: ›Goethe‹ (1920), ›Napoleon‹ (1939) u. a. **3)** Otto, Schriftst., * 1813, † 1865; Drama ›Der Erbförster‹ (1850); ›Shakespeare-Studien‹ (hg. 1871); realist. Erz.: ›Die Heiterethei‹ (1855), ›Zw. Himmel und Erde‹ (1856) u. a.

Ludwigsburg, Krst. in Bad.-Württ., 81 600 Ew.; einstige Residenz mit Barockschloß; PH; vielfältige Industrie.

Ludwigsburger Porzellanmanufaktur, vom württemberg. Herzog Carl Eugen 1785 gegr., 1824 aufgelöst: Geschirr, Kleinplastik; bekanntester Modellmeister: W. Beyer. – Seit 1948 arbeitet die L. P. wieder.

Ludwigsfelde, Gem. im Bez. Potsdam, 20 600 Ew.; Bau nautischer Instrumente, Motorrollerwerk.

Ludwigshafen am Rhein, kreisfreie Stadt und Krst. in Rheinl.-Pf., 159 000 Ew.; Rheinhafen; Fachhochschulen; bed. chem. Ind. (BASF), Maschinenbau, Elektroind.

Ludwigslied, ahd. (westfränk.) epische Dichtung auf den Sieg Ludwigs III. von Frankreich (* um 863, † 882) über die Normannen bei Saucourt (881), von einem Geistlichen (881/882); ältestes histor. Lied in dt. Sprache.

Ludwigslust, Krst. im Bez. Schwerin, 13 000 Ew.; Nahrungs-, Genußmittel-, Baustoffind., Maschinenbau; Residenzschloß (1772–76).

Lueg, Paß L., 9 km lange Engtalstrecke der Salzach zw. Hagen- und Tennengebirge in Salzburg, Österreich.

Lueger, Karl, österr. Politiker, * 1844, † 1910, Führer der Christlich-sozialen Partei, seit 1897 Bürgermeister von Wien, förderte soziale Maßnahmen und betrieb den Ausbau Wiens.

Lu|es [lat. ›Seuche‹] die, die → Syphilis.

Luffa [arab.] die, **Luffaschwamm,** gurkenähnl. Frucht **(Schwammgurke),** deren entfleischtes Gefäßbündelnetz Schwammersatz liefert.

Lufft, Hans, Buchdrucker in Wittenberg, * 1495, † 1584, druckte seit 1523 die Schriften Luthers u. a. Reformatoren.

Luft, Gasgemisch der Atmosphäre aus rd. 78 % Stickstoff, 21 % Sauerstoff, 0,9 % Edelgasen, 0,03 % Kohlendioxid, das wechselnde Mengen Staub, Wasserdampf, Abgase, Schwefel- und Stickstoffverbindungen u. a. enthält.

Luftbild: Satellitenaufnahme von der Küste des Persischen Golfes bei Bender-e-Lengeh (Iran) aus etwa 200 km Höhe. Rechts im Bild ein Teil der Insel Kischm

Luftballon, 1) Luftfahrzeug, das leichter als Luft ist, → Fesselballon, → Freiballon. **2)** Kinderspielzeug.

Luftbefeuchter, in der Klimatechnik ein Gerät zur Befeuchtung der Raumluft durch Einspritzen von flüssigem oder dampfförmigem Wasser in Düsenkammern (wegen der damit verbundenen Reinigung **Luftwäscher** genannt) oder durch Wasserverdunstung.

Luftbetankung, Luft|tanken, Kraftstoffübergabe während des Fluges an militär. Flugzeuge. Von einem speziellen Tankflugzeug wird ein Schlauch oder Rohr mit Trichtermundstück ausgefahren, in das sich das zu betankende Flugzeug einkuppelt.

Luftbild, urspr. die von einem Flugzeug oder Flugkörper aus photographisch aufgenommene Abbildung eines Teiles der Erdoberfläche, heute allgemeiner eine bildl. Darstellung der Erdoberfläche, die mit Aufnahme- und Auswertegeräten der Luft- und Raumfahrt gewonnen werden kann. **L.-Pläne** sind entzerrte, zu einem Plan zusammengefügte L. eines bestimmten Maßstabes; **L.-Karten** enthalten zusätzlich Gitternetz, Ortsnamen, Höhenzahlen usw. Die Auswertung des L. **(L.-Interpretation)** ist wichtiges Hilfsmittel verschiedener Wissenschaftszweige (Geographie, Geologie, Landesplanung u. a.), auch der militär. Luftaufklärung. Als Vermessungstechnik ist das L. eine Grundlage der → Photogrammetrie.

Luftbrücke, Versorgung abgeschnittener Gebiete durch Flugzeuge, z. B. bei der Blockade West-Berlins durch die UdSSR (Juni 1948 bis Mai 1949).

Luftdruck, der Druck, den die Luft infolge der Schwerkraft auf ihre Unterlage ausübt, in Meereshöhe im Mittel 1 013 mb = 760 Torr. Er nimmt je 5 km Höhe auf etwa die Hälfte ab. Der L. wird mit dem Barometer gemessen.

Luft|elektrizität, die elektr. Vorgänge in der Atmosphäre. Das luftelektr. Potentialgefälle zw. 2 Punkten mit 1 m Höhenunterschied beträgt in der Nähe des Erdbodens rd. 100 Volt; in größerer Höhe nimmt es rasch ab. Die L. ist die Ursache für Gewitter und Elmsfeuer.

Luft|erhitzer, Rohre mit aufgesetzten Rippen (große Oberfläche), die von Dampf, heißem Wasser oder Gasen durchströmt werden, oder elektr. Heizkörper, an denen die Luft vorbeigeführt wird.

Luftfahrerschein, behördl. Erlaubnisschein zur Führung eines Luftfahrzeugs, ausgegeben nach vorgeschriebener Ausbildung. Es gibt L. für Privatflugzeugführer (PPL), für Berufsflugzeugführer 2. und 1. Klasse (CPL), für Linienflugzeugführer (ATPL) u. a. Zur Führung von Flugzeugen der Dt. Luftwaffe sind besondere Militärflugzeugführerscheine nötig.

Luftfahrt, das Flugwesen mit allen techn. und organisator.

Luft

Einrichtungen, unterschieden in **Zivil-L.** (→ Luftverkehr, Allgemeine Luftfahrt) und **Militär-L.**, betrieben mit → Luftfahrzeugen. Wichtigste Ereignisse: 1783 erster Freiballonflug mit Montgolfière und Charlière; 1890 erster Gleitflug von O. Lilienthal; 1900 erster Flug eines Zeppelin-Luftschiffs; 1903 erster Motorflug der Brüder Wright; 1915 erstes Ganzmetallflugzeug von H. Junkers; 1913–18 Entwicklung des Flugwesens zur Waffe; 1919 Beginn des planmäßigen Luftverkehrs; Atlantiküberquerungen von West nach Ost 1919 durch J. W. Alcock und A. W. Brown, 1927 durch Ch. Lindbergh, von Ost nach West 1928 durch H. Köhl u. a.; 1935 Aufnahme des Luftverkehrs mit Flugzeugen über den Pazifik, 1939 über dem Nordatlantik; 1939 erstes Strahlflugzeug (He 178) und erstes Raketenflugzeug (He 176); 1939–45 kriegsentscheidende Rolle der L.; 1947 erster Überschallflug; 1949 erste Umrundung der Erde ohne Zwischenlandung; 1952 Beginn des Luftverkehrs mit Strahlflugzeugen; 1957 planmäßige Luftverkehrslinien über den Nordpol; 1966 Militärflugzeuge mit dreifacher Schallgeschwindigkeit; 1970 erste Großraum-Luftverkehrsflugzeuge in Dienst gestellt; 1976 Einsatz von Überschall-Verkehrsflugzeugen im Liniendienst.

Luftfahrt-Bundesamt (LBA), 1954 errichtete Bundesoberbehörde, Sitz: Braunschweig, für Aufgaben der Zivilluftfahrt; untersteht dem Bundesminister für Verkehr.

Luftfahrtmedizin, → Flugmedizin, → Raumfahrtmedizin.

Luftfahrtpsychologie, Teilgebiet der Verkehrspsychologie, das sich mit den psych. Bedingungen der Tätigkeit des Flugpersonals beschäftigt (Eignungsprüfung, Flugsicherheit u. a.).

Luftfahrtversicherung. Es gibt Luftfahrt-Unfall-Haftpflicht-, Kasko- und Gütertransport-Versicherung. Die Versicherung der Fluggäste in Verkehrsflugzeugen ist im Flugpreis einbegriffen.

Luftfahrzeug, Sammelbez. für alle Fluggeräte, die sich in der Atmosphäre halten und bewegen können. Man unterscheidet: L. leichter als Luft (Ballone, Luftschiffe) und L. schwerer als Luft (Drachen, Flugzeuge, unbemannte Flugkörper, Fallschirme).

Luftfeuchtigkeit, der in der Luft enthaltene Wasserdampf, Messung mit → Hygrometer und → Psychrometer.

Luftfilter zum Abscheiden von festen Verunreinigungen aus der Luft sind: **Trockenfilter** aus einzelnen Platten (Zellen) aus Metall-, Glas- oder Kunststoffgespinst im Metallrahmen und **Ölbenetzte Metallfilter** aus Platten oder Zellen mit einer Füllung möglichst großer Oberfläche (Reinigung im Ölbad). **Aktivkohlefilter** ermöglichen die Absorption von Gasen, Dämpfen, Geruchsstoffen. Beim **Elektrofilter** wird der Staub in einem Hochspannungsfeld an einer Elektrode niedergeschlagen.

Luftgewehr, Sportgewehr, bei dem das Geschoß durch Druckluft aus dem Lauf getrieben wird.

Luftkissenfahrzeug: SR. N 4 von der British Hovercraft Corporation. Das derzeit größte im Einsatz befindliche Schwebefahrzeug von 168 t Gesamtgewicht und 50 t Nutzlast hat eine höchste Reisegeschwindigkeit von 130 km/h und 160 km Fahrstrecke. Als Autofähre faßt es bis zu 34 Pkw und 174 Passagiere

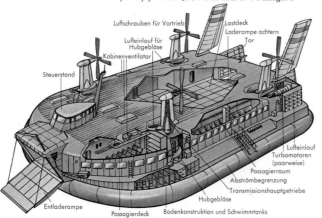

Luftschrauben für Vortrieb
Lufteinlauf für Hubgebläse
Kabinenventilator
Steuerstand
Lastdeck
Laderampe achtern
Tor
Lufteinlauf Turbomotoren (paarweise)
Passagierraum
Abströmbegrenzung
Transmissionshauptgetriebe
Hubgebläse
Passagierdeck
Bodenkonstruktion und Schwimmtanks
Entladerampe

Lufthansa, Deutsche L., Abk. **DLH,** Köln, seit 1954, Nachfolgerin der alten D. L. (1926–45). 1981 umfaßte das Streckennetz rd. 310000 km. Den Namen D. L. führte 1954–63 auch eine Luftverkehrsges. der Dt. Dem. Rep. (→ Interflug).

Lufthoheit, Recht jedes souveränen Staates, die Benutzung des über seinem Staatsgebiet liegenden Luftraums bindend zu regeln.

Luftkampf, der Kampf zw. Kriegsflugzeugen, bes. Jagdflugzeugen, mit Maschinenwaffen, Kanonen und Raketen.

Luftkissenfahrzeug, Bodeneffektfahrzeug, engl. **Hovercraft** [h'ɔvəkrɑ:ft], Fahrzeug, das auf einem Luftpolster einige Dezimeter über dem Boden oder über Wasser schwebt, in Form einer runden oder ovalen Scheibe mit Aufbauten für Gäste und Fracht. Das Luftpolster wird durch Druckluft erzeugt, die durch ein motorisch angetriebenes Gebläse entsteht und auf der Unterseite des L. durch einen ringförmigen Spalt austritt; innerhalb dieses Ringspalts hat die Luft erhöhten Druck, der das Fahrzeug trägt. Die Vorwärtsbewegung wird durch Druckluft oder Luftschrauben eines Triebwerkes bewirkt. L. dienen bes. als Fähren über See sowie für militär. Aufgaben.

Luftkorridor, festgelegte Einflugstrecke, z. B. die nach West-Berlin.

Luftkräfte, Gesamtheit der Druck- und Saugkräfte an einem Körper, die bei der Relativbewegung zw. Körper und Luft entstehen.

Luftkrieg, Kriegführung in und aus der Luft; sie richtet sich gegen die feindl. Luftstreitkräfte und ihre Kraftquellen, gegen die sonstigen Streitkräfte und die Wirtschaft eines Landes. Der L. bedroht die mögl. Einsatz von Raketen mit Atomsprengköpfen verschafft dem L. eine Vorrangstellung.

Luftlandetruppen, Streitkräfte, die aus Flugzeugen abgesetzt (Fallschirmtruppen) oder mit Lastenseglern zum Einsatzort gebracht werden.

Luftlinie, kürzeste Entfernung zw. 2 Punkten der Erdoberfläche.

Lüftlmalerei, alpenländ. Fassadenmalerei mit meist relig. Motiven.

Luftmassen nennt man im Wetterdienst die oft über mehrere 1000 km ausgedehnten Luftmengen gleicher Beschaffenheit (Temperatur, Feuchtigkeit, Bewölkung u. a.).

Luftmine, eine → Bombe.

Luftpiraterie *die,* das Kapern eines Flugzeugs. Der Pilot wird durch Gewalt oder Drohung gezwungen, von der Flugroute abzuweichen und an einem anderen Platz als dem Bestimmungsort zu landen. L. wird meist zur Flucht aus einem Land oder zur Durchsetzung polit. Forderungen. (→ Geiselnahme)

Luftpool [-pu:l], **Deutscher L.,** Abk. **DLP,** Rückversicherungsgemeinschaft der dt. Luftfahrtversicherungen.

Luftpost, Postbeförderung auf dem Luftweg; zu den gewöhnl. Gebühren kommen L.-Zuschläge. Seit 1961 werden im innerdt. Verkehr werktags Briefe, Postkarten und Postanweisungen zuschlagfrei befördert, seit 1965 auch nach dem benachb. Ausland.

Luftpumpe, 1) Verdichter, z. B. zum Aufpumpen von Fahrzeugreifen. 2) Vakuumpumpe zur Entlüftung von Kondensatoren für Dampfturbinen und Dampfmaschinen sowie von Saugleitungen für Flüssigkeitspumpen; dafür werden Strahl- und Wasserringpumpen verwendet. 3) ☆ Sternbild des Südhimmels.

Luftrate, Außenluftmenge, die in geschlossenen Räumen mit vielen Menschen stündlich je Person zugeführt werden muß, für Räume mit Rauchverbot mindestens 20 m³, für andere Räume 30 m³.

Luftrecht, Vorschriften des nationalen und internat. Rechts über den Luftverkehr. In der Bundesrep. Dtl. liegt die Gesetzgebung über den Luftverkehr beim Bund (Art. 73 Ziff. 6 GG), die Ausführung der Bundesgesetze meist bei den Ländern. Maßgebend ist das Luftverkehrs-Ges. v. 5. 12. 1958 i. d. F. v. 4. 11. 1968, ergänzt durch die Luftverkehrsordnung v. 14. 11. 1969. Privatrechtlich ist bes. wichtig das Warschauer Abkommen von 1929 zur Vereinheitlichung der Beförderungsregeln im internat. Luftverkehr. Völkerrechtlich wird der internat. Luftverkehr im Abkommen von Chicago geregelt (7. 12. 1944).

Luftröhre, grch.-lat. **Trachea,** bei Mensch und Wirbeltieren die Verbindung zw. Kehlkopf und Lungen, durch hufeisenförmige Knorpelspangen gefestigt und mit Schleimhaut ausgekleidet. Die L. teilt sich in die beiden Bronchien; beim Menschen ist sie ein etwa 12 cm langes Rohr.

Luftröhrenkatarrh, Entzündung der Luftröhrenschleimhaut, greift meist auf die Bronchien über.

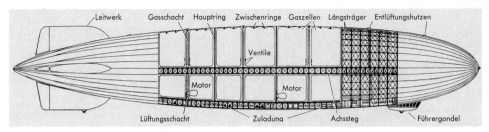

Luftschiff: Seitenansicht eines Starrluftschiffs, teilweise im Schnitt

(Labels on figure: Leitwerk, Gasschacht, Hauptring, Zwischenringe, Gaszellen, Längsträger, Entlüftungshutzen, Ventile, Motor, Motor, Lüftungsschacht, Zuladung, Achssteg, Führergondel)

Luftröhrenschnitt, Tracheotomie, operatives Eröffnen der Luftröhre.

Luftröhrenverengung entsteht durch Auflagerungen bei Entzündungen (Diphtherie) und durch Narben oder durch den Druck von außen (z. B. Kropf). Behandlung bei Erstickungsgefahr: → Intubation oder Luftröhrenschnitt.

Luftröhrenwurmkrankheit, durch einen Fadenwurm verursachte Geflügelkrankheit.

Luftrolle, Turnen: freier Überschlag rück- oder vorwärts.

Luftsack, 1) Luftansammlung in flüssigkeitsführenden Rohrleitungen oder hydraul. Maschinen. **2) Airbag** ['ɛəbæg, engl.], eine in Millisekunden aufblasbare Rückhaltevorrichtung in Kraftwagen zum Schutz der Insassen bei Unfällen.

Luftschiff, Luftfahrzeug, das durch den aerostat. Auftrieb einer Traggasfüllung (Wasserstoff oder Helium) getragen wird; angetrieben durch Propellertriebwerke (außerhalb des L.-Körpers in Gondeln angeordnet), steuerbar mit Hilfe von kreuzförmig am Heck angebrachten aerodynam. Ruderflächen. **Prall-L. (Unstarre L.),** urspr. **Lenkballone** genannt, erhalten ihre Form durch unter Überdruck stehende Luft- und Gasbehälter, z. B. **Parseval-L. Starr-L.** haben ein mit metallisiertem Gewebe bespanntes Gerüst aus Leichtmetall, z. B. die **Zeppelin-L.** Zw. den Hauptringen des Gerippes liegen die Gaszellen. Heute werden noch unstarre Klein-L. zu Werbezwecken und in den USA für Aufgaben in der Seeüberwachung u. ä. gebaut.

Luftschraube, Propeller, Vortriebsmittel von Flugzeugen: meist 2–4 tragflügelähnl. Flächen aus Metall oder Kunststoff (früher Holz) um eine Drehachse. Durch ihren Umlauf entsteht eine Kraft in Achsrichtung. Die L.-Blätter können zum Verbessern des Wirkungsgrads während des Fluges verstellt werden (Verstell-L.).

Luftschutz, → Zivilschutz.

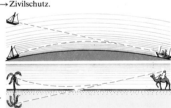

Luftspiegelung: oben über dem Meer bei nach oben abnehmender Luftdichte; unten über erhitztem Wüstensand bei nach oben zunehmender Luftdichte

Luftspiegelung, atmosphär. Erscheinung: scheinbare Erhöhung eines entfernten Gegenstandes über dem Horizont (**Kimmung**) durch Brechung der Lichtstrahlen an verschieden warmen Luftschichten. Haben tiefere Luftschichten eine geringere Dichte, kann Spiegelung nach unten erzeugt werden (**Fata morgana**). L. tritt bes. in Wüsten, auf See und überhitzten Landstraßen auf.

Luftsport, → Flugsport.

Luftsprudler, Sanitärtechnik: Einrichtung, mit der der Wasserstrahl einer Auslaufarmatur so mit Luft angereichert wird, daß er weich schäumend ohne zu spritzen ausläuft.

Luftstraße, Korridor in einem Flugsicherungskontrollbezirk, mit Funknavigations-Einrichtungen ausgerüstet.

Luft|tanken, → Luftbetankung.

Luftüberwachung, Überwachung von Luftraum und -verkehr über einem Staatsgebiet; auch die Messung und Kontrolle der Luftverschmutzung und der Radioaktivität.

Lüftung. Wohnräumen wird frische Luft durch Undichtigkeiten der Fenster, Türen (**Selbst-L.**) oder durch Luftschächte (**freie L.**) zugeführt. Für Versammlungsräume, Kinos, Theater u. a. wendet man **Zwangs-L.** an: Bei der **Entlüftung** wird Luft abgesaugt, Frischluft strömt durch Undichtigkeiten nach; bei der **Belüftung** wird frische, oft klimatisierte Luft in die Räume gedrückt. Zur Wahrung gleichbleibender Temperatur, die bei der Zwangs-L. nicht gewährleistet ist, dient die → Klimaanlage.

Luftunruhe, turbulente Bewegung der erwärmten Atmosphäre, Ursache des Szintillierens (Flackerns) der Sterne.

Luftverflüssigung, Erzeugung flüssiger Luft durch Abkühlung auf mindestens − 197,5 °C nach dem Gegenstromverfahren von C. Linde oder dem Prinzip der Wärmepumpe. Flüssige Luft ist wasserklar und bläulich; Verwendung zur Erzeugung tiefer Temperaturen, für Sprengstoffe und Raketentreibstoffe.

Luftverkehr, umfaßt Einrichtungen zur Beförderung von Personen, Fracht und Post auf dem Luftweg. Neben dem öffentl., planmäßigen L. (Linienluftverkehr) besteht für besondere Zwecke ein Bedarfsluftverkehr (Charterluftverkehr) und die Allgemeine Luftfahrt (nichtöffentl. L. für Berufs-, Geschäfts-, Vergnügungs- und sportl. Zwecke). Zum L. gehören Luftverkehrsgesellschaften, Flughäfen, Flugsicherung, Speditionen, Reisebüros, Transportversicherungen u. a. Die meisten öffentl. Luftverkehrsgesellschaften der Welt sind in der → IATA zusammengeschlossen; die am L. beteiligten Staaten sind in der → ICAO organisiert. Die Verkehrsleistung der Luftverkehrsgesellschaften wird in Sitz- (Personen-, Passagier-)Kilometer pro Jahr und Tonnenkilometer pro Jahr gemessen. Das Verhältnis der von der verkauften und der angebotenen Verkehrsleistung wird als Auslastung (Nutzladefaktor) bezeichnet. Die Auslastung der Linienflugzeuge liegt zw. 40 und 60%. Die jährl. Verkehrsleistung aller Luftverkehrsgesellschaften beträgt heute über 500 Mio. Fluggäste, rd. 660 Mrd. Personen-km, rd. 20 Mrd. Fracht-km. Die Fluggastplätze je Flugzeug, die Reisegeschwindigkeit und damit die angebotene Verkehrsleistung haben seit Beginn des L. ständig zugenommen: 1920 bis zu 4 Plätze, Geschwindigkeit bis zu 102 km/h; 1960 bis 174 Plätze und 960 km/h; 1973 bis 490 Plätze und bis 1 000 km/h; 1976 Einführung des Überschall-L. Bei innerstaatl. Luftbeförderung gilt für die Haftung jeweils das nat. Recht, in der Bundesrep. Dtl. das Luftverkehrs-Ges. (→ Luftrecht). Übers. S. 226

Luftverschmutzung, Luftverunreinigung, Anreicherung der Luft mit festen, flüssigen, gasförmigen Spurenstoffen, bes. im Bereich von Großstädten und Industriegebieten (Kohlenmonoxid, Schwefeldioxid, Staub, Rauch, Smog u. a.). Die Bekämpfung der L. ist in der Bundesrep. Dtl. durch das Bundes-Immissionsschutzgesetz (1974) geregelt.

Luftverteidigung, Abwehr von Luftangriffen durch Luftverteidigungskräfte: Jagdflugzeuge, Flugabwehrraketen, Flugabwehrkanonen.

Luftwaffe, der Teil der Streitkräfte eines Staates, der den Kampf im Luftraum zu führen hat, und die für die Durchführung dieses Auftrags erforderl. Verbände. Die **taktische L.** umfaßt u. a. die Jagdflieger- und Jagdbomber-Einheiten, leichte Kampf- und Flugabwehrraketenregimenter. Die **operative L.** besteht aus schweren Kampfflugzeugen, zugleich Atombombenträgern, Fernaufklärern und Interkontinentalraketen. Die Marinen haben meist eigene Marinefliegertruppen.

Luftwaffenschulen, Ausbildungsstätten für das Personal der Luftwaffe: Technische Schulen, Flugzeugführer-, Truppen-, Offiziers-, Fla-Raketenschule, Technische Akademie.

Luftwäscher, → Luftbefeuchter.

Lufthansa   swissair   Swissair

SAS (Skandinavien)   Alitalia

Iberia (Spanien)   El Al Israel Airlines

KLM   Austrian Airlines

Pan American World Airways   Japan Airlines

Luftverkehr: Abzeichen von Luftverkehrsgesellschaften

Luft

Luftverkehrsgesellschaften

Erdteil Luftverkehrsgesellschaft, Sitz	Flugpark im Einsatz	bestellt	beförderte Personen in Mio. (1980)
Europa			
Aeroflot, Moskau, UdSSR	...	...	98[1]
Air France, Paris, Frankreich	95	38	10,9
Alitalia, Linee Aeree Italiane, Rom, Italien	64	13	7,3
Austrian Airlines, AUA, Wien, Österreich	15	5	1,6
British Airways Corporation, BA, London, Großbritannien	178	31	12,3
Deutsche Lufthansa AG, DLH, Köln, Bundesrep. Dtl.	110	47	13,9
Iberia, Líneas Aéreas de España S. A., Madrid, Spanien	90	9	13,8
Interflug, Berlin, Dt. Dem. Rep.	33[2]	–	1,2
JAT, Jugoslovenski Aerotransport, Belgrad, Jugoslawien	28	2	3,3
KLM, Koninklijke Luchtvaart Maatschappij NV Royal Dutch Airlines, Amsterdam, Niederlande	52	11	4,4
LOT, Polish Airlines, Warschau, Polen	47	–	1,8
Olympic Airways S. A., Athen, Griechenland	29	4	4,8
SABENA, Société Anonyme Belge d'Exploitation de la Navigation Aérienne, Brüssel, Belgien	26	3	1,9
SAS, Scandinavian Airlines, Stockholm, Schweden	95	1	8,3
Swissair, Swiss Air Transport Company Ltd., Zürich, Schweiz	48	22	6,9
UTA, Union de Transports Aériens, Paris, Frankreich	17	4	0,8
Afrika			
South African Airways, SAA, Johannesburg, Südafrika	39	17	3,9
Nordamerika			
Air Canada, Montreal, Kanada	117	17	13,0
American Airlines Inc., AA, New York, USA	233	45	25,7
Braniff International Inc., BI, Dallas, USA	95	–	10,5
Delta Air Lines Inc., Atlanta, USA	212	36	39,7
Eastern Air Lines Inc., EAL, New York, USA	269	53	39,0
Pan Am, Pan American World Airways Inc., New York, USA	127	10	15,2
TWA, Trans World Airlines Inc., New York, USA	223	13	20,4
United Air Lines Inc., UA, Chicago, USA	316	44	32,8
Mittel- und Südamerika			
Aerolíneas Argentinas, AA, Buenos Aires, Argentinien	34	5	3,9
VARIG S. A., Viaçao Aérea Rio Grandense, Rio de Janeiro, Brasilien	62	1	4,3
Asien			
Air-India, Bombay, Indien	19	–	1,4
CAL, China Airlines Ltd., Taipeh, Taiwan	18	5	2,1
EL AL, Israel Airlines Ltd., Tel Aviv, Israel	17	6	1,2
JAL, Japan Air Lines Co. Ltd., Tokio, Japan	84	4	13,0
PIA, Pakistan International Airlines Corp., Karachi, Pakistan	32	–	2,8
Saudia, Saudi Arabian Airlines, Djidda, Saudi-Arabien	58	16	9,5
Australien/Neuseeland			
Qantas Airways Ltd., Sydney, Australien	22	3	1,8
Trans Australia Airlines, TAA, Melbourne, Australien	34	5	5,1

[1] 1975, [2] 1977.

Luftwege, Nasenhöhle, Rachen und Kehlkopf (**obere L.**); Luftröhre und Bronchien (**untere L.**).

Luft-Werbung, Werbung durch Ballons, Luftschiffe, Flugzeuge mit Beschriftung, Schleppband, Himmelsschrift (**Himmelsschreiber**).

Luftwiderstand, →Widerstand.

Luftwirbel, spiralförmige Luftbewegungen: Wind- und Wasserhosen und Wirbelstürme (Tornados, Taifune).

Luftwurzel, oberird. Wurzel.

Luganer See, ital. **Lago di Lugano,** Alpenrandsee im Kt. Tessin, Schweiz, und der ital. Prov. Como, 48,7 km² groß.

Lugano, Bezirksstadt im Kt. Tessin, Schweiz, am N-Ufer des Luganer Sees, an der Gotthardbahn, 27 800 Ew.; mildes Klima.

Lugansk, →Woroschilowgrad.

Lugau/Erzgebirge, Stadt im Bez. Karl-Marx-Stadt, am N-Saum des Erzgebirges, 10 900 Ew.; Maschinenbau, Textil- und Schuhfabrikation; Rückgang des Steinkohlenabbaus.

Lügde, Stadt im Kr. Lippe, NRW, 11 000 Ew.; Luftkurort nahe bei Bad Pyrmont; Holz-, Lebensmittel- u. a. Ind.

Lügendetektor, Gerät, das unwahre Angaben entlarven soll; verzeichnet Schwankungen der Atmung und des Blutdrucks; in der Rechtspflege der Bundesrep. Dtl., Österreichs und der Schweiz nicht gestattet.

Lugi|er, Kultgenossenschaft wandal. Einzelvölker um Christi Geburt in Schlesien und Westpolen.

Lugo [l'uɣo], **1)** Prov. Spaniens, in Galicien, 9 803 km², 400 000 Ew. **2)** Hptst. von 1), 70 300 Ew.; Kathedrale (12.–18. Jh.); Schwefelquellen.

Luhmann, Niklas, dt. Rechts- und Sozialwissenschaftler, * 1927, entwickelte eine sozialwissenschaftl. ›Systemtheorie‹.

Luini, Bernardino, ital. Maler, * um 1480/85, † 1532, bes. von Leonardo da Vinci beeinflußt; Fresken und Tafelbilder von weicher Schönheit.

Luise, Königinnen:
Preußen. **1)** L., Prinzessin von Mecklenburg-Strelitz, * 1776, † 1810, Frau (1793) Friedrich Wilhelms III.; bat 1807 in Tilsit Napoleon vergeblich um mildere Friedensbedingungen.
Schweden. **2) L. Ulrike,** Schwester Friedrichs d. Gr., * 1720, † 1782, Frau (1744) Adolf Friedrichs, stiftete 1753 die Akademie der schönen Lit. und Geschichte in Stockholm.

Luisenburg, Felsblockgebiet (Granit) bei Alexandersbad im Fichtelgebirge; Freilichtbühne.

Luitpold, Prinzregent von Bayern (1886–1912), 3. Sohn Ludwigs I., * 1821, † 1912, führte die Regierung für seine geisteskranken Neffen Ludwig II. und Otto I.

Lukács [l'uka:tʃ], Georg (von), ungar. Philosoph und Literarhistoriker, * 1885, † 1971, galt, trotz wiederholter Rüge der KP, als führender marxist. Literaturtheoretiker; orientierte sich dabei an der Kunst der großen Realisten. – ›Geschichte und Klassenbewußtsein‹ (1923), ›Goethe und seine Zeit‹ (1947), ›Probleme des Realismus‹ (1955) u. a. (Bild S. 227)

Lukan, lat. **Lucanus,** Marcus Annaeus, lat. Dichter, * Spanien 39 n. Chr., † 65; Epos ›Pharsalia‹.

Lukani|en, lat. **Lucania,** antike Landschaft in Unteritalien, die heutige Basilicata.

Lukas, nach altkirchl. Überlieferung der Verfasser des Lukasevangeliums und der Apostelgeschichte, Arzt, Gefährte des Apostels Paulus. Tag: 18. 10. Kennzeichen: Stier.

Luke die, **Luk** das, wasserdicht verschließbare Öffnung im Schiffsdeck zum Ein- und Ausladen (Lade-L.), zur Lüftung.

Lukian, grch. Schriftst., * um 120, † nach 180; Satiriker.

Lukmani|er, ital. **Passo del Lucomagno** [-m'aɲo], Alpenpaß (1917 m) der Gotthardgruppe, verbindet das Medelser Tal (Graubünden) mit dem Val Blenio (Tessin).

lukrativ [lat.], gewinnbringend, vorteilhaft.

Lukrez, lat. Titus **Lucretius** Carus, lat. Dichter, * wohl 97 v. Chr., † (Selbstmord) 55 v. Chr., schrieb ein bed. Lehrgedicht, das Hexameterepos ›Über die Natur‹.

Luksor, Stadt in Oberägypten, →Luxor.

Lukuga, re. Nebenfluß des Lualaba, in Zaire, Abfluß des Tanganjikasees.

lukullisch [nach →Lucullus], genießerisch, üppig (Mahl).

Lul, Lullus, Erzbischof von Mainz, * um 710, † 786, Schüler des Bonifatius; gründete Kloster Hersfeld. Heiliger; Tag: 16. 10.

Luleå [l'y:loo:], Hptst. des VerwBez. Norrbotten, Schweden, Hafen an der Mündung des Luleälv in den Bottn. Meerbusen, 67 200 Ew.; durch die Lappland- und Ofotenbahn mit Narvik verbunden; Eisenerzausfuhr; Eisen-, Stahlwerk.

Luleälv [ly:lə'ɛlf], 450 km langer Fluß in N-Schweden, Wasserfälle, Kraftwerke.

Lullus, Raimundus, katalan. Mystiker, Dichter und Missionar in N-Afrika und im Orient, * 1235, † (von Muslims gesteinigt) 1316; Seliger; Tag: 3., im Franziskanerorden 4. 7.

Lully [lyl'i], Jean-Baptiste, frz. Komponist, * 1632, † 1687, im Dienst Ludwigs XIV., der erste Meister der frz. Oper.

Luluaburg, bis 1968 Name von →Kananga, Zaire.

Lumbago [lat.] die, →Hexenschuß.

lumbal, die Lenden betreffend.

Lumbalpunktion, $ Punktion unterhalb des Rückenmarks im Bereich der Lendenwirbelsäule, zum Entnehmen von Gehirn-Rückenmarksflüssigkeit.

Lumbeckverfahren [n. E. Lumbeck], →Klebebindung.

Lumberjack [l'ʌmbədʒæk, engl.] *der,* blusenartige Jacke.

Lumen [lat. ›Leuchte‹] *das,* Einheitszeichen **lm,** abgeleitete SI-Einheit für den Lichtstrom, definiert als das Produkt Lichtstärke mal Raumwinkel.

Lumière [lymj'ε:r], Auguste, frz. Phototechniker, * 1862, † 1954, schuf zusammen mit seinem Bruder Louis Jean (* 1864, † 1948) zahlreiche Neuerungen auf dem Gebiet der Photographie (erster brauchbarer Kinematograph 1894).

Lumineszenz *die,* das Leuchten von Stoffen ohne Temperaturerhöhung (›kaltes Leuchten‹), hervorgerufen durch Bestrahlung mit andersartigem Licht **(Photo-L.),** mit radioaktiven Stoffen **(Radio-L.),** mit Elektronen **(Kathodo-L.),** durch chem. **(Chemi-L.),** elektr. **(Elektro-L.)** oder mechan. Vorgänge **(Tribo-L.,** beim Zerbrechen von Kristallen). Die **Bio-L.** von Pflanzen und Tieren ist eine Art der Chemi-L.

Lumme *die,* zu den Alken gehöriger Meeresvogel.

Lummer, Otto, dt. Physiker, * 1860, † 1925, erfand die Lummer-Gehrcke-Platte, führte genaue Messungen der Hohlraumstrahlung durch.

Lummer-Gehrcke-Platte, ein Interferenz-Spektralapparat höchster Auflösung.

Lumpenproletariat, bei Marx jene unterhalb des Proletariats vorhandenen, meist asozialen Elemente der Großstädte ohne Klassenbewußtsein.

Lump|fisch, Art der →Seehasen.

Lumumba, Patrice, kongoles. Politiker, * 1925, † (ermordet) 1961, 1960 erster MinPräs. der Rep. Kongo (heute Zaire), trat für die Schaffung eines Einheitsstaates und – außenpolitisch – für eine neutralist. Linie ein.

Luna, 1) röm. Mondgöttin. **2)** Name sowjet. Mondsonden und -satelliten seit 1959; einige setzten je ein Fahrzeug (→ Lunochod) auf dem Mond ab; L. 16 kehrte 1970 mit automatisch geborbtem Mondgestein zur Erde zurück.

Lunabas *der,* dunkles Gesteinsmaterial aus den Mond-Maria, ähnlich dem Basalt.

Lunarit *der,* Sammelname für das hell erscheinende Gesteinsmaterial der Mond-Terrae.

Lunar Orbiter [l'u:nə 'ɔ:bɪtə], Name von 5 amerikan. Mondsatelliten, die 1966/67 durch Messungen und photograph. Aufnahmen die Apollo-Mondlandungen vorbereiteten.

Lunation [lat.], die Zeit, in der die Mondphasen einen vollen Wechsel durchlaufen, durchschnittlich ein synod. Monat.

Lunatscharskij, Anatolij Wassiljewitsch, russ. Schriftst., Politiker, * 1875, † 1933; 1917–29 Volkskommissar für Bildungswesen.

Lunch [lʌntʃ, engl.] *der,* kleine Mittagsmahlzeit. **lunchen,** den L. einnehmen.

Lund, Stadt im VerwBez. Malmöhus, Schweden, 78 000 Ew.; Dom (11.–12. Jh.), Univ., Kernforschung; Papier-, Textilind.

Lunda, Balunda, Bantuvolk in S-Zaire, NO-Angola und NW-Sambia (dort 300 000 Menschen), Waldlandbauern. Ehemals das Staatsvolk des **Lunda-Reiches** (16.–19. Jh.).

Lundenburg, tschech. **Břeclav** [brʒ'etslaf], Stadt in Südmähren, ČSSR, 24 300 Ew.; Grenzbahnhof nach Österreich.

Lüneburg, 1) RegBez. in Ndsachs., 15 340 km², 1,457 Mio. Ew.; umfaßt die Landkr. Celle, Cuxhaven, Harburg, Lüchow-Dannenberg, Lüneburg, Osterholz, Rotenburg/Wümme, Soltau-Fallingbostel, Stade, Uelzen, Verden. **2)** Krst. und VerwSitz von 1), an der Ilmenau, 62 200 Ew.; ehem. bed. Hansestadt (Salzhandel) mit mittelalterl. Stadtbild (Backsteingotik); Verwaltungs- und Wirtschaftsakademie, PH; Textilind., Maschinenbau, Nahrungs- und Genußmittelind., Holz-, Eisenverarbeitung, chem. Ind.; Sol- und Moorbad, Saline.

Lüneburger Heide, eiszeitl. Landrücken zw. Aller und unterer Elbe. Die Heide wurde bis auf Reste, bes. im Naturschutzgebiet **Wilseder Berg** (169 m), zurückgedrängt.

Lüneburger Silberschatz, das Ratssilber der Stadt Lüneburg (1443–1620), meist Tafelsilber (Berlin, Kunstgewerbemuseum).

Lünen, Stadt im Kr. Unna, NRW, an der Lippe, 85 500 Ew.; Steinkohlenbergbau, Maschinen- und Stahlbau, Kupferhütte, Elektrotechnik, Leder-, Glas-, pharmazeut. Ind., Betonbau; Großkraftwerk.

Lünette [frz.] *die,* Bogenfeld, oft mit einem Relief oder einer Malerei.

Lunéville [lynev'il], Stadt im frz. Dép. Meurthe-et-Moselle, 24 700 Ew.; Fayence-, Spielwaren-, elektron., elektrotechn., Konserven-, Textilind. – Im **Frieden von L.** (1801) wurde das linke Rheinufer an Frankreich abgetreten.

Lunge, das paarige Atmungsorgan des Menschen und der luftatmenden Wirbeltiere (Säugetiere, Vögel, Kriechtiere, Lurche, Lungenfische). Beim Menschen und den Säugetieren wird die Oberfläche beider **L.-Flügel** von dem **L.-Fell,** dem inneren Blatt des Brustfells, überzogen, dessen äußeres Blatt, das **Rippenfell,** die innere Brustwand überkleidet. Lungen- und Rippenfell zusammen bilden die allseitig geschlossene **Brustfell-(Pleura-)Höhle.**

Lunge

Lunge (rechter Flügel der menschlichen Lunge im Schnitt): 1 *Rippenfell;* 2 *Lungenfell;* 3 *Brustfell;* 4 *Oberlappen;* 5 *Mittellappen;* 6 *Unterlappen;* 7 *Rippen;* 8 *Luftröhre;* 9 *Aorta;* 10 *Herzbeutel;* 11 *Zwerchfell*

Zw. den einwärtsgekehrten Flächen beider L. liegen das Herz und die großen Gefäße, etwa in der Mitte beiderseits der **L.-Hilus;** hier treten die Bronchien und die **L.-Schlagadern** in die L.-Flügel ein, die **L.-Blutadern** aus ihnen aus. Der rechte L.-Flügel ist in 3, der linke in 2 Lappen gegliedert; sie werden von den Ästen der Bronchien durchzogen, die sich bis zu den mikroskopisch kleinen **L.-Bläschen** verzweigen. Um die L.-Bläschen schmiegt sich ein feines Haargefäßnetz, in das die kohlensäurereiches Blut führenden L.-Schlagadern übergehen; durch die Haargefäßwände hindurch gibt das Blut hier Kohlendioxid ab und nimmt dafür Sauerstoff auf. Die L.-Blutadern führen dieses sauerstoffreiche Blut dem Herzen zu, von wo es in den Körper gelangt (→ Blutkreislauf).

Lungenfische, Lurchfische, Knochenfische, die mit ihrer lungenartigen Schwimmblase durch Schlund und Nase Luft atmen und längere Zeit auf dem Land aushalten, so der **Molchfisch** in Afrika.

Lungenflechte, großlappige Flechtenpflanze.

Lungenkrankheiten. Lungenabszeß, eine Eiterhöhle im Lungengewebe. – **Lungenblähung,** →**Emphysem.** – **Lungenembolie,** Verstopfung der Lungenschlagader oder eines ihrer Äste durch ein Blutgerinnsel. Kann zu plötzl. Tod führen. – **Lungenentzündung, Pneumonie,** die Durchsetzung (Infiltration) des Lungengewebes mit entzündl. Ausschwitzung aus dem umgebenden Gewebe. Die **lobäre (lappenförmige) Lungenentzündung,** meist durch Pneumokokken verursacht, beginnt mit Schüttelfrost, hohem Fieber, Seitenstechen; es folgen unterschiedlich starker Hustenreiz, Atemnot, zäher, rostfarbener Auswurf. Die Krise tritt zw. dem 7. und 13. Tag unter Schweißausbruch und schneller Entfieberung ein. Die Entzündung betrifft stets einen ganzen Lungenlappen. Die **katarrhalische Lungenentzündung, Bronchopneumonie,** betrifft kleinere Teile der Lunge. Erreger sind Bakterien verschiedenster Art, auch Viren. Meist geht ein Katarrh der feinsten Bronchien voraus oder eine ansteckende Krankheit (Masern, Grippe, Typhus u. a.). Behandlung: Antibiotika, Sulfonamide. – **Lungenkrebs,** eine meist von der Schleimhaut der Bronchien ausgehende bösartige Geschwulst, →**Krebs.** – **Lungenödem,** Übertreten von Blutwasser in das Lungengewebe infolge Blutstauung bei Herzschwäche, Nierenentzündung u. a. Ein Zustand höchster Atemnot und Erstickungsgefahr. – **Lungenpest,** →**Pest.** – **Lungentuberkulose,** →**Tuberkulose.**

Lungenkraut, Boretschgewächs mit anfangs roten, später violetten bis blauen Blüten.

Georg Lukács

Lungenoperationen, das vollständige Entfernen eines Lungenflügels **(Pneumonektomie),** das Entfernen eines Lungenlappens **(Lobektomie)** oder des Abschnitts (Segmentes) eines Lappens **(Segmentresektion)** u. a.

Lungenschnecken, Pulmonaten, landbewohnende Schnecken, bei denen das blutgefäßreiche Dach der Mantelhöhle als Lungenteil arbeitet. Atmungsorgan Lunge.

Lungenwürmer, schmarotzende Fadenwürmer bes. bei Wiederkäuern, seltener auch Einhufern, Schweinen, Hasen, Kaninchen, Fleischfressern. L. verursachen Bronchialkatarrh und eine Lungenentzündung **(Lungenwurmkrankheit, -seuche).**

Lunik, Bez. für 3 sowjet. Mondsonden von 1959; die späteren hießen **Luna.**

Lunker *der,* Hohlraum in Gußstücken.

Lunochod, Name von 2 sowjet. Mondautos, selbsttätig fahrenden Instrumententrägern, die 1970 von Luna 17 und 1973

Patrice Lumumba

Lupine:
Ausdauernde L.

M. Luther um 1545
(Holzschnitt von
L. Cranach d. Ä.)

von Luna 21 auf dem Mond abgesetzt wurden und dort etliche Kilometer zurücklegten.

Luns [lyns], Joseph, niederländ. Politiker, * 1911; 1956–71 Außen-Min., förderte die Politik der europ. Integration, seit 1971 Generalsekretär der NATO.

Lunte *die,* **1)** Zündmittel bei Feuerwaffen; für Geschütze bis ins 19. Jh. gebräuchlich (→Vorderlader). **2)** ⚥ Schwanz des Fuchses und Marders.

Lunula [lat. ›kleiner Mond‹] *die,* der weiße Fleck an der Wurzel der Fingernägel.

Luo, nilot. Volk (rd. 1,5 Mio.) in W-Kenia, auch im N Tansanias.

Luoyang, amtl. chines. für die Stadt →Loyang.

Lupanar [lat.] *das,* altröm. Bordell.

Lupe, Vergrößerungsglas, einfaches Mikroskop.

Lupine *die,* Schmetterlingsblütengatt., bes. im südl. Europa, als Grün- und Körnerfutter, auch zur Gründüngung (Stickstoffsammler) und als Zierpflanze angebaut. Landwirtschaftlich wichtig sind die **Blaue,** die **Gelbe** und die **Weiße L.**

Lupinenkrankheit, nach Verfütterung von Lupinen (vor der Züchtung bitterstoffarmer Lupinen) bei Haustieren auftretende Vergiftung.

Lupus [lat.] *der,* **1)** Wolf. **L. in fabula,** ›der Wolf in der Fabel‹, jemand, der in dem Augenblick kommt, da man von ihm spricht. **2)** Hautkrankheiten: **L. vulgaris** (Hautwolf, die Hauttuberkulose); **L. erythematodes,** →Schmetterlingsflechte.

Lurçat [lyrsʼa], Jean, frz. Maler, * 1892, † 1966, Gobelinentwürfe.

Lurche, Amphibi|en, Wirbeltierklasse mit den Ordn.: Blindwühlen, Frosch-L. (Frösche), Schwanz-L. Die L. sind wechselwarme Tiere, deren nackte, drüsenreiche Haut neben den meist vorhandenen Lungen zur Atmung und auch zur Wasseraufnahme dient. Die Jungen tragen als Larven **(Kaulquappen)** anfangs Kiemen und einen Ruderschwanz; Gliedmaßen fehlen vorerst. Später verwandeln sich die Larven (Metamorphose) und gehen von der Kiemen- zur Lungenatmung über; bei den Frosch-L. verschwindet dabei auch der Schwanz. (Bild Froschlurche)

Lurchfische, die →Lungenfische.

Lure *die,* große, gewundene Bronzetrompete der german. Bronzezeit.

Luren, Volk mit iran. Sprache in Iran und in Irak (dort rechnen sie sich zu den Kurden), meist Viehzüchter.

Luria, Salvador Edward, amerikan. Bakteriologe, * 1912, erforschte die biolog. Wirkungen der Strahlung, die Biologie der Bakteriophagen u. a. 1969 (mit M. Delbrück und A. D. Hershey) Nobelpreis für Physiologie und Medizin.

Lusaka, Hptst. von Sambia, 600 000 Ew.; Handelszentrum eines fruchtbaren Farmgebietes, vielseitige Ind.; kath. Erzbischofssitz; Univ.

Lusen *der,* Berg im Naturpark Bayer. Wald, 1 370 m.

Luserke, Martin, Pädagoge, Schriftst., * 1880, † 1968, förderte das Laienspiel.

Lüshun [-ʃ-], Teil der chines. Stadt →Lüta.

Lusitania, brit. Fahrgastdampfer, der Munition mitführte, 1915 vor der irischen Südküste durch ein deutsches U-Boot versenkt.

Lusitani|en, lat. **Lusitania,** röm. Prov., etwa das heutige Portugal.

Lust, Ethik: Zustand gesteigerten Daseinsgefühls und innerer Befriedigung; i. e. S. die in diesem Zustand auftretenden Gefühle, die nach Tiefe, Umfang, Fülle und Dauer wechseln.

Lüst, Reimar, Physiker, * 1923, Astro- und Plasmaphysiker. Seit 1972 Präs. der Max-Planck-Gesellschaft.

Lustenau, Ort in Vorarlberg, Österreich, 17 800 Ew.

Lüster [frz.] *der,* **1)** Kronleuchter. **2)** leinwandbindiger Futter-, Schürzen-, Joppenstoff. **3)** schillernder Überzug auf Glas, Porzellan, Tonwaren. **4)** Emulsion oder Lösungen, oft mit Farbstoffen, die Leder und Pelzen Glanz und Leuchtkraft verleihen.

Lustration, altröm. Religion: kult. Reinigung; lat. Liturgie: Besprengung mit Weihwasser (Prozession u. ä.).

Lustrum *das,* im alten Rom der feierl. Akt der Tierprozession, Sühneopfer alle 5 Jahre; danach: Jahrfünft.

Lustspiel, → Komödie.

Lut, Dascht-e-Lut, Salzwüste im östl. Iran.

Lüta, amtl. chines. **Lüda,** eisfreier Handels- und Kriegshafen an der Südspitze der Halbinsel Liaotung, Prov. Liaoning, China, rd. 4,2 Mio. Ew., zusammengewachsen aus den Hafenstädten

Lüshun (früher **Port Arthur**) und **Talien** (japan. **Dairen,** amtl. chines. **Dalian**) und benannt nach deren Anfangssilben. Schiff-, Maschinen-, Waggon-, Lokomotivbau, Stahl-, chem., petrochem., Zement-, Textil-, Konserven-Ind., Seesalzgewinnung. – Talien wurde als Dalnij seit 1898 von Rußland als Endpunkt der Südmandschur. Eisenbahn ausgebaut und war 1905–45 japanisch.

lute|inisierendes Hormon, Abk. **LH,** Hormon des Hypophysen-Vorderlappens; es reguliert mit dem **Follikelstimulierenden Hormon (FSH)** die Bildung der Follikel und Gelbkörper im Eierstock und reift den männl. und weibl. Geschlechtshormone.

luteotropes Hormon, synonyme Bez. für das →Prolactin.

Lutetium, Lu, Lantanoid (→chemische Elemente), früher **Cassiopeium, Cp.**

Luther, 1) Hans, Politiker, * 1879, † 1962; 1922/23 Reichsernährungs-, 1923–25 Reichsfinanz-Min., 1925/26 Reichskanzler, 1930–33 Reichsbankpräs., 1933–37 Botschafter in Washington, war nach 1949 Vors. des Ausschusses zur Neugliederung der Länder in der Bundesrep. Dtl. **2)** Martin, Reformator, * Eisleben 10. 11. 1483, † ebd. 18. 2. 1546, Sohn des Bergmanns Hans L. aus Möhra, bezog 1501 die Univ. Erfurt, trat 1505 ins Augustinerkloster ein, wurde 1507 Priester, hielt 1508 Vorlesungen in Wittenberg, 1512 Prof. der Theologie. Am 31. 10. 1517 veröffentlichte er seine gegen Tetzel gerichteten 95 Streitsätze (Thesen) über den Ablaß in Wittenberg. Er mußte sich 1518 vor Kardinal Cajetan in Augsburg verantworten, unterwarf sich aber nicht. Im Streitgespräch 1519 mit J. Eck in Leipzig, der Leipziger Disputation, bestritt er den Primat des Papstes und die Unfehlbarkeit der Konzilien. Damit hatte L. mit der Kath. Kirche gebrochen und beschritt nun den Weg zu einer völligen Reformation der Kirche und der Theologie. 1520 entstanden die entscheidenden Reformationsschriften: ›An den christl. Adel dt. Nation‹, ›Von der babylon. Gefangenschaft der Kirche‹, ›Von der Freiheit eines Christenmenschen‹. L. verbrannte am 10. 12. 1520 die päpstl. Bannandrohungsbulle, wurde am 3. 1. 1521 gebannt, verteidigte sich am 17. und 18. 4. 1521 vor dem Reichstag in Worms und wurde in die Reichsacht erklärt. Von Kurfürst Friedrich dem Weisen auf die Wartburg gerettet, übersetzte er hier das N. T. (Erstdruck 1522). 1522 kehrte er nach Wittenberg zurück und trat gegen die Wiedertäufer auf. 1525 heiratete er Katharina von Bora. Im Bauernkrieg billigte L. anfangs die Forderungen der Bauern, verurteilte jedoch später deren Gewalttaten. Mit den beiden Katechismen (1529), der Bibelübersetzung (1534 die ganze Bibel), seinen geistl. Liedern (›Ein‹ feste Burg‹ u. a.) förderte er entscheidend die Entwicklung der dt. Sprache. – Im Mittelpunkt seiner Lehre vom Gnadenmitteln steht das ›Wort Gottes‹ als Gesetz und Evangelium zugleich. Mit der ›Rechtfertigung allein aus dem Glauben‹ hat er für die Reformationskirchen die religiöse Begründbarkeit von Glaubenssätzen (Dogma) aufgehoben. Die unmittelbare Glaubensbeziehung zw. Gott und Mensch macht nach seiner Lehre die priesterl. Mittlerschaft unnötig (allg. Priestertum aller Gläubigen). Die christl. Sittlichkeit erfüllt sich nach L. im weltl. ›Beruf‹, der im Glauben und in der Liebe getan wird.

lutherische Kirchen, die an den luther. Bekenntnisschriften festhaltenden evang. Kirchen, bes. in Dtl., Skandinavien und Nordamerika, im Unterschied zu den reformierten Kirchen. Diese Bekenntnisschriften sind seit 1580 im Konkordienbuch gesammelt; am wichtigsten ist die →Augsburgische Konfession. Dem Streben Melanchthons nach Verständigung mit den Reformierten traten die strengen Lutheraner entgegen, bes. durch die Konkordienformel. Im 19. Jh. führten die Unionsbestrebungen zur Abspaltung der →Altlutheraner. Die luther. Landeskirchen Dtl.s sind seit 1948 in der Vereinigten Evangelisch-Luther. Kirche Dtl.s zusammengeschlossen; von ihr hat sich 1968 die Vereinigte Evang.-Luther. Kirche in der DDR getrennt. Meist sind die l. K. im →Lutherischen Weltbund zusammengeschlossen.

Lutherischer Weltbund, Vereinigung fast aller luther. Kirchen der Welt.

Luthuli [lu:ˈθuːlɪ], Albert, südafrikan. Politiker, * 1898, † 1967, vertrat den gewaltlosen Widerstand gegen die Rassentrennungspolitik der Reg.; erhielt 1961 den Friedensnobelpreis für 1960.

Lutizen, Liutizen, Bund westslaw. Stämme, im Aufstand von 983 unter dt. Herrschaft, bestand bis zum Anfang des 12. Jh.

Luton [luːtn], Stadt in der Cty. Bedford, England, nördlich von London, 160 300 Ew.; Kraftwagen-, Flugzeugbau u. a. Industrie.

Łutosławski, Witold, poln. Komponist, * 1913; urspr. von I. Strawinsky und B. Bartók, dann von der westeurop. Avantgarde beeinflußt.

Lütschine die, Zufluß des Brienzer Sees, Berner Oberland, Schweiz.

Lutter am Barenberge, Flecken im Kr. Goslar, Ndsachs., 4700 Ew. – 27. 8. 1626 Sieg Tillys über Christian IV. von Dänemark.

Lüttich, frz. **Liège** [lje:ʒ], fläm. **Luik** [lœjk], **1)** Prov. Belgiens, 3876 km², 1,004 Mio. Ew. **2)** Hptst. von 1), im Tal der Maas, 216600 Ew.; kultureller Mittelpunkt Walloniens (Univ., TH, Kunstakademie u. a.); got. Kirchen St. Jacques und St. Paul, Palais der Fürstbischöfe (16.–18. Jh.); Eisen- und Glashütten, Leichtmetallind., Metallverarbeitung, Kokereien, chem., Nahrungsmittel-, Textil-, Zementind. – Ehem. Reichsfürstentum der Bischöfe von L.

Lützen, Stadt südwestlich von Leipzig, 4800 Ew. – In der Schlacht bei L. (16. 11. 1632) siegten die Schweden über Wallenstein; Gustav Adolf fiel.

Lützow [-o], Adolf, Frhr. von, preuß. Reiteroffizier, * 1782, † 1834, stellte zu Beginn der Freiheitskriege 1813 das **L.sche Freikorps** (›Schwarze Schar‹) auf.

Luv die, dem Winde zugekehrte Schiffsseite; Ggs.: **Lee.**

Lux, Einheitszeichen **lx**, SI-Einheit der →Beleuchtungsstärke.

Luxation [lat.], ♀ die →Verrenkung.

Luxemburg, frz. **Luxembourg**, amtl. **Grand Duché de Luxembourg** [grãdỹʃ′ə da lyksãb′u:r], Großhzgt. in W-Europa, 2586 km², 363000 Ew. Hptst.: Luxemburg. Amtssprache: Französisch, daneben wird Hochdeutsch und Letzeburgisch (moselfränk. Mundart) gesprochen. Nach der Verf. von 1868 (mehrfach geändert) ist L. eine konstitutionelle Erbmonarchie (⊕ Band 1, n. S. 320. Währung ist der luxemburg. Franc = 100 Centimes. Recht: frz. Vorbild. Keine Wehrpflicht. Bildung: allg. Schulpflicht (9 Jahre); keine selbständige Univ. (Internat. Univ.-Institut, Propädeutikum).

Der N (Ösling) hat Anteil an den Ardennen und ist reich an Wald und Heide. Der S (Gutland), ein offenes Land, gehört zum lothring. Stufenland. Hauptflüsse sind Sauer, Mosel (beide zugleich Grenzflüsse gegen die Bundesrep. Dtl.) und die Alzette. Klima: Ardennen rauher und niederschlagsreicher als der S. Den Hauptbestandteil der Bevölkerung bilden die Luxemburger (fränk. Stammes). Stark ist der Anteil der Ausländer.

Wirtschaft. Auf der Grundlage der Minettelagerstätten im S hat sich eine ausgedehnte Eisen- und Stahlind. entwickelt; der größere Teil der Eisenerze wird jedoch aus Frankreich eingeführt; ferner Gummi- und Kunststoffwaren-Herstellung, Maschinenbau, Nahrungsmittel- und Getränkeind. In der Landwirtschaft kommt der Viehhaltung (Milch- und Fleischerzeugung) die führende Rolle zu. Im Moseltal Weinbau. Haupthandelspartner: EG-Länder. Verkehr: 274 km Eisenbahnstrecken, 5093 km Straßen; Hafen Mertert an der kanalisierten Mosel; internat. Flughafen: Luxemburg.

Geschichte. Die Grafen von L. (Lützelburg) stellten 1308–1437 die dt. Könige (und Kaiser) Heinrich VII., Karl IV., Wenzel, Siegmund. Das Hzgt L. kam 1441 an Burgund, 1477 an Habsburg, 1555 an deren span. Linie, die 1659 Süd-L. an Frankreich abtreten mußte. 1684–94 war L. von Frankreich besetzt, 1697–1794 gehörte es wieder den Habsburgern, 1794–1815 zu Frankreich. 1815 wurde L. Großhzgt. und (bis 1866) dt. Bundesstaat, stand aber in Personalunion mit den Niederlanden. 1839 fiel der wallon. Teil an Belgien. Nach Auflösung des Dt. Bundes 1866 wurde es selbständig. 1890 wurde Adolf, bis 1866 Herzog von Nassau, Großherzog. Bis 1919 blieb L. im Dt. Zollverband. Die 1921 mit Belgien geschlossene Zoll- und Wirtschaftsunion erweiterte sich seit 1947 zur Gruppe der →Benelux-Länder. In beiden Weltkriegen wurde L. von dt. Truppen besetzt. 1949 trat L. der NATO, 1951 der Montanunion, 1957 der EWG und EURATOM bei.

Luxemburg, frz. **Luxembourg** [lyksãb′u:r], **1)** Hptst. des Ghzgt. L., an der Alzette und der Petrusse, 78000, als Agglomeration rd. 92000 Ew.; Sitz der Landesreg., des EG-Parlaments und EG-Gerichtshofs; Hochschuleinrichtungen; Maschinenbau, Möbel- u. a. Ind., Molkerei, Brauerei. – 1815–67 dt. Bundesfestung. **2)** Prov. Belgiens, 4418 km², 223400 Ew. Hptst.: Arlon.

Luxemburg, Rosa, sozialist. Politikerin, * 1871, † 1919, vertrat eine radikale Linie sozialist. Demokratie, gründete 1917 mit K. Liebknecht den Spartakusbund; von Freikorpssoldaten ermordet.

Luxmeter, Film, Fernsehen: photoelektr. oder optisches Gerät, mißt die Beleuchtungsstärke.

Luxor, Luksor, Stadt am Nil, in Oberägypten, 40000 Ew.; liegt an der Stelle des alten →Theben.

luxurieren [lat.], Tierzucht: als Bastard den Elterntieren überlegen sein.

luxuriös, verschwenderisch, prunkvoll.

Luxus [lat.] der, Üppigkeit, verschwender. Lebensführung (Luxusbesteuerung).

Luxussteuer, Steuer auf den Besitz und/oder Erwerb von Luxusgütern.

Luzern, 1) Kt. der Schweiz, 1494 km², 296200 Ew.; gehört teils zum Mittelland, teils zum Voralpenland. Landbau, Alpwirtschaft, Textil-, Maschinen-, Holz-, Papier- u. a. Ind. Fremdenverkehr. Geschichte, →Luzern, Stadt. **2)** Hptst. von 1), am Ausfluß der Reuß aus dem Vierwaldstätter See, 63300 Ew.; got. Franziskanerkirche, Jesuitenkirche (17. Jh.); Holzbrücken; Fremdenverkehr, Kongreßort; Bekleidungs-, Getränke-, Bijouterie-, Uhrenind. – 1291 kam L. an die Habsburger, schloß aber gegen sie 1332 den Ewigen Bund mit der dreiörtigen Eidgenossenschaft. Nach dem Sieg bei Sempach baute L. einen Stadtstaat auf. In der Reformationszeit blieb es katholisch.

Luzerne die, Futterpflanze; Schmetterlingsblüter mit violetten, blauen oder gelben Blüten, aus dem Orient. In Dtl. am meisten angebaut: die wechselfarbige **Bastard-L.** (Bild S. 230)

luzid [lat.], **1)** hell, licht. **2)** klar, scharf umrissen.

Luzifer [lat. ›Lichtbringer‹] der, **Lucifer, 1)** Name des Morgensterns. **2)** der Teufel.

Luzk, poln. **Luck** [łutsk], Hptst. des Gebiets Wolhynien, Ukrain. SSR, am Styr, 146000 Ew.; Maschinenbau, Nahrungsmittel-, Bekleidungsindustrie.

Luzon [-s-], span. **Luzón**, Hauptinsel der Philippinen, mit Nebeninseln 107510 km², rd. 20 Mio. Ew.; Hauptort: Groß-Manila. L. ist stark vulkanisch und taifun- und erdbebengefährdet. Gold, Eisen-, Mangan-, Chromerz; Anbau von Reis, Tabak, Kopra, Zuckerrohr. (Bild Asien)

Lw, früher chem. Zeichen für Lawrencium, heute Lr.

LW, Abk. für Langwellen.

Lwoff [frz. lvɔf], André, frz. Mikrobiologe, * 1902, arbeitete bes. über Zellphysiologie; mit F. Jacob und J. Monod erhielt er 1965 den Nobelpreis für Physiologie und Medizin.

Lwow, russ. Name der Stadt →Lemberg.

lx, Einheitszeichen für →Lux.

Lyallpur [l′aɪəlpuə], früherer Name von →Faisalabad.

Lyck, poln. **Ełk**, Stadt in der Poln. Wwschaft Suwałki, ehem. Krst. in Masuren, Ostpreußen, 33900 Ew.; Fleischverarbeitung, Holz-, elektrotechn. Ind.; Burg (um 1400).

Lydgate [l′ɪdgeɪt], John, engl. Dichter, * um 1370, † 1450(?); Versromane.

Lydien, antike Landschaft im W Kleinasiens, einst ein mächtiger, reicher Staat (Krösus); Hptst.: Sardes; 546 v. Chr. von den Persern (Kyros) erobert.

lydische Tonart, eine Haupttonart der →griechischen Musik, später eine →Kirchentonart.

Lykien, antike Landschaft im SW Kleinasiens. Hauptort: Xanthos; 43 n. Chr. röm. Provinz.

Lykurgos, 1) legendärer Gesetzgeber Spartas, auf den die meisten staatl. Einrichtungen zurückgeführt wurden. **2)** athen. Redner, Staatsmann, † 324 v. Chr., Feind Makedoniens, leitete seit 338 in Athen die Finanzen, führte Athen zu neuer Blüte.

Lyly [l′ɪlɪ], **Lilly**, John, engl. Schriftst., * 1554, † 1606; erster engl. Bildungsroman (2 Tle.: ›Euphues, or the anatomy of wit‹, 1578 und ›Euphues and his England‹, 1580).

lymphatisch, auf die Lymphe bezüglich.

lymphatischer Rachenring, ringförmig angeordnetes lymphat. Gewebe auf Zungengrund und Rachenhinterwand, mit Rachenmandel und Gaumenmandeln.

Lymphatismus [lat.], **lymphatische Diathese**, ♀ im frühen Kindesalter: Neigung zu Wasserspeicherung in den Geweben und zu Vergrößerung des →lymphatischen Rachenrings.

Lymphdrainage [-drena:ʒa], therapeut. Maßnahme, die den Lymphabfluß aus dem Gewebe begünstigt.

Lymphe [lat.] die, **1)** Physiologie: Gewebe- oder Gewebsflüssigkeit, bei den Wirbeltieren und beim Menschen eine aus Plasma und freien Zellen bestehende Flüssigkeit, die durch die →Lymphgefäße dem Blutkreislauf zugeführt wird. Sie vermittelt den

Luzern

Luxemburg

Rosa Luxemburg

Luzerne

Stoffaustausch zw. dem Blut und den Zellen, die von den Blutkapillaren nicht unmittelbar erreicht werden. **2)** Impfstoff zur Impfung gegen Pocken.

Lymphgefäße, den Venen ähnl. feine Röhren, die die Lymphe sammeln und dem Blut wieder zuführen. Die L., die von den unteren Gliedmaßen und den Baucheingeweiden kommen, treten vor der Lendenwirbelsäule zum Brustmilchgang zusammen, der in die linke Schlüsselbein-Vene mündet.

Lymphgefäßentzündung, Entzündung der Lymphgefäße, als roter Streifen von der Infektionsstelle zu dem Lymphknoten sichtbar; sofort ⋏rzt zuziehen!

Lymphknoten, früher fälschlich **Lymphdrüsen** genannt, linsen- bis haselnußgroße Organe, die als Filter in die Lymphgefäße eingeschaltet sind; sie enthalten in **Lymphfollikeln** angesammelte **Lymphzellen.**

Lymph|ödem, Lymphstauung, bes. an den Beinen, ›Stauungswassersucht‹.

Lymphogranuloma inguinale *das,* die beim Geschlechtsverkehr (›vierte Geschlechtskrankheit‹) übertragene, durch ein Virus hervorgerufene **venerische Lymphknotenentzündung.** Behandlung: Sulfonamide und Antibiotika.

Lymphogranulomatose [lat.], **Hodgkinsche Krankheit** [hˈɔdʒkɪn-], **Sternbergsche Krankheit,** bösartige (maligne), chronisch verlaufende Erkrankung des Lymphsystems mit ausgebreiteten Lymphknotenschwellungen (Hals, Achsel, Leistenbeuge, Brustraum), Milzvergrößerung, wechselnd hohem Fieber, bisweilen quälendem Hautjucken. Behandlung: Röntgenbestrahlung, Zytostatika, lokale Entlastungsmaßnahmen durch Operation.

Lymphos|zintigraphie [lat.-grch.], szintigraph. Funktionsuntersuchung (→ Szintigramm) des Lymphflusses und der Lymphknoten, z. B. bei der Geschwulstsuche.

Lymphozyten [lat.-grch.], **Lymphzellen,** weiße Blutkörperchen, die in den Lymphknoten gebildet werden (→ Blut).

Lynch [lɪntʃ], John (Jack), irischer Politiker (Fianna Fáil), * 1917, 1966–73, 1977–79 MinPräs.

lynchen [ˈlɪntʃən], das gesetzwidrige Töten vermeintl. Verbrecher durch eine erregte Menge **(Lynchjustiz).**

Lynen, Feodor Felix Konrad, Biochemiker, * 1911, † 1979, Direktor des Max-Planck-Instituts für Zellchemie in München, isolierte die ›aktivierte Essigsäure‹ (Coenzym A); Nobelpreis mit K. Bloch für Physiologie und Medizin 1964.

Lyngby-Kultur [ˈløŋby-:], nach dem Fundort Nørre Lyngby (Jütland) benannte Kulturstufe der ausgehenden Altsteinzeit.

Lynkeus, grch. Mythos: Sohn des Aphareus, Gegner der Dioskuren.

Lynn [lɪn], Stadt in NO-Massachusetts, USA, 78 300 Ew.; Elektro-, Schuh-, Maschinen-, Textil- u. a. Industrie.

Lyon [ljɔ̃], Hptst. des frz. Dép. Rhône, am Zusammenfluß von Rhône und Saône, 462 800 Ew., das Gebiet der Agglomeration L. hat 1,153 Mio. Ew.; zweitgrößte Stadt und zweitgrößtes Wirtschafts- und Kulturzentrum Frankreichs; Verkehrsknoten; Flughafen; kath. Erzbischofssitz, 2 Univ., Technolog. Universitätsinstitut, wissenschaftl. Institute, Bibliotheken, Museen; Groß- und Zwischenhandel (**Lyoner Messe**); vielseitige Ind. (bes. Seide, Kunstfaser); Kathedrale (12. bis 15. Jh.), Wallfahrtskirche Nôtre-Dame. – Das keltisch-röm. **Lugdunum** wurde unter Augustus Hptst. Galliens, im 2. Jh. n. Chr. Bischofssitz; 1032 kam L. an das Hl. Röm. Reich, Anfang des 14. Jh. an Frankreich; 1793 Zerstörung durch die Jakobiner.

Lyons, J. L. & Comp. Ltd. [lˈaɪənz-], London, internat. Konzern der Nahrungs- und Genußmittelind. mit angegliederten Restaurants und Hotels.

Lyra *die,* **1)** altgrch. Zupfinstrument mit 5–7 Darmsaiten. **2)** in Militärkapellen ein Stahlplattenspiel mit einem lyraförmigen Rahmen. **3)** das Sternbild Leier.

Lyrik [zu grch. Lyra], **lyrische Dichtung,** urspr. von der → Lyra begleitete Gesänge; später die dritte Hauptgatt. der Dichtung neben Epik und Dramatik; häufig i. S. eines autonomen Sprachkunstwerks, als reinste Form von Dichtung aufgefaßt; kennzeichnendes Merkmal ist der Sprachrhythmus; andere Stilmittel: Metrum, Vers, Reim, Bildlichkeit. Schon in der grch. und röm. Lyrik waren die Elemente von Sprachkunst und Formbewußtsein stark. Eine form- und traditionsgebundene L. wurde in Europa bes. im Minnesang, dann in der Nachbildung antiker Muster von Renaissance und Humanismus bis zu Barock, Rokoko und Anakreontik geübt. Vielfach vorbereitet (im Volkslied, aber auch durch einzelne Dichter des Minnesangs und späterer Epochen), entfaltete sich seit der Zeit der Empfindsamkeit, bes. in der Romantik, die **Erlebnis-L.,** deren zentrales Motiv das seel. Erlebnis (häufig in Verbindung mit einer gefühlsbetonten Naturauffassung) ist. Andere Ausprägungen der L. in dieser Zeit: **hymnische L.** (Hölderlin), **Gedanken-L.** (Schiller). Seit dem Symbolismus entwickelte sich die L. wieder in andere Richtungen: Struktur und Bildlichkeit gewannen neue Bedeutung. Die neuere L. versucht, die geistig-seel. Situation des Menschen in der modernen Welt auszudrücken, übt soziale Kritik, experimentiert mit Sprachklischees und Alltagssprache; in der **konkreten Poesie** (→ abstrakte Dichtung) findet eine Annäherung an die Graphik statt.

lyrisch, die Lyrik betreffend, gefühlvoll, stimmungsvoll.

Lys [lis], frz. Name des Flusses → Leie.

Lysander, spartan. Feldherr und Staatsmann, † 395 v. Chr., beendete mit der Eroberung Athens 404 v. Chr. den Peloponnes. Krieg.

Lysergsäure, Baustein der Mutterkornalkaloide. **L.-diäthylamid, LSD,** synthet. Derivat der L., übt bereits in äußerst geringen Mengen eine starke Wirkung auf das Zentralnervensystem (Halluzinationen, Erregung u. a.) aus; als Rauschgift verbreitet; wiederholte Einnahme kann zu psych. Abhängigkeit führen.

Lysias, attischer Redner, * um 445 v. Chr., † nach 380 v. Chr., Gegner der Dreißig Tyrannen.

lysigen, durch Auflösung entstanden.

Lysin [grch.], ꭥ für die menschl. Ernährung notwendige Aminosäure, in Eiern, Fleisch, Milch enthalten.

Lysine [grch.], ♀ Stoffe des Blutserums (Antikörper), die körperfremde Zellen aufzulösen vermögen.

Lysipp, Lysippos von Sikyon, grch. Bronzebildner des 4. Jh. v. Chr., wurde mit seinem neuen Stil (gestreckte Proportionen, kleine Köpfe) Wegbereiter der hellenist. Epoche; Werke durch Marmorkopien bekannt: Apoxyomenos (Vatikan), Farnesischer Herakles (Florenz) u. a.

Lysistrata, Komödie von Aristophanes (411 v. Chr.): Ehestreik der Frauen gegen den Krieg.

Łysogóry [ɫisɔgˈuri, ›kahle Berge‹], Hauptzug des Gebirges ›Góry Świętokrzyskie‹ im südöstl. Polen, mit Nationalpark (Tannenurwald). Höchste Erhebung: Łysica (611 m); am SO-Ende der Berg Łysa Góra mit Benediktinerkloster Hl. Kreuz, gegr. im 12. Jh. (Kirche 18. Jh.); Fremdenverkehr.

Lysol *das,* Handelsname einer Kresolseifenlösung, verdünnt zum Desinfizieren der Hände, von Wäsche, Instrumenten usw. verwendet. **L.-Vergiftungen** entstehen bei äußerl. Anwendung als Hautverätzung, bei Aufnahme durch den Mund als Magen- und Nierenschädigung. Erste Hilfe: Aktivkohle, Olivenöl, Flüssigkeitszufuhr, Abführmittel.

Lysosomen, Zytolysosomen, Biologie: meist kugelige, von einer Membran umgebene Differenzierungen im Zytoplasma, deren Enzymgehalt auf Abbauvorgänge hinweist.

Lyssa [grch.] *der,* → Tollwut.

Lys(s)enko, Trofim Denissowitsch, sowjet. Botaniker, * 1898, † 1976, entwickelte eine dialektisch-materialist. Vererbungslehre.

Lyswa, Stadt im Ural, Russ. SFSR, 75 000 Ew.; Hütten- und Stahlwerke.

Lytton [lɪtn], engl. Schriftst., → Bulwer-Lytton.

Lyze|um [grch.] *das, -s/. . .zeen,* in einigen europ. Ländern die höhere Schule, vergleichbar dem Gymnasium; in Dtl. früher die höhere Mädchenschule.

M

m, M [ɛm] *das,* Konsonant, der 13. Buchstabe des dt. Abc; bilabialer Nasallaut.

m, 1) Einheitenzeichen für Meter; m^2=Quadratmeter; m^3= Kubikmeter. **2)** Vorsatzzeichen Milli ($^1/_{1000}$), z. B. mg. **3)** µ [grch. Buchstabe für m], Vorsatzzeichen Mikro ($^1/_{1000000}$), z. B. µm.

M, 1) Vorsatzzeichen Mega (1 000 000), z. B. MV, 1 Megavolt = 1 000 000 Volt. **2)** Einheitenzeichen für Maxwell. **3)** röm. Zahlzeichen für 1000.

M., Abk. für Monsieur.

MA., Abk. für Mittelalter.

M. A., Abk. für lat. Magister Artium, engl. Master of Arts (→ Magister).

Mäander *der,* **1)** im Altertum Name des Flusses → Menderes in Anatolien. **2)** halb- bis fast vollkreisförmige Flußwindung. **3)** Ornamentband aus einer regelmäßig rechtwinklig gebrochenen, in sich selbst zurücklaufenden Linie, auch wellenartig fortlaufend (**laufender Hund**); in Frankreich **Grecque** genannt. (Bild Fries)

Maar *das,* Vulkankrater mit bis 100 m hohem Kraterwall, meist mit Wasser gefüllt (**Maarsee**), z. B. in der Eifel.

Maas *die,* frz. **Meuse** [møz], Fluß im östl. Frankreich, Belgien und den südl. Niederlanden, 925 km lang, entspringt am Fuß des Plateaus von Langres und mündet in die Nordsee (Abflußdamm des Deltawerks). Kanalverbindungen zu anderen Flüssen.

Maass, 1) Edgar, Schriftst., Bruder von 2), * 1896, † 1964; Kriegs-, dokumentar. und biograph. Romane (›Verdun‹, 1936; ›Der Traum Philipps II.‹, 1944, u. a.). **2)** Joachim, Schriftst., Bruder von 1), * 1901, † 1972; Romane (›Der Fall Gouffé‹, 1952).

Maastricht [-'trɪxt], Hptst. der Prov. Limburg, Niederlande, an der Maas, 109 300 Ew.; Univ. (seit 1976), alte Bauten; Zement-, Porzellan-, keram. u. a. Industrie.

Maat, Unteroffizier der dt. Kriegsmarine.

Maatschappij [m'a:tsxapɛi, niederländ.] *die,* Gesellschaft, Handelsgesellschaft.

Maazel [ma:zl], Lorin, amerikan. Dirigent, * 1930; seit 1982 an der Wiener Staatsoper.

Mabillon [mabij'ɔ̃], Jean, frz. Benediktiner (Mauriner), * 1632, † 1707, begründete die Urkundenlehre.

Mabinogion, Sammelbez. für 11 kymr. Erzählungen des 11.–13. Jh.

Mabuse [mab'y:z], Jan, → Gossaert.

Mac- [mək-], geschrieben auch **Mc-** und **M',** unbetonte Vorsilbe schott. und irischer Familiennamen, die urspr. ›Sohn des‹ bedeutete.

Macao, portugies. **Macau,** chines. **Aomen,** portugies. Besitzung an der Mündung des Perlflusses, S-China, 16 km², 260 200 Ew. Es umfaßt die Stadt M. sowie die Inseln Coloane und Taipa. Export: Textilien, Lederwaren, Lebensmittel, Feuerwerkskörper, opt. Instrumente. Die Stadt M. ist ein wesentl. Touristenattraktion (Spielklubs u. a.) mit Fähre nach Hongkong. – Die Portugiesen gründeten Mitte des 16. Jh. eine Niederlassung und erreichten 1887 von China die ständige Abtretung. Seit 1951 war M. ›Überseeprovinz‹. 1976 erhielt es als ›Territorium von M.‹ volle innere Autonomie.

MacArthur [mək'ɑ:θə], Douglas, amerikan. General, * 1880, † 1964, seit 1941 Führer der amerikan. Streitkräfte im Pazifik, 1945 der Besatzungstruppen dort, 1950 Führer der UN-Truppen im Korea-Krieg; 1951 von Truman entlassen.

Macaulay [mək'ɔ:lɪ], **1)** Dame (1958) Rose, engl. Schriftstellerin, * 1881, † 1958; schrieb Romane voll feiner Ironie. **2)** Thomas, Lord **M. of Rothley** (1857), * 1800, † 1859, liberaler brit. Politiker und Geschichtsschreiber; ›Geschichte Englands‹ (1849–61).

Macbeth [mək'beθ], König von Schottland (1040–57), besiegte und tötete seinen Vorgänger Duncan I., fiel im Kampf gegen Duncans Sohn. – Drama von Shakespeare (um 1606); Oper von Verdi (1847).

MacBride [məkbr'aɪd], Séan, irischer Politiker (Republikan. Partei), * 1904, erhielt 1974 mit E. Sato den Friedensnobelpreis.

Macchie [m'akke, kors. mucchio] *die,* **Maquis** [frz. mak'i] *der,* **Macchia** [ital. m'akkia] *die,* Buschwald der Mittelmeerländer aus Baumheide (→ Heidekraut) und Erdbeerbaum.

Macdonald [mək'ɔnəld], James Ramsay, brit. Politiker, * 1866, † 1937, Führer der Labour Party, von deren Mehrheit er sich 1931 trennte; 1924 und 1929–35 MinPräs.

Macdonnell-Kette [məkd'ɔnl-], Gebirge in Zentralaustralien, etwa 300 km lang, bis 1510 m hoch.

Maceió [maseɪ'ɔ], Hptst. des Staates Alagoas, Brasilien, 366 000 Ew.; Erzbischofssitz, Univ.; Textil-, Tabak-, Zuckerfabriken.

Macerata [-tʃe-], **1)** Prov. in Mittel-Italien, 2774 km², 291 700 Ew. **2)** Hptst. von 1), 44 400 Ew.; Univ.

Mach, Ernst, Physiker und Philosoph, * 1838, † 1916, verbesserte das stroboskop. Verfahren, erforschte die Bewegung von Festkörpern mit Überschallgeschwindigkeit (**Machscher Kegel**). Seine Erkenntnistheorie (Empirio-Kritizismus) beeinflußte den Positivismus und die Logistik (→ Machzahl).

Mácha [m'a:xa], Karel Hynek, tschech. romantischer Lyriker, * 1810, † 1836; lyr.-epische Dichtung ›Mai‹ (1836).

Machado de Assis [maʃ'adu di-], Joaquim Maria, brasilian. Schriftst., * 1839, † 1908; Lyrik und Prosa.

Machado y Ruiz [matʃ'aðo i rru'iθ], Antonio, span. Lyriker, * 1875, † 1939, der Sänger Kastiliens, schwermütige Lyrik.

Machairodus [grch.], die Säbelzahntiger.

Machandelbaum → Wacholder.

Machatschkala, Hptst. der Dagestan. ASSR, Russ. SFSR, Hafen am Kasp. Meer, 261 000 Ew.; Univ.; Maschinenbau, chem., Erdöl-, Textil-, Nahrungsmittelind.

Machaut, Machault [maʃ'o], Guillaume de, frz. Dichter und Musiker, * zw. 1300 und 1305 (1302?), † 1377.

Machel [maʃ'ɛl], Samora, Politiker, * 1933, wurde 1975 Präs. der VR → Moçambique.

Machete [matʃ'eta, span.] *die,* Haumesser, im trop. Amerika als Buschmesser und zum Zuckerrohrschneiden gebraucht.

Machiavelli [makjav'ɛlli], Niccolò, ital. polit. Schriftst., * 1469, † 1527, formte den Begriff der Staatsräson vor und sah in der Macht ein konstituierendes Element der Politik. Seine polit. Schriften sind zwei Staatsformen gewidmet: den Republiken (›Discorsi‹) und den Fürstentümern (›Il Principe‹). Der ›Principe‹ wurde zu einem bis ins 18. Jh. hinein grundlegenden Traktat der Fürstenerziehung. **Machiavellismus,** polit. Lehre M.s; danach: polit. Skrupellosigkeit.

Machismo [-tʃ-, span.] *der,* Leitbild, das von der Betonung männl. Stärke, Überlegenheit und Geschlechtskraft geprägt ist.

Machmud, → Mahmud.

Machorka *der,* russ. Tabaksorte.

Ernst Mach

Niccolò Machiavelli

Maar des Mosenbergs, Eifel

Machu Picchu

Madagaskar

Macht, die Möglichkeit, den eigenen Willen gegenüber dem Willen anderer durchzusetzen.

Mächtigkeit, ✕ Dicke einer Gesteinsschicht.

Machu Picchu [m'atʃu p'iktʃu oder p'ittʃu], Ruinenstadt der Inkas, über dem Urubamba-Tal, Peru, nordwestl. von Cuzco, 1911 entdeckt; Tempel, Behausungen für etwa 10 000 Menschen.

Machzahl, Machsche Zahl, kurz **Mach** [n. E. Mach], Zeichen **Ma,** in der Luftfahrt auch **M,** Verhältnis der Geschwindigkeit v eines Körpers im umgebenden Medium zur Schallgeschwindigkeit c des Mediums: $M = v/c$. Für die Schallgeschwindigkeit der Luft in 0 km Höhe (341,2 m/s oder 1 228,2 km/h) bedeutet $M = 0,5$ eine Geschwindigkeit von ≈ 170 m/s ≈ 600 km/h; $M = 2$ (gelesen: Mach 2 oder 2 Mach) ≈ 680 m/s $\approx 2 400$ km/h.

Macias Nguema [m'aθias-], 1973–79 Name der Insel Fernando Póo, die seit 1979 Bioko heißt.

Macke, August, Maler, * 1887, † (gefallen) 1914, schloß sich 1911 dem → Blauen Reiter an, malte mit leuchtkräftigen Farben (Tunis-Aquarelle).

Mackensen, 1) August von (1899), preuß GFM (1915), * 1849, † 1945, im 1. Weltkrieg Heerführer in Polen, Serbien, Rumänien. **2)** Fritz, Maler, * 1866, † 1953; Landschafts- und Bauernbilder.

Mackenzie [mək'enzı], **M. River** [-r'ıvə], nach dem Entdecker Sir Alexander M. (* 1763 oder 1764, † 1820) benannter Strom im NW Kanadas, 4 241 km lang, entsteht aus den Quellflüssen Athabasca und Peace River, heißt von deren Vereinigung an bis zum Großen Sklavensee **Sklavenfluß (Slave River),** mündet in das Nordpolarmeer.

Mackenzie [mək'enzı], Sir Compton, engl. Schriftst., * 1883, † 1972; gesellschaftskrit. und humorist. Romane.

MacLaine [məkl'eın], Shirley, eigtl. S. **Beaty** [b'i:tı], amerikan. Filmschauspielerin, * 1934.

MacLeish [məkl'i:ʃ], Archibald, amerikan. Schriftst., * 1892, † 1982; Gedichte, Dramen, Epos ›Conquistador‹ (1932).

Macleod [məkl'aud], John, brit. Physiologe, * 1876, † 1935, entdeckte mit F. G. Banting das Insulin; 1923 erhielten beide den Nobelpreis für Physiologie und Medizin.

Mac-Mahon, MacMahon [makma'ʒ], Maurice Graf von, Herzog von **Magenta,** frz. Marschall, * 1808, † 1893, siegte 1859 bei Magenta, geriet 1870 bei Sedan in Gefangenschaft; 1871 schlug er den Aufstand der Pariser Kommune nieder. 1873–79 Staatspräsident. M. war konservativ und antiparlamentarisch eingestellt.

Macmillan [məkm'ılən], Harold, brit. Verleger, Politiker (Konserv.), * 1894; 1955 Außen-Min., 1955–57 Schatzkanzler, 1957–63 MinPräs.

MacNeice [məkn'i:s], Louis, engl. Dichter und Kritiker, * 1907, † 1963.

Macon [m'eıkən], Stadt in Georgia, USA, 116 000 Ew.; Univ.; Porzellan-, Steingut-, Textilindustrie.

Mâcon [mak'ɔ̃], Hptst. des frz. Dép. Saône-et-Loire, an der Saône, 40 500 Ew.; Metall-, Maschinenind.; Weinhandel.

Mac Orlan [makɔrl'ɑ̃], Pierre, eigtl. **Dumarchey,** frz. Schriftst., * 1882, † 1970; phantastisch-unheiml. Romane.

Macpherson [məkf'ə:sn], James, schott. Dichter, * 1736, † 1796. Seine sentimental-weltschmerzl. Dichtungen in rhythm. Prosa, die er angeblich aus gälischen Dichtungen (des Barden → Ossian) übersetzt hatte, wurden für die europäische Romantik bedeutsam.

Macropedius, Georgius, eigtl. **van Langveldt,** nlat. Dramatiker, * um 1475, † 1558; ›Hecastus‹ (1538).

Madách [m'ɔda:tʃ], Imre, ungar. Dichter, * 1823, † 1864, philosoph. Drama ›Die Tragödie des Menschen‹ (1861).

Madagaskar, amtl. **Repoblika Demokratika Malagasy,** frz. **République Démocratique de Madagascar** [repybl'ik demɔkrat'ik də-], Insel im Ind. Ozean, der O-Küste Afrikas vorgelagert, zugleich Staatsgebiet der Rep. M., 587 041 km², 8,6 Mio. Ew.; Hptst.: Antananarivo. Nach der Verf. v. 1975 ist der Nationale Revolutionsrat unter Leitung des Staatspräs. polit. Leitungsorgan. Amtssprachen: Malagasy und Französisch. Recht: Die Ges. werden aus dem frz. Recht weiterentwickelt. Allg. Wehrpflicht. Währung ist der Madagaskar-Franc. ⊕ Band 1, n. S. 320.

Landesnatur. Das innere Hochland mit vulkan. Gebirgen (rd. 2 900 m hoch) durchzieht als schmaler Rücken die Insel und fällt nach O steil (meist in Stufen) ab, während die westl. Abdachung flach und weiträumig ist. Das Klima ist insgesamt tropisch; im regenreichen O herrscht trop. Regenwald; im übrigen (Baumsavanne) wechseln Regen- (Sommer) und Trockenzeit (Winter); im trockenen SW herrscht Dornbuschsavanne. (Bild Afrika)

Bevölkerung. Rund 99 % sind → Madegassen; daneben Europäer (Franzosen), Komorianer, Inder, Chinesen. Religion: Naturreligionen herrschen vor; 33 % der Ew. sind Christen, 5 % Muslime. Bildung: allg. Schulpflicht, rd. 30 % Analphabeten; Univ. in Antananarivo.

Wirtschaft. Im O und auf dem Hochland Ackerbau: bes. Reis, Maniok, Mais, Kaffee, Gewürznelken und Vanille (bei beiden größte Produktion der Erde), Pfeffer, Zuckerrohr, Süßkartoffeln, Tabak, Erdnüsse, Baumwolle. Im W Viehzucht (bes. Zebu-Rinder). Der Wald liefert Edelhölzer, der Bergbau bes. Graphit, Chrom, Glimmer, Quarz, Phosphate, Edelsteine; Bauxit wird erschlossen. Die Industrie ist wenig ausgebaut: Reismühlen, Zucker-, Tabakfabriken, Textil-, Metallind., Erdölraffinerie. Ausfuhr: Kaffee, Vanille, Gewürznelken u. a. Gewürze, Reis, Fleisch, Zucker. Haupthandelspartner: Frankreich, USA, Bundesrep. Dtl. Dem Verkehr dienen 890 km Eisenbahnen und rd. 40 000 km Straßen. Haupthäfen: Toamasina, Majunga, Diégo-Suarez; internat. Flughafen: Antananarivo.

Geschichte. M. war den Arabern seit dem 12. Jh. bekannt. Im 16.

A. Macke:
Blick auf eine
Moschee;
Aquarell, 1914

Jh. errichteten Portugiesen und Franzosen Stützpunkte an der Küste. M. war seit 1896 frz. Kolonie; seit 1960 unabhängig.

Madagaskarpflaume, in den Tropen kultivierter Obstbaum.

Madame [mad′am, frz.], frz. Anrede ›meine Dame‹.

Madariaga y Rojo [maðari′aɣa i rr′ɔxo], Salvador de, span. Schriftst. und Diplomat, * 1886, † 1978, seit 1936 im Exil, bes. in England, Interpret westeurop. Kultur und Liberalität; histor. Schriften (›Portrait Europas‹, 1951; ›Von der Angst zur Freiheit‹, 1954), Romane.

Mädchen|auge, kamillenartige Korbblütergatt. mit gelben und braunen Strahlenblüten; Gartenzierpflanzen.

Mädchenhandel, Anwerben und Verschleppen von Frauen und Mädchen ins Ausland, um sie der Prostitution zuzuführen; wird durch eine Reihe internat. Abkommen bekämpft; in der Bundesrep. Dtl. nach §§ 180, 181 StGB strafbar.

La Maddalena, La M., größte der Magdaleneninseln, 20 km², zw. Korsika und Sardinien, 11 300 Ew.

Made, fußlose Larve mancher Insekten.

Madegassen, Madagassen, einheim. Bev. Madagaskars, besteht aus über 20 Stämmen. Im Zentrum und im O überwiegen die seit dem 4. Jh. in mehreren Wellen aus SO-Asien eingewanderten malaiischen Gruppen (Merina, Betsimisaraka, Betsileo; kleinere negride Gruppen (Sakalaven) und Reste von Pygmäen (Vazimba) leben bes. im W. Die Sprache der M. **(Malagasy)** gehört zu den indones. Sprachen.

Made in Germany [meɪd ɪn dʒ′əːmənɪ, engl. ›in Deutschland hergestellt‹], in England seit 1887 vorgeschriebene Bez. für eingeführte dt. Waren; später allg. gebräuchlich für dt. Ausfuhrwaren (Bundesrep. Dtl.: ›m. i. G.‹, Dt. Dem. Rep.: ›made in GDR‹).

Madeira [mad′eːra, portug. mad′eira ›Holz‹], **1)** portug. Insel und Inselgruppe im Atlantik, 796 km², 256 800 Ew.; Hauptort: Funchal. M. ist gebirgig und vulkanreich, mildes Klima, hohe Bevölkerungsdichte. Auf künstl. Terrassen Anbau von Zuckerrohr, Bananen, Gemüse, Kartoffeln, Getreide, Wein; Herstellung von Stickereien **(M.-Stickerei),** Fremdenverkehr. – M. wurde von den Phönikern bekannt, wurde seit 1425 von den Portugiesen besiedelt, 1807–14 war es britisch. **2) Rio M.** [brasilian. rr′iu mad′eira], größter re. Nebenfluß des Amazonas in Brasilien, etwa 3 350 km lang.

Mademoiselle [madmwaz′ɛl, frz.], frz. Anrede für Fräulein.

Madenhacker, Madenfresser, 1) der Kuckucksvogel **Ani** des wärmeren Amerikas; liest weidenden Rindern Hautschmarotzer ab. **2)** Unterfam. der Stare.

Madenwurm, weißl. Fadenwurm, der häufig im Dickdarm und Blinddarm des Menschen schmarotzt, bes. bei Kindern; Männchen 5 mm, Weibchen bis 12 mm lang; Ansteckung bes. durch verunreinigte Nahrungsmittel. Die vom Weibchen in der Aftergegend abgesetzten Eier verursachen Jucken. Behandlung durch Wurmmittel.

Maderna, Bruno, ital. Komponist und Dirigent, * 1920, † 1973, schrieb Orchester- und Kammermusik in Zwölftontechnik und elektron. Musik.

Maderno, Maderna, 1) Carlo, Baumeister in Rom, * 1556, † 1629, seit 1603 Bauleiter der Peterskirche, die er vollendete. **2)** Stefano, Bildhauer in Rom, * 1576, † 1636; Skulptur der hl. Cäcilia nach ihrem Martyrium (1599, Rom, S. Cecilia).

Mädesüß das, Rosengewächsgatt., Hochstauden mit gefiederten Blättern und stark duftenden (›süßen‹) Blüten in Rispen.

Madhya Pradesh [-ʃ], größter Staat Indiens, auf dem Deccan, 442 841 km², 51,2 Mio. Ew.; Hptst.: Bhopal. 1956 wurden die Staaten Madhya Bharat, Bhopal und Vindhya Pradesh angeschlossen.

Madie, Madi, Ölmadie, Art der Korbblüter; Ölpflanze in Amerika und S-Europa.

Madison [m′ædɪsn], Hptst. von Wisconsin, USA, 170 700 Ew.; Univ.; Handelszentrum, Sitz vieler Versicherungen.

Madison [m′ædɪsn], James, 4. Präs. der USA (1808–17), * 1751, † 1836, Mitautor des ›Federalist Papers‹, einer Sammlung von Aufsätzen, die die neue Verf. auslegten, als deren geistiger Vater M. gilt.

Madjaren, die →Magyaren.

Madonna [ital. ›meine Herrin‹], die Jungfrau Maria; auch ein →Marienbild.

Madras der, grobfadiger, bunter Gardinenstoff in Dreherbindung.

Madras [engl. mədr′ɑːs], **1)** ehem. Name des ind. Staates →Tamil Nadu. **2)** Hptst. von Tamil Nadu, 2,7 Mio. Ew.; Hafen,

Handelsplatz, kath. Erzbischofssitz, Univ.; Waggon-, Lastkraftwagenbau, Metall-, elektrotechn., Textil-, Nahrungsmittelind.; Filmstudios.

Madrid, 1) Prov. Spaniens in Neukastilien, 7995 km², 4,56 Mio. Ew. **2)** Hptst. Spaniens und der Prov. M., über dem Manzanares, 4,251 Mio. Ew.; Erzbischofssitz, geistiger Mittelpunkt des Landes und Sitz der obersten Regierungsbehörden; 4 Univ., TU, Akademien, Gemäldegalerie (Prado), Museen; alte Kathedrale S. Isidro el Real (1626–61), königl. Schloß (1738–64), Plaza Mayor; Messegelände; Eisen-, Stahlwerke, Maschinen-, Apparatebau, elektrotechn., chem. Ind.; U-Bahn, Flughafen (Barajas). – M. ist seit 1561 Hptst. Spaniens. Im Bürgerkrieg behaupteten 1936–39 die Republikaner die Stadt.

Madrigal [ital.] *das,* **1)** aus Italien stammende lyr. Form, anfangs einstrophig aus 6–13 Versen (Sieben- und Elfsilber); in Dtl. bei den Romantikern beliebt. **2)** im 16. Jh. das kunstvolle mehrstimmige Chorlied auf weltl. Dichtungen mit oder ohne Instrumentalbegleitung. Hauptvertreter in Italien J. Arcadelt, A. Gabrieli, C. Monteverdi, Palestrina; in Dtl. P. de Monte, H. Schütz; in England W. Byrd, J. Dowland. In der Gegenwart wird das Madrigalsingen wieder gepflegt.

Madura, niederländ. **Madoera** [-d′u-], Insel nordöstlich Javas, Indonesien, 4 481 km², Maisanbau, Rinderzucht.

Madura|er, Maduresen, Bev. der Insel Madura und der gegenüberliegenden Küste Javas; Reis-, Maisanbau, Rinderhaltung, Fischfang. Neben dem Islam leben vorislam. Züge fort.

Madurai, Stadt in Tamil Nadu, Indien, über 550 000 Ew.; Univ. (1966 gegr.), Shivatempel (17. Jh.); Baumwoll-, Zucker-, Tabakind., Bau-, landwirtschaftl. Maschinen.

Madenwurm: a Weibchen, b Männchen, c Ei; a und b etwa 7 1/2fach, c etwa 250fach vergr. (nach Mattes)   Madenwurm

Ma|ebashi - [-ʃi], Hptst. der japan. Präfektur Gunma, 100 km nordwestlich von Tokio, 263 000 Ew.; Zentrum der Seidenind.

Maecenas, Gaius, röm. Ritter, * um 70 v. Chr., † 8 v. Chr.,

Madrid: Plaza de España

Magen: 1 *Magengrund;* 2 *Magenmund;* 3 *Speiseröhre;* 4 *kleine Krümmung;* 5 *Magenkörper;* 6 *Zwölffingerdarm;* 7 *Pförtner;* 8 *Magenschleimhaut im Schnitt;* 9 *Magenschleimhaut;* 10 *große Krümmung;* 11 *Magenwand*

Gönner von Horaz, Vergil, Properz u. a. Nach ihm nennt man einen freigebigen Förderer der Künste **Mäzen.**

Maes [ma:s], Nicolaes, * 1634, † 1693, holländ. Maler bibl., mytholog. und v. a. häusl. Szenen.

maestoso [ital.], ♪ feierlich, gemessen, würdevoll.

Maestro [ital.], Meister; bes. Anrede für Musiker.

Maeterlinck [metɛrl'ɛ̃k], Maurice, frz.-belg. Schriftst., * 1862, † 1949; Gedichte, symbolist. Dramen (›Pelleas und Melisande‹, 1892; ›Monna Vanna‹, 1902), poetisch-philosoph. Naturbetrachtungen. Nobelpreis 1911.

Mäeutik [grch. ›Hebammenkunst‹] *die,* nannte Sokrates sein Verfahren, durch Fragen den Schüler zum Selbstfinden der Erkenntnis und klaren Begriffen zu führen.

Mafeking [m'æfɪkɪŋ], Stadt im N der südafrikan. Kapprovinz, Verwaltungssitz des Bantu-Territoriums Tswanaland, 11 500 Ew.; Rinderzucht.

Maffei, Francesco Scipione, ital. Gelehrter und Dramatiker, * 1675, † 1755.

Mafia, Maffia *die,* Geheimbund in Sizilien, mächtig im 19. Jh. Aus dem Mitwirken verbrecher. Elemente ergab sich die zweideutige Stellung der M., die selbst Verbrechen beging, während sie vor den Verbrechen anderer schützte. Durch Mussolinis Maßnahmen schien sie 1929 vernichtet zu sein; doch ist sie nach wie vor als polit., wirtschaftl. und krimineller Faktor einflußreich und schwer faßbar. Mit der ital. Einwanderung im 19. Jh. nach den USA gekommen, bildete die M. (auch *Cosa Nostra, The Syndicate*) seit etwa 1920 den Kern der dortigen Verbrecherwelt.

Mafra, Stadt im Distrikt Lissabon, 7100 Ew.; Klosteranlage (1717–30) nach dem Vorbild des Escorial.

Magadan, Hafenstadt am Ochotsk. Meer, Russ. SFSR, 124 000 Ew.; Reparaturwerft, Bergwerksausrüstungen.

Magalhães [maɣaʎ'ãiʃ], Fernão de, span. **Magallanes** [-ʎ-], auch **Magellan,** portug. Seefahrer, * um 1480, † (gefallen) 1521, brach 1519 zur 1. Weltumsegelung auf, entdeckte dabei 1520 die →Magellanstraße.

Magaloff, Nikita, schweiz. Pianist russ. Herkunft, * 1912.

Magazin *das,* 1) Lagerhaus, Vorratsraum. 2) unterhaltende oder polit. Zeitschrift; period., mit gleichbleibendem Titel dargebotene Hörfunk- oder Fernsehsendung **(M.-Sendung).** 3) in Mehrladewaffen die Patronenkammer.

Magdalena, Heilige, →Maria 2).

Magdalena [maɣða-], **Río M., Magdalenenstrom,** der

Fernão de Magalhães

Hauptstrom Kolumbiens, 1550 km lang, von den Anden zum Karib. Meer.

Magdalénien [-lenj'ɛ̃, nach →La Madeleine], Kulturstufe der Altsteinzeit.

Magdeburg, 1) Bez. der Dt. Dem. Rep., 1952 aus dem N-Teil des Landes Sachsen-Anhalt und einem kleinen Teil Brandenburgs gebildet, 11 525 km², 1,268 Mio. Ew.; umfaßt den Stadtkreis M. und die Landkreise Burg, Gardelegen, Genthin, Halberstadt, Haldensleben, Havelberg, Kalbe/Milde, Klötze, Oschersleben, Osterburg, Salzwedel, Schönebeck, Staßfurt, Stendal, Tangerhütte, Wanzleben, Wernigerode, Wolmirstedt, Zerbst.

2) Hptst. von 1), an der Elbe, 289 000 Ew.; wichtiger Handelsplatz, Binnenhafen; Schwermaschinenbau-Kombinate, Bau von Hebezeugen, Fördermitteln, Maschinen, Elektro-, Nahrungs- und Genußmittelind.; TH, Pädagog. Hochschule, Ingenieurschulen, Medizin. Akademie. M. wurde im 2. Weltkrieg stark zerstört. Wiederhergestellt wurden der Dom (dreischiffige Basilika mit einschiffigem Querhaus und Chor mit Kapellenkranz, 1209 am Chor begonnen, 1520 mit der doppeltürmigen W-Front vollendet), vom Kloster ›Unsrer Lieben Frauen‹ (um 1015 gegr., Kreuzgang zum größten Teil erhalten), die roman. Kirche, die roman. Stiftskirche St. Sebastian und das Rathaus (1691–98); Standbild des ›Magdeburger Reiters‹ (um 1240) auf dem Alten Markt. – M., schon 805 erwähnt, war im MA. bed. Handelsstadt; Hochburg der Reformation; 1631 durch Tilly zerstört; 1679 brandenburgisch, 1815–1945 Hptst. der preuß. Prov. Sachsen.

3) Erzbistum M., 968 auf Veranlassung Ottos I., gegr. als Mittelpunkt der Slawenmission; es kam 1680 an Brandenburg.

Magdeburger Börde, 931 km² großes, im O und N durch Saale, Elbe und Ohre, im W und S durch Aller und Bode begrenztes Löß-Schwarzerde-Gebiet; sehr fruchtbar, Zuckerrüben, Weizen, Gerste.

Magdeburger Halbkugeln, 2 hohle, evakuierte Halbkugeln, an denen O. v. →Guericke die Wirkung seiner Luftpumpe zeigte.

Magdeburger Recht, das verbreitetste dt. Stadtrecht des MA., das weit über die Reichsgrenzen hinaus beherrschend wurde (Polen, Ungarn, Rußland), ebenso der **Magdeburger Schöffenstuhl.**

Mage [ahd.] *der,* Verwandtschaftsbez. im alten dt. Recht.

Magellan, portug. Seefahrer, →Magalhães.

Magellansche Wolken, die 2 nach ihrem Entdecker →Magalhães benannten nächsten Sternsysteme außerhalb der Milchstraße, am Südhimmel als Nebelflecke mit bloßem Auge sichtbar.

Magellanstraße, 585 km lange Meeresstraße zw. dem Südende des südamerikan. Festlandes und Feuerland, von →Magalhães entdeckt.

Magelone, sagenhafte Heldin eines Volksbuchs, Tochter eines Königs von Neapel; die frz. Romanfassung (1453) wurde 1527 ins Deutsche übersetzt.

Magen, sackartige Erweiterung des Verdauungskanals zw. Speiseröhre und Dünndarm, im oberen Teil der Bauchhöhle unter dem Zwerchfell; beim Menschen 25–30 cm lang, 9–12 cm breit. Durch den **Magenmund** tritt die Nahrung schubweise aus der Speiseröhre in den M. Die **Magenwand** besteht aus glatten Muskelfasern und ist mit der drüsenhaltigen **Magenschleimhaut** ausgekleidet. Diese sondert den **Magensaft** ab, der bes. der Eiweißverdauung dient. Die **Magenbewegungen** mischen den Mageninhalt und entleeren ihn von Zeit zu Zeit durch den ringförmigen Schließmuskel des **Magenausganges (Pförtner)** in den Zwölffingerdarm **(Magenperistaltik).** Die **Magenverdauung** dauert 2–3 Std., im Höchstfall 6–8 Std.

Magen|aushebung, ⚕ heute kaum noch eingesetztes diagnost. Verfahren zur Untersuchung des Mageninhalts: Ein dünner Schlauch mit mehreren Öffnungen wird durch Mund oder Nase in den Magen eingeführt.

Magenbitter, Bitterlikör mit beruhigender Wirkung auf die Magennerven.

Magenbremsen, Fam. stark behaarter Fliegen. Die Larve der **Pferde-M.** verursacht Verdauungsstörungen, Koliken der Pferde.

Magenrollkur, Behandlungsweise bei Magenschleimhautentzündungen: Durch Einnahme eines Arzneimittels und wechselseitiges Liegen wird die ganze Schleimhaut benetzt.

Magenspiegelung, Einführen eines 40–50 cm langen, flexiblen Metallrohres mit Lichtquelle und opt. Linsen **(Gastroskop)** durch die Speiseröhre in den Magen zum Einblick in das Mageninnere.

Magenspülung, Entleeren des Magens, um Gifte oder

Magen: Krankheiten und Krankheitszeichen

Magenblutung, Erbrechen dunkelrotschwärzlicher Blutmassen **(Bluterbrechen),** bes. bei M.-Geschwür und -Krebs.

Magenerweiterung, Erschlaffung der M.-Muskeln, bes. bei Hindernissen am M.-Ausgang. Anzeichen: M.-Druck, Erbrechen, Abmagerung. Behandlung: Kostregelung, ggf. Operation.

Magengeschwür, Ulcus ventriculi, infolge Selbstverdauung der M.-Schleimhaut bei empfindl. Nervensystem. Anzeichen: saures Aufstoßen nach dem Essen, Übelkeit, Erbrechen, Magendruck. Behandlung: Bettruhe, Schonkost, säurebindende und krampflösende Mittel; ggf. Operation (Resektion).

Magenkrebs, krebsige Entartung der M.-Schleimhaut. Anzeichen: Hinderung des Speisendurchgangs, M.-Krämpfe, Abmagerung. Behandlung: Operation (Resektion oder Gastrektomie).

Magenpförtnerkrampf, Pylorospasmus, Krampf des Ringmuskels am M.-Ausgang, bes. bei Säuglingen mit Erbrechen in

hohem Bogen kurz nach Nahrungsaufnahme. Behandlung: kleine Mahlzeiten, krampflösende Mittel; Durchschneiden des Ringmuskels (Pyloromyotomie).

Magenschleimhautentzündung, Gastritis, infolge schlecht gekauter oder verdorbener Nahrung, akute oder chron. Form. Die Magensäure ist entweder vermehrt (Superacidität), vermindert (Subacidität) oder fehlt (Anacidität); Fehlen von Säure und Pepsin: Achylie. Oft Begleiterscheinung anderer Krankheiten (Leber, Galle, Darm, Infektionskrankheiten). Anzeichen: M.-Druck, Appetitlosigkeit, belegte Zunge, Erbrechen. Behandlung: Magenrollkur, Ruhe, Wärme, Schonkost.

Magenschmerz kann auftreten: dumpf (z. B. bei M.-Überfüllung), bohrend (z. B. bei M.-Geschwür), krampfartig (bei verengertem M.-Ausgang). Behandlung: Ruhe, Wärme; im übrigen je nach Ursache.

Magensenkung, eine Teilerscheinung bei Eingeweidesenkung.

Über andere Störungen im Bereich des M. →Erbrechen, →Sodbrennen.

Rückstände zu entfernen; geschieht durch einen Schlauch, der durch den Mund in den Magen eingeführt wird.

Magenta [-dʒ-], ital. Stadt westl. von Mailand, 23 700 Ew. – 4. 6. 1859 Sieg der Franzosen über die Österreicher.

Magenwurmseuche, Erkrankung der Wiederkäuer (Rind, Schaf, Ziege), bes. im Sommer und Herbst; verursacht durch **Magenwürmer.**

Magermilch, Milch mit stark herabgesetztem Fettgehalt.

Magerøy [-rœj], **Magerö,** nördlichste Insel Norwegens, mit dem Nordkap.

Maggi GmbH, Singen, Unternehmen der Nahrungsmittelind., gegr. 1897, Tochterges. der Nestlé Dtl. GmbH, Frankfurt a. M. (→Nestlé AG).

Maggiore [maddʒ'o:re, ital.], ♪ Durakkord; die durch die ›große Terz‹ bestimmte Durtonart; Ggs.: **Minore.**

Maghreb [arab. ›Westen‹], der westl. Teil der muslimisch-arab. Welt (Marokko, Tunesien, N-Algerien, Tripolitanien).

Magie [→Magier] die, Zauber; der Glaube, sich durch best. geheimnisvolle Handlungen, Zeichen und Formeln übernatürl. Kräfte dienstbar machen und mit diesen ird. Ereignisse beeinflussen zu können. Bei schädigendem Einfluß spricht man von **schwarzer,** sonst von **weißer M.** Die M. findet sich bei Natur- und Kulturvölkern und in frühgeschichtl. Zeit.

Magier [grch. aus altpers.], **1)** Angehöriger der altiran. Priesterkaste aus medischem Stamm, Priester der zoroastr. Religion. **2)** Zauberer, Wahrsager.

Maginot-Linie [maʒin'o-], Befestigungsgürtel, 1929–32 an der frz. Ostgrenze unter Kriegsmin. Maginot angelegt.

magischer Realismus, Stilrichtung des Nachexpressionismus (→ Neue Sachlichkeit).

magisches Dreieck, bildl. Ausdruck für die drei wirtschaftspolit. Ziele ›Stabilität des Preisniveaus‹, ›Vollbeschäftigung‹ und ›Zahlungsbilanzausgleich‹.

magisches Quadrat, △ schachbrettartig geteiltes Quadrat, das mit den Zahlen 1, 2, 3 usw. so besetzt ist, daß die Summen der Zahlen der waagerechten, senkrechten und beiden diagonalen Reihen gleich sind.

magische Zahlen, ⊠ ausgezeichnete Anzahlen von Nukleonen (2; 8; 20; 28; 50; 82; 126) im Atomkern, bei denen die Kerne bes. stabil sind.

Magister [lat.], **1)** M. **Artium, M. A.,** alter akadem. Grad; noch in den angelsächs. Ländern (**Master of Arts** oder **of Science**). Seit 1960 ist der M. Artium als Studienabschluß auch in der Bundesrep. Dtl. eingeführt; in der Dt. Dem. Rep. und Schweiz unbekannt. **2)** in Österreich akadem. Grad der Pharmazeuten (mag. pharm.), seit 1966 auch in anderen Fächern.

Magistrat, leitende städt. Behörde in versch. Ländern der Bundesrep. Dtl.

Magma, ⊕ natürl., gashaltige, glutflüssige Gesteinsschmelze der Erdkruste (→Vulkanismus, →Plutonismus).

magmatische Gesteine, aus Magma gebildete Gesteine.

Magna Charta [-k-, lat.] die, das wichtigste altengl. Grundgesetz und der Grundstein der engl. Parlamentsverfassung; 1215 König Johann ohne Land vom Adel abgenötigt, faßte sie altes Lehensrecht zusammen und enthielt Garantien der persönl. Freiheit und des Eigentums.

magna cum laude [lat.], ›mit großem Lob‹, zweitbeste Note bei der Doktorprüfung.

Magnago [maɲ'a:go], Silvius, Politiker (Südtiroler Volkspartei), * 1914, seit 1961 Landeshauptmann der Prov. Bozen (seit 1969 der Autonomen Prov. Bozen).

Magna Graecia, lat. Bez. für →Großgriechenland.

Magnani [maɲ'a:ni], Anna, ital. Film- und Bühnenschauspielerin, * 1908 (?), † 1973; Filme: ›Vulcano‹, ›Die tätowierte Rose‹, ›Mamma Roma‹ u. a.

Magnasco [maɲ'asko], Alessandro, Maler in Genua, * um 1667, † 1749, malte romanhafte Räume und wilde Landschaften.

Magnat [lat.], **1)** früher in Ungarn und Polen ein Angehöriger des hohen Adels. **2)** Großgrundbesitzer; Großindustrieller (**Industrie-M.**).

Magnesia die, Magnesiumoxid, feuerfestes Material für Brennöfen, Tiegel.

Magnesia, ngrch. **Magnissia,** im Altertum Landschaft in östl. Thessalien, Halbinsel in O-Griechenland.

Magnesit der, **Bittererde,** weißes bis gelbl. Mineral ($MgCO_3$), Rohstoff zur Herstellung von Magnesiumoxid und feuerfesten Ziegeln (**M.-Steine**).

Magnesium, Mg, Leichtmetall (→chemische Elemente).

Weitverbreitete M.-Mineralien sind Serpentin, Olivin, Dolomit, Talk, Magnesit, Meerschaum, Asbest. M. wird durch Schmelzflußelektrolyse aus wasserfreiem M.-Chlorid oder Carnallit gewonnen. Verwendung als Legierungsbestandteil im Fahrzeug- und Flugzeugbau, als Reduktionsmittel bei der techn. Darstellung von Metallen, in der Pyrotechnik (Blitzlichter, Feuerwerkskörper u. a.). – M. ist als unentbehrl. Spurenelement in Körpersäften und Zellen, bei den Pflanzen im Chlorophyll enthalten. Die Welterzeugung betrug (1979) rd. 313 000 t, die der USA 147 000 t, Norwegen 44 000 t.

Magnet [grch.] der, ⊠ der Träger von Magnetismus, stab- oder hufeisenförmige, geformte Körper mit einem stab-magnet. Polpaar, aus Stahl oder Magnetwerkstoffen (**Dauer-, Elektro-M.**); Verwendung in Meßgeräten, Lautsprechern, Mikrophonen, elektr. Maschinen als M.-Kupplung u. a.

Magnetbildverfahren, →magnetische Aufzeichnung.

Magneteisenstein, Magneteisen, →Magnetit.

magnetische Flasche: Die geladenen Teilchen fliegen auf Spiralenbahnen entlang den magnet. Kraftlinien und werden größtenteils an den Hälsen reflektiert

magnetische Flasche

Magnetfeldbehandlung. Niederfrequente elektromagnet. Potentiale werden perkutan (durch die Haut) oder chirurgisch implantierte Überträger im Bereich erkrankten Gewebes angelegt, z. B. bei schlecht heilenden Knochenbrüchen mit Fehlgelenkbildung (Pseudoarthrose) und verzögert heilenden Wunden.

magnetische Aufzeichnung, Verfahren zur Aufzeichnung (Speicherung) von Schall, Bild oder Daten durch Magnetisierung eines Zeichenträgers. Zur magnet. **Schallaufzeichnung** (Magnettonverfahren) wird meist ein schmales Band (**Tonband**) aus Kunststoff mit Magnetauflage an den Polen eines Elektromagneten (**Sprechkopf**) vorbeigeführt. Seine Feldstärke wird entsprechend den Schallschwingungen verändert, die im Aufnahmemikrophon in elektr. Schwingungen umgewandelt und anschließend verstärkt werden. Das Band wird dabei verschieden stark magnetisiert. Bei der Wiedergabe wird es am **Hörkopf** vorbeigeführt. In dessen Wicklung induziert es elektr. Schwingungen, die von der wechselnden Magnetisierung abhängig sind. Diese Schwingungen werden anschließend verstärkt und mit einem Lautsprecher in Schall zurückverwandelt. Bänder mit nicht mehr benötigten Aufnahmen können mit dem **Löschkopf** magnetisch gelöscht und so beliebig oft verwendet werden. Das Magnettonverfahren findet Verwendung beim Rundfunk, Tonfilm, als Telephon-Anrufbeantworter und in →Tonbandgeräten für den Amateur.

Die **magnetische Bildaufzeichnung** (**Magnetbildverfahren**), Abk. **MAZ,** wird z. B. im Fernseh-Rundfunk-Studio benutzt. Es werden die in der Aufnahmekamera entstehenden elektr. Impulse einer Magnetbandmaschine zugeführt. Zum Aufzeichnen oder Abtasten dienen rotierende Magnetköpfe, von denen jeweils nur einer wirksam ist (**Ampex-Verfahren**). Für das Farbfernsehen ist ein Frequenzumfang bis 5 MHz nötig. Für geringeren Frequenzumfang hat sich beim **Kassettenfernsehen** ein Verfahren durchgesetzt, bei dem das in einer Kassette untergebrachte Band einen Zylinder umschlingt, in dem ein Magnetkopf rotiert. Andere Aufzeichnungsverfahren arbeiten mit der →Bildplatte.

magnetische Doppelbrechung, ⊠ Erscheinung, daß isotope Stoffe im Magnetfeld doppelbrechend werden.

magnetische Flasche, ⊠ flaschenförmiges Magnetfeld. Schnelle geladene Teilchen (Ionen, Elektronen, Protonen) werden an den Engstellen reflektiert (**magnetische Spiegel**) und können eine Zeitlang gehalten werden. Anwendung bei Versuchen zur Kernfusion.

magnetische Linse, ⊠ →Elektronenoptik.

magnetische Pole, →Erdmagnetismus.

magnetisches Moment, ⊠ Produkt aus Polstärke und Abstand der Pole eines magnet. Dipols.

magnetische Stürme, rasche Schwankungen des erdmagnet. Feldes, entstehen durch von der Sonne kommende Ströme elektrisch geladener Teilchen.

Magnetismus, ⊠ Lehre von magnet. Feld und seinen Wirkungen. Urspr. nannte man M. die an einigen Stoffen (z. B. Magneteisenstein) beobachtete Fähigkeit, ungehärtetes Eisen anzuziehen; der M. ist bei stabförmigen magnet. Körpern in der

17	24	1	8	15
6	13	20	22	4
25	2	9	11	18
14	16	23	5	7
3	10	12	19	21

magisches Quadrat

Magnetismus: oben Magnetfeld eines Stabmagneten, unten Magnetfeld einer stromdurchflossenen Spule

Magnetismus

Magnetit

Magnetscheider:
1 Mineralgemisch;
2 Magnetwalze;
3 unmagnetisches
Gut;
4 magnetisches Gut

Magnolie

Nähe der Enden, den Polen, konzentriert. Entgegengesetzt gepolte Magnetenden ziehen sich an, gleichnamig gepolte stoßen sich ab. **Diamagnetische Stoffe** (Kupfer, Edelgase) erhalten in einem Magnetfeld eine Magnetisierung proportional der magnet. Feldstärke, aber entgegengesetzt zu ihr gerichtet. Bei **paramagnetischen Stoffen** (z. B. Luft), die im feldfreien Raum ebenfalls unmagnetisch erscheinen, sind Magnetisierung und magnet. Feldstärke gleichfalls einander proportional, aber gleichgerichtet. **Ferromagnetische Stoffe** (z. B. Eisen) haben eine viel größere Magnetisierung als die beiden anderen Stoffarten. Diese ist von der Beschaffenheit des Materials abhängig und nicht der Feldstärke proportional. Eine Abart ist der **Antiferro-M.,** bei dem die Momente antiparallel ausgerichtet werden. Ein Magnetfeld kann durch **Kraftlinien** veranschaulicht werden, die außerhalb des Magneten von seinem Nordpol zum Südpol verlaufen. Befindet sich ein Magnet in einem Magnetfeld, z. B. eine Kompaßnadel im Erdfeld, so wird er in Feldrichtung ausgerichtet. Auch auf elektr. Wege lassen sich Magnetfelder erzeugen (Elektromagnetismus). Ein stromdurchflossener Draht ist von einem ringförmigen Magnetfeld umgeben, eine stromdurchflossene Spule verhält sich wie ein Stabmagnet.

Magnetit *der,* **Magneteisenstein,** kubisch kristallisierendes, gesteinsbildendes magnet. Mineral (Fe_3O_4), oft als eisenschwarzer Oktaeder u. a. in Ergußsteinen.

Magnetkies, Magnetopyrit, bronzefarbenes, gesteinsbildendes Mineral (FeS).

Magnetnadel, im Schwerpunkt gelagertes Magnetstäbchen im Kompaß, das sich in die erdmagnet. Nord-Süd-Richtung einstellt.

Magnetograph, ⊠ Gerät zur Aufzeichnung magnet. Feldänderungen.

Magnetohydrodynamik, Abk. **MHD,** die Theorie der Strömungsvorgänge in elektrisch leitenden Flüssigkeiten, Gasen und Plasmen unter Einwirkung magnet. Felder.

magnetohydrodynamischer Umwandler, meist kurz **MHD-Generator,** Energiewandler für die direkte Umwandlung von Wärme in elektr. Energie mittels eines Plasmastromes.

magnetokalorischer Effekt, ⊠ durch Änderung der Magnetisierung erzeugte Temperaturänderung.

Magnetometer, ⊠ Gerät zum Messen des erdmagnet. Feldes (z. B. Feldwaage, Variometer).

Magneton *das,* ⊠ Elementarquantum des magnet. Moments. Das **Bohrsche M.** ist das magnet. Moment des Elektrons, das **Kern-M.** ist etwa 1840mal kleiner.

Magnetooptik *die,* ⊠ Lehre vom Einfluß des magnet. Feldes auf Ausbreitung, Emission und Absorption des Lichts.

Magnetosphäre, ⊠ Zone in hoher Atmosphäre, in der schnelle Teilchen vom Magnetfeld der Erde eingefangen sind (Van-Allen-Gürtel), von etwa 150 km Höhe an.

Magnetostriktion, Joule-Effekt [dʒ'u:l-], ⊠ die Längenänderung oder Torsion ferromagnet. Stoffe im Magnetfeld, zur techn. Erzeugung von Ultraschall.

Magnetron *das,* eine ›Laufzeitröhre der Höchstfrequenztechnik. In der Achse der zylinderförmigen Anode befindet sich die Kathode. Die von ihr ausgesandten Elektronen werden in einem zu ihr parallelen Magnetfeld, das zeitlich konstant, aber örtlich verschieden stark ist, von ihrer geraden Flugbahn abgelenkt. Die Elektronen können mehrfach um die Kathode herumlaufen oder sogar zu ihr zurückfliegen. Das M. wird zur Erzeugung von Mikrowellen und als Senderöhre für hohe Leistungen verwendet.

Magnetscheider, bei der Erzaufbereitung benutzte Geräte mit Elektromagneten zum Sortieren der Mineralgemische, bei Transport auf Förderband auch **Bandscheider** genannt.

Magnetschwebetechnik, →Schwebezug.

Magnettonverfahren, →magnetische Aufzeichnung.

Magnetwerkstoffe sind 1) magnetisierbare Werkstoffe mit hoher Remanenz (Dauermagnete): a) gehärtete Kohlenstoffstähle, b) Chrom-, Chrom-Kobalt- oder Wolframstähle, c) Eisenlegierungen mit Nickel und Aluminium, d) verfestigte Gemische aus Eisenoxiden mit Kobalt- oder Bariumoxiden (Oxidmagnete). 2) Werkstoffe, die nach Verschwinden des Magnetfeldes wieder unmagnetisch werden: a) Eisen mit Silicium, b) Guß- und Schmiedestücke aus Eisen, c) Nickellegierungen mit Eisen.

Magnetzünder, →Zündung.

Magnifikat [lat.] *das,* Lobgesang Mariens (Luk. 1, 46–55), liturgisch in der Vesper verwendet.

Magnifizenz [lat.] *die,* Titel des Rektors einer Hochschule,

auch der evang. Landesbischöfe, früher auch der regierenden Bürgermeister der Hansestädte.

Magnitogorsk, Industriestadt im südl. Ural, am Ural-Fluß, Russ. SFSR, 410 000 Ew.; größtes Hüttenkombinat der UdSSR; Schwermaschinenbau, Baustoff-, chem., Glas-, Textil-, Nahrungsmittel-Ind.

Magnolie, Gatt. der Fam. Magnoliengewächse in N-Amerika und O-Asien, Bäume und Sträucher mit weißen bis roten, tulpenähnl. Blüten; Parkbäume.

Magnus-Effekt [nach dem Physiker H. G. Magnus, * 1802, † 1870], die Erscheinung, daß sich drehende Körper, die senkrecht zur Drehachse von Gas oder Flüssigkeit angeströmt werden, eine Querkraft erfahren, die senkrecht zur Drehachse und senkrecht zur Strömungsrichtung gerichtet ist. (Bild S. 237)

Magot *der,* **Berberaffe,** Art der Makaken, Felsenbewohner NW-Afrikas und Gibraltars.

Magritte [magr'it], René, belg. Maler, * 1898, † 1967, Vertreter des verist. Surrealismus; Tafel-, Wandbilder.

Magyaren [madj-], **Madjaren,** finnisch-ugrisches Volk im mittleren Donautiefland, im 9. Jh. aus der Gegend zw. Ural und Wolga in Ungarn eingewandert, etwa 13 Mio.

Mahabharata *das,* Nationalepos der Hindus, berichtet von Kämpfen zweier Zweige einer Dynastie; eingelegt sind u. a. der Roman ›Nala und Damajanti‹ und das religiöse Lehrgedicht ›Bhagavadgita‹; im 4. Jh. n. Chr. in endgültiger Form aufgezeichnet.

Mahagoni, versch. trop. Edelhölzer von rotbrauner Färbung mit Goldglanz.

Mahajana [Sanskrit] *das,* Form des →Buddhismus.

Mahalla el-Kubra, Stadt in Unterägypten, im Nildelta, 293 000 Ew.; Baumwollverarbeitung, Nahrungsmittel-Ind.

Mahanadi *der,* Fluß in Indien, 900 km lang, mündet unterhalb Cuttak in den Golf von Bengalen; Staudämme (Hirakud u. a.).

Maharadscha *der,* ind. Herrschertitel.

Maharashtra, Staat in Indien, 307 762 km², 59,1 Mio. Ew.; Hptst.: Bombay.

Mahatma [Sanskrit ›große Seele‹], in Indien Ehrentitel für geistig hochstehende Persönlichkeiten, z. B. für Gandhi.

Mahd *die,* Heu- oder Getreideschnitt.

Mahdi [arab. ›von Gott Geleitete‹], 1) der von den Sunniten am Ende der Zeiten erwartete Erlöser. 2) **Mohammed Ahmed,** * 1843, † 1885, gab sich für den M. aus, erhob sich mit seinen Anhängern (**Mahdisten**) in Kordofan (Sudan) gegen die ägypt. Reg. und eroberte 1885 Khartum. Der Aufstand wurde 1898 durch Kitchener bei Omdurman niedergeworfen.

Mah-Jongg *das,* urspr. chines. Spiel mit 144 dominoähnl. Steinen.

Mahlbusen, kleiner, künstl. See, in dem bei der Entwässerung das Wasser gesammelt wird.

Mahler, Gustav, österr. Dirigent und Komponist, * 1860, † 1911, Direktor der Hofoper in Wien. Als Komponist stellt M. den Ausklang der Spätromantik dar; sein Werk faßt Programmusik, absolute Musik, Kunstmusik und volkstüml. Musik zusammen. Sinfonien, Lieder (›Kindertotenlieder‹, ›Lieder eines fahrenden Gesellen‹, Lieder auf Texte aus ›Des Knaben Wunderhorn‹) u. a. (Bild S. 237)

Mahler-Werfel, Alma, * 1879, † 1964, ∞ mit G. Mahler, W. Gropius, F. Werfel; ›Mein Leben‹ (1960).

Mähmaschine, fahrbare Landmaschine zum Schneiden von Gras, Getreide u. ä. Das meist seitlich angeordnete Schneidwerk, in dem ein Messer hin- und hergeht, wird von den Rädern über Zapfwelle oder vom Motor angetrieben. Getreidemäher mit Bindevorrichtung der **Mähbalken,** mit Bindevorrichtung der **Bindemäher** und als Vollerntemaschine der **Mähdrescher.** (Bild S. 237)

Mahmud II., türk. Sultan (1808–39), * 1784, † 1839, festigte die Türkei, verlor jedoch Griechenland (1829) und Syrien (1833).

Mähne, lange Behaarung bei Tieren an Kopf, Hals bis Schultern und Bauch, z. B. beim Pferd und Löwen.

Mähnenrobbe, Raubtier, Robbe der Küsten Patagoniens.

Mähnenschaf, bergbewohnendes schafartiges Horntier N-Afrikas.

Mähnenwolf, Guara, südamerikan. Raubtier.

Mahnung, ⚖ Aufforderung zur Zahlung einer fälligen Schuld. Leistet der Schuldner auf eine M. nicht, so kommt er in Schuldnerverzug.

Mahnverfahren, ⚖ vereinfachtes Zivilprozeßverfahren bei Geldforderungen und Ansprüchen auf Leistung vertretbarer Sachen. Auf Antrag des Gläubigers stellt das Amtsgericht dem Schuldner einen Mahnbescheid zu. Erhebt der Schuldner Widerspruch, so kommt es zur mündl. Verhandlung, unternimmt er nichts und leistet auch nichts, so erläßt das Gericht auf erneuten Antrag des Gläubigers den Vollstreckungsbescheid, aus dem vollstreckt werden kann (§§ 688ff. ZPO).

Mahonile *die,* Gatt. der Berberitzengewächse; die **Ilexblättrige M.** aus N-Amerika mit dornigen, immergrünen Blättern, gelben Blüten und bläulichen Beeren ist Zierstrauch.

Mahr *der,* der →Alb.

Mähren, tschech. **Morava,** Landschaft der ČSSR. Den Kern bildet das Becken der March und Thaya, das durch die Böhmisch-Mähr. Höhe (bis 835 m) von Böhmen, durch das Mähr. Gesenke (bis 600 m) von Schlesien, durch die Karpaten von der Slowakei getrennt wird. Nach N hat M. durch die Mähr. Pforte Verbindung zur Oder. Die fruchtbaren Tieflandbecken sind dicht besiedelt. Bodenschätze: Steinkohle, Lignitlager, Erdöl-, Erdgasfelder; Leder-, Textil-, chem., Nahrungsmittel-Ind.; Gewerbe-, Handelsmittelpunkte: Brünn, Ostrau, Olmütz. – Den german. Quaden folgten im 6. Jh. slaw. Stämme. Im 9. Jh. entstand das Großmähr. Reich, das 906 den Ungarn erlag; 1018–21 wurde M. mit Böhmen vereinigt, 1182 Markgfsch. Seit 1411 teilt M. die Geschichte →Böhmens.

Mährische Brüder, die →Böhmischen Brüder.

Mährisch-Ostrau, früherer Name von →Ostrau.

Mai, 5. Monat des Jahres, 31 Tage; im Volksmund auch **Wonnemond.** Volksbräuche: Aufstellen des **Maibaums** (Birke), Abbrennen des **Maifeuers,** Wahl des **Maikönigs** und der **Maikönigin, Mairitt;** →Maifeier.

Maja, grch. Mythos: Mutter des Hermes.

Mailandacht, Kath. Kirche: Andacht im Mai zur Verehrung Marias.

Maiano, 1) Benedetto da, Bildhauer und Baumeister in Florenz, Bruder von 2), * 1442, † 1497, schuf Marmorarbeiten für Kirchen (Kanzel mit Reliefs, in S. Croce, Florenz), Bildnisbüsten u. a. **2)** Giuliano da, Bruder von 1), * 1432, † 1490, Baumeister in Florenz, Siena, Faenza (Dom), Neapel.

Maiblume, volkstümlich für viele Pflanzen, z. B. Maiglöckchen, Waldmeister, Sumpfdotterblume.

Maibowle, mit →Waldmeister gewürzte Bowle.

Maidstone [m'eɪdstən], Hptst. der Cty. Kent in SO-England, 71 000 Ew.; Hopfenhandel, Getreide- und Obstmarkt, Brauereien, Papierindustrie.

Maiduguri, Hptst. des Bundesstaates Borno, Nigeria, im SW des Tschadsees, 190 000 Ew.; Eisenbahnendpunkt, Handelszentrum; Flughafen.

Maier, Reinhold, Politiker (FDP), * 1889, † 1971, Jurist, 1930–33 württ. Wirtschaftsmin., 1945–52 MinPräs. von Württ.-Bad., 1952–53 von Bad.-Württ.; 1957–60 Bundesvors. der FDP.

Maierform, Schiffsform (nach dem Ingenieur F. F. Maier) mit stark ausfallendem Vorsteven und V-förmigen Spanten.

Maier-Leibnitz, Heinz, Physiker, * 1911, arbeitet u. a. über Atom- und Kernphysik, Nebelkammerspuren, Mössbauer-Effekt. 1974–79 Präs. der Dt. Forschungsgemeinschaft.

Maifeier, seit 1889 der 1. Mai als sozialist. Feiertag, nach 1918 in einigen europ. Ländern gesetzl. Feiertag, nach 1945 auch in der Bundesrep. Dtl. und in der Dt. Dem. Rep.

Maifisch, 1) eine Art der →Alsen. **2)** der Fisch →Schnäpel.

Maigesetze, 4 preuß. Gesetze während des →Kulturkampfs.

Maiglöckchen, staudiges Liliengewächs in lichten Gehölzen (Gatt. **Convallaria**), mit weißen, duftenden Blüten und roten Beeren; giftig durch digitalisähnl. Glucoside (Herzmittel). Bild S. 239

Maihofer, Werner, Jurist und Politiker (FDP), * 1918, 1972–74 Bundes-Min. für besondere Aufgaben, 1974–78 Bundesinnen-Min.

Maikäfer, Blatthornkäfer, dessen Larve (Engerling) 3–5 Jahre im Boden lebt (Wurzelschädling); der Käfer schadet durch Blattfraß.

Maikong *der,* zu den Hunden gehöriger Schakalfuchs.

Maikop, Hptst. des Adygeischen Autonomen Gebiets, Russ. SFSR, 130 000 Ew.; Erdölgebiet; Holz-, chem., Nahrungsmittel-Ind., Maschinenbau.

Maikraut, versch. Frühlingspflanzen, z. B. Waldmeister, Scharbockskraut, Schöllkraut.

Mailand, ital. **Milano, 1)** Prov. Italiens, in der Po-Ebene, 2 762 km², 4,065 Mio. Ew. **2)** Hptst. von 1), 1,694 Mio. Ew.; zweitgrößte Stadt Italiens, wirtschaftl. und kultureller Mittelpunkt N-Italiens; staatl., kath., Handels-Univ., TH u. a. Hochschulen, Oper (Scala); kath. Erzbischofssitz; bedeutendste Industrie- und Handelsstadt

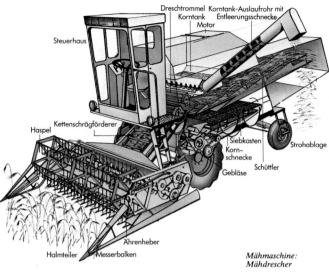

Mähmaschine: Mähdrescher

Italiens, internat. Messen; Raffinerien, Metall-, Textil-, chem., Bau- u. a. Ind.; Flugplatz. Got. Dom, ehem. Dominikanerkloster mit Kirche S. Maria della Grazie (Bramante), im angrenzenden Refektorium das Abendmahl von Leonardo da Vinci; Palazzo Brera (17. Jh., Gemäldegalerie). – M., das kelt. **Mediolanum,** wurde 222 v. Chr. römisch. Seit dem 11. Jh. ist es die reichste und mächtigste Stadt des Lombardei, 1162 als Haupt des Lombard. Städtebundes von Kaiser Friedrich I. zerstört. Seit 1277 Stadtherrschaft der Visconti, die sich auch den größten Teil der Lombardei unterwarfen. Ihnen folgten 1450 die Sforza, 1499–1512, 1515–21, 1524/25 in frz. Hand. 1535 durch Karl V. an Spanien, 1714 an Österreich, 1797–1814 in frz. Machtbereich, 1815 mit der Lombardei an Österreich, 1859 mit dieser an Savoyen (Italien). Bild S. 238

Mailer [m'eɪlə], Norman, amerikan. Schriftst., * 1923; ›Die Nackten und die Toten‹ (1948), ›Marilyn‹ (1973), ›Der Kampf‹ (1975), ›Gnadenlos‹ (1979).

Maillol [maj'ɔl], Aristide, frz. Bildhauer und Graphiker, * 1861, † 1944, schuf bes. weibl. Aktfiguren, auch Holzschnitt-Illustrationen zu antiken Dichtungen. (Bild S. 239)

Maimon, Salomon, eigtl. **S. ben Josua,** jüd. Philosoph, * 1753, † 1800; Kritiker der Kantischen Philosophie.

Maimonides, Moses, **Rabbi Mose ben Maimon,** Religionsphilosoph und Theologe, * 1135, † 1204, der maßgebliche jüd. Gesetzeslehrer des MA., wirkte als Philosoph auch auf die aristotelisch orientierte christl. Scholastik.

Main, größter rechter Nebenfluß des Rheins, 524 km, entsteht bei Kulmbach aus den Quellflüssen **Weißer M.** (vom Fichtelgebirge) und **Roter M.** (vom O-Rand der Fränk. Alb), mündet bei Mainz. Nebenflüsse von rechts: Fränk. Saale, Kinzig, Nidda; von links: Regnitz, Tauber. Der M. ist ab Bamberg schiffbar (Teil des →Rhein-Main-Donau-Großschiffahrtswegs).

Mainardi, Enrico, ital. Cellist und Komponist, * 1897, † 1976.

Mainau, Insel im Bodensee mit subtropischer Vegetation; mit dem Festland durch eine Brücke verbunden.

Mai Ndombe, früher **Leopold-II.-See,** seichter Schwemmlandsee in W-Zaire, 2 325 km².

Maine, 1) [mεn] *die,* re. Nebenfluß der Loire. **2)** [mεn] *der,* Landschaft in NW-Frankreich; Hauptort: Le Mans. **3)** [meɪn], Abk. **Me.,** postal. **ME,** Küstenstaat im NO der USA, 86 027 km², 1,125 Mio. Ew.; Hptst.: Augusta; Anbau von Feldfrüchten, bes. Kartoffeln; Forstwirtschaft; Papier-, Holz-, Leder-, Textil-Ind.; Univ. in Orono.

Maine de Biran [mɛn də bir'ã], François Pierre, frz. Philosoph, * 1766, † 1824; vertrat einen Voluntarismus, später eine myst. Metaphysik.

Magnus-Effekt: v Strömungsgeschwindigkeit, v' Rotationsgeschwindigkeit, K resultierende Kraft

Gustav Mahler

Main

Anbau und Ernte von Mais (1980; in 1000 ha, 1000 t)					
	Fläche	Ernte		Fläche	Ernte
USA	29,3	201	Südafrika	5,0	8
Volksrep. China	13,0	41	Jugoslawien	2,2	10
Brasilien	11,2	16	Rumänien	3,3	12
UdSSR	2,6	8			
Argentinien	2,8	9	**Welt**	**120,4**	**400**

Maine-et-Loire [mɛnelwˈaːr], Dép. in W-Frankreich, 7131 km², 652000 Ew.; Hptst.: Angers.

Mainland [mˈeɪnlənd], Hauptinsel der **1) Pomona** [pɔmˈəʊnə], Orkney-Inseln, 492 km²; Hptst.: Kirkwall. **2)** größte der Shetland-Inseln, 938 km²; Hptst.: Lerwick.

Maintal, Stadt im Main-Kinzig-Kreis, Hessen, 37000 Ew.; Maschinenbau; 1974 durch Zusammenschluß entstanden.

Maintenon [mɛtnˈɔ̃], Françoise **d'Aubigné** [dobiɲˈe], Marquise de, * 1635, † 1719, Geliebte und seit 1684 zweite Frau Ludwigs XIV.; förderte seine klerikale Politik.

Mainz, Hptst. von Rheinl.-Pf., gegenüber der Mündung des Mains in den Rhein, 187300 Ew.; Rheinumschlaghafen. M. ist Sitz der Landesregierung, des Landtags, des Zweiten Deutschen Fernsehens, eines kath. Bischofs, Univ. (1477 gegründet, 1797 erloschen, 1946 wiedereröffnet), Akademie der Wiss. und der Lit., Max-Planck-Institut für Chemie, Musik-, Kunst- u. a. Hochschulen, Priesterseminar, Römisch-German. Zentralmuseum, Gutenberg-Museum (Weltmuseum der Druckkunst), Mittelrhein. Landesmuseum; Waggonbau, Zement-, Glas-, chem. u. a. Industrie, Wein- und Sektkellereien, Verlage. M. wurde im 2. Weltkrieg zu 80% zerstört; die Schäden wurden größtenteils behoben (u. a. am Kurfürstl. Schloß, alten Bürgerhäusern, mehreren Kirchen); →Mainzer Dom. – M., das röm. **Mogontiacum,** frühchristl. Bischofssitz, wurde 745 von Bonifatius zum Erzbistum erhoben. Die Erzbischöfe waren Kanzler, später auch Kurfürsten des Reichs. Das Erzstift mit Rheingau, Aschaffenburg, Erfurt und Eichsfeld wurde 1803 aufgelöst und das Bistum M. geschaffen. 1816–66 war M. Bundesfestung.

Mainzer Dom, doppelchörige Gewölbebasilika mit westl. Querhaus, je zwei Vierungstürme und je 2 kleineren Türmen in O und W. Der Ostbau mit Resten aus otton. Zeit (um 1000) und das Langhaus stammen im wesentlichen aus der Zeit Heinrichs IV. Der dreipaßförmige Hauptchor im W wurde in spätroman. Zeit und im 18. Jh. neu erbaut. Das 1942 beschädigte Langhaus wurde wiederhergestellt.

maior [lat.], größer, älter.

Makarios III.

Mailand: Dom

Maipo, tätiger Vulkan in den südl. Anden, 5323 m hoch.

Maire [mɛːr, frz.] *der,* Bürgermeister. **Mairie** [mɛrˈi] *die,* Bürgermeisterei.

Mais, Welschkorn, Kukuruz, einjähriges Getreidegras, bis 2,50 m hoch, stammt aus Amerika, das auch die größte Menge des Weltbedarfs erzeugt. Die männl. Blüten sitzen in Rispen **(Fahnen),** die weibl. weiter unten in blattumhüllten **(Lieschen)** dickachsigen Kolben. Die Körner und unreifen Fruchtkolben dienen als Mastfutter. Das Mehl wird zu Brot verbacken, in Mexiko in Fladenform (Tortilla), oder als Brei genossen (Polenta in Italien, Sterz in Österreich, Mamaliga in Rumänien). Ferner liefert M. **M.-Stärke** und **M.-Flocken.** (Bild Getreide)

Maische *die,* Wein-, Bier-, Branntweinbereitung: zerquetschte, zerkleinerte oder mit Wasser angesetzte Rohstoffmasse.

Maisons-Alfort [mɛzõzalfˈɔːr], Gem. im Dép. Val-de-Marne, Frankreich, 54600 Ew.; Kunststoff-, Metall-, Nahrungsmittel-, pharmazeut. Ind.

Maisons-Laffitte [mɛzõlafˈit], Stadt an der Seine, unterhalb von Paris, 23800 Ew.; Pferderennbahn. Das Schloß (1642–51 von Mansart erbaut) ist Nationalmuseum.

Maistre [mɛ(s)tr], Joseph Marie Comte de, frz. Staatsphilosoph, * 1753, † 1821, Vertreter des gegenrevolutionären Royalismus und polit. Klerikalismus. Sein Bruder Xavier (* 1763, † 1852) war Schriftst.

Maisur, ind. Stadt, →Mysore.

Maître [mɛtr] *der,* Meister; Titel der frz. Richter und Rechtsanwälte. **M. d'hôtel** [-dot'ɛl], erster Oberkellner.

Maiwürmer, Meloje, Gatt. der Blasenkäfer, ohne Hinterflügel, 2–4 cm lang; sondern bei Berührung aus den Beingelenken ölige Tropfen ab (Ölkäfer).

Maizière [mɛzjˈɛːr], Ulrich de, General, * 1912, war 1964 bis 1966 Inspekteur des Heeres, 1966–72 Generalinspekteur der Bundeswehr.

Maja, Maya [Sanskrit] *die,* **1)** Mutter des Buddha. **2)** ind. Philosophie: die als Trugbild aufgefaßte Erscheinungswelt, die dem im Nichtwissen Befangenen die Erkenntnis seiner Wesenseinheit mit dem Allwesen verhüllt.

Majakowskij, Wladimir Wladimirowitsch, russ. Schriftst., * 1893, † (Selbstmord) 1930, Vertreter des Futurismus, verherrlichte die bolschewist. Revolution und den bolschewist. Staat; auch Satiriker.

Majestät [lat.] *die,* Hoheit, Erhabenheit; Titel und Anrede für Kaiser und Könige und ihre Frauen.

Majestätsbrief, Urkunde Rudolfs II. vom 9. 7. 1609; gewährte den prot. Ständen Böhmens freie Religionsausübung.

Majestätsverbrechen, urspr. ein Verbrechen, das die Existenz des Staates gefährdet, später bes. die Beleidigung des Landesherrn **(Majestätsbeleidigung).** In der Bundesrep. Dtl. sind die Verunglimpfung des Bundes-Präs. (§ 90 StGB), der ausländ. Staatsoberhäupter u. a. (§ 103 StGB) strafbar.

Majolika *die,* ital. und span. →Fayencen.

Major [frz.], unterster Dienstgrad der Stabsoffiziere.

Majoran *der,* in Ägypten und Vorderasien bis Indien vorkommender, in Europa als Heil- und Gewürzpflanze kultivierter Lippenblüter mit weißen bis bläulichen Blütchen.

Majorat [lat.] *das,* Erbfolgeordnung, die dem ältesten Sohn das Vorzugsrecht auf das Erbgut gewährt; auch das Erbgut selbst.

majorenn [lat.], ⚭ volljährig, mündig.

Majorität [lat.], Mehrheit.

Majuskel [lat.] *die,* **1)** der Großbuchstabe. **2)** ℬ aus gleich hohen Buchstaben bestehende Schrift.

makaber [frz. auch arab.], schaurig, totenähnlich, düster.

Makadamdecke [nach dem schott. Straßenbauer McAdam], Straßenfahrbahndecke aus Splitt, gebunden durch eingeschlämmten Sand und eingewalzte bituminöse Bindemittel.

Makaken [portugies.] *Mz.,* Gatt. meerkatzenartiger Affen. **Javaneraffen** und **Schweinsaffen** leben in Südasien, **Hutaffen** und →Rhesusaffen in Vorderindien. Über den **Berberaffen** →Magot.

Makalla, Hafenstadt im der Demokrat. VR Jemen, 50000 Ew.; Fischerei, Bootsbau; Flugplatz.

Makalu, fünfthöchster Berg der Erde, im Himalaja, 8481 m hoch.

Makame [arab.] *die,* oriental. Dichtungsform in gereimter Prosa mit eingestreuten Versen.

Makarikari-Becken, flache Salzpfanne in der Kalahari, Südafrika, nur zeitweise wassergefüllt.

Makarios III., eigtl. Michael **Muskos,** orthodoxer Theologe und Politiker, * 1913, † 1977, wurde 1950 Erzbischof von Zypern, entwickelte sich zum Führer der →Enosis(-Bewegung), wurde 1956 von der brit. Reg. interniert (bis 1957). 1959 zum Präs. der unabhängigen Rep. →Zypern gewählt, löste 1963/64 mit Plänen zur Verfassungsreform blutige Unruhen zw. grch. und türk. Zyprioten aus. 1974 verlor er vorübergehend durch einen Putsch sein Amt.

Makart, Hans, * 1840, † 1884, österr. Maler prunkvoller histor. und allegor. Gemälde. **Makartstrauß,** Strauß aus getrockneten Blumen.

Makasar, indones. Stadt, seit 1973 →Ujung Pandang.

Makasar-Straße, 140 km breite Meeresstraße zw. Borneo und Celebes.

Makedoni|en, Mazedoni|en, Landschaft auf der Balkanhalbinsel, an der N-Küste des Ägäischen Meeres; Gebirgsland mit fruchtbaren Becken (Tabak-Anbau). Der S gehört heute zu Griechenland, der N zu Jugoslawien. **1)** serbokroat. **Makedonija,** Sozialist. Rep. Jugoslawiens, 25 713 km², 1,884 Mio. Ew.; Hptst.: Skopje; Landwirtschaft; reich an Zink, Blei, Silber, Kupfer, Eisen; metallverarbeitende u. a. Ind. **2)** neugrch. **Makedonia,** Region in N-Griechenland, 34 203 km², 1,9 Mio. Ew.; Hptst.: Saloniki.

Geschichte. M. war unter Philipp II. (359–336 v. Chr.) bed. Militärmacht, unter Alexander d. Gr. (336–332) Mittelpunkt eines Weltreichs, 148 v. Chr. röm., 395 n. Chr. byzantin. Prov., vorübergehend unter der Herrschaft der Bulgaren, Kreuzfahrer, Serben, 1371 türkisch. Ende des 19. Jh. erwachte in M. bes. durch die Innere Makedon. Revolutionäre Organisation (Abk. IMRO) die Freiheitsbewegung gegen die türk. Herrschaft. Die Unruhen der makedon. Revolutionäre (Komidatschis) führten 1912/13 zu den beiden Balkankriegen, durch die M. zw. Griechenland, Serbien und Bulgarien aufgeteilt wurde.

Makedoni|er, im 19. Jh. **Mazedoni|er,** die **Makedonen** des Altertums, die Bewohner des grch. und jugoslaw. Makedonien, außerdem die Minderheit, die im übrigen Griechenland und Jugoslawien der makedon. Sprachgruppe angehört, sowie die M. in Bulgarien.

makedonische Sprache und Literatur. Die Sprache nimmt eine Zwischenstellung zw. dem Bulgarischen und Serbischen ein; seit 1944 Schrift- und Amtssprache der jugoslaw. Sozialist. Rep. Makedonien; ein dem serbischen ähnliches kyrill. Alphabet. Literar. Schaffen entfaltete sich erst nach 1945; anfangs lyrische Dichtung, neuerdings auch Prosadichtung.

Makejewka, Industriestadt im Donezbecken, Ukrain. SSR, 439 000 Ew.; Steinkohlenbergbau, Hütten-, chem., Baustoff-, Nahrungsmittel-, Schuh-Ind.

Make up [meık ʌp, engl.] *das,* die dekorative Kosmetik des Gesichts.

Maki *der,* →Lemuren.

Makimono [japan.] *das,* ostasiat. Bildrolle im Querformat, wird beim Betrachten von rechts nach links abgerollt.

Makkabäer, Hasmonäer, jüd. Fürsten- und Priestergeschlecht, kämpfte seit 167 v. Chr. gegen die Syrer und erkämpfte die Herrschaft über das jüdische Volk; benannt nach →Judas Makkabi.

Makkaroni [ital.] *Mz.,* lange, röhrenförmige Nudeln aus Weizengrieß.

Makkaronische Dichtung, scherzhafte Gedichte in einem Latein, das stark mit latinisierten Wörtern einer modernen Sprache durchsetzt ist. Hauptvertreter: T. Odasi und T. Folengo.

Makler, Mäkler *der,* Unterhändler, der gegen Entgelt Geschäfte nachweist oder Abschlüsse vermittelt. Es gibt Zivil-, Handels- und Kurs-M. Sie erhalten einen Prozentsatz der Umsatzsumme (**M.-Gebühr**) als Vergütung.

Mako *der,* in Ägypten angebaute Baumwollsorte mit weichen, langen Fasern.

Makonde, Bantuvolk im südöstl. Tansania und in Moçambique, rd. 500 000; meist Hackbauern, gute Holzschnitzer.

Makoré *das,* rotbraunes trop. Hartholz.

Makramee [frz.] *das,* Knüpfarbeit, die bei fest gedrehte Fäden zu Spitzen, Kragen, Einsätzen geknüpft werden.

Makrelen *Mz.,* Makrelenfische: **Gemeine M.,** oberseits blau, unterseits silbrig, dunkle Querbinden, im Atlantik. **Gold-M.,** goldschimmernd, blaugefleckt, in trop. und subtrop. Meeren; Speisefische.

makro . . . [grch.], groß . . ., lang . . .

Makrokosmos *der,* Weltall.

Makromoleküle, sehr große Moleküle überwiegend organ. Natur (u. a. Cellulose, Stärke, Eiweiße, Nucleinsäuren und viele

Kunststoffe); Molekulargewichte ab etwa 5 000, →Fadenmoleküle.

Makrone *die,* Mandelplätzchen.

Makro|ökonomik, Teil der Volkswirtschaftslehre, der das Zusammenwirken der volkswirtschaftl. Gesamtgrößen, z. B. Produktion, Nachfrage, Investition, erklärt.

Makrophysik, Physik der wahrnehmbaren Gegenstände im Ggs. zur Atom- und Molekularphysik (Mikrophysik).

Makropoden [grch.] *Mz.,* Gatt. der Labyrinthfische; Zierfische.

makroskopisch, mit bloßem Auge sichtbar. Ggs.: **mikroskopisch.**

Makrozyten [grch.] *Mz.,* übergroße unreife rote Blutkörperchen, die bei manchen Blutkrankheiten auftreten.

Maksimow, Maximow, Wladimir Jemeljanowitsch, russ. Schriftst., * 1932, lebt seit 1974 in Paris; Erz., Romane (›Die sieben Tage der Schöpfung‹, erschienen 1972 im Samisdat; ›Abschied von Nirgendwo‹, 1973, ›Die Ballade von Sawwa‹, 1975).

Makua, bedeutendste Stammesgruppe der Bantu in Moçambique, rd. 2 Mio.; meist Hackbauern.

Makulatur [lat.] *die,* unbrauchbar gewordene Drucke; Altpapier.

Maiglöckchen

MAK-Wert, Abk. für Maximale Arbeitsplatz-Konzentration (gesundheitsschädl. Stoffe); Grenzwert für die Menge an Schadstoffen (giftige Gase, Dämpfe oder Schwebstoffe), die in einem Arbeitsraum ohne gesundheitl. Gefährdung ertragen werden kann.

Malabar-Küste, Küstenlandschaft in SW-Indien, trop. Monsunklima; Haupterzeugnisse: Kopra, Tee, Gewürze.

Malachias, israel. Prophet, →Maleachi.

Malachit *der,* monoklines, grünes Mineral (Kupfercarbonat) smaragd- bis schwärzlichgrün; entsteht in der Oxidationszone von Kupfererzen und ist dort oft abbauwürdig angereichert.

malade [frz.], krank, zerschlagen, schwach.

Maladetta, span. **La Maladeta** [-ð'eta], frz. **Monts Maudits** [mõ mod'i], Granitstock mit dem höchsten Berg der Pyrenäen (Pico de Aneto, 3 404 m).

mala fide [lat.], ♂♀ wider besseres Wissen.

Málaga, 1) Prov. Spaniens, in Andalusien, 7 276 km², 945 000 Ew. **2)** Hptst. von 1), an der Küste des Mittelmeers, 430 000 Ew.; Renaissance-Kathedrale (beg. 1538), Bischofssitz; Universität; Wein-, Zucker-, Textil-, chem. Ind.; Erdölraffinerie; Ausfuhr: Málagawein, Südfrüchte, Baumwolle. – M. ist eine Gründung der Phöniker.

Malachit

Malagasy, zu den indones. Sprachen gehörende Sprache der Madegassen; viele Dialekte.

Malajen, eigener Name **Orang Melayu** [›umherschweifende Menschen‹], Volk in SO-Asien, v. a. Indonesien und W-Malaysia. Seine indones. Grundkultur wurde durch indische, seit dem 13. Jh. islam. Einflüsse stark verändert. Heute sind fast alle M. Muslime. Wirtschaftl. Grundlage sind neben Reisbau und Viehzucht bes. Handwerk (Metallverarbeitung), Fischerei, Schiffahrt und Handel. – M. wird häufig (nicht korrekt) synonym für Indonesier gebraucht.

Malaiische Halbinsel, auch **Malakka,** der südlichste Teil Hinterindiens, mit feuchttrop. Klima, gebirgig und zu ²/₃ von trop. Regenwald bedeckt; reiche Zinnvorkommen, Kautschukplantagen. Haupthäfen: Singapur, Georgetown. An der M. H. haben Birma, Thailand und Malaysia Anteil.

Geschichte. Von dem im 15. Jh. gegr. Malakka breitete sich der Islam auf der M. H. aus, an deren Küsten sich nach Portugiesen und Niederländern im 19. Jh. die Briten festsetzten. Im N bestanden die Sultanate Kedah, Kelantan, Perlis und Trengganu (bis 1909 unter siames. Oberhoheit), im S das Sultanat Johore weiter. 1867 wurden Malakka, die brit. Insel Penang und das 1819 gegr. Singapur unter brit. Verwaltung als **Straits Settlements** [streıts s'etlmənts] zusammengefaßt, deren Gouverneur auch Hochkommissar über die hier seit 1895 als **Federated Malay States** [f'edəreıtıd m'əleı steıts] zusammengefaßten Sultanate Negri Sembilan, Pahang, Perak und Selangor war. Die 1946 gegr. Malaiische Union wurde 1948 in die **Malaiischen Bund** umgewandelt, dem die neun malaiischen Sultanate sowie die brit. Niederlassungen Penang und Malakka angehörten und der 1957 unabhängiges Mitgl. des Commonwealth wurde. Mit Singapur, Sarawak und Sabah vereinigte sich der Malaiische Bund am 16. 9. 1963 zur Föderation →Malaysia.

Malaiischer Archipel, früher **Australasien, Insulinde,** zw.

A. Maillol: Leda (Bronze, um 1902)

Mala

Malaysia

Malawi

Malediven

Südostasien, Australien und Neuguinea liegende Inselwelt, mit den Großen und Kleinen Sunda-Inseln, den Philippinen und Molukken; staatlich gehört der größte Teil des M. A. zu Indonesien; reich an Erdbeben und tätigen Vulkanen; trop. Klima.

Malaiischer Bund, →Malaiische Halbinsel, Geschichte.

malaiische Sprache, seit 1967 die Staatssprache in Malaysia, wo sie meist **Bahasa Kebangsaan** genannt wird; westindones. Sprache, stark durchsetzt mit fremden Bestandteilen (Sanskrit, Arabisch, Portugiesisch, Englisch).

Malaise [mal'ε:z, frz.] *die*, Unbehagen, Mißstimmung.

Malakka, 1) die →Malaiische Halbinsel. **2)** Hptst. des Staates M., Malaysia, 87 200 Ew.; Verarbeitungs-Ind., Reedehafen.

Malakkastraße, Meeresstraße zw. Sumatra und der Malaiischen Halbinsel.

Malan, Daniel François, südafrikan. Politiker (Nationalpartei), *1874, †1959; 1924–33 Innen-Min., 1948–54 MinPräs., proklamierte die Politik der →Apartheid.

Malang, Stadt in O-Java, Indonesien, 422 400 Ew.; kath. Bischofssitz; Univ.; Wirtschaftszentrum.

Malaparte, Curzio, eigtl. Kurt Suckert, ital. Schriftst., *1898, †1957; effektvolle, zynische Bücher über die Kriegs- und Nachkriegszeit: ›Kaputt‹ (1944), ›Die Haut‹ (1948).

Malaria [ital.] *die*, **Sumpffieber**, durch die **Malariamücke (Fiebermücke**, Anopheles) übertragene Infektionskrankheit des Menschen, Inkubation 6–40 Tage; hervorgerufen durch Sporentierchen (Plasmodien), die sich geschlechtlich im Darm der M.-Mücke (Entstehung der ›Sichelkeime‹) und ungeschlechtlich in der Leber und den roten Blutkörperchen des Menschen entwickeln. Mehrere Arten von Erregern mit verschiedener Entwicklungsdauer: 48 Stunden (Fieberanfall jeden dritten Tag, **M. tertiana**), 72 Stunden (Anfall jeden vierten Tag, **M. quartana**), 24–48 Stunden (fast täglicher Anfall, **M. tropica**). Behandlung: Spezif. Anti-Malariamittel; das früher häufig verwendete Chinin nur noch in Sonderfällen. Seit 1956 hat die WHO eine weltweite M.-Bekämpfung organisiert.

Mälarsee, inselreicher See in Schweden, zieht sich von Stockholm 117 km weit nach W; Wasserfläche 1 140 km²; auf den Inseln 200 Schlösser und Herrensitze.

Malaspinagletscher, Gletscher im SO Alaskas, fließt ca. 80 km am Fuß des Mount St. Elias entlang, etwa 4 000 km² Eisfläche.

Malatya, Prov.-Hptst. in SO-Anatolien, Türkei, 184 400 Ew.; Verarbeitung landwirtschaftl. Erzeugnisse.

Malawi, Rep. in SO-Afrika, 118 484 km² mit 5,9 Mio. Ew. Hptst.: Lilongwe. Amtssprache: Englisch. Rd. 50% der Ew. sind Anhänger von Naturreligionen; 35% Christen. ⊕ Band 1, n. S. 320. Nach der Verf. ist Staatsoberhaupt und Regierungschef der Präs. Währung: 1 M.-Kwacha = 100 Tambala.

Landesnatur. Das Binnenland erstreckt sich über 840 km, jedoch nur 80–160 km breit, westlich und südlich des Malawisees, auf den rd. 26% der Fläche entfallen. Es überwiegen Hochflächen (1 000–1 500 m), die steil zum Malawisee und dem Shire abfallen. Höchste Erhebung ist das Mlanje-Massiv (3 000 m). Das trop. Klima wird durch die Höhenlage und die große Wasserfläche gemildert. Die *Bevölkerung* (meist Bantu-Stämme) lebt überwiegend im S. Keine Schulpflicht, etwa 70% Analphabeten; Universität in Zomba. – *Wirtschaft.* Die Landwirtschaft (Anbaugebiete bes. im S) erzeugt für den Eigenbedarf Mais, Maniok, Hülsenfrüchte; zunehmend für den Markt Tabak, Erdnüsse, Baumwolle, Tee, Reis. Die Viehwirtschaft (bes. im N) kann den heimischen Bedarf nicht decken. Die Industrie ist noch wenig entwickelt. Hauptausfuhrgüter sind Tabak, Tee, Erdnüsse, Baumwolle; Haupthandelspartner: Großbritannien, Rep. Südafrika, USA, Niederlande. M. hat Eisenbahnverbindungen zu den Häfen Beira und Nacala. Vom Straßennetz (rd. 11 000 km) ist nur rd. ein Drittel ganzjährig befahrbar. Binnenschiffahrt auf dem Malawisee. Internat. Flughäfen: Blantyre, Lilongwe.

Geschichte. 1889 erklärte Großbritannien das Hochland am Shire-Fluß zum Protektorat Njassaland und legte 1891 die Grenze zu Moçambique fest. 1953 wurde Njassaland Glied der →Zentralafrikanischen Föderation. Nach deren Auflösung wurde M. unter Präs. H. Banda am 6. 7. 1964 im Rahmen des Commonwealth unabhängig.

Malawisee, früher **Njassasee**, langgestreckter See in Ostafrika, 30 800 km² groß, 472 m ü. M., bis 706 m tief; Abfluß: Shire zum Sambesi; 1859 von D. Livingstone entdeckt.

Malaya, der auf der Malaiischen Halbinsel gelegene Westteil Malaysias.

Malayalam, drawidische, dem Tamil (→Tamilen) nahe verwandte Sprache, die im ind. Staat Kerala von etwa 19 Mio. Menschen gesprochen wird.

Malaysia, engl. **Federation of M.** [fedər'eɪʃn ɔv məl'eɪzɪə], Bundesstaat in SO-Asien, 329 608 km², 12,9 Mio. Ew. Hptst.: Kuala Lumpur. Amtssprache: Malaiisch, daneben Englisch. Staatsoberhaupt ist einer der islam. Herrscher der Einzelstaaten (auf 5 Jahre gewählt). Das Parlament besteht aus Senat und Repräsentantenhaus. Rechtsgrundlage ist das brit. und brit.-ind. Recht; daneben Religions- und Stammesrecht. Währung: Ringgit (M$) = 100 Sen. ⊕ Band 1, n. S. 320.

Landesnatur. M. umfaßt den S-Teil der Malaiischen Halbinsel (**West-M.**) und als **Ost-M.** den NW (Sarawak) und N (Sabah) der Insel Borneo. – Zwei Drittel des Landes sind gebirgig, daneben gibt es ausgedehnte Sumpf- und Flußebenen. Sabah hat im Gunung Kinabalu (4 101 m) den höchsten Berg SO-Asiens. Beide Teile M.s liegen in den inneren Tropen; klimat. Unterschiede bestehen nur zw. der W- und O-Küste.

Von der *Bevölkerung* sind rd. 47% Malaien, 34% Chinesen und 9% Inder. Staatsreligion ist der Islam, dem die Malaien angehören. Bildung: Allg. Schulpflicht (engl., malaiische, chines., ind. Schulen); Techn. und Pädagog. Hochschule, 5 Univ.

Wirtschaft. Die Landwirtschaft nutzt etwa 12% der Fläche. Für den Export werden bes. Kautschuk (über 50% des Ackerlandes) und Ölpalmen, für die Eigenversorgung Reis angebaut, ferner Kokosnüsse, Tee, Gewürze u. a. Bedeutend ist der Holzeinschlag von Edelhölzern (1/3 der Welterzeugung). M. ist der größte Zinnproduzent der Erde. Andere Bodenschätze sind Eisenerz, Bauxit, Gold, Erdöl (Ost-M.). Die Industrie ist in West-M. konzentriert: Aufbereitung von Kautschuk u. a. landwirtschaftl. Erzeugnissen, Nahrungsmittel-, Eisen- und Stahl-, chem. Industrie, Zinnschmelzen, Erdöl-, Holzverarbeitung. Ausfuhr: Kautschuk, Zinn, Holz, Palmöl, Erdöl. Haupthandelspartner sind Japan, die USA, Singapur, Großbritannien. Verkehr: West-M. hat 2 300 km, Sabah 148 km Eisenbahnen, West-M. rd. 21 800 km, Ost-M. rd. 8 500 km Straßen. Wichtigste Häfen: Port Klang, Penang, Bagan Jaya, Malakka, Pasir Gudang, Kota Kinabalu, Kuching, Sandakan. Für Erdölprodukte Port Dickson, Bintulu, Miri, Labuan. Fluggesellschaft ›Malaysian Airline System‹.

Geschichte. Am 16. 9. 1963 schlossen sich der Malaiische Bund, Singapur, Sarawak und Sabah auf föderativer Basis zusammen. 1965 trat Singapur aus der Föderation aus. Die Beziehungen zu Indonesien, das Teile M.s beansprucht hatte, normalisierten sich 1966. Rassenunruhen (1969/70) richteten sich gegen den chines. Bev.-Anteil. Ein weiteres Anwachsen dieser ethn. Gruppe suchte M. mit Einwanderungs- und Aufenthaltsbeschränkungen (v. a. für Vietnam-Flüchtlinge) zu verhindern.

Malchen, Berg im Odenwald, →Melibokus.

Malchin, Krst. im Bez. Neubrandenburg, 10 900 Ew.; Zuckerfabrik, Holz-Ind.; in der Nähe der **Malchiner See**.

Malcolm X [m'ælkəm], früher **M. Little** [-lɪtl], amerikan. Negerführer, *1925, †(ermordet) 1965, gründete 1963 die ›Organization of Afro-American Unity‹.

Maleachi, Malachias, israel. Prophet; das **Buch M.** enthält Gerichts- und Heilsankündigungen eschatolog. Gepräges.

Malebranche [malbr'ɑ̃ʃ], Nicole, frz. Philosoph, *1638, †1715, faßte den cartesian. Dualismus von Leib und Seele als von Gott geordnetes Nebeneinander auf (Okkasionalismus).

Malediven, engl. **Republic of Maldives** [rɪp'ʌblɪk ɔv m'ɔ:ldɪvz], Staat im Indischen Ozean, 298 km², 148 000 Ew.; Hptst.: Male. Währung: 1 M.-Rupie = 100 Laris. ⊕ Band 1, n. S. 320. Staatsoberhaupt ist der Präs. Staatsreligion: Islam. Haupterzeugnisse: Hirse, Kokosnüsse; rd. 90% des Exports sind Fische und Fischprodukte. Die M. waren 1887–1965 brit. Protektorat, seit 1968 Republik.

Maleïnatharze, helle, lichtbeständige Kunstharze aus Maleïnsäure, Kolophonium und Polyalkoholen.

Maleïnsäure, synthet., ungesättigte organ. Dicarbonsäure.

$$\underset{H}{\overset{HOOC}{}}C = C\underset{H}{\overset{COOH}{}} \quad \textit{Maleïnsäure}$$

Malenkow, Georgij, sowjet. Politiker, *1902, seit 1938 Privatsekr. Stalins, in höchsten Parteifunktionen, 1953–55 MinPräs., 1957 aller Ämter enthoben.

Malente, Gem. im Kr. Ostholstein, Schlesw.-Holst., in der Holsteinischen Schweiz, 10 500 Ew.; mit dem Kneipp-Heilbad **M.-Gremsmühlen**; Landessportschule.

Malepartus, Tiersage: die Höhle von Reineke Fuchs.

Maler, 1) Handwerksberuf mit 3jähr. Lehrzeit. **2) M., Kunstmaler,** →Malerei.

Malerbuch vom Berge Athos, in den Malerwerkstätten des →Athos entstandenes Hb. mit Anleitungen zur Maltechnik, zur Ikonographie und zur Anordnung der Bilder im Kirchenraum; im 18. Jh. zusammengestellt.

Malerei, künstler. Flächengestaltung mit Farben. Man unterscheidet 1) nach →Maltechnik, 2) nach den Darstellungsgatt.: → Portrait, →Gruppenbild, → Gesellschaftsstück 2), →Historienmalerei, → Genremalerei, → Landschaftsmalerei, → Seestück, →Stilleben u. a.; vgl. auch →moderne Kunst. Über die Geschichte der M. vgl. die Artikel über Kunstepochen und die Kunst der einzelnen Völker.

malerisch, farbenreich, stimmungsvoll.

Maler Müller, Schriftst. und Maler, →Müller 2).

Malermuschel, Art der →Flußmuscheln.

Maléter [m'ɔle:ter], Pál, ungar. General, * 1917, † (hingerichtet) 1958, einer der Führer des ungar. Aufstandes 1956, unter I. Nagy Verteidigungsminister.

Malewitsch, Kasimir, russ. Maler, * 1878, † 1935, begründete eine konstruktive Richtung der gegenstandslosen Malerei **(Suprematismus)**.

Malgrund, 1) Untergrund, auf den gemalt wird (Holz, Leinwand, Putz u. a.). **2)** Schicht, die auf den Untergrund aufgetragen wird, um die Malfläche zu glätten **(Grundierung)**.

Malherbe [mal'ɛrb], François de, frz. Dichter, * 1555, † 1628, bereitete als sprachl. und literar. Gesetzgeber dem vernunftgebundenen frz. Klassizismus den Weg.

Malheur [mal'œ:r, frz.] *das,* Unglück, Mißgeschick.

Mali, Rep. in W-Afrika, 1,24 Mio. km² mit 6,910 Mio. Ew. Hptst.: Bamako. Amtssprache: Französisch. Rd. 70% der Ew. sind Muslime. ⊕ Band 1, n. S. 320. Nach der Verf. von 1974 sind der Präs. und Reg.-Chef für 2 Legislaturperioden zu je 5 Jahren wählbar. Währung: M.-Franc = 100 Centimes. **Landesnatur.** Der S des Landes umfaßt das flache Nigerbecken und das Gebiet des oberen Senegal mit trop. Feuchtsavanne; weiter nördlich Trockensavanne. Höchste Erhebung sind die Adrar des Iforas im NO (etwa 1 000 m ü. M.). Der ganze N, fast die Hälfte des Staatsgebiets, gehört zur Sahara und ist kaum besiedelt. Im S, der durch ausreichende Niederschläge begünstigt ist, lebt die Mehrheit der **Bevölkerung.** Bei der vielen unterschiedl. Gruppen sind die →Bambara. Im N leben Berber (Tuareg) und Fulbe als Nomaden und Halbnomaden. Bildung: Allg. Schulpflicht, pädagog. Einrichtungen und Fachhochschulen. Die **Landwirtschaft** (Anbaugebiete im S und SW) erzeugt bes. Hirse, Reis, Mais, Maniok, ferner Baumwolle und Erdnüsse; Viehhaltung bes. der Nomaden und Halbnomaden. Die Flußfischerei ist bedeutend. Hauptausfuhrgüter sind Baumwolle, Vieh, Fisch, Erdnüsse; Handelspartner: Frankreich, Elfenbeinküste, Senegal. Eisenbahnlinie Bamako–Dakar. Binnenverkehr auf Niger und Senegal. Das Straßennetz (vor allem im S des Landes) umfaßt 14 700 km (davon mehr als ein Drittel ganzjährig befahrbar); internat. Flughafen ist Bamako. **Geschichte.** Der Name der Rep. stammt von dem Reich Mali, einer Gründung der Malinke im 13. Jh. (Höhepunkt: 1. Hälfte des 14. Jh.). Zw. 1883 und 1894 eroberten die Franzosen das heutige M. Seit 1904 bildete es unter dem Namen Sudan (Soudan) eine eigene Verwaltungseinheit als ein Teil von Französisch-Westafrika. 1959 bildete Sudan mit Senegal die Fédération du Mali, die am 20. 6. 1960 ihre staatl. Unabhängigkeit erhielt. Wenig später brach die M.-Föderation auseinander, Sudan erklärte sich zur Rep. Mali.

maligne [lat.], ♎ bösartig. **maligner Tumor,** bösartige Geschwulst. Ggs.: benigne.

Malinke, eine Stammesgruppe der Mandingo.

Malinowski [mælɪn'ɔvskɪ], Bronislaw, brit. Ethnologe, * 1884, † 1942, unternahm Forschungsreisen u. a. nach NW-Melanesien, Australien, Neuguinea.

Malinowskij, Rodion Jakowlewitsch, sowjet. Politiker und Marschall (1944), * 1898, † 1967, war 1957–67 sowjet. Verteidigungsminister.

Malipiero, Gian Francesco, ital. Komponist, * 1882, † 1973, vereinigte Anregungen ital. Musik des 17. und 18. Jh. mit modernen Stilelementen; Opern, Orchesterwerke u. a.

maliziös [frz.], boshaft, hämisch.

Mallarmé, Stéphane, frz. Dichter, * 1842, † 1898; symbolist., formstrenge Gedichte mit suggestiver Klangkraft; an die Stelle der

Gegenstände tritt der aller Realität überlegene ›Traum‹. M. hatte großen Einfluß auf die europ. Lit. (P. Valéry, P. Claudel, S. George). Bild S. 242

Malle [mal], Louis, frz. Filmregisseur, * 1932, Vertreter der frz. ›Neuen Welle‹: ›Herzflimmern‹ (1970), ›Lacombe Lucien‹ (1974), ›Atlantic city‹ (1980) u. a.

Malle|in [lat.] *das,* Impfstoff aus Rotzbakterien, dient zur **Malleinprobe** bei rotzverdächtigen Pferden.

Mallersdorf-Pfaffenberg, Markt im Kr. Straubing-Bogen, Bayern, 5 800 Ew.; Barockkirche; seit 1869 Sitz des Mutterhauses der **Mallersdorfer Schwestern** (1855 gegr. Franziskanerinnen-Genossenschaft).

Mallnitzer Tauern, Niederer Tauern, Paß in den Hohen Tauern, 2 431 m hoch, zw. Ankogel- und Goldberggruppe.

Mallorca [maʎ'ɔrka], größte Insel der span. →Balearen, 3 684 km², 439 000 Ew.; fruchtbares Hügelland, Sandstrände; reger Fremdenverkehr. Hptst. und Haupthafen: Palma de M.

Malm [engl.] *der,* ⊕ obere Abteilung des Jura.

Malmaison [-mɛz'ɔ], Schloß bei Paris, im Empire-Stil, 1809–14 Wohnsitz der Josephine Beauharnais; seit 1901 Museum.

Malmberget [-bærjet], Bergbauort in N-Schweden, gehört zu →Gällivare.

Malmedy, amtl. **Malmédy,** Stadt in Belgien, im S des Hohen Venn, 9 950 Ew. (→Eupen-Malmedy)

Malmignatte [malminj'atə, ital.] *die,* südeurop., 13 mm lange, schwarze, rotgefleckte Giftspinne.

Malmö, Hptst. der VerwBez. Malmöhus, Schweden, am S-Ausgang des Sundes, 236 700 Ew.; Fachschulen; Maschinen-, Schiffbau, Zementfabriken, Textil-, chem. u. a. Ind.; größter Kunsthafen Schwedens, Flughafen; Peterskirche (um 1300, umgebaut 1890), Schloß Malmöhus (1537–42), Rathaus (1546). – 1150 gegr., im MA. bedeut. Handelsstadt.

Maloja, ital. **Maloggia** [mal'ɔdʒa], Paß in Graubünden, Schweiz, 1 815 m hoch, zw. dem Bergell und dem Engadin. Der Ort M. ist Höhenkurort und Wintersportplatz.

Malonsäure, organ. Säure, Ausgangsstoff für zahlreiche Synthesen (bildet z. B. mit Harnstoff Barbitursäure).

Malory [m'æləri], Sir Thomas, engl. Schriftst., * Anfang des 15. Jh., † 1471; ›The Morte Darthur‹ (1469/70), Zusammenfassung aller bisherigen Artusromane.

Malossol [russ.] *der,* mild gesalzener Kaviar.

Malpass [m'ælpæs], Eric, engl. Schriftst., * 1910, Geschichten aus der Perspektive des Kindes (›Morgens um sieben ist die Welt noch in Ordnung‹, 1965; ›Als Mutter streikte‹, 1973, u. a.).

Malpighi [-gi], Marcello, ital. Arzt, * 1628, † 1694; gilt als Begründer der mikroskop. Anatomie.

Malplaquet [-plak'ε], frz. Gem., 10 km nordwestl. von Maubeuge. – 1709 Sieg der Österreicher, Preußen und Briten über die Franzosen im Span. Erbfolgekrieg.

Malraux [malr'o], André, frz. Schriftst., Politiker, Archäologe und Orientalist, * 1901, † 1976, General im Span. Bürgerkrieg, 1939 Austritt aus der KP, Widerstandskämpfer, 1945/46 Informations-Min., 1958–69 Min. für kulturelle Angelegenheiten; ›Der Königsweg‹ (1930), ›Condition humana‹ (1933), ›Die Nußbäume der Altenburg‹ (1945) u. a. – ›Antimemoiren‹ (1967), ›Eichen, die man fällt‹ (1971); kunsttheoret. Schriften.

Malstrom, →Moskenstraumen.

Malta, amtl. **Repubblika ta'Malta,** engl. **Republic of Malta,** Staat und Inselgruppe im Mittelmeer mit den Inseln M. (245,7 km²), Gozo, Comino, Cominotto und Filfla, zusammen 315,6 km², 315 300 Ew. Hptst.: Valletta. ⊕ Band 1, n. S. 320. Währung: M.-Pfund = 100 Cents. Allg. Schulpflicht. Die gebuchtete Steilküste bietet Naturhäfen. Die Bewohner **(Malteser)** sprechen eine arab. Sprache, das **Maltesisch,** das neben Englisch Amtssprache ist. Erwerbszweige sind die Landwirtschaft (Frühkartoffeln, Zwiebeln, Tomaten, Südfrüchte, Tabak), sonstige Industrie (Textilien, Zigaretten, Schiffbau) und der Fremdenverkehr. Bei starker Übervölkerung der Inseln sowie hoher Arbeitslosigkeit ist die Auswanderungsquote hoch.

Geschichte. M., bereits zur Jungsteinzeit im Kulturmittelpunkt, war später phönik und um 400 v. Chr. karthagisch, 218 römisch, seit dem 6. Jh. n. Chr. byzantinisch, 870 arabisch, 1090 sizilisch-normannisch, 1530 durch Karl V. an den Johanniterorden, seit 1800 britisch, seit 1964 unabhängiger Staat im Rahmen des Commonwealth.

Maltafieber, Mittelmeerfieber, ♎ in warmen Ländern

Mali

$$O = C - OH$$
$$|$$
$$H - C - H$$
$$|$$
$$O = C - OH$$

Malonsäure

André Malraux

Malta

Malt

Malve

*Stéphane Mallarmé
(Zeichnung von
P. Gauguin)*

Mandrill

verbreitete, von Ziegen und Schafen übertragene Infektionskrankheit, eine Brucellose; Behandlung: Antibiotika.

Maltatal, österr. Hochgebirgstal in den Hohen Tauern.

Malttechnik, versch. Verfahren in der bildenden Kunst, durch Bindemittel zusammengehaltene Farbpigmente auf einen Malgrund aufzutragen. Die Bindemittel sind entscheidend für die Besonderheiten der Techniken (→ Ölmalerei, → Enkaustik, →Tempera, →Aquarellmalerei, → Pastell usw.); man unterscheidet **lasierende** (→ Lasurfarben) und **deckende M.** (→ Deckfarben). Eine weitere Rolle spielt die Beschaffenheit des Malgrundes (Holz, Leinwand, Porzellan); für die Wandmalerei hat sich eine eigene M. ausgebildet (→ Freskomalerei).

Malter der und das, altes dt. und schweiz. Hohlmaß, bes. für Getreide und Kartoffeln (unterschiedlich 130–1230 *l*).

Malteser, 1) Bewohner von Malta. **2) Malteserritter,** →Johanniterorden 1). **3)** Rasse seidenhaariger Haushunde.

Malteser-Hilfsdienst e. V., von den dt. Zweigstellen des Malteserordens und dem Dt. Caritasverband 1953 gegr. Organisation mit rd. 45000 ehrenamtlich tätigen Mitgl.; Unfallrettungsdienst, Katastrophenschutz u. a.

Malteserkreuz, achtspitziges →Kreuz 1).

Malteserkreuzgetriebe, Sperrgetriebe, z. B. als Filmschaltwerk zum ruckweisen Weiterbewegen von Kinofilmen.

Malteserorden, seit 1530 Name des → Johanniterorden 1). Sitz: Rom (seit 1834); 1879 Wiedereinführung des seit 1805 vakanten Großmeisteramtes. Der als souverän anerkannte M. widmet sich international karitativen Tätigkeiten.

Malthus [m'ælθəs], Thomas Robert, engl. Geistlicher, Nationalökonom, * 1766, † 1834, vertrat die Ansicht, daß die Zuwachsrate der Bev. stärker steige als die Nahrungsmittelproduktion (**Malthusianismus**), und befürwortete daher eine Beschränkung des Bevölkerungswachstums.

Maltose, die, **Malzzucker,** $C_{12}H_{22}O_{11} \cdot H_2O$, durch Stärkeabbau u. a. in Bier- und Branntweinmaische entstehende Zuckerart.

Malum [lat.] *das,* Übel, Unglück, Schaden.

Malus [lat.] *der,* Verschlechterung, Abzug. – In der Kfz-Versicherung gestaffelter Prämienzuschlag bei schadensreichem Versicherungsverlauf.

Malvasier, urspr. grch. Wein der M.-Rebe, heute auch in Sizilien, Portugal, Teneriffa u. a. angebaut.

Malve [lat.] *die,* Pflanzengatt. der **Malvengewächse,** Kräuter mit gelappten Blättern, strahligen Blüten mit 5 Blumenkronblättern, vielen oft verwachsenen Staubblättern und törtchenförmiger Frucht (›Käse‹). Die **Wilde M.,** mit lilaroten Blüten, wächst auf Ödland. Einige M. sind Zierstauden.

malvenfarbig, mauve [m'ov], lilarot.

Malwa-Plateau, fruchtbares Hügelland im N der Vindhya-Kette, Zentralindien.

Malz, angekeimtes Getreide, meist Gerste, zur Bereitung von Bier, Branntwein, Kaffee-Ersatz, Backhilfsmitteln, Nährpräparaten. Durch das Keimen entstehen im Korn Enzyme, die die Speicherstoffe wasserlöslich und dadurch vergärbar machen. **M.-Extrakt** dient zusammen mit Arzneistoffen als Nähr- und Kräftigungsmittel, ferner zur Herstellung von **M.-Kakao** und **M.-Bonbons.**

Malzkaffee, Kaffee-Ersatz aus geröstetem Gerstenmalz.

Mambo der, Gesellschaftstanz südamerikan.-kuban. Stils.

Mamelucken, Mamluken [arab.] freigelassene Kaufsklaven v. a. türk. oder tscherkess. Herkunft, stellten es im 12. Jh. in Ägypten und Syrien große Teile des Heeres, beherrschten nach einem Umsturz vor 1250 bis zur osman. Eroberung (1516/17) diese Gebiete. Ihr polit. Einfluß dauerte bis 1811.

Mamertus, Erzbischof, † um 475, Heiliger; Tag: 11. 5. (→ Eisheilige)

Mamilla [lat.] *die,* die Brustwarze.

Mamin-Sibirjak, Dimitrij Narkissowitsch, russ. Schriftst., * 1852, † 1912; sozialkrit. Erzählungen und Romane.

Mamissonpaß, Paß im mittleren Kaukasus, 2829 m hoch; über ihn führt die östl. Heerstraße.

Mamma [lat.] *die,* Mz. **Mammae,** die weibl. Brust. **Mammaamputation,** die chirurg. Entfernung der M.

Mammalia [lat.] *Mz.,* die Säugetiere.

Mammeyapfel, Mammiapfel, Mammeibaum, Art der Hartheugewächse; Baum aus W-Indien, Mittel- und S-Amerika, aprikosenähnl. Früchte.

Mammographie, röntgenolog. Untersuchungsverfahren der weibl. Brust, v. a. zur Krebsdiagnose.

Mammon [aramäisch] *der,* Geld, Reichtum.

Mammoth Cave [mæməθ keıv], **Mammuthöhle,** Höhlensystem in Kentucky, USA, mit 5 Stockwerken; Länge der bislang erforschten Gänge rd. 240 km; 1799 entdeckt, seit 1941 Naturschutzgebiet.

Mammut *das,* ausgestorbene Art der Elefanten, in der Eiszeit in Europa, Nordasien, Nordamerika verbreitet; bis 4 m hoch, gekrümmte Stoßzähne und langhaariges Fell.

Mammutbaum, Sequoia, Gatt. der Sumpfzypressengewächse Kaliforniens, in milden Gegenden Zier- und Forstbäume. Der **Riesen-M.** wird bis 100 m hoch, bis 10 m dick, bis 4000 Jahre alt.

Mamoré, Río M., Fluß in S-Amerika, 1800 km lang.

Man [mæn], brit. Insel in der Irischen See, 588 km², 56300 Ew.; Hptst.: Douglas. Die Bewohner (**Manx**) sind Kelten mit eigener Sprache. Haupterwerbszweige: Viehzucht, Fischfang, Fremdenverkehr. Auf M. wird jährlich das schwerste Motorradrennen der Welt (**Tourist Trophy**) ausgetragen. – M. untersteht, mit verfassungsrechtl. Sonderstatus, seit 1765 der brit. Krone, hat eigene Verf. und eigenes Parlament.

M. A. N., Abk. für →Maschinenfabrik Augsburg-Nürnberg AG.

Mana [austrones. ›wirksam‹] *das,* bei den Ozeaniern eine Tieren, Menschen oder Gegenständen innewohnende Zauberkraft.

Mänaden [grch.] *Mz.,* ekstat. Frauen aus dem Gefolge des Dionysos.

Manado, Menado, Provinzhptst. und Hafen auf Celebes, 169700 Ew.; Kopraausfuhr.

Management [m'ænɪdʒmənt] *das,* **Unternehmensführung,** als Institution alle Personen in anordnungsberechtigten Stellen innerhalb einer hierarchischen Organisationsstruktur, die Führungsaufgaben erfüllen. Man unterscheidet: **lower** [l'əuə] **m.** (z. B. Meister), **middle** [midl] **m.** (z. B. Abteilungsleiter u. a.), **top m.** (z. B. Direktoren).

managen [m'ænidʒən, engl.], leiten, bewerkstelligen. **Manager** *der,* leitender und verantwortl. Angestellter eines Unternehmens, der ohne Miteigentümer zu sein, unternehmerische Funktionen ausübt.

Managerkrankheit [m'ænidʒə(r)-], durch →Stress ausgelöste krankhafte Reaktionen v. a. des Herz-Kreislauf-Systems sowie des Magen-Darm-Kanals bei meist vorgeschädigtem Organismus; häufiger v. a. bei Männern ab dem 40. Lebensjahr.

Managua, Hptst. von Nicaragua, am M.-See, 517700 Ew.; Erzbischofssitz; Univ.; 1931 nach Erdbeben modern wiederaufgebaut, 1972 erneut zerstört.

Manaslu, Berg im Himalaja, 8156 m hoch, Erstbesteigung 1956 durch Japaner.

Manasse, 1) Sohn Josephs, Ahnherr des israelit. Stammes M. **2)** König von Juda, etwa 696–642 v. Chr.

Manaus, Hptst. des brasilian. Staates Amazonas, am Rio Negro, 575000 Ew.; kath. Erzbischofssitz, Univ.; Umschlagplatz für den Handel am oberen Amazonas, Hafen mit schwimmenden Kaianlagen für Seeschiffe erreichbar.

Mancha, La Mancha, [-m'antʃa], durch Cervantes' Roman ›Don Quijote‹ bekannte Landschaft in Neukastilien. Das ehem. Steppenland ist die Kornkammer Spaniens; Weinbau.

Manche [mãʃ], **1)** La M., frz. Name des →Ärmelkanals. **2)** Dép. in NW-Frankreich, 5947 km², 444600 Ew.; Hptst.: Saint-Lô.

Manchester [m'æntʃistə], **1)** Stadt in der engl. Metropolitan Cty. Greater M., 479100 Ew.; Verkehrsknotenpunkt; Univ.; staatl. und private Forschungsinstitute, Handels- und Finanzzentrum mit Banken und Versicherungen; Mittelpunkt der engl. Baumwollindustrie; Maschinen- und Fahrzeugbau, feinmechan., chem. Industrie u. a. – M. war das röm. **Mancunium. 2)** Stadt in New Hampshire, USA, 90800 Ew.; Textil- und Schuhindustrie.

Manchester [eingedeutscht: manʃ'ɛstər], breit geripptes Cord aus Baumwolle für Möbelbezüge, Sport-, Arbeitsanzüge.

Manchester Guardian [m'æntʃistə g'a:djən], Handelszeitung, →Guardian.

Manchestertum [m'æntʃistə-], **1)** eine von Manchester ausgehende Richtung der wirtschaftl. Liberalismus im 19. Jh. Sie forderte ungehinderten Freihandel und schrankenlose Wirtschaftsfreiheit. **2)** die Lehre, die als treibende Kraft in Wirtschaft und Gesellschaft nur das Interesse des Einzelnen kennt.

Manchu [-dʒ-], **Mandschu,** tungus. Volk, urspr. in der östl. Mandschurei, eroberte im 17. Jh. China, stellte 1644–1912 dessen M.-Dynastie.

Mandäer, gnost. Täufersekte, südl. von Bagdad und in den angrenzenden pers. Gebieten, bis ins 20. Jh. erhalten; jüd. Herkunft.

Mandala [Sanskrit] *das,* myst. Diagramm (Kreis, Vieleck) mit symbol. Darstellungen, das den Anhängern ind. Religionen als Meditations-Hilfsmittel dient.

Mandalay [mˈændəleɪ], **Mandaleh,** Stadt in Birma, 417 000 Ew.; Verkehrsknotenpunkt mit Flußhafen am Irrawaddy; Handelsplatz, Nahrungsmittel- und Textilindustrie.

Mandant [lat.] *der,* Auftraggeber (→ Klient 1).

Mandarin [aus Sanskrit ›Ratgeber‹] *der,* europ. Bez. für hohe chines. Staatsbeamte der Kaiserzeit.

Mandarine [frz.], Obstart der Gatt. → Citrus.

Mandarin|ente, ostasiat. Wildente mit buntem Gefieder.

Mandat [lat.] *das,* Auftrag, Vollmacht, 1) Staatsrecht: i. e. S. das durch Wahl begründete Amt eines Abg. **(parlamentarisches M.).** Beim **freien M.** ist der Abg. Repräsentant der Gesamtheit und an keine Weisungen gebunden, beim **imperativen M.** ist er Vertreter seiner Wähler und an ihre Weisungen gebunden. 2) Völkerrecht: → Mandatsgebiete.

Mandatsgebiete, die seit 1919 im Namen des Völkerbunds treuhänderisch von einzelnen Staaten verwalteten ehem. dt. → Schutzgebiete und die ehem. türk. Gebiete in Vorderasien. Man unterschied: **A-Mandate** (Syrien, Libanon, Palästina, Transjordanien, Irak); erloschen durch Entstehung unabhängiger Staaten; **B-Mandate,** die von der Mandatsmacht als abgesondertes Gebiet verwaltet wurden (Dt.-Ostafrika, Kamerun, Togo); **C-Mandate,** die die Mandatsmacht als Teil ihres Staatsgebiets verwalten konnte (Dt.-Südwestafrika, Samoa, Karolinen, Marianen, Palau- und Marshallinseln, Neuguinea mit den übrigen dt. Südseeinseln, Nauru). 1946 wurden die noch vorhandenen M. in das **Treuhandsystem** der UNO eingefügt; viele sind inzwischen selbständig.

Mandatsverfahren, 🎵 in Österreich und (z. T.) in der Schweiz ein vereinfachtes Strafverfahren, entspricht dem dt. Verfahren bei Strafbefehlen.

Mandel *die,* 1) → Mandeln. 2) altes Zählmaß; 1 M. = 15 Stück.

Mandelbaum, aus Vorder- und Mittelasien stammendes Steinobstgewächs, in Dtl. nur wenig verbreitet. – **Mandelbäumchen** heißt ein rosablütiges Ziergehölz.

Mandel|entzündung, Tonsillitis, 𝇊 die Entzündung bes. der Gaumenmandeln, die sich oft auch auf den weichen Gaumen und die hintere Rachenwand ausdehnt **(Halsentzündung, Angina),** mit Fieber, Halsschmerzen und bei **eitriger M.** mit gelblich-weißen Flecken auf den Mandeln; es kann sich ein **Mandelabszeß** bilden. Behandlung: Bettruhe, Halswickel, Antibiotika; bei chronischer M. und Herdinfektion auch chirurg. Entfernen der Mandeln **(Mandelausschälung).**

Mandelkrähe, volkstüml. Bez. der → Blauracke.

Mandeln [grch.], 1) ⊕ die dünnfleischigen Früchte des Mandelbaums, enthalten in einer Steinschale den Kern **(Mandel);** 3 Formen: **Bittermandel, Krachmandel, Süßmandel.** 2) 𝇊 lat. **Tonsillae,** lymphknotenähnl. Organe im Bereich des Übergangs von Mund- und Nasenräumen in den Rachen. Man unterscheidet: 2 **Gaumenmandeln,** die **Rachenmandel** und die **Zungenmandel.**

Mandelstam, Mandelschtam, Mandel'stäm, 1) Ossip Emiljewitsch, russ. Lyriker, * 1891, † (in stalinist. Verbannung) 1938. 2) Nadeschda Jakowlewna, * 1899, † 1980, Frau von 1); Memoiren.

Mandelstein, blasenreiches Ergußgestein, dessen Hohlräume oft mit Mineralen (Calcit, Chalcedon, Zeolithen) gefüllt sind.

Mandibula [lat.] *die,* **Mandibel,** 1) der Unterkiefer der Wirbeltiere. 2) das erste der 3paarigen Mundgliedmaßen der Gliederfüßer.

Mandingo, Mande, sprach- und kulturverwandte Gruppe von negriden Völkern, bes. zw. Ober-Senegal und Niger, etwa 6 Mio. Menschen; Hackbau, Kleintierhaltung, im N auch Rinderzucht, im W-Sudan hochentwickeltes Handwerk (Leder-, Metalltechnik, Färben, Weben). Einige der nördl. Stämme waren bed. Staatengründer (Mali, Gana, Songhai).

Mandioka, tropische Nutzpflanze, → Maniok.

Mandoline *die,* ein lautenähnl. Musikinstrument mit halbbirnenförmigem Schallkörper, kurzem Hals sowie meist vier Doppelsaiten aus Stahl, die mit einem Spielblättchen angerissen werden.

Mandorla [ital.] *die,* **Mandelglori|e,** mandelförmiger Heiligenschein, der die Gestalt insgesamt umgibt.

Mandragora [grch.] *die,* Gatt. der Nachtschattengewächse des

Mittelmeergebiets, mit grünlichen Blüten und gelbroten Früchten, deren Genuß betäubend wirkt. Über die Wurzel → Alraun. (Bild Alraun)

Mandrill *der,* eine Art der Backenfurchen- oder Stummelschwanzpaviane mit großem Kopf und bunten Gesäßschwielen; z. B. **Drill** und **Maimon.** (Bild S. 242)

Mandrit [grch.], Mönch, Klausner.

Mandschu, Volk in Ostasien, → Manchu.

Mandschurei, der nordöstl. Teil der VR China, erstreckt sich im W bis zum Großen Chingan, im N bis zum Amur und im O zum Ussuri und Jalu. Kerngebiet ist die ebene mandschur. Ebene. Die Bergländer im N und O sind reich bewaldet, der W ist steppenhaft. Die größte Stadt ist Shenyang (früher Mukden). Anbau von Reis, Mais, Baumwolle u. a. Bed. Bodenschätze (Steinkohle, Eisenerz, Erdöl, Bauxit u. a.); Schwerindustrie-Zentren in Anshan und Penki. – Im 16./17. Jh. einten die tungus. Manchu die M. 1896 erhielt Rußland die Konzession zum Bau der Ostchina. Eisenbahn, 1898 besetzte es Port Arthur, 1900 die ganze M. Nach dem russisch-japan. Krieg 1905 Teilung in ein nördliches russ. und ein südliches japan. Einflußgebiet. 1931 besetzte Japan die M. und errichtete 1932 einen ›unabhängigen‹ Staat **Mandschukuo** (unter → P'u-i); er bestand bis 1945. Die UdSSR erhielt nach vorübergehender Besetzung Vorrechte zugesprochen. 1949 wurde die M. Bestandteil der VR China.

Manen [lat.] *Mz.,* im alten Rom: Seelen der Verstorbenen.

Manen, Hans van, niederländ. Choreograph, * 1932.

Manessier [-sjˈe], Alfred, frz. Maler, * 1911, malt Bilder abstrakter, oft durch religiöse Vorstellungen bestimmter Gestaltung, entwirft auch Kirchenfenster.

Manessische Handschrift, Große Heidelberger Liederhandschrift, größte Sammelhandschrift mittelhochdt. Minnedichtung, benannt nach dem Zürcher Ratsherrn Rüdiger Manesse († 1304) und dessen Sohn; entstanden in Zürich zw. 1300 und 1340; mit 137 ganzseitigen Bildern. Seit 1888 in der Heidelberger Univ.-Bibliothek. (Bild Walther von der Vogelweide)

Mandoline

Manessische Handschrift: Hartmann von Aue

Manet [-nˈɛ], Édouard, frz. Maler, * 1832, † 1883, fand einen neuen Stil des Figurenbildes, der in flächenhaft das Bild gliedernden Farb- und Tonwerten die Erscheinung erfaßt (›Frühstück im Freien‹, 1863; ›Olympia‹, 1865). Seine Werke regten den Impressionismus an, dem er andererseits auf die immer lichter werdende Malerei von M.s Spätzeit auswirkte (Landschaften, Stilleben u. a.; Bild Zola). Bild S. 244

Manetho, ägypt. Priester im 3. Jh. v. Chr., schrieb in grch. Sprache eine Geschichte Ägyptens.

Manfred, König von Sizilien (1258–66), natürl. Sohn Kaiser Friedrichs II., * 1231, † 1266, gewann die Schutzherrschaft über

É. Manet: Das Frühstück im Freien, 1863 (Paris, Louvre)

Florenz und den größten Teil der Toskana; fiel bei Benevent, wo er Karl von Anjou unterlag.

Manfredonia, Hafenstadt in der ital. Prov. Foggia, 53 500 Ew.; Erzbischofssitz; chem. und petrochem. Industrie.

Mangabeirabaum, Art der Hundsgiftgewächse in S-Amerika, mit wohlschmeckenden Beeren. Der Milchsaft liefert **Mangabeira-** oder **Pernambucokautschuk.**

Mangaben, mittelafrikan. Gatt. der Meerkatzenartigen mit starken Überaugenwülsten und weißen Oberlidern.

Mangalore [mˈæŋɡəlɔː, engl.], Hafenstadt in Karnataka, W-Indien, 214 000 Ew., Ausfuhr von Kaffee, Tee; Tabak, elektrotechn. Ind., Maschinenbau.

Mangan, Mn, eisenähnliches Metall (→chemische Elemente), zweithäufigstes Schwermetall, rötl. Glanz, ist hart, spröde und in Form seiner Verbindungen weit verbreitet. Gewinnung durch Reduktion seiner Oxide, durch wäßrige Elektrolyse oder durch Aluminothermie; Verwendung als Legierungszusatz für Stähle, Bronzen u. a. Von den Verbindungen kommt **M.-Dioxid** in der Natur als Braunstein vor; Verwendung für Trockenbatterien, Firnisse, Zündhölzer u. a.

Manganblende, Alabandin, eisenschwarzes, meist derbes Mineral (MnS).

Manganelli, Giorgio, ital. Schriftst., * 1922; traktatähnl. Prosa.

Manganit *der,* monoklines, braunschwarzes Mineral, MnOOH.

Manganknollen, manganreiche Konkretionen am Tiefseeboden; Anreicherung bis 25 kg pro m².

Mangareva, größte der →Gambier-Inseln.

Mangbetu, Stammesgruppe im NO von Zaire. Pflanzer und Jäger, reich entwickeltes Schmiedehandwerk.

Mangel, Gerät zum Glätten von Wäsche; als **Kalt-M.** eine Rolle, um die die Wäsche gewickelt wird und über die auf glatter Unterlage ein schwerer Kasten gerollt wird; als **Heiß-M.** eine geheizte Walze oder Mulde mit Zylinder.

Mangelhaftung, ♫♭ die Verpflichtung eines Vertragsteils, dem anderen für Fehler der geschuldeten Leistung (Sach- oder Rechtsmängel) einzustehen; bei einzelnen Vertragsarten verschieden geregelt. M. wird durch **Mängelrüge** geltend gemacht.

Mangelkrankheiten, Krankheitszustände bei Mensch, Tier und Pflanze, die durch das Fehlen lebensnotwendiger Stoffe verursacht werden; beim Menschen z. B. Vitamin-M., Dystrophie.

Mangelsdorff, Albert, Jazz-Posaunist, * 1928.

Manger, Jürgen von, Schauspieler, Kabarettist, * 1923.

Manganit

Mangfall *die,* li. Nebenfluß des Inns, Abfluß des Tegernsees, mündet bei Rosenheim.

Mangla-Staudamm, Staudamm am Jhelum, N-Pakistan, seit 1967 in Betrieb.

Mangobaum, ein urspr. ostindischer, trop. Obstbaum mit lederigen Blättern, weißen Blütenrispen und eßbarer Steinfrucht **(Mango).**

Mangold *der,* mit Futter-, Zuckerrübe und Spinat verwandtes Gänsefußgewächs, liefert ein spinatartiges Gemüse. (Bild Gemüse)

Mangopflaume, Art der Sumachgewächse; in den Tropen kultivierter Obstbaum.

Mangostane *die,* ⊕ eine →Garcinia.

Mangrove *die,* immergrüne Waldgesellschaft im Gezeitenbereich trop. Flachküsten, mit Stütz- oder Atemwurzeln; bes. der **Manglebaum.** Die Keimlinge sprossen auf dem Baum und spießen sich im Abfallen mit der Wurzel im Boden fest. (Bild S. 245)

Manguste *die,* die Schleichkatze **Pharaonsratte** (→Ichneumon).

Manhattan [mænˈætən], der Stadtkern von New York, auf der M.-Insel, zw. Hudson, Harlem River und East River, Sitz der UNO und vielfältiger kultureller Einrichtungen (Metropolitan Opera, Museen, Univ.); Central Park.

Mani, Manes, Manichäus, Stifter des →Manichäismus, * 216 (?), † um 276, predigte in Persien und ›Indien‹.

Manichäismus, eine Weltreligion, die die Erlösung aus der Finsternis zum Licht erstrebte. Der M. vereinigte auf der Grundlage christl. Gnosis (Marcion) Christentum, Parsismus und Buddhismus.

Manie [grch.], **1)** Besessenheit, Sucht, krankhafte Leidenschaft **2)** ⓟ Phase der manisch-depressiven Erkrankung (→Zyklothymie 2), mit gehobenem Selbstgefühl, Rede- und Bewegungsdrang, seelischer Enthemmung.

Manier *die,* **1)** Art, Lebensart, in der *Mz.* **(Manieren)** Benehmen entsprechend den Erfordernissen gesellschaftl. Anstandes. **2)** ♪ →Verzierung.

Manierismus, 1) bildende Kunst: Epochenbegriff für die Spätrenaissance (etwa 1520–1600). Der M., von Italien ausgehend, wurzelte in der Kunst der Hochrenaissance, deren Prinzipien er häufig in ihr Gegenteil verkehrte. Die vielfältigen Stilmerkmale (u. a. Streckung und Entkörperlichung der Figur, Brechung der Farben, flackernder Wechsel von Hell und Dunkel) spiegeln die religiösen, soziolog. und histor. Krisen der Zeit wider. Der M. reichte vom zu kühlem Formalismus (Parmigianino, A. Bronzino, B. Cellini, B. Ammanati), auch zu gesteigertem seelisch-religiösem Ausdruck (Tintoretto, El Greco); vom Barock, zuerst in Italien, abgelöst. (Bilder El Greco, Tintoretto). **2)** Literatur: gekünstelte Schreibweise, bes. im Barock. **manieristisch,** im Stil des M.

Manifest [lat.] *das,* **1)** öffentl. Erklärung einer Reg., programmat. Grundsatzerklärung. **2)** Seerecht: Verzeichnis der in das Schiff verladenen Güter **(Ladungs-M.).**

Manihot [indian.] *der,* Gatt. der Wolfsmilchgewächse mit vielen Arten in Südamerika; liefert Kautschuk. Die wichtigste Art ist →Maniok.

Maniküre [frz.], **1)** Handpflege, Nagelpflege. **2)** weibl. Person, die die Nagelpflege beruflich ausübt.

Manila, Reg.-Sitz und Hafenstadt der Philippinen, 1,63 Mio. Ew., auf Luzon; Bischofssitz, 6 Univ.; Theater; Düngemittel-, Textil-, Lebensmittelindustrie.

Manilafaser, fälschlich **Manilahanf,** →Banane.

Maniok, Manioka, Mandioka [indian.] *der,* auch **Cassave, Kassave,** tropisch-amerikan. Wolfsmilchgewächs; die Wurzelknollen dienen nach dem Auskochen des Blausäuregifts als Nahrungsmittel (Maniok-, Mandioka-, Kassavemehl); das gekörnte Stärkemehl heißt **Tapioka.** Ähnlich genutzt werden auch die stärkereichen Wurzelknollen von →Manihot.

Manipel *der,* Unterabteilung (¹/₃₀) der röm. Legion, etwa 200 Mann.

Manipulation [lat.], **1)** bewußte Beeinflussung; Handgriff, Handhabung; Machenschaft. **2)** Psychologie, Politik, Werbung: Beeinflussung fremden Verhaltens, z. T. ohne daß sich der Betroffenen der Steuerung bewußt werden. Zeitw. **manipulieren.**

Manipulator, Gerät zur Übertragung von Bewegungen der menschl. Hand auf unzugängliche Gegenstände. **Mikro-M.** werden in Biologie und Medizin für Eingriffe an Zellen, Viren, Bakterien, in der Technik bei der Skalenherstellung, bei mikrominiaturisierten Schaltungen u. dgl. verwendet. **Tele-M. (Master-**

Mangrove: Atemwurzeln

Slave-M. [m'ɑːstə sleɪv-, engl.]) führen ferngesteuert die Bewegungen des Bedienungspersonals in meist menschenfeindl. Umgebung aus. Einsatz bei Meeres-, Weltraumforschung, Kerntechnik u. a.

manipulierte Währung, Währungssystem, bei dem die Zentralbank nach best. Maßstäben (→ Indexwährung) oder nach wirtschafts- und konjunkturpolit. Erfordernissen reguliert.

Manipur, Staat Indiens, im Grenzgebirge gegen Birma, 22 356 km², 1,4 Mio. Ew. Hptst.: Imphal; v. a. Reisanbau.

Manisa, Hptst. der Prov. M., Türkei, 78 400 Ew.

manisch, an Manie leidend.

manisch-depressives Kranksein, manisch-melancholische Krankheit, manisch-depressive Psychose, →Zyklothymie.

Manitoba [mænɪt'əubə], Prov. in Kanada, 650 000 km², 1,02 Mio. Ew. Hptst.: Winnipeg. Im S Getreide, Flachs, Kartoffeln; Viehzucht. Im N Waldwirtschaft, Bergbau (Zink, Kupfer, Gold, Silber, Nickel).

Manitu *das,* bei den nordamerikan. Algonkin-Indianern der Name einer allen Dingen und Naturerscheinungen innewohnenden unpersönl. Macht.

Maniu, Juliu, rumän. Politiker, * 1873, † (in Haft) um 1953, Gründer der Nationalen Bauern-Partei, mehrfach MinPräs., wandte sich gegen die Sowjetisierung Rumäniens, 1947 zu lebenslängl. Haft verurteilt.

Manizales [-s'ales], Hptst. des Dep. Caldas, Kolumbien, 246 000 Ew., Erzbischofssitz, Univ.; Kaffee- und Kakaohandel; Fremdenverkehr.

Manko [ital.] *das,* Fehler, Mangel; auch Fehlmenge, Gewichtseinbuße, Fehlbetrag.

Mann, 1) erwachsener Mensch männlichen Geschlechts. 2) Ehegatte. 3) Lehnsmann, Dienstmann.

Mann, 1) Golo, Sohn von 4), Historiker, * 1909; ›Friedrich von Gentz‹ (1948), ›Dt. Geschichte des 19. und 20. Jh.‹ (1959), ›Wallenstein‹ (1971). 2) Heinrich, Schriftst., Bruder von 4), * 1871, † 1950, emigrierte 1933, schrieb drei Renaissance-Romane (›Die Göttinnen‹, 1903), griff die wilhelmin. Gesellschaft mit ätzender Schärfe an (›Professor Unrat‹, 1905; Trilogie ›Das Kaiserreich‹, 1914–25, mit ›Der Untertan‹ als Teil 1). Weitere Romane: ›Die kleine Stadt‹ (1909), ›Jugend und Vollendung des Königs Henri Quatre‹ (2 Bde., 1935–38) ›Der Atem‹ (1949) u. a. Essaysammlungen; autobiographisch: ›Ein Zeitalter wird besichtigt‹ (1946). 3) Klaus, Schriftst., Sohn von 4), * 1906, † (Selbstmord) 1949, emigrierte 1933; ›Mephisto‹ (1936), ›Der Vulkan‹ (1939), ›Der Wendepunkt‹ (1942). 4) Thomas, Schriftst., Bruder von 2), * 1875, † 1955, seit 1934 in der Schweiz, 1939–52 in den USA. Bürgerl. Niedergang und Künstlerdasein, der Gegensatz von instinkthaft-vitalem Leben und dem lebenszersetzenden und -verfeinernden Kraft des Geistes werden in seinen Romanen und Novellen mit meisterl. Sprachbeherrschung und iron. Distanz dargestellt. In zahlr. Essays behandelte er abendländ. Erbe und zeitgenöss. Strömungen. Nobelpreis 1929.
Werke. Romane: ›Buddenbrooks‹ (1901), ›Königl. Hoheit‹ (1909), ›Der Zauberberg‹ (1924), Josephs-Roman (4 Tle., 1933–43), ›Lotte in Weimar‹ (1939), ›Dr. Faustus‹ (1947), ›Der Erwählte‹ (1951), ›Bekenntnisse des Hochstaplers Felix Krull‹ (Tl. 1, 1954); Novellen: ›Tonio Kröger‹ (1903), ›Tristan‹ (1903), ›Der Tod in Venedig‹ (1912).

Manna [hebr.] *die, das,* 1) Himmelsbrot, mit dem Gott die Juden in der Wüste speiste. 2) eßbare, zuckerreiche pflanzl. oder tier. Absonderungen, z. B. der → Mannaflechte, der → Mannaschildläuse.

Mannaflechte, vorderasiat. eßbare Wanderflechte; sie wird in trockenen knolligen Stücken vom Wind fortgetragen.

Mannaschildläuse, Schmierlausarten des südöstl. Mittelmeergebiets, auf Tamarisken; die von ihnen ausgeschiedenen zuckerhaltigen Exkremente erstarren an der Luft zu ›Manna‹.

Mannazikade, die → Eschenzikade.

Manndeckung, bei Ballspielen die direkte ständige Bewachung des Gegenspielers. Ggs.: ›Raumdeckung.

Manneken-Pis, Bronzefigur eines Brunnens in Brüssel; 1619 von J. Duquesnoy.

Mannequin [manǝk'ɛ̃, frz.] *das,* Vorführdame für Moden; männliche Entsprechung: **Dressman** [-mæn] *der.*

Männerbund, bei Naturvölkern eine Gemeinschaft der erwachsenen Männer; ist Hüter der Stammestradition und hat meist auch kultisch-religiöse Pflichten.

Männergesangverein, Vereinigung zur Pflege des Männer-chorgesangs. Der erste Verein ist die von C. F. Zelter 1809 gegr. **Berliner Liedertafel** (aus Berufskünstlern). Dem von H. G. Nägeli gegr. Züricher M. folgten die südwestdt. **Liederkränze,** die allen Schichten offenstanden und sich rasch verbreiteten.

Männerhaus, bei vielen Naturvölkern der Mittelpunkt des Gemeinschaftslebens der Männer.

Mannerheim, Carl Gustaf Freiherr von, Marschall von Finnland (1933), * 1867, † 1951, führte 1917/18 die finn. Reg.-Truppen erfolgreich im Kampf gegen die finn. Rote Armee; 1918/1919 finn. Reichsverweser, 1939–44 Oberbefehlshaber der finn. Truppen, 1944–46 Staatspräs., trat zurück und emigrierte in die Schweiz.

Männerkindbett, Couvade [kuv'aːd, frz.], bei einigen Naturvölkern verbreiteter Brauch, daß sich nach der Geburt eines Kindes der Vater an Stelle der Wöchnerin ins Bett legt und deren Verhalten übernimmt; magisch-religiösen Ursprungs, unterschiedl. Deutungen.

Männertreu, ⊕ ∪ für einen → Ehrenpreis.

Mannesmann AG, Düsseldorf, Unternehmensgruppe der westdt. Eisen- und Stahlind., gegr. von R. Mannesmann (* 1856, † 1922).

Mannheim, Stadtkreis in Bad.-Württ., 304 000 Ew.; Univ., Hochschule für Musik und Theater, Fachhochschulen, Bibliotheken, Museen, ehem. kurfürstliches Schloß. M. ist schachbrettartig im Mündungswinkel von Neckar und Rhein angelegt. Zusammen mit Ludwigshafen ist es einer der größten Binnenhäfen Dtl.s. Industrie: Maschinen- und Fahrzeugbau, elektrotechn., chem., Papier- und Nahrungsmittel-Ind.; Messe- und Kongreßstadt u. a. – 1606 gegr., 1689 von den Franzosen zerstört, 1720–78 kurpfälz. Residenz, 1802 kam es an Baden.

Mannheim, Karl, Soziologe, * 1893, † 1947, 1930–33 Prof. in Frankfurt, seit 1933 Dozent in London; förderte auf Marx und M. Weber aufbauend die Wissenssoziologie.

Mannheimer Schule, Bez. für einen Kreis von Komponisten (J. Stamitz, F. X. Richter, Chr. Cannabich u. a.) Mitte des 18. Jh. am kurpfälz. Hof in Mannheim. Bezeichnend für den Stil der M. S. war u. a. eine nicht mehr vom Generalbaß, sondern von der Melodielinie bestimmte Harmonik. Die M. S. bildete eine der Voraussetzungen für die Entstehung der Wiener Klassik.

Mannit, weiße, süß schmeckende, wasserlösliche Kristalle,

Golo Mann
Heinrich Mann
Thomas Mann

Verwendung u. a. als Diabetikerzucker, als Zusatz zu Kunstharzen.

Mannose, Zuckerart, die in vielen Samen vorkommt.

Mannschaftswettbewerb, ✗ Wettkampf, bei dem für jede Mannschaft die Gesamtsumme der Einzelleistungen (Punkte, Zeiten, Strecken) gewertet wird.

Manns|schild, Primelgewächsgatt., z. T. Zierpflanzen. Der **Zwerg-M.,** mit weißen bis rötlichen Blütendolden, wächst auf Hochgebirgsmatten. (Bild Alpenpflanzen)

Manns|treu, distelähnliche Doldenblütergatt.; **Feld-M. (Brachdistel),** weißgrün; **Strand-** oder **Dünendistel,** bläulichgrün, unter Naturschutz.

Manometer [grch.] *das,* ein Druckmesser für Gase und Flüssigkeiten, bes. für hohe Drücke. Bei **Flüssigkeits-M.,** z. B. Quecksilber-M., wird der zu messende Druck mit einem bekannten verglichen. **Kolben-M.** sind Druckwaagen, in denen die auf den Kolben ausgeübte Kraft gemessen wird. **Metall-(Aneroid-, Membran-, Feder-)M.** sind in Aufbau und Wirkungsweise den Aneroid-Barometern (→ Barometer) gleich. Sehr hohe Drücke werden durch die Änderung des elektr. Widerstands druckempfindl. Stoffe oder durch die piezoelektr. Aufladung von Quarzkristallen gemessen (**Widerstands-** und **Kristall-M.).**

Manöver, 1) ⚔ größere Truppenübungen zur Schulung von Führung und Truppe in größerem Rahmen. 2) ⚓ ✈ Ausführung einer Bewegung (schwenken, wenden, **manövrieren**).

manpower [m'ænpauə, engl.] Bez. für die menschl. Arbeitskraft.

Manresa, Stadt in der Prov. Barcelona, Spanien, 58000 Ew.; Textil- und Reifen-Ind., Maschinenbau, Lederverarbeitung.

Mansarde *die,* 1) bewohnbar ausgebauter Dachraum. 2) Stoffdruckerei: Heißluftanlage, in der das bedruckte Gewebe getrocknet wird (**Trockenstuhl**).

Mansart [mãs'a:r] 1) François, frz. Baumeister, * 1598, † 1666, baute u. a. Schloß Maisons-Laffitte bei Paris (1642–51), Kirche Val-de-Grâce, Paris (beg. 1645). 2) **Hardouin-M.** [ardu'ẽ], Jules, Großneffe von 1), * 1646, † 1708, gab den auf Maß und Klarheit gerichteten Willen der Zeit Ludwigs XIV. seinen klass. Ausdruck in der Baukunst; entwarf das bewohnbare Dachgeschoß (Mansarde). Weiterbau des Schlosses zu Versailles (seit 1678; Schloßkapelle u. a.), Grand-Trianon, ebd. (1687/88); Invalidendom (1693–1706) und Plätze in Paris. (Bild französische Kunst)

Manschette [frz.], 1) Ärmelabschluß an Hemd, Bluse u. a. 2) Dichtungsring aus Leder, Gummi, Kunststoff, mit umgebördeltem Rand. 3) äußere Umhüllung von Kesselwänden u. ä. zum Schutz gegen Wärme- und Kälteverlust.

Mansen, Mansi, eigener Name der → Wogulen.

Mansfield [m'ænsfi:ld], Stadt in der Cty. Nottinghamshire, England, 97900 Ew.; Kohlenbergbau, Leicht-Ind.

Mansfield [m'ænsfi:ld], Katherine, eigtl. Kathleen **M.-Beauchamp,** engl. Schriftstellerin, * 1888, † 1923; Kurzgeschichten.

Mansholt, Sicco, niederländ. Politiker (Sozialist), * 1908, war 1958–67 Vizepräs. der EWG-Kommission, 1967–72 der Kommission der EG. M. trieb die Schaffung eines gemeinsamen Agrar-Marktes der EWG entscheidend voran (**M.-Plan**). 1972 war er Interims-Präs. der EG.

Manstein, Erich von **Lewinski, gen. von M.,** GFM (1942), * 1887, † 1973; 1942–44 Heeresgruppenführer (dienstenthoben); 1949 von einem brit. Militärgericht zu 18 Jahren Haft verurteilt, 1953 freigelassen.

Mansur, Almansor, seit 754 Kalif, * 712, † 755; unter ihm begann die Blüte des arab. Schrifttums.

Mansura, Al-Mansura, Prov.-Hptst. in Unterägypten, im Nildelta, 258000 Ew.; Baumwollhandel, Textilindustrie.

Mantegna [-t'eɲa], Andrea, Maler in Mantua, auch Kupferstecher, * 1431, † 1506, bildete, an Werken der Antike und Donatellos geschult, die perspektiv. Darstellung fort. Sein Stil ist von betonter Plastik. Fresken der Eremitani-Kirche zu Padua (seit 1448; 1944 teilweise zerstört), Hochaltar in S. Zeno zu Verona (1456–59), Fresken der Camera degli Sposi im Herzogspalast zu Mantua (1474) u. a.

Mantel, 1) Übergewand. 2) äußere Hülle von Hohlkörpern (z. B. Kessel-M.). 3) eigtl. Urkunde des Wertpapiers; Ggs.: Dividenden- und Zinsbogen. 4) Rechtsform, in der ein Unternehmen nach außen in Erscheinung tritt, z. B. AG, GmbH. 5) △ Oberflächenteile eines Körpers, die nicht zur Grund- oder Deckfläche gehören.

Mantelgesetz, das → Rahmengesetz.

Mantelkauf, Erwerb des → Mantels 4) eines Unternehmens durch ein neues Unternehmen zur Einsparung von Gründungskosten.

Mantelstrom-Triebwerk, ein → Strahltriebwerk.

Manteltarif, Rahmentarif, Tarifvertrag, der für längere Zeiträume die Arbeitsbedingungen regelt, die keiner häufigen Änderung unterliegen, z. B. Arbeitszeit, Urlaub.

Manteltiere, Tunicata, Unterstamm der Chordatiere mit rd. 2000 Arten von Meerestieren, festsitzende Tiere, deren sackförmiger Körper von einem Mantel umhüllt ist. Der Kiemendarm dient sowohl der Atmung als auch dem Nahrungserwerb. Zu den M. gehören z. B. die Seescheiden und die Salpen. (Bild S. 247)

Mantik [grch.] *die,* die Kunst der religiösen Wahr- und Weissagung.

Mantilla [mant'iʎa, span.] *die,* 1) Spitzenschleier über Kopf und Schultern, span. Frauenfesttracht. 2) **Mantille** *die,* halblanger Frauenmantel, 19. Jh.

Mantinea, antike Stadt im O Arkadiens; hier fiel 362 v. Chr. Epaminondas gegen die Spartaner.

Mantisse [lat.] *die,* → Logarithmus.

Mantua, ital. **Mantova,** 1) Prov. in Oberitalien, 2339 km², 379900 Ew. 2) Hptst. von 1), 64400 Ew.; Palazzo Ducale (1290–1707), einer der größten Paläste Europas. Maschinen-, Möbel- u. a. Ind. – M. schloß sich im 12. Jh. dem Lombard. Städtebund an. 1328 Stadtherrschaft der Gonzaga (1433 Markgrafen, 1530 Herzöge). 1628–31 **Mantuan. Erbfolgekrieg** um M. zw. Frankreich und Österreich. 1710–1866 war M. in österr. Besitz (mit Unterbrechung in der Zeit der Frz. Revolution und Napoleons I.).

Manu [altind.], *n.* den Indern: Stammvater der Menschheit.

Manual [lat.] *das,* 1) Handbuch, kaufmänn. Tagebuch. 2) ♪ Tastenreihe bei Orgel, Cembalo, Harmonium.

Manuel, Fürsten:
Byzanz. 1) **M. I. Komnenos,** Kaiser (1143–80), * 1120, † 1180, suchte das Universalreich wiederherzustellen. 2) **M. II. Palaiologos,** Kaiser (1391–1425), * 1350, † 1425, schon seit 1373 Mitregent, wehrte sich mit wechselndem Erfolg gegen die Osmanen.
Portugal. 3) → Emanuel 1).

Manuel, Niklaus, genannt **Deutsch,** schweizer. Maler und Dichter, * um 1484, † 1530, schuf religiöse und mytholog. Bilder, Holzschnitte; Streitschriften und Fastnachtspiele für die Reformation.

A. Mantegna:
Beweinung Christi (Mailand, Pinacoteca di Brera)

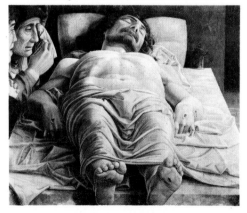

manuelinischer Stil, manuelischer Stil, Manuelstil, →Emanuelstil.

manuell [von lat. manus ›Hand‹], mit der Hand.

Manufaktur *die,* 1) ♂ Handarbeit. 2) früher größerer Gewerbebetrieb mit vorherrschender Handarbeit (z. B. Porzellan-M.).

Manul, Pallaskatze, Katze der Wüsten und Hochsteppen Z-Asiens, mit dichtem Fell und langem, buschigem Schwanz.

Manuldruck, Verfahren zur direkten photograph. Übertragung eines Druckes auf eine Druckplatte.

Manuskript [lat. ›Handschrift‹] *das,* Schriftwerk in Hand- oder Maschinenschrift, bes. auch das mit der Hand geschriebene Buch vor Erfindung des Buchdrucks. Urheberrechtlich jedes nur in einem Stück vorhandene Schriftwerk. **Als M. gedruckt:** nur für einen bestimmten Personenkreis bestimmt.

Manutius, Aldus, ital. Buchdrucker und Verleger, *um 1450, † 1515, stellte kritisch durchgesehene und hervorragend gedruckte Klassikerausgaben **(Aldinen)** her.

Manx [mæŋks], 1) die Bewohner der Insel Man. 2) die um 1960 ausgestorbene kelt. Sprache auf der Insel Man; wird nur noch zur Eröffnung des manxschen Parlaments verwendet.

Manytsch-Niederung, Senke zw. unterem Don und Kasp. Meer; Teil der geograph. Grenze zw. Asien und Europa.

Manzanares [manθan´ares], meist wasserarmer, 83 km langer Fluß in Spanien, durchfließt Madrid.

Manzanillo [manθan´iʎo], Hafenstadt auf Kuba, 91 000 Ew.; landwirtschaftl. Handels- und Verarbeitungszentrum (Zuckerrohr, Obst, Reis; Rinder).

Manzoni, Alessandro, ital. Dichter, *1785, † 1873, bed. Vertreter der Romantik in Italien. ›Heilige Hymnen‹ (1812/22), ›Der fünfte Mai‹ (Ode auf Napoleons Tod, 1821); geschichtl. Roman ›Die Verlobten‹ (1825–27).

Manzù, Giacomo, ital. Bildhauer, *1908; arbeitet auf zart modellierende, gegenstandsnahe Art (weibl. Akte, Bronzetür für St. Peter, Rom).

Maori, polynes. Volk auf Neuseeland (1976: 257 800) mit hellbrauner Haut und schwarzem Haar; einst gefürchtete Krieger; um 1350 eingewandert; seit 1840 den Weißen gleichgestellt und im neuseeländ. Parlament vertreten.

Mao Tse-tung, amtl. chines. **Mao Zedong,** chines. Politiker (Kommunist), *1893, † 1976, nach Univ.-Studium Bibliotheksgehilfe, 1921 Mitbegr. der chines. KP; entgegen der offiziellen Parteilinie sah M. nicht im städt., sondern im ländl. Proletariat den Träger der Revolution (›Über die Lage der Bauern in Hunan‹, 1927). Nach dem Bruch zw. der Kuo-min-tang und der KP (→China, Geschichte) gründete er den ersten Sowjetstaat in der Prov. Kiangsi. Von dort organisierte M. den →Langen Marsch, auf dem er die unbestrittene Führung der Partei erlangte. Seit 1937 entstanden grundlegende Schriften (›Über den Widerspruch‹, ›Über die Neue Demokratie‹, ›Über Koalitionsregierung‹, ›Über demokrat. Volksdiktatur‹). Nach Verdrängung Tschiang Kai-scheks vom Festland (1945–49) rief M. 1949 dort die VR China aus, deren Präs. er 1954–58 war. Dem Führungsanspruch der sowjet. KP suchte er mit versch. Maßnahmen (u. a. Politik des ›Großen Sprungs nach vorn‹, 1958) zu begegnen. Die gesellschaftl. Neuordnung Chinas wollte er mit der ›Kulturrevolution‹ (1966–69/70) auch auf den kulturellen Bereich übertragen. Die in seinen Schriften (z. B. ›Über die neue Demokratie‹) vorgenommene Deutung des →Marxismus ist der **Maoismus.**

Mapai, 1930 gegr. gemäßigt-sozialist. Arbeiterpartei in Staat Israel; 1948–77 Regierungspartei, schloß sich 1968 mit der Achdut Ha'awoda und der Rafi zur **Israelischen Arbeitspartei** zusammen.

Mapam, Abk. für die 1948 gegr. linkssozialist. Vereinigte Arbeiterpartei Israels; wurzelt in der Kibbuz-Bewegung.

Maputo, früher **Lourenço Marques,** Hptst. von Moçambique, an der Delagoa-Bai, 354 700 Ew.; Univ.; Zement-, Düngemittelfabriken, Nahrungsmittelind., Kraftfahrzeugmontage; bed. Handelshafen, internat. Flughafen.

Maquis [mak´i] *der,* Buschwald, von altersher Schlupfwinkel der Verfolgten und Räuber; daher Name für die frz. Partisanenbewegung im 2. Weltkrieg.

Mär, Märe [ahd.], altertüml. Erzählung, Nachricht.

Marabu *der,* **Kropfstorch,** Gatt. der Störche mit je einer Art in Afrika, Indien und auf den Sunda-Inseln, mit nacktem Kopf, Hals und Kehlsack; auch Aasfresser.

Maracaibo, Hptst. des Staates Zulia, Venezuela, 792 000 Ew.; Univ.; Erdölzentrum.

Maracaibo-See, Brackwassersee in Venezuela, rd. 13 000

Manteltiere: links Clavelina lepadiformis; rechts Halocynthia papillosa

km². Um und unter dem See liegen die reichsten Erdölvorkommen Venezuelas.

Maracay, Hptst. des Staates Aragua, Venezuela, 301 000 Ew.; Handels- und Landwirtschaftszentrum.

Maracuja, orangeroter Saft aus wohlschmeckenden, granatapfelähnl. Früchten der rankenden Passionsblumenart **Purpurgranadilla (Passiflora edulis)** aus dem trop. Amerika einschließlich Kalifornien und Florida, O-Afrika und trop. Gebieten in SO-Asien und im Pazifik.

Marahrens, August, evang. Theologe, *1875, † 1950, 1935–45 Präs. des Luther. Weltbundes.

Marajó [-ʒ-], größte Insel der Amazonasmündung im brasilian. Staat Pará, rd. 42 000 km².

Maramba, Stadt in Sambia, →Livingstone.

Maränen, Süßwasserfische, die →Renken.

Maranhão [maraɲ´ãu], Staat im N Brasiliens, 328 663 km², 3,7 Mio. Ew.; Hptst.: São Luís.

Marañón [-ɲ´on], Hauptquellfluß des Amazonas.

Maranta, Gattungsname der →Pfeilwurz.

Maraschino [-sk´i:no, ital.] *der,* Likör aus der dalmatin. Sauerkirsche Maraska.

Marasmus [grch.], fortschreitender Kräfteverfall.

Marat [mar´a], Jean-Paul, frz. Revolutionär, *1743, † 1793, an den Septembermorden (1792), dann als Präs. des Jakobinerklubs am Sturz der Girondisten maßgebend beteiligt; von Charlotte →Corday ermordet.

Marathen, Volk in Maharashtra, Indien, mit indoar. Sprache (→Marathi). Mitte des 18. Jh. Vorherrschaft in Indien, Anfang des 19. Jh. von den Briten unterworfen.

Marathi *das,* indoar. Sprache der Marathen, von (1971) 41,7 Mio. in den ind. Staaten Maharashtra und Madhya Pradesh gesprochen; geschrieben in Nagari (→indische Schriften).

Marathon, antiker Ort an der Ostküste Attikas. 490 v. Chr. Sieg der Athener unter Miltiades über die Perser. Die Überlieferung, daß ein Läufer die Siegesnachricht nach Athen (42,2 km) brachte und bei seiner Ankunft tot zusammenbrach, ist nicht belegt. Danach **Marathonlauf,** ein sportl. Wettlauf auf der Landstraße über 42,195 km, seit 1896 olymp. Disziplin.

Maratti, Carlo, ital. Maler, *1625, † 1713, Hauptmeister des röm. Spätbarocks.

Marbach am Neckar, Stadt im Kr. Ludwigsburg, Bad.-Württ., 12 100 Ew.; Geburtshaus Schillers, Schiller-Nationalmuseum.

Marbella [-ʎ-], Stadt und Fremdenverkehrsort an der Costa del Sol, Spanien, 29 300 Ew.

Marbod, König der Markomannen, † 36 oder 37 n. Chr., gründete nach 9 v. Chr. ein großes Reich in Böhmen, das dem Arminius 17 n. Chr. erlag; M. flüchtete zu den Römern.

Marburg, 1) Krst. in Hessen, 75 300 Ew.; Univ. (1527), Blindenstudienanstalt, Archivschule; chemisch-pharmazeut., elektrotechn., Eisen-, Papierind., Druck und Vervielfältigung, Stahlbau u. a. Ind. Schloß (13.–15. Jh.), got. Elisabethkirche mit dem Grabmal der hl. Elisabeth (1235 ff.), Marien- (seit Ende 13. Jh. umgebaut), Kugelkirche (1485 vollendet), Rathaus

Alessandro Manzoni (aus einem Gemälde von F. Hayez)

Mao Tse-tung

Marb

Marcel Marceau als ›Bip‹

Gerhard Marcks: Selbstbildnis, 1954

Margrethe von Dänemark

(1512–14). 1529 fand hier das **M.er Religionsgespräch** zw. Luther und Zwingli statt. **2)** dt. Name der jugoslaw. Stadt →Maribor.

Marburger Bund, 1947 gegr. Vereinigung der angestellten und beamteten Ärzte der Bundesrep. Dtl.

Marburger Schule, →Neukantianismus.

Marc, Franz, Maler, * 1880, † (gefallen) 1916; fand seinen sich vom Erscheinungsbild entfernenden eigenen Stil, in dem er mit ausdrucksstarken Farben Tiere im Einklang mit der Natur darstellte. M. gehörte dem →Blauen Reiter an. (Bild S. 249)

marcato [ital.], Abk. **marc.,** ♪ betont.

Marc Aurel, →Mark Aurel.

Marceau [-s'o], **1)** Félicien, frz.-belg. Schriftst., * 1913; Theaterstücke (›Das Ei‹, 1957), Romane. **2)** Marcel, frz. Pantomimenspieler, * 1923, erneuerte die Pantomime (Mimodramen, u. a. ›Der Mantel‹, n. Gogol; Figur des ›Bip‹).

Marcel [mars'ɛl], Gabriel, frz. Philosoph und Dramatiker, * 1889, † 1973, christl. Existenzphilosoph.

March *die,* tschech. **Morava,** li. Nebenfluß der Donau, der Hauptfluß Mährens, 358 km, mündet oberhalb Preßburg.

Marchais [marʃ'ɛ], Georges, frz. Politiker (Kommunist), * 1920; seit 1972 Generalsekr. der KPF.

Marche [m'arke], dt. **Marken,** Landschaft und Region Mittelitaliens, 9694 km², 1,4 Mio. Ew.; Hptst.: Ancona.

Märchen, phantasievoll ausgeschmückte, kürzere Prosaerzählung, in der die Naturgesetze aufgehoben sind und das Wunder vorherrscht. Als Erzählform vom M. abzugrenzen sind Legende und Sage. – Aus den ältesten schriftl. Aufzeichnungen sind bereits Erzählungen mythischen oder märchenhaften Inhalts überliefert, so im sumerisch-akkad. Gilgamesch-Epos, bei den Ägyptern, Juden, Griechen, Römern, im Fernen Osten, in Indien, im alten Arabien. Die europ. M. zeigen seit ihrem ersten Auftreten im 8. und 9. Jh. versch. Einflüsse: jüdische, arabische, bes. auch keltische. Seit den Kreuzzügen werden ind. Einflüsse erkennbar. Später bereicherte die arab. Märchensammlung ›Tausendundeine Nacht‹ die Märchenwelt. Entscheidend für das dt. M. wurde die Sammlung ›Kinder- und Hausmärchen‹ (1812ff.) der Brüder Grimm. – **Kunstmärchen** entstanden seit Ende des 18. Jh. In der Romantik war das Kunstmärchen gemäß der Forderung nach ›Poetisierung der Welt‹ sehr verbreitet (L. Tieck, Novalis, E. T. A. Hoffmann, C. Brentano, W. Hauff). Später wurde als M.-Dichter bes. bekannt der Däne H. Chr. Andersen.

Marchese [mark'e:se], ital. für →Marquis.

Marchfeld, große Ebene östlich von Wien, zw. Donau, March und dem Weinviertel; Erdöl, Erdgas; oft Schlachtfeld: bes. 1278 Sieg Rudolfs I. über Ottokar II.

Marcia [m'artʃa, ital.] *die,* ♪ Marsch.

Marcion, Markion, gnost. Kirchengründer, * um 85, † um 160, lehrte eine reine Gnadenreligion und verwarf das A. T. Von seinen Anhängern, den **Markioniten,** forderte er ein streng asket. Leben.

Marcks, 1) Erich, Historiker, * 1861, † 1938; ›Coligny‹ (1892), ›Bismarck‹ (1909), ›Männer und Zeiten‹, 2 Bde. (1911) u. a. **2)** Gerhard, Bildhauer und Graphiker, Vetter von 1), * 1889, † 1981; gelangte nach anfängl. Expressionismus zu einer beruhigten Menschengestaltung.

Marconi, Guglielmo, ital. Funktechniker, * 1874, † 1937, erfand 1895 die geerdete Sendeantenne, sandte 1896 drahtlose Signale über 3 Kilometer, 1901 über den Atlant. Ozean; 1909 Nobelpreis für Physik mit K. F. Braun.

Marco Polo, →Polo.

Marcos, Ferdinando, philippin. Politiker, * 1919; seit 1965 Staatspräs.

Marcuse, 1) Herbert, Philosoph, * 1898, † 1979, übte scharfe Kritik an den gesellschaftl. Zuständen in den westl. Ländern und hatte starken Einfluß auf die linke Studentenbewegung; schrieb: ›Der eindimensionale Mensch‹ (1964), ›Ideen zu einer krit. Theorie der Gesellschaft‹ (1969) u. a. (Bild S. 249) **2)** Ludwig, Schriftst. und Publizist, * 1894, † 1971, schrieb über G. Büchner, H. Heine, S. Freud; ferner ›Pessimismus‹ (1953), ›Nachruf auf L. M.‹ (1969) u. a.

Mar del Plata, Hafenstadt und Seebad in Argentinien, 302 300 Ew.; Univ., kath. Univ.; Spielkasino.

Marder, Mustelidae, Raubtierfam., zu der neben den Raub-M. die Dachse, die Honigdachse, die Skunks und die Otter gehören. Die **Raub-M.** sind schlanke, kurzbeinige Tiere, z. T. mit wertvollem Pelz. Der **Edel-** oder **Baum-M.** hat einen gelblichen Kehlfleck im braunen Fell, der **Stein-** oder **Haus-M.** einen am Hinterrand gegabelten Kehlfleck. Der **Zobel** lebt heute nur noch in Nordasien und Japan. Das im N Europas heimische große **Hermelin** wechselt die Haarfarbe im Herbst nach Weiß; Edelpelztier. Der europ. **Nerz** (1894, † 1971, schrieb über) des in Nordamerika beheimateten **Mink** ist sehr gefragt. Der **Iltis** (**Ratz**) hat einen dunkelbraunen Pelz mit gelbweißer Unterwolle. Das **Frettchen,** eine gezähmte, meist weiße, Form des Iltis, dient bes. zur Kaninchenjagd. Die kleinsten Raub-M. sind die **Wiesel;** in Mitteleuropa lebt das 20–25 cm lange, rötlichbraune **Mauswiesel** oder **Hermännchen.** Der plumpe braune **Vielfraß** Nordasiens und Nordamerikas ist (mit Schwanz) 1 m lang.

Mardin, Hptst. der südosttürk. Prov. M., 35 000 Ew.

Marduk, hebr. **Merodach,** Stadt- und Reichsgott von Babylon. Zu seinem Tempel gehörte der Babylon. Turm.

Mare [lat.] *das,* **1)** Meer. **2)** →Mond 2).

Marées [mar'e], Hans von, Maler, * 1837, † 1887, malte Bildnisse, Landschaften mit Reitern, auch mit mytholog. Gestalten; gelangte zu einem vereinfachenden, malerischen Monumentalstil: Fresken der Zoolog. Station in Neapel. (Bild S. 250)

Marek, Kurt W., →Ceram.

Maremmen *Mz.,* in Kulturland umgewandelte, ehem. malariaverseuchte Sumpfniederung an der W-Küste Italiens.

Marengo [ital.], Streichgarngewebe, schwarz mit schwacher Weißmelierung für Anzüge, Mäntel, Kostüme.

Marengo, Stadtteil von →Alessandria 2). In der **Schlacht bei M.** (14. 6. 1800) besiegten die Franzosen unter Napoleon Bonaparte entscheidend die Österreicher.

Margareta, legendäre Märtyrerin unter Diokletian, eine der 14 Nothelfer.

Margarete, Margarethe, Margareta, Fürstinnen:
Dänemark. **1)** Königin (1387–1412), Tochter Waldemars IV. Atterdag, * 1353, † 1412, ⚭ mit Håkon VI. von Norwegen und Schweden, 1387 in Dänemark, 1388 in Norwegen zur Herrscherin gewählt, 1387 auch in Schweden anerkannt, brachte 1397 die →Kalmarer Union zustande.
Frankreich. **2)** M. von Valois [-valw'a], Tochter Heinrichs II. und Katharinas von Medici, * 1553, † 1615, heiratete 1572 den späteren Heinrich IV.; ihre Hochzeit war der Auftakt zur →Bartholomäusnacht.
Navarra. **3)** **Marguerite d'Angoulême** [margør'it dɐgul'ɛ:m], Königin, Schwester Franz' I. von Frankreich, * 1492, † 1549, vermählt mit König Heinrich von Navarra; stand den Reformierten nahe; schrieb Erzählungen (›Heptameron‹, 1559) in der Art des Boccaccio.
Niederlande. **4)** M. von Österreich, Generalstatthalterin (1507 bis 1530), Tochter Kaiser Maximilians I., * 1480, † 1530,

---

Marder: 1 Nerz. 2 Steinmarder. 3 Mauswiesel. 4 Hermelin

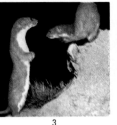

1   2   3   4

F. Marc: Tiger, 1914
(München, Städt. Galerie im Lenbachhaus)

vermittelte 1529 mit Luise von Savoyen den ›Damenfrieden‹ von Cambrai zw. Karl V. und Franz I.

5) M. von Parma, Generalstatthalterin (1559–67), Tochter Kaiser Karls V., * 1522, † 1586, in 2. Ehe mit Ottavio Farnese, Herzog von Parma und Piacenza, vermählt. Unter ihrer Reg. begann der Aufstand gegen die span. Herrschaft.

Tirol. **6) M. Maultasch,** Gräfin, Erbtochter Herzog Heinrichs von Kärnten, * 1318, † 1369, erbte 1335 Tirol, das sie nach dem Tod ihres einzigen Sohnes Meinhard 1363 den Habsburgern überließ.

Margaretenblume, → Chrysanthemum.

Margareten-Insel, Budapester Donauinsel; Parkanlagen, Sporthallen, Schwimmbäder, Freilichtbühne.

Margaret Rose [mˈɑːɡrɪt rəʊz], Prinzessin von Großbritannien und Nordirland, * 1930, Schwester Königin Elisabeths II., ⚭ 1960–78 mit Anthony Armstrong-Jones (Earl of Snowdon).

Margarine, alle der Butter ähnl. Zubereitungen, deren Fett nicht ausschließlich der Milch entstammt. Fettrohstoffe sind: Kokos- und Palmkernfett, Palm-, Soja-, Baumwollsaat-, Sonnenblumen-, Rüb- und Erdnußöl, Rinderfeintalg, Fisch- und Walöl. 1980 erzeugten (in 1 000 t) die USA 1 176, UdSSR 1 273 (1979), Bundesrep. Dtl. 511, Großbritannien 383, Niederlande 228.

Margate [mˈɑːɡɪt], Seebad in SO-England, 50 000 Ew., am Themse-Ästuar.

Marge [mˈɑːɡə, frz.] *die,* 1) Spanne zw. Selbstkosten und Verkaufspreis oder Kursen an versch. Börsenplätzen. 2) Bareinschluß bei Termingeschäften.

Margilan, Stadt im Usbek. SSR, 116 000 Ew.; Seidenspinnereien und -webereien u. a. Ind.

marginal [lat.], auf dem Rand stehend; nebensächlich; Grenz... **Marginalie** *die,* Randbemerkung (in Handschriften, Akten, Büchern).

Marginalwert, der Grenzwert.

Margrethe, dän. Königin (seit 1972), * 1940, ⚭ (1967) mit Graf Henri de Laborde de Monpezat (seitdem Prinz Hendrik von Dänemark). Bild S. 248

Marguerite [marɡərˈit, frz.], Margaretenblume.

Mari, eigener Name der → Tscheremissen.

Mari, Autonome Sozialistische Sowjetrepublik der M., Teilrep. der Russ. SFSR, an der mittleren Wolga, 23 200 km², 704 000 Ew. Hptst.: Joschkar-Ola.

Maria, Frauen des N. T.:

1) M., Mutter Jesu, im kath. Sprachgebrauch auch: **Unsere Liebe Frau** (Abk. **U. L. F.**), **Mutter Gottes, Himmelskönigin, Allerseligste Jungfrau,** nach Mt. 1.2, Lk. 1.2 die Mutter Jesu. Nach der **kath.** Mariologie empfing und gebar M. Jesus durch das Wirken des Hl. Geistes als Jungfrau und lebte nach der Geburt in jungfräul. Ehe mit Joseph zusammen. Sie wurde durch die Verdienste des Erlösers vor der Erbsünde bewahrt (Unbefleckte Empfängnis).

Das kath. Dogma v. 1950 lehrt, daß M. nicht nur der Seele, sondern auch dem Leibe nach durch göttl. Kraft in den Himmel aufgenommen worden ist (Assumptio, Mariä Himmelfahrt). Die Verehrung M.s (nicht Anbetung, die nur Gott gebührt) überragt die der anderen Heiligen. – Die **Ostkirchen** stimmen mit der frühchristl. Mariologie überein, nicht mit den späteren Dogmen. – Die **evang.** Theologie erkennt die besondere Stellung M.s als Mutter Jesu an, verwirft aber die kath. Ausgestaltung der bibl. Aussagen, bes. die Lehre von der Gnadenvermittlung, der Unbefleckten Empfängnis und der leibl. Himmelfahrt. – Darstellung in der Kunst: → Marienbild.

2) M. Magdalena, M. von Magdala, eine der Frauen in der Umgebung Jesu (Lk. 8,2; Mk. 15, 40.47); nach kath. Überlieferung die ›Sünderin‹ (Lk. 7, 27–50), daher die **büßende Magdalena** der christl. Legende (Tag: 25. 5.).

Maria, Marie, Fürstinnen:

England. Königinnen. **1) M. I. Tudor, die Katholische** oder **die Blutige** (1553–58), Tochter Heinrichs VIII. und Katharinas von Aragón, * 1516, † 1558, 1554 mit Philipp II. von Spanien ⚭ (kinderlos), suchte England zum Katholizismus zurückzuführen.

2) M. II. Stuart (1689–94), älteste Tochter Jakobs II., * 1662, † 1694, Protestantin, seit 1677 ⚭ mit Wilhelm III. von Oranien.

Frankreich. **3) M. von Medici,** Königin, Tochter Franz' I. von Toskana, * 1573, † 1642, 1600 mit Heinrich IV. ⚭, führte 1610–17 die Reg. für ihren unmündigen Sohn Ludwig XIII. Von Richelieu ausgeschaltet, floh sie 1631 ins Ausland.

4) Marie-Antoinette, Königin, Tochter von 6), * 1755, † (enthauptet) 1793, 1770 mit Ludwig XVI. ⚭; wurde allmählich unbeliebt (Halsbandgeschichte). Gefängnis und Schafott ertrug sie mit Haltung.

5) Marie-Louise, Kaiserin, Tochter Kaiser Franz' II., * 1791, † 1847, 1810 mit Napoleon I. ⚭, erhielt nach seinem Sturz die Hzgt. Parma, Piacenza und Guastalla.

Österreich. **6) M. Theresia,** Königin von Ungarn und Böhmen, Erzherzogin von Österreich (1740–80), Erbtochter Kaiser Karls VI., seit 1736 Gattin des Herzogs Franz Stephan von Lothringen (seit 1745 röm.-dt. Kaiser, → Franz I.; daher ›Kaiserin M. Theresia‹, * 1717, † 1780. Sie übernahm auf Grund der Pragmatischen Sanktion die Reg. Im Österr. Erbfolgekrieg (1740–48) behauptete sie sich, verlor aber im 1. und 2. Schles. Krieg (1740–42, 1744/45) Schlesien an Friedrich d. Gr. Auch im Siebenjährigen Krieg (1756–63), den sie im Bund mit Rußland, Frankreich, Sachsen, Schweden führte, konnte sie Schlesien nicht wiedergewinnen. Nach dem Tode Franz' I. (1765) nahm sie ihren Sohn, Kaiser Joseph II., als Mitregenten an. Sie verfolgte eine maßvolle Reformpolitik im Inneren.

Schottland. **7) M. Stuart,** Königin (1542–68), Tochter Jakobs V. und der M. von Guise, * 1542, † 1587, in Frankreich erzogen und 1558 mit dem frz. König Franz II. ⚭, 1559/60 Königin von Frankreich. Nach dem Tod Franz' II. nach Schottland zurückgekehrt, stand sie zu Elisabeth von England in Ggs., zumal sie den Katholiken als rechtmäßige Erbin des engl. Throns galt. 1565 mit Lord Darnley ⚭, der 1567 durch den mit M. befreundeten Lord Bothwell ermordet wurde; ihre eigene Mitwisserschaft ist umstritten. Als sie darauf Bothwell heiratete, wurde sie von den Lords gestürzt und floh 1568 nach England, wo Elisabeth sie gefangennahm. Wegen ihrer Teilnahme an einer kath. Verschwörung wurde sie hingerichtet. – Trauerspiele: Vondel (1646), Schiller (1800).

Spanien. **8) M. Christina,** Königin, Tochter Franz' I. beider Sizilien, * 1806, † 1878, 4. Gattin Ferdinands VII. (1829), 1832/1833–40 Regentin für ihre Tochter Isabella, deren Thronfolgerecht (→ Pragmatische Sanktion 3) sie gegen die →Karlisten verteidigen mußte. Nach der Revolution von 1854 mußte sie ins Exil gehen.

Mariage [marjˈaːʒ, frz. ›Heirat‹] *die,* in manchen Kartenspielen die Folge: König-Dame (Ober).

Maria Laach, Benediktinerabtei am Laacher See, gegr. 1093, mit sechsstürmiger Kirche (1156 geweiht, um 1230 vollendet), 1802 säkularisiert, 1892 durch Beuroner Benediktiner neu besiedelt.

Maria Magdalena, N. T.: → Maria 2).

Mariamne, die Gemahlin Herodes d. Gr., der sie unter der falschen Anklage des Ehebruchs 29. v. Chr. hinrichten ließ. Tragödie ›Herodes und M.‹ von Hebbel (1850).

Marianao, zweitgrößte Stadt Kubas, 368 700 Ew., Teil der Agglomeration Groß-Havanna.

Marianen, früher **Ladronen,** vulkan. Inselgruppe Mikrone-

Herbert Marcuse

Marie-Antoinette
(aus einem Gemälde
von E. Vigée-Lebrun)

Maria Theresia
(aus einem Gemälde
von M. Meytens)

Maria Stuart

siens, 1 183 km². Die größeren Inseln sind Rota, Saipan, Guam. Die M. gehörten seit 1565 Spanien, das 1898 Guam an die USA, den Rest 1899 an das Dt. Reich verkaufte (→ Schutzgebiete); 1920 japan. Mandatsgebiet, 1947 als Treuhandgebiet an die USA, das sich 1978 als ›Commonwealth der Nördl. M.‹ enger an die USA anschloß.

Marianengraben, am O-Rand der Marianen (11 022 m).

Marianische Kongregationen, kath. Laienbewegung, gegr. 1563, die sich dem Apostolat widmet; seit 1967 **Gemeinschaften des christl. Lebens.**

Marianne, Name einer frz. revolutionären Geheimgesellschaft (1815–48); später sinnbildlich für ›Freiheitsheldin‹, heute Personifikation der frz. Republik.

Maria-Theresien-Orden, höchste Kriegsauszeichnung der österr. Monarchie bis 1918.

Maria-Theresien-Taler, Levantetaler, österr. Silbertaler (18. Jh.) mit dem Bild Maria Theresias; im Vorderen Orient und in Ostafrika noch als Zahlungsmittel verbreitet.

Maria-Theresiopel, → Subotica.

Mariazell, Fremdenverkehrsstadt an der Mur, Steiermark, Österreich, 2 400 Ew.; Wallfahrtsort (seit Ende des 14. Jh.).

Maribor, dt. **Marburg,** Stadt in Slowenien, Jugoslawien, an der Drau, 96 900 Ew.; Univ.; Fahrzeug-, Maschinenbau, Textil-, Lederindustrie; war bis 1945 Mittelpunkt des untersteirischen Deutschtums.

Marie de France [mar'i də fräs], eine der ersten frz. Dichterinnen, soll in England gelebt haben, verfaßte nach 1150 Versnovellen (Lais) nach breton. Sagen.

Marienbad, tschech. **Mariánské Lázně** [m'arja:nskε: l'a:znjε], Stadt in Westböhmen, ČSSR, 18 300 Ew.; Mineralquellen (gegen Magen-, Darm-, Leber-, Galle-, Hämorrhoidalleiden und Fettsucht).

Marienberg, Krst. im Bez. Karl-Marx-Stadt, Erzgebirge, 11 000 Ew.; alte Bergstadt mit Draht-, Holzwaren-, Metall-, Textil- u. a. Industrie.

Marienbild: Maria mit dem Rosenstrauch; Steinskulptur aus Straubing, Regensburger Meister, um 1320 (München, Nationalmuseum)

Marienbild, die neben dem Christusbild häufigste Darstellung der christl. Kunst, schon in der altchristl., dann bes. in der byzantin. Kunst, deren versch. Typen vom Abendland übernommen wurden. Seit der Gotik wurde meist das innige Verhältnis zw. Mutter und Kind dargestellt, doch auch Maria als feierlich Thronende und als himml. Erscheinung (Raffaels Sixtin. Madonna).

Marienborn, Gem. im Bez. Magdeburg; Kontrollstelle an der Grenze zur Dt. Dem. Rep.

Marienburg (Westpr.), poln. **Malbork,** Stadt in der poln. Wwschaft Elblag (Elbing), ehem. Krst. im RegBez. Westpreußen, an der Nogat, 33 200 Ew.; Zuckerfabrik, Maschinenbau, Mühlen, Großmolkerei, Bekleidungsind. – Die 1272 erbaute Burg war 1309–1457 Sitz des Hochmeisters des Dt. Ordens, kam 1466 an Polen; 1772 preußisch, im 19. Jh. wurde die verfallene Burg wiederhergestellt, im 2. Weltkrieg schwer zerstört, wiederaufgebaut. Der erste Bau der in rotem Backstein errichteten Anlage war das Hochschloß (um 1280 vollendet). Im 14. Jh. wurde das Mittelschloß mit dem Großen Remter (Festsaal) erbaut.

Mariendichtung, die aus der kirchl. Marienverehrung bes. seit dem 11. Jh. sich entfaltenden Dichtungen zum Preis der Mutter Jesu im lat. Raum (›Salve regina‹, 11./12. Jh.), in Dtl. in der Form des Hymnus, der Sequenz und des Leichs. Im Minnesang befruchteten sich Minnelied und M. gegenseitig. Neben der lyr. M. gab es epische Marienleben und viele Marienlegenden, ihr Stoff wurde den apokryphen Evangelien entnommen. Die Romantik erneuerte die M. In neuerer Zeit entstand sie häufig aus einer Umdeutung ins Poetisch-Symbolische.

Marienfeste, in der Lat. und Ostkirche die Feste der Mutter Jesu. Nach dem Römischen Kalender (1969): Gottesgebärerin (1. 1.), Heimsuchung (31. 5.), Himmelfahrt (15. 8.), Königin (22. 8.), Geburt (8. 9.), Schmerzhafte Jungfrau (15. 9.), Rosenkranz (7. 10.), Darstellung im Tempel (21. 11.), Unbefleckte Empfängnis (8. 12.).

Marienglas, durchsichtige Spaltstücke von Gips (früher zum Schutz von Heiligenbildern).

Mariengras, ein grün-weiß-rotfarbiges Glanzgras.

Marienkäfer, Coccinellidae, Käferfam. mit bunten Lar-

Marienkäfer: Siebenpunkt; oben Käfer, unten Larve

ven; ernähren sich von Blattläusen **(Blattlauskäfer).** Der auf den roten Deckflügeln siebenfach schwarzgefleckte, 0,4 cm lange **Siebenpunkt** gilt als Glücksbringer. (Bild Käfer)

Marikanalsystem, seit 1964 durch den → Wolga-Ostsee-Kanal ersetzt.

Marienwerder, poln. **Kwidzyn** [kf'idzin], Stadt in der poln. Wwschaft Elblag (Elbing), ehem. Krst. und Hptst. des RegBez. Westpreußen, 27 300 Ew.; elektrotechn. Ind., Obst-, Gemüseverarbeitung, Mühlen, Holz-, Spielzeugind. – Burg (1233 vom Dt. Orden errichtet), Dom und Schloß (14. Jh.).

Marignane [marin'an], Gem. im frz. Dép. Bouches-du-Rhône, 26 500 Ew.; Flughafen für Marseille.

Marignano [marin'a:no], ital. Stadt → Melegnano.

Marihuana [wohl von span. Vornamen María Juana als Deckmantel] *das,* → Haschisch.

Marille *die,* bes. in Österreich Bez. für Aprikose.

Marimba *die,* schwarzafrikan. Bez. des Xylophons.

marin, vom Meer gebildet, zum Meer gehörend.

Marinade [frz.], **1)** Soße (Beize) aus Essig (Wein, Zitronensaft), Öl, Gewürzen. **2)** eingelegte Lebensmittel, bes. Fisch.

Marine [frz. aus lat.], die Gesamtheit der Seeschiffe und Besatzungen.

Marinemalerei, → Seestück.

Mariner [m'ærinə], Raumsondenserie der USA zur Erforschung von Venus, Mars, Merkur (zuletzt M. 10, 1974).

mariner Erzbergbau, die im Forschungsstadium befindl. Ausbeutung von Erzvorkommen am Meeresboden, bes. in der Tiefsee. Abbauwürdig sind v. a. die → Manganknollen des Pazif. Ozeans in 3 000–6 000 m Tiefe. Mit Hilfe von Fernsehen, Probennahme, Unterwasser-Fernsehen, selbsttätiger Aufzeichnung werden die Lagerstättenkarten hergestellt. Abbau und Förderung denkt man sich mit Kasten- oder Saugsonden, Seilzug-Becherwerken, Saug- oder Lufthebern. Zur Aufbereitung der Knollen sind Laugeverfahren (→ Laugung) am aussichtsreichsten.

Marineschulen dienen in der Bundesmarine der militär., seemänn. und techn. Ausbildung.

Marinetti, Emilio Filippo Tommaso, ital. Schriftst., * 1876, † 1944, Gründer und Haupt des → Futurismus.

Marini, Marino, ital. Bildhauer, Maler und Graphiker, * 1901, † 1980, gestaltete spannungsgeladene Menschen- und Tierfiguren, v. a. Reiter, in Bronze oder Holz. (Bild S. 251)

Marino, auch **Marini,** Giambattista, ital. Dichter, * 1569, † 1625; Epos ›Adone‹, Sonette, Idyllen. Nach ihm wurde der überladene Stil der Barockdichtung **Marinismus** genannt.

Marionette [frz. Koseform von Marion, Marie] *die,* Gliederpuppe des Puppenspielers, an Fäden oder Drähten meist von oben geführt. Ü unselbständiger, von anderen gelenkter Mensch. (Bild S. 251)

Mariotte [marj'ɔt], Edme, frz. Physiker, * um 1620, † 1684; umstritten ist, ob er das → Boyle-Mariottesche Gesetz selbständig entwickelt hat; er entdeckte den blinden Fleck im Auge **(M.scher Fleck).**

H. von Marées: Pferdeführer und Nymphe, 1881/83 (München, Neue Pinakothek)

Marino Marini: Reiter; Bronze, 1945

Maris, niederländ. Landschaftsmaler, 3 Brüder: Jacob, * 1837, † 1899, Matthijs, * 1839, † 1917, Willem, * 1844, † 1910.

Marisol, eigtl. M. **Escobar,** venezolan. Bildhauerin, * 1930, vergegenwärtigt zeitgenöss. Idole mit vereinfachten Mitteln.

Maristen, kath. Kongregation für Volks- und Heidenmission, gegr. 1824, Sitz: Rom.

Maritain [marit'ɛ̃], Jacques, frz. Philosoph, * 1882, † 1973, war ein Hauptvertreter des Neuthomismus. ›Christentum und Demokratie‹ (1943) u. a.

maritim [lat.], Meer und Seewesen betreffend.

Maritza, Hauptfluß Süd-Bulgariens, 514 km, vom Rila-Gebirge zum Ägäischen Meer, bildet im Unterlauf die Grenze zw. Griechenland und der Türkei.

Mariupol, die Stadt →Schdanow.

Marius, Gaius, röm. Feldherr, * 156, † 86 v. Chr., entstammte dem volskischen Landadel, war 107–86 siebenmal Konsul, besiegte 107/106 Jugurtha, 102 die Teutonen, 101 die Kimbern. Im Bürgerkrieg unterlag er Sulla, der ihn ächtete. 87 nahm er blutige Rache.

Marivaux [mariv'o], Pierre Carlet **de Chamblain de,** frz. Schriftst., * 1688, † 1763; Lustspiele, Romane.

Mark *die,* 1) **Markung,** Grenze. 2) **Gemarkung,** von Grenzen umschlossenes Gebiet (Bezirk). 3) →Markgenossenschaft. 3) **Grenzland** des Fränk. und Dt. Reichs im MA., unter einem →Markgrafen. 4) Rugby: an die Längsseite des eigtl. Spielfeldes angrenzender Teil.

Mark [verwandt mit Marke ›Zeichen‹] *die,* 1) urspr. Gewicht, vom 11. Jh. bis 1857 dt. Münzgewichtseinheit (**Kölnische M.** =233,855 g). 2) Abk. **M,** 1873–1924 die Währungseinheit des Dt. Reichs; 1923 **Renten-M.** (Zwischenwährung); 1924 **Reichs-M.** (RM), seit 1948 **Deutsche M.** (DM). 1 M. = 100 Pfennige. In der Dt. Dem. Rep. hieß die Währung nach 1948 zunächst auch DM, 1964–67 **M. der Dt. Notenbank** (MDN), seit 1968 **M. der Dt. Dem. Rep.** (M).

Mark *das,* 1) 𝄞 𝄢 weiche Masse in Kanälen und Höhlen (**Knochenmark, Rückenmark**); auch das innere Gewebe mancher Organe (z. B. **Markschicht** der Nebennieren). Über **Verlängertes M.** →Gehirn. 2) ⊕ das innerste Gewebe von Sproß und Wurzel. 3) übertragen: Kraft, Sitz der Kraft.

Mark, 1) ehem. Gfsch. in Westfalen. Die Grafen von der M. erbten 1386 das Hzgt. Kleve, 1511 das Hzgt. Jülich und Berg. Als sie 1609 ausstarben, kam M. im →Jülich-Kleveschen Erbfolgestreit an Brandenburg. 2) Abk. für M. Brandenburg.

Markasit *der,* messinggelbes, metallisch glänzendes rhomb. Mineral, FeS_2, Rohstoff der Schwefelsäuregewinnung.

Mark Aurel, eigtl. **Marcus Aurelius Antoninus,** röm. Kaiser (161–180), * 121, † 180, kämpfte 162–166 gegen die Parther, seit 166 gegen die Germanen, bes. die Markomannen; schrieb ›Selbstbetrachtungen‹.

Mark-Aurel-Säule, dem Kaiser Mark Aurel nach dem Vorbild der Trajanssäule zw. 180 und 193 in Rom errichtet (Piazza Colonna). Das um den Schaft laufende Reliefband schildert Kriegstaten des Kaisers. Höhe: jetzt 42 m; auf der Säule seit 1589 Bronzestandbild des Apostels Paulus.

Marke, 1) Zeichen, Erkennungsmittel. 2) **Freimarke,** Postwertzeichen. 3) Anrechtsschein oder -münze, z. B. Biermarke. 4) Herkunftszeichen oder -angabe an einer Ware oder ihrer Verpackung, als Warenzeichen oft gesetzlich geschützt.

Marke, in der Tristansage ein König von Cornwall, Typus des alten Mannes, den seine junge Frau betrügt.

Marken, ital. Landschaft, →Marche.

Marken|artikel, Ware, die mit einer ihre Herkunft bezeichnenden Marke versehen ist; die als →Warenzeichen eingetragenen Marken sind vor Nachahmungen geschützt.

Markenschutz, →Warenzeichen.

Marketender(in), früher Händler(in) mit Lebensmitteln und Kleinbedarf für die Truppen im Felde.

Marketerie, frz. für →Intarsia; i. e. S. eine Intarsia aus aufgeleimten Furnierplättchen.

Marketing [m'ɑ:kətɪŋ] *das,* marktgerichtete und marktgerechte Unternehmenspolitik.

Markevitch [-vitʃ], Igor, Komponist und Dirigent, * 1912; Oratorium ›Paradis perdu‹ (1935).

Markfruchtbaum, südostasiat. Sumachgewächs mit Steinfrüchten (Merk-, Marknuß).

Markgenossenschaft, histor. Kunstbegriff, der nicht belegt ist. Historisch gab es kein echtes Gemeineigentum der Bauern, aber eine Abgrenzung von Nutzungsbereichen. Bei einer eindeutigen Zuordnung des Wohn- und Nutzungsbereiches zu einer Dorfgemeinde spricht man von **Allmende.**

Marionette: 1 Führungskreuz mit daranhängender Figur; 1 Laufschwinge, 2 Hauptholz, 3 Schulterschwinge, 4 Handholz für zwei und 5 für drei Fäden, 6 Haltebolzen, 7 Kopfholz, 8 verstellbare Handholzhalter, 9 Haken zum Aufhängen, A Lauf-, B Schulter-, C Hand- und D Kopffäden, E Komplimentfaden

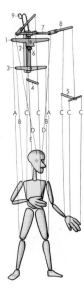

Marionette

Markgraf, im Fränk. und Dt. Reich des MA. der Verwalter einer Mark (**Markgrafschaft**), des Grenzschutzes wegen mit bes. Machtbefugnissen ausgestattet; später dt. Fürstentitel.

Markgräfler Land, geschichtl. Landschaft zw. dem Rheinknie bei Basel und dem Breisgau; Weinbau.

markieren, kennzeichnen, bemarken, bes. Wege.

Märkische Schweiz, bewaldete Hügellandschaft um Barnim, Brandenburg.

Markise [frz.] *die,* aufrollbares Sonnenschutzdach aus Leinen, Baumwolle, Chemiefaser.

Markka, Mz. **Markkaa,** →Finnmark.

Mark|kleeberg, Stadt im Bez. (und Wohnvorort von) Leipzig, in der Pleiße-Aue, 21 100 Ew.; Braunkohlenbergbau, jährl. Garten- und Landwirtschaftsausstellung.

Marknuß, →Markfruchtbaum.

Marko Kraljević [-vitsj], →Kraljević Marko.

Markomannen, german. Volksstamm, wanderte 9 v. Chr. vom Main nach Böhmen, gründete unter König Marbod einen mächtigen Stammesbund, führte 166–180 Krieg gegen Kaiser Mark Aurel (M.-Kriege). Aus den M. gingen offenbar später die Baiern hervor.

Markscheide, Grenze, bes. die Grenzlinie eines verliehenen Grubenfeldes. **Markscheidekunde,** die Lehre von den Vermessungen, Berechnungen und Darstellungen im Schnitt für bergmänn. Zwecke.

Markstammkohl, sehr blattreiche Futterpflanze.

Markt [aus lat. mercatus], 1) **Marktplatz,** als topograph. Begriff seit der Antike der Ort einer Siedlung, an dem sich das öffentl. Leben abspielte, bes. der für den Tausch oder Verkauf von Waren vorgesehene Platz. Die Marktplätze liegen meist in der Mitte der Stadt; an ihnen standen oft die wichtigsten städt. Verwaltungs- und Wirtschaftsgebäude. Größere Städte verfügten für die versch. Erzeugnisse über mehrere Marktplätze. Sie dienten bes. den Wochen-, aber auch den Jahrmärkten. 2) **Marktflecken,** größere Siedlungen, die als M. auch die Marktgerichtsbarkeit ausüben, ohne weitere Merkmale einer Stadt zu besitzen. 3) Wirtschaft: jedes Zusammentreffen von Angebot und Nachfrage, bei dem Käufe und Verkäufe stattfinden. In der freien Wirtschaft vollzieht sich beim Ausgleich von Angebot und Nachfrage die Preisbildung.

Markasit

Mark

Mark Twain

Marokko

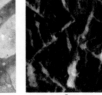

Marmor

Wirtschaftstheoretisch unterscheidet man: 1) vollkommene (gleichartige Angebots- und Nachfrageseite bei völliger M.-Transparenz) und unvollkommene M.; 2) offene und geschlossene M., je nachdem, ob der Zugang jedem freisteht oder ob Zwangsbeschränkungen bestehen; 3) organisierte und nichtorganisierte M., je nachdem, ob das Zusammentreffen von Anbietern und Nachfragern best. Regeln unterliegt (Börse, Auktionen). Bei staatl. Preisfestsetzungen können sich in Notzeiten **graue** (geduldete) und **schwarze** (verbotene) **M.** mit überhöhten Preisen bilden.

Marktanalyse, →Marktforschung.

Marktforschung, Erforschung der Beschaffungs- und Absatzmöglichkeiten eines Unternehmens oder Wirtschaftszweiges und der einwirkenden Markteinflüsse; als **Marktanalyse** zu einem best. Zeitpunkt, als **Marktbeobachtung** fortlaufend, um die Entwicklung feststellen zu können.

Marktfrieden, nach mittelalterlichem Recht der für Zeit und Ort eines Marktes zugesicherte königl. Schutz.

Marktoberdorf, Krst. im Kr. Ostallgäu, Bayern, Luftkurort, 15 700 Ew.; Bauten des 18. Jh.; versch. Industrie.

Marktordnung, →Agrarpolitik.

Marktpreis, der nach den Marktverhältnissen ausgehandelte und vereinbarte Preis einer Ware **(Tagespreis).**

Marktrecht, im MA. die Befugnis, einen neuen Markt anzulegen; urspr. Vorrecht des Königs **(Marktregal),** später der Territorialherren; auch das am Markt geltende Recht.

Markttransparenz, Durchschaubarkeit der Gegebenheiten (Qualitäten, Preise, Rabatte u. a.), denen die Marktpartner unterliegen.

Marktredwitz, Stadt im Kr. Wunsiedel, Bayern, im Fichtelgebirge, 19 400 Ew.; Porzellan-, Schamotte-, chem., Elektromotorenindustrie, Verkehrsknoten.

Mark Twain [mɑ:k twein], eigtl. Samuel Langhorne **Clemens,** amerikan. Schriftst., * 1835, † 1910; schrieb groteske, trockenwitzige Skizzen; Lausbubengeschichte ›Die Abenteuer des Tom Sawyer‹ (1876) mit der Fortsetzung ›Die Abenteuer von Huckleberry Finn‹ (1884), Romane.

Marktwirtschaft, Wirtschaftsordnung, in der im Ggs. zur zentralgeleiteten Wirtschaft Gütererzeugung und -verbrauch durch den bei freier Konkurrenz gebildeten Preis bestimmt werden. **Freie M.** im Sinne unbeschränkten Wettbewerbs ist die Forderung des klass. Liberalismus, der alle staatl. Eingriffe in das Wirtschaftsleben ablehnt. Die Grundlagen der freien M. sind die Rechtsinstitutionen des Privateigentums, der Vertrags-, Berufs- und Koalitionsfreiheit. In der **sozialen M.** der Bundesrep. Dtl. wurde die freie M. dahingehend abgewandelt, daß der Staat für die Ordnung der Wettbewerbsbedingungen sorgt und einzelne Bereiche (z. T. die Agrar- und die Wohnungswirtschaft) aus der M. herausnahm. Die Wirtschaftspolitik wird durch eine soziale Gesellschaftspolitik ergänzt.

Markus, Evangelist aus Jerusalem, Begleiter des Paulus und Barnabas, gilt als Verf. des **Markusevangeliums,** des ältesten erhaltenen Evangeliums (vor 70 entstanden); es erzählt bes. das Leben Jesu. Nach der Legende starb M. in Alexandria als Märtyrer. Seine Leiche soll im MA. nach Venedig gebracht worden sein, dessen Schutzheiliger M. ist; Tag: 25. 4.

Marl, Stadt im Kr. Recklinghausen, NRW, 88 900 Ew.; chem. Ind., Steinkohlenbergbau.

Marlborough [mˈɔ:lbərə], John **Churchill,** Herzog von (1702), * 1650, † 1722; engl. Oberbefehlshaber im Span. Erbfolgekrieg, siegte mit Eugen von Savoyen bei Höchstädt, Oudenaarde, Malplaquet; 1711 auf Betreiben der Tories entlassen. (Bild S. 253)

marlen, ⌇ Segel an den Mast reihen. **Marlleine,** dünnes Seil zum Segelfestmachen.

Marlitt, E., eigtl. Eugenie **John,** Schriftstellerin, * 1825, † 1887; vielgelesene Unterhaltungsromane.

Marlowe [mˈɑ:ləʊ], Christopher, größter engl. Bühnendichter vor Shakespeare, * 1564, † 1593; Tragödien in pathet. Blankversen ›Tamerlan, der Große‹ (1587/88), ›Doktor Faust‹ (1588–92).

Marmarameer, Binnenmeer zw. Bosporus und Dardanellen, trennt die europ. von der asiat. Türkei.

Marmarika, aus der Antike übernommener Name für den Küstensaum der libysch-ägypt. Grenzzone, N-Afrika.

Marmelade, Fruchtmus, aus frischen, tiefgefrorenen, auch getrockneten Früchten eingekocht. M. mit nur wenig zerkleinerten Früchten heißt **Konfitüre.**

Marmion [-mjˈɔ̃], Simon, frz. Maler, † 1489, schuf Buchmalereien und Tafelbilder von äußerster Feinheit in der Durchführung von Einzelheiten.

Marmolada *die,* die höchste Gebirgsstock in den ital. Dolomiten, 3 342 m; Sommer-Skigebiet.

Marmontel [marmɔ̃tˈel], Jean-François, frz. Schriftst., * 1723, † 1799; schrieb für die Encyclopédie literaturkrit. Artikel, ferner Tragödien, Erzählungen, Romane.

Marmor, kristallinisch-körniger Kalkstein, seltener Dolomit, in reiner Form weiß, durch Beimengungen rot bis gelb, grau bis schwarz oder grün gefärbt. Bildhauer- und Dekorationsstein, auch Zuschlag beim Erzschmelzen u. a.

Marne [marn], **1)** re. Nebenfluß der Seine, 525 km. **2)** Dép. in N-Frankreich, 8 163 km², 553 300 Ew. Hptst.: Châlons-sur-Marne.

Marne-la-Vallée [marnlavalˈe], städt. Entwicklungszone in der Region Paris, Dép. Val-de-Marne, 1972 gegr., umfaßt 26 Gem. mit 115 000 Ew.; soll für rd. 250 000 Ew. ausgebaut werden.

Marneschlacht 1914, →Weltkrieg I.

Marocain [-kˈɛ̃, frz.] *das,* der leinwandbindige Krepp für Kleider- und Futterstoff.

marode [frz.], marschunfähig, müde, matt. **Marodeur** [-dˈœ:r], plündernder Nachzügler. **marodieren,** plündern.

Marokko, amtlich arab. **Al-Mamlaka al-Maghrebia** [›Westreich‹], konstitutionelle Monarchie in NW-Afrika, 446 550 km² mit 20,2 Mio. Ew. Hptst.: Rabat, Amtssprache: Arabisch, daneben auch Französisch. Staatsreligion: Islam. ⊕ Band 1, n. S. 320. Nach der Verf. von 1972 wurden die Kompetenzen des Monarchen eingeengt und die der Legislative und Exekutive erweitert. Es besteht ein Einkammerparlament. Recht ist frz. und islam. Vorbild. Währung: 1 Dirham (DH) = 100 Francs.

Landesnatur. Der größte Teil des Landes wird von den Ketten des Atlasgebirges eingenommen (Toubkal im Hohen Atlas 4 165 m), an die sich nach SO die Sahara anschließt; im O leiten Hochflächen nach Algerien über. Im NW fällt ein Tafelland stufenweise zur Küstenebene ab. Im W hat M. Anteil (850 km) an der Atlantik-, im N an der Mittelmeerküste (450 km); mittelmeer. Klima: Winterregen (in Höhenlagen Schnee), die den Wasserreichtum der Flüsse sichern. Südlich der Gebirge herrscht das Trockenklima der Sahara.

Bevölkerung. Rund 40% der Ew. sind Berber, über 50% Araber. Etwa die Hälfte der Berber, vorwiegend die im Gebirgsinneren lebenden, sprechen noch Berbersprachen. Die Berber in den leichter zugängl. Gebirgsbereichen und den dichtbesiedelten Küstengebieten sind weitgehend arabisiert. Über 35% der Ew. wohnen in Städten. Allg. Schulpflicht (7 Jahre) besteht seit 1963, ist aber noch nicht überall durchgeführt; 2 staatl. (Rabat, Casablanca), 2 islam. (Fès, Marrakesch) Univ.

Wirtschaft. Der wichtigste Wirtschaftszweig ist die Landwirtschaft. 34% der Fläche werden landwirtschaftlich genutzt, davon etwa die Hälfte als Ackerland (Anbau von Getreide, Citrus- u. a. Früchten, Zuckerrüben, Oliven, Datteln, Wein, Gemüse, Baumwolle. In den Gebirgen und auf den Hochflächen Viehzucht. Bed. Fischfang (Sardinen, Sardellen) für den Export. Bergbau: Abbau von Phosphaten (3. Stelle der Welterzeugung), ferner Eisen, Steinkohle, Mangan, Kobalt, Antimon, Blei, Zink, Kupfer; Erdöl ist weitgehend erschöpft. Industrie: Konserven-, Zucker-, Marga-

1

2

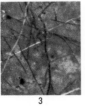

3

4

5

Rouge belge (devon. Kalkstein), Belgien. **2** *Arabescato (Carrara-marmor, Trias), bei Carrara.* **3** *Wallenfels (devon. Kalkstein), Franken.* **4** *Verona rot (untere Jura-Formation, Lias Dogger), bei Verona.* **5** *Vert des Alpes (Sammelbegriff für grüne Alpen-marmore, Ophicalcit), ital. und frz. Alpen*

Mars 2): Oberfläche, photographiert von der Marssonde Viking 1 am 21. 7. 1976

rineherstellung, daneben Textil-, metallverarbeitende, chem. Betriebe; altes heim. Kunsthandwerk (Teppiche). Fremdenverkehr (1973: 1,3 Mio. Auslandstouristen). Ausfuhr: Phosphate, Südfrüchte, Tomaten, Gemüse, Kartoffeln. Haupthandelspartner: Frankreich. – Dem Verkehr dienen rd. 2071 km Eisenbahnen, 46 245 km Straßen (rd. 23 000 km asphaltiert). Haupthäfen: Casablanca, Safi, Tanger (bes. Fährverkehr). Internat. Flughäfen: Casablanca, Rabat, Tanger.

Geschichte. Das antike **Mauretanien** kam um 40 n. Chr. unter röm., 429 unter wandal., 530 unter byzantin., um 700 unter arab. Herrschaft. 1496 besetzten die Spanier Melilla, 1580 Ceuta. Bis ins 19. Jh. gehörte M. zu den nordafrikan. Seeräuberstaaten (›Barbaresken‹). Seit 1904 beanspruchte Frankreich die Vormachtstellung in M. Zum Schutz dt. Wirtschaftsinteressen in Süd-M. wandte sich das Dt. Reich gegen die frz. Ansprüche (erste ›M.-Krise‹, beigelegt auf der Algeciras-Konferenz von 1906). Die nach der Besetzung von Fès durch die Franzosen und die dadurch bedingte Entsendung des dt. Kanonenbootes ›Panther‹ (›Panthersprung‹) nach Agadir (1911) entstandene zweite ›M.-Krise‹ wurde durch das M.-Kongo-Abkommen vom 4. 11. 1911 beendet, das Dt. Reich erkannte die frz. Vorherrschaft an. 1912 wurde M. bei Aufrechterhaltung seiner Einheit unter dem Sultan (Scherifisches Reich) eingeteilt in: 1) **Frz. Protektorat** (Hptst. Rabat); 2) **Span. Protektorat** (Hptst. Tétouan); 3) **Internationales Gebiet Tanger.** 1921–26 führte Abd el-Krim die Rifkabylen gegen Spanier und Franzosen. Unruhen und Aufstände verstärkten seit 1945 die Unabhängigkeitsbewegung, bis 1956 die Protektorate und das Tangerstatut aufgehoben wurden. M. war damit ein unabhängiger Staat. Bei Spanien verbliebe die Städte Ceuta, Melilla und 3 kleine Inseln sowie das Gebiet von Ifni (1969 an M.). Seit 1957 ist M. Königreich. Es unterstützte die alger. Befreiungsbewegung. 1963 kam es zu einem Grenzkonflikt mit Algerien, 1969 gab M. seinen Anspruch auf Mauretanien auf. Seit 1969 mit der EG assoziiert, trat 1975 den AKP-Staaten bei. 1972 trat eine neue Verf. in Kraft. 1976 kam Spanisch-Sahara als →Westsahara unter gemeinsam marokkanisch-mauretan. Verwaltung. Nach dem Friedensschluß Mauretaniens mit dem POLISARIO besetzte M. 1979 die bis dahin unter mauretan. Verwaltung stehenden Gebiete der Westsahara.

Marone [ital.], die Frucht der Edelkastanie.

Maronenpilz, Speisepilz, ein Röhrling. (Bild Pilze)

Maroniten, Zweig der mit Rom unierten Orientalischen Kirche (bes. im Libanon), benannt nach dem syr. Kloster des hl. Maron (†vor 423).

Marons [mar'ɔ̃], span. **Cimarrónes**, Nachkommen befreiter oder entlaufener Negersklaven in Westindien und Guayana.

Maroquin [-k'ɛ̃, frz.; von Marokko] *der*, dem Saffian ähnl., pflanzlich gegerbtes Hammel- oder Ziegenleder.

Maros [m'ɔrɔʃ] *die*, dt. **Marosch, Mieresch**, rumän. **Mureş** [-ɛʃ], li. Nebenfluß der Theiß, 756 km, Hauptfluß Siebenbürgens; mündet bei Szeged in Ungarn, nur im Unterlauf schiffbar.

Marosvásárhely [m'ɔrɔʃva:ʃa:rhɛj], magyar. Name für →Neumarkt.

Marot [mar'o], Clément, frz. Dichter, * 1496, † 1544; Epigramme, Elegien, Episteln, Sonette.

Marotte [frz.] *die*, Schrulle, Grille, Steckenpferd.

Marozia, Römerin, *um 892, † um 937, in dritter Ehe ⚭ mit König Hugo von Italien, beherrschte wie ihre Mutter Theodora Rom und den Kirchenstaat und setzte mehrere Päpste ein; 932 von ihrem Sohn Alberich II. gestürzt.

Marquand [m'ɑ:kwənd], John Phillips, amerikan. Schriftst., * 1893, † 1960; Schilderer der gesellschaftl. Oberschicht (›Der selige Mister Apley‹, 1937).

Marquesas-Inseln [-k'esas-], vulkan. Inselgruppe im östl. Polynesien, 997 km², 5 400 Ew.; Kopraausfuhr, 1595 entdeckt, seit 1842 frz. Besitz (Französisch-Polynesien).

Marquet [-k'ɛ], Albert, frz. Maler, * 1875, † 1947, gehörte zu den →Fauves, malte vor allem Seinekais und Häfen.

Marquis [-k'i, frz., aus ›Markgraf‹], weiblich **Marquise**, Adelstitel im Rang zw. Fürst und Graf; engl. **Marquess** [m'ɑ:-kwəs], weibl. **Marchioness** [m'ɑ:ʃənis]; ital. **Marchese** [-k'eːə], weibl. **Marchesa**; span. **Marqués** [-k'ɛs], weibl. **Marquesa**.

Marquise [-k'iːz, frz.], Möbelstoff mit Seidenkette und Baumwollschuß in Jacquardmusterung.

Marquisette [-kiz'ɛt, frz.], feinfädiger Gardinengitterstoff aus Baumwolle, Chemieseide.

Marrakesch, Stadt in S-Marokko, in einer Dattelpalmoase (135 km²), 333 000 Ew.; Univ.; Handelszentrum, Eisenbahn nach Casablanca, Flughafen. 1062 gegr., war M. bis Ende des 13. Jh. Hptst. der Almoraviden und Almohaden (Stadtmauern, Kasba, Kutubija-Moschee, 1184–98, Mausoleen der Sadier (Höhepunkt der maur., islam. Kunst).

Marranen, Maranen, hebräisch **Anussim**, Juden, die sich unter dem Zwang der Inquisition zur der Vertreibung von der Iber. Halbinsel (1492) hatten taufen lassen.

Marryat [m'ærɪət], Frederick, engl. Erzähler, * 1792, † 1848; abenteuerl. Seeromane (›Das Gespensterschiff‹, 1836; ›Sigismund Rüstig‹, 1841).

Mars, 1) röm. Kriegsgott, dem grch. Ares gleich. **2)** ☿ der vierte, rötl. Planet des Sonnensystems (→Planeten). Tageslänge, Jahreszeitenwechsel und die physikal. Bedingungen an der Oberfläche des M. sind ähnlich denen der Erde, seine Atmosphäre besteht fast zu 100% aus Kohlendioxid und hat sehr geringe Dichte. Die Oberfläche zeigt im Winter bes. helle Polflecke, die aus festem Kohlendioxid bestehen und sich im Sommer völlig auflösen. Die ›Marskanäle‹ haben sich als bloß optische Erscheinungen erwiesen. Raumsonden haben monddühnliche Kraterlandschaften, große Trümmerfelder, Täler und breite Schluchten festgestellt mit Anzeichen von Verwitterung und Abtragung. Der M. hat 2 Monde, Phobos und Deimos, mit Durchmessern von 22 und 8 km. Die am 20. 7. 1976 weich gelandete Sonde Viking 1 hat nach ersten Untersuchungen keinen eindeutigen Nachweis biolog., dagegen einer starken chem. Aktivität erbracht. **3)** sowjet. Raumsonden für die M.-Forschung. **3)** ⚓ Plattform am Untermast, ungenau **Mastkorb** genannt. **M.-Stenge**, die erste Verlängerung des Untermastes. **M.-Segel**, an der Rah der M.-Stenge ausgespanntes Rahsegel.

Marsala, Hafenstadt an der W-Küste Siziliens, 85 500 Ew.; Dom (wertvolle Bildwerke); Süßweinausfuhr (**M.-Wein**).

Marsberg, Stadt im Hochsauerlandkr., NRW, 22 050 Ew.; 1975 durch Zusammenschluß von Ober- und Niedermarsberg entstanden.

Marsch *die*, fruchtbares Schwemmland der Flußtäler und Küsten in NW-Dtl., durch Deiche geschützt.

Marsch *der*, Musikstück in geradem (zweiteiligem) Takt mit einem Mittelteil (Trio) melodischen Charakters.

Marschall, 1) im alten Dt. Reich seit Otto I. eines der Erzämter. **2)** hohes Hofamt (Hof-M.). **3)** seit dem 16./17. Jh. höchster Generalstitel (Feld-M.).

Marsch auf Rom, von Mussolini am 28. 10. 1922 geführter Zug von 40 000 Faschisten, führte zum Sturz der Reg.

Marschhufendorf, Reihendorf in Marschgebieten längs eines Entwässerungskanals. Der Landbesitz der Eigentümer schließt sich in gereihten Langstreifen an die Hofanlagen an.

Marschner, Heinrich, Komponist, * 1795, † 1861; romantische Opern, Chöre, Lieder, Balladen.

Marseillaise [marsɛj'ɛːz] *die*, frz. Nationalhymne ›Allons, enfants de la patrie, le jour de gloire est arrivé‹, Text und Musik (nach zeitgenöss. Melodie) von Rouget de Lisle; als Revolutions- und Freiheitslied von einem Marseiller Freiwilligenbataillon beim Einzug in Paris 1792 gesungen.

John Churchill, Herzog von Marlborough (aus einem Gemälde von A. van der Werff)

Mars

Marseille [-s'ɛj], Hptst. des frz. Dép. Bouches-du-Rhône, am Mittelmeer, 914 400 Ew.; Erzbischofssitz; Fakultäten der Univ. Aix-M. M. ist (mit Fos) der größte Hafen Frankreichs (bes. Erdöl), Schiffbau, Lebensmittel-, Bauind. – Um 600 v. Chr. von Griechen als **Massalia** gegr. (lat. **Massilia**), kam M. mit der Provence 1481 an die frz. Krone.

Marsfeld, 1) im alten Rom der Platz für Waffenübungen und Volksversammlungen. **2) Champs de Mars** [ʃã-], Platz in Paris, Ausstellungsgelände.

Marshall [m'a:ʃəl], **1)** Alfred, engl. Volkswirtschaftler, * 1842, † 1924, untersuchte bes. das Marktgleichgewicht. **2)** Bruce, kath. schott. Romanschriftst., * 1899; ›Das Wunder des Malachias‹ (1931) u. a. **3)** George Catlett, amerikan. General und Politiker, * 1880, † 1959; 1939 Generalstabschef und militär. Berater F. D. Roosevelts, 1947–49 Außen-, 1950/51 Verteidigungs-Min., Urheber des M.-Plans (→ Europäisches Wiederaufbauprogramm); 1953 Friedensnobelpreis.

Marshallinseln [m'a:ʃəl-], Inselgruppe im östl. Mikronesien, 2 Reihen langgestreckter Atolle (Ralik- und Ratak-Inseln), insgesamt 867 Inseln mit 180 km², 27 100 Ew.; Kokospalmen-, Bananenpflanzungen. – 1529 entdeckt, wurde 1884 dt. Schutzgebiet, 1920 japan. Völkerbundsmandat, 1947 Treuhandgebiet der USA. Seit 1978 bilden die M. zus. mit den Karolinen die ›Föderierten Staaten von Mikronesien‹.

Marshall-Plan [m'a:ʃəl-], →Europäisches Wiederaufbauprogramm.

Marsilius von Padua, Staatstheoretiker, * um 1290, † 1342/1343; in seinem Hauptwerk ›Defensor pacis‹ (›Verteidiger des Friedens‹, 1324) spricht er die oberste Gewalt in Staat und Kirche dem Volk zu, dem Kaiser u. a. das Recht zur Ehescheidung.

Marstall, 1) Pferdeställe und Wagenschuppen einer fürstl. Hofhaltung. **2)** Gesamtheit ihrer Pferde.

Marsyas, grch. Mythos: Flötenbläser, der von Apoll im Wettstreit besiegt, gehängt und erhäutet wurde.

martellando, martellato, ♪ kräftig und hart betont.

Marterl *das*, Erinnerungsmal am Ort eines Unglücks oder Verbrechens, bes. in Österreich und Bayern.

Martersäule, Säule mit den Sinnbildern des Leidens Christi **(Passionssäule).**

Martha, Schwester der Maria von Bethanien und des Lazarus. Heilige; Tag: 29. 7.

Martial, Marcus Valerius **Martialis**, lat. Dichter, * um 40 n. Chr., † nach 100, Klassiker des Epigramms.

martialisch [von Mars], kriegerisch; wild dreinschauend.

Martigny [-tiɲ'i], dt. **Martinach**, Bez.-Hauptort im Kt. Wallis, Schweiz, 11 300 Ew. Schloß La Bâtiaz (12. Jh.).

Martin, 1) [m'a:tin], Archer J. P., engl. Chemiker, * 1910, entwickelte die Verteilungs- und die Papierchromatographie und erhielt dafür 1952 mit R. Synge den Nobelpreis für Chemie. **2)** [mart'ɛ̃], Frank, schweizer. Komponist, * 1890, † 1974, Orchester-, Kammermusik, Bühnenwerke. **3)** [m'a:tin], John, engl. Maler, * 1789, † 1854; apokalypt. Landschaften.

Martin V., Papst (1417–31), vorher Odo **Colonna,** stellte nach dem Großen Schisma die päpstl. Herrschaft in Rom und im Kirchenstaat wieder her; betrieb weniger als erwartet die Reform.

Martin du Gard [mart'ɛ̃ dy ga:r], Roger, frz. Schriftst., * 1881, † 1958; Roman ›Jean Barois‹ (1913); Zyklenroman ›Die Thibaults‹ (1922–40). Nobelpreis für Lit. 1937.

Martinet [-n'ε], Jean-Louis, frz. Komponist, * 1914; Sinfonik, Chorwerke, Kammermusik.

Martínez Ruiz [-t'ineθ ru'iθ], José, span. Schriftst., →Ruiz.

Martingal *der*, Hilfszügel für die Kopfstellung.

Martini, 1) Fritz, Literarhistoriker, * 1909; ›Dt. Literaturgesch.‹ (1949). **2)** Simone, Maler, → Simone Martini.

Martinique [-n'ik], Insel der Kleinen Antillen, frz. Übersee-Dép. in Westindien, 1 102 km², 308 000 Ew. (meist Neger und Mulatten); Hptst.: Fort-de-France. M. ist gebirgig, im N vulkanisch (Montagne Pelée 1 397 m). Haupterzeugnisse: Rohrzukker, Bananen, Ananas, Rum. – 1502 von Kolumbus entdeckt, seit 1535 frz. Als Übersee-Dép. (seit 1946) hat M. in der frz. Nationalversammlung 3, im Senat 2 Abg.

Martin-Luther-Bund, das Diasporawerk der Evang.-Luther. Kirche Dtl.

Martinon [-n'ɔ̃], Jean, frz. Geiger, Komponist, Dirigent, * 1910, † 1976.

Martinson, Harry, schwed. Schriftst., * 1904, † 1978. Romane, u. a. ›Der Weg nach Glockenreich‹ (1948); Weltraumepos ›Aniara‹ (1956); 1974 Nobelpreis für Lit. (mit Eyvind Johnson).

Karl Marx

Martinstag, Martini, Tag des hl. Martin von Tours (11. 11.); Bräuche: Martinsfeuer, Martinssingen, Martinslampen, bäuerl. Martinsschmaus mit Martinsgans.

Martin|stahl, Siemens-Martin-Stahl, SM-Stahl, Flußstahl, der im Siemens-Martin-Ofen erzeugt wird.

Martinswand, Felswand (1 113 m ü. M.) li. über dem Inn bei Zirl (Tirol) mit der Maximiliansgrotte und 1 800 m langem Tunnel der Mittenwaldbahn.

Martinů [m'artjinu:], Bohuslav, tschech. Komponist, * 1890, † 1959; Opern, Ballette, Orchester-, Chorwerke, Kammermusik.

Martin von Cochem, Kapuziner, Prediger, * 1634, † 1712.

Martin von Tours [-tu:r], * 316/17, † 397, Soldat, dann Mönch, gründete bei Poitiers das erste Mönchskloster in Gallien (Locogagium, Ligugé), 371 Bischof von Tours, bekämpfte die Überreste heidn. Glaubens und den Arianismus. Schutzheiliger des merowingisch-fränk. Reichs; dargestellt meist zu Pferd, wie er seinen Mantel mit einem Bettler teilt. Tag: 11. 11.

Märtyrer [grch.], urspr. Zeuge des Lebens Jesu (Apostel), später Christ, der für seinen Glauben den Tod erleidet; Ü jeder, der wegen seiner Überzeugungen verfolgt wird.

Martyrium, 1) Blutzeugnis, Opfertod für den Glauben. **2)** Kirche über einem Märtyrergrab oder an einer Märtyrerstätte. **3)** schweres Leiden, Qual.

Martyrologium, das nach Kalendertagen gegliederte Verzeichnis der Märtyrer mit Angabe des Ortes und Tages ihres Kultes.

MARV, Abk. für **Maneuverable Re-entry Vehicle** [mən'u:vrəbl ri:'entri v'i:tkl, engl.], Sprengkopf einer Raketenwaffe, der beim Endanflug ans Ziel vorprogrammierte Kursänderungen durchführt, um gegner. Anti-Raketen-Raketen auszuweichen.

Marwitz, Ludwig von der, preuß. General, * 1777, † 1837, konservativer Gegner der Stein-Hardenbergschen Reformen.

Marx, 1) Joseph, österr. Komponist, Musikkritiker, * 1882, † 1964; spätromant. Orchester-, Kammermusik, Lieder. **2)** Karl, Komponist, * 1897, Schüler von C. Orff, Kantaten, Chöre, Kammermusik, Lieder. **3)** Karl Heinrich, mit F. →Engels der Begründer des →Marxismus, * 1818, † 1883; seine Eltern entstammten alten Rabbinerfamilien, der Vater (Rechtsanwalt Heinrich M.) wurde 1824 mit seiner Fam. protestantisch. M. studierte Rechtswiss. und Philosophie; 1842/43 Redakteur in Köln, 1843–45 in Paris. 1845–48 in Brüssel; aus beiden Städten ausgewiesen, lebte er – nach kurzem Aufenthalt in Köln – bis zu seinem Tode in London; 1843 heiratete er Jenny von Westphalen. – Zus. mit F. Engels, mit dem er die Streitschriften ›Die Heilige Familie‹, die ›Deutsche Ideologie‹ und das ›Kommunistische Manifest verfaßte, wurde M. der Schöpfer des ›wissenschaftl. Sozialismus‹. Er übernahm von Hegel die dialekt. Methode und Geschichtsauffassung, unter gleichzeitiger Abkehrung vom Idealismus Hegels – zum Dialektischen (→ Dialektik) und → Historischen Materialismus umgestaltet. Hauptwerk ›Das Kapital‹ (Bd. I 1867, Bd. II u. III unvollendet, hg. von F. Engels 1885 und 1894). **4)** Wilhelm, Politiker (Zentrum), * 1863, † 1946; 1923–25 und 1926–28 Reichskanzler.

Marxismus, zusammenfassende Bez. für die von K. Marx unter Mitwirkung von F. Engels entwickelten philosoph., politisch-sozialen und ökonom. Lehren.

Der M. sieht – als **Historischer Materialismus** – die historisch-dialekt. und zugleich gesetzmäßige Entwicklung so: Die wachsenden **Produktivkräfte** (menschl. Fertigkeiten, materielle Produktionsmittel) verlangen, wenn sie eine bestimmte Stufe erreicht haben, mit Notwendigkeit eine adäquate Veränderung der **Produktionsverhältnisse** (die sich wesentlich nach dem Besitz an Produktionsmitteln bestimmen) und damit den Aufbau einer neuen Produktionsweise. Die histor. Folge ist: Urgesellschaft – Sklavenhalterordnung – Feudalismus – Kapitalismus – Sozialismus – Kommunismus. Bis zum Sozialismus ist die Geschichte beherrscht vom → Klassenkampf.

Nach Marx beruht der Wirtschaft auf der ausschließl. Produktivität der Arbeit (→Arbeitswerttheorie). Der Tauschwert aller Waren wird durch die aufgewendete Arbeitskraft bestimmt, der Wert der Ware ›Arbeitskraft‹ durch die Kosten, die zu ihrer Reproduktion aufgewendet werden müssen. Zwischen dem zur Deckung des Existenzminimums des Arbeiters erforderl. Lohn und dem Preis der erzeugten Güter klafft eine Differenz, der **Mehrwert,** der dem Kapitalisten als Profit zufällt, obwohl er auf der Produktivleistung der Arbeiter beruht. Diese **Ausbeutung** sichert dem Unternehmer steigende Profite und führt zugleich zur wachsenden **Verelendung** der Massen. Ständige Vermehrung **(Akkumulation)** des Kapitals und fortschreitende Ausdehnung **(Konzentration)** der Betriebe zu volltechnisierten Großbetrieben führen zum Vernichtungskampf innerhalb der kapitalist. Klasse selbst. In den für den Konjunkturzyklus der kapitalist. Wirtschaft kennzeichnenden period. **Krisen** sinkt eine immer größere Zahl bisher selbständiger Existenzen ins Proletariat ab. Am Endpunkt dieser Entwicklung steht der Masse des besitzlosen Proletariats eine ganz geringe Zahl von Monopolbetrieben gegenüber **(Monopolkapitalismus).** Hier setzt der entscheidende Umschlag durch polit. **Revolution** ein: die kapitalist. Betriebe werden in ihrem Gefolge durch das zum Klassenbewußtsein erwachte Proletariat in Kollektiveigentum umgewandelt **(Expropriation der Expropriateure).** Nachdem diese Aufgabe im Rahmen der → Diktatur des Proletariats erfüllt ist, kann der Staatsapparat ›absterben‹ und an die Stelle der Herrschaft über Personen die ›Verwaltung von Sachen‹ treten.

Sowohl die Vieldeutigkeit der Lehren als auch die Notwendigkeit zur Umdeutung führten zu kontroversen Auslegungen, so zum → Revisionismus, zum → Austromarxismus und → Neomarxismus. Die Hauptströmung im M. ist jedoch der orthodoxe **Marxismus-Leninismus.** Er vertritt 1. über die Lehren des M. hinaus die Theorie vom Eintritt des Kapitalismus in das Stadium des Imperialismus und die Lehre von der ›ungleichmäßigen Entwicklung‹ der versch. am kapitalist. Weltmarkt teilnehmenden Gesellschaften, 2. die Lehre von der ›Partei neuen Typs‹, die als ›klassenbewußte Vorhut des Proletariats‹ die Führung und Erziehung der werktätigen Massen zu übernehmen hat. Die Nachfolger Lenins bauten den M.-Leninismus zu einer Weltanschauungslehre aus, die als **Dialektischer Materialismus** bezeichnet wird. Sie beruht u. a. auf der Systematisierung des M. durch F. Engels, der auch eine ›Dialektik der Natur‹ annahm. Nach dieser Lehre sind alle Erscheinungen der Welt materiell oder aus Materie hervorgegangen.

Der **Maoismus** baut auf dem Marxismus-Leninismus auf. Die markantesten Abweichungen der Ideen Mao Tse-tungs sind: a) Betonung des Volkskriegs als Hauptform der Revolution (Lehre vom Guerillakrieg); b) der Versuch, die Agrarrevolution mit Hilfe der Volkskommunen herbeizuführen; c) stärkere Betonung der Praxis als Kriterium für die Richtigkeit der Theorie (›praktische Ideologie‹). – Die jugoslaw. Kommunisten vertraten nach 1945 unter Berufung auf Lenin das Recht eines jeden kommunist. Staates, seinen eigenen Weg zum Sozialismus und Kommunismus zu suchen.

Maryland [amerikan. m′erıl∂nd; brit. m′εərılænd], Abk. **Md.,** Staat der USA, 27 394 km², 4,216 Mio. Ew. Hptst.: Annapolis. Anbau von Getreide, Kartoffeln, Gemüse, Obst und Tabak; bed. Viehzucht und Fischerei. Bodenschätze: Kohle, Tonerde, Erdgas; Metallverarbeitung, Schiffs-, Flugzeugbau; Nahrungsmittel-, Bekleidungs-, chem., keram. Ind. – M., 1632 als engl. Kolonie gegr., gehört zu den 13 Gründerstaaten der USA.

März, der 3. Monat des Jahres, hat 31 Tage. Volksnamen: **Lenzing, Lenzmonat.**

Märzbecher, Pflanzen: Küchenschelle, Frühlingsknotenblume; gelbe Narzisse (Bild Naturschutz).

Märzenbier, Märzen, starkes, urspr. im März gebrautes, sommerständiges Bier mit mindestens 13% Stammwürzegehalt.

Märzfeld, im Fränk. Reich die jährl. Versammlung der Großen im März (Heerschau, Beratung); seit Pippin 755 im Mai **(Maifeld).**

Märzrevolution, Erhebung des dt. liberalen Bürgertums im März 1848; führte zur Frankfurter Nationalversammlung.

Masaccio [-s′att∫o], Maler in Florenz, * 1401, † 1428, schuf die Fresken aus dem Leben des Petrus in der Brancacci-Kapelle von S. Maria del Carmine (1426; ältere Teile von Masolino, jüngere von Filippino Lippi), das Dreifaltigkeitsfresko mit Stifterpaar in S. Maria Novella und Tafelbilder. Der monumentale Stil seiner Fresken, die Klarheit seiner zentralperspektiv. Raumdarstellung und die Lebensnähe seiner Figuren begründeten die Malerei der Renaissance.

Masada, Ort am Toten Meer, vorchristl. Felsenfestung, letzter Stützpunkt der Juden im Kampf gegen Rom. Ausgrabungen 1963–65 mit bed. Funden, u. a. Hss. (Bild S. 256)

Masai, Massai, hamito-nilot. Hirten- und Kriegsvolk in Ostafrika. Die meisten der rd. 250 000 M. leben als Nomaden in den Savannen von S-Kenia und N-Tansania.

Masan, südkorean. Hafenstadt, Hptst. der Prov. Kyŏngsangnamdo, 371 600 Ew.; Handel, Textilindustrie.

Masaccio: Der Zinsgroschen, 1424–28; Ausschnitt aus einer Freskenfolge aus der Geschichte des Apostels Petrus (Florenz, S. Maria del Carmine)

Masaniello, eigtl. Tommaso **Aniello,** * 1623 (?), † 1647, Führer der Volkserhebung gegen die span. Herrschaft in Neapel 1647; von eigenen Anhängern ermordet.

Masaryk, 1) Jan, tschechoslowak. Politiker, Sohn von 2), * 1886, † (Selbstmord?) 1948; 1945 Außenmin. **2)** Tomáš, tschechoslowak. Staatsmann, * 1850, † 1937; 1917 Präs. des tschech. Nationalrats in Paris, 1918 maßgebend beteiligt an der Gründung einer unabhängigen Tschechoslowakei; 1918–35 deren Präs.

Mascagni [-ɲi], Pietro, ital. Komponist, * 1863, † 1945; Oper ›Cavalleria rusticana‹ (1890) u. a.

Mascara, Stadt in NW-Algerien im Hochland des Tell-Atlas (580 m ü. M.), 62 300 Ew.; Weinbau, Getreide-, Ölhandel.

Maschallah [arab.], muslim. Ausruf der Zustimmung.

Masche, Schlinge beim Stricken, Wirken, Häkeln, bei Netzarbeit, in Drahtgeflechten.

Maschine, 1) jede Einrichtung zur Erzeugung oder Übertragung von Kräften, die nutzbare Arbeit leistet **(Arbeits-M.)** oder die eine Energieform in eine andere umwandelt **(Kraft-M.). 2)** in der Physik versteht man unter den **einfachen M.:** Hebel, Rolle (Wellrad), schiefe Ebene (Keil, Schraube).

Maschinenbauindustrie, Industriezweige, die sich mit der Herstellung von Maschinen beschäftigen.

Maschinenelemente, Bestandteile einer Maschinenanlage. Primäre Elemente sind Achsen, Wellen u. ä. und die meist genormten Verbindungselemente (Nieten, Schrauben, Bolzen, Federn u. ä.). Sekundäre Elemente bauen sich daraus auf (Kupplungen, Bremsen, Lager, Räderwerke, Gestänge).

Maschinenfabrik Augsburg-Nürnberg AG (M. A. N.), Unternehmen des Maschinenbaus, Augsburg, 1898 gegr. (Anfänge 1840/41); Großaktionär: Gutehoffnungshütte.

Maschinengenossenschaften, Genossenschaften der Landwirte zur gemeinschaftl. Nutzung bes. größerer landwirtschaftl. Maschinen, z. B. Mähdrescher.

Maschinengewehr, Abk. **MG,** automat. Schnellfeuerwaffe, die im Einzel- und Dauerfeuer schießt; Feuergeschwindigkeit: 600–1 200 Schuß in die Minute. **M.-Nest,** ausgebaute MG-Stellung im Gelände. (Bild S. 256)

Maschinenhammer, Werkzeugmaschine, zum Schmieden. In einem Gestell wird der Hammer **(Bär)** geführt; er fällt auf die **Schabotte** (Amboß), auf der das Werkstück liegt.

Maschinenkanone, kleinkalibriges (2–4 cm) Geschütz, das nach dem Prinzip des Maschinengewehrs selbsttätig feuert

Masada

(550–1500 Schuß in der Minute); für die Flugabwehr, zur Panzerbekämpfung, als Bordwaffe von Kriegsflugzeugen.

Maschinenpistole, Abk. **MP,** Schnellfeuerwaffe für den Nahkampf; bis 550 Schuß in der Minute.

Maschinensatz, ⌀ auf → Setzmaschinen in Form von Zeilen oder Einzelbuchstaben oder im → Photosatz hergestellter Satz.

Maschinenstürmerei, in der industriellen Frühzeit Versuche der Arbeiter, durch Zerstörung von Maschinen die Technisierung und die damit verbundene Freisetzung von Arbeitskräften zu verhindern.

Maschinentelegraph, ⌙ Zeigertelegraph, bes. auf Schiffen, mit dem Befehle von der Kommandostelle zum Maschinenraum übermittelt werden.

Maschinen-Traktoren-Stationen, MTS, in den Ostblockstaaten staatl. Zentralen für landwirtschaftl. Maschinen und Traktoren; sie dienen bes. den landwirtschaftl. Produktionsgenossenschaften; die ersten MTS entstanden in der UdSSR.

Maschinenwaffen, Schnellfeuerwaffen (Maschinengewehr, -pistole, -kanone), bei denen Laden und Abfeuern durch Ausnützen des Rückstoßes selbsttätig erfolgen.

Maschinenzeitalter, Zeitalter der Industrialisierung und der Vorherrschaft der Maschine, → industrielle Revolution.

Maschinist, Facharbeiter, der Kraftmaschinen bedient; zur Berufsgruppe der M. gehören auch Kranführer, Baumaschinenführer, Heizer.

Maschonaland, Landschaft im Hochland von Simbabwe.

Masefield [m'eɪsfiːld], John, engl. Dichter, * 1878, † 1967; ›Salzwasserballaden‹ (1902), Verserzählungen, Abenteuerromane, Kindergeschichten.

Masępa, Mazepa, Iwan Stepanowitsch, Hetman der ukrain. Kosaken, * vor 1644, † 1709, kämpfte zunächst für Peter d. Gr., suchte dann die Ukraine von der russ. Herrschaft zu lösen, schloß sich 1708 Schweden an, floh nach der Niederlage bei Poltawa mit Karl XII. in die Türkei.

Maser [m'eɪzə, engl. Abk. von **m**icrowave **a**mplification by **s**timulated **e**mission of **r**adiation] *der,* **Molekularverstärker,** Gerät zur Erzeugung und Verstärkung von Mikrowellen durch erzwungene Energieabgabe von angeregten Molekülen. Beim **Gas-M.** werden die Moleküle durch ein starkes elektr. Feld nach 2 versch. Energiezuständen aufgetrennt, die Moleküle im höheren Zustand durch einen schwingenden Resonator zur Energieabgabe veranlaßt. Beim **Festkörper-M.** beruht die Verstärkerwirkung auf einer Wechselbeziehung zw. einem hochfrequenten magnet. Feld und atomaren magnet. Momenten (Elektronenspins). Verwendung zur Empfindlichkeitserhöhung von Radargeräten, Radioteleskopen. Aus dem M. wurde der → Laser entwickelt.

Masereel, Frans, belg. Graphiker und Maler, * 1889, † 1972; schuf Holzschnitte in scharfen Schwarzweiß-Gegensätzen (Illustrationen, sozialkrit. Bildfolgen u. a.).

Masern, fieberhafte Infektionskrankheit, erregt durch ein Virus; meist im Kindesalter. Inkubationszeit: 11 Tage; Erscheinungen: Bindehautentzündung, Husten, weiße Pünktchen auf der Wangenschleimhaut, linsengroße rote Flecke an Gesicht und Hals, dann am ganzen Körper. Bei der Heilung schuppt sich die Haut kleienartig ab. Vorbeugend: Serum; Behandlung: Bettruhe, Zimmerverdunkeln.

Maseru, Hptst. von Lesotho, 16 300 Ew.

Maserung, besondere Musterung der Holzschnittflächen; ein durch abnormen Wuchs bewirkter, unregelmäßig welliger Verlauf der Jahresringe.

Maskarenen, vulkan. Inselgruppe im Ind. Ozean; Hauptinseln Réunion, Mauritius und Rodriguez.

Maskaron [-r'ɔ̃, frz.] *der,* Bauplastik und Ornamentik: eine oft fratzenhafte Maske.

Maskat, Muscat [m'ʌskət], Hptst. und Hafen von Oman, 15 000 Ew., im O der arab. Halbinsel.

Maskat und Oman, → Oman.

Maske, 1) Gesichtsverhüllung bei Kulthandlungen, Volksfesten, auch bei Maskenbällen. 2) Aufmachung eines Schauspielers für die Rolle; die Maske ist Sinnbild der Bühnenkunst, da die Schauspieler im Altertum Gesichts-M. trugen. 3) die → Totenmaske. 4) Schönheitspflege: Auftragung von Hauptpflegemitteln auf das Gesicht zum Reinigen und Quellen der Gesichtshaut. 5) ⚔ Kopfschutz bei versch. Sportarten (z. B. Hockey, Eishockey, Fechten). 6) Photographie: Schablone aus Papier oder Folie zum Abdecken best. Teile eines Negativs oder Diapositivs. (Bild S. 257)

Maskenspiele, Aufführungen allegor. und mytholog. Inhalts mit Gesang und reicher Ausstattung; Vorläufer der Oper, bes. am engl. Hof 1605–42.

Maskerade [frz.], Verkleidung, bes. für Maskenfeste.

Maskierung, 1) die photomechan. Verfahren zur Ton- und Farbwertkorrektur unter Verwendung eines schwarzweißen oder farbigen Hilfs-Negativs oder -Positivs (**Maske**), das beim Kopieren über das Negativ gelegt wird und dessen Gradation ändert. 2) ⟳ Verhindern des normalen Reaktionsablaufs.

Maskoki, nordamerikan. Indianergruppe im SO der USA. Zu den M. gehören die Calusa, Chickasaw, Choctaw, Creek u. a.

Maskotte [frz. ›Hexchen‹ *die,* Maskottchen, Glücksbringer.

maskulin [lat.], männlich. **Maskulinum,** männl. Substantiv.

Masochismus [nach L. von Sacher-Masoch], lustvolles Erleiden von körperl. oder seel. Mißhandlungen (auch Selbstgeißelung), geschlechtl. Perversion, Ggs.: Sadismus.

Masolino, Tommaso di Cristoforo **Fini,** ital. Maler, * 1383, † vor 1447 (?), einer der Hauptmeister des weichen Stils (Fresken in Castiglione d'Olona, in S. Clemente zu Rom u. a.).

Mason [m'eɪsn], Richard, engl. Erzähler, * 1919(›. . .denn der Wind kann nicht lesen‹, 1946; ›Suzie Wong‹, 1957).

Mason and Dixon Line [meɪsn ənd dɪksn laɪn], bis zum Sezessionskrieg die Nordgrenze der Sklavenhalterstaaten in den USA, gilt noch immer als Grenze zw. N- und S-Staaten.

Masora, Massora [hebr. ›Überlieferung‹] *die,* von jüd. Schriftgelehrten des 7.–10. Jh. (**Masoreten**) verfaßten textkrit. Bemerkungen zum hebr. Text des A. T.

Masowien, histor. Landschaft an Weichsel und Bug, Hauptorte Warschau, Plozk, seit 1138 selbständiges poln. Hzgt., seit 1351 allmählich mit Polen vereinigt.

Maß, 1) *das,* → Maßeinheiten. 2) *die,* Flüssigkeitsmaß, 1–2 l.

Massa, Hptst. der ital. Prov. M.-Carrara (Toskana), 65 800 Ew.; Marmorbrüche, chem. Industrie.

Massa-Carrara, Prov. der Toskana, Italien, 1 156 km², 205 400 Ew. Hptst.: Massa.

Maschinengewehr
MG 3

Rückstoßverstärker · Rohr · Korn · Zuführer-Unterteil · Deckelbolzen · Visiereinrichtung · Kimme · Gurtschieber · Spannschieber · Transporthebel · Deckel · Deckelriegel · Schulterstütze · Pufferfeder

Rohrführungshülse · Gehäuse · Verriegelungsstück · Verriegelungsrollen · Verschluß · Vorholer · Abzug · Sicherung · Schließfeder · Griffstück · Bodenstück

Massachusetts [mæsətʃ'u:sɪts], Abk. **Mass.**, Neuenglandstaat der USA, 21 386 km², 5,7 Mio. Ew.; Hptst.: Boston. Seefischerei; Elektro-, Textil-, Maschinen-, Papier-, Zellstoff-, Nahrungsmittelind. – Als engl. Kolonie 1620 und 1629 gegr.; führend im Unabhängigkeitskampf.

Massage [mas'a:ʒə, frz.] *die,* ♁ Körperbehandlung durch Streichen, Reiben, Kneten, Klopfen mit der Hand oder mit Geräten (z. B. **Vibrations-M.**); sie beschleunigt den Blutumlauf und die Fortschaffung krankhafter Stoffe. Sonderarten sind Bindegewebsmassage, Unterwassermassage u. a.

Massageten, antikes iran. Nomadenvolk zw. Kasp. Meer und Aralsee.

Massai, afrikan. Volksstamm, →Masai.

Massaker [frz.] *das,* Blutbad, Metzelei. Zw.: **massakrieren.**

Maßanalyse, Titrimetrie, Volumetrie, ♒ Ermittlung der Menge eines gelösten Stoffes durch Zusetzen einer bestimmten Menge einer anderen bekannten Lösung (eines anderen Stoffes (**Titrierflüssigkeit, Titrans),** bis der zu untersuchende Stoff völlig umgesetzt ist. Dieser Zeitpunkt wird durch Farbänderung oder elektrochemisch angezeigt.

Massaua, Hafenstadt am Roten Meer, in Eritrea, Äthiopien, rd. 20 000 Ew.; einer der heißesten Orte der Erde (Jahresmittel 30,2 °C bei hoher Luftfeuchtigkeit.

Masse, 1) ⊗ eine Grundgröße der Mechanik. SI-Einheit Kilogramm, Zeichen kg. Die **träge M.** äußert sich im Widerstand (→Trägheit), den jeder Körper einer Bewegungsänderung (Beschleunigung) entgegensetzt. Die **schwere M.** ist die Ursache der Anziehung, die die Körper aufeinander ausüben (→Gravitation), also auch des Gewichtes der Körper im Schwerefeld der Erde. Nach den hinreichend gesicherten Erfahrungen, daß die Beschleunigung frei fallender Körper und die Gravitationskonstante von dem Stoff der Körper unabhängig sind, ist das Verhältnis von träger M. und schwerer M. konstant. Man kann also beide einander gleichsetzen. Diese **Äquivalenz** bildet eine der Grundlagen der allgemeinen Relativitätstheorie. **2)** Soziologie, Psychologie: Die ältere **Massenpsychologie** untersuchte M. als fast strukturlose Menschenmengen, die durch starke Erregbarkeit und Suggestibilität (**M.-Suggestion, M.-Psychose**) sowie durch ein typ. Verhalten der Beteiligten gekennzeichnet sind. Die neuere Sozialpsychologie und Soziologie beschreiben bestimmte strukturelle und statistische Merkmale von M. und unterscheiden zwischen **aktuellen M.** (z. B. Demonstrationszüge) und **latenten M.** (z. B. Leserschaft). 3) ♐ Vermögen, z. B. Konkursmasse, Erbschaftsmasse.

Massegläubiger, ♐ im →Konkurs die Gläubiger, die nach Aussonderung und Absonderung aus der Konkursmasse vorweg zu befriedigen sind. M. sind die Gläubiger von Massekosten und Masseschulden.

Maßeinheiten, Einheiten zur Bestimmung des Zahlenwertes physikal. Größen gleicher Art, d. h. gleicher Dimension. **Vorsätze** und **Vorsatzeichen** zur Bildung dezimaler Vielfacher und dezimaler Teile von →SI-Einheiten ermöglichen das Rechnen mit überschaubaren Zahlenwerten (etwa zw. 0,1 und 1 000). (Weitere Übersichten S. 258, 259)

Massekosten, ♐ Aufwendungen zur Durchführung des Konkursverfahrens.

Massel *die,* in Sandformen oder Kokillen gegossene Roheisenbarren (bis 1 000 kg).

Massel [jidd. aus hebr.] *der,* Glück.

Masse-Leuchtkraft-Beziehung, Massen-Helligkeits-Beziehung, die Abhängigkeit der absoluten Helligkeit der Sterne von ihrer Masse. Die M.-L.-B. besagt, daß die absoluten Helligkeiten mit den Massen zunehmen; Leuchtkraft = proportional der Masse hoch 3,5.

Massenanziehung, die →Gravitation.

Massenausgleich, ⊙ Ausgleich der dynam. Kräfte der bewegten Massen bei Maschinen, wird durch Einbau genau berechneter Gegengewichte oder durch besondere Anordnung der bewegten Teile erreicht.

Massendefekt, ⊗ Abweichung der Isotopenmasse der Atomkerne von der Summe der einzelnen Protonen- und Neutronenmassen; verursacht durch die Bindungsenergie der Kernbestandteile.

Massenentlassung, ♐ Kündigung gegenüber einer erhebl. Anzahl von Arbeitnehmern innerhalb von 4 Wochen; ihre Entlassung ist vorher dem Arbeitsamt anzuzeigen (§ 17 Kündigungsschutz-Ges., KSchG)

Massenet [masn'ɛ], Jules, frz. Komponist, * 1842, † 1912;

Orchesterwerke, Oratorien, Opern (›Manon‹, 1884; ›Werther‹, 1886; ›Don Quichote‹, 1910).

Massenfertigung, Massenproduktion, Herstellung großer Mengen technisch gleichartiger Güter. M. führt bis zur optimalen Kapazitätsauslastung zu sinkenden Stückkosten (**Gesetz der Massenproduktion**).

Massengesteine, die Eruptivgesteine.

Massenmedien, **Massenkommunikationsmittel,** →Medien.

Massenmittelpunkt, Schwerpunkt, ⊗ der Punkt, in dem ein starrer Körper unterstützt werden muß, um der angreifenden Schwerkraft weder durch geradlinige noch durch Drehbewegungen nachzugeben; ein im M. unterstützter Körper ist in jeder Lage im Gleichgewicht.

Massenorganisation, allg.: Organisation (Gewerkschaft, Partei, Verband), die einen großen Bev.-Kreis erfaßt. – In den Volksdemokratien eine kommunistisch gelenkte Organisation, die neben den ›Parteien‹ eigene Abgeordnete in die Parlamente entsendet.

Massenpsychologie, Psychologie vom Verhalten der →Masse 2).

Massenpsychose, →Masse 2).

Massenpunkt, ⊗ Begriff der theoret. Mechanik, der verwendet wird, wenn bei der Bewegung eines Körpers dessen Ausdehnung unberücksichtigt bleiben kann.

Massenresonanzen, ⊗ extrem kurzlebige Quantenzustände mit eigener Masse, eigenem Spin, Isospin usw.; sie zählen deshalb streggenommen zu den Elementarteilchen, werden wegen ihrer sehr schwierigen, nur mit statist. Verfahren mögl. Auffindung aber bevorzugt als ›Resonanzen‹ ihrer Zerfallsergebnisse betrachtet.

Massenspektrograph, Gerät zur Massenbestimmung der Bestandteile eines Ionenstrahls (z. B. Isotope eines Elementes) durch Beschleunigung in einem elektr. Feld und Ablenkung des Strahls in einem Magnetfeld. Genauigkeit der Massenbestimmung bis zu 1 : 30000.

Maske

1 2 3 4 5

Maske: 1 M. aus Holz, Muscheln, Gras und Pflanzenfasern, 72,5 cm hoch; Papua, Neuguinea. 2 Komische M., Ton; Tanagra, 4. Jh. v. Chr. (Kopenhagen, Nationalmuseum). 3 M. eines Gesichtshelms für Kampfspiele der röm. Reiterei, Bronze; 2. Jh. n. Chr. (Straubing, Museum). 4 M. der Commedia dell'arte, Leder; 17. Jh. (Paris, Musée de l'Opéra). 5 No-M., Holz, bemalt; Japan, 17. Jh. (Essen, Museum Folkwang). – Weitere Bilder: Bamum, Kwakiutl, Mittelamerikan. Kulturen

Mass

Metrische und internationale Maßeinheiten (Auswahl)

Länge

Kilometer	1 km	= 1 000 m
Meter	1 m	= 10 dm
Dezimeter	1 dm	= 10 cm
Zentimeter	1 cm	= 10 mm
Millimeter	1 mm	= 1 000 µm
Mikrometer	1 µm	= 1 000 nm
Nanometer	1 nm	= 1 000 pm
Seemeile	1 sm	= 1 852 m

Fläche

Quadratkilometer	1 km^2	= 100 ha
Hektar	1 ha	= 100 a
Ar	1 a	= 100 m^2
Quadratmeter	1 m^2	= 100 dm^2
Quadratdezimeter	1 dm^2	= 100 cm^2
Quadratzentimeter	1 cm^2	= 100 mm^2

Volumen

Kubikmeter	1 m^3	= 1 000 dm^3	= 1 000 l
Kubikdezimeter, Liter	1 dm^3	= 1 000 cm^3	= 1 l
Kubikzentimeter, Zentiliter	1 cm^3	= 1 000 mm^3	= 1 ml
Hektoliter	1 hl	= 100 l	= 100 dm^3

Masse (Gewicht als Wägeergebnis)

Tonne	1 t	= 1 000 kg
Dezitonne	1 dt	= 100 kg
Doppelzentner	1 dz	= 100 kg
Kilogramm	1 kg	= 1 000 g
Gramm	1 g	= 1 000 mg
Karat (für Edelsteine)	1 Kt	= 0,2 g

Kraft, Gewichtskraft

Newton	1 N	= 1 kg · m/s^2
Dyn	1 dyn	= 1 g · cm/s^2 = 10^{-5} N
Kilopond	1 kp	= 9,80665 N
Pond	1 p	= 9,80665 · 10^{-3} N

Druck

Pascal	1 Pa	= 1 N/m^2
Bar	1 bar	= 1 000 mbar
		= 10^5 Pa = 0,1 N/mm^2
Techn. Atmosphäre	1 at	= 1 kp/cm^2
		= 0,980665 · 10^5 Pa
Meter Wassersäule	1 mWs	= 0,980665 · 10^4 Pa
Millimeter Wassersäule	1 mmWs	= 0,980665 · 10^1 Pa
Physikal. Atmosphäre	1 atm	= 1,01325 · 10^5 Pa
Torr	1 Torr	= 1 mm Hg
		= 1,333224 · 10^2 Pa

Arbeit, Energie

Joule	1 J	= 1 N · m = 1 W · s
Erg	1 erg	= 1 dyn · cm = 10^{-7} J
Meter-kilopond	1 mkp	= 9,80665 J
Kalorie	1 cal	= 4,1868 J

Leistung

Watt	1 W	= 1 N · m/s = 1 J/s = 1 VA
		= 1 kg · m^2/s^3
Kilowatt	1 kW	= 1 000 W = 1,359621 PS

Megawatt	1 MW	= 1 000 kW
Gigawatt	1 GW	= 1 000 MW
Pferdestärke	1 PS	= 75 kp · m/s
		= 735,49875 W

Elektrizität und Magnetismus

elektr. Stromstärke Ampere	1 A	= 1 V/Ω
elektr. Spannung Volt	1 V	= 1 A · Ω = 1 W/A
elektr. Widerstand Ohm	1 Ω	= 1 V/A
elektr. Leitwert Siemens	1 S	= 1 A/V
elektr. Ladung Coulomb	1 C	= 1 A · s
elektr. Kapazität Farad	1 F	= 1 C/V
Induktivität Henry	1 H	= 1 Wb/A
magnet. Fluß Weber	1 Wb	= 1 V · s = 1 J/A
magnet. Flußdichte Tesla	1 T	= 1 V · s/m^2 = 1 Wb/m^2

Frequenz

Hertz	1 Hz	= 1 s^{-1}

Zeit

Sekunde	s	
Minute	1 min	= 60 s
Stunde	1 h	= 60 min = 3 600 s
Tag	1 d	= 24 h = 86 400 s
Jahr	1 a	≈ 365 d

Photometrie

Lichtstärke Candela		cd
Lichtstrom Lumen	1 lm	= 1 cd · sr (Steradiant)
Beleuchtungsstärke Lux	1 lx	= 1 lm/m^2
Leuchtdichte Stilb	1 sb	cd/m^2 = 10^4 cd/m^2
Apostilb	1 asb	= ($^1/\pi$) cd/m^2

Astronomie

Entfernung Parsec	1 pc	= 3,08572 · 10^{16} m
Lichtjahr	1 Lj	= 9,46053 · 10^{15} m
astronom. Einheit	1 AE	= 1,49600 · 10^{11} m

Spektroskopie

Länge X-Einheit	1 XE	= 10^{-13} m = 0,1 pm
Ångström	1 Å	= 10^{-10} m = 0,1 nm

Atom- und Kernphysik

Wirkungsquerschnitt Barn	1 b	= 10^{-28} m^2
Aktivität Becquerel	1 Bq	= 1 s^{-1}
Curie	1 Ci	= 3,7 · 10^{10} Bq
Energie Elektronvolt	1 eV	= 1,6021892 · 10^{-19} J
Ionendosis Röntgen	1 R	= 2,580 · 10^{-4} C/kg

Massenspektroskopie, ionenopt. Verfahren zur Bestimmung der absoluten Massen (**Massenspektrograph**) und relativen Intensitäten (**Massenspektroskop**) von Isotopen.

Massenwirkungsgesetz, Grundgesetz der physikal. Chemie, das einen Zusammenhang zw. Temperatur, Druck und Konzentration der Partner einer chem. Reaktion herstellt. Das M. gestattet, den Verlauf chem. Vorgänge und den bei umkehrbaren Vorgängen sich einstellenden Gleichgewichtszustand zu bestimmen.

Massenzahl, ⊠ Anzahl der Nukleonen, aus denen ein Atomkern aufgebaut ist, gleichbedeutend mit der ganzzahlig abgerundeten Atommasse.

Masseur [mas'œ:r, frz.], Berufsordnung innerhalb der ›Gesundheitsdienstberufe‹. M. führen Massagen aus und geben medizin. Bäder.

Masseverwalter, in Österreich der Konkursverwalter.

Massinger [m'æsɪndʒə], Philip, engl. Dramatiker, * 1583, † 1640; ›Der Herzog von Mailand‹ (1620) u. a.

massiv [frz.], ohne Hohlräume, geschlossen, massig, fest; derb, plump, grob. **Massiv** *das*, festgeschlossene Masse (Tiefengesteins-Masse); Gebirgsmasse, z. B. Gotthard-Massiv).

Massivbau, Bauweise, bei der die Tragwerke (Decken, Pfeiler, Träger, Wände) aus Mauerwerk, Natur- oder Kunststein oder aus Beton hergestellt sind.

Maßliebchen, → Gänseblümchen.

Masson [mas'ɔ̃], André, frz. Maler u. Graphiker, * 1896, schuf surrealist. Bilder.

Massora, → Masora.

Maßregeln der Besserung und Sicherung, ♂♀ Strafrecht: die neben der Strafe vorgesehenen Maßregeln zur Besserung des Täters (auch des schuldunfähigen) und zur Sicherung der Allgemeinheit vor ihm, geregelt in §§ 61–72 StGB. Zu den M. B. u. S. gehören u. a.: die Unterbringung in einem psychiatr. Krankenhaus, in einer Entziehungsanstalt, die Sicherungsverwahrung, Entziehung der Fahrerlaubnis oder Berufsverbot.

Maßstab, 1) Längenmeßgerät, z. B. Lineal, Gliedermaßstab, Stahlbandmaß u. a. 2) Kartographie: Längenverhältnis von Karten gegenüber der Natur, in der Form 1 : m angegeben (m = Maßstabszahl; z. B. 1 : 25 000 = 1 cm der Karte entspricht 25 000 cm in der Natur).

Maßsystem, Systeme physikal. Grundgrößen, durch die sich alle quantitativen Gesetzmäßigkeiten eines Teilgebiets der Physik beschreiben lassen. Verbindlich ist das internat. M. der → SI-Einheiten.

Maßwerk, aus Zirkelschlägen konstruiertes Bauornament der Gotik, in Fensteröffnungen, an Wandflächen, Türmen, Giebeln (Dreipaß, Fischblase u. a.); in der Spätgotik entwickelte sich das M. zu immer freieren, reichbewegten Formen (**Flamboyant-Stil**).

Massys [-sejs], Quentin, fläm. Maler, * 1466, † 1530, verband altniederländ. Überlieferung mit ital.-, bes. von Leonardo ausgehenden Anregungen und malte mit äußerster Verfeinerung, v. a. der Farben. – Sippenaltar, 1507–09 (Brüssel, Mus.), Johannesaltar, 1508–11 (Antwerpen, Mus.), Bildnisse, Genrebilder in Halbfiguren.

Mast *der*, 1) Rundholz, Stahlrohr auf Schiffen zum Anbringen von Antennen, Ladegeschirr, Segeln, Signalen u. a. Auf Segelschiffen stehen von vorn nach achtern: Fock-(Vor-), Groß-(Mittel-), Kreuz- (fehlt an Dreimastschiffen) und Besan-(Achter-)M. 2) Träger u. a. für Fernmelde-, Hochspannungsleitungen, Sendeantennen.

Mast *die*, 1) Fruchtansatz der Eichen, Buchen, früher wichtigstes Schweinemastfutter, heute fast nur noch zur Waldverjüngung. 2) Fütterungsverfahren zur Steigerung der Fett- und Fleischmasse beim Schlachtvieh.

Mastaba *die*, altägypt. Grabbau, ein rechteckiger flacher Block mit schräg ansteigenden glatten Mauern.

Mastdarm, lat. **Rectum**, → Darm.

Mastdarmspiegelung, Rektoskopie, ♪ Einblick in den Mastdarm vom After aus durch ein metall. Rohr mit Lichtquelle und optischen Linsen (**Rektoskop**).

Master [m'a:stə, engl.], Meister; Lehrer. 1) engl. Anrede an junge Leute. 2) Leiter einer Parforcejagd. **M. of Arts** [-a:ts], Abk. **M. A.**, ›Lehrer der freien Künste‹, und **M. of Science** [-'s aiens], Abk. **M. S.**, ›Lehrer der Wissenschaften‹, akadem. Grade in Großbritannien und den USA.

Masters [m'a:stəz], 1) Edgar Lee, amerikan. Schriftst., * 1868, † 1950; Gedichtsammlung ›Die Toten von Spoon River‹ (1915). 2) John, engl. Schriftst., * 1914; Romane. 3) William Howell, amerikan. Gynäkologe, * 1916, gilt mit der Virginia Eshelman **Johnson** (mit ihr ⚭ seit 1970) als einer der Begründer der experimentellen Sexualforschung (reizphysiolog. Abläufe, sexuelles Verhalten u. a.).

Mastif [m′æstɪf], Abk. für engl. Multiple Axis Space Test Inertia Facility, Übungsgerät für Raumfahrer, in dem die dreidimensionalen Drehbewegungen der Raumkapsel nachgeahmt werden.

Mastiff *der*, engl. Haushunderasse, Wach- und Verteidigungshund, Widerristhöhe: 75 cm, breite Nase, kurze Schnauze, aprikosenfarbig, grau oder rötlich.

Mastitis [grch.] *die*, ♀ Entzündung der →Brustdrüsen.

Mastix [grch.] *der*, Harz einer Pistazienart, für Firnisse, Pflaster, Klebemittel.

Mastkur, ♀ eine Überernährungskur.

Mastodon [grch.] *das*, ausgestorbenes Rüsseltier der jüngeren Tertiärzeit.

Masturbation [lat.], **Onanie**, geschlechtl. Selbstbefriedigung bis zum Orgasmus.

Masuccio Salernitano [maz′uttʃo-], eigtl. Tommaso **Guardati**, ital. Novellist des 15. Jh. (Sammlung ›Il Novellino‹, 1476); lebte am Hof von Neapel.

Masuren, Landschaft im SO Ostpreußens, Wald-(Kiefern-) Gebiet mit Seen **(Masurische Seenplatte:** Spirding-, Mauersee u. a.) und armen Böden. Die Bev. **(Masuren)** entstand seit dem 14. Jh. aus einer Mischung von Altpreußen, masow. und dt. Kolonisten. Im 19./20. Jh. gab sie ihre slaw. Mundart zugunsten des Deutschen auf. Sie stimmte am 11.7.1920 mit 97,5% für das Dt. Reich. 1945 kam M. unter poln. Verwaltung, die Bewohner wurden bis auf etwa 100 000 (von 610 000) vertrieben.

Masurka *die*, **Mazurka**, poln. Nationaltanz in charakterist. ³/₄-Takt, von Chopin in die Kunstmusik übernommen.

Masut *das*, Destillationsrückstand des russ. Erdöls.

Matabeleland, Landschaft in Simbabwe, ein flachwelliges, fast baumloses Hochland (1 400–1 500 m) zw. Sambesi und Limpopo; Farm- und Bergbaugebiet.

Matadi, Prov.-Hptst. in Zaire, wichtigster Hafen des Landes, 158 km oberhalb der Kongomündung, 144 000 Ew. Druckereien, Fischkonserven.

Matador [span. ›Töter‹], **1)** Stierkämpfer, der dem Stier mit dem Degen den vorgeschriebenen Todesstoß gibt. **2)** übertragen: die Hauptperson, der Sieger.

Matagalpa, Hptst. des Dep. M., Nicaragua, 68 700 Ew., Anbauzentrum von Kaffee, Kakao, Zuckerrohr, Reis.

Mata Hari, eigtl. Margarete **Zelle**, niederländ. Tänzerin, * 1876, † 1917, wurde im 1. Weltkrieg der Spionage zugunsten Dtl.s beschuldigt und erschossen.

Matamoros, Grenzstadt im mexikan. Staat Tamaulipas, am unteren Río Grande, 193 300 Ew., Handelszentrum.

Matanzas [-ɵas], Prov.-Hptst. und Hafen an der N-Küste von Kuba, 100 000 Ew.

Mataré, Ewald, Bildhauer, * 1887, † 1965; schuf Tierbildwerke, meist aus Holz, und nach dem 2. Weltkrieg v. a. Arbeiten in kirchl. Auftrag: Bronzetüren der Dome in Köln und Salzburg, in Hiroshima u. a.

Mataró, Hafenstadt in der span. Prov. Barcelona, 73 100 Ew.; Schiffbau; Strumpf-, Metall-Ind.; Frühgemüse.

Match [mætʃ, engl.] *das*, Wettkampf, Wettspiel.

Mate [indian.] *der*, Tee aus dem Laub einer südamerikan. Stechpalmenart; enthält 0,3–1,7% Coffein.

Mater [lat.], **1)** Mutter. **M. dolorosa**, die Mutter Jesu im Schmerz um ihren Sohn; in der bildenden Kunst oft dargestellt. **2)** die →Matrize 1).

Matera, **1)** ital. Prov. in der Basilicata, 3 445 km², 203 900 Ew. **2)** Hptst. von 1), 50 000 Ew.; Dom (13. Jh.).

Mater et Magistra [lat. ›Mutter und Lehrerin‹], Enzyklika Johannes' XXIII. (1961) über die kath. Soziallehre, im Anschluß an →Rerum novarum und →Quadragesimo anno.

Material [lat.], **1)** Stoff, Roh-, Werkstoff. **2)** schriftl. Unterlagen (Tatsachen-, Zahlen-M.). **materialiter**, inhaltlich.

Materialisation, Okkultismus: angebl. körperl. Erscheinungen in Form einer nebelartigen Masse **(Tele- oder Ektoplasma).**

Materialismus [lat.], Richtung der Philosophie, die im Stofflichen den Grund alles Wirklichen sieht, daher das gesamte Weltgeschehen einschließlich des Lebens, der Seele und des Geistes als Wirkung des Stoffs und seiner Bewegungen erklärt. In der antiken Philosophie vertraten Leukippos, Demokrit, Epikur und Lukrez, in der neuzeitl. Gassendi, Lamettrie, Helvetius, Holbach, Feuerbach u. a. den M. Eine Weiterentwicklung erfuhr der M. durch Marx und Engels im →Dialektischen Materialismus und →Historischen Materialismus.

Materialist, **1)** Anhänger des Materialismus. **2)** Mensch, der v. a. das Sinnlich-Stoffliche schätzt. Eigw. **materialistisch**.

Nichtmetrische angloamerikanische Maßeinheiten (Auswahl)

Länge

inch	1 in	= 1″	= 0,0254 m
foot	1 ft	= 12 in	= 0,3048 m
yard	1 yd	= 3 ft	= 0,9144 m
statute mile (US), mile (UK)			
	1 mi	= 1 760 yd	= 1 609,344 m
nautical mile (UK)			
		= 6 080 ft	= 1 853,184 m
US nautical mile			= 1 853,248 m
(bis 1954, seitdem internat. Seemeile)			

Fläche

square inch	1 in²	= 6,4516 cm²
square foot	1 ft²	= 0,09209304 m²
square yard	1 yd²	= 0,83612736 m²
acre	1 acre	= 4 046,856 m²
		= 2,58999 km²

Volumen

cubic inch	1 in³	= 16,387064 cm³
cubic foot	1 ft³	= 28,316847 dm³
cubic yard	1 yd³	= 0,76455486 m³
gallon (UK)	1 gal	= 4,54609 dm³
gallon (US)	1 gal	= 3,785411 dm³
bushel (UK)	1 bushel	= 36,3687 dm³
bushel (US)	1 bu	= 35,2391 dm³
register ton	1 reg.ton	= 2,8316847 m³
barrel (US)	1 barrel	= 158,987 dm³

Masse

pound	1 lb	= 0,45359237 kg
ounce	1 oz	= 28,3495 g
apothecary	1 oz	
ounce	= apoth.	= 31,1035 g
ton, long ton	1 ton	= 1,016047 t
short ton		
(US)	1 sh tn	= 0,907185 t

Kraft

poundal	1 pdl	= 0,138255 N
pound-force	1 lbf	= 4,448222 N
ton-force (UK)	1 tonf	= 9 964,02 N
short ton-force		
(US)	1 sh · tnf	= 8 896,45 N

Arbeit, Energie

foot-poundal	1 ft · pdl	= 0,0421401 J
foot-pound-force	1 ft · lbf	= 1,355818 J
British thermal unit	1 Btu	= 1055,056 J
horse-power-hour	1 hp · h	= 2,68452 · 10⁶ J

Leistung

British thermal unit per hour		
1 Btu/h		= 0,293071 W
horse-power		
1 hp	= 1,01387 PS	= 745,6990 W

Materialschlacht, vorwiegend durch Großeinsatz schwerer Waffen (›Feuerwalze‹) und Flugzeuge (›Bombenteppich‹) bestimmte Schlacht.

Materialsteuer, Rohstoffsteuer, Steuer, die nach der Menge der verwendeten Rohstoffe (z. B. Tabak) bemessen wird.

Materie [lat.], **1)** ⊠ Stoff, Masse; das Gegenständliche, der Inhalt i. Ggs. zur Form, das Sachliche. Die klass. Physik und Technik behandeln die M. noch so, als ob sie bestimmte Raumbereiche kontinuierlich erfülle. Die heutige Erkenntnis in der Gesetzlichkeit der Atome und Elementarteilchen, vertieft durch Quanten- und Relativitätstheorie, hat dieses Bild der M. grundlegend geändert. Die eigtl. Träger der M. (›Teilchen‹) sind dynam. Zentren mit geringem Raumbedarf, während die makrophysikalisch repräsentierte M. ›leer‹ in keinem Sinne, jedoch von intensiven Kraftwirkungen erfüllt ist. Sie bilden das Feld, das die M.-Träger umgibt und als dessen Erzeugnis man die M. zu verstehen versucht. – Die **Masse** ist eine Grundeigenschaft der M., aber nicht mit ihr gleichzusetzen. – Die **Antimaterie** ist als andere Form von M. aufzufassen, nicht aber als etwas Wesensverschiedenes. **2)** Philosophie: Stoff, Masse, bes. der ungeformte Urstoff (Hyle), i. Ggs. zur Form.

Materiewellen, die den bewegten Materieteilchen nach der Wellenmechanik zugeordneten Wellen.

Maternität [lat.], Mutterschaft.

Mathematik [grch.], urspr. die aus den prakt. Aufgaben des Rechnens und Messens erwachsene Wissenschaft, die sich mit der Verknüpfung von Zahlen und Figuren beschäftigt und deren wechselseitige Beziehungen untersucht. Erweitert und vertieft wurde diese Anschauung vom Aufgabenbereich der M. durch die mathemat. Grundlagenforschung, bes. durch die →mathematische Logik und die →Mengenlehre. Als Wiss. von den Strukturen und Beziehungsgefügen gilt die M. die Übersicht über alle möglı., rein log. Folgerungen aus gegebenen Grundannahmen (Axiomen), wobei die in diesen auftretenden Begriffe sich durch die Axiome gegenseitig festlegen. Dagegen ist eine darüber hinausgehende ›inhaltliche‹ Bedeutung dieser Begriffe nicht Gegenstand der Mathematik.

Aus prakt. Gründen unterteilt man die M. in **reine M.** und **angewandte M.**, die reine M. wieder in Algebra, Zahlentheorie, Analysis, Geometrie, Topologie, Mengenlehre und Grundlagenforschung. Doch durchdringen die Teilgebiete einander stark. Die angewandte M. klärt mit Hilfe der Ergebnisse der reinen M. die formalen Zusammenhänge zw. den Dingen der Erfahrung auf.

Geschichte. Erste mathemat. Kenntnisse besaßen die Babylonier und Ägypter. Reiche theoret. Fortschritte brachten die

mathematische Zeichen (Auswahl)

+	plus (und)	>	größer als	∞	unendlich
−	minus (weniger)	<	kleiner als	Σ	Summe
×	oder · mal	$\sqrt[n]{}$	*n*-te Wurzel aus	Π	Produkt
:	oder / geteilt durch	log *a*	Logarithmus von *a*	d	totales Differential
=	gleich		zur Basis 10	δ	partielles
≡	identisch;	ln *b*	Logarithmus natu-		Differential
	kongruent		ralis von *b* zur Basis e	Δ	Differenz
≢	ungleich		(Eulersche Zahl)	∫	Integral

Griechen, praktische stammen z. T. aus China und Indien; von den Arabern fortgebildet, gelangten sie ins Abendland. Hier setzte im 15. Jh. eine Entwicklung ein, die zum raschen Aufbau der höheren M. führte und im 18. und 19. Jh. einen Höhepunkt erreichte. Kennzeichnend für die gegenwärt. M. ist die Grundlagenforschung und die krit. Prüfung ihrer Axiome (Axiomatik). **mathematische Geräte und Maschinen,** mechan. und elektr. Hilfsmittel für Rechenoperationen, z. B. elektr. Rechen-, Buchungs- und Lochkartenmaschinen, digitale Rechenanlagen. **mathematische Linguistik,** Zweig der allg. Sprachwiss., der sich mit der Anwendung mathemat. und formal-logischer Methoden in Grammatik und Sprachanalyse beschäftigt. **mathematische Logik, Logistik,** die moderne Gestalt der formalen → Logik; hat die traditionelle Syllogistik durch mathemat. Begriffsbildungen und Methoden weiterentwickelt; klärt den log. Zusammenhang von Aussagen; durch Verwendung von Symbolen von natürl. Sprachen unabhängig. **mathematische Zeichen** dienen der einheitl. Ausdrucksweise für Rechenoperationen oder mathemat. Beziehungen und Größen (vgl. Übersicht). **Mathilde,** Fürstinnen: Deutsche Königin. 1) *um 895, † 968, ⚭ 909 mit König Heinrich I., Mutter Ottos I. Heilige; Tag: 14. 3. Toskana. 2) **M. von Tuszien,** Markgräfin, *1046, † 1115, Bundesgenossin der Päpste im Investiturstreit, vermachte ihren reichen Besitz **(Mathildische Güter)** der röm. Kirche. **Mathura,** früher **Muttra** [lat., engl.], Stadt in Uttar Pradesh, Indien, an der Yamuna, 140 700 Ew.; Baumwoll-, Papier-Ind.; angebl. Geburtsort Krishnas. **Matinée** [lat.], künstler. Veranstaltung am Vormittag. **Matisse** [-'tis], Henri, frz. Maler, *1869, † 1954, gehörte zu den Überwindern des Impressionismus, Hauptvertreter der → Fauves, malte weibl. Akte, Landschaften und Stilleben, flächenhaft-dekorativ und in heiter leuchtenden Farben. (Bilder Fauves, französische Kunst)

H. Matisse: Selbstbildnis, 1937

Matjeshering, der noch nicht laichreife Hering. **Matkowsky,** Adalbert, Schauspieler, *1857, † 1909. **Mato Grosso** [portug. m'atu gr'ɔsu, ›dichter Wald‹], Staat im Inneren Brasiliens, 1 231 549 km², 2,49 Mio. Ew. Hptst.: Cuiabá. Reis, Tabak, Zuckerrohr; Diamanten, Gold, Manganerz. – Der Staat M. G. wurde 1979 geteilt; der Südteil wurde als neuer Staat **Mato Grosso do Sul** (350 000 km², 1,5 Mio. Ew.; Hptst.: Campo Grande) abgetrennt. **Mátra** [m'a:trɔ] die, waldreiches, vulkan. Mittelgebirge in N-Ungarn, 1015 m; Edel-, Buntmetalle, Eisen, Erdöl, -gas. **Matratze** [aus arab.], 1) federnder Betteinsatz. 2) Flußbau: Faschinengeflecht zur Ufer- oder Flußsohlenabdeckung. **Mätresse** [frz.], Geliebte, im 17. und 18. Jh. die anerkannte, oft einflußreiche Geliebte eines Fürsten. **Matriarchat** [lat.-grch.], das, Mutterherrschaft. **Matrikel** [lat.] die, 1) Hochschule: Verzeichnis der aufgenommenen Studenten. 2) **Reichs-M.,** im Dt. Reich 1495–1806 Verzeichnis der Reichsstände und ihrer Wehrbeiträge. 3) **Bundes-M., Konsulats-M.,** im Dt. Bund 1815–66 Verzeichnis der im Konsulatsbezirk gemeldeten Staatsangehörigen. **Matrikularbeiträge,** im Dt. Reich 1871–1918 jährl. nach der Bev.-Zahl veranlagte Beiträge der Bundesstaaten zu den Reichsausgaben. **Matrimonium** [lat.] das, Ehe. Eigw. **matrimonial.** **Matrix** [lat.] die, -/.. .tr'izen, rechteckige Anordnung von Zahlen oder anderen mathemat. Größen, mit der man ähnlich rechnet wie mit einer Zahl. **Matrize** [lat.], 1) Drucktechnik: Mater, Metallform zum Guß von Lettern oder Schriftzeilen; Blei-, Kunststoff- oder Wachsform zur Herstellung von Galvanos; Pappform zum Abguß von Druckplatten. 2) Teil des Werkzeugs, in dessen Hohlform der

Maulbeerbaum: Schwarzer M.

Stempel **(Patrize)** eindringt. 3) Negativform bei der Herstellung von Schallplatten. 4) Folien aus Wachspapier, Metall, Kunststoff zur Herstellung von Vervielfältigungen. **Matrone** [lat.], ältere Frau. **Matrose,** seemännisch ausgebildeter Angehöriger der Schiffsbesatzung; in der Handelsmarine Ausbildungsberuf mit 3jähr. Lehrzeit; in der Bundesmarine unterster Dienstgrad. **Matschinsky-Denninghoff,** Brigitte, vor ihrer Heirat mit dem Bildhauer M. Matschinsky B. **Meier-Denninghoff,** Bildhauerin, * 1923; Plastiken aus Messingstäben von räuml., später auch figurativer Wirkung. **Matsue,** alte Schloß- und Hptst. der japan. Präfektur Shimane, 127 300 Ew.; Univ., Fremdenverkehr. Nahebei das älteste Shinto-Heiligtum Japans **(Szumo Taisha).** **Matsu-Inseln,** chines. Inselgruppe (19 Inseln), rd. 12 800 Ew.; seit 1949 von nationalchines. Truppen besetzt. **Matsumoto,** Schloß-Stadt auf Honshu, Japan, 185 200 Ew.; Univ.; Seidenindustrie; Seidenraupenzucht. **Matsuo,** Basho, japan. Dichter, * 1644, † 1694, Zen-Mönch; Haiku-Dichtungen. **Matsuoka,** Yosuke, japan. Politiker, * 1880, † (im Gefängnis) 1946, schloß als Außen-Min. 1940 den → Dreimächtepakt ab, 1941 mit der UdSSR einen Nichtangriffspakt; 1945 von den Amerikanern als Kriegsverbrecher verhaftet. **Matsushita Electric Industrial Co.** [-ɪl'ɛktrɪk ɪnd'ʌstrɪəl-], Osaka, japan. Konzern für elektr. Haushaltsgeräte; gegr. 1918. **Matsuyama, Matsujama,** Stadt auf Shikoku, Japan, 391 800 Ew.; Universität. **Mattauch,** Joseph, Physiker, * 1895, † 1976, 1947–65 Direktor des Max-Planck-Instituts für Chemie, war maßgeblich an der Entwicklung und Anwendung der Massenspektrometrie beteiligt. **Matte,** 1) Gebirgswiese. 2) Belag, Unterlage aus Kokosfaser, Filz, Gummi, Kunststoff u. a. **Matteotti,** Giacomo, ital. Politiker, * 1885, † 1924, führender Sozialist, von Faschisten ermordet. **Matterhorn,** frz. **Mont Cervin** [mɔ̃sɛrv'ɛ̃], ital. **Monte Cervino** [-tʃɛrv'ino], steiler, pyramidenförmiger Felsgipfel in den Walliser Alpen, 4478 m hoch. **Matthäus, Levi** (Mark. 2, 14), Apostel, Evangelist, Zollnehmer, verließ Palästina, um Heidenmission zu treiben. In der späteren Legende sind ihm Martyrien angedichtet worden. Heiliger; Tag: 21. 9. (Latein. Kirche), 16. 11. (Ostkirche). Das **Matthäusevangelium** steht im N. T. an erster Stelle. Seinem Charakter und der besonderen Betonung der in Jesus erfüllten alttestamentar. Weissagungen nach ist es von einem Judenchristen geschrieben, nicht vor 70. **Matthäuspassion,** Vertonung der Leidensgeschichte Christi nach Matthäus; J. S. Bach (1729), Schütz (1666). **Mattheson,** Johann, Komponist, Musikschriftst., * 1681, † 1764, verfaßte rd. 100 Werke zur Musikpraxis und -theorie. **Matthias,** Apostel Jesu, an Stelle des Judas Ischarioth gewählt. Heiliger; Tag: 14. 5. (Lat. Kirche), 9. 8. (Ostkirche) **Matthias,** Fürsten: 1) Römisch-dt. Kaiser (1612–19), * 1557, † 1619, Nachfolger seines zunehmend geisteskranken Bruders, Rudolf II. (1608 in Österreich, Ungarn und Mähren, 1611 in Böhmen); versuchte vergebens zw. den Konfessionen zu vermitteln. 2) **M. I. Corvinus,** König von Ungarn (1458–90), Sohn Johann Hunyadis, * 1440, † 1490, 1469 auch König von Böhmen, besetzte seit 1480 NÖ und Wien, gründete die Univ. Preßburg. **Matthisson,** Friedrich von (1809), * 1761, † 1831, Lyriker von klassizist. Glätte. **Matthöfer,** Hans Herrmann, Politiker (SPD), * 1925, 1974–78 Bundes-Min. für Forschung und Technologie, 1978–82 Bundesfinanz-Min., 1982 Bundes-Min. für die Post- und Fernmeldewesen. **mattieren,** matt aussehende Oberflächen erzeugen, bei Holz durch einen mattglänzenden Wachs- oder Lacküberzug, bei Metallen durch Beizen, Sandstrahlen u. a. **Mattscheibe,** Mattglasscheibe in photograph. Kameras zum Sichtbarmachen reeller opt. Bilder; Ü auch der → Leuchtschirm des Fernsehempfängers. **Matur** [lat.] das, **Maturum** das, **Matura** die, in Österreich Reifeprüfung einer höheren Schule. **Maturín,** Hptst. des Staates Monagas, Venezuela, 121 700 Ew.; Mittelpunkt eines Agrar- und Erdölgebietes. **Matute,** Ana Maria, span. Schriftstellerin, * 1926; Romane und Erz. über die Welt des Kindes und den Span. Bürgerkrieges.

Matutina [lat.] *die*, die →Mette.

Matze [hebr.] *die*, das ungesäuerte Passahgebäck der Juden.

Maubeuge [mob'œ:3], Stadt in Nordfrankreich, 35 500 Ew.; Hütten-, Stahlindustrie; alte Festung.

Mauer, Wand aus Mauersteinen, die übereinandergreifend (im **Mauerverband)** aufeinandergesetzt werden.

Läuferverband	Binderverband	Blockverband	Kreuzverband

gotischer V.	märkischer V.

Mauer: Mauerverbände

Mauer, Gem. im Rhein-Neckar-Kr., Bad.-Württ., 3 300 Ew.; Fundort des Heidelberger Unterkiefers.

Mauerbiene, Gatt. einzeln lebender Bienen, baut Nester in Lehm, Sand.

Mauerfraß, Zerstörung von Mauerwerk und Putz durch Ausblühung von Calciumnitrat (Mauersalpeter) bei Berührung mit organ. stickstoffhaltigen Ausscheidungen.

Mauerläufer, Vogel, Art der Baumläufer, klettert an Felswänden unter Zuhilfenahme der Flügel.

Mauerpfeffer, zur Gatt. Fetthenne gehörige Pflanzenart.

Mauersee, poln. **Mamry**, masur. See, Ostpreußen, 105 km², bis 43,8 m tief, Quellsee der Angerapp.

Mauersegler, Vogelart der →Segler; in Mitteleuropa häufiger Bewohner der Städte.

Mauersteine, alle bei der Herstellung durch ein Bindemittel kalt gebundenen Bausteine (Lehm-, Kalksand-, Schwemm-, Schlacken-, Beton-, Kork-, Torfsteine).

Maugham [mɔ:m], William Somerset, engl. Schriftst., * 1874, † 1965; Romane aus der Gesellschaft und fernen Ländern (›Der Menschen Hörigkeit‹, 1915; ›Der bunte Schleier‹, 1925; ›Auf Messers Schneide‹, 1944), Kurzgesch., Komödien.

Maui, zweitgrößte der Hawaii-Inseln 1 886 km² groß, 36 700 Ew.; Vulkan Haleakala. Hauptort: Wailuku.

Mauke *die*, 1) Hautentzündung in der Fesselbeuge bei Pferd und Rind, durch Verschmutzung (**Schmutz-M.**), kann zum Absterben des Gewebes führen (**Brand-M.**). 2) Pflanzenkrebs an Weinstöcken.

Maulbeerbaum, Gatt. der Maulbeergewächse, Holzpflanzen der wärmeren Gegenden, mit kätzchenartigen Blütenständen. Der **Weiße M.** wird zur Seidenraupenzucht gezogen, er hat weiße Beeren, bringt Nutzholz. Der **Schwarze M.**, in Mittel- und W-Asien, ist ebenfalls alte Kulturpflanze. (Bild S. 260)

Maulbertsch, Maulpertsch, Franz Anton, Maler, * 1724, † 1796; Altarbilder, Deckenfresken bes. in Österreich, die visionäre Erscheinungen virtuos versinnbildlichen; Höhepunkt und Abschluß der österr. Barockmalerei.

Maulbronn, Stadt im Enzkreis, Bad.-Württ., 5 800 Ew. > Die 1147 gegr. Zisterzienser-Abtei ist das besterhaltene mittelalterl. Kloster Dtl.s; wurde im 16. Jh. eine evang. Klosterschule, heute evang.-theolog. Seminar. Die dreischiffige roman. Pfeilerbasilika entstand im 12.–14. Jh., der got. Kreuzgang (mit Brunnenhaus) um 1350.

Maulbrüter, Fische mit Maulbrutpflege, wie Buntbarsche, manche Welse, Labyrinthfische. Das Elterntier bewahrt die befruchteten Eier im Maul, bis die Jungen schlüpfen.

Maulesel, Kreuzung von Pferdehengst und Eselstute. (→Maultier)

Maulfüßer, Ordn. der höheren Krebse mit langem Hinterleib und breiter Schwanzflosse; hierzu gehört der 20 cm lange, eßbare **Fangschrecken-** oder **Heuschreckenkrebs.**

Maulnier [monj'e], Thierry, eigtl. Jacques Louis Talagrand, frz. Schriftst., * 1909; Dramen, Essays (im Geist der Action Française).

Maulpertsch, →Maulbertsch.

Maultier, Kreuzung von Eselhengst und Pferdestute, meist größer als der Maulesel; bei beiden sind die Männchen stets, die Weibchen häufig unfruchtbar; anspruchslose, ausdauernde Reit- und Lasttiere.

Maultrommel, Brummeisen, primitives Musikinstrument, wird im Mund gehalten, der überstehende Teil mit dem Finger gezupft, die Mundhöhle ist Resonanzraum.

Maul- und Klauenseuche, Aphthenseuche, 1) sehr ansteckende Viruskrankheit bes. der Klauentiere (Wiederkäuer, Schwein), mit Blasen (Aphthen) und Geschwüren auf der Maulschleimhaut, am Euter und an den Klauen; anzeigepflichtig. Bekämpfung: Desinfektion, Impfung. 2) **Mundseuche**, dieselbe Krankheit beim Menschen, übertragen durch krankes Vieh oder infizierte Milch.

Maulwürfe, Fam. der Insektenfresser mit rüsselartig bewegl. Nase, kleinen Augen und Ohren, walzenförmigem Körper und samtigem Fell. Zu den M. gehören z. B. die europ. **Bisamrüßler** oder **Bisamspitzmäuse**, die **Altwelt-M.**, die Sternmulle N.-Amerikas. Die M. graben mit schaufelartigen Vordergliedmaßen.

Maulwurfsgrille, Art der →Grillen.

Mau-Mau, Geheimbünde der Kikuyu in Kenia, die sich um 1950 gegen die brit. Kolonialherrschaft erhoben.

Mauna Kea, erloschener Vulkan auf Hawaii (4 205 m).

Mauna Loa, aktiver Vulkan auf Hawaii (4 169 m).

Maunz, Theodor, Staatsrechtslehrer, * 1901, 1957–64 bayer. Kultusminister.

Maupassant [mopas'ã], Guy de, frz. Schriftst., * 1850, † 1893, Meister der Novelle, zeichnete darin menschl. Durchschnittlichkeit, Erotik, Langeweile. Romane: ›Ein Frauenschicksal‹ (1883), ›Bel Ami‹ (1885).

Maupertuis [moperty'i], Pierre Louis **Moreau de**, frz. Physiker, Mathematiker, Philosoph, * 1698, † 1759, entwickelte u. a. ein Prinzip der kleinsten Aktion.

Mauren, 1) berberisch-arabische Mischbevölkerung Mauretaniens. 2) Sammelname für die arabisch-berber. Bewohner der westl. Mittelmeerhäfen N-Afrikas, heute nur noch selten gebraucht.

Maurer, handwerkl. Ausbildungsberuf (3 Jahre).

Mauréske, Flächenornament aus geschwungenen Ranken mit stilisierten Blättern und Blüten; seit dem 16. Jh. bes. in Italien und Dtl. verbreitet.

Mauretania, im Altertum das von Mauren bewohnte NW-Afrika, etwa das heutige Marokko.

Mauretanien, amtl. frz. **République Islamique de Mauretanie** [repybl'ik islam'ik dəmɔritan'i], Rep. in W-Afrika, 1 030 700 km² mit 1,6 Mio. Ew.; Nouakchott. Amtssprachen: Arabisch und Französisch. Währung: Ouguiya (UM) = 5 Khoums (KH). Der Islam ist Staatsreligion. ⊕ Band 1, n. S. 320. Nach der Verf. von 1961 ist Staatsoberhaupt und Regierungschef der Präs.

M. gehört überwiegend zur westl. Sahara. Die Ebene im W ist z. T. mit Dünen bedeckt, nach O folgt in einer in steilen Stufen ansteigende Hochebene, im NO das Dünengebiet von El-Djouf. Die Bev. lebt größtenteils im S. 80 % sind Mauren, die übrigen negride Feldbauern (Tukulor, Sarakole, Bambara u. a.). Rd. 83 % der Ew. sind Analphabeten. Anbaugebiete liegen im SW am Senegal (Hirse, Sorghum, Reis) und in den Oasen (Datteln); Viehhaltung bes. im S. An der Küste Fischfang. Im Bergbau werden Eisenerz (80 % der Ausfuhr) und Kupfer gewonnen. Haupthandelspartner ist Frankreich. Dem Verkehr dienen wenige Straßen (meist Pisten); eine Eisenzbahn zum Hafen Nouadhibou; internat. Flughäfen: Nouakchott, Nouadhibou. – Seit 1961 unabhängig, erhielt M. (Präs. Khouna Ould Haidalla) 1976 gemeinsam mit Marokko Souveränitätsrechte in →Westsahara, die es 1979 unter Protest Marokkos an die POLISARIO abtrat.

Mauriac [mɔrj'ak], 1) Claude, frz. Schriftst., Sohn von 2), * 1914; Romane, Literatur-, Filmkritiker. 2) François, frz. Schriftst., * 1885, † 1970; Romane, auf der Grundlage einer streng kath. Ethik, vom Bösen und seinen Zerstörungen: ›Fleisch und Blut‹ (1920), ›Die Einöde der Liebe‹ (1925), ›Thérèse Desqueyroux‹ (1927), ›Natterngezücht‹ (1932), ›Das Lamm‹ (1954) u. a. Nobelpreis 1952. (Bild S. 262)

Maurina, lett. Schriftstellerin, * 1897, † 1978, lebte in der Bundesrep. Dtl. Romane (›Denn das Wagnis ist schön‹, 1953; ›Die eisernen Riegel zerbrechen‹, 1957); Essays.

Mauriner, 1618 begr. frz. Zweig des Benediktinerordens, nach dem hl. Maurus, verdient um die Geschichtswissenschaft, in der Frz. Revolution untergegangen.

maurische Kunst, Zweig der →islamischen Kunst, seit etwa 1100 in Nordafrika und Spanien.

Mauritius [nach Moritz von Nassau], Insel der Maskarenen im Ind. Ozean, bildet mit Rodriguez und kleinen Nebeninseln einen monarch. Staat mit parlamentar.-demokrat. Verf. im Brit. Commonwealth, 2 045 km², 965 000 Ew. (v. a. Hindus, ferner

Maulwurf

Mauretanien

Guy de Maupassant

Mauritius

Mäuse: links Hausmaus, Mitte Waldmaus, rechts Zwergmaus

Christen, Muslime). Hptst.: Port Louis (Univ.). Amtssprache: Englisch. Währung: M.-Rupie (MR) = 100 Cents. M. ist vulkan. Ursprungs, im Piton Rivière Noire 826 m hoch. Rd. ²/₃ der Ew. sind Nachkommen ind. Plantagenarbeiter, ferner Araber, Kreolen, Chinesen. Anbau bes. von Zuckerrohr (Ausfuhr), ferner Tee, Kaffee, Tabak; Fremdenverkehr. Die Insel ist durch Straßen, Schiffs- und Flugverkehr gut erschlossen. – M. wurde zw. 1507 und 1512 von den Portugiesen entdeckt, 1598 niederländisch, 1715 französisch, 1810 britisch; 1968 unabhängig, Mitgl. der UNO.

Mauritius, nach der Insel benannte Briefmarkendrucke (in der 1. Auflage, 1847); teuerste Briefmarke der Welt.

Mauritius, in der christl. Legende der Anführer der →Thebäischen Legion; Schutzheiliger der Infanterie; Tag: 22. 9. M. wird meist als Mohr dargestellt.

Mauritius|palme, Buriti [indian.] *die,* südamerikan. Fächerpalmengruppe mit Etapalme und Weinpalme; liefert Stärkemehl und Palmwein.

Maurois [mɔrw'a], André, eigtl. Émile **Herzog,** frz. Schriftst., * 1885, † 1967; Romane: ›Wandlungen der Liebe‹, 1928; ›Rosen im September‹, 1956; Biographien (›Ariel oder das Leben Shelleys‹, 1923; ›Byron‹, 1930; ›Prometheus oder das Leben Balzacs‹, 1965).

Mauroy [mɔrw'a], Pierre, frz. Politiker (Sozialist. Partei), * 1928, wurde 1973 Bürgermeister von Lille, 1981 MinPräs.

Maurras [mɔr'as], Charles, frz. Politiker und Schriftst., * 1868, † 1952; atheist. Monarchist, Mitbegr. der →Action Française, 1945 als Kollaborateur zu lebenslängl. Haft verurteilt, 1952 begnadigt; Kritiken, Erzählungen, Gedichte.

Maursmünster, frz. **Marmoutier** [marmutj'e], Stadt im frz. Dép. Bas-Rhin, 1 800 Ew.; ehem. Benediktinerabtei (724 gegr.), Abteikirche St. Maurus (12./13. Jh.).

Mauscheln, Kartenspiel (3–6 Spieler, 32 Blatt).

Mäus|chen, Musikantenknochen, ♂ bes. stoßempfindl. Stelle am Ellbogengelenk, an der die Ellennerv dicht unter der Haut dem Knochen aufliegt.

Mäuse, die Mäuseartigen. Zu den **Echten M.** zählen in Mitteleuropa u. a. **Wanderratte, Hausratte, Hausmaus;** in Gebüsch und Feld lebt die **Waldmaus.** Ein geschickter Kletterer mit Greifschwanz ist die **Zwergmaus.** Abkömmlinge der Hausmaus sind **Weiße M., Tanzmäuse** u. a. Ferner →Ratten, →Wühlmäuse.

Mäusebussard, → Bussarde.

Mäusedorn, Liliengewächsgatt. im Mittelmeerbereich; niedrige Sträucher mit blattähnl., stachelspitzigen, immergrünen Flachsprossen, grünlichweißen Blütchen und roten Beeren, z. B. die **Stachelmyrte,** die zu Trockensträußen dient.

mäuseln, ♈ das Pfeifen der Maus nachahmen, z. B. mit dem **Mauspfeifchen,** zur Anlockung bes. des Fuchses.

Mauser [lat.] *die,* Federwechsel der Vögel, meist nach einjähriger Tragdauer; zweimal im Jahr bei Vögeln mit ›Sommer-‹ und ›Winterkleid‹.

Mausergewehr, ein nach 1871 im dt. Heer eingeführtes Gewehr; benannt nach den Konstrukteuren Paul von Mauser (* 1838, † 1914) und dessen Bruder Wilhelm (* 1834, † 1882).

Mäuseturm [zu →Maut], Turm auf einer Felseninsel im Rhein, bei Bingen, ehem. Zollstätte, heute Signalwarte für die Schiffahrt durch das Binger Loch.

Mäusetyphus, durch Salmonellen hervorgerufene Blutvergiftung bei Mäusen; auf den Menschen übertragbar.

Mausole|um [grch.], monumentales Grabmal (Grabgebäude) für König **Mausolos** von Karien (4. Jh. v. Chr.), zählte zu den

François Mauriac

Sieben Weltwundern. Bez. M. auch für ähnl. monumentale Grabgebäude (z. B. M. des Augustus, Rom).

Maut *die,* Zoll und Wegegeld. **Mautner,** Zöllner.

Mauthausen, Marktgem. in OÖ, 4 400 Ew., Schloß Pragstein; nat.-soz. Konzentrationslager 1938–45.

Mauthner, Fritz, Schriftst. und Philosoph, * 1849, † 1923; Parodien zeitgenöss. Schriftsteller (›Nach berühmten Mustern‹, 1878–97), histor. und philosoph. Romane, Werke zur Sprachkritik, zur Gesch. des Atheismus.

mauve [mo:v, frz.], malvenfarbig, violett mit gelblichem Schimmer.

Maxentius, Marcus Aurelius Valerius, röm. Kaiser (306 bis 312), * etwa 279, † (ertrunken) 312, von seinem Schwager Konstantin d. Gr. an der Milvischen Brücke in Rom besiegt.

Maxille [lat.]. **1)** Oberkiefer des Menschen und der Wirbeltiere. **2)** Zweites und drittes Paar der Mundgliedmaßen bei Krebsen, Tausendfüßern und Insekten.

Maxim [m'æksɪm], Sir (1901) Hiram Stevens, amerikan. Ingenieur, * 1840, † 1916, erfand 1883 das nach ihm benannte erste Maschinengewehr.

maximal . . . [lat.], höchst . . ., größt . . .

Maxime *die,* Grundsatz für das eigene sittl. Handeln; Prinzip, literarischer Denkspruch, Lebensregel, so bei den frz. Moralisten und bei Goethe.

Maximilian, Fürsten:

Römisch-dt. Kaiser. **1) M. I.** (1493–1519), Sohn Friedrichs III., * 1459, † 1519, seit 1486 dt. König. Durch seine Heirat mit der burgund. Erbtochter Maria (1477) gewann er die Niederlande und durch Heiratspolitik 1506/16 die span. Krone, 1515 die Anwartschaft auf Böhmen und Ungarn für die Habsburger; kämpfte erfolglos um Italien. Dem Streben nach einer ›Reichsreform‹ mußte M. nachgeben; doch stellte er dem Reichskammergericht (1495) seinen Reichshofrat (1497) entgegen. Der ›Schwabenkrieg‹ führte 1499 zur tatsächl. Loslösung der Schweiz vom Reich. Geistig begabt und romant. Sinnes (der ›letzte Ritter‹), betätigte sich M. als Schriftsteller und war ein Freund der Humanisten. (Bild Dürer)

2) M. II. (1564–76), Sohn Kaiser Ferdinands I., * 1527, † 1576, neigte zum Protestantismus, blieb aber katholisch; bemühte sich um Ausgleich der relig. und polit. Gegensätze.

Baden. **3) Max,** Prinz von Baden, * 1867, † 1929, seit 1907 Thronfolger, war vom 3. 10. bis 9. 11. 1918 Reichskanzler, verkündete nach dem Ausbruch der Novemberrevolution die Abdankung Wilhelms II.; übergab F. Ebert sein Amt.

Bayern. **4) M. I.,** Herzog (1597–1651), * 1573, † 1651, gründete 1609 die kath. Liga, deren Haupt er im Dreißigjähr. Krieg neben den Habsburgern war. 1623 erhielt er die pfälz. Kurwürde, 1628 die Oberpfalz. Hauptgegner Wallensteins.

5) M. II. Emanuel, Kurfürst (1679–1726), Enkel von 4), * 1662, † 1726, 1691–99 Statthalter der Span. Niederlande. Ludwig XIV. sicherte ihm deren Besitz zu, weswegen er im Span. Erbfolgekrieg auf dessen Seite trat.

6) M. III. Joseph, Kurfürst (1745–77), Enkel von 5), * 1727, † 1777, zog sich 1745 aus dem Österr. Erbfolgekrieg zurück, gründete 1759 die Akad. der Wissenschaften in München.

7) M. IV. (I.) Joseph, Kurfürst (1799–1805), König (1806–25), * 1756, † 1825, 1795 Herzog von Pfalz-Zweibrücken. Unter dem Einfluß seines Min. Montgelas schloß er sich eng an Napoleon an. Unter M. wurde Bayern durch fränk. und schwäb. Gebiete erheblich vergrößert. 1818 erließ er eine Verf.

8) M. II. Joseph, König (1848–64), Enkel von 7), * 1811, † 1864,

Institute und Forschungsstellen der Max-Planck-Gesellschaft (Stand 1980)

Biologisch-Medizinische Sektion:

M.-P.-I. für Biochemie, Martinsried bei München
M.-P.-I. für Biologie, Tübingen
M.-P.-I. für Biophysik, Frankfurt a. M.
M.-P.-I. für Ernährungsphysiologie, Dortmund
M.-P.-I. für molekulare Genetik, Berlin
M.-P.-I. für Hirnforschung, Frankfurt a. M.
M.-P.-I. für Immunbiologie, Freiburg i. Br.
M.-P.-I. für biologische Kybernetik, Tübingen
M.-P.-I. für Limnologie, Plön (Holstein)
M.-P.-I. für experimentelle Medizin, Göttingen
M.-P.-I. für medizinische Forschung, Heidelberg
Friedrich-Miescher-Laboratorium für biolog. Arbeitsgruppen
    in der M.-P.-G., Tübingen
M.-P.-I. für Pflanzengenetik, Ladenburg bei Heidelberg
M.-P.-I. für physiologische und klinische Forschung,
    W. G. Kerckhoff-Institut, Bad Nauheim
M.-P.-I. für Psychiatrie (Deutsche Forschungsanstalt für Psych-
    iatrie), München
Forschungsstelle für Psychopathologie und Psychotherapie in
    der M.-P.-G., München
M.-P.-I. für Systemphysiologie, Dortmund
Forschungsstelle Vennesland, Berlin
M.-P.-I. für Verhaltensphysiologie, Seewiesen über Starnberg,
    mit Vogelwarte Radolfzell (vormals Vogelwarte Rossitten)
M.-P.-I. für Virusforschung, Tübingen
M.-P.-I. für Zellbiologie, Wilhelmshaven
M.-P.-I. für Züchtungsforschung (Erwin-Baur-Institut), Köln

Chemisch-Physikalisch-Technische Sektion:

M.-P.-I. für Aeronomie, Katlenburg-Lindau
M.-P.-I. für Astronomie, Heidelberg-Königstuhl
M.-P.-I. für Chemie (Otto-Hahn-Institut), Mainz
M.-P.-I. für biophysikalische Chemie (Karl-Friedrich-Bonhoef-
    fer-Institut), Göttingen
M.-P.-I. für Eisenforschung GmbH, Düsseldorf
M.-P.-I. für Festkörperforschung, Stuttgart
Gmelin-Institut für anorganische Chemie und Grenzgebiete der
    Max-Planck-Gesellschaft, Frankfurt a. M.

Fritz-Haber-Institut der Max-Planck-Gesellschaft, Berlin
M.-P.-I. für Kernphysik, Heidelberg
M.-P.-I. für Kohlenforschung, Mülheim/Ruhr
M.-P.-I. für Mathematik, Bonn
M.-P.-I. für Metallforschung, Stuttgart
M.-P.-I. für Meteorologie, Hamburg
M.-P.-I. für Physik und Astrophysik, München
M.-P.-I. für Plasmaphysik, Garching bei München
M.-P.-I. für Quantenoptik, Garding bei München
M.-P.-I. für Radioastronomie, Bonn
M.-P.-I. für Strömungsforschung, Göttingen

Geisteswissenschaftliche Sektion:

Bibliotheca Hertziana – Max-Planck-Institut, Rom
M.-P.-I. für Bildungsforschung, Berlin
M.-P.-I. für Geschichte, Göttingen
M.-P.-I. zur Erforschung der Lebensbedingungen der wiss.-
    techn. Welt, Starnberg (seit 1980 M.-P.-I. für Sozialwiss.)
M.-P.-I. für ausländisches und internationales Patent-, Urheber-
    und Wettbewerbsrecht, München
M.-P.-I. für ausländ. und internat. Privatrecht, Hamburg
M.-P.-I. für Psycholinguistik, Nijmegen (Holl.)
M.-P.-I. für ausländ. öffentl. Recht u. Völkerrecht, Heidelberg
M.-P.-I. für europäische Rechtsgeschichte, Frankfurt a. M.
M.-P.-I. für ausländ. und internat. Strafrecht, Freiburg i. Br.
M.-P.-I. für ausländ. und internat. Sozialrecht, München

Von der Max-Planck-Gesellschaft betreute Einrichtungen

Bibliothek und Archiv der M.-P.-G., Berlin
Institut für Dokumentationswesen, Frankfurt a. M.
Minerva Gesellschaft für die Forschung mbH, München Kerck-
    hoff-Klinik, Bad Nauheim
Zentralstelle für maschinelle Dokumentation, Frankfurt a. M.-
    Niederrad
Gesellschaft für wissenschaftliche Datenverarbeitung mbH,
    Göttingen
Garching Instrumente Gesellschaft zur industriellen Nutzung
    von Forschungsergebnissen mbH, Garching bei München

---

förderte bes. das künstlerische und wissenschaftl. Leben in München. Mexiko. **9) M.,** Kaiser (1864–67), Erzherzog von Österreich, Bruder Franz Josephs I., * 1832, † 1867, nahm die ihm auf Betreiben Napoleons III. angetragene mexikan. Kaiserkrone an. Nach Abzug der frz. Truppen gewann Präs. Juárez wieder die Oberhand; M. wurde 1867 erschossen.
Maximiliansgrab, von Kaiser Maximilian I. für sein Grab bestimmtes Denkmal mit Bronzebildwerken seiner Ahnen (geplant 40 Standbilder, 34 Büsten, 100 Statuetten u. a.), nur z. T. vollendet, in der Hofkirche zu Innsbruck; die beste Arbeit von P. Vischer d. Ä.: Artus und Theoderich (1513).
Maximinus, Gaius Julius Verus, genannt **M. Thrax** (›Thraker‹), röm. Kaiser (235–38) als erster Nichtrömer.
Maximum [lat.] *das,* Höchststand, größter Wert. Ggs.: **Minimum.**
Max-Planck-Gesellschaft zur Förderung der Wissenschaften e. V., gegr. 26. 2. 1948, Sitz: Göttingen, unterhält unabhängige wissenschaftl. Forschungsinstitute (**Max-Planck-Institute,** Abk. **M.-P.-I.**) und -stellen. Nachfolgerin der **Kaiser-Wilhelm-Gesellschaft zur Förderung der Wissenschaften e. V.** Sie wird im wesentlichen durch die öffentl. Hand finanziert, außerdem durch Mitgliedsbeiträge, Spenden. Der Präs. wird auf 6 Jahre gewählt. (Übersicht oben)
Maxwell [ˈmækswəl, n. J. C. Maxwell], Einheitenzeichen **M,** frühere Maßeinheit des magnet. Flusses. 1 M = 10^{-8} Weber.
Maxwell [ˈmækswəl], James Clerk, engl. Physiker, * 1831, † 1879, Schöpfer der → Maxwellschen Theorie, Begr. der kinet. Gastheorie (neben Clausius und Boltzmann).
Maxwellsche Theorie [ˈmækswəl-], die von J. C. Maxwell entwickelte Theorie der elektromagnet. Erscheinungen. Elektr. Ladungen, Ströme und Magneten wirken aufeinander auf Grund ihrer Felder; die M. T. verknüpft Ladungen, Ströme, Magneten und Felder durch die **Maxwellschen Gleichungen.**

May, 1) Ernst, Architekt, * 1886, † 1970, schuf vorbildlich gewordene Siedlungen und städtebaul. Planungen; auch in der UdSSR und Ostafrika tätig. **2)** Karl, Schriftst., * 1842, † 1912, schrieb zunächst Kolportageromane; mit seinen Abenteuerbüchern, die unter den Indianerstämmen Nordamerikas oder im Nahen Orient spielen, wurde er vielgelesener Jugendschriftsteller. ›Winnetou‹, 4 Bde. (1893–1910).
Maya, ind. Philosophie: → Maja.
Maya, indian. Volk in N Zentralamerikas, bes. in Mexiko (Yucatán), Guatemala; über 2 Mio. Menschen. – Die M. entwickelten die höchste aller Kulturen (Tempel, Paläste, Astronomie, Mathematik, Kalenderrechnung, Bilderschrift) des vorkolumb. Amerika, zuerst im trop. Tiefland Mexikos und Guatemalas, mit den Städten Tikal, Palenque u. a., die sie um 900 verließen, um nach N Yucatán anzusiedeln, wo ihre Kultur unter dem Einfluß der Tolteken (seit 1000) eine neue Blüte erreichte (→ Chichén Itzá) und nach 1441 durch das Eindringen neuer Stämme am N fast völlig vernichtet wurde. (→ Mesoamerikanische Hochkulturen; Bilder Chichén Itzá, Mesoamerikanische Hochkulturen, Palenque)
Maybach, Wilhelm, Ingenieur, * 1846, † 1929, Mitarbeiter Daimlers, erfand Vergaser, Wechselgetriebe, Kulissensteuerung, Wabenkühler u. a., baute Luftschiffmotoren.
Mayday [ˈmeɪdeɪ, engl., von frz. m'aidez ›helft mir‹], internat. Notsignal im Funksprechverkehr.
Mayen, Stadt im Kr. Mayen-Koblenz, Rheinl.-Pf., in der östl. Eifel, 21 000 Ew.; Schiefer-, Textil- u. a. Industrie.
Mayenne [maˈjɛn], **1)** Fluß in W-Frankreich, rd. 200 km, vereinigt mit der Sarthe mündet er als Maine in die Loire. **2)** Dép. in W-Frankreich, 5 171 km², 261 800 Ew. Hptst.: Laval.
Mayer, 1) Hans, Literaturhistoriker und -kritiker, * 1907; Werke u. a. zu Büchner, T. Mann, Brecht. **2)** Julius Robert von (1867), Arzt und Physiker, * 1814, † 1878, berechnete erstmals das mechan. Wärmeäquivalent, entdeckte 1845 das Gesetz von

Karl May

J. R. von Mayer

der Erhaltung der Energie. 3) Otto, Rechtslehrer, * 1846, † 1924, Schöpfer der dt. Verwaltungsrechtswissenschaft.

Mayflower [m'eɪflaʊə, engl.], Name des Schiffes, auf dem 1620 die ›Pilgerväter‹, die ersten engl. puritan. Siedler, nach Amerika (Massachusetts) segelten.

Mayo [m'eɪəʊ], irisch **Maigh Eo** [mi:'ɔ:], Cty. in NW-Irland, 5 397 km², 114 000 Ew. Verwaltungsstadt: Castlebar.

Mayo-Klinik [m'eɪəʊ-], 1889 in Rochester (USA) von William Worrall Mayo (* 1819, † 1911) und seinen beiden Söhnen gegr. Krankenhaus; heute Zentrum für Diagnostik; bekannt für Teamwork mehrerer Fachärzte und hervorragende techn. Ausstattung. In der Bundesrep. Dtl. wurde nach dem Vorbild der M.-K. die **Deutsche Klinik für Diagnostik** in Wiesbaden (1970 gegr., 1973 Stiftung) geschaffen.

Mayonnaise [majɔn'ɛːzə, frz.], kalte Soße aus Eigelb, Öl, Zitronensaft oder Essig, Senf, Gewürzen.

Mayotte [maj'ɔt], frz. Insel (seit 1977 Übersee-Dép.) im Ind. Ozean, östlichste Insel der → Komoren, 374 km², rd. 40 000 Ew. (meist christl. Madegassen und Kreolen).

Mayr, Peter, Tiroler Freiheitskämpfer, * 1767, † 1810, Waffengefährte Andreas Hofers.

Mayrhofen, Sommerfrische und Wintersportplatz im Zillertal, Österreich, 3 300 Ew.; bed. Kraftwerke.

MAZ, Abk. für →**magnetische Aufzeichnung.**

Mazarin [mazar'ɛ̃], Jules, eigtl. Giulio **Mazarini**, * 1602, † 1661, 1641 Kardinal, folgte 1642 Richelieu als leitender frz. Min., warf 1648–53 die Fronde nieder, gewann im Westfäl. (1648) und im Pyrenäenfrieden (1659) weite Gebiete für Frankreich. M. sicherte die Hegemonie Frankreichs in Europa und schuf die Basis für die Politik Ludwigs XIV.

Mazatlán [-s-], Hafenstadt in Sinaloa, Mexiko, am Pazif. Ozean, 186 300 Ew.; Seebad; Handels- und Ind.-Zentrum.

Mazdaznan [masdas-], System der Lebensführung, von O. Hanisch um 1900 begr., beruft sich auf Zarathustra.

Mazedoni|en, →Makedonien.

Mäzen, Kunstgönner, Förderer; nach →Maecenas.

Mazeration [lat.], 1) ⊕ ♐ ☧ ♄ Erweichen von organ. Gewebe durch Wasser bei Luftabschluß. 2) das Ausziehen von Stoffen aus Drogen mit Wasser o. a. bei Zimmerwärme.

Mazurka [-z-] *die*, poln. Tanz, →Masurka.

Mazzini, Giuseppe, ital. Freiheitskämpfer, * 1805, † 1872, erstrebte die nat. Einigung Italiens als Rep. und den Zusammenschluß Europas unter Wahrung der Nationalitäten; 1849 verteidigte er mit Garibaldi Rom gegen die Franzosen, floh dann nach London. Seine Ideen trugen mit zur Bildung des ital. Nationalstaates bei.

Mbabane, Hptst. von Swasiland, 23 100 Ew.

MBFR, Abk. für **Mutual Balanced Forces Reductions** [mj'u:tjʊəl b'ælənst f'ɔːsɪz rɪd'ʌkʃnz, engl.], Bez. für die Verhandlungen der NATO und der Staaten des Warschauer Paktes über ›beiderseitige und ausgewogene Truppenreduzierungen‹ in Mitteleuropa seit 1973 in Wien.

Mbini, seit 1973 amtl. Name von → Río Muni.

Mbuji-Mayi [mb'udʒi-], bis 1966 **Bakwanga**, Provinzhauptstadt in Zaire, 382 600 Ew.; Diamantenzentrum.

Mbundu, Bundu, zwei große Bantu-Stämme in S-Angola (Ambundu, Ovimbundu).

Mc, Abk. für →Mac.

McCarthy [mək'ɑːθɪ], 1) Joseph R., amerikan. Politiker (Republikaner), * 1909, † 1957; Vors. des Senats-Ausschusses zur Untersuchung kommunist. Umtriebe (1950–54). 2) Mary Therese, amerikan. Schriftst., * 1912; satir. Gesellschaftsanalysen in Romanen (›Die Clique‹, 1963; u. a.).

McCloy [məkl'ɔɪ], John Jay, * 1895, 1949–52 Hoher Kommissar der Verein. Staaten in Dtl.; 1961–62 Sonderbeauftragter Präs. Kennedys für Abrüstungsfragen.

McCullers [mək'ʌləz], Carson, amerikan. Schriftstellerin, * 1917, † 1967; Romane (›Das Herz ist ein einsamer Jäger‹, 1940), Erz. (›Die Ballade vom traurigen Café‹, 1951).

McDonnell Douglas Corporation [məkd'ɔnl d'ʌgləs kɔːpər'eɪʃən, engl.], Abk. **MD**, St. Louis (Mo.), größtes Unternehmen der Luftfahrtind. der Welt; gegr. 1939.

McDougall [məkd'u:gl], William, engl. Psychologe, * 1871, † 1938, entwickelte ein psycholog. Persönlichkeitsmodell; Gegner der Psychoanalyse.

McKinley [mək'ɪnlɪ], William, 25. Präs. der USA, * 1843, † (ermordet) 1901, Republikaner, führte eine imperialist. Außenpolitik (u. a. Annexion der Hawaii-Inseln, 1898).

Mazarin
(aus einem Stich
von Nanteuil, 1656)

McLuhan [mək'lu:n], Herbert Marshall, kanad. Kommunikationswissenschaftler, * 1911, † 1980; Arbeiten zur Rolle der Medien (›Die Gutenberg-Galaxis‹, 1962; ›Das Medium ist Massage‹, 1967).

McMillan [məkm'ɪlən], Edwin Mattison, amerikan. Physiker, * 1907, erhielt 1951 mit G. T. Seaborg den Nobelpreis für Chemie für die Entdeckung des Neptuniums und Plutoniums, entwickelte 1946 das Synchrotron.

McNamara [m'əknəm'ɑːrə], Robert Strange, amerikan. Politiker (Demokrat), * 1916, 1961–68 Verteidigungs-Min., 1968–81 Präs. der Weltbank.

Md, chem. Zeichen für **M**endelevium.

MdB., Abk. für **M**itglied **d**es **B**undestags.

MdL., Abk. für **M**itglied **d**es **L**andtags.

MdR., Abk. für **M**itglied **d**es **R**eichstags.

mea culpa [lat.], (durch) meine Schuld.

Mead [mi:d], 1) George Herbert, amerikan. Philosoph, * 1863, † 1931, entwickelte eine Theorie der sozialen Struktur des Bewußtseins. 2) Margaret, amerikan. Ethnologin, * 1901, † 1978, untersuchte bes. die weibl. und kindl. Lebenssphäre der Naturvölker und die Rollen der Geschlechter.

Meade [mi:d], James Edward, brit. Nationalökonom, * 1907; Beiträge zur Außenhandelstheorie. 1977 mit B. Ohlin Nobelpreis für Wirtschaftswissenschaften.

Meany [m'i:nɪ], George, amerikan. Gewerkschaftsführer, * 1894, † 1980, war 1955–79 Präs. →AFL-CIO.

Meath [mi:ð], irisch **An Mhí** [ən vi:], Cty. im O der Rep. Irland, 2 338 km², 90 700 Ew. Verwaltungssitz: Navan.

Mechanik [grch.], grundlegender Zweig der Physik, untersucht die Bewegungen unter dem Einfluß von Kräften. In der **Kinematik** werden die mögl. Bewegungen unabhängig von den Kräften, in der **Dynamik** die wirkl. Bewegungen unter Benutzung des Massen- und des Kraftbegriffs behandelt. Sonderfall der Dynamik ist die **Statik** als Lehre vom Kräftegleichgewicht.

Mechaniker, Berufsgruppe von Fertigungs- und Wartungsspezialisten; Ausbildungsberufe im Handwerk: Kfz-M. (3 Jahre), Fein-M. u. a. (3 1/2 Jahre), in der Industrie: M. allg., Fein-M. u. a. (3 1/2 Jahre).

mechanisch, nach den Gesetzen der Mechanik; Ü zwangsläufig; gedankenlos.

mechanische Musik|instrumente, →Musikwerke.

mechanisches Wärme|äquivalent, die mechan. Arbeit, die der Einheit der Wärme entspricht. 1 Kalorie (cal.) = $4{,}1855 \cdot 10^7$ erg = 4,1855 J.

Mechanisierung, Unterstützung und/oder Ersatz menschlicher Arbeitskraft durch mechan. Arbeitsgeräte.

Mechanismus, 1) Zusammenwirken der mechan. Teile einer Maschine oder eines Werkes. 2) M., **mechanistische Naturauffassung**, die Lehre, daß alles Geschehen auf mechan. Ursachen zurückführbar (kausal bestimmt) sei.

Mecheln, niederländ. **Mechelen** [m'exələ], frz. **Malines** [mal'in], Stadt in der Prov. Antwerpen, Belgien, an der Dyle, 77 300 Ew., kath. Erzbischofssitz; mittelalterl. Bauten: Kathedrale (13.–16. Jh.), Liebfrauenkirche, Tuchhalle, Schepenhuis u. a. Metallverarbeitung, Lebensmittel-, Textil-, Möbel-Ind.

Mechernich, Stadt im Kr. Euskirchen, NRW, 21 600 Ew.; Maschinen- u. a. Industrie.

Mechitharisten, kath. Orden mit Benediktinerregel, gegr. 1701 von dem armen. Mönch Mechithar (* 1676, † 1749); Sitze in Wien und auf der Insel S. Lazzaro bei Venedig.

Mechthild von Magdeburg, Nonne und Mystikerin, * um 1212, † 1283; ›Das fließende Licht der Gottheit‹.

Mecklenburg, histor. dt. Land, (1939) 876 400 Ew.; 16 056 km² Fläche, an der Ostsee zw. Lübecker Bucht und Darß, im Verlauf des Balt. Landrückens von der reich bewaldeten **Mecklenburg. Seenplatte** durchzogen (Müritz, Schweriner, Plauer, Kummerower See u. a.). Die flache Küste ist mit Dünen besetzt; Seebäder: Kühlungsborn, Heiligendamm, Warnemünde, Graal, Müritz, Wustrow. Landwirtschaft: bes. Weizen, Roggen, Hafer, Zuckerrüben, Kartoffeln; bed. Viehzucht, Fluß- und Küstenfischerei. Industrie: bes. Schiffbau (Wismar, Rostock, Warnemünde), ferner Zucker-, Konservenfabriken, Ziegeleien. Eisenbahnfähren nach Skandinavien: Saßnitz–Trelleborg, Warnemünde–Gedser.

Geschichte. Urspr. von Germanen bewohnt, wurde M. im 7. Jh. von den slaw. Abodriten und Lutizen besetzt, von Heinrich dem Löwen wurde die Eingliederung in den dt. Kulturbereich vollendet. Seit 1348 Hzgt., war M. mehrfach geteilt, zuletzt 1701 in M.-Schwerin und M.-Strelitz, die seit 1815 Groß-Hzgt. waren. Beide M. wurden 1918 demokrat. parlamentar. Rep., 1934 unter einem Reichsstatthalter zu einem Land M. vereinigt (Hptst.: Schwerin). 1945 kam M., um Vorpommern westl. der Oder vergrößert, zur sowjet. Besatzungszone: 22938 km² mit (1946) 2,1 Mio. Ew. 1949 wurde M. ein Land der Dt. Dem. Rep., 1952 aufgelöst und auf die Bezirke Rostock, Schwerin, Neubrandenburg aufgeteilt.

Medaille [-'aljə, frz.] *die*, Schau- oder Denkmünze mit Reliefdarstellungen zur Erinnerung an eine Persönlichkeit oder ein Ereignis, urspr. gegossen, später meist geprägt; auch eine Auszeichnung in Form einer M. (Rettungs-M. u. a.).
Die Kunst der M. begann in der ital. Frührenaissance. Die 1. M. mit einem zeitgenöss. Porträt stammte von dem nordital. Maler A. Pisano, gen. Pisanello, auf der Vorderseite (Avers) mit einem Bildnis, auf der Rückseite (Revers) mit szen. Darstellung. Mit Pisano setzte die Blütezeit der ital. Medaillenkunst ein. Seit dem 16. Jh. wurden M. auch im N gearbeitet (H. Schwarz, F. Hagenauer u. a.). In der Reformationszeit entstand die relig. M. Zur Zeit des Klassizismus schuf David d'Angers meisterhafte Bildnismedaillen. Künstler der neueren Zeit sind: A. Scharff, A. v. Hildebrand, M. Hahn u. a.

Medaillon [-alj'õ, frz.] *das*, 1) Schmuckmotiv in Kreis- oder Ovalform. 2) flache Kapsel für ein Bildnis als Anhänger.

Medan, Provinzhauptstadt auf Sumatra, Indonesien, 1,12 Mio. Ew. Mittelpunkt eines Tabakanbaugebietes.

Medau, Hinrich, Sportpädagoge, * 1890, † 1974, entwickelte eine Gymnastikmethode zw. Leistungssport und Ballett, gründete 1929 die Medauschule in Coburg.

Medawar [m'edəwə], Peter Bryan, brit. Zoologe, Anatom, * 1915, erforschte die Abwehrreaktionen des Lebewesens gegen die Überpflanzung körperfremden Gewebes; mit F. M. Burnet 1960 Nobelpreis für Physiologie und Medizin.

Medea, grch. Mythos: Tochter des Königs von Kolchis; entfloh mit Iason und dem Goldenen Vlies. Von Iason verstoßen, tötete sie ihre Nebenbuhlerin Kreusa und die eigenen Kinder. Dramen von Euripides, P. Corneille, F. Grillparzer, J. Anouilh, H. H. Jahnn u. a.

Medellín [medeʃ'in], Hptst. des Dep. Antioquia, Kolumbien, 1,477 Mio. Ew.; kath. Erzbischofssitz, 4 Univ.; Textil-Ind., Handelszentrum bes. für Textilien, Kaffee, Rinder u. a.

Medelser Tal, Val Medel, 16 km langes Seitental des Vorderrheins in Graubünden, Schweiz, durchflossen vom **Medelser Rhein**, durchzogen von der Lukmanierstraße.

Meden-Spiele, seit 1921 veranstaltete Tenniswettspiele (Mannschaftskämpfe), zur Erinnerung an den ersten Präs. des Dt. Tennisbundes, C. A. von der Meden.

Meder, die Bewohner → Mediens.

Media [lat.] *die*, stimmhafter Verschlußlaut (b, d, g).

medial [lat.], 1) Anatomie: in der Mitte gelegen. 2) Parapsychologie: mit den Eigenschaften eines Mediums.

median [lat.], in der Mittellinie gelegen.

Medianschnitt, Schnitt, der den Körper in 2 spiegelbildlich gleiche Hälften teilt.

Mediante [lat.] *die*, Mittelton des Dreiklangs und der darauf errichtete Dreiklang.

Media-Planung, Betriebswirtschaft: Auswahl der Werbeträger, die den höchsten Wirkungsgrad versprechen, um bestimmte Zielgruppen zu erreichen, und die bestimmte Bedingungen quantitativer und qualitativer Art erfüllen.

Mediasch, rumän. **Mediaş** [medi'aʃ], Stadt in Siebenbürgen, Rumänien, im Tal der Großen Kokel, 72000 Ew.; Kirchenburg (15. Jh.); Glas-, Email-, Lederind.; Erdgas.

Mediation [lat.], Vermittlung. **Mediator**, Vermittler.

Mediationsakte, von Napoleon gegebene Verf. der Schweiz (1803–13).

Mediatisierung [>Mittelbarmachung<], im Dt. Reich bis 1806 die Aufhebung der Landeshoheit kleinerer Reichsstände zugunsten größerer, bes. 1803.

mediäval [lat.], mittelalterlich. **Mediäval** *die*, Art der Antiqua-Schrift. **Mediävistik** *die*, die Erforschung des MA.

Medici [m'e:ditʃi], florentin. Geschlecht. Geschäftsleute, Bankiers, beherrschte Florenz mit Unterbrechungen (von 1494–1512 und 1527–30) vom 15. bis Mitte des 18. Jh.; seit 1434 Stadtherren, seit 1531 Herzöge von Florenz, seit 1569 Großherzöge von Toskana. 1737 im Mannsstamm erloschen. Dem Geschlecht entstammen u. a. die Päpste → Leo 4) und → Klemens 4) sowie die frz. Königinnen → Katharina 4) und → Maria 3).

1) **Cosimo der Alte**, Stadtherr von Florenz (1434–64), * 1389, † 1464, machte Florenz zum Mittelpunkt des Humanismus, stiftete die Platonische Akademie.
2) **Cosimo I.**, Herzog von Florenz (1537–69) und Großherzog von Toskana (1569–74), * 1519, † 1574, eroberte 1555 Siena; gründete die Gemäldesammlung im Palazzo Pitti.
3) **Lorenzo I., der Prächtige** (>il Magnifico<), Stadtherr von Florenz (1469–92), Enkel von 1), * 1449, † 1492, wirkte für eine Gleichgewichtspolitik in Italien. Unter ihm erreichte Florenz seinen kulturellen Höhepunkt.

Medici-Gräber [m'editʃi-], die 2 von Michelangelo geschaffenen Wandgrabmäler in der von ihm seit 1520 erbauten **Medici-Kapelle** von S. Lorenzo in Florenz, errichtet für die Herzöge Lorenzo und Giuliano de'Medici.

Medien, im Altertum die NW des Iran. Die im 9. Jh. v. Chr. eingewanderten **Meder** schufen 714 v. Chr. unter Kyaxares ein Reich (Hptst.: Ekbatana, heute Hamadan), das 550 der Perserkönig Kyros d. Gr. eroberte. Nach der Eroberung durch Alexander d. Gr. 330 v. Chr. in einen S- (Groß-M.) und einen N-Teil (Atropatene, heute Aserbaidschan) geteilt.

Medien, *Ez.* das **Medium**, die Kommunikationsmittel zur Verbreitung von Wissen (Nachrichten, Meinungen, Unterhaltung, Bildung) durch Zeichen und Bilder (Photographie), Rede, Druck (Buch, Presse), Film, Rundfunk (Hörfunk und Fernsehen), Schall- und Bildplatte, Ton- und Bildband auf Spule oder Kassette. Die M. richten sich an einzelne gesellschaftl. Gruppen **(Gruppen-M.)** oder an ein großes Publikum **(Massen-M.).**

Medaille: Balthasar Lauch, Silbermedaille Johann Olearius, 1682; oben Vorder-, unten Rückseite.

Medaille

Medikament [lat.] *das*, →Arzneimittel.

Medina, arab. >Stadt<, heute Bez. für die Altstadt nordafrikan. Städte.

Medina, El-M., Oase und Stadt im Hidjas, Saudi-Arabien, 198000 Ew.; neben Mekka der wichtigste Wallfahrtsort der Muslime. Hauptmoschee el-Haram mit Grab Mohammeds und seiner Tochter Fatima.

Medinawurm, Guineawurm, schmarotzender Fadenwurm, erzeugt beim Menschen, Pferd, Esel, Rind, Hund Geschwüre, aus denen die Larven entleert werden. Die Krankheit **(Dracontiasis)** tritt in Afrika, Asien, S-Amerika auf.

Medinet-asch-Schaab, Madinat ash Shaab, früher Al-Ittihad, ehem. Hptst. der Demokrat. VR Jemen, rd. 20000 Ew.

Medinet Habu, ägypt. Stadt. → Faijum.

Medinet Habu, ägypt. Ruinenstätte am linken Nilufer gegenüber Luxor, mit Totentempel Ramses' III.

medio [lat.], in der Mitte.

Medio, Bankwesen: der 15. eines Monats. **M.-Wechsel**, am 15. fälliger Wechsel.

medioker [lat.], mittelmäßig. **Mediokrität**, Mittelmäßigkeit.

Meditation [lat.], die durch entsprechende Übungen bewirkte oder angestrebte geistig-geistl. Sammlung.

mediterran [lat.], mittelmeerisch, mittelmeerländisch.

mediterrane Rasse, den → Europäern zugehörige Menschenrasse.

Medium [lat.] *das*, -s/...dien, 1) Mittel, Vermittelndes. 2) rückbezügl. Form des Verbs; in indogerman. Sprachen, im Altgrch. und Got. noch vorhanden, sonst den Aktivformen entsprechend, die sich auf das Subj. zurückbeziehen. 3) Parapsychologie: Mensch mit >medialen<, d. h. paranormalen Fähigkeiten. 4) den Raum kontinuierlich ausfüllendes Mittel i. S. der Vermittlung von Wirkungen. 5) Kommunikation: → Medien.

Medizin, Wissenschaft vom gesunden und kranken Lebewesen, von Ursachen, Erscheinungen, Auswirkungen ihrer Krankheiten, ihrer Erkennung, Heilung und Verhütung. Es werden unterschieden: **Humanmedizin** (Heilkunde vom Menschen), **Veterinärmedizin** (Tierheilkunde), **Phytomedizin** (Bekämpfung von Pflanzenkrankheiten). Die M. ist aufgegliedert in Spezialfächer wie innere Medizin, Chirurgie, Frauenheilkunde, Kinderheilkunde, Psychiatrie u. a. und Sonderzweige wie Augenheilkunde, Zahnheilkunde, Hautkrankheiten, Orthopädie u. a. Durch ihre Heilweise gekennzeichnete Richtungen sind z. B. → Homöopathie, → Naturheilkunde. (Übersicht S. 266)

Medizinalbeamter, beamteter Arzt im öffentl. Gesundheitsdienst (mit Doktorgrad).

Medizinball, Vollball (bis zu 3 kg), kräftigt beim Werfen, Stoßen und Fangen die gesamte Muskulatur.

medizinische Kohle, feines Kohlepulver **(Tierkohle),** ein Gift aufsaugendes Mittel bei Magen-, Darmerkrankungen.

medizinisch-technische(r)-Assistent(in), wird ausgebildet an Lehranstalten für m.-t.-A. (2 Jahre) mit Nachpraktikum und staatl. Prüfung. Tätigkeiten als Helfer des Arztes bei Blut-, Gewebeuntersuchungen, an Apparaten u. a., auch in der Forschung als Hilfskraft.

Medizinmann, bei Naturvölkern Zauberer und Geisterbeschwörer, der Krankheiten als Einwirkungen der Geister oder bösen Zaubers zu heilen sucht.

Médoc [med'ɔk], Halbinsel zw. Gironde und atlant. Küste, SW-Frankreich; der im O angebaute **Médoc** gehört zu den Bordeauxweinen.

Medrese, Medresse [arab.] *die,* in den Maghrebländern **Medersa,** die islam. Hochschule.

Medusa, grch. Mythos: weibl. Ungeheuer, eine der Gorgonen (→ Gorgo). Der Anblick des **Medusenhauptes** ließ den Betrachter zu Stein werden.

Meduse, Qualle, frei schwimmende Form der → Hydrozoen und Scheibenquallen.

Meer, Ozean, die zusammenhängende Wassermasse der Erde **(Weltmeer),** bedeckt rd. 71% ihrer Oberfläche, insgesamt 362 Mio. km², von denen 206 Mio. km² auf die Südhalbkugel entfallen. Die Erdteile gliedern es in 3 große, im S zusammenhängende Ozeane: Atlant., Ind., Pazif. Ozean. Zu diesen gehören die kleineren Nebenmeere (Mittelmeere, Randmeere), die in die Festländer eingreifen. Bis etwa 200 m reichen die Schelfe, die die meisten Erdteile als Gürtel umranden. Der folgende Kontinentalabfall reicht bis 3500–4000 m Tiefe, ihm folgt die Tiefsee zw. 4000 und 6000 m, in denen die Tiefseegräben die größten Tiefen erreichen (größte bekannte Tiefe im Marianengraben, Pazif. Ozean, 11022 m). Die durchschnittl. Tiefe des M. beträgt 3792 m. Rücken und Schwellen, z. T. mit aufgesetzten Inseln, gliedern die M. in Becken und Mulden, Gräben und Rinnen. Das **Meerwasser** hat einen durchschnittl. Salzgehalt von 35‰, der zu den Polarmeeren hin fällt, zu den Äquatorialmeeren hin steigt (Weiteres →Meeresströmungen, →Meereswellen). Das M. wird in vielfältiger Form genutzt. Voran steht die Fischwirtschaft. Dazu kommen in letzter Zeit die Verwertung von Meeresalgen, die Gewinnung von Salzen, Süßwasser, auch die Nutzung des Meeresbodens, der Bodenschätze birgt (Erze, Erdgas, Erdöl; → mariner Erzbergbau), sowie die Energieerzeugung (Gezeitenkraftwerk). Ferner →Meereskunde. Die M. sind auch wichtige Verkehrsträger (Schiffahrt).

Meer|aale, Fam. der Aalartigen Fische, Meeresbewohner; werden bis 3 m lang und 60 kg schwer.

Meer|äschen, Fam. barschähnl. Fische trop. und gemäßigter Meere, z. B. **Großkopf-M., Dünnlippige** und **Dicklippige M.**

Meer|alpen, die →Seealpen.

Meerane, Stadt im Bez. Karl-Marx-Stadt, 22900 Ew.; Textil-, Schuhind., Karosserie-, Maschinenbau.

Meer|aug|spitze, höchster Berg Polens, in der Hohen Tatra, 2499 m ü. M., in der Berggruppe **Rysy.**

Meerbarben, Seebarben, Fam. der Barschartigen Fische, so die **Rote M.** und die **Streifenfarbe.**

Meerbohne, Riesenhülse, Hülsenfrüchteart; trop. Kletterstrauch mit braunen Samen in meterlangen Hülsen.

Meerbrassen, Fam. Barschartiger Fische in den trop. und gemäßigten Meeren; zu ihnen gehört die **Goldbrasse** oder **Echte Dorade.**

Meerbusch, Stadt im Kr. Neuss, NRW, 49900 Ew.; Stahl- u. a. Ind.; Gemüseanbau.

Meerdattel, Steindattel, fingerlange Miesmuschel mit brauner röhrenförmiger Schale; lebt im Gestein.

Meer|echse, Leguan der Galápagos-Inseln, bis 1,5 m.

Meer|eichel, Seepocke, zu den Rankenfüßern gehöriges Krebstier.

Meer|engenfrage, das polit. Problem der Durchfahrt bes. von Kriegsschiffen durch Bosporus und Dardanellen. Sie war seit dem Frieden von Kütschük Kainardsche (1774) Gegenstand vieler internat. Verträge, sowohl in russisch-türk. Verträgen wie internat. Abkommen. Im Friedensvertrag von Lausanne (1923) wurden die Meerengen entmilitarisiert, eine internat. Meerengenkommission eingesetzt und die freie Durchfahrt, auch für Kriegsschiffe, als Grundsatz festgelegt. Nach Kündigung dieser Regelung durch die Türkei kam das heute noch gültige **Meerengen-Abkommen** (Montreux 1936) zustande, in welchem die Türkei alle Hoheitsrechte erhielt, einschl. der Sperrung im Kriegsfalle.

Meeresbodenausbreitung, →Sea-Floor-Spreading.

Meeresheilkunde, Teilgebiet der Bäderkunde. Als Grundheilmittel gilt das Seeklima mit seiner tonisierenden Wirkung auf den Gesamtorganismus i. S. der Abhärtung und Umstimmung,

---

GESCHICHTE DER MEDIZIN

Steinzeit: Künstliche Schädelöffnung (Trepanation).

nach 2000 v. Chr.: Gesetze des babylon. Königs Hammurapi: Operationen (z. B. am Auge) erwähnt.

5. Jh. v. Chr.: Hippokrates faßt Krankheit als Störung in den Körpersäften auf.

129–199 n. Chr.: Galen schafft ein in sich geschlossenes Lehrgebäude der M. (Säftelehre).

etwa 1300: die ersten Brillen (in Oberitalien).

1302: Beginn des anatom. Unterrichts an der menschl. Leiche in Bologna durch Mondino de Luzzi.

1493–1541: Paracelsus setzt an die Stelle der Säftelehre eine chemische Krankheitslehre und -behandlung.

1546: Fracastoro führt das Wesen der Ansteckung auf lebende Keime zurück.

1628: William Harvey veröffentlicht ein Buch über den von ihm entdeckten Blutkreislauf.

1673: A. v. Leeuwenhoek entdeckt mit dem Mikroskop Bakterien und Blutkörperchen.

1761: G. B. Morgagni begründet die Lehre von den krankhaften Veränderungen der Organe (insbes. durch die Leiche).

1796: die erste Pockenimpfung mit Kuhlymphe (E. Jenner).

1803–05: F. Sertürner entdeckt das Betäubungsmittel Morphin.

1810: S. Hahnemann beschreibt die Homöopathie.

1826: V. Prießnitz gründet eine Kaltwasserheilanstalt.

1846: W. Morton nimmt die erste Äthernarkose vor.

1848: S. Kneipp tritt für die Wasserkur ein.

1850: H. v. Helmholtz erfindet den Augenspiegel.

1858: R. Virchow stellt die Krankheiten als Störungen im Zellgeschehen dar (Zellularpathologie).

1861: I. Semmelweis veröffentlicht seine Arbeit über die Ursache des Kindbettfiebers.

1863: L. Pasteur erkennt Gärungs- und Fäulnisvorgänge als Folgen der Verunreinigung mit Kleinlebewesen.

1867: J. Lister führt die Antisepsis ein.

1882: R. Koch entdeckt das Tuberkelbakterium.

1885: G. Neuber gründet das erste nach den Grundsätzen der Asepsis eingerichtete Krankenhaus.

1893: E. v. Behring findet das Heilserum gegen Diphtherie.

1895: Röntgenstrahlen entdeckt.

1896: L. Rehn führt die erste erfolgreiche Herznaht aus.

1898: M. und P. Curie entdecken das Radium.

1905: F. Schaudinn und E. Hoffmann entdecken den Syphiliserreger.

1906: E. Starling prägt den Begriff ›Hormon‹.

1909: P. Ehrlich und S. Hata geben das Salvarsan bekannt.

1910: C. Funk prägt den Ausdruck ›Vitamin‹.

1911: O. Förster untersucht als erster die Hirnrinde am Lebenden und operiert am Rückenmark (Neurochirurgie).

1917: Heilfieberbehandlung durch J. Wagner von Jauregg.

1921: F. Banting und C. Best gewinnen das Insulin.

1926: G. Minot und R. Murphy führen die Lebertherapie bei der perniziösen Anämie ein.

1928: A. Fleming entdeckt das Penicillin.

1929: W. Forßmann erfindet die Herzkatheterisierung.

1935: M. Sakel führt die Schockbehandlung bei seelisch Kranken ein.

1935: G. Domagk führt das erste Sulfonamid ein.

1953: P. Niehaus begründet die Heilbehandlung mit Aufschwemmungen lebender Zellen.

1953: J. H. Gibbon wendet die Herz-Lungen-Maschine erfolgreich bei einer Herzoperation an.

1954: J. E. Salk gibt einen Impfstoff zur vorbeugenden Schutzimpfung gegen Kinderlähmung an.

1956: Einführung blutzuckersenkender Mittel, die als Tabletten eingenommen werden können.

1967: Ch. Barnard führt die erste erfolgreiche Herztransplantation durch.

bes. bei allerg. Zuständen, wozu noch eine verstärkte Strahlungswirkung tritt.

Meereskunde, Meeresforschung, Ozeanologie, Ozeanographie, Wiss. vom Meer. Sie untersucht das Meerwasser und die in ihm gelösten und schwebenden Stoffe, den Raum und seine Änderungen, den dieses Meerwasser ausfüllt, die Energie, die dem Meere und den Vorgängen in ihm zur Verfügung steht (Strömungen, Gezeiten), sowie die Lebewesen im Meer. Die M. gliedert sich in einen physikal., chem., geolog. und biolog. Zweig. Wichtige Aufgaben der prakt. Anwendung: Vorhersage von Seegang, Sturmfluten und Gezeiten, Erhaltung und Verbesserung der Fahrwasser für die Schiffahrt, Nutzung der mineral. und der lebenden Schätze des Meeres, Erhaltung der Strände, Schutz des Meeres vor Verunreinigung. Wichtige Hilfsmittel sind: ozeanograph. Instrumente, Forschungsschiffe, Institutionen auf nat. und internat. Basis.

Meeresströmungen entstehen durch Wind an der Meeresoberfläche **(Triftstrom)** sowie durch innere Druckkräfte **(Grachenstrom)** in allen Tiefenbereichen des Meeres, die auf Wasserstands- und/oder Dichteunterschiede des Meerwassers beruhen. Bestimmenden Einfluß auf die M. hat die ablenkende Kraft der Erdrotation (Corioliskraft, →Coriolisbeschleunigung) sowie die Topographie des Meeresbodens und der Küsten.

Meeres|technik, Wiss. von der Anwendung techn. Geräte und Verfahren zur Nutzung des Meeres, bes. zum Aufsuchen und Gewinnen mariner Rohstoffe (→mariner Erzbergbau, →Offshore-Technik).

Meereswellen, period. Bewegungsvorgänge im Meer, die z. B. nach Kräften eingeteilt werden, die für sie von Bedeutung sind: Oberflächenspannung des Meeres, Schwerkraft, astronom. Kräfte, Windschwankungen oder nach anderen Eigenschaften, z. B. kurze und lange Wellen, Oberflächenwellen und interne Wellen.

Meergänse, Gatt. entengroßer kurzschnäbliger Gänse an nord. Meeresküsten, z. B. die **Ringelgans.**

Meergötter, grch. Mythos: Poseidon, Okeanos, Nereus, die Nereiden (z. B. Amphitrite); Triton, Proteus u. a.; röm. Mythos: Neptun, Venilia, Salacia; german. Mythos: Ägir.

Meerkatzen, Gatt. der Meerkatzenartigen in Afrika südl. der Sahara, schlank, z. T. lebhaft gefärbt, mit langem Schwanz, rundem Kopf. (Bild Affen)

Meerkohl, Kreuzblütergatt. des Meeresstrandes.

Meerleuchten, nächtl. Funkeln des Meerwassers, bewirkt durch Leuchtorganismen.

Meer|rettich, Kren, weißblütige Kreuzblüterstaude. Die Wurzel (Stange) ist Küchengewürz. (Bild Gemüse)

Meersalat, Meerlattich, Grünalge an Meeresküsten, mit salatähnl. Thallus.

Meersburg, Stadt im Bodenseekreis, Bad.-Württ., am Nordufer des Bodensees, 5 100 Ew.; malerisches mittelalterl. Städtchen, überragt vom Alten Schloß (12. Jh.) und dem barocken Neuen Schloß (1740–44). Rebbau; Fremdenverkehr.

Meerschaum, poröses, sehr leichtes, weißes oder schwach gefärbtes Mineral aus feinsten Schuppen, wasserhalt. Magnesiumsilicat **(Sepiolith),** Rohstoff für Schmuck, Pfeifenköpfe u. a.

Meerschweinchen, südamerikan. Fam. der Meerschweinchenartigen. Die **Eigentlichen M.** haben kurze Gliedmaßen und einen rundl. Kopf mit kurzen Ohren. Die **Aperea** aus Peru ist die Stammform des Haus-M.

Meersenf, fettkrautiger Kreuzblüter des Meeresstrandes, mit rosafarbenen Blüten und fiederschnittigen Blättern.

Meerssen [m'e:rsə], dt. **Mersen,** niederländ. Gem., nordöstl. von Maastricht, 8 600 Ew. Am 8. oder 9. 8. 870 Vertrag zw. Ludwig dem Deutschen und Karl dem Kahlen über die Teilung Lothringens.

Meerträubchen, Ephedra, Gatt. der Fiederblättrigen Nacktsamer; Sträucher trocken-warmer Gebiete mit schuppenförmigen Blättchen und meist roten Scheinbeeren. Die meisten Arten enthalten das Alkaloid →Ephedrin.

Meerut [m'ɪərət], **Mirat,** Distriktshauptstadt in Uttar Pradesh, Indien, nordöstl. von Delhi, 367 800 Ew.; Univ.; Nahrungsmittel- u. a. Ind.

Meerwasser, →Meer.

Meerwasserbehandlung, →Meeresheilkunde.

Meerzwiebel, Urginea maritima, Art der Liliengewächse mit faust- bis kopfgroßer, roter oder weißer, giftiger Zwiebel, die mehrere Glykoside enthält; diese werden bei leichten Formen der chron. Herzinsuffizienz verwendet.

Meeting [m'i:tɪŋ, engl.] *das,* Treffen, Versammlung.

mega. . ., megalo. . . [grch.], groß. . .; als Vorsatz vor einer →Maßeinheit bedeutet **Mega** = 10^6. (Zeichen M).

Megalith [grch.] *der,* großer Steinblock.

Megalithgräber [grch. ›Großsteingräber‹], volkstümlich **Hünengräber,** vor- und frühgeschichtl. Grabbauten aus riesigen Steinblöcken. Hauptformen: Dolmen und Ganggräber. **Megalithkulturen:** Kulturgruppen mit Megalithbauweise, die in der Jungsteinzeit vom östl. Mittelmeerraum ausging. Ferner →Bautasteine, →Carnac, →Menhir.

Megalomanie [grch.] *die,* Größenwahn.

Megalozyten [grch.] *Mz.,* übergroße rote Blutkörperchen, wie sie bei der →perniziösen Anämie vorkommen.

Megaphon, Sprachrohr in Trichterform.

Megara, Stadt in Mittelgriechenland, 18 800 Ew.; im Altertum Hauptort der von Dorern bewohnten Landschaft **Megaris.**

Megäre, grch. **Megaira,** eine der →Erin(n)yen.

Megarische Schule, die von Eukleides von Megara nach 399 v. Chr. gestiftete älteste sokrat. Philosophenschule.

Megaron [grch.] *das,* bei Homer der Saal in der fürstl. Wohnung, auch diese selbst; in der Archäologie das Rechteckhaus mit Vorhalle und Hauptraum.

Megatherium [grch.] *das,* ausgestorbenes Riesenfaultier.

Meghalaya, Staat im NO Indiens, 22 489 km², 1,2 Mio. Ew., Hptst.: Shillong; Anbau von Reis, Jute u. a.

Mehl, pulverförmig zerkleinerter Stoff, bes. das Innere gemahlener Getreidekörner, je nach Feinheit **Schrot-, Grieß-, Dunst-** und **Ausmahl-M.** Nach steigendem Aschegehalt (in mg auf 100 g Trockensubstanz) werden versch. **M.-Typen** unterschieden; ihnen entsprechen helle bis dunkle Mehle.

Mehlbeere, 1) Arten der Eberesche. **2)** Frucht des Weißdorns.

Mehlkäfer, →Mehlwurm.

Mehlmotte, lichtscheue Art der Zünsler; die Gespinste der Raupen verstopfen die Hauptmahlgänge der Mühlen.

Mehlnährschaden, schwere (heute seltene) Ernährungsstörung bei Säuglingen, die längere Zeit nur mit Mehlen ohne Milchzusatz ernährt wurden. Behandlung: Zufuhr von eiweißreicher Nahrung.

Mehlpilz, Pflaumenpilz, weißlicher, eßbarer Lamellenpilz mit Mehlgeruch.

Mehlschwitze, Einbrenne.

Mehltau, mehlstaubähnl. Pilzmyzel auf den Blättern vieler Pflanzenarten, der aus echten **(Erysiphaceae)** oder falschen M.-Pilzen **(Peronosporaceae)** besteht. Zum **Echten M.** gehören vor allem Getreide-M. und Echter M. des Weins; zum **Falschen M.** gehört z. B. der Blauschimmel der Tabakpflanze. Bekämpfung des Echten M. durch schwefelhaltige, des Falschen M. durch kupferhaltige Mittel.

Mehlwurm, etwa 2,5 cm lange, gelbe Larve des 1,5 cm langen, dunkelbraunen **Mehlkäfers;** frißt Mehl, Kleie, Aas.

Mehlzünsler, Art der Zünsler; seine Raupe ist Schädling an Getreide und Mehl.

Mehmed [mɛxm'ɛd], türk. für Mohammed.

Mehmed Ali [mɛxm'ɛd-], * 1769, † 1849, 1805 türk. Statthalter in Ägypten, vernichtete 1811 die Führer der Mamelucken; erhielt 1841 die erbl. Herrschaft unter osman. Oberhoheit.

Mehnert, Klaus, Politikwissenschaftler und Publizist, * Moskau 1906; Osteuropa-Experte. Werke: ›Peking und Moskau‹ (1962), ›Der dt. Standort‹ (1967), ›Moskau und die Neue Linke‹ (1973), ›Jugend im Zeitbruch‹ (1976) u. a.

Mehr|arbeit, die über die regelmäßige gesetzl. Arbeitszeit hinaus geleistete Arbeit, eingeschränkt zulässig im Rahmen der arbeitszeitrechtl. und tarifvertragl. Regelungen; meist vergütungspflichtig **(M.-Zuschlag).**

Mehrheit, Majorität, der größere Teil. Nach dem **Mehrheitsgrundsatz (Majoritätsprinzip)** gilt bei Abstimmungen der Wille der M. als Ausdruck des Gemeinwillens. Man unterscheidet: **absolute M.** (mehr als die Hälfte aller Stimmen), **relative M.** (mehr Stimmen als für jede der Meinungen abgegeben), **qualifizierte M.** (z. B. ²/₃ oder ³/₄ der Stimmen).

Mehrheitssozialisten, die SPD 1916–22 nach Abspaltung der Unabhängigen Sozialisten.

Mehring, 1) Franz, polit. Schriftst., * 1846, † 1919, untersuchte als erster wissenschaftlich die Gesch. der dt. Arbeiterbewegung; ›Die dt. Socialdemokratie . . .‹, 4 Bde. (1877), ›Die Lessing-Legende‹ (1893). **2)** Walter, Schriftst., * 1896, † 1981, emigrierte 1933; zeit- und sozialkrit. Gedichte und Chansons, Erinnerungen ›Die verlorene Bibliothek‹ (1952, erw. 1964).

Mehlmotte

Meerschweinchen

Golda Meir

Meißel:
a Kreuz-M.,
b Flach-M.

Meisen:
oben Blaumeise,
unten Kohlmeise

Mehrkampf, Wettbewerb aus mehreren Einzelkämpfen, z. B. Drei-, Fünf-, Zehn-, Zwölfkampf.

Mehrlader, Handfeuerwaffe mit einem Magazin für mehrere (3 bis 10) Patronen.

Mehrlinge, beim Menschen und bei lebendgebärenden Tieren mehrere gleichzeitig im Mutterleib heranreifende Nachkommen.

Mehrphasenstrom, Zusammenschaltung von mehreren in der Phase gegeneinander verschobenen Wechselströmen, meist als →Drehstrom.

Mehrstimmigkeit, ♪ das gleichzeitige Erklingen mehrerer Töne verschiedener Höhe.

Mehrwert, zentraler Begriff des →Marxismus.

Mehrwertsteuer, auch **Wertschöpfungssteuer, Nettoumsatzsteuer,** bei der im Ggs. zur früheren dt. Umsatzsteuer nur noch die jeweilige Wertschöpfung der einzelnen Produktions- oder Verteilungsstufe steuerlich belastet wird. Im Rahmen der Vereinheitlichung des Steuersystems in der EWG wurde die M. in der Bundesrep. Dtl. ab 1. 1. 1968 eingeführt.

Mehrzahl, Ⓢ →Plural.

Mehta, Zubin, ind. Dirigent, * 1936.

Meh-Ti, Meh-ti, chines. Philosoph, →Mo-ti.

Méhul [me′yl], Étienne, frz. Komponist, * 1763, † 1817, schuf klassizist. Opern (›Joseph in Ägypten‹, 1807).

Meibomsche Drüsen [nach dem Arzt H. Meibom, * 1638, † 1700], ⚕ Talgdrüsen in den Augenlidknorpeln.

Meid, Hans, Radierer und Maler, * 1883, † 1957, schuf in phantasievoll impressionist. Stil Radierungen und Illustrationen.

Meier [aus mlat. maior domus ›Vorsteher (der Diener) eines Hauses‹], urspr. ein Verwaltungsbeamter **(Hausmeier);** später Gutsverwalter. **Meierei,** Milchwirtschaftsbetrieb.

Meier, John, Germanist und Volkskundler, * 1864, † 1953, Begr. des Dt. Volksliedarchivs in Freiburg i. Br.

Meier-Denninghoff, Brigitte, Bildhauerin, →Matschinsky-Denninghoff.

Meier-Graefe, Julius, Kunstgelehrter, Schriftst., * 1867, † 1935, Verfechter des Impressionismus.

Meier Helmbrecht, erste dt. Dorfgeschichte von →Wernher dem Gartenaere.

Meile [aus lat. milia passuum ›1 000 Schritte‹] *die,* Längenmaß versch. Größe und versch. Ursprungs. Die dt. geograph. M. betrug 7 420,4 m. In Großbritannien und den USA: statute mile = 1 760 Yards = 1 609,344 m; wird nach dem Übergang zu metr. Einheiten durch km ersetzt. (→Seemeile)

Meilen, Bezirkshauptort im Kt. Zürich, Schweiz, 10 400 Ew.; Landwirtschaft, Maschinen-, Pumpen- u. a. Ind.

Meiler [lat.], Anlage zum Erzeugen von Holzkohle, →Köhlerei.

Meinberg, Bad M., →Horn-Bad Meinberg.

Meinecke, Friedrich, Historiker, * 1862, † 1954; ›Weltbürgertum und Nationalstaat‹ (1908), ›Die Entstehung des Historismus‹ (1936), ›Die dt. Katastrophe‹ (1946).

Mein|eid [von ahd. mein ›falsch‹], ⚖ wissentlich unwahre eidl. Bekundung wird nach § 154 StGB mit Freiheitsentzug von 6 Monaten bis zu 5 Jahren geahndet. Strafmilderung ist zulässig beim Eidesnotstand (z. B. wenn ein Zeuge bei Angabe der Wahrheit selbst strafrechtlich verfolgt werden könnte) sowie bei rechtzeitiger Berichtigung der falschen Aussage (§§ 157, 158 StGB). – Im österr. (§ 288 StGB) und im schweizer. Strafrecht (Art. 306 ff. StGB) ist der M. ähnlich geregelt. Das Strafrecht der Dt. Dem. Rep. kennt den M., sondern nur die Falschaussage.

Meinerzhagen, Stadt im Märkischen Kr., NRW, im Sauerland, 19 300 Ew.; Metall-, Kunststoff- u. a. Ind.; Fremdenverkehr.

Meinhof, Ulrike, Journalistin, * 1934, † (Selbstmord) 1976, war 1960–64 Chefredakteurin der Ztschr. ›Konkret‹, baute mit A. Baader deren terrorist. Organisation auf (→Baader-Meinhof). Nach einer Großfahndung wurde sie 1972 verhaftet und 1975 mit anderen angeklagt.

Meiningen, Stadt im Bez. Suhl, an der Werra, 25 500 Ew.; Maschinen-, Metall-, Holz-, Papierindustrie. Herzogl. Residenzschloß (1682 ff.). – M. war 1680–1919 Hptst. des Hzgt. Sachsen-M. Das Landestheater wurde unter Herzog Georg II. berühmt durch vollendetes Zusammenspiel und histor. Echtheit der Ausstattung (Gastspiele der **Meininger** 1874–90).

Meinong, Alexius, Ritter von **Handschuchsheim,** österr. Philosoph, * 1853, † 1920, stand der Phänomenologie Husserls nahe.

Meintat [von ahd. mein ›falsch‹], german. Recht: schweres, eine gemeine Gesinnung bekundendes Verbrechen.

Meinungsforschung, Demoskopie, Erforschung der öffentl. Meinung zu aktuellen, bes. polit., wirtschaftl. und sozialen Fragen; bes. durch Befragen ›repräsentativer‹ Bev.-Gruppen.

Meinungsfreiheit, Freiheit der Meinungsbildung und Meinungsäußerung, eines der wesentlichsten Grundrechte des Einzelnen, in der Bundesrep. Dtl. durch Art. 5, Abs. 1 GG gewährleistet. Zur M. i. w. S. gehören Gewissens-, Lehr-, Pressefreiheit u. a. In der Dt. Dem. Rep. gewährt Art. 27 der Verf. das Recht der M. unter Verfassungsvorbehalt.

Meinungskauf, Börsenkauf in Hoffnung auf ein baldiges Anziehen der Kurse.

Meiose [grch.], ⊕ ⚲ ♀ die Reduktions- oder → Reifeteilung.

Meir, Golda, israel. Politikerin (Mapai-Partei), * Kiew 1898, † 1978, kam 1906 in die USA, 1921 nach Palästina, 1969–74 MinPräs. von Israel.

Meisen, Fam. der Singvögel; in Mitteleuropa leben u. a.: **Kohlmeise,** sperlingsgroß, Bauch gelb mit schwarzem Längsband, Kopf schwarz; **Blaumeise,** kleiner, hellblau und gelb; **Sumpf-** oder **Nonnenmeise,** grau mit schwarzem Kopf; **Tannenmeise; Haubenmeise** mit schwarz-weiß geschuppten Kopffedern.

Meisner, Joachim, kath. Bischof, * 1933, seit 1980 Bischof von Berlin.

Meißel, Werkzeug mit scharfer Schneide zur spanenden Formung, von Hand mit dem Hammer geschlagen oder als Maschinenwerkzeug **(Dreh- oder Hobel-M.).**

Meißen, Kreisstadt im Bez. Dresden, an der Elbe, 39 600 Ew.; Sitz einer Evang. Akademie, der Hochschule für Landwirtschaftl. Produktionsgenossenschaften, Ingenieurschule, Parteischule der SED; Maschinenbau-, elektrotechn., Metallwaren- u. a. Ind.; Weinbau; →Meißener Porzellan. Die Altstadt mit Fachwerkhäusern zieht sich vom Elbeufer zum Burgberg mit Dom (11. Jh., gotisch erneuert) und Albrechtsburg (1471 ff.) hinauf, im Tal St. Afra (1205). – Burg M. 929 von König Heinrich I., Bistum M. 968 von Kaiser Otto d. Gr. gegr.; die Markgfsch. M. kam 1089, die Burggrafsch. 1439, das Hochstift 1581 an die Wettiner.

Meißener Porzellan, Erzeugnisse der Manufaktur in Meißen, die seit 1710 als erste in Europa Hartporzellan herstellte; anfangs geleitet von J. F. Böttger, seit 1720 von J. G. Höroldt, seit 1731 von J. J. Kändler, der Meisterwerke figürl. Porzellanplastik schuf. (Bild Porzellan)

Meißner, Hoher M., Basaltplateau über dem Werratal, bis 750 m hoch. – 1913 formulierte hier die Freidt. Jugend (→Jugendbewegung) ihre Ideale: Lebensgestaltung aus eigener Bestimmung, vor eigener Verantwortung, mit innerer Wahrhaftigkeit **(Meißnerformel).**

Meißner, 1) Alexander, Funktechniker, * 1883, † 1958, baute 1911 das 1. Drehfunkfeuer für Luftschiffe, erfand die Rückkopplung. 2) Fritz Walther, Physiker, * 1882, † 1974, Pionier der Tieftemperaturforschung. 3) Otto, Jurist, * 1880, † 1953, 1920 Leiter des Büros des Reichspräs., 1934–45 Chef der Präsidialkanzlei (seit 1937 Staatsmin.).

Meissnersche Körperchen [nach G. Meissner, Anatom, * 1829, † 1905], Tastsinnesorgan im Unterhautbindegewebe.

Meissonier [mɛsɔnˈje], Ernest, frz. Maler, * 1815, † 1891, Kriegs-, Genrebilder, Buchillustrationen.

Meistbegünstigung, Vertragsklausel der internat. Handelspolitik, bes. des →GATT: die Vertragspartner gewähren einander alle Vorteile, die sie dritten Ländern einräumen; überwiegend gegenseitig und ohne besondere Gegenleistung wirksam. Die M. kann sich auf alle Bereiche der Handelspolitik **(unbeschränkte M.)** oder auf bestimmte Bereiche oder einen begrenzten Kreis von Ländern beziehen **(beschränkte M.).**

Meister, 1) Handwerker, der die **Meisterprüfung** bestanden hat. Diese besteht aus einem theoret. und einem prakt. Prüfungsabschnitt (z. B. die Anfertigung eines **Meisterstücks).** Die Prüfung wird durch Ausschüsse abgenommen, die die zuständige Verwaltungsbehörde nach Anhörung der Handwerkskammer errichtet. Dem M. wird nach Ablegung der M.-Prüfung ein **Meisterbrief** ausgestellt. Der M. hat Ausbildungsbefugnis. 2) Hilfsbez. für einen Künstler, der durch seinen Stil, nicht aber namentlich bekannt ist. Viele Künstler, bes. des MA., werden z. B. nach einem Hauptwerk benannt (Hausbuchmeister), nach einem Ort ihres Schaffens (Naumburger Meister), nach ihrem Monogramm (Meister E. S.).

Meister Bertram, Maler, →Bertram.

Meister der Hl. Veronika mit dem Schweißtuch, um 1395–1415 in Köln tätiger Maler, benannt nach der Tafel mit der hl. Veronika (München, Alte Pinakothek).

Meister des Hausbuchs, →Hausbuchmeister.

Meister des Marienlebens, Kölner Maler um 1463–80, genannt nach einem Marienaltar (7 Tafeln in München, Alte Pinakothek, 1 in London, National Gallery); klare Bilder von lichter Farbigkeit.

Meister des Tucher|altars, Maler, benannt nach einem Altar der Frauenkirche zu Nürnberg (um 1445); realist., von der Gotik sich lösende Malweise.

Meister E. S., Kupferstecher, →E. S.

Meister Francke, Maler, →Francke.

Meister H L, Bildschnitzer, →H L.

Meistermann, Georg, Maler, * 1911; schuf v. a. kirchl. und profane Glasfenster in dekorativer Farbigkeit.

Meistersang, bürgerl. Lieddichtung des 14.–16. Jh.; sie setzte äußerlich den Minnesang fort. Die Dichtkunst wurde zum schulmäßig gelehrten Handwerk (›Singschulen‹ in Nürnberg, Worms, Mainz u. a.); ihre Träger (die **Meistersinger**) waren oft Handwerksmeister. Zunächst waren für den musikal. Vortrag nur die ›Töne‹ der 12 legendären Meister erlaubt, im jüngeren M. (Reform um Hans Folz, † 1515) durfte man auch neue ›Töne‹ komponieren. Bedeutendster Vertreter neben H. Folz war Hans Sachs, auch H. Rosenplüt.

Meisterschaft, ⚔ der Sieg des (der) Jahresbesten (Vereins-, Verbands-, Regional-, Landes-, Erdteil-, Welt-M.).

Meistersinger, →Meistersang. **Die M. von Nürnberg,** Musikdrama von R. Wagner (1868).

Meister von Flémalle [flem'al], niederländ. Maler des 15. Jh., vermutlich Robert Campin († 1444), der Lehrer Rogiers van der Weyden, schuf einen neuen Stil der Tafelmalerei, der die Wirklichkeit mit zeichner. Schärfe und plast. Klarheit erfaßt (Altartafeln im Städelschen Kunstinstitut, Frankfurt a. M., urspr. wohl aus der Abtei Flémalle bei Lüttich; Mérode-Altar, New York).

Meister von Moulins [-mul'ɛ̃], flämisch-frz. Maler, genannt nach dem Flügelaltar in der Kathedrale zu Moulins (1498/99); beeinflußt von H. van der Goes.

Meistgebot, ♺ das höchste gültige Preisangebot bei der öffentl. Versteigerung oder der Zwangsversteigerung.

Meit, Conrad, Bildhauer aus Worms, * um 1475, † um 1550/ 1551, Hofbildhauer der Statthalterin Margarete in Mecheln, schuf kleine Figuren von renaissancemäßiger Klarheit.

Meitner, Lise, österr.-schwed. Physikerin, * 1878, † 1968, Prof. in Berlin und Stockholm, emigrierte 1938 nach Dänemark, 1940 nach Schweden. Arbeitsgebiete: Radiochemie und Kernphysik; sie entdeckte das Protactinium (mit O. Hahn), lieferte mit O. R. Frisch 1939 die theoret. Erklärung für die Kernspaltung.

Mékambo, Ort in NO-Gabun; Eisenerzlagerstätten.

Mekka, arab. **al-Makka,** Stadt in der Landschaft Hidjas, Saudi-Arabien, 366 800 Ew.; relig. Mittelpunkt des Islam, Geburtsort Mohammeds, Wallfahrtsort (›Ka'aba‹; Bild Islam).

Meknès, Stadt in Marokko, Zentrum eines wichtigen Landwirtschaftsgebietes, 416 000 Ew.; Sultanspalast, Moscheen, alte Stadttore.

Mekong, der größte Fluß SO-Asiens, 4 500 km, entspringt im chines. Tangla-Gebirge und mündet in einem 70 000 km² großen Delta im südl. Vietnam in das Südchines. Meer.

Mélac, Ezéchiel Graf von, frz. General, † (gefallen) 1709, verwüstete 1689 im Auftrag Ludwigs XIV. die Pfalz und zerstörte dabei u. a. Heidelberg.

Melaminharze, wertvolle beständige Kunstharze aus **Melamin** (Triaminotriazin) und Formaldehyd.

Melancholie [grch.], umgangssprachl. Bez. für Formen des Trübsinns und der Niedergeschlagenheit. In der antiken Temperamentenlehre der Gemütshabitus des **Melancholikers** (Neigung zu Trübsinn und Schwermut). Heute v. a. Synonym für endogene Depression (→Zyklothymie 2).

Melanchthon, grch. für **Schwarzerdt,** Philipp, Humanist und reformator. Theologe, * 1497, † 1560, 1518 Prof. der griech. Sprache in Wittenberg und hier seit 1519 enger Mitarbeiter M. Luthers; war 1529 an allen wichtigen Religionsverhandlungen beteiligt. Seine Nachgiebigkeit gegenüber der kath. Partei entsprach seinem Wunsch, die Reformation auf friedl. Wege durchzuführen. Luthers Lehre hat er später unter humanist. und calvinist. Einflüssen abgewandelt. Das führte zu Luthers Lebzeiten zu zeitweiliger Spannung, nach Luthers Tod zu erbitterten Kämpfen zw. den Anhängern M.s (den **Philippisten,** auch M.) und strengen Lutheranern. Von großer Bedeutung war M. als Organisator des Hochschul- und Lateinschulwesens (›Praeceptor Germaniae‹).

Melaneside, Menschenrasse Ozeaniens; Kerngebiet Melanesien. Man stellt sie den afrikan. Negriden nahe (dunkle Haut) oder den Australiden oder sieht sie als selbständigen Zweig der ›dunklen‹ Südmenschen an.

Melanesien, Inselgruppen im westl. Pazif. Ozean, rd. 967 000 km². M. umfaßt Neuguinea, die Salomon-, Santa-Cruz-Inseln, Neuen Hebriden sowie Neukaledonien und benachbarte Inseln.

Melanesier, die Bewohner Melanesiens, i. e. S. die Sprecher austrones. Sprachen, rassisch → Melaneside. Ihre vielen Einzelstämme unterscheiden sich sprachlich und kulturell stark. Sie lebten vom Fischfang und Grabstockbau; als Wohnung war der Pfahlbau häufig; große Fertigkeit in Bootsbau und Schnitzkunst.

Melange [mel'ãʒ, frz.], Mischung; Wien: Milchkaffee.

Melanide, Indo-Melanide, Schwarz-Inder, Menschenrasse Indiens, nehmen eine Mittelstellung zw. Negriden und Europäiden ein.

Melanine [grch.] *Mz.,* natürl. dunkle Farbstoffe, die sich z. B. beim Zerschneiden von Äpfeln bilden. M. verursachen auch die Pigmentierung von Haut und Augen. Eine verstärkte Ablagerung von M. bewirkt **Melanismus.**

Melanom [grch.], ♥ bösartige Geschwulst, in deren Zellen massenhaft Melanin abgelagert wird. M. kommen an der Haut, am Auge, seltener an den Hirnhäuten vor.

Melanophorenhormon [grch.], ♂♀ für →Melanozytenstimulierendes Hormon.

Melanose [grch.], krankhafte Ablagerung von Melaninen im menschl. Körper; auch in Pflanzenzellen.

Melanozyten [grch.], melaninhaltige Zellen.

Melanozytenstimulierendes Hormon, Abk. **MSH, Melanotropin,** im Mittellappen der Hirnanhangdrüse gebildetes Polypeptidhormon, das bei Tieren auf die Bildung von Pigment (Melanin) und die Verteilung des Farbstoffes in den Melanozyten der Haut und damit auf deren Braunfärbung einwirkt. Beim Menschen wirkt es vermutlich ähnlich. Fische, Frösche und Kriechtiere vermögen mit Hilfe des MSH einen Farbwechsel vorzunehmen.

Melaphyr [grch.], erdgeschichtlich älteres vulkan. Gestein von basalt. Zusammensetzung.

Melasse [frz.], zähflüssiger, schwarzbrauner Rückstand der Zuckergewinnung; Rohstoff für Spiritusherstellung; Viehfutter.

Melatonin, Hormon der Zirbeldrüse; bewirkt bei Amphibien Aufhellung der Haut (Gegenspieler des → Melanozytenstimulierenden Hormons).

Melbourne [m'ɛlbən], Hptst. des austral. Bundesstaates Victoria, 2,74 Mio. Ew.; zweitgrößte Stadt und Hafen des Kontinents, kath. und anglikan. Erzbischofssitz, 2 Univ.; Fahrzeugbau, Bekleidungsind., Erdölraffinerien, chem. Werke, Nahrungsmittelind. M. wurde 1835 gegründet.

Melchior, einer der Hl. →Drei Könige.

Melchisedek, Priesterkönig von Salem (Jerusalem); durch messian. Deutung zum Vorbild Christi geworden.

Melchiten, Melkiten *Mz.,* Ostchristen in Ägypten, Palästina und bes. in Syrien, die nach dem Konzil von Chalcedon (451) nicht zum Monophysitismus übergingen, sondern an der Religion der byzantin. Staatskirche festhielten. Seit dem 17. Jh. ist ein Teil der M. mit Rom uniert.

Melde, Melle, Müll, Atriplex, artenreiche Gatt. der Gänsefußgewächse; z. B. die z. T. rotkrautige, als Gemüse verwendete **Gartenmelde (Spanischer Spinat),** ferner die europäisch-asiat. **Strand-M.**

Meldepflicht. ♺ Jeder Wohnungswechsel ist binnen 1 Woche auf vorgeschriebenen Meldescheinen bei den **Meldeämtern (Einwohnermeldeamt)** anzuzeigen (Ab-M., An-M.). Meldepflichtig sind: der Umziehende selbst, der Hauseigentümer und der Wohnungsinhaber (bei Untermietern). – **Meldepflichtige Krankheiten,** Krankheiten, für die auf Grund des Bundesseuchengesetzes v. 18. 7. 1961 Meldepflicht bei der zuständigen Behörde (Gesundheitsamt) besteht.

Meldewesen, gesetzl. Bestimmungen zur Erfassung von Vorgängen des Familienstandes, von Gewerbebetrieben, Wehrpflichtigen u. a.

Melegnano [mele̯n'a:no], früher **Marignano,** ital. Stadt zw. Mailand und Lodi, rd. 19 000 Ew. Hier schlug am 13./14. 9. 1515 Franz I. von Frankreich die Schweizer Söldner und gewann damit Mailand zurück.

Melekess, russ. Stadt, →Dimitrowgrad.

Melibokus, Malchen, markanter Berg (517 m) am W-Rand des Odenwalds.

Philipp Melanchthon (aus einer Miniatur von H. Holbein d. J., um 1530)

Melk: Stift M.

Melonenbaum:
Papayafrüchte
am Baum

Melilla [mel'iʎa], Hafenstadt in N-Marokko, span. Exklave, 12,3 km², rd. 65 000 Ew.; Nahrungsmittelind., Schiffbau; seit 1497 in span. Besitz.

Melioration [lat.], kulturtechn. Maßnahmen zur Bodenverbesserung landwirtschaftlich genutzter Flächen, z. B. durch Bewässern, Entwässern.

Melisma [grch.], melod. Verzierung, Koloratur.

Melisse [grch.], 1) **Melissa**, europäisch-westasiat. Lippenblütergatt. Die würzigen Blätter der südeurop., weißblütigen **Garten-M.** oder **Zitronenkraut** geben u. a. Tee. 2) andere würzige Lippenblüter, so die Heilpflanze **Katzenminze.**

Melitopol, Stadt in der Ukrain. SSR, 163 000 Ew.; Maschinenbau, Nahrungsmittel-, Bekleidungsindustrie.

Melk, Bezirksstadt in NÖ, an der Donau, 6 400 Ew.; auf einem Felsen über der Stadt das **Stift M.** (1702 ff. von J. Prandtauer erbaut), das auf ein 985 gegr. Chorherrenstift (1089 von Benediktinern bezogen) zurückgeht.

Melk, Heinrich von, → Heinrich 7).

Melker, landwirtschaftl. Beruf mit 3jähriger Lehrzeit.

Melkmaschine, Saugpumpe mit Melkbechern und Sammelgefäß zum Absaugen der Milch aus dem Euter.

Mell, Max, österr. Schriftst., * 1882, † 1971; schrieb bes. Legendenspiele und Tragödien.

Melle, Stadt im Kr. Osnabrück, Ndsachs., nördl. vom Teutoburger Wald, 40 800 Ew.; Solequellen; Möbel-, Maschinenbau-, Textil-, Zündwaren- u. a. Industrie.

Mellerowicz [-tʃ], Konrad, Betriebswirtschaftler, * 1891, befaßte sich bes. mit der Kostenrechnung.

Mellon [m'elon], Andrew William, amerikan. Unternehmer und Bankier, * 1855, † 1937, von großem Einfluß auf die Entwicklung der amerikan. Wirtschaft; 1921–32 Finanzmin.

Melodie [grch.], in sich geschlossene Tonfolge.

Melodrama [grch.], 1) Mischgatt. aus gesprochenem Schauspiel und untermalender Musik (J.-J. Rousseaus ›Pygmalion‹, 1774/75). 2) Schauer-, Rührstück.

Melone [ital.], 1) Kürbisgewächse: **Zucker-M.** mit saftreichen, süß-würzigen Früchten in Südeuropa und in den Tropen angebaut. **Wasser-M.,** mit glatten, grünen, saftreichen Früchten, in heißen, trockenen Gebieten. 2) steifer Hut.

Melonenbaum, Papaya, trop. Baum mit melonenart. Früchten.

Melos [grch.], Melodik, Merkmale eines Melodie-Typus.

Melos, ital. **Milo,** grch. Insel der Kykladen, 151 km²; Abbau von Baryt, Bentonit, Perlit, Kaolin. Auf M. wurde die **Venus von Milo** gefunden (Paris, Louvre).

Melozzo da Forlì, ital. Maler, * 1438, † 1494; in seinen Fresken erreichte er bei der Gestaltung von Raum und Figuren schon fast die Monumentalität der Hochrenaissance.

Melpomene, grch. **Melpomene,** Muse der Tragödie.

Melsungen, Stadt im Schwalm-Eder-Kreis, Hessen, an der Fulda, 13 100 Ew.; got. Kirche (1415–25), Schloß (1550–77), viele Fachwerkbauten (u. a. Rathaus, 1555/56).

Melun-Sénart [məl'œ sən'aːr], städt. Entwicklungszone 35 km südöstlich von Paris, frz. Dép. Essonne und Seine-et-Marne, 1971 als ›ville nouvelle‹ gegr.

Melusine, in der altfrz. Sage eine Meerfee, die die Gemahlin eines Menschen wird, aber wieder in ihr Element zurückkehrt.

Melville [m'elvɪl], Herman, amerikan. Schriftst., * 1819, † 1891. Seine Romane, realistisch in der Sachbeschreibung, sind durch ihre Symbolhaftigkeit Ausdruck der existentiellen Angst der Menschen: ›Typee‹ (1846), ›Moby Dick‹ (1851), ›Billy Budd‹ (veröffentlicht 1924) u. a. (Bild S. 271)

Melville Island [m'elvɪl 'aɪlənd], 1) unbewohnte Insel im Kanadisch-Arkt. Archipel, 42 149 km², nach anderen Angaben 42 396 km². 2) Insel vor der Küste N-Australiens, 5 600 km², Trockenwald und Savannen.

Member of Parliament [m'embə ɔv p'aːləmənt, engl.], Abk. **M. P.,** Abg. im brit. Parlament (Unterhaus).

Membran, Membrane [lat.] *die,* 1) Biologie: dünnes Häutchen, z. B. Oberflächenhäutchen von Zellen, ferner das Trommelfell bei Mensch und Wirbeltieren. 2) ⚗ ⊠ dünne, meist poröse Wand (Häutchen) zur Trennung von Flüssigkeiten oder Gasen unterschiedl. Zusammensetzung. 3) ⊕ flächenhafter Körper, z. B. in Mikrophonen, Fernsprechern, ein dünnes, schwingungsfähiges Gebilde aus Metall, Kohle, Kunststoff oder Hartpapier in Form einer Platte oder eines Kegels.

Memel, die, litauisch **Nemunas,** russ. **Neman** (eingedeutscht **Njemen),** Fluß, 937 km, entspringt südlich von Minsk, durchfließt Weißrußland und Litauen, gabelt sich unterhalb von Tilsit in **Ruß** und **Gilge** und mündet in das Kurische Haff. 2) litauisch **Klaipeda,** Stadt in der Litauischen SSR, am Ausgang der Kur. Haffs zur Ostsee, 178 000 Ew.; Hafen, Flughafen; Fischerei, Fischverarbeitung, Werften, Holzind.; Cellulose; Papierkombinat. - M. wurde als Burg des livländ. Zweigs des Dt. Ordens und des Bischofs von Kurland angelegt und 1328 mit Preußen vereinigt.

Memelgebiet, Memelland, der nördlich der Memel und des Ruß gelegene Teil Ostpreußens, 2830 km². Das M. mußte nach dem Versailler Vertrag (1919) ohne Befragung der Bevölkerung an die Alliierten abgetreten werden, in deren Namen Frankreich 1920 die Verwaltung übernahm. Den 1923 in M. eindringenden litauischen Freischärlern leistete die frz. Besatzung keinen Widerstand, auch die Pariser Botschafterkonferenz fügte sich der Gewaltlösung: nach dem Memelstatut (1924) war das M. ein autonomer Bestandteil Litauens. Nach den Wahlen Dez. 1938 (87 % für die Memel-Deutschen) gab Litauen im März 1939 das M. an Dtl. zurück. 1948 wurde das M. in die Litauische SSR eingegliedert.

Memento [lat.] *das,* Mahnung, Rüge. **memento mori,** gedenke des Todes.

Memleben, Gem. im Bez. Halle, an der Unstrut; war eine otton. Königspfalz. Reste der Pfalz und des Benediktinerklosters (um 979–1552) sind erhalten.

Memling, Hans, niederländ. Maler, * um 1433, † 1494, malte, bes. auf ideale Schönheit bedacht, Andachtsbilder in ausgewogener Komposition, sorgfältiger Zeichnung und erlesener Farbigkeit. (Ursula-Schrein mit der Legende der Heiligen, 1489, Brügge, Johannesspital, u. a.). Bild S. 271

Memmingen, kreisfreie Stadt im RegBez. Schwaben, Bayern, 38 000 Ew.; vielfältige Ind. M. wurde 1286 Reichsstadt, 1803 bayerisch. Altes Stadtbild mit Resten der Befestigung, got. Martins- und Frauenkirche, Kreuzherrenkirche (1480, 1709), Rathaus (1589, 1765), Hermannsbau (1766).

Memnon, grch. Mythos: Sohn der Eos, Fürst der Äthiopier, kam den Trojanern zu Hilfe und wurde von Achill getötet. Mit ihm werden die **Memnonsäulen** oder **-kolosse** bei Theben in Ägypten, 2 Sitzfiguren des Königs Amenophis III. (um 1400 v. Chr.), in Verbindung gebracht.

Memoiren [memw'aːrən, frz.] *Mz.,* Denkwürdigkeiten, Erinnerungen an die Zeitgeschichte, die der Autor als handelnd Beteiligter oder als Augenzeuge miterlebt hat.

Memorandum [lat.], Denkschrift.

Memoria [lat.], Gedächtnis, Gedenken. **in (ad) memoriam,** zu Erinnerung.

Memorial [lat.] *das,* 1) Denk-, Bittschrift. 2) das Tagebuch der Buchführung.

Memphis, 1) ägypt. **Menfe,** älteste Hptst. Ägyptens, am unteren Nil, oberhalb von Kairo. Die Gründung geht auf König Menes zurück. Ruinenstätte mit Tempelresten. 2) Stadt in

Tennessee, USA, am Mississippi, 644 800 Ew. (davon rd. 39% Neger); Nahrungsmittel-, chem., Papierind., Holzverarbeitung, Landmaschinen; 2 Univ.

Menado, indones. Stadt, →Manado.

Menage [men'a:ʒə, aus frz. ›Haushalt‹, ›Wirtschaft‹] *die,* Tischgestell für Öl- und Essigflasche, Salz und Pfeffer.

Menagerie [mənaʒər'i:, frz.], Tierschau.

Menaikanal, engl. **Menai Strait** [-streɪt], rd. 400 m breite Meerenge zw. der Insel Anglesey und Wales; 2 Brücken.

Menam *der,* Hauptstrom von Thailand. Sein rd. 20 000 km² großes Delta mündet in den Golf von Siam. Der eigtl. M., 365 km, entsteht aus der Vereinigung der Quellflüsse Ping (590 km) und Nam (627 km).

Menama, Hptst., wichtigster Hafen und wirtschaftl. Zentrum von Bahrain (Pers. Golf), 150 000 Ew.

Menander, der bed. grch. Dichter der neueren attischen Komödie, * 341, † 290 v. Chr.

Menarche [grch.] *die,* ♀ →Menstruation.

Menas, Märtyrer unter Diokletian († 295), Heiliger, Tag: 11. 11., volkstüml. Nationalheiliger Ägyptens in altchristl. Zeit.

Mencken, Henry Louis, amerikan. Schriftst., * 1880, † 1956, übte scharfe Kritik am amerikan. Geistesleben.

Mende, Erich, Politiker, * 1916; 1945 Mitgr., 1960–68 Bundesvors. der FDP, 1963–66 Bundes-Min. für Gesamtdt. Fragen; nach Bildung der SPD/FDP-Koalition wandte sich M. gegen den Kurs der FDP, trat 1970 aus ihr aus, wurde Mitgl. der CDU.

Mendel, Gregor Johann, Entdecker der grundlegenden Vererbungsgesetze, * 1822, † 1884, war in Brünn Augustinerprior. Bei Kreuzungsversuchen, bes. an Erbsen und Bohnen, fand er die **Mendelschen Gesetze (Mendelismus)** für die Vererbung einfacher Merkmale.

Mendelejew, Dimitrij Iwanowitsch, russ. Chemiker, * 1834, † 1907, stellte unabhängig von L. Meyer ein Periodensystem der Elemente auf.

Mendele Mojcher Sforim, eigtl. Schalom Jakob **Abramowitsch,** jidd. und hebr. Dichter, * 1836, † 1917, Klassiker der jidd. Literatur; realist. Prosa.

Mendelevium, Zeichen **Md,** künstl. radioaktives chem. Element (→chemische Elemente, Übersicht).

mendeln, Genetik: nach den Mendelschen Gesetzen vererbt werden.

Mendelpaß, ital. **Passo della Mendola,** Alpenpaß mit Straße im SW von Bozen, rechts der Etsch, 1 363 m.

Mendelsohn, Erich, Architekt, * 1887, † 1953, verband Sachlichkeit mit formenreich plastischer Durchbildung des Baukörpers (Einsteinturm, Potsdam, 1920, u. a.).

Mendelssohn, 1) Arnold, Komponist, Großneffe von F. Mendelssohn-Bartholdy, * 1855, † 1933; evang. Kirchenmusik. **2)** Dorothea, →Schlegel 3). **3)** Moses, Philosoph, * 1729, † 1786, wirkte im Sinne der Aufklärung und der Emanzipation des Judentums in Dtl. **4)** Peter de, Schriftst., * 1908, † 1982, Romane, Essays, Übersetzungen.

Mendelssohn-Bartholdy, Felix, Komponist, * 1809, † 1847. Sein romantisch-klassizist. Schaffen hat, bes. durch seine

H. Memling: Verkündigung an die Hirten, Ausschnitt aus den ›Sieben Freuden Mariä‹, 1480 (München, Alte Pinakothek)

klar gegliederte Melodik, auf viele Komponisten gewirkt. Konzertouvertüren (Sommernachtstraum, 1826, u. a.), Sinfonien, Violinkonzert, Schauspielmusiken, Streichquartette, Oktett, Klavierwerke, Oratorien.

Menden (Sauerland), Stadt im Märk. Kr., NRW, im Hönnetal, 53 200 Ew.; Metall-, Elektro- u. a. Industrie.

Menderes, türk. **Büyük M.,** im Altertum **Mäander,** Fluß in Kleinasien, rd. 450 km; nahe der Mündung in das Ägäische Meer die Ruinen Milet.

Menderes, Adnan, türk. Politiker, * 1899, † (hingerichtet) 1961, war 1950–60 MinPräs., 1960 durch einen Staatsstreich der Armee unter Führung C. Gürsels gestürzt.

Mendes|antilope, Art der →Säbelantilopen.

Mendès-France [mɛ̃dɛsfr'ãs], Pierre, frz. Politiker (Radikalsozialist), * 1907, † 1982, Jurist, 1954/55 MinPräs. (bis Anfang 1955 auch Außen-Min.), beendete den Indochina-Krieg. 1959 aus seiner Partei ausgeschlossen, 1960 Mitgründer der Verein. Sozialist. Partei (PSU; Mitgl. bis 1968); 1974 Wirtschaftsberater F. Mitterrands.

Mendikant [lat.], Bettelmönch.

Mendoza [-sa], Hptst. der argentin. Prov. M., 118 600 Ew.; Univ., kath. Erzbischofssitz; internat. Flughafen.

Mendoza [-θa], **1)** Anna de, →Eboli. **2)** Antonio de, * 1490, † 1552, 1535 erster span. Vizekönig von Mexiko, 1549 Vizekönig von Peru. **3)** Diego **Hurtado de,** span. Humanist, Schriftst., Staatsmann, * 1503, † 1575. **4)** Pedro de, span. Eroberer, * 1499 (?), † 1537, gewann das Río-de-la-Plata-Gebiet, gründete 1536 Buenos Aires.

Menelaos, grch. Mythos: König von Sparta, Sohn des Atreus, Bruder Agamemnons, Gemahl Helenas, kämpfte gegen Troja, erreichte später erst nach achtjähriger Irrfahrt die Heimat.

Menelik II., Kaiser von Äthiopien (1889–1913), * 1844, † 1913, besiegte die Italiener 1896 bei Adua und erreichte die Anerkennung der Unabhängigkeit Äthiopiens.

Menendez Pelayo [men'endeθ pel'ajo], auch **M. y P.,** Marcelino, span. Literarhistoriker und Kritiker, * 1856, † 1912; Arbeiten zur span. Literatur- und Geistesgeschichte.

Menéndez Pidal [men'endeθ piδ'al], Ramón, span. Philologe und Historiker, * 1869, † 1968; grundlegende Werke zur span. Sprache und Literatur.

Menes, ägypt. König, der um 2900 v. Chr. Ober- und Unterägypten vereinigt und Memphis gegründet haben soll.

Menetekel, A. T.: die Worte der Geisterschrift beim Gastmahl des babylon. Königs Belsazar, von Daniel auf dessen Sturz gedeutet: ›Er (Gott) hat (das Reich) gezählt, gewogen, zerteilt‹. – Sprichwort: ›Gewogen und zu leicht befunden‹.

Menge, △ Zusammenfassung von Dingen *m* (Elementen der M.), die voneinander unterscheidbar sind.

Mengelberg, Willem, niederländ. Dirigent, * 1871, † 1951.

Mengenkonjunktur, Konjunkturaufschwung bei gleichbleibenden oder sinkenden Preisen, wobei die meist steigenden Rohstoff- und Lohnkosten durch Rationalisierung aufgefangen werden.

Mengenlehre, Lehre von den →Mengen mit unendlich vielen Elementen, bes. von den Beziehungen zw. einer Menge und deren Untermengen sowie von den Abbildungen der Elemente zweier Mengen aufeinander.

Mengen|notierung, Notierung von Devisenkursen, die angibt, wie viele Einheiten der Auslandswährung man für feststehende Inlandseinheiten erhält.

Menger, Carl von, österr. Volkswirtschaftler, * 1840, † 1921, Mitbegründer der Grenznutzentheorie.

Menghin [-g'i:n], Oswald, österr. Prähistoriker, * 1888, † 1973; ›Weltgeschichte der Steinzeit‹ (1930).

Mengistu, Haile Mariam, äthiop. Offizier und Politiker, * 1937, am Militärputsch 1974 beteiligt; seit 1977 Staats- und Regierungschef, verwandelt er Äthiopien in einen am Marxismus-Leninismus orientierten Staat.

Mengs, Anton Raphael, Maler, * 1728, † 1779, Begründer des reinen Klassizismus.

Meng-tzu, chines. Philosoph, * 372 v. Chr., † 289, bildete die Ethik des Konfuzianismus weiter, ausgehend von der angeborenen Güte der menschl. Natur.

Menhir [kelt.] *der,* aufrechtstehender, bis 20 m hoher Stein von kult. Bedeutung, manchmal auch bei Gräbern errichtet. Die meisten M. stammen aus der Jungsteinzeit.

Meningitis [grch.], Gehirnhautentzündung; **epidemische M.,** die Genickstarre (Übersicht Gehirn, Krankheiten).

Herman Melville (aus einem Gemälde von J. O. Eaton)

Gregor Johann Mendel

Dimitrij Mendelejew

Meniskus [grch.], 1) ⚡ 2 Knorpel im →Kniegelenk. 2) Oberfläche einer Flüssigkeit in einer dünnen Röhre; konkav bei benetzender, konvex bei nicht benetzender Flüssigkeit.

Mennige [lat.], gelbes bis rotes Bleioxid, Malerfarbe, Rostschutzmittel, Gemengteil von Bleigläsern, Kitten u. a.

Mennoniten [nach dem Stifter Menno Simons, † 1561], **Taufgesinnte,** evang. Gemeinschaft, die Erwachsenentaufe, Eidverweigerung und Kampf für Toleranz fordert; bes. in den Niederlanden, den USA und Kanada.

Menon, Vengalil Krishnan Krishna, ind. Politiker, *1897, † 1974, Rechtsanwalt, 1947–52 erster ind. Hochkommissar in London, war 1952–63 Vertreter Indiens bei der UNO, 1957–62 zugleich Verteidigungsminister.

Menopause [grch.], bei der Frau das auf die letzte Menstruation folgende Jahr; danach **Postmenopause.**

Menora [hebr.] *die,* der siebenarmige Leuchter der Juden; zu →Chanukka ein achtarmiger Leuchter.

Menorca, früher **Minorca,** Insel der span. Balearen, 668 km², 48 800 Ew. Hptst.: Mahón; vorgeschichtl. Bauwerke.

Menorrhagie [grch.], zu starke Menstruationsblutung.

Menotti, Gian-Carlo, ital. Komponist, *1911; Opern: ›Der Konsul‹ (1950), ›Juana la Loca‹ (1979) u. a.

Mensa [lat. ›Tisch‹], Altar, Altarplatte. **Mensa academica,** Studentenspeisehaus.

Mensch, lat. **Homo,** grch. **Anthropos,** das höchstentwickelte Lebewesen der Erde. Der M. gehört im zoolog. System zu den Säugetieren, von denen er sich bes. durch seine spärl. Körperhaarung, den aufrechten Gang, den Gebrauch der Hände und die lückenlosen Zahnreihen ohne hervorstehende Eckzähne unterscheidet. Gegenüber allen Tieren nimmt er bes. durch das hochdifferenzierte Gehirn, verbunden mit der Fähigkeit, in Worten zu denken und zu sprechen, eine Sonderstellung ein.

Im natürl. System der Lebewesen gehört die Art Homo sapiens zur Fam. Menschenartige (Hominiden), einen Zweig der →Primaten. Für diese verwandtschaftl. Beziehungen liefern vergleichende Anatomie, Physiologie und Psychologie, Serologie, Embryologie, Paläontologie (bes. Paläanthropologie) u. a. Wissenschaften Beweise. Ähnlichkeiten zeigen sich im gesamten Bauplan des Körpers (Innenskelett mit Wirbelsäule, Bau der Gliedmaßen, Zentralnervensystem, Blutgefäßsystem usw.) sowie in vielen Entsprechungen von Lage und Funktion der Einzelorgane.

Als ältester bisher bekannter Menschenartige gilt ein graziler Hominide, der, vor etwa 10–14 Mio. Jahren, aus Asien und Afrika belegt ist. Wo die erste Phase der Hominiden-Evolution ablief, d. h. wo die ›Wiege der Menschheit‹ stand, ist umstritten. – Die mit der Ausbreitung des M. über fast die ganze Erde zunehmende Differenzierung seiner Lebensbedingungen führte zur Entwicklung vieler unterschiedl. Teilgruppen (→Menschenrassen).

Menschenaffen, Pongiden, Fam. der Affen, die dem Menschen in vielen körperl. Merkmalen sowie in den

Menschenaffen: Orang-Utan; Schädel eines männlichen (a), eines weiblichen (b) und eines jungen Tieres (c)

geist. Fähigkeiten sehr nahe stehen, aber nicht als seine unmittelbaren Vorfahren, sondern als spezialisierte Seitenzweige gelten. M. leben in trop. Urwäldern von Sumatra und Borneo (→Orang-Utan) und von W- und Zentralafrika (→Gorilla, →Schimpansen), Schimpansen auch in Savannengebieten. Die Arme der M. sind stets länger als die Beine, Daumen und große Zehe sind entgegenstellbar. Das Fell ist auf Schultern und Armen am längsten, das Haarstrich weist, wie beim Menschen, am Oberarm nach unten und am Unterarm nach oben; menschenähnlich sind z. B. die nackte Haut der Fußsohlen und Handflächen. Der Schädel ist nach Alter und Geschlecht verschieden gestaltet; in der Jugend wirkt er sehr menschlich, bei älteren Tieren treten Schnauzenpartie und Augenbrauenwülste stärker hervor. (Bild Affen)

Menschenartige, die Hominiden.

Menschenfresser, →Kannibalismus.

Menschenführung, das planmäßige Leiten von Personen und Gruppen im Betrieb, bes. die Gestaltung der zwischenmenschl. Beziehungen (Betriebsklima).

Menschenopfer, bei vielen alten Völkern und Naturvölkern die kultische Opferung von Menschen.

Menschenrassen, natürl. Untergruppen der Art Mensch (Homo sapiens), gekennzeichnet durch bestimmte erbl., in weiten

Grenzen schwankende Merkmale: Körperhöhe und Proportionen sind sehr verschieden, ebenso Maße und Formen des Schädels in Gehirn- (Lang-, Rund-, Hochkopf, verschiedene Hinterhauptswölbung, wechselnde Stirnformen) und Gesichtsteil; in der Ausbildung der Weichteile (Muskulatur, Fettansatz, Form der Lippen, der Augenlider, der Ohrmuscheln) bestehen nicht minder große Unterschiede. Haar-, Haut- und Augenfarbe wechseln von den hellsten bis zu den dunkelsten Tönen; Haarform (straff, schlicht, wellig, lockig, kraus) und Stärke der Bart- und Körperbehaarung variieren stark, Papillarlinien und Blutgruppen weisen ebenfalls Erbunterschiede auf. M. als streng voneinander isolierte einheitl. Fortpflanzungsgemeinschaften dürfte es auch in der Vergangenheit kaum gegeben haben. Immer bestanden Beziehungen zw. benachbarten Gruppen, durch die sich Mischungs-, Übergangs-, Kontaktzonen zw. den Zentren rass. Ausprägung bildeten. Versuche einer Gliederung der M. reichen bis ins Altertum zurück (z. B. Darstellungen in der altägypt. Kunst). Die von alters her übliche Dreiteilung der Menschheit nach der Hautfarbe als den auffälligsten Rassenmerkmal (›Schwarze‹, ›Weiße‹, ›Gelbe‹) gibt auch das Grundgerüst der neuzeitlichen Gliederungen der M., so bei E. v. Eickstedt, wo sie als →Europide, →Negride und →Mongolide erscheinen. (Bilder S. 273)

Menschenraub, ⚡ Überwältigung eines Menschen durch List, Drohung oder Gewalt, um ihn in hilfloser Lage auszusetzen oder in Sklaverei, in auswärtigen Kriegsdienst u. a. zu bringen (→Verschleppung); wird mit Freiheitsstrafe nicht unter 1 Jahr geahndet (§ 234 StGB), in Österreich mit Freiheitsstrafe von 10–20 Jahren (§ 103 StGB). Die Schweiz behandelt M. als Freiheitsberaubung, die Dt. Dem. Rep. als Menschenhandel.

Menschenrechte, die angeborenen, unveräußerl. und unantastbaren Rechte und Freiheiten des Einzelnen gegenüber staatlichem Eingriff; sie werden heute als Grundrechte gewährleistet, so in der Bundesrep. Dtl. in Art. 1ff. GG: Glaubens-, Gewissens- und Bekenntnisfreiheit, Recht der freien Meinungsäußerung, Gleichheit vor dem Gesetz, Recht auf Freizügigkeit u. a. Der Schutz der M. ist auch ein Ziel der UNO. Die Mitgl. des Europarats haben 1950 die **Europäische Konvention der M.** abgeschlossen; 1959 wurde der **Europ. Gerichtshof für M.** gebildet.

Menschensohn, der wichtigste Titel Jesu in den 3 ersten Evangelien, wohl nach Daniel 7,13.

Menschewiki, gemäßigte Richtung der ehem. russ. Sozialdemokratie (G. Plechanow u. a.), die den Bolschewiki (Leninisten) 1903 unterlag.

Menschikow, Aleksandr Danilowitsch, Reichsfürst (1705), *1673, † 1729, Vertrauter Peters d. Gr., nach dessen Tod (1725) Katharinas I.; 1727 verbannt.

Mensendieck, Bess, niederländisch-amerikan. Gymnastiklehrerin, *1864, † 1957 oder 1958, entwickelte ein neues System der Gymnastik.

Mens sana in corpore sano (sit) [lat.], ein gesunder Geist (möge) in einem gesunden Körper (wohnen) (Juvenal, ›Satiren‹).

Menstruation [lat.], **Menses** [lat.], grch. **Menorrhöe,** auch **Periode, Regel, Monatsfluß,** die bei der geschlechtsreifen Frau in etwa 28tägigen Abständen (Genitalzyklus) auftretende Blutung aus der Gebärmutter (durchschnittlich 4–6 Tage dauernd). Sie wird durch den Abfall der Hormonspiegels im Blut bewirkt, zeigt den Tod einer unbefruchtet gebliebenen Eizelle an und geht mit einer Abstoßung der für die Schwangerschaft vorbereiteten Gebärmutterschleimhaut einher. Zeitpunkt des Eintreten der M. (in Mitteleuropa und den gemäßigten Zonen etwa zw. dem 12. und 14. Lebensjahr) heißt **Menarche.** Über das Aufhören der M. (**Menopause**) →Wechseljahre.

Mensur [lat.], Maß, Messung. 1) Fechtkunst: Abstand der beiden Gegner. 2) student. Brauch: ein Zweikampf mit blanker Waffe. 3) ⚗ graduierter gläserner Meßzylinder.

Mensuralnotenschrift, Mensuralnotation, Notenschrift des 13.–16. Jh., die außer dem Tonhöhe auch das Verhältnis der Dauer der Töne erkennen läßt. Um 1450 wurde statt der schwarzen Zeichen die schwarz umrandete weiße Notenform eingeführt: Maxima ◼, Longa ◼, Brevis ◼, Semibrevis ◆ (unsere ganze Note), Minima ♩ (Halbe), Semiminima ♪ oder ♩ (Viertel), Fusa ♪ oder ♪ (Achtel), Semifusa ♪ oder ♪ (Sechzehntel). In M. aufgezeichnete Musik heißt **Mensuralmusik.**

mental [lat.], den Geist angehend, gedanklich. **Mentalität,** Denkungsart.

Mentalreservation [lat.], der geheime Vorbehalt, das Erklärte nicht zu wollen.

Menschenrassen: Europide und ihnen zugerechnete Gruppen: **1** *nordid, Holsteiner;* **2** *fälisch, Hesse;* **3** *alpin, Badener;* **4** *dinarid, Montenegrinerin;* **5** *mediterranid, Grieche;* **6** *orientalid, Spanier;* **7** *indid, Hindufrau;* **8** *polynesid, Samoanerin;* **9** *weddid, Panyer;* **10** *ainuid, Ainu-Mann*

Mentawai-Inseln, indones. Inselgruppe südwestlich von Sumatra, 5 091 km², etwa 20 000 Ew.

Menthol [lat.], Hauptbestandteil des Pfefferminzöls, ein höherer Alkohol, wirkt antiseptisch, juckreizmildernd, kühlend.

Menton [mãt'ɔ̃], ital. **Mentone,** Stadt an der Mittelmeerküste, im frz. Dép. Alpes-Maritimes, Kurort der Riviera, 25 300 Ew.; Blumen- und Zitronenanbau; Parfümindustrie. Unweit M. liegen die → Grimaldi-Grotten.

Mentor, 1) Freund des Odysseus, Lehrer des Telemach. **2)** Ü Lehrer, Berater, Erzieher.

Menü, frz. **Menu** [mən'y], Speisenfolge, Speisekarte.

Menu|ett [frz.], frz. Hoftanz im 3/4-Takt, um die Mitte des 17. Jh. am Hof Ludwigs XIV. eingeführt; oft Teil der Suite.

Menuhin, Yehudi, amerikan. Geiger, * 1916, Interpret klass. wie moderner Musik; 1979 Friedenspreis des Dt. Buchhandels.

Menzel, 1) Adolph von (1898), Maler, * 1815, † 1905, trat 1842 mit 400 Illustrationen zu Kuglers ›Geschichte Friedrichs d. Gr.‹ hervor, nach seinen Federzeichnungen in Holz gestochen. Seine frühen Gemälde nehmen in malerischer Freiheit und Frische bereits den Impressionismus voraus. Später malte er Bilder aus dem Leben Friedrichs d. Gr. (Tafelrunde, 1850, im 2. Weltkrieg zerstört; Flötenkonzert, 1852, u. a.), aus der

Menschenrassen: Negride und ihnen zugerechnete Gruppen: **11** *äthiopid, Somali;* **12** *sudanid, Neger (Tukulor);* **13** *khoisanid, Buschmann;* **14** *melanid, Singhalesin;* **15** *australid, Australier; Mongolide und ihnen zugerechnete Gruppen:* **16** *sinid, Japanerin;* **17** *südsinid, Südchinese;* **18** *eskimid, Grönländer;* **19** *silvid, Sioux-Indianer;* **20** *fuegid, Feuerländer*

$$CH_3$$

Menthol

Menz

zeitgenöss. Geschichte, vom Berliner Hof (Ballsouper, 1878) und dem Leben seiner Zeit (Théâtre Gymnase, 1856; Eisenwalzwerk, 1875). (Bilder Deutsche Kunst, Lithographie). **2)** Wolfgang, Literarhistoriker, * 1798, † 1873, griff als Kritiker Goethe und das ›Junge Deutschland‹ an. Schrift von L. Börne ›M., der Franzosenfresser‹ (1837).

Menzies [mˈenzɪz], Sir Robert Gordon, austral. Politiker (Liberaler), * 1894, † 1978, Rechtsanwalt, Premier-Min. 1939–41 und 1949–66.

Mephisto, Mephistopheles, der Teufel in Goethes ›Faust‹; im ältesten Volksbuch Mephostophiles.

Meppen, Stadt im Kr. Emsland, Ndsachs., Hafen an der Mündung der Hase in die Ems und am Dortmund-Ems-Kanal, 28 100 Ew.; Pflanzenschutz- und Tierzuchtamt Emsland, Staatl. Moorverwaltung und Emsland GmbH; Viehmärkte, Textil-, Kunststoff- u. a. Ind.

Meran, ital. **Merano,** Stadt in Südtirol, Italien, an der Passer, 34 600 Ew., Kurort. In der Umgebung zahlreiche Schlösser (Tirol, Schenna, Zenoburg).

Mercaptane, veraltet für →Thiole.

Mercator, Gerhard, latinisiert aus **Kremer,** Geograph, * 1512, † 1594; schuf seit 1541 eine Erd- und Himmelskugel, 1554 eine Karte von Europa 1 : 4 360 000, durch die er seinen Ruf als Kartenzeichner begründete, 1569 die Weltkarte für Seefahrer (**Mercatorentwurf**). 1595 erschien als sein Hauptwerk der erste Atlas.

Mercedes-Benz, Kraftwagenmarke der Daimler-Benz AG (→ Daimler).

Mercerisation, Mercerisieren [nach dem Engländer J. Mercer, * 1791, † 1866], Behandlung von Baumwollgarnen oder -geweben mit starken Laugen und Mercerisierhilfsmitteln unter Kühlung und Zugeinwirkung zur Erhöhung von Glanz, Reißfestigkeit, Farbstoffaufnahmevermögen.

Merchandising [mˈɔːtʃəndaɪzɪŋ, engl.] *das,* Sammelbegriff für absatzschaffende und absatzbeschleunigende Maßnahmen.

Merchant Adventurers [mˈɔːtʃənt ədvˈentʃərəz, engl. ›wagende Kaufleute‹, engl. Kaufmannsgilde, verdrängte seit dem 16. Jh. die Hanse aus dem engl. Handel.

Merchweiler, Gem. im Kr. Neunkirchen, Saarland, mit 12 200 Ew.

Mercier [mɛrsjˈe], Désiré, Kardinal (1907) und Philosoph, * 1851, † 1926; Haupt der neuscholast. Schule von Löwen, 1906 Erzbischof von Mecheln und Primas von Belgien, im 1. Weltkrieg geistiger Führer des belg. Widerstandes.

Merck, Johann Heinrich, Schriftst., * 1741, † (Selbstmord) 1791, Kriegsrat in Darmstadt, gefürchteter Kritiker, übte starken Einfluß auf den jungen Goethe aus.

Merck, E. M. oHG, Darmstadt, chemisch-pharmazeut. Unternehmen, gegr. 1827.

Merckx, Eddy, belg. Radrennfahrer, * 1945.

Mercury-Programm [mˈɔːkjʊrɪ-, engl.], die 1961–63 durchgeführten amerikan. Raumfahrtunternehmen, die der ersten prakt. Erprobung bemannter Raumflüge dienten. Die einsitzigen Mercurykapseln wogen etwa 1,4 t; sie wurden mit Atlas-Raketen gestartet. Nach zwei ballist. Flügen von je 15 Minuten Dauer wurden vier bemannte Flüge auf Erdumlaufbahnen (6, 7, 8, 9) ausgeführt. Das M.-P. ging dem →Gemini-Programm voran. (→ Raumfahrt, Übersicht).

Mer-de-Glace [mɛrdəglˈas, frz. ›Eismeer‹], Gletscher an der N-Seite des Montblanc, 39,7 km² groß, 12 km lang.

Meredith [mˈerədɪθ], George, engl. Schriftst., * 1828, † 1909; psycholog. Romane, in denen er im metaphernreichen Stil eine Synthese zw. Idealismus, positivist. Gedankengut und dem Schönheitskult der Präraffaeliten anstrebte. ›Richard Feverels Prüfung‹ (1859), ›Rhoda Fleming‹ (1865), ›Der Egoist‹ (1871), ›Diana vom Kreuzweg‹ (1885).

Mereschkowskij, Dmitrij Sergejewitsch, russ. Schriftst., * 1865, † 1941; Romantrilogie ›Christ und Antichrist‹: ›Julian Apostata‹ (1894), ›Leonardo da Vinci‹ (1902), ›Peter und Aleksej‹ (1902); Dramen, Erinnerungen, Essays.

Mergel *der,* Sedimentgestein, Gemenge aus Kalk (35%) und Ton (65%), gelb bis braun, grau.

Mergenthaler, Ottmar, Mechaniker, * 1854, † 1899, erfand 1884 die Linotype-Setzmaschine.

Mergentheim, Bad M., Stadt im Main-Tauber-Kr., Bad.-Württ., an der Tauber, Große Kreisstadt, 19 100 Ew.; Deutschmeisterschloß (1568 ff.); Glauber- und Bittersalzquellen; Parkettfabrik, Glasherstellung, Maschinen- und Apparatebau.

George Meredith

Prosper Mérimée

Mergui-Archipel [mˈergi-], Inselgruppe an der W-Küste Hinterindiens, zu Birma gehörig; Kautschukpflanzungen.

Merian, Familie von Kupferstechern: **Matthäus d. Ä.,** * 1593, † 1650, gab die ›Topographien‹, eine große Sammlung von Städteansichten, heraus, fortgesetzt von seinem Sohn **Matthäus d. J.,** * 1621, † 1687. **Anna Maria Sibylla,** * 1647, † 1717, Tochter von Matthäus d. Ä., veröffentlichte naturwissenschaftl. Werke mit kolorierten Stichen, bes. über die Insekten von Surinam.

Mérida [mˈerɪða], Hptst. des Staates Yucatán, Mexiko, 269 600 Ew., kath. Erzbischofssitz, Univ.; Handels- und Verarbeitungszentrum des Sisalanbaus.

Meridian [lat.], **1)** ☆ **Mittagskreis,** der durch Zenit und Pol gehende Kreis am Himmel. Er steht senkrecht auf dem Horizont und schneidet ihn im **Nord-(Mitternachts-)** und **Süd-(Mittags-)-Punkt. 2)** Geophysik: Die **magnet. M.** geben an jedem Ort die magnet. N-S-Richtung an. Sie verlaufen ungefähr durch die magnet. Pole. **3)** ⊕ über die Pole führende, den Erdäquator rechtwinklig schneidende Linie konstanter geograph. Länge; bei Annahme einer kugelförmigen Erde ein Großkreis (**Längenkreis**), beim Erdellipsoid eine Ellipse.

Mérimée [merimˈe], Prosper, frz. Schriftst., * 1803, † 1870; Novellen von schwelenden Leidenschaften in formvollendeter Sprache (›Colomba‹, 1840; ›Carmen‹, 1845, Oper von Bizet); histor. Roman ›Die Bartholomäusnacht‹ (1829).

Merino [span.], **1) Merinoschaf,** Schafrasse mit sehr feiner, gekräuselter Wolle. **2)** *der,* feines, weiches Kammgarngewebe -gestrick.

Merionethshire [merɪˈɔnɪθʃɪə], ehem. Cty. in N-Wales.

Meristem [grch.], ☆ Bildungsgewebe.

Meritokratie [lat.-grch.], gesellschaftl. Vorherrschaft einer durch Leistung und Verdienst ausgezeichneten Schicht.

Merk *der,* **Sium,** Doldenblütergattung, meist Sumpf- oder Wasserstauden.

Merkantilismus [von frz. mercantile ›kaufmännisch‹], wirtschaftspolit. System des Absolutismus (17.–18. Jh.). Kern des M. ist ein Ineinander von wirtschaftl. Nationalismus und staatl. Dirigismus. Hauptantrieb war der steigende staatl. Geldbedarf, der neue Finanzquellen notwendig machte. Das Schwergewicht lag in der Förderung des Außenhandels mit dem Ziel einer aktiven Handelsbilanz, damit Geld oder Edelmetall ins Land floß. Deswegen wurden heimische Gewerbe, Handel und Verkehr bes. gefördert. Vertreter: in Frankreich J.-B. Colbert, in England Cromwell, in Preußen der Große Kurfürst, Friedrich Wilhelm I., Friedrich d. Gr.

Merkur, ☆ der sonnennächste Planet (→ Planeten). Die Oberfläche ähnelt der des Mondes; typisch sind jüngere, bogenförmige, mehrere hundert km lange Steilhänge oder Verwerfungen. Der M. ist wegen seiner Sonnennähe von der Erde aus nur in der Dämmerung zu beobachten. Mitunter geht er als dunkler Punkt vor der Sonne vorbei (**M.-Durchgang**).

Merkur, röm. Gott des Handels, dem Hermes gleichgesetzt.

Merlan [frz.], der, Art der → Dorsche.

Merleau-Ponty [mɛrlˈo pɔ̃tˈi], Maurice Jean Jacques, frz. Philosoph, * 1908, † 1961, führender Vertreter des frz. Existentialismus.

Merlin *der,* **1)** zu den Falken gehöriger Greifvogel. **2)** der Zauberer und Prophet des Artuskreises. Drama von K. Immermann (1832).

Meroë, ehem. Hptst. des Äthiop. Reichs (Blütezeit 300 v. Chr. bis 300 n. Chr.) am oberen Nil, jetzt Ruinen von Tempeln und Palästen; östl. von M. die Pyramiden der Könige.

Merogonie [grch.], Entwicklung eines Lebewesens aus einem kernlosen, von einem Samenfaden befruchteten Teilstück eines Eies.

Merope, grch. Mythos: Tochter des arkad. Königs Kyselos, wurde von Polyphontes, dem Mörder ihres Mannes Kresphontes und ihrer Söhne, gezwungen, sich mit ihm zu vermählen. Tragödie ›Kresphontes‹ von Euripides.

Merowinger, Königsgeschlecht der sal. Franken, genannt nach **Merowech,** trat mit Chlodio um 430 in die Geschichte ein, erhob mit Chlodwig I. (482–511) das Fränk. Reich zur Vormacht des Abendlandes, verlor im 7. Jh. die Führung an die Hausmeier (→ Karolinger); abgesetzt 751.

merowingische Kunst, Kunst vom 5. bis Mitte 8. Jh. im Fränk. Reich mit galloroman. und german. Stilelementen. Pflegestätten: das die spätantike Kunsttradition bewahrende Kloster und die anfänglich noch heidn. Adelshöfe. Kirchenbauten sind meist nur im Grundriß erhalten, die Bauplastik ist häufiger

Mesoamerikanische Hochkulturen: links Mosaik-Maske der Mixteken, Mexiko; Mitte der Regengott Tlaloc, Teil eines Wandgemäldes aus Teotihuacán, Mexiko; rechts Tongefäß in Form eines mythischen Tieres, Nicaragua

überliefert. Buchmalerei und Elfenbeinschnitzerei wurden für kirchl. Zwecke weitergepflegt. Über das höf. Kunsthandwerk geben die Grabfunde des Childerich und der Arnegunde Aufschluß.

Merry old England [m'erɪ əʊld 'ɪŋglənd, ›Fröhliches Alt-England‹], Name für England, der bes. auf die Zeit unter Königin Elisabeth I. angewandt wird.

Merseburg, Krst. im Bez. Halle, an der Saale, 50 300 Ew.; TH für Chemie, Maschinenbau, Papierfabrikation. Nahebei → Leuna und → Schkopau. Bischöfl. Schloß um 1500, im 17. Jh. umgebaut, Marktkirche, Altes und Neues Rathaus (1524 als Gewandhaus gebaut). – M., als Grenzfeste gegen die Slawen angelegt, wurde 968 und 1004 Bistum, kam 1561 an Kursachsen, 1815 an Preußen.

Merseburger Zaubersprüche, 2 ahd. Zauberformeln, aufgezeichnet im 10. Jh. auf das Vorsatzblatt einer wohl aus Fulda stammenden geistl. Hs. des Domkapitels in Merseburg.

Mersen, karoling. Pfalz, → Meerssen.

Mersey [m'ɔ:zɪ], Fluß im nordwestl. England, 110 km, kommt aus dem Pennin. Gebirge, mündet in die Irische See.

Merseyside [m'ɔzɪsaɪd], Metrop. Cty. in NW-England, 648 km², 1,5 Mio. Ew., umfaßt die Distrikte Knowsley, Liverpool, St. Helens, Sefton, Wirral; Zentrum ist Liverpool.

Mersin, Mersina, Hptst. der Prov. Içel, Türkei, wichtigster Hafen der anatol. Südküste, 203 900 Ew.

Merthyr Tydfil [m'ɔ:θə t'ɪdvɪl], Stadt und Distrikt in der engl. Cty. Mid Glamorgan, Wales, 61 500 Ew.; Eisen-Ind., Maschinenbau, chem., elektrotechn. Ind.

Merton, Wilhelm, Unternehmer und Sozialpolitiker, * 1848, † 1916, Gründer der Metallgesellschaft AG, errichtete Stiftungen für soziale Zwecke, förderte die Gründung der Univ. Frankfurt a. M.

Meru, Vulkanstock in Ostafrika (Tansania), westlich des Kilimandjaro, bis 4 567 m hoch, mit gewaltiger Kraterring.

Merveilleuse [mɛrvɛj'ø:z], in Frankreich (um 1800) eine die Mode übertreibende Frau.

Merwede *die,* Unterlauf der Waal, des Rheindelta-Hauptarms in den Niederlanden.

Meryon [merj'ɔ̃], Charles, frz. Radierer, * 1821, † 1868, schuf meisterhafte Radierungen von Paris.

Merzig, Krst. des Kr. M.-Wadern, Saarland, an der Saar, 30 000 Ew.; keram. Ind., Metallverarbeitung.

Mesa, Moabiterkönig im 9. Jh. v. Chr., befreite sich von der Herrschaft Israels (2. Kön., 3). Siegesstein mit althebr. Inschrift (M.-Inschrift) im Louvre.

Mesabi Range [məs'a:bɪ reɪndʒ], Gebirgszug in Minnesota, USA, reiche Eisenerzlager (über 52% Fe-Gehalt).

Mesalliance [mezalj'ãs, frz.] *die,* Mißheirat.

Mescalin [aus Nahuatl], Alkaloid aus mexikan. Kakteen, verlangsamt den Puls, ruft Halluzinationen hervor; Rauschmittel.

Meschduretschensk, Stadt im Gebiet Kemerowo, Russ. SFSR, 93 000 Ew.; Schwerpunkt des Kohlenbergbaus im Kusnezker Kohlenbecken.

Meschede, Krst. des Hochsauerlandkreises, NRW, an der oberen Ruhr, 31 300 Ew.; Leichtmetall-, Kunststoff-Ind.

Meschhed, Meschhad, Hptst. der Prov. Chorasan, Iran, 670 200 Ew.; Wallfahrtsort der Schiiten, Grabmoschee des Imam Reza; wichtiger Verkehrsknotenpunkt.

meschugge [hebr.], U verrückt.

Mes|enterium [grch.-lat.], ♀ das Gekröse (→ Bauchfell).

Meseritz, poln. **Międzyrzecz** [mjɛndz'iʒɛtʃ], Stadt in der poln. Wwschaft Gorzów (Landsberg), ehem. Krst. in der Mark Brandenburg, an der Obra, 17 200 Ew.; Lebensmittel-, Baustoff-Ind., Maschinenbau.

Mesmerismus, Lehre vom animalen Magnetismus, begründet von Franz Anton **Mesmer** (* 1734, † 1815); als Ursprung der Hypnosetherapie betrachtet.

Mesner, Küster, Kirchendiener.

mes(o) [grch.], mittel . . ., zwischen . . .

Meso|amerika, Gebiet der präkolumb. indian. Hochkulturen: Mexiko, Guatemala, Belize, El Salvador, Teile von Honduras, Nicaragua und Costa Rica.

Meso|amerikanische Hochkulturen, die vorkolumb. Indianer-Kulturen im Gebiet Mesoamerikas. Beginn im Hochtal von Mexiko um 1500 v. Chr., Höhepunkt (klass. Zeit) um 200 bis 900 n. Chr., nachklass. Zeit seit 900. Die wichtigsten Träger waren Maya, Tolteken, Mixteken, Zapoteken, Azteken. Den M. H. waren Rad, Töpferscheibe, Haustiere sowie Metallwerkzeuge unbekannt. Alle waren stark von relig. Kulten durchdrungen. Weit verbreitet war die keram. Kunst (z. B. Figurenurnen der Zapoteken); die Metallbearbeitung (erst seit dem 10. Jh.): Goldarbeiten bes. der Mixteken; die Bildhauerkunst: Kolossalköpfe der La-Venta-Kultur. Reliefs und Stelen der Maya. Steinbauwerke gab es erst seit der klass. Zeit: mit Tempeln gekrönte Stufenpyramiden, Paläste, Observatorien u. a., bes. der Maya. Malerei ist erhalten in Fresken und auf Keramik-Gefäßen sowie in Bilder-Hss. (bes. der Maya und Mixteken). Bedeutende Zentren der M. H.: Teotihuacán, Tollan, Monte Albán, Chichen Itzá (Bild) u. a.

Mesoblastem [grch.], das mittlere Keimblatt (→ Entwicklung).

Mesolithikum [grch.], die → Mittelsteinzeit.

Mesolongion, ital. **Missolunghi,** grch. Stadt am Binnenrand der Lagune von M., 11 200 Ew.; im grch. Freiheitskampf (seit 1821) Hauptbollwerk gegen die Türken. Im Heroon, der Begräbnisstätte der Freiheitskämpfer, ist das Herz Lord Byrons beigesetzt.

Mesomerie [grch.], Erscheinung, daß bei organ. Molekülen mit mehreren konjugierten Mehrfachbindungen und freien Elektronenpaaren der tatsächl. Bindungszustand nicht eindeutig formuliert werden kann; er wird durch **Grenzstrukturen** angege-

Mesoamerikanische Hochkulturen: Stele der Maya; Quiriguá, Guatemala

Meso

Mesomerie

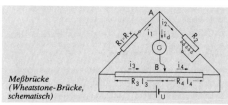

Grenzstrukturen des Benzols

ben, die sich nur durch die Elektronenanordnung, nicht aber durch die Lage der Atome unterscheiden.

Mesonen [grch.], instabile Elementarteilchen, die z. B. bei energiereichen Kernstößen entstehen und in bestimmter Weise wieder zerfallen. Zu ihnen gehören die π-**M.** (Pionen) und die **K-M.** (Kaonen).

Mesopotamien [grch. ›Zwischenstromland‹], Land zw. Euphrat und Tigris, gehört größtenteils zu Irak; im Altertum bedeutende Kulturlandschaft, gehörte zu Babylonien, Assyrien, kam später unter die Herrschaft von Persern, Parthern, Römern, Arabern, Türken.

Meso|sphäre, Schicht der →Atmosphäre.

Mesozoikum [grch.], das Erdmittelalter; Mittelalter der Entwicklung des Lebens.

Mespelbrunn, Wasserschloß (15.–16. Jh.) der Reichsgrafen von Ingelheim im Spessart.

Mesquitebaum [mesk'ite-, aus Nahuatl], baum- und strauchartiger Hülsenfrüchter im warmen Amerika. Die Frucht (Schraubenbohne) dient als Viehfutter.

messa di voce [-v'o:tʃe, ital.], ♪ beim Gesang das An- und Abschwellen des Tones.

Messali Hadj [-hadʒ], alger. Politiker, * 1898, † 1974, forderte als einer der ersten einen unabhängigen alger. Staat.

Messalina, Valeria, * um 25 n. Chr., ⚭ mit Kaiser Claudius, sittenlos, 48 n. Chr. wegen einer Verschwörung hingerichtet.

Meßbild, →Photogrammetrie.

Meßbrücke, elektr. Schaltung zum Messen von Widerständen durch Vergleich des Stromes, der durch den unbekannten Widerstand fließt, mit dem Strom durch bekannte Widerstände.

Meßbrücke (Wheatstone-Brücke, schematisch)

Ein Galvanometer zeigt an, wenn sich die fließenden Ströme gleichen. Meist wird die **Wheatstone-Brücke**, für sehr kleine Widerstände die **Thomson-Brücke** verwendet. Bei Messungen mit Wechselstrom dient als Anzeigegerät ein Summer oder ein Vibrationsgalvanometer. Häufig dienen M. als Schaltelement in Meßgeräten.

Messe [lat. missa, zu missio ›Entlassung‹] *die*, **1)** Kath. Kirche: **Meßopfer**, die vom Priester mit der Gemeinde am Altar einer Kirche gefeierte Eucharistie, früher nach dem Meßbuch Pius' V. begangen, seit 1970 nach den Liturgie-Reformen des 2. Vatikan. Konzils. Die Laien werden seitdem stärker beteiligt, die Landes-

sprache tritt weitgehend an die Stelle der früher üblichen lat. Kirchensprache. Mittelpunkt des kirchl. Geschehens ist die am Sonntag gefeierte M. der Pfarrgemeinde, zu deren Besuch jeder Katholik verpflichtet ist. Sie besteht aus den **Eröffnungsriten** (Einzug des Priesters und seiner Assistenz, Begrüßung der Gläubigen, gemeinsamer Bußakt), wahlweise Introitus, Kyrie, Gloria; dem **Wortgottesdienst** (Lesungen, Evangelium, Predigt, allg. Gebet), der eigtl. **Eucharistiefeier** (Gabendarbringung/ Offertorium, Eucharist. Hochgebet-Kanon, Vater unser, Agnus Dei, Kommunion), schließlich aus den **Schlußriten** (Mitteilungen an die Gemeinde, Segen und Entlassungsformel). Die M. ohne Volk ist weiter möglich, neu ist die Möglichkeit der Konzelebration als gemeinsames Meßopfer mehrerer Geistlicher. **Musik.** Die freie Komposition des M.-Textes setzte im 14. Jh. ein (G. de Machaut). Sie gelangte in der polyphonen Kunst der Niederländer im 15./16. Jh. zu hoher Blüte (Dufay, Binchois, Ockeghem, Obrecht, Josquin des Prez, Orlando di Lasso u. a.). Den Höhepunkt der Messemusik bedeuten die A-cappella-Schöpfungen Palestrinas. Daneben entwickelten sich seit dem 17. Jh. neue Formen, v. a. die Orchester- und Kantatenmesse (mit Chor, Soli, Orgel, Orchester): J. S. Bach (h-moll-Messe), J. und M. Haydn, Mozart (Krönungsmesse), Beethoven (Missa solemnis), Schubert, Weber, Liszt u. a. Bruckners späte M. stellen einen Höhepunkt der sinfon. Meßkomposition dar. In neuerer Zeit hat sich ein Kirchenstil im Zusammenwirken mit der Liturg. Bewegung herausgebildet. Die M. Strawinskys (1948) verwirklicht in ihrer Art eine dem gregorian. Choral nahe Meßkomposition; 1963 schuf Hindemith eine Meßkomposition. **2) Handelsmesse**, im MA. in einigen Märkten entstandene Märkte für den unmittelbaren Warenaustausch **(Waren-M.).** Um 1850 entwickelten sich die **Muster-M.** (z. B. Leipzig). Nach 1945 wurden in der Bundesrep. Dtl. bes. Frankfurt a. M., Hannover, Köln, München und Berlin Messeplätze.

Messe [engl. mess ›Speise‹], auf Kriegsschiffen der gemeinsame Aufenthalts- und Speiseraum.

Messel, Alfred, Architekt, * 1853, † 1909, schuf u. a. das Warenhaus Wertheim in Berlin, Landesmus. Darmstadt.

messen, das quantitative Verhältnis physikal., techn. u. a. Größen zur zugehörigen Maßeinheit bestimmen.

Messenien, ngrch. **Messinia**, grch. Landschaft in der SW-Peloponnes, von mittelhohen Gebirgen durchzogen; Hauptort: Kalamata. – M. wurde im 1. und 2. **Messenischen Krieg** (8./7. Jh. v. Chr.) von Sparta unterjocht; erst durch Epaminondas erlangte es 369 seine Freiheit wieder.

Messerfisch, Sichling, Ziege, sehr flacher, bis 0,50 m langer Karpfenfisch, lebt in Seen, auch in Brackwasserküstenseen und in größeren Flüssen.

Messermuscheln, Muschel-Fam. mit messergriffähnl. Schalen, z. B. die **Messerscheide** am europ. Küsten.

Messerschmitt, Willy, Flugzeugbauer, * 1898, † 1978, gründete 1923 die **M.-Flugzeugbaugesellschaft**, Bamberg, seit 1938 **M.-AG** München und Augsburg; seit 1969 **M.-Bölkow-Blohm GmbH,** München. M. baute Jagdflugzeuge (Me 109) und 1943 das erste serienmäßige Jagdflugzeug mit Turbinen-Luftstrahltriebwerk (Me 262), nach 1945 Fertighäuser, 1953 Kabinenroller, 1970 Senkrechtstarter.

Messerschmitt-Bölkow-Blohm GmbH, Abk. **MBB**, München, größtes dt. Unternehmen der Luft- und Raumfahrtindustrie, hervorgegangen 1969 aus der Fusion der ›Messerschmitt-Bölkow GmbH‹, München, mit der ›Hamburger Flugzeugbau GmbH‹, Hamburg. Seit 1981 sind die Verein. Flugtechn. Werke Fokker GmbH in die MBB integriert.

Meßgewand, das vom kath. Priester bei der Messe getragene Gewand aus 2 langen Stoffbahnen auf Brust und Rücken.

Meßgleichrichter machen Wechselbelströme und -spannungen der Messung mit Gleichstromgeräten zugänglich.

Messiaen [mesj'ã], Olivier, frz. Komponist, * 1908, verfolgt in Orchester- und Kammermusikwerken eine klanglich experimentelle Richtung; wies durch die Aufstellung neuartiger Skalen der seriellen Musik die Wege.

Messianismus [zu Messias], Religionsgeschichte: die Erwartung eines Heilsbringers; danach politisch: Sendungsbewußtsein.

Messias [grch., aus hebr. hammaschiach ›der Gesalbte‹], jüdische Theologie: der von Gott verheißene Erlöser, der die alte Herrlichkeit des nationalen Königtums erneuern, zugleich aber die allg. Verehrung des allein wahren Gottes auf Erden aufrichten soll. Zu den **messianischen Weissagungen** gehören bes. 1. Mos. 49, 10 ff.; Jes. 9, 1 ff.; 11, 1 ff.; Mi. 5, 1 ff.; Sach. 9, 9 f. Die in ihnen

Mespelbrunn: Wasserschloß

ausgesprochene Erwartung war bes. in der Zeit Jesu lebendig. Die christl. Theologie sieht diese Weissagungen als in Jesus Christus erfüllt an und hat dieses M.-Verständnis von allen ird., bes. polit. Erwartungen gereinigt.

Messieurs [mesj'ø, frz.], Abk. **MM.**, Mz. von Monsieur, Herr.

Messina, 1) Prov. in Italien, an der NO-Küste Siziliens, 3247 km², 687300 Ew. **2)** Hptst. von 1), Hafen an der NO-Spitze Siziliens, an der Straße von M., 269400 Ew.; kath. Erzbischofssitz, Univ.; Handel; Werften. 1908 vernichtendes Erdbeben (84000 Tote von 120000 Ew.).

Messing *das*, rote bis goldgelbe Legierungen aus 55–90% Kupfer und 10–45% Zink; korrosionsbeständig, gut zu verarbeiten; bes. für Armaturen, Schiffsbauteile, Beschläge.

Messingfieber, ⚡ →Metalldampffieber.

Messingisch, →Missingsch.

Messingkäfer, ein →Diebkäfer.

Meßkammer, Photokammer für photogrammetr. Vermessungs- und Kartierungsarbeiten. **Reihenmeßkammer,** Kammer für eine ununterbrochene Folge von Aufnahmen.

Meßlatte, 3 oder 5 m lange Holzlatte mit Dezimetereinteilung zum Messen von Längen im Feld; heute kaum noch benutzt.

Messmer [mɛsm'ɛ:r], Pierre, frz. Politiker (Gaullist), * 1916; 1960–69 Verteidigungs-Min., 1972–74 MinPräs.

Messner, Reinhold, Alpinist, * 1944, bestieg 1978 als erster ohne künstl. Sauerstoff den Mount Everest, im Alleingang den Nanga Parbat.

Meßrad, Gerät zum Messen der Länge von geraden oder gekrümmten Strecken, wird auf der Strecke abgerollt.

Meßschraube, Mikrometerschraube, Gerät zum Messen kleiner Längen. Durch Drehen einer Teiltrommel sind mit einer Gewindespindel Verschiebungen einer Meßfläche einstellbar; als **Bügel-M., Innen-M., Tiefen-M.** u. a., an optischen Geräten **Okular-M.**

Meßtechnik, versch. Verfahren des Messens. Als **Meßgeräte** dienen z. B. zum Messen von **Längen:** Bandmaß, Echolot, Endmaße, Entfernungsmesser, Komparatoren, Maßstäbe, Mikrometer, Schieblehre; von **Winkeln:** Sextant, Theodolit, Winkelmesser; von **Geschwindigkeiten:** Drehzahlmesser, Tachometer, Staurohr; von **Massen (Gewichten):** Waagen; von **Kräften:** Dynamometer; von **akust. Größen:** Geräuschmesser, Lautstärkemesser; von **Drücken:** Barometer, Indikatoren, Manometer, Vakuummesser; von **Zeiten:** Chronographen, Chronometer, Kurzzeitmesser, Uhren; von **Durchflußmengen:** Dampf-, Gas-, Wassermesser, Venturirohre; von **Dichten:** Aräometer, Mohrsche Waage, Pyknometer; von **Temperaturen:** Bolometer, Pyrometer, Thermoelemente, Thermometer, Segerkegel; von **opt. Größen:** Belichtungsmesser, Photozelle; von **elektr. Größen:** Spannungsmesser, Strommesser, Wattmeter, Meßbrücke, Ohmmeter. Sondergeräte wurden entwickelt z. B. für die Atom- und Kernphysik, Geodäsie, Optik, Meteorologie, Fertigungstechnik. Zu Zwecken der Automatisierung werden zunehmend Digital-Meßgeräte benutzt.

Meßter, Oskar, Kinotechniker, * 1866, † 1943, baute einen brauchbaren Filmprojektor mit Malteserkreuz (1896), den Reihenbildner für militär. Aufklärung, schuf die erste dt. Wochenschau (1914).

Meßtisch, Mensel, auf einem Stativ befestigte Zeichenplatte für topograph. Aufnahmen, wird im Gelände über einem Festpunkt (z. B. trigonometr. Punkt) aufgestellt. Die Grundrißpunkte werden mit einer Meßlatte und der Kippregel (kippbares Fernrohr) auf das Zeichenpapier übertragen. Die mit dem M. gezeichnete Karte heißt **Meßtischblatt** (z. B. die ›Topograph. Karte 1:25000‹).

Meßuhr, ein uhrenähnl. →Feintaster.

Meßverstärker, elektr. Geräte, die kleine Gleich- oder Wechselstrom-Meßwerte so verstärken, daß man sie mit üblichen Meßinstrumenten messen kann.

Meßwagen, Eisenbahnwagen mit Meßeinrichtungen zur Prüfung und Untersuchung des Oberbaues sowie von Lokomotiven, Wagen, Bremsen u. ä.

Meßwandler, ⚡ übersetzen meßgenau Ströme oder Spannungen, die man wegen ihrer Stärke oder Höhe nicht unmittelbar den Meßgeräten zuführen kann; verwendet als Strom-, Spannungs-, Gleichstromwandler.

Meßziffer, statist. Verhältniszahl mit fester Basis; meistens auf 100 bezogen (→Indexzahlen).

Mestize [span.], Mischling zw. Weißen und Indianern.

Mestre, Vorstadt von Venedig, auf dem Festland, rd. 150000 Ew.; Standort der Hafenindustrie.

Mestri, De M., Guido, * 1911, seit 1975 Apostol. Nuntius in Dtl.

Meštrović [m'ɛʃtrovitsj], Ivan, jugoslaw. Bildhauer, * 1883, † 1962; Denkmäler, Grabmäler, Plastiken.

Met *der*, Getränk aus vergorenem Honig.

met(a)... [grch.], mit..., nach..., zwischen..., jenseits...

Metabasis [grch.] *die*, Übergang. **M. eis allo genos,** Abgleiten auf ein Gebiet, das nicht zur Erörterung steht; bes. der fehlerhafte Übergang in einen anderen begriffl. Bereich in einem Beweis.

Metabolite [grch.], alle Produkte, die im →Stoffwechsel **(Metabolismus)** auftreten.

Metagalaxis [grch.] *die*, das Weltall, bes. die Gesamtheit der Sternsysteme.

Metageschäft [ital. metà ›Hälfte‹], Gemeinschaftsgeschäft zw. 2 Partnern, bei dem Kapitaleinsatz und Gewinn anteilmäßig geteilt werden.

Met|aldehyd, $(CH_3CHO)_x$, polymerisierter Acetaldehyd, Trockenbrennstoff; Schneckenvernichtungsmittel.

Metallbeschattung, Elektronenmikroskopie: Steigerung der Bildkontraste durch schräge Bedampfung des Präparats im Hochvakuum mit einem Schwermetall.

Metalldampffieber, Gieß-, Messing-, Zinkfieber, durch Einatmen von Metalldämpfen verursachte Erkrankung. Anzeichen: hohes Fieber, Gelenk- und Muskelschmerzen, Schweißausbrüche. Behandlung ist nicht erforderlich. Vorbeugung: arbeitshygien. Maßnahmen.

Metalldampflampen, sind →Gasentladungslampen mit Edelgasfüllung und Metallzusatz. Durch die Wärme der zuerst brennenden Edelgasentladung wird das Metall verdampft, die Metallentladung verdrängt die Edelgasentladung. Angewendet werden Natrium- und Quecksilberdampflampen.

Metalle, chemische Elemente mit starkem Glanz, hohem Reflexions- und Absorptionsvermögen für Licht, hervorragender, mit steigender Temperatur abnehmender elektr. und Wärmeleitfähigkeit; meist gute plast. Verformbarkeit. Diese Eigenschaften beruhen darauf, daß im Kristallgitter der M. die äußeren Elektronen nur lose gebunden sind und leicht verschoben werden können. Zur Einteilung technisch wichtiger Metalle nach Dichte und Schmelzbarkeit Übers. oben.

Die meisten M. oxidieren an der Luft oberflächlich **(unedle M.** im Ggs. zu den Edel-M.: Platin, Gold, Silber). In der Natur kommen die Edel-M. und einige andere M. (Quecksilber, Kupfer) z. T. gediegen vor, sonst nur in Form ihrer Verbindungen, bes. als Oxide und Sulfide. Die meisten M. sind in Säuren löslich und bilden mit ihnen Salze. Weitere Einteilungen: Buntmetalle, Nichteisenmetalle, Schwarzmetalle (Eisen, Chrom, Mangan).

Meßtechnik

Meßtechnik: **1** *Taschen-Dosisleistungsmesser zum Aufspüren radioaktiver Stoffe mit bis zu 4 m ausziehbarer Teleskopsonde.* **2** *Ansicht eines geöffneten Toximeters; es dient zur Messung der Anteile von Gasen und Dämpfen in der Luft*

Metallfärbung, Erzeugung von farbigen Oberflächenschichten auf Metallen als Schmuck oder zur Kennzeichnung auf chem. oder elektrochem. Wege.

Metallgesellschaft AG, Frankfurt a. M., Unternehmen der Nichteisenmetall-Ind., gegr. 1881 von W. Merton.

Metallgummi, an Metallflächen anvulkanisiertes Gummiteil **(Gummifeder),** zum federnden Aufhängen oder -stellen von Maschinen.

metallisieren, widerstandsfähige Metallschicht aufbringen durch Aufdampfen im Hochvakuum, durch Galvanisieren, durch Reduktion von Metallsalzen, nach dem Metallspritzverfahren.

Meta

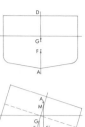

Metazentrum: A hydrostatischer Auftrieb, D Gewicht des Schiffes, F, F′ Massenmittelpunkt der verdrängten Flüssigkeit, G Gewichtsschwerpunkt, M Metazentrum

Meteor 1):
Eisen-Meteorit
aus Sibirien

Methan

Methanol

Methylamin

278

Metallismus, ⚖ Geldwertlehre, bei der sich der Wert des Geldes vom Wert des Währungsmetalles ableitet.

Metallkeramik, ⚙ für →Pulvermetallurgie.

Metall-Klebestoffe, Kunstharze zum Verbinden von Metallen mit Metallen und Nichtmetallen im Brücken-, Flugzeug- und Maschinenbau an Stelle des Nietens.

Metallkunde, Lehre vom Aufbau, den Eigenschaften und deren Beeinflussung, von den Grundlagen der Verarbeitung, vom Verhalten und der Untersuchung von Metallen und Legierungen.

Metallographie, Zweig der Metallkunde, der sich mit metallmikroskop. Untersuchungen befaßt.

Metalloide, ⚙ für Nichtmetalle.

metallorganische Verbindungen, organ. Verbindungen, in denen ein Metallatom direkt an ein Kohlenstoffatom gebunden ist.

Metallpapier, Papier mit aufgeleimtem oder kaschiertem dünnem Blattmetall oder aufgestrichenem Metallpulver.

Metallplastik, Gebiet der modernen Bildhauerkunst, das mit der traditionellen Bronzekunst bricht.

Metallschnitt, ein nach dem Verfahren des Holzschnitts in eine Platte aus weichem Metall geschnittenes und auf Papier abgedrucktes Bild.

Metallschutz, gegen Oxidation, Korrosion, Abrieb u. a. kann außer durch Legierungszusätze durch Anstrich, Lacke, Überzüge von anderen Metallen oder Kunststoffen, Emaillieren, Chromatieren, Phosphatieren erreicht werden.

Metallseifen, ⚗ wasserunlösl. Salze von Metallen mit höheren Fett- und Harzsäuren; Trockenstoffe, Zusätze in Schmierfetten, Zement u. a.

Metallspritzverfahren, Herstellung von Metallüberzügen durch Aufspritzen im elektr. Lichtbogen oder durch Sauerstoff-Brenngas-Gemische geschmolzenem Metall aus der Spritzpistole.

Metallurgie [grch.], **Hüttenkunde,** großtechn. Erzeugung von Metallen aus Erzen und Schrott, manchmal einschließlich der Technik der Weiterverarbeitung.

Metallwarenindustrie, Zusammenfassung unterschiedl. Fertigungszweige der Eisen-, Blech- und M. (Abk. EBM). Die M. der Bundesrep. Dtl. hatte (1980) 320 000 Beschäftigte und 37,7 Mrd. Umsatz.

Metamathematik [grch.], Untersuchung mathemat. Theorien mit den Mitteln der mathemat. Logik.

Metamerie [grch.], ⚲ Körperaufbau aus gleichen oder ähnl. Abschnitten (**Metameren, Segmenten**), z. B. bei Ringelwürmern, Gliederfüßern.

Metamorphose [grch.], **Gestaltwandel,** 1) ⚲ Entwicklung eines Tieres durch versch. Formen hindurch, bes. bei Insekten, aber auch bei Würmern, Krebsen, Weichtieren, Manteltieren, Fischen, Lurchen. 2) ⚘ Umbildung von Pflanzenteilen zu besonderen Aufgaben, z. B. Speicherwurzeln (Rüben; Knollen), Blattranken. 3) ⚒ Gesteinsumwandlung ohne vollständige Einschmelzung, etwa durch hohen Druck und hohe Temperatur im Erdinnern (**metamorphe Gesteine**).

Metapher [grch.] *die,* übertragener (bildl.) Ausdruck, z. B. ›Hafen‹ für ›Zuflucht‹. **metaphorisch,** bildlich.

Metaphrase [grch.], wortgetreue Übertragung von Versen in Prosa.

Metaphysical Poets [mɛtəˈfɪzɪkl̩ pˈəʊɪts], Gruppe engl. Dichter der 1. Hälfte des 17. Jh. (G. Herbert, J. Donne, A. Cowley u. a.), deren Dichtungen sich durch kühne Bilder und überraschende Vergleiche auszeichnen.

Metaphysik [grch.], eine der Grunddisziplinen der Philosophie. Sie untersucht die ersten Prinzipien und Ursachen des Seienden. Urspr. bildete sie damit den Abschluß der Physik (Gesamtheit des Erfahrbaren) und umfaßte Ontologie, Kosmologie, Anthropologie und Theologie. **metaphysisch,** die Metaphysik betreffend; übersinnlich.

Metapsychik [grch.], die →Parapsychologie.

Metasprache [grch.], 1) Sprachebene, die die Beschreibung der natürl. Sprache ermöglicht. 2) eine Formelsprache.

Metastase [grch.], ⚕ Geschwulst oder Entzündung, die durch Verschleppen (Absiedeln) von Geschwulstzellen oder Keimen

fern vom Entstehungsort an einer andern Körperstelle entsteht (z. B. Krebs-M.).

Metastasio, Pietro, eigtl. P. Antonio **Trapassi,** ital. Dichter, * 1698, † 1782, Hofdichter in Wien; Operntexte.

Metathese [grch.], Lautumstellung im Wort, z. B. Wespe, bairisch Wepse.

Metauro, im Altertum **Metaurus,** Fluß in Mittelitalien, 83 km, mündet ins Adriat. Meer. – 207 v. Chr. Sieg der Römer über die Karthager unter Hasdrubal.

Metaxas, Joannis, grch. General, Politiker, * 1871, † 1941, seit 1936 MinPräs. **M.-Linie,** unter M. gebaute Verteidigungslinie in O-Thrakien.

Metazentrum [grch.-lat.], ⚓ Schnittpunkt der Auftriebsrichtung eines geneigten Schiffes mit der Symmetrieebene.

Metazoen [grch.] *Mz.,* **Vielzeller,** ⚲ die mehrzelligen Tiere. Ggs.: **Protozoen.**

Metempsychose [grch.], Seelenwanderung.

Meteor [grch.], 1) ☆ lichtschwache Erscheinung in Form einer Lichtspur, die beim Abbremsen interplanetar. Gesteinsteilchen bei Eintritt in die Erdatmosphäre entsteht (Sternschnuppe, Feuerkugel). Die Partikel verglühen manchmal nicht ganz, sondern fallen als **Meteorit** zur Erde. 2) Name eines Forschungsschiffes, das 1925–27 im südl. Atlant. Ozean den Kreislauf der Wassermassen untersuchte (**M.-Expedition, Dt. Atlant. Expedition**), und des Mehrzweckforschungsschiffes, das 1964 in Dienst gestellt wurde.

Meteora, Felsengruppe in Thessalien, nordwestl. von Trikala, Griechenland, aus Konglomerat-Sandstein, bis 554 m hoch, erhebt sich fast senkrecht über dem Peneios-Tal (195 m ü. M.). Seit dem 14. Jh. entstanden hier zahlreiche Klöster.

Meteorismus [grch.], 1) ⚕ →Blähungen. 2) ⚲ →Trommelsucht.

Meteorologie [grch.], Lehre von den physikal. Vorgängen in der Lufthülle der Erde; i. w. S. alle Witterungsvorgänge und ihre Wirkungen.

Meteoropathologie [grch.], ⚕ Forschungsrichtung, die den Einfluß des Wetters auf Gesundheit, Entstehung und Verlauf von Krankheiten untersucht.

Meteosat, Wettersatelliten der ESRO/ESA auf geostationärer Umlaufbahn über dem Atlantik: M. 1 (Nov. 1977 bis Nov. 1979), M. 2 (seit Juli 1981). Die globalen Wetterbilder werden in Michelstadt empfangen.

Meter *das* oder *der,* Einheitenzeichen **m,** SI-Einheit der Länge; nach der M.-Konvention (1875) der 40millionste Teil eines Erdmeridiankreises (Vollkreis); heute durch die Wellenlänge der orangefarbigen Spektrallinie des Kryptons festgelegt: 1 m = 1650763,73λ. Die gängigsten Vielfache sind **Kilometer (km), Dezimeter (dm), Zentimeter (cm), Millimeter (mm), Mikrometer (μm), Nanometer (nm).** — Meter-Wassersäule (mWS), Einheit des →Drucks, →Maßeinheiten (Übersicht).

Methan, ⚗ der einfachste gesättigte Kohlenwasserstoff, CH_4, geruchloses, brennbares Gas, Hauptbestandteil des Erd-, Gruben- und Sumpfgases; wichtiger chem. Rohstoff.

Methanol *das,* **Methylalkohol,** ⚗ der einfache Alkohol, ist giftig, führt bei Genuß zur Erblindung. Vorkommen u. a. im Holzgeist; dient als Lösungsmittel, Brennstoff.

Methionin, ⚗ schwefelhaltige Aminosäure.

Methode [grch.], planmäßiges Verfahren zur Erreichung eines bestimmten Ziels. **Methodologie,** Lehre von den wissenschaftl. Verfahren. **methodisch,** planmäßig, durchdacht, zielstrebig. **Methodik,** die planmäßige Verfahrensweise.

Methodios, Heiliger, →Kyrillos und Methodios.

Methodismus, aus der Anglikan. Kirche hervorgegangene Erweckungsbewegung des 18. Jh. Die **Methodisten** bildeten seit 1891 selbständige Kirchengemeinschaften; in den USA heute zweitgrößte prot. Religionsgemeinschaft. Im Mittelpunkt des M. steht die Erlösung des Menschen von Sünde und Schuld. Er hat keine autoritativ formulierte, anerkannte Glaubenslehre, bejaht vielmehr die Vielfältigkeit und Freiheit in der Gestaltung des relig. Lebens.

Methusalem, einer der bibl. Urväter (1. Mos. 5, 21 ff.), der das höchste Lebensalter (969 Jahre) erreicht haben soll.

Methyl *das,* ⚗ die einwertige Atomgruppe —CH₃. Ihre Einführung in organ. Verbindungen heißt **Methylierung.**

Methylalkohol, →Methanol.

Methylamin, ⚗ einfache organ. Base, dem Ammoniak ähnl., fischartig riechendes Gas; vielseitiges Ausgangsprodukt der chem. Industrie.

Methylcellulose, ℗ mit Methylalkohol verätherte Cellulose, dient zur Herstellung von Klebstoffen, Hautcremes u. a.

Methylchlorid, ℗ farbloses, ätherisch riechendes Gas, techn. Kältemittel.

Methylen, die Atomgruppe = CH_2.

Methylenblau, ℗ wasserlösl. Azinfarbstoff zum Färben von Papier, Stroh, Tinte und für pharmazeut. Zwecke.

Methyl|orange [-ɔrãʒ], ℗ chem. Indikator, der in sauren Lösungen von Gelb in Rot umschlägt.

Methylviolett, ℗ wasserlösl. Triphenylmethanfarbstoff, dient zur Herstellung von Kopierstiften, Farbbändern u. a.

Metier [metj'e:, frz.] *das,* Handwerk, Gewerbe.

Metöken [grch. ›Mitbewohner‹], in den altgrch. Staaten die ortsansässigen Fremden; ohne polit. Rechte, konnten sie gegen Leistung von Steuern und Kriegsdienst Handel und Gewerbe treiben.

Metonymie [grch.], Unterart der Metapher, Austausch inhaltlich verwandter Begriffe als Stilmittel, z. B. ›Stahl‹ statt ›Schwert‹.

Metope [grch.], ⏛ rechteckiges Feld, meist mit einem Relief, zw. den Triglyphen des dorischen Tempelgebälks.

. . .metrie [grch.], . . . messung.

Metrik [grch.], **1)** Lehre vom Versmaß (**Metrum**), →Verslehre. **2)** ♪ die Lehre von den Schwerpunkts- und Gewichtsverhältnissen im →Takt. **3)** ⌗ Maßzusammenhang des Raumes, der nach der allg. Relativitätstheorie nicht mehr genau den Gesetzen der euklid. Geometrie entsprechen muß.

metrisches System, das auf dem Meter aufgebaute System der →Maßeinheiten mit dezimaler Teilung, später erweitert zum Meter-Kilogramm-Sekunde-System (**MKS-System**) und zu den heute gültigen →SI-Einheiten.

Métro *die,* Untergrundbahn von Paris.

Metro-Goldwyn-Mayer Inc. [m'etrəʊ g'əʊldwɪn m'eɪə ɪnk'ɔːpəreɪtɪd], New York, amerikan. Filmunternehmen, gegr. 1924.

Metrologie [grch.], die Wissenschaft vom Messen. Die gesetzl. M. wird auch **Eichwesen** genannt. (→eichen)

Metronom [grch.] *das,* **Taktmesser,** Metallpendel mit veränderbarer Schwingungsdauer zur Festlegung des musikal. Zeitmaßes.

Metronymikon [grch.], nach der Mutter gebildeter Name, z. B. Beiname Apollons ›Letoide‹, der Sohn der Leto.

Metropole [grch.] *die,* Hauptstadt, Mittelpunkt.

Metropolit [grch.], Kath. Kirche: erster Bischof (Erzbischof) einer Kirchenprov. Ostkirchen: in der grch. Kirche Titel aller Bischöfe, in anderen Kirchen Titel des leitenden Bischofs.

Metropolitankirche, Kathedrale eines Metropoliten.

Metropolitan Area [metrəp'ɔlɪtn'eərɪə, engl.], in den USA Begriff für einen Siedlungskomplex, bestehend aus einer Stadt und ihren Vororten; auch für eine Gruppe benachbarter, wirtschaftlich zusammenhängender Städte.

Metropolitan County [metrəp'ɔlɪtn k'aʊntɪ], seit 1974 VerwBez. in Großbritannien in Ballungsgebieten.

Metropolitan Museum of Art [metrəp'ɔlɪtn mjuz'ɪəm əv α:t], New York, größtes Kunstmuseum der USA, gegr. 1870.

Metropolitan Opera [metrəp'ɔlɪtn 'ɔpərə], Abk. **Met,** das führende amerikan. Opernhaus in New York, 1883 eröffnet, seit 1966 im Lincoln Center.

Metrum [lat.-grch.], **1)** Versmaß. **2)** ♪ Taktmaß.

Metschnikow, Ilja (Elias), russ. Zoologe und Bakteriologe, * 1845, † 1916, entdeckte (1883), daß in den Körper eingedrungene Bakterien von weißen Blutkörperchen (Freßzellen) aufgenommen und vernichtet werden. Nobelpreis für Physiologie und Medizin 1908.

Metsu [m'etsy], Gabriel, niederländ. Maler, * 1629, † 1667, schilderte das häusl. Leben des holländ. Bürgertums.

Mett, Gehacktes von Rind- oder Schweinefleisch; daraus mit Gewürz die **Mettwurst.**

Mette [von lat. matutina], Nachtgottesdienst, bes. vor einem hohen Fest, z. B. die **Christmette** am Heiligen Abend.

Metternich, Klemens Reichsgraf, Fürst von **M.-Winneburg** (1803), aus rhein. Reichsritterschaft, österr. Staatsmann, * 1773, † 1859; 1801 Gesandter in Dresden, 1803 in Berlin, 1806 Botschafter in Paris, 1809 Außen-Min., wirkte auf dem Wiener Kongreß 1815 führend an der Neuordnung Europas mit, erstrebte die Vorherrschaft Österreichs in Dtl. und Italien. Sein Ziel war die Erhaltung der staatl. Ordnung von 1815 und die Sicherung des Gleichgewichts der Mächte (**Metternichsches System**). Durch

Polizeiherrschaft suchte er alle nationalen und liberalen Strömungen niederzuhalten (Karlsbader Beschlüsse, 1819). Seit 1821 Staatskanzler, 1835 Mitgl. der Regentschaft. 1848 wurde er gestürzt. (Bild S. 280)

Metteur [-'øːr, frz.], Schriftsetzer, der den Umbruch besorgt (→ umbrechen).

Mettlach, Gem. im Kr. Merzig-Wadern, Saarland, 12 500 Ew.; keram. Industrie.

Mettmann, Krst. in NRW, 36 600 Ew.; Industrie; bei M. das Naturschutzgebiet Neandertal.

Metz, Hptst. des frz. Dép. Moselle und der Region Lothringen, an der Mündung der Seille in die Mosel, 117 200 Ew.; got. Kathedrale (13.–16. Jh.) mit bes. Glasgemälden (14.–16. Jh.), alte Häuser und Tore (Römertor, Dt. Tor), Univ., Museen, botan. Garten; Maschinen-, Elektro-, Textil- u. a. Ind., Erdölraffinerie, Handelszentrum für landwirtschaftl. Erzeugnisse. – M., das keltisch-röm. **Mediomatricum,** in fränk. Zeit die Hptst. Austrasiens, fiel 870 an das Ostfränk. Reich; seit dem 13. Jh. war M. Reichsstadt, 1552 wurde es von Frankreich besetzt; als Hptst. des Bez. Lothringen gehörte M. 1871–1918 und 1940–44 zum Dt. Reich.

Metzeler-Gruppe, Unternehmen der Kautschuk- (bes. Reifen), Schaum- und Kunststoffind.; gegr. 1863, seit 1901 AG.

Metzger, Fleischer.

Metzingen, Stadt im Kr. Reutlingen, Bad.-Württ., 19 400 Ew.; Metall-, Textil-, chem. u. a. Ind., Obst-, Weinbau.

Meuchelmord, heimtückische Tötung eines Menschen.

Meunier [mœnj'e], Constantin, belg. Bildhauer, * 1831, † 1905, stellte bes. Bergarbeiter in realist. Bildwerken dar.

Meurthe [mœrt], Fluß in O-Frankreich, 170 km, entspringt in den Vogesen, mündet bei Frouard in die Mosel.

Meurthe-et-Moselle [mœrtemɔz'ɛl], Dép. in O-Frankreich, 5 235 km², 722 600 Ew.; Hptst.: Nancy.

Meuse [møːz], **1)** frz. Name der Maas. **2)** Dép. in O-Frankreich, 6 220 km², 203 900 Ew.; Hptst.: Bar-le-Duc.

Meuselwitz, Stadt im Bez. Leipzig, 12 300 Ew.; Braunkohlenbergbau; Maschinen-, Porzellan-, Textilindustrie.

Meute, 1) 🐾 Hundeschar zur Hetzjagd. **2)** ∪ Rotte Menschen, Bande.

Meuterei, ♫ gemeinschaftl. Gehorsamsverweigerung oder Empörung gegen Vorgesetzte. **Gefangenen-M.** wird bestraft (§ 121 StGB), ebenso die **Soldaten** (§ 27 WStG).

MeV, Zeichen für Megaelektronvolt, →Elektronvolt. 1 MeV = 10^6 eV.

Mexicali [mexik'ali], Hptst. des Staates Baja California Norte, Mexiko, 348 500 Ew.; Univ.; Handelszentrum.

mexikanische Kunst, seit der Mexikan. Revolution von 1910 eigenständige Erscheinung im Bereich der →lateinamerikanischen Kunst. In der Architektur (J. O'Gorman), Freskenmalerei (J. C. Orozco, D. Rivera, D. A. Siqueiros, R. Tamayo) und Plastik (C. Bracho, F. Zúñiga) bestehen nebeneinander realist., expressionist., kubist. und surrealist. Stilformen mit Rückgriffen auf altmexikan. Vorbilder. Über die Kunst im vorkolumb. Mexiko →Mesoamerikanische Hochkulturen.

mexikanische Literatur, →lateinamerikanische Literatur.

Mexiko, span. **México** [m'exiko], amtl. **Estados Unidos Mexicanos** [est'aðos un'iðos mexik'anos], Bundes-Rep. in Mittelamerika, 1 972 547 km² mit 67,406 Mio. Ew. Hptst.: Mexiko. Amtsprache: Spanisch. Religion: rd. 80% kath. Christen. ⊕ Band 1 S. 320. M. ist seit 1857 Bundesstaat. Nach der Verf. von 1917 (mehrfach geändert) ist Staatsoberhaupt und Regierungschef der Präs. (seit 1976 J. L. Portillo y Pacheco). Ew. reden span. und frz. Vorbild. Währung: Mexikan. Peso (mex$) = 100 Centavos.

Landesnatur. M. ist überwiegend ein Hochland (im N um 1 000 m, im S 2 000–3 000 m hoch), das in viele, z. T. abflußlose Becken gegliedert ist. Es wird im W begrenzt von der Sierra Madre Occidental (über 3 000 m), im O von der Sierra Madre Oriental (bis 4 000 m), im S durch eine Zone z. T. tätiger Vulkane (u. a. Popocatépetl, Ixtaccíhuatl, Citlaltépetl mit 5 700 m der höchste Berg in M.), die nach S steil zum Río de las Balsas abfällt. Südlich davon erstreckt sich bis zur Landenge von Tehuantepec ein Bergland (bis 3 000 m hoch), an das sich die zentralamerikan. Kordilleren anschließen. Die W-Küste (Golf von Kalifornien und Pazifik) wird von einem schmalen, die O-Küste (Golf von Mexiko) von einem breiteren Tieflandstreifen gesäumt. Die Halbinsel Yucatán ist eine flache, verkarstete Kalktafel. Die Temperaturen des trop. und subtrop. Klimas sind am höchsten an der pazif. Küste

H
|
H—C—Cl
|
Cl
Methylenchlorid

H_3C CH_3

[Strukturformel]

SO_2OH
Methylorange

Mexiko

Metronom

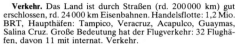

Größe und Bevölkerung (1980)					
Staaten	Fläche in km²	Ew. in 1 000	Staaten	Fläche in km²	Ew. in 1 000
Aguascalientes	5 589	504	Nayarit	27 621	730
Baja California Norte ..	70 113	1 227	Nuevo León	64 555	2 464
Baja California Sur ...	73 677	221	Oaxaca	95 364	2 518
Campeche	51 833	372	Puebla	33 919	3 285
Chiapas	73 887	2 098	Querétaro	11 769	731
Chihuahua	247 087	1 935	Quintana Roo ...	50 350	210
Coahuila	151 571	1 561	San Luis Potosí ..	62 848	1 670
Colima	5 455	339	Sinaloa	58 092	1 882
Distrito Federal*)	1 499	9 377	Sonora	184 934	1 498
Durango	119 648	1 160	Tabasco	24 661	1 150
Guanajuato	30 589	3 046	Tamaulipas	79 829	1 925
Guerrero	63 794	2 174	Tlaxcala	3 914	549
Hidalgo	20 987	1 518	Veracruz	72 815	5 264
Jalisco	80 137	4 297	Yucatán	39 340	1 034
México	21 461	7 542	Zacatecas	75 040	1 145
Michoacán	59 864	3 049	Inseln	5 364	–
Morelos	4 941	931			
*) Bundesdistrikt.			**Mexiko** **1 972 547**		**67 406**

und in Yucatán, im Hochland sind sie durch die Höhenlage gemildert. Der NW mit der gebirgigen Halbinsel Niederkalifornien ist extrem trocken; hohe Niederschläge erhält der Küstenbereich am Golf von Mexiko.

Bevölkerung. Die meisten Mexikaner sind Mestizen, die Zahl der reinblütigen Indianer und Weißen nimmt ständig ab. Mehr als die Hälfte der Ew. lebt (auf 14% der Landfläche) in Zentral-M. Die Hptst. M. hat 9,191 Mio., Guadalajara 1,91 Mio. Ew. **Bildung.** Allg. Schulpflicht vom 6.–12. Lebensjahr; 41 Univ. und 2 TU.

Wirtschaft. M. gehört zu den wirtschaftlich am besten entwickelten Ländern Lateinamerikas. Von der Landwirtschaft leben rd. 40% der Bev. Rd. 50% der Fläche werden landwirtschaftlich genutzt, davon 28% als Ackerland und Dauerkulturen (8% davon bewässert). Wichtigste Erzeugnisse: Mais, Weizen, Bohnen, Zuckerrohr, Kaffee, Kakao, Baumwolle, Sisal, Früchte u. a. Die Viehwirtschaft (Rinder, Schweine, Ziegen, Schafe) hat einen bed. Anteil an der landwirtschaftl. Produktion. 22% der Fläche tragen Wald, der nur zu einem Drittel forstwirtschaftlich nutzbar ist. Die Fischerei ist noch wenig ausgebaut (bes. Garnelen für den Export). Im Bergbau steht M. an einer der vorderen Stellen bei der Welterzeugung von Silber, Graphit, Fluorit, Schwefel, Quecksilber. Von größter Bedeutung sind die Vorkommen von Erdöl und Erdgas. Auf der Grundlage reicher Rohstoffe ist eine vielseitige Industrie entstanden: Konsumgüter-, Eisen- und Stahl-, petrochem., Maschinen-, elektrotechn. Industrie. Wichtigste Zentren sind Mexiko und Monterrey. Ein wichtiger Wirtschaftszweig ist der Fremdenverkehr. Haupthandelspartner: USA, Japan, Bundesrep. Dtl.

Klemens Fürst v. Metternich (Kreidezeichnung von A. Graff, um 1805)

Mexiko: Im mexikanischen Hochland; links Popocatépetl, rechts Ixtaccíhuatl

Verkehr. Das Land ist durch Straßen (rd. 200 000 km) gut erschlossen, rd. 24 000 km Eisenbahnen. Handelsflotte: 1,2 Mio. BRT, Haupthäfen: Tampico, Veracruz, Acapulco, Guaymas, Salina Cruz. Große Bedeutung hat der Flugverkehr: 32 Flughäfen, davon 11 mit internat. Verkehr.

Geschichte. Cortez eroberte 1519–21 das Reich der Azteken für Spanien. Die Bev. der Kolonialzeit bestand aus einer kreol. Oberschicht von Grund- und Minenbesitzern und zahlreichen Kleinbauern und Landarbeitern (Indianer oder Mestizen). Ein zahlenmäßig starker Klerus sowie die geistl. Orden (bes. Franziskaner und Jesuiten) bekehrten die indian. Bev. zum Christentum.

Mit der Unabhängigkeit und dem Volksaufstand der Indianer und Mestizen (1810) begann eine Zeit der Bürgerkriege, bei denen es u. a. um den Grundbesitz der Kath. Kirche ging und die erst mit der Präsidentschaft Santa Anas (1833–47, 1853–55) endeten. Im Krieg gegen die USA verlor M. die Gebiete nördlich des Rio Grande del Norte. Die Säkularisierung des Kirchenguts (1859) kam bes. den Großgrundbesitzern zugute. Die Verfassung von 1857 (bis 1917 in Kraft) mußten die Liberalen unter B. Juárez García im Bürgerkrieg (1857–60) durchsetzen. Die Verkündung eines zweijährigen Moratoriums veranlaßte 1861 die militär. Intervention bes. Frankreichs, das den österr. Erzherzog Maximilian zum Kaiser (1864–67) erhob. Das wieder an die Macht gelangte juaristische Regime setzte die kirchenfeindl. Politik fort. P. Díaz (1877–1911) schuf die Voraussetzungen für die wirtschaftl. Entwicklung des Landes und zog bes. nordamerikan. Kapital nach M. Soziale Reformen wurden jedoch zurückgestellt: 1910 besaßen rd. 97% der Landbevölkerung kein Land. Nach den Unruhen von 1910 nahmen reformfreudige Regierungen den Kampf gegen den Großgrundbesitz, die Kath. Kirche und das ausländ. Ölgesellschaften auf. Die Zeit nach dem 2. Weltkrieg ist durch die verstärkte Förderung von Landwirtschaft und Industrie gekennzeichnet. Die Präs. (u. a. M. Alemán Valdés, A. López Mateos, L. Echeverría Álvarez) bemühten sich um den Ausgleich der sozialen Spannungen. 1968 kam es zu schweren Studentenunruhen. Grenzfragen mit den USA wurden durch ein Abkommen 1970 geregelt.

Mexiko, 1) amtl. **Estado de México** [est'aðo ðe m'εxiko], Staat von M., 21 461 km², 7,542 Mio. Ew., im südlichsten Abschnitt des mexikan. Hochlandes; Ackerbau, Rinderzucht, Bergbau. Hptst.: Toluca. **2)** amtl. **Ciudad de México** [s'iuðað ðe m'εxiko], Hptst. und größte Stadt Mexikos, 9,191 Mio. Ew.; 2240 m ü. M., nach Erzbischofssitz, mehrere Univ., Museen, wissenschaftl. Gesellschaften und Institute, Aztekenstadion (Olymp. Spiele 1968); wichtigster Handelsplatz, Textil-, Eisen-, chem., Tabak-, Zement-, Papierindustrie; Barockkathedrale (1573–1667), Nationalpalast (1692–99). – M. wurde auf der Trümmern der Azteken-Hptst. Tenochtitlán erbaut. **3) Golf von M.,** der westl. Teil des Amerikan. Mittelmeeres, zw. Florida, Kuba und Yucatán. Aus ihm führen die Florida-Straße zum Atlantik, die Yucatán-Straße zum Karibischen Meer.

Meyer, 1) Alfred Richard, Verleger und Schriftst. unter dem Decknamen **Munkepunke,** * 1882, † 1956. **2)** Conrad Ferdinand, Dichter, * 1825, † 1898, begann erst spät zu schreiben; von J. Burckhardts Renaissance-Bild beeinflußt; gestaltete in seiner Prosa meist das Verhalten histor. Persönlichkeiten im Konflikt, erreichte in seiner Lyrik höchste künstler. Durchformung. Novellen: ›Der Schuß von der Kanzel‹ (1878), ›Gustav Adolfs Page‹ (1882), ›Die Hochzeit des Mönchs‹ (1884), ›Die Richterin‹ (1885); ›Die Versuchung des Pescara‹ (1887), ›Angela Borgia‹ (1891) u. a. Roman: ›Jürg Jenatsch‹ (1876). Lyr.-epische Dichtung: ›Huttens letzte Tage‹ (1871); Gedichte (1882). Bild S. 282. **3)** Eduard, Historiker, * 1855, † 1930; ›Gesch. des Altertums‹, 5 Bde. (1884–1902). **4)** Heinrich, Maler, * 1760, † 1832, als Kunstkenner Berater Goethes. **5)** Joseph, Verleger, * 1796, † 1856, brachte in seinem 1826 gegr. ›Bibliograph. Institut‹ preiswerte Klassikerausgaben heraus, war selbst Mitarbeiter seines enzyklopäd. Verlagswerke (Konversationslexikon 1840–52). **6)** Julius Lothar, Chemiker, * 1830, † 1895, stellte 1869 unabhängig von Mendelejew ein Periodisches System der Elemente auf.

Meyerbeer, Giacomo, eigtl. Jakob Liebmann **Meyer Beer,** Komponist, * 1791, † 1864, seit 1842 Generalmusikdirektor der Berliner Oper, ein Hauptvertreter der frz. ›Großen Oper‹: ›Robert der Teufel‹ (1831), ›Die Hugenotten‹ (1836), ›Die Afrikanerin‹ (1864).

Meyer-Förster, Wilhelm, Schriftst., * 1862, † 1934. Romane, Schauspiele (›Alt-Heidelberg‹, 1901).

Meyerhof, Otto, Biochemiker, * 1884, † 1951, untersuchte den Kohlenhydratabbau, erhielt für die Entdeckung energetisch wichtiger Zyklen in biolog. Reaktionsketten 1922 den Nobelpreis für Medizin.

Meyerhold, Wsewolod, russ. Schauspieler, Regisseur, Theaterleiter, * 1874, † 1940, entwickelte eine radikal antiillusionistische Bühnenkunst.

Meyer-Lübke, Wilhelm, Romanist, * 1861, † 1936; ›Roman. etymolog. Wörterbuch‹ (1911).

Meyrink, Gustav, österr. Schriftst., * 1868, † 1932; ›Des deutschen Spießers Wunderhorn‹ (Erz., 3 Bde., 1913); Romane: ›Der Golem‹ (1915), ›Das grüne Gesicht‹ (1916).

Meysenburg, Malvida Freiin von, Schriftstellerin, * 1816, † 1903; als Demokratin 1852 aus Berlin verwiesen; befreundet mit Wagner, Nietzsche, Liszt, Garibaldi.

MEZ, Abk. für Mitteleuropäische Zeit.

Mézenc [mez'ɛ̃k], Berg im südl. Frankreich, höchster Gipfel der Cevennen (1754 m).

Mezzanin [ital.] *das,* ⚏ Zwischengeschoß, Halbgeschoß.

mezza voce [-v'o:tʃɛ, ital.], ♪ mit mittelstarker Stimme.

mezzo [ital.], halb, mittel. **mezzoforte,** ♪ Abk. **mf,** mittelstark. **mezzopiano,** Abk. **mp,** ziemlich leise.

Mezzogiorno [-dʒ'orno, ital. ›Süden‹] *der,* Süditalien mit seinen besonderen sozialen und wirtschaftl. Fragen (Großgrundbesitz, Verarmung der übrigen Bev.).

Mezzosopran, die Stimmlage zw. Sopran und Alt.

Mezzotinto [ital.] *das,* Schabkunst, →Kupferstich.

mf, ♪ Abk. für mezzoforte, →mezzo.

MF, Abk. für →Mittelfrequenz.

Mg, chem. Zeichen für Magnesium.

MG, Abk. für Maschinengewehr.

mhd., Abk. für mittelhochdeutsch.

MHD-Generator, →magnetohydrodynamischer Umwandler.

Mi, ♪ in den roman. Sprachen der Name für den Ton E.

Miami [maɪ'æmi], Stadt in Florida, USA, 343 000 Ew., an der O-Küste der Halbinsel Florida; vielseitige Ind., bed. Hafen und Flughafen. Mit dem Seebad **Miami Beach** [-bi:tʃ] ist M. durch Brücken verbunden.

Miao, Meau, Meo, Gruppe von Völkern und Stämmen in S-China und Hinterindien, rd. 3 Mio. Menschen; Feldbau, Viehzucht.

Miasma [grch.] *das,* ⚕ nach früherer Annahme Ausdünstungen aus dem Erdboden, die für Infektionskrankheiten und Epidemien verantwortlich gemacht wurden.

Miass, 1) *der,* re. Nebenfluß der Iset, 658 km lang, entspringt im Ural, mündet bei Schadrinsk. **2)** Stadt am M., Russ. SFSR, 152 000 Ew.; Kraftfahrzeug-, Elektro-Industrie.

Miastko, poln. Name von →Rummelsburg 2).

Micha [hebr.], einer der 12 Kleinen Propheten des A. T., wirkte ab 725 v. Chr.

Michael, einer der Erzengel, Schutzengel Israels und Sieger über den Satan; wird als Beschützer der Kirche, Patron der christlichen Heere und Volksheiliger der Deutschen gefeiert. Tag: 29. 9. – M. wurde dargestellt als Wächter, Anführer der himml. Heerscharen, Seelenführer beim Jüngsten Gericht, Ritter im Kampf mit dem Drachen.

Michael, Fürsten:
Byzantin. Reich. **1) M. VIII. Palaiologos,** Kaiser (1258–82), * 1224, † 1282, Begründer des letzten byzantin. Herrscherhauses, der Palaiologen, eroberte 1261 Konstantinopel, beseitigte das Lateinische Kaisertum.
Rumänien. **2) M.,** König 1927–30 (unter einem Regentschaftsrat) und 1940–47, Sohn Carols II., * 1921, lebt im Exil.
Rußland. **3) M. Fjodorowitsch,** Zar (1613–45), * 1596, † 1645, Begründer des Hauses Romanow, machte der Anarchie im Innern ein Ende, schloß 1617 mit Schweden, 1618/34 mit Polen Frieden.
Serbien. **4) M. Obrenović** [-vitsj], Fürst von Serbien (1839–42 und 1860–68), * 1823, † (ermordet) 1868; aufgeklärter Absolutist, veranlaßte den Abzug der letzten türk. Garnisonen.

Michael, Friedrich, Schriftst., * 1892; Romane, Komödien (›Der blaue Strohhut‹, 1942).

Michaelis, Georg, Staatsm., * 1857, † 1936; 14. 7.–31. 10. 1917 Reichskanzler und preuß. MinPräs.

Michaelsbruderschaft, evang. Männergemeinschaft, Kern des →Berneuchener Kreises.

Michaux [miʃ'o], Henri, frz. Schriftst., * 1899; Romane von düsterer Phantasie. M. ist auch Zeichner.

Michel, →Deutscher Michel.

Michelangelo: Die Sintflut, 1508–12; Ausschnitt (Vatikan, Sixtin. Kapelle, Gewölbefresko)

Michelangelo [mikel'andʒelo], eigtl. **M. Buonarroti,** ital. Bildhauer, Maler, Baumeister, Dichter, * 1475, † 1564, Schüler des Ghirlandaio, dann des Bildhauers Bertoldo in Florenz. Bekannteste Marmorwerke seiner Frühzeit: Pietà in der Peterskirche in Rom (dort 1498–1501 geschaffen), Riesenstandbild des David (1501–04) in Florenz und die Madonna von Brügge (Liebfrauenkirche). 1505 ging M., von Papst Julius II. berufen, nach Rom, wo er den ersten Plan zu dessen Grabmal entwarf. 1508–12 malte er die Gewölbefresken der Schöpfungsgeschichte, der Propheten, Sibyllen u. a. in der Sixtin. Kapelle des Vatikans. Für das Papstgrab entstanden 1513/14 die beiden Sklaven (im Louvre), bis 1516 der Moses und um 1534–36 die noch im Block steckenden 4 Gefangenen in Florenz (Akademie). 1524–34 schuf er die →Medici-Gräber in der von ihm erbauten Kapelle von S. Lorenzo in Florenz, 1524 den Raum der Biblioteca Laurenziana in Florenz, 1536–41 das riesige Fresko des Jüngsten Gerichts an der Altarwand der Sixtin. Kapelle. 1545 kam es zur Aufstellung des Juliusgrabmals in S. Pietro in Vincoli zu Rom, in das von den geplanten Figuren nur der Moses aufgenommen wurde. Zu den Spätwerken gehören immer schlichter werdende Darstellungen der Pietà (Florenz, Dom; Mailand, Castello Sforzesco) und architekton. Arbeiten (Palazzo Farnese in Rom; Platzgestaltung des Kapitols). 1546 übernahm M. die Bauleitung der Peterskirche, deren gewaltige, nach seinem Tod vollendete Kuppel seine größte Leistung als Baumeister ist.

Michelet [miʃl'ɛ], Jules, frz. Historiker, * 1798, † 1874; ›Histoire de France‹, 17 Bde. (1833–67).

Michelin-Konzern [miʃl'ɛ̃-], frz. Kautschuk-Konzern; Holdinggesellschaft ist die Michelin & Cie., Clermont-Ferrand, gegr. 1831, seit 1963 S. A. Wichtige Tochtergesellschaft: Michelin Reifenwerke AG, Karlsruhe.

Michelozzo [mikɛ-], **M. di Bartolommeo,** ital. Baumeister und Bildhauer, * 1396, † 1472; Bauten der florentin. Frührenaissance: Kirche und Kloster S. Marco, Palazzo Medici u. a.

Michels, Robert, dt.-ital. Soziologe, * 1876, † 1936, trat bes. durch seine Theorie vom ›ehernen Gesetz der Oligarchie‹ in demokrat. Massenorganisationen hervor.

Michelsberger Kultur, jungsteinzeitl. Kulturgruppe.

Michelangelo: David, 1501–04 (Florenz, Akademie)

Conrad Ferdinand Meyer

Mickey-mouse © Walt Disney Productions

Adam Bernard Mickiewicz (Zeichnung von J. Schmeller)

Michelson [mˈaɪkəlsn], Albert Abraham, amerikan. Physiker, * 1852, † 1931, bewies 1881 im **M.-Versuch** die Unabhängigkeit der Lichtgeschwindigkeit von der Erdbewegung, eine der wichtigsten Grundlagen für die Relativitätstheorie. Nobelpreis für Physik 1907 für das von ihm entwickelte **M.-Interferometer** und die damit durchgeführten Präzisionsmessungen.

Michelstadt, Stadt im Odenwaldkr., Hessen, im östl. Odenwald, 14 000 Ew.; Eisen- und Maschinenfabriken u. a. Ind. Holz- und Elfenbeinschnitzerei; Rathaus von 1484 (Fachwerk).

Michener [mˈitʃənə], James (Albert), amerikan. Schriftst., * 1907; histor. und zeitgeschichtl. Romane (›Im Korallenmeer‹, 1947; ›Die Brücke von Toko Ri‹, 1953; ›Die Kinder von Torremolinos‹, 1971; ›Colorado Saga‹, 1974; ›Verheißene Erde‹, 1980).

Michigan [mˈiʃiɡən], Abk. **Mich.,** postamtl. **MI,** nordöstl. Mittelstaat der USA, am Huron-, Michigan- und Oberen See, 150 779 km², 9,258 Mio. Ew.; Hptst.: Lansing. Eisen- und Kupfererzlagerstätten, Salz-, Gips-, Erdöl-, Erdgasvorkommen; Acker-, Obst- und Getreidebau, Viehzucht; Kraftwagenbau (Detroit), Metall-, Maschinen-, chem., Nahrungsmittel-, Elektro-, Holz-, Papier-Ind. – M., seit 1668 von Franzosen besiedelt, kam 1763 an England, 1783 an die USA, wurde 1837 als 26. Staat in die Union aufgenommen.

Michigansee [mˈiʃiɡən-], engl. **Lake Michigan** [leɪk-], der südwestlichste der 5 Großen Seen Nordamerikas, 57 757 km², bis 282 m tief.

Michoacán [mitʃoakˈan], Staat in Mexiko, 59 864 km², 3,049 Mio. Ew.; Hptst.: Morelia.

Michon [miʃˈɔ̃], Jean Hippolyte, frz. Abt und Schriftst., * 1806, † 1881, Hauptbegründer der Graphologie.

Mickey-mouse [mˈɪkɪmaʊs], **Micky-Maus,** von W. Disney geschaffene Trickfilmfigur.

Mickiewicz [mitskjˈevitʃ], Adam Bernard, poln. Dichter, * 1798, † 1855, seit 1829 polit. Emigrant, beteiligte sich in Paris am ›Messianismus‹ des Schwärmers Towiański, steigerte die nationalroman. Dichtung zu einem religiös gefärbten Kult am poln. Volk. Balladen, Romanzen, Epen (›Herr Thaddäus‹, 1834); dramat. Gedicht ›Ahnenfeier‹ (1832).

Micoquien [mikɔkjˈɛ̃, frz., nach der Fundstätte La Micoque] *das,* Formengruppe der Altsteinzeit, gekennzeichnet durch Faustkeile mit langer Spitze.

Midas, König von Phrygien (etwa 738–700 v. Chr.); im grch. Mythos erfüllte Dionysos ihm den Wunsch, daß alles, was er berühre, sich in Gold verwandle. Apollon, dem M. im musikal. Wettstreit Pan vorgezogen hatte, ließ ihm Eselsohren wachsen.

Middelburg [-byrx], Hptst. der Prov. Seeland, Niederlande, auf der Insel Walcheren, 38 100 Ew.; Seilereien, Textil-, Kunststoffverarbeitung; spätgot. Rathaus.

Middlesbrough [mˈɪdlzbrə], Hptst. der engl. Cty. Cleveland, 153 000 Ew.; Eisen- und Stahl-, Maschinen-Ind., Schiffbau.

Middlesex [mˈɪdlseks], ehem. Cty. in S-England, gehört seit 1965 zu Greater London.

Midgard, in der altnord. Mythologie die Erde; sie ist umgeben von der im Weltmeer lebenden **Midgardschlange.**

Mid Glamorgan [-ɡləmˈɔ:ɡən], Cty. in Wales, 1974 neu gebildet, 1019 km², 537 500 Ew.; Verwaltungssitz: Cardiff.

Midi [frz.] *der,* Mittag, Süden, bes. das frz. Mittelmeergebiet.

Midian, Landschaften des nördl. Hidjas, zw. dem 26. Breitengrad und dem Golf von Akaba.

Midianiter, altes arab. Nomadenvolk, mit den Israeliten stammverwandt.

Midinette [frz.] *die,* Pariser Näherin, Modistin.

Midlands [-ləndz], der mittlere Teil Englands: durch Eisen- und Kohlevorkommen bedeutendes Industriegebiet; wichtigste Städte: Birmingham, Nottingham.

Midlife crisis [mˈɪdlaɪf krˈaɪsɪs, engl.] die Mitte der siebziger Jahre populär gewordener Begriff zur Bezeichnung von Lebenskrisen im Erwachsenenalter.

Midlothian [-lˈouðiən], ehem. schott. Cty., gehört seit 1975 zur Lothian Region.

Midrasch [hebr.] *der,* die jüd. Auslegung des A. T.; Hauptteil des jüd. Gottesdienstes und Volksunterrichts.

Midway-Inseln [mˈɪdwei-], Atoll im Pazif. Ozean, Marine- und Luftstützpunkt der USA.

Mieder *das,* **1)** eng anliegendes Oberteil der Frauenkleidung, bes. bei Trachten. **2)** Sammelbegriff für Korsett, Hüfthalter, Büstenhalter u. a.

Miegel, Agnes, Schriftstellerin, * 1879, † 1964; Gedichte, Balladen, Erz.: ›Geschichten aus Alt-Preußen‹ (1926).

Miele & Cie. GmbH & Co., Gütersloh, Unternehmen zur Herstellung von Haushaltsmaschinen und landwirtschaftl. Apparaten.

Mielke, Erich, Politiker (SED), * 1907, floh 1931 nach Belgien (Anklage wegen Ermordung von zwei Polizeioffizieren), war in der Roten Armee, organisierte (mit W. Zaisser) die polit. Polizei in der Dt. Dem. Rep., seit 1957 Min. für Staatssicherheit, seit 1976 auch Mitgl. des Politbüros.

Miere *die,* versch. Nelkengewächse, z. B. die Gatt. **Stern-M.** (**Stellaria**) u. a. mit **Vogel-M.,** rasig, auf Brach- und Nutzland, Vogelfutter, Unkraut; ferner die Gatt. **M. (Minuartia)** mit der **Frühlings-M.,** Gebirgspflanze mit zarten Blättchen.

Mierendorff, Carlo, Politiker (SPD), * 1897, † (Luftangriff) 1943, seit 1930 MdR., 1933–38 im KZ, gehörte später zum Kreisauer Kreis.

Mieres, Stadt in der span. Prov. Oviedo, 65 900 Ew.; Mittelpunkt eines reichen Bergbaugebietes (Steinkohle, Zinnober) mit metallurg. Industrie.

Mieresch *die,* Nebenfluß der Theiß, →Maros.

Miesmuschel, Pfahlmuschel, eßbare Muschel der nordeurop. Meere mit blauvioletter, löffelförmiger Schale; an Steinen, Pfählen u. a. (Bild S. 283)

Mies van der Rohe, Ludwig, Architekt, * 1886, † 1969, Leiter des Bauhauses in Dessau (1930–33), seit 1938 in Chicago, entwickelte aus der Verwendung von Stahl und Glas neue Bauformen von äußerster Einfachheit und harmon. Klarheit (Seagram Building, New York, 1956–58, Nationalgalerie Berlin, 1963–68). Bilder S. 283

Mietbeihilfe, laufender Zuschuß aus öffentl. Mitteln zu den Aufwendungen für die Wohnungsnutzung (→Wohngeld).

Miete, 🎵 Vertrag, durch den sich der Vermieter zur Gewährung des Gebrauchs einer fehlerfreien Sache während der Mietzeit, den Mieter zur Zahlung des Mietzinses verpflichtet (§§ 535 ff. BGB). Für die Wohnraummiete bestehen Sondervorschriften, die als soziales Wohnmietrecht die bisherige Wohnungszwangswirtschaft abgelöst haben (s. u.). Der Mietzins ist zahlbar am Ende der Mietzeit, doch wird vertraglich meist Vorauszahlung vereinbart. Bei Weitervermietung (**Untervermietung**) bedarf der Mieter der Erlaubnis des Vermieters. Die Beendigung der M. tritt mit Ablauf der vereinbarten Mietzeit ein oder mangels Vereinbarung nach Kündigung mit gesetzl. oder vertraglicher Frist. Der Vermieter von Grundstücken oder Räumen hat für seine Forderung ein gesetzliches Pfandrecht (**Vermieterpfandrecht**).

Nach Aufhebung der Wohnungszwangswirtschaft gilt für die Wohnraummietverhältnisse das durch die Mietrechtsänderungsgesetze geschaffene neue **soziale Mietrecht.** Hierdurch ist die rechtl. Stellung des Mieters gegenüber dem Vermieter gestärkt. Das Kernstück des Mietrechts bilden die **Sozialklauseln,** die durch das Mietrechtsverbesserungsgesetz weiter zugunsten des Mieters ausgebaut wurden, sowie das **2. Wohnraumkündigungsschutzgesetz** (2. WKSchG), das am 1. 1. 1975 in Kraft trat. Im einzelnen gilt: Der Vermieter kann den Mietvertrag nur noch kündigen, wenn er ein berechtigtes Interesse an der Beendigung des Mietverhältnisses hat. Ein solches ist dann geg. bes. als gegeben, wenn der Mieter seine Verpflichtungen schuldhaft nicht unerheblich verletzt hat oder wenn ein Eigenbedarf des Vermieters vorliegt (§ 564 b Abs. 2 Nr. 1 und 2 BGB) oder wenn der Vermieter durch die Fortsetzung des Mietverhältnisses an einer angemessenen wirtschaftl. Verwertung des Grundstücks gehindert und dadurch erhebl. Nachteile erleiden würde (§ 564 b Abs. 2 Nr. 3 BGB). Kündigung zum Zweck der Mieterhöhung ist ausgeschlossen (§ 1 Satz 1 des 2. WKSchG). Die Kündigung muß schriftlich erfolgen (§ 564 a BGB) und soll den Grund der Kündigung in dem Schreiben enthalten; nicht angegebene Gründe werden nicht berücksichtigt. Auch gegen eine begründete Kündigung kann der Mieter Widerspruch gemäß § 556 a BGB (Sozialklausel) erheben.

Miete [von lat. meta], **Schober, Dieme, Feim,** ein Stapel von Getreidegarben u. a., auch gedeckter Haufen von Kartoffeln, Rüben u. a. zur Überwinterung im Freien.

Mietervereine, Mieterschutzverbände, Vereine zur Vertretung der Mieterinteressen, in der Bundesrep. Dtl. seit 1951 im **Dt. Mieterbund e. V.** (Sitz: Köln) zusammengeschlossen.

Mietverlustversicherung deckt im Rahmen der Verbundenen Gebäudeversicherung kostenlos den durch Brand u. a. verursachten Mietverlust (bis zu 6 Monaten).

Mietwagen, Kraftfahrzeuge (auch Mietomnibusse) im Gelegenheitsverkehr zur gewerbsmäßigen Beförderung von Fahrgästen. (→Taxe)

Migmatit, aus festen und schmelzflüssigen Gesteinsanteilen entstandenes Mischgestein. M. entstehen aus Magma, das sich durch Wiederaufschmelzen absinkender Gesteinsschollen bildet, oder durch Eindringen einer solchen Schmelze in festes Nebengestein (**Migmatisation**).

Mignard [minʹaːr], Pierre, frz. Maler, * 1612, † 1695, schuf bes. Madonnendarstellungen und Bildnisse.

Migne [min], Jacques-Paul, frz. kath. Geistlicher, * 1800, † 1875; in dem von ihm gegr. Verlag erschien eine Gesamtausgabe der Werke der Kirchenväter.

Migräne [frz.] die, anfallsweise und häufig halbseitig auftretender, sehr heftiger Kopfschmerz mit Übelkeit, Erbrechen, Augenflimmern (**Augenmigräne**) u. a. Behandlung: Im Anfall möglichst frühzeitige Gabe von Kombinationspräparaten, die Ergotamin und Coffein enthalten.

Migration [lat.], **1)** Sozialwissenschaften, Biologie: der Wechsel von einem regionalen oder sozialen Raum in einen anderen. **2)** ⊕ das Wandern von Erdöl und Erdgas aus dem Muttergestein in das Speichergestein, wo es in Strukturen und/oder Erdölfallen zur Anreicherung und damit zur Bildung von Lagerstätten kommt.

Migros-Genossenschafts-Bund, Zürich, schweiz. Großunternehmen des Einzelhandels (Lebensmittel u. a. Güter des tägl. Bedarfs), gegr. 1925 von G. Duttweiler. Der M.-G.-B. hat ferner eigene Produktionsbetriebe, ein Touristikunternehmen (›Hotelplan‹), eine Bank, eine Versicherungsgesellschaft (›Secura‹), ein Mineralölvertriebsunternehmen (Migrol-Genossenschaft), Verkehrs- und Transportunternehmen, Immobiliengesellschaften u. a.

Mihailović [-vitsj], Dragoljub (genannt Draža), jugoslaw. Oberst, * 1893, † (hingerichtet) 1946, Partisanenführer (→ Četnici), geriet in Konflikt mit den Partisanen Titos.

Mihalovici [mihʹalovitʃ, frz. mialɔviʹi], Marcel, frz. Komponist rumän. Herkunft, * 1898, komponiert in einer oft folkloristisch angeregten gemäßigten Moderne, die gelegentlich bis zur Zwölftonmusik reicht.

Mihrab, Mihrab [arab.] der, die Gebetsnische in der Moschee; sie zeigt die Richtung nach Mekka an.

Mijadschima, japan. Tempelinsel, →Miyajima.

Mijasaki, Stadt in Japan, →Miyazaki.

Mijnheer [mənʹeːr, niederländ.], Herr.

Mikado [›erlauchtes Tor‹], **1)** früher dichterisch umschreibender Titel des japan. Kaisers, amtlich Tenno. **2)** das, Geschicklichkeitsspiel, bei dem die dünne, verschieden bewertete Stäbchen aus einem ungeordneten Haufen herausgezogen werden, ohne daß sich ein weiteres Stäbchen bewegen darf.

Mikanie die, Korbblütergatt. des trop. Amerika, meist Kletterpflanzen mit weißen oder blaßgelben Blüten.

Miki, Takeo, japan. Politiker (Liberaldemokrat), * 1907; 1966–68 Außen-Min., 1972 stellvertr. MinPräs., 1974–76 MinPräs.

Mikkeli, schwed. **Sankt Michel** [-mʹikəl], Hptst. des Verw.-Bez. M. im südöstl. Finnland, am NW-Ufer des Saimaasees, 27 700 Ew.; Holzverarbeitung.

Miklas, Wilhelm, österr. Politiker (Christlich-soziale Partei), * 1872, † 1956, 1928–38 Bundespräsident.

Mikojan, Anastas Iwanowitsch, sowjet. Politiker, * 1895, † 1978, enger Mitarbeiter Stalins, 1935–66 Mitgl. des Politbüros, leitete 1926–55 als Volkskommissar, seit 1946 als Min. verschiedene Ressorts (u. a. Binnen- und Außenhandel), 1964–65 als Vors. des Präsidiums des Obersten Sowjets Staatsoberhaupt.

Mikołajczyk [-tʃik], Stanisław, poln. Politiker, * 1901, † 1966; 1943–44 MinPräs. der poln. Exilregierung in London, suchte als stellv. MinPräs. (1945–47) vergeblich, die Umwandlung Polens in einen kommunist. Staat zu verhindern; 1947 flüchtete in die USA.

mikr(o) . . . [grch.], klein . . .; als Vorsatz vor einer Maßeinheit bedeutet **Mikro** = 10^{-6} (1 Millionstel; Zeichen μ).

Mikroanalyse [grch.], chem. Analyse kleinster Probenmengen. Hilfsmittel sind **Mikrowaagen** und Geräte in kleinstem Maßstab.

Mikroben, →Mikroorganismen.

Mikrobiologie [grch.], Wissenschaft von Mikroorganismen.

mikrobiologische Therapie, Verwendung lebender Bakterien zur Behandlung von Krankheiten, z. B. bei Schädigung der physiolog. Darmflora durch Antibiotika.

Mikrocomputer [-kɔmpjuːtə], elektron. Rechner, bestehend v. a. aus →Mikroprozessor, Speichern, Ein- und Ausgabeeinheiten für Daten, Anschlüssen für externe Geräte, Datenleitungen und Stromversorgung.

Mikrofiche [-fʹiʃ, ›Zettel‹], **Microfiche** die, Planfilm im Postkartenformat, auf dem zeilenweise Mikrobilder (Mikrokopien) nebeneinandergereiht sind.

Mikrofilm, Film mit Mikrokopien, dient als Planfilm oder in Rollen zur raumsparenden Schriftgutablage und Dokumentation. Die Mikrokopien werden mit einem Lesegerät betrachtet.

Mikrofilmgeräte, weitgehend automatisierte Aufnahmekameras, Filmentwicklungs- und Weiterverarbeitungsgeräte sowie Lese- und Rückvergrößerungsgeräte für Mikrofilm oder Mikrofiche.

Miesmuschel

Mikroklima, das →Kleinklima.

Mikroklin das, ein Feldspat.

Mikrokokkus, Gatt. kugelförmiger Bakterien (Kokken).

Mikrokosmos, der Kleinwelt, Welt der Kleinstlebewesen (Mensch, Tier, Pflanze); der Mensch in seinem Verhältnis zur ›großen Welt‹, dem Makrokosmos.

Mikrolithe [grch.] *Mz.,* **1)** sehr kleine, auch mikroskopisch nicht identifizierbare Mineralindividuen in Gesteinen. **2)** kleine Feuersteingeräte, kennzeichnend für die Mittelsteinzeit.

Mikrometer, 1) Mikrometerschraube, →Meßschraube. **2)** Längeneinheit, Zeichen μm, 1 Millionstel Meter.

Mikronesien, Inselgruppen im nordwestl. Pazif. Ozean zw. den Japan. Inseln, den Philippinen und Indonesien, rd. 3 425 km², etwa 200 000 Ew.: Nauru, Kiribati, Tuvalu, Boningruppe, Guam, Marianen, Karolinen, Marshall-Inseln, Wallis und Futuna.

Mikronesier, Bewohner Mikronesiens, rassisch zu den Polynesiden gehörend. Die keineswegs einheitl., in voreurop. Zeit metallosen Kulturen sind stark maritim geprägt.

Mikroökonomik, Lehre vom Zusammenwirken der Einzelwirtschafter (Erzeuger, Verbraucher), bes. deren Verhalten am Markt. Im Vergleich →Makroökonomik.

Mikroorganismen, Mikroben [grch.], die kleinsten Lebewesen: →Mikrophyten und →Einzeller sowie die nur im Elektronenmikroskop sichtbaren Viren (→Virus).

Mikrophagen, ⚕ im Wasser lebende Tiere, die durch Einstrudeln oder Filtrieren Kleinlebewesen unzerkleinert als Nahrung aufnehmen.

Mikrophon das, Gerät zur Umwandlung von Schallschwingungen in elektr. Wechselströme. Beim **Kohle-M.** des Fernsprechers werden zw. einer Membran und einer von ihr isolierten Gegenelektrode Kohlekörnchen durch die Schwingungen der Membran mehr oder weniger gegeneinander gepreßt. Dadurch ändert sich der Übergangswiderstand zw. den Körnern, entsprechend schwankt ein durch sie geleiteter Gleichstrom. Beim in der Rundfunktechnik benutzten **Kondensator-M.** werden die elektr. Wechselströme durch die Kapazitätsänderung, beim **elektrodynamischen (Tauchspulen-)M.** durch Induktion erzeugt, beim **Kristall-M.** wird der piezoelektr. Effekt ausgenutzt. **Körperschall-M.** (z. B. das **Kehlkopf-M.**) reagieren nur auf Schwingungen der Körper, an den sie angelegt sind. **Kabellose M.** werden mit einem Miniatursender zusammengebaut. Nach der Richtwirkung unterscheidet man allseitig empfindl. M. mit **Kugelcharakteristik,** zweiseitig empfindl. M. mit **Achtercharakteristik** und einseitig empfindl. M. mit **Nieren-** oder **Kardioidcharakteristik.** (Bild S. 285)

Mikrophotographie, Photographie eines mikroskop. Bildes, bei der die (Film-)Kamera an ein Mikroskop angeschlossen ist.

Mikrophyten [grch.], pflanzl. Mikroorganismen (Bakterien, Strahlenpilze, bes. Algen und versch. Pilze) in den oberen Bodenschichten und in Gewässern.

Mikroprozessor, extrem verkleinertes Steuer- und Rechenwerk (Prozessor) eines →Mikrocomputers, bei dem die gesamte Zentraleinheit einer Datenverarbeitungsanlage auf einem einzigen Siliciumplättchen (Fläche 25 mm², Dicke 0,3 mm) aufgebaut ist. Durch die Miniaturisierung wird die Geschwindigkeit, mit der Befehle ausgeführt werden, erhöht. Vielseitige Einsatzmöglichkeiten: Meßaufgaben, Ablaufsteuerungen u. a.

Mikrorille, Rille einer Langspielplatte, 0,04 bis 0,05 mm breit.

Mikroskop das, opt. Gerät zur vergrößerten Betrachtung oder Abbildung sehr kleiner Gegenstände. Eine Sammellinse sehr geringer Brennweite (Objektiv) entwirft ein wirkliches, vergrößertes Bild des Gegenstandes, das durch eine als Lupe wirkende Okularlinse nochmals stark vergrößert betrachtet wird. Das auf einem drehbaren Objekttisch ruhende Präparat wird von unten mit Hilfe einer Beleuchtungseinrichtung (Hohlspiegel, Konden-

Ludwig Mies van der Rohe: Seagram Building in New York, 38 Stockwerke, 1956–58

Ludwig Mies van der Rohe

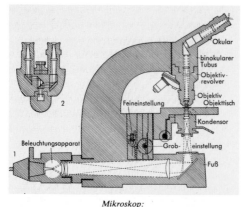

Mikroskop:
1 *Aufbau eines Forschungsmikroskops (Strahlengang bei Durchlichtbeleuchtung).* **2** *Strahlengang im binokularen Tubus*

sorlinsen) durchleuchtet (Durchlicht; bei Auflicht werden die Objekte von oben beleuchtet, Unterscheidung von Hell- und Dunkelfeldbeleuchtung). Das Auflösungsvermögen wird durch die Wellenlänge des Lichts begrenzt, es liegt bei Verwendung von sichtbarem Licht bei etwa 0,2 µm. Mit dem **Ultra-M.** lassen sich noch Teilchen von 0,006 µm nachweisen, wenn auch nicht mehr abbilden. Ferner → Elektronenmikroskop. **Mikroskopie,** die Anwendung des M. zu wissenschaftlichen Untersuchungen.
Mikrosomen [grch.] *Mz.,* feinste Körnchen im Zytoplasma der lebenden Zelle.
Mikrosporie [grch.] *die,* **Kleinsporenflechte,** $ Hautpilzkrankheit mit Kindern; es bilden sich (bes. am Kopf) rundl., mit grauweißen Schuppen bedeckte Herde, in deren Bereich die Haare abbrechen.
Mikrotom *das,* Präzisionsschneidegerät zur Herstellung dünnster tier. oder pflanzl. Schnitte (von einigen µm bis zu 20 nm) für mikroskop. Untersuchungen.
Mikrotron, Teilchenbeschleuniger für Elektronen.
Mikrowaage, Waage für Höchstlasten von 20–30 g und mit einer Genauigkeit von ±5 µg.
Mikrowellen, das Frequenzgebiet elektromagnet. Wellen, das i. a. oberhalb 1 GHz, häufig auch zw. 3 und 300 GHz angesetzt wird.
Mikrozensus, Statistik: Stichprobenzählung, durch die eine in längeren Zeitabschnitten durchgeführte Gesamterhebung (Volks-, Berufszählung) ergänzt wird.
Mikrozephalie [grch.], abnorm kleiner Gehirnschädel bei

H
|
H−C−H
|
H−C−OH
|
HO−C=O
Milchsäure

Milchstraße: Seitliche Ansicht des Milchstraßensystems (schematisch)

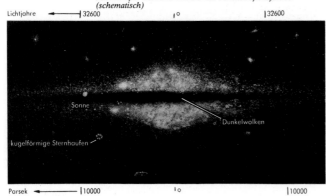

meist normaler Größe des Gesichts, verursacht durch Wachstumshemmung des Gehirns.
Miktion [lat.] *die,* $ das Harnlassen.
MIK-Wert, Abk. für **M**aximale **I**mmissions-**K**onzentration, die Konzentration von Immissionen in bodennahen Schichten der freien Atmosphäre, die für Mensch, Tier und Pflanze bei Einwirkung von bestimmter Dauer und Häufigkeit als unbedenklich gelten können. An die Stelle der MIK-Werte sind die Immissionskenngrößen (→ Immission) getreten.
Milane [frz.], Greifvogel-Gatt. der nördl. Alten Welt: **Rotmilan** (früher **Gabelweihe**), rostbraun; **Schwarzmilan,** graubraun. (Bild S. 285)
Milano, ital. Name von Mailand.
Milan I. Obrenović [-ɔbrʼɛnɔvitsj], Fürst (1868–82) und König (1882–89) von Serbien, * 1854, † 1901, erlangte auf dem Berliner Kongreß 1878 Gebietszuwachs und die Unabhängigkeit für Serbien.
Milano Marittima, Seebad an der ital. Adriaküste.
Milben, Acari, Ord. der Spinnentiere, mit z. T. mikroskopisch kleinen Formen, deren Hinterleib mit dem Kopf-Brust-Stück verschmolzen ist. Viele Arten sind Schmarotzer; zu den M. gehören: Lauf-M., Spinnen-M., Süßwasser-M., Krätz-M. u. a. (Bild S. 285)
Milch, 1) Abscheidung der M.-Drüsen der Frau und der weibl. Säugetiere nach dem Gebären; sie ist die Nahrung der Neugeborenen. Einige Haustiere haben durch Fortzüchtung reichlichere M.-Absonderung, bes. Kuh, Ziege, Schaf. Die **Kuh-M.** enthält 84–90% Wasser, 2,8–4,5% Fett, 3,3–3,95% Eiweiß, 3–5,5% M.-Zucker, ferner Vitamine und Mineralsalze. Läßt man frische **Voll-M.** stehen, so scheidet sich das Fett als **Rahm (Sahne)** ab, der zu Butter verarbeitet wird. Durch Sauerwerden der M. wandelt sich der M.-Zucker unter Mitwirkung von M.-Säurebakterien in M.-Säure um. Die übl. **Trink-M.** ist die pasteurisierte M. Mindestfettgehalt = 3,5%. Der entrahmten Konsum-M. ist das Fett entzogen. **2)** weiße Samenmasse der Fische.
Milch, Erhard, Generalfeldmarschall (1940), * 1892, † 1972; Flieger, 1938–45 Gen.-Inspekteur der Luftwaffe, in Nürnberg zu lebenslängl. Haft verurteilt, 1954 entlassen.
Milchgebiß, die Milchzähne, → Zähne.
Milchglas, getrübtes, lichtdurchlässiges und lichtverteilendes Glas.
Milchlattich, Korbblüter-Gatt.; milchsaftreiche Stauden, z. B. **Alpen-M.,** mit blauen Blütenkörbchen, in Gebirgswäldern.
Milchling *der,* die Pilzgattung → Reizker.
Milchnährschaden, selten gewordene Ernährungsstörung des Säuglings, entsteht durch einseitige Ernährung mit Kuhvollmilch ohne genügenden Zusatz von Kohlenhydraten; charakteristisch ist grauweiß gefärbter, trockener, übelriechender Stuhl (»Kalkseifenstuhl«). Behandlung: Heildiät.
Milchner, geschlechtsreifer männl. Fisch.
Milchsaft, 1) ⚘ die in den Milchröhren best. Pflanzen gebildete milchige Flüssigkeit; dient als Wundverschluß sowie als Schutzmittel gegen Tierfraß. **2)** Physiologie: → Chylus.
Milchsäure, organ. Säure, die aus Zuckerarten durch Gärung entsteht, z. B. in saurer Milch, Sauerkraut, auch im Magensaft. Verwendung in Gerberei, Färberei, Medizin.
Milchschorf, $ Hauterkrankung der Säuglinge mit Rötung, nässenden Flächen, Knötchen am Kopf.
Milchstraße, Galaxis, der breite helle Gürtel am Himmel, der durch den vereinigten Glanz sehr vieler, weit entfernter Sterne entsteht. Diese gehören zu dem flach linsenförmigen **M.-System** (rd. 200 Mrd. Sterne), zu dem auch das Sonnensystem zählt. Der Äquatordurchmesser beträgt rd. 80 000, der Poldurchmesser rd. 15 000 Lichtjahre. Die Sterne sind nicht gleichmäßig verteilt, sondern häufen sich in Spiralarmen, die sich um einen sehr sternreichen Kern legen. Das gesamte System rotiert um seinen Mittelpunkt, und zwar am Rande etwa 20mal langsamer als im Innern. Die Sonne, die vom Mittelpunkt etwa 30 000 Lichtjahre entfernt ist, braucht bei einer Geschwindigkeit von 250 km/s etwa 200 Mio. Jahre für einen vollständigen Umlauf. Ein nur dünn mit Sternen und Sternhaufen (Kugelhaufen) besetzter kugelförm. Raum von etwas größerem Durchmesser als das linsenförm. System umgibt dieses (der **Halo**). Die Gesamtmasse des M.-Systems beträgt $2 \cdot 10^{11}$ Sonnenmassen, sein Alter etwa 10^{10} Jahre.
Milchzähne, die ersten → Zähne.
Milchzucker, Lactose, Bestandteil der Milch, wird durch Kochen mit verdünnten Säuren oder durch Enzyme in Galaktose und Traubenzucker gespalten.

Lichtjahre ← |32600 |° |32600
Sonne
Dunkelwolken
kugelförmige Sternhaufen →
Parsek ← |10000 |° |10000

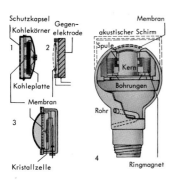

Schutzkapsel
Kohlekörner | Gegen-elektrode
1 | 2
Kohleplatte
Membran
3
Kristallzelle
Membran
akustischer Schirm
Spule
Kern
Bohrungen
Rohr
4 | Ringmagnet

Mikrophon:
1 Kohle-M.
2 Kondensator-M.
3 Kristall-M.
4 elektrodynamisches M.

mildernde Umstände, ⚕ besondere Umstände einer Straftat (z. B. unverschuldete Notlage), bei deren Vorliegen das Ges. eine mildere Strafe vorsieht.

mile [maɪl, engl.], die, engl. → Meile (→ Maßeinheiten, Übersicht).

Milet, im Altertum die mächtigste ion. Stadt in Kleinasien, an der Mündung des Mäander; 494 von den Persern zerstört; in hellenist. und röm. Zeit neue Blüte. Dt. Ausgrabungen seit 1899 (Tempelreste, Thermen, Theater, Markttor).

Milford Haven [mˈɪlfəd hˈeɪvn], Hafenstadt in der Cty. Dyfed, Wales, 13700 Ew.; bed. Erdölhafen.

Milhaud [mijˈoː], Darius, frz. Komponist, * 1892, † 1974; vom Impressionismus ausgehend, entwickelte er eine eigene, bes. durch Polytonalität charakterisierte Tonsprache. Opern (Christoph Columbus, 1930; Fiesta, 1959), Ballette, Sinfonien, Kammer-, Klaviermusik.

Milieu [miljˈø, frz.] *das,* Umwelt, Lebensverhältnisse.

Milieutheorie [miljˈøː-], Lehre von dem bestimmenden Einfluß der Umwelt auf die Entwicklung des Menschen, von A. Comte, H. Taine u. a. vom Histor. Materialismus vertreten.

militant [lat.], kämpferisch, aggressiv.

Militär *das,* Sammelbegriff für Soldaten, Wehrmacht, Streitkräfte.

Militärbischof, Amtstitel des leitenden Geistlichen der → Militärseelsorge.

Militärdepartement, in der Schweiz die von einem Mitgl. des Bundesrats geleitete Abteilung für das Militärwesen.

Militärdiktatur, die von einem Militärbefehlshaber oder einer militär. Gruppe unbeschränkt ausgeübte Staatsgewalt.

Militärgeistlicher, → Militärseelsorge.

Militärgeographie, Zweig der Kriegswissenschaften: die zweckgebundene Darstellung der für die Kriegführung wichtigen geograph. Verhältnisse.

Militärgerichtsbarkeit, durch militär. Behörden ausgeübte Gerichtsbarkeit über Militärpersonen; wurde 1920 aufgehoben, 1933 wiedereingeführt, nach 1945 erneut beseitigt; allerdings gibt Art. 96a GG dem Bund die Ermächtigung zur Errichtung von Wehrstrafgerichten als Bundesgerichte für den Verteidigungsfall.

Militärgrenze, im 16.–19. Jh. der militärisch eingerichtete, mit Bauernsoldaten (›Grenzern‹) besiedelte Landstreifen entlang der türkisch-serbisch-rumänischen Grenze Österreich-Ungarns.

Militärischer Abschirmdienst, Abk. **MAD,** Einrichtung zum Schutze militär. Einrichtungen gegen Spionage und Sabotage; Zentrale ist das ›Amt für Sicherheit der Bundeswehr‹.

Militarismus, Vorherrschen militär. Formen, Denkweisen und Zielsetzungen in Staat, Politik, Gesellschaft.

Militärkonventionen, Verträge zw. Staaten über militär. Fragen; heute meist durch **Beistandspakte** im Rahmen kollektiver Sicherheit ersetzt.

Militärpsychologie, Wehrpsychologie, Zweig der angewandten Psychologie, der sich mit lern-, arbeits-, eignungs- und sozialpsycholog. Fragen im militär. Bereich beschäftigt.

Militärregierung, 1) das mit der Ausübung der Staatsgewalt in einem besetzten Gebiet ausgestattete militär. Oberkommando. In Dtl. übten die Besatzungsmächte 1945–49 die oberste Staatsgewalt durch den → Kontrollrat aus. **2)** v. a. aus Militärpersonen gebildete Reg. (**Militärjunta**), oft nach einem **Militärputsch,** regiert vielfach diktatorisch (**Militärdiktatur**).

Militärseelsorge, kirchl. Betreuung der Angehörigen von Streitkräften. Dem vom Papst ernannten kath. **Militärbischof** unterstehen 6 **Militär-Dekane** sowie ein **leitender Militärgeistlicher** für die Marine. Unter ihrer Aufsicht stehen die **Standortpfarrer.** Ausführendes Verwaltungsorgan ist das ›Kath. Militär-Bischofsamt für die Bundeswehr‹ unter einem **Militär-Generalvikar.** Der evang. **Militärbischof** wird vom Rat der EKD ernannt. Ihm unterstehen 6 Militär-Dekane sowie ein leitender Militärgeistlicher für die Marine, diesen die Standortpfarrer. Ausführendes Verwaltungsorgan des evang. Militärbischofs ist das ›Evang. Kirchenamt für die Bundeswehr‹ unter einem **Militär-Generaldekan.**

Military [mˈɪlɪtərɪ, engl.] *die,* reiterl. Vielseitigkeitsprüfung: Dressur, Geländeritt und Jagdspringen.

Military Police [mˈɪlɪtərɪpəlˈiːs, engl.], Abk. **M. P.** [ɛmpiː], die engl. und amerikan. Militärpolizei.

Miliz [frz., aus lat.] *die,* eine Truppe mit kurzer Ausbildung, die nur im Mobilmachungsfall einberufen wird.

Mill, John Stuart, engl. Philosoph und Volkswirt, * 1806, † 1873, in der Entwicklungslinie des engl. Empirismus stehend, vertrat eine positivist. Grundhaltung; als einzige Quelle der Erkenntnis galt ihm die Erfahrung, als einzige Methode der Induktion; rechnet in der Ethik zu den Hauptvertretern des → Utilitarismus.

Millais [mɪlˈeɪ], Sir (1885) John Everett, engl. Maler, * 1829, † 1896, Mitbegr. der Gruppe der Präraffaeliten.

Millefioriglas [ital. ›Tausend Blumen‹], ein → Kunstglas.

Millenium *das,* Jahrtausend.

Miller, 1) Arthur, amerikan. Dramatiker, * 1915; sozialkrit. Dramen: ›Alle meine Söhne‹ (1947), ›Der Tod des Handlungsreisenden‹ (1949), ›Hexenjagd‹ (1953), ›Zwischenfall in Vichy‹ (1964); Roman: ›Brennpunkt‹ (1945). **2)** Glenn, amerikan. Jazzmusiker, * 1904, † 1944, Posaunist, Arrangeur. **3)** Henry, amerikan. Schriftst., * 1891, † 1980; Romane: ›Wendekreis des Krebses‹ (1934), ›Wendekreis des Steinbocks‹ (1938), ›Sexus‹ (1949), ›Plexus‹ (1952), ›Nexus‹ (1960). Bild S. 286 **4)** Oskar von, Ingenieur, 1855, † 1934, gründete das Dt. Museum in München, baute das Walchensee-Kraftwerk.

Millerand [mɪlrˈã], Alexandre, frz. Politiker, * 1859, † 1943, Rechtsanwalt, anfangs Sozialist, dann Politiker der Rechten, mehrmals Min., 1920–24 Präs. der Rep.

Millet [mijˈɛ], Jean-François, frz. Maler, * 1814, † 1875, seit 1849 in → Barbizon, malte in trüben, gedämpften Tönen erdgebundene Bauernszenen in meist schwermütigen Landschaften (Sämann, Ährenleserinnen).

Milli-, Zeichen **m,** Vorsatz vor einer Maßeinheit = 10⁻³.

Milliarde, 1000 Mio. = 10⁹ (→ Billion).

Millième [miljˈɛːm, frz.], ägypt. Münze = 1/1000 ägypt. Pfund.

Millikan [-kən], Robert Andrews, amerikan. Physiker, * 1868, † 1953, bestimmte die Elementarladung, arbeitete über UV- und Röntgenstrahlung. Nobelpreis 1923.

Millimeter, Zeichen **mm,** Einheit der Länge; 1 mm = 1/1000 m. – **Millimeter-Wassersäule,** nicht gesetzl. Einheit des Drucks, SI-Einheit ist das → Pascal.

Millimeterwellen, → Wellenbereich.

Million, Zahlenwert für 10⁶ = 1000000.

Millöcker, Karl, österr. Operettenkomponist, * 1842, † 1899; ›Gräfin Dubarry‹ (1879), ›Der Bettelstudent‹ (1882), ›Gasparone‹ (1884), ›Der arme Jonathan‹ (1890).

Millstätter See, in Kärnten, 13,3 km² groß, 12 km lang. Größter Badeort an M. S. ist **Millstatt** (3100 Ew.), ehem. Benediktinerkloster (nach 1070) mit frühroman. Kreuzgang und Kirche (12.–16. Jh.).

Milne [mɪln], Edward Arthur, brit. Astrophysiker, * 1896, † 1950, arbeitete über den Zustand der Fixsternmaterie (Plasma).

Milo, ital. Insel, → Melos.

Miloš Obrenović [mˈiloʃ ɔbrˈɛnovitsj], Fürst von Serbien (1817–39, 1858–60), Gründer des serb. Herrscherhauses Obrenović, * 1780, † 1860.

Milosz [milˈɔʃ], Oscar Vladislas **de Lubicz-M.,** frz. Dichter litauischer Herkunft, * 1877, † 1939.

Miłosz [mˈiłɔʃ], Czesław, poln. Schriftst., * 1911, lebt seit 1956 in den USA; schrieb ›Verführtes Denken‹ (1953), den Kindheitsroman ›Das Tal der Issa‹ (1955) und Lyrik. 1980 Nobelpreis.

Milane: Rotmilan

a

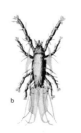

b

Milben

Milben: a eine Wassermilbe, bis 8 mm groß; b Männchen einer Vogel-Krätzmilbe, etwa 8 mm groß

Darius Milhaud

Miltenberg

Henry Miller

*John Milton
(Kupferstich von
W. Faithorne, 1670)*

Milseburg, 835 m hoher Phonolithberg der Kuppen-Rhön, Hessen, mit vorgeschichtl. Steinwall am Fuß des Gipfels.

Milstein, Nathan, amerikan. Violinist russ. Herkunft, * 1904.

Miltenberg, Krst. in Unterfranken, Bayern, am Main, 9300 Ew.; Ind. (Steine, Holz, Maschinen, Textilien, Papier). Altertüml. Stadtbild: Fachwerkhäuser (15.–18. Jh.), Rathaus (15. Jh.), Amtskellerei (16./17. Jh.), Pfarrkirche (13., 18./19. Jh.).

Miltiades, athen. Feldherr, † 489 v. Chr., besiegte 490 bei Marathon die Perser.

Milton [mɪltn], John, engl. Dichter, * 1608, † 1674; gab als diplomat. Korrespondent im Staatsrat der Rep. in vielen Prosaschriften (lat. und engl.) dem Kampf der Puritaner gegen die Stuarts die weltanschaul. Grundlage. – Nach der Restauration (1660) dichtete er, erblindet, das Epos vom Fall des Menschengeschlechts ›Das verlorene Paradies‹ (1667 und 1674) und als Gegenstück die Dichtung von der Versuchung des Heilands ›Das wiedergewonnene Paradies‹ (1671).

Milvische Brücke, ital. **Ponte Molle,** Tiberbrücke im N Roms; 28. 10. 312 Sieg Konstantins über Maxentius.

Milwaukee [mɪlwˈɔːki], größte Stadt von Wisconsin, USA, Hafen am Michigansee, 616000 Ew.; kath. Erzbischofssitz, staatl. und kath. Univ.; Maschinenbau, Metall-, chem. und Textilind.; Brauereien.

Milz *die,* der große Blut-Lymphknoten, eine Bildungsstätte von weißen Blutkörperchen (→ Blut); liegt links im der Bauchhöhle unter dem Zwerchfell. In der M. werden die verbrauchten roten Blutkörperchen abgebaut; sie schwillt bei fast allen Infektionskrankheiten an, da die Bildung der weißen Blutkörperchen als Abwehrmaßnahme stark gesteigert ist.

Milzbrand, durch den **Milzbrandbazillus** hervorgerufene Infektionskrankheit der Tiere (bes. Schafe, Rinder, Wild), auf den Menschen übertragbar. Das Blut wird teerartig, die Milz schwillt an. – Beim Menschen ist am häufigsten der **Haut-M. (M.-Karbunkel);** M. ist meldepflichtig. Behandlung: Antibiotika.

Milzfarn, die Farngatt. → Asplenium.

Milzkraut, Gatt. der Steinbrechgewächse mit trugdoldig gehäuften, grünl. Blütchen zw. gelben Hochblättern.

Mime [grch.] *der,* Schauspieler. **mimen,** schauspielern, vortäuschen.

Mime, der kunstreiche Schmied in der altnordischen Literatur.

Mimese, Form der Schutztrachten bei Tieren, die sich in spezif. Verhaltensweise, in Färbung und Zeichnung oder in Organ- und Körperform äußert und ihre Träger vor widrigen Einwirkungen durch andere Organismen schützt. Ein Sonderfall der M. ist der → Mimikry.

Mimesis [grch. ›Nachahmung‹] *die,* seit der Antike ein vielumstrittenes Prinzip der Kunstphilosophie; nach E. Auerbach die ›Interpretation des Wirklichen durch die literar. Darstellung‹.

Mimik [grch.] *die,* Mienenspiel. **mimisch,** durch Mienenspiel ausgedrückt; schauspielerisch.

Mimikry [engl. ›Nachahmung‹] *die,* Sonderfall einer tier. Schutzanpassung, bei der ein gut geschütztes Tier, das über eine → Warntracht verfügt, von einem ungeschützten Tier anderer Artzugehörigkeit in Körperform oder Farbe nachgeahmt wird.

Mimir, altnord. Mythos: der Dämon einer Quelle, aus der zu trinken höchste Weisheit verleiht.

Mimose [grch.] *die,* Gatt. der Mimosengewächse, z. B. die brasilian. **Schamhafte M.** oder **Sinnpflanze,** die bei Berührung und abends Blattfiedern und Blätter zusammen- und die Blattstiele in Gelenkpolstern abwärts klappt.

Mimus [grch.] *der,* improvisierte Darbietung realist. Szenen (ohne Maske und vulgärsprachlich), gepflegt im dorischen Sizilien, dann bes. in Rom bis zum Ausgang der Antike.

min, Einheitenzeichen für **Min**ute.

Mina al-Ahmadi, Stadt in Kuwait, 21300 Ew.; Raffinerie und Erdölverladehafen mit bis zu 18 km ins Meer gehenden Verladebrücken für Supertanker.

Minarett, Minar, Manara [arab. ›Leuchtturm‹], Islam: Turm an einer Moschee für den Gebetsruf des Muezzin. (Bild S. 287)

Minas Gerais [mˈinaʒ ʒerˈais], Binnenstaat Brasiliens, 587172 km², 13,69 Mio. Ew. Hptst.: Belo Horizonte. Reiche Bodenschätze: Eisen- und Manganerze, Gold, Diamanten u. a.; Anbau von Reis, Bohnen, Mais, Kaffee; Viehzucht.

Minch [mɪntʃ], Meeresstraße zw. den Äußeren Hebriden und der schott. W-Küste.

Mincio [mˈintʃo] *der,* südl. Abfluß des Gardasees, mündet unterhalb Mantua in den Po.

Mindanao, Insel der Philippinen, (ohne Sulu-Archipel) 94730 km², 7,5 Mio. Ew.; gebirgig und vulkanisch (Apo 2954 m). Anbau von Manilafaser, Kopra, Reis; Holz, Kautschuk.

Mindel *die,* re. Nebenfluß der Donau, 75 km lang, entspringt westl. von Kaufbeuren. Nach ihr ist die **Mindel-Eiszeit** benannt.

Mindelheim, Krst. des Kr. Unterallgäu, Bayern, an der Mindel, 12300 Ew.; mannigfaltige Ind.; Stadtkirche (1712 umgebaut) mit Glockenturm, Liebfrauenkapelle (15. Jh.), Jesuitenkirche (17./18. Jh.), Burg.

Minden, Krst. des Kr. Minden-Lübbecke, NRW, an Weser und Mittellandkanal (Häfen), 77600 Ew.; Papiererzeugung, Metallu. a. Ind., Schiffswerften; Dom (frühgot. Hallenkirche, roman. Westbau). – Um 800 Bistum, seit dem 13. Jh. Hansestadt, kam 1648 an Brandenburg.

Minder [frz. mɛdˈεr], Robert, frz. Literarhistoriker, * 1902, † 1980; Arbeiten bes. zur dt. Literatur.

Mindere Brüder, der Erste Orden der → Franziskaner.

Minderheit, Minorität, 1) völkerrechtlich eine Gruppe, die in Abstammung, Sprache, Religion oder Kultur von der Mehrheit des Staatsvolkes verschieden ist (**nationale M.**). Zum Schutz einer solchen M. sind oft besondere rechtl. Maßnahmen erforderlich, so die Anerkennung ihrer Sprache als zweite Amtssprache, die Einrichtung von Minderheitsschulen und die Gewährung begrenzter Selbstverwaltungsbefugnisse. **2)** die bei Abstimmungen, bes. bei Wahlen, zahlenmäßig unterlegene Gruppe (Partei). Im demokrat. Staat gilt der Wille der Mehrheit, doch kann die M. z. B. dadurch geschützt sein, daß in bes. wichtigen Fragen eine ›qualifizierte Mehrheit‹ erforderlich ist.

Minderheitsrechte, im Gesellschafts-, bes. im Aktienrecht die einer Minderheit von Gesellschaftern zustehenden Rechte (z. B. Erzwingung einer Hauptversammlung).

Minderjährige, Kinder und Jugendliche bis zur **Volljährigkeit (Mündigkeit),** die in der Bundesrep. Dtl. und der Dt. Dem. Rep. mit der Vollendung des 18. (Österreich des 19., Schweiz des 20.) Lebensjahres eintritt. Der M. untersteht der elterl. Gewalt. (Übersicht Alter)

Minderkaufmann, → Kaufmann.

Minderung, ♂ Herabsetzung des Preises bei Mängeln der Ware (§ 462 BGB).

Minderwertigkeitsgefühl, allg. Gefühl des Versagens vor den Anforderungen der Umwelt oder der Unterlegenheit gegenüber den Leistungen oder dem Wert von Mitmenschen; gesteigert: **Minderwertigkeitskomplex.**

Mindestgebot, ♫ das in einem Zwangsversteigerungsverfahren niedrigste zulässige Gebot **(geringstes Gebot; § 44 ZVG).**

Mindestpreis, der behördlich oder durch Kartelle festgesetzte Preis, der nicht unterboten werden darf.

Mindestreserven, Guthaben, die die Kreditinstitute bei der Zentralbank unverzinslich unterhalten müssen. Bei Erhöhung des M.-Satzes sind die Kreditinstitute zur Einschränkung ihrer Kreditgewährungen gezwungen; Senkung des M.-Satzes ermöglicht die Kreditausweitung **(M.-Politik** der Notenbank). Diese M.-Politik wird v. a. zur Geldmengensteuerung eingesetzt.

Mindoro, waldbedeckte, fruchtbare Insel der Philippinen, 9 735 km², 472 400 Ew.

Mindszenty [-senti], József, ursprüngl. J. **Pehm, Kardinal** und Fürstprimas von Ungarn (seit 1946), * 1892, † 1975, 1944 von rechtsradikalen Pfeilkreuzlern verhaftet, 1945 von den Russen befreit, 1948 von Kommunisten inhaftiert und zu lebenslängl. Haft verurteilt, lebte 1956–71 in der amerikan. Botschaft in Budapest, dann in Wien.

Mine [frz.] *die,* 1) Bergwerk. 2) ⚓ Sprengladung, in großen Mengen ausgelegt **(Minenfelder)** als Sperre zu Lande oder zur See **(Seemine),** aus Flugzeugen abgeworfen **(Luft-M.).** 3) Füllung in Bleistiften und Kugelschreibern.

Minenleger, schnelles, schwachbewaffnetes Kriegsschiff zum Auslegen von Seeminen; auch gepanzerte Fahrzeuge zum Auslegen von Landminen.

Minensuch- und -räumfahrzeuge, Geräte zum Auffinden und Entfernen oder Unschädlichmachen ausgelegter Land- oder Seeminen: **Minenräumpanzer, Minensuch- und -räumboote.**

Mineral, *das, Mz.* **Minerale, Mineralien,** strukturell, chemisch und physikalisch einheitl. anorgan., meist feste Bestandteile der Erde und anderer Himmelskörper. Es gibt rd. 2000 M.-Arten, darunter etwa 200 **gesteinsbildende M.** (Weitere Bilder S. 288)

Mineralisation, Abbau organ. Stoffe, bes. durch Mikroorganismen zu anorgan. Stoffen.

Mineralogie, Wissenschaft von den Mineralen. In ihr sind zusammengefaßt die Kristallographie, die Lagerstättenkunde, die Petrographie, die techn. M. und techn. Mineralogie sowie spezielle Gebiete, wie die Edelstein- und Meteoritenkunde.

Mineralöle, Kohlenwasserstoffgemische, die aus Erdöl durch Destillation oder Kracken gewonnen werden, daneben auch aus Kohle durch Kohlehydrierung, Schwelen, Verkoken.

Mineralölsteuer, dem Bund zufließende Verbrauchsteuer. Die M. belastet vornehmlich den Verbrauch von Mineralölen als Kraft-, Schmier- und Heizstoffe.

Mineralsalze, anorgan. Salze, die bes. als Minerale oder als anorgan. Bestandteile der Lebewesen vorkommen.

Mineralsäuren, Sammelbez. für Salz-, Schwefel- oder Salpetersäure.

Mineralwasser, zum Trinkgebrauch geeignetes mineralhaltiges Wasser aus natürl. oder künstlich erschlossenen Quellen, das häufig einen höheren Gehalt an freiem Kohlendioxid (›Kohlensäure‹) aufweist.

Minerva, altitalische Göttin, Beschützerin des Handwerks; später der grch. Athene gleichgesetzt.

Minestra [ital.] *die,* ital. Suppe aus vielen Gemüsen und Einlage von Reis oder Teigwaren.

Minestrone [ital.] *der,* Suppe aus versch. Gemüsen, Zwiebeln, Sellerie, Basilikum und Petersilie, in Butter oder Öl angedünstet und mit Wasser gekocht, mit Reis oder Nudeln, dazu geriebener Parmesankäse.

Minette [frz.] *die,* 1) dunkles Ganggestein. 2) sedimentäres, oolithisches Brauneisenerz.

Mineur [-nˈøːr, frz.], 1) **Sprengmeister,** führt Sprengarbeiten aus. 2) Börse: der Haussier (→Hausse).

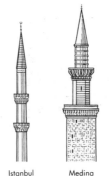
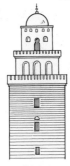
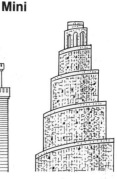

Istanbul   Medina   Kairouan   Samarra
Sultan Ahmet Moschee

Minarett (Bauformen)

Ming, chines. Herrscherhaus (1368–1644).

Mingetschaur, Stadt und Wasserkraftwerk in der Aserbaidschan. SSR, an der Kura (605 km² großer Stausee, 359 MW).

Mingrelien, Megrelien, histor. Name der fruchtbaren Küstenebene am Schwarzen Meer, im W der Georg. SSR.

Minho [mˈiɲu], 1) portug. Name des Flusses →Miño. 2) früher **Entre Douro e Minho** [-dˈoru-], histor. Prov. im NW Portugals, ein vom Küstenstreifen ansteigendes Bergland; dicht besiedelt. Mais-, Weinanbau; Viehzucht; Ind.

mini. . . [engl. aus lat.], kleinst. . .

Minia, Minja, El-Minja, El-Minya, Prov.-Hptst. in Oberägypten, am Nil, 146000 Ew.; kopt. Bischofssitz; Universität.

Miniaturmalerei, 1) Bildnismalerei in kleinem Format. Bildnisminiaturen malten im 16. Jh. bes. Holbein d. J. und der Emailmaler L. Limosin. Die Glanzzeit war das 18. und 19. Jh. bis zum Aufkommen der Photographie; auch zur Verzierung von Tabakdosen, Uhren und Schmuckgegenständen wurden Bildnisminiaturen verwendet. 2) →Buchmalerei.

Minigolf, →Bahnengolf.

minimal [lat.], kleinstmöglich.

Minimal Art [mˈɪnɪml ɑ:t, engl. ›Mindestkunst‹], Name für einige Tendenzen der Kunst in den 60er Jahren des 20. Jh., deren auf das Essentielle reduzierte Formensprache auf jede überflüssig erscheinende Zutat verzichtet und auf geometr. Grundformen zurückführt.

Minimen, Minimiten, Bettelorden für Predigt, Unterricht und Askese, gestiftet 1454 von Franz von Paula **(Paulaner).**

Minimum [lat.] *das,* kleinster Wert, niedrigster Stand.

Minister [lat. ›Diener‹], Mitgl. einer Reg., meist der Leiter eines obersten Zweiges der Staatsverwaltung **(Fach-, Ressortminister);** bisweilen auch ohne Geschäftsbereich **(M. ohne Portefeuille).** In der Bundesrep. Dtl. heißen die Mitgl. der Bundesreg. **Bundesminister,** die der Länder **Landesminister** (in Bremen, Hamburg, Berlin: **Senatoren).** In Großbritannien und in den USA heißen die M. für best. Ressorts **Secretary.** In Österreich heißen M. nur die Bundes-M., in der Schweiz heißen die Mitgl. der Reg. Bundesräte. Die Bundes-M. in der Bundesrep. Dtl. tragen die Verantwortung für ihren Geschäftsbereich innerhalb der vom Bundeskanzler bestimmten Richtlinien der Politik.

Ministeranklage, staatsgerichtl. Verfahren gegen einen Min. oder das Staatsoberhaupt wegen Verfassungsverletzung; in der Bundesrep. Dtl. nur gegen den Bundespräs. zulässig, in den meisten Bundesländern auch gegen Mitgl. der Landesreg.

1   2   3   4   5

Mineral:
1 Gediegenes Gold,
2 Schwefel,
3 Markasit,
4 Malachit,
5 Dolomit

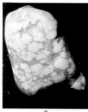

1 2 3

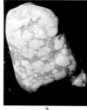

4

Mineral:
1 Apatit, **2** Turmalin,
3 Türkis, **4** Krokoit

Mirabeau
(Büste von Houdon)

Ministerialen, →Dienstmannen.
Ministerium [lat.] *das,* -s/. . .rien, oberste Behörde eines staatl. Verwaltungszweiges unter Leitung eines **Fachministers (Ressortministers).** Das M. ist in Abteilungen, diese sind in Referate gegliedert. Zu den 5 klass. M. (Auswärtiges, Inneres, Justiz, Finanzen, Krieg) traten im 19. und 20. Jh. weitere hinzu (z. B. Arbeit, Kultus, Wirtschaft). Das **Kabinett (Gesamt-M.)** wird vom Regierungschef geleitet.
Ministerpräsident, in vielen Staaten der Vors. der Regierung. In den Ländern der Bundesrep. Dtl. bildet der M. mit den Ministern die Landesreg.
Minister|rat, in vielen Staaten Bez. für die Spitze der Reg., z. B. in Frankreich und Italien; oft auch ein Ministerausschuß für besondere Aufgaben. In den EG ist M. der aus je einem Minister der Mitgliedstaaten bestehende ›Rat‹. – In der Dt. Dem. Rep. ist der M. die Regierung.
Ministrant [lat.], Kath. Kirche: ein Knabe in liturg. Kleidung, der bei der Eucharistiefeier best. Hilfsdienste verrichtet.
Minitrack [m′ınıtræk, engl.], frühes amerikan. Verfahren zur Ortung eines Satelliten mit Hilfe der Interferenz seiner Radiosignale; heute erweitert und verbessert.
Mink *der,* amerikan. Art der Raubmarder (→Marder).
Minkowski, Hermann, Mathematiker, * 1864, † 1909, Prof. in Königsberg, Zürich, Göttingen, schuf die mathemat. Grundlagen der speziellen Relativitätstheorie.
Minne *die,* urspr. ›Gedenken‹, später ›Liebe‹, seit dem 12./13. Jh. die ritterlich-höf. Auffassung der Liebe als gesellschaftl. Spiel **(hohe M.).** In der höf. Herrin wird die dem Werbenden unerreichbare Frau als Idealbild verehrt. Mit der **niederen M.,** der Liebesbeziehung zu Frauen nicht ritterl. Stand, verband sich die Vorstellung von Gegenseitigkeit der Empfindung und sinnl. Erfüllung. **Frau M.,** die Verkörperung der ritterl. hohen M.
Minne, George Baron, belg. Bildhauer, * 1866, † 1941, ein bedeutender Bildhauer des Jugendstils.
Minneapolis [m′iæpəlıs], Stadt in Minnesota, USA, am Mississippi, 340 000 Ew.; Univ.; Getreidebörse und -mühlen, Elektronik-, Nahrungsmittel-, Landmaschinen-Ind.
Minnesang, Lyrik der ritterlich-höf. Kultur, entwickelte sich in Dtl. in der 2. Hälfte des 12. Jh. und erreichte ihren Höhepunkt etwa 1180–1220. Träger **(Minnesinger, Minnesänger)** waren urspr. Angehörige des Adels, später auch bürgerl. Dichter, Pflegestätten die Höfe kunstsinniger Fürsten (Hof der Babenberger in Wien, Hermanns von Thüringen auf der Wartburg u. a.). Das Besondere des M. ist die Liebesauffassung (→Minne) und die dichterische Form (dreiteilige Liedstrophe), die sich nach frz.-provenzal. Vorbild entwickelte (Troubadours). Die Dichter waren zugleich Komponisten. Mit dem Übergang der Dichtkunst vom Adel auf den Bürger wurde die Formenwelt des M. vom Meistersang übernommen.
Minnesota [mınıs′əʊtə], Abk. **Minn.,** Abk. **MN,** nordwestl. Mittelstaat der USA am oberen Mississippi, 217 736 km², 4,077 Mio. Ew. Hptst.: Saint Paul. Ackerbau und Molkereiwirtschaft; Bergbau auf Eisenerze; Maschinenbau, chem. Ind. u. a. – M. wurde 1858 als 32. Staat in die Union aufgenommen.
Miño [m′iɲo], portugies. **Minho** [m′iɲu], Fluß in NW-Spanien, entspringt im Bergland von Galicien, 340 km lang, mündet in den Atlantik. Sein Unterlauf bildet z. T. die spanisch-portugies. Grenze.
Mino da Fiesole, ital. Bildhauer, * 1429, † 1484, schuf Grabmäler, kirchl. Skulpturen, Bildnisbüsten.
minoische Kultur, → ägäische Kultur.
minor [lat.], geringer, kleiner, jünger. **Minorat, Juniorat,** *das* →Jüngstenrecht.

Minore [ital.], ♪ Moll, Molltonart; als Satzüberschrift: der Mollteil eines in der gleichnamigen Dur-Tonart stehenden Tonstücks.
Minorität [lat.] *die,* →Minderheit.
Minoriten *Mz.,* der Erste Orden der →Franziskaner.
Minos, grch. Mythos: König von Kreta, Sohn des Zeus und der Europa, Vater der Ariadne und Phädra; zwang die Athener, alle 9 Jahre 7 Jungfrauen und 7 Jünglinge zu liefern, die er dem →Minotauros vorwarf.
Minot [m′ınat], George Richards, amerikan. Mediziner, * 1885, † 1950. Mit W. P. Murphy und G. Whipple führte er die Leberdiät bei perniziöser Anämie ein; erhielt 1934 mit ihnen gemeinsam den Nobelpreis für Physiologie und Medizin.
Minotaurus, grch. Mythos: Ungeheuer mit Menschenleib und Stierkopf, das von →Minos im Labyrinth von Knossos gefangengehalten wurde; von Theseus besiegt.
Minsk, Hptst. und kultureller Mittelpunkt der Weißruss. SSR, 1,29 Mio. Ew.; Univ., Akademie der Wissenschaften; Theater, Museen. Industrie: Maschinen-, Nahrungsmittel-, elektrotechn., Bekleidungs-, Baustoffind. u. a. – M. kam im 14. Jh. an Litauen, 1793 an Rußland.
Minstrel [engl.], vom 13.–16. Jh. in England der Sänger, Spielmann oder Gaukler im Dienst eines Adligen.
Minuend [lat.] *der,* bei der Subtraktion die Zahl, von der abgezogen wird. Die abzuziehende Zahl heißt Subtrahend.
minus [lat.], △ weniger; Vorzeichen der negativen Zahlen, z. B. −3; *das* **Minus,** Fehlbetrag, Verlust.
Minuskel [lat.], lat. minusculus ›etwas kleiner‹] *die,* Schrift, die i. Ggs. zu der →Majuskel nicht aus gleich hohen Buchstaben besteht, sondern Ober- und Unterlängen aufweist. Die **karolingische M.** wurde Mutterschrift der abendländ. Schriftenfamilie.
Minussinsk, Stadt in Sibirien, im Gau Krasnojarsk, Russ. SFSR, am oberen Jenissej, 61 000 Ew.; Mittelpunkt einer fruchtbaren Waldsteppenlandschaft, nahebei Kohlenbergbau.
Minute [lat.] *die,* **1)** Zeitrechnung: der 60. Teil der Stunde, Zeichen min oder ᵐ. **2)** Geometrie: der 60. Teil des Grades, Zeichen ′.
Minuteman [m′ınıtmæn], amerikan. Interkontinentalrakete mit Feststoffantrieb.
minuziös [lat.], sorgsam, peinlich genau.
Minya Konka, Minya Gongkar, Berg in der chines. Prov. Szechwan, 7556 m hohe Granitpyramide; Erstbesteigung 1932.
Minze, Münze, Mentha, → Lippenblütergatt., stark aromat. Stauden mit violetten od. rötl. Blütenquirlen. Die Blätter der **Pfefferminze** geben als **Pfefferminztee** blähungstreibende, schmerz- und krampflindernde Arznei. Das äther., mentholreiche **Pfefferminzöl** wird für erfrischende Süßigkeiten, Likör, Zahnpasten u. a. verwendet.
Miozän [grch.] *das,* Stufe des →Tertiär.
Miquel [m′i:kel], Johannes von (1897), * 1828, † 1901, seit 1890 preuß. Finanz-Min.
Miquelon [mikl′õ], →Saint-Pierre-et-Miquelon.
Mir [russ. ›Welt‹, ›Gemeinde‹] *der,* die russ. bäuerl. Gemeinde, als Körperschaft 1917 beseitigt.
Mirabeau [mirab′o], Honoré Gabriel de **Riqueti** Graf von, * 1749, † 1791, war 1791 Präs. der Frz. Nationalversammlung, erstrebte eine liberale Reform unter Erhaltung der Monarchie. Sein vorzeitiger Tod begünstigte die radikale Entwicklung der Frz. Revolution.
Mirabelle [frz.] *die,* Unterart der Pflaume, mit gelben, süßen, aromat., steinlosartigen Früchten. (Bild S. 289)
Mirakel [lat. miraculum ›Wunder‹, **Miracles** [frz. mir′akl, engl. m′ırəklz] *Mz.,* dramatisierte Marien- und Heiligenlegenden.
Mirandola, ital. Humanist, →Pico della Mirandola.
Mira-Sterne, langperiodisch veränderl. Sterne, nach dem Stern **Mira** im Walfisch.
Mirbeau [mirb′o], Octave, frz. Schriftst., * 1848, † 1917; Romane (›Tagebuch einer Kammerzofe‹, 1900), Dramen.
Miró, Juan, span. Maler und Graphiker, * 1893, 1919–40 in Paris, zuerst von Picasso und Matisse beeinflußt, dann von den Surrealisten; gelangt durch Abstraktion der Gegenstände zu einer heiter-naiven Bildersprache. (Bild spanische Kunst)
Misanthrop [grch.] *der,* Menschenfeind. **Misanthropie** *die,* Menschenscheu, Menschenhaß.
Misburg, seit 1974 Teil der Stadt Hannover.
Mischabel, das vergletscherte Zweigebirge der Walliser Alpen in der Schweiz, im Dom 4545 m hoch.
Mischehe, 1) Ehe zw. Personen versch. Rasse. **2)** die religions-

oder konfessionsversch. Ehe. Im kath. Kirchenrecht besteht seit 1970 zw. einem Katholiken und einem (getauften oder ungetauften) Nichtkatholiken das Ehehindernis der Bekenntnis- oder Religionsverschiedenheit; von ihm kann aus gerechtem Grund befreit werden. Der kath. Teil muß hiernach mit Wissen des anderen Teils versichern, daß er katholisch bleiben und für die Taufe und kath. Erziehung der Kinder sorgen werde. Wenn der Einhaltung der kirchl. Eheschließungsform erhebl. Schwierigkeiten entgegenstehen, haben die Orts-Oberhirten das Recht, von der Formpflicht zu befreien. – In den evang. Kirchen kann bei M. zw. Kirchenmitgl. und Nichtchristen die kirchl. Trauung versagt werden. Der Eheschließung zw. bekenntnisversch. Christen wird nicht mehr entgegengewirkt.

Misch|infektion, ♀ gleichzeitige Infektion mit mehreren Erregerarten.

Mischkonzern, Konglomerat, Konzern, in dem Unternehmen versch. Wirtschaftszweige zusammengefaßt sind, meist aus Gründen der Risikoverteilung.

Mischkristalle, Kristalle, bei denen bestimmte Gitterpunkte durch Atome oder Ionen von 2 versch., aber strukturgleichen Mineralen besetzt sind. Voraussetzung ist, daß die sich vertretenden Bausteine gleiche Größe haben. Die Kristallform bleibt erhalten. Eine lückenlose **M.-Reihe** bilden z. B. die Plagioklase mit dem System Albit (Natronfeldspat) – Anorthit (Calciumfeldspat): Oligoklas (mit 10–30% Anorthitgehalt), Andesin (mit 30–50%), Labradorit (mit 30–70%) und Bytownit (mit 70–90%).

Mischkultur, Anbau mehrerer Kulturpflanzen nebeneinander.

Mischlichtlampe, Verbundlampe, Gasentladungslampe, die eine Glühlampenwendel enthält.

Mischling, 1) Vererbungslehre: der → Bastard. **2)** Völkerkunde: Mensch, dessen Eltern versch. Rassen angehören, z. B. Mestize, Mulatte, Zambo.

Mischna [hebr.] *die,* Teil des → Talmud.

Mischnick, Wolfgang, Politiker (FDP), *1921, 1961–63 Bundes-Min. für Vertriebene, Flüchtlinge und Kriegsgeschädigte, seit 1968 Vors. der FDP-Bundestagsfraktion.

Mischpult, 1) Elektroakustik: elektr. Gerät mit mehreren Eingängen und Lautstärkereglern sowie einem Ausgang zum Mischen von Tonfrequenzsignalen versch. Quellen (z. B. Mikrophon, Plattenspieler, Rundfunkempfänger); meist zur musikal. Untermalung von Sprachdarbietungen genutzt. **2)** Fernsehen: elektr. Gerät zum störungsfreien Einblenden von Bildsignalen in eine Sendung.

Mischstufe, (ᵞ) Stufe in Überlagerungsempfängern zur Umwandlung der Empfangsfrequenz in die Zwischenfrequenz (→ Rundfunk).

Mischwald, Forst aus zwei oder mehr Holzarten (gemischter Bestand).

Misdroy, poln. **Międzyzdroje** [mjɛndzɨzdrˈɔjɛ], Ostseebad auf Wollin, in der Bucht v. Stettin, Wschaft Szczecin (Stettin), seit 1972 Stadtteil von Swinemünde.

miserabel [frz.], erbärmlich, sehr schlecht.

Misere [frz.] *die,* Elend, Notlage.

Misereor [lat. ›mich erbarmt es‹], 1959 gegr. Hilfswerk der dt. Katholiken gegen Hunger und Krankheit in der Welt; Mittel kommen v. a. aus jährl. Fastenopfer der dt. Katholiken. Die entsprechende Organisation in der evang. Kirche heißt → Brot für die Welt.

Miserere [lat. ›erbarme dich‹], **1)** Anfangswort (in der Vulgata) des 51. (50.) Psalms; häufig vertont. **2)** ♀ das **Kotbrechen;** Spätsymptom bei völligem Darmverschluß.

Misericordia [lat.]. **1)** Kath. Kirche: **Misericordia Domini** (›die Barmherzigkeit des Herrn‹), der dritte Sonntag der Osterzeit ›Jubilate‹. **2)** evang. Kirche: **Misericordias Domini** (›die Gnade des Herrn‹), der zweite Sonntag nach Ostern.

Mises, Ludwig Edler von, österr.-amerikan. Volkswirt, *1881, †1973, seit 1945 Prof. in New York; Vertreter des liberalen Wirtschaftskonzeption und Kritiker der Planwirtschaft.

Mishima [-ʃ-], Yukio, eigtl. Kimitake **Hiraoka,** japan. Schriftst., *1925, †(Selbstmord) 1970. In seinem artist. Stil verbindet sich japan. Tradition mit Einflüssen europ. Lit.; Romane (›Die Brandung‹, 1954), Erzählungen, No-Spiele.

Misiones, Prov. in Argentinien, 29801 km², 528000 Ew. Hptst.: Posadas.

Miskolc [mˈiʃkolts], Bez.-Hptst. in Ungarn, am Sajó, größte Industriestadt nach Budapest, 209000 Ew.; Techn. Univ.; Eisen-

und Stahlkombinat, Werkzeugmaschinenbau, Lebensmittel-, Leichtindustrie; Bergbau (Braunkohle).

mis(o). . . [grch.], . . .haß, . . .verachtung; z. B. **Misanthropie,** Menschenhaß, -scheu.

Misox, ital. **Val Mesocco,** auch **Valle Mesolcina** [-tʃ-i-], das Tal der Moesa, Kt. Graubünden, Schweiz.

Mispel [grch.-lat.] *die,* Gatt. der Rosengewächse; Bäume und Sträucher mit weißen Blüten. Die **Echte M.** wird als Kernobstbaum gezogen.

Miss [engl.], *Mz.* **Misses,** Fräulein.

Missale [lat.] *das,* **M. Romanum** [lat.], lat. Liturgie: das Meßbuch, enthält die bei der kath. Messe vorgeschriebenen Gebete, Lesungen, Gesangstexte.

Missa, M. solemnis [lat.], **1)** das frühere feierl. Hochamt. **2)** großangelegte mehrstimmige Komposition der Sätze eines Hochamtes, z. B. von Beethoven.

Mißbildungen, Fehlbildungen, ♀ ☙ ⊕ durch Entwicklungsstörung bewirkte Abweichung vom normalen Körperbau. Leichtere Grade von M. werden auch als **Anomalie** bezeichnet.

Mißbrauch, der falsche Gebrauch eines Rechts, einer Sache oder Person. → Rechtsmißbrauch.

Mißhandlung, → Körperverletzung, → Tierschutz.

Mißheirat, frz. **Mésalliance** [mezalj´ãs], im älteren Recht die Ehe zw. nicht standesgleichen Personen.

missing link [engl. ›fehlendes Glied‹], in der Entwicklungsreihe Übergangsform zw. Menschenaffe und Mensch.

Missingsch, Messingsch [meißnisch], halbmundartl. hd. Sprache im nd. Sprachraum.

Missio canonica [lat. ›kirchliche Sendung‹], von der zuständigen Stelle der Kath. Kirche ausgesprochene Beauftragung mit einem kirchl. Amt (evang. Kirchen: → Vocatio).

Mission [lat. ›Auftrag‹, ›Sendung‹] *die,* **1)** Personengruppe zur Erledigung besonderer Aufgaben im Ausland, z. B. Handels-, Militär-M. **2)** christl. Kirchen: **Äußere M.,** die Verkündigung des Evangeliums unter nichtchristl. Völkern. Die von der Hierarchie unabhängige Kath. M. untersteht direkt der **Missionskongregation,** der für die Ausbreitung des kath. Glaubens in den noch oder noch nicht völlig christl. Gebieten und für die Organisierung und Leitung des kath. Lebens in diesen zuständigen Kurienkongregation (bis 1967 **Propagandakongregation**). Im evang. Bereich bestehen als freiwillige Körperschaften **Missionsgesellschaften,** die keiner Kirchenverwaltung eingeordnet sind. In der Bundesrep. Dtl. sind sie zusammengeschlossen im **Evang. Missionswerk im Bereich der Bundesrep. Dtl. und Berlin West.** Die evangelikalen M. sind in der **Arbeitsgemeinschaft Evangelikaler Missionen** in Verbindung mit der **Dt. Evang. Allianz** zusammengefaßt.

Geschichte. Die Ausbreitung des Christentums begann mit der Wanderpredigt der Apostel, bes. des Paulus; sie führte im Altertum zur Christianisierung des röm. Weltreichs, im MA. der german. und kelt. Völker. Die Missionierung der außereurop. Völker setzte mit dem Zeitalter der Entdeckungen ein, sie war zunächst nur von vorübergehendem Erfolg. Das 19. Jh. brachte einen neuen Aufstieg, der durch die beiden Weltkriege und die Unabhängigkeit früher von Kolonialmächten beherrschter Völker unterbrochen wurde. Heute wird die M. bes. nach ihrem Beitrag zum sozialen Wandel (Entwicklungshilfe) beurteilt. (→ Diakonisches Werk, → Innere Mission, → Volksmission)

Missionare, 1) Geistliche, Klosterleute, Prediger, die in der äußeren Mission tätig sind. **2) Stadt-M.,** Berufsarbeiter des Diakonischen Werkes.

Missionsgesellschaften, → Mission.

Mississippi [indian. ›Vater der Gewässer‹], **1) M. River** [-r´ɪvə], größter Strom N-Amerikas, 3779 km (mit dem Missouri 6020 km) lang, entwässert den größten Teil des Gebiets zw. Kordilleren und Appalachen, mündet in den Golf von Mexiko. **2)** Abk. **Miss.,** postamtl. **MS,** südöstl. Mittelstaat der USA, 123584 km², 2,521 Mio. Ew., davon rd. 40% Neger. Hptst.: Jackson. Anbau von Baumwolle, Mais, Sojabohnen, Gemüse, Tungnußbaum; Rinderzucht; Erdöl-, Erdgas-, Salzlagerstätten; Holz-, Papier-, Nahrungsmittel-, Textil-, chem. Ind. – M. kam 1795 an die USA, wurde 1817 der 20. Staat der Union. Im Sezessionskrieg stand er zu den Südstaaten.

Missolunghi, grch. Stadt, → Mesolongion.

Missouri [mɪz´uəri, indian. ›Schlammfluß‹], **1)** Strom in den USA, 2241 km, Nebenfluß des Mississippi, entsteht aus 3 Quellflüssen in Montana, mündet bei St. Louis; am Oberlauf Stauwerke. **2)** Abk. **Mo.,** postamtl. **MO,** nordwestl. Mittelstaat der USA, 180487 km², 4,917 Mio. Ew. Hptst.: Jefferson City. Anbau

Mirabelle

Mispel:
Blüte und Frucht

Mistel

von Sojabohnen, Mais, Baumwolle; Viehzucht. Bergbau: Blei, Zink, Kohle; Fahrzeug- und Maschinenbau; Luft- und Raumfahrt-Ind. u. a. – M. kam 1803 zu den USA, 1821 deren 24. Staat, stand im Sezessionskrieg zur Union.

Mißtrauensvotum, in Staaten mit parlamentar. Reg. ein Mehrheitsbeschluß des Parlaments, der der Reg., dem Regierungschef oder einem Min. das Vertrauen entzieht und damit den Rücktritt erzwingt. In der Bundesrep. Dtl. ist nur das **konstruktive** **M.** gegenüber dem Bundeskanzler vorgesehen (Art. 67 GG), d. h. Abwahl des alten durch Neuwahl eines neuen Bundeskanzlers.

Mißweisung, erdmagnet. →Deklination.

Mistbeet, Frühbeet, Frühbeetkasten, in niedriger Rahmenwand aus Pferdemist oder Laub und Erde geschichtetes, mit Fenstern bedecktes Beet für Pflanzenanzucht u. a.

Mistel die, schmarotzer. Gatt. der Mistelgewächse; z. B. auf Bäumen die **Weiße M.** mit ledrigen, überwinternden Blättern, zweihäusigen grünl. Blüten und weißen Beeren mit klebrigem Saft; sie liefert eine blutdrucksenkende Arznei.

Mistelflugzeug, von einem Mutterflugzeug getragenes Tochterflugzeug, fliegt bemannt oder ferngesteuert weiter.

Mister [engl. m'ɪstə], Abk. **Mr.,** Herr.

Mistinguett [mistg'ɛt], **La M.,** eigtl. Jeanne-Marie **Bourgeois** [burʒw'a], frz. Varietékünstlerin, * 1873, † 1956.

Mistkäfer, Roßkäfer, Gruppe der Blatthornkäfer mit grabtüchtigen Beinen. Sie leben vom Mist der Pflanzenfresser oder von faulenden Pflanzenstoffen, formen daraus Ballen und legen sie als Larvennahrung in unterird. Brutbauten.

Mistkäfer

Mistra, Mistras, Mystras, Ruinenstätte in S-Griechenland, westlich von Sparta. Die Burg wurde 1249 erbaut, aus byzantin. Zeit (seit 1263) stammt die Stadt mit Palästen, Kirchen und Klöstern (13.–15. Jh.). Seit der Neugründung Spartas (1834) verfiel M. (Bild byzantinische Kultur)

Mistral [frz.] der, kalter, trockener Nordwind in Südfrankreich (bes. Rhônedelta).

Mistral, 1) Frédéric, * 1830, † 1914, der bedeutendste Dichter der provenzal. Wiedererweckungsbewegung (→ Felibres); Versdichtungen (Epos ›Mirèio‹, 1859) und Erzählungen. Nobelpreis für Literatur 1904. 2) Gabriela, eigtl. Lucila **Godoy Alcayaga,** chilen. Dichterin, * 1889, † 1957, Lehrerin, später im diplomat. Dienst; Lyrik. Nobelpreis für Literatur 1945.

Mistress [m'ɪstrɪs, engl.], Herrin, Meisterin, Lehrerin; Mätresse. (→ Mrs.)

Misurata, arab. **Misrata,** Prov.-Hptst. an der Küste Tripolitaniens, Libyen, rd. 70 000 Ew.; Handelszentrum.

Mitau, lett. und amtl. **Jelgava,** Stadt in der Lett. SSR, 69 000 Ew.; Hafen an der Kurländ. Aa; Landwirtschaftl. Akademie; Zucker-, Leinen-, Leder-, Maschinenind. 1562–1795 Residenz der Herzöge von Kurland, bis 1915 Hptst. des russ. Gouvernements Kurland, 1918–40 Hptst. der lett. Prov. Kurzeme, kam 1940 zur Lett. SSR.

Mitbestimmung, Beteiligung der Arbeitnehmer bes. an den sozialen (betriebl. Arbeitsverhältnisse und Einrichtungen, Verhalten der Arbeitnehmer), personellen (Einstellung, Entlassung, Versetzung) sowie an den wirtschaftl. Entscheidungen (als Mitwirkung). In der Bundesrep. Dtl. durch das → Betriebsverfassungsgesetz, das → Mitbestimmungsgesetz, das → Mitbestimmungsgesetz Bergbau und Eisen und das Personalvertretungsgesetz (→ Personalvertretung) geregelt.

Mitbestimmungsgesetz. Das Ges. über die Mitbestimmung der Arbeitnehmer vom 4. 5. 1976, am 1. 7. 1976 in Kraft getreten, gilt für Unternehmen mit eigener Rechtspersönlichkeit, die in der Regel mehr als 2 000 Arbeitnehmer beschäftigen. Es findet Anwendung auf die Rechtsform der AG, KGaA, GmbH, bergrechtl. Gewerkschaft mit eigener Rechtspersönlichkeit u. a. Der Aufsichtsrat der genannten Gesellschaften besteht aus der gleichen Zahl von Aufsichtsratsmitgl. der Anteilseigner und der Arbeitnehmer, und zwar in Unternehmen bis zu 10 000 Arbeitnehmern im Verhältnis 6 : 6, in Unternehmen von 10 000 bis zu 20 000 Arbeitnehmern 8 : 8 etc.

Mitbestimmungsgesetz Bergbau und Eisen, das Ges. v. 21. 5. 1951 i. d. F. v. 6. 9. 1965 und das Mitbestimmungs-Ergänzungsges. v. 7. 8. 1956 i. d. F. v. 27. 4. 1967. Es regelt in den Unternehmen der Kohlen- und Eisenerzförderung und der Eisen- und Stahlerzeugung, die als AG, GmbH oder bergrechtl. Gewerkschaft betrieben werden und mehr als 1 000 Arbeitnehmer beschäftigen, die Vertretung der Arbeitnehmer in Aufsichtsrat und Vorstand. Der Aufsichtsrat besteht aus 11, 15 oder 21 Mitgl., die zu gleichen Teilen Vertreter der Anteilseigner und der

Mitra 3)

Arbeitnehmer sind, dazu ein unabhängiges Mitgl. Für den Vorstand ist als gleichberechtigtes Mitgl. ein Arbeitsdirektor zu bestellen. Diese Regelung bleibt unberührt von der neuen → Mitbestimmungsgesetz von 1976.

Mitchell [m'itʃəl], Margaret, amerikan. Schriftstellerin, * 1900, † 1949; Roman aus dem amerikan. Bürgerkrieg ›Vom Winde verweht‹ (1936).

Mit|eigentum, 1) 🜨 das gemeinsame Eigentum mehrerer Personen an einer Sache. 2) 🜨 Beteiligung der Arbeitnehmer am Kapital des Unternehmens, z. B. durch Belegschaftsaktien.

Mit|erbe, 🜨 eine von mehreren Personen, die beim Erbfall zusammen erben; bilden die **Erbengemeinschaft** (§§ 2032 ff. BGB).

Mit|esser, Komedonen Mz., 💊 Schwärzl. Talgpfropfen, die sich in den Haarbälgen bilden und diese verstopfen; sie lassen sich ausdrücken.

Mitgift, Mitgabe, Vermögen, das der Frau von den Eltern in die Ehe mitgegeben wird (→ Aussteuer).

mithelfende Familienangehörige, Angehörige, die im Betrieb eines selbständigen Familienmitgl. tätig sind, ohne einen Lohn oder Gehalt zu erhalten.

Mithras [grch.-lat.], **Mithra** [iran.], **Mitra** [altind.], arischer Lichtgott, Spender von Fruchtbarkeit, Frieden und Sieg, im Zoroastrismus zeitweilig von Ahura Masda zurückgedrängt. Sein myst. Kult verbreitete sich von Persien über Kleinasien, Griechenland und Rom bis nach Germanien und Britannien.

Mithridates VI., Mithradates VI., König von Pontos, mit dem Beinamen **Eupator,** * um 132, † 63 v. Chr., dehnte seine Herrschaft über die Nord- und Ostküste des Schwarzen Meeres aus, bis Rom einschritt. Es kam zu den **Mithridatischen Kriegen** (89–85, 83–81, 74–64 v. Chr.), in denen M. nach wechselnden Erfolgen von Pompeius endgültig geschlagen wurde.

Mitla, Ruinenstätte im mexikan. Staat Oaxaca; Residenz der Zapoteken, später der Mixteken; Paläste mit kunstvollen geometr. Dekorationen aus Steinmosaiken.

Mitlaut, Konsonant, Geräuschlaut, der keine Silbe bildet, z. B. k, g, s.

Mito, Prov.-Hptst. in Japan, auf Honshu, 201 100 Ew.

Mitochondrien, Chondriosomen [grch.], faden- oder körnchenförmige Zellbestandteile. Sie enthalten Enzyme des Energiestoffwechsels.

Mitose [grch. mitos ›Faden‹] die, **indirekte Kernteilung,** Form der → Kernteilung der Zelle.

Mitra [grch. ›Binde‹] die, 1) bei Homer die metallene, unter dem Panzer getragene Gurt zum Schutz des Unterleibs; bei späteren grch. Dichtern der ›Gürtel‹ der jungen Frau. 2) bei altorientral. Herrschern eine Binde um dem Kopf; bei Griechen und Römern die Kopfbinde der Frauen. 3) **Bischofsmütze, Inful,** in der Kath. Kirche die an der Rückseite mit 2 herabhängenden Zierbändern versehene Kopfbedeckung der Kardinäle, Bischöfe und infulierten Prälaten bei Pontifikalhandlungen.

Mitrailleuse [mitraj'ø:z, frz. ›Kugelspritze‹] die, 1) mit der Hand anzukurbelnde Schußwaffe aus einem Bündel von Gewehrläufen, von den Franzosen im Krieg 1870/71 eingesetzt. 2) heute frz. für Maschinengewehr.

mitral [von grch. mitra ›Binde‹], 💊 die linke Segelklappe **(Mitralklappe)** des Herzens betreffend.

Mitra|schnecken, Fam. der Vorderkiemer, trop. Meerschnecken; die porzellanartige Turmschale ähnelt einer Mitra.

MITROPA, Kurzw. für **Mitteleuropäische Schlafwagen- und Speisewagen AG,** 1917 gegr.; in der Bundesrep. Dtl. seit 1950: Deutsche Schlafwagen- und Speisewagen GmbH (DSG); in der Dt. Dem. Rep. besteht weiter die Bez. M.

Mitscherlich, 1) Alexander, Chemiker, * 1836, † 1918, Erfinder der Zellstof.gewinnung aus Holz. 2) Alexander, Arzt und Psychologe, * 1908, † 1982; 1960–76 Leiter des Sigmund-Freud-Instituts in Frankfurt, 1969 Friedenspreis des Dt. Buchhandels. ›Auf dem Wege zur vaterlosen Gesellschaft‹ (1963), ›Die Unfähigkeit zu trauern‹ (1967) u. a.

Mitschurin, Iwan Wladimirowitsch, russ. Botaniker, * 1855, † 1935, schuf neue Obstsorten und ermöglichte die Obstbaumkultur in nördl. Gebieten; auf ihn stützt sich die Vererbungslehre T. Lyssenkos.

Mitschurinsk [nach J. W. Mitschurin, der hier 1877–1935 arbeitete], bis 1932 **Koslow,** Stadt im Gebiet Tambow, Russ. SFSR, 102 000 Ew.; Nahrungsmittel-, Textilind.

Mitsubishi, M.-Konzern [-biʃi], größter jap. Industriekonzern mit 44 Großunternehmen; gegr. 1870 als Handelshaus;

umfaßt Banken und Versicherungen, Automobil-, Schiffbau-, Elektro-Ind. u. a.

Mitsui, M.-Konzern, einer der größten japan. Konzerne mit Unternehmen der Banken- und Versicherungswirtschaft, des Großhandels sowie der eisen- und stahlverarbeitenden Industrie.

Mitsunaga, Familienname **Tokiwa,** japan. Maler des späten 12. Jh., schilderte in 60 Bildrollen das Leben am Kaiserhof (nur z. T. durch Kopien bekannt).

Mittag, Zeitpunkt des Durchgangs der Sonnenmitte durch den Meridian eines Ortes.

Mittagsblume, die Gatt. der Eiskrautgewächse im westl. SO-Afrika, mit weißen, gelben oder roten Blüten, meist mittags geöffnet, fleischige Blätter.

Mit|täterschaft, ♐ die gemeinschaftl. Begehung einer strafbaren Handlung. Jeder Einzelne muß die Tat als eigene wollen. Die Mittäter werden als Täter bestraft (§ 25 Abs. 2 StGB); in Österreich und der Schweiz entsprechend.

Mittel das, Statistik: →Mittelwert.

Mittel|alter, Abk. **MA.,** Zeitabschnitt zw. Altertum und Neuzeit, bes. in der Geschichte des christl. Abendlandes; als Beginn rechnet man meist die Völkerwanderung (Ende des 4. Jh.) oder das Ende des weström. Reichs (476), als Ende die Entdeckung Amerikas (1492) oder den Beginn der Reformation (1517). Teilabschnitte: Früh-, Hoch- und Spät-M. Die Anwendbarkeit des Begriffs M. für die Periodisierung der Weltgeschichte ist fragwürdig.

Mittel|amerika, Übergangsgebiet zw. Nord- und Südamerika, umfaßt →Zentralamerika, →Mexiko und →Westindien; hierzu Übersicht staatliche Gliederung.

mittel|amerikanische Kulturen, →Mesoamerikanische Hochkulturen.

mittelbare Täterschaft, ♐ Begehung einer strafbaren Handlung durch einen Dritten als ›Werkzeug‹. Der mittelbare Täter wird als Täter bestraft.

Mitteldeutschland, 1) geomorphologisch: Gebiet der dt. Mittelgebirgsschwelle vom Rhein. Schiefergebirge bis zu den Sudeten. **2)** i. e. S. deren mittlerer Abschnitt: die natürl. Großlandschaft mit dem Erzgebirge im SO, dem Thüringer Wald und Frankenwald im W, dem Hessischen Bergland im W, dem Harzvorland und dem Fläming im N und dem Lausitzer Bergland im O. **3)** politisch: eine nach 1949 in der Bundesrep. Dtl. häufig verwendete Bez. für das Gebiet der Dt. Dem. Rep.

Mittel|europa, der mittlere Teil Europas, zw. ozean. West- und kontinentalem Osteuropa, den Mittelmeerländern im S und den skandinav. Ländern im N. Im S ist M. im wesentlichen durch die Alpen begrenzt, im N durch Nord- und Ostsee; im W und O fehlen natürl. Grenzen. Gewöhnlich versteht man unter M. die Stromgebiete von der Schelde bis zur Weichsel und das Stromgebiet der Donau bis zur Mährischen Pforte.

Mitteleuropäische Schlafwagen- und Speisewagen AG, →MITROPA.

Mitteleuropäisches Reisebüro GmbH, MER, →Deutsches Reisebüro GmbH.

Mitteleuropäische Zeit, Abk. **MEZ,** →Zeit.

Mittelfell, häutige Wandung des **Mittelfellraums (Mediastinum),** der Herz und Thymus umschließt, von Luft- und Speiseröhre, Blut- und Lymphgefäßen, Nerven durchzogen.

Mittelfranken, RegBez. in Bayern, 7244 km², 1,524 Mio. Ew.; umfaßt die kreisfreien Städte Ansbach, Erlangen, Fürth, Nürnberg, Schwabach und die Landkreise Ansbach, Erlangen-Höchstadt, Fürth, Neustadt a. d. Aisch-Bad Windsheim, Nürnberger Land, Roth, Weißenburg-Gunzenhausen. Verwaltungssitz: Ansbach.

Mittelfrequenz, ♪ Frequenz von 200 bis 10 000 Hz.

mittelfristige Finanzplanung, Abk. **Mifrifi,** Planung von Einnahmen und Ausgaben des Staates, die als Ergänzung des

Mittelamerika, staatliche Gliederung					
I. Selbständige Staaten	Fläche in 1 000 km²	Ew.[1]) in 1 000	II. Abhängige Gebiete	Fläche in 1 000 km²	Ew.[1]) in 1 000
Antigua u. Barbuda	0,4	80	Trinidad u. Tobago . .	5,1	1 100
Bahamas	13,9	240	Großbritannien:		
Barbados	0,4	249	Bermuda-Inseln	0,1	60
Belize	23,0	158	Caymans-Inseln	0,3	17
Costa Rica	50,9	2 200	Montserrat	0,1	11
Dominica	0,7	80	Turks- und		
Dominikan. Rep.	48,4	5 431	Caicos-Inseln . .	0,4	6
El Salvador	21,4	4 700	Jungferninseln . . .	0,2	13
Grenada	0,3	100	Westind. Assoz.		
Guatemala	108,9	7 260	Staaten[2])	0,4	70
Haiti	27,7	5 010	Frankreich:		
Honduras	112,1	3 691	Guadeloupe . . .	1,8	330
Jamaika	11,0	2 200	Martinique	1,1	330
Kuba	114,5	10 000	Niederlande:		
Mexiko	1972,5	67 296	Niederländ.		
Nicaragua	130,0	2 600	Antillen	1,0	260
Panama	77,0	1 875	USA:		
Saint Lucia	0,6	120	Puerto Rico	8,9	3 317
Saint Vincent	0,4	100	Jungferninseln . . .	0,3	104

[1]) 1979/80; [2]) St. Christopher-Nevis, Anguilla.

jährl. Budgets für einen längeren Zeitraum aufgestellt und jährlich den neuen Gegebenheiten angepaßt wird.

Mittelgebirge, das durch geringere Höhe und einen eigenen Formenschatz vom Hochgebirge unterschiedene Gebirge, in den gemäßigten Breiten bis 2 000 m hoch, in trop. Bereichen auch höher; leichtgewellte Hochflächen, rundliche Berge, mäßig steile Hänge, reichhaltige Schuttdecke; seit selten treten glaziale Formen auf, z. B. der Schluchsee im Schwarzwald.

Mittelgewicht, ✕ →Gewichtsklassen (Übersicht).

mittelhochdeutsch, Abk. **mhd.,** die dt. Sprache, bes. die Dichtersprache des 12.–14. Jh.

Mittelkurs, das Mittel zw. Geld- und Briefkurs für Devisen und ausländ. Banknoten.

Mittel|landkanal, Binnenschiffahrtsweg für 1 000-t-Schiffe, vom Dortmund-Ems-Kanal (Verbindung zum Rhein) bis zur Elbe bei Magdeburg; durch den Elbe-Seitenkanal mit Hamburg, durch den Elbe-Lübeck-Kanal mit der Ostsee verbunden; Länge 325 km.

mittellateinische Literatur, lat. Lit. des europ. MA. (etwa 500–1500), vor allem theolog. Lit., histor. Schrifttum, Briefliteratur, christl. Hymnik.

Mittelmächte, im 1. Weltkrieg Bez. für die Bündnispartner Dt. Reich und Österreich-Ungarn, dann auch für deren Verbündete (Türkei, Bulgarien).

Mittelmark, Hauptteil der alten Kurmark Brandenburg, umfaßt die Landschaften Zauche, Teltow, die Platte von Storkow-Beeskow und die Lieberoser Platte.

Mittelmeer, Europäisches M., Mittel|ländisches Meer, das 3,02 Mio. km² große Nebenmeer des Atlant. Ozeans zw. Südeuropa, Vorderasien und Nordafrika. Zu ihm gehören die Randmeere Adriat., Ägäisches, Marmara-, Schwarzes Meer, ferner Ligur., Tyrrhen. und Ionisches Meer. Hauptbecken des westl. M. sind das Tyrrhen. und das Algerisch-Provençal. (größte Tiefe 4 389 m) Becken, des östl. M. das Ionische (größte Tiefe 5 121 m) und das Levantin. Becken. Dardanellen, Marmarameer und Bosporus führen zum Schwarzen Meer, die Straße von Gibraltar zum Atlant. Ozean, der Suezkanal stellt die Verbindung zum Roten Meer und zum Indischen Ozean her. – Das Klima im M.-Gebiet ist so bezeichnend, daß es einen auch anderswo zu

Mittagsblume

Mittellandkanal

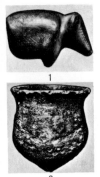
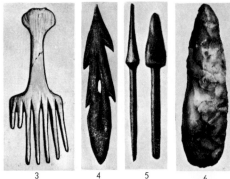

Mittelsteinzeit: **1** *Tierfigur aus Bernstein, 6,8 cm lang (Dänemark).*
2 *Spitzbecher aus Ton, 22,5 cm hoch (Dänemark).* **3** *Kamm aus*
Knochen, 8,7 cm lang (Dänemark). **4** *Harpunenspitze aus Hirsch-*
geweih, 10 cm lang (Le Mas-d'Azil, Frankreich). **5** *Pfeilspitzen aus*
Knochen, 10 und 9 cm lang (Estland). **6** *Kernbeil aus Feuerstein,*
etwa 17 cm lang (Schleswig-Holstein).

findenden eigenen Typus bildet: **Mittelmeer-** oder **Etesienklima**
(Winterregen und Sommertrockenheit bei Jahresmitteln von
13–22 °C). – Wirtschaftlich ist das M. als Verkehrsträger wertvoll.
Der Fischreichtum ist begrenzt, die Fangmengen sind stark
rückläufig; es gibt Thunfisch, Sardine, Anchovis, Languste,
Tintenfisch, Schwämme u. a.

Mittelmeere, Nebenmeere, die weitgehend durch Festländer
und untermeer. Schwellen von den offenen Ozeanen abgetrennt
sind: Arktisches, Amerikanisches, Europäisches Mittelmeer gehören dem Atlantischen Ozean an, Australasiatisches Mittelmeer
dem Pazifischen Ozean.

Mittelmeerraum, Mittelmeergebiet, die das Mittelmeer
umgebenden Länder Europas, Asiens und Afrikas **(Mittelmeerländer),** i. e. S. die vom Mittelmeerklima beherrschten Küsten-
länder.

Vorgeschichte. Altsteinzeitl. Kulturen sind im westl. M. häufiger
als im östlichen. Der beginnenden Mittelsteinzeit gehören die
Felsbilder O-Spaniens an; ihnen entsprechen solche in N-Afrika.
Jungsteinzeitl. Kulturen gehen von Vorderasien über den östl. M.
nach Europa. Hier werden in scharfprofilierter Keramik Kupfer-,
Gold- und Silbergefäße nachgeahmt. Die späte Jungsteinzeit ist
im östl. M. eine Übergangsstufe zu den Reichsbildungen der
frühen Bronzezeit (Ägypten) und den Stadtkulturen (Troja,
Knossos). Die Seevölker vernichteten bis auf Ägypten alle
Anrainerstaaten des östl. M. Im Gefolge der Dorischen Wanderung bildete sich die griechische Kultur. In Italien folgte auf die
eisenzeitl. Villanovakultur die → etruskische Kultur.

Mittelmotor, in Fahrtrichtung vor der Hinterachse eingebau-
ter Motor, v. a. bei Rennwagen; Vorteil: günstige Achslastvertei-
lung, Nachteil: schlechte Zugänglichkeit und schwierige Ge-
räusch- und Wärmeisolation.

Mittel|ohr, Teil des → Ohrs. **Mittel|ohr|entzündung,** → Ohren-
krankheiten.

Mittelpunkt, Zentrum, △ halbiert jede durch ihn gehende
Verbindungsstrecke je zweier Punkte einer Punktmenge. **2)** Ü
Mensch oder Gegenstand, auf den sich alles konzentriert.

Mittelpunktschule, zentrale schulische Einrichtung (meist
im Sekundarbereich), die von Schülern versch. Gemeinden
gemeinsam besucht wird.

Mittelschicht, Begriff der soziolog. Schichtungstheorie, umfaßt die Berufsinhaber ›mittlerer‹ Bildungs- und Qualifizierungs-
abschlüsse.

Mittelschule, frühere Name der → Realschule.

Mittelschwergewicht, 🌾 → Gewichtsklassen (Übersicht).

Mittelspannung, ⚡ Spannung von 1 kV bis 30 oder 60 kV.

Mittelstand, die sozialen Gruppen einer industriell bestimmten Gesellschaft zw. Ober- und Unterschicht: ›alter M.‹: Inhaber
von Mittel- und Kleinbetrieben, freie Berufe, Beamte; ›neuer M.‹:
u. a. mittlere und untere Angestellte, Facharbeiter.

Mittelstandskredit, dem gewerbl. Mittelstand gewährte
Kredite, bes. durch Sparkassen, Kreditgenossenschaften.

Mittelsteinzeit, Mesolithikum, Übergangszeit zw. Alt- und
Jungsteinzeit (etwa 8000–3500 v. Chr.). Sie setzt ein mit der
Umgestaltung der z. T. ungefügen Werkzeuge der Altsteinzeit zu
kleineren Geräten **(Mikrolithen).** An ihrem Ende treten Getreidebau und Töpferei auf.

Mittelstreckenlauf, Leichtathletik: Sammelbez. für die
Strecken von 800 m bis 3000 m.

Mittelstürmer, volkstüml. **Sturmführer,** bei Fußball,
Handball, Hockey u. a. der in der Mitte der Angriffsreihe
eingesetzte Spieler.

Mittelwald, Mittelwaldbetrieb, Hoch- und Niederwald auf
derselben Fläche.

Mittelwellen, mittlere Wellen, → Wellenbereich.

Mittelwert, statistischer M., △ Durchschnitt; das **arithmet.
Mittel** mehrerer Zahlen ist ihre Summe geteilt durch ihre Anzahl,
z. B. $(5 + 7 + 15) : 3 = 9.$ Das **geometr. Mittel** zweier Zahlen m und n
ist die Wurzel $x = \sqrt{m \cdot n}$, z. B. $x = \sqrt{3 \cdot 12} = 6.$

Mittelwort, Ⓢ das → Partizip.

Mittenwald, Markt im Kr. Garmisch-Partenkirchen, Bayern,
8700 Ew.; Luftkurort und Wintersportplatz am Karwendel, 920
m ü. M.; Streich-, Zupfinstrumentenbau, Fachschule für Geigen-
bau, Geigenmuseum; barocke Pfarrkirche.

Mitternacht, Zeitpunkt, an dem die Sonnenmitte zum 2. Mal
durch den Meridian geht, 12 Uhr nachts (24 Uhr). **Mitternachts-
punkt,** auch **Nordpunkt,** der nördl. Schnittpunkt des Meridians mit
dem Horizont.

Mitternachtsmission, Zweig des Diakon. Werkes, bemüht
um sittlich Gefährdete, bes. in den Großstädten.

Mitternachtssonne, Erscheinung, daß die Sonne in den
Polargebieten im Sommer auch um Mitternacht über dem
Horizont bleibt.

Mitternachtstiefe, niedrigste Höhe der Gestirne beim
Durchgang durch den Ortsmeridian.

Mitterrand [mitər'ã], François, frz. Politiker, * 1916, Jurist,
Verleger, wiederholt Min., seit 1971 Vors. der Sozialist. Partei;
seit 1981 Staatspräsident.

mittlere Reife, Abschlußzeugnis der Realschule, einer Volks-
schule mit Aufbauzügen oder einer 2–3jähr. Fachschule; auch die
Obersekundareife an Gymnasien.

Mittlerer Osten, nicht eindeutig festgelegte Bez. für den östl.
Teil der islam. Welt; i. Ggs. zu Nahem Osten (ehem. Osman.
Reich) und Fernem Osten (Hinterindien, China, Japan), auch
Iran, Afghanistan und Vorderindien.

Mittsommerfest, Johannisfest, Sommersonnenwende.

Mittweida, Stadt im Bez. Karl-Marx-Stadt, an der Zschopau,
19600 Ew.; Ingenieurschule; Spinnereien, Tuchfabriken, Werk-
zeugmaschinen-, Metallind.

Mittwoch, 3. Tag der Woche; früher Wodanstag.

Mitverschulden, 🚗 → Verschulden.

Mitwirkung, nach dem Betriebsverfassungsgesetz die Mit-
spracherechte der Belegschaftsvertreter; schwächer als die
→ Mitbestimmung.

Mixed Media [mɪkst-, engl.], **Inter Media,** zeitgenöss.
Kunstrichtung, verbindet Aktion und Aufführung mit Musik,
Licht, Film u. a.

Mixed Pickles [mɪkst pɪklz, engl.] *Mz.,* junges Gemüse in
gewürztem Essig.

Mixgetränke, Mischungen versch. Getränke, alkoholhaltig
oder -frei, häufig eisgekühlt.

Mixteken [mis-], Indianerstamm im Staat Oaxaca, Mexiko.
Die M. hatten in vorspan. Zeit eine bedeutende Kultur (Gold-
schmuck, Bilderhandschriften, Keramik); → Mitla, → Monte
Albán.

Mixtur [lat. ›Mischung‹ *die,* **1)** flüssige Arznei aus mehreren
Arzneimitteln. **2)** Orgel: Register mit gemischten Stimmen (z. B.
Grundton, Oktave, Quinte).

Miyajima [-dʒ-], **Mijadschima, Itsukushima,** Insel in der
japan. Inlandsee, südwestl. von Hiroshima; Tempel, Pagoden.

Miyazaki [-z-], Stadt und Hafen auf Kiushu, Japan, 259200
Ew.

Mizoram [mɪz'ɔːræm], Territorium im SO von Indien, durch
Teilung des Staates Assam geschaffen; Hptst.: Aijal.

Mjöl(l)nir *der,* nord. Mythologie: Hammer des Thor, der
zauberische Bedeutung und Kräfte hat.

Mjøsa, Mjøsen, dt. **Mjösensee,** größter See Norwegens,
366 km², nördl. von Oslo.

MKS-System, das Meter-Kilogramm-Sekunden-System, früheres System der Maßeinheiten, durch das Ges. über Einheiten im Meßwesen (1969) abgelöst vom umfassenderen Internat. Einheitensystem, → SI-Einheiten.

ml, Einheitenzeichen für Milliliter (1 cm³).

Mlle., Abk. für **Mademoiselle** [madmwaz'ɛl, frz.], Fräulein.

mm, Einheitenzeichen für Millimeter.

MM., Abk. für →Messieurs.

Mme., Abk. für **Madame** [mad'am, frz.], Frau.

Mn, chem. Zeichen für Mangan.

Mňačko [mnj'atʃkɔ], Ladislav, slowak. Schriftst., *1919, Romane: ›Der Tod heißt Engelchen‹ (1959), ›Wie die Macht schmeckt‹ (1966), ›Der Vorgang‹ (1973).

Mneme [grch.] die, das Gedächtnis.

Mnemosyne, grch. Mythos: die Göttin des Gedächtnisses, durch Zeus Mutter der 9 →Musen.

Mnemotechnik [grch.], **Mnemonik,** Gedächtniskunst. Als Lern- und Merkhilfen werden Merkverse u. ä. benutzt.

Mo, chem. Zeichen für Molybdän.

Möbel: Empire-Bett, um 1830 (Schloß Fasanerie bei Fulda)

Moabiter, im A. T. ein Volk östl. des Toten Meeres.

Moas, *Ez.* **Moa** *der,* ausgestorbene Fam. der Straußvögel mit etwa 20 Arten in Neuseeland, die größten über 3 m.

Mob [engl., von lat. mobile vulgus ›wankelmütige Volksmenge‹], Pöbel, Gesindel.

Möbel [aus frz.], bewegl. Einrichtungsgegenstände eines Raumes. **Kasten-M.** sind Truhen, Schränke, Kommoden; **Tafel-M.** Tische und Pulte; **Sitz-** und **Liege-M.** Bänke, Stühle, Betten. Holz-M. des 2. Jahrtsd. v. Chr. wurden in Ägypten gefunden. Aus röm. Zeit sind Bronze- und Stein-, auch Holz- und Korb-M. bekannt. Im MA. war das wichtigste Kasten-M. die Truhe. Im 15. Jh. kamen aus Rahmenwerk und Füllung gearbeitete M. auf; mit reichen Schnitzereien (Maßwerk, Faltwerk) wurden bes. die Schränke verziert. Klar und harmonisch gestaltet waren die M. der Renaissance (in Italien mit Intarsia als Flächendekoration), wuchtig und überreich geschmückt die M. des Barocks (Louis-XIV.-Stil, führender Kunstschreiner: Boulle; in Dtl. Dielenschränke der Hansestädte). Das Rokoko liebte spielerisch leichte Formen, bes. in Frankreich (Louis-XV.-Stil); in England bevorzugte man einen schlichteren Stil (Chippendale, Sheraton u. a.). In der 2. Hälfte des 18. Jh. wandte man sich wieder geradlinigen,

Möbel:
rechts Bauern-
schrank aus dem
Inntal (bemalt
mit Gleichnissen
Jesu), 1788
(München, Bayer.
Nat.-Mus.);
links Truhe aus
der Gegend von
Trostberg. Anfang
des 17. Jh.
(Privatsammlung)

Möbel: links Biedermeier-Stuhl; rechts Prunktisch mit Einlegearbeiten, Augsburg 1626 (Schatzkammer der Residenz München)

einfacheren Formen zu, im Empire in Anlehnung an antike Vorbilder. Das 19. Jh. brachte im Biedermeier noch schlichte, gediegene M. hervor, verfiel dann aber der Nachahmung histor. Stile, die erst vom Jugendstil überwunden wurde. In der Gegenwart setzten sich neue zweckentsprechende Formen durch, z. B. Anbaumöbel, bedingt auch durch Serienherstellung und neue Werkstoffe (Stahl, Kunststoff u. a.).

mobil [lat.], **1)** beweglich. **2)** ⚔ kriegsbereit, einsatzbereit.

Mobile [lat.-ital. ›beweglich‹] *das,* eine Art der kinet. Plastik, bei der einzelne Objekte an dünnen Metall- oder Kunststoffstäben hängen und durch Luftströmungen in Bewegung geraten (→Calder, Alexander).

Mobile [mɔub'iːl], Hafenstadt in Alabama, USA, an der Mündung des M. River in den Golf von Mexiko, 199 400 Ew.; kath. Bischofssitz, Univ.; Zellstoff-, Papier-, Holz-, Textil-, chem. Ind., Schiffbau, Erdölraffinerien.

Mobilien [lat. mobilis ›beweglich‹], 🚋 bewegl. Güter, meist Waren und sonstiges bewegl. Vermögen; Ggs.: **Immobilien.** – **Mobilar,** Möbel. **Mobilarkredit,** ältere Bez. für Lombardkredit.

Mobilisierung, 1) Umwandlung von Kapital, das in Sachgütern oder langfristigen Forderungen angelegt ist, in Bargeld. **2) Mobilmachung,** ⚔ Überführung von Streitkräften, Verwaltung und Wirtschaft in den Kriegszustand.

Mobilität [lat. ›Beweglichkeit‹], **1)** Statistik: Häufigkeit und Richtung von Wohnsitzwechseln; mit **Mobilitätsziffern** gemessen.

Mobi

Moçambique

Mochica: Tongefäß, 22 cm hoch

2) Soziologie: Beweglichkeit von Personen und Gruppen in der Gesellschaft. Ein sozialer Positionswechsel kann horizontal (Ortswechsel) oder vertikal (Auf- oder Abstieg) sein.

Mobil Oil Corporation [m'ɔʊbɪl ɔɪl kɔːpər'eɪ[n], New York, drittgrößter Ölkonzern, viertgrößtes Ind.-Unternehmen der USA; gegr. 1882 als Standard Oil Co. of New York. Westdt. Tochterges. **Mobil Oil AG in Deutschland,** Hamburg.

Mobutu Sese-Seko, früher Joseph-Désiré **Mobutu,** Offizier und Politiker in Zaire, * 1930, Generalstabschef, riß 1960 die Macht an sich und lieferte MinPräs. Lumumba 1961 an Katanga aus; seit einem zweiten Militärputsch (1965) Staatspräsident.

Mobutu-(Sese-Seko-)See, →Albertsee.

Moçambique [mosamb'ık, portugies. musamb'ikə], dt. auch **Mosambik,** amtlich **República Popular de M.,** sozialist. VR in SO-Afrika, 783 030 km² mit 10,199 Mio. Ew.; Hptst. Maputo (Universität). Amtssprache: Portugiesisch; Währung: Metical. ⊕ Band 1, n. S. 320. – Der Staatspräs. ist Staatsoberhaupt. Recht: portugiesisch.

M. umfaßt im Innern ausgedehnte, von Inselbergen (bis 2 419 m) überragte Hochländer (um 1 000 m), die sich zu den Küstenebenen hin abdachen. Das Klima ist im Küstentiefland tropisch-heiß, im Hochland gemäßigt. Es überwiegen Trockensavannen, entlang der Flüsse (Sambesi, Limpopo u. a.) Feuchtsavannen, an der Küste Mangrovenwälder. – Die Bev. (v. a. Bantuvölker) gehört überwiegend Naturreligionen an; 20 % sind Christen, 10 % Muslime. Für den Eigenbedarf werden Mais, Reis, Maniok, für die Ausfuhr Cashew-Nüsse, Baumwolle, Zuckerrohr, Tee, Kopra u. a. angebaut. Viehwirtschaft, Bergbau (Kohle) und Industrie (Nahrungs- und Genußmittel) sind noch wenig entwickelt. Ausfuhr von elektr. Energie (von Cabora Bassa) zur Rep. Südafrika. – Die Eisenbahnen (3 599 km) dienen z. T. dem bedeutenden Transitverkehr von Malawi, Simbabwe und Südafrika zu den Haupthäfen Maputo, Beira, Nacala. Straßen: rd. 39 200 km. Internat. Flughäfen: Maputo, Beira.

Geschichte. Seit Anfang des 16. Jh. besetzten die Portugiesen schrittweise (bis Ende des 19. Jh.) das Land. Im 20. Jh. suchte Portugal M. (seit 1951 Überseeprov.) wirtschaftlich zu entwickeln. Nach schweren Kämpfen mit der schwarzafrikan. Befreiungsbewegung FRELIMO (Abk. für Frente de Libertação de Moçambique) 1964–74 entließ Portugal M. 1975 in die Unabhängigkeit. Es entwickelte sich seitdem zu einem marxistischen Einparteienstaat, eng verbunden bes. mit der UdSSR und Kuba.

2) Hafenstadt auf der gleichnamigen Koralleninsel in NO-Moçambique; durch eine rd. 5 km lange Brücke mit dem Festland verbunden, 21 900 Ew.; Fort (16. Jh.).

Mochica [motʃ'ika], indian. Volk im vorkolumb. Peru mit bedeutender Kultur (Lehmziegelpyramiden, Keramik u. a.).

Mockturtlesuppe [m'ɔktəːtl-, engl.], nachgeahmte Schildkrötensuppe aus Kalbsbrühe.

Moctezuma [-s-], eigtl. **Motecuhzoma** [Nahuatl ›der zürnende Fürst‹], Herrscher der →Azteken. **M. II.,** letzter Herrscher des Aztekenreichs, * um 1466, † 1520, von Cortez gefangen.

Modalität [lat., ⓖ] Art und Weise, wie etwas ist, geschieht oder gedacht wird. Nach Kant sind die Kategorien der M. Möglichkeit, Wirklichkeit, Notwendigkeit. In der Logik unterscheidet sich die M. der Urteile danach, ob der Inhalt als möglich (problematisch), wahr (assertorisch) oder notwendig (apodiktisch) gedacht wird.

Modalnotenschrift, Modalnotation, Notenschrift des frühen 13. Jh., Vorform der →Mensuralnotenschrift.

Mode [frz.], **1)** allg.: der schneller als der Stil einer Epoche sich wandelnde Geschmack in Kultur, Zivilisation und Lebensweise. **2)** i. e. S. die zu einer best. Zeit herrschende Art, sich zu kleiden, immer nur von einer kleinen Schicht im jeweiligen Zeitalter bestimmt. Das Entstehen der Konfektion und einer Modeind., die Verwendung von Kunststoffen, Film, Modezeitschriften und Modenschauen lassen heute immer breitere Schichten am schnellen Wechsel der M. teilhaben. – Kulturgeschichte: → Kleidung.

Model [ahd. modul aus lat.] *der,* **1)** Holz- oder Tonform für Knet- oder Gußerzeugnisse, z. B. Gebäck, Butter, Wachs. **2)** Holzstempel für den Stoff- und Tapetendruck, auch für Stick- und Webvorlagen (**Modeldruck; Modelbücher).**

Modell [ital.] *das,* **1)** Vorbild, Muster, Entwurf von Gegenständen, auch gedankl. Konstruktionen. **2)** vereinfachende bildl. oder mathemat. Darstellung von Strukturen, Funktionsweisen oder Verlaufsformen, z. B. Atom-M., Kern-M., Welt-M. **3)** plast. Darstellung eines Bauwerks in kleinem Maßstab, für einen geplanten, auch nach einem bestehenden Bau. **4)** in Ton, Gips u. a.

Paula Becker-Modersohn: Bauernkind (Bremen, Kunsthalle)

gefertigter Entwurf für ein Bildwerk, meist in endgültiger Größe. **5)** dem Maler und Bildhauer bes. bei Menschendarstellungen dienendes Vorbild, z. B. Akt-M. **6)** der ausgeführte Entwurf des Modeschaffenden, als Einzelstück oder zur Vervielfältigung.

Modelleisenbahn, maßstäblich verkleinerte Nachbildungen von Eisenbahnen und Eisenbahnanlagen.

Modellflugzeug, kleine Flugzeugnachbildung als Schaustück, Spielzeug oder für den Flugmodellsport.

Modellschulen, Schulen, in denen von Versuchsschulen erprobte Reformen verwirklicht und fortentwickelt werden.

Modellschutz, →Musterschutz.

Modellversuche, Versuche mit Hilfe von Modellen; die gewonnenen Ergebnisse werden auf die Wirklichkeit übertragen.

Modem, Abk. für Modulator-**Dem**odulator, Endgerät für die Übertragung von Daten über Fernsprechleitungen.

Modena, **1)** Prov. Italiens, beiderseits der Via Emilia, 2 690 km², 591 600 Ew. **2)** Hptst. von 1), 180 600 Ew.; kath. Erzbischofssitz, Univ.; Auto-, Schuh- u. a. Ind.; Dom (roman. Basilika) mit 88 m hohem Glockenturm, Schloß (17. Jh.). – M., das röm. **Mutina,** kam Ende des 13. Jh. an das Haus Este (1452 Hzgt.), 1814 an Österreich-Este, 1860 an Italien.

Moder *der,* **1)** Fäulnis, Verwesung. **2)** Übergangsform zw. Rohhumus und Müll.

Moderamen [lat. ›Lenkung‹, ›Regierung‹] *das,* leitendes Kollegium reformierter Synoden.

moderato [ital.], Abk. **mod.,** ♪ gemäßigt; **allegro m.,** mäßig schnell; **andante m.,** mäßig gehend.

Moderator [lat. ›Lenker‹] *der,* **1)** Publizistik: Leiter einer Diskussionsrunde; z. B. der Redakteur, der die Beiträge einleitet und kommentiert. **2)** Kernphysik: Bremssubstanz, die die bei der Kernspaltung entstehenden schnellen Neutronen auf niedrige Energie abbremsen soll.

Moderkäfer, Fam. 1–3 mm langer Käfer, die sich von Schimmelpilzen ernähren; etwa 1 000 Arten.

Moderlieschen, kleinster einheim. Karpfenfisch, 9 cm lang.

modern [frz., zu lat. modo ›soeben‹], neuzeitlich, zeitgemäß, heutig; modisch. Hptw. **Modernität.**

moderne Architektur entwickelte sich an den Gegebenheiten des Industriezeitalters: Fabrikgebäude, Büro- und Mietshaus, Bahnhof, Markt- und Ausstellungshalle. Für ihre Verwirklichung wurden neue Materialien (Stahl, Beton, Glas) herangezogen. Seit 1880 wandte die ›Schule von Chicago‹ die Stahlskelettbauweise an; einer ihrer Hauptvertreter, L. Sullivan, wurde Mitbegründer des →Funktionalismus. In Europa erfolgte die Abwendung vom Historismus um die Jahrhundertwende (O. Wagner, H. P. Berlage). Endgültig brachen der polem. Gegner des ›Jugendstils‹ A. Loos in Wien und F. L. Wright in den USA mit histor. Formen. Der ›Deutsche Werkbund‹ und das →Bauhaus stimmten die Innenausstattung in Stil und Form mit der Architektur ab. Der russ. Konstruktivismus und der niederländ. De → Stijl forderten auch für die Architektur abstrakte Formen. Aus diesen Theorien und deutlichen Neuentwicklungen entstanden 1925/26 der ›Internationale Stil‹ oder die m. A. der ›Zweiten Generation‹. Die städtebaul. Verantwortung führte zu einer internat. Vereinigung von Architekten, die sich mit neuen Problemen der Architektur befaßten. Vorbildliche Siedlungsbauten schufen J. Oud, E. May und H. Häring. Nach dem 2. Weltkrieg setzte eine neue Formensprache des internat. Stils ein, deren Vorbild L. Mies van der Rohe, vorwiegend für die USA und Europa, wurde und L. Corbusiers skulpturelle Architektur mehr für Lateinamerika, Indien, Pakistan, Japan. Ende der 50er Jahre entstand in England der ›Brutalismus‹, der mit rohem Material (Ziegel, Beton) baute. In der letzten Zeit werden auch Schalenbau, Spannbeton, Stabtragwerke, zugbeanspruchte und pneumatische Konstruktionen verwendet, bes. systematisch vorgefertigte Bauteile (Präfabrikation). Die Grundsätze des ›Organischen Bauens‹: Anpassung der Räume an die menschl. Bedürfnisse, Harmonisierung von Landschaft und Architektur werden auch heute noch angestrebt. Hinzu kommt die Einbeziehung älterer Bauten (→ Recycling). → Architektur, → Städtebau.

moderne Kunst, Sammelbegriff für die seit etwa 1890 aufgekommenen verschiedenartigen Kunststile in Malerei, Graphik und Plastik. In Ablehnung der offiziellen Akademiekunst entstand in Frankreich der → Impressionismus. Als Gegenbewegung zum Neoimpressionismus entwickelte sich der → Symbolismus. Um die Jahrhundertwende blühte bes. in Dtl. und Österreich der → Jugendstil. Suggestive Ausdruckskraft suchte der → Expressionismus. Es entstanden Künstlergruppen, die zu immer elementareren Manifestationen kamen: H. Matisse und der → Fauves in Paris, die → Brücke in Dresden (Aufschwung der Graphik), der → Blaue Reiter in München. P. Picasso und der → Kubismus wählten geometr. Formen als Ausdrucksmittel; U. Boccioni und der → Futurismus beschäftigten sich mit Zeit- und Bewegungsvorgängen. Mit den traditionellen Kunsttechniken brach der → Dadaismus (Collagen und Montagen von M. Duchamp und K. Schwitters). Der russ. → Konstruktivismus gelangte in Malerei und Plastik zu völliger Abstraktion (N. Gabo, E. Lissitzky); fortgesetzt wurde dieses Gedankengut vom niederländ. De → Stijl und vom → Bauhaus. Die Jahrzehnte zw. den beiden Weltkriegen sind einerseits eben dieser konkreten Kunst und der → Neuen Sachlichkeit verpflichtet, andererseits dem → Surrealismus (S. Dalí, M. Chagall, M. Ernst, R. Magritte) geprägt. Während und nach dem 2. Weltkrieg entwickelte sich der → informelle Kunst, die sich dann zum Action-Painting und → Tachismus steigerte. Über die weitere Entwicklung → zeitgenössische Kunst.

moderne Musik, → Neue Musik.

Moderner Fünfkampf, → Fünfkampf.

Modernismus [aus lat.], 1) die von Papst Pius X. verurteilte Richtung in der Kath. Kirche, die einen Ausgleich zw. kath. Glauben und modernem Denken herbeizuführen suchte durch krit. Geschichtsforschung, Bibelerklärung, Philosophie. 1910 führte der Papst einen von allen kath. Priestern zu schwörenden Eid gegen ihn ein (**Antimodernisteneid**); 1967 entfallen. Nach dem II. Vatikan. Konzil hat der M. wieder an Einfluß gewonnen. 2) span. **Modernismo,** Literatur: in Spanien und Lateinamerika gegen Ende des 19. Jh. entstandene Erneuerungsbewegung.

Modern Jazz [m'ɔdən dʒæz, engl.], Stilformen des → Jazz in den 1940er und 1950er Jahren, z. B. Bebop, Cool Jazz.

Modersohn, 1) Otto, * 1865, † 1943, Landschaftsmaler in Worpswede, dort Mitgründer der Künstlerkolonie. 2) Paula, geb. Becker (**Becker-Modersohn**), ⚭ mit 1), * 1876, † 1907, malte bäuerl. Frauen und Kinder, Selbstbildnisse und Stilleben. Ihre Ausdrucksmittel sind durch Formvereinfachungen und flächenhafte Farbwirkungen gekennzeichnet und denen des Expressionismus verwandt. (Bild S. 294)

Modewort, Wort von vorübergehender Aktualität.

Modezeitschriften, illustrierte Frauenzeitschriften mit Berichten über Mode, Kosmetik u. a.

Modifikation [lat.], 1) Abänderung, Umstellung auf das rechte Maß. 2) Biologie: nichterbl. Veränderung einer Tier- oder Pflanzenart durch äußere Einflüsse. 3) ⚗ → Polymorphie.

Modigliani [-ʎ'a:ni], Amedeo, ital. Maler in Paris, * 1884, † 1920, malte meist Köpfe und Akte von jungen Frauen, zu überlangen Formen gesteigert, zart in den Farben und von schwermütigem Reiz.

Modist [lat.-frz.], 1) im MA. der → Schreibmeister. 2) Mode-

warenhändler. – **Modistin,** Putzmacherin, stellt Damenhüte u. ä. her; Ausbildungsberuf.

Mödling, Stadt in NÖ, am Rande des Wienerwaldes, 19 000 Ew.; spätgot. Kirchen, Renaissance-Rathaus.

Modul [von lat. modulus ›Maß‹, ›Maßstab‹] der, Mz. **Moduln, 1)** ⏢ relative Maßeinheit zur Bestimmung der Proportionen eines Baus, bes. von Säulen und Fassaden. **2)** Technik: Verhältnis des Teilkreisdurchmessers zur Zähnezahl eines Zahnrades. **3)** zu einer Gruppe eng zusammengefaßte elektron. Bauelemente. **4)** Materialkonstante (**Elastizitätsmodul**). **5)** Mathematik: a) Verhältnis von dekad. zu einem anderen Logarithmus; b) Divisor kongruenter Zahlen; c) Konstante einer komplexen Zahl oder einer analyt. Funktion.

Modulation [lat.], 1) (⊙) Multiplikation von Schwingungen (d. h. ihrer Augenblickswerte) miteinander im Ggs. zur Überlagerung, einer Addition von Schwingungen von Sprache, Musik und Bildern auf Hochfrequenzschwingungen, sog. Trägerwellen, angewendet; sie ermöglicht eine drahtlose Nachrichten-

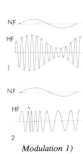

Modulation 1): 1 mit Niederfrequenz (NF) amplitudenmodulierte Hochfrequenz (HF). 2 mit Niederfrequenz (NF) frequenzmodulierte Hochfrequenz (HF)

Modulation 1)

übertragung oder eine Mehrfachausnutzung von Leitungen. Bei der im Kurz-, Mittel- und Langwellenbereich gebräuchl. **Amplituden-M. (AM)** wird die Amplitude der hochfrequenten Trägerschwingung durch die niederfrequenten Schwingungen der Nachricht beeinflußt. Auf dem UKW-Bereich wird **Frequenz-M. (FM)** angewendet, bei der die Frequenz der Trägerschwingung im Takt der Nachricht geändert wird. Bei der **Puls-M. (Impuls-M.)** wird der Träger in Form einzelner kurzer Schwingungszüge (Impulse) ausgesendet. 2) ♪ Übergang von einer Tonart in eine andere. Im musikal. Vortrag die sinngemäße Abstufung der Tonstärke und Klangfarben.

Modus [lat.] der, Mz. **Modi, 1)** Ⓢ Aussageweise des Zeitworts: Wirklichkeitsform (Indikativ), Möglichkeitsform (Konjunktiv), Befehlsform (Imperativ). **2)** Ⓟⓗ Logik: Schlußart. In der Statistik Reihe am häufigsten auftretender Wert, Mittelwert. **M. vivendi,** erträgliche Form des Zusammenlebens, auch: einstweilige Abmachung. **M. procedendi,** Verfahrensweise.

Moeller-Barlowsche Krankheit [b'a:ləu-], nach J. Moeller (* 1819, † 1887) und Sir T. Barlow (* 1845, † 1945), der → Säuglingsskorbut.

Moeller van den Bruck, Arthur, Schriftst., * 1876, † (Selbstmord) 1925, wollte nationale und soziale Gedanken ausgleichen. Der Titel seines Buchs ›Das dritte Reich‹ (1923) wurde sinnentstellt zum nat.-soz. Schlagwort.

Moers, Stadt im Kr. Wesel, NRW, am Niederrhein, 99 600 Ew.; Baustoff- und Metallindustrie.

A. Modigliani: Frauenkopf (Mailand, Sammlung Panizzani)

Mohn:
Klatsch-M.

Mohammed Resa

Mofa, Abk. für **Mo**torfahrrad, →Kraftrad.
Mofette [frz. ›Grubendampf‹] *die,* kühle Kohlensäurequelle.
Moffo, Anna, amerikan. Opern- und Konzertsängerin (lyrischer Sopran), * 1930.
Mofolo, Thomas, afrikan. Schriftst., * 1875 oder 1877, † 1948; autobiograph. und histor. Erzählungen (Sesuto-Sprache), die am Beginn der modernen afrikan. Lit. stehen.
Mogadiscio [-d'iʃo], **Mogadischu,** Hptst. von Somalia, O-Afrika, 377 000 Ew.; Univ., internat. Flughafen, Hafen.
mogeln, schwindeln, betrügen beim Spiel.
Möggingen, Schloß am Bodensee, seit 1946 Sitz der Vogelwarte Radolfzell (ehem. Vogelwarte Rossitten).
Mogiljow, weißruss. **Mohilew,** Hptst. des Gebiets M. in der Weißruss. SSR, am Dnjepr, 300 000 Ew.; Stahlwerk, Maschinen-, Elektro-, chem. Industrie.
Möglichkeitsform, Konjunktiv, Aussageweise des Zeitworts. Ggs.: Wirklichkeitsform.
Mogul [pers. ›Mongole‹] *der,* muslim. Herrscherhaus in Indien; allg.: ind. Herrscher, →Großmogul.
Mohács [m'oha:tʃ], Stadt im südl. Ungarn, Hafen an der mittleren Donau, 21 000 Ew.; Kohlenumschlag. – 1526 Sieg der Türken über die Ungarn; 1687 bei M. Sieg der Kaiserlichen über die Türken.
Mohair [-h'ɛr], die meist weißen, glänzenden, weichen Haare der Angora-(Mohair-)Ziege, auch Bez. für Gewebe aus M.
Mohammed, arab. **Muhammad,** Stifter des → Islam, * Mekka um 570, † Medina 632. Seit ungefähr 595 unternahm M. als Kaufmann Handelsreisen, wobei er Christentum (vermutlich nur in der nestorian. Form), Judentum u. a. Religionen kennenlernte. Seit etwa 610 verkündete er in Mekka seine Offenbarungen, die wohl schon zu seinen Lebzeiten aufgezeichnet wurden (→ Koran). Die Vornehmen in Mekka verhielten sich ablehnend. 622 entschloß sich M. zur Auswanderung nach Medina (→ Hedjra), wo er eine Gem. gründete. 630 konnte er Mekka besetzen und für seine Lehre gewinnen. Mittelpunkt des Islam und Wallfahrtsziel der Muslime (→ Haddsch) wurde die Kaaba in Mekka. Als M. starb, war der Islam über weite Teile Arabiens verbreitet.
Mohammed, Mehmed, türk. Sultane:
1) **M. II., Fatih** [›der Eroberer‹] (1451–81), * 1432, † 1481, eroberte 1453 Konstantinopel, unterwarf Serbien und Bosnien.
2) **M. IV.** (1648–87), * 1641, † 1692, unterlag 1687 vor Wien und wurde nach dem Verlust Ungarns entthront.
3) **M. V. Reschad** (1909–18), * 1844, † 1918, kämpfte seit 1914 an dt. Seite.
Mohammedaner, besser **Muslime,** im Abendland verbreitete Bez. für die Anhänger des → Islam.
Mohammed V. ben Jusuf, Sultan (1927–57), dann König von Marokko, * 1910, † 1961, geriet seit 1947 unter dem Druck der arab. Nationalisten in Ggs. zu den frz. Residenten, war 1953–55 nach Madagaskar verbannt. 1956 erlangte er von Spanien und Frankreich die Unabhängigkeit Marokkos.
Mohammedia, bis 1961 **Fédala,** marokkan. Hafenstadt, 70 400 Ew.; seit 1945 zum bedeutenden Industriestandort (Erdölverarbeitung, Textil- u. a. Ind.) ausgebaut; Seebad.
Mohammed Resa, Schahinschah, Kaiser von Iran (seit 1941), aus dem Hause Pahlewi, * 1919, † 1980, Sohn von Resa Schah, ⚭ mit Farah Diba, der er 1967 krönen ließ; übernahm nach dem Sturz Mossadeghs (1953) stärker als bisher die Führung des Landes und leitete polit., wirtschaftl. und gesellschaftl. Reformen ein. M. R. mußte 1979 das Land verlassen, da die Opposition unter Führung von Khomeini den Iran unregierbar machte. M. R. wurde abgesetzt und in Abwesenheit zum Tode verurteilt.
Mohave-Wüste, Mojave-Wüste [məʊh'ɑ:vɪ-], große Sand- und Lehmwüste in Kalifornien, USA, rd. 40 000 km², mit der tiefsten Depression Amerikas im Todestal (86 m u. M.).
Mohawk [m'əʊhɔ:k], 238 km langer Nebenfluß des Hudson.
Mohendjo-daro [-dʒo-], Ruinenstätte am Unterlauf des Indus, die größte bisher bekannte Siedlung der → Induskultur des 3. Jahrtsd. v. Chr.
Mohikaner, Mahican [məh'i:kən], nordamerikan. Indianerstamm der Algonkin-Gruppe, fast ausgestorben.
Mohilew, weißruss. Name der Stadt →Mogiljow.
Mohn *der,* **Papaver,** Pflanzengatt. der Fam. Mohngewächse, mit weißem Milchsaft und Kapselfrucht. Der **Schlaf-** oder **Garten-M.** hat hellrote, lila oder weiße Blüten (Bild Arzneipflanzen); aus der unreifen Fruchtkapsel wird Opium gewonnen. Die kleinen, bläulichen Samen dienen als Würze (zu Backwerk) und zu

Mohnöl. Ackerunkraut ist der rot blühende **Klatsch-M. (Klatschrose).**
Mohn, Moon, estn. **Muhu,** Ostseeinsel der Estn. SSR, zw. Ösel und dem Festland, 204 km².
Möhne *die,* re. Nebenfluß der Ruhr, 57 km lang; oberhalb Neheim-Hüsten die **M.-Talsperre** (Stausee 10 km², 135 Mio. m³).
Moholy-Nagy [m'ohoj nɔdʒ], László, ungar. Maler, * 1895, † 1946, Meister am Bauhaus, seit 1937 in Chicago, malte ungegenständlich-konstruktiv, von starkem Einfluß auf Bühnengestaltung, Film, Photographie, Industrieform.
Mohr *der,* 1) urspr. Bewohner Mauretaniens. 2) muslim. Bewohner N-Afrikas. 3) ⚭ Neger.
Mohr, Joseph, * 1792, † 1848, kath. Priester; Dichter von ›Stille Nacht, heilige Nacht‹ (1818, vertont von F. X. Gruber).
Möhrenfliege, 4–5 mm große, schwarze Nacktfliege, deren Maden rostfarbige Gänge in die Wurzeln von Möhren fressen.
Mohrrübe, Möhre, weißblütiger, meist zweijähr. Doldenblüter in Europa und Asien. Bei der gezüchteten Form ist die Pfahlwurzel fleischig, meist orangerot (**Gelbe Rübe**) und zuckerreich; Gemüse, Futtermittel. (Bild Gemüse)
Mohssche Skala, Ritzhärteskala für Minerale, → Härte.
Moi, Daniel Arap, Politiker in Kenia, * 1924, seit 1978 Staatspräs. von Kenia.
Moira [grch. ›Anteil‹] *die, Mz.* **Moiren,** grch. Mythos: Schicksalsgöttin; bei Hesiod 3 M.: **Klotho,** die den Lebensfaden spinnt, **Lachesis,** der ihn zuteilt, **Atropos,** die ihn abschneidet.
Moiré [mwar'e, frz.], 1) Gewebe in Ripsbindung mit Glanzfiguren, die durch Plattdrücken der Schußfäden erzielt sind. 2) Bildstörung der Fernsehempfänger in Form eines Strichmusters.
Moissan [mwas'ã], Henri, frz. Chemiker, * 1852, † 1907, stellte zuerst Fluor dar, erzeugte künstl. Diamanten im elektr. Ofen. Nobelpreis 1906.
Moissi, Alexander, Schauspieler, * 1880, † 1935; Rollen u. a.: Hamlet, Romeo, Franz Moor, Tasso.
Moivre [mwa:vr], Abraham de, frz. Mathematiker, * 1667, † 1754, baute die Wahrscheinlichkeitsrechnung aus, förderte das Rechnen mit komplexen Zahlen.
Mokett, Moquette [mɔk'ɛt, frz.], bunter Möbelplüsch.
Mokick, Kleinmotorrad bis 50 cm³ mit **Kick**starter und Fußrasten.
Mokka, Hafen in Jemen, am Roten Meer, im 19. Jh. bed. Kaffeeausfuhr; danach **Mokka,** starker Kaffee.
Mokkassin, Mokassin [indian.] *der,* buntbestickter, absatzloser Wildleder-Halbschuh der nordamerikan. Indianer.
Mokpo, Hafenstadt in SW-Korea, 193 000 Ew.; Ind.
Mol *das,* 1) Einheitenzeichen **mol,** SI-Einheit der Stoffmenge; die Stoffmenge eines Systems best. Zusammensetzung, das aus ebenso vielen Teilchen besteht, wie Atome in 12 g des reinen Nuklids ^{12}C enthalten sind. 2) ⚭ für → Grammatom.
Mol, Gem. in Kempenland, Belgien, 29 500 Ew.; Großkraftwerk, Glas-, Möbelind., Kernforschungszentrum.
Molaren [lat. mola ›Mühle‹], **Molares, Mahlzähne,** die großen Backenzähne.
Molasse [frz. mollasse ›weich‹] *die,* aus Konglomeraten, Sandsteinen und Mergeln bestehende Ablagerungen am N-Rand der Alpen.
Molche und Salamander [von ahd. mol ›Salamander‹, ›Eidechse‹], **Salamandridae,** Fam. der Schwanzlurche in Europa, Nordafrika, Asien, Nord- und Mittelamerika, mit einem Paar Längsreihen von Gaumenzähnen. Die europ. Arten mit seitlich abgeflachtem Schwanz heißen meist **Molche,** die mit rundl. Schwanz **Salamander** (→ Feuersalamander). Bild S. 297.
Molchfische, molchähnl. Lungenfische in Afrika.
Moldau, 1) rumän. **Moldova,** histor. Landschaft in Rumänien zw. Ostkarpaten und Pruth; Hptst.: Jassy, Haupthandelsplatz: Galatz; Erdöl- und Salzlagerstätten. – Das 1359 gegr. Fstt. M. kam 1511 unter türk. Lehnshoheit, seit 1822 unter einhe. Fürsten; 1859 wurde es mit der Walachei zum Fstt. Rumänien vereinigt. – 2) *die,* tschech. **Vltava,** Hauptfluß Böhmens, 435 km, entspringt im Böhmerwald, mündet in die Elbe; ab Prag schiffbar; mehrere Großkraftwerke.
Moldauische Sozialistische Sowjetrepublik, Unionsrep. der UdSSR (Verf. von 1941), 33 700 km², 3,9 Mio. Ew.; zu 65 % Rumänen (Moldauer), daneben Ukrainer, Russen u. a.; Hptst.: Kischinjow. Die hügelige Landschaft ist von Flüssen durchschnitten, sie umfaßt N- und Mittelbessarabien am unteren Pruth und Dnjestr. Wirtschaft: Wein- und Obstanbau, Weizen, Sonnenblumen, Zuckerrüben, Tabak, Rosen-, Lavendel-, Salbei-

Molche und Salamander:
1 Bergmolch,
1a Weibchen,
1b Männchen;
2 Kammolch;
3 Alpensalamander;
4 Feuersalamander

Zusammenbruch des von ihm gegr. ›Illustre Théâtre‹ in Paris die Provinz mit einer Wandertruppe, konnte sich seit 1658 als Schauspieler und Theaterdirektor in Paris durchsetzen; er genoß die Gunst Ludwigs XIV.; für die Hofbühne schrieb er mehrere ›Comédies-Ballets‹ (›Der Bürger als Edelmann‹, 1670; ›Der eingebildete Kranke‹, 1673). Seine Komödien mit ihrer meisterl. Handlungsführung und ihrer Sprache voll Ungezwungenheit und Witz stellen drastisch Mißstände der Zeit (Überspanntheit, gelehrtes Gehabe unwissender Ärzte, relig. Heuchelei u. ä.) als Sonderfälle menschl. Defekte bloß.

Weitere Werke. Lustspiele, Possen: Die lächerl. Preziösen (1659), Sganarelle (1660), Die Schule der Ehemänner (1661), Die Schule der Frauen (1662), Tartüff (1664), Don Juan oder der steinerne Gast (1665), Der Menschenfeind (1666), Der Arzt wider Willen (1666), Amphitryon (1668), Der Geizige (1668), Georges Dandin (1668), Die gelehrten Frauen (1672).

Molina, span. Dichter, →Tirso de Molina.

Molise, die, Landschaft und Region (4438 km²) in Italien, im Monte Greco 2283 m hoch; umfaßt die Prov. Campobasso und Isernia; Hptst.: Campobasso.

Molke die, der flüssige Rückstand der von Fett und Casein befreiten (geronnenen) Milch; dient als Viehfutter, zur Herstellung von Milchzucker und als Backhilfsmittel.

Molkerei, Meierei, milchwirtschaftl. Betrieb zur Be- und Verarbeitung sowie zum Vertrieb von Milch; meist auf genossenschaftl. Grundlage. Man unterscheidet: Trinkmilch-, Buttereibetriebe, Hart-, Schnitt- und Weichkäsereien; Milchversandbetriebe.

Moll [von lat. mollis ›weich‹] das, ♪ das ›weibl.‹ Tongeschlecht mit der kleinen Terz. Grundakkord der **Molltonart** ist ein Molldreiklang (Grundton, kleine Terz, reine Quinte). Neben der **natürl. M.-Tonleiter** mit Halbtonschritten zw. der 2. und 3. sowie der 5. und 6. Stufe verwendet man die **harmonische M.-Tonleiter,** die die 7. Stufe, sowie die **melodische M.-Tonleiter,** die in aufsteigender Richtung neben der 7. auch die 6. Stufe chromatisch erhöht.

Moll, Oskar, Maler, *1875, †1947, gehörte zum Kreis um Matisse, malte Landschaften und Stilleben in zarten Farben.

Möll die, li. Nebenfluß der Drau in Kärnten, 65 km lang.

Molla, Mulla(h) [arab. ›Herr‹], Titel islam. Gelehrter.

Möller der, Erzgemisch und Zuschlagstoffe zur Metallverhüttung.

Möller, Alex, Politiker (SPD), *1903, 1961–76 MdB., 1969–71 Bundesfinanzminister.

Mollet [mɔl'ε], Guy, frz. Politiker (Sozialist), *1905, †1975, 1954–56 Präs. der Beratenden Vers. des Europarates, 1956/57 MinPräs., 1958/59 Staatsmin. in der Reg. de Gaulle; später dessen Gegner.

Mollison, Theodor, Anthropologe, *1874 †1952; seine serolog. Untersuchungen brachten Aufschluß über das arteigene Eiweiß bei Mensch und Primaten.

Mölln, Stadt im Kr. Hzgt. Lauenburg, Schlesw.-Holst., 15800 Ew.; Luftkurort inmitten einer Seenlandschaft; Textil- u. a. Ind. 1350 soll hier Till Eulenspiegel gestorben sein.

Mollusken [lat. mollis ›weich‹], **Mollusca,** →Weichtiere.

Molnár, Ferenc, ungar. Schriftst., *1878, † New York 1952; Novellen, Romane, Lustspiele (›Liliom‹, 1909; ›Spiel im Schloß‹, 1926).

Molo, Walter von, Schriftst., *1880, †1958; Romane; ›Fridericus-Trilogie‹ (1918–21) u. a.

Moloch [hebr.], 1) semit. Gott, wurde durch Menschenopfer verehrt; Sinnbild für alles, was Menschen oder Werte verschlingt. 2) 🦎 **Dornteufel,** dornige, bis 20 cm lange Agame Australiens; Ameisenfresser.

Molotow, Wjatscheslaw Michajlowitsch, eigtl. **Skrjabin,** sowjet. Politiker, *1890, seit 1906 in der bolschewist. Partei, 1917 maßgeblich an der Oktoberrevolution beteiligt, seit 1926 im Politbüro und enger Mitarbeiter Stalins, 1930–41 Vors. des Rates der Volkskommissare, 1939–49 und 1953–56 Außen-Min.; 1957 aller Führungsämter enthoben.

Molotow-Cocktail [-kɔkteil], Brandflasche mit Benzin-Phosphor-Füllung, behelfsmäßige zur Panzernahbekämpfung erstmals von sowjet. Truppen im 2. Weltkrieg benutzt.

Moltke, 1) Helmuth Graf (1870) von, preuß. Generalfeldmarschall (1871), *1800, †1891, leitete als Chef des Generalstabs die Kriege von 1864, 1866, 1870/71; seit 1867 konservativer Reichstagsabgeordneter, seit 1872 erbl. Mitgl. des preuß. Herrenhauses; bedeutend auch als Schriftsteller.

kulturen; Viehzucht; Verarbeitung landwirtschaftl. Erzeugnisse, Textil-, Maschinen-, chem., elektrotechn. Ind.; Univ. in Kischinjow. – Die M. SSR entstand 1940 durch Vereinigung der ASSR Moldau (links des Dnjestr, gegr. 1924 im Rahmen der Ukrain. SSR) mit dem Hauptteil des bis dahin rumän. →Bessarabien.

Moldt, Ewald, Diplomat (SED), *1927, seit 1978 Ständiger Vertreter der Dt. Dem. Rep. bei der Bundesrep. Dtl.

Mole [ital.] die, Damm, der einen Hafen gegen das offene Meer abgrenzt und schützen soll.

Mole [lat.], **Wind|ei, falsche Frucht,** ⚥ infolge eines langsamen Absterbevorgangs verändertes menschl. Ei. M. verursachen etwa 50% aller Fehlgeburten. – Über die **Traubenmole** →Blasenmole.

Molekül [frz., von lat. molecula ›kleine Masse‹] das, **Molekel** die, ⚛ der kleinste Teil einer Reinsubstanz, der noch deren Eigenschaften besitzt. Alle M. einer Verbindung sind in gleicher Weise aus Atomen aufgebaut, chemisch abgesättigt und elektrisch neutral. Die kleinsten M. sind einige zehnmillionstel Millimeter groß. Die **Ionen-M.** bestehen aus Ionen, die sich durch ihre elektr. Ladungen anziehen (Beispiel: Kochsalz). **Atom-M.** werden durch Austauschkräfte zusammengehalten, die zw. den äußeren Elektronen der Atome wirken (Beispiel: die zweiatomigen Gas-M.). Die Anzahl der M. in 1 cm³ Gas bei 1 Atmosphäre und 0 °C ist $2{,}71 \cdot 10^{19}$ (Avogadrosche Zahl). Die Anzahl der M. im Mol ist unabhängig von Druck und Temperatur (→Loschmidt-Konstante). Die Gestalt eines M. kann hantel-, winkel-, dreieck-, ring-, fadenförmig usw. sein. Alle diese Figuren können Formänderungen erleiden, längl. Gebilde z. B. verdrillt, Stäbchen gebogen, Fäden geknäuelt sein. Es gibt auch organ. Riesen-M. (→Makromoleküle) mit mehreren Mio. Atomen (→Eiweiße).

Molekularbiologie, umfaßt die Lebensvorgänge im Molekularbereich, z. B. Biosynthese der Eiweißstoffe; wichtigstes Gebiet ist die Molekulargenetik.

Molekulargenetik, biolog. Arbeitsrichtung mit dem Ziel, die molekularen Grundlagen der Vererbung (→Desoxyribonucleinsäure), des Austausches von Erbanlagen (→Mutation) und der Evolution zu ermitteln. Der Zellkern ist der Ort, wo die Entwicklung eines Organismus und sein biolog. Verhalten gegenüber der Umwelt durch physikalisch-chem. Vorgänge ausgelöst und gesteuert werden. (→Chromosomen, →genetischer Code, →Rekombination)

Molekulargewicht, neuerdings **relative Molekülmasse,** dimensionslose Verhältniszahl, die angibt, wie groß die Masse eines Moleküls im Vergleich zu einem Zwölftel der Atommasse des Kohlenstoffisotops ¹²C ist.

Molekularverstärker, der →Maser.

Moleskin [m'ɔʊlskɪn, engl. ›Maulwurfsfell‹], **Englischleder,** festes Baumwollgewebe in verstärkter Atlasbindung, samtartig, für Arbeitsanzüge und Futter.

Molfetta, Hafenstadt in Apulien, Italien, 66400 Ew.; Dom (12.–13. Jh.); Schiffbau, Öl-, Weinhandel.

Molière [mɔlj'ε:r], eigtl. Jean Baptiste **Poquelin,** genannt M., frz. Komödiendichter, *1622, †1673, durchzog nach dem

Molière

Molt

Helmuth
Graf von Moltke

Monaco

2) Helmuth von, preuß. Generaloberst, Neffe von 1), * 1848, † 1916, als Nachfolger Schlieffens 1906 Chef des Generalstabs, leitete 1914 die Operationen bis zur Marneschlacht, nach deren unglückl. Ausgang er zurücktrat.
3) Helmuth James Graf von, Jurist, * 1907, † (hingerichtet) 1945, gründete nach 1933 den → Kreisauer Kreis.
molto [ital.], ♪ viel, sehr; **m. vivace**, sehr lebhaft.
Molton [frz.] *der*, beidseitig gerauhtes Baumwollgewebe in Leinwand- oder Köperbindung.
Molukken, Gewürz-Inseln, indones. **Maluku,** östlichste Inselgruppe Indonesiens, 83 675 km², 1,33 Mio. Ew.; Hauptinseln: Halmahera, Seram, Buru; Hauptort: Ambon (→ Ambonesen). Die Inseln sind gebirgig (tätige Vulkane, häufige Erdbeben), haben trop. Klima und üppige Urwälder. Anbau von Sago-, Kokospalmen und Knollenfrüchten; Fischerei. Der Handel mit Gewürzen tritt heute zurück. – Die M. waren seit 1512 portugiesisch, 1607–1949 niederländisch, seitdem Prov. Indonesiens.
Molvolumen, Molekularvolumen, Volumen, das von einem Mol eines Stoffes eingenommen wird. Ideale Gase haben bei 1 at und 0 °C das M. 22,41 *l.*
Molwärme, Molekularwärme, zum Erwärmen von einem Mol eines Stoffes um 1 °C benötigte Wärmemenge, entspricht dem Produkt aus spezif. Wärme und Molekulargewicht.
Molybdän *das,* **Mo,** metall. Element (→ chemische Elemente); Vorkommen nur in seinen Erzen M.-Glanz und Wulfenit (Bleimolybdat); reines M. ist silberweiß, dehnbar, sehr fest und beständig. Verwendung zum Legieren von Stählen, in Verbindungen zum Brünieren, als Katalysator u. a. Welterzeugung (1979): 89 000 t (73 % aus den USA, 12 % aus Kanada, 14 % aus Chile); geschätzte Welt-M.-Reserven: ca. 14,8 Mrd. t.
Molybdänglanz, Molybdänit, hexagonales, graues, spaltbares Mineral, MoS_2.
Mombasa, Haupthafen und zweitgrößte Stadt von Kenia, am Ind. Ozean, 340 000 Ew.; Erdölraffinerie, Zementfabrik, Lebensmittel- u. a. Ind.; Schwerpunkt des Tourismus; Ausgangsort der Uganda-Bahn.
Mombert, Alfred, Schriftst., * 1872, † 1942; gestaltete in Lyrik, Epen und Dramen eine myth. Kosmologie.
Moment [lat.] *das,* **1)** wichtiger oder entscheidender Umstand, Beweisstück, Gesichtspunkt. **2)** Mechanik: Trägheitsmoment, Drehmoment (→ Hebel).
Moment [lat.] *der,* Augenblick. **momentan,** augenblicklich.
Mommsen, Theodor, Geschichtsforscher und Jurist, * 1817, † 1903, 1863–66 und 1873–79 Mitgl. des preuß. Landtags, 1881–84 des Reichstags; scharfer Gegner Bismarcks und der Antisemitismus Treitschkes. Geschichte‹ als Meister der Kritik und der Darstellung; 1902 Nobelpreis für Lit. – ›Röm. Staatsrecht‹ (Bd. 1/2: 1871–75, Bd. 3: 1888), ›Röm. Strafrecht‹ (1899) u. a.
Momot [amerikan.-span. mot-mot], ♫ → Sägeracken.
Mon, Talaing, Volk mit austroasiat. Sprache in Unter-Birma, Gründer des Reiches → Pegu.
Møn, dän. fruchtbare Insel südöstlich von Seeland, Dänemark, 217 km², 12 000 Ew.; Hauptort: Stege. M. ist durch eine Brücke mit Seeland verbunden.
Monaco, Fstt. an der frz. Riviera, 1,89 km² mit 30 000 Ew. (99 % kath.). Amtssprache: Französisch. Nach der Verf. von 1962 ist M. eine erbl. und konstitutionelle Monarchie. Währungs- und Zollunion mit Frankreich. ⊕ Bd. 1, n. S. 320. – M. besteht aus dem eigtl. M., Monte Carlo, La Condamine und Fontvieille. Das Gebiet (3 km lang, 200–300 m breit) steigt von der Küste steil an (Mont Agel, 1 150 m). Haupterwerbszweig ist der Fremdenverkehr; Spielcasino in Monte Carlo, Schloß, Ozeanographisches Museum, Institut für Fremdenverkehrsforschung, Botanischer Garten. Neues Ind.-Gebiet im SW in Fontvieille.
Geschichte. M. ist eine phönik. Gründung. Seit 1297 herrschte das genues. Geschlecht der Grimaldi; seit 1641 unter frz., 1815 unter sardin., 1861 wieder unter frz. Schutzherrschaft.
Monaco, Mario Del, ital. Sänger (Tenor), * 1915, † 1982, trat auf allen großen Bühnen der Erde auf.
Monade [grch.] *die,* unteilbare Einheit, z. B. die Seele. Eine Lehre von den M. **(Monadologie)** entwickelten G. Bruno und G. W. Leibniz.
Mona Lisa [ital. ›Frau Lisa‹], Bildnis von Leonardo da Vinci (um 1503–06, Paris, Louvre). Es stellt die Gattin des Francesco del Giocondo in Florenz dar (daher auch **Gioconda** genannt). Bild Leonardo da Vinci.

Monarchianer, christl. Theologen (2.–3. Jh.), die die ›Einheit‹ (Monarchie) Gottes lehrten.
Monarchie [grch. ›Einherrschaft‹] *die,* Staatsform, bei der ein Einzelner, der erbl. (Erb-M.) oder gewählte (Wahl-M.) **Monarch,** als Staatsoberhaupt an der Spitze des Staates steht. Der früheren **absoluten M.** (→ Absolutismus) ist in der neueren Zeit fast überall die **konstitutionelle M.** gefolgt, bei der die Gewalt des Monarchen durch eine Verfassung beschränkt ist. Bei der **parlamentarischen M.** ist die Volksvertretung an Gesetzgebung und Regierungsbildung maßgeblich beteiligt (z. B. in Großbritannien). **Monarchist,** Anhänger der M.
Monarchomachen *Mz.,* Gruppe von Publizisten des 16. und 17. Jh., die aus relig. Überzeugung unter Berufung auf ein dem Prinzip der Volkssouveränität entlehntes Widerstandsrecht eine ihrem Glauben feindl. Obrigkeit bekämpften; bes. die frz. calvinist. Opposition gegen das kath. Königtum des Valois; ferner Schriftsteller wie J. Althusius.
Monarto [mɔn'ɑːtəʊ], seit 1974 geplante Stadt in Südaustralien, östlich von Adelaide, deren Entlastung sie dienen soll; Erschließung seit 1978.
Monastir, 1) türk. Name der Stadt → Bitola. **2)** Hafenstadt und Badeort in Tunesien, 30 000 Ew.
Monat, urspr. die Zeit eines Mondumlaufs um die Erde **(Mond-M.),** je nach den Bezugspunkten als **siderischer, tropischer, drakonitischer** oder **synodischer M.** (rd. 27–29 Tage). Aus dem synodischen M. (von Neumond bis Neumond = 29 Tage, 12 h, 44 min, 2,8 s) hat sich unser **Kalender-M.** mit 30 oder 31 (Februar 28 oder 29) Tagen entwickelt. 12 M. bilden das Sonnenjahr.
Monatssteine, Volksglauben: dem Geburtsmonat entsprechende Edelsteine, die als Amulette Glück bringen sollen.
Monazit *der,* rötlichbraunes bis gelbes, monoklines Mineral, $CePO_4$, enthält bis 70 % Seltenerden (Cer, Lanthan).
Mönch [von grch. monachos ›einsam lebend‹], einem Kloster angehöriges männl. Mitglied eines geistl. Ordens oder jemand, der aus relig. Gründen als Einsiedler lebt. (→ Mönchtum)
Mönch, Berg der Jungfraugruppe, zw. Jungfrau und Eiger, 4 099 m hoch.
Mönchengladbach, kreisfreie Stadt im RegBez. Düsseldorf, NRW, 258 300 Ew.; Duns-Scotus-Akad. der Franziskaner; Mittelpunkt der rhein. Textilindustrie mit Forschungsinstitut, Textilprüfanstalt, Textilingenieurschule, Textilmaschinen-, Luftfahrt- und graph. Ind. – M. erhielt schon 1361 Stadtrecht.
Mönchgut, südöstl. Halbinsel von Rügen.
Mönchsrobbe, Seehund, bes. im Mittelmeer, wird bis 2,60 m lang.
Mönch(s)sittich, südamerikan. Keilschwanzsittich; baut zu mehreren Paaren im backofenförmiges Reisignest.
Mönchtum, Kath. Kirche: Form des Klosterwesens, bei der die Mitgl. eines Ordens in selbständigen Klöstern mit eigenen Oberen leben: Benediktiner mit ihren Abzweigungen (Zisterzienser, Trappisten u. a.) und Kartäuser. Die Bettelmönche gehören nicht zum eigentl. M. Die Ostkirche kennt nur die ursprüngl. Zusammenfassung der Mönche nebeneinanderstehenden Formen des Kloster-M., der Einsiedlerkolonie und der völligen Einsamkeit des einzelnen Mönchs. – Das M. findet sich auch im Brahmanismus, Buddhismus, Lamaismus u. a.
Mond, 1) Begleiter eines Planeten (→ Monde). **2)** Begleiter der Erde (lat. **luna,** grch. **selene);** er umläuft diese in 27 Tagen, 7 Std., 43 min, 11,5 sec **(siderische Umlaufzeit)** in einer ellipt. Bahn; mittlere Entfernung von der Erde 384 400 km, ⌀ 3 470 km, Masse 1/81 der Erdmasse, mittlere Dichte 3,34 g/cm³. Die Schwerkraft auf dem M. ist 1/6 derjenigen auf der Erde. Der M. erhält sein Licht von der Sonne; er erscheint von der Erde aus in versch. Phasen, deren Ablauf man als **Mondwechsel** bezeichnet: **Neumond** (M. zw. Erde und Sonne), **Vollmond** (Erde zw. M. und Sonne) und die Übergangsphasen (erstes Viertel, Halbmond, letztes Viertel). Bei Vollmond → Mondfinsternis, bei Neumond → Sonnenfinsternis möglich. Die Mondbahnlänge ist durch die in einer Periode von 31,8 Tagen verlaufende **Evektion** derart gestört, daß die wahre Länge bei Voll- und Neumond um 1° 20,5′ größer, bei Viertelmond um ebensoviel kleiner als die mittlere. Die Rotation des M. hat die gleiche Periode wie der Umlauf, so daß er der Erde immer die gleiche Seite zuwendet.
Der M. hat keine Atmosphäre, daher sind von der Erde aus Einzelheiten von etwa 100 m noch erkennbar. Zwei Großlandschaften sind auf der M.-Oberfläche: relativ hell gefärbte Hochländer **(Terrae),** bes. auf der Rückseite, mit etwa 33 000 Kratern, die Einschlagstellen von Meteoriten sind vulkan. Ursprungs sind. Viele von ihnen

haben ∅ von 40–80 km, die größten etwa 200 km und mehr; die Höhe der Wälle reicht 3 000–4 000, manchmal 8 000 m über die innere Ebene. Die **Maria** (Ez. Mare), dunkle Tiefländer, sind mehr (echte Maria) oder weniger (Epikontinental-Maria) scharf begrenzt und enthalten Bergadern, Beulen und meist kleinere Krater. Das von Apollo-Besatzungen (→ Apollo-Programm) mitgebrachte Gesteinsmaterial enthält basaltähnl. Gesteine (Lunabas), Mikrobrekzien (→ Brekzie) und Staub mit Glaskügelchen (kondensierte Meteoritenmaterie). Das Alter der ersten Erstarrungskruste wird auf rd. 4,6 Mrd. Jahre geschätzt. Die Hypothese, der Mond habe sich zus. mit der Erde aus einem Urnebel gebildet, verträgt sich am besten mit neuen Forschungsergebnissen (→ Raumfahrt). ⊕ Bd. 1, n. S. 320.

Mond, Ludwig, Chemiker und Industrieller, * 1839, † 1909, baute die engl. Sodaindustrie auf, entwickelte u. a. den Mond-Prozeß zur Nickeldarstellung. – Sein Sohn Alfred M., seit 1928 Lord **Melchett of Langford** (* 1868, † 1930), gründete 1926 die Imperial Chemical Industries Ltd.

mondän [frz.], nach Art der großen Welt.

Mondale [mˈɔndeɪl], Walter F., amerikan. Politiker (Demokrat), * 1928, 1964–76 Senator, 1977–81 Vize-Präs. der USA.

Mond|auto, Forschungsfahrzeug, das für die besonderen Verhältnisse auf dem Mond konstruiert wurde: als unbemannter, von der Erde aus gesteuerter Instrumententräger (zuerst ›Lunochod 1‹, 1970, UdSSR) oder als Mondfahrzeug für Astronauten (erstmals ›Lunar Rover‹ von Apollo 15, 1971, USA).

Mondblindheit, period. Augenentzündung der Pferde.

Monde, Trabanten, Satelliten, Himmelskörper, die die Planeten begleiten und sie in Keplerschen Ellipsen umlaufen. Die M. leuchten in reflektiertem Licht der Sonne und teilweise auch ihrer Planeten. Die Erde hat einen M., Mars 2, Jupiter 12, Saturn 10, Uranus 5, Neptun 2 M.

Monde, Le M. [ləmˈɔ̃d, frz. ›die Welt‹], frz. Tageszeitung mit internat. Geltung, 1944 gegr.

Mondfähre, Mondlandefähre, engl. **Lunar Module** [lˈuːnə mˈɔdjuːl], Abk. **LM,** zweistufiges bemanntes Raumfahrzeug, das im →Apollo-Programm als Transportgerät zum Mondumlaufbahn und Mondoberfläche eingesetzt wurde; 7 m hoch, 4 Teleskopfederbeine. Die zweiteilige M. trennt sich im Mondlauf von der Kommandokapsel und landet mit Hilfe der Abstiegsstufe, die auf dem Mond verbleibt, wenn die Wiederaufstiegsstufe zur Kommandokapsel zurückkehrt. (Bild Raumfahrt)

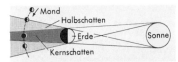

Mondfinsternis

Mondfinsternis, Verfinsterung des Vollmondes beim Durchlaufen des Erdschattens, wenn dieser in oder nahe der Mondbahn liegt und die Sonne weniger als 13° vom Schnittpunkt der Mondmit der Sonnenbahn entfernt ist. Bei **totaler M.** tritt der Mond ganz in den Kernschatten ein, bei **partieller M.** bleibt ein Teil von ihm im Halbschatten. Die totale M. dauert höchstens 1,7 Std.

Mondfisch, der → Sonnenfisch.

Mondglas, nach altem Verfahren gefertigtes Flachglas; daraus hergestellt die → Butzenscheiben.

Mondhornkäfer, Coprini, zu den Mistkäfern gehöriger Blatthornkäfer, meist dunkel, bis 7 cm lang. (Bild Käfer)

Mondial [frz. ›weltumfassend‹] *die,* Welthilfssprache mit stark vereinfachender Grammatik.

Mondlandung, harte oder weiche Landung einer →Mondsonde oder die weiche Landung einer →Mondfähre auf dem Mond; erste weiche M. ohne Besatzung am 3. 2. 1966 (Luna 9, UdSSR), mit Besatzung am 20. 7. 1969 (Apollo 11, USA).

Mondpreise, Preisempfehlungen von Markenartikelherstellern, die de tatsächl. Preise des Handels weit übersteigen.

Mond|raute, Botrychium, Gatt. der Natterzungenfarne; z. B. **Allermannsharnisch** auf Grasland.

Mondrian, Piet, niederländ. Maler, * 1872, † 1944, Mitbegründer der Stijl-Bewegung (→ Stijl), malte gegenstandslose Bilder, indem er die Fläche durch schwarze Linien in rechteckige Felder unterteilte und sich auf wenige Farben beschränkte; schrieb ›Der Neoplastizismus‹ (1920).

Mondsatellit, eine →Mondsonde, die in Mondnähe durch

Mond: links Blick aus der im Mare Tranquillitatis gelandeten Mondfähre von Apollo 11; rechts Ausschnitt der Mondrückseite mit dem Krater IAU 308 (am Bildrand rechts oben)

Abbremsung in eine Umlaufbahn um den Mond umgelenkt wird; erstmals 1966 (Luna 10).

Mondsee, See im Salzkammergut, OÖ, 14,2 km² groß, fließt zum Attersee ab; Pfahlbaufunde der Jungsteinzeit. Am See die Sommerfrische M., 2 100 Ew.; das 748 gegr. Benediktinerkloster M. wurde 1791 aufgehoben.

Mondsegel, kleines dreieckiges Segel am Großmast.

Mondsonde, unbemannte Raumsonde zur Erforschung des Mondes, die vorbeifliegt, hart oder weich landet oder zum →Mondsatelliten wird. Erste M. war Lunik 1 (1959).

Mondstein, Schmuckstein, ein Adular (Feldspat) mit bläul. Lichtschein.

Mondsucht, volkstümlich für Schlafwandeln (→ Somnambulismus). Ein ursächl. Zusammenhang mit dem Mond ist nicht erwiesen.

Mondviole, ⊕ Kreuzblüterart, → Silberblatt.

Mondvogel, Mondfleck, Nachtschmetterling der Zahnspinner mit gelbem Fleck auf den Vorderflügelspitzen.

Monegassen, Bewohner Monacos, ligur. Herkunft.

Monelmetall, kurz **Monel,** sehr widerstandsfähige Legierung aus etwa 65 % Nickel, 30 % Kupfer und 4 % Mangan; im Schiff-, Turbinen-, Pumpenbau verwendet.

Monergol, ein Raketentreibstoff.

Monet [-nˈɛ], Claude, frz. Maler, * 1840, † 1926, führender

Mondstein

Mondgesteinsproben; oben Dünnschliff grobkörnigen Basalts im polarisierten Licht (Plagioklas weiß bis dunkelgrau, Pyroxen rot bis gelb, Cristobalit schuppig grau); links unten Körner des Mondsediments (2,9 × 1,9 mm); rechts unten Bruchstück feinkörnigen Basalts (2,9 × 1,9 mm)

Mond

Mongolismus

Meister des → Impressionismus, begann mit figürl. Darstellungen und malte dann meist Landschaftsbilder, die mit Tupfen unvermischter Farben das flüchtige Spiel des Lichts wiedergeben; oft das gleiche Motiv zu versch. Tageszeiten. (Bild Impressionismus)

monetär, das Geld oder die Währung betreffend.

Monferrato, frz. **Montferrat** [mõnferˈa], Landschaft in Oberitalien zw. Po und Tanaro; Weinbau.

Mongolei, der von Mongolen bewohnte NO Innerasiens, im wesentl. das Gebiet der Gobi, im N bis zum Sajan. Gebirge und den transbaikal. Gebirgen reichend. – Die M. war wiederholt Mittelpunkt nomad. Großreiche (→ Dschingis Chan). Im 17. Jh. kam die M. unter den Manchu an China. Bei Ausbruch der chines. Revolution 1911 machte sich die **Äußere M.** (zw. der Gobi und Sibirien) selbständig. Sie bildet seit 1924 die → Mongolische Volksrepublik; die **Innere M.** (zw. der Gobi und der Mandschurei) ist seit 1947 autonomes chines. Gebiet.

Mongolen, mongol. **Mongghol,** Völkergruppe in Innerasien, etwa 3–3,5 Mio. Menschen auf rd. 3 Mio. km^2; gehören zur kennzeichnenden Gruppe der Mongoliden. Hauptgruppen: **Ost-M.** (Mongolei, östl. Sinkiang, N-Tibet), **Nord-M.** (westl. und östl. des Baikalsees, → Burjaten), **West-M.** (westl. Mongolei, Kalmück. ASSR); isoliert der Mogol (Afghanistan). Sie waren urspr. Nomaden (Pferde-, Kamel-, Schaf-, Rinderzucht), ihre Wohnung meist die Jurte. Seit Mitte des 18. Jh. begannen die M. seßhaft zu werden.

Das Hauptsiedlungsgebiet der M. waren die Flußgebiete von Kerulen und Orchon. Seit ihrer Einigung durch → Dschingis Chan (1206) gewannen sie eine beherrschende Stellung in Inner-, O- und Vorderasien sowie im O-Europa. Ende des 13. Jh. zerfiel dieses Reich. Um 1369 gründete → Timur ein neues mongol. Reich, dem Inner- und Vorderasien untertan waren; es zerfiel bereits im 15. Jh. 1526–1858 herrschte in Indien die mongol. Dynastie der Großmoguln. Auf der Krim hielt sich der mongol. Stamm der **Girai** bis 1783.

Mongolenfalte, Plica palpebro-nasalis, Augenlidfalte, Rassenmerkmal der → Mongoliden.

Mongolenfleck, blauer Fleck, Sakralfleck, bläul. Hautfleck in Kreuzbeingegend, Rassenmerkmal der → Mongoliden.

Mongolide, gelbe Rasse, in Asien heim. Menschenrassen; Urheimat Asien. Die wichtigsten gemeinsamen körperl. Merkmale sind: Körperbau: untersetzt (langer Rumpf, kurze Gliedmaßen); klein bis mittelgroß. Gesicht: flach; vorstehende Backenknochen. Mongolenfalte: vom Deckfaltenrand des Oberlides ausgehende, zur Haut unterhalb des inneren Augenwinkels ziehende Hautfalte. Körperfarben: dunkle Augen und Haare, gelbliche Haut. Haarform: straff, glatt. Ferner gibt es den → Mongolenfleck.

Zu den M. gehören die **Tungiden** (nördl. Gobi), die **Siniden** (China, Japan), die **Palämongolen** (in den Waldgebirgen SO-Asiens und Indonesiens), die **Sibiriden** (in N-Asien), die **Eskimiden** und die **Indianiden.**

mongolische Literatur besteht zum großen Teil aus Übersetzungen buddhist. Schriften aus dem Tibetischen. Daneben hat sich eine bis ins 13. Jh. zurückreichende Heldendichtung in Stabreimen erhalten. Seit 1911 ist die m. L. stark nationalistisch geprägt und wird (bes. seit 1924) durch sowjet. Einflüsse bestimmt.

mongolische Sprachen gehören zur Gruppe der → altaischen Sprachen und sind agglutinierende Sprachen (→ Sprache). Die frühesten Belege aus dem 13. Jh. sind in versch. Schriftsystemen erhalten. Eine gemeinsame Schriftsprache gibt es seit dem 17. Jh. Die mongol. **Schrift,** aus der uigur. entwickelt, läuft senkrecht (→ Schrift, Tafel); sie ist offiziell in der Inneren Mongolei. In allen anderen mongol. Gebieten gelten heute modifizierte kyrill. Alphabete.

Mongolische Volksrepublik, sozialist. VR im NO Innerasiens, zw. der UdSSR und China, 1 565 000 km², 1,7 Mio. Ew.; Hptst.: Ulan-Bator. ⊕ Band 1, n. S. 320. Oberstes Staatsorgan ist der Große Volkskongreß (Chural), nominelles Staatsoberhaupt dessen Präsidium; Regierung nach sowjet. Vorbild. Währung: 1 Tuguk = 100 Mongo.

Landesnatur. Die M. V. ist vorwiegend Hochland, das von Gebirgen bes. im N und W (Mongol. Altai bis 4 362 m, Changai-Gebirge 4 031 m) überragt wird. Den S des Landes nimmt die Gobi ein, eine Steppen-, Stein- und Sandwüste. Im N herrscht Grassteppe vor, die in höheren Lagen in Waldsteppe übergeht. Das Klima ist streng kontinental mit großen Temperaturschwankungen. – **Wirtschaft.** In der kollektivierten und verstaatl.

Mongolische
Volksrepublik

Landwirtschaft überwiegt die Viehzucht (Schafe, Rinder, Kamele u. a., rd. 23 Mio. Tiere); im NW Ackerbau auf 475 000 ha (= rd. 0,3% der landwirtschaftl. Nutzfläche). An Bodenschätzen werden Kohle, Flußspat, Kupfer, Wolfram, Molybdän gewonnen. Die Industrie wird ständig ausgebaut; Verarbeitung von landwirtschaftl. Erzeugnissen bes. der Viehhaltung, ferner Textil-, Baustoff-, Holzind. Ausfuhr: Fleisch, Fett, Wolle, Häute, Leder, Erze. Haupthandelspartner: UdSSR. Die Transmongol. Bahn (1 585 km) verbindet die M. V. mit der UdSSR und China. Es gibt rd. 8 600 km Straßen. Wichtig ist der Flugverkehr.

Geschichte. 1921 kam in der Äußeren → Mongolei mit sowjet. Hilfe eine ›Revolutionäre Volkspartei‹ an die Macht. Sie rief die Unabhängigkeit des Landes aus und errichtete 1924 die M. V.; 1946 von China anerkannt. Sie schloß sich immer enger an die UdSSR an.

Mongolismus, Down-Syndrom [daʊn-], angeborene Schwachsinnsform, verbunden mit mongoloidem Aussehen; beruht auf Veränderungen der Chromosomen.

mongoloid, mongolenähnlich; an die Mongoliden erinnernde Gesichtsbildung bei nicht zu diesem Rassenkreis gehörenden Menschen.

Monheim, Stadt im Kreis Mettmann, 40 700 Ew.

Monier [mɔnˈje], Joseph, * 1823, † 1906, urspr. Gärtner, setzte sich für die Einführung des Stahlbetons im Bauwesen ein **(M.-Bauweise).**

Moniliakrankheit, verbreitete Fruchtfäule des Obstes, erregt durch Pilze der Gatt. **Sclerotinia.** Auf den zu Mumien schrumpfenden Früchten bilden sich Sporenlager (oft in konzentr. Ringen).

Monismus [grch.], im Ggs. zum Dualismus die philosoph. Lehre, daß alles auf ein einziges Prinzip zurückzuführen sei, sei es die Materie (Materialismus), der Geist (Spiritualismus, Idealismus) oder der Wille (Voluntarismus); bes. die auf die naturwissenschaftl. Entwicklungslehre (Spencer, Haeckel) gegr. Weltanschauung. Der **Dt. Monistenbund** (1906–33, 1946 neu gegr., 1956 in ›Freigeistige Aktion – Dt. Monistenbund‹ umbenannt) bildete diese zu einer die christl. Religionen ablehnenden Anschauung weiter (Freidenker-Bewegung).

Monitor [lat. ›Mahner‹], 1) registrierendes Meßgerät zur Überwachung einer physikal. Größe, z. B. des Neutronenflusses oder der Temperatur eines Reaktors. 2) Kontrollbildschirm im Fernsehstudio.

Monitorsystem, ℗ Unterrichtsmethode mit Schülern als Helfern (Monitoren). → Bell, → Lancaster.

Moniuszko [mɔnjˈuʃkɔ], Stanisław, poln. Komponist, * 1819, † 1872; Opern (›Halka‹, 1848) u. a.

Moniz-Egas [munˈiʃ ˈeɣaʃ], António Caetano, portug. Nervenarzt, * 1874, † 1955. Für sein Verfahren der Leukotomie erhielt er 1949 den Nobelpreis, zus. mit W. R. Hess.

Mon-Khmer-Sprachen, Gruppe der → austrischen Sprachen in Hinterindien, bes. in Kambodscha.

Monmouthshire [ˈmɔnməθʃɪə], ehem. Cty. in Wales, 1974 aufgeteilt in die Counties Gwent, Mid Glamorgan, South Glamorgan.

Monnet [mɔnˈɛ], Jean, frz. Wirtschaftspolitiker, * 1888, † 1979, stellte 1946/47 ein Modernisierungsprogramm für die frz. Wirtschaft, 1948 für die Überseegebiete auf **(M.-Pläne);** hatte 1950 maßgebl. Anteil an der Gründung der Montanunion; 1952–55 Präs. der Hohen Behörde; seit 1956 Präs. des ›Aktionskomitees für die Verein. Staaten von Europa‹ (1975 aufgelöst).

Monnier [mɔnˈje], 1) Henri, frz. Schriftst., Zeichner, * 1799, † 1877, schuf die Gestalt des wichtigtuerischen Spießers **Joseph Prudhomme.** 2) Thyde, eigtl. Mathilde **M.,** frz. Schriftstellerin, * 1887, † 1967, Romane aus Südfrankreich (›Die kurze Straße‹, 1937; ›Liebe, Brot der Armen‹, 1938).

mon(o) . . . [grch. monos], allein . . . , ein . . . , einzeln.

Monochord *das,* Tonmeßgerät: längl. Resonanzkasten mit einer aufgespannten, durch Steg teilbaren Saite.

monochrom [grch.], einfarbig.

Monochromasie, totale Farbenblindheit, Form der → Farbenfehlsichtigkeit.

Monochromator, → Spektralapparate.

Monochromismus, in der modernen Malerei Aufbau eines Bildes aus einer Farbe (L. Fontana, Y. Klein u. a.).

Monod [mɔnˈo], Jacques, frz. physiolog. Chemiker, * 1910, † 1976, bahnbrechende Arbeiten zur Steuerung der Enzymsynthese bei Viren (1965 Nobelpreis für Medizin, zusammen mit A. Lwoff und F. Jacob); schrieb ›Zufall und Notwendigkeit‹ (1971).

Mon|odie [grch.], **1)** der unbegleitete einstimmige Gesang, z. B. der altgrch. Musik. **2)** i. e. S. mehrstimmiger Satz mit ausgesprochener Vorherrschaft einer Melodie, z. B. beim generalbaßbegleiteten Sologesang in der Opernarie.

Monodrama [grch.], dramat. Spiel mit nur einer handelnden Person, bes. im 18. Jh. mit untermalender Instrumentalmusik; M. ist z. B. Goethes ›Proserpina‹ (1815).

monofil, einfädig, durch Düsen mit nur einem Loch gesponnene Chemiegarne (z. B. Kunstroßhaar, Perlon-Draht).

Monogamie [grch.], Einehe, → Ehe; Ggs.: **Bigamie.**

monogen [grch.], **1)** Vererbungslehre: durch nur ein Gen bedingt. **2)** Abstammungslehre: auf **Monogenie** zurückgehend (→ monophyletisch).

Monogramm [grch.] das, **1)** Handzeichen, Signum: Anfangsbuchstaben eines Namens. **2) Künstler-M.,** Meisterzeichen auf Kunstwerken. **Monogrammist,** Graphiker, von dem nicht der Name, sondern nur sein M. bekannt ist.

Monographie [grch.], Schrift über einen einzelnen Gegenstand, eine geschichtl. Person.

Monokel [frz.] das, Einglas, Brillenglas für nur ein Auge.

monoklines System, → Kristall.

Monokratie [grch. ›Einzelherrschaft‹], Konzentration der obersten Staatsgewalt auf eine Person (z. B. absolute Monarchie, Diktatur).

mon|okular [grch.-lat.], mit einem Auge.

Monokultur [grch.], **1)** alleiniger Anbau gleicher Pflanzen über längere Zeiträume, führt zu Bodenermüdung, Vermehrung von Schädlingen. **2)** Vorherrschen einer einzigen Bodennutzung in einem Land, bes. in Entwicklungsländern.

Monolith [grch.] der, aus einem einzigen Steinblock gearbeitetes (Kunst-)Werk, z. B. Menhir, Obelisk.

Monolog [grch.] der, im Schauspiel längere Rede, die eine Person in der Art eines Selbstgesprächs hält, z. B. M. des Hamlet; Ggs.: **Dialog.** (→ innerer Monolog)

Monomanie [grch.], abnormer Geisteszustand: Besessenheit von einer bestimmten Vorstellung (fixe Idee).

Monometallismus, Währungssystem, bei dem nur ein Metall, z. B. Gold, für Währungsmünzen verwendet wird.

Monomotapa, portugies. Form der Herrschertitels und gleichnamiges afrikan. Reich der → Rotse im Gebiet des heutigen Simbabwe und Moçambique, bestand bis in die Kolonialzeit; Erzbergbau im Gebiet von Simbabwe.

Monophthong [grch.] der, einfacher Selbstlaut (Ggs.: **Diphthong**).

monophyletisch [grch.], **monogen(etisch),** von einheitl. Abstammung. – **Monophylie, Monogenie** die, einheitl. Ursprung in der Stammesentwicklung der Lebewesen.

Monophysiten [grch.], Anhänger einer altchristl. Glaubensrichtung, die in Christus nur eine, nämlich die göttl. Natur sieht; sie gehören u. a. zur Koptischen, Armen., Äthiop. und zur Syrischjakobit. Kirche.

Monopol [grch. ›Alleinverkauf‹], Marktform, bei der das Angebot in einer Hand vereinigt ist, wodurch der freie Wettbewerb am Markt unterbunden wird; die entsprechende Marktform auf der Nachfrageseite heißt **Monopson.** – Beim Angebots-M. kann der Inhaber **(Monopolist)** Absatzmenge und **M.-Preis** selbst festsetzen, die ihm **M.-Gewinne** verschaffen. Dem M. steht gegenüber die M.-Stellung umfaßt entweder nur den Verkauf **(Vertriebs-M.)** oder auch die Erzeugung **(Herstellungs-M.; M.-Betriebe);** natürl. Mon. beruhen meist auf dem ausschließl. Vorkommen eines Rohstoffes; rechtl. M. sind z. B. das Patentrecht des Erfinders, ferner die Finanz-M. und die monopolist. Staatsbetriebe (Staatseisenbahn, Staatspost). M. organisator. Art entstehen durch Zusammenschluß der Unternehmen eines Wirtschaftszweigs. Marktbeherrschenden Unternehmen kann der Kontrollbehörde die mißbräuchl. Ausnutzung ihrer Machtstellung untersagen.

Monopolbrennereien, → Branntweinmonopol.

Monopolkapitalismus, sozialist. Bez. für Kapitalismus mit erhöhter Konzentration der Wirtschaftsmacht.

Monoposto [ital.], einsitziger Rennwagen.

Monopteros [grch.], offener Rundtempel, dessen Dach nur von Säulen getragen wird.

Monosyllabum [grch.], Ⓢ einsilbiges Wort; **monosyllabische Sprachen** bestehen nur oder vorwiegend aus einsilbigen Wörtern, z. B. Chinesisch.

Monotheismus [grch.], Verehrung eines einzigen Gottes. **Monotheisten** sind die Christen, Juden und Muslime.

monoton [grch.], eintönig.

Monotype [m'ɔnotaɪp, engl.], Handelsname einer Einzelbuchstaben-Setzmaschine.

Monotypie, graph. Verfahren, das nur einen einzigen Abdruck ergibt, meist durch Übertragung von einer Glasplatte.

Mon|özie [grch.], **Einhäusigkeit,** ♀ Vorhandensein beider Geschlechter auf derselben Pflanze in eingeschlechtigen Blüten.

Monozyten [grch.], Art der weißen Blutkörperchen, → Blut.

Monreale, Stadt auf Sizilien, 25 300 Ew.; Erzbischofssitz; normann. Dom mit Mosaiken, dekorativer Kreuzgang.

Monroe [mənr'əʊ], **1)** James, 5. Präs. der USA (1817–25), * 1758, † 1831; verkündete die → Monroe-Doktrin. **2)** Marilyn, eigtl. Norma Jean **Mortenson** oder **Baker,** amerikan. Filmschauspielerin, * 1926, † (Selbstmord) 1962.

Monroe-Doktrin [mənr'əʊ-, nach J. Monroe], Erklärung des Präs. der USA J. Monroe von 1823, den der u. a. den europ. Mächten die Einmischung in die Angelegenheiten der amerikan. Staaten verwehrt, die Nichteinmischung der Union in die europ. Politik festgelegt wurde.

Monrovia [nach J. Monroe], Hptst. und -hafen der Rep. Liberia, 230 000 Ew.; Univ.; Handel; Ausfuhr von Ölpalmprodukten, Kakao, Eisenerzen; Ind.

Mons [mɔ̃s], fläm. **Bergen** [b'ɛrxə], Hptst. der Prov. Hennegau, Belgien, 96 300 Ew.; got. Kathedrale; Mittelpunkt der industriereichen Landschaft Borinage, Polytechnikum.

Monsalvatsch [mhd. munsalvaesche aus altfrz. mons salvaiges ›wilder Berg‹], **Montsalvatsch,** die Gralsburg in ›Parzival‹ Wolframs von Eschenbach.

Monschau, Stadt im Kr. Aachen, NRW, 11 000 Ew.

Monseigneur [mɔ̃sɛŋ'œːr, ›mein gnädiger Herr‹], Abk. **Mgr.,** frz. Ehrentitel (Fürsten, hohe Geistliche).

Monsieur [məsj'ø, frz. ›mein Herr‹], Abk. **M.,** Mz. **Messieurs** [mesj'ø], Abk. **MM.,** Anrede des erwachsenen Franzosen.

Monsignore [mɔnsiɲ'ore, ital. ›mein Herr‹], Abk. **Mons., Mgr(e)., Msgr(e).,** Titel kath. Prälaten, päpstl. Kapläne.

Monstera [frz.] die, Gatt. der Aronstabgewächse des trop. Amerika; kletternd, mit löcherigen Blättern (›Fensterblatt‹); **M. deliciosa** ist Zimmerpflanze mit Luftwurzeln.

Monstranz [lat.] die, Kath. Kirche: liturg. Gefäß, in dem hinter Glas die geweihte Hostie sichtbar ist. Die M. dient zur Aussetzung des Allerheiligsten und bei Prozessionen.

Monstrosität [lat.], ⚕ schwere → Mißbildung.

Monsun [arab.] der, im großräumiges Windsystem mit halbjährl. Wechsel der Richtung, am ausgeprägtesten der M. Indiens. **Sommer-M.,** vom Meer zum Land (Regenzeit), **Winter-M.** entgegengesetzt (Trockenzeit). Die Hauptursache des M. in trop. Breiten ist die jahreszeitl. Verlagerung der äquatorialen Tiefdruckfurche.

Mont [mɔ̃], Mz. **Monts** [mɔ̃], frz. Bez. für Berg. Mit M. zusammengesetzte Namen suche man auch unter den Eigennamen.

Montabaur [auch -b'auər], Krst. des Westerwaldkreises, RegBez. Koblenz, Rheinl.-Pf.: 10 800 Ew.; nahebei große Tonlager (Kannenbäckerland); Textil-, Kunststoff-Ind. – M. liegt unterhalb der Burg (seit 930) Mons Tabar (Name seit etwa 1230).

Montafon das, oberes Illtal in Vorarlberg, Österreich; Wasserkraftwerke, Almwirtschaft; Fremdenverkehr.

Montag [ahd. manatag ›Tag des Mondes‹], der 1. Tag der Woche.

Montage [-t'a:ʒə, frz.], **1)** Aufbau, Zusammenbau, bes. in der Technik. **2)** Gestaltungsmittel bei Film und Fernsehen (z. B. durch Kopier- oder Schnitttechnik); z. T. auch auf Dichtung übertragen. **3)** Verfahren in der bildenden Kunst im 20. Jh., bei dem Bilder und Plastiken aus verschiedenartigen Materialien aufgebaut werden (Dadaismus, Pop Art); → Assemblage, → Collage.

Montagna [mɔnt'aɲa], Bartolomeo, ital. Maler, * um 1450, † 1523, Meister der Schule von Vicenza; farbkräftige Altarbilder, Fresken.

Montagne [mɔ̃t'aɲ], frz. Bez. für Gebirge.

Montaigne [mɔ̃t'ɛɲ], Michel Eyquem [ek'ɛm] Seigneur de M., frz. Schriftst., Philosoph, * 1533, † 1592, Schöpfer des literar. Essays (›Essais‹, 1580 und 1588); die Essays sind das erste große Denkmal frz. Schrifttums. Laienphilosophie der Nachantike und leiteten das frz. moralist. Schrifttum ein.

Montale, Eugenio, ital. Schriftst., * 1896, † 1981; Vertreter der hermet. Richtung in der ital. Lyrik (›Glorie des Mittags‹, 1925; ›Satura‹, 1971). 1975 Nobelpreis. (Bild S. 302)

montan, montanistisch, Bergbau und Hüttenwesen betreffend.

Monstera

*Monstranz;
2. Hälfte des 15. Jh.
(Essen, Münsterschatz)*

*Montaigne
(Kupferstich von
F. Bonneville)*

Mont

Eugenio Montale

Montesquieu

Montana [mɔnˈænə], Abk. **Mont.**, posṭamtl. **MT**, Staat im NW der USA, 381087 km², 787000 Ew.; Hptst.: Helena. Getreide, Kartoffeln, Leinsaat, Zuckerrüben, Viehwirtschaft. Bergbau: Kupfer, Silber, Kohle, Erdöl, Erdgas u. a.; Hütten-, Holzind. – Seit 1889 41. Staat der USA.

Montand [mɔ̃ˈtɑ̃], Yves, eigtl. Yvo **Livi**, frz. Chansonnier und Schauspieler, * 1921; Film ›Lohn der Angst‹ (1952) u. a.

Montan|industrie, i. w. S. die Gesamtheit der bergbaul. Unternehmen zur Förderung mineral. Rohstoffe (Kohle, Kali, Salz, Erze u. a.) und der weiterverarbeitenden Unternehmen der Schwerindustrie (bes. Hüttenwerke, die mit dem Bergbau vielfach eine Einheit bilden).

Montanismus, im 2. Jh. n. Chr. von **Montanus** u. a. geführte altchristl. Bewegung, die den urchristl. Hoffnung auf Christi Wiederkunft und ein Tausendjähriges Reich wiederbelebte.

Montan|union, amtl. **Europäische Gemeinschaft für Kohle und Stahl, EGKS**, die am 18. 4. 1951 in Paris gegr., seit 25. 7. 1952 wirksame übernationale Gemeinschaft der Bundesrep. Dtl., Frankreichs, Italiens, Belgiens, Luxemburgs und der Niederlande zur Schaffung eines gemeinsamen Marktes für Kohle und Stahl. Seit 1967 ist ihr früheres oberstes Organ, die ›Hohe Behörde‹, mit der EWG- und Euratom-Kommission zur ›Kommission der → Europäischen Gemeinschaften‹ verschmolzen. M., EWG und Euratom bestehen jeweils als eigene Rechtspersönlichkeit fort. Die M. war die erste Gemeinschaft, der staatl. Hoheitsrechte übertragen wurden (supranationale Gemeinschaft).

Montauban [mɔ̃toˈbɑ̃], Hptst. des frz. Dép. Tarn-et-Garonne, 46000 Ew., kath. Bischofssitz; Textil- u. a. Ind.

Montblanc [mɔ̃ˈblɑ̃] der, frz. **Mont Blanc**, ital. **Monte Bianco**, höchste Berggruppe Europas, in den Westalpen, an der frz.-ital. Grenze, bis 4810 m, 1786 erstmals erstiegen; Observatorium, Bergbahnen. Der M. wird vom **M.-Straßentunnel** (Länge: 11,6 km) durchquert.

Montbretie [-tsiə], Gatt. der Schwertliliengewächse.

Mont-Dore, Monts Dore [mɔ̃ˈdɔr], Vulkanlandschaft in der Auvergne, Frankreich, im Puy de Sancy 1886 m.

Monte, ital., span., portug. Bez. für Berg. Mit M. zusammengesetzte Namen suche man auch unter dem Eigennamen.

Monte Albán, relig. Zentrum der Zapoteken im mexikan. Staat Oaxaca; höchste architekton. Entfaltung im 3./4. Jh.; um 800 Niedergang. Ab 1300 wurde M. A. Metropole der Mixteken.

Montebello-Inseln, kleine Inselgruppe vor der NW-Küste Australiens, 1952 erste brit. Atomwaffen-Versuche.

Monte Carlo, Teil von → Monaco.

Monte-Carlo-Methode [nach Monte Carlo, das für das Glücksspiel berühmt ist], einheitl. Verfahren zur Programmierung von Rechenanlagen, bei dem der Programmablauf durch spontane, nur statistisch erfaßbare Vorgänge gesteuert wird.

Montecassino, Benediktinerabtei im S Italiens, auf einem Berg (519 m) über der Stadt Cassino, das Mutterkloster des abendländ. Mönchtums; im 2. Weltkrieg, obwohl frei von dt. Truppen, fast völlig zerstört; 1950–57 wiederaufgebaut.

Montecristo, ital. Felseninsel südlich Elba, bekannt durch Dumas' Roman ›Der Graf von Monte Christo‹.

Montecuccoli, Raimund, Fürst (1679), österr. Feldherr, * 1609, † 1680, bed. Militärtheoretiker und -historiker.

Montemor, span. **Montemayor**, Jorge de, portug. Dichter, * um 1520, † 1561; Schäferroman ›Diana‹ (1559?) in span. Sprache.

Montenegro, serbokroat. **Crna Gora** [tsˈrna, ›schwarzes Gebirge‹], amtl. **Socijalistička Republika Crna Gora** [sɔtsija-ˈlistiʃka-], Rep. Jugoslawiens, 13812 km², 530400 Ew.; Hptst.: Titograd. Karsthochland (Durmitor 2522 m) mit Kleinviehzucht, in den Talweitungen Anbau von Mais, Weizen, Tabak, Wein; Bergbau: Bauxit, Kupfer, Zink, Blei. Durch M. führt die 1976 eröffnete Bahnlinie Belgrad–Bar. – Nach dem Verfall des altserb. Reichs kam M. 1528 unter türk. Oberhoheit. Vladika Danilo I. (1851–60) machte M. zum weltl. Fstt. Fürst Nikola (Nikita, 1860–1918) nahm 1910 den Königstitel an und schloß sich 1914 den Alliierten an. 1918 vereinigte sich M. mit Jugoslawien.

Monte Perdido [-perˈðiðo], frz. **Mont Perdu** [mɔ̃perˈdy], Gebirgsstock an den mittleren Pyrenäen, bis 3355 m.

Montería, Hptst. des kolumbian. Dep. Córdoba, 180000 Ew.; Universität, kath. Bischofssitz; Mittelpunkt eines großen Viehzuchtgebietes.

Monte Rosa, Gebirgsstock in den Walliser Alpen an der Grenze Schweiz–Italien, in der Dufourspitze 4634 m.

Monterrey [mɔnterˈrei], Hptst. des Staates Nuevo León, Mexiko, 1,054 Mio. Ew.; kath. Erzbischofssitz; 3 Univ., TH; Industriezentrum (Eisen, Stahl, Kraftfahrzeuge, Textil).

Montes [lat. ›Berge‹], in Italien im MA. Staatsanleihen; auch die zu ihrer Unterbringung gebildeten Gesellschaften, die vielfach zu Banken wurden. Gegen den Wucher entstanden die **M. pietatis**, die gegen Pfand billige Darlehen gaben. Auf die M. gehen die Leihhäuser zurück.

Montespan [mɔ̃tesˈpɑ̃], Françoise Athénaïs **de Rochechouart** [dərɔʃˈwaːr], Marquise de, * 1641, † 1707, Maitresse Ludwigs XIV. 1667–76, von Madame de Maintenon verdrängt.

Montesquieu [mɔ̃tesˈkjø], Charles de Secondat [dəsəkɔ̃dˈa], Baron **de la Brède et de M.** [dəlabrˈɛːde-], frz. Schriftst. und Staatsphilosoph, * 1689, † 1755. In ›Lettres Persanes‹ (1721, erweitert 1754) gab er eine sarkast. Darstellung frz. und europ. Verhältnisse in Form fiktiver Briefe zweier Perser. In seinem Hauptwerk ›L'esprit des lois‹ (›Vom Geist der Gesetze‹, 1748) hat M. die Staatswissenschaft auf den Rang einer umfassenden Kulturphilosophie erhoben. Er wünschte die Beseitigung des Absolutismus und an seiner Stelle die nach engl. Vorbild entworfene konstitutionelle Monarchie. Mit seiner Lehre von der → Gewaltenteilung übte er einen starken Einfluß auf die frz. Revolution und die Verf. der USA aus.

Montessori, Maria, ital. Ärztin, Pädagogin, * 1870, † 1952, forderte Schulung der Sinnestätigkeit des Kindes, Selbsterziehung und Selbsttätigkeit. Ihre Methode, vor allem für die vorschulische Erziehung, fand starke Verbreitung.

Monteur [-ˈtøːr, frz.], Facharbeiter der Metall- oder Elektroind., setzt Teile von Werkstücken zusammen.

Monteux [mɔ̃tˈø], Pierre, frz. Dirigent, * 1875, † 1964.

Monteverdi, Claudio, ital. Komponist, * 1567, † 1643, Kapellmeister an der Markuskirche in Venedig. In seinen Werken ist der ältere polyphone neben dem neuen homophonen Stil ausgebildet; in der Oper setzte er die musikal. Mittel zu einer damals neuartigen expressiven Darstellung von Handlungen und Charakteren ein. – Opern: ›Orfeo‹ (1607), ›Arianna‹ (1608), ›Il Ritorno di Ulisse in Patria‹ (1640), ›L'incoronazione di Poppea‹ (1642); Madrigale, Messen, Motetten, Psalmen u. a.

Montevideo, Hptst. und Ausfuhrhafen von Uruguay, am Río de la Plata, 1,3 Mio. Ew.; Univ., kath. Erzbischofssitz. 1724 von Portugiesen gegr.

Montez [-s], Lola, Tänzerin, * 1818, † 1861, seit 1846 in München, Geliebte Ludwigs I. von Bayern.

Montezuma, Aztekenherrscher, →Moctezuma.

Montgelas [mɔ̃ʒəlˈa], Maximilian Graf (1809) von, * 1759, † 1838, 1799–1817 leitender Min. Maximilians IV.

Mont-Genèvre [mɔ̃ʒɑ̃ˈɛːvr], Alpenpaß auf der französisch-ital. Grenze, 1854 m, verbindet die Täler der Durance und der Dora Riparia.

Montgolfier [mɔ̃gɔlfjˈe], Brüder, Étienne-Jacques de M., * 1745, † 1799, und Michel-Joseph de M., * 1740, † 1810, erfanden den Warmluftballon (**Montgolfière**), der erstmals 1783 (auch bemannt) flog.

Montgomery [mɔntgˈʌməri], Hptst. von Alabama, USA, 178000 Ew.; Zentrum eines reichen Agrargebietes.

Montgomery of Alamein [mɔntgˈʌməri ɔv ˈæləmein], Bernard Law **Montgomery** (Viscount seit 1946), brit. Feldmarschall, * 1887, † 1976, hielt 1942 Rommels Vorstoß bei El-Alamein auf, befehligte die brit. Streitkräfte bei der Eroberung Siziliens, Italiens sowie bei der Invasion, nach 1945 die brit. Besatzung in Dtl., Mitgl. des Alliierten Kontrollrats, war 1951–58 Stellvertr. Oberbefehlshaber der NATO-Streitkräfte.

Montherlant [mɔ̃terlˈa], Henry **Millon** de [mijˈɔ̃ də], frz. Schriftst., * 1896, † (Selbstmord) 1972; Romane: ›Die Junggesellen‹ (1934), ›Erbarmen mit den Frauen‹ (1936–39). Schauspiele (›Port Royal‹, 1954), Gedichte, Essays, Novellen.

Monthey [mɔ̃tˈɛ], Stadt im Kt. Wallis, Schweiz, 11300 Ew. (französischsprachig); Kunst-, Edelsteinind.

Montini, Giovanni Battista, bürgerl. Name von Papst Paul VI.

Montluçon [mɔ̃lysˈɔ̃], Stadt im Dép. Allier, Mittelfrankreich, 59000 Ew.; Metall-, Gummi- und chem. Ind.

Montmartre [mɔ̃ˈmartr], Stadtteil von Paris, auf einem Hügel mit der Kirche Sacré-Cœur, im 19. Jh. Künstlerviertel, heute bes. Vergnügungszentrum.

Montparnasse [mɔ̃parnˈas], Stadtteil im SW von Paris. Künstlerviertel; berühmter Friedhof.

Mont Pèlerin Society [mɔ̃ pelrˈɛ̃ səsˈaiəti], internat. Vereinigung führender Marktwirtschaftler, gegr. 1946 in Genf.

Montpelier [mɔntp'iːljə], Hptst. des Staates Vermont, USA, 8600 Ew.; Steinbruchindustrie (Granit).

Montpellier [mɔ̃pəlj'e], Hptst. des Dép. Hérault, Südfrankreich, 195000 Ew.; geistiges und kulturelles Zentrum des Languedoc, Univ. (1289) u. a. Hochschulen, Weinbaugebiet. – 1204–76 gehörte M. zu Aragón, bis 1349 zum Kgr. Mallorca, danach zur frz. Krone; im 16./17. Jh. Stützpunkt der Hugenotten.

Montréal [frz. mɔ̃re'al], engl. **Montreal** [mɔntr'ɔːl], Stadt in der Prov. Quebec, Kanada, 1,1 Mio. Ew., Agglomeration 2,8 Mio. Ew.; auf einer Insel im Zusammenfluß von Ottawa- und St.-Lorenz-Strom, für große Seeschiffe erreichbar, Bahnknoten, Flughafen; wirtschaftl. Mittelpunkt Kanadas mit vielseitiger Ind. (darunter Waggon-, Lokomotiv-, Flugzeugbau, Petrochemie u. a.). Sitz eines kath. Erzbischofs und anglikan. Bischofs, 3 Univ. Olymp. Spiele (Sommerspiele) 1976.

Montreux [mɔ̃tr'ø], Kurort im Kt. Waadt, Schweiz, 19700 Ew.; am NO-Ufer des Genfer Sees; bed. Fremdenverkehr, Weinbau, Uhren-, Goldschmiedeind.; jährl. internat. Musik- und Fernsehfestivals.

Mont Saint-Michel [mɔ̃sɛmi'ɛl], Gem. im Dép. Manche, Frankreich, 100 Ew., auf einer kleinen Granitinsel vor der Küste, mit befestigter Benediktinerabtei des MA.; Wallfahrtsort.

Montsalvatsch, Name der Gralsburg →Monsalvatsch.

Montserrat [span. ›gesägter Berg‹], **1)** Berg (1224 m) im Katalan. Randgebirge mit dem Benediktinerkloster Nuestra Señora de M. (Wallfahrtsort). **2)** [mɔntser'æt], Insel der Kleinen Antillen, Westindien, brit. Kronkolonie, 98 km², 12000 Ew.; Hauptort Plymouth.

Montur [ital.] *die,* Uniform, Kleidung.

Monument [lat.], Denkmal. **monumental,** bedeutend, wuchtig.

Monumenta Germaniae Historica [lat.], Abk. **MGH,** wichtigste Sammlung mittelalterl. Quellentexte zur dt. Geschichte, 1819 begonnen.

Monza, Stadt in der Prov. Mailand, Italien, 123200 Ew. Im Dom wird die →Eiserne Krone aufbewahrt. Autorennbahn.

Moody-Index [m'uːdɪ-], Preisindex (1935 = 100) für 15 im internat. Handel gehandelte Grundstoffe durch Börsennotierungen und Auktionspreise im Dollarbereich.

Moor, norddt. auch **Bruch, Fehn, Venn, Lohe, Luch,** südd. auch **Filz, Moos, Ried,** dauernd durchfeuchtetes Gelände mit schlammigem Boden aus unvollständig zersetzten Pflanzen- und Tierresten und einer durch Wassertümpel unterbrochenen Pflanzendecke. Man unterscheidet **Flachmoore,** die sich unter günstigen Abflußverhältnissen zu Wiesen oder zum Bruch- und Auenwald entwickeln können, und **Torf-** oder **Hochmoore,** in denen Torfmoos vorherrscht, das in stetigem Wachstum die Oberfläche aufwölbt (›Hoch-M.‹) und mit seinen abgestorbenen Teilen Torflager bildet. In Dtl. ist über 1% der Gesamtfläche vermoort. (→Moorkultur)

Moorbad, heiße, breiige Heilbäder aus zerkleinertem Moor, z. T. mit Mineralstoffen angereichert (Eisen-M. u. a.). Die Hauptwirkung der M. beruht auf Wärme; Anwendung bes. bei rheumat. und bei Unterleibskrankheiten.

Moore [m'ʊə], **1)** George, irischer Erzähler, * 1852, † 1933; psycholog. Christusroman (1916). **2)** Henry, engl. Bildhauer, * 1898, Bildwerke von starker, archaischer Kunst verwandter Ausdruckskraft (Bild englische Kunst). **3)** Stanford, amerikan. Biochemiker, * 1913; Enzymforscher, 1972 mit C. B. Anfinsen und W. Stein Nobelpreis für Chemie.

Moor|eiche, Eichenholz, das über Jh. im Moor oder Wasser lag; ergibt hochwertige, dunkelblaue bis grünschwarze Furniere.

Moorkultur, Umwandlung von Moor in Acker- und Wiesenboden durch Entwässern und Bearbeiten. Durch Senken des Grundwasserspiegels (Gräben, Dränage) werden die abgestorbenen Moorpflanzen zu Humus zersetzt. Das trockengelegte Flachmoor wird umbrochen und mit Sand bedeckt: **Rimpausches Verfahren,** heute überholt; oder Besandung: **Schwarzkultur.** Hochmooren wird bei der **Fehnkultur** der brauchbare Brenntorf entnommen, dann die oberste lockere Torfschicht auf den freigelegten Mineralboden gebracht und mit Sand vermischt. Bei der **Deutschen Hochmoorkultur** torft man nicht ab, sondern schafft mit Dünger einen günstigen Bodenzustand für Nutzpflanzen.

Moorleichen, im Moor gefundene Leichen aus vor- und frühgeschichtl. Zeit, die durch die Moorstoffe vor der Verwesung bewahrt geblieben sind.

Moorschneehuhn, eine Art der Schneehühner.

Moosbeere, Arten der Heidelbeere.

Moosbrugger, Mosbrugger, Kaspar, eigtl. Andreas **M.,**

österr. Baumeister der Vorarlberger Schule, * 1656, † 1723; Hauptwerk: Stiftskirche Einsiedeln (1719–23).

Moosburg a. d. Isar, Stadt im Kr. Freising, Oberbayern, im N des Erdinger Mooses, 13000 Ew.; Metall-, elektrotechn. u. a. Industrie; roman. Münster (12.–15. Jh.).

Moose [ahd. mos], **Moospflanzen,** blattgrünhaltige Sporenpflanzen; 2 Gruppen: **Laubmoose,** in Stengel und Blätter gegliedert, z. B. Torfmoos; **Lebermoose,** flächig-lappig, z. B. Brunnenlebermoos. Die M. haben Generationswechsel: die geschlechtl. Generation ist die Moospflanze, die aus Spore und Vorkeim entsteht; die ungeschlechtl. ist die Sporenkapsel auf der Moospflanze. (Bild S. 304)

Moosfarne, Ordn. moosähnl. Bärlappgewächse mit auffallenden Wurzelträgern und Sporangienähren. Von etwa 70 vorwiegend trop. Arten leben in Europa nur wenige; viele Arten sind sehr austrocknungsfähig, so die in Mexiko heim. ›Auferstehungspflanze‹.

Moosglöckchen, Erdglöckchen, Gatt. der Geißblattgewächse mit rosa, wohlriechenden Blütenglöckchen; unter Naturschutz.

Moos|tierchen, Bryozo|en, Klasse der Kranzfühler, festsitzende, koloniebildende Bewohner des Meeres und Süßwassers, Kleinlebewesen mit Fangarmkranz; sie überziehen krustenartig Steine, Pfähle u. a.

Moped [Kw. aus Motorrad und Velo ziped] *das,* →Kraftrad.

Mops, Hunderasse; Zwergform der Dogge, mit großem Kopf, eingedrückter Schnauze. (Bild Hunde)

Moradabad, Stadt in Uttar Pradesh, Indien, 275000 Ew.; Holz-, Metallverarbeitung.

Moral [lat.] *die,* Sittlichkeit als Verhalten und Gesinnung sowie als bewußte Erfassung ihrer Regeln und Normen (→Ethik); auch die sich aus einem Vorfall oder einer Erzählung (z. B. Fabel) ergebende Lehre oder Nutzanwendung. **moralisch,** sittlich, auf das sittl. Gefühl wirkend. **moralisieren,** Tugend predigen.

Morales, Cristóbal, span. Komponist, * um 1500, † 1553; Kirchenmusik.

Moralische Aufrüstung, engl. **Moral Rearmament** [m'ɔrəl rɪ'ɑːməmənt], Abk. **MRA,** Bewegung zur sozialen und polit. Erneuerung im Geiste des Christentums, 1938 von F. Buchman aus der **Oxford-Gruppenbewegung** geschaffen; jährl. Weltkonferenzen in Caux (Schweiz).

Moralische Wochenschriften, Ztschr. der Aufklärungszeit, deren Beiträge von der Verbindung prakt. Vernunft mit relig. Erbauung und sittl. Besserung, in Form lehrhafter Abhandlung oder als Gespräch, Briefwechsel, Märchen u. a. dargestellt. Blütezeit 1710–70. Als die bedeutendsten gelten die engl. Blätter von Addison und Steele (›The Tatler‹, ›The Spectator‹, ›The Guardian‹), in Dtl. häufig nachgeahmt (Brockes/Richey: ›Der Patriot‹, Gottsched: ›Die vernünftigen Tadlerinnen‹) u. a.

Moralist, Sittenlehrer, Moralphilosoph.

Moralisten, Beobachter der menschl. Lebensweisen, die ihre Einsichten in geistreichen, künstlerisch durchgeformten Essays oder Aphorismen niederlegen. Die Blütezeit der moralist.

Henry Moore

Moorleichen:
Fund von Tollund

Mont Saint-Michel

303

Mora

Literatur beginnt im 16. Jh. in Italien und Frankreich (Montaigne) und erreicht im 17. Jh. ihren Höhepunkt in Spanien (Quevedo, Gracián) und Frankreich (La Rochefoucauld, La Bruyère); spätere M.: Vauvenargues, Chamfort, Joubert, Valéry, Lichtenberg, Schopenhauer.

Moralitäten, mittelalterl. Schauspiele relig. oder moralisch-lehrhaften Charakters (etwa seit 1400), in denen Verkörperungen von Tugenden oder Lastern auftreten. (→ Jedermann)

Moralphilosophie, auch **Moral,** die →Ethik.

Moraltheologie, wissenschaftl. Darstellung der Sittenlehre nach den Grundsätzen der kath. Glaubenslehre.

Morandi, Giorgio, ital. Maler, * 1890, † 1964, malte Stilleben von äußerster Einfachheit, Stille und zartfarbiger Komposition mit alltägl. Gegenständen (Flaschen, Krüge, Gläser; Bild italienische Kunst).

Moräne [frz.] *die,* von Gletschern verfrachteter Gesteinsschutt sowie die zugehörige Geländeform, in **Seiten-, Mittel-** und **Grundmoräne** unterschieden. Der am Ende des Gletschers angehäufte Schuttwall heißt **Endmoräne.**

Morante, Elsa, ital. Schriftstellerin, * 1912; Romane (›Lüge und Zauberei‹, 1948; ›La Storia‹, 1974).

Moratín, Leandro Fernández de, span. Schriftst., * 1760, † 1828, schuf nach Art Molières den modernen Typ des span. Lustspiels.

Moratorium [lat.] *das,* ☌☌ gesetzl. oder vereinbarter Zahlungsaufschub für einen Schuldner.

Morava, 1) tschech. Name von →Mähren. **2)** tschech. Name der →March. **3)** serbokroat. Name von Flüssen in Jugoslawien, →Morawa.

Moravia, Alberto, eigtl. A. **Pincherle,** ital. Schriftst., * 1907; realist. Romane von psycholog. Intensität: ›Der Konformist‹ (1951), ›Die Mädchen vom Tiber‹ (1954), ›La Noia‹ (1960) u. a. Bühnenstücke, Essays.

Moray [m'ʌrɪ], ehem. Cty. in N-Schottland, gehört seit 1975 zu den Regionen Grampian und Highland.

Moray Firth [m'ʌrɪ fə:θ], trichterförmige Meeresbucht NO-Schottlands, Großbritannien.

morbid [lat.], krankhaft, angekränkelt. **Morbidität** *die,* **1)** krankhafter Zustand. **2)** Häufigkeit der Erkrankungen im Verhältnis zur Bevölkerungszahl.

Morbihan [mɔrbi'ã], Dép. in der Bretagne, W-Frankreich, 6763 km², 572 200 Ew.; Hptst.: Vannes.

Morbus [lat.] *der,* die Krankheit.

Morchel, Gatt. der Schlauchpilze mit keulig-knolligem, hohlem, auf dem Oberteil netzig-grubigem Fruchtkörper, eßbar; z. B. **Speise-M., Spitz-M.** (Bild Pilze)

Mord, ☌☌ vorsätzl. Tötung eines Menschen aus Mordlust, zur Befriedigung des Geschlechtstriebes, aus Habgier oder sonst aus niedrigen Beweggründen, heimtückisch, grausam, mit gemeingefährl. Mitteln oder zur Ermöglichung oder Verdeckung einer anderen Straftat. Bundesrep. Dtl.: lebenslange Freiheitsstrafe (§ 211 StGB); ebenso in Österreich (§ 75 StGB) und in der Schweiz (Art. 112 StGB); Dt. Dem. Rep.: unter bestimmten Voraussetzungen Todesstrafe. – Die Verfolgungsverjährung für M. wurde in der Bundesrep. Dtl. 1979 abgeschafft.

Mordent *der,* ♪ Verzierung einer Hauptnote durch einen einmaligen schnellen Wechsel mit der unteren Sekunde. **Langer M.,** mehrmaliger Wechsel der beiden Töne.

Mörderbiene, Killerbiene, volkstüml. Bez. für eine sehr

aggressive Biene in Südamerika, die überdurchschnittlich viel Honig produziert.

Mordwespen, volkstümlich für die →Grabwespen.

Mordwinen, ostfinn. Volk an der mittleren Wolga mit finnisch-ugr. Sprache. Innerhalb der Russ. SFSR besteht seit 1934 die **Mordwinische ASSR:** 26 200 km², 984 000 Ew. (56% Russen, 36% Mordwinen, 4,5% Tataren); Hptst.: Saransk.

More [mɔ:], latinisiert **Morus,** Sir Thomas, engl. Humanist und Staatsmann, * 1478, † 1535, Lordkanzler Heinrichs VIII., wegen Verweigerung des Suprematseids enthauptet. Bekannt durch seine Schrift ›Utopia‹ (1516) über den Idealstaat; Heiliger, Tag: 22. 6. (Bild S. 305)

Morea, grch. **Moreas** [›Maulbeerbaum‹], seit dem 9. Jh. bezeugter Name der grch. Landschaften Elis und W-Achaia im NW der Peloponnes.

Moréas [mɔre'as], Jean, eigtl. Joanni **Papadiamantopoulos,** frz. Dichter, * 1856, † 1910; forderte Wiederanknüpfung an die klass. Überlieferung. ›Stanzen‹ (1899–1901).

Moreau [-r'o], **1)** Gustave, frz. Maler, * 1826, † 1898, malte bibl. und mytholog. Bilder, dekorativ überladen und von düsterer Phantastik. **2)** Jean Michel, gen. **M. le Jeune,** frz. Radierer, * 1741, † 1814, hervorragender Illustrator des 18. Jh. **3)** Jean Victor, frz. General, * 1763, † (gefallen) 1813, siegte 1800 bei Hohenlinden, als Gegner Napoleons 1804 verbannt, trat in russ. Dienste. **4)** Jeanne, frz. Filmschauspielerin, * 1928, spielte bes. in Filmen der ›Neuen Welle‹.

Morelia, Hptst. des Staates Michoacán, Mexiko, 250 000 Ew.; 2 Univ., Erzbischofssitz, architekton. Zeugnisse der Kolonialzeit.

Morelle, Bez. für Sauerkirschsorten.

Morelli, Giovanni, Pseudonym **Iwan Lermolieff,** ital. Kunsthistoriker, * 1816, † 1891; vergleichende Gemäldeuntersuchung.

Morelos, ein Staat Mexikos, 4941 km², rd. 1 Mio. Ew.; Hptst.: Cuernavaca. Zuckerrohr-, Reis-, Gemüseanbau.

morendo [ital. ›ersterbend‹], ♪ immer leiser werdend.

Moreni [mor'enj], rumän. Stadt, westlich Ploiești, 17 700 Ew.; in der Umgebung Erdölfelder; Maschinenbau.

Moreno [mər'i:nəʊ], Jacob Levy, amerikan. Soziologe, * 1892, † 1974; Begr. der Soziometrie.

Moreto y Cavana [-ikaβ'ana], Agustín, span. Dramatiker, * 1618, † 1669, ›Donna Diana‹ (1672).

Mörfelden-Walldorf, Stadt im Kr. Groß-Gerau, Hessen, in der Rhein-Main-Ebene, 30 200 Ew.

Morgan [m'ɔ:gən], **1)** Charles Langbridge, engl. Erzähler, * 1894, † 1958. Psycholog. Romane: ›Das Bildnis‹ (1929), ›Die Flamme‹ (1936), ›Herausforderung an Venus‹ (1957). **2)** John Pierpont, amerikan. Bankier, * 1837, † 1913, Mitbegr. des Bankhauses **J. P. M. & Co.** **3)** Thomas Hunt, amerikan. Zoologe, * 1866, † 1945; schuf eine bedt. genet. Schule. 1933 Nobelpreis für Physiologie und Medizin.

morganatische Ehe [lat. matrimonium ad morganaticum ›Ehe auf bloße Morgengabe‹], standesungleiche Ehe (→ Mißheirat, → linke Hand).

Morgarten, Nagelfluhrücken in den Schwyzer Alpen (1239 m) am Aegerisee. 15. 11. 1315 Sieg der Waldstätte über das Ritterheer Leopolds I. von Österreich.

Morgen [ahd. morgan], **1)** Tagesanbruch. **2)** Himmelsrichtung: Osten. **3)** älteres dt. Feldmaß, meist rd. 25–35 Ar.

Morgengabe, im alten dt. Recht das Geschenk des Mannes an die Ehefrau am Morgen nach der Brautnacht; vielfach als Sicherstellung für den Fall der Verwitwung.

Morgenland, ♋ der Orient.

Morgenländische Kirche, ♋ **1)** die unierte → Orientalische Kirche. **2)** die orthodoxe → Ostkirche.

Morgenrot, rote Färbung des östl. Himmels vor Sonnenaufgang durch das Purpurlicht.

Morgenstern, 1) ☆ der Planet Venus am Osthimmel. **2)** im

Moräne: Seiten- und Mittelmoränen im Monte-Rosa-Gebiet

Moose: 1 *Torfmoos; a Teil des Sproß-Endes mit zwei männl. und einem weibl. Kurzast, aus dem die gestielte Sporenkapsel sproßt.* 2 *Brunnenlebermoos, weibl. Pflanze mit archegonientragendem Schirmchen.* 3 *Widerton; links jüngere Sporenkapsel mit, rechts ältere Kapsel ohne Haube*

Moritzburg

späten MA. eine Schlagwaffe: Stachelkeule, Stock mit Stachelkugel an Kette.

Morgenstern, 1) Christian, Landschaftsmaler, Großvater von 2), * 1805, † 1867. **2)** Christian, Dichter, * 1871, † 1914; groteskphantast. Verse: ›Galgenlieder‹ (1905), ›Palmström‹ (1910), ›Palma Kunkel‹ (1916), ›Der Gingganz‹ (1919); anthroposoph. Lyrik ›Wir fanden einen Pfad‹ (1914) u. a.

Morgenthau-Plan, nach dem Finanz-Min. der USA, H. Morgenthau Jr. (* 1891, † 1967), benannte Denkschrift von 1944; sah die Entmilitarisierung, Verkleinerung und Aufteilung Dtl.s vor, seine Reduzierung auf den Status eines Agrarlandes durch Zerschlagung seiner Industrie; beeinflußte 1945–47 die amerikan. Besatzungspolitik (→ Demontage) in Dtl.

Morgenweite, Winkelabstand des Aufgangspunktes eines Gestirns vom Ostpunkt.

moribund [lat.], im Sterben liegend.

Móricz [mo'rits], Zsigmond, ungar. Schriftst., * 1879, † 1942; krit. Schilderungen der zeitgenöss. Oberschicht, von Ereignissen der nationalen Geschichte; Trilogie ›Siebenbürgen‹ (1922–34).

Mörike, Eduard, Dichter, * 1804, † 1875, war 1834–43 Pfarrer, später Lehrer. M. verband in seiner Lyrik klass. und romant. Elemente: den Klangreichtum des Volkslieds mit ausgeprägter Formenklarheit (›Gedichte‹, 1838, 1848). Seine Gedichte wurden häufig vertont. M. schrieb ferner das Märchen ›Das Stuttgarter Hutzelmännlein‹ (1852), die Novelle ›Mozart auf der Reise nach Prag‹ (1855), den Künstlerroman ›Maler Nolten‹ (1832). Übertragungen grch. und röm. Lyrik. (Bild S. 307)

Morioka, Hptst. der japan. Präfektur Iwate, auf Honshu, 220000 Ew.; Holz-, Möbel-, Nahrungsmittelind.

Morion, ⊕ schwarzer Bergkristall.

Morisken, span. **Moriscos,** Mauren, die nach der Beseitigung der arab. Herrschaft in Spanien blieben und vielfach das Christentum annahmen; 1609 ausgewiesen.

Moriskentanz, volkstüml. Tanz im 15./16. Jh., oft in Mohrenverkleidung, bedeutendste Darstellung der **Moriskentänzern:** E. → Grasser.

Morisot [mɔriz'o], Berthe, frz. Malerin, * 1841, † 1895.

Moritat *die,* der Gesang der Bänkelsänger, in dem meist schaurige Begebenheiten zu Drehorgelmusik berichtet wurden.

Moritz, Fürsten:
Hessen-Kassel: **1) M. der Gelehrte,** Landgraf (1592–1627), * 1572, † 1632, führte den Calvinismus ein; machte Kassel zu einem kulturellen Mittelpunkt.
Niederlande: **2) M.,** Prinz von Oranien, Graf von Nassau, Statthalter der Niederlande, * 1567, † 1625, 1585 Statthalter, 1590 Oberbefehlshaber, bed. Feldherr gegen die Spanier.
Sachsen: **3) M.,** Herzog (seit 1541) und Kurfürst (1547–53), * 1521, † 1553, unterstützte als Protestant Kaiser Karl V. im Schmalkald. Krieg, erhielt dafür die Kurwürde und Teile des albertin. Sachsen, stellte sich später an die Spitze einer Fürstenverschwörung gegen Karl V., erzwang im Passauer Vertrag (1552) Religionsfreiheit für Protestanten; Gründer der sächs. Fürstenschulen. (Bild S. 306)

Moritz, Karl Philipp, Schriftst., * 1756, † 1793, aus pietist. Elternhaus, Gymnasiallehrer, 1789 Prof. der Altertumskunde in Berlin; schrieb den psychologisch scharf zergliedernden selbstbiograph. Roman ›Anton Reiser‹ (1785–90); klass. Ästhetik ›Über die bildende Nachahmung des Schönen‹ (1788), hervorgegangen aus Gesprächen mit Goethe in Rom.

Moritzburg, ehem. Jagdschloß der Wettiner bei Dresden, 1542 begonnen, im 18. Jh. von Pöppelmann umgebaut; seit 1947 Barockmuseum.

Mormonen, Kirche Jesu Christi der Heiligen der Letzten Tage, eine 1830 in den USA von Joseph Smith gegr. Religionsgemeinschaft. 1848 wurde der Mormonenstaat (seit 1896 ›Utah‹) mit Salt Lake City gegr. Die Lehre der M. enthält bibl. Gedanken, verbunden mit gnost. Geistesgut. Die Mehrehe (seit 1843) wurde 1890 aufgegeben.

Mornell [aus lat.], **Morinell, Mornellregenpfeifer,** Art der → Regenpfeifer.

Moro, Aldo, ital. Politiker (Democrazia Cristiana), * 1916, † (ermordet) 1978; 1963–68 und 1974–76 MinPräs., strebte eine Öffnung der DC nach links an. 1978 von Terroristen entführt und ermordet.

Moronobu, Familienname **Hishikawa,** japan. Maler, * um 1645, † 1694; Bilder aus dem Volksleben, begr. die Blüte des Japanholzschnitts.

Morphem [grch.], **Monem,** Ⓢ kleinste bedeutungshaltige Lautfolge einer Sprache.

Morpheus [grch.], bei Ovid: Gott der Träume, Sohn des Schlafgottes Somnus.

Morphin [nach → Morpheus], früher **Morphium,** betäubend wirkendes Gift, gewonnen aus dem Opium, wirkt in Gaben von 0,01–0,02 g schmerzstillend und beruhigend, in größeren Mengen tödlich. Die ärztl. Verordnung von M. und Abkömmlingen unterliegt dem **Betäubungsmittelgesetz.** – Anhaltender Gebrauch als Rauschgift **(M.-Sucht, Morphinismus)** führt zu körperl. und geistigen Verfall; Entwöhnung durch Entziehungskuren. – Erste Hilfe bei M.-Vergiftung: Brechmittel, medizin. Kohle; künstl. Atmung.

Morphogenese [grch.], **Morphogenesis, Morphogenie,** Formentwicklung bei Lebewesen.

Morphologie [grch.], **1)** allg.: Lehre von den Gestalten oder Formen eines Sach- oder Sinnbereichs, z. B. in der Kulturtheorie. **2)** ⊕ Ⓓ ♄ Lehre von Bau und Gestalt der Lebewesen und ihrer Organe. **3)** ⊕ → Geomorphologie.

Morris, 1) Robert, amerikan. Künstler, * 1931; grundlegende Beiträge zur Minimal Art und Prozeßkunst. **2)** William, engl. Dichter und Kunsthandwerker, * 1834, † 1896, trat für werkstoffgerechte Handarbeit im Kunsthandwerk ein, leitete mit von ihm entworfenen Drucktypen und Buchschmuck eine neue Buchkunst ein, schrieb das Rahmengedicht ›Das irdische Paradies‹ (1868–70), die soziale Utopie ›News from nowhere‹ (1891), kunsttheoret. Werke. (Bild S. 304)

Mors, Insel im Limfjord, Dänemark, 363 km², rd. 26 000 Ew.; Hafen- und Hauptort ist Nykøbing/Mors.

Morse [mɔːs], Samuel Finley Breese, amerikan. Maler, Erfinder, * 1791, † 1872, entwickelte seit 1837 den ersten brauchbaren elektromagnet. Schreibtelegraphen **(M.-Apparat),** zunächst mit Zickzackschrift, dann mit dem Morsealphabet.

Morse|alphabet [n. S. → Morse], international genormtes Telegraphenalphabet, durch das Fünferalphabet des Fernschreibers fast völlig verdrängt. (Vereinfacht Morsezeichen S. 306)

Morse|apparat, Telegraphengerät zur Übermittlung von Nachrichten mit dem Morsealphabet über eine Drahtleitung. Als Sender dient die handbetätigte Morsetaste, der Empfänger, ein elektromagnet. Schreibstift, zeichnet die ankommenden Impulse auf ein bewegtes Papierband auf. Der M. ist bes. vom Fernschreiber verdrängt worden.

Mörser, 1) Schale, in der harte Stoffe mit einem Kolben (Pistill) zerrieben werden. **2)** ⚔ Steilfeuergeschütz.

Mortadella [ital.] *die,* dicke, harte, haltbare Zervelatwurst aus Oberitalien; in Dtl. eine Fleischwurst aus Schweine- und Kalbfleisch.

Mortalität, die → Sterblichkeit.

Mörtel, steinartiger Baustoff, meist ein Gemisch aus Bindemitteln (Lehm, Gips, Kalk, Zement u. a.), Flüssigkeit (meist Wasser) und Zuschlagstoffen (Sand, Kies, Asbestfasern, Holzmehl u. a.); zur Herstellung von Mauerwerk, Putz, Estrich u. a.

Mörtelbiene, einzellebende Biene, baut mehrzellige Mörtelnester an Mauern oder Felsen.

Morgenstern 2)

Christian Morgenstern

Thomas More (Kreidezeichnung von H. Holbein d. J., 1526/27)

Mort

Moritz von Sachsen (aus einem Gemälde der Cranach-Werkstatt)

Mortimer [mˈɔːtɪmə], John Clifford, engl. Schriftst., * 1923; glossiert die bürgerl. Gesellschaft der Gegenwart.

Morula [lat.] *die*, **Maulbeerkeim**, maulbeerähnlicher Zellhaufen, ein Stadium in der biologischen → Entwicklung bei Mensch und Tieren.

Morus, Thomas, →More.

MOS, Abk. für **metal-oxide semiconductor** [metl ˈɔksaɪd semɪkəndˈʌktə, engl.], Halbleitertechnik: Technologie zum Aufbau von aktiven Einzelbauelementen (Transistor) und integrierten Schaltungen v. a. aus →MOSFET.

Mosaik [frz.-ital., aus grch. mousa ›Muse‹, ›künstler. Tätigkeit‹] *das*, aus verschiedenfarbigen Stein- oder Glasteilchen zusammengesetzte Flächenverzierung, als **Stift-M.** (Tonstifte) im alten Orient, als **Kiesel-M.** seit dem 5. Jh. v. Chr. als Bodenbelag in Griechenland verwendet. Figürl. M. hellenist. Zeit ahmten Malereien nach (Alexanderschlacht) und verwendeten außer farbigen Steinchen auch kleine Glaswürfel. Röm. M. sind meist von gröberer Art. Zu neuer Blüte entwickelte sich die Kunst des M. in frühchristl. Zeit, als ihr die Kirchenbauten neue Ausdrucksmöglichkeiten boten (Hauptwerke in Rom und Ravenna; 4.–9. Jh.). Im byzantin. MA. erlebte die christl. Mosaikkunst eine 2. Blüte (Konstantinopel, Hosios Lukas, 11. Jh.), die bed. Werke auch in Venedig und auf Sizilien (12. Jh.) hervorbrachte. Über den Islam gelangte die nichtfigürl. M.-Dekoration nach Indien und kam hier im 15. und 16. Jh. zu einer Hochblüte.

Der Mosaizist der Antike und des MA. setzte seine Glaswürfel in frischen Putz. Die modernen Mosaikkunst werden die Steine nach einem → Karton auf Papier oder Leinwand zusammengesetzt und die fertigen Teile mit der Rückseite auf der Wand befestigt. (Bilder byzantinische Kultur, Maske)

Mosaik|krankheiten, ⊕ mosaikartige Aufhellungen des Blattgrüns, durch versch. Viren hervorgerufen.

mosaisch, auf Moses bezüglich. – **Mosaisches Gesetz**, das im →Pentateuch vorliegende Gesetz.

Mosbach, Krst. des Neckar-Odenwald-Kr., Bad.-Württ., 23 200 Ew.; Maschinen-, Armaturen-, Schuhindustrie.

Moschee [aus arab. masdjid ›Anbetungsort‹ über ital. moschea] *die*, islam. Gotteshaus. Vorbild aller Moscheen ist das Haus des Propheten in Medina; neben Wohnräumen ein relig. und polit. Versammlungsraum, theolog. Lehrstätte, Obdachlosen- und Krankenasyl. Aus diesen versch. Funktionen entwickelte sich die große M., Djami, in der am Freitag die Predigt gehalten wird, und die Moschee aus, aus dem Grab des Propheten die → Kubba. Die urspr. Hofanlage wurde beibehalten, hinzugefügt das →Minarett und Waschanlagen. Der Betraum ist mit seiner Stirnseite nach Mekka ausgerichtet, die durch eine oder mehrere flache Nischen (Mihrab) und ornamentale Dekoration hervorgehoben wird. (Bild Delhi)

Moscherosch, Johann Michael, Pseudonym **Philander von Sittewald**, satir. Schriftst., * 1601, † 1669: ›Wunderliche und warhafftige Gesichte Philanders von Sittewald‹ (1640–43), nach den satir. Traumgesichten von Quevedo.

Moschus, **Tonkin-Moschus**, Drüsensekret der männl. Moschushirsche von charakterist. Geruch. In der Feinparfümerie verwendet.

Moschusbock, ein Bockkäfer. (Bild Käfer)

Moschus|ente, Waldente Mittel- und S-Amerikas, schwarzbraun mit grün und violettem Glanz; der lebenden M. haftet ein leichter Moschusduft an; Nutztier.

Moschus|hirsche, Unterfam. fast engeroßer Hirsche ohne Geweih; die einzige Art, das **Moschustier**, sondert Moschus ab, lebt in Asien.

Moschuskraut, **Bisamkraut**, ein Geißblattgewächs in Laubwäldern; mit dreiteiligen Blättern und grünlichen Blütchen, nach Moschus riechend.

Moschus|ochse, **Schaf|ochse**, **Bisam|ochse**, Art der Ziegenverwandten, Horntier Grönlands und des arkt. Amerikas; schwarzbraun, Woll- und Fleischtier.

Moschuswurzel, **Sumbul**, Wurzel innerasiat. Doldenblüter **(Ferula)**, M. Moschusersatz.

Mosel, frz. **Moselle** [mozˈɛl], li. Nebenfluß des Rheins, 545 km, entspringt in den Vogesen, durchfließt das Lothringer Stufenland, windet sich in mehreren Bögen durch das Rhein. Schiefergebirge, mündet bei Koblenz. Die auf Grund des dt.-frz.-luxemburg. Staatsvertrags von 1956 durchgeführte Moselkanalisierung (14 Staustufen, 5 Sicherungshäfen) verbindet seit 1964 Lothringen, die Luxemburger Schwerind. um Esch und den Wirtschaftsraum Trier mit dem Rheinsystem.

Moseley [mˈəʊzlɪ], Henry, engl. Physiker, * 1887, † (gefallen) 1915, fand, daß Kernladungszahl und Ordnungszahl eines Elements identisch sind, entdeckte das **Moseleysche Gesetz**, nach dem die Frequenz der von einem Atom ausgesandten Röntgenstrahlung nahezu proportional der Ordnungszahl des Elements wächst.

Moselle [mozˈɛl], 1) frz. Name der →Mosel. 2) Dép. in NO-Frankreich, 6214 km², 1,007 Mio. Ew.; Hptst.: Metz.

Moselweine, weiße, spritzige (säurereiche) Weine des dt. und luxemburg. Moselbereichs, rd. 11 500 ha Rebfläche; größtenteils aus Schiefer mit Rieslingrebe.

Moser, 1) Hans, eigtl. Jean **Juliet**, österr. Schauspieler, * 1880, † 1964; Charakterdarsteller und Darsteller Wiener Originale. 2) Hans Joachim, Musikforscher, * 1889, † 1967. 3) Johann Jakob, Rechtslehrer, * 1701, † 1785, stellte als erster das gesamte dt. Staatsrecht vollständig dar: ›Teutsches Staats-Recht‹, 50 Bde. (1737–54). 4) Karl, schweizer. Architekt, * 1860, † 1936, baute die Antoniuskirche in Basel (1926/28), eines der ersten Gebäude der modernen Architektur in der Schweiz. Sein Sohn Werner, * 1896, † 1970, gehörte zu den führenden Architekten der Schweiz. 5) Lukas, Maler des Magdalenenaltars in Tiefenbronn bei Pforzheim (1431).

Möser, Justus, Staatsmann, Publizist, Historiker, * 1720, † 1794, stellte die Entstehung jegl. staatl. Gemeinschaft aus der Eigenart des Volkes dar; ein Wegbereiter des Konservativismus in Dtl. ›Osnabrückische Gesch.‹, 2 Bde. (1768), ›Patriot. Phantasien‹, 4 Bde. (1774–86).

Moses [hebr.], Schöpfer der Jahwereligion als das ›Bundes‹ zw. Gott und dem Volk Israel, eine wohl geschichtl., doch von Sagen umwobene Gestalt (um 1225 v. Chr.). Nach dem A. T. wurde M. als neugeborenes Kind ausgesetzt und von einer Tochter des Pharao gerettet. Am Berge Sinai (Horeb) wurde er von Jahwe beauftragt, sein Volk aus Ägypten zu befreien. Jahwe offenbarte ihm am Sinai die Gesetze (→Pentateuch). Nach 40jährigem Wüstenzug eroberte M. das Land vom Jordan; er starb auf dem Berg Nebo. – Bekannte Darstellungen des M. sind von C. Sluter und Michelangelo, ferner die Fresken von Signorelli und Botticelli in der Sixtin. Kapelle.

MOSFET, Abk. für **metal-oxide-semiconductor-field-effect-transistor** [metl ˈɔksaɪd semɪkəndˈʌktə fiːld ɪfˈekt trænsˈɪstə, engl.], Verstärkerelement aus Halbleitermaterial.

Mosi, Mossi, Moshi [-ʃ-], wichtigste Bevölkerungsgruppe in Obervolta und N-Ghana, rd. 5 Mio. Menschen. Sie sind Muslime, haben hochentwickelte Handwerkskunst (Leder-, Metall-, Webarbeiten) und waren Gründer mehrerer Staaten, die z. T. bis in die frz. Kolonialzeit bestanden.

Mösi|en, lat. **Moesia**, antike Landschaft südl. der unteren Donau, seit 29 v. Chr. römisch, 86 in **Moesia inferior** (etwa N-Bulgarien) und **Moesia superior** (etwa O-Jugoslawien) geteilt; 382 von Theodosius I. den Westgoten eingeräumt und im 6./7. Jh. von slaw. Stämmen besetzt.

Moskau, russ. **Moskwa**, Hptst. der UdSSR, der Russ. SFSR und des Gebietes M., inmitten des M.-Kessels, einer nordwestl. Fortsetzung der Oka-Don-Niederung, auf beiden Seiten der Moskwa, mit 7,9 Mio. Ew. M. ist Sitz der Regierung, des Obersten Sowjet, des obersten Behörden der UdSSR sowie der Russ. SFSR, der Sekretariate des Rates für Gegenseitige Wirtschaftshilfe (Comecon), des Warschauer Paktes u. a. internat. Organisationen. M. ist das russ. Zentrum von Wissenschaft und Kunst: Die Akademie der Wissenschaften bildet mit ihren Instituten einen Stadtteil, ebenso die 1755 gegr. Lomonossow-Universität auf den Leninbergen, daneben 78 Hochschulen, ferner Kernforschungsinstitute, Bibliotheken (Lenin-Bibliothek mit rd. 25 Mio. Bdn.), Museen, Galerien (z. B. Tretjakow-Galerie), das Bolschoi-Theater mit Oper und Ballett, das → Moskauer Künstler-Theater u. a. Bühnen.

M. ist bedeutendster Verkehrsknoten und Industriestandort des Landes. 3 Flußhäfen sind durch M.-Kanal an die Großwasserstraßen angeschlossen; 4 Flughäfen; U-Bahn.

Führend sind Maschinenbau und metallverarbeitende Industrie; ferner elektrotechn., chem., Textil-, Bekleidungs-, Nahrungsmittel-, Baustoff- und polygraph. Industrie.

Der Kern der Stadt, auf einem Hügel 40 m über der Moskwa gelegen, ist der → Kreml. Um ihn wuchsen in mehreren Kreisen die jüngeren Stadtteile, durch breite Ringstraßen getrennt. Vor der Kreml-Mauer (Begräbnisstätte führender Kommunisten) liegt der Rote Platz mit dem Lenin-Mausoleum und der Basilius-Kathedrale (16. Jh.). Durch Umbauten nach dem Generalplan

306

(1935) ist das alte Stadtbild völlig verändert worden. Große Baublöcke, Plätze und breite Straßen werden überragt von mehreren Hochhäusern (u. a. Außenministerium 170 m, Universitätsturm 240 m, Fernsehturm 533 m hoch, Hotel ›Rossija‹ 12stöckig). Durch die Eingemeindungen (1960) umfaßt das Stadtgebiet eine Fläche von 878,5 km². Die Stadtgrenze wird durch einen 109 km langen, kreuzungsfreien Autobahnring gebildet.

Geschichte. M., 1147 erstmals erwähnt, wurde 1326 die Hptst. eines Großfürstentums. Obwohl Peter d. Gr. St. Petersburg als Residenz wählte, blieb M. der wirtschaftl. Mittelpunkt. 1812 wurde M. von Napoleon eingenommen, dann durch einen Brand zum großen Teil zerstört. 1918 wurde M. Hauptstadt.

Moskauer Konferenzen, 1) Treffen der Außen-Min. der USA, Großbritanniens, Chinas und der UdSSR 1943. **2)** Treffen zw. Churchill und Stalin 1944. **3)** Außen-Min.-Konferenz über die dt. Frage 1947.

Moskauer Künstler-Theater, genauer **Moskauer Kunst-Theater,** gegr. 1898 von Stanislawski und Nemirowitsch-Dantschenko mit dem Ziel, dem ›hohen Stil‹ des Hoftheaters und dem kommerziellen Theater ein ›Theater der Wahrheit und der Kunst‹ entgegenzustellen. Durch die Berufung von E. G. Craig (1911) nach Moskau rückte das M. K.-T. an die Spitze der damals avantgardist. Bühnen. Heute ist die Pflege des Sozialist. Realismus die vordringl. Aufgabe des Theaters.

Moskauer Meer, der →Iwankowo-Stausee.

Moskauer Staat, das Großfürstentum Moskau (seit dem 14. Jh.), später das ganze Zarenreich (bis 1712).

Moskauer Vertrag, am 12. 8. 1970 in Moskau von der Bundesrep. Dtl. und der UdSSR unterzeichneter Vertrag über Gewaltverzicht und territoriale Unverletzlichkeit aller Staaten in Europa auf der Grundlage der bestehenden Grenzen (→ Ostpolitik).

Moskenstraumen [-strœjmən], starker Gezeitenstrom zw. den südlichsten Lofotinseln; der sagenumwobene **Malstrom.**

Moskitos, meist trop. Arten der Stechmücken (→Mücken).

Moskwa, 1) russ. für →Moskau. **2)** li. Nebenfluß der Oka in der Russ. SFSR, 502 km, ab Moskau (180 km) schiffbar.

Moslem, ältere engl. Schreibung für →Muslim.

Mosley [m'ɔzlɪ, m'ɔʊzlɪ], Sir Oswald Ernald, brit. Politiker, * 1896, † 1980, gründete 1932 eine (bedeutungslos gebliebene) faschist. Bewegung.

Mosquitoküste [-k'i-, nach den Misquito], Niederung an der karib. Küste Nicaraguas und NO-Honduras'.

Mossadegh, Mohammed, iran. Politiker, * um 1881, † 1967, verstaatlichte als MinPräs. (1951–53) die Anglo-Iranian Oil Co.; versuchte, die Rechte des Schahs einzuschränken, wurde abgesetzt, zu 3 Jahren Gefängnis verurteilt.

Mössbauer, Rudolf, Physiker, * 1929, erhielt für den von ihm entdeckten Effekt (→ Mössbauer-Effekt) 1961 den Nobelpreis für Physik zus. mit R. Hofstadter.

Mössbauer-Effekt, ⊠ praktisch rückstoßfreie Emission oder Absorption von Gammaquanten durch Atomkerne bei tiefen Temperaturen, die in das Kristallgitter eines Festkörpers eingebaut sind. Der M.-E. ermöglicht es, durch Kernresonanzfluoreszenz Gammastrahlenenergien genau zu messen.

Mossi, Bevölkerungsgruppe in Obervolta, →Mosi.

Mössingen, Stadt im Kr. Tübingen, Bad.-Württ., 14 500 Ew.

Most, 1) Traubensaft; **M.-Gewicht,** die zur Berechnung von Zucker- und Alkoholgehalt des zukünftigen Weines in Grad Öchsle gemessene Dichte des M. **2)** Obstwein.

Mostar, Stadt in der Herzegowina, Jugoslawien, 47 800 Ew., mit oriental. Gepräge (Moscheen); Bauxitlagerstätten.

Mostar, Gerhart Herrmann, eigtl. Gerhart **Herrmann,** Schriftst., * 1901, † 1973; Lyrik, Dramen, Romane, sozialkrit. Berichte aus dem Gerichtssaal.

Mostrich, Mostert, Speisesenf.

Mosul, Mossul, arab. **Al-Mausil,** Hptst. der Prov. Ninive in Irak, am Tigris, 857 000 Ew.; gegenüber die Ruinen von Ninive, Univ.; Verkehrsknoten, Erdöl- und Agrarzentrum. M. kam 1515 zu Persien, 1638 zur Türkei, wurde 1918 von den Engländern besetzt, 1925 vom Völkerbund dem Irak zugesprochen.

Motala [m'u:-], Stadt im Län Östergötland, Schweden, am Vättersee und Götakanal, 50 000 Ew.; Elektro- u. a. Ind., Wasserkraftwerk, Rundfunksender.

Motel [aus engl. motorist's hotel] das, Gastbetrieb, meist an Fernstraßen, der bes. auf Unterbringung von Autoreisenden eingestellt ist.

Motette die, mehrstimmige Vertonung eines geistl. Textes für Singstimmen allein (a cappella) im strengen, kontrapunkt. Satz. Der Choral-M. liegt ein Choral zugrunde (Hauptmeister J. S. Bach). Die M. war die wichtigste mehrstimmige musikal. Gattung des 13. und 14., neben der Messe auch des 15. und 16. Jh.

Motherwell [m'ʌðəwəl], Stadt in der schott. Strathclyde-Region, 74 000 Ew.; Kohlenbergbau, Eisen-, Stahlwerke.

Mo-ti, Mo-tse, Mo-tzu, Meh-ti, lat. **Micius,** chines. Philosoph und Sozialpolitiker, * 468 v. Chr., † 376 v. Chr.; wandte sich gegen Krieg und Luxus, verlangte umfassende soziale Reformen.

Motilität [lat.], Beweglichkeit.

Motion [lat. ›Bewegung‹], parlamentarisch: Antrag, Tadelsantrag, im schweizer. Recht bes. ein Antrag, der die Regierung beauftragt, best. Gesetzesentwürfe vorzulegen.

Motiv [lat.], **1)** Ⓟₛ Ⓟₕ Beweggrund. **2)** bildende Kunst: Gegenstand der Darstellung. **3)** Literatur: kennzeichnender inhaltl. Bestandteil einer Dichtung. **4)** ♪ das kleinste selbständige Glied eines Musikstückes.

Motivation [zu Motiv], Ⓟₛ Gesamtheit der in einer Handlung wirksamen Motive, die das individuelle Handeln bestimmen. Die **M.-Forschung** mit ihren versch. Zweigen ist eine der wichtigsten Aufgaben der theoret. und der angewandten Psychologie.

moto [ital.], Bewegung. ♪ **con m.,** bewegt.

Moto-Cross [engl.], Motorradsport: Schnelligkeitsprüfungen auf Geländerennbahnen i. Ggs. zur Geländefahrt (Vielseitigkeitsprüfung für Maschine und Fahrer).

Motodrom [grch. dromos ›Rennbahn‹] das, Motorsport: geschlossene Rennstrecke.

Motor [lat.], Maschine, die Energie (z. B. Wärme, elektr. Energie) in mechan. Bewegungsenergie umwandelt, z. B. **Dampf-M.** (Dampfmaschine), **Elektro-M., Verbrennungs-M.** (Diesel-M., Otto-M., Gas-M.), fälschl. auch Raketen-M.

Motorboot, Boot, dessen Schraube von einem Verbrennungsmotor (oft als Außenbordmotor, auch Gasturbine) angetrieben wird. (Bild S. 308)

Motorbootsport, Sammelbez. für sportl. Wettbewerbe mit motorisierten Booten auf dem Wasser.

Motorbremse, Verwendung des Antriebsmotors zum Bremsen bei der Talfahrt eines Kraftwagens.

Motorfahrrad, kurz **Mofa,** →Kraftrad.

Motorgenerator, 1) elektr. Maschinensatz zur Umformung einer Stromart in eine andere: ein Elektromotor treibt mechanisch mit ihm gekuppelte, elektrisch aber getrennte Generatoren an. **2)**

Eduard Mörike (aus einer Lithographie von B. Weiß, 1851)

Rudolf Mössbauer

Moskau: Roter Platz, linke Bildmitte Basilius-Kathedrale, rechts Kreml-Mauer, davor Lenin-Mausoleum

Moto

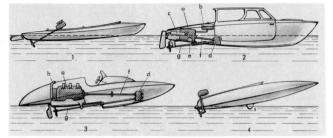

Motorboot: Tourenboote; 1 M. mit Seitenbordmotor. 2 Kajüt-Tourenboot mit Heckmotor, Sportboote: 3 Quer- und Längsstufenrennboot (Dreipunktboot). 4 Außenbordmotor-Rennboot (Gleitboot); a Motor, b Kraftstoffbehälter, c Schalldämpfer (Abgas), d Winkelgetriebe, e Batterie, F Kardanwelle, g Propellerwelle, h Luftsaugkanal, s Stabilisierungsflosse

Motten: oben Kleidermotte, unten Kornmotte

Wolfgang Amadeus Mozart (aus einem Ölgemälde von J. Lange, 1782/83)

Mohammed Hosni Mubarak

aus einer Kraftmaschine und einem elektr. Generator bestehender Maschinensatz (z. B. Notstromaggregat).

Motorik [lat.], Gesamtheit der an raum-zeitl. Bedingungen orientierten Körperbewegungen.

motorische Nerven, motorische Endplatten, → Nerven.

Motorisierung, Ersatz menschl. und tier. Kraft durch Motorkraft; **Motorisierungsgrad,** Anzahl von Kraftfahrzeugen je 1000 Ew.

Motor|rad, das, → Kraftrad.

Motor|radsport, Teil des Motorsports für Motorräder und Seitenwagengespanne, wird auf der Straße, auf Rundstrecken und im Gelände ausgetragen; Serien- und Spezialmaschinen in versch. Klassen: Solomaschinen 50–1000 cm³; Seitenwagengespanne 350–1000 cm³.

Motor|roller, → Kraftrad.

Motorschiff, durch Verbrennungskraftmaschine (Dieselmotor oder Gasturbine) angetriebenes Schiff.

Motorschlitten, engl. **snowmobile** [sn'əuməubi:l], durch Verbrennungsmotor mit Luftschraube, Gleisketten oder Raupenband fortbewegter Schlitten.

Motorsegler, Segelflugzeug mit Hilfsmotor.

Motorsport, Sammelbez. für alle Sportarten, die zu Lande und zu Wasser mit Motorfahrzeugen ausgeübt werden, z. B. →Automobilsport, →Motorradsport, →Motorbootsport.

Mott, 1) John Raleigh, amerikan. methodist. Laie, * 1865, † 1955, Gründer des Christl. Studenten-Weltbundes, 1946 Friedens-Nobelpreis mit Emily Balch. **2)** Sir (1962) Nevill Francis, brit. Physiker, * 1905; 1977 Nobelpreis für Physik (zus. mit P. W. Anderson und J. H. van Vleck).

Motta, Giuseppe, schweizer. Politiker (Kath.-Konservativer), * 1871, † 1940; 1915–37 wiederholt Bundespräs.

Mottelson [m'ɔtəlsn], Benjamin Roy, amerikan. Physiker, * 1926, 1975 Nobelpreis (mit A. H. Bohr und L. J. Rainwater) für Untersuchungen zur Struktur deformierter Atomkerne.

Motten [spätmhd.], **1)** einzelne Schmetterlinge. **2)** Bez. der artenreichen Schmetterlingsfam. **Tineidae.** Die Raupen sind Vorratsschädlinge (**Kleider-M., Pelz-M.** u. a.).

Mottenkraut, Pflanzen, die durch ihren Geruch Motten vertreiben sollen, so **Mottenkönig** (ein Hahnensporn).

Mottl, Felix Josef, österr. Dirigent, * 1856, † 1911.

Motto [ital. ›Leitspruch‹] *das,* einer Schrift oder einem Abschnitt vorausgesetztes Zitat, Sprichwort usw.

Mottram [m'ɔtrəm], Ralph Hale, engl. Schriftst., * 1883, † 1971; Kriegsroman ›Der span. Pachthof‹ (1924–26).

Mouliné [mu-, frz.]›gezwirnt‹], glatter Zwirn aus 2 verschiedenfarbigen Garnen und daraus gefertigte Gewebe.

Moulins [mul'ɛ̃], Hptst. des frz. Dép. Allier, 27000 Ew., am Allier; Kathedrale (15. Jh., → Meister von Moulins), Reste der Stadtbefestigung; Textil-, Leder-, Metallindustrie.

Moulmein [mulm'ein], Stadt in Birma, 190000 Ew.; Reis-, Teakholzhandel.

Mount [maunt], engl. für Berg, mit M. zusammengesetzte Namen setze man unter die Eigennamen.

Mountbatten [mauntb'ætn, → Battenberg], **1)** Louis, Earl M. of Burma, brit. Admiral, * 1900, † 1979; 1947 letzter Vizekönig

von Indien, 1955–59 Erster Seelord und Stabschef der brit. Flotte. **2)** → Philip, Herzog von Edinburgh.

Mount Cook [-kuk], mit 3764 m der höchste Berg Neuseelands, Naturschutzpark (69 km²); Wintersportgebiet.

Mount Elbert [-'elbə:t], höchster Berg des Felsengebirges, USA, 4395 m.

Mount McKinley [-mək'ınlı], höchster Berg Nordamerikas, Alaskahauptkette, 6193 m, Nationalpark. (Bild Alaska)

Mount Mitchell [-m'ıtʃəl], mit 2037 m der höchste Gipfel der Appalachen (USA).

Mount Vernon [-v'ə:nən], Landsitz G. Washingtons am Potomac, Va., USA, seit 1859 Gedenkstätte (Wohnhaus, Grab).

moussieren [mu-, frz.], schäumen.

Moustérien [musterj'ɛ̃, frz.], Kulturstufe der Altsteinzeit.

Mouvement Républicain Populaire [muvm'ã repyblik'ɛ̃: pɔpyl'ɛ:r], **MRP,** 1944–67 republikan. Partei in Frankreich; christlich-demokratisch orientiert; an fast allen Reg. der IV. Republik beteiligt.

Möwen, Möven [nd. mewe], Fam. der M.-Vögel. Die M. haben Schwimmfüße, kräftigen Schnabel mit Hakenspitze; leben von Fischen. An mitteleurop. Seen und Flüssen: die **Lach-M.,** an der Nordseeküste bes. **Silber-M., Sturm-M., Herings-M., Mantel-M.** (Bilder S. 309)

Moyeuvre-Grande [mwajœvrəgr'ãd], **Großmoyeuvre,** Stadt im frz. Dép. Moselle, Lothringen, 12500 Ew.; Eisenerzgruben, Hüttenwerk.

MOZ, Abk. für **Motor-Oktanzahl,** →Oktanzahl.

Mozambique [mozamb'ik], →Moçambique.

Mozaraber, die Christen im mittelalterl. Spanien, die unter islam. Herrschaft Toleranz genossen, sich aber ihrer arab. Umwelt anpaßten. In der Kunst bildeten die M. zw. dem 8. und 11. Jh. den **Mozarabischen Stil** aus; in ihm verbinden sich roman. mit islam. Formen (→ Mudéjar-Stil).

Mozart, 1) Leopold, Komponist, * 1719, † 1787; Kirchenmusik, Kantaten, Sinfonien, Divertimenti, Konzerte und Gelegenheitsstücke. **2)** Wolfgang Amadeus, eigtl. Joannes Chrysostomus Wolfgang Theophilus M., Komponist, Sohn von 1.), * Salzburg 27. 1. 1756, † Wien 5. 12. 1791, erregte schon sechsjährig mit Klavierspiel und Kompositionen Bewunderung. 1769 wurde er erzbischöfl. Konzertmeister in Salzburg, 1781 ging er nach Wien, wo in schneller Folge die Meisterwerke entstanden. 1782 heiratete er Constanze Weber aus Mannheim. Noch nicht sechsunddreißigjährig, erlag er einer schleichenden Krankheit. – In der Wiener Klassik zw. Haydn und Beethoven stehend, schuf M. Werke aller musikal. Stile und Gattungen. Sein Schaffen umspannt vokale und instrumentale, geistl. und weltl. Musik. Seine Aufnahmebereitschaft und sein Assimilationsvermögen befähigten ihn dazu, alle Anregungen der musikal. Tradition und der zeitgenöss. Musik aufzugreifen (u. a. von Ph. Schobert, Ph. Emanuel Bach, J. und M. Haydn sowie den Komponisten der ital. Opera buffa, der Mannheimer Schule und der frz. Opéra comique) und daraus einen eigenständigen Stil zu entwickeln. Sein Werk ist gekennzeichnet durch Vielfalt der themat. Erfindung; er verbindet klangl. Farbigkeit, ja Klangsinnlichkeit mit höchster Geistigkeit und formaler Strenge und läßt, stärker als die Haydns, in melod., rhythm. und dynam. Kontrasten. Die Instrumentalmusik, im galanten Stil des Rokoko begonnen, vertiefte er durch den Reichtum der Melodik und formale Differenzierung. In den Instrumentalkonzerten, bes. den Klavierkonzerten, gelang ihm ein vollkommener Ausgleich von Soloinstrument und Orchester. Aus der Übernahme ital. Formelemente (Rezitativ, Arie, Ensemble und Finale) entwickelte er seine Oper, für die u. a. der dramat. Aufbau und die Individualität der Figurenzeichnung charakteristisch sind. Auch schuf er aus der Verbindung trag. und komischer Züge eine neue Spielart der Oper (im ›Don Giovanni‹). Das dt. Singspiel hat er in der ›Entführung aus dem Serail‹ und der ›Zauberflöte‹ zur Oper weiterentwickelt.

Werke. Vokalmusik: 24 Bühnenwerke, darunter die fünf Meisterwerke: ›Die Entführung aus dem Serail‹ (1782), ›Die Hochzeit des Figaro‹ (1786), ›Don Giovanni‹ (1787), ›Così fan tutte‹ (1790), ›Die Zauberflöte‹ (1791); ferner (Auswahl): ›Bastien und Bastienne‹ (1768), ›Die Gärtnerin aus Liebe‹ (1775), ›Idomeneo‹ (1781), ›La clemenza di Tito‹ (1791); Kirchenmusik: 18 Messen (darunter Krönungsmesse, c-Moll-Messe); Requiem (1791; von seinem Schüler F. X. Süßmayer vollendet); Lieder, Kanons. – Orchesterwerke: 45 (umstritten) Sinfonien, am bekanntesten die in Es-Dur, g-Moll und C-Dur (›Jupiter-Sinfonie‹); 36 Kassationen, Divertimenti und Serenaden, darunter die Haffner-Serenade und ›Die kleine Nachtmusik‹; Märsche, Tänze, Trauermusik. – Instrumentalkonzerte: 7 (umstritten) für Violine, 25 für Klavier u. a. – Kammermusik: 40 Sonaten und Variationen für Violine und Klavier; 12 Klaviertrios, -quartette und -quintette; 32 Streichquartette und Quartette mit einem Blasinstrument; 9 Duos für Streicher oder Bläser; 8 Streichquintette. Verzeichnis sämtl. Werke →Köchel-Verzeichnis.

Mozarte|um, die Internationale Stiftung M. (Pflege der Mozartmusik, Mozartforschung) und die Akademie für Musik und darstellende Kunst M. in Salzburg.

mp, ♪ Abk. für ital. **mezzo piano,** ziemlich leise (→mezzo).

MP [emp′i:, engl.], Abk. für Maschinenpistole.

M. P. [emp′i:, engl.], Abk. für **1)** Member of Parliament. **2)** Military Police.

MPLA, Abk. für Movimento Popular de Libertação de Angola, urspr. Befreiungsbewegung, heute Einheitspartei in →Angola.

Mr., Abk. für engl. Mister, auch für frz. Monsieur, Herr.

MRCA, Abk. für **Multi Role Combat Aircraft** [m′ʌltɪ r′əʊl k′ɔmbæt ′ɛəkrɑ:ft, engl.], in dt., brit. und ital. Zusammenarbeit entwickeltes und unter dem Typennamen Tornado in die Serienbau genommenes Mehrzweck-Kampfflugzeug.

Mrożek [mr′ɔʒek], Sławomir, poln. Schriftst., * 1930; lebt in Paris, Satiriker. Erzählungen (›Der Elefant‹, 1957); Komödien (›Die Polizisten‹, 1958), Stücke (›Tango‹, 1964).

MRP, Abk. für **M**ouvement **R**épublicain **P**opulaire.

Mrs., Abk. für Mistress, Frau.

MS, auch **Ms., Mskr.,** Abk. für Manuskript.

Msgr., Abk. für Monsignore oder Monseigneur.

MTA, Abk. für medizinisch-techn. Assistentin.

MTS, →Maschinen-Traktoren-Station.

Mubarak, Mohammed Hosni, ägypt. Offizier und Politiker, * 1929(?), 1972–75 Oberbefehlshaber der Luftwaffe. Seither war er Vize-Präs. Im Okt. 1981 wurde er nach der Ermordung von Präs. A. as-Sadat gewählt. (Bild S. 308)

Muche, Georg, Maler, * 1895, Lehrer am Bauhaus, malte abstrakte, dann sich dem Surrealismus nähernde Bilder.

Mücheln (Geiseltal), Stadt im Bez. Halle, 8 600 Ew.; 775 erstmals erwähnt, Braunkohlenzentrum.

Mucius, altröm. Plebejergeschlecht. Gaius **M. Scaevola** [›Linkshand‹] verbrannte, dem röm. Mythos nach, seine rechte Hand, um seinen Mut zu beweisen, und versicherte, er sei nur einer von 300 Gleichgesinnten. Darauf gab die Etrusker Porsenna die Belagerung Roms auf.

Muck, Carl, Dirigent, * 1859, † 1940.

Mücken [ahd. mucka], **Langhörner,** Unter-Ordn. der Zweiflügler mit zahlreichen Fam.; Larven leben in Wasser oder pflanzl. Stoffen. Die **Stech-M.** oder **Moskitos** haben einen Stechrüssel. Die Weibchen der Echten Stech-M. saugen Blut an Mensch, Säugetieren, Vögeln. Zur **Mückenbekämpfung** dienen Insektizide.

Mückensehen, Gesichtstäuschung durch Trübungen im Glaskörper des Auges **(Fliegende Mücken).**

Muckermann, 1) Friedrich, Literaturkritiker, * 1883, † 1946, Bruder von 2), Jesuit, emigrierte 1933, ein Hauptführer im kath. Widerstands gegen den Nationalsozialismus. **2)** Hermann, Eugeniker, * 1877, † 1962, Bruder von 1), Jesuit; leitete das Institut für natur- und geisteswissenschaftliche Anthropologie in Berlin.

Mu dan jiang [-dʒjaŋ], →Mutankiang.

Mudéjar-Stil [-ð′exar, arab.], Stilrichtung in der span. Kunst mit vorwiegend islam. Formen, meist von Arabern ausgeübt, die nach der christl. Rückeroberung in Spanien verblieben waren, etwa 11.–16. Jh. (Synagoge in Toledo, Alcázar in Sevilla u. a.).

Muezzin [arab.], islam. Gebetsrufer auf dem Minarett.

Muff, Kleidungsstück zum Händewärmen.

Muffe die, ⊚ kurzes Rohrstück, oft mit Innengewinde, zum Verbinden von Rohren. (Bild S. 310)

Muffel, 1) die, feuerfestes Schutzgefäß zum Brennen von Porzellan u. a. **2)** der, ⚲ Nasenspiegel, bes. bei Ziegen, Schafen u. a. **3)** der, ∪ mürrischer, unmoderner Mensch.

Mufflon [frz.] der, **Muffelwild,** ein Wildschaf (→Schafe).

Mufti [arab.] der, islam. Rechtsgelehrter, berät in Fragen relig. Rechts, gibt Rechtsgutachten ab.

Mugabe, Robert Gabriel, Politiker in Simbabwe, * 1925; setzte sich seit 1960 für eine schwarzafrikan. Mehrheitsherrschaft in Rhodesien ein, mehrfach inhaftiert, seit 1976 einer der Gründer und Führer der Guerillaorganisation ›Patriotische Front‹, seit 1981 MinPräs. in →Simbabwe.

Müggelsee, See im SO von Berlin; südlich davon die **Müggelberge** (115 m), Reste einer Endmoräne.

Muhammad, →Mohammed.

Muhammad Ali, bis 1965 Cassius **Clay** [kleɪ], amerikan. Boxer, * 1942; 1964–78 mehrfach Profi-Schwergewichts-Weltmeister; trat 1978 zurück, ein ›Come-back‹-Versuch scheiterte 1980.

Mühl|acker, Stadt im Enzkr., Bad.-Württ., 24 200 Ew.; Funkturm des Südd. Rundfunks (274 m hoher Sendemast); versch. Industrie. Über der Enz Burg Leffelstelz.

Mühlberg/Elbe, Stadt im Bez. Cottbus, 3 600 Ew. – 1547 Sieg Karls V. über den prot. **Schmalkaldischen Bund** (→Schmalkaldischer Krieg).

Mühldorf a. Inn, Krst. in Bayern, 14 600 Ew.; alte Bauwerke: u. a. Katharinenkirche (13. Jh.); Rathaus (15. Jh.); Schloß (16. Jh.) der Fürstbischöfe von Salzburg. Textil- und Elektroindustrie. – 1322 Sieg Ludwigs des Bayern über Friedrich den Schönen.

Mühlen, Maschinen oder Anlagen zum Zerkleinern von Feststoffen, oft bis zur Mehlfeinheit. Nach der Bauart werden z. B. unterschieden: **Glocken-, Rohr-, Hammer-, Prall-, Kugel-, Durchlauf-M.,** nach dem Antrieb: **Dampf-, Motor-, Wasser-, Wind-, Hand-, elektr. M.** Auch Betriebe, in denen nicht gemahlen, sondern grob zerkleinert wird, heißen M., z. B. **Schneide-M., Säge-M., Öl-M.**

Mühlhausen, 1) Stadt im Bez. Erfurt, an der Unstrut, 43 500 Ew.; PH; Textil-, Holz-, Leder- u. a. Ind. Alte Bauwerke: Stadtmauer, St.-Blasius- (13./14. Jh.), Marienkirche (14. Jh.) u. a. 1256–1802 Freie Reichsstadt; 1525 Hauptquartier T. Münzers. M. darf seit 1975 den Beinamen **Thomas-Müntzer-Stadt** führen. **2)** Landkreis im Bez. Erfurt, 521 km², 93 400 Ew.

Mühlheim am Main, Stadt im Kr. Offenbach, Hessen, 20 900 Ew.; Metall-, Leder-, Elektroindustrie.

Mühlsteine, kreisrunde Steine von 1–2¹/₂ m ⌀ mit Furchen, zw. denen das Mahlgut zerkleinert wird.

Mühlsteinkragen, der →Duttenkragen.

Mühlviertel, von der Großen und der Kleinen Mühl durchflossene Landschaft in Oberösterreich, nördlich der Donau.

Mühsam, Erich, sozialist. Politiker, Schriftst., * 1878, † (ermordet, KZ) 1934; revolutionärer Lyriker, Dramatiker, Essayist; 1919 Mitgl. der Münchner Räteregierung.

Muisca, auch **Chibcha** [tʃ′ibtʃa], Indianerstamm der Chibcha-Sprachgruppe in Kolumbien, z. Z. der span. Eroberung mit hochentwickelter Kultur (Keramik, Goldarbeiten).

Mujibur Rahman [mudʒ′ibur raxm′an], Scheich, bengal. Politiker, * 1920, † 1975, war maßgeblich an der Errichtung des unabhängigen Staates →Bangladesh beteiligt, 1972 dessen MinPräs., seit 1975 Staatspräs., von seinen Gegnern ermordet.

Mukatschewo, tschech. **Mukačevo** [-tʃevɔ], ungar. **Munkács** [m′uŋka:tʃ], Stadt in der Ukrain. SSR (seit 1945) am SW-Rand der Waldkarpaten, 74 000 Ew.; Maschinenbau, Möbel-, Textil-Industrie. M. gehörte bis 1920 und 1938–45 zu Ungarn, 1920–38 zur Tschechoslowakei.

Mukden, Stadt in China, heute →Shenyang.

Mulatte [span.] der, Mischling zw. Weißen und Negern.

Lachmöve

Silbermöve

Mantelmöve

Möwen

Müll: Verbrennungsanlage; *1 Entladehalle, 2 Müllbunker, 3 Schüttelrinne, 4 Altölbrenner, 5 Vertrocknungsrost, 6 Hauptrost, 7 Ausbrandrost, 8 Schlackenkanal, 9 Schlackenbunker, 10 Kessel, 11 Elektrostaubfilter, 12 Hochkamin, 13 Speisewasserbehälter mit Entgaser*

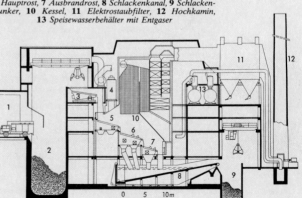

Muld

Muffe:
Gewindemuffe

Mulde, große, flache Senke der festen Erdoberfläche.

Mulde, li. Nebenfluß der Elbe, 124 km, entsteht aus der **Zwickauer M.** (128 km) und der **Freiberger M.** (102 km).

Mülhausen, frz. **Mulhouse** [myl'u:z], Stadt im Oberelsaß, im frz. Dép. Haut-Rhin, an der Ill und dem Rhein-Rhône-Kanal, 120 000 Ew.; Textilzentrum; Metall-, chem., Papierind.; Verlage; Kalihandel.

Mülheim a. d. Ruhr, kreisfreie Stadt in NRW, 180 000 Ew.; Binnenschiffahrtsverbindung über die kanalisierte Ruhr mit Rhein und Rhein-Herne-Kanal; Eisen-, Hütten-, Stahl-, Elektronik- u. a. Industrie, Erdölraffinerie; Max-Planck-Institut für Kohleforschung.

Mull, leichtes, feinfädiges, halbdurchsichtiges Baumwollgewebe in Leinwandbindung für Blusen, Schals, Vorhänge, als **Verband-M.** saugfähig und keimtötend.

Müll [mhd.] *der,* Sammelbez. für feste →Abfallstoffe, wie Haus-M., Straßenkehricht, Gewerbe- und Industriemüll. Der **Haus-M.** (in dt. Großstädten etwa 0,5–1,5 kg je Tag und Kopf) muß im Interesse der Gesundheit der Bewohner und der Sauberhaltung der Wohnsiedlungen regelmäßig entfernt werden. Ein Merkmal des **Industrie-M.** ist seine besondere Zusammensetzung, in der einzelne Bestandteile stark überwiegen; für giftige Abfallstoffe müssen Vorsichtsmaßnahmen getroffen werden, ebenso für M. aus medizin. Bereichen (Krankenhäusern u. ä.).

Zur **M.-Abfuhr** dienen M.-Wagen, die eine Hebevorrichtung für M.-Behälter und einen eingebauten M.-Verdichter besitzen. M.-Wagen haben einen Nutzraum von 6–18 m³. Der M. wird an abgelegenen Stellen, den M.-Kippen (Deponie), in etwa 1–2 m starken Schichten abgelagert, mit einer Laderaupe verdichtet und mit Humus- oder Lehmboden abgedeckt. Eine ungeordnete Form der M.-Ablagerung hat zu erheblichen hygien. Mißständen und häufig zu Grundwasserverunreinigung geführt. Radikaler ist die M.-Verbrennung (Ausnutzung der Abwärme, auch der anfallenden Schlacke). Schwierigkeiten bereitet die Beseitigung von Großabfällen (z. B. Autowracks) und sich nicht zersetzendem Kunststoff. Roh-M. eignet sich als landwirtschaftl. Dünger. In Kompostierungsanlagen stellt man **M.-Kompost** her. (Bild S. 309)

Mulla(h), → Molla.

Muller [m'ʌlɐ], Hermann Joseph, amerikan. Biologe, * 1890, † 1967. Durch Röntgenbestrahlung konnte M. bei Taufliegen künstl. Mutationen erzeugen; 1946 Nobelpreis für Medizin.

Müller, Ausbildungsberuf im Handwerk (3 Jahre).

Müller, 1) Adam Heinrich, Ritter von **Nittersdorff** (1826), Staats- und Gesellschaftstheoretiker der Romantik, * 1779, † 1829, seit 1813 im österr. Staatsdienst.

2) Friedrich, gen. **Maler Müller,** Maler und Dichter, * 1749, † 1825, Hofmaler in Mannheim, seit 1778 in Rom, vertrat einen sinnlich-derben Realismus; Idyllen (›Die Schafschur‹, ›Das Nußkernen‹); Dramen (Bearbeitung des Faust-Stoffs u. a.).

3) Friedrich Max, Sprachforscher, * 1823, † Oxford 1900, führte die vergleichende Sprachwissenschaft in England ein und begründete der vergleichende Religionswissenschaft.

4) Gebhard, Jurist, Politiker (CDU), * 1900; 1948–52 Staatspräs. von Württemberg-Hohenzollern, 1953–58 MinPräs. von Baden-Württ., 1958–71 Präs. des Bundesverfassungsgerichts.

5) Gerhard, * 1912, 1963–80 Präs. des Bundesarbeitsgerichts.

6) Heiner, Schriftst., * 1929, lebt in Ost-Berlin, Dramen: ›Philoktet‹ (1965), ›Macbeth‹ (1972), ›Germania Tod in Berlin‹ (1977), ›Leben Gundlings . . .‹ (1977) u. a.

7) Hermann, Politiker (SPD), * 1876, † 1931, unterzeichnete als Reichsaußenminister (1919/20) den Versailler Vertrag; 1920 und 1928–30 Reichskanzler.

8) Johannes, Astronom, → Regiomontanus.

9) Johannes von (1791), Historiker, * 1752, † 1809. Hauptwerk: ›Geschichten der Schweizer. Eidgenossenschaft‹, 5 Bde. (1780–1808; Quelle für Schillers ›Tell‹).

10) Johannes Peter, Physiologe, * 1801, † 1858; führte die neuzeitl., naturwissenschaftlich begründete Heilkunde ein.

11) Josef, Politiker (BVP, CSU), * 1898, † 1979, war 1947–49 und 1950–52 Justiz-Min. in Bayern.

12) Karl Otfried, * 1797, † 1840, Altphilologe, Archäologe, bed. Förderer der klass. Altertumswiss.

13) Ludwig, evang. Theologe, * 1883, † 1945, 1933 Bischof in Preußen und Reichsbischof, gehörte zu den → Deutschen Christen.

14) Paul Hermann, schweizer. Chemiker, * 1899, † 1965; entdeckte die Wirkung des DDT als Insektengift; Nobelpreis für Physiologie und Medizin 1948.

E. Munch: Vier Mädchen auf der Brücke, 1905
(Köln, Wallraf-Richartz-Museum)

15) Wilhelm, Dichter, * 1794, † 1827; im Volksliedton gehaltene Lieder (›Am Brunnen vor dem Tore‹); von seinen Liederzyklen wurden ›Die schöne Müllerin‹ (1821) und ›Die Winterreise‹ (1823) vertont (F. Schubert); ›Griechenlieder‹ (1821–24).

Mueller, Otto, Maler, * 1874, † 1930, gehörte zur Gemeinschaft der → Brücke, jugendl. herbe, zigeunerhafte Gestalten. (Bild Lithographie)

Müller-Armack, Alfred, Volkswirtschaftler, Soziologe, Geschichtsphilosoph, * 1901, † 1978, prägte den Begriff ›Soziale Marktwirtschaft‹.

Müllerei, Gewinnung von mehlartigen Erzeugnissen durch Mahlen. In Getreidereinigungsmaschinen werden die Körner von Fremdkörpern befreit, im Konditionierapparat auf gleichmäßigen Feuchtigkeitsgehalt gebracht und in Walzenstühlen allmählich zu Mehl zerkleinert. Nach jedem Walzenstuhl wird das Mahlerzeugnis in Sichtern getrennt, dabei Kleie abgeschieden, und dann weiterverarbeitet. — **Lohn-** oder **Kundenmühlen** vermahlen das Getreide nur im Lohn, **Handelsmühlen** verkaufen das Mahlerzeugnisse.

Müller-Guttenbrunn, Adam, österr. Schriftst., * 1852, † 1923; Romane (›Der große Schwabenzug‹, 1913), volkskundl. Abhandlungen.

Müller-Schlösser, Hans, Schriftst., * 1884, † 1956; rhein. Schwänke und Erz.; Komödie ›Schneider Wibbel‹ (1914).

Müller-Thurgau, früh reifende, blumige Rebsorte, 1882 in Geisenheim gezüchtet; nach dem schweizer. Weinbauforscher H. Müller-Thurgau (* 1850, † 1927).

Müllheim, Stadt im Kr. Breisgau-Hochschwarzwald, Bad.-Württ., 13 000 Ew.; Hauptort des Markgräfler Weinbaugebiets; Metallwaren-, Textil-, Optik- u. a. Ind.

Mulliken [m'ʌlıkən], Robert Sanderson, amerikan. Physiker, * 1896; 1966 Nobelpreis für Chemie für die Entwicklung der Theorie der Molekularbahnen.

Mullit [n. der Insel Mull, Schottland] *der,* natürl. und synthet. feuerfestes Aluminiumsilikat, bildet sich beim Brennen keram. Erzeugnisse.

Müllner, Adolf, Schriftst., * 1774, † 1829, rief mit dem Einakter ›Der 29. Februar‹ (1812) die Theatermode der Schicksalstragödien hervor.

Multan, Stadt in Pakistan, 730 000 Ew.; Textil-, Leder-, Glas-, Stahlind.; Verkehrsknoten; Handel (Baumwolle, Weizen, Gewürze); Ruinen antiker Bauten.

Multatuli [lat. ›viel habe ich gelitten‹], eigtl. Eduard **Douwes-Dekker,** niederländ. Schriftst., * 1820, † 1887; kolonialpolit. Anklageroman ›Max Havelaar‹ (1860).

multi . . . [lat.], vielfach . . ., mehrfach . . .

multilateral [lat.], mehrseitig, z. B. polit. Abkommen zw. mehr als 2 Partnern, v. a. im Außenhandel.

Multi Media [lat.], meist gleichbedeutend mit → Mixed Media, seit etwa 1960 die programmat. Zusammenfassung mehrerer kultureller Medien; → Environment, → Happening.

H. Multscher:
Kopf des
Hl. Florian, 1456/58
(Frauenkirche
in Sterzing)

multinationale Unternehmen, Wirtschaftsunternehmen mit Tochterfirmen im Ausland.

multipel [lat.], vielfach, vielfaltig.

multiple choice [m'ʌltɪpl tʃɔɪs, engl. ›mehrfache Auswahl‹], Fragebogen- und Testtechnik, bei der zw. mehreren vorgegebenen Antworten gewählt werden muß; v. a. in der sozialwissenschaftl. Forschung (Psychodiagnostik, Demographie), auch zu Prüfungszwecken.

Multiples [m'ʌltɪplz, engl.] *Mz.,* in serienmäßiger Auflage hergestellte Kunstobjekte.

multiple Sklerose [grch.-lat.], **Encephalomyelitis disseminata,** Krankheit des Nervensystems mit zerstreuten Krankheitsherden, die Empfindungsstörungen und Muskellähmungen verursachen. Ursache ungeklärt.

Multiplex-System, Vielfachübertragung, gleichzeitige Übertragung mehrerer Nachrichten über denselben Nachrichtenkanal. Beim **Zeit-Multiplex** werden die Nachrichten in kurze Impulse zerlegt, die abwechselnd übertragen werden.

Multiplikation, Grundrechenart; in der Arithmetik auch als **Malnehmen** bezeichnet. Bei ganzen Zahlen ist die M. ein Vervielfältigen des Multiplikanden mit dem Multiplikator, etwa $3 \cdot 8 = 8 + 8 + 8 = 24$. Die M. ist auch für Brüche, Irrationalzahlen, Funktionen und andere abstrakte mathemat. Größen, z. B. Elemente von Gruppen, erklärbar.

Multiplikator, 1) →Multiplikation. 2) Wirtschaftstheorie: eine Zahl, die z. B. die durch eine Investition ausgelöste Zunahme des volkswirtschaftl. Gesamteinkommens zum Ausdruck bringt.

Multivibrator, Gegeneinanderschaltung von 2 Elektronenröhren oder Transistoren zum Erzeugen von Kippschwingungen, z. B. in der Fernsehtechnik.

Multscher, Hans, Bildhauer, Maler, * um 1400, † 1467, tätig in Ulm, malte die stark realist. Flügelbilder des Wurzacher Altars (1437, Berlin, Staatl. Museen), schuf die Altarfiguren der Pfarrkirche in Sterzing (1456–58) sowie viele Stein- und Holzbildwerke. (Bild S. 310)

Mumebaum [japan.], **Japanische Aprikose,** Baum mit weißrötl. Blüten, aprikosenähnl. bitteren Früchten.

Mumie [aus arab.] *die,* auf natürl. Weise (z. B. Austrocknung) oder durch künstl. Verfahren (Einbalsamierung) vor Verwesung geschützte Leiche. Mumifizierung war in Ägypten (Beginn des 3. Jahrtsd.), in N-Chile, Peru und Ecuador bekannt. Heute wird mit sehr starker Formalinbehandlung eine Art Mumifizierung vorgenommen; die Schrumpfung der Leiche ist hier gering.

Mumienporträts, Mumienbildnisse, meist mit Wachsfarben auf Holztafeln gemalte Bildnisse, mit denen das Gesicht von Mumien bedeckt wurde, bes. verbreitet seit der Eroberung Ägyptens durch Augustus (31 v. Chr.).

Mumifikation [lat.], 1) Einbalsamierung, →Mumie. 2) ♀ trockener Brand.

Mummel, Mümmel *die,* ⚕ die →Teichrose.

Mummelsee, sagenumwobener See an der Hornisgrinde, im nördl. Schwarzwald, 1032 m ü. M.

Mummenschanz [frz.], Maskenfest, Maskenscherz.

Mumps [aus engl.] *der,* **Ziegenpeter, Bauernwetzel,** Kinderkrankheit, mit entzündl. Schwellung der Ohrspeicheldrüse. Erreger: Virus, das durch Tröpfcheninfektion übertragen wird. Ansteckungsfähig 2 Tage vor bis 14 Tage nach Ausbruch der Krankheit; Inkubationszeit 18–21 Tage.

Munch [-ŋk], Edvard, norweg. Maler und Graphiker, * 1863, † 1944, war 1885–1909 in Paris und Dtl., dann in Norwegen tätig; fand einen ausdrucksstarken eigenen Stil zügig geschwungener Linien und lebhafter Farben, der wegweisend für den Expressionismus wurde. Außer Landschaften und Figurenbilder, aus denen Angst und Verlorenheit des Menschen spricht. (Bild S. 310)

Münchberg, Stadt im Kr. Hof, Bayern, 11 900 Ew.; staatl. Fachhochschule für Textiltechnik; Textilindustrie.

München, Hptst. Bayerns, an der Isar, 1,3 Mio. Ew.; Sitz zahlreicher Behörden (u. a. des Dt. und Europ. Patentamts), des kath. Erzbischofs von M. und Freising und eines Evang.-Luther. Landeskirchenrats. M. verfügt über viele Bildungs- und Forschungseinrichtungen: Univ. (1826), TU (1868), Staatl. Hochschule für Musik, Bayer. Akademie der Wissenschaften, Akademie der Bildenden Künste, 7 Forschungsinstitute der Max-Planck-Gesellschaft, PH, Hochschule für Fernsehen und Film; ferner Polytechnikum u. a.; Bayer. Staatsbibliothek, 29 Museen, darunter Residenzmuseum, Dt. Museum, Bayer. Nationalmuseum, Museum für Völkerkunde, Theatermuseum, viele Gemäl-

desammlungen (Alte und Neue Pinakothek, Schackgalerie u. a.), Bayer. Staats- u. a. Archive; Botan. Garten, Tierpark Hellabrunn, zahlreiche Theater (u. a. Bayer. National-, Residenz-, Cuvilliés-Theater, Münchener Kammerspiele). – M. ist bed. Verkehrsmittelpunkt und hat vielseitige Ind.: Elektrotechnik, Maschinen-, Apparate-, Fahrzeugbau, opt., feinmechan., eisenverarbeitende, Bekleidungs-, Textil-Ind., graph. Gewerbe, Porzellanmanufakturen, Brauereien, Fremdenverkehr (Kongresse, Oktoberfest).

Das Stadtbild M.s ist durch zahlreiche bedeutende Bauten geprägt: Frauenkirche (1271, Neubau 1468–88), Altes Rathaus (1310, Neubau 1470–80, nur z. T. erhalten), Altes Zeughaus (15. Jh.), Michaelskirche (1583–97), Peterskirche (heutige Gestalt 17./18. Jh.). An der Residenz bauten die bayer. Herrscher des 16.–19. Jh. in wechselnden Baustilen. Ferner entstanden: Theatinerkirche (1663–75), Schloß Nymphenburg (1644 bis 1728; Amalienburg 1734–39), Palais Porcia (1693), Bürgersaal (1708–09), Dreifaltigkeitskirche (1711–18), Nepomukkirche (1733–46, Gebrüder Asam), Palais Preysing (1723–28), Palais Holnstein (1733–37, jetzt Erzbischöfliches Palais), Residenztheater (1750–53). Schöpfer des klassizistisch-romant. M. ist Ludwig I.: Königsplatz mit Glyptothek (1816–30), Neuer Staatsgalerie (1838–48) und Propyläen (1846–62), Ludwigstraße mit Staatsbibliothek (1832–43), Univ. (1835), Feldherrnhalle. Im 19. und 20. Jh. entstanden: Maximilianstraße (1853–59), Maximilianeum (1858–65), Neues Rathaus (1867–1908), Dt. Museum (1906–25), Haus der Kunst (1933–37) u. a. Grünanlagen erstrecken sich weit in die Stadt: Hofgarten (1613–15), Engl. Garten, Nymphenburger Park u. a.

M., eine Stadtgründung Heinrichs des Löwen (1158), war seit 1255 Herzogssitz. Nov. 1918 wurde in M. durch ☞ Eisner die Rep. ausgerufen, April 1919 die Räterep.; durch Reichswehr und Freikorps niedergeworfen. Nov. 1923 Schauplatz des Hitlerputsches. 1972 Olymp. Sommerspiele.

Münchener Abkommen, der am 29. 9. 1938 in München zw. Hitler, Mussolini, Chamberlain und Daladier geschlossene Vertrag, nach dem die Tschechoslowakei das Sudetenland an das Dt. Reich abtreten mußte. 1973 schlossen die Bundesrep. Dtl. und ČSSR einen Vertrag über die Ungültigkeit des M. A. und seiner Rechtsfolgen.

Münchener Rückversicherungsgesellschaft AG, München, gegr. 1880, größter Rückversicherer der Welt.

Münchhausen, 1) Börries Freiherr von, Lyriker, * 1874, † (Selbstmord) 1945, erneuerte die dt. Balladendichtung (›Bee-

Mumps

München: Marienplatz mit Rathaus (rechts) und Frauenkirche

*Karl Friedrich
Hieronymus
von Münchhausen*

renauslese‹, 1920). **2)** Karl Friedrich Hieronymus Freiherr von, * 1720, † 1797, Jäger und Offizier, erzählte unglaubl. Kriegs-, Jagd- und Reiseabenteuer. Erste Sammlung von M.-Geschichten 1781—83, erweiterte engl. Bearbeitung 1785, 1786 von G. A. Bürger rückübertragen und um 13 Erzählungen vermehrt.

Münchner Dichterkreis, um König Maximilian II. (E. Geibel, P. Heyse, H. Lingg, M. Greif, W. Hertz, Graf v. Schack, F. Bodenstedt, F. v. Pocci, J. Grosse).

Mund, Eingang in den Verdauungskanal, dient zur Aufnahme der Nahrung, zur Lautbildung und teilweise auch zur Atmung. Die Mundhöhle ist begrenzt durch den Mundboden und den Gaumen.

Mund|art, Dialekt, Volkssprache einer Landschaft, meist im Ggs. zur Hoch- und Schriftsprache. Die **deutschen Mundarten** gehen auf das Westgermanische zurück. Sie werden durch die hochdt. →Lautverschiebung in das **Niederdeutsche** (Niederfränkisch, Niedersächsisch, Ostniederdeutsch) und **Hochdeutsche** geschieden. Die Grenze läuft von Birnbaum a. d. Warthe über Frankfurt a. d. O., Wittenberg, Kassel, Düsseldorf, Aachen und trifft die Maas zw. Lüttich und Maastricht. Das Hochdeutsche teilt sich wieder in **Ober- und Mitteldeutsch;** die Grenze läuft von Pilsen über Karlsbad, Fichtelgebirge, Weißenburg nach Hagenau an den Vogesen. In den oberdt. M. (Bairisch-Österreichisch, Alemannisch) ist die Lautverschiebung am vollständigsten durchgedrungen; die mitteldt. M. (Ostfränkisch, Rheinfränkisch, Moselfränkisch, Hessisch, Thüringisch, Obersächsisch, Lausitzisch, Schlesisch, Hochpreußisch) haben in versch. Umfang mitgemacht. — Das dt. Sprachgebiet hat seit 1945 in O einen großen Teil seiner Fläche verloren: heimatlos geworden sind vor allem das Baltendeutsche, Preußische, Schlesische, Ostpommersche, die Dialekte des Sudetenlands.

Mundasprachen, zum austroasiat. Sprachstamm gehörende Sprachen der Mundavölker.

Mundavölker, Munda, Kolari|er, die Völker Vorderindiens mit Mundasprachen, rd. 5 Mio.; sie leben überwiegend im NO Vorderindiens und im südl. Himalayagebiet.

Mündel [von ahd. ›Schutz‹, ›Vormundschaft‹] *der* oder *das,* der unter →Vormundschaft stehende Minderjährige. **M.-Geld,** das vom Vormund verwaltete Kapitalvermögen eines M., ist mündelsicher anzulegen (§ 1806 ff. BGB).

Münden, Hannoversch Münden, Stadt im Kr. Göttingen, Ndsachs., 25 500 Ew.; Fachwerkbauten, alte St. Blasii (12.–16. Jh.); Biolog. Bundesanstalt für Land- und Forstwirtschaft.

Münder, Bad M. am Deister, Stadt im Kr. Hameln-Pyrmont, Ndsachs., 19 700 Ew.; Heilbad (Sole, Schwefel, Eisen).

Mundfäule, fieberhafte, schmerzhafte Entzündung der Mundschleimhaut (**Stomatitis ulcerosa**).

Mundgliedmaßen, Mundwerkzeuge, Kopfgliedmaßen, zu Organen der Zerkleinerung und Aufnahme von Nahrung umgebildet, z. B. bei Insekten, Krebsen, Spinnentieren.

Mundharmonika, ♪ volkstüml. Blasinstrument mit schwingenden Metallzungen; 1821 erfunden.

Mündigkeit, →Volljährigkeit.

Mundkatarrh, Rötung und Schwellung der Mundschleimhaut mit Speichelfluß (**Stomatitis simplex**).

Mündlichkeit, ⚖ Grundsatz im Zivilprozeß: Entscheidungsgrundlage kann nur das, was mündlich vorgetragen wurde; seit 1976 vielfache gesetzl. Ausnahmen. – Im Strafprozeß gilt der Grundsatz der M. für die →Hauptverhandlung.

Mund|orgel, ostasiat. Blasinstrument; auf einer Luftkammer (z. B. Schale eines Kürbisses) stehen Bambusrohre; Luftzufuhr durch Mundstück.

Mundraub, ⚖ Entwendung oder Unterschlagung von Nahrungs- oder Genußmitteln zum alsbaldigen Verbrauch; seit 1. 1. 1975 nicht mehr als Sondertatbestand, sondern als Vergehen gemäß § 248 a StGB strafbar.

Mundschenk, im MA. Hofbeamter, dem die Getränke anvertraut waren, an großen Fürstenhöfen zum erblichen Hofamt entwickelt; im alten Deutschen Reich war M. der König v. Böhmen.

Mundt, Theodor, Schriftst., * 1808, † 1861, galt als einer der Führer des ›Jungen Deutschland‹.

Mündung, 1) Stelle, an der ein Wasserlauf in einen anderen, in einen Fluß, einen See oder ins Meer fließt. **2)** Feuerwaffen: das offene Ende des Laufs (Rohrs).

Mündungsbremse, Vorrichtung an der Mündung des Laufs einer Feuerwaffe, die den Rückstoß durch Umlenken eines Teils der nachströmenden Pulvergase abschwächt.

Mündungsfeuer, bei Feuerwaffen das beim Schuß aus der Mündung schlagende brennende Pulvergas.

Mündungsschoner, Mündungskappe, Schutzkapsel für die Mündung von Feuerwaffen.

Mund-zu-Mund-Beatmung, →Atemspende.

Mungenast, Ernst Moritz, Schriftst., * 1898, † 1964; Roman ›Der Zauberer Muzot‹ (1939).

Munggenast, Joseph, Baumeister, * 1680, † 1741, Schüler J. Prandtauers; Klosterbauten.

Mungo [engl. mongoose aus Prakrit manguso] *der,* →Schleichkatzen.

Mungobohne, Gartenbohne mit eßbaren Samen.

Municipio [-s‑'ipio, span.], **Munizip** *das,* in Lateinamerika und Portugal Bez. einer Verwaltungseinheit versch. Größe mit eigener Behördenorganisation.

Municipium [lat.], in der röm. Republik seit 338 v. Chr. die in den röm. Staatsverband aufgenommenen italischen Städte.

Munition [frz.] *die,* Sammelbegriff für Gegenstände zum Schießen, Sprengen, für Leucht- oder Signalzwecke oder zur Sichtbehinderung.

Munk, 1) Andrzej, poln. Filmregisseur, * 1921, † 1961; Filme: ›Eroica‹ (1957), ›Schielendes Glück‹ (1960). **2)** [moŋg], Kaj, eigtl. K. **Petersen,** dän. Schriftst., * 1898, † (von der Gestapo erschossen) 1944, Pfarrer; Dramen über weltanschaul. Fragen in christlich-humanitärem Geist.

Munkács [m'uŋka:tʃ], ungar. Name von →Mukatschewo.

Munkácsy [m'uŋka:tʃi], Michael von (1878), eigtl. M. **v. Lieb,** ungar. Maler, * 1844, † 1900; relig., histor., genrehafte Bilder.

Münnerstadt, Stadt im Kr. Bad Kissingen, Bayern, 8 000 Ew.; in der Stadtkirche Teile des alten Altars: Schnitzereien von T. Riemenschneider, Flügelbilder von V. Stoß.

Münsingen, Stadt im Kr. Reutlingen, Bad.-Württ., 11 300 Ew.; Truppenübungsplatz.

Munster, 1) Stadt im Kr. Soltau, Ndsachs., 18 300 Ew.; Truppenübungsplatz, Bundeswehrgarnison. **2)** [m'ʌnstə], irisch **Cúige Mumhan** [k'u:gi m'u:ən], Provinz im SW der Rep. Irland, 24 126 km², 980 000 Ew.; Hptst.: Limerick.

Münster [von lat. monasterium ›Kloster‹] *das,* urspr. eine Klosterkirche; in S- und W-Dtl. auch eine Bischofs- oder große Pfarrkirche.

Münster, 1) RegBez. in NRW, 6 896 km², 2,418 Mio. Ew., umfaßt die kreisfreie Städte Bottrop, Gelsenkirchen, Münster (Westf.) und die Landkreise Borken, Coesfeld, Recklinghausen, Steinfurt, Warendorf. **2) M. (Westf.),** kreisfreie Stadt und Hptst. von 1), in der Münsterschen Bucht, 269 000 Ew.; Hafen an einem Stichkanal des Dortmund-Ems-Kanals, reich an got. und Renaissancebauten (nach der Zerstörungen des 2. Weltkriegs zum großen Teil wieder stilgerecht aufgebaut). Univ. (neugegr. 1902), PH, hauptstädt. Behörden; Brauereien, Brennereien, Molkereien, Maschinen-, Textil- u. a. Ind. – Das Bistum M. wurde Ende des 8. Jh. von Karl d. Gr. gegr. Der Ort (1137 Stadtrecht) war seit dem 14. Jh. Hansestadt; 1534/35 herrschten die Wiedertäufer. 1648 Abschluß des Westfäl. Friedens in M.; 1803 kamen die Stadt und der größte Teil des Hochstifts an Preußen. **3) Bad M. am Stein-Ebernburg,** Stadt im Kr. Bad Kreuznach, Rheinl.-Pf., 3 500 Ew., Thermal-Sol-Radium-Quellen. Bei M. die **Ebernburg** und **Rheingrafenstein.**

Münster, Sebastian, * 1488, † 1552, Franziskaner, dann Anhänger der Reformation; lehrte an der Univ. Basel Hebräisch und Mathematik. ›Cosmographia universalis‹ mit 471 Holzschnitten und 26 Karten.

Münsterberg, Hugo, dt.-amerikan. Philosoph, * 1863, † 1916; Mitbegr. der Arbeits- und Betriebspsychologie.

Münster|eifel, Bad M., Stadt und Kneippkurort im Kr. Euskirchen, NRW, 14 600 Ew., Radioteleskope, darunter das größte schwenkbare Paraboloid (100 m ⌀, Ortsteil Effelsberg).

Münstermann, Ludwig, † 1637/38, Bildhauer, schuf für Kanzeln, Altäre u. a. des Oldenburger Landes Holz- und Alabasterfiguren von manieristischer Ausdrucksgestaltung.

Münstersche Bucht, →Westfälische Bucht.

Münstertal, 1) rätoroman. Val Müstair [-myʃt'aïr], ital. **Val Monastero,** Tal größtenteils im Kt. Graubünden, Schweiz, vom Ofenpaß bis Glurns an der Etsch auf ital. Gebiet, Hauptort: Münster. **2)** Tal in den Vogesen, Hauptort: Münster; Viehwirtschaft (Münsterkäse); Textilind.

Munt [ahd. ›Schutz‹] *die,* im german. Recht ein personenrechtl. Schutz- und Vertretungsverhältnis (**Muntschaft**); sie umfaßte die Schutz- und Fürsorgegewalt des Hausherrn, des Vormunds u. ä.

Münter, Gabriele, Malerin, * 1877, † 1962, Schülerin Kandinskys, Mitgl. des ›Blauen Reiters‹.

Munthe, 1) Axel, schwed. Arzt und Schriftst., * 1857, † 1949; ›Das Buch von San Michele‹ (1929). **2)** Gerhard, norweg. Maler, * 1849, † 1929, impressionist. Landschaften.

Muntmannen [zu Munt], im MA. Minderfreie, die als Schutzhörige in einem Untertänigkeits- und Treueverhältnis zu einem Schutzherrn standen.

B. E. Murillo: Bettelbube (Ausschnitt; München, Alte Pinakothek)

Münze [ahd. aus lat. moneta], Metallgeld, dessen Gewicht und Feingehalt der Münzherr oder Staat als Inhaber der Münzhoheit durch Bild oder Beschriftung verbürgt.

Münzarten. **Währungs-** oder **Kurantmünzen** sind aus dem Metall der entsprechenden Währung; ihr Kurswert entspricht ihrem Metallwert. Bei **Scheidemünzen** darf der Nennwert über dem Metallwert liegen. **Rechnungsmünzen** werden nicht ausgeprägte Werte genannt, die einem Vielfachen der umlaufenden Kurantmünzen entsprechen. **Handelsmünzen** wurden und werden zur Erleichterung wirtschaftl. Beziehungen gemäß fremden Münzfüßen und -bildern geprägt (Nachprägungen).

Die meisten M. sind rund. I. a. zeigt die Vorderseite **(Avers)** Hoheitszeichen (Wappen, Herrscherporträt oder andere Embleme), die Rückseite **(Revers)** die Wertangabe. Einseitig ausgeprägte M. **(Brakteaten),** eckige M. oder M. mit welligem Rand sind Ausnahmen. Unter überseeischem Einfluß entstanden bei europ. Kolonialmächten M. mit einem Loch in der Mitte. Die Legende verläuft bei der Mehrzahl aller M., außer bei islam. und chinesischen, am Rand. (Weitere Bilder S. 314)

Münzenberg, Willi, Politiker (KPD) und Publizist, * 1889, † 1940, Mitarbeiter Lenins, 1924 MdR., baute die **Internat. Arbeiterhilfe** auf; 1937 wegen Kritik an Stalin aus der KP ausgeschlossen.

Münzer, Müntzer, Thomas, Theologe und Revolutionär, * 1468 oder 1489/90, † (enthauptet) 1525, erst Anhänger, später Gegner Luthers; verband mit der Verkündung des Evangeliums sozialrevolutionäre Forderungen. Er organisierte 1525 den Bauernkrieg in Thüringen. In der Entscheidungsschlacht von Frankenhausen wurde er gefangen.

Münzfälschung, Geldfälschung, strafrechtlich die Fälschung von Metall- und Papiergeld und diesen gleichgestellten Wertpapieren (§§ 146, 147 StGB). Das StGB unterscheidet u. a.: **Falschmünzerei** (Nachmachen von Geldzeichen), **Münzverfälschung** (Veränderung von echtem Geld), das **Inverkehrbringen von Falschgeld** (das der Täter durch Falschmünzerei oder Münzverfälschung erlangt hat) und das **Abschieben von Falschgeld,** das als echt empfangen wurde. Ähnl. Regelung in Österreich (§§ 232ff. StGB) und in der Schweiz (Art. 240ff. StGB).

Münzfernsprecher, Fernsprecher, bei dem erst nach Einwurf von Münzen die Verbindung ermöglicht wird.

Münzfuß, die gesetzlich festgelegte Zahl von Münzen, die aus der Gewichtseinheit des Münzmetalls geprägt werden dürfen.

Münzgewinn, der →Schlagschatz.

Münzhoheit, obrigkeitl. Recht zur Ordnung des Münzsystems. In der Bundesrep. Dtl., in Österreich und der Schweiz steht die M. dem Bund zu.

Munzinger-Archiv, Archiv für publizistische Arbeit, auf privater Grundlage arbeitender, unabhängiger Pressedienst in Ravensburg; 1913 in Berlin gegr.

Münzkunde, →Numismatik.

Münzregal, das vom Staat ausgeübte oder verliehene Recht, Münzen zu prägen und in Verkehr zu bringen.

Münzstätte, Prägeort der Münzen. M. sind in der Bundesrep. Dtl. München (Münzbuchstabe D), Stuttgart (F), Karlsruhe (G), Hamburg (J).

Münztechnik umfaßt v. a. die Herstellung von Münzen **(Münzprägung),** z. B. aus **Münzlegierung** (75% Kupfer, 25% Nickel). Die Münzen werden zu Stäben (Zainen) gegossen und zu Streifen von best. Dicke ausgewalzt. Hieraus werden die **Münzplättchen** gestanzt und nach Prüfung auf Gewicht und Reinigung geprägt.

Mur die, li. Nebenfluß der Drau, 444 km, kommt aus den Niederen Tauern, mündet bei Legrad.

Murad, türk. Sultane:
1) M. I. (1359–89), * 1326(?), † (ermordet) 1389, eroberte 1361 Adrianopel, siegte 1389 auf dem Amselfeld über die Serben.
2) M. II. (1421–51), * 1404, † 1451, eroberte Saloniki 1430, Serbien 1440, schlug die Ungarn bei Warna 1444, auf dem Amselfeld 1448.
3) M. III. (1574–95), * 1546, † 1595, nahm in Feldzügen 1576–90 den Persern Kars, Eriwan, Georgien und Täbris ab.

Muränen [grch.-lat.], **Muraenidae,** Fam. der aalartigen Fische, räuber. Knochenfische des Mittelmeers; schmackhaft.

Murano, Stadtteil von Venedig, rd. 8 800 Ew.; Mittelpunkt der venezian. Kunstglaserzeugung (seit 1292).

Murasaki, Shikibu, japan. Dichterin, * 978, † 1016; →japanische Literatur.

Murat [myr′a], Joachim, frz. Marschall (1804), * 1767, † (erschossen) 1815, ∞ mit Caroline Bonaparte; 1808–14 König von Neapel.

Muratori, Ludovico Antonio, ital. Historiker, * 1672, † 1750; seine Quellenausgaben sind bis heute grundlegend.

Murbach [frz. myrb′ak], Dorf und ehem. Benediktinerkloster bei Gebweiler (Oberelsaß) im frz. Dép. Haut-Rhin; von der Kirche, einem Hauptwerk der elsäss. Romanik, sind Chor und Querschiff erhalten.

Murcia [m′urθia], **1)** Prov. Spaniens, 11 317 km², 909 000 Ew. **2)** Hptst. von 1), 273 000 Ew.; got. Kathedrale mit Rokokofassade, Univ.; Textil- u. a. Industrie.

Murdoch [m′ə:dɔk], (Jean) Iris, engl. Schriftstellerin, * 1919; Romane: ›Unter dem Netz‹ (1954), ›Die Sandburg‹ (1957), ›Maskenspiel‹ (1961), ›Das Meer, das Meer‹ (1978) u. a.

Mure [bair.] die, **Murbruch, Murgang,** Schlamm- und Gesteinsströme in Hochgebirgen, oft von Hochwasser begleitet.

Murg die, re. Nebenfluß des Rheins, 96 km; oberhalb von Forbach durch die Schwarzenbach-Talsperre gestaut.

Murger [myrʒ′ɛr], Henri, frz. Erzähler, * 1822, † 1861; ›Szenen aus dem Leben der Bohème‹ (1847); danach die Oper ›La Bohème‹ von Puccini.

Muri, Ort im Kt. Aargau, Schweiz, 4 900 Ew.; Kloster (11. Jh.).

Murillo [mur′iʎo], Bartolomé Esteban, span. Maler, * 1618, † 1682, schuf mit seinen Madonnenbildern ein neues, die spanisch-kath. Gefühlswelt tief ergreifendes Schönheitsideal. Zugleich erschien ihm in der ersten Künstler das Leben der Gassenkinder darstellungswürdig. M. gelangte zu einem Stil, der durch weiches Helldunkel, aufgelöste Konturen, warme, duftige Farben und Goldtöne gekennzeichnet ist; viele Kirchenbilder, etwa 30 Darstellungen der Unbefleckten Empfängnis, Trauben- und Melonenesser, Würfelspieler, Pastetenesser, Häusl. Toilette.

Mur|insel, serbokroat. **Medjimurje** [medʒ′imurje], fruchtbares Zwischenstromland zw. Drau und Mur, in Jugoslawien; Erdölfelder.

Münzen I: **1** *Ägina, 7. Jh. v. Chr., Silber-Stater.* **2** *Lydien, König Alyattes (615–561 v. Chr.), Drittel-Stater, Elektrum.* **3** *Athen, Tetradrachmon, 490–430 v. Chr.* **4** *Ägypten, Ptolemäus II., Tetradrachmon, 323–285 v. Chr.* **5** *Röm. Republik, Legionsdenar des Marcus Antonius, 32 v. Chr.* **6** *Römisches Kaiserreich: As des Germanicus († 19 n. Chr.)*

Münzen

*Münzen II: **7** Kelten, Regenbogenschüsselchen, um 100 v. Chr., Goldlegierung. **8** Frankenreich: Kaiser Karl der Große, Denar, nach 800. **9** Brakteaten: Wetterau, Kaiser Friedrich I. (†1190), Königsbrakteat der Münzstätte Gelnhausen/Frankfurt. **10** Kaiser Friedrich II. (†1250), Augustalis, Gold. **11** Frankfurt am Main, Händelheller; seit etwa 1527. **12** Frankreich, Ludwig XIII., Louisdor, 1640, Gold. **13** Württemberg, Herzog Karl I. Alexander, Karolin, 1735, Gold*

Müritz *die,* größter See in Mecklenburg, 117 km².

Murmansk, Stadt und Flottenstützpunkt im N der Halbinsel Kola, UdSSR, an der **Murmanküste,** 388 000 Ew., Endpunkt der von Leningrad kommenden **Kirowbahn** (früher **Murmanbahn**); ganzjährig eisfreier Hafen, Werften, Fischereikombinat.

Murmeltiere, Marmotta, Gatt. der Hörnchen mit 13 Arten. Das **Alpen-M.** ist oben braungrau, unten rostgelb, 50–70 cm lang; lebt unter der Schneegrenze (1 600–3 000 m), gräbt im Sommer einfache Baue mit Fluchtröhre, im Winter Kessel. M. pfeifen bei Gefahr; stehen unter Naturschutz. Das osteuropäisch-asiat. **Steppen-M.** oder **Bobak (Marmota bobac)** lebt vorwiegend in Steppen.

Murnau a. Staffelsee, Markt und Luftkurort im Kr. Garmisch-Partenkirchen, Bayern, 10 500 Ew., 688 m ü. M.; Pfarrkirche (18. Jh.).

Murner, Thomas, Theologe, Satiriker, * 1475, † 1537. Predigten; Übers. (Vergil); Lehrbücher der Logik, Metrik, Rechtswiss.; Verssatiren: ›Narrenbeschwörung‹ (1512), ›Schelmenzunft‹ (1512), ›Von dem großen Luther. Narren‹ (1522).

Murom, Stadt und Hafen an der Oka, Russ. SFSR, 116 000 Ew.; Maschinenbau, Textil-, Holzindustrie.

Muroran, Hafenstadt auf Hokkaido, Japan, 165 000 Ew.; ein Zentrum der japan. Eisen- und Stahlindustrie.

Murphy [mˈɔːfɪ], **1)** Robert Daniel, amerikan. Diplomat, * 1894, † 1978; war 1944–49 Berater der Militärregierung der USA für Dtl. **2)** William Parry, amerikan. Arzt, * 1892; führte mit G. R. Minot und G. H. Whipple die Leberdiät bei perniziöser Anämie ein. 1934 mit ihnen zus. Nobelpreis für Physiologie und Medizin.

Murray [mˈʌrɪ], wasserreichster Fluß Australiens, 2 570 km, aus den Austral. Alpen in die Große Austral. Bucht.

Mürren, Kurort und Wintersportplatz im Berner Oberland, Schweiz, 500 Ew., 1650 m ü. M.

Murrhardt, Stadt im Rems-Murr-Kr., Bad.-Württ., an der Murr, 13 640 Ew.; vielfältige (Metall, Kunststoff, Leder) Ind.

Murrumbidgee [mʌrəmbˈɪdʒi], re. Nebenfluß des Murray, aus den Austral. Alpen, 2 160 km.

Murten, frz. **Morat** [mɔrˈa], Stadt im Kt. Freiburg, Schweiz, am Murtensee, 4 600 Ew.; Uhren-, elektrotechnische Industrie. — 1476 Sieg der schweizer. Eidgenossen über Karl d. Kühnen von Burgund.

Mürz|zuschlag, Stadt am Fuß des Semmering, Steiermark, Österreich, an der **Mürz,** 11 600 Ew.; Sommerfrische, Wintersportplatz; Eisen- und Holzindustrie.

Mus|aget(es) [grch.], Musenführer; Beiname von Apoll.

Musalla, Berg im Rilagebirge, Bulgarien, 2 925 m.

Musäus, grch. **Musajos, 1)** grch. sagenhafter Sänger und Dichter. **2)** grch. Dichter, um 500 n. Chr.; Liebesepos ›Hero und Leander‹. **3)** Johann Karl August, Schriftst., * 1735, † 1787; satir. Romane. ›Volksmärchen der Deutschen‹ (1782–86).

Muscarin [lat.] *das,* Gift der Fliegenpilze.

Muschelhaufen, Überreste vorgeschichtl. Siedlungsstellen in Strandnähe, v. a. aus Muschelschalen, Schneckengehäusen. Als Typus gelten die dän. **Køkkenmøddinger** der Mittelsteinzeit.

Muschelkalk, ⊕ mittlere Abteilung der Triasformation (→ geologische Formationen).

Muschelkrebse, Ostracoda, niedere Krebse, mit einer den Körper deckenden, muschelförmigen, zweiklappigen Schale; im Meer und im Süßwasser.

Muscheln [von lat. musculus ›Mäuschen‹, dann ›Miesmuschel‹], **Lamellibranchiaten, Lamellibranchiata, Beilfüßer, Pelecypoda,** Klasse der Weichtiere mit seitlich zusammengedrückten Körper, der von einem Mantel und 2 von diesem abgeschiedenen Schalen umhüllt ist. Die Schalen sind am Rücken durch ein Schloßband miteinander verbunden und können durch Muskeln verschlossen werden. Die M. haben zwei röhrenförmige Öffnungen (Siphonen) für Atemwasser und Nahrung. Eßbar sind z. B. Austern und Mies-M. Perl-M. liefern Perlen.

Muschelpilz, der →Austernpilz.

Muschelvergiftung, Vergiftung durch den Genuß verdorbener Muscheln (bes. Austern, Miesmuscheln). Behandlung wie → Fleischvergiftung.

Muschg, 1) Adolf, schweizer. Schriftst. und Literarhistoriker, * 1934; Romane, Erzählungen, Dramen. **2)** Walter, schweizer. Literarhistoriker, * 1898, † 1965; ›Trag. Literaturgesch.‹ (1948), ›Die Zerstörung der dt. Literatur‹ (1956).

Muschik [dt. auch mˈu-], ⚇ für russ. Bauer.

Muselman(n), ⚇ Muslim.

Musen, in der grch. Mythologie die Töchter des Zeus und der Mnemosyne, Göttinnen der Künste und der Wissenschaft: Klio (Geschichte), Kalliope (Epos, Elegie), Melpomene (Tragödie), Thalia (Komödie), Urania (Astronomie), Terpsichore (chorische Lyrik, Tanz), Erato (Liebeslied, Tanz), Euterpe (Musik, Lyrik), Polyhymnia (Tanz, Pantomime, ernstes Lied).

Musen|almanach, period. Gedichtsammlung, um 1800 die beliebteste Form der Veröffentlichung von Lyrik.

Musette [myzˈet, frz.] *die,* frz. Gesellschaftstanz, meist im Dreivierteltakt, zur Zeit Ludwig XIV.; später Suitentanz. Aus der M. entwickelte sich der **Musette-Walzer.**

Museum [lat., aus grch. museíon ›Musentempel‹], seit dem 18. Jh. Bez. für Samml. von Kunstwerken und anderen Gegenständen wissenschaftl. und belehrender Art sowie der sie bergende Bau. Große Kunstsammlungen entstanden in der Spätantike (Alexandria, Pergamon, Rom), dann seit der Renaissance: Antikensammlungen (meist Skulpturen), Gemäldegalerien, Kupferstichkabinette u. a. 1753 wurde das Brit. Museum in London, 1793 die Galerie des Louvre in Paris eröffnet. Die wissenschaftl. M. kamen im 19. Jh. dazu: Kulturgeschichtl. M. (zugleich Kunstmuseen wie das German. M. in Nürnberg), M. für Volks- und Heimatkunde, Völkerkunde, Naturwissenschaften, Technik (Dt. M., München), Handwerk und Industrie, Natur und Flotte u. a. sowie für große Persönlichkeiten (z. B. Goethe-M. in Frankfurt a. M. und Weimar).

Museumskäfer, der →Kabinettkäfer.

Musgrave [mˈʌzgreɪv], Richard Abel, amerikan. Wirtschaftswissenschaftler dt. Abstammung, * 1910, Prof. an der Harvard-Univ.; Beiträge v. a. zur Finanztheorie.

Mushin [engl. mˈuːʃɪn], Industriestadt in SW-Nigeria, mit 197 000 Ew.; Metallind., Textil-, Montagebetriebe.

Musical [mjˈuːzɪkl, engl.] *das,* **musical comedy** [-kˈɔmɪdɪ], **musical play** [-pleɪ], singspielartiges Bühnenstück amerikan. Herkunft mit lockerer, revuehafter Handlung. Das M. entstand nach Vorformen etwa um 1940. Bekannte M. sind u. a.: ›Kiss me Kate‹ (Musik von C. Porter, nach Shakespeares ›Der Widerspen-

Muscheln:
1 Knotige Herzmuschel,
2 Kammuschel,
3 Venusherz,
4 Braune Venusmuschel

stigen Zähmung‹, 1948), ›My Fair Lady‹ (von F. Loewe, nach G. B. Shaws ›Pygmalion‹, 1956), ›Irma la Douce‹ (Musik von Marguerite Monnod, 1956), ›Westside Story‹ (L. Bernstein, 1957), ›Hair‹ (G. MacDermot, 1967).

Musik [von grch. musiké techne ›Kunst der Musen‹ oder musiké paideia ›musische Erziehung‹], bei den alten Griechen alle Geist und Gemüt bildenden Künste i. Ggs. zur Gymnastik; erst nach der klass. Zeit Name für die M. i. e. S. (Tonkunst). Die M. beruht auf Tonbeziehungen, d. h. auf der Aufeinanderfolge und/ oder dem Zusammenklang mehrerer Töne. Der Tonrelation entsprechen Zahlenverhältnisse, z. B. 3 : 2 (Quint). I. Ggs. zu den bildenden Künsten hat das musikal. Geschehen eine zeitl. Ausdehnung, deren rhythm. Gliederung ebenfalls auf Zahlenrelationen beruht (z. B. Halb-, Viertelton). Die wichtigsten, je nach musikal. Tradition, Gattung, Epoche unterschiedlich ausgefüllten Gestaltungsprinzipien sind → Rhythmus, → Melodie, → Harmonie. Hinzu kommt die Charakterisierung des Klanges durch die jeweiligen M.-Instrumente. – In der mehrstimmigen Musik des Abendlandes ist bis um 1600 die melodisch-lineare Führung der Einzelstimmen, die im kontrapunktischen Satz (→ Kontrapunkt) zur Einheit gebunden werden (Polyphonie), die eigentlich formbildende Kraft; hier bilden die tonale Grundlage die Kirchentöne (→ Kirchentonarten). Dagegen wird in der homophonen, akkordisch gebundenen M. seit 1600 (→ Generalbaß) und vor allem seit 1750 die Melodik stark von der Harmonie bestimmt, bei der im Sinne der Kadenz alle Töne und Zusammenklänge eines Musikstücks auf den Dur- oder Moll-Dreiklang eines Grundtones bezogen werden (→ Tonart, → Stimmung). Im 20. Jh. und bes. seit dem 2. Weltkrieg verdichtet sich die Tendenz, von dem die europ. M. seit ihren Anfängen bestimmende System der Tonalität wegzukommen (→ Neue Musik). – Der Komponist verfügt über die versch. Möglichkeiten der Rhythmik und Melodiebildung u. a., der musikal. Gattungen (Lied, Tanz, Fuge, Kanon, Sonate, Sinfonie, Arie, Rezitativ, Oper, Oratorium, Motette, Messe usw.) und der Darstellungsmittel der M. (Instrumentationslehre).

Einteilung der M. nach versch. Gesichtspunkten: Neben der **Volks-M.** steht die von einzelnen Komponisten geschaffene **Kunst-M.** Der ernsten M. (E.-M.) steht die **Unterhaltungs-M.** (U.-M.) einschl. Tanz-M. und ›Jazz gegenüber, der mehrstimmigen M. (Abendland) die einstimmige (Antike, Orient), der geistl. die weltl., der absoluten M. (ohne begrifflich faßbaren Inhalt) die → Programmusik. – Nach den zur Ausführung der M. erforderl. Klangkörpern unterscheidet man die beiden Hauptgruppen **Instrumental-** und **Vokal-M.** Die Instrumental-M. gliedert sich in Orchester-, Kammer- und Salon-M., die Vokal-M. in die reine (a-cappella-M.) und die von Instrumenten begleitete Gesangs-M., in Chor- und Sologesangs-M.

Die Anfänge der M. liegen im dunkeln. Eine Wurzel kommt aus dem kult. Tanz und relig. Glauben. Die M. auch jenseits des europäisch-geschichtl. Bereichs (z. B. M. der Naturvölker) sollte grundsätzlich im Zusammenhang mit ihren kulturellen und soziolog. Voraussetzungen gesehen werden. Bei den Griechen war die M. i. e. S. bis Ende des 5. Jh. nur eine der Komponenten der musiké (die anderen waren der Sprache als Vers und der Tanz). Erst im Verlauf der christl. Zeit bahnte sich der M. den Weg zur autonomen Kunst. Über die Entwicklung in einzelnen vgl. die Artikel → deutsche Musik, → englische Musik usw.

Musikali|en, gedruckte oder geschriebene Musikwerke, im **M.-Handel** auch Instrumente und M.-Geräte.

Musikbox, Plattenspieler, der nach Münzeinwurf eine gewünschte Platte aus einem Magazin entnimmt und abspielt.

Musikdirektor, der staatl. oder städtische Leiter musikal. Aufführungen (in größeren Städten **General-M.,** Abk. **GMD**).

Musikdrama, bisweilen synonym für Oper, i. e. S. Bez. für die von R. Wagner geschaffene Form der durchkomponierten Oper.

Musik|erziehung, Pflege und Förderung musikal. Anlagen durch prakt. musikal. Betätigung: Liedsingen, Stimmbildung, Gehörschulung, rhythm. Erziehung, Schulung des Tonbewußtseins und des musikal. Gedächtnisses u. a.

Musikhochschulen, Musikakademien, staatl. Anstalten zur Ausbildung auf allen Gebieten der Tonkunst.

Musik|instrumente, Geräte zum Hervorbringen musikalisch verwertbarer Töne, Klänge und Geräusche. Die Einteilung in 1) Saiteninstrumente (Streich-, Zupf-, Klavierinstrumente), 2) Blasinstrumente (Holz-, Blechblasinstrumente), 3) Schlaginstrumente ist unvollkommen und durch eine von v. Hornbostel und C. Sachs entwickelte Ordnung ersetzt.

I. Idiophone (Selbstklinger), darunter vor allem die Schlagidiophone: Kastagnetten, Becken, Triangel, Xylophon, Glocken u. a. **II. Membranophone** (Fellklinger). 1) Schlagtrommeln: Pauke, Trommel. 2) Reibetrommeln. **III. Chordophone** (Saitenklinger). 1) einfache Chordophone. a) Stabzithern. b) Brettzithern: Psalterien, Hackbrett; mit Tasten: Saitenklaviere (Clavichord; Kielklavier; Hammerklavier). 2) zusammengesetzte Chordophone mit Resonanzkörper: Lyra, Drehleier; Geige, Bratsche, Violoncello, Kontrabaß; Laute, Gitarre, Harfe. **IV. Aerophone** (Luftklinger). 1) Trompeteninstrumente: Hörner, Trompeten, Posaunen. 2) Flöten. a) Längsflöten, meist mit Schnabel: Panflöte, Blockflöte, Okarina. b) Querflöten. 3) Rohrblattinstrumente. a) Oboeinstrumente (mit doppeltem Rohrblatt): Oboe, Englischhorn, Fagott. b) Klarinetteninstrumente (mit einfachem Rohrblatt): Klarinette, Saxophon. c) Sackpfeifen: Dudelsack. 4) Orgeln und Verwandtes: Orgel, Harmonium, Ziehund Mundharmonika. **V. Elektrophone,** z. B.: Hawaii-Gitarre, Wurlitzer-Orgel, Hammondorgel, Trautonium, Baldwin-Orgel (→ Synthesizer).

Musiklehre, musikal. Fachkunde; sie umfaßt u. a. Notenschrift, Tonbenennung, Tonstufen, Tonarten, Tonleitern, Takt, Rhythmik, Harmonielehre, Kontrapunkt, Formenlehre, Metrik, Instrumentation.

Musikschule, musikal. Ausbildungsstätte für Jugendliche (**Jugend-M.**) oder Erwachsene, in fast allen größeren Städten; i. d. R. in kommunaler Trägerschaft.

Musiktheater, in Dtl. in den letzten Jahrzehnten eine Darstellungsform, die gesprochenes oder gesungenes Wort, Szene (Spiel, Tanz) und Musik verbindet.

Musiktherapie, psychotherapeut. Hilfsmittel, um die seelisch-körperl. Gesamtverfassung eines Menschen günstig zu beeinflussen.

Musikwerke, Musik|automaten, Geräte zur Musikwiedergabe auf mechan. Weg, z. B. Spieldose, Drehorgel, elektr. Klavier (nicht Plattenspieler und Bandgerät).

Musikwissenschaft umfaßt alle Formen der theoret. (Musikästhetik, Musikethnologie, Musiksoziologie) und der histor. Beschäftigung mit Musik (Musikgeschichte).

Musil, Robert Edler von, österr. Schriftst., * 1880, † 1942. Sein unvollendeter iron. Roman ›Der Mann ohne Eigenschaften‹ (1930–43, Gesamtausg. 1952) sucht im Bild des verfallenden alten Österreichs geistige Strukturen der modernen Gesellschaft freizulegen. Weitere Werke: ›Die Verwirrungen des Zöglings Törless‹ (1906), ›Die Schwärmer‹ (Schauspiel, 1920). Essays, Erzählungen, Tagebücher.

Musique concrète [myz'ik kɔ̃kr'ɛt, frz.], → konkrete Musik.

Musivgold, goldfarbenes Zinnsulfid.

musivisch [lat.-grch.], aus Mosaik bestehend, eingelegt.

Muskatellerwein, nach Muskatnuß schmeckender Rot- oder Weißwein von der Muskatellertraube; meist Süßwein.

Muskatfink, → Weberfinken.

Muskatkraut, eine → Pelargonie.

Muskatnußbaum, trop. Baum mit maiglöckchenähnl. Blüten und pfirsichähnl. Frucht, die in rotem zerschlitztem Samenmantel (**Muskatblüte**) den als Gewürz dienenden Samen (**Muskatnuß**) enthält.

Muskau, Stadt im Bez. Cottbus, an der Lausitzer Neiße, 5 000 Ew., Eisenmoorbad; keram., Glasind., Braunkohlenbergbau. – 1815–45 von Fürst Pückler angelegter Park.

Muskel|atrophie, → Muskelschwund.

Muskelblatt, Teil der mittleren Keimschicht des Mesoblastems im Wirbeltierembryo.

Muskel|elektrizität, elektr. Erscheinungen, die der Muskel zeigt, wenn er tätig ist (**Aktionsstrom** oder **-potential**) oder verletzt wird (**Verletzungsstrom**).

Muskelgifte, chem. Stoffe, die die willkürl. Muskulatur lähmen, z. B. → Curare; dienen als **muskelerschlaffende Mittel** (Muskelrelaxantien) bei chirurg. Eingriffen und zur Krampfverhütung.

Muskelhärte, ♃ der → Hartspann.

Muskelkater, schmerzhafte Verhärtung der Muskulatur nach größeren Anstrengungen. Behandlung: bei hochgradigem M. völlige Ruhe, sonst leichte Bewegung, ein innere Selbstmassage.

Muskeln [lat. musculi ›Mäuschen‹], aus Faserbündeln bestehendes Gewebsorgan bei Mensch und Tier mit der Fähigkeit, sich zu verkürzen und dadurch Bewegungen des Körpers oder seiner Teile zu bewirken. Die M. an den Knochen sind dem Willen unterworfen (**willkürliche** oder **quergestreifte M.**), im Gegensatz zu

Muskatnußbaum: oben Zweig mit Frucht, unten blühender Zweig

Robert Musil

315

Musk

Musketier

Benito Mussolini

*Modest Mussorgskij
(aus einem Gemälde
von I. Repin, 1881)*

den **unwillkürlichen** oder **glatten M.**, die sich unabhängig vom Willen betätigen und die Bewegungen der inneren Organe regeln. Die Herzmuskeln sind zwar quergestreift, aber dem Willen nicht unterworfen.

Muskelriß, Muskelruptur, ♄ unter blitzartigem Schmerz entstehender Riß eines Muskels oder einiger Fasern (**Muskelzerrung**).

Muskelschwund, Muskel|atrophie, ♄ Verminderung der Muskelmasse durch Krankheit (v. a. Lähmungen) oder Inaktivierung.

Muskelsinn, ♄ ⓛ ein Sinn, der den Lage- und Spannungszustand der Muskeln wahrnimmt (**kinästhetischer Sinn**).

Muskete [frz.] *die*, **Furkett**, Infanteriegewehr mit Luntenschloß.

Musketier, der mit einer Muskete Bewaffnete; später (bis 1919) meist Bez. des Infanteristen schlechthin.

Muskowit, Muskovit [n. Muscovia, lat. für Moskau], ⊕ Mineral, ›Katzensilber‹ (→ Glimmer, → Silikate).

Muskulatur, Gesamtheit der → Muskeln; **muskulär,** die Muskulatur betreffend; **muskulös,** muskelstark.

Muslim [arab. ›der in den Stand des Heils Eintretende‹, ›der sich an Gott Hingebende‹], engl. früher **Moslem,** aus pers. *Mz.* **Muslimin,** türk. **Musulman** (modern: **Müslümän**) und dt. **Muselman(n),** Selbst-Bez. für den Anhänger des → Islam; Ggs.: **Kafir** (Ungläubiger).

Muslim-Bruderschaft, arab. **al-Ichwan al-Muslimun,** islam. Bewegung, gegr. 1928 in Ismailia (Ägypten) von HASAN AL-BANNA, fordert Befreiung der arab. Länder von der Fremdherrschaft Andersgläubiger, Herstellung einer islam. Staats- und Gesellschaftsordnung. Nach 1945 ein polit. Machtfaktor, 1954 von Nasser verboten.

Muslim-Liga, von Muslimen in Indien 1906 zur Wahrung ihrer Interessen gegenüber den Hindus gegr. Organisation, hatte entscheidend Anteil an der Gründung des Staates Pakistan.

Muspilli, Bruchstück eines altbair. Gedichts von den letzten Dingen aus dem 9. Jh.

Musselin, Mousseline [musl'in, frz., n. der Stadt Mossul], leichtes, feinfädiges, leinwandbindiges Gewebe aus Wolle, Baumwolle, Chemiefaser u. a.

Musset [mys'ε], Alfred de, frz. Dichter, * 1810, † 1857, verband Ironie, Phantasie und modischen Weltschmerz; Gedichte, Verserzählungen, anmutige, reizvolle Theaterstücke; ›Beichte eines Kindes unserer Zeit‹ (1836, über M.s Liebe zu George Sand).

Mußkaufmann, → Kaufmann.

Mussolini, Benito, ital. Politiker, * 1883, † (erschossen) 1945, urspr. Lehrer, wurde 1912 Chefredakteur des sozialdemokrat. ›Avanti‹. 1914 befürwortete er den Anschluß an die Entente, im ›Popolo d'Italia‹ schuf er sich eine Kampfzeitung; 1915–17 Kriegsteilnehmer. 1919 gründete er in Mailand den Wehrverband der **Schwarzhemden** und löste damit die Bewegung des → Faschismus aus. Als Führer (Duce) der Faschisti. Partei und die Regierungschef (seit Nov. 1922) kam M. zu diktator. Gewaltpolitik. Sie führte ihn 1936 zum Bündnis mit Hitler, 1940 an dessen Seite in den 2. Weltkrieg. Nach militär. Mißerfolgen und innerer Krise wurde M. auf Befehl des Königs auf dem Gran Sasso d'Italia in Haft gesetzt, wo dt. Fallschirmtruppen befreit (1943). Er leitete dann bis zur Kapitulation die von Hitler abhängige ›Ital. Sozialrep.‹. Bei dem Versuch, in die Schweiz zu flüchten, wurde er von kommunist. Partisanen ergriffen und erschossen.

Mussorgskij, Modest Petrowitsch, russ. Komponist, * 1839, † 1881, schuf eine aus dem Volksmusik gebundene eigene Tonsprache von ausdrucksstarkem Realismus. Opern: ›Boris Godunow‹ (1874; bearbeitet von Rimskij-Korssakow), ›Chowanschtschina‹ (vollendet und bearbeitet von Rimskij-Korssakow 1883). Sinfon. Dichtung ›Eine Nacht auf dem Kahlenberge‹; Klavierstücke: ›Bilder einer Ausstellung‹ (orchestriert v. M. Ravel); Lieder.

Mustafa, 1) M. II., türk. Sultan (1695–1703), * 1664, † 1703, von Eugen von Savoyen 1697 bei Zenta geschlagen, verlor den großen Türkenkrieg; 1703 gestürzt und vergiftet. **2) Kara M.,** ›der schwarze M.‹, türk. Großwesir (1676–83), * 1634, † 1683; nach der türk. Niederlage am Kahlenberg ließ ihn der Sultan erdrosseln.

Mustafa Kemal Pascha, → Atatürk.

Mustagh-ata [türk. ›Eisgebirge-Vater‹], ein Gipfel der östl. Pamirkette, 7546 m.

Mustang [engl. aus span.] *der*, ein Präriepferd.

Muster [von ital. mostra ›Probe‹, ›Schau‹], Vorlage, Modell.

1) ⬜ Warenprobe. **M. ohne Wert,** zollfreie Waren ohne Wiederveräußerungswert. **2)** ⓟ, Soziologie: **Verhaltensmuster,** regelhafte Anordnung oder Darstellung elementarer psychophys. Abläufe oder Handlungen.

Musterprozeß, Modellprozeß, Rechtsstreit, der zur Entscheidung einer best. Rechtsfrage geführt wird, die für eine Vielzahl gleichgelagerter Fälle von Bedeutung ist.

Musterrolle, ⚓ vom Seemannsamt ausgefertigte Urkunde über die Zusammensetzung der Schiffsmannschaft.

Musterschutz, ⚓ gesetzl. Schutz best. Gegenstände gegen Nachbildung, besteht für gewerbl. Muster und Modelle (→ Geschmacksmuster) sowie für Gebrauchsgegenstände (→ Gebrauchsmuster).

Musterung, 1) Feststellung militär. Tauglichkeit. **2)** Heuervertrag (→ Anmusterung).

Musterzeichner, industrieller Ausbildungsberuf (3 1/2 Jahre); Entwürfe für Stoffe, Tapeten u. a.

Mutae [lat. mutus ›stumm‹] *Mz.*, → Verschlußlaute.

Mutagene, Mutationen auslösende Chemikalien oder Strahlen.

Mutankiang, amtl. chines. **Mu dan jiang** [-dʒaŋ], Stadt im ostmandschur. Bergland, China, etwa 300 000 Ew.; an der Bahn Harbin–Wladiwostok.

Mutation [lat.], **1)** die meist sprunghaft auftretende Änderung eines erbl. Merkmals (**Erbänderung**), die zur Verminderung oder Erhöhung des Lebewesens Lebenswesens führt. M. verursachen z. B. durch Auslese die Rassen- und Artbildung. **2)** Stimmwechsel bei Pubertätsbeginn.

mutatis mutandis [lat.], nach Vornahme der erforderl. Änderungen.

Muth, Carl, Publizist, * 1867, † 1944, leitete 1903–41 die kath. Monatsschrift ›Hochland‹.

Muthesius, Hermann, Architekt, * 1861, † 1927, baute nach engl. Vorbildern, bes. Landhäuser; Pionier des Jugendstils und Verbreiter des Funktionalismus.

Mutismus [lat.], Stummheit bei vorhandener Sprechfähigkeit, kann bei seel. Störungen und Geisteskrankheit auftreten.

Mutsuhito [mutshito], Kaiser von Japan (1867–1912), * 1852, † 1912, stellte nach Beseitigung des Shogunats (1868) die Kaisergewalt wieder her; unter ihm wurde Japan Großmacht. Nach seiner Regierungsdevise Meiji (›erleuchtete Regierung‹) heißt M. für die Nachwelt **Meiji Tenno.**

Muttenz, Gem. im Kt. Basel-Landschaft, Schweiz, 16 900 Ew.; chem. Metallwaren-, Elektroindustrie.

Mutter, 1) die Frau im Verhältnis zu ihren Kindern. In vielen Religionen genießt die M. Verehrung (**M.-Kult**), im Christentum Maria als M. Jesu. In manchen Kulturen ist die M. das Symbol der Erde, des Chthonischen. **2)** ⚙ zu einem Schraubenbolzen gehörender Körper mit Innengewinde.

Mütterberatungsstelle, Einrichtung des Gesundheitsamtes zur Beratung in der Säuglings- und Kleinkinderpflege.

Mutterboden, Mutter|erde, humushaltige, fruchtbare Akkerkrume.

Mütter-Genesungswerk, Dt. M.-G., 1950 von E. Heuss-Knapp gegr. gemeinnützige Stiftung, unterhält rd. 140 **Müttergenesungsheime.**

Mutterhaus, 1) evang. Diakonie und Rotes Kreuz: eine Anstalt, in der weibliche Pflegekräfte ausgebildet werden, von der sie ausgesandt und am Lebensabend versorgt werden. **2)** katholisches Kloster als Sitz der Gesamtleitung einer Klostergenossenschaft.

Mutterkorn, Hungerkorn, Secale cornutum, überwinterndes Dauermyzel des bes. in Roggenblüten schmarotzenden, zu den Schlauchpilzen gehörenden **Mutterkornpilzes (Claviceps purpurea).** Das M. ist ein schwarzvioletter, hornartiger Körper. Arzneimittel gegen Hochdruck, Migräne, Gebärmutterblutungen; giftig. Anzeichen der **M.-Vergiftung** (Ergotismus): Hautkribbeln (**Kribbel-** oder **Kriebelkrankheit**), Erbrechen, Durchfall u. a. (Bild S. 317)

Mutterkraut, versch. Pflanzen, meist Volksmittel gegen Frauenbeschwerden: Mutterwurz, Frauenmantel, Beifuß u. a.

Mutterkuchen, scheibenförmiges, blutreiches Organ (**Plazenta**), das sich während der Schwangerschaft in der Gebärmutter bildet und dem Austausch von Nährstoffen, Sauerstoff, Kohlensäure zw. Mutter und Kind dient. Der M. besteht aus einem Teil der Gebärmutterschleimhaut (**Decidua**), der mittleren Schicht (**Zottenhaut,** Chorion) und der innersten Schicht (**Schafhaut,** Amnion). Bild S. 317

Mutterlauge, ⚗ Restflüssigkeit nach Auskristallisieren einer chem. Verbindung.

Muttermal, lat. **Naevus,** ♀ angeborene Geschwulst der Haut: als Farbstoffanhäufung **(Pigmentmal, Leberfleck)** oder als Blutgefäßgeschwulst (erweiterte Blutgefäße, **Feuer-, Blutgefäßmal).**

Muttermilch, die →Frauenmilch.

Muttermund, Teil der Gebärmutter.

Mutterrecht, Erbfolge- und Rechtsform, bei der die Gruppenzugehörigkeit und Rechte des Kindes durch die Verwandtschaft

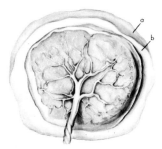

Mutterkuchen: dem Kind zugekehrte Fläche eines reifen M. mit Nabelstrang und Randteil des Fruchtsackes; a zottenfreier Teil der Zottenhaut, b Schafhaut (etwa ¹/₅ nat. Gr.)

der Mutter bestimmt werden; der nächste männl. Verwandte ist der Mutterbruder.

Mutterschulen, Einrichtungen zur Unterrichtung von Müttern über Säuglingspflege, Kindererziehung u. a., Träger sind Gemeinden, Kirchen, Freie Wohlfahrtspflege u. a.

Mutterschutz, ⚖ arbeitsrechtl. Schutz der werdenden Mütter und der Wöchnerinnen. In der Bundesrep. Dtl. besteht nach dem M.-Ges. i. d. F. v. 18. 4. 1968 ein Beschäftigungsverbot 6 Wochen vor und 8 Wochen nach der Entbindung. Mehr-, Nacht- und Sonntagsarbeit ist verboten. Eine Kündigung ist während der Schwangerschaft und bis 4 Monate nach der Geburt nicht möglich. 1979 wurde der Mutterschaftsurlaub (bis zu 6 Monaten nach der Entbindung) eingeführt.

Muttersprache, Begriff, der die Individualsprache eines Menschen als Teilhabe an der Sprache einer Gemeinschaft erfaßt, die er i. d. R. zunächst von seiner Mutter erlernt.

Muttertag, der 2. Sonntag im Mai, zu Ehren der Mutter.

Mutterwurz, Mutterkraut, Gamskraut, Bärenfenchel, Ligusticum mutellina, staudiger, fein fiederblättriger, weiß- bis rosablütiger Doldenblüter auf europ. Gebirgswiesen; Futterpflanze.

Muttra [mˈʌtrə], ind. Stadt, →Mathura.

mutual [lat.], **mutuell** [frz.], wechselseitig, gegenseitig.

Mutual Balanced Forces Reductions [mjˈuːtjʊəl bˈælənst fˈɔːsɪz rɪdˈʌkʃnz, engl.], →MBFR.

Mutung [zu muten ›begehren‹], →Bergrecht.

MW, 1) Zeichen für **M**egawatt. 2) Abk. für **M**ittel**w**ellen (→Wellenbereiche).

m. W., Abk. für **m**eines **W**issens.

MWD, russ. Abk. für ›Ministerium für innere Angelegenheiten‹, →KGB.

Mwerusee, Merusee, See in Zentralafrika (Zaire, Sambia), rd. 5 000 km², 992 m ü. M.

Myalgie [grch.], ♀ Muskelschmerz.

Myasthenie [grch.], ♀ abnorme Ermüdbarkeit der Muskulatur; wahrscheinlich durch eine Thymusdrüse verursacht.

Myelitis [grch.], ♀ die Rückenmarkentzündung.

Myelographie [grch.], Verfahren zur Röntgenuntersuchung von Rückenmark und Wirbelkanal.

Myiasis [grch.], ♀ von Fliegenlarven hervorgerufene Erkrankungen bei Mensch und Tier (z. B. Dasselplage).

Mykene, grch. **Mykenai,** Burg und Stadt in der grch. Landschaft Argolis, dem Mythos nach der Königssitz Agamemnons; in der Mitte des 2. Jahrtsd. v. Chr. ein Mittelpunkt der **myken. Kultur** (→ägäische Kultur); um 1150 v. Chr. von den Dorern zerstört. Erhalten sind Teile der Gebäude und der kyklop. Mauer mit dem Haupttor (›Löwentor‹) aus dem 14. Jh. v. Chr.; Schachtgräber mit reichen Grabbeigaben und Kuppelgräber, das größte wird heute ›Schatzhaus des Atreus‹ genannt.

Mykobakterien, Mycobacterium [grch.], Gruppe unregel-

mäßig geformter Stäbchenbakterien; z. B. das Tuberkelbakterium und das Leprabakterium.

Mykologie [grch.], die Pilzkunde.

Mykorrhiza, Mykorhiza [grch. rhiza ›Wurzel‹] die, Mz. **Mykorrhizen,** Symbiose der Saugwürzelchen vieler höherer Pflanzen mit Pilzfäden, bes. in humusreichem Boden; kommt vor bei Orchideen, Farnen, Waldbäumen u. a.

Mykosen [grch.], **Pilzerkrankungen,** ♀ ℥ ⊕ durch höhere Pilze hervorgerufene Krankheiten, bes. der Haut.

Mylady [mɪlˈeɪːdɪ, engl.], Anrede für eine Lady.

Mylord [mɪlˈɔːd, engl.], Anrede für einen Lord.

Mynheer, Mijnheer [mənˈeːr, niederl.], ›mein Herr‹.

Myogelose [begehren‹], ♀ →Hartspann.

Myokardinfarkt, ♀ der Herzinfarkt.

Myokarditis [grch.], ♀ Entzündung des Herzmuskels.

Myokardschaden, ♀ eine Herzmuskelerkrankung.

Myom [grch.] das, ♀ gutartige Muskelgeschwulst.

Myon, μ-Meson, ⊗ instabiles geladenes Elementarteilchen aus der Gruppe der Leptonen, das sich wie ein Elektron verhält, aber eine rd. 207mal so große Masse hat. Es gibt positive und negative, aber keine neutralen M.

Myopie [grch.], ♀ die Kurzsichtigkeit.

Myosin [grch.], an der Muskelkontraktion beteil. Eiweiß.

Myosotis [grch.], ⊕ die Gatt. Vergißmeinnicht.

Myrdal, 1) Alva, schwed. Wissenschaftlerin und Politikerin, * 1902, erhielt zus. mit 2) 1970 den Friedenspreis des Dt. Buchhandels, 1982 zus. mit A. García Robles den Friedens-Nobelpreis (für Verdienste um die Abrüstung). 2) Karl Gunnar, schwed. Volkswirtschaftler, Mann von 1), * 1898, 1947–57 Gen.-Sekr. der Europ. Wirtschaftskommission (ECE), erhielt zus. mit 1) 1970 den Friedenspreis des Dt. Buchhandels, 1974 zus. mit F. v. Hayek den Nobelpreis für Wirtschaftswissenschaften.

Myriade [grch.], Zehntausendschaft; Unzahl.

Myriapoda [grch.], →Tausendfüßer.

Myrmekologie [grch.], die Lehre von den Ameisen.

Myrmekophilen [grch.] Mz., die ›Ameisengäste.

Myrmidonen, südthessal. Volksstamm, in der ›Ilias‹ Gefolgsleute des Achilles.

Myron aus Eleutherai, att. Bildhauer des 5. Jh. v. Chr. Seine Bronzebildwerke sind durch Marmorkopien bekannt: Diskuswerfer, Gruppe der Athene mit Myrsyas.

Myrrhe [grch.-semit.] die, Gummiharz best. Sträucher und Bäume, Riechmittel und Räucherstoff. Durch Destillation wird aus M. das äther. **M.-Öl** gewonnen. Die M.-Tinktur, ein alkohol. Auszug aus M. mit adstringierender Wirkung, dient v. a. zu Mundspülungen und bei Bepinseln entzündeten Zahnfleisches.

Myrte die, Pflanzengatt. der Myrtengewächse. Die Blättchen sind immergrün, die Blüten weiß, die arzneilich verwendeten Beeren blauschwarz. Ästchen werden zu Brautkränzen verwendet. (Bild S. 318)

Mysien, antike Landschaft im NW Kleinasiens.

Myslbek, Josef, tschech. Bildhauer, * 1848, † 1922; Begründer der modernen tschech. Plastik.

Mysłowitz, poln. **Mysłowice** [mɪsłɔˈvitsɛ], Stadt in der poln. Wwschaft Katowice (Kattowitz), O-Oberschlesien, 72 000 Ew.; Steinkohlengruben, Metall-, Maschinen-, chem. Ind.

Mysore [maɪzˈɔː], Maisur, Stadt im ind. Bundesstaat →Karnataka, in den West-Ghats, 360 000 Ew.; Univ., Tempel, Ind.

Mysterienspiele, geistl. Dramen, seit dem 14. Jh. aus der Liturgie entwickelt (Oster-, Passionsspiel).

mysteriös [frz.], geheimnisvoll.

Mysterium [lat.], Mz. **Mysterien,** Geheimnis, Geheimlehre, Geheimdienst. 1) altes Griechenland und Rom: ritueller Gottesdienst, an dem nur Eingeweihte **(Mysten)** teilnehmen durften. Die wichtigsten M. waren die eleusin., die orphisch-dionys. M. und die der Kabiren, ferner die M. der kleinasiat. Göttermutter Kybele, der ägypt. Isis und des pers. Mithra. 2) Kath. Kirche: verstandesmäßig nicht faßbare Glaubenswahrheiten (z. B. Dreieinigkeit); auch das anima Christi und das hl. Sakrament u. a. die Messe.

Mystifikation [lat.], Täuschung, Vorspiegelung.

Mystik [grch.] die, Grundform des relig. Lebens, das unmittel-

Mutterkorn

Mutterkorn: a Roggenähre mit Mutterkörnern, b keimendes Mutterkorn mit gestielten Köpfchen, c Längsschnitt durch ein Köpfchen, d krugförmige Vertiefung am Rande des Köpfchens mit Sporenschläuchen, e Sporenschlauch, f Roggenfruchtknoten mit jungem Pilzmyzel (a etwa ¹/₃ nat. Gr.)

Myrte

bare Erleben Gottes. M. kann der Art nach gefühlsbetont, sinnlich-rauschhaft, kontemplativ oder spekulativ sein; ihre Grundlage ist durchweg asketisch. – Bedeutende Ausprägungen der M. sind in China der Taoismus, in Indien die Erlösungslehre der Wedanta, im alten Griechenland die Mysterienkulte, in der Spätantike der Neuplatonismus, im Islam der Sufismus, im Judentum die Kabbala und der Chassidismus, innerhalb des Christentums im MA. die Jesus- und Brautmystik (Bernhard von Clairvaux), die Passionsmystik (Bonaventura), die spekulative M. der Dominikaner (Eckart, Seuse, Tauler), in der Neuzeit die myst. Bewegungen in Spanien (Loyola), Frankreich (Franz von Sales, Fénelon) und Rußland (Starzentum) sowie der Pietismus.

mystisch [grch.], die Mystik betreffend, geheimnisvoll.

Mystizismus [grch.] *der,* intuitiv-irrationale Geisteshaltung.

Mythen [m'i:tən], zwei schweiz. Kreidekalkberge im Kt. Schwyz, **Großer M.** 1899 m, **Kleiner M.** 1811 m.

mythisch [grch.], zum Mythos gehörend; sagenhaft.

Mythologie [grch.], **1)** Gesamtheit der Mythen eines Volkes. **2)** Wissenschaft, die sich mit Sammlung, Erforschung und Erklärung der Mythen beschäftigt.

Mythos [grch.], **Mythus** *der,* auch **Mythe** *die,* **1)** Götter- und Helden-, Weltschöpfungs- und Weltuntergangssagen der frühen Kulturstufen. **2)** evang. Theologie: der zeitgebundene Ausdruck der neutestamentl. Verkündigung, von der die eigtl. bibl. Botschaft (Kerygma) nach Auffassung vieler Theologen abgelöst werden muß **(Entmythologisierung). 3)** das legendäre Bild einer welthistor. Persönlichkeit oder eines welthistor. Ereignisses.

Mytilene, neugrch. **Mytilini, 1)** anderer Name der grch. Insel Lesbos. **2)** Haupt- und Hafenstadt von Lesbos, 24 400 Ew.

Mytischtschi, Stadt nördl. von Moskau, Russ. SFSR, 143 000 Ew.; Maschinen- und Waggonbau.

Myxödem [grch.], ♄ durch zu schwache Tätigkeit der Schilddrüse bewirkte Krankheit: Anschwellung der Haut; die Oberhaut wird trocken, rissig; die Haare fallen aus; es besteht allg. körperl. und geistige Schwerfälligkeit.

Myxomatose [grch.], ♄ Viruskrankheit der Kaninchen und Hasen, mit eitriger Bindehautentzündung und Anschwellung der Körperöffnungen; meist tödl. Ausgang.

Myxomyzeten [grch.], **Myxomycetes,** die → Schleimpilze.

Myzel [grch. mykes ›Pilz‹] *das,* **Myzelium, Mycelium, Fadengeflecht, Pilzlager,** fädiger, meist verzweigter Vegetationskörper der Pilze, die Gesamtheit der Hyphen; äußerlich meist nicht sichtbar.

Mzab, Oasenregion am N-Rand der alger. Sahara; Handels- und Wirtschaftszentrum, Siedlungsgebiet der Berbergruppe der **Mzab** (rd. 100 000), die Anhänger einer mit christlichen und jüdischen Elementen durchsetzten islamischen Sekte sind. Hauptort ist Ghardaia.

Reihenfolge und Schreibung der Stichwörter. Die Stichwörter folgen einander nach dem Abc. Für das Einordnen gelten alle **fett** gedruckten Buchstaben, auch wenn das Stichwort aus mehreren Wörtern besteht. Die Umlaute ä, ö, ü werden behandelt wie die einfachen Buchstaben a, o, u; also folgen z. B. aufeinander: **Bockkäfer, Böcklin, Bocksbart.** Ae, oe, ue, auch wenn sie wie ä, ö, ü gesprochen werden, werden wie getrennte Buchstaben behandelt; z. B. folgen aufeinander: **Modus, Moers, Mofa** oder **Jodzahl, Joel, Joffe.** Auch die Doppellaute ai, au, äu, ei, eu werden getrennt alphabetisiert. Getrennte Aussprache zusammenstehender Buchstaben wird in Zweifelsfällen durch senkrechten Strich|angezeigt, z. B. **Alt|azimut.** Wörter, die man unter **C** vermißt, suche man unter **K** oder **Tsch** oder **Z**, bei **Dsch** vermißte Wörter unter **Tsch**, bei **J** vermißte unter **Dsch** oder **I**, bei **Y** vermißte unter **J**; ebenso im umgekehrten Fall. Abgeleitete und zusammengesetzte Wörter werden oft beim Grundwort behandelt. – Bei Stichwörtern mit zwei Formen oder Schreibungen ist die erste die gebräuchlichere. – Zusammengesetzte geograph. Namen werden so eingeordnet:

Zusammensetzungen

a) mit ›Bad‹ unter dem Ortsnamen (z. B. Bad Schwalbach unter Schwalbach, Bad);

b) mit ›Sankt‹ (und den fremdsprachigen Entsprechungen Saint, San, São usw) jeweils unter S . . .;

c) mit fremdsprachlichen Artikeln gewöhnlich unter dem Anfangsbuchstaben des Artikels (z. B. El-Alamein, Los Angeles, Le Havre, Den Haag), sofern diese Zusammensetzung geläufig ist;

d) mit geograph. Begriffen (z. B. Kap, Mount, Río, Sierra) unter dem Eigennamen (z. B. Everest, Mount). Ist ein solcher geograph. Begriff jedoch Bestandteil des Namens (z. B. Kap der Guten Hoffnung), so ist das Stichwort unter dem entsprechenden Begriff zu finden; das gleiche gilt, wenn die Zusammensetzung sprachlich enger zusammengehört oder geläufiger ist (z. B. Sierra Nevada, Rio Grande, Monte Rosa).

Von dieser Regelung gibt es Ausnahmen. Grundsatz der redaktionellen Bearbeitung ist es, die Texte möglichst dort zu bringen, wo der Leser sie erfahrungsgemäß am ehesten sucht.

Betonung und Aussprache

Wo beim Stichwort Zweifel über die Betonung auftreten können, ist diese durch einen Punkt unter dem betonten Laut angegeben, z. B. **Otranto.** Die Aussprache fremdsprachiger Wörter und Namen wird nach internat. Lautschrift bezeichnet, z. B. **Marseille** [-sˈɛj]. Die Lautzeichen bedeuten:

a	= helles a: m*a*tt	ĩ	= nasales i:
ɑ	= dunkles a: w*a*r		portugies. *I*nfante
ã	= nasales a: frz. Fr*a*nce	ʎ	= mouilliertes l:
ʌ	= dumpfes a: engl. b*u*t		ital. deg*l*i
γ	= geriebenes g	ł	= dunkles l:
ç	= ch-Laut wie in dt. i*ch*		poln. Stanis*ł*aw
x	= ch-Laut wie in dt. Ba*ch*	ŋ	= dt. ng-Laut: la*ng*e
æ	= breites ä: engl. h*a*t	ɲ	= nj-Laut:
ɛ	= offenes e: f*e*tt		*champagner*
e	= geschlossenes e: B*ee*t	ɔ	= offenes o: K*o*pf
ə	= dumpfes e: all*e*	o	= geschlossenes o: S*ohn*
ɛ̃	= nasales ɛ: frz. bass*in*	ɔ̃	= nasales ɔ: frz. sal*on*
i	= geschlossenes i: W*ie*se	œ	= offenes ö: H*ö*lle
ɪ	= offenes i: b*i*n	ø	= geschlossenes ö: H*öh*le
		œ̃	= nasales ö: frz. *un*

s	= stimmloses s: w*a*s	w	= halbvokalisches w:
z	= stimmhaftes s: l*ei*se		engl. *w*ell
ʃ	= stimmloses sch: T*a*sche	β	= halboffener Reibe-
ʒ	= stimmhaftes sch:		laut b:
	frz. Eta*g*e		span. Ca*b*imas
θ	= stimmloses th:	y	= ü: R*ü*be
	engl. *th*ing	ɥ	= konsonantisches y:
ð	= stimmhaftes th:		frz. S*ui*sse
	engl. *the*	:	bezeichnet Länge
u	= geschlossenes u: K*uh*		des vorhergehenden
ʊ	= offenes u: b*u*nt		Vokals
ũ	= nasales u:	'	bezeichnet Betonung
	portugies. At*um*		und steht vor dem
v	= dt. stimmhaftes w:		Vokal der
	*W*ald		betonten Silbe

b d f g h j k l m n p r t geben etwa den deutschen Lautwert wieder.

Herkunft der Wörter (Etymologie)

Die Herkunftsangaben stehen in eckiger Klammer hinter dem Stichwort. Sie sind für Laien bestimmt und vermeiden gelehrte Einzelheiten. Fremdwörter werden durch Angabe der Herkunftssprache gekennzeichnet: **animoso** [ital.]. Wo die wörtliche deutsche Entsprechung des fremden Begriffs von Bedeutung ist, wird sie angegeben: **allons!** [alˈ5̃, frz. ›gehen wir!‹]. – **Geschlecht und Zahl.** der, die, das stehen hinter dem Stichwort hinter der eckigen Klammer, z. B. **Aa** die; Ez. bedeutet Einzahl, Mz. Mehrzahl. – Die **Beugung** ist angegeben, wenn sie zweifelhaft sein kann, und zwar durch die Endung des Genitiv der Einzahl und des Nominativ der Mehrzahl, z. B. **Akzidens** [lat.] das, -/. . .d'enzien.

Zeichen für Wissensgebiete

⊟	Bauwesen	⊠	Physik	⊘	Verkehrswesen
⚒	Bergbau, Hüttenwesen,	△	Mathematik	⛉	Wappenkunde
	Lagerstättenkunde	♋	Rechtswesen	⚕	Tierkunde, Viehzucht
⚗	Chemie	(ᵞ)	Nachrichtentechnik	ⓢ	Sprachwissenschaft
ⓟ	Pädagogik	⚓	Schiffahrt, Seemanns-	☤	Medizin
⊕	Geowissenschaften		sprache, Segelsport	⚔	Sport
⚙	Militärwesen, Soldatensprache	Ⓟs	Psychologie	ⓟn	Philosophie
⚝	Luftfahrt	✶	Astronomie	⚏	Buch, Buchherstellung
⚏	Wirtschaft, Handel	⚐	Weidmannsprache	♣	veralteter Ausdruck
⚞	Kraftfahrzeug, Kraftverkehr	⊙	Technik	♪	Musik

⚡	Elektrizität, Elektrotechnik
⊕	Pflanzenkunde
⚶	Forstwesen, Holzwirtschaft
G	Gaunersprache
U	Umgangssprache
Ü	übertragener Ausdruck
V	vulgärer Ausdruck
M	Mundartwort

Der Pfeil →fordert auf, das dahinterstehende Wort nachzuschlagen. Weitere Zeichen sind: * geboren, † gestorben, ⚭ verheiratet, ∅ Durchmesser.

Abkürzungen

Endungen oder Wortteile werden zur Raumersparnis weggelassen, wie sie ohne Schwierigkeit ergänzt werden können, z. B. geistl. für geistlich(e), physikal. für physikalisch(e).

Abg.	Abgeordneter	Bad.-Württ.	Baden-Württemberg	Bundesrep.	
ABGB	Allgemeines Bürgerliches	Bd.,Bde.	Band, Bände	Dtl.	Bundesrepublik Deutschland
	Gesetzbuch (Österr.)	bed.	bedeutend	Chr.	Christus
Abk.	Abkürzung	begr.	begründet(e)	ČSSR	Tschechoslowakei
AG	Aktiengesellschaft	Beitr.	Beitrag, Beiträge	Cty.	County
ahd.	althochdeutsch	Bek.	Bekanntmachung	D	Dichte
allg.	allgemein	bes.	besonders	d.Ä.	der (die) Ältere
Art.	Artikel	best.	bestimmt	Dep.	Departement
ASSR	Autonome Sozialistische	Bev.	Bevölkerung	Dép.	Département
	Sowjetrepublik	Bez.	Bezirk; Bezeichnung	dgl.	dergleichen, desgleichen
a.St.	alten Stils	BGB	Bürgerliches Gesetzbuch	d.Gr.	der Große
A.T.	Altes Testament	BRT	Bruttoregistertonne	d.h.	das heißt
Auton. Geb.	Autonomes Gebiet	bto.,Btto.	brutto		

Distr. . . . . . . Distrikt
d. J. . . . . der (die) Jüngere
DM . . . . . . Deutsche Mark
dt. . . . . deutsch
Dt. Dem.
    Rep. . . . . . Deutsche Demokratische
    Republik
Dtl. . . . . . . Deutschland

ebd. . . . . . . ebenda
EG . . . . Europäische Gemeinschaft
ehem. . . . . . ehemalig, ehemals
eigtl. . . . . . eigentlich
Eigw. . . . . . . Eigenschaftswort
Einl. . . . . . . Einleitung
Enc., Enz. . . Enzyklopädie
Erz. . . . . . . Erzählung(en)
EStG . . . . . . Einkommensteuergesetz
e. V. . . . . . . eingetragener Verein
evang. . . . . . evangelisch
Ew. . . . . Einwohner
Ez. . . . . Einzahl

f., ff. . . . . . . folgende
Fam. . . . . . . Familie
FM . . . . Feldmarschall
Frhr. . . . . . . Freiherr
frz. . . . . französisch
Fstt. . . . . . . Fürstentum

Gatt. . . . . . Gattung
gegr. . . . . . . gegründet
Gem. . . . . . . Gemeinde
gen. . . . . . . genannt
Gen. . . . . . . General
Gen.-Gouv. . Generalgouverneur,
    Generalgouvernement
Gen.-Sekr. . . Generalsekretär
Ger. . . . . . . Gericht
Ges. . . . . . . Gesetz
Gesch. . . . . . Geschichte
GewO . . . . . . Gewerbeordnung
GFM . . . . . Generalfeldmarschall
Gfsch. . . . . . Grafschaft
GG . . . . . . Grundgesetz
ggf. . . . . . . gegebenenfalls
Ggs. . . . . . . Gegensatz
Ghzgt. . . . . . Großherzogtum
Gouv. . . . . . Gouverneur,
    Gouvernement
grch. . . . . . . griechisch
GVG . . . . . . Gerichts-
    verfassungsgesetz

h . . . . Stunde
H. . . . . Höhe
Hb. . . . . Handbuch
hd. . . . . . . hochdeutsch
hebr. . . . . . . hebräisch
Hg. . . . . Herausgeber(in)
HGB . . . . . Handelsgesetzbuch
hg. v. . . . . . herausgegeben von
hl., Hl. . . . . heilig; Heilige(r)
Hptst. . . . . . Hauptstadt
Hptw. . . . . . Hauptwort
HW . . . . . . Hauptwerk(e)
Hwb. . . . . . Handwörterbuch
Hzgt. . . . . . Herzogtum

i. a. . . . . im allgemeinen
i. d. F. v. . . . in der Fassung vom
i. d. R. . . . . . in der Regel
i. e. S. . . . . . im engeren Sinn
i. J. . . . . im Jahre
Ind. . . . . . . Industrie
i. R. . . . . . . im Ruhestand
i. S. . . . . im Sinn
ital. . . . . . . italienisch
i. V. . . . . . . in Vertretung
i. w. S. . . . . . im weiteren Sinn

Jahrtsd. . . . . Jahrtausend
Jb. . . . . Jahrbuch

Jh. . . . . Jahrhundert
jr. . . . . junior; der Jüngere

Kap. . . . . . . Kapitel, Kapital
kath. . . . . . . katholisch
Kgr. . . . . . . Königreich
Kl. . . . . Klasse
KO . . . . Konkurs-
    ordnung
Kr. . . . . Kreis
Krst. . . . . . . Kreisstadt
Kt. . . . . Kanton
Kw. . . . . . . Kurzwort

lat. . . . . lateinisch
Lb. . . . . Lehrbuch
LdGer. . . . . Landgericht
Lex. . . . . . . Lexikon
li. . . . . linker
Lit. . . . . Literatur
Lw. . . . . Lehnwort

M . . . . Mark
MA. . . . . . . Mittelalter
magy. . . . . . magyarisch
max. . . . . . . maximal
md. . . . . . . mitteldeutsch
MdB . . . . . . Mitglied des Bundestags
MdL. . . . . . Mitglied des Landtags
MdR . . . . . . Mitglied des Reichstags
Metrop. Area Metropolitan Area
Metrop. Cty. Metropolitan County
mhd. . . . . . mittelhochdeutsch
min . . . . Minute
min. . . . . . . minimal
Min. . . . . . . Minister
MinPräs. . . . Ministerpräsident
Mio. . . . . . . Million(en)
Mitgl. . . . . . Mitglied
Mitt. . . . . . . Mitteilung(en)
mlat. . . . . . . mittellateinisch
mnd. . . . . . mittelniederdeutsch
Mrd. . . . . . . Milliarde(n)
Mus. . . . . . . Museum
Mz. . . . . . . Mehrzahl

n. . . . . nach
N . . . . Nord(en)
nat. . . . . . . national
nat.-soz. . . . nationalsozialistisch
n. Br. . . . . . nördliche(r) Breite
n. Chr. . . . . nach Christi Geburt
nd. . . . . niederdeutsch
Ndsachs. . . . Niedersachsen
ngrch. . . . . . neugriechisch
nhd. . . . . . . neuhochdeutsch
nlat. . . . . . . neulateinisch
NN . . . . . . Normal Null
NO . . . . . . Nordost(en)
NÖ . . . . . . Niederösterreich
NRT . . . . . Nettoregistertonne
NRW . . . . . Nordrhein-Westfalen
n. St. . . . . . neuen Stils
N. T. . . . . . Neues Testament
NW . . . . . . Nordwest(en)

O . . . . Ost(en)
ö. L. . . . . . . östliche(r) Länge
OÖ . . . . . . Oberösterreich
OR . . . . . . Obligationenrecht
Ordn. . . . . . Ordnung
orth. . . . . . orthodox

Pf . . . . Pfennig
PH . . . . . . Pädagogische Hochschule
Pkm . . . . . . Personenkilometer
Präs. . . . . . . Präsident
Prof. . . . . . . Professor
prot. . . . . . . protestantisch
Prov. . . . . . Provinz

rd. . . . . rund
re. . . . . rechter

ref. . . . . . . reformiert
Reg. . . . . . Regierung
RegBez. . . . Regierungsbezirk
RegPräs. . . Regierungspräsident
Rep. . . . . . Republik
Rheinl.-Pf. . Rheinland-Pfalz
RM . . . . . . Reichsmark
Russ. SFSR . Russische Sozialistische
    Föderative Sowjetrepublik

s . . . . Sekunde
S . . . . Süd(en)
S. . . . . Seite
s. Br. . . . . . südliche(r) Breite
Schlesw.-
    Holst. . . . Schleswig-Holstein
Schmelz-P. . Schmelzpunkt
Schriftst. . . Schriftsteller
Siede-P. . . . Siedepunkt
SO . . . . Südost(en)
SSR . . . . . . Sozialistische Sowjet-
    republik
stellv. . . . . . stellvertretende(r)
Stellv. . . . . Stellvertreter(in)
StGB . . . . . Strafgesetzbuch
StPO . . . . . Strafprozeßordnung
svw. . . . . . soviel wie
SW . . . . . . Südwest(en)

t . . . . Tonne
TH . . . . . . Technische Hochschule
tkm . . . . . . Tonnenkilometer
Tl., Tle. . . . Teil(e)
TU . . . . . . Technische Universität

u. a. . . . . . . und andere, unter anderem
u. ä. . . . . . . und ähnlich(e)
UdSSR . . . . Sowjetunion
u. d. T. . . . . unter dem Titel
ü. M., u. M. . über (unter) dem Meeres-
    spiegel
Univ. . . . . . Universität
u. ö. . . . . . . und öfter
urspr. . . . . . ursprünglich
USA . . . . . Vereinigte Staaten
usf.; usw. . . und so fort; und so weiter
u. U. . . . . . unter Umständen
u. v. a. . . . . und viele(s) andere

v. a. . . . . . . vor allem
v. Chr. . . . . vor Christi Geburt
Verf. . . . . . Verfassung, Verfasser
versch. . . . . verschieden(e)
Verw. . . . . . Verwaltung
VerwBez. . . Verwaltungsbezirk
Vfg. v. . . . . Verfügung vom
vgl. . . . . . . vergleiche
v. H. . . . . . vom Hundert
VO . . . . . . Verordnung
Vors. . . . . . Vorsitzender
VR . . . . . . Volksrepublik
v. T. . . . . . vom Tausend

W . . . . West(en)
Wb. . . . . . . Wörterbuch
Wiss. . . . . . Wissenschaft
w. L. . . . . . westliche(r) Länge
WO . . . . . . Wechselordnung
Wwschaft . . Woiwodschaft

Z- . . . . Zentral-
z. B. . . . . . . zum Beispiel
Zeitw. . . . . Zeitwort
ZGB . . . . . Zivilgesetzbuch
ZK . . . . . . Zentralkomitee
ZPO . . . . . Zivilprozeßordnung
z. T. . . . . . zum Teil
Ztschr. . . . . Zeitschrift
zus. . . . . . . zusammen
zw. . . . . . . zwischen
z. Z. . . . . . . zur Zeit